作者简介

程凤朝

中关村国睿金融与产业发展研究会会长，管理学博士，研究员，中国注册会计师、资产评估师。中国上市公司协会第二届并购融资委员会副主任委员、湖南大学博士生导师、清华五道口金融学院和中国社会科学院特聘教授，兼任上市公司独立董事和外部监事。

原供职于中国投资有限责任公司（中央汇金公司），任中国工商银行股权董事、中国农业银行股权董事、中国光大集团监事。曾任中国证监会第一、二、三届并购重组委员会委员，第三届并购重组专家咨询委员会委员，出版《上市公司并购重组实务与探讨》《可比公司法应用研究》等著作，在《新华文摘》《管理世界》《会计研究》等核心期刊上发表多篇学术论文。

王竞达

管理学博士，中国注册会计师，首都经济贸易大学财政税务学院副院长，资产评估研究院院长，教授，博士生导师，全国资产评估师考试教材评审专家，中国企业财务管理协会常务理事、中国资产评估协会理事、北京市总会计师协会理事，兼任上市公司独立董事和多家公司高级财务顾问，参与多起并购价值评估。在《会计研究》《审计研究》《南开管理评论》等期刊上发表论文多篇，出版专著多部。

张秋生

北京交通大学经济管理学院教授，中国企业兼并重组研究中心主任，国务院学位委员会学科评议组成员，兼任中国物流与采购联合会副会长、中国管理现代化研究会企业并购重组研究专业委员会主任、中国铁道学会经济委员会主任，具有中国注册会计师和中国注册税务师资格，曾受聘为财政部会计准则委员会咨询专家、国家发改委价格咨询专家等。2001年起担任A股和H股上市公司独立董事，2007年起被国务院国资委任命为多家中央企业外部董事，2008—2009年挂任广西壮族自治区柳州市副市长，2014年入选财政部"会计名家培养工程"。

中国上市公司健康指数报告
（2021）

程凤朝　王竞达　张秋生　编著

中国财经出版传媒集团
中国财政经济出版社

图书在版编目（CIP）数据

中国上市公司健康指数报告.2021/程凤朝，王竞达，张秋生编著.
—北京：中国财政经济出版社，2021.7
ISBN 978-7-5223-0668-1

Ⅰ.①中… Ⅱ.①程… ②王… ③张… Ⅲ.①上市公司-经济评价-研究报告-中国-2021 Ⅳ.①F279.246

中国版本图书馆CIP数据核字（2021）第139198号

责任编辑：张 军 樊 闽　　　　　责任校对：胡永立
责任印制：张 健　　　　　　　　封面设计：陈宇琰

《中国上市公司健康指数报告（2021）》是中关村国睿金融与产业发展研究会会同首都经济贸易大学资产评估研究院、北京交通大学中国企业兼并重组研究中心依据《国务院关于进一步提高上市公司质量的意见》以及中办、国办印发的《关于依法从严打击证券违法活动的意见》等一系列文件精神，以同花顺大数据为基础，采用人工智能等科技手段，汇聚专家力量，构建的上市公司健康质量评价体系。该体系仿照生命学的9大系统将上市公司这个"法人"分为法人治理、外部监督、创利能力、竞争态势、产品销售、价值再造、资产资本结构、内部控制、企业文化9个维度，通过抓取331个定性定量指标，综合分析上市公司的健康状况，并从年度、行业、省际、地区、产权性质、重点产业链等不同维度，全面展现我国上市公司发展的不同特征，以期让上市公司和市场参与者对上市公司发展过程中存在的问题、不确定性和风险做到：早发现、早预防、早干预、早治疗，助力我国经济可持续、高质量发展。

中国上市公司健康指数报告（2021）

ZHONGGUO SHANGSHI GONGSI JIANKANG ZHISHU BAOGAO（2021）

中国财政经济出版社 出版

URL: http://www.cfeph.cn
E-mail: cfeph@cfemg.cn

（版权所有　翻印必究）

社址：北京市海淀区阜成路甲28号　邮政编码：100142
营销中心电话：010-88191522
天猫网店：中国财政经济出版社旗舰店
网址：https://zgczjjcbs.tmall.com
北京时捷印刷有限公司印刷　各地新华书店经销
成品尺寸：210mm×285mm　16开　43印张　1 011 000字
2021年9月第1版　2021年9月北京第1次印刷
定价：518.00元
ISBN 978-7-5223-0668-1
（图书出现印装问题，本社负责调换，电话：010-88190548）
本社质量投诉电话：010-88190744
打击盗版举报热线：010-88191661　QQ：2242791300

编撰委员会名单

编著单位　中关村国睿金融与产业发展研究会
　　　　　　首都经济贸易大学资产评估研究院
　　　　　　北京交通大学中国企业兼并重组研究中心

参与编写人员　朱往立　梁　相　李苏明　纵　波　武文杰　王　言
　　　　　　　　李文涵　黄耀东　辛　乐　陈金强　沈姝棋　马文颖
　　　　　　　　刘长青　杨晓鹏　邓楚璇　高　倩　王惠婷　赵小芳
　　　　　　　　付家成

顾　问（按姓氏拼音排序）

蔡曼莉　陈玉红　崔　宏　段亚林　蒋　敏　雷骞国
李惠琦　李晓慧　李晓英　梁跃军　刘　维　刘登清
刘利剑　刘兆年　罗会远　罗占恩　齐正华　邱靖之
沈　琦　孙议政　孙友文　田　轩　王子林　王珠林
王诚军　王传军　王立华　汪子文　温　烨　吴晓光
徐　萍　徐建军　徐经长　杨　利　杨淑娟　杨志国
杨志明　姚庚春　俞明轩　翟新利　张京京　张永良
张子学　张　炯　赵　强　郑建彪　朱　军　朱玉栓

单位编委（按首字拼音排序）

北京东方雨虹防水技术股份有限公司
北京高能时代环境技术股份有限公司
北京国枫律师事务所
传化智联股份有限公司
东华软件股份公司
东莞铭普光磁股份有限公司
顾家家居股份有限公司
广东红墙新材料股份有限公司
广东惠伦晶体科技股份有限公司
广东拓斯达科技股份有限公司
广东正业科技股份有限公司
杭州万事利丝绸文化股份有限公司
合肥井松智能科技股份有限公司

河北福成五丰食品股份有限公司
河北衡水老白干酒业股份有限公司
河北养元智汇饮品股份有限公司
河南通达电缆股份有限公司
湖南景峰医药股份有限公司
惠州市星聚宇光学有限公司
嘉事堂药业股份有限公司
江苏奥力威传感高科股份有限公司
江苏东方盛虹股份有限公司
九州通医药集团股份有限公司
利华益维远化学股份有限公司
罗牛山股份有限公司
南兴装备股份有限公司
青岛征和工业股份有限公司
山东玉龙黄金股份有限公司
山西省产权交易中心股份有限公司
上海安跃迈科投资有限公司
上海善金资产管理有限公司
深圳聚创中小企业研究院
深圳齐心集团股份有限公司
深圳市宝鹰建设控股集团股份有限公司
深圳市超频三科技股份有限公司
深圳市华阳国际工程设计股份有限公司
深圳市杰恩创意设计股份有限公司
深圳市智动力精密技术股份有限公司
深圳王子新材料股份有限公司
昇兴集团股份有限公司
四川川环科技股份有限公司
四川雅化实业集团股份有限公司
苏州恒久光电科技股份有限公司
苏州迈为科技股份有限公司
唐山三友化工股份有限公司
同方股份有限公司
西藏华钰矿业股份有限公司
银雁科技服务集团股份有限公司
张家港保税科技（集团）股份有限公司

浙江盾安人工环境股份有限公司
浙江核新同花顺网络信息股份有限公司
中光学集团股份有限公司
中航光电科技股份有限公司
中和应泰财务顾问有限公司
中联资产评估集团有限公司
中兴财光华会计师事务所

PREFACE 前言

1990年沪深交易所相继开市，由最初的13家上市公司、20多亿元市值，从小到大、由弱到强，走过了波澜壮阔的30年，不论是体量还是质量都有了巨大进步。截至2021年6月30日，中国A股上市公司数量已经达到了4380家，总市值超过90万亿元，成为全球规模第二大的资本市场。中国股市在邓小平同志改革开放思想的大胆引领下，从最初的"实验"逐渐成长为国民经济中不可或缺的组成部分，为中国经济近几十年的增长起到了非常关键的作用。

资本市场风云激荡的30年，造就了大批面向全世界的企业，也见证了中国经济30年的崛起、变迁与转型发展。在肯定成绩的同时也要实事求是地看到不足，诚如《国务院关于进一步提高上市公司质量的意见》中指出："我国上市公司数量显著增长、质量持续提升，在促进国民经济发展中的作用日益凸显。但也要看到，上市公司经营和治理不规范、发展质量不高等问题仍较突出，与建设现代化经济体系、推动经济高质量发展的要求还存在差距"，做大、做强、做优上市公司，提质增效依然是当前以及未来我国资本市场改革的着力点。

在《中华人民共和国国民经济和社会发展第十四个五年规划和2035年远景目标纲要》中"健康"二字提到42次，"高质量"三字提到46次，能够清晰地展现国家把控发展质量的决心。上市公司是资本市场的有力支撑，上市公司的高质量是稳定资本市场的"压舱石"。2020年连续推行新《证券法》、风险分类管理办法以及退市新规也是政府和监管机构对我国资本市场健康、高质量发展进行从容布局、稳步推进各项制度改革的重要体现。

中办、国办2021年7月6日联合发布《关于依法从严打击证券违法活动的意见》，其中第二十三条指出"丰富证券执法手段。有效运用大数据、人工智能、区块链等技术，建立证券期货市场监测预警体系，构建以科技为支撑的现代化监管执法新模式，提高监管执法效能"。为此，中关村国睿金融与产业发展研究会会同首都经济贸易大学资产评估研究院、北京交通大学中国企业兼并重组研究中心共同设计上市公司健康评价体系，基本逻辑是：基于大数据，利用人工智能，汇集专家智慧，参照人体仿生学，模拟出企业9大系统，除企业文化系统外（暂时无法抓取），健康指数评价共来自

8个一级指标，39个二级指标和331个三级指标，具备逻辑严谨、层次分明、数据充分、把脉精准的特点。通过完整的指标体系，全面深入分析上市公司健康程度，有利于企业自身、投资者、监管机构以及各利益相关方对上市公司的健康状况进行全面把脉。同时，研究会以我国A股市场上市公司为样本数据，根据科学、规范、严谨的实证研究，得到如下结论：第一，健康指数较高的公司在下个季度具有更高的股票超额回报；第二，健康指数较高的公司在下一年的经营业绩更好；第三，健康指数较低的公司在下一年经营业绩下滑的可能性更大。

《中国上市公司健康指数报告》目前在市场中是独一无二的，特别是年度、地区、产权和产业链的研究视角，既能从宏观维度分析我国上市公司的整体健康状况，又能关注微观主体在市场中的表现。同时，还能满足上市公司、投资者、监管机构、各级政府和研究机构等的不同需求，具有较好的应用价值。

对于上市公司来说，无论所属地区、行业和产业链等，也不论产权性质，都要自觉做到"强身健体"。健康指数排名靠前的上市公司，要不骄不躁，保持战略定力，强中当更强；健康指数排名中游的上市公司，要稳固优势，还要补短板、强弱项，努力赶超；健康指数排名靠后的上市公司，要化压力为动力，奋起直追。总之，通过定期健康诊断，力求对问题、风险和不确定性做到：早发现、早预防、早干预、早治疗，保持上市公司始终成为众多企业中的优等生，成为广大投资者的价值创造者，为满足人民日益增长的美好生活需要，提供优质产品和服务。

对广大投资者来说，重视上市公司健康状况，多维度、多视角分析、研判上市公司质量，树立价值投资的理念，避免跟风炒作，用好"用脚投票"的机制，发挥好与收益权配套的监督权。

对监管部门来说，社会研究机构开展的上市公司健康状况评价或许能够起到辅助监管作用，对构建精准监管、分类监管、科技监管是有益补充。

对科研机构和高等院校来说，深入研究上市公司健康质量状况，从理论上中西方相互借鉴，推动促进上市公司健康高质量发展的理论与实践研究，助力资本市场讲好中国故事。

最后还需要说明，上市公司健康诊断体系是基于上市公司各类公告、报告、新闻舆情等公开信息，采用人工智能等前沿技术，处理成各类定性和定量数据标签，难免会有不完善、不严谨之处，期待各方面提出宝贵意见。研究会也将不断完善优化该指标体系，力争一年比一年上一个新台阶，以期更精准反映上市公司的健康状况，助力我国资本市场高质量发展。

《中国上市公司健康指数报告》编写组

2021年7月

特别说明

上市公司健康指数源于中关村国睿金融与产业发展研究会（简称"研究会"）研发创设的"上市公司健康诊断方法体系"，已获国家版权局认证登记（国作登字–2020-L-01000752），是研究会的研究成果之一，该指数仅结合诊断结果反映上市公司健康整体状况，用于上市公司健康状况自查以及相应排名查询，同时用于研究会其他服务。

报告中上市公司健康指数基于上市公司自身披露信息、公告、年报等进行抓取分析，仅作为研究会自身研究成果，不代表任何官方立场。由于水平有限，加之抓取标签的设定和指标体系不可避免存在的局限，报告中难免存在不足和疏漏之处，敬请读者谅解。

对于部分上市公司已披露但未能抓取而影响指数排名的情况，可以联系研究会，我们尽可能持续不断地优化和完善指标体系。

市场对该研究报告和我们的服务有任何需求和建议，请随时提出，我们将竭诚提供服务。

地　　址：北京市西城区西直门外大街18号金贸大厦B座2层
联系人：朱往立 wlzhu001@163.com；梁相 liangxiang666@sina.com。

CONTENTS 目录

第一篇 总论

第1章 中国上市公司健康诊断背景和理论依据 ... 2
1.1 上市公司健康诊断研究背景 ... 2
1.2 上市公司健康诊断的理论依据——仿生学视角下公司健康诊断理论框架 ... 4
1.3 有限元分析思想的运用 ... 8

第2章 中国上市公司健康指数评价总体框架、设计思路和方法 ... 9
2.1 中国上市公司健康指数评价总体框架设计 ... 9
2.2 中国上市公司健康指数指标体系具体设计思路 ... 10
2.3 中国上市公司健康指数评价方法 ... 13

第3章 中国上市公司健康指数实证分析 ... 17
3.1 研究假说 ... 17
3.2 研究设计 ... 18
3.3 实证结果 ... 19
3.4 稳健性检验 ... 21
3.5 研究结论 ... 23

第4章 中国上市公司健康指数评价报告 ... 24
4.1 关于健康指数的说明和整体分布情况 ... 25
4.2 上市公司健康指数——年度篇概况 ... 27
4.3 上市公司健康指数——地区篇概况 ... 28
4.4 上市公司健康指数——产权篇概况 ... 31
4.5 上市公司健康指数——重点产业链篇概况 ... 32

第 5 章　中国上市公司健康指数前 100 名 ………………………………………… 33

5.1　中国上市公司综合健康指数前 100 名 ………………………………………… 33
5.2　中国上市公司 8 大系统健康指数前 100 名 …………………………………… 38

第二篇　中国上市公司健康指数——年度篇

第 6 章　2020 年中国上市公司健康指数评价 …………………………………… 78

6.1　2020 年中国上市公司综合健康指数行业评价 ………………………………… 78
6.2　2020 年上市公司 8 大系统健康指数评价 …………………………………… 190

第 7 章　中国上市公司健康指数 2015—2020 年评价 …………………………… 205

7.1　2015—2020 年上市公司综合健康指数评价 ………………………………… 205
7.2　2015—2020 年上市公司 8 大系统健康指数评价 …………………………… 210

第三篇　中国上市公司健康指数——地区篇

第 8 章　中国上市公司健康指数省际评价 ……………………………………… 228

8.1　中国上市公司综合健康指数省际评价 ………………………………………… 228
8.2　中国上市公司 8 大系统健康指数省际评价 …………………………………… 381

第 9 章　中国上市公司健康指数地理区域评价 ………………………………… 391

9.1　中国上市公司综合健康指数地理区域评价 …………………………………… 391
9.2　中国上市公司 8 大系统健康指数地理区域评价 ……………………………… 401

第四篇　中国上市公司健康指数——产权篇

第 10 章　中国国有和非国有上市公司健康指数评价 …………………………… 434

10.1　国有控股和非国有控股上市公司综合健康指数评价 ……………………… 434
10.2　国有控股和非国有控股上市公司 8 大系统健康指数评价 ………………… 442

第 11 章　中央控股和地方国有控股上市公司健康指数评价 …………………… 454

11.1　中央控股和地方国有控股上市公司综合健康指数评价 …………………… 454
11.2　中央控股和地方国有控股上市公司 8 大系统健康指数评价 ……………… 462

第五篇　中国上市公司健康指数——重点产业链篇

第12章　芯片产业链上市公司健康指数评价 ··· 496
12.1　芯片产业链上市公司综合健康指数评价 ··· 496
12.2　芯片产业链上市公司8大系统健康指数评价 ··· 500

第13章　光伏产业链上市公司健康指数评价 ··· 508
13.1　光伏产业链上市公司综合健康指数评价 ··· 508
13.2　光伏产业链上市公司8大系统健康指数评价 ··· 513

第14章　医药生物产业链上市公司健康指数评价 ··· 521
14.1　医药生物产业链上市公司综合健康指数评价 ··· 521
14.2　医药生物产业链上市公司8大系统健康指数评价 ··· 533

第六篇　综合篇

第15章　2020年中国上市公司健康指数全排名 ··· 544

第16章　运用并购重组，助力实体经济高质量发展 ··· 651
16.1　为什么要并购重组？ ··· 651
16.2　敬畏监管，保障并购重组健康推进 ··· 654
16.3　制定战略，引导并购重组顺利实施 ··· 654
16.4　以产生协同效应为关键变量，处理好估值与定价的关系是并购重组成功的基础 ··· 657
16.5　选择恰当的并购方式，有利于并购重组后可持续发展 ··· 659
16.6　并购双方认真开展尽职调查，是确保并购重组成功的关键环节 ··· 661
16.7　适度运用杠杆，是提升企业价值的重要手段 ··· 663
16.8　并购后的有效整合，是实现并购目标的关键 ··· 664

后记 ··· 666

第一篇 总　论

第1章
中国上市公司健康诊断背景和理论依据

1.1 上市公司健康诊断研究背景

2020年10月9日，国务院印发《关于进一步提高上市公司质量的意见》（以下简称《意见》），旨在推动资本市场健康运行与可持续发展，完善新时期中国特色社会主义市场经济体制建设。《意见》强调，提高上市公司质量是推动资本市场健康发展的内在要求，是新时代加快完善社会主义市场经济体制的重要内容。然而，目前上市公司经营和治理不规范，发展质量不高等问题仍较为突出，这与建设现代化经济体系、推动经济高质量发展的要求还存在一定差距，也会危害资本市场的稳健运行，损害中小投资者的利益。

2021年3月，《中华人民共和国国民经济和社会发展第十四个五年规划和2035年远景目标纲要》（以下简称"十四五规划和2035年远景纲要"）中关于"健康"二字提到了42次，如"实现经济持续健康发展""全面推进健康中国建设"等，"高质量"一词提到了46次，如"我国已经转向高质量发展阶段""以推动高质量发展为主题""实现更高质量、更有效率、更加公平、更可持续、更为安全的发展""破除制约高质量发展、高品质生活的体制机制障碍""'十四五'时期推动高质量发展"等。健康、高质量发展已经成为"十四五"规划中的重要关键词，也为中国未来五年甚至十五年的发展定下了基调。各行各业、各类主体包括上市公司都应该将健康、高质量发展作为战略重心，以判断是否健康和高质量作为检验发展质量的重要标准。

近年来A股市场被实施"特别处理"（*ST和ST）的公司数量在逐年增加，其占上市公司总体比重也不断提升，具体情况如图1–1所示。面对"问题公司"的不断出现，提高上市公司质量已经成为注册制改革背景下的国家要求[1]，并成为监管层的中心任务[2]。因此，如何有效评价以及提高上市公

---

[1] 2019年7月30日，中央政治局会议提出"科创板要坚守定位，落实好以信息披露为核心的注册制，提高上市公司质量"。2020年9月23日，李克强总理主持召开国务院常务会议，部署进一步提高上市公司质量，保护投资者权益，推动资本市场持续平稳健康发展。2020年10月9日，国务院印发《关于进一步提高上市公司质量的意见》（以下简称《意见》），提出了6个方面17项重点举措。

[2] 2020年10月9日，证监会响应《意见》要求，将坚决贯彻党中央、国务院决策部署，把提高上市公司质量作为全面深化资本市场改革的重中之重。

司质量既是监管层与企业自身关注的焦点问题，也是本报告致力于解决和回答的问题。

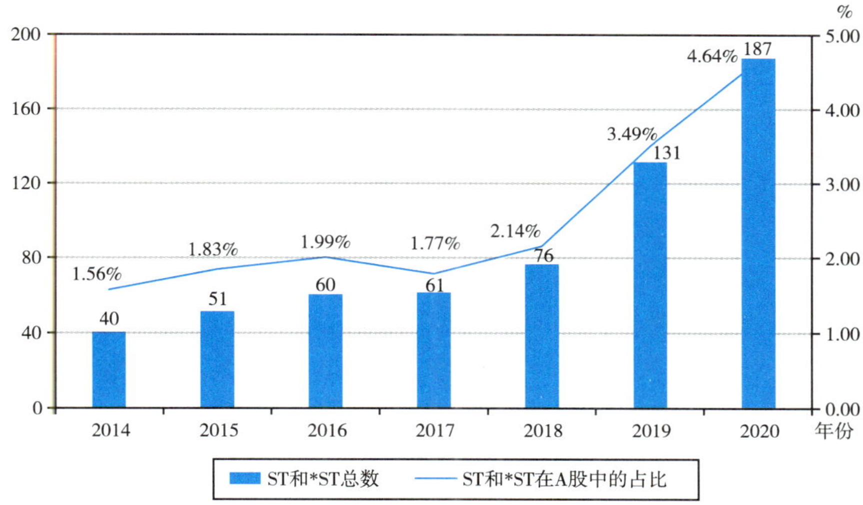

图1-1 中国沪深A股*ST和ST公司近五年现状

数据来源：同花顺。

现有的学术类文献主要研究了公司单一特征维度的评价方法，包括公司治理、内部控制、研发行为等。一是公司治理评价。早期研究结合中国特殊治理环境构建了"南开治理指数"，评价体系包含了控股股东治理、董事会治理、监事会治理、经理层治理、信息披露、利益相关者治理等维度（南开大学公司治理研究中心，2003），随后又进行了系统性优化（南开大学公司治理研究中心，2006），并在一系列的实证研究中找到了经验证据（李维安和唐跃军，2006；肖斌卿等，2007；曹廷求等，2009）。二是内部控制评价。早期研究构建了内部控制指数，主要是基于过程导向来评价上市公司披露的内控相关信息（Moerland，2007）。随后研究以目标为导向构建了适合中国制度背景的内部控制评价指数（中国上市公司内部控制指数研究课题组，2011；林斌等，2014）。三是研发绩效评价。新近研究从投入、技术、环境和产出4个维度构建了创新驱动国策下企业研发行为评价指数（崔也光等，2020）。然而，现有文献主要聚焦于公司单一特征的评价，面对注册制改革背景下上市公司质量备受关注的需求，尚无研究讨论如何能够系统、全面地量化评价上市公司质量。

本报告通过构建上市公司健康指数，探究科学、严谨、有效评价上市公司质量的理论框架。具体而言，报告基于仿生学的视角，通过仿照人体系统设计企业各个系统的评价维度，采用层次分析法等科学思想计算上市公司健康诊断评价结果，即上市公司健康指数。实证结果表明，报告构建的健康指数能够有效评价上市公司质量，在企业价值和经营绩效两个方面具有较好的预测性和前瞻性。

报告的学术贡献与现实意义主要表现为：第一，基于仿生学视角首次提出了上市公司质量综合评价的理论体系，为研究如何量化评价乃至提高上市公司质量提供理论借鉴。第二，健康指数的实践应用可以为评价上市公司质量提供方法参考和数据支持，有助于监管层和上市公司对症下药、提高自身公司质量，对问题和不确定性实现"早发现、早预防、早干预、早治疗"，保障注册制改革背景下资本市场的可持续、稳健发展。第三，首次提供了上市公司质量评价结果与未来企业价值和经营绩效关系的经验证据，表明提高上市公司质量不仅有助于企业自身保持良好持续经营，也有助于维护资本市场稳定和保护中小投资者利益。

1.2 上市公司健康诊断的理论依据——仿生学视角下公司健康诊断理论框架

仿生学视角下企业可被视为有机生命体并据以进行综合评价。仿生学主要是仿照生物体的组织结构和组织机理来探究新的技术与方法，仿生管理学则是基于仿生学的视角研究社会组织的管理问题和解决方法，通过模仿、借鉴、类推、创新等方法提升组织架构的科学合理性与组织运营的有效性。仿生学视角下企业由行使不同职能的各个机能组织所构成，并且具有孕育、出生、成长、成熟、衰退的企业生命周期（Gardner，1965；Adizes，1988）。如同自然界的生命体，企业具有自身的生态位，能够从生存力、发展力、竞争力3个层面展开综合评价（万伦来，2004）。

企业与人体具有相似的组织构成与机能运作。人体是由细胞这一基本单位组成，功能相关的细胞组成具有特定形态和特定功能的器官，功能相互联系的器官则共同形成保持机能持续性运作的组织系统（姚泰，2003）。人体在各大系统机能运作下吸收有用物质的同时排出无用物质，进行新陈代谢与维持生命活动。与人体的组织构成与机能运作相似，企业作为法人组织则是由人作为基本单位组成，工作职能相近的人组成特定职能的部门，部门相互沟通与协作组成部门系统。企业在各部门系统的协调运作下，利用原材料生产产品或提供服务，展开生产经营活动与维持企业可持续发展。借鉴人体系统的构成与机能划分逻辑，报告将企业分为9大系统展开健康诊断，如表1-1所示。

表1-1　上市公司与人体对应的9大系统

	人体系统	上市公司层面
1	神经系统	法人治理
2	呼吸系统	外部监督
3	循环系统	创利能力
4	消化系统	竞争态势
5	泌尿系统	产品销售
6	生殖系统	价值再造
7	运动系统	资本资产结构
8	免疫系统	内部控制
9	分泌系统	企业文化

①公司的神经系统——法人治理。神经系统作为人体机能的中枢，对生理功能和机体活动的调节发挥着主导作用。与人体神经系统的功能类似，公司治理作为现代企业制度的核心，是保障企业科学决策与稳定经营的重要中枢（李维安和唐跃军，2006），可以视为企业的神经系统。

企业法人治理的评价主要包括治理架构、董事会有效性、监事会有效性、高管层组成、信息披露、发展战略等关键因素。第一，治理架构评价。合理的治理架构是良好治理的基础，应当避免出现"四会一层"形同虚设、职责边界不清晰等问题。第二，董事会与监事会有效性评价。董事会运作机制是公司治理机制的核心，有效的董事会由四大支柱支撑，即人员构成与工作重点、信息架构、董事会结构、董事会文化（程凤朝，2015），董事会能否有效运作并发挥科学决策与有效制衡的作用对提升治理绩效具有重要作用（李维安等，2009；Chen et al.，2020）。在董事会运作过程中应当防止出现董事不作为、专业委员会不专业等问题。监事会作为中国特色公司治理的组成部分，应该发挥履职监督、财务监督、内控监督和风险监督的作用，而现实情况监事会有时起不到应有的监督作用。监事会确保独立性有助于提升公司治理水平（王世权、宋海英，2011）。第三，高管层组成评价。高管作为公司决策执行层是衔接董事会与日常经营活动的桥梁，高管层保持关键岗位分离和权力制衡是防止内部人控制与高管自利行为的关键（王克敏、王志超，2007；王雄元等，2014）。第四，信息披露评价。信息披露是企业内部治理对接外部市场的环节，提高信息披露质量能够有效降低资本市场估值偏误（徐寿福、徐龙炳，2015），提高分析师预测准确度（王雄元等，2017）。第五，发展战略评价。公司治理不仅需要关注如何缓解经理人与股东、控股股东与中小股东之间的代理问题以及协调利益相关者的利益关系，更需要从企业战略出发考虑如何实现科学的战略决策与提升核心竞争力。公司治理应当与企业战略和政策构成一个整体，成为企业正确决策的基础，并有助于维持企业的市场竞争力（Malik，2013）。

②公司的呼吸系统——外部监督。呼吸系统作为人体与外界保持持续气体交换的机能组织，决定了人体受外部环境变化所产生的影响。与人体呼吸系统的特征类似，外部监督是指监管机构、公众媒体、外部审计师、机构投资者、社会公众等对上市公司保持持续性的监督制衡机制，可以视为企业的呼吸系统。

企业外部监督的评价主要包括监管机构监管、机构关注度、外部审计、社会责任等。第一，监管机构监管评价。监管机构是外部监督的主体，上市公司如果对抗法律、逃避监管、虚假披露，轻则受到处罚，有损公司形象与增大融资难度（刘星、陈西婵，2018），重则退市破产。第二，机构关注度评价。机构投资者的调研报告和持仓变化具有信号效应，能够向市场传递对公司前景是否乐观的信号，并对公司控股股东与管理层发挥监督与制衡机制。机构投资者关注度提升能够提升公司信息披露水平，进而抑制公司避税行为（李昊洋等，2018），缓解非效率投资（钟芳，2020）。第三，外部审计评价。注册会计师审计有助于维护市场经济秩序和提高经济信息质量（程丽华，2019）。审计意见不仅关乎上市公司形象与股价市场表现，还会对公司的债务融资成本产生重要影响（刘文欢等，2018）。第四，社会责任评价。上市公司作为公众化公司，履行社会责任是考量企业回馈公众社会与责任担当的重要标准。企业社会责任失责或者利用履行社会责任而谋利都可能对公司形象和市场价值造成负面影响（权小锋等，2015；姜丽群，2016；Bardos et al.，2020）。

③公司的循环系统——创利能力。循环系统包括心血管组织内的血液循环和淋巴组织内的淋巴液循环，支持人体新陈代谢与生命机能运转。与人体循环系统的特征类似，创利能力反映了企业创造利润、现金流和市场价值的能力（以下简称"创利能力"），只有这三方面能力不断提升才能为政

府、股东、债权人、员工等利益相关者带来回报，因此创利能力可以视为企业的循环系统。

企业创利能力的评价主要包括盈利能力、现金流能力，以及为政府、股东、债权人、员工带来的回报。第一，盈利能力评价。企业盈利能力是支持内源融资、保持持续稳定经营的重要基础（朱开悉，2002）。企业通过投资与经营创造利润并保持良好的盈余持续性，进而将利润用于资本开支实现再投资和做大做强。第二，现金流能力评价。如同人体循环系统中的血液，现金流是企业的血液，如果发生现金流枯竭和资金链断裂，则会导致财务困境和产生破产危机。企业经营过程中可能发生实际得到的经营净现金流低于应该得到的经营净现金流（即EBITDA），进而产生资金链断裂的风险。第三，为政府、股东、债权人、员工的创利能力评价。企业利益关系多元化的趋势下，需要关注如何为利益相关者创造回报并开展利益相关者价值取向的绩效评价（温素彬、黄浩岚，2009）。上市公司重融资、轻回报，低分红、连续不分红、银行贷款逾期、偷税漏税等问题都会损害企业价值，不利于资本市场持续发展。

④公司的消化系统——竞争态势。消化系统为人体提供所需要的物质和能量，驱动机体维持正常生理运转。与人体消化系统的特征类似，竞争态势是指企业在市场、人力、规模等各个方面所具备的核心竞争力，驱动企业创造良好的经营绩效。

企业竞争态势的评价主要包括市场地位、人力优势、规模优势。第一，市场地位评价。企业的市场地位反映了产业链角度下的竞争格局，通常表现为行业中市场占有率以及与上游供应商和下游客户之间的关系。供应商和客户过度集中会导致企业面临经营业务过度依赖的风险，在产业链中具有较低的议价能力，并可能降低审计质量（张敏等，2012；薛爽等，2018）。大客户依赖风险也可能降低企业投资效率（王丹等，2020），甚至有损公司股票价格的稳定性（Lee et al.，2020）。第二，人力优势评价。人力资本是企业生产经营和创造价值的源泉。上市公司员工学历偏低、技术人员占比过低、员工薪酬长期低于行业平均水平等存在的问题，都可能对企业的经营业绩和市场价值产生负面影响（张正堂，2008；曹建安等，2009；梁上坤等，2019）。第三，规模优势评价。企业适度扩大规模能够降低固定成本和可变成本，形成规模经济和范围经济，提升抗风险能力。

⑤公司的泌尿系统——产品销售。泌尿系统是机体代谢过程中所产生的各种物质向体外输送的生理系统，能够调节人体水盐代谢和酸碱平衡。在企业法人中，泌尿系统则对应产品销售，是企业输入原材料、产生半成品和产成品、向外部输送产成品的运转过程，影响企业生产链的运营平衡。

企业产品销售的评价主要从销售费用投入、存货周转、销售回款等方面考虑。第一，销售费用投入评价。上市公司销售费用在一定程度上反映了品牌投资力度，然而如果重销售、轻研发则会导致销售费用比重过高，容易产生灰色地带。公司应以客户需求为导向，通过产品和服务的持续创新和迭代升级拓宽销售渠道、提升市场份额，避免过于依赖传统的营销方式。第二，存货周转评价。企业存货周转情况反映了生产效率和产品销售畅通程度，存货周转率过低，表明企业购、产、销失衡，产品积压、销售不畅，存货占用的资金使用效率低下。第三，销售回款评价。企业的销售回款能力反映了企业销售收入和销售现金流的匹配性。应收账款比重过高不仅可能产生坏账风险和损害经营业绩，还可能降低盈余质量，导致不能实现经营活动应实现的净现金流，进而产生管理层盈余管理和机会主义行为（Dechow et al.，2010）。

⑥公司的生殖系统——价值再造。生殖系统是繁衍后代、延续生命的器官总称。与人体生殖系统的特征类似，价值再造是指企业内在价值和可持续发展、做大做强的能力，可以视为企业的生殖系统。

企业价值再造的评价主要从成长性、内在价值和并购能力等方面考虑。第一，成长性评价。成长性是指企业未来发展趋势与发展潜力，表现为企业规模扩大、业务扩张、盈利增长等。成长性较低表明企业可能研发投入和技术创新能力较低，内生增长乏力，发展后劲不足。第二，内在价值评价。内在价值通常被定义为一家公司在其剩余的寿命里所产生的现金流量的贴现值，反映了企业当前的估值水平和未来的增值潜力。第三，并购能力评价。兼并重组是企业通过外延式发展做大做强的重要途径，然而盲目扩张和过度多元化可能导致内涵式与外延式发展不平衡，损害企业绩效（张纯、高吟，2010）。企业应当保持清晰的战略定位与突出主业，合理选择内涵发展与收购兼并相结合的发展路径。

⑦公司的运动系统——资产资本结构。运动系统为人体的机体和骨骼提供动能、支持和保护，对于定位体内的器官、结构等具有标志性意义，人的老化首先从运动系统开始。企业的资产资本结构如同人的运动系统，比例失调、闲置浪费、周转不畅、形成不良都是老化的表现，长此以往则如同人一样最终走向生命的终结，因此资产资本结构可以视为企业的运动系统。

企业资产资本结构的评价主要从资产结构和资本结构两个方面考虑。第一，资产结构评价。合理的资产结构是企业保持日常生产经营稳定并创造良好绩效的基础。资产结构类问题通常表现为固定资产与流动资产之间的分布结构、固定资产与流动资产的内部结构不合理，诸如应收账款规模偏大、回款周期较长或已形成坏账、商誉比重偏高、资产固定化比率偏高等，此外部分企业还存在存贷双高的问题，进而表明可能存在虚增货币资金或者实控人占用资金的问题。第二，资本结构评价。资本结构对企业财务状况具有重要影响。企业在经营发展过程中通过对资本结构的动态调整追寻，保持财务状况稳定和可持续发展（王欣、王磊，2012；Chung et al.，2013）。过度负债企业通过去杠杆能够有效降低财务风险，进而提升企业绩效（綦好东、刘浩、朱炜，2018）。

⑧公司的免疫系统——内部控制。免疫系统是维持机体内环境稳定、免受疾病侵袭的重要保障。与人体免疫系统相对应，内部控制是指企业保障自身稳定经营、保护资产安全、保证信息披露可靠的重要机制，可以视为企业的免疫系统。

企业免疫系统的评价主要从内控五要素和内控评价两个方面考虑。第一，内控五要素。内控五要素体现了企业内部控制过程的规范性以及内控体系的完整性。董事会、监事会、经理层和全体员工以内控目标为导向，共同实施要素完整、相互作用的内控建设，实现有效内控管理（林斌等，2014；Chalmers et al.，2019）。企业提高内部控制质量有助于保持良好的经营稳定性和盈余持续性（肖华、张国清，2013）。第二，内控评价。内控评价包括自我评价和外部审计师评价，反映了企业自身与外部审计机构对内控建设制度和内控效果的评价结果。在实施企业内控评价过程中，明确企业自身与外部审计师之间内控评价的责任划分和内容安排有助于提升企业内控有效性（刘玉廷、王宏，2010）。国内外经验证明，内控建设的有效性和内控执行的有效性是企业基业长青的基石（程凤朝，

2015）。

⑨公司的分泌系统——企业文化。分泌系统是神经系统以外的另一重要机能调节系统，如内分泌失调轻则食欲不振，重则导致糖尿病、过度肥胖，导致存活质量严重下降。企业文化相当于人的内分泌系统，是我们在这个区域内做事的方式方法，以及"当我们认为周围没有人时，我们在做的事"。文化是"一种规则、核心逻辑以及组织员工行为的头脑软件"，它是我们汲取的非常重要的、要传承给下一代的经验和教训，也是企业基业长青的灵魂。因为企业文化属于价值观层面，大数据无法抓取，因此没有开展评价。

1.3 有限元分析思想的运用

上市公司的发展质量和健康评价涉及上市公司方方面面的状况，有的可以直接使用数据体现，有的可以转化为可以量化的数据，而有的则无法量化，甚至连主观判断都无从下手。目前针对上市公司单一特征或整体状况的评价体系，也仅仅是尽可能地全面衡量，无限接近最真实的情况，而无法做到面面俱到。

任何学科的研究都是永无止境的，无论是人作为生命体的研究，还是作为有"生命"的上市公司健康研究，都是在不断地深入和完善当中，当然任何事情包括学科研究的成熟度都是相对的。报告研究借助"有限元分析"[①]的思想，利用有限数量的未知量去逼近无限未知量的真实系统，用简单的问题代替复杂的问题后再进行求解，从仿生学的视角借助人体系统研究上市公司健康问题，尽可能地兼顾上市公司发展的各方面影响因素，以实现量化的方式，最大限度地逼近上市公司健康水平的真实情况，并通过可以量化的指数反映出来，为上市公司高质量发展提供全方位支持和参考。

---

① 有限元分析（FEA，Finite Element Analysis）是利用数学近似的方法对真实物理系统（几何和载荷工况）进行模拟。利用简单而又相互作用的元素（即单元），就可以用有限数量的未知量去逼近无限未知量的真实系统。

第2章
中国上市公司健康指数评价总体框架、设计思路和方法

2.1 中国上市公司健康指数评价总体框架设计

根据上文中的理论分析结果，报告尝试构建了上市公司健康质量评价体系，指标体系构建的原则尽量做到"逻辑严谨、层次分明、数据充分、把脉精准"，为此以"上市公司健康指数"为核心的评价框架设计如下，如表2-1所示。

我们设计的上市公司健康指数评价指标有9个一级指标，43个二级指标，436个三级指标。其中：

神经系统——法人治理，包括党的领导、股东治理、董事会治理、管理层治理、监事会治理、信息披露共6个二级指标，下辖142个三级指标。

呼吸系统——外部监督，包括法律法规、监管机构、机构投资者、社会监督、社会责任、股价表现共6个二级指标，下辖42个三级指标。

循环系统——创利能力，包括为公司创利、为股东创利、为员工创利、为债权人创利、为政府创利共5个二级指标，下辖42个三级指标。

消化系统——竞争态势，包括人力优势、市场地位、规模优势、研发优势、渠道优势共5个二级指标，下辖23个三级指标。

泌尿系统——产品销售，包括销售规模、销售投入、销售效率共3个二级指标，下辖23个三级指标。

生殖系统——价值再造，包括估值（内在价值）、内生发展能力、外延发展能力、成长能力共4个二级指标，下辖26个三级指标。

运动系统——资产资本结构，包括总资产结构、流动资产结构、非流动资产结构、债务资本结构、权益资本结构共5个二级指标，下辖43个三级指标。

免疫系统——内部控制，包括控制环境、风险评估、控制活动、信息与沟通、内部监督共5个二级指标，下辖80个三级指标。

分泌系统——企业文化，包括使命性、适应性、参与性、一致性共4个二级指标，下辖15个三

级指标。

表 2-1　　　　　　　　　　　上市公司健康指数评价体系

一级指标	二级指标	一级指标	二级指标
神经系统——法人治理	党的领导	泌尿系统——产品销售	销售规模
	股东治理		销售投入
	董事会治理		销售效率
	管理层治理	生殖系统——价值再造	内在价值
	监事会治理		内生发展能力
	信息披露		外延发展能力
呼吸系统——外部监督	法律法规		成长能力
	监管机构	运动系统——资产资本结构	总资产结构
	机构投资者		流动资产结构
	社会监督		非流动资产结构
	社会责任		债务资本结构
	股价表现		权益资本结构
循环系统——创利能力	为公司创利	免疫系统——内部控制	控制环境
	为股东创利		风险评估
	为员工创利		控制活动
	为债权人创利		信息与沟通
	为政府创利		内部监督
消化系统——竞争态势	人力优势	分泌系统——企业文化	使命性
	市场地位		适应性
	规模优势		参与性
	研发优势		一致性
	渠道优势		

资料来源：中关村国睿金融与产业发展研究会。

在具体进行健康指数评价时，通过专家论证并结合大数据抓取的情况，将大数据无法精确抓取的指标调整为一对一定制服务指标，如企业文化系统指标因无法抓取故调整为定制服务指标，因而下文中进行健康指数评价时采取8个一级指标、39个二级指标、331个三级指标来进行评价。

2.2　中国上市公司健康指数指标体系具体设计思路

健康指数报告仿照生物学系统把公司法人划分为9大系统，逐一诊断，使其对上市公司问题、不确定性及风险做到：早发现、早预防、早干预、早治疗。

在9大系统的设定中，报告以理论依据为基础，使得企业健康系统与人体系统在理论上和功能定位上都能够实现较好的对应和结合，这是健康诊断体系具备独特价值的理论基础和实践基础。

神经系统是人体的机能中枢，法人治理类似人体的神经系统，是现代企业制度的核心，是保障企业科学决策与稳定运营的重要中枢。上市公司一般常见的问题有：第一，"四会一层"职责不够清晰；第二，战略不稳定，主业不突出，过度多元化；第三，董事会有效性不足，决策程序不到位，个别公司董事会如同虚设；第四，专业委员会起不到为决策事项专业论证、辅助决策的作用；第五，董、监、高缺少制约；董事会缺少对高管层现代的、有效的考核监督；第六，监事会监督职能不到位；第七，虚假信息披露。因此，法人治理对上市公司具备中枢大脑的重要作用，该系统参考了《公司法》《上市公司管理办法》《公司章程》等各类规范文件，提取设置为可抓取量化的指标，共形成6个维度142个三级指标。

呼吸系统是人体与外界保持实时沟通的系统，而外部监督也是外部监管机构、公众媒体、外部审计师、投资者、社会公众等主体与上市公司保持实时、持续性的监督制衡机制。上市公司一般常见的问题包括：第一，对抗法规，触发底线，受到刑事处罚；第二，对抗监管，违规信息披露，受到行政处罚，或公开谴责；第三，缺乏与机构投资者沟通，盈利预测存在偏差；第四，社会责任履行不到位，环保不达标等。该系统的指标设置参考了监管部门颁布的《公司法》《证券法》《上市公司信息披露管理办法》等法律、行政法规，共形成6个维度42个三级指标。

循环系统是支持人体新陈代谢的系统，与企业对应，创利能力也是反映了企业创造利润、现金流和市场价值的能力，再投资形成内源融资和良性循环的能力，以及回报股东、债权人、员工、社区、政府等利益相关者的能力。上市公司一般常见的问题包括：第一，收入、利润、所得税为正，但经营净现金流为负；第二，经营活动净现金流低于净利润；第三，实际得到经营净现金流低于应得经营活动净现金流；第四，毛利率、销售净利率、营业利润率、市销率持续降低；第五，累计分红低于累计融资额；第六，从来不分红；第七，实际控制人持续减持；第八，银行贷款形成逾期；第九，偷税漏税等。该系统的指标设置参考了《公司法》《证券法》《会计法》等，以及相关的财务管理要求，共形成5个维度42个三级指标。

消化系统是驱动人体维持正常生理运转的系统，而在市场中，竞争才是企业长久经营和可持续发展的唯一途径。对企业来说，竞争态势是指企业以市场、人力、规模等方面所具备的核心竞争力驱动企业创造良好经营绩效，取得竞争优势的能力。一般上市公司常见的问题包括：第一，上游供应商单一或是关联股东；第二，下游客户过度分散或单一客户；第三，市场占有率低；第四，技术人员占比低；第五，人均薪酬长期较低；第六，研发投入占营业收入比低于行业平均水平等。该系统的指标设置参考了上市公司市场竞争方面的需求，共形成5个维度23个三级指标。

泌尿系统是向体外输送人体代谢过程中所产生的各种物质的生理系统，对维持内环境的稳定具有重要作用。产品销售是企业输入原材料，快速代谢，输出产品和服务的运转过程，维持着企业生产链运营平衡。上市公司一般常见的问题有：第一，产能利用率持续偏低；第二，存货、应收账款周转慢；第三，市场占有率低；第四，营收增速慢；第五，销售费用占营业收入比高；第六，人均销售费用高等。该系统的指标设置参考了衡量上市公司产品销售能力，共形成3个维度23个三级指标。

生殖系统是生命延续的系统，价值再造类似人体的生殖系统，反映了企业实现内在价值增值，做大做强，实现可持续发展的能力。上市公司一般常见的问题有：第一，内在价值较低，甚至接近于零；第二，研发投入不足，技术创新能力较低；第三，发展后劲不足，盈利能力持续降低；第四，发展策略不明确，内涵及外延式发展不平衡。该系统经过专家论证筛选，共形成4个维度26个三级指标。

运动系统是实现人体杠杆运动和功能活动的基础，人的老化首先从运动系统开始。企业的资产资本结构如同人的运动系统，反映了企业在经营过程中各种资产的结构和运用情况。上市公司一般常见的问题有：第一，资产构成比例不合理，固定资产规模过大导致闲置浪费；第二，商誉占比高，容易导致商誉减值；第三，应收账款数额大、周期长或形成坏账；第四，流动比率和速动比率低；第五，存货数额大且滞销；第六，存贷双高；第七，资产负债率较高且融资成本高于ROA。该系统通过专家讨论筛选，共形成5个维度43个三级指标。

免疫系统具有免疫监视、防御、调控的重要作用，企业的内部控制是指企业为了实现其经营目标，保护资产安全，保证财务信息可靠、完整，确保战略目标和经营方针的贯彻执行以及经营活动的经济性、效率性和效果性，而在内部采取的自我调整、约束、规划、评价和控制等一系列方法、手段与措施的总称。在内控分工方面，最重要的问题是关于董事会与管理层的机构设置，以及相应的部门具体的工作安排。上市公司常见的最大问题是内控建设的有效性和内控执行的有效性不足，具体来说是在内部控制制度不健全、存在不相容职务、内控监督存在重大缺陷、信息沟通有效性不足、控制活动执行有效性不足等问题，该系统参考《上市公司内部控制指引》以及公司内控管理相关研究，经过专家论证，共形成5个维度80个三级指标。

分泌系统是另一个重要机能调节系统，对人体其他系统的功能和人体成长、发育、衰老等现象进行调节。与此对应，企业文化是企业家精神形成和共同价值观代代传承的土壤，也是企业基业长青的灵魂。上市公司一般存在的问题包括：第一，没有一支受员工尊重的领导者团队；第二，缺少明确的使命性、战略导向和愿景目标；第三，不能适应市场环境变化，以客户需求为导向，不断创新产品和服务；第四，缺少合理授权和员工能力培养；第五，没有形成核心价值观，不能跨越差异，共同发展等。该系统参考企业文化相关研究，经过专家讨论筛选，共形成4个维度15个三级指标。但由于该指标体系不易量化，仅用于企业一对一服务，因此不包括在最终衡量上市公司健康状况的智能体系内。

上市公司健康质量评价指标体系以大数据为基石，采用人工智能等前沿信息技术，对上市公司各个维度科学精准探测与分析，所有的指标经过明确抓取和计算后，交同花顺技术部门编写成机器语言，进行自动化抓取，自动转化并智能计算。"是、否"类型的二值指标直接赋值0或1，对于数值型按行业排序计算。对于大量定性指标，难以直接量化，主要出现在公司治理、内部控制、外部监督和企业文化四个系统内。这些系统的指标我们按照我国《公司法》、监管部门各项监管政策、公司治理规范要求、内控合规要求、公司章程等中的对于规范公司治理和内控、加强外部监督的指引要求，将定性指标转为多个可以量化的指标，进行抓取，然后计算。例如，高管层的相关指标有高管层设置是否符合规定，根据《公司法》要求，董事、高级管理者不得兼任监事，则可根据该要求设置三级指标，"否是存在高管兼任监事"，赋值情况如下：是为0，否为1。内部控制方面，则根据规范要求以及对上市公司高质量发展的研究成果，设置多个具体指标，如"是否出现重大风险事件""是否授权管理制度""信息披露制度是否受到处罚"等可以直接抓取指标并计算的程序语言，再利用同花顺大数据资源，采用人工智能等前沿信息技术，根据抓取结果判断赋值，再根据指标权重，采用线性加权的方式计算出最终综合健康指数。

针对上市公司普遍存在的问题，结合中关村国睿金融与产业发展研究会的大量研究成果，参考我国相关法律法规、监管部门、交易所、会计师事务所、审计部门等相关法规、政策、规范以及管理要求、指导等，构建9大系统，梳理出43个二级维度，细化为436个三级指标（报告最终量化使用的健康指标体系剔除了企业文化系统，共使用39个二级指标，331个三级指标），以尽可能地反映上市公司在9大系统以及整体运营方面存在的问题。而后，通过赋权，抓取数据，计算得出上市公司综合健康指数，给出详细的上市公司健康诊断报告。上市公司可以根据指数结果，进行横向和纵向的对比，明确公司在行业内的竞争位置，同时对诊断出的自身问题进行科学施治。

2.3 中国上市公司健康指数评价方法

本小节内容主要有四：一是健康指数评价指标体系设计；二是数据获取；三是指标赋权；四是综合量化健康指数。

2.3.1 健康指数评价指标体系设计

本报告数据分析内容中的健康指数主要包括8个一级指标（即8大系统）、39个二级指标、331个底层三级指标，一级指标与二级指标构成具体如表2-2所示。

表2-2　　　　　　　　　　　　　健康指数指标体系

一级指标	二级指标	一级指标	二级指标
神经系统——法人治理	党的领导	泌尿系统——产品销售	销售规模
	股东治理		销售投入
	董事会治理		销售效率
	管理层治理	生殖系统——价值再造	内在价值
	监事会治理		内生发展能力
	信息披露		外延发展能力
呼吸系统——外部监督	法律法规		成长
	监管机构	运动系统——资产资本结构	总资产结构
	机构投资者		流动资产结构
	社会监督		非流动资产结构
	社会责任		债务资本结构
	股价表现		权益资本结构

续表

一级指标	二级指标	一级指标	二级指标
循环系统——创利能力	为公司创利	免疫系统——内部控制	控制环境
	为股东创利		风险评估
	为员工创利		控制活动
	为债权人创利		信息与沟通
	为政府创利		内部监督
消化系统——竞争态势	人力优势		
	市场地位		
	规模优势		
	研发优势		
	渠道优势		

资料来源：中关村国睿金融与产业发展研究会。

2.3.2　基于大数据资源和人工智能技术获取数据

健康指数评价指标体系中的三级指标原始数据主要基于同花顺的海量大数据资源和人工智能技术进行获取。同花顺是国内领先的数据供应商，拥有上市公司结构化和非结构化的各类数据，如财务数据、公司公告（包括定期公告与临时公告）、分析师预期、新闻舆情、产业链等。其中，对于非结构化数据的获取，主要采用文本抽取、包含机器学习的自然语言处理等人工智能技术来实现。同花顺在数据获取与处理方面有较为领先的技术解决方案，一方面为上市公司健康指数评价指标的准确性提供有力保障，另一方面也为健康指数评价指标体系的持续迭代与丰富优化提供支持。

2.3.3　汇集专家智慧赋权指标权重

上市公司健康指数评价指标体系的赋权包括一级指标赋权、二级指标赋权和三级指标赋权。其中，对于一级指标和二级指标，因不同系统对上市公司健康状况和高质量发展的影响程度不同，因此按照德尔菲法（Delphi Method）进行了赋权。三级指标数量较多，经过专家团队商讨决定采用算术平均值（等权法）确定标准权重，即在每个单独的二级指标维度下设的三级指标选取等同权重。

专家打分赋权的主要思路是针对每个系统特点组织多名相关行业专家，遵从德尔菲法对每个层级的各项指标横向对比进行重要性判定并予以赋权，具体如下：

第一步：由设计者向所有专家介绍上市公司健康诊断指标体系和赋权规则。

第二步：第一轮专家打分。专家根据上市公司健康诊断指标体系对每个层级的各项指标进行打分，得到初始赋权结果。专家在整个流程中进行匿名打分，且不互相交流。工作人员汇集各位专家打分，计算标准差，标准差小于2可以接受，如大于2则进入第二轮打分。

第三步：第二轮专家打分。由于第一轮专家打分结果标准差大于2，因此进行第二轮打分，将第一轮所有专家打分结果反馈给各个专家，专家根据其他专家意见重新打分或进行修改或确定不变，得到第二轮结果，如标准差接近或小于2可以接受，如大于2则进入第三轮打分。

第四步：第三轮专家打分。将第二轮结果反馈给各个专家，根据其他专家意见重新打分或进行修改或确定不变。以此类推，最终使得专家打分汇总结果的标准差小于2，则接受此结果。

第五步：根据最终结果汇总全部专家意见得到指标赋权权重。

在选取专家团队时，充分考虑了专业性、多元性、独立性和丰富的实践性，参与赋权工作的专家来自高校相关领域的知名教授、上市公司高管、原证监会发审委员会委员、原并购重组委员会委员、中介机构资深合伙人等，如表2-3所示，专家皆具备深厚的理论功底，熟悉上市公司管理实践经验或监管经验等。依托专家经验，将诸多指标按照重要性程度进行赋权，有效地避免了主观性带来的偏差，使得赋权结果更具备实用性，同时兼具了科学性和专业性。

表 2-3　　　　　　　　　　　　　　　　赋权专家名单

专家	情况简介
专家1	管理学博士、教授、博士生导师、金融科学研究员、中国注册会计师、注册资产评估师
专家2	管理学博士、教授、博士生导师、中国注册会计师、资产评估专家
专家3	经济学博士、教授、博士生导师、并购重组研究专家
专家4	经济学博士、教授、博士生导师、中国注册会计师、内控审计专家
专家5	管理学博士、某资产评估公司总裁
专家6	资产评估专家、某资产评估公司高级合伙人
专家7	管理学博士、上市公司财务研究专家
专家8	金融学博士、某公司CEO
专家9	集团公司首席投资官、上市公司副董事长
专家10	上市公司董事会秘书
专家11	上市公司副总经理
专家12	某投资公司总经理兼上市公司高管
专家13	管理学博士、金融研究员

2.3.4　采用层次分析法和标准化法计算健康指数

上市公司健康诊断评价指标体系自下而上包括三级指标健康指数、二级指标健康指数、一级指标健康指数和综合健康指数四个层级，其中三级指标健康指数的计算采用同行业标准化法，其他层级的健康指数计算则采用层次分析法。

（1）基于同行业标准化法和赋值法的三级指标健康指数计算

三级指标的健康指数计算主要包括计算初始健康指数和处理反向指标两个步骤：

第一，计算初始健康指数。依据指标的数值类型不同，计算初始健康指数包括两个方面的算法。一方面，对于"是/否"类型的二值指标，依据指标原始值的"是"与"否"，直接将健康指数赋值为1与0。另一方面，对于连续数值类型的指标，采用同行业标准化方法，具体公式为：$Health\_Index = (Rank/Rank\_max) \times 100$。其中，Rank是指公司某个三级指标原始值在同行业中的排序分值，数值排名越靠前，排序分值越高，取值范围为0至Rank_max。Rank_max是同行业中该指标Rank

值的最大值，Rank_max=N-1，N为行业中公司数量。以某公司2020年数据为例，其2020年净利率为60.62%，在信息服务行业415家公司中排名第6，则公司净利率指标的Rank值为409（415-6），Rank_max值为414，公司净利率的健康指数Score=（409/414）×100=98.79，意味着该公司净利率指标超过了同行业98.79%的公司。连续数值类型的三级指标健康指数在一定程度上是反映了公司该指标在同行业中所处的排序水平，而非传统意义上的分数。换言之，健康指数60并非传统意义上的60分"及格线"，并非健康指数低于60就表示"不及格"。

第二，处理反向指标。对于反向指标需要进行特殊处理，即指标原始值越大、计算的健康指数反而应该越小。反向指标的处理规则为：反向指标健康指数=1-初始健康指数。以同花顺（300033.SZ）的2020年数据为例，同花顺2020年独立董事比例是否低于法定比例这一指标的原始值是"否"，因此初始健康指数是0。但是由于该指标是反向指标，需要进行反向指标的处理。经处理后该指标健康指数为1。

（2）基于层次分析法和加权法的其他层级健康指数计算

其他层级指标健康指数计算采用层次分析法和加权法，父级指标健康指数等于该维度下子级指标健康指数的加权总和，具体公式为：

$$Health\_index_k = \sum_{1}^{n} a_i x_i$$

其中：

$Health\_index_k$表示某个层级（综合、一级或者二级）指标k的健康指数；

n为该指标下设的子级指标数量；

a_i为某个子级指标i的赋权系数；

x_i为某个子级指标i的健康指数。

健康诊断体系一级、二级指标是由专家打分进行赋权，三级指标则为等权。以某公司2020年数据为例：一级指标创利能力下设了5个二级指标，分别是为公司创利、为股东创利、为员工创利、为债权人创利、为政府创利。其中，为政府创利下设了2个三级指标，分别是同行业缴税占比、税收比资产。某公司2020年同行业缴税占比和税收比资产两个指标的健康指数分别为78.06和46.53。由于三级指标是等权，二级指标"为政府创利"的健康指数=78.06×0.5+46.53×0.5=62.295。一级指标健康指数和综合健康指数的计算以此类推。

第3章
中国上市公司健康指数实证分析

健康指数报告构建了我国上市公司健康诊断的指标体系，创建了上市公司健康指数，形成了助力上市公司高质量发展的研究成果。该研究成果是否有效、是否能够诊断健康问题、是否能够发挥助力上市公司高质量发展的作用，还需要通过科学、严谨、规范的实证检验做进一步的验证。

3.1 研究假说

有效资本市场中公司基本面变化能够在股票市场产生显著的市场反应。从公司财务角度考虑，盈利水平较高、成本费用控制较好的公司具有更高的股票超额收益（张腾文、黄友，2008；谢谦等，2019），进一步来看盈余质量的提升也能够增强公司的股票超额收益（王庆文，2005）。从公司治理角度考虑，公司治理质量较高的企业股票具有更高的超额回报，市场投资者对治理良好的企业保持稳定经营和持续发展具有更强的信心，在投资者信心驱动下通过投资行为形成股票溢价（雷光勇等，2012）。上市公司健康诊断基于仿生学视角，从公司经营管理与财务绩效、公司治理与内控、市场监督等各个层面评价上市公司质量。健康指数（即健康诊断结果）较高的上市公司具有更好的基本面质量与更少的风险点，对外部投资者的吸引力更大，进而拥有更高的股票超额回报。基于资本市场上信息传递的及时性要与评价数据可得性考虑，上市公司健康指数可按季度评价。因此，报告提出研究假说1。

研究假说1：健康指数较高的公司在下个季度具有更高的股票超额收益。

企业经营业绩取决于自身内部和外部环境的诸多因素，与竞争优势、经营管理、公司治理、内部控制、外部监督等各个方面都密切相关。从公司内部因素角度考虑，公司治理更加有效的公司通常拥有更好的经营业绩（李维安、唐跃军，2006；周守华等，2008；Bhagat and Bolton，2019），内部控制质量的提升也有助于公司改善自身经营业绩（白默、李海英，2017）。从公司外部因素角度考虑，外部监管能够发挥有效的治理效应，进而提高企业的盈利能力，改善企业的经营绩效（盛丹、刘灿雷，2016；李林木等，2020）。健康指数较高的上市公司综合来看具有更好的基本面质量，在未来能够获得更好的经营业绩。因此，报告提出研究假说2。

研究假说2：健康指数较高的公司在下一年的经营业绩更好。

健康指数较低的公司综合来看基本面质量较差，可能存在治理不规范、信息披露不及时不充分、内控体系不健全、资本资产结构不合理等健康问题，未来更加容易出现经营业绩下滑。因此，报告提出研究假说3。

研究假说3：健康指数较低的公司在下一年经营业绩下滑的可能性更大。

3.2 研究设计

3.2.1 样本选择与数据来源

现以沪深两市A股上市公司2015—2020年度数据为样本，并作如下筛选和处理：（1）剔除刚上市尚未披露财报的次新股。（2）对连续变量（健康指数除外）进行上下1%水平时缩尾处理。

构造健康指数的数据主要基于同花顺大数据，包括定期公告（如年报、季报、社会责任报告等）、临时公告（董事会决议、处罚公告等）、分析师预期、经营数据、治理数据等，部分非结构化数据需通过文本抽取和包含机器学习的自然语言处理等人工智能技术来获取。

3.2.2 实证模型与变量定义

（1）健康指数对公司未来股票回报影响回测

报告以健康指数优选股票池作为资产组合，通过对资产组合的收益曲线进行历史回测来分析健康指数对公司未来股票收益的影响。回测以沪深300指数为基准，调仓周期为每个季度财报披露截止日后的首个交易日，选取健康指数排名前50名的股票形成资产组合进行历史回测。

（2）健康指数对公司未来经营业绩影响的检验模型

借鉴现有文献（王福胜等，2014）在研究公司经营业绩时的模型与变量设计，报告构建如下模型：

$ROA_t(ROE_t) = b_0 + b_1 \times health\_index_{t-1} + b_2 \times ROA_{t-1}(ROE_{t-1}) + b_3 \times Lnsize_{t-1} + b_4 \times NOCF_{t-1} + b_5 \times Income\_growth_{t-1} + Ind$

（3）健康指数对公司未来业绩下滑影响的检验模型

$Netprofit\_drop_t(Income\_drop_t) = b_0 + b_1 \times health\_index_{t-1} + b_2 \times ROA_{t-1}(ROE_{t-1}) + b_3 \times Lnsize_{t-1} + b_4 \times NOCF_{t-1} + b_5 \times Income\_growth_{t-1} + Ind$

实证模型中的主要变量如表3-1所示。

表3-1　主要变量定义

变量类型	变量名	变量含义与计算方法
被解释变量	ROA_t	公司下一年度总资产收益率
	ROE_t	公司下一年度净资产收益率
	$Netprofit\_drop_t$	哑变量，公司下一年净利润下滑取值为1，否则取值为0
	$Income\_drop_t$	哑变量，公司下一年收入下滑取值为1，否则取值为0

续表

变量类型	变量名	变量含义与计算方法
解释变量	health index$_{t-1}$	健康诊断体系得出的健康指数
控制变量	ROA$_{t-1}$	公司当年总资产收益率
	ROE$_{t-1}$	公司当年净资产收益率
	LnSize$_{t-1}$	公司当年总资产的自然对数
	NOCF$_{t-1}$	公司当年经营现金净流量
	Income_growth$_{t-1}$	公司当年营业收入增长率
	Ind	控制行业效应,基于证监会行业分类标准下的一级行业分类

3.2.3 描述性统计分析

主要变量的描述性统计如表3-2所示,样本公司中健康指数最高得分为79.07分(转换为百分制),最低得分为37.40分,Netprofit_drop均值为0.3640,表明有36.40%的样本公司出现净利润下滑。其他变量与已有文献描述性统计基本一致,在合理范围内。

表 3-2 主要变量的描述性统计结果

主要变量	样本数	最小值	最大值	均值	中位数	标准差
ROA	23896	−0.3696	0.2524	0.0436	0.0426	0.0816
Health_index	23896	0.3740	0.7907	0.5979	0.6030	0.0605
Lnsize	23896	19.2804	27.0906	22.0839	21.8890	1.5151
NOCF	23896	−1.3331	0.9791	0.0978	0.0986	0.2604
Netprofit_drop	23896	0	1	0.3640	0	0.4812

3.3 实证结果

(1)健康指数对公司下个季度股票超额回报的影响分析

报告以沪深300指数为基准,选取健康指数排名前50名的股票形成资产组合进行历史回测。健康指数优选50回测结果如表3-3和图3-1所示。回测结果显示,年化绝对收益为44.4%,相比沪深300指数的超额收益为32%,具有非常显著的超额收益。

表 3-3 健康指数优选50进行回测的基本信息

回测区间	2019-05-06—2020-09-30	回测基准	沪深300指数
年化绝对收益	44.4%	年化超额收益	32%
Sharpe	1.724	Sortino	4.622
最大回测	13.7%		

（2）健康指数对公司下一期经营业绩的影响检验

健康指数对公司下一期经营业绩影响的实证结果如表3-4所示。$Health\_Index_{t-1}$ 对下一年ROA和Netprofit_drop的回归系数分别为0.147和-0.159，分别在1%水平和5%的水平上显著，表明健康指数较高的公司在下一年的经营业绩更好，而健康指数较低的公司在下一年经营业绩下滑的可能性更大。即实证结果支持了研究假说2和研究假说3。

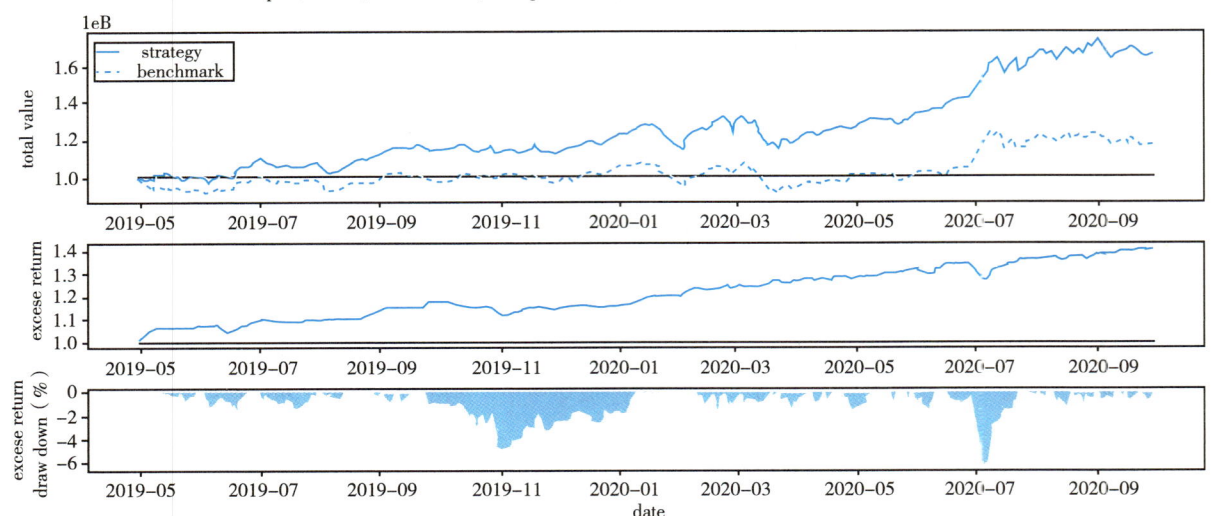

图3-1 健康指数优选50进行回测的收益曲线

表3-4　　　　　健康指数对公司下一期经营业绩的影响检验

	（1）ROA	（2）Netprofit_drop
$Health\_index_{t-1}$	0.147***	-0.159**
	（12.07）	（-2.08）
ROA_{t-1}	0.456***	0.682***
	（31.77）	（15.59）
$Lnsize_{t-1}$	-0.00747***	0.0144***
	（-14.09）	（4.26）
$NOCF_{t-1}$	0.0225***	-0.141***
	（8.97）	（-10.00）
行业	控制	控制
年份	控制	控制
Constant	0.0732***	0.153
	（4.06）	（1.54）
N	17953	17953
Adj R-squared	0.2803	0.0244

说明：10%水平显著标记*，5%水平显著标记**，1%水平显著标记***。

3.4 稳健性检验

（1）健康指数优选100回测

在稳健性检验中报告选取健康指数排名前100名的公司形成资产组合进行历史回测，回测结果如表3-5和图3-2所示，相比于沪深300指数依然具有显著的超额收益。

表 3-5　　　　　　　　　　健康指数优选100进行回测的基本信息

回测区间	2019-05-06—2020-09-30	回测基准	沪深300指数
年化绝对收益	30.6%	年化超额收益	18.2%
Sharpe	1.28	Sortino	2.975
最大回测	13.9%		

（2）健康指数对下一期经营业绩影响稳健性检验

在稳健性检验中，采用ROE作为下一期经营业绩代理变量，营业收入下滑（Income_drop）作为下一期经营业绩下滑的代理变量。表3-6显示了健康指数对公司下一期经营业绩影响的稳健性检验结果。$Health\_Index_{t-1}$对下一年ROE和Income_drop的回归系数分别为0.400和-0.524，均在1%水平上显著，表明了健康指数较高的公司在下一年的经营业绩更好，而健康指数较低的公司在下一年经营业绩下滑的可能性更大。即实证结果支持了研究假说2和研究假说3。

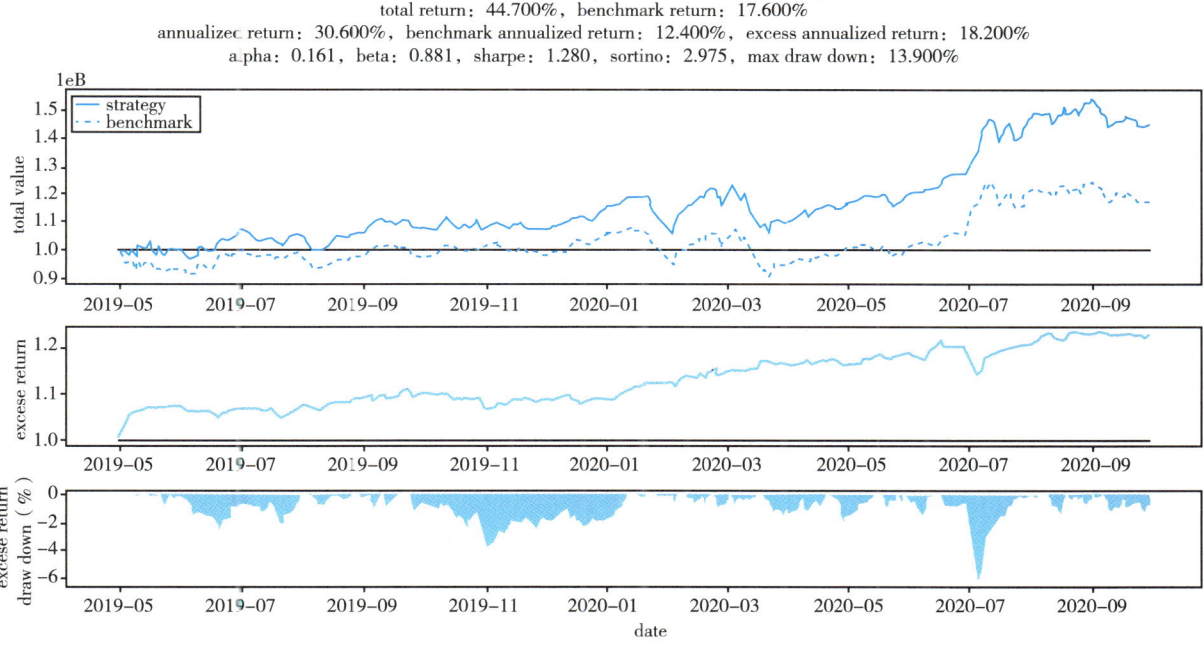

图 3-2　健康指数优选100进行回测的收益曲线

表 3-6　　　　　　　健康指数对公司下一期经营业绩影响的稳健性检验

	（1）ROE	（2）Income_drop
Health_index$_{t-1}$	0.400***	−0.524***
	（13.46）	（−7.65）
ROE$_{t-1}$	0.378***	−0.343***
	（19.02）	（−13.43）
Lnsize$_{t-1}$	−0.0126***	0.0111***
	（−9.97）	（3.61）
NOCF$_{t-1}$	0.0473***	−0.0308**
	（7.49）	（−2.17）
行业	控制	控制
年份	控制	控制
Constant	0.0251	1.195***
	（0.61）	（12.04）
N	17829	17829
R-squared	0.1646	0.0586

说明：10%水平显著标记*，5%水平显著标记**，1%水平显著标记***。

（3）公司是否ST或*ST对健康指数评价结果的影响

在稳健性检验中，考察了上市公司是否ST或*ST对健康指数评价结果的影响。表3-7显示了稳健性检验结果。ST_*ST对公司Health_index的回归系数为−0.0318，在1%水平上显著，表明了ST或者*ST公司的健康指数较低。

表 3-7　　　　　　公司是否 ST 或 *ST 对健康指数评价结果影响的检验

	（1）Health_index
ST_*ST	−0.0318***
	（−19.80）
ROE	0.104***
	（48.97）
Lnsize	0.0213***
	（87.55）
NOCF	0.0132***
	（10.03）
行业	控制
年份	控制
Constant	0.110***
	（13.60）
N	20756
R-squared	0.4259

说明：10%水平显著标记*，5%水平显著标记**，1%水平显著标记***。

（4）健康指数对公司下一期是否ST或*ST的影响

在稳健性检验中，考察了上市公司健康指数评价结果对下一期是否ST或*ST的影响。表3-8显示了稳健性检验结果。$Health\_Index_{t-1}$对ST_*ST的回归系数为-0.553，在1%水平上显著，表明了健康指数越低的公司在下一年被ST或者*ST的可能性越大。

表 3-8　　健康指数对公司下一期是否 ST 或 *ST 影响的稳健性检验

	（1）ST_*ST
$Health\_index_{t-1}$	-0.553***
	(-14.54)
ROE_{t-1}	-0.269***
	(-13.05)
$Lnsize_{t-1}$	0.00224
	(1.27)
$NOCF_{t-1}$	-0.0441***
	(-4.93)
行业	控制
年份	控制
Constant	0.279***
	(5.03)
N	17829
R-squared	0.0828

说明：10%水平显著标记*，5%水平显著标记**，1%水平显著标记***。

3.5　研究结论

本章基于人体仿生学视角，基于大数据、人工智能与专家协同，全面深入分析了上市公司健康程度，建立了综合评价上市公司质量的理论框架。经验证显示健康指数对公司未来市场价值与经营业绩都具有较好的前瞻性和预测性。具体而言：第一，健康指数较高的公司在下个季度具有更高的股票超额回报，因此，我们认为健康指数既可以筛选好公司、差公司，也可以筛选好股票、差股票；第二，健康指数较高的公司在下一年的经营业绩更好；第三，健康指数较低的公司在下一年经营业绩下滑的可能性更大。

本章构建的上市公司健康指数响应了注册制改革背景下提高上市公司质量的国家要求，为企业实现基业长青与监管层引导资本市场持续稳定发展提供了政策启示。一方面，有助于企业科学全面识别自身风险以及在同行业中所处水平，对存在的健康问题做到早发现、早预防、早干预、早治疗，进而实现公司持续经营和健康发展。另一方面，有助于监管层动态监测上市公司风险，顺利实施分类监管，引导上市公司健康经营与股价平稳运行，进而保护投资者尤其是中小投资者的利益，实现资本市场高质量发展，也是落实《国务院关于进一步提高上市公司质量的意见》精神的重要抓手。

第4章
中国上市公司健康指数评价报告

根据同花顺行业分类，全市场共分为24个一级行业、66个二级行业、200个三级行业分类。报告根据2020年上市公司披露年报、公告等公开信息，共计算出4280家上市公司的健康指数。24个一级行业和上市公司数量分布分别为：机械设备（637家）、信息服务（404家）、化工（388家）、医药生物（382家）、电子（321家）、交运设备（219家）、公用事业（202家）、建筑材料（202家）、信息设备（157家）、有色金属（137家）、轻工制造（135家）、房地产（125家）、交通运输（123家）、金融服务（123家）、食品饮料（119家）、商业贸易（108家）、纺织服装（92家）、农林牧渔（92家）、国防军工（80家）、家用电器（70家）、采掘（63家）、黑色金属（36家）、餐饮旅游（34家）、综合（31家）[①]。

经过近几年的中美贸易摩擦以及2020年新冠疫情冲击影响，不断证明了工业和高科技产业体系的完整性和完备性对国家发展的重要意义。对比当前中美资本市场上万亿市值以上的公司：美国方面，苹果2.2万亿美元、微软2万亿美元、亚马逊1.7万亿美元、谷歌C1.7万亿美元、谷歌A1.6万亿美元、脸谱网1万亿美元；中国方面，贵州茅台4090亿美元、工商银行2687亿美元、招商银行2144亿美元、建设银行2006亿美元、中国平安1847亿美元、五粮液1841亿美元、宁德时代1781亿美元、农业银行1615亿美元。从对比中我们可以看到，美国超大规模的头部公司都是高科技公司，其6家公司的市值规模高达9万亿美元，是我国2020年GDP总量的60%左右。而我国资本市场市值前8名的公司中有2家酒企、5家金融企业，只有1家科技企业，这种差距是显而易见的。金融服务和房地产行业为我国经济发展贡献了极大的力量，然而，制造业是立国之基，强国之本，科技创新才能引领未来，我们在"十四五"规划中也提到把科技自立自强作为国家发展的战略支撑，未来也是我们从制造大国向制造强国迈进的重要时期，报告中我们剔除金融和房地产，也是刻意向国家把控的战略大方向靠拢，也是为我国制造业、科技创新、实体经济发展贡献力量，以专注于非金融和房地产行业的上市公司的健康、高质量发展。

本报告致力于研究中国上市公司整体情况，为国家发展战略服务，重点促进实体经济中上市公司的高质量发展，同时，剔除了123家金融服务类上市公司，以及125家房地产类上市公司，对余下22个一级行业、61个二级行业、194个三级行业共4032家上市公司进行整体分析。

企业是促进经济发展的重要市场主体，上市公司是企业中的优等生。上市公司高质量发展含义

[①] 括号内为报告统计分析的2020年同花顺一级行业分类上市公司数量（家数），同时由于次新股、新上市公司缺乏足够数据，因此不在报告研究范围内。

是什么？如何评价上市公司是高质量发展？报告构建的健康诊断体系，创设的上市公司健康指数能够较好地回答这一系列问题。

本报告共有总论、年度篇、地区篇、产权篇、重点产业链篇、综合篇六大部分16章内容。

第一篇是总论。包括上市公司健康诊断的背景和理论依据，上市公司健康指数评价总体框架、设计思路和方法，健康指数实证分析，健康指数评价报告框架，以及2020年中国上市公司健康指数前100名介绍。该部分是整个报告的基础，介绍指数的来源、诊断的方法、实证的结论以及整个报告的布局等内容。

第二篇是年度篇，主要分析上市公司最新年度和跨年度的健康指数和8大系统指数情况。第6章主要介绍根据上市公司健康诊断指标体系综合评价得出的2020年中国上市公司的综合健康指数。在本章提供中国资本市场部分上市公司2020年的健康指数以及8大系统指数和排名情况。第7章主要介绍中国上市公司自2015—2020年以来的健康指数和8大系统指数变动和排名情况。

第三篇是地区篇，主要分析我国上市公司2020年在省级行政区域和地理区域上的健康指数和8大系统指数情况。第8章主要介绍我国不包括港澳台在内的31个省（自治区、直辖市）的上市公司健康指数。第9章主要从东北、华北、西北、华南、华东、华中、西南七个经济协作区的地理区域角度对我国上市公司进行健康指数比较。

第四篇是产权篇，主要分析我国上市公司在民营、国有等不同性质产权下的综合健康指数和8大系统指数情况。根据同花顺分类，实控人是央企或者国家国资委，就视为中央控股上市公司，如果是地方政府或者地方国资委，就是地方控股上市公司。第10章主要介绍我国民营和国有上市公司两类产权性质下的上市公司健康指数比较。第11章主要从中央控股和地方国有控股两个角度对上市公司进行健康指数比较。

第五篇是重点产业链篇，主要从产业链的角度分析未来新兴产业内的上市公司综合健康指数和8大系统指数情况。一共分为3章，分别涉及芯片、光伏、医药生物三个未来重点产业。

第六篇是综合篇。主要包括2020年4032家上市公司健康指数全排名和运用并购重组手段，助力实体经济可持续、高质量发展。

本报告的特色是通过构建上市公司健康诊断评价体系，对我国上市公司进行全面诊断分析，从健康的角度评价我国上市公司的高质量发展水平。同时根据年度、地区、产权和重点产业的多个维度分析，有利于上市公司自身和各级政府、监管部门、金融机构、广大投资者以及研究机构等对我国上市公司有个全面清晰的认识，从各组织机构的目标、功能以及具体需求等方面充分利用该报告研究的成果。

4.1 关于健康指数的说明和整体分布情况

上市公司健康指数是指从法人治理、外部监督、创利能力、竞争态势、产品销售、价值再造、资产资本结构、内部控制8个系统对上市公司发展质量的量化评价结果。基于健康诊断评价指标体系，健康指数包括4个层级：综合健康指数，一级指标健康指数、二级指标健康指数、三级指标健康指数。其中，三级指标健康指数主要通过同行业标准化法和赋值法计算，连续数值类型的三级指标健康指数在一定程度上是反映了公司该指标在同行业中所处的排序水平，而非传统意义上的分数，即健康指数60并非传统意义上的60分"及格线"，健康指数低于60也并非意味着"不及格"。综合健康指数、一级指标健康指数和二级指标健康指数则通过层次分析法和加权法计算，分别反映了上市公司质量的综合水平、八个系统各自的质量水平和健康状况、每个系统下设的二级维度各自的质量水平和健康状况。通过构建与计算4个层级的健康指数，实现了对上市公司质量的分级诊断，既能把脉上市公司总体健康状况，又能追踪上市公司健康问题的风险源头。

根据我国上市公司2020年报、公告、新闻、投资者问答等公开数据和信息（下同），最终得到我国上市公司健康指数。从整体来看，报告统计的4032家上市公司整体健康指数平均水平为61.72，平均水平以上的上市公司有2117家，从综合指数健康区间上看，主要分布如图4-1所示。

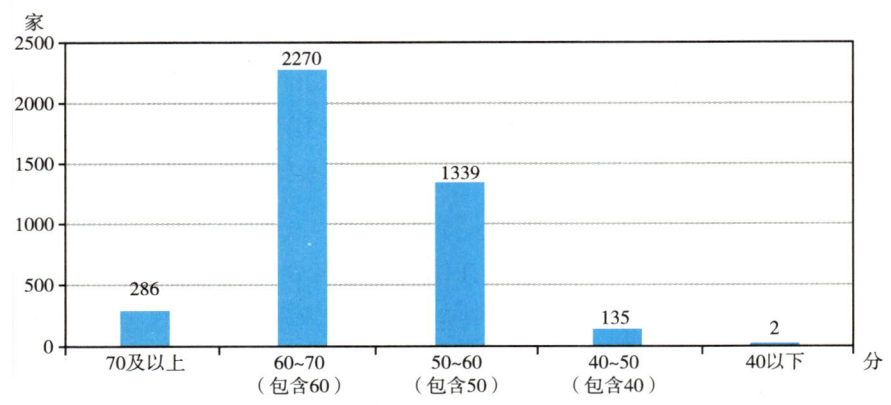

图4-1 中国上市公司综合健康指数分布情况

从同花顺22个一级行业细分来看，4032家上市公司在22个一级行业内的综合健康指数分布情况如表4-1所示。

表4-1　　　　　　　　　　不同行业上市公司综合健康指数分布情况

一级行业_同花顺	数量	70~80	60~70	50~60	40~50	30~40
采掘	63	4	41	14	4	
餐饮旅游	34	4	16	12	2	
电子	321	14	178	117	12	
纺织服装	92	4	51	31	5	1
公用事业	202	19	119	60	4	
国防军工	80	6	49	23	2	
黑色金属	36	8	17	11		
化工	388	20	238	120	10	
机械设备	637	35	340	247	15	
家用电器	70	9	33	25	3	
建筑材料	202	20	111	64	7	
交通运输	123	14	69	39	1	

续表

一级行业_同花顺	数量	70~80	60~70	50~60	40~50	30~40
交运设备	219	16	119	80	4	
农林牧渔	92	8	53	29	2	
轻工制造	135	8	75	48	4	
商业贸易	108	11	64	29	4	
食品饮料	119	7	67	40	5	
信息服务	404	23	234	124	23	
信息设备	157	16	83	52	6	
医药生物	382	26	222	121	13	
有色金属	137	11	77	42	6	1
综合	31	3	14	11	3	
总计	4032	286	2270	1339	135	2

数据来源：同花顺、中关村国睿金融与产业发展研究会。

4.2 上市公司健康指数——年度篇概况

上市公司年度健康指数报告是从时间的维度分析我国上市公司的健康指数以及高质量发展情况，提供最新年度的上市公司健康指数以及跨年度（2015—2020年度）我国上市公司健康指数的变动情况。

在最新年度2021年指数报告中，详细给出了我国4032家上市公司在2020年度的综合健康指数，以及在法人治理、外部监督、创利能力、产品销售、竞争态势、价值再造、资产资本结构、内部控制共8大系统的健康指数情况。通过最新年度健康诊断指数可以在行业、地区、产权等不同维度内对比各家上市公司的健康指数排名以及在行业内发展所处的综合位置，有利于明确定位，对标参考。同时，根据8大系统健康指数和排名，也可以更进一步的细化到上市公司的各项系统模块，在行业内对标参考，进行精细化管理升级和优化等。

在跨年度（2015—2020）的指数报告中，详细给出了我国上市公司各行业历年健康指数的变动情况，根据变动可以清晰地展现出各行业在近年来的整体发展情况（见表4-2）。

表4-2　　　2015—2020年分行业上市公司数量和综合健康指数平均水平情况

行业	2015		2016		2017		2018		2019		2020	
	数量	平均水平	数量	平均水平	数量	平均水平	数量	平均水平	数量	平均水平	数量	平均水平
采掘	65	58.27	63	59.31	62	59.98	62	60.94	65	60.89	63	62.50
餐饮旅游	35	58.27	34	58.62	33	60.47	33	60.80	33	60.41	34	61.88
电子	249	57.48	278	57.62	323	57.75	316	58.85	317	58.85	321	61.40
纺织服装	98	58.25	96	58.96	100	58.85	98	59.98	97	59.26	92	61.01

续表

行业	2015		2016		2017		2018		2019		2020	
	数量	平均水平	数量	平均水平	数量	平均水平	数量	平均水平	数量	平均水平	数量	平均水平
公用事业	143	58.10	157	58.54	183	58.84	194	60.08	196	60.09	202	62.42
国防军工	39	57.06	46	57.56	61	57.34	70	59.60	76	60.07	80	62.12
黑色金属	32	59.33	35	59.69	35	60.45	35	61.01	35	61.71	36	63.90
化工	358	57.55	372	58.50	400	58.42	393	59.70	391	59.66	388	61.99
机械设备	584	57.89	607	58.49	661	58.21	650	59.16	645	59.34	637	61.23
家用电器	64	59.06	67	59.26	72	58.76	71	60.04	68	60.18	70	61.73
建筑材料	201	58.20	203	58.96	219	59.17	216	60.37	210	60.29	202	62.08
交通运输	106	57.91	112	58.85	117	59.81	123	60.75	124	60.99	123	62.79
交运设备	174	57.61	180	58.19	201	58.32	214	59.79	217	59.47	219	61.38
农林牧渔	95	58.61	95	58.90	94	59.46	91	60.29	90	59.98	92	61.90
轻工制造	135	57.24	136	58.54	144	58.64	138	60.01	136	59.74	135	61.78
商业贸易	108	58.09	108	59.10	115	59.14	112	60.15	107	60.17	108	62.00
食品饮料	99	58.15	106	58.65	119	58.07	119	59.18	120	59.78	119	61.56
信息服务	290	57.64	341	58.03	380	58.68	394	59.53	402	59.70	404	61.44
信息设备	137	57.82	146	58.90	157	58.86	160	60.14	160	59.86	157	61.75
医药生物	291	58.09	312	58.62	363	58.11	367	59.53	375	59.58	382	61.84
有色金属	124	58.26	124	58.78	138	58.93	143	59.69	138	59.38	137	61.75
综合	39	57.56	35	57.20	35	57.60	30	57.64	28	58.39	31	59.82
总计	3466	57.90	3653	58.51	4012	58.55	4029	59.68	4030	59.69	4032	61.72

数据来源：同花顺、中关村国睿金融与产业发展研究会。

注：为增加年度分析的可比性，报告将当年能够分析的上市公司以及非上市公司（三年内上市）统一纳入分析口径。实际情况中，剔除金融和房地产行业后，2015—2020年上市公司数量分别为2588家、2819家、3242家、3334家、3513家和4032家。

4.3 上市公司健康指数——地区篇概况

一般来说，上市公司基本上都是中国企业中的"优等生"，属于质地较好的公司。一个区域经济发展的整体实力强弱也可以通过该地区上市公司数量的多少来判断。当前，不少地方政府将培育和推动公司上市作为地方经济发展的重要抓手，设立各类推动地方公司上市的计划和指标，大力促进本地区的公司上市。

上市公司地区健康指数报告是从地区的维度分析我国上市公司的健康指数以及高质量发展情况，提供最新年度的不同省级行政区域和地理区域内上市公司健康指数。

在行政区域指数报告中，详细给出了我国大陆31个省（自治区、直辖市）的上市公司的健康指数，以及在法人治理、外部监督、创利能力、产品销售、竞争态势、价值再造、资产资本结构、内部控制8大系统方面的健康指数。通过省际比较，能够清晰地展现出我国不同省份上市公司的整体数量、高质量发展情况以及8大系统的具体比较，有利于发现省际差距水平，进一步深究问题，对各省政府或相关部门提供指导（见表4-3）。

表 4-3 各一级行政区域内上市公司分布情况

省份（直辖市、自治区）	上市公司数量（家）
广东省	667
浙江省	524
江苏省	483
北京市	353
上海市	312
山东省	227
福建省	149
四川省	136
安徽省	127
湖南省	113
湖北省	110
河南省	86
辽宁省	72
河北省	60
江西省	56
陕西省	54
新疆维吾尔自治区	54
天津市	53
重庆市	49
吉林省	42
山西省	39
广西壮族自治区	35
黑龙江省	34
甘肃省	33
云南省	33
海南省	31
贵州省	29
内蒙古自治区	24
西藏自治区	18
宁夏回族自治区	15
青海省	11
—（华润微、中芯国际、九号公司）*	3

数据来源：同花顺、中关村国睿金融与产业发展研究会。

*注：三家公司注册地非中国境内省市，故单列。

在地理区域的指数报告中，按照经济协作区的划分方式，详细给出了我国东北、华北、西北、华南、华东、华中、西南等七大地理区域上市公司的综合健康指数及发展情况。华北地区包括北京市、天津市、河北省、山西省、内蒙古自治区；东北地区包括黑龙江省、吉林省、辽宁省；华东地区包括上海市、江苏省、浙江省、安徽省、江西省、山东省、福建省；华中地区包括河南省、湖北省、湖南省；华南地区包括广东省、广西壮族自治区、海南省；西南地区包括重庆市、四川省、贵州省、云南省、西藏自治区；西北地区包括陕西省、甘肃省、青海省、宁夏回族自治区、新疆维吾尔自治区。为国家有关部门或监管机构在把握不同区域内上市公司整体情况，因地制宜地促进区域经济发展提供参考和指导（见表4-4）。

中国上市公司健康指数报告（2021）

表4-4 各经济地理区域上市公司行业分布情况

单位：家

一级行业	上市公司数量	华东 上市公司数量	华东 行业占比	华南 上市公司数量	华南 行业占比	华北 上市公司数量	华北 行业占比	华中 上市公司数量	华中 行业占比	西北 上市公司数量	西北 行业占比	西南 上市公司数量	西南 行业占比	东北 上市公司数量	东北 行业占比
采掘	63	14	22.22%	4	6.35%	29	46.03%	4	6.35%	7	11.11%	3	4.76%	2	3.17%
餐饮旅游	34	9	26.47%	6	17.65%	6	17.65%	3	8.82%	4	11.76%	4	11.76%	2	5.88%
电子	321	134	41.74%	129	40.19%	21	6.54%	24	7.48%	3	0.93%	5	1.56%	5	1.56%
纺织服装	92	63	68.48%	16	17.39%	5	5.43%	4	4.35%	3	3.26%	1	1.09%	0	0.00%
公用事业	202	62	30.69%	32	15.84%	39	19.31%	17	8.42%	15	7.43%	25	12.38%	12	5.94%
国防军工	80	20	25.00%	6	7.50%	21	26.25%	9	11.25%	10	12.50%	11	13.75%	3	3.75%
黑色金属	36	17	47.22%	2	5.56%	6	16.67%	3	8.33%	3	8.33%	1	2.78%	4	11.11%
化工	388	220	56.70%	50	12.89%	26	6.70%	33	8.51%	17	4.38%	29	7.47%	13	3.35%
机械设备	637	376	59.03%	89	13.97%	44	6.91%	49	7.69%	23	3.61%	28	4.40%	28	4.40%
家用电器	70	44	62.86%	19	27.14%	1	1.43%	2	2.86%	0	0.00%	4	5.71%	0	0.00%
建筑材料	202	84	41.58%	40	19.80%	33	16.34%	13	6.44%	12	5.94%	17	8.42%	3	1.49%
交通运输	123	56	45.53%	30	24.39%	14	11.38%	7	5.69%	3	2.44%	6	4.88%	7	5.69%
交运设备	219	128	58.45%	24	10.96%	24	10.96%	13	5.94%	1	0.46%	16	7.31%	13	5.94%
农林牧渔	92	33	35.87%	12	13.04%	9	9.78%	17	18.48%	13	14.13%	4	4.35%	4	4.35%
轻工制造	135	81	60.00%	34	25.19%	8	5.93%	2	1.48%	3	2.22%	4	2.96%	3	2.22%
商业贸易	108	56	51.85%	16	14.81%	8	7.41%	8	7.41%	7	6.48%	7	6.48%	6	5.56%
食品饮料	119	52	43.70%	14	11.76%	12	10.08%	15	12.61%	11	9.24%	13	10.92%	2	1.68%
信息服务	404	158	39.11%	73	18.07%	117	28.96%	19	4.70%	7	1.73%	19	4.70%	11	2.72%
信息设备	157	52	32.91%	53	33.54%	22	14.56%	16	10.13%	1	0.63%	8	5.06%	5	3.16%
医药生物	382	154	40.31%	62	16.23%	58	15.18%	36	9.42%	12	3.14%	42	10.99%	18	4.71%
有色金属	137	59	43.07%	15	10.95%	16	11.68%	13	9.49%	12	8.76%	17	12.41%	5	3.65%
综合	31	8	25.81%	7	22.58%	11	35.48%	2	6.45%	0	0.00%	1	3.23%	2	6.45%
总计	4032	1880		733		530		309		167		265		148	

数据来源：同花顺、中关村国睿金融与产业发展研究会。

4.4 上市公司健康指数——产权篇概况

上市公司产权健康指数报告是从产权的维度分析我国上市公司的健康指数以及高质量发展情况，提供最新年度不同产权性质下的上市公司健康指数情况。

民营和国有资本是我国经济发展的双引擎，在完善市场机制，全面深化国企改革，促进鼓励更高水平竞争的背景下，民营资本和国有资本上市公司的健康情况和高质量发展情况较为引人注目。

在民营和国有上市公司的健康指数报告中，详细给出了我国所有民营上市公司和国有控股上市公司在2020年度的健康指数情况，以及在法人治理、外部监督、创利能力、产品销售、竞争态势、价值再造、资产资本结构、内部控制8大系统方面的健康指数。通过最新年度健康诊断指数可以在行业内对比民营和国有上市公司的指数排名以及在行业内发展所处的综合位置，有利于发现差距，对标参考。同时，根据8大系统健康指数和排名，也可以更进一步地细化到上市公司的各项系统模块，在民营和国有性质之间对标参考，有利于为国有企业改革提供思路指导，也有利于为民营企业发展树立参考目标。

在报告分析的4032家上市公司中，其中国有企业1115家，非国有企业2917家。在国有企业中，中央控股的国有企业380家，地方控股的国有企业735家，如表4-5所示。

在中央和地方控股的国有上市公司分析中，进一步地细化了我国国有控股上市公司的发展情况，有利于中央政府和地方政府在国有企业改革中有的放矢，精准把控，不断增强国有经济活力、控制力和影响力。

表 4-5 国有控股和非国有控股上市公司行业分布和综合健康指数平均水平

一级行业	行业上市公司数量	国有控股		非国有控股	
		综合健康指数平均水平	行业上市公司数量	综合健康指数平均水平	行业上市公司数量
采掘	63	64.7	41	58.41	22
餐饮旅游	34	63.29	21	59.61	13
电子	321	63.21	48	61.09	273
纺织服装	92	60.77	10	61.04	82
公用事业	202	64.36	113	59.97	89
国防军工	80	65.28	43	58.45	37
黑色金属	36	65.94	23	60.29	13
化工	388	64.10	101	61.25	287
机械设备	637	63.38	116	60.75	521
家用电器	70	64.67	12	61.13	58
建筑材料	202	65.24	76	60.17	126
交通运输	123	64.02	81	60.41	42
交运设备	219	64.46	51	60.45	168
农林牧渔	92	62.14	30	61.79	62

续表

一级行业	行业上市公司数量	国有控股		非国有控股	
		综合健康指数平均水平	行业上市公司数量	综合健康指数平均水平	行业上市公司数量
轻工制造	135	63.03	18	61.58	117
商业贸易	108	64.5	48	60	60
食品饮料	119	64.02	34	60.58	85
信息服务	404	63.79	91	60.76	313
信息设备	157	65.85	34	60.61	123
医药生物	382	64.11	66	61.36	316
有色金属	137	65.49	44	59.98	93
综合	31	62.98	14	57.22	17
总计	4032	64.18	1115	60.77	2917

数据来源：同花顺、中关村国睿金融与产业发展研究会。

4.5 上市公司健康指数——重点产业链篇概况

《"十四五"规划和2035年远景纲要》中第9章提出"'发展壮大战略性新兴产业'，着眼于抢占未来产业发展先机，培育先导性和支柱性产业，推动战略性新兴产业融合化、集群化、生态化发展，战略性新兴产业增加值占GDP比重超过17%"，对未来产业的发展方向和具体目标做出了新的规划。

从战略高度结合我国当前的情况以及我国政府为未来新兴重点产业布局，报告特选取了芯片、光伏、医药生物等未来重点产业链进行分析，以呈现出我国重点产业链中上市公司当前的发展状况，有利于各级政府和投资者掌握我国新兴产业下各上市公司的发展情况，在制定政策或投资时提供参考。

报告根据同花顺产业链研究中心的研究，梳理了芯片产业链上86家上市公司，光伏产业链上157家上市公司，医药生物产业链上353家上市公司的数据，并进行了分析（见表4-6）。

表 4-6　　　　　　　　　　产业链上市公司数量和综合健康指数平均水平情况

产业链	上市公司数量	综合健康指数平均水平
芯片	86	63.04
光伏	83	61.44
医药生物	353	61.91

数据来源：同花顺、中关村国睿金融与产业发展研究会。

第 5 章
中国上市公司健康指数前 100 名

根据健康指标体系对我国上市公司 2020 年已经公布的年报、公告、投资者问答、舆情等内容的抓取、计算，得出 2020 年我国上市公司的综合健康指数，8 大系统健康指数，本章节公布我国上市公司综合健康指数前 100 名的上市公司以及 8 大系统健康指数前 100 名的上市公司。

5.1 中国上市公司综合健康指数前 100 名

根据 4032 家上市公司综合健康指数排名，得出我国上市公司综合健康指数前 100 名的上市公司（见表 5-1）。

表 5-1　　　　　　　　　　2020 年中国上市公司健康指数前 100 名

排名	公司代码	公司名称	综合健康指数	一级行业	行业排名	省份	地级市	产权性质	地理区域
1	000932.SZ	华菱钢铁	78.49	黑色金属	1/36	湖南省	长沙市	国有企业	华中地区
2	603288.SH	海天味业	76.59	食品饮料	1/119	广东省	佛山市	非国有企业	华南地区
3	002911.SZ	佛燃能源	76.53	公用事业	1/202	广东省	佛山市	国有企业	华南地区
4	000568.SZ	泸州老窖	76.17	食品饮料	2/119	四川省	泸州市	国有企业	西南地区
5	002030.SZ	达安基因	76.14	医药生物	1/382	广东省	广州市	国有企业	华南地区
6	600522.SH	中天科技	76.04	信息设备	1/157	江苏省	南通市	非国有企业	华东地区
7	002758.SZ	浙农股份	75.50	商业贸易	1/108	浙江省	绍兴市	非国有企业	华东地区
8	600845.SH	宝信软件	75.32	信息服务	1/404	上海市	浦东新区	国有企业	华东地区
9	002091.SZ	江苏国泰	75.19	商业贸易	2/108	江苏省	苏州市	非国有企业	华东地区
10	000651.SZ	格力电器	75.12	家用电器	1/70	广东省	珠海市	非国有企业	华南地区
11	000906.SZ	浙商中拓	74.98	商业贸易	3/108	浙江省	杭州市	国有企业	华东地区
12	600350.SH	山东高速	74.92	交通运输	1/123	山东省	济南市	国有企业	华东地区
13	601888.SH	中国中免	74.87	餐饮旅游	1/34	北京市	东城区	国有企业	华北地区
14	600900.SH	长江电力	74.81	公用事业	2/202	北京市	海淀区	国有企业	华北地区
15	300760.SZ	迈瑞医疗	74.71	医药生物	2/382	广东省	深圳市	非国有企业	华南地区
16	601985.SH	中国核电	74.60	公用事业	3/202	北京市	海淀区	国有企业	华北地区
17	000800.SZ	一汽解放	74.55	交运设备	1/219	吉林省	长春市	国有企业	东北地区
18	600710.SH	苏美达	74.54	商业贸易	4/108	江苏省	南京市	国有企业	华东地区

续表

排名	公司代码	公司名称	综合健康指数	一级行业	行业排名	省份	地级市	产权性质	地理区域
19	001965.SZ	招商公路	74.53	交通运输	2/123	天津市	滨海新区	国有企业	华北地区
20	603060.SH	国检集团	74.51	综合	1/31	北京市	朝阳区	国有企业	华北地区
21	600031.SH	三一重工	74.44	机械设备	1/637	北京市	昌平区	非国有企业	华北地区
22	601877.SH	正泰电器	74.28	机械设备	2/637	浙江省	温州市	非国有企业	华东地区
23	603123.SH	翠微股份	74.25	商业贸易	5/108	北京市	海淀区	国有企业	华北地区
24	002056.SZ	横店东磁	74.10	有色金属	1/137	浙江省	金华市	非国有企业	华东地区
25	600820.SH	隧道股份	74.03	建筑材料	1/202	上海市	徐汇区	国有企业	华东地区
26	002230.SZ	科大讯飞	74.03	信息服务	2/404	安徽省	合肥市	非国有企业	华东地区
27	600406.SH	国电南瑞	74.02	机械设备	3/637	江苏省	南京市	国有企业	华东地区
28	601100.SH	恒立液压	73.95	机械设备	4/637	江苏省	常州市	非国有企业	华东地区
29	002003.SZ	伟星股份	73.86	纺织服装	1/92	浙江省	台州市	非国有企业	华东地区
30	002563.SZ	森马服饰	73.81	纺织服装	2/92	浙江省	温州市	非国有企业	华东地区
31	300188.SZ	美亚柏科	73.57	信息服务	3/404	福建省	厦门市	国有企业	华东地区
32	600637.SH	东方明珠	73.50	信息服务	4/404	上海市	徐汇区	国有企业	华东地区
33	002818.SZ	富森美	73.46	商业贸易	6/108	四川省	成都市	非国有企业	西南地区
34	002158.SZ	汉钟精机	73.42	机械设备	5/637	上海市	金山区	非国有企业	华东地区
35	600426.SH	华鲁恒升	73.39	化工	1/388	山东省	德州市	国有企业	华东地区
36	002304.SZ	洋河股份	73.33	食品饮料	3/119	江苏省	宿迁市	国有企业	华东地区
37	000708.SZ	中信特钢	73.26	黑色金属	2/36	湖北省	黄石市	国有企业	华中地区
38	601598.SH	中国外运	73.24	交通运输	3/123	北京市	海淀区	国有企业	华北地区
39	002912.SZ	中新赛克	73.21	信息设备	2/157	广东省	深圳市	非国有企业	华南地区
40	000400.SZ	许继电气	73.17	机械设备	6/637	河南省	许昌市	国有企业	华中地区
41	600985.SH	淮北矿业	73.16	采掘	1/63	安徽省	淮北市	国有企业	华东地区
42	601899.SH	紫金矿业	73.14	有色金属	2/137	福建省	龙岩市	国有企业	华东地区
43	600298.SH	安琪酵母	73.12	农林牧渔	1/92	湖北省	宜昌市	国有企业	华中地区
44	300628.SZ	亿联网络	73.06	信息设备	3/157	福建省	厦门市	非国有企业	华东地区
45	600809.SH	山西汾酒	73.01	食品饮料	4/119	山西省	吕梁市	国有企业	华北地区
46	600761.SH	安徽合力	72.95	机械设备	7/637	安徽省	合肥市	国有企业	华东地区
47	002110.SZ	三钢闽光	72.93	黑色金属	3/36	福建省	三明市	国有企业	华东地区
48	000830.SZ	鲁西化工	72.93	化工	2/388	山东省	聊城市	国有企业	华东地区
49	600582.SH	天地科技	72.93	机械设备	8/637	北京市	朝阳区	国有企业	华北地区
50	002302.SZ	西部建设	72.93	建筑材料	2/202	新疆	乌鲁木齐市	国有企业	西北地区
51	300498.SZ	温氏股份	72.93	农林牧渔	2/92	广东省	云浮市	非国有企业	华南地区
52	601360.SH	三六零	72.88	信息服务	5/404	天津市	西青区	非国有企业	华北地区
53	002430.SZ	杭氧股份	72.87	化工	3/388	浙江省	杭州市	非国有企业	华东地区
54	600176.SH	中国巨石	72.85	化工	4/388	浙江省	嘉兴市	国有企业	华东地区
55	000786.SZ	北新建材	72.81	建筑材料	3/202	北京市	海淀区	国有企业	华北地区
56	000021.SZ	深科技	72.78	信息设备	4/157	广东省	深圳市	国有企业	华南地区

续表

排名	公司代码	公司名称	综合健康指数	一级行业	行业排名	省份	地级市	产权性质	地理区域
57	601088.SH	中国神华	72.72	采掘	2/63	北京市	东城区	国有企业	华北地区
58	300124.SZ	汇川技术	72.69	机械设备	9/637	广东省	深圳市	非国有企业	华南地区
59	600039.SH	四川路桥	72.64	建筑材料	4/202	四川省	成都市	国有企业	西南地区
60	603882.SH	金域医学	72.63	医药生物	3/382	广东省	广州市	非国有企业	华南地区
61	600562.SH	国睿科技	72.62	国防军工	1/80	江苏省	南京市	国有企业	华东地区
62	601965.SH	中国汽研	72.62	交运设备	2/219	重庆市	渝北区	国有企业	西南地区
63	300033.SZ	同花顺	72.56	信息服务	6/404	浙江省	杭州市	非国有企业	华东地区
64	002493.SZ	荣盛石化	72.56	化工	5/388	浙江省	杭州市	非国有企业	华东地区
65	601117.SH	中国化学	72.51	建筑材料	5/202	北京市	东城区	国有企业	华北地区
66	002080.SZ	中材科技	72.45	化工	6/388	江苏省	南京市	国有企业	华东地区
67	601216.SH	君正集团	72.42	化工	7/388	内蒙古	乌海市	非国有企业	华北地区
68	600309.SH	万华化学	72.37	化工	8/388	山东省	烟台市	国有企业	华东地区
69	002838.SZ	道恩股份	72.35	化工	9/388	山东省	烟台市	非国有企业	华东地区
70	600741.SH	华域汽车	72.35	交运设备	3/219	上海市	静安区	国有企业	华东地区
71	000858.SZ	五粮液	72.35	食品饮料	5/119	四川省	宜宾市	国有企业	西南地区
72	600276.SH	恒瑞医药	72.34	医药生物	4/382	江苏省	连云港市	非国有企业	华东地区
73	002010.SZ	传化智联	72.31	交通运输	4/123	浙江省	杭州市	非国有企业	华东地区
74	002801.SZ	微光股份	72.29	机械设备	10/637	浙江省	杭州市	非国有企业	华东地区
75	002046.SZ	国机精工	72.28	机械设备	11/637	河南省	洛阳市	国有企业	华中地区
76	002032.SZ	苏泊尔	72.26	家用电器	2/70	浙江省	台州市	非国有企业	华东地区
77	688111.SH	金山办公	72.24	信息服务	7/404	北京市	海淀区	非国有企业	华北地区
78	002385.SZ	大北农	72.22	农林牧渔	3/92	北京市	海淀区	非国有企业	华北地区
79	300408.SZ	三环集团	72.20	电子	1/321	广东省	潮州市	非国有企业	华南地区
80	000550.SZ	江铃汽车	72.19	交运设备	4/219	江西省	南昌市	国有企业	华东地区
81	000333.SZ	美的集团	72.17	家用电器	3/70	广东省	佛山市	非国有企业	华南地区
82	002139.SZ	拓邦股份	72.17	电子	2/321	广东省	深圳市	非国有企业	华南地区
83	300782.SZ	卓胜微	72.16	电子	3/321	江苏省	无锡市	非国有企业	华东地区
84	002841.SZ	视源股份	72.14	电子	4/321	广东省	广州市	非国有企业	华南地区
85	300638.SZ	广和通	72.14	信息设备	5/157	广东省	深圳市	非国有企业	华南地区
86	000977.SZ	浪潮信息	72.13	信息设备	6/157	山东省	济南市	国有企业	华东地区
87	002152.SZ	广电运通	72.08	信息设备	7/157	广东省	广州市	国有企业	华南地区
88	000630.SZ	铜陵有色	72.07	有色金属	3/137	安徽省	铜陵市	国有企业	华东地区
89	002059.SZ	云南旅游	72.07	餐饮旅游	2/34	云南省	昆明市	国有企业	西南地区
90	002643.SZ	万润股份	72.06	化工	10/388	山东省	烟台市	国有企业	华东地区
91	000625.SZ	长安汽车	72.01	交运设备	5/219	重庆市	江北区	国有企业	西南地区
92	002975.SZ	博杰股份	72.01	机械设备	12/637	广东省	珠海市	非国有企业	华南地区
93	600104.SH	上汽集团	72.00	交运设备	6/219	上海市	浦东新区	国有企业	华东地区
94	601000.SH	唐山港	71.97	交通运输	5/123	河北省	唐山市	国有企业	华北地区
95	600486.SH	扬农化工	71.96	化工	11/388	江苏省	扬州市	国有企业	华东地区
96	001872.SZ	招商港口	71.94	交通运输	6/123	广东省	深圳市	国有企业	华南地区

续表

排名	公司代码	公司名称	综合健康指数	一级行业	行业排名	省份	地级市	产权性质	地理区域
97	603100.SH	川仪股份	71.92	机械设备	13/637	重庆市	北碚区	国有企业	西南地区
98	601636.SH	旗滨集团	71.92	建筑材料	6/202	湖南省	株洲市	非国有企业	华中地区
99	600795.SH	国电电力	71.92	公用事业	4/202	辽宁省	大连市	国有企业	东北地区
100	300129.SZ	泰胜风能	71.91	机械设备	14/637	上海市	金山区	非国有企业	华东地区

数据来源：同花顺、中关村国睿金融与产业发展研究会。

根据健康诊断的结果，2020年我国上市公司综合健康指数前100名如表5-1所示，从综合健康指数角度来看，这100家企业是A股上市公司中各行业综合发展最健康的代表，也是高质量发展的典型，具有较好的对标参考意义。

综合健康指数前10的榜单中，华菱钢铁（78.49）荣膺综合健康指数第一，其后依次是海天味业（76.59）、佛燃能源（76.53）、泸州老窖（76.17）、达安基因（76.14）、中天科技（76.04）、浙农股份（75.50）、宝信软件（75.32）、江苏国泰（75.19）、格力电器（75.12）。

（1）综合健康指数前100名的上市公司行业分布

综合健康指数前100名遍布在21个一级行业中，除轻工制造行业外，其他行业均有上市公司进入前100名。

从行业分布来看，综合健康指数前100名的上市公司在行业间的分布情况如图5-1所示。

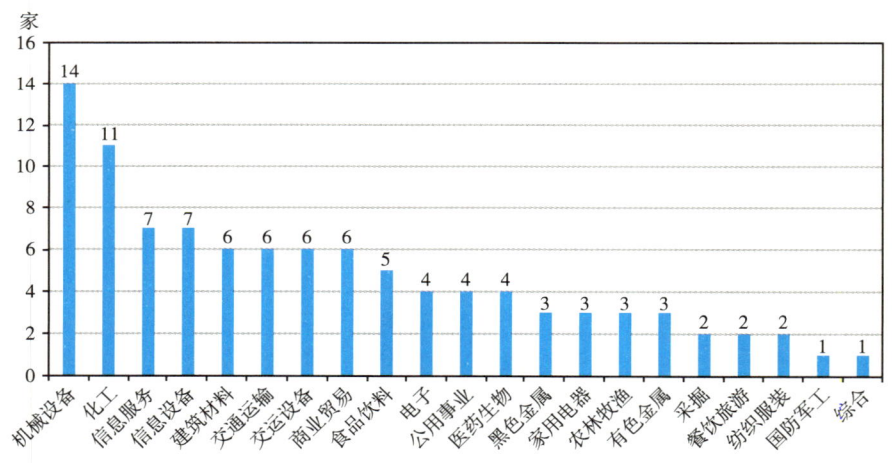

图5-1 综合健康指数前100名上市公司行业分布情况

从综合健康指数平均水平来看，前100名上市公司综合健康指数平均水平为73.29，而全市场4032家上市公司综合健康指数平均水平为61.72，高出全市场平均水平18.75%。

（2）综合健康指数前100名的上市公司上市交易所分布

从所在挂牌上市的交易所来看，在上市公司健康指数前100名中，在深圳证券交易所上市的公司有57家，在上海证券交易所上市的公司有43家，深圳证券交易所占据了明显的优势。综合健康指数前10名的榜单中，来自深圳证券交易所的公司共有7家，而来自上海证券交易所的上市公司仅有3

家,深圳证券交易所的上市公司优势更加显著。在综合健康指数前50名中,来自深圳证券交易所的上市公司有26家,来自上海证券交易所的上市公司有24家,基本持平。

从板块来看,如图5-2所示,在上市公司综合健康指数前100名中,沪市主板有42家,深市主板有47家,创业板有10家,科创板有1家。

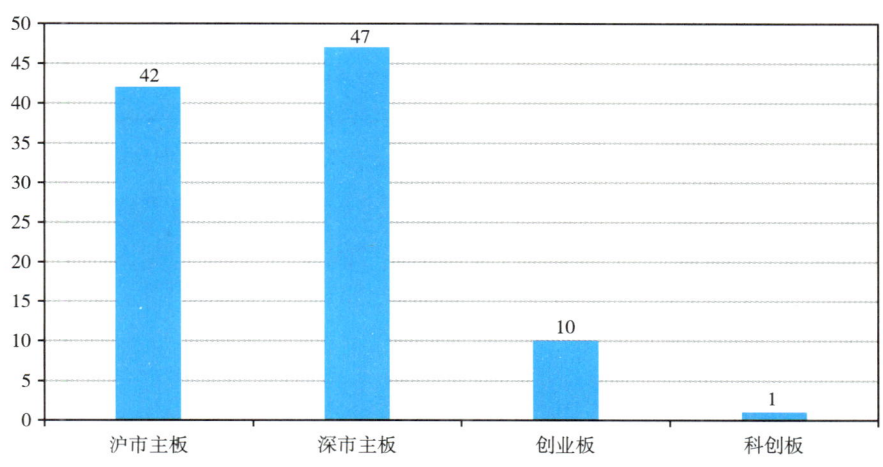

图5-2 综合健康指数前100名上市公司板块分布情况

(3)综合健康指数前100名的上市公司地区分布

从地区来看,按注册地统计,如图5-3所示,在综合健康指数100上市公司中,来自广东的上市公司最多,有18家,其次是北京13家,浙江13家,江苏11家,也是仅有的进入前100名超过10个省(直辖市)。其他的地区分布情况为山东省7家、上海市7家、安徽省4家、福建省4家、四川省4家、重庆市3家、河南省2家、湖北省2家、湖南省2家、天津市2家、河北省1家、吉林省1家、江西省1家、辽宁省1家、内蒙古自治区1家、山西省1家、新疆维吾尔族自治区1家,云南省1家,其他省份则没有上市公司进入健康指数前100名。

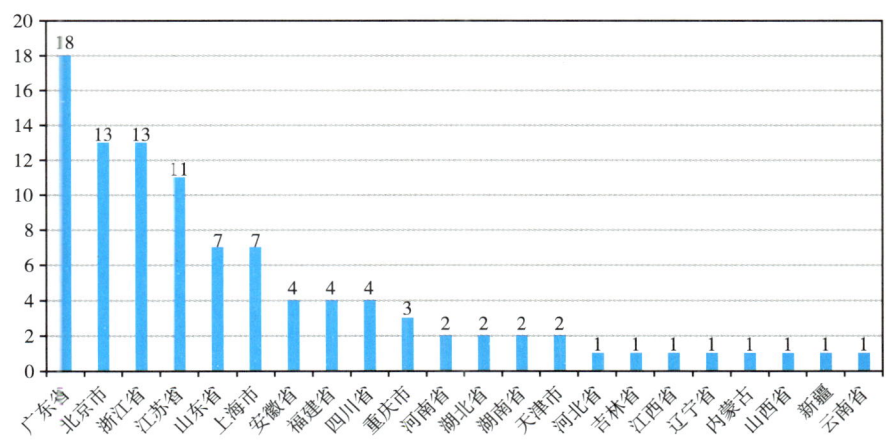

图5-3 上市公司健康指数前100名地区分布

（4）综合健康指数前100名的上市公司产权性质分布

从产权性质来看，如图5-4所示，在中国上市公司健康指数前100名中，国有企业62家，非国有企业38家，国有企业占据优势，其中国有企业中，中央控股国有企业31家，地方政府控股国有企业31家，各占一半。在健康指数前10名中，国有企业占据6家，非国有企业占据4家，前五名中只有1家非国有企业。在健康指数前50名中，国有企业和非国有企业基本各占半壁江山，国有企业35家，非国有企业15家，都表现出了较好的发展质量。

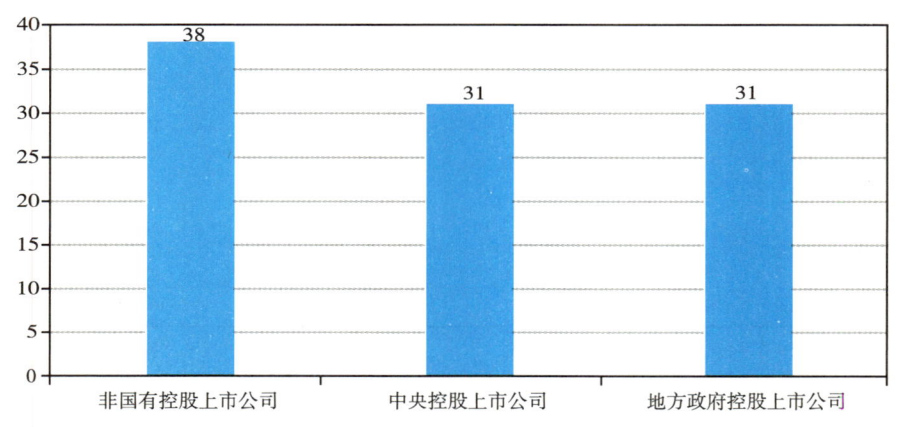

图5-4 综合健康指数前100名上市公司产权性质分布

总体来说，进入综合健康指数100名的上市公司在整体发展质量要远高于其他上市公司，在高质量发展的实践上也优于其他上市公司，无论是法人治理、外部监督、创利能力、产品销售、竞争态势、价值再造、资产资本结构、内部控制等8大系统维度方面都表现出了较好的竞争性和示范作用。

5.2 中国上市公司8大系统健康指数前100名

5.2.1 法人治理系统

基于上市公司2020年的年报等公开披露数据，对4032家上市公司健康指数进行计算，从而得出我国上市公司法人治理系统健康指数前100名的上市公司（见表5-2）。

表5-2　2020年中国上市公司法人治理系统健康指数前100名

排名	公司代码	公司名称	健康指数	一级行业_同花顺	省份	地级市	产权性质	地理区域
1	002302.SZ	西部建设	91.28	建筑材料	新疆	乌鲁木齐市	国有	西北
2	001965.SZ	招商公路	88.97	交通运输	天津市	滨海新区	国有	华北
3	000973.SZ	佛塑科技	88.84	化工	广东省	佛山市	国有	华南
4	300797.SZ	钢研纳克	88.69	综合	北京市	海淀区	国有	华北
5	002912.SZ	中新赛克	88.65	信息设备	广东省	深圳市	国有	华南
6	000932.SZ	华菱钢铁	88.62	黑色金属	湖南省	长沙市	国有	华中

续表

排名	公司代码	公司名称	健康指数	一级行业_同花顺	省份	地级市	产权性质	地理区域
7	002561.SZ	徐家汇	88.54	商业贸易	上海市	徐汇区	国有	华东
8	603123.SH	翠微股份	88.47	商业贸易	北京市	海淀区	国有	华北
9	000568.SZ	泸州老窖	88.46	食品饮料	四川省	泸州市	国有	西南
10	300747.SZ	锐科激光	88.46	电子	湖北省	武汉市	国有	华中
11	002205.SZ	国统股份	88.29	公用事业	新疆	乌鲁木齐市	国有	西北
12	000988.SZ	华工科技	88.23	电子	湖北省	武汉市	国有	华中
13	000401.SZ	冀东水泥	88.19	建筑材料	河北省	唐山市	国有	华北
14	600859.SH	王府井	88.12	商业贸易	北京市	东城区	国有	华北
15	600995.SH	文山电力	88.11	公用事业	云南省	文山	国有	西南
16	002344.SZ	海宁皮城	88.05	商业贸易	浙江省	嘉兴市	国有	华东
17	000531.SZ	穗恒运A	88.03	公用事业	广东省	广州市	国有	华南
18	002643.SZ	万润股份	88.03	化工	山东省	烟台市	国有	华东
19	002911.SZ	佛燃能源	88.03	公用事业	广东省	佛山市	国有	华南
20	002046.SZ	国机精工	87.97	机械设备	河南省	洛阳市	国有	华中
21	600435.SH	北方导航	87.96	国防军工	北京市	大兴区	国有	华北
22	600075.SH	新疆天业	87.91	化工	新疆	省直辖	国有	西北
23	000070.SZ	特发信息	87.66	信息设备	广东省	深圳市	国有	华南
24	000786.SZ	北新建材	87.60	建筑材料	北京市	海淀区	国有	华北
25	002066.SZ	瑞泰科技	87.20	建筑材料	北京市	朝阳区	国有	华北
26	002783.SZ	凯龙股份	87.17	化工	湖北省	荆门市	国有	华中
27	600839.SH	四川长虹	87.08	家用电器	四川省	绵阳市	国有	西南
28	002051.SZ	中工国际	87.04	建筑材料	北京市	海淀区	国有	华北
29	603060.SH	国检集团	86.95	综合	北京市	朝阳区	国有	华北
30	002659.SZ	凯文教育	86.93	信息服务	北京市	海淀区	国有	华北
31	600480.SH	凌云股份	86.92	交运设备	河北省	保定市	国有	华北
32	002682.SZ	龙洲股份	86.78	交通运输	福建省	龙岩市	国有	华东
33	000021.SZ	深科技	86.76	信息设备	广东省	深圳市	国有	华南
34	000868.SZ	安凯客车	86.67	交运设备	安徽省	合肥市	国有	华东
35	000657.SZ	中钨高新	86.64	有色金属	海南省	海口市	国有	华南
36	000962.SZ	东方钽业	86.60	有色金属	宁夏	石嘴山市	国有	西北
37	002332.SZ	仙琚制药	86.48	医药生物	浙江省	台州市	国有	华东
38	002039.SZ	黔源电力	86.48	公用事业	贵州省	贵阳市	国有	西南
39	000881.SZ	中广核技	86.46	化工	辽宁省	大连市	国有	东北
40	002465.SZ	海格通信	86.44	国防军工	广东省	广州市	国有	华南
41	002438.SZ	江苏神通	86.42	机械设备	江苏省	南通市	非国有	华东
42	002181.SZ	粤传媒	86.40	信息服务	广东省	广州市	国有	华南
43	002349.SZ	精华制药	86.39	医药生物	江苏省	南通市	国有	华东
44	002818.SZ	富森美	86.33	商业贸易	四川省	成都市	非国有	西南

续表

排名	公司代码	公司名称	健康指数	一级行业_同花顺	省份	地级市	产权性质	地理区域
45	300188.SZ	美亚柏科	86.32	信息服务	福建省	厦门市	国有	华东
46	002679.SZ	福建金森	86.28	农林牧渔	福建省	三明市	国有	华东
47	002186.SZ	全聚德	86.28	餐饮旅游	北京市	西城区	国有	华北
48	601000.SH	唐山港	86.17	交通运输	河北省	唐山市	国有	华北
49	600459.SH	贵研铂业	86.11	有色金属	云南省	昆明市	国有	西南
50	600961.SH	株冶集团	86.08	有色金属	湖南省	株洲市	国有	华中
51	000800.SZ	一汽解放	86.05	交运设备	吉林省	长春市	国有	东北
52	002683.SZ	宏大爆破	86.05	化工	广东省	广州市	国有	华南
53	002267.SZ	陕天然气	86.01	公用事业	陕西省	西安市	国有	西北
54	002336.SZ	人人乐	86.00	商业贸易	广东省	深圳市	国有	华南
55	000937.SZ	冀中能源	85.98	采掘	河北省	邢台市	国有	华北
56	000599.SZ	青岛双星	85.95	化工	山东省	青岛市	国有	华东
57	300219.SZ	鸿利智汇	85.94	电子	广东省	广州市	国有	华南
58	000957.SZ	中通客车	85.91	交运设备	山东省	聊城市	国有	华东
59	600559.SH	老白干酒	85.76	食品饮料	河北省	衡水市	国有	华北
60	600820.SH	隧道股份	85.73	建筑材料	上海市	徐汇区	国有	华东
61	002152.SZ	广电运通	85.64	信息设备	广东省	广州市	国有	华南
62	600449.SH	宁夏建材	85.63	建筑材料	宁夏	银川市	国有	西北
63	600298.SH	安琪酵母	85.57	农林牧渔	湖北省	宜昌市	国有	华中
64	601158.SH	重庆水务	85.47	公用事业	重庆市	渝中区	国有	西南
65	002091.SZ	江苏国泰	85.47	商业贸易	江苏省	苏州市	国有	华东
66	000906.SZ	浙商中拓	85.42	商业贸易	浙江省	杭州市	国有	华东
67	600235.SH	民丰特纸	85.41	轻工制造	浙江省	嘉兴市	国有	华东
68	002087.SZ	新野纺织	85.39	纺织服装	河南省	南阳市	国有	华中
69	002056.SZ	横店东磁	85.33	有色金属	浙江省	金华市	非国有	华东
70	600917.SH	重庆燃气	85.33	公用事业	重庆市	江北区	国有	西南
71	000919.SZ	金陵药业	85.30	医药生物	江苏省	南京市	国有	华东
72	000860.SZ	顺鑫农业	85.26	食品饮料	北京市	顺义区	国有	华北
73	002025.SZ	航天电器	85.21	国防军工	贵州省	贵阳市	国有	西南
74	600992.SH	贵绳股份	85.12	机械设备	贵州省	遵义市	国有	西南
75	300110.SZ	华仁药业	85.10	医药生物	山东省	青岛市	国有	华东
76	600975.SH	新五丰	85.03	农林牧渔	湖南省	长沙市	国有	华中
77	600312.SH	平高电气	84.99	机械设备	河南省	平顶山市	国有	华中
78	000831.SZ	五矿稀土	84.96	有色金属	山西省	运城市	国有	华北
79	300770.SZ	新媒股份	84.90	信息服务	广东省	广州市	国有	华南
80	000828.SZ	东莞控股	84.90	交通运输	广东省	东莞市	国有	华南
81	300455.SZ	康拓红外	84.89	信息设备	北京市	海淀区	国有	华北
82	600962.SH	国投中鲁	84.88	食品饮料	北京市	丰台区	国有	华北
83	603079.SH	圣达生物	84.86	医药生物	浙江省	台州市	非国有	华东
84	600021.SH	上海电力	84.84	公用事业	上海市	黄浦区	国有	华东

续表

排名	公司代码	公司名称	健康指数	一级行业_同花顺	省份	地级市	产权性质	地理区域
85	600977.SH	中国电影	84.82	信息服务	北京市	怀柔区	国有	华北
86	600336.SH	澳柯玛	84.80	家用电器	山东省	青岛市	国有	华东
87	600626.SH	申达股份	84.79	交运设备	上海市	浦东新区	国有	华东
88	002732.SZ	燕塘乳业	84.77	食品饮料	广东省	广州市	国有	华南
89	300073.SZ	当升科技	84.77	化工	北京市	丰台区	国有	华北
90	000709.SZ	河钢股份	84.76	黑色金属	河北省	石家庄市	国有	华北
91	002033.SZ	丽江股份	84.66	餐饮旅游	云南省	丽江市	非国有	西南
92	002136.SZ	安纳达	84.62	化工	安徽省	铜陵市	国有	华东
93	603167.SH	渤海轮渡	84.61	交通运输	山东省	烟台市	国有	华东
94	000404.SZ	长虹华意	84.60	家用电器	江西省	景德镇市	国有	华东
95	600617.SH	国新能源	84.57	公用事业	山西省	太原市	国有	华北
96	300622.SZ	博士眼镜	84.56	商业贸易	广东省	深圳市	非国有	华南
97	002480.SZ	新筑股份	84.54	机械设备	四川省	成都市	国有	西南
98	002092.SZ	中泰化学	84.53	化工	新疆	乌鲁木齐市	国有	西北
99	002149.SZ	西部材料	84.53	有色金属	陕西省	西安市	国有	西北
100	002449.SZ	国星光电	84.53	电子	广东省	佛山市	国有	华南

数据来源：同花顺、中关村国睿金融与产业发展研究会。

根据评价结果，位列法人治理系统健康指数前10名的上市公司分别是西部建设、招商公路、佛塑科技、钢研纳克、中新赛克、华菱钢铁、徐家汇、翠微股份、泸州老窖、锐科激光。

从行业分类来看，法人治理系统健康指数前100名的上市公司共分布于22个行业，如图5-5所示，按同花顺行业分类，分别为：公用事业行业10家，化工行业10家，商业贸易行业9家，建筑材料、有色金属行业各7家，机械设备、交通运输、交运设备、食品饮料、信息服务、信息设备、医药生物行业各5家，电子行业4家，国防军工、家用电器、农林牧渔行业各3家，餐饮旅游、黑色金属、综合行业各2家，采掘、纺织服装、轻工制造行业各1家。

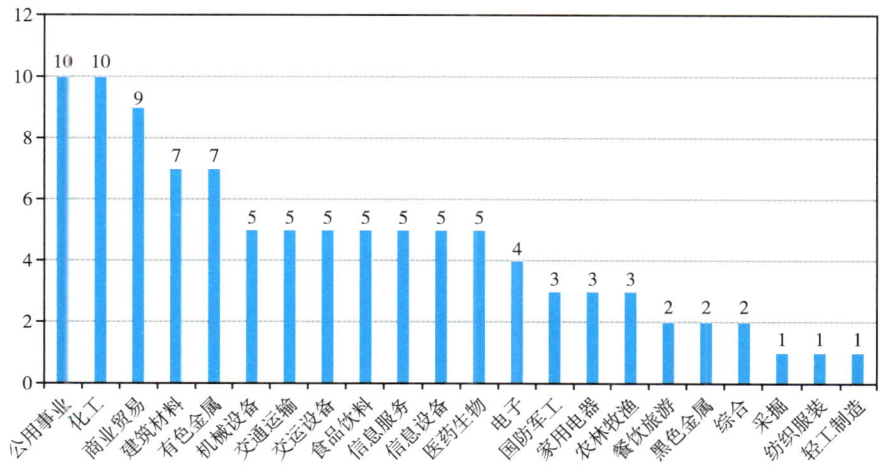

图5-5　法人治理系统健康指数前100名上市公司行业分布

从省际分类来看，法人治理系统健康指数排名前100名的上市公司，共来自中国25个省级行政区，其中广东省共有17家上市公司进入前100名，整体优势明显，其次是北京市15家，这是仅有的2个超过10家公司进入前100名的省级行政区。法人治理系统健康指数前100名的上市公司省级分布，如图5-6所示。

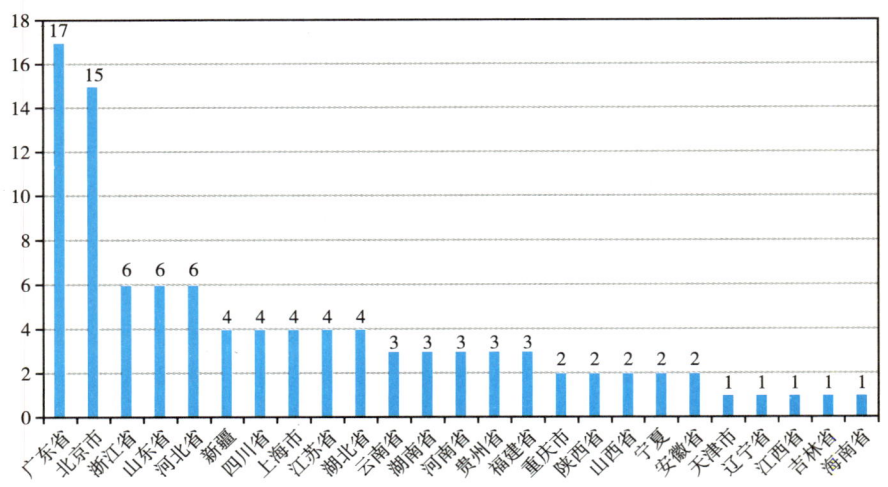

图5-6 法人治理系统健康指数前100名上市公司省级分布

如果从更具体的省内城市分布来看，数量排名靠前的城市（直辖市属区）中，广州市有8家上市公司进入法人治理系统健康指数前100名，其次是北京市海淀区6家，深圳市5家进入法人治理系统健康指数前100名。

从区域角度来看，法人治理系统健康指数排名前100名的上市公司在七大地理区域上分布情况如图5-7所示。各地区差距明显，华东地区有26家上市公司进入法人治理系统健康指数前100名，占26%，其次华北地区24家，华南地区18家，西南地区12家，华中地区10家，西北地区8家，东北地区最少仅有2家。

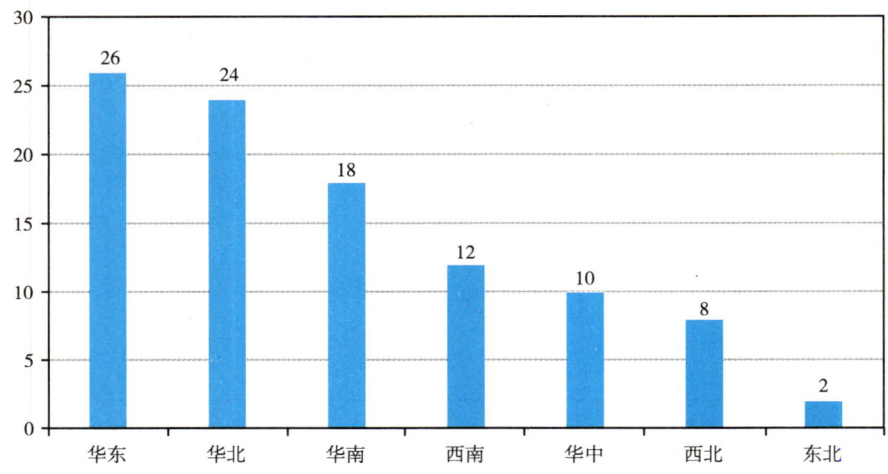

图5-7 法人治理系统健康指数前100名上市公司地理区域分布

从产权性质角度来看，法人治理系统健康指数排名前100名的上市公司中国有控股的有94家，非国有控股的仅有6家，其中中央控股上市公司32家，地方政府控股上市公司62家，如图5-8所示。国有企业在法人治理系统健康方面优势明显。健康指数排名前40名的上市公司中，全是国有控股的上市公司。前50名的上市公司中，国有控股的上市公司占48家，非国有控股的上市公司仅有2家。

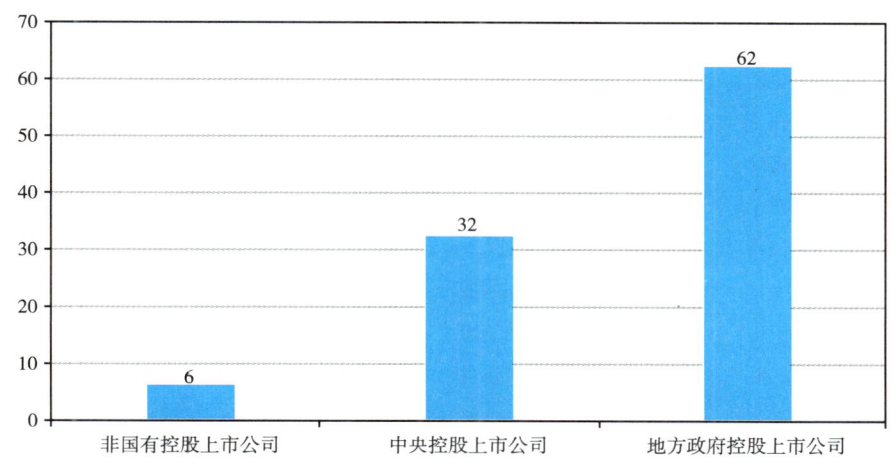

图5-8 法人治理系统健康指数前100名上市公司产权分布

5.2.2 外部监督系统

基于上市公司2020年的年报等公开披露数据，对4032家上市公司健康指数进行计算，从而得出我国上市公司外部监督系统健康指数前100名的上市公司（见表5-3）。

表5-3　　　　　　　　2020年中国上市公司外部监督系统健康指数前100名

排名	公司代码	公司名称	健康指数	一级行业_同花顺	省份	地级市	产权性质	地理区域
1	300999.SZ	金龙鱼	96.74	农林牧渔	上海市	浦东新区	非国有	华东
2	300760.SZ	迈瑞医疗	95.56	医药生物	广东省	深圳市	非国有	华南
3	600176.SH	中国巨石	95.30	化工	浙江省	嘉兴市	国有	华东
4	688111.SH	金山办公	95.08	信息服务	北京市	海淀区	非国有	华北
5	002372.SZ	伟星新材	94.88	建筑材料	浙江省	台州市	非国有	华东
6	000708.SZ	中信特钢	94.65	黑色金属	湖北省	黄石市	国有	华中
7	002493.SZ	荣盛石化	94.64	化工	浙江省	杭州市	非国有	华东
8	000538.SZ	云南白药	94.28	医药生物	云南省	昆明市	国有	西南
9	002179.SZ	中航光电	94.14	国防军工	河南省	洛阳市	国有	华中
10	000786.SZ	北新建材	94.08	建筑材料	北京市	海淀区	国有	华北
11	600456.SH	宝钛股份	93.80	有色金属	陕西省	宝鸡市	国有	西北
12	300413.SZ	芒果超媒	93.76	信息服务	湖南省	长沙市	国有	华中
13	002080.SZ	中材科技	93.67	化工	江苏省	南京市	国有	华东
14	002906.SZ	华阳集团	93.34	交运设备	广东省	惠州市	非国有	华南

续表

排名	公司代码	公司名称	健康指数	一级行业_同花顺	省份	地级市	产权性质	地理区域
15	003012.SZ	东鹏控股	93.26	建筑材料	广东省	清远市	非国有	华南
16	600350.SH	山东高速	92.90	交通运输	山东省	济南市	国有	华东
17	000550.SZ	江铃汽车	92.82	交运设备	江西省	南昌市	国有	华东
18	300124.SZ	汇川技术	92.75	机械设备	广东省	深圳市	非国有	华南
19	000333.SZ	美的集团	92.49	家用电器	广东省	佛山市	非国有	华南
20	000039.SZ	中集集团	92.48	机械设备	广东省	深圳市	国有	华南
21	600409.SH	三友化工	92.42	化工	河北省	唐山市	国有	华北
22	300888.SZ	稳健医疗	92.35	纺织服装	广东省	深圳市	非国有	华南
23	000625.SZ	长安汽车	92.30	交运设备	重庆市	江北区	国有	西南
24	605008.SH	长鸿高科	92.29	化工	浙江省	宁波市	非国有	华东
25	603899.SH	晨光文具	92.10	轻工制造	上海市	奉贤区	非国有	华东
26	603733.SH	仙鹤股份	91.62	轻工制造	浙江省	衢州市	非国有	华东
27	002747.SZ	埃斯顿	91.61	机械设备	江苏省	南京市	非国有	华东
28	000568.SZ	泸州老窖	91.58	食品饮料	四川省	泸州市	国有	西南
29	002230.SZ	科大讯飞	91.57	信息服务	安徽省	合肥市	非国有	华东
30	688363.SH	华熙生物	91.38	医药生物	山东省	济南市	非国有	华东
31	002414.SZ	高德红外	91.24	电子	湖北省	武汉市	非国有	华中
32	600989.SH	宝丰能源	91.23	化工	宁夏回族自治区	银川市	非国有	西北
33	601139.SH	深圳燃气	91.18	公用事业	广东省	深圳市	国有	华南
34	000725.SZ	京东方A	91.14	电子	北京市	朝阳区	国有	华北
35	000858.SZ	五粮液	91.11	食品饮料	四川省	宜宾市	国有	西南
36	000555.SZ	神州信息	91.11	信息服务	广东省	深圳市	非国有	华南
37	300450.SZ	先导智能	91.06	机械设备	江苏省	无锡市	非国有	华东
38	003006.SZ	百亚股份	91.03	轻工制造	重庆市	巴南区	非国有	西南
39	002773.SZ	康弘药业	90.84	医药生物	四川省	成都市	非国有	西南
40	600956.SH	新天绿能	90.82	公用事业	河北省	石家庄市	国有	华北
41	300896.SZ	爱美客	90.73	医药生物	北京市	昌平区	非国有	华北
42	002027.SZ	分众传媒	90.69	信息服务	广东省	广州市	非国有	华南
43	603919.SH	金徽酒	90.64	食品饮料	甘肃省	陇南市	非国有	西北
44	600900.SH	长江电力	90.50	公用事业	北京市	海淀区	国有	华北
45	601038.SH	一拖股份	90.40	机械设备	河南省	洛阳市	国有	华中
46	002841.SZ	视源股份	90.38	电子	广东省	广州市	非国有	华南
47	000012.SZ	南玻A	90.35	建筑材料	广东省	深圳市	国有	华南
48	000021.SZ	深科技	90.34	信息设备	广东省	深圳市	国有	华南
49	601633.SH	长城汽车	90.25	交运设备	河北省	保定市	非国有	华北
50	002975.SZ	博杰股份	90.22	机械设备	广东省	珠海市	非国有	华南
51	688036.SH	传音控股	90.16	电子	广东省	深圳市	非国有	华南
52	601238.SH	广汽集团	90.09	交运设备	广东省	广州市	国有	华南

续表

排名	公司代码	公司名称	健康指数	一级行业_同花顺	省份	地级市	产权性质	地理区域
53	600763.SH	通策医疗	89.99	医药生物	浙江省	杭州市	非国有	华东
54	688396.SH	华润微	89.94	电子	—	—	国有	华东
55	002430.SZ	杭氧股份	89.93	化工	浙江省	杭州市	国有	华东
56	002304.SZ	洋河股份	89.88	食品饮料	江苏省	宿迁市	国有	华东
57	002001.SZ	新和成	89.84	医药生物	浙江省	绍兴市	非国有	华东
58	002064.SZ	华峰化学	89.83	化工	浙江省	温州市	非国有	华东
59	002056.SZ	横店东磁	89.77	有色金属	浙江省	金华市	非国有	华东
60	300782.SZ	卓胜微	89.70	电子	江苏省	无锡市	非国有	华东
61	601985.SH	中国核电	89.68	公用事业	北京市	海淀区	国有	华北
62	300019.SZ	硅宝科技	89.63	化工	四川省	成都市	非国有	西南
63	002271.SZ	东方雨虹	89.61	建筑材料	北京市	顺义区	非国有	华北
64	002967.SZ	广电计量	89.47	综合	广东省	广州市	国有	华南
65	002158.SZ	汉钟精机	89.45	机械设备	上海市	金山区	非国有	华东
66	002003.SZ	伟星股份	89.42	纺织服装	浙江省	台州市	非国有	华东
67	000703.SZ	恒逸石化	89.37	化工	广西壮族自治区	北海市	非国有	华南
68	003013.SZ	地铁设计	89.36	建筑材料	广东省	广州市	国有	华南
69	601899.SH	紫金矿业	89.24	有色金属	福建省	龙岩市	国有	华东
70	002990.SZ	盛视科技	89.11	信息服务	广东省	深圳市	非国有	华南
71	002046.SZ	国机精工	89.10	机械设备	河南省	洛阳市	国有	华中
72	688388.SH	嘉元科技	89.09	有色金属	广东省	梅州市	非国有	华南
73	000963.SZ	华东医药	89.09	医药生物	浙江省	杭州市	非国有	华东
74	000498.SZ	山东路桥	89.04	建筑材料	山东省	济南市	国有	华东
75	000902.SZ	新洋丰	88.99	化工	湖北省	荆门市	非国有	华中
76	002149.SZ	西部材料	88.96	有色金属	陕西省	西安市	国有	西北
77	688023.SH	安恒信息	88.91	信息服务	浙江省	杭州市	非国有	华东
78	603288.SH	海天味业	88.86	食品饮料	广东省	佛山市	非国有	华南
79	002410.SZ	广联达	88.80	信息服务	北京市	海淀区	非国有	华北
80	600166.SH	福田汽车	88.78	交运设备	北京市	昌平区	国有	华北
81	688777.SH	中控技术	88.66	机械设备	浙江省	杭州市	非国有	华东
82	601877.SH	正泰电器	88.65	机械设备	浙江省	温州市	非国有	华东
83	689009.SH	九号公司	88.53	交运设备	—	—	非国有	华北
84	000923.SZ	河钢资源	88.42	采掘	河北省	张家口市	国有	华北
85	002352.SZ	顺丰控股	88.30	交通运输	广东省	深圳市	非国有	华南
86	603515.SH	欧普照明	88.27	电子	上海市	浦东新区	非国有	华东
87	300712.SZ	永福股份	88.24	建筑材料	福建省	福州市	非国有	华东
88	000885.SZ	城发环境	88.20	交通运输	河南省	郑州市	国有	华中
89	603882.SH	金域医学	87.97	医药生物	广东省	广州市	非国有	华南
90	300750.SZ	宁德时代	87.96	机械设备	福建省	宁德市	非国有	华东

续表

排名	公司代码	公司名称	健康指数	一级行业_同花顺	省份	地级市	产权性质	地理区域
91	603680.SH	今创集团	87.96	交运设备	江苏省	常州市	非国有	华东
92	002867.SZ	周大生	87.94	轻工制造	广东省	深圳市	非国有	华南
93	300357.SZ	我武生物	87.90	医药生物	浙江省	湖州市	非国有	华东
94	000738.SZ	航发控制	87.89	国防军工	江苏省	无锡市	国有	华东
95	002129.SZ	中环股份	87.84	机械设备	天津市	西青区	非国有	华北
96	002594.SZ	比亚迪	87.83	交运设备	广东省	深圳市	非国有	华南
97	300726.SZ	宏达电子	87.77	电子	湖南省	株洲市	非国有	华中
98	002475.SZ	立讯精密	87.76	电子	广东省	深圳市	非国有	华南
99	601615.SH	明阳智能	87.72	机械设备	广东省	中山市	非国有	华南
100	600754.SH	锦江酒店	87.67	餐饮旅游	上海市	浦东新区	国有	华东

数据来源：同花顺、中关村国睿金融与产业发展研究会。

根据评价结果，位列外部监督系统健康指数前10名的上市公司分别是金龙鱼、迈瑞医疗、中国巨石、金山办公、伟星新材、中信特钢、荣盛石化、云南白药、中航光电、北新建材。

从行业分类来看，外部监督系统健康指数前100名的上市公司共分布于21个行业，如图5-9所示，按同花顺行业分类，分别为：机械设备行业13家，化工行业11家，医药生物行业10家，电子、交运设备行业各9家，建筑材料、信息服务行业各8家，食品饮料、有色金属行业各5家，公用事业、轻工制造行业各4家，交通运输行业3家，纺织服装、国防军工行业各2家，采掘、餐饮旅游、黑色金属、家用电器、农林牧渔、信息设备、综合行业各1家。

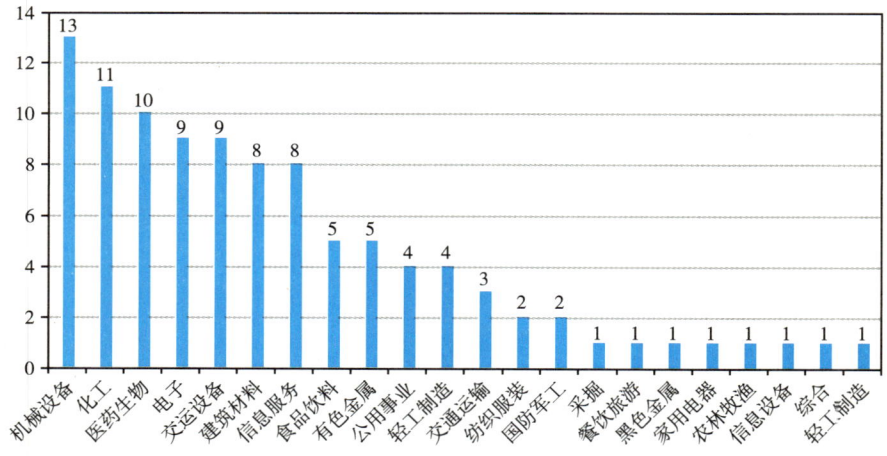

图5-9 外部监督系统健康指数前100名上市公司行业分布

从省际分类来看，外部监督系统健康指数排名前100名的上市公司，共来自于国25个省级行政区，其中广东省共有27家上市公司进入前100名，整体优势明显，其次是浙江省13家，北京市10家，这是仅有的3个超过10家公司进入前100名的省级行政区，三个省级区域共占50%。外部监督系统健康指数前100名的上市公司省级分布，如图5-10所示。

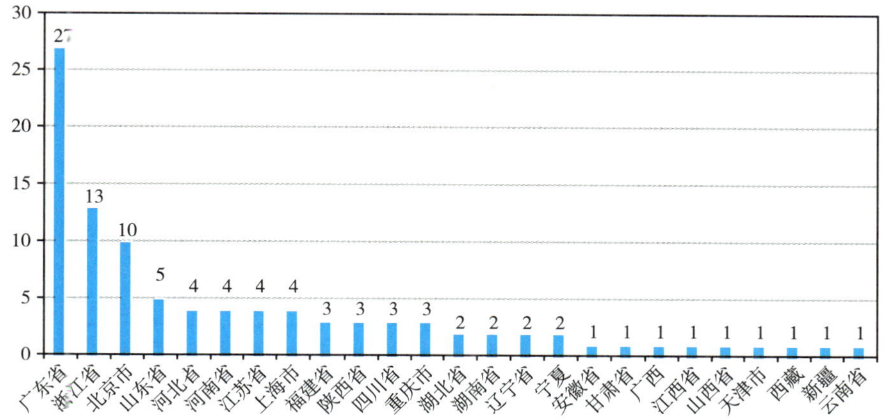

图5-10　外部监督系统健康指数前100名上市公司省级分布

如果从更具体的省内城市分布来看，数量排名靠前的城市（直辖市属区）中，深圳市有14家上市公司进入外部监督系统健康指数前100名，其次是广州市、北京市海淀区和杭州市各有5家进入外部监督系统健康指数前100名，深圳市的上市公司表现出较好的整体治理水平。

从区域角度来看，外部监督系统健康指数排名前100名的上市公司在七大区域上分布情况如图5-11所示。华东地区有37家进入前100名，华南地区28家，这是进入前100名较多的两大区域，华北地区有15家进入前100名，华中地区9家，西南地区7家，西北地区4家，而东北地区没有上市公司进入外部监督系统健康前100名。

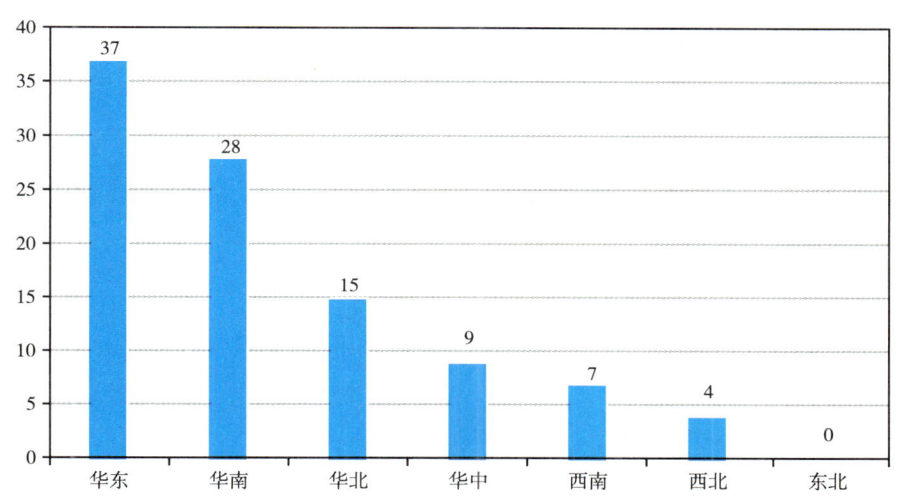

图5-11　外部监督系统健康指数前100名上市公司地理区域分布

从产权性质角度来看，外部监督系统健康指数排名前100名的上市公司中国有控股的有38家，非国有控股的有62家，其中中央控股上市公司15家，地方政府控股上市公司23家（如图5-12）。

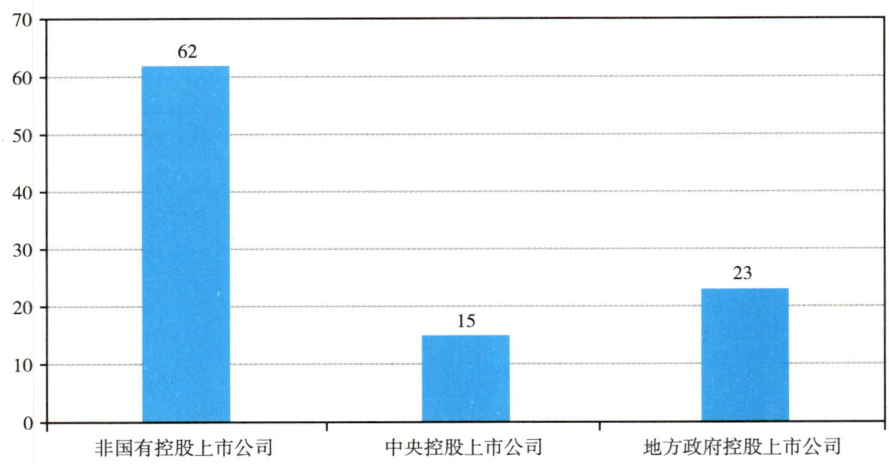

图 5-12　外部监督系统健康指数前 100 名上市公司产权分布

5.2.3　创利能力系统

基于上市公司 2020 年的年报等公开披露数据，对 4032 家上市公司健康指数进行计算，从而得出我国上市公司创利能力系统健康指数前 100 名的上市公司（见表 5-4）。

表 5-4　　　　　　　　　　　2020 年中国上市公司创利能力系统健康指数前 100 名

排名	公司代码	公司名称	健康指数	一级行业_同花顺	省份	地级市	产权性质	地理区域
1	002233.SZ	塔牌集团	86.32	建筑材料	广东省	梅州市	非国有	华南
2	600900.SH	长江电力	84.31	公用事业	北京市	海淀区	国有	华北
3	300033.SZ	同花顺	83.46	信息服务	浙江省	杭州市	非国有	华东
4	688399.SH	硕世生物	82.85	医药生物	江苏省	泰州市	非国有	华东
5	300628.SZ	亿联网络	82.83	信息设备	福建省	厦门市	非国有	华东
6	600519.SH	贵州茅台	82.41	食品饮料	贵州省	遵义市	国有	西南
7	688317.SH	之江生物	81.56	医药生物	上海市	浦东新区	非国有	华东
8	300690.SZ	双一科技	80.71	化工	山东省	德州市	非国有	华东
9	002690.SZ	美亚光电	80.33	机械设备	安徽省	合肥市	非国有	华东
10	002818.SZ	富森美	79.74	商业贸易	四川省	成都市	非国有	西南
11	300782.SZ	卓胜微	79.61	电子	江苏省	无锡市	非国有	华东
12	688289.SH	圣湘生物	79.52	医药生物	湖南省	长沙市	非国有	华中
13	002415.SZ	海康威视	79.50	电子	浙江省	杭州市	国有	华东
14	002030.SZ	达安基因	79.41	医药生物	广东省	广州市	国有	华南
15	603288.SH	海天味业	79.38	食品饮料	广东省	佛山市	非国有	华南
16	688188.SH	柏楚电子	79.37	信息服务	上海市	闵行区	非国有	华东
17	601100.SH	恒立液压	79.09	机械设备	江苏省	常州市	非国有	华东
18	002706.SZ	良信股份	78.97	机械设备	上海市	浦东新区	非国有	华东
19	600720.SH	祁连山	78.83	建筑材料	甘肃省	兰州市	国有	西北
20	603195.SH	公牛集团	78.04	机械设备	浙江省	宁波市	非国有	华东

续表

排名	公司代码	公司名称	健康指数	一级行业_同花顺	省份	地级市	产权性质	地理区域
21	601216.SH	君正集团	77.83	化工	内蒙古自治区	乌海市	非国有	华北
22	002801.SZ	微光股份	77.70	机械设备	浙江省	杭州市	非国有	华东
23	603682.SH	锦和商业	77.68	商业贸易	上海市	徐汇区	非国有	华东
24	688598.SH	金博股份	77.49	有色金属	湖南省	益阳市	非国有	华中
25	300777.SZ	口简科技	77.43	化工	江苏省	常州市	非国有	华东
26	603899.SH	晨光文具	77.29	轻工制造	上海市	奉贤区	非国有	华东
27	688298.SH	东方生物	77.29	医药生物	浙江省	湖州市	非国有	华东
28	000568.SZ	泸州老窖	77.16	食品饮料	四川省	泸州市	国有	西南
29	300327.SZ	口颖电子	77.13	电子	上海市	长宁区	非国有	华东
30	600779.SH	水井坊	76.95	食品饮料	四川省	成都市	非国有	西南
31	300529.SZ	健帆生物	76.92	医药生物	广东省	珠海市	非国有	华南
32	688526.SH	科前生物	76.90	农林牧渔	湖北省	武汉市	非国有	华中
33	002925.SZ	盈趣科技	76.60	电子	福建省	厦门市	非国有	华东
34	000690.SZ	宝新能源	76.57	公用事业	广东省	梅州市	非国有	华南
35	002014.SZ	永新股份	76.53	轻工制造	安徽省	黄山市	非国有	华东
36	002032.SZ	苏泊尔	76.50	家用电器	浙江省	台州市	非国有	华东
37	300122.SZ	智飞生物	76.42	医药生物	重庆市	江北区	非国有	西南
38	601088.SH	中国神华	76.26	采掘	北京市	东城区	国有	华北
39	688169.SH	石头科技	76.23	家用电器	北京市	海淀区	非国有	华北
40	300832.SZ	新产业	76.23	医药生物	广东省	深圳市	非国有	华南
41	601006.SH	大秦铁路	76.20	交通运输	山西省	大同市	国有	华北
42	601888.SH	中国中免	76.15	餐饮旅游	北京市	东城区	国有	华北
43	600132.SH	重庆啤酒	76.14	食品饮料	重庆市	渝北区	非国有	西南
44	000576.SZ	甘化科工	76.13	国防军工	广东省	江门市	非国有	华南
45	002242.SZ	九阳股份	75.99	家用电器	山东省	济南市	非国有	华东
46	300443.SZ	金雷股份	75.99	机械设备	山东省	济南市	非国有	华东
47	002698.SZ	博实股份	75.98	机械设备	黑龙江省	哈尔滨市	非国有	东北
48	002975.SZ	博杰股份	75.86	机械设备	广东省	珠海市	非国有	华南
49	002320.SZ	海峡股份	75.78	交通运输	海南省	海口市	国有	华南
50	300896.SZ	爱美客	75.75	医药生物	北京市	昌平区	非国有	华北
51	600585.SH	海螺水泥	75.62	建筑材料	安徽省	芜湖市	国有	华东
52	600276.SH	恒瑞医药	75.52	医药生物	江苏省	连云港市	非国有	华东
53	688200.SH	华峰测控	75.31	机械设备	北京市	海淀区	非国有	华北
54	300726.SZ	宏达电子	75.29	电子	湖南省	株洲市	非国有	华中
55	002979.SZ	雷赛智能	75.22	机械设备	广东省	深圳市	非国有	华南
56	600809.SH	山西汾酒	75.03	食品饮料	山西省	吕梁市	国有	华北
57	000048.SZ	京基智农	75.00	农林牧渔	广东省	深圳市	非国有	华南
58	300983.SZ	尤安设计	74.99	建筑材料	上海市	宝山区	非国有	华东
59	002980.SZ	华盛昌	74.97	机械设备	广东省	深圳市	非国有	华南
60	603700.SH	宁水集团	74.88	机械设备	浙江省	宁波市	非国有	华东

续表

排名	公司代码	公司名称	健康指数	一级行业_同花顺	省份	地级市	产权性质	地理区域
61	000596.SZ	古井贡酒	74.72	食品饮料	安徽省	亳州市	国有	华东
62	000975.SZ	银泰黄金	74.69	有色金属	内蒙古自治区	锡林郭勒盟	非国有	华北
63	300119.SZ	瑞普生物	74.68	农林牧渔	天津市	滨海新区	非国有	华北
64	300773.SZ	拉卡拉	74.65	信息服务	北京市	海淀区	非国有	华北
65	603025.SH	大豪科技	74.62	机械设备	北京市	朝阳区	国有	华北
66	603010.SH	万盛股份	74.57	化工	浙江省	台州市	非国有	华东
67	300552.SZ	万集科技	74.49	信息服务	北京市	海淀区	非国有	华北
68	605111.SH	新洁能	74.28	电子	江苏省	无锡市	非国有	华东
69	000708.SZ	中信特钢	74.17	黑色金属	湖北省	黄石市	国有	华中
70	000923.SZ	河钢资源	74.14	采掘	河北省	张家口市	国有	华北
71	002304.SZ	洋河股份	74.14	食品饮料	江苏省	宿迁市	国有	华东
72	688606.SH	奥泰生物	74.13	医药生物	浙江省	杭州市	非国有	华东
73	603096.SH	新经典	74.12	信息服务	天津市	滨海新区	非国有	华北
74	603127.SH	昭衍新药	74.03	医药生物	北京市	大兴区	非国有	华北
75	002912.SZ	中新赛克	73.97	信息设备	广东省	深圳市	国有	华南
76	603949.SH	雪龙集团	73.93	交运设备	浙江省	宁波市	非国有	华东
77	300206.SZ	理邦仪器	73.93	医药生物	广东省	深圳市	非国有	华南
78	603533.SH	掌阅科技	73.89	信息服务	北京市	朝阳区	非国有	华北
79	300776.SZ	帝尔激光	73.86	机械设备	湖北省	武汉市	非国有	华中
80	600031.SH	三一重工	73.80	机械设备	北京市	昌平区	非国有	华北
81	603444.SH	吉比特	73.75	信息服务	福建省	厦门市	非国有	华东
82	603848.SH	好太太	73.71	轻工制造	广东省	广州市	非国有	华南
83	300200.SZ	高盟新材	73.68	化工	北京市	房山区	非国有	华北
84	600273.SH	嘉化能源	73.65	化工	浙江省	嘉兴市	非国有	华东
85	603369.SH	今世缘	73.63	食品饮料	江苏省	淮安市	国有	华东
86	600018.SH	上港集团	73.51	交通运输	上海市	浦东新区	国有	华东
87	300498.SZ	温氏股份	73.50	农林牧渔	广东省	云浮市	非国有	华南
88	002867.SZ	周大生	73.47	轻工制造	广东省	深圳市	非国有	华南
89	603666.SH	亿嘉和	73.46	机械设备	江苏省	南京市	非国有	华东
90	000935.SZ	四川双马	73.46	建筑材料	四川省	绵阳市	非国有	西南
91	300941.SZ	创识科技	73.36	信息服务	福建省	福州市	非国有	华东
92	002158.SZ	汉钟精机	73.33	机械设备	上海市	金山区	非国有	华东
93	603868.SH	飞科电器	73.32	家用电器	上海市	松江区	非国有	华东
94	601965.SH	中国汽研	73.30	交运设备	重庆市	渝北区	国有	西南
95	002117.SZ	东港股份	73.23	轻工制造	山东省	济南市	非国有	华东
96	300662.SZ	科锐国际	73.22	信息服务	北京市	朝阳区	非国有	华北
97	600845.SH	宝信软件	73.18	信息服务	上海市	浦东新区	国有	华东
98	300607.SZ	拓斯达	73.17	机械设备	广东省	东莞市	非国有	华南
99	300280.SZ	紫天科技	73.16	信息服务	江苏省	南通市	非国有	华东
100	600867.SH	通化东宝	73.16	医药生物	吉林省	通化市	非国有	东北

数据来源：同花顺、中关村国睿金融与产业发展研究会。

根据评价结果，位列创利能力系统健康指数前10名的上市公司分别是塔牌集团、长江电力、同花顺、硕世生物、亿联网络、贵州茅台、之江生物、双一科技、美亚光电、富森美。

从行业分类来看，创利能力系统健康指数前100名的上市公司共分布于20个行业，如图5-13所示，按同花顺行业分类，分别为：机械设备行业18家，医药生物行业14家，信息服务行业11家，食品饮料行业9家，化工、电子行业各6家，轻工制造、建筑材料行业各5家，家用电器、农林牧渔行业各4家，交通运输行业3家，公用事业、采掘、交运设备、商业贸易、信息设备、有色金属行业各2家，餐饮旅游、国防军工、黑色金属行业各1家。

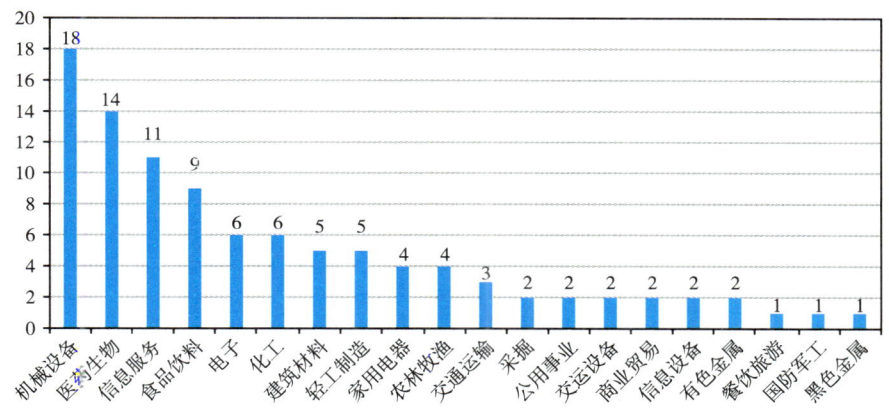

图5-13 创利能力系统健康指数前100名上市公司行业分布

从省际分类来看，创利能力系统健康指数排名前100名的上市公司，共来自中国21个省级行政区，其中广东省有17家，优势明显。其次，北京市14家，上海市和浙江省各11家，江苏省10家，从区域上看，相对集中。创利能力系统健康指数前100名的上市公司省级分布，如图5-14所示。

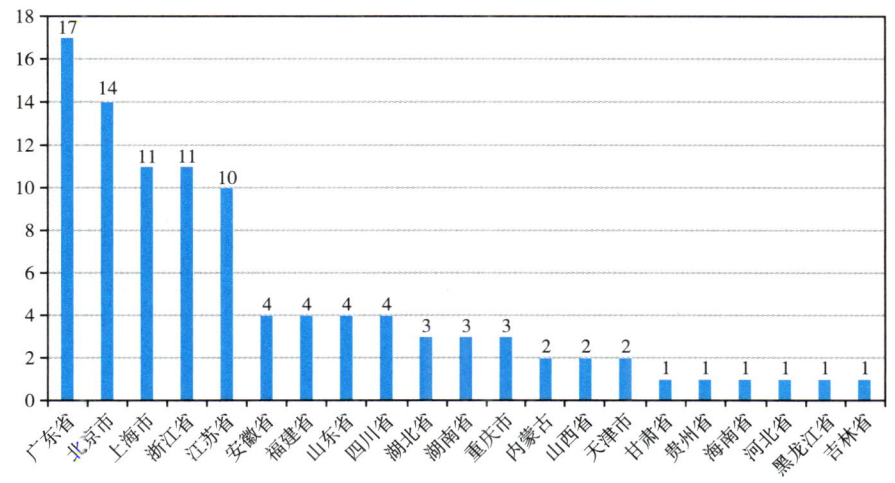

图5-14 创利能力系统健康指数前100名上市公司省级分布

如果从更具体的省内城市分布来看，数量排名靠前的城市（直辖市属区）中，深圳市有7家，海淀区有5家,杭州市和浦东新区各有4家进入创利能力系统健康指数前100名。

从区域的角度来看,创利能力系统健康指数排名前100名的上市公司在七大区域上分布情况如图5-15所示。华东地区有44家进入前100名,遥遥领先。其次是华北地区21家,华南地区18家,西南地区8家,华中地区6家,东北地区2家,西北地区1家,相对落后。

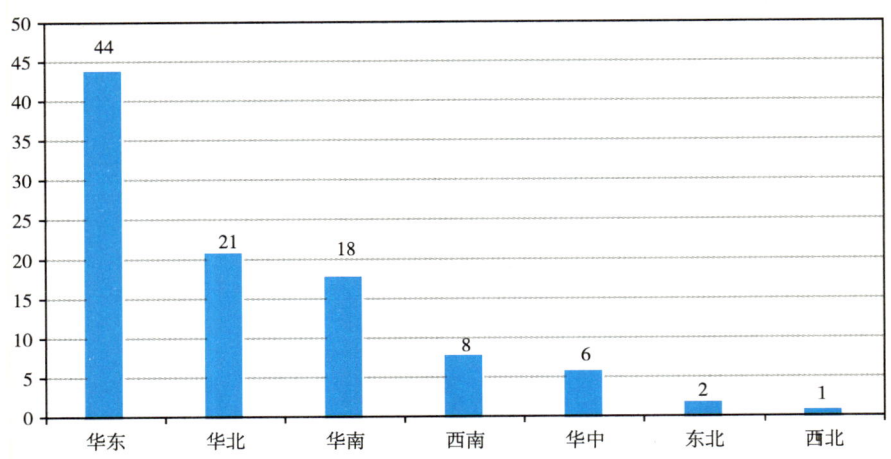

图5-15 创利能力系统健康指数前100名上市公司地理区域分布

从产权性质来看,如图5-16所示,根据评价结果,创利能力系统健康指数排名前100名的上市公司中国有控股的有22家,非国有控股的有78家,其中中央控股上市公司10家,地方政府控股上市公司12家,非国有企业在创利能力方面具有明显优势。

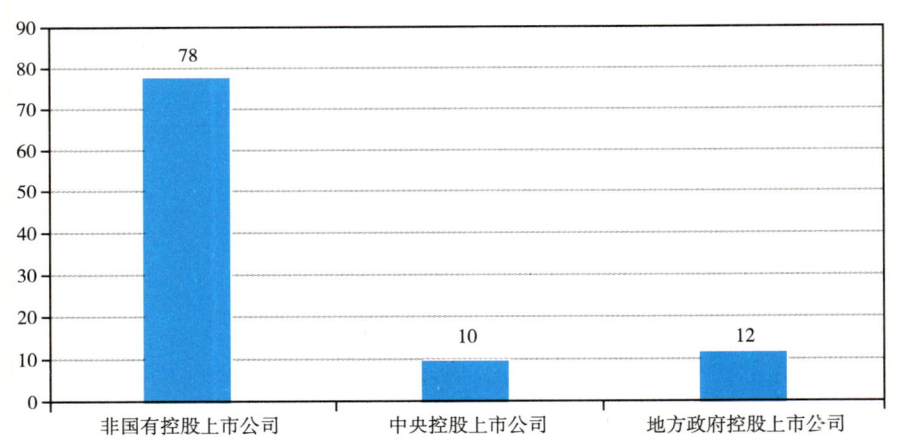

图5-16 创利能力系统健康指数前100名上市公司产权分布

5.2.4 竞争态势系统

基于上市公司2020年的年报等公开披露数据,对4032家上市公司健康指数进行计算,从而得出我国上市公司竞争态势系统健康指数前100名的上市公司(见表5-5)。

表 5-5　　2020 年中国上市公司竞争态势系统健康指数前 100 名

排名	公司代码	公司名称	健康指数	一级行业_同花顺	省份	地级市	产权性质	地理区域
1	600031.SH	三一重工	81.92	机械设备	北京市	昌平区	非国有	华北
2	002236.SZ	大华股份	81.90	电子	浙江省	杭州市	非国有	华东
3	600588.SH	用友网络	81.86	信息服务	北京市	海淀区	非国有	华北
4	600498.SH	烽火通信	81.62	信息设备	湖北省	武汉市	国有	华中
5	603288.SH	海天味业	80.84	食品饮料	广东省	佛山市	非国有	华南
6	002583.SZ	海能达	80.84	信息设备	广东省	深圳市	非国有	华南
7	600525.SH	长园集团	80.61	机械设备	广东省	深圳市	非国有	华南
8	600875.SH	东方电气	80.21	机械设备	四川省	成都市	国有	西南
9	601360.SH	三六零	80.07	信息服务	天津市	西青区	非国有	华北
10	002415.SZ	海康威视	79.86	电子	浙江省	杭州市	国有	华东
11	600536.SH	中国软件	79.84	信息服务	北京市	昌平区	国有	华北
12	002008.SZ	大族激光	79.72	电子	广东省	深圳市	非国有	华南
13	000708.SZ	中信特钢	79.37	黑色金属	湖北省	黄石市	国有	华中
14	601633.SH	长城汽车	79.35	交运设备	河北省	保定市	非国有	华北
15	000682.SZ	东方电子	79.34	机械设备	山东省	烟台市	国有	华东
16	603833.SH	欧派家居	79.25	轻工制造	广东省	广州市	非国有	华南
17	002230.SZ	科大讯飞	79.24	信息服务	安徽省	合肥市	非国有	华东
18	600362.SH	江西铜业	78.77	有色金属	江西省	鹰潭市	国有	华东
19	000997.SZ	新大陆	78.59	信息设备	福建省	福州市	非国有	华东
20	002410.SZ	广联达	78.50	信息服务	北京市	海淀区	非国有	华北
21	000625.SZ	长安汽车	78.35	交运设备	重庆市	江北区	国有	西南
22	300760.SZ	迈瑞医疗	78.13	医药生物	广东省	深圳市	非国有	华南
23	600590.SH	泰豪科技	77.88	机械设备	江西省	南昌市	非国有	华东
24	000157.SZ	中联重科	77.70	机械设备	湖南省	长沙市	国有	华中
25	002120.SZ	韵达股份	77.59	交通运输	浙江省	宁波市	非国有	华东
26	300274.SZ	阳光电源	77.57	机械设备	安徽省	合肥市	非国有	华东
27	000066.SZ	中国长城	77.32	信息设备	广东省	深圳市	国有	华南
28	002368.SZ	太极股份	77.16	信息服务	北京市	海淀区	国有	华北
29	000932.SZ	华菱钢铁	77.11	黑色金属	湖南省	长沙市	国有	华中
30	600633.SH	浙数文化	76.95	信息服务	浙江省	杭州市	国有	华东
31	002212.SZ	天融信	76.94	信息服务	广东省	汕头市	非国有	华南
32	600704.SH	物产中大	76.77	交通运输	浙江省	杭州市	国有	华东
33	300168.SZ	万达信息	76.73	信息服务	上海市	徐汇区	非国有	华东
34	600132.SH	重庆啤酒	76.72	食品饮料	重庆市	渝北区	非国有	西南
35	600690.SH	海尔智家	76.46	家用电器	山东省	青岛市	非国有	华东
36	002534.SZ	杭锅股份	76.43	机械设备	浙江省	杭州市	非国有	华东
37	000488.SZ	晨鸣纸业	76.41	轻工制造	山东省	潍坊市	国有	华东
38	600170.SH	上海建工	76.27	建筑材料	上海市	浦东新区	国有	华东
39	600143.SH	金发科技	76.15	化工	广东省	广州市	非国有	华南
40	002180.SZ	纳思达	76.08	信息设备	广东省	珠海市	非国有	华南

续表

排名	公司代码	公司名称	健康指数	一级行业_同花顺	省份	地级市	产权性质	地理区域
41	600378.SH	昊华科技	76.06	化工	四川省	成都市	国有	西南
42	603060.SH	国检集团	75.88	综合	北京市	朝阳区	国有	华北
43	000811.SZ	冰轮环境	75.77	机械设备	山东省	烟台市	国有	华东
44	000725.SZ	京东方A	75.62	电子	北京市	朝阳区	国有	华北
45	600887.SH	伊利股份	75.59	食品饮料	内蒙古	呼和浩特市	非国有	华北
46	600872.SH	中炬高新	75.56	食品饮料	广东省	中山市	非国有	华南
47	600651.SH	飞乐音响	75.56	机械设备	上海市	嘉定区	国有	华东
48	600100.SH	同方股份	75.52	信息设备	北京市	海淀区	国有	华北
49	002563.SZ	森马服饰	75.42	纺织服装	浙江省	温州市	非国有	华东
50	600219.SH	南山铝业	75.31	有色金属	山东省	烟台市	非国有	华东
51	601126.SH	四方股份	75.26	机械设备	北京市	海淀区	非国有	华北
52	600637.SH	东方明珠	75.23	信息服务	上海市	徐汇区	国有	华东
53	002028.SZ	思源电气	75.18	机械设备	上海市	闵行区	非国有	华东
54	000008.SZ	神州高铁	75.18	交运设备	北京市	海淀区	国有	华北
55	300098.SZ	高新兴	75.13	信息设备	广东省	广州市	非国有	华南
56	002090.SZ	金智科技	75.05	机械设备	江苏省	南京市	非国有	华东
57	600820.SH	隧道股份	75.02	建筑材料	上海市	徐汇区	国有	华东
58	000630.SZ	铜陵有色	74.98	有色金属	安徽省	铜陵市	国有	华东
59	600741.SH	华域汽车	74.95	交运设备	上海市	静安区	国有	华东
60	002385.SZ	大北农	74.85	农林牧渔	北京市	海淀区	非国有	华北
61	000547.SZ	航天发展	74.81	国防军工	福建省	福州市	国有	华东
62	600845.SH	宝信软件	74.53	信息服务	上海市	浦东新区	国有	华东
63	600066.SH	宇通客车	74.47	交运设备	河南省	郑州市	非国有	华中
64	600089.SH	特变电工	74.42	机械设备	新疆	昌吉回族自治州	非国有	西北
65	002030.SZ	达安基因	74.21	医药生物	广东省	广州市	国有	华南
66	601985.SH	中国核电	74.15	公用事业	北京市	海淀区	国有	华北
67	600276.SH	恒瑞医药	74.04	医药生物	江苏省	连云港市	非国有	华东
68	002371.SZ	北方华创	74.04	电子	北京市	朝阳区	国有	华北
69	002216.SZ	三全食品	74.03	食品饮料	河南省	郑州市	非国有	华中
70	300166.SZ	东方国信	73.87	信息服务	北京市	朝阳区	非国有	华北
71	600288.SH	大恒科技	73.84	电子	北京市	海淀区	非国有	华北
72	603588.SH	高能环境	73.81	公用事业	北京市	海淀区	非国有	华北
73	600309.SH	万华化学	73.80	化工	山东省	烟台市	国有	华东
74	600418.SH	江淮汽车	73.76	交运设备	安徽省	合肥市	国有	华东
75	002396.SZ	星网锐捷	73.75	信息设备	福建省	福州市	非国有	华东
76	002310.SZ	东方园林	73.73	公用事业	北京市	朝阳区	非国有	华北
77	300454.SZ	深信服	73.67	信息服务	广东省	深圳市	非国有	华南
78	688777.SH	中控技术	73.57	机械设备	浙江省	杭州市	非国有	华东
79	600879.SH	航天电子	73.54	国防军工	湖北省	武汉市	国有	华中
80	603128.SH	华贸物流	73.44	交通运输	上海市	浦东新区	国有	华东

续表

排名	公司代码	公司名称	健康指数	一级行业_同花顺	省份	地级市	产权性质	地理区域
81	002268.SZ	卫士通	73.37	信息设备	四川省	成都市	国有	西南
82	600602.SH	云赛智联	73.34	信息服务	上海市	浦东新区	国有	华东
83	000524.SZ	岭南控股	73.26	餐饮旅游	广东省	广州市	国有	华南
84	600282.SH	南钢股份	73.19	黑色金属	江苏省	南京市	非国有	华东
85	001965.SZ	招商公路	73.18	交通运输	天津市	滨海新区	国有	华北
86	000425.SZ	徐工机械	73.17	机械设备	江苏省	徐州市	国有	华东
87	600480.SH	凌云股份	73.13	交运设备	河北省	保定市	国有	华北
88	600567.SH	山鹰国际	73.09	轻工制造	安徽省	马鞍山市	非国有	华东
89	600320.SH	振华重工	73.06	机械设备	上海市	浦东新区	国有	华东
90	600388.SH	龙净环保	73.03	机械设备	福建省	龙岩市	非国有	华东
91	603486.SH	科沃斯	72.96	家用电器	江苏省	苏州市	非国有	华东
92	000550.SZ	江铃汽车	72.96	交运设备	江西省	南昌市	国有	华东
93	600460.SH	士兰微	72.96	电子	浙江省	杭州市	非国有	华东
94	600372.SH	中航电子	72.85	国防军工	北京市	大兴区	国有	华北
95	002706.SZ	良信股份	72.84	机械设备	上海市	浦东新区	非国有	华东
96	002717.SZ	岭南股份	72.82	公用事业	广东省	东莞市	非国有	华南
97	600570.SH	恒生电子	72.68	信息服务	浙江省	杭州市	非国有	华东
98	000100.SZ	TCL科技	72.64	电子	广东省	惠州市	非国有	华南
99	600803.SH	新奥股份	72.63	公用事业	河北省	石家庄市	非国有	华北
100	002352.SZ	顺丰控股	72.54	交通运输	广东省	深圳市	非国有	华南

数据来源：同花顺、中关村国睿金融与产业发展研究会。

根据评价结果，位列竞争态势系统健康指数前10名的上市公司分别是三一重工、大华股份、用友网络、烽火通信、海天味业、海能达、长园集团、东方电气、三六零、海康威视。

从行业分类来看，竞争态势系统健康指数前100名的上市公司共分布于20个行业，如图5-17所示，按同花顺行业分类，分别为：机械设备行业19家，信息服务行业15家，信息设备行业9家，电子和交运设备行业各8家，公用事业、交通运输和食品饮料行业各5家，有色金属、黑色金属、医药生物、化工、轻工制造和国防军工行业各3家，建筑材料、家用电器行业各2家，餐饮旅游、纺织服装、农林牧渔和综合行业各1家。

从省际分类来看，竞争态势系统健康指数排名前100名的上市公司，共来自中国18个省级行政区，其中北京市和广东省各有18家上市公司进入前100名，表现出极好的竞争力。其次，上海市12家，浙江省10家，这是仅有的4个超过10家公司进入前100名的省级行政区，4个省共占了58%，竞争优势明显。竞争态势系统健康指数前100名的上市公司省级分布，如图5-18所示。

如果从更具体的省内城市分布来看，数量排名靠前的城市（直辖市属区）中，北京市海淀区有10家上市公司进入竞争态势系统健康指数前100名，其次是杭州市有8家进入竞争态势系统健康指数前100名，深圳市有7家，浦东新区有6家，北京朝阳区和广州市有5家公司进入竞争态势系统健康指数前100名。

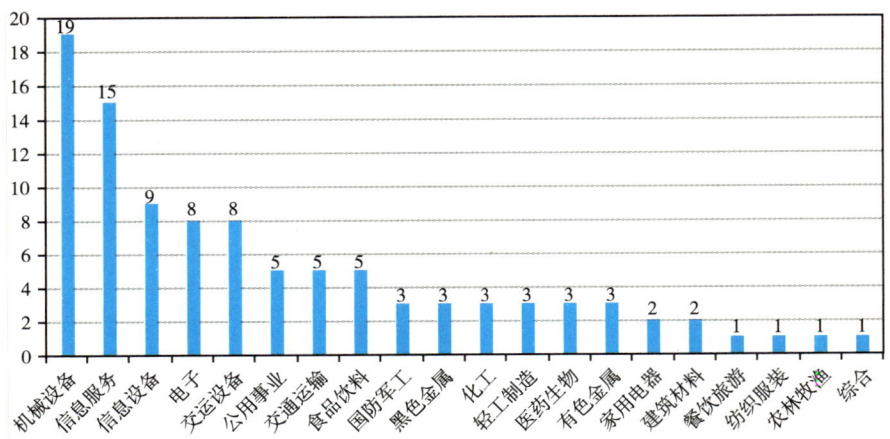

图5-17　竞争态势健康指数前100名上市公司行业分布

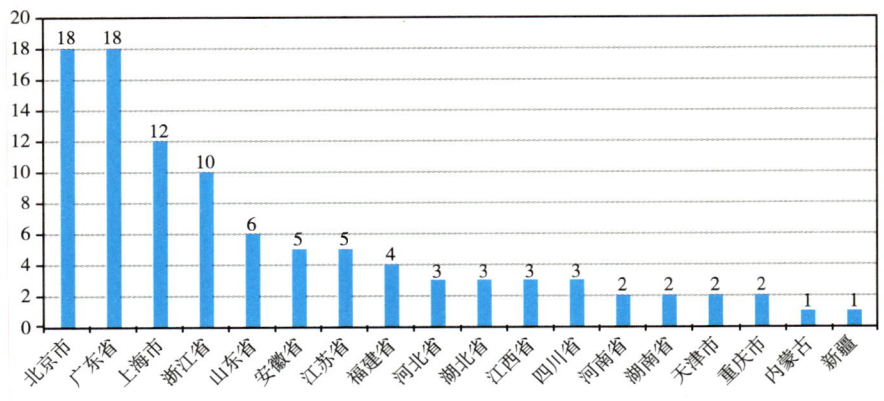

图5-18　竞争态势健康指数前100名上市公司省级分布

从区域角度来看，竞争态势系统健康指数排名前100名的上市公司在七大区域上分布情况如图5-19所示。华东地区有45家进入前100名，遥遥领先。其次是华北地区24家，华南地区18家，华中地区7家，西南地区5家，西北地区仅有1家进入前100名，东北地区0家。

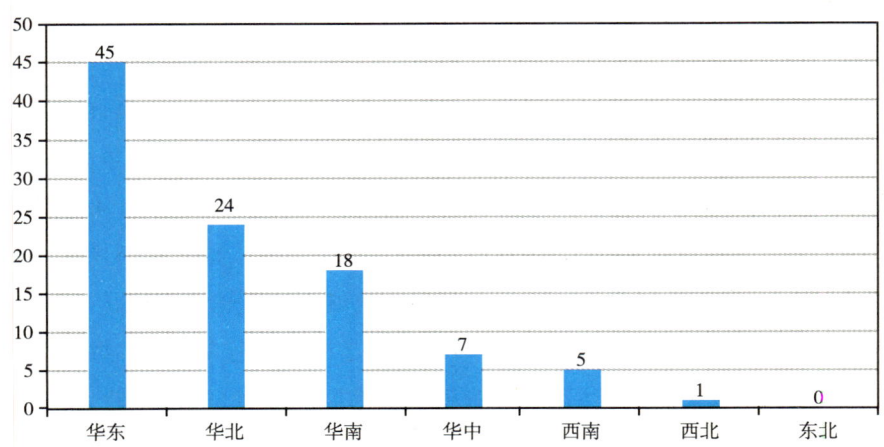

图5-19　竞争态势系统健康指数前100名上市公司地理区域分布

从产权性质来看，竞争态势系统健康指数排名前100名的上市公司中国有控股的有47家，非国有控股的有53家，其中中央控股上市公司22家，地方政府控股上市公司25家，如图5-20所示。在竞争态势前100名中，非国有上市公司略占优势。

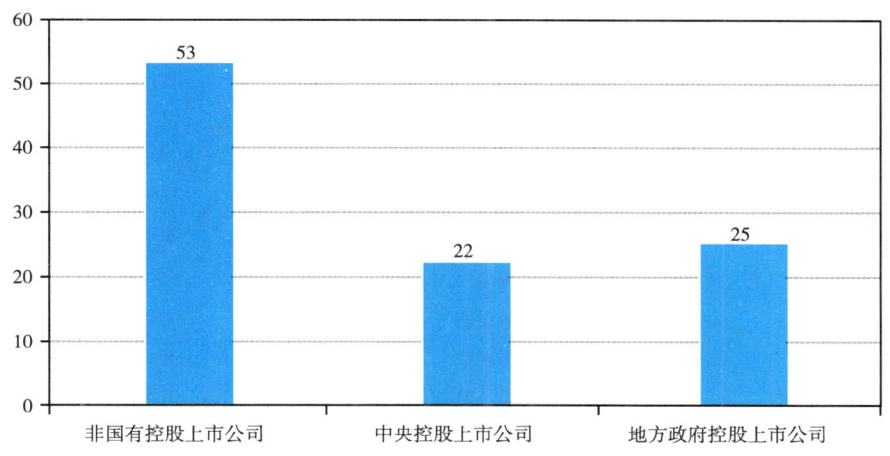

图5-20　竞争态势系统健康指数前100名上市公司产权分布

5.2.5　产品销售系统

基于上市公司2020年的年报等公开披露数据，对4032家上市公司健康指数进行计算，从而得出我国上市公司产品销售系统健康指数前100名的上市公司（见表5-6）。

表5-6　　　　　　　　　　2020年中国上市公司产品销售系统健康指数前100名

排名	公司代码	公司名称	健康指数	一级行业_同花顺	省份	地级市	产权性质	地理区域
1	600362.SH	江西铜业	84.44	有色金属	江西省	鹰潭市	国有	华东
2	600742.SH	一汽富维	83.62	交运设备	吉林省	长春市	国有	东北
3	600248.SH	陕西建工	83.28	建筑材料	陕西省	咸阳市	国有	西北
4	002493.SZ	荣盛石化	82.76	化工	浙江省	杭州市	非国有	华东
5	600308.SH	华泰股份	82.04	轻工制造	山东省	东营市	非国有	华东
6	600760.SH	中航沈飞	81.95	国防军工	山东省	威海市	国有	华东
7	300677.SZ	英科医疗	81.62	医药生物	山东省	淄博市	非国有	华东
8	600967.SH	内蒙一机	81.59	国防军工	内蒙古自治区	包头市	国有	华北
9	600577.SH	精达股份	81.37	机械设备	安徽省	铜陵市	非国有	华东
10	601233.SH	桐昆股份	81.22	化工	浙江省	嘉兴市	非国有	华东
11	002237.SZ	恒邦股份	81.07	有色金属	山东省	烟台市	国有	华东
12	002061.SZ	浙江交科	80.97	建筑材料	浙江省	衢州市	国有	华东
13	600346.SH	恒力石化	80.85	化工	辽宁省	大连市	非国有	东北
14	600475.SH	华光环能	80.83	机械设备	江苏省	无锡市	非国有	华东
15	002475.SZ	立讯精密	80.72	电子	广东省	深圳市	非国有	华南
16	300082.SZ	奥克股份	80.69	化工	辽宁省	辽阳市	非国有	东北

续表

排名	公司代码	公司名称	健康指数	一级行业_同花顺	省份	地级市	产权性质	地理区域
17	600039.SH	四川路桥	80.29	建筑材料	四川省	成都市	国有	西南
18	300981.SZ	中红医疗	80.27	医药生物	河北省	唐山市	国有	华北
19	600732.SH	爱旭股份	80.04	机械设备	上海市	浦东新区	非国有	华东
20	000630.SZ	铜陵有色	79.95	有色金属	安徽省	铜陵市	国有	华东
21	603225.SH	新凤鸣	79.83	化工	浙江省	嘉兴市	非国有	华东
22	600746.SH	江苏索普	79.81	化工	江苏省	镇江市	国有	华东
23	601231.SH	环旭电子	79.70	电子	上海市	浦东新区	非国有	华东
24	002203.SZ	海亮股份	79.46	有色金属	浙江省	绍兴市	非国有	华东
25	600710.SH	苏美达	79.43	商业贸易	江苏省	南京市	国有	华东
26	600685.SH	中船防务	79.23	国防军工	广东省	广州市	国有	华南
27	603185.SH	上机数控	79.18	机械设备	江苏省	无锡市	非国有	华东
28	600966.SH	博汇纸业	79.10	轻工制造	山东省	淄博市	非国有	华东
29	600522.SH	中天科技	78.97	信息设备	江苏省	南通市	非国有	华东
30	002645.SZ	华宏科技	78.79	机械设备	江苏省	无锡市	非国有	华东
31	603613.SH	国联股份	78.79	信息服务	北京市	海淀区	非国有	华北
32	601919.SH	中远海控	78.78	交通运输	天津市	滨海新区	国有	华北
33	601789.SH	宁波建工	78.65	建筑材料	浙江省	宁波市	国有	华东
34	601138.SH	工业富联	78.49	电子	广东省	深圳市	非国有	华南
35	000703.SZ	恒逸石化	78.34	化工	广西壮族自治区	北海市	非国有	华南
36	601106.SH	中国一重	77.90	机械设备	黑龙江省	齐齐哈尔市	国有	东北
37	000049.SZ	德赛电池	77.84	电子	广东省	深圳市	国有	华南
38	600531.SH	豫光金铅	77.80	有色金属	河南省	省直辖	国有	华中
39	600260.SH	凯乐科技	77.79	信息设备	湖北省	荆州市	非国有	华中
40	600426.SH	华鲁恒升	77.70	化工	山东省	德州市	非国有	华东
41	603985.SH	恒润股份	77.54	机械设备	江苏省	无锡市	非国有	华东
42	601568.SH	北元集团	77.51	化工	陕西省	榆林市	国有	西北
43	600203.SH	福日电子	77.37	信息设备	福建省	福州市	国有	华东
44	002838.SZ	道恩股份	77.34	化工	山东省	烟台市	非国有	华东
45	600063.SH	皖维高新	77.32	化工	安徽省	合肥市	国有	华东
46	601117.SH	中国化学	76.85	建筑材料	北京市	东城区	国有	华北
47	000928.SZ	中钢国际	76.71	建筑材料	吉林省	吉林市	国有	东北
48	601100.SH	恒立液压	76.62	机械设备	江苏省	常州市	非国有	华东
49	002078.SZ	太阳纸业	76.16	轻工制造	山东省	济宁市	非国有	华东
50	002408.SZ	齐翔腾达	76.14	化工	山东省	淄博市	非国有	华东
51	603288.SH	海天味业	76.14	食品饮料	广东省	佛山市	非国有	华南
52	601216.SH	君正集团	76.12	化工	内蒙古	乌海市	非国有	华北
53	002532.SZ	天山铝业	76.08	有色金属	浙江省	台州市	非国有	华东
54	002241.SZ	歌尔股份	76.04	电子	山东省	潍坊市	非国有	华东
55	601677.SH	明泰铝业	76.00	有色金属	河南省	郑州市	非国有	华中
56	002726.SZ	龙大肉食	75.92	食品饮料	山东省	烟台市	非国有	华东

续表

排名	公司代码	公司名称	健康指数	一级行业_同花顺	省份	地级市	产权性质	地理区域
57	603766.SH	隆鑫通用	75.81	交运设备	重庆市	九龙坡区	非国有	西南
58	600741.SH	华域汽车	75.64	交运设备	上海市	静安区	国有	华东
59	603301.SH	振德医疗	75.60	医药生物	浙江省	绍兴市	非国有	华东
60	603218.SH	日月股份	75.56	机械设备	浙江省	宁波市	非国有	华东
61	002155.SZ	湖南黄金	75.48	有色金属	湖南省	长沙市	国有	华中
62	601168.SH	西部矿业	75.47	有色金属	青海省	西宁市	国有	西北
63	002157.SZ	正邦科技	75.46	农林牧渔	江西省	南昌市	非国有	华东
64	000930.SZ	中粮科技	75.37	农林牧渔	安徽省	蚌埠市	国有	华东
65	002567.SZ	唐人神	75.28	农林牧渔	湖南省	株洲市	非国有	华中
66	002064.SZ	华峰化学	75.27	化工	浙江省	温州市	非国有	华东
67	000698.SZ	沈阳化工	75.23	化工	辽宁省	沈阳市	国有	东北
68	600277.SH	亿利洁能	75.22	化工	内蒙古	鄂尔多斯市	非国有	华北
69	000039.SZ	中集集团	75.22	机械设备	广东省	深圳市	国有	华南
70	000895.SZ	双汇发展	75.05	食品饮料	河南省	漯河市	非国有	华中
71	600170.SH	上海建工	74.93	建筑材料	上海市	浦东新区	国有	华东
72	000800.SZ	一汽解放	74.92	交运设备	吉林省	长春市	国有	东北
73	600845.SH	宝信软件	74.85	信息服务	上海市	浦东新区	国有	华东
74	300383.SZ	光环新网	74.80	信息设备	北京市	门头沟区	非国有	华北
75	600939.SH	重庆建工	74.75	建筑材料	重庆市	渝北区	国有	西南
76	000830.SZ	鲁西化工	74.74	化工	山东省	聊城市	国有	华东
77	000016.SZ	深康佳A	74.64	家用电器	广东省	深圳市	国有	华南
78	002171.SZ	楚江新材	74.62	有色金属	安徽省	芜湖市	非国有	华东
79	002600.SZ	领益智造	74.60	电子	广东省	江门市	非国有	华南
80	600717.SH	天津港	74.56	交通运输	天津市	滨海新区	国有	华北
81	000906.SZ	浙商中拓	74.46	商业贸易	浙江省	杭州市	国有	华东
82	600218.SH	全柴动力	74.42	机械设备	安徽省	滁州市	国有	华东
83	002328.SZ	新朋股份	74.38	交运设备	上海市	青浦区	非国有	华东
84	600073.SH	上海梅林	74.32	食品饮料	上海市	浦东新区	国有	华东
85	601012.SH	隆基股份	74.31	机械设备	陕西省	西安市	非国有	西北
86	600711.SH	盛屯矿业	74.26	有色金属	福建省	厦门市	非国有	华东
87	002758.SZ	浙农股份	74.24	商业贸易	浙江省	绍兴市	非国有	华东
88	002845.SZ	同兴达	74.24	电子	广东省	深圳市	非国有	华南
89	600438.SH	通威股份	74.23	机械设备	四川省	成都市	非国有	西南
90	002311.SZ	海大集团	74.23	农林牧渔	广东省	广州市	非国有	华南
91	300919.SZ	中伟股份	74.17	化工	贵州省	铜仁市	非国有	西南
92	000100.SZ	TCL科技	74.14	电子	广东省	惠州市	非国有	华南
93	300979.SZ	华利集团	74.10	纺织服装	广东省	中山市	非国有	华南
94	688680.SH	海优新材	74.01	机械设备	上海市	浦东新区	非国有	华东
95	600150.SH	中国船舶	73.96	国防军工	上海市	浦东新区	国有	华东
96	002462.SZ	嘉事堂	73.92	医药生物	北京市	海淀区	国有	华北

续表

排名	公司代码	公司名称	健康指数	一级行业_同花顺	省份	地级市	产权性质	地理区域
97	603026.SH	石大胜华	73.89	化工	山东省	东营市	国有	华东
98	000932.SZ	华菱钢铁	73.88	黑色金属	湖南省	长沙市	国有	华中
99	600027.SH	华电国际	73.87	公用事业	山东省	济南市	国有	华东
100	002531.SZ	天顺风能	73.86	机械设备	江苏省	苏州市	非国有	华东

数据来源：同花顺、中关村国睿金融与产业发展研究会。

根据评价结果，位列产品销售系统健康指数前10名的上市公司分别是江西铜业、一汽富维、陕西建工、荣盛石化、华泰股份、中航沈飞、英科医疗、内蒙一机、精达股份、桐昆股份。

从行业分类来看，产品销售系统健康指数前100名的上市公司共分布于19个行业，如图5-21所示，按同花顺行业分类，分别为：化工行业19家，机械设备行业15家，有色金属行业11家，电子、建筑材料行业各8家，交运设备行业5家，信息设备、农林牧渔、食品饮料、医药生物和国防军工行业各4家，轻工制造、商业贸易行业各3家，信息服务、交通运输行业各2家，黑色金属、纺织服装、家用电器、公用事业行业各1家。

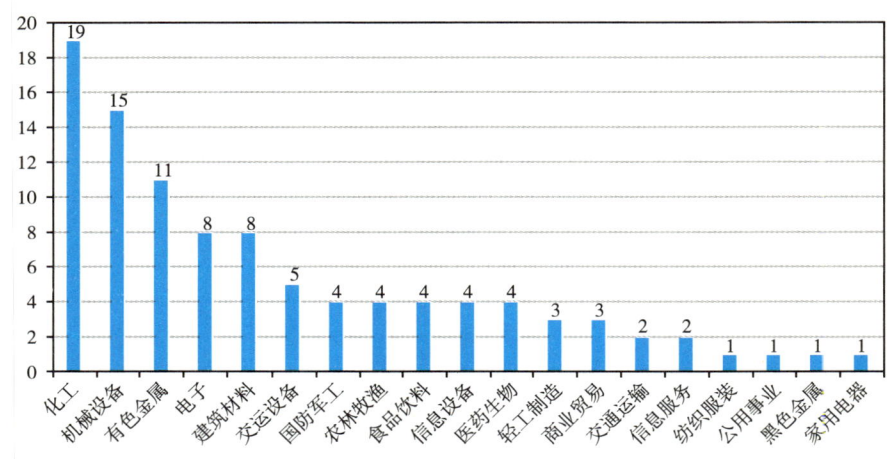

图5-21 产品销售健康指数前100名上市公司行业分布

从省际分类来看，产品销售系统健康指数排名前100名的上市公司，共来自中国24个省级行政区，其中山东省有14家上市公司进入前100名，其次广东省和浙江省各12家，这是仅有的3个超过10家公司进入前100名的省级行政区，优势明显。产品销售系统健康指数前100名的上市公司省级分布，如图5-22所示。

如果从更具体的省内城市分布来看，数量排名靠前的城市（直辖市属区）中，上海浦东新区有7家进入产品销售系统健康指数前100名，其次是深圳市有6家上市公司进入产品销售系统健康指数前100名，无锡市4家上市公司进入产品销售系统健康指数前100名。

从区域角度来看，产品销售系统健康指数排名前100名的上市公司在七大区域上分布情况如图5-23所示。华东地区有54家进入前100名，遥遥领先。其次是华南地区13家，华北地区10家，华中和东北地区各7家，西南地区5家，西北地区仅4家进入前100名。

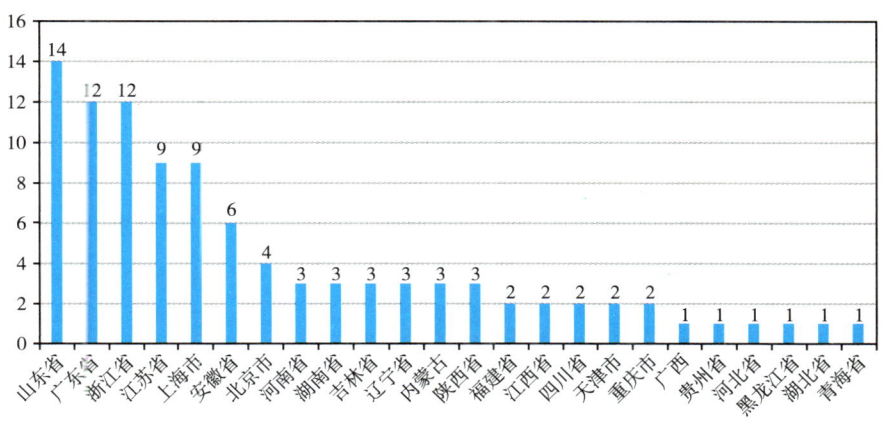

图 5-22　产品销售健康指数前 100 名上市公司省级分布

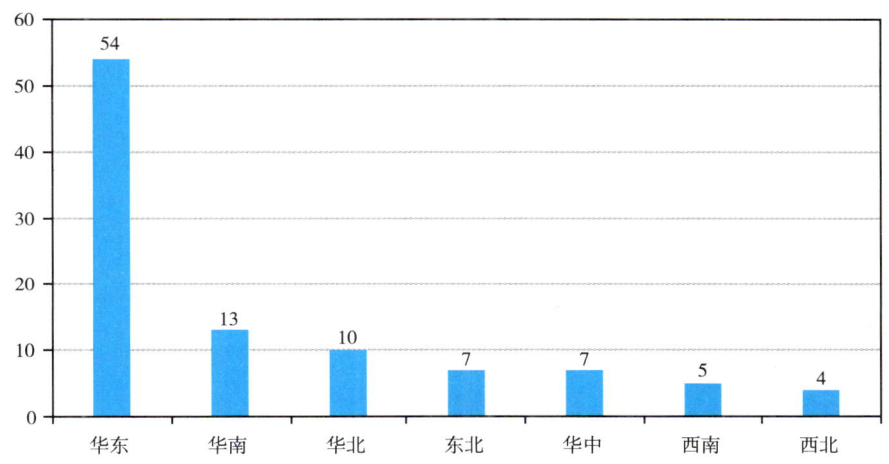

图 5-23　产品销售系统健康指数前 100 名上市公司地理区域分布

从产权性质来看，产品销售系统健康指数排名前 100 名的上市公司中国有控股的有 46 家，非国有控股的有 54 家，其中中央控股上市公司 19 家，地方政府控股上市公司 27 家，如图 5-24 所示。在竞争态势前 100 名中，非国有上市公司略占优势。

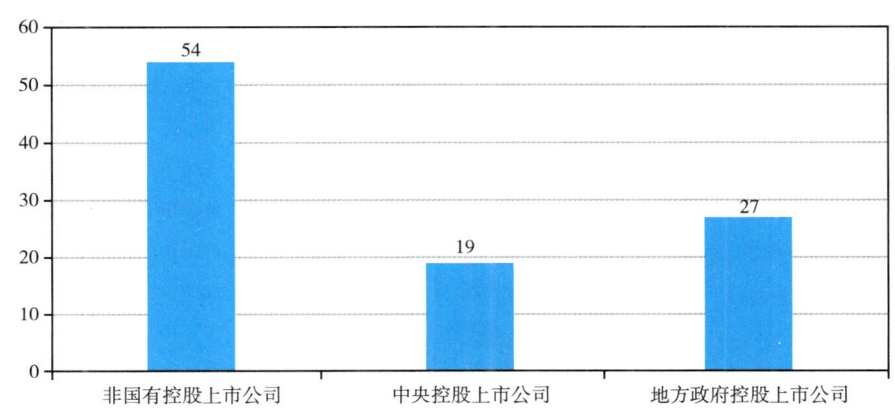

图 5-24　产品销售系统健康指数前 100 名上市公司产权分布

5.2.6 价值再造系统

基于上市公司2020年的年报等公开披露数据，对4032家上市公司健康指数进行计算，从而得出我国上市公司价值再造系统健康指数前100名的上市公司（见表5-7）。

表 5-7　　　　　　　　2020 年中国上市公司价值再造系统健康指数前 100 名

排名	公司代码	公司名称	健康指数	一级行业_同花顺	省份	地级市	产权性质	地理区域
1	600060.SH	海信视像	85.55	家用电器	山东省	青岛市	国有	华东
2	600011.SH	华能国际	83.40	公用事业	北京市	西城区	国有	华北
3	688317.SH	之江生物	83.04	医药生物	上海市	浦东新区	非国有	华东
4	002059.SZ	云南旅游	82.47	餐饮旅游	云南省	昆明市	国有	西南
5	002061.SZ	浙江交科	81.87	建筑材料	浙江省	衢州市	国有	华东
6	600596.SH	新安股份	81.46	化工	浙江省	杭州市	非国有	华东
7	300358.SZ	楚天科技	81.37	医药生物	湖南省	长沙市	非国有	华中
8	600820.SH	隧道股份	80.68	建筑材料	上海市	徐汇区	国有	华东
9	002157.SZ	正邦科技	80.43	农林牧渔	江西省	南昌市	非国有	华东
10	300115.SZ	长盈精密	80.13	电子	广东省	深圳市	非国有	华南
11	002139.SZ	拓邦股份	79.76	电子	广东省	深圳市	非国有	华南
12	600522.SH	中天科技	79.63	信息设备	江苏省	南通市	非国有	华东
13	601216.SH	君正集团	79.46	化工	内蒙古	乌海市	非国有	华北
14	600271.SH	航天信息	79.05	信息服务	北京市	海淀区	国有	华北
15	600548.SH	深高速	78.98	交通运输	广东省	深圳市	国有	华南
16	000539.SZ	粤电力A	78.92	公用事业	广东省	广州市	国有	华南
17	600170.SH	上海建工	78.92	建筑材料	上海市	浦东新区	国有	华东
18	600008.SH	首创股份	78.91	公用事业	北京市	西城区	国有	华北
19	000932.SZ	华菱钢铁	78.85	黑色金属	湖南省	长沙市	国有	华中
20	000100.SZ	TCL科技	78.49	电子	广东省	惠州市	非国有	华南
21	600410.SH	华胜天成	78.38	信息服务	北京市	海淀区	非国有	华北
22	600582.SH	天地科技	78.36	机械设备	北京市	朝阳区	国有	华北
23	600362.SH	江西铜业	78.26	有色金属	江西省	鹰潭市	国有	华东
24	600710.SH	苏美达	78.03	商业贸易	江苏省	南京市	国有	华东
25	600133.SH	东湖高新	77.96	建筑材料	湖北省	武汉市	国有	华中
26	600808.SH	马钢股份	77.93	黑色金属	安徽省	马鞍山市	国有	华东
27	600755.SH	厦门国贸	77.91	商业贸易	福建省	厦门市	国有	华东
28	600587.SH	新华医疗	77.86	医药生物	山东省	淄博市	国有	华东
29	600502.SH	安徽建工	77.86	建筑材料	安徽省	蚌埠市	国有	华东
30	002635.SZ	安洁科技	77.80	电子	江苏省	苏州市	非国有	华东
31	000488.SZ	晨鸣纸业	77.72	轻工制造	山东省	潍坊市	国有	华东
32	002567.SZ	唐人神	77.66	农林牧渔	湖南省	株洲市	非国有	华中
33	002416.SZ	爱施德	77.60	商业贸易	广东省	深圳市	非国有	华南
34	002109.SZ	兴化股份	77.57	化工	陕西省	咸阳市	国有	西北

续表

排名	公司代码	公司名称	健康指数	一级行业_同花顺	省份	地级市	产权性质	地理区域
35	600248.SH	狭西建工	77.55	建筑材料	陕西省	咸阳市	国有	西北
36	603889.SH	新澳股份	77.37	纺织服装	浙江省	嘉兴市	非国有	华东
37	601886.SH	江河集团	77.34	建筑材料	北京市	顺义区	非国有	华北
38	002758.SZ	浙农股份	77.32	商业贸易	浙江省	绍兴市	非国有	华东
39	601985.SH	中国核电	77.11	公用事业	北京市	海淀区	国有	华北
40	002223.SZ	鱼跃医疗	76.90	医药生物	江苏省	镇江市	非国有	华东
41	002010.SZ	传化智联	76.74	交通运输	浙江省	杭州市	非国有	华东
42	601669.SH	中国电建	76.74	建筑材料	北京市	海淀区	国有	华北
43	601598.SH	中国外运	76.53	交通运输	北京市	海淀区	国有	华北
44	603106.SH	恒银科技	76.28	信息设备	天津市	滨海新区	非国有	华北
45	002022.SZ	科华生物	76.27	医药生物	上海市	徐汇区	非国有	华东
46	600039.SH	四川路桥	75.80	建筑材料	四川省	成都市	国有	西南
47	002236.SZ	大华股份	75.78	电子	浙江省	杭州市	非国有	华东
48	600188.SH	兖州煤业	75.72	采掘	山东省	济宁市	国有	华东
49	000948.SZ	南天信息	75.72	信息服务	云南省	昆明市	国有	西南
50	600655.SH	豫园股份	75.70	商业贸易	上海市	黄浦区	非国有	华东
51	600717.SH	天津港	75.68	交通运输	天津市	滨海新区	国有	华北
52	002386.SZ	天原股份	75.49	化工	四川省	宜宾市	国有	西南
53	300136.SZ	信维通信	75.46	电子	广东省	深圳市	非国有	华南
54	600487.SH	亨通光电	75.34	信息设备	江苏省	苏州市	非国有	华东
55	603661.SH	恒林股份	75.33	轻工制造	浙江省	湖州市	非国有	华东
56	002131.SZ	利欧股份	75.33	信息服务	浙江省	台州市	非国有	华东
57	600295.SH	鄂尔多斯	75.28	采掘	内蒙古	鄂尔多斯市	非国有	华北
58	600339.SH	中油工程	75.26	采掘	新疆	克拉玛依市	国有	西北
59	603636.SH	南威软件	75.24	信息服务	福建省	泉州市	非国有	华东
60	000726.SZ	鲁泰A	75.17	纺织服装	山东省	淄博市	非国有	华东
61	000630.SZ	铜陵有色	75.16	有色金属	安徽省	铜陵市	国有	华东
62	601618.SH	中国中冶	75.14	建筑材料	北京市	朝阳区	国有	华北
63	601991.SH	大唐发电	75.10	公用事业	北京市	西城区	国有	华北
64	600500.SH	中化国际	75.07	化工	上海市	浦东新区	国有	华东
65	600350.SH	山东高速	75.04	交通运输	山东省	济南市	国有	华东
66	600171.SH	上海贝岭	74.99	电子	上海市	徐汇区	国有	华东
67	000725.SZ	京东方A	74.92	电子	北京市	朝阳区	国有	华北
68	600143.SH	金发科技	74.90	化工	广东省	广州市	非国有	华南
69	603180.SH	金牌厨柜	74.87	轻工制造	福建省	厦门市	非国有	华东
70	600810.SH	神马股份	74.87	化工	河南省	平顶山市	国有	华中
71	600497.SH	驰宏锌锗	74.79	有色金属	云南省	曲靖市	国有	西南
72	000425.SZ	徐工机械	74.79	机械设备	江苏省	徐州市	国有	华东

续表

排名	公司代码	公司名称	健康指数	一级行业_同花顺	省份	地级市	产权性质	地理区域
73	300129.SZ	泰胜风能	74.73	机械设备	上海市	金山区	非国有	华东
74	600269.SH	赣粤高速	74.71	交通运输	江西省	南昌市	国有	华东
75	002429.SZ	兆驰股份	74.71	家用电器	广东省	深圳市	非国有	华南
76	002950.SZ	奥美医疗	74.68	医药生物	湖北省	宜昌市	非国有	华中
77	000727.SZ	冠捷科技	74.67	电子	江苏省	南京市	国有	华东
78	603687.SH	大胜达	74.67	轻工制造	浙江省	杭州市	非国有	华东
79	603363.SH	傲农生物	74.56	农林牧渔	福建省	漳州市	非国有	华东
80	300428.SZ	立中集团	74.56	交运设备	河北省	保定市	非国有	华北
81	601699.SH	潞安环能	74.56	采掘	山西省	长治市	国有	华北
82	002532.SZ	天山铝业	74.50	有色金属	浙江省	台州市	非国有	华东
83	600981.SH	汇鸿集团	74.46	商业贸易	江苏省	南京市	国有	华东
84	600388.SH	龙净环保	74.22	机械设备	福建省	龙岩市	非国有	华东
85	002283.SZ	天润工业	74.15	交运设备	山东省	威海市	非国有	华东
86	002714.SZ	牧原股份	74.14	农林牧渔	河南省	南阳市	非国有	华中
87	601231.SH	环旭电子	74.13	电子	上海市	浦东新区	非国有	华东
88	002600.SZ	领益智造	74.11	电子	广东省	江门市	非国有	华南
89	600282.SH	南钢股份	74.10	黑色金属	江苏省	南京市	非国有	华东
90	600483.SH	福能股份	74.07	公用事业	福建省	南平市	国有	华东
91	002385.SZ	大北农	74.07	农林牧渔	北京市	海淀区	非国有	华北
92	600535.SH	天士力	74.05	医药生物	天津市	北辰区	非国有	华北
93	600063.SH	皖维高新	74.05	化工	安徽省	合肥市	国有	华东
94	000977.SZ	浪潮信息	74.00	信息设备	山东省	济南市	国有	华东
95	002489.SZ	浙江永强	73.96	轻工制造	浙江省	台州市	非国有	华东
96	600741.SH	华域汽车	73.90	交运设备	上海市	静安区	国有	华东
97	601600.SH	中国铝业	73.86	有色金属	北京市	海淀区	国有	华北
98	000050.SZ	深天马A	73.81	电子	广东省	深圳市	国有	华南
99	300355.SZ	蒙草生态	73.77	公用事业	内蒙古	呼和浩特市	非国有	华北
100	002559.SZ	亚威股份	73.74	机械设备	江苏省	扬州市	非国有	华东

数据来源：同花顺、中关村国睿金融与产业发展研究会。

根据评价结果，位列价值再造系统健康指数前10名的上市公司分别是海信视像、华能国际、之江生物、云南旅游、浙江交科、新安股份、楚天科技、隧道股份、正邦科技、长盈精密。

从行业分类来看，价值再造系统健康指数前100名的上市公司共分布于19个行业，如图5-25所示，按同花顺行业分类，分别为：电子行业12家，建筑材料行业10家，化工行业8家，公用事业、医药生物行业各7家，交通运输、商业贸易行业各6家，机械设备、农林牧渔、轻工制造、信息服务、有色金属行业各5家，采掘、信息设备行业各4家，黑色金属、交运设备行业各3家，纺织服装、家用电器行业各2家，餐饮旅游行业1家。

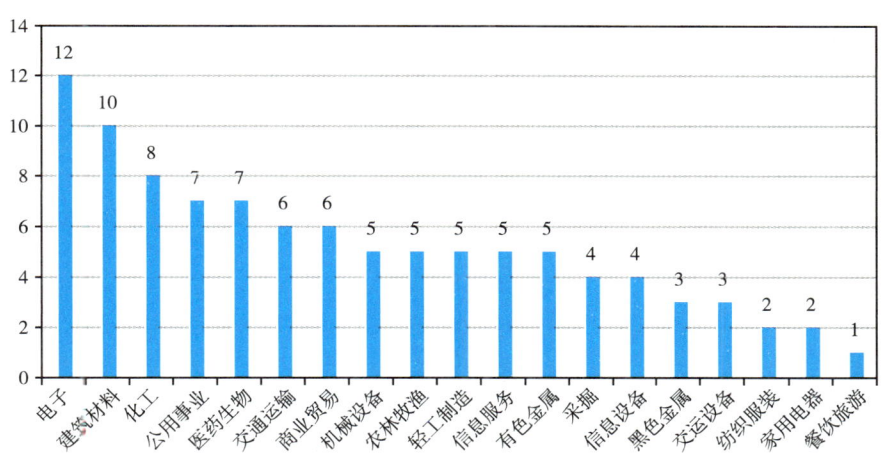

图5-25 价值再造系统健康指数前100名上市公司行业分布

从省际分类来看，价值再造系统健康指数排名前100名的上市公司，共来自中国20个省级行政区，其中北京市有14家上市公司进入前100名，其次是广东省、浙江省各有11家，江苏省和上海市各有10家，共5个超过10家公司进入前100名的省级行政区，5个省（直辖市）共占了56%，优势明显。价值再造系统健康指数前100名的上市公司省级分布，如图5-26所示。

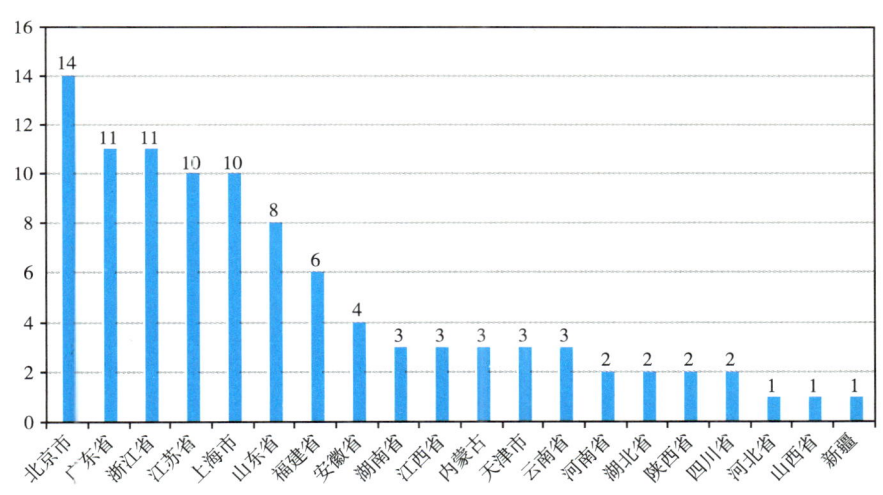

图5-26 价值再造系统健康指数前100名上市公司省级分布

如果从更具体的省内城市分布来看，数量排名靠前的城市（直辖市属区）中，深圳市和北京海淀区各有7家上市公司进入价值再造系统健康指数前100名，其次是杭州市、南京市和上海浦东新区各有4家进入价值再造系统健康指数前100名。

从区域角度来看，价值再造系统健康指数排名前100名的上市公司在七大区域上分布情况如图5-27所示。华东地区有52家进入前100名，遥遥领先。其次是华北地区22家，华南地区11家，华中地区7家，西南地区5家，西北地区3家，东北地区没有上市公司进入价值再造系统健康指数前100名。

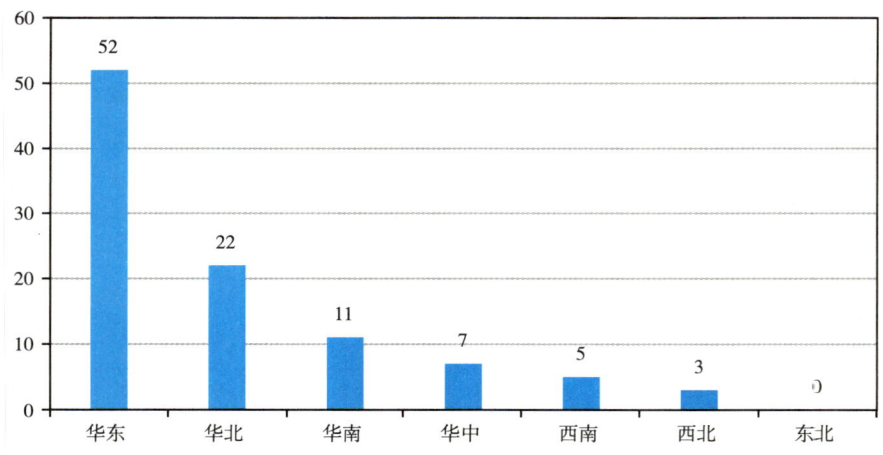

图 5-27　价值再造系统健康指数前100名上市公司地理区域分布

以2020年价值再造系统健康指数排名前100名的上市公司为例，根据评价结果，价值再造系统健康指数排名前100名的上市公司中国有控股的有51家，非国有控股的有49家，基本均衡，其中中央控股上市公司18家，地方政府控股上市公司33家，如图5-28所示。

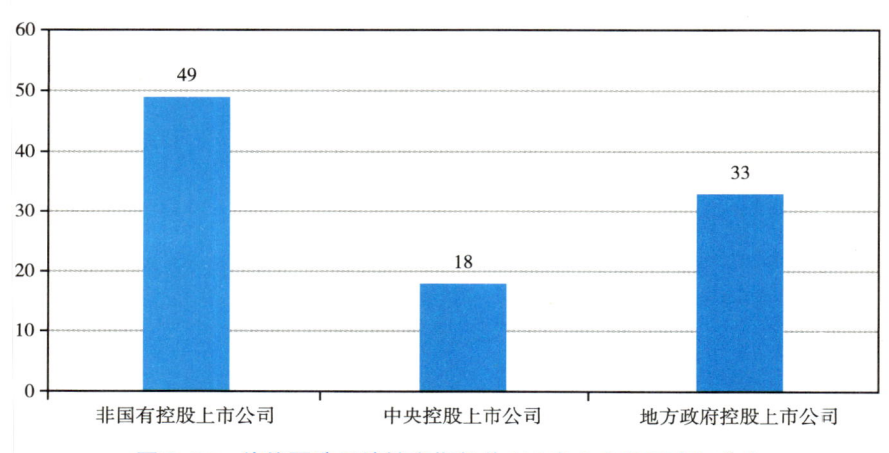

图 5-28　价值再造系统健康指数前100名上市公司产权分布

5.2.7　资产资本结构系统

基于上市公司2020年的年报等公开披露数据，对4032家上市公司健康指数进行计算，从而得出我国上市公司资产资本结构系统健康指数前100名的上市公司（见表5-8）。

表 5-8　　2020年中国上市公司资产资本结构系统健康指数前100名

排名	公司代码	公司名称	健康指数	一级行业_同花顺	省份	地级市	产权性质	地理区域
1	688008.SH	澜起科技	77.73	电子	上海市	徐汇区	非国有	华东
2	688335.SH	复洁环保	77.71	机械设备	上海市	杨浦区	非国有	华东

续表

排名	公司代码	公司名称	健康指数	一级行业_同花顺	省份	地级市	产权性质	地理区域
3	300519.SZ	新光药业	75.79	医药生物	浙江省	绍兴市	非国有	华东
4	688580.SH	伟思医疗	75.20	医药生物	江苏省	南京市	非国有	华东
5	300942.SZ	易瑞生物	74.83	医药生物	广东省	深圳市	非国有	华南
6	300782.SZ	卓胜微	74.48	电子	江苏省	无锡市	非国有	华东
7	003018.SZ	金富科技	74.31	轻工制造	广东省	东莞市	非国有	华南
8	688016.SH	心脉医疗	74.07	医药生物	上海市	浦东新区	非国有	华东
9	688338.SH	赛科希德	74.04	医药生物	北京市	昌平区	非国有	华北
10	300896.SZ	爱美客	73.84	医药生物	北京市	昌平区	非国有	华北
11	688013.SH	天臣医疗	73.67	医药生物	江苏省	苏州市	非国有	华东
12	688185.SH	康希诺	73.49	医药生物	天津市	东丽区	非国有	华北
13	300901.SZ	中胤时尚	73.35	纺织服装	浙江省	温州市	非国有	华东
14	300923.SZ	研奥股份	73.23	交运设备	吉林省	长春市	非国有	东北
15	002320.SZ	海峡股份	73.21	交通运输	海南省	海口市	国有	华南
16	688318.SH	财富趋势	73.11	信息服务	广东省	深圳市	非国有	华南
17	603138.SH	海量数据	73.04	信息服务	北京市	海淀区	非国有	华北
18	688536.SH	思瑞浦	72.42	电子	江苏省	苏州市	非国有	华东
19	300905.SZ	宝丽迪	72.29	化工	江苏省	苏州市	非国有	华东
20	688286.SH	敏芯股份	72.15	电子	江苏省	苏州市	非国有	华东
21	300824.SZ	北鼎股份	71.97	家用电器	广东省	深圳市	非国有	华南
22	688063.SH	派能科技	71.87	机械设备	上海市	浦东新区	非国有	华东
23	605098.SH	行动教育	71.63	综合	上海市	闵行区	非国有	华东
24	688317.SH	之江生物	71.55	医药生物	上海市	浦东新区	非国有	华东
25	300921.SZ	南凌科技	71.33	信息设备	广东省	深圳市	非国有	华南
26	300803.SZ	指南针	71.15	信息服务	北京市	昌平区	非国有	华北
27	688595.SH	芯海科技	71.09	电子	广东省	深圳市	非国有	华南
28	603949.SH	雪龙集团	71.03	交运设备	浙江省	宁波市	非国有	华东
29	300945.SZ	曼卡龙	70.96	轻工制造	浙江省	杭州市	非国有	华东
30	688277.SH	天智航	70.90	医药生物	北京市	海淀区	非国有	华北
31	688589.SH	力合微	70.78	电子	广东省	深圳市	国有	华南
32	688050.SH	爱博医疗	70.76	医药生物	北京市	昌平区	非国有	华北
33	002972.SZ	科安达	70.71	交运设备	广东省	深圳市	非国有	华南
34	688393.SH	安必平	70.70	医药生物	广东省	广州市	非国有	华南
35	002577.SZ	雷柏科技	70.69	信息设备	广东省	深圳市	非国有	华南
36	300771.SZ	智莱科技	70.65	机械设备	广东省	深圳市	非国有	华南
37	688611.SH	杭州柯林	70.61	机械设备	浙江省	杭州市	非国有	华东
38	003016.SZ	欣贺股份	70.50	纺织服装	福建省	厦门市	非国有	华东
39	300831.SZ	派瑞股份	70.49	电子	陕西省	西安市	国有	西北
40	688123.SH	聚辰股份	70.45	电子	上海市	浦东新区	非国有	华东
41	300906.SZ	日月明	70.36	交运设备	江西省	南昌市	非国有	华东
42	300841.SZ	康华生物	70.35	医药生物	四川省	成都市	非国有	西南

续表

排名	公司代码	公司名称	健康指数	一级行业_同花顺	省份	地级市	产权性质	地理区域
43	605399.SH	晨光新材	70.30	化工	江西省	九江市	非国有	华东
44	603041.SH	美思德	70.29	化工	江苏省	南京市	非国有	华东
45	300855.SZ	图南股份	70.12	有色金属	江苏省	镇江市	非国有	华东
46	300813.SZ	泰林生物	70.05	机械设备	浙江省	杭州市	非国有	华东
47	688389.SH	普门科技	69.88	医药生物	广东省	深圳市	非国有	华南
48	300861.SZ	美畅股份	69.75	机械设备	陕西省	咸阳市	非国有	西北
49	688686.SH	奥普特	69.62	机械设备	广东省	东莞市	非国有	华南
50	300711.SZ	广哈通信	69.59	信息设备	广东省	广州市	国有	华南
51	688256.SH	寒武纪	69.49	电子	北京市	海淀区	非国有	华北
52	300868.SZ	杰美特	69.42	电子	广东省	深圳市	非国有	华南
53	605003.SH	众望布艺	69.27	纺织服装	浙江省	杭州市	非国有	华东
54	688557.SH	兰剑智能	69.15	机械设备	山东省	济南市	非国有	华东
55	688508.SH	芯朋微	69.09	电子	江苏省	无锡市	非国有	华东
56	300789.SZ	唐源电气	68.97	交运设备	四川省	成都市	非国有	西南
57	688129.SH	东来技术	68.94	化工	上海市	嘉定区	非国有	华东
58	688004.SH	博汇科技	68.93	信息服务	北京市	海淀区	非国有	华北
59	600519.SH	贵州茅台	68.79	食品饮料	贵州省	遵义市	国有	西南
60	688200.SH	华峰测控	68.74	机械设备	北京市	海淀区	非国有	华北
61	688698.SH	伟创电气	68.71	机械设备	江苏省	苏州市	非国有	华东
62	688229.SH	博睿数据	68.69	信息服务	北京市	东城区	非国有	华北
63	300536.SZ	农尚环境	68.66	建筑材料	湖北省	武汉市	非国有	华中
64	605178.SH	时空科技	68.65	建筑材料	北京市	怀柔区	非国有	华北
65	002986.SZ	宇新股份	68.60	化工	湖南省	长沙市	非国有	华中
66	688198.SH	佰仁医疗	68.57	医药生物	北京市	昌平区	非国有	华北
67	688356.SH	键凯科技	68.53	医药生物	北京市	海淀区	非国有	华北
68	600137.SH	浪莎股份	68.51	纺织服装	四川省	宜宾市	非国有	西南
69	603005.SH	晶方科技	68.50	电子	江苏省	苏州市	非国有	华东
70	600868.SH	梅雁吉祥	68.50	公用事业	广东省	梅州市	非国有	华南
71	300935.SZ	盈建科	68.49	信息服务	北京市	海淀区	非国有	华北
72	688289.SH	圣湘生物	68.42	医药生物	湖南省	长沙市	非国有	华中
73	300958.SZ	建工修复	68.39	公用事业	北京市	朝阳区	国有	华北
74	605155.SH	西大门	68.37	化工	浙江省	绍兴市	非国有	华东
75	603068.SH	博通集成	68.32	电子	上海市	浦东新区	非国有	华东
76	688083.SH	中望软件	68.27	信息服务	广东省	广州市	非国有	华南
77	603637.SH	镇海股份	68.25	建筑材料	浙江省	宁波市	国有	华东
78	300885.SZ	海昌新材	68.22	机械设备	江苏省	扬州市	非国有	华东
79	300821.SZ	东岳硅材	68.21	有色金属	山东省	淄博市	非国有	华东
80	300126.SZ	锐奇股份	68.19	机械设备	上海市	松江区	非国有	华东
81	300931.SZ	通用电梯	68.16	机械设备	江苏省	苏州市	非国有	华东
82	688058.SH	宝兰德	68.12	信息服务	北京市	海淀区	非国有	华北
83	603195.SH	公牛集团	68.11	机械设备	浙江省	宁波市	非国有	华东
84	600883.SH	博闻科技	68.07	建筑材料	云南省	保山市	非国有	西南

续表

排名	公司代码	公司名称	健康指数	一级行业_同花顺	省份	地级市	产权性质	地理区域
85	300458.SZ	全志科技	68.05	电子	广东省	珠海市	非国有	华南
86	600647.SH	同达创业	68.02	商业贸易	上海市	浦东新区	国有	华东
87	003025.SZ	思进智能	67.95	机械设备	浙江省	宁波市	非国有	华东
88	688699.SH	明微电子	67.93	电子	广东省	深圳市	非国有	华南
89	300688.SZ	创业黑马	67.93	信息服务	北京市	朝阳区	非国有	华北
90	300033.SZ	同花顺	67.92	信息服务	浙江省	杭州市	非国有	华东
91	688136.SH	科兴制药	67.86	医药生物	山东省	济南市	非国有	华东
92	688551.SH	科威尔	67.83	机械设备	安徽省	合肥市	非国有	华东
93	300777.SZ	中简科技	67.75	化工	江苏省	常州市	非国有	华东
94	003026.SZ	中晶科技	67.71	电子	浙江省	湖州市	非国有	华东
95	300847.SZ	中船汉光	67.71	化工	河北省	邯郸市	国有	华北
96	688018.SH	乐鑫科技	67.69	电子	上海市	浦东新区	非国有	华东
97	300800.SZ	力合科技	67.68	公用事业	湖南省	长沙市	非国有	华中
98	603217.SH	元利科技	67.64	化工	山东省	潍坊市	非国有	华东
99	688330.SH	宏力达	67.64	机械设备	上海市	松江区	非国有	华东
100	688160.SH	步科股份	67.64	机械设备	上海市	浦东新区	非国有	华东

数据来源：同花顺、中关村国睿金融与产业发展研究会。

根据评价结果，位列资产资本结构系统健康指数前10名的上市公司分别是澜起科技、复洁环保、新光药业、伟思医疗、易瑞生物、卓胜微、金富科技、心脉医疗、赛科希德、爱美客。

从行业分类来看，资产资本结构系统健康指数前100名的上市公司共分布于17个行业，如图5-29所示，按同花顺行业分类，分别为：医药生物行业18家，电子行业17家，机械设备行业16家，信息服务行业10家，化工行业9家，交运设备行业5家，纺织服装和建筑材料行业各4家，公用事业和信息设备行业各3家，交通运输、轻工制造、商业贸易、有色金属行业各2家，家用电器、食品饮料和综合行业各1家。

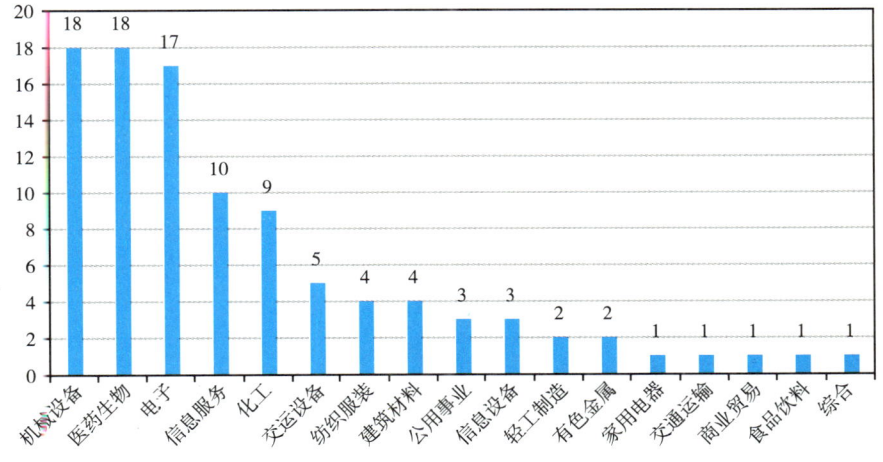

图5-29 资产资本结构系统健康指数前100名上市公司省级分布

从省际分类来看，资产资本结构系统健康指数排名前100名的上市公司，共来自中国21个省级行政区，其中广东省有19家上市公司进入前100名，其次是北京市17家，江苏省14家，浙江省13家，上海市12家，共5个超过10家公司进入前100名的省级行政区，5个省（直辖市）共占了75%，集聚优势明显。资产资本结构系统健康指数前100名的上市公司省级分布，如图5-30所示。

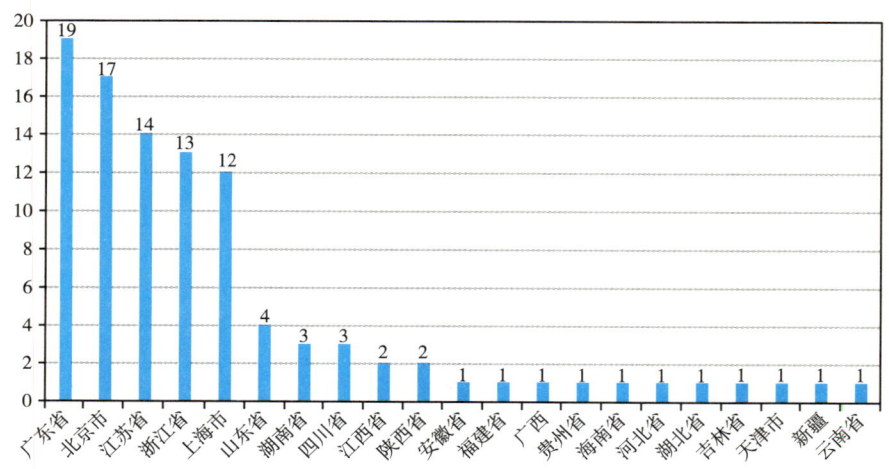

图5-30　资产资本结构系统健康指数前100名上市公司省级分布

如果从更具体的省内城市分布来看，数量排名靠前的城市（直辖市属区）中，深圳市有12家上市公司进入资产资本结构系统健康指数前100名，其次是北京市海淀区有8家进入资产资本结构系统健康指数前100名，苏州市和上海浦东新区各有7家，杭州市和北京昌平区各有5家进入资产资本结构系统健康指数前100名。

从地区分类来看，资产资本结构系统健康指数排名前100名的上市公司在七大区域上分布情况如图5-31所示。华东地区有47家进入前100名，几近一半。其次是华南地区21家，华北地区19家，西南地区5家，华中地区4家，西北地区3家，东北地区仅有1家。

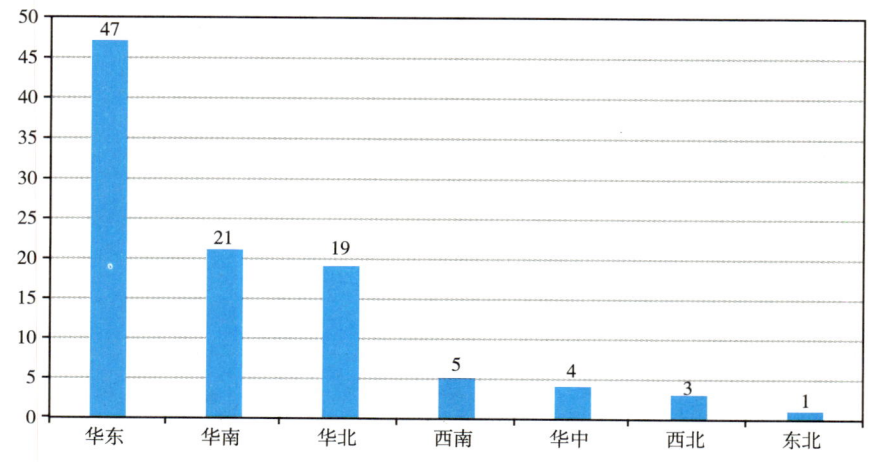

图5-31　资产资本结构系统健康指数前100名上市公司地理区域分布

从产权性质来看，资产资本结构系统健康指数排名前100名的上市公司中国有控股的有9家，非国有控股的有91家，其中中央控股上市公司3家，地方政府控股上市公司6家，如图5-32所示。资产资本结构系统健康前100名中，非国有企业占据绝对优势。

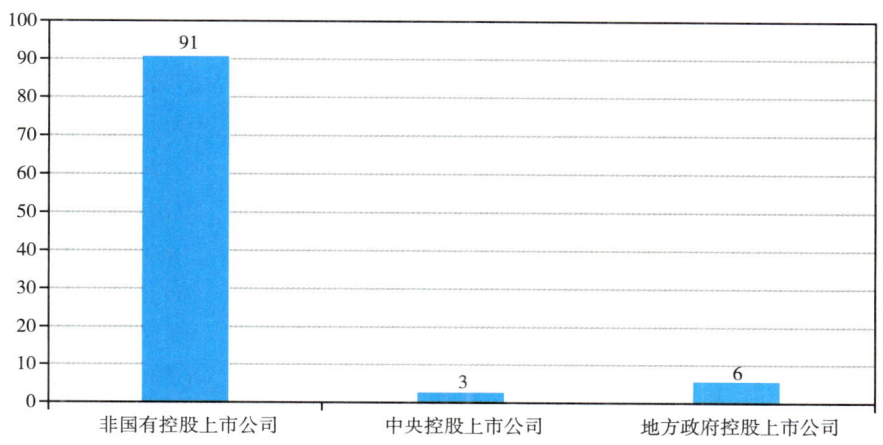

图5-32　资产资本结构系统健康指数前100名上市公司产权分布

5.2.8　内部控制系统

基于上市公司2020年的年报等公开披露数据，对4032家上市公司健康指数进行计算，从而得出我国上市公司内部控制系统健康指数前100名的上市公司（见表5-9）。

表5-9　　2020年中国上市公司内部控制系统健康指数前100名

排名	公司代码	公司名称	健康指数	一级行业_同花顺	省份	地级市	产权性质	地理区域
1	601568.SH	北元集团	97.28	化工	陕西省	榆林市	国有	西北
2	600377.SH	宁沪高速	96.92	交通运输	江苏省	南京市	国有	华东
3	603031.SH	安德利	96.85	商业贸易	安徽省	合肥市	非国有	华东
4	603610.SH	麒盛科技	96.29	轻工制造	浙江省	嘉兴市	非国有	华东
5	603226.SH	菲林格尔	96.29	轻工制造	上海市	奉贤区	非国有	华东
6	002960.SZ	青鸟消防	95.97	机械设备	河北省	张家口市	非国有	华北
7	603566.SH	普莱柯	95.92	农林牧渔	河南省	洛阳市	非国有	华中
8	601698.SH	中国卫通	95.80	国防军工	北京市	海淀区	国有	华北
9	002802.SZ	洪汇新材	95.73	化工	江苏省	无锡市	非国有	华东
10	003002.SZ	壶化股份	95.73	化工	山西省	长治市	非国有	华北
11	603079.SH	圣达生物	95.47	医药生物	浙江省	台州市	非国有	华东
12	601888.SH	中国中免	95.30	餐饮旅游	北京市	东城区	国有	华北
13	603067.SH	振华股份	95.15	化工	湖北省	黄石市	非国有	华中
14	002419.SZ	天虹股份	95.09	商业贸易	广东省	深圳市	国有	华南
15	600012.SH	皖通高速	95.04	交通运输	安徽省	合肥市	国有	华东
16	002746.SZ	仙坛股份	94.94	农林牧渔	山东省	烟台市	非国有	华东

续表

排名	公司代码	公司名称	健康指数	一级行业_同花顺	省份	地级市	产权性质	地理区域
17	603938.SH	三孚股份	94.93	化工	河北省	唐山市	非国有	华北
18	603955.SH	大千生态	94.86	建筑材料	江苏省	南京市	非国有	华东
19	600398.SH	海澜之家	94.81	纺织服装	江苏省	无锡市	非国有	华东
20	603217.SH	元利科技	94.81	化工	山东省	潍坊市	非国有	华东
21	603657.SH	春光科技	94.75	家用电器	浙江省	金华市	非国有	华东
22	603801.SH	志邦家居	94.73	轻工制造	安徽省	合肥市	非国有	华东
23	300677.SZ	英科医疗	94.70	医药生物	山东省	淄博市	非国有	华东
24	603180.SH	金牌厨柜	94.66	轻工制造	福建省	厦门市	非国有	华东
25	300893.SZ	松原股份	94.65	交运设备	浙江省	宁波市	非国有	华东
26	603500.SH	祥和实业	94.65	交运设备	浙江省	台州市	非国有	华东
27	603985.SH	恒润股份	94.59	机械设备	江苏省	无锡市	非国有	华东
28	601100.SH	恒立液压	94.54	机械设备	江苏省	常州市	非国有	华东
29	002880.SZ	卫光生物	94.50	医药生物	广东省	深圳市	国有	华南
30	605100.SH	华丰股份	94.47	机械设备	山东省	潍坊市	非国有	华东
31	603339.SH	四方科技	94.47	机械设备	江苏省	南通市	非国有	华东
32	600323.SH	瀚蓝环境	94.44	公用事业	广东省	佛山市	国有	华南
33	605001.SH	威奥股份	94.44	交运设备	山东省	青岛市	非国有	华东
34	600461.SH	洪城环境	94.43	公用事业	江西省	南昌市	国有	华东
35	002868.SZ	绿康生化	94.36	农林牧渔	福建省	南平市	非国有	华东
36	300455.SZ	康拓红外	94.34	信息设备	北京市	海淀区	国有	华北
37	603859.SH	能科股份	94.32	信息服务	北京市	房山区	非国有	华北
38	603528.SH	多伦科技	94.32	信息服务	江苏省	南京市	非国有	华东
39	601636.SH	旗滨集团	94.19	建筑材料	湖南省	株洲市	非国有	华中
40	000882.SZ	华联股份	94.16	商业贸易	北京市	通州区	国有	华北
41	000983.SZ	山西焦煤	94.15	采掘	山西省	太原市	国有	华北
42	600126.SH	杭钢股份	94.11	黑色金属	浙江省	杭州市	国有	华东
43	603893.SH	瑞芯微	94.08	电子	福建省	福州市	非国有	华东
44	603920.SH	世运电路	94.08	电子	广东省	江门市	非国有	华南
45	603609.SH	禾丰股份	94.08	农林牧渔	辽宁省	沈阳市	非国有	东北
46	603006.SH	联明股份	94.07	交运设备	上海市	浦东新区	非国有	华东
47	603733.SH	仙鹤股份	94.06	轻工制造	浙江省	衢州市	非国有	华东
48	603982.SH	泉峰汽车	94.00	交运设备	江苏省	南京市	非国有	华东
49	603797.SH	联泰环保	94.00	公用事业	广东省	汕头市	非国有	华南
50	601016.SH	节能风电	93.95	公用事业	北京市	海淀区	国有	华北
51	300498.SZ	温氏股份	93.94	农林牧渔	广东省	云浮市	非国有	华南
52	300802.SZ	矩子科技	93.90	机械设备	上海市	闵行区	非国有	华东
53	300765.SZ	新诺威	93.86	医药生物	河北省	石家庄市	非国有	华北
54	601699.SH	潞安环能	93.85	采掘	山西省	长治市	国有	华北

续表

排名	公司代码	公司名称	健康指数	一级行业_同花顺	省份	地级市	产权性质	地理区域
55	002267.SZ	陕天然气	93.83	公用事业	陕西省	西安市	国有	西北
56	300812.SZ	易天股份	93.81	机械设备	广东省	深圳市	非国有	华南
57	300587.SZ	天铁股份	93.81	化工	浙江省	台州市	非国有	华东
58	002641.SZ	永高股份	93.80	建筑材料	浙江省	台州市	非国有	华东
59	601015.SH	陕西黑猫	93.78	采掘	陕西省	渭南市	非国有	西北
60	002320.SZ	海峡股份	93.78	交通运输	海南省	海口市	国有	华南
61	002812.SZ	恩捷股份	93.78	化工	云南省	玉溪市	非国有	西南
62	600985.SH	淮北矿业	93.77	采掘	安徽省	淮北市	国有	华东
63	600009.SH	上海机场	93.73	交通运输	上海市	浦东新区	国有	华东
64	603313.SH	梦百合	93.72	轻工制造	江苏省	南通市	非国有	华东
65	300244.SZ	迪安诊断	93.72	医药生物	浙江省	杭州市	非国有	华东
66	603825.SH	华扬联众	93.68	信息服务	北京市	海淀区	非国有	华北
67	603444.SH	吉比特	93.55	信息服务	福建省	厦门市	非国有	华东
68	600176.SH	中国巨石	93.55	化工	浙江省	嘉兴市	国有	华东
69	603789.SH	星光农机	93.50	机械设备	浙江省	湖州市	非国有	华东
70	600522.SH	中天科技	93.44	信息设备	江苏省	南通市	非国有	华东
71	603113.SH	金能科技	93.43	采掘	山东省	德州市	非国有	华东
72	000688.SZ	国城矿业	93.37	有色金属	重庆市	涪陵区	非国有	西南
73	603637.SH	镇海股份	93.31	建筑材料	浙江省	宁波市	国有	华东
74	002110.SZ	三钢闽光	93.30	黑色金属	福建省	三明市	国有	华东
75	603599.SH	广信股份	93.25	化工	安徽省	宣城市	非国有	华东
76	600426.SH	华鲁恒升	93.23	化工	山东省	德州市	非国有	华东
77	300797.SZ	钢研纳克	93.23	综合	北京市	海淀区	国有	华北
78	600167.SH	联美控股	93.20	公用事业	辽宁省	沈阳市	非国有	东北
79	603326.SH	我乐家居	93.18	轻工制造	江苏省	南京市	非国有	华东
80	600628.SH	新世界	93.17	商业贸易	上海市	黄浦区	国有	华东
81	002186.SZ	全聚德	93.17	餐饮旅游	北京市	西城区	国有	华北
82	603601.SH	再升科技	93.15	化工	重庆市	渝北区	非国有	西南
83	603986.SH	兆易创新	93.13	电子	北京市	海淀区	非国有	华北
84	600180.SH	瑞茂通	93.08	交通运输	山东省	烟台市	非国有	华东
85	603665.SH	康隆达	93.07	纺织服装	浙江省	绍兴市	非国有	华东
86	603233.SH	大参林	93.06	医药生物	广东省	广州市	非国有	华南
87	002646.SZ	青青稞酒	93.01	食品饮料	青海省	海东市	非国有	西北
88	603595.SH	东尼电子	92.99	电子	浙江省	湖州市	非国有	华东
89	603669.SH	灵康药业	92.99	医药生物	西藏	山南市	非国有	西南
90	000715.SZ	中兴商业	92.96	商业贸易	辽宁省	沈阳市	非国有	东北

续表

排名	公司代码	公司名称	健康指数	一级行业_同花顺	省份	地级市	产权性质	地理区域
91	600346.SH	恒力石化	92.96	化工	辽宁省	大连市	非国有	东北
92	600963.SH	岳阳林纸	92.95	轻工制造	湖南省	岳阳市	国有	华中
93	603716.SH	塞力医疗	92.95	医药生物	湖北省	武汉市	非国有	华中
94	002817.SZ	黄山胶囊	92.95	医药生物	安徽省	宣城市	非国有	华东
95	603195.SH	公牛集团	92.91	机械设备	浙江省	宁波市	非国有	华东
96	300660.SZ	江苏雷利	92.91	机械设备	江苏省	常州市	非国有	华东
97	300772.SZ	运达股份	92.91	机械设备	浙江省	杭州市	国有	华东
98	300882.SZ	万胜智能	92.91	机械设备	浙江省	台州市	非国有	华东
99	603016.SH	新宏泰	92.91	机械设备	江苏省	无锡市	非国有	华东
100	300786.SZ	国林科技	92.91	机械设备	山东省	青岛市	非国有	华东

数据来源：同花顺、中关村国睿金融与产业发展研究会。

根据评价结果，位列内部控制系统健康指数前10名的上市公司分别是北元集团、宁沪高速、安德利、麒盛科技、菲林格尔、青鸟消防、普莱柯、中国卫通、洪汇新材、壶化股份。

从行业分类来看，内部控制系统健康指数前100名的上市公司共分布于22个行业，如图5-33所示，按同花顺行业分类，分别为：机械设备行业14家，化工行业13家，医药生物行业9家，轻工制造行业8家，公用事业行业6家，采掘、交运设备、交通运输、农林牧渔、商业贸易行业各5家，电子、建筑材料、信息服务行业各4家，餐饮旅游、纺织服装、黑色金属、信息设备行业各2家，国防军工、家用电器、食品饮料、有色金属、综合行业各1家。

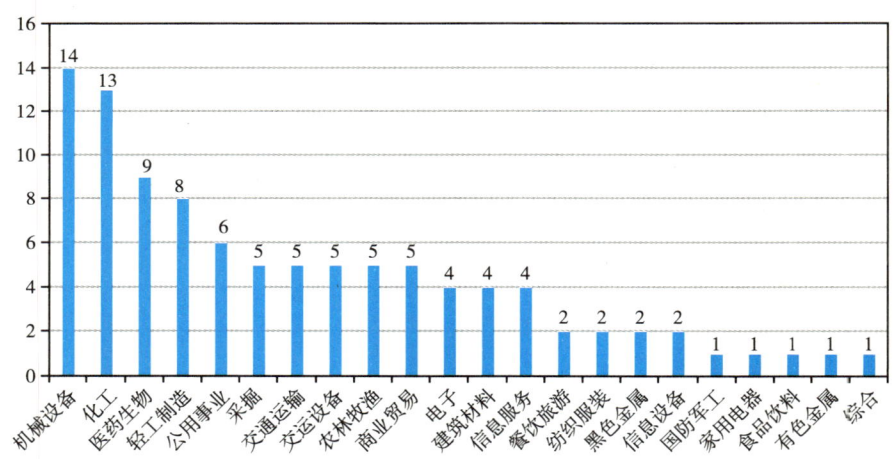

图5-33 内部控制结构系统健康指数前100名上市公司行业分布

从省际分类来看，内部控制系统健康指数排名前100名的上市公司，共来自中国21个省级行政区，其中浙江省有18家上市公司进入前100名，其次是江苏省14家，北京市10家，共3个超过10家公司进入前100名的省级行政区，3个省（直辖市）共占了38%。内部控制系统健康指数前100名的上市公司省级分布，如图5-34所示。

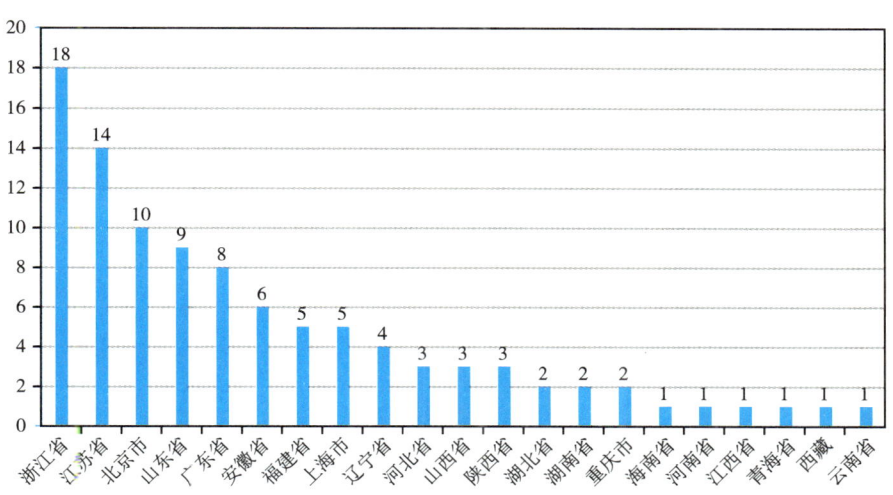

图5-34 内部控制结构系统健康指数前100名上市公司省级分布

如果从更具体的省内城市分布来看，数量排名靠前的城市（直辖市属区）中，北京市海淀区有6家上市公司进入内部控制系统健康指数前100名，其次是南京市和台州市各有5家进入前100名，无锡市有4家进入前100名。

从区域角度来看，内部控制系统健康指数排名前100名的上市公司在七大区域上分布情况如图5-35所示。华东地区有58家进入前100名，处于绝对优势地位。其次是华北地区16家，华南地区9家，华中地区5家，东北、西北和西南地区各有4家。

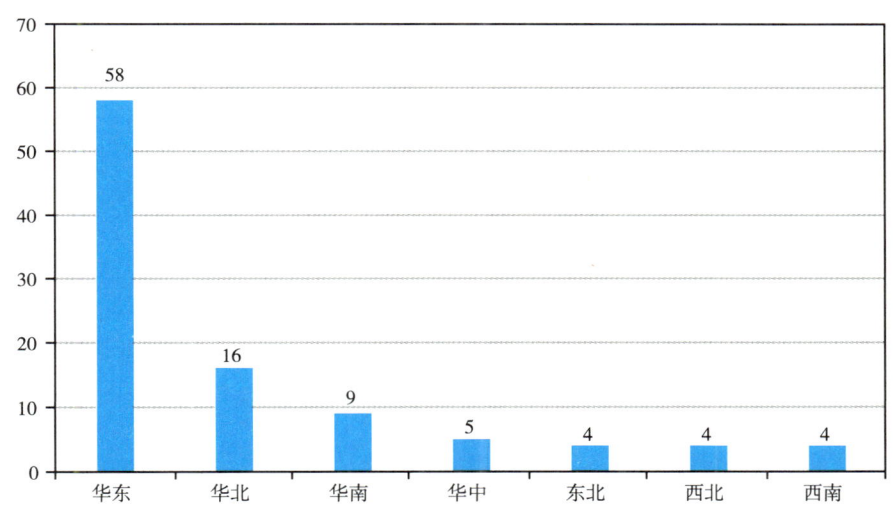

图5-35 内部控制系统健康指数前100名上市公司地理区域分布

从产权性质来看，内部控制系统健康指数排名前100名的上市公司中国有控股的有28家，其中中央控股上市公司10家，地方政府控股上市公司18家，非国有控股的有72家，如图5-36所示，非国有企业占据绝对优势。

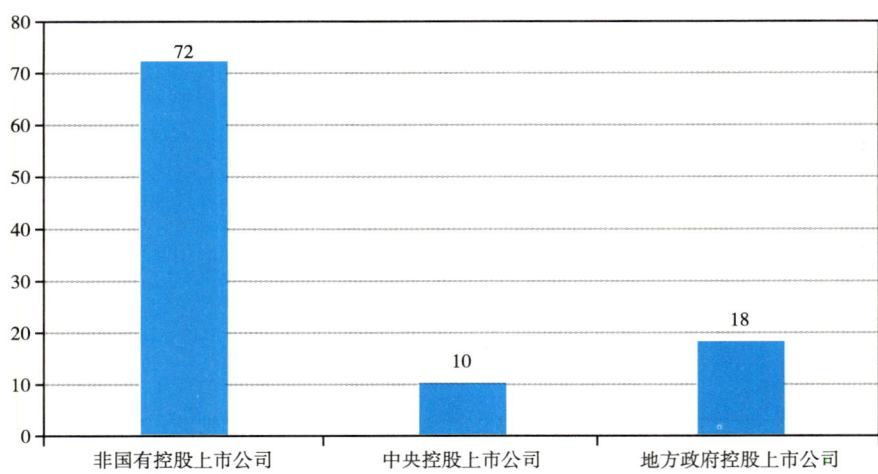

图5-36　内部控制系统健康指数前100名上市公司产权分布

第二篇

中国上市公司健康指数——年度篇

第6章
2020年中国上市公司健康指数评价

基于上市公司2020年的年报等公开披露数据，对4032家上市公司健康指数进行计算，从而得到2020年中国上市公司综合健康指数和8大系统健康指数的具体排名情况。

6.1　2020年中国上市公司综合健康指数行业评价

根据2020年披露的年报、公告和其他数据计算，4032家中国上市公司综合健康指数平均水平为61.72，平均水平以上的上市公司有2117家。

2020年22个一级行业上市公司健康指数的平均水平、最高和最低情况如表6-1所示。

表6-1　2020年各行业上市公司综合健康指数情况

一级行业	行业上市公司数量	平均水平	最高	最低
采掘	63	62.50	73.16（淮北矿业）	44.69（ST大洲）
餐饮旅游	34	61.88	74.84（中国中免）	46.71（*ST海创）
电子	321	61.40	72.20（三环集团）	43.03（ST瑞德）
纺织服装	92	61.01	73.86（伟星股份）	39.58（*ST环球）
公用事业	202	62.42	76.53（佛燃能源）	42.88（*ST节能）
国防军工	80	62.12	72.62（国睿科技）	41.10（*ST华讯）
黑色金属	36	63.90	78.49（华菱钢铁）	53.64（盛德鑫泰）
化工	388	61.99	73.39（华鲁恒升）	49.57（*ST德威）
机械设备	637	61.23	74.44（三一重工）	42.13（台海核电）
家用电器	70	61.73	75.12（格力电器）	41.35（*ST中新）
建筑材料	202	62.08	74.03（隧道股份）	47.05（顾地科技）
交通运输	123	62.79	74.92（山东高速）	44.89（欧浦退）
交运设备	219	61.38	74.55（一汽解放）	44.29（ST八菱）
农林牧渔	92	61.90	73.12（安琪酵母）	44.89（*ST昌鱼）
轻工制造	135	61.78	71.74（欧派家居）	41.92（*ST金洲）
商业贸易	108	62.00	75.50（浙农股份）	44.20（*ST新亿）

续表

一级行业	行业上市公司数量	平均水平	最高	最低
食品饮料	119	61.56	76.59（海天味业）	42.74（ST威龙）
信息服务	404	61.44	75.32（宝信软件）	41.88（文化长城）
信息设备	157	61.75	76.04（中天科技）	40.44（ST新海）
医药生物	382	61.84	76.14（达安基因）	40.68（ST目药）
有色金属	137	61.75	74.10（横店东磁）	37.94（退市鹏起）
综合	31	59.82	74.51（国检集团）	41.25（*ST天首）

数据来源：同花顺、中关村国睿金融与产业发展研究会。

从整体情况来看，各行业上市公司综合健康指数在30~80的区间范围内分布如表6-2所示。

表6-2 综合健康指数各区间上市公司数量分布

一级行业	30~40	40~50	50~60	60~70	70~80
采掘		4	14	41	4
餐饮旅游		2	12	16	4
电子		12	117	178	14
纺织服装	1	5	31	51	4
公用事业		4	60	119	19
国防军工		2	23	49	6
黑色金属			11	17	8
化工		10	120	238	20
机械设备		15	247	340	35
家用电器		3	25	33	9
建筑材料		7	64	111	20
交通运输		1	39	69	14
交运设备		4	80	119	16
农林牧渔		2	29	53	8
轻工制造		4	48	75	8
商业贸易		4	29	64	11
食品饮料		5	40	67	7
信息服务		23	124	234	23
信息设备		6	52	83	16
医药生物		13	121	222	26
有色金属	1	6	42	77	11
综合		3	11	14	3
总计	2	135	1339	2270	286

数据来源：自行整理。

针对4032家上市公司开展健康诊断，根据诊断结果，如图6-1所示，上市公司综合健康指数水平位于60~70区间占主要部分，共2270家，占报告分析上市公司总量的56.30%；其次是综合健康指数水平位于50~60区间的上市公司，共1339家，占报告分析上市公司总量的33.21%；处于70~80高水平区间的上市公司仅有286家，占7.09%；处在40~50低水平区间的上市公司有135家，占3.35%；还有两家上市公司综合健康指数水平低于40。

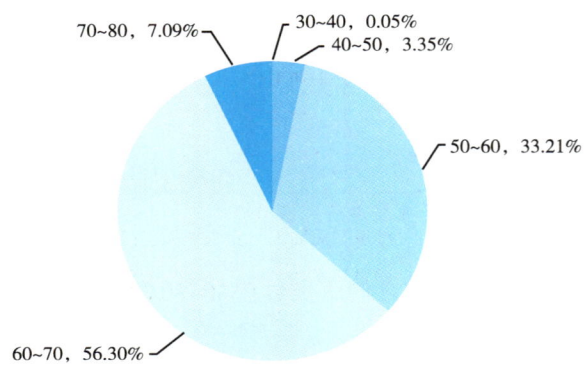

图6-1　2020年上市公司综合健康指数区间分布情况

6.1.1　采掘行业

采掘行业共分析63家上市公司，63家上市公司分布在3个二级行业和6个三级行业中。2020年采掘行业综合健康指数平均水平为62.50，其中，二级行业中，综合健康指数平均水平较高的行业是煤炭开采加工（63.78），综合健康指数平均水平较低的行业是采掘服务（59.38）；三级行业中，综合健康指数平均水平较高的行业是煤炭开采Ⅲ（64.20），综合健康指数平均水平较低的行业是油气钻采服务（59.08）。

行业全部上市公司排名如表6-3所示。

表6-3　　　　　　　　采掘行业2020年上市公司综合健康指数排名

排名	公司代码	公司名称	综合健康指数	二级行业_同花顺	三级行业_同花顺	三级行业_同花顺_综合排名
1	600985.SH	淮北矿业	73.16	煤炭开采加工	煤炭开采Ⅲ	1/28
2	601088.SH	中国神华	72.72	煤炭开采加工	煤炭开采Ⅲ	2/28
3	600188.SH	兖州煤业	70.58	煤炭开采加工	煤炭开采Ⅲ	3/28
4	600295.SH	鄂尔多斯	70.45	石油矿业开采	其他采掘Ⅲ	1/8
5	601699.SH	潞安环能	69.96	煤炭开采加工	煤炭开采Ⅲ	4/28
6	601225.SH	陕西煤业	69.93	煤炭开采加工	煤炭开采Ⅲ	5/28
7	000923.SZ	河钢资源	69.67	石油矿业开采	其他采掘Ⅲ	2/8
8	600339.SH	中油工程	69.52	采掘服务	油气钻采服务	1/14
9	600968.SH	海油发展	69.36	采掘服务	油气钻采服务	2/14
10	600348.SH	华阳股份	68.98	煤炭开采加工	煤炭开采Ⅲ	6/28
11	603113.SH	金能科技	68.53	煤炭开采加工	焦炭加工	1/7
12	000937.SZ	冀中能源	68.52	煤炭开采加工	煤炭开采Ⅲ	7/28
13	000983.SZ	山西焦煤	68.52	煤炭开采加工	煤炭开采Ⅲ	8/28
14	601001.SH	晋控煤业	68.20	煤炭开采加工	煤炭开采Ⅲ	9/28

续表

排名	公司代码	公司名称	综合健康指数	二级行业_同花顺	三级行业_同花顺	三级行业_同花顺_综合排名
15	600583.SH	海油工程	67.84	采掘服务	油气钻采服务	3/14
16	002128.SZ	露天煤业	67.57	煤炭开采加工	煤炭开采Ⅲ	10/28
17	601857.SH	中国石油	67.48	石油矿业开采	石油开采Ⅲ	1/5
18	600157.SH	永泰能源	67.30	煤炭开采加工	煤炭开采Ⅲ	11/28
19	600997.SH	开滦股份	67.14	煤炭开采加工	煤炭开采Ⅲ	12/28
20	601808.SH	中海油服	67.01	采掘服务	油气钻采服务	4/14
21	600546.SH	山煤国际	66.46	煤炭开采加工	煤炭开采Ⅲ	13/28
22	601666.SH	平煤股份	65.80	煤炭开采加工	煤炭开采Ⅲ	14/28
23	601898.SH	中煤能源	65.76	煤炭开采加工	煤炭开采Ⅲ	15/28
24	000655.SZ	金岭矿业	65.12	石油矿业开采	其他采掘Ⅲ	3/8
25	600971.SH	恒源煤电	64.94	煤炭开采加工	煤炭开采Ⅲ	16/28
26	000723.SZ	美锦能源	64.78	煤炭开采加工	焦炭加工	2/7
27	600395.SH	盘江股份	64.76	煤炭开采加工	煤炭开采Ⅲ	17/28
28	603727.SH	博迈科	64.70	采掘服务	油气钻采服务	5/14
29	300483.SZ	首华燃气	64.55	石油矿业开采	石油开采Ⅲ	2/5
30	000629.SZ	攀钢钒钛	64.16	石油矿业开采	其他采掘Ⅲ	4/8
31	600740.SH	山西焦化	64.08	煤炭开采加工	焦炭加工	3/7
32	600508.SH	上海能源	63.51	煤炭开采加工	煤炭开采Ⅲ	18/28
33	603979.SH	金诚信	63.50	采掘服务	其他采掘服务	1/1
34	600871.SH	石化油服	63.41	采掘服务	油气钻采服务	6/14
35	600123.SH	兰花科创	63.07	煤炭开采加工	煤炭开采Ⅲ	19/28
36	000552.SZ	靖远煤电	63.06	煤炭开采加工	煤炭开采Ⅲ	20/28
37	000968.SZ	蓝焰控股	62.48	石油矿业开采	石油开采Ⅲ	3/5
38	603505.SH	金石资源	62.12	石油矿业开采	其他采掘Ⅲ	5/8
39	601918.SH	新集能源	61.93	煤炭开采加工	煤炭开采Ⅲ	21/28
40	601101.SH	昊华能源	61.64	煤炭开采加工	煤炭开采Ⅲ	22/28
41	600792.SH	云煤能源	61.35	煤炭开采加工	焦炭加工	4/7
42	601969.SH	淮南矿业	61.26	石油矿业开采	其他采掘Ⅲ	6/8
43	000833.SZ	粤桂股份	61.23	石油矿业开采	其他采掘Ⅲ	7/8
44	600408.SH	ST安泰	60.44	煤炭开采加工	焦炭加工	5/7
45	300191.SZ	潜能恒信	60.41	采掘服务	油气钻采服务	7/14
46	601015.SH	陕西黑猫	59.24	煤炭开采加工	焦炭加工	6/7
47	000780.SZ	*ST平能	58.75	煤炭开采加工	煤炭开采Ⅲ	23/28
48	600759.SH	洲际油气	57.98	石油矿业开采	石油开采Ⅲ	4/5
49	600397.SH	安源煤业	57.87	煤炭开采加工	煤炭开采Ⅲ	24/28
50	600758.SH	辽宁能源	57.74	煤炭开采加工	煤炭开采Ⅲ	25/28
51	002554.SZ	惠博普	57.40	采掘服务	油气钻采服务	8/14
52	605086.SH	龙高股份	57.04	石油矿业开采	其他采掘Ⅲ	8/8
53	601011.SH	宝泰隆	56.35	煤炭开采加工	焦炭加工	7/7
54	002828.SZ	贝肯能源	55.37	采掘服务	油气钻采服务	9/14

续表

排名	公司代码	公司名称	综合健康指数	二级行业_同花顺	三级行业_同花顺	三级行业_同花顺_综合排名
55	603619.SH	中曼石油	53.87	采掘服务	油气钻采服务	10/14
56	600403.SH	ST大有	53.86	煤炭开采加工	煤炭开采Ⅲ	26/28
57	300164.SZ	通源石油	52.22	采掘服务	油气钻采服务	11/14
58	600121.SH	郑州煤电	51.24	煤炭开采加工	煤炭开采Ⅲ	27/28
59	600777.SH	新潮能源	51.14	石油矿业开采	石油开采Ⅲ	5/5
60	002207.SZ	准油股份	49.72	采掘服务	油气钻采服务	12/14
61	002629.SZ	ST仁智	49.08	采掘服务	油气钻采服务	13/14
62	300157.SZ	恒泰艾普	47.29	采掘服务	油气钻采服务	14/14
63	000571.SZ	ST大洲	44.69	煤炭开采加工	煤炭开采Ⅲ	28/28

数据来源：同花顺、中关村国睿金融与产业发展研究会。

6.1.2 餐饮旅游行业

餐饮旅游行业共分析34家上市公司，34家上市公司分布在2个二级行业和5个三级行业。2020年餐饮旅游行业综合健康指数平均水平为61.88，其中，二级行业中，综合健康指数平均水平较高的行业是酒店及餐饮（63.25），综合健康指数平均水平较低的行业是景点及旅游（61.39）；三级行业中，综合健康指数平均水平较高的行业是酒店Ⅲ（63.37），综合健康指数平均水平较低的行业是人工景点（58.55）。

行业全部上市公司排名如表6-4所示。

表6-4　　餐饮旅游行业2020年上市公司综合健康指数排名

排名	公司代码	公司名称	综合健康指数	二级行业_同花顺	三级行业_同花顺	三级行业_同花顺_综合排名
1	601888.SH	中国中免	74.87	景点及旅游	旅游综合Ⅲ	1/12
2	002059.SZ	云南旅游	72.07	景点及旅游	旅游综合Ⅲ	2/12
3	002033.SZ	丽江股份	71.25	景点及旅游	旅游综合Ⅲ	3/12
4	600754.SH	锦江酒店	71.13	酒店及餐饮	酒店Ⅲ	1/5
5	600258.SH	首旅酒店	69.70	酒店及餐饮	酒店Ⅲ	2/5
6	002186.SZ	全聚德	68.97	酒店及餐饮	餐饮Ⅲ	1/4
7	601007.SH	金陵饭店	68.70	酒店及餐饮	酒店Ⅲ	3/5
8	603199.SH	九华旅游	68.37	景点及旅游	自然景点	1/9
9	000524.SZ	岭南控股	66.97	景点及旅游	旅游综合Ⅲ	4/12
10	600138.SH	中青旅	66.76	景点及旅游	旅游综合Ⅲ	5/12
11	605108.SH	同庆楼	66.51	酒店及餐饮	餐饮Ⅲ	2/4
12	000888.SZ	峨眉山A	66.20	景点及旅游	自然景点	2/9
13	002159.SZ	三特索道	65.71	景点及旅游	旅游综合Ⅲ	6/12
14	300144.SZ	宋城演艺	65.52	景点及旅游	人工景点	1/4
15	600054.SH	黄山旅游	65.01	景点及旅游	自然景点	3/9
16	600706.SH	曲江文旅	63.97	景点及旅游	旅游综合Ⅲ	7/12

续表

排名	公司代码	公司名称	综合健康指数	二级行业_同花顺	三级行业_同花顺	三级行业_同花顺_综合排名
17	603136.SH	天目湖	62.13	景点及旅游	自然景点	4/9
18	600088.SH	中视传媒	61.52	景点及旅游	人工景点	2/4
19	000610.SZ	西安旅游	60.69	景点及旅游	旅游综合Ⅲ	8/12
20	600749.SH	西藏旅游	60.38	景点及旅游	自然景点	5/9
21	000796.SZ	凯撒旅业	59.30	景点及旅游	旅游综合Ⅲ	9/12
22	000721.SZ	西安饮食	58.49	酒店及餐饮	餐饮Ⅲ	3/4
23	002306.SZ	中科云网	58.46	酒店及餐饮	餐饮Ⅲ	4/4
24	000430.SZ	张家界	57.70	景点及旅游	自然景点	6/9
25	002485.SZ	希努尔	57.40	景点及旅游	人工景点	3/4
26	300859.SZ	*ST西域	57.27	景点及旅游	自然景点	7/9
27	000428.SZ	华天酒店	55.57	酒店及餐饮	酒店Ⅲ	4/5
28	002707.SZ	众信旅游	55.36	景点及旅游	旅游综合Ⅲ	10/12
29	300178.SZ	*ST腾邦	54.49	景点及旅游	旅游综合Ⅲ	11/12
30	603099.SH	长白山	52.66	景点及旅游	自然景点	8/9
31	000978.SZ	桂林旅游	52.64	景点及旅游	自然景点	9/9
32	000613.SZ	*ST东海A	51.74	酒店及餐饮	酒店Ⅲ	5/5
33	600593.SH	大连圣亚	49.76	景点及旅游	人工景点	4/4
34	600555.SH	*ST海创	46.71	景点及旅游	旅游综合Ⅲ	12/12

数据来源：同花顺、中关村国睿金融与产业发展研究会。

6.1.3 电子行业

电子行业共分析321家上市公司，321家上市公司分布在4个二级行业和11个三级行业。2020年电子行业综合健康指数平均水平为61.40，其中，二级行业中，综合健康指数平均水平较高的行业是半导体及元件（62.34），综合健康指数平均水平较低的行业是其他电子（60.17）；三级行业中，综合健康指数平均水平较高的行业是被动元件（63.48），综合健康指数平均水平较低的行业是LED（59.81）。

行业全部上市公司排名如表6-5所示。

表6-5　　　　　　　　　　电子行业2020年上市公司综合健康指数排名

排名	公司代码	公司名称	综合健康指数	二级行业_同花顺	三级行业_同花顺	三级行业_同花顺_综合排名
1	300408.SZ	三环集团	72.20	半导体及元件	被动元件	1/15
2	002139.SZ	拓邦股份	72.17	电子制造	电子零部件制造	1/67
3	300782.SZ	卓胜微	72.16	半导体及元件	集成电路	1/48
4	002841.SZ	视源股份	72.14	光学光电子	显示器件Ⅲ	1/37
5	000050.SZ	深天马A	71.07	光学光电子	显示器件Ⅲ	2/37
6	603501.SH	韦尔股份	71.04	半导体及元件	集成电路	2/48

续表

排名	公司代码	公司名称	综合健康指数	二级行业_同花顺	三级行业_同花顺	三级行业_同花顺_综合排名
7	002241.SZ	歌尔股份	70.98	电子制造	电子系统组装	1/18
8	002484.SZ	江海股份	70.92	半导体及元件	被动元件	2/15
9	002236.SZ	大华股份	70.70	电子制造	电子系统组装	2/18
10	002916.SZ	深南电路	70.59	半导体及元件	印制电路板	1/31
11	600171.SH	上海贝岭	70.58	半导体及元件	集成电路	3/48
12	000725.SZ	京东方A	70.30	光学光电子	显示器件Ⅲ	3/37
13	300747.SZ	锐科激光	70.20	其他电子	其他电子Ⅲ	1/33
14	002415.SZ	海康威视	70.03	电子制造	电子系统组装	3/18
15	000049.SZ	德赛电池	69.97	电子制造	电子系统组装	4/18
16	601138.SH	工业富联	69.90	电子制造	电子系统组装	5/18
17	603005.SH	晶方科技	69.85	半导体及元件	集成电路	4/48
18	002925.SZ	盈趣科技	69.80	电子制造	电子零部件制造	2/67
19	603893.SH	瑞芯微	69.77	半导体及元件	集成电路	5/48
20	000100.SZ	TCL科技	69.75	光学光电子	显示器件Ⅲ	4/37
21	600183.SH	生益科技	69.64	半导体及元件	印制电路板	2/31
22	002414.SZ	高德红外	69.56	其他电子	其他电子Ⅲ	2/33
23	600667.SH	太极实业	69.54	半导体及元件	集成电路	6/48
24	002106.SZ	莱宝高科	69.42	光学光电子	显示器件Ⅲ	5/37
25	002384.SZ	东山精密	69.42	半导体及元件	印制电路板	3/31
26	601231.SH	环旭电子	69.32	电子制造	电子零部件制造	3/67
27	002475.SZ	立讯精密	69.18	电子制造	电子零部件制造	4/67
28	300327.SZ	中颖电子	69.10	半导体及元件	集成电路	7/48
29	000727.SZ	冠捷科技	69.09	光学光电子	显示器件Ⅲ	6/37
30	300115.SZ	长盈精密	68.98	电子制造	电子零部件制造	5/67
31	000541.SZ	佛山照明	68.58	光学光电子	LED	1/33
32	300661.SZ	圣邦股份	68.54	半导体及元件	集成电路	8/48
33	600745.SH	闻泰科技	68.51	电子制造	电子零部件制造	6/67
34	002402.SZ	和而泰	68.48	电子制造	电子零部件制造	7/67
35	002371.SZ	北方华创	68.46	半导体及元件	半导体材料	1/14
36	002600.SZ	领益智造	68.41	电子制造	电子零部件制造	8/67
37	688099.SH	晶晨股份	68.35	半导体及元件	集成电路	9/48
38	603515.SH	欧普照明	68.20	光学光电子	LED	2/33
39	002869.SZ	金溢科技	68.10	其他电子	其他电子Ⅲ	3/33
40	002185.SZ	华天科技	68.00	半导体及元件	集成电路	10/48
41	000636.SZ	风华高科	67.93	半导体及元件	被动元件	3/15
42	000988.SZ	华工科技	67.84	其他电子	其他电子Ⅲ	4/33
43	002635.SZ	安洁科技	67.84	电子制造	电子零部件制造	9/67
44	002156.SZ	通富微电	67.78	半导体及元件	集成电路	11/48

续表

排名	公司代码	公司名称	综合健康指数	二级行业_同花顺	三级行业_同花顺	三级行业_同花顺_综合排名
45	002463.SZ	沪电股份	67.68	半导体及元件	印制电路板	4/31
46	002938.SZ	鹏鼎控股	67.64	半导体及元件	印制电路板	5/31
47	300458.SZ	全志科技	67.60	半导体及元件	集成电路	12/48
48	688036.SH	传音控股	67.49	电子制造	电子系统组装	6/18
49	300433.SZ	蓝思科技	67.44	电子制造	电子零部件制造	10/67
50	300684.SZ	中石科技	67.38	电子制造	电子零部件制造	11/67
51	603160.SH	汇顶科技	67.32	半导体及元件	集成电路	13/48
52	002138.SZ	顺络电子	67.18	半导体及元件	被动元件	4/15
53	300623.SZ	捷捷微电	67.04	半导体及元件	分立器件	1/9
54	603989.SH	艾华集团	67.01	半导体及元件	被动元件	5/15
55	002214.SZ	大立科技	67.01	其他电子	其他电子Ⅲ	5/33
56	002724.SZ	海洋王	66.97	其他电子	其他电子Ⅲ	6/33
57	002222.SZ	福晶科技	66.94	半导体及元件	被动元件	6/15
58	002970.SZ	锐明技术	66.84	电子制造	电子系统组装	7/18
59	002008.SZ	大族激光	66.75	其他电子	其他电子Ⅲ	7/33
60	600703.SH	三安光电	66.70	光学光电子	LED	3/33
61	300373.SZ	扬杰科技	66.57	半导体及元件	分立器件	2/9
62	603228.SH	景旺电子	66.55	半导体及元件	印制电路板	6/31
63	002189.SZ	中光学	66.53	光学光电子	光学元件	1/16
64	000823.SZ	超声电子	66.37	半导体及元件	印制电路板	7/31
65	600261.SH	阳光照明	66.36	光学光电子	LED	4/33
66	002449.SZ	国星光电	66.28	光学光电子	LED	5/33
67	603267.SH	鸿远电子	66.20	半导体及元件	被动元件	7/15
68	688008.SH	澜起科技	66.19	半导体及元件	集成电路	14/48
69	300207.SZ	欣旺达	66.19	电子制造	电子零部件制造	12/67
70	300679.SZ	电连技术	66.17	电子制造	电子零部件制造	13/67
71	600552.SH	凯盛科技	65.90	光学光电子	显示器件Ⅲ	7/37
72	300136.SZ	信维通信	65.84	电子制造	电子零部件制造	14/67
73	300219.SZ	鸿利智汇	65.80	光学光电子	LED	6/33
74	605111.SH	新洁能	65.72	半导体及元件	分立器件	3/9
75	002387.SZ	维信诺	65.65	光学光电子	显示器件Ⅲ	8/37
76	002409.SZ	雅克科技	65.65	半导体及元件	半导体材料	2/14
77	002845.SZ	同兴达	65.62	光学光电子	显示器件Ⅲ	9/37
78	002351.SZ	漫步者	65.58	电子制造	电子系统组装	8/18
79	300390.SZ	天华超净	65.52	其他电子	其他电子Ⅲ	8/33
80	002079.SZ	苏州固锝	65.45	半导体及元件	分立器件	4/9
81	603986.SH	兆易创新	65.44	半导体及元件	集成电路	15/48
82	300303.SZ	聚飞光电	65.33	光学光电子	LED	7/33
83	300516.SZ	久之洋	65.32	其他电子	其他电子Ⅲ	9/33
84	603297.SH	永新光学	65.29	光学光电子	光学元件	2/16

续表

排名	公司代码	公司名称	综合健康指数	二级行业_同花顺	三级行业_同花顺	三级行业_同花顺_综合排名
85	300866.SZ	安克创新	65.18	电子制造	电子零部件制造	15/67
86	300543.SZ	朗科智能	65.18	电子制造	电子零部件制造	16/67
87	603290.SH	斯达半导	65.04	半导体及元件	分立器件	5/9
88	002036.SZ	联创电子	64.96	光学光电子	显示器件Ⅲ	10/37
89	603890.SH	春秋电子	64.95	电子制造	电子零部件制造	17/67
90	688019.SH	安集科技	64.85	半导体及元件	半导体材料	3/14
91	000733.SZ	振华科技	64.85	半导体及元件	被动元件	8/15
92	603380.SH	易德龙	64.74	电子制造	电子零部件制造	18/67
93	002436.SZ	兴森科技	64.70	半导体及元件	印制电路板	8/31
94	688368.SH	晶丰明源	64.64	半导体及元件	集成电路	16/48
95	300726.SZ	宏达电子	64.59	半导体及元件	被动元件	9/15
96	600363.SH	联创光电	64.58	光学光电子	LED	8/33
97	688396.SH	华润微	64.50	半导体及元件	集成电路	17/48
98	002866.SZ	传艺科技	64.44	电子制造	电子零部件制造	19/67
99	300456.SZ	赛微电子	64.42	半导体及元件	集成电路	18/48
100	002782.SZ	可立克	64.31	电子制造	电子零部件制造	20/67
101	002859.SZ	洁美科技	64.26	电子制造	电子零部件制造	21/67
102	688508.SH	芯朋微	64.20	半导体及元件	集成电路	19/48
103	603678.SH	火炬电子	64.18	半导体及元件	被动元件	10/15
104	003019.SZ	宸展光电	64.08	光学光电子	显示器件Ⅲ	11/37
105	603920.SH	世运电路	64.03	半导体及元件	印制电路板	9/31
106	603936.SH	博敏电子	64.02	半导体及元件	印制电路板	10/31
107	300613.SZ	富瀚微	64.01	半导体及元件	集成电路	20/48
108	002815.SZ	崇达技术	63.96	半导体及元件	印制电路板	11/31
109	688123.SH	聚辰股份	63.92	半导体及元件	集成电路	21/48
110	688595.SH	芯海科技	63.86	半导体及元件	集成电路	22/48
111	300582.SZ	英飞特	63.77	光学光电子	LED	9/33
112	002937.SZ	兴瑞科技	63.74	电子制造	电子零部件制造	22/67
113	300870.SZ	欧陆通	63.74	电子制造	电子零部件制造	23/67
114	002850.SZ	科达利	63.73	电子制造	电子零部件制造	24/67
115	300088.SZ	长信科技	63.72	光学光电子	显示器件Ⅲ	12/37
116	688002.SH	睿创微纳	63.66	其他电子	其他电子Ⅲ	10/33
117	300566.SZ	激智科技	63.61	光学光电子	光学元件	3/16
118	300632.SZ	光莆股份	63.58	光学光电子	LED	10/33
119	300476.SZ	胜宏科技	63.52	半导体及元件	印制电路板	12/31
120	603303.SH	得邦照明	63.38	光学光电子	LED	11/33
121	300131.SZ	英唐智控	63.36	电子制造	电子零部件制造	25/67
122	003028.SZ	振邦智能	63.35	电子制造	电子零部件制造	26/67

续表

排名	公司代码	公司名称	综合健康指数	二级行业_同花顺	三级行业_同花顺	三级行业_同花顺_综合排名
123	003021.SZ	兆威机电	63.30	电子制造	电子零部件制造	27/67
124	000062.SZ	深圳华强	63.29	其他电子	其他电子Ⅲ	11/33
125	002049.SZ	紫光国微	63.26	半导体及元件	集成电路	23/48
126	300701.SZ	森霸传感	63.20	光学光电子	光学元件	4/16
127	600584.SH	长电科技	63.15	半导体及元件	集成电路	24/48
128	603327.SH	福蓉科技	63.15	电子制造	电子零部件制造	28/67
129	002519.SZ	银河电子	63.12	电子制造	电子零部件制造	29/67
130	300232.SZ	洲明科技	63.11	光学光电子	LED	12/33
131	002636.SZ	金安国纪	63.10	半导体及元件	印制电路板	13/31
132	688018.SH	乐鑫科技	63.07	半导体及元件	集成电路	25/48
133	002913.SZ	奥士康	63.07	半导体及元件	印制电路板	14/31
134	002745.SZ	木林森	63.00	光学光电子	LED	13/33
135	300227.SZ	光韵达	63.00	电子制造	电子零部件制造	30/67
136	002579.SZ	中京电子	62.95	半导体及元件	印制电路板	15/31
137	002881.SZ	美格智能	62.95	电子制造	电子零部件制造	31/67
138	600460.SH	士兰微	62.94	半导体及元件	集成电路	26/48
139	300223.SZ	北京君正	62.90	半导体及元件	集成电路	27/48
140	605358.SH	立昂微	62.86	半导体及元件	半导体材料	4/14
141	688181.SH	八亿时空	62.80	光学光电子	显示器件Ⅲ	13/37
142	603328.SH	依顿电子	62.73	半导体及元件	印制电路板	16/31
143	688608.SH	恒玄科技	62.70	半导体及元件	集成电路	28/48
144	002993.SZ	奥海科技	62.65	电子制造	电子零部件制造	32/67
145	600707.SH	彩虹股份	62.59	光学光电子	显示器件Ⅲ	14/37
146	300735.SZ	光弘科技	62.35	电子制造	电子系统组装	9/18
147	688007.SH	光峰科技	62.24	光学光电子	显示器件Ⅲ	15/37
148	002077.SZ	大港股份	62.15	半导体及元件	集成电路	29/48
149	002055.SZ	得润电子	62.15	电子制造	电子零部件制造	33/67
150	002976.SZ	瑞玛工业	62.13	电子制造	电子零部件制造	34/67
151	300903.SZ	科翔股份	62.10	半导体及元件	印制电路板	17/31
152	688536.SH	思瑞浦	62.10	半导体及元件	集成电路	30/48
153	300916.SZ	朔特智能	62.06	电子制造	电子零部件制造	35/67
154	002273.SZ	水晶光电	62.06	光学光电子	光学元件	5/16
155	603685.SH	晨丰科技	61.94	光学光电子	LED	14/33
156	600563.SH	法拉电子	61.89	半导体及元件	被动元件	11/15
157	002045.SZ	国光电器	61.88	电子制造	电子系统组装	10/18
158	300625.SZ	三雄极光	61.78	光学光电子	LED	15/33
159	688093.SH	世华科技	61.78	其他电子	其他电子Ⅲ	12/33
160	300686.SZ	智动力	61.71	电子制造	电子零部件制造	36/67

续表

排名	公司代码	公司名称	综合健康指数	二级行业_同花顺	三级行业_同花顺	三级行业_同花顺_综合排名
161	688127.SH	蓝特光学	61.63	光学光电子	光学元件	6/16
162	688005.SH	容百科技	61.56	其他电子	其他电子Ⅲ	13/33
163	600884.SH	杉杉股份	61.51	其他电子	其他电子Ⅲ	14/33
164	300852.SZ	四会富仕	61.45	半导体及元件	印制电路板	18/31
165	603386.SH	广东骏亚	61.20	半导体及元件	印制电路板	19/31
166	300691.SZ	联合光电	61.19	光学光电子	光学元件	7/16
167	002456.SZ	欧菲光	61.16	光学光电子	光学元件	8/16
168	688010.SH	福光股份	61.12	光学光电子	光学元件	9/16
169	300822.SZ	贝仕达克	61.12	电子制造	电子零部件制造	37/67
170	688233.SH	神工股份	61.09	半导体及元件	半导体材料	5/14
171	300709.SZ	精研科技	61.00	电子制造	电子零部件制造	38/67
172	300909.SZ	汇创达	60.94	光学光电子	显示器件Ⅲ	16/37
173	002855.SZ	捷荣技术	60.93	电子制造	电子零部件制造	39/67
174	603933.SH	睿能科技	60.92	半导体及元件	集成电路	31/48
175	603068.SH	博通集成	60.87	半导体及元件	集成电路	32/48
176	600353.SH	旭光电子	60.83	其他电子	其他电子Ⅲ	15/33
177	300296.SZ	利亚德	60.64	光学光电子	LED	16/33
178	002765.SZ	蓝黛科技	60.64	光学光电子	显示器件Ⅲ	17/37
179	603186.SH	华正新材	60.61	半导体及元件	印制电路板	20/31
180	605058.SH	澳弘电子	60.57	半导体及元件	印制电路板	21/31
181	688020.SH	方邦股份	60.54	电子制造	电子零部件制造	40/67
182	300672.SZ	国科微	60.54	半导体及元件	集成电路	33/48
183	000536.SZ	华映科技	60.49	光学光电子	显示器件Ⅲ	18/37
184	688699.SH	明微电子	60.36	半导体及元件	集成电路	34/48
185	300790.SZ	宇瞳光学	60.35	光学光电子	光学元件	10/16
186	300323.SZ	华灿光电	60.32	光学光电子	LED	17/33
187	003015.SZ	日久光电	60.23	光学光电子	光学元件	11/16
188	300671.SZ	富满电子	60.23	半导体及元件	集成电路	35/48
189	688138.SH	清溢光电	60.15	半导体及元件	半导体材料	6/14
190	300666.SZ	江丰电子	60.14	半导体及元件	半导体材料	7/14
191	300602.SZ	飞荣达	60.12	电子制造	电子零部件制造	41/67
192	000045.SZ	深纺织A	60.04	光学光电子	显示器件Ⅲ	19/37
193	003026.SZ	中晶科技	59.98	半导体及元件	半导体材料	8/14
194	600071.SH	凤凰光学	59.98	其他电子	其他电子Ⅲ	16/33
195	300968.SZ	格林精密	59.98	电子制造	电子零部件制造	42/67
196	002876.SZ	三利谱	59.95	光学光电子	显示器件Ⅲ	20/37
197	300843.SZ	胜蓝股份	59.89	电子制造	电子零部件制造	43/67
198	002681.SZ	奋达科技	59.88	电子制造	电子零部件制造	44/67
199	688126.SH	沪硅产业	59.83	半导体及元件	半导体材料	9/14
200	300545.SZ	联得装备	59.74	光学光电子	显示器件Ⅲ	21/37
201	688025.SH	杰普特	59.65	其他电子	其他电子Ⅲ	17/33
202	300656.SZ	民德电子	59.65	其他电子	其他电子Ⅲ	18/33

续表

排名	公司代码	公司名称	综合健康指数	二级行业_同花顺	三级行业_同花顺	三级行业_同花顺_综合排名
203	300828.SZ	锐新科技	59.64	电子制造	电子零部件制造	45/67
204	300868.SZ	杰美特	59.63	电子制造	电子零部件制造	46/67
205	300346.SZ	南大光电	59.62	半导体及元件	半导体材料	10/14
206	300493.SZ	润欣科技	59.53	半导体及元件	集成电路	36/48
207	002983.SZ	芯瑞达	59.48	光学光电子	显示器件Ⅲ	22/37
208	002922.SZ	伊戈尔	59.43	电子制造	电子零部件制造	47/67
209	688519.SH	南亚新材	59.37	半导体及元件	印制电路板	22/31
210	300076.SZ	GQY视讯	59.33	光学光电子	显示器件Ⅲ	23/37
211	600198.SH	*ST大唐	59.31	半导体及元件	集成电路	37/48
212	605258.SH	协和电子	59.26	半导体及元件	印制电路板	23/31
213	300657.SZ	弘信电子	59.21	半导体及元件	印制电路板	24/31
214	600288.SH	大恒科技	59.17	其他电子	其他电子Ⅲ	19/33
215	300951.SZ	博硕科技	59.14	电子制造	电子零部件制造	48/67
216	300787.SZ	海能实业	59.08	电子制造	电子零部件制造	49/67
217	688055.SH	龙腾光电	59.03	光学光电子	显示器件Ⅲ	24/37
218	002808.SZ	恒久科技	58.98	光学光电子	光学元件	12/16
219	688286.SH	敏芯股份	58.97	半导体及元件	集成电路	38/48
220	002199.SZ	东晶电子	58.97	半导体及元件	被动元件	12/15
221	002119.SZ	康强电子	58.96	半导体及元件	半导体材料	11/14
222	002952.SZ	亚世光电	58.90	光学光电子	显示器件Ⅲ	25/37
223	300389.SZ	艾比森	58.87	光学光电子	LED	18/33
224	002587.SZ	奥拓电子	58.86	光学光电子	LED	19/33
225	002861.SZ	瀛通通讯	58.72	电子制造	电子零部件制造	50/67
226	603679.SH	华体科技	58.70	光学光电子	LED	20/33
227	600360.SH	华微电子	58.66	半导体及元件	分立器件	6/9
228	688521.SH	芯原股份	58.65	半导体及元件	集成电路	39/48
229	300842.SZ	帝科股份	58.61	半导体及元件	半导体材料	12/14
230	688559.SH	海目星	58.56	其他电子	其他电子Ⅲ	20/33
231	300046.SZ	台基股份	58.52	半导体及元件	分立器件	7/9
232	688981.SH	中芯国际	58.48	半导体及元件	集成电路	40/48
233	300752.SZ	隆利科技	58.46	光学光电子	LED	21/33
234	688678.SH	福立旺	58.41	电子制造	电子零部件制造	51/67
235	002888.SZ	惠威科技	58.39	电子制造	电子系统组装	11/18
236	600751.SH	海航科技	58.37	其他电子	其他电子Ⅲ	21/33
237	300279.SZ	和晶科技	58.32	电子制造	电子零部件制造	52/67
238	603595.SH	东尼电子	58.32	其他电子	其他电子Ⅲ	22/33
239	002134.SZ	天津普林	58.19	半导体及元件	印制电路板	25/31
240	300889.SZ	爱克股份	58.17	光学光电子	LED	22/33
241	300331.SZ	苏大维格	58.15	光学光电子	显示器件Ⅲ	26/37
242	300053.SZ	欧比特	58.10	半导体及元件	集成电路	41/48

续表

排名	公司代码	公司名称	综合健康指数	二级行业_同花顺	三级行业_同花顺	三级行业_同花顺_综合排名
243	002962.SZ	五方光电	58.05	光学光电子	光学元件	13/16
244	002947.SZ	恒铭达	58.03	电子制造	电子零部件制造	53/67
245	605118.SH	力鼎光电	58.02	光学光电子	光学元件	14/16
246	300120.SZ	经纬辉开	57.76	光学光电子	显示器件Ⅲ	27/37
247	600110.SH	诺德股份	57.74	其他电子	其他电子Ⅲ	23/33
248	300831.SZ	派瑞股份	57.72	半导体及元件	分立器件	8/9
249	300976.SZ	达瑞电子	57.48	电子制造	电子零部件制造	54/67
250	300647.SZ	超频三	57.44	电子制造	电子零部件制造	55/67
251	002388.SZ	新亚制程	57.41	其他电子	其他电子Ⅲ	24/33
252	300322.SZ	硕贝德	57.13	电子制造	电子零部件制造	56/67
253	300184.SZ	力源信息	57.12	其他电子	其他电子Ⅲ	25/33
254	688079.SH	美迪凯	57.02	光学光电子	光学元件	15/16
255	300739.SZ	明阳电路	56.98	半导体及元件	印制电路板	26/31
256	688589.SH	力合微	56.73	半导体及元件	集成电路	42/48
257	603629.SH	利通电子	56.68	电子制造	电子零部件制造	57/67
258	002885.SZ	京泉华	56.59	电子制造	电子零部件制造	58/67
259	688689.SH	银河微电	56.43	半导体及元件	分立器件	9/9
260	300793.SZ	佳禾智能	56.41	电子制造	电子系统组装	12/18
261	300939.SZ	秋田微	56.40	光学光电子	显示器件Ⅲ	28/37
262	688256.SH	寒武纪	56.39	半导体及元件	集成电路	43/48
263	600770.SH	综艺股份	56.31	半导体及元件	集成电路	44/48
264	600152.SH	维科技术	56.17	其他电子	其他电子Ⅲ	26/33
265	300650.SZ	太龙照明	56.16	光学光电子	LED	23/33
266	603633.SH	徕木股份	56.15	电子制造	电子零部件制造	59/67
267	603773.SH	沃格光电	56.11	光学光电子	显示器件Ⅲ	29/37
268	600478.SH	科力远	56.10	电子制造	电子系统组装	13/18
269	300241.SZ	瑞丰光电	56.05	光学光电子	LED	24/33
270	600237.SH	铜峰电子	56.02	半导体及元件	被动元件	13/15
271	300319.SZ	麦捷科技	55.98	光学光电子	显示器件Ⅲ	30/37
272	002981.SZ	朝阳科技	55.97	电子制造	电子零部件制造	60/67
273	002217.SZ	合力泰	55.79	光学光电子	显示器件Ⅲ	31/37
274	600601.SH	ST方科	55.70	半导体及元件	印制电路板	27/31
275	688135.SH	利扬芯片	55.69	半导体及元件	集成电路	45/48
276	300936.SZ	中英科技	55.67	半导体及元件	印制电路板	28/31
277	300256.SZ	星星科技	55.61	电子制造	电子零部件制造	61/67
278	605218.SH	伟时电子	55.47	光学光电子	显示器件Ⅲ	32/37
279	688183.SH	生益电子	55.37	半导体及元件	印制电路板	29/31
280	300083.SZ	创世纪	55.35	电子制造	电子零部件制造	62/67
281	300706.SZ	阿石创	55.25	半导体及元件	半导体材料	13/14
282	300940.SZ	南极光	55.23	光学光电子	LED	25/33

续表

排名	公司代码	公司名称	综合健康指数	二级行业_同花顺	三级行业_同花顺	三级行业_同花顺_综合排名
283	688195.SH	腾景科技	55.08	光学光电子	光学元件	16/16
284	300128.SZ	锦富技术	54.97	光学光电子	显示器件Ⅲ	33/37
285	300708.SZ	聚灿光电	54.68	光学光电子	LED	26/33
286	300956.SZ	英力股份	54.60	电子制造	电子零部件制造	63/67
287	300301.SZ	长方集团	54.57	光学光电子	LED	27/33
288	002655.SZ	共达电声	54.47	电子制造	电子系统组装	14/18
289	002660.SZ	茂硕电源	54.43	电子制造	电子零部件制造	64/67
290	002729.SZ	好利来	54.40	其他电子	其他电子Ⅲ	27/33
291	603738.SH	泰晶科技	54.29	半导体及元件	被动元件	14/15
292	002161.SZ	远望谷	53.74	其他电子	其他电子Ⅲ	28/33
293	300077.SZ	国民技术	53.73	半导体及元件	集成电路	46/48
294	002137.SZ	实益达	53.61	光学光电子	LED	28/33
295	002369.SZ	卓翼科技	53.47	电子制造	电子系统组装	15/18
296	300736.SZ	百邦科技	53.45	其他电子	其他电子Ⅲ	29/33
297	300808.SZ	久量股份	53.37	光学光电子	LED	29/33
298	000670.SZ	*ST盈方	53.17	半导体及元件	集成电路	47/48
299	300410.SZ	正业科技	53.00	其他电子	其他电子Ⅲ	30/33
300	002141.SZ	贤丰控股	52.75	其他电子	其他电子Ⅲ	31/33
301	300162.SZ	雷曼光电	52.67	光学光电子	LED	30/33
302	300102.SZ	乾照光电	52.25	光学光电子	LED	31/33
303	688661.SH	和林微纳	52.21	电子制造	电子零部件制造	65/67
304	002288.SZ	超华科技	51.99	半导体及元件	印制电路板	30/31
305	000413.SZ	东旭光电	51.94	光学光电子	显示器件Ⅲ	34/37
306	688662.SH	富信科技	51.52	半导体及元件	半导体材料	14/14
307	000020.SZ	深华发A	51.05	电子制造	电子系统组装	16/18
308	002188.SZ	*ST巴士	50.61	电子制造	电子系统组装	17/18
309	002289.SZ	宇顺电子	50.28	光学光电子	显示器件Ⅲ	35/37
310	002992.SZ	宝明科技	49.85	光学光电子	LED	32/33
311	688533.SH	上声电子	49.75	电子制造	电子系统组装	18/18
312	300139.SZ	晓程科技	49.62	半导体及元件	集成电路	48/48
313	002547.SZ	春兴精工	49.60	电子制造	电子零部件制造	66/67
314	300220.SZ	金运激光	49.36	其他电子	其他电子Ⅲ	32/33
315	300032.SZ	金龙机电	49.18	光学光电子	显示器件Ⅲ	36/37
316	300460.SZ	惠伦晶体	49.05	半导体及元件	被动元件	15/15
317	002076.SZ	ST雪莱	48.88	光学光电子	LED	33/33
318	688260.SH	昀冢科技	48.77	电子制造	电子零部件制造	67/67
319	002684.SZ	*ST猛狮	47.01	其他电子	其他电子Ⅲ	33/33
320	002618.SZ	*ST丹邦	45.48	半导体及元件	印制电路板	31/31
321	600666.SH	ST瑞德	43.03	光学光电子	显示器件Ⅲ	37/37

数据来源：同花顺、中关村国睿金融与产业发展研究会。

6.1.4 纺织服装行业

纺织服装行业共分析92家上市公司，92家上市公司分布在2个二级行业和12个三级行业。2020年纺织服装行业综合健康指数平均水平为61.01，其中，二级行业中，综合健康指数平均水平较高的行业是纺织制造（63.17），综合健康指数平均水平较低的行业是服装家纺（59.81）；三级行业中，综合健康指数平均水平较高的行业是辅料（67.60），综合健康指数平均水平较低的行业是女装（58.10）。

行业全部上市公司排名如表6-6所示。

表6-6　　纺织服装行业2020年上市公司综合健康指数排名

排名	公司代码	公司名称	综合健康指数	二级行业_同花顺	三级行业_同花顺	三级行业_同花顺_综合排名
1	002003.SZ	伟星股份	73.86	纺织制造	辅料	1/3
2	002563.SZ	森马服饰	73.81	服装家纺	休闲服装	1/6
3	300888.SZ	稳健医疗	71.59	纺织制造	其他纺织	1/14
4	002293.SZ	罗莱生活	70.99	服装家纺	家纺	1/5
5	603877.SH	太平鸟	69.76	服装家纺	休闲服装	2/6
6	600987.SH	航民股份	69.72	纺织制造	印染	1/3
7	600398.SH	海澜之家	68.23	服装家纺	男装	1/11
8	002832.SZ	比音勒芬	67.22	服装家纺	其他服装	1/19
9	002394.SZ	联发股份	67.17	纺织制造	棉纺	1/8
10	002144.SZ	宏达高科	67.11	纺织制造	其他纺织	2/14
11	603889.SH	新澳股份	67.00	纺织制造	毛纺	1/4
12	000955.SZ	欣龙控股	66.96	纺织制造	其他纺织	3/14
13	603238.SH	诺邦股份	66.89	纺织制造	其他纺织	4/14
14	600177.SH	雅戈尔	66.79	服装家纺	男装	2/11
15	002154.SZ	报喜鸟	66.57	服装家纺	男装	3/11
16	002674.SZ	兴业科技	66.54	纺织制造	辅料	2/3
17	000726.SZ	鲁泰A	66.51	纺织制造	棉纺	2/8
18	603365.SH	水星家纺	66.44	服装家纺	家纺	2/5
19	002687.SZ	乔治白	66.35	服装家纺	男装	4/11
20	002087.SZ	新野纺织	66.28	纺织制造	棉纺	3/8
21	000850.SZ	华茂股份	66.22	纺织制造	棉纺	4/8
22	002327.SZ	富安娜	66.07	服装家纺	家纺	3/5
23	002404.SZ	嘉欣丝绸	66.00	纺织制造	丝绸	1/1
24	003016.SZ	欣贺股份	65.63	服装家纺	女装	1/9
25	300877.SZ	金春股份	65.47	纺织制造	其他纺织	5/14
26	300901.SZ	中胤时尚	65.25	服装家纺	鞋帽	1/9
27	603808.SH	歌力思	65.04	服装家纺	女装	2/9
28	603055.SH	台华新材	64.87	纺织制造	其他纺织	6/14

续表

排名	公司代码	公司名称	综合健康指数	二级行业_同花顺	三级行业_同花顺	三级行业_同花顺_综合排名
29	603665.SH	康隆达	64.82	服装家纺	其他服装	2/19
30	603587.SH	地素时尚	64.64	服装家纺	女装	3/9
31	002397.SZ	梦洁股份	64.59	服装家纺	家纺	4/5
32	605003.SH	众望布艺	64.40	纺织制造	其他纺织	7/14
33	002763.SZ	汇洁股份	64.37	服装家纺	其他服装	3/19
34	002634.SZ	棒杰股份	64.25	服装家纺	其他服装	4/19
35	300658.SZ	延江股份	64.15	纺织制造	其他纺织	8/14
36	002612.SZ	朗姿股份	64.05	服装家纺	女装	4/9
37	603116.SH	红蜻蜓	63.92	服装家纺	鞋帽	2/9
38	300005.SZ	探路者	63.73	服装家纺	其他服装	5/19
39	601566.SH	九牧王	63.07	服装家纺	男装	5/11
40	601339.SH	百隆东方	62.43	纺织制造	棉纺	5/8
41	002098.SZ	浔兴股份	62.40	纺织制造	辅料	3/3
42	600824.SH	益民集团	62.40	服装家纺	其他服装	6/19
43	300577.SZ	开润股份	62.38	纺织制造	其他纺织	9/14
44	002029.SZ	七匹狼	62.27	服装家纺	男装	6/11
45	603839.SH	安正时尚	62.11	服装家纺	女装	5/9
46	603001.SH	奥康国际	61.84	服装家纺	鞋帽	3/9
47	002042.SZ	华孚时尚	61.58	纺织制造	棉纺	6/8
48	600400.SH	红豆股份	61.45	服装家纺	男装	7/11
49	002486.SZ	嘉麟杰	61.33	服装家纺	其他服装	7/19
50	600689.SH	上海三毛	61.26	纺织制造	毛纺	2/4
51	601718.SH	际华集团	61.21	服装家纺	其他服装	8/19
52	600448.SH	华纺股份	61.14	纺织制造	印染	2/3
53	002762.SZ	金发拉比	60.92	服装家纺	其他服装	9/19
54	600493.SH	凤竹纺织	60.68	纺织制造	棉纺	7/8
55	603608.SH	天创时尚	60.28	服装家纺	鞋帽	4/9
56	300979.SZ	华利集团	59.82	服装家纺	鞋帽	5/9
57	300918.SZ	南山智尚	59.52	服装家纺	男装	8/11
58	300952.SZ	恒辉安防	59.51	纺织制造	其他纺织	10/14
59	600156.SH	华升股份	59.47	纺织制造	其他纺织	11/14
60	605180.SH	华生科技	59.31	纺织制造	其他纺织	12/14
61	003041.SZ	真爱美家	59.03	服装家纺	家纺	5/5
62	002083.SZ	孚日股份	58.85	纺织制造	棉纺	8/8
63	603908.SH	牧高笛	58.29	服装家纺	其他服装	10/19
64	002780.SZ	三夫户外	58.08	服装家纺	其他服装	11/19
65	600630.SH	龙头股份	57.50	服装家纺	其他服装	12/19
66	603518.SH	锦泓集团	57.36	服装家纺	女装	6/9

续表

排名	公司代码	公司名称	综合健康指数	二级行业_同花顺	三级行业_同花顺	三级行业_同花顺_综合排名
67	002503.SZ	搜于特	57.20	服装家纺	休闲服装	3/6
68	600220.SH	江苏阳光	57.06	纺织制造	毛纺	3/4
69	300840.SZ	酷特智能	57.06	服装家纺	其他服装	13/19
70	600137.SH	浪莎股份	57.02	服装家纺	其他服装	14/19
71	002875.SZ	安奈儿	57.01	服装家纺	其他服装	15/19
72	603557.SH	ST起步	56.80	服装家纺	鞋帽	6/9
73	603196.SH	日播时尚	56.69	服装家纺	女装	7/9
74	603558.SH	健盛集团	56.46	服装家纺	其他服装	16/19
75	000982.SZ	中银绒业	56.40	纺织制造	其他纺织	13/14
76	002291.SZ	星期六	56.10	服装家纺	鞋帽	7/9
77	300819.SZ	聚杰微纤	55.56	纺织制造	其他纺织	14/14
78	600107.SH	美尔雅	55.34	服装家纺	男装	9/11
79	002269.SZ	美邦服饰	54.50	服装家纺	休闲服装	4/6
80	300591.SZ	万里马	54.19	服装家纺	鞋帽	8/9
81	002494.SZ	华斯股份	54.06	服装家纺	其他服装	17/19
82	603958.SH	哈森股份	54.06	服装家纺	鞋帽	9/9
83	601599.SH	浙文影业	53.36	纺织制造	毛纺	4/4
84	002776.SZ	ST柏龙	53.09	服装家纺	休闲服装	5/6
85	605055.SH	迎丰股份	52.42	纺织制造	印染	3/3
86	002656.SZ	ST摩登	50.03	服装家纺	男装	10/11
87	300526.SZ	中潜股份	49.74	服装家纺	其他服装	18/19
88	002193.SZ	如意集团	49.07	服装家纺	其他服装	19/19
89	603555.SH	*ST贵人	48.24	服装家纺	休闲服装	6/6
90	603157.SH	*ST拉夏	47.81	服装家纺	女装	8/9
91	002569.SZ	ST步森	45.63	服装家纺	男装	11/11
92	600146.SH	*ST环球	39.58	服装家纺	女装	9/9

数据来源：同花顺、中关村国睿金融与产业发展研究会。

6.1.5 公用事业行业

公用事业行业共分析202家上市公司，202家上市公司共分布在3个二级行业和8个三级行业。2020年公用事业行业综合健康指数平均水平为62.42，其中，二级行业中，综合健康指数平均水平较高的行业是电力（64.38），综合健康指数平均水平较低的行业是环保工程（61.04）；三级行业中，综合健康指数平均水平较高的行业是火电（67.27），综合健康指数平均水平较低的行业是热电（60.22）。

行业全部上市公司排名如表6-7所示。

表 6-7　　公用事业行业 2020 年上市公司综合健康指数排名

排名	公司代码	公司名称	综合健康指数	二级行业_同花顺	三级行业_同花顺	三级行业_同花顺_综合排名
1	002911.SZ	佛燃能源	76.53	燃气水务	燃气Ⅲ	1/26
2	600900.SH	长江电力	74.81	电力	水电	1/21
3	601985.SH	中国核电	74.60	电力	新能源发电	1/19
4	600795.SH	国电电力	71.92	电力	火电	1/25
5	000967.SZ	盈峰环境	71.29	环保工程	环保工程及服务	1/81
6	600021.SH	上海电力	71.12	电力	火电	2/25
7	000539.SZ	粤电力A	71.09	电力	火电	3/25
8	601139.SH	深圳燃气	70.89	燃气水务	燃气Ⅲ	2/26
9	600803.SH	新奥股份	70.81	燃气水务	燃气Ⅲ	3/26
10	600023.SH	浙能电力	70.79	电力	火电	4/25
11	600008.SH	首创股份	70.63	环保工程	环保工程及服务	2/81
12	600886.SH	国投电力	70.54	电力	水电	2/21
13	000600.SZ	建投能源	70.50	电力	火电	5/25
14	000598.SZ	兴蓉环境	70.50	燃气水务	水务Ⅲ	1/22
15	000531.SZ	穗恒运A	70.39	电力	火电	6/25
16	000899.SZ	赣能股份	70.28	电力	火电	7/25
17	000543.SZ	皖能电力	70.22	电力	火电	8/25
18	600098.SH	广州发展	70.05	电力	火电	9/25
19	002267.SZ	陕天然气	70.03	燃气水务	燃气Ⅲ	4/26
20	603568.SH	伟明环保	69.97	环保工程	环保工程及服务	3/81
21	600323.SH	瀚蓝环境	69.75	环保工程	环保工程及服务	4/81
22	603588.SH	高能环境	69.73	环保工程	环保工程及服务	5/81
23	600461.SH	洪城环境	69.66	燃气水务	水务Ⅲ	2/22
24	601158.SH	重庆水务	69.29	燃气水务	水务Ⅲ	3/22
25	000027.SZ	深圳能源	68.99	电力	火电	10/25
26	603126.SH	中材节能	68.85	环保工程	环保工程及服务	6/81
27	002608.SZ	江苏国信	68.80	电力	火电	11/25
28	600483.SH	福能股份	68.77	电力	火电	12/25
29	000883.SZ	湖北能源	68.69	电力	水电	3/21
30	003816.SZ	中国广核	68.33	电力	新能源发电	2/19
31	601222.SH	林洋能源	68.29	电力	新能源发电	3/19
32	002015.SZ	协鑫能科	68.27	电力	热电	1/7
33	000544.SZ	中原环保	68.26	燃气水务	水务Ⅲ	4/22
34	601991.SH	大唐发电	68.18	电力	火电	13/25
35	600578.SH	京能电力	68.11	电力	火电	14/25
36	002266.SZ	浙富控股	68.07	环保工程	环保工程及服务	7/81
37	002039.SZ	黔源电力	67.91	电力	水电	4/21
38	000690.SZ	宝新能源	67.80	电力	新能源发电	4/19

续表

排名	公司代码	公司名称	综合健康指数	二级行业_同花顺	三级行业_同花顺	三级行业_同花顺_综合排名
39	601827.SH	三峰环境	67.75	环保工程	环保工程及服务	8/81
40	600025.SH	华能水电	67.74	电力	水电	5/21
41	600027.SH	华电国际	67.73	电力	火电	15/25
42	600236.SH	桂冠电力	67.42	电力	水电	6/21
43	600011.SH	华能国际	67.32	电力	火电	16/25
44	603689.SH	皖天然气	67.27	燃气水务	燃气Ⅲ	5/26
45	600780.SH	通宝能源	67.26	电力	火电	17/25
46	601200.SH	上海环境	67.19	环保工程	环保工程及服务	9/81
47	002034.SZ	旺能环境	66.55	环保工程	环保工程及服务	10/81
48	600292.SH	远达环保	66.53	环保工程	环保工程及服务	11/81
49	002479.SZ	富春环保	66.44	环保工程	环保工程及服务	12/81
50	300692.SZ	中环环保	66.39	燃气水务	水务Ⅲ	5/22
51	002887.SZ	绿茵生态	66.31	环保工程	环保工程及服务	13/81
52	000591.SZ	太阳能	66.06	电力	新能源发电	5/19
53	600452.SH	涪陵电力	66.03	电力	水电	7/21
54	600917.SH	重庆燃气	65.99	燃气水务	燃气Ⅲ	6/26
55	603359.SH	东珠生态	65.96	环保工程	环保工程及服务	14/81
56	000875.SZ	吉电股份	65.91	电力	新能源发电	6/19
57	600674.SH	川投能源	65.81	电力	水电	8/21
58	002573.SZ	清新环境	65.77	环保工程	环保工程及服务	15/81
59	000155.SZ	川能动力	65.77	电力	新能源发电	7/19
60	603903.SH	中持股份	65.74	燃气水务	水务Ⅲ	6/22
61	688196.SH	卓越新能	65.65	环保工程	环保工程及服务	16/81
62	600681.SH	百川能源	65.61	燃气水务	燃气Ⅲ	7/26
63	000421.SZ	南京公用	65.57	燃气水务	燃气Ⅲ	8/26
64	600642.SH	申能股份	65.41	电力	火电	18/25
65	300800.SZ	力合科技	65.40	环保工程	环保工程及服务	17/81
66	600982.SH	宁波能源	65.36	电力	热电	2/7
67	300864.SZ	南大环境	65.32	环保工程	环保工程及服务	18/81
68	600116.SH	三峡水利	65.30	电力	水电	9/21
69	002616.SZ	长青集团	65.10	环保工程	环保工程及服务	19/81
70	300263.SZ	隆华科技	65.06	环保工程	环保工程及服务	20/81
71	601199.SH	江南水务	64.94	燃气水务	水务Ⅲ	7/22
72	601778.SH	晶科科技	64.86	电力	新能源发电	8/19
73	600863.SH	内蒙华电	64.77	电力	火电	19/25
74	002672.SZ	东江环保	64.72	环保工程	环保工程及服务	21/81
75	000966.SZ	长源电力	64.63	电力	火电	20/25
76	603053.SH	成都燃气	64.53	燃气水务	燃气Ⅲ	9/26
77	300070.SZ	碧水源	64.52	环保工程	环保工程及服务	22/81
78	300422.SZ	博世科	64.48	环保工程	环保工程及服务	23/81

续表

排名	公司代码	公司名称	综合健康指数	二级行业_同花顺	三级行业_同花顺	三级行业_同花顺_综合排名
79	300190.SZ	维尔利	64.46	环保工程	环保工程及服务	24/81
80	300425.SZ	中建环能	64.36	环保工程	环保工程及服务	25/81
81	600956.SH	新天绿能	64.33	电力	新能源发电	9/19
82	300815.SZ	玉禾田	64.33	环保工程	环保工程及服务	26/81
83	600167.SH	联美控股	64.31	电力	热电	3/7
84	600163.SH	中闽能源	64.31	电力	新能源发电	10/19
85	001896.SZ	豫能控股	64.26	电力	火电	21/25
86	000920.SZ	南方汇通	64.18	环保工程	环保工程及服务	27/81
87	600283.SH	钱江水利	64.18	燃气水务	水务Ⅲ	8/22
88	600995.SH	文山电力	64.18	电力	水电	10/21
89	300355.SZ	蒙草生态	64.05	环保工程	环保工程及服务	28/81
90	300172.SZ	中电环保	64.04	环保工程	环保工程及服务	29/81
91	300388.SZ	节能国祯	63.72	燃气水务	水务Ⅲ	9/22
92	002973.SZ	侨银股份	63.69	环保工程	环保工程及服务	30/81
93	000722.SZ	湖南发展	63.69	电力	水电	11/21
94	003027.SZ	同兴环保	63.66	环保工程	环保工程及服务	31/81
95	601908.SH	京运通	63.63	电力	新能源发电	11/19
96	002778.SZ	高科石化	63.59	环保工程	环保工程及服务	32/81
97	300631.SZ	久吾高科	63.18	环保工程	环保工程及服务	33/81
98	688069.SH	德林海	63.09	环保工程	环保工程及服务	34/81
99	600874.SH	创业环保	63.03	燃气水务	水务Ⅲ	10/22
100	600217.SH	中再资环	62.74	环保工程	环保工程及服务	35/81
101	000685.SZ	中山公用	62.69	燃气水务	水务Ⅲ	11/22
102	300335.SZ	迪森股份	62.68	环保工程	环保工程及服务	36/81
103	000791.SZ	甘肃电投	62.67	电力	水电	12/21
104	601330.SH	绿色动力	62.55	环保工程	环保工程及服务	37/81
105	600969.SH	郴电国际	62.52	电力	水电	13/21
106	600310.SH	桂东电力	62.49	电力	水电	14/21
107	600979.SH	广安爱众	62.48	电力	水电	15/21
108	002658.SZ	雪迪龙	62.29	环保工程	环保工程及服务	38/81
109	600744.SH	华银电力	62.22	电力	火电	22/25
110	603817.SH	海峡环保	62.21	燃气水务	水务Ⅲ	12/22
111	002205.SZ	国统股份	62.19	环保工程	环保工程及服务	39/81
112	601016.SH	节能风电	62.09	电力	新能源发电	12/19
113	300197.SZ	节能铁汉	62.02	环保工程	环保工程及服务	40/81
114	600207.SH	安彩高科	61.97	燃气水务	燃气Ⅲ	10/26
115	600617.SH	国新能源	61.96	燃气水务	燃气Ⅲ	11/26
116	000407.SZ	胜利股份	61.80	燃气水务	燃气Ⅲ	12/26
117	002717.SZ	岭南股份	61.66	环保工程	环保工程及服务	41/81
118	603393.SH	新天然气	61.65	燃气水务	燃气Ⅲ	13/26

续表

排名	公司代码	公司名称	综合健康指数	二级行业_同花顺	三级行业_同花顺	三级行业_同花顺_综合排名
119	600101.SH	明星电力	61.65	电力	水电	16/21
120	688178.SH	万德斯	61.58	环保工程	环保工程及服务	42/81
121	300435.SZ	中泰股份	61.55	燃气水务	燃气Ⅲ	14/26
122	002310.SZ	东方园林	61.49	环保工程	环保工程及服务	43/81
123	603693.SH	江苏新能	61.40	电力	新能源发电	13/19
124	000035.SZ	中国天楹	61.39	环保工程	环保工程及服务	44/81
125	300899.SZ	上海凯鑫	61.35	环保工程	环保工程及服务	45/81
126	600903.SH	贵州燃气	61.10	燃气水务	燃气Ⅲ	15/26
127	000767.SZ	晋控电力	61.09	电力	火电	23/25
128	000601.SZ	韶能股份	61.07	电力	水电	17/21
129	000037.SZ	深南电A	60.87	电力	燃机发电	1/1
130	688466.SH	金科环境	60.83	环保工程	环保工程及服务	46/81
131	000826.SZ	启迪环境	60.78	环保工程	环保工程及服务	47/81
132	688057.SH	金达莱	60.77	环保工程	环保工程及服务	48/81
133	300137.SZ	先河环保	60.35	环保工程	环保工程及服务	49/81
134	300779.SZ	惠城环保	60.35	环保工程	环保工程及服务	50/81
135	601368.SH	绿城水务	60.34	燃气水务	水务Ⅲ	13/22
136	688101.SH	三达膜	60.31	环保工程	环保工程及服务	51/81
137	600644.SH	乐山电力	60.20	电力	水电	18/21
138	600396.SH	金山股份	60.12	电力	火电	24/25
139	605368.SH	蓝天燃气	59.99	燃气水务	燃气Ⅲ	16/26
140	600168.SH	武汉控股	59.85	燃气水务	水务Ⅲ	14/22
141	002893.SZ	华通热力	59.65	电力	热电	4/7
142	605169.SH	洪通燃气	59.44	燃气水务	燃气Ⅲ	17/26
143	003039.SZ	顺控发展	59.39	燃气水务	水务Ⅲ	15/22
144	300929.SZ	华骐环保	59.34	环保工程	环保工程及服务	52/81
145	000605.SZ	渤海股份	59.31	燃气水务	水务Ⅲ	16/22
146	300664.SZ	鹏鹞环保	59.23	燃气水务	水务Ⅲ	17/22
147	600505.SH	西昌电力	59.22	电力	水电	19/21
148	603797.SH	联泰环保	59.18	燃气水务	水务Ⅲ	18/22
149	300103.SZ	达刚控股	59.17	环保工程	环保工程及服务	53/81
150	603315.SH	福鞍股份	59.14	环保工程	环保工程及服务	54/81
151	300958.SZ	建工修复	59.00	环保工程	环保工程及服务	55/81
152	603200.SH	上海洗霸	58.91	环保工程	环保工程及服务	56/81
153	000593.SZ	大通燃气	58.55	燃气水务	燃气Ⅲ	18/26
154	601619.SH	嘉泽新能	58.38	电力	新能源发电	14/19
155	688156.SH	路德环境	58.27	环保工程	环保工程及服务	57/81
156	300072.SZ	三聚环保	58.15	环保工程	环保工程及服务	58/81

续表

排名	公司代码	公司名称	综合健康指数	二级行业_同花顺	三级行业_同花顺	三级行业_同花顺_综合排名
157	688679.SH	通源环境	57.91	环保工程	环保工程及服务	59/81
158	000711.SZ	京蓝科技	57.89	环保工程	环保工程及服务	60/81
159	300948.SZ	冠中生态	57.84	环保工程	环保工程及服务	61/81
160	603105.SH	芯能科技	57.66	电力	新能源发电	15/19
161	003035.SZ	南网能源	57.63	环保工程	环保工程及服务	62/81
162	600726.SH	华电能源	57.58	电力	火电	25/25
163	600821.SH	津劝业	57.53	电力	新能源发电	16/19
164	600635.SH	大众公用	57.49	燃气水务	燃气Ⅲ	19/26
165	000669.SZ	*ST金鸿	57.34	燃气水务	燃气Ⅲ	20/26
166	300187.SZ	永清环保	57.30	环保工程	环保工程及服务	63/81
167	600333.SH	长春燃气	57.12	燃气水务	燃气Ⅲ	21/26
168	300867.SZ	圣元环保	56.92	环保工程	环保工程及服务	64/81
169	600509.SH	天富能源	56.91	电力	热电	5/7
170	603080.SH	新疆火炬	56.67	燃气水务	燃气Ⅲ	22/26
171	000862.SZ	银星能源	56.66	电力	新能源发电	17/19
172	300266.SZ	兴源环境	56.44	环保工程	环保工程及服务	65/81
173	603706.SH	东方环宇	56.30	燃气水务	燃气Ⅲ	23/26
174	688600.SH	皖仪科技	55.99	环保工程	环保工程及服务	66/81
175	300961.SZ	深水海纳	55.56	燃气水务	水务Ⅲ	19/22
176	603759.SH	海天股份	55.52	燃气水务	水务Ⅲ	20/22
177	000068.SZ	华控赛格	55.33	环保工程	环保工程及服务	67/81
178	300140.SZ	中环装备	55.30	环保工程	环保工程及服务	68/81
179	300495.SZ	*ST美尚	55.27	环保工程	环保工程及服务	69/81
180	605081.SH	太和水	55.26	环保工程	环保工程及服务	70/81
181	000040.SZ	东旭蓝天	55.08	电力	新能源发电	18/19
182	300332.SZ	天壕环境	54.98	环保工程	环保工程及服务	71/81
183	600719.SH	大连热电	54.71	电力	热电	6/7
184	600769.SH	祥龙电业	54.28	燃气水务	水务Ⅲ	21/22
185	603177.SH	德创环保	53.95	环保工程	环保工程及服务	72/81
186	300334.SZ	津膜科技	53.64	环保工程	环保工程及服务	73/81
187	000993.SZ	闽东电力	53.48	电力	水电	20/21
188	002259.SZ	*ST升达	53.18	燃气水务	燃气Ⅲ	24/26
189	600187.SH	国中水务	53.03	燃气水务	水务Ⅲ	22/22
190	600868.SH	梅雁吉祥	52.88	电力	水电	21/21
191	300262.SZ	巴安水务	52.58	环保工程	环保工程及服务	74/81
192	002256.SZ	*ST兆新	52.40	电力	新能源发电	19/19
193	000692.SZ	惠天热电	52.32	电力	热电	7/7
194	300152.SZ	科融环境	51.74	环保工程	环保工程及服务	75/81

续表

排名	公司代码	公司名称	综合健康指数	二级行业_同花顺	三级行业_同花顺	三级行业_同花顺_综合排名
195	300055.SZ	万邦达	51.35	环保工程	环保工程及服务	76/81
196	000803.SZ	北清环能	51.25	环保工程	环保工程及服务	77/81
197	300056.SZ	中创环保	51.00	环保工程	环保工程及服务	78/81
198	000005.SZ	ST星源	50.46	环保工程	环保工程及服务	79/81
199	603603.SH	博天环境	49.94	环保工程	环保工程及服务	80/81
200	002700.SZ	ST浩源	49.47	燃气水务	燃气Ⅲ	25/26
201	600856.SH	ST中天	46.41	燃气水务	燃气Ⅲ	26/26
202	000820.SZ	*ST节能	42.88	环保工程	环保工程及服务	81/81

数据来源：同花顺、中关村国睿金融与产业发展研究会。

6.1.6 国防军工行业

国防军工行业共分析80家上市公司，80家上市公司共分布在1个二级行业和4个三级行业。2020年国防军工行业综合健康指数平均水平为62.12。其中，二级行业中，综合健康指数平均水平是62.12；三级行业中，综合健康指数平均水平较高的行业是地面兵装（64.51），综合健康指数平均水平较低的行业是船舶制造（59.41）。

行业全部上市公司排名如表6-8所示。

表6-8　　　　　　　　国防军工行业2020年上市公司综合健康指数排名

排名	公司代码	公司名称	综合健康指数	二级行业_同花顺	三级行业_同花顺	三级行业_同花顺_综合排名
1	600562.SH	国睿科技	72.62	国防军工	地面兵装	1/19
2	002179.SZ	中航光电	71.64	国防军工	航空装备	1/35
3	002025.SZ	航天电器	70.90	国防军工	航天装备	1/15
4	002465.SZ	海格通信	70.60	国防军工	地面兵装	2/19
5	000547.SZ	航天发展	70.22	国防军工	地面兵装	3/19
6	600967.SH	内蒙一机	70.16	国防军工	地面兵装	4/19
7	600760.SH	中航沈飞	69.92	国防军工	航空装备	2/35
8	000519.SZ	中兵红箭	69.57	国防军工	地面兵装	5/19
9	600372.SH	中航电子	69.38	国防军工	航空装备	3/35
10	000738.SZ	航发控制	68.98	国防军工	航空装备	4/35
11	600038.SH	中直股份	68.82	国防军工	航空装备	5/35
12	600879.SH	航天电子	68.49	国防军工	航天装备	2/15
13	002013.SZ	中航机电	68.30	国防军工	航空装备	6/35
14	300034.SZ	钢研高纳	68.06	国防军工	航天装备	3/15
15	600893.SH	航发动力	67.51	国防军工	航空装备	7/35
16	600184.SH	光电股份	67.35	国防军工	地面兵装	6/19

续表

排名	公司代码	公司名称	综合健康指数	二级行业_同花顺	三级行业_同花顺	三级行业_同花顺_综合排名
17	600685.SH	中船防务	67.04	国防军工	船舶制造	1/11
18	600435.SH	北方导航	66.78	国防军工	地面兵装	7/19
19	601698.SH	中国卫通	66.47	国防军工	航天装备	4/15
20	002935.SZ	天奥电子	65.94	国防军工	航天装备	5/15
21	002933.SZ	新兴装备	65.90	国防军工	航空装备	8/35
22	002829.SZ	星网宇达	65.87	国防军工	航天装备	6/15
23	600150.SH	中国船舶	65.31	国防军工	船舶制造	2/11
24	002985.SZ	北摩高科	65.07	国防军工	航空装备	9/35
25	600765.SH	中航重机	64.78	国防军工	航空装备	10/35
26	600764.SH	中国海防	64.77	国防军工	地面兵装	8/19
27	300719.SZ	安达维尔	64.77	国防军工	航空装备	11/35
28	002389.SZ	航天彩虹	64.73	国防军工	航空装备	12/35
29	600990.SH	四创电子	64.57	国防军工	地面兵装	9/19
30	000768.SZ	中航西飞	64.14	国防军工	航空装备	13/35
31	003009.SZ	中天火箭	63.92	国防军工	航天装备	7/15
32	600118.SH	中国卫星	63.87	国防军工	航天装备	8/15
33	688788.SH	科思科技	63.46	国防军工	地面兵装	10/19
34	000561.SZ	烽火电子	63.41	国防军工	航空装备	14/35
35	002151.SZ	北斗星通	63.28	国防军工	航天装备	9/15
36	600862.SH	中航高科	63.12	国防军工	航空装备	15/35
37	300762.SZ	上海瀚讯	63.12	国防军工	地面兵装	11/19
38	300474.SZ	景嘉微	63.06	国防军工	航天装备	10/15
39	600072.SH	中船科技	63.01	国防军工	船舶制造	3/11
40	600482.SH	中国动力	62.96	国防军工	船舶制造	4/11
41	300527.SZ	中船应急	62.81	国防军工	地面兵装	12/19
42	300922.SZ	天秦装备	62.52	国防军工	地面兵装	13/19
43	000576.SZ	甘化科工	61.99	国防军工	地面兵装	14/19
44	600316.SH	洪都航空	61.76	国防军工	航空装备	16/35
45	601989.SH	中国重工	61.69	国防军工	船舶制造	5/11
46	300581.SZ	晨曦航空	61.24	国防军工	航空装备	17/35
47	300101.SZ	振芯科技	61.22	国防军工	航天装备	11/15
48	300722.SZ	新余国科	60.83	国防军工	航天装备	12/15
49	300775.SZ	三角防务	60.75	国防军工	航空装备	18/35
50	688311.SH	盟升电子	60.71	国防军工	地面兵装	15/19
51	688066.SH	航天宏图	60.42	国防军工	航天装备	13/15
52	300397.SZ	天和防务	60.40	国防军工	航空装备	19/35

续表

排名	公司代码	公司名称	综合健康指数	二级行业_同花顺	三级行业_同花顺	三级行业_同花顺_综合排名
53	300065.SZ	海兰信	60.38	国防军工	船舶制造	6/11
54	300696.SZ	爱乐达	60.14	国防军工	航空装备	20/35
55	300875.SZ	捷强装备	60.10	国防军工	地面兵装	16/19
56	300600.SZ	国瑞科技	59.62	国防军工	船舶制造	7/11
57	600343.SH	航天动力	59.22	国防军工	航天装备	14/15
58	300900.SZ	广联航空	59.18	国防军工	航空装备	21/35
59	002023.SZ	海特高新	59.17	国防军工	航空装备	22/35
60	002977.SZ	天箭科技	59.11	国防军工	地面兵装	17/19
61	601606.SH	长城军工	59.00	国防军工	地面兵装	18/19
62	002297.SZ	博云新材	58.99	国防军工	航空装备	23/35
63	300965.SZ	恒宇信通	58.86	国防军工	航空装备	24/35
64	688011.SH	新光光电	58.58	国防军工	航空装备	25/35
65	601890.SH	亚星锚链	57.80	国防军工	船舶制造	8/11
66	600391.SH	航发科技	57.65	国防军工	航空装备	26/35
67	688586.SH	江航装备	57.22	国防军工	航空装备	27/35
68	688510.SH	航亚科技	56.26	国防军工	航空装备	28/35
69	300123.SZ	亚光科技	56.21	国防军工	地面兵装	19/19
70	002413.SZ	雷科防务	56.05	国防军工	航空装备	29/35
71	300159.SZ	新研股份	54.54	国防军工	航空装备	30/35
72	000697.SZ	炼石航空	54.45	国防军工	航空装备	31/35
73	300424.SZ	航新科技	54.17	国防军工	航空装备	32/35
74	300589.SZ	江龙船艇	53.66	国防军工	船舶制造	9/11
75	300810.SZ	中科海讯	53.29	国防军工	船舶制造	10/11
76	688682.SH	霍莱沃	52.77	国防军工	航天装备	15/15
77	688636.SH	智明达	52.52	国防军工	航空装备	33/35
78	688070.SH	纵横股份	52.47	国防军工	航空装备	34/35
79	300008.SZ	天海防务	48.73	国防军工	船舶制造	11/11
80	000687.SZ	*ST华讯	41.10	国防军工	航空装备	35/35

数据来源：同花顺、中关村国睿金融与产业发展研究会。

6.1.7 黑色金属行业

黑色金属行业共分析36家上市公司，36家上市公司共分布在1个二级行业和2个三级行业。2020年黑色金属行业综合健康指数平均水平为63.90，其中，二级行业综合健康指数平均水平是63.90，三级行业中，综合健康指数平均水平较高的行业是普钢（65.81），综合健康指数平均水平较低的行业是特钢（60.88）。

行业全部上市公司排名如表6-9所示。

表 6-9　　黑色金属行业 2020 年上市公司综合健康指数排名

排名	公司代码	公司名称	综合健康指数	二级行业_同花顺	三级行业_同花顺	三级行业_同花顺_综合排名
1	000932.SZ	华菱钢铁	78.49	钢铁	普钢	1/22
2	000708.SZ	中信特钢	73.26	钢铁	特钢	1/14
3	002110.SZ	三钢闽光	72.93	钢铁	普钢	2/22
4	000959.SZ	首钢股份	71.68	钢铁	普钢	3/22
5	600782.SH	新钢股份	71.44	钢铁	普钢	4/22
6	600019.SH	宝钢股份	70.51	钢铁	普钢	5/22
7	000717.SZ	韶钢松山	70.13	钢铁	普钢	6/22
8	600282.SH	南钢股份	70.08	钢铁	普钢	7/22
9	600126.SH	杭钢股份	67.86	钢铁	普钢	8/22
10	600808.SH	马钢股份	67.70	钢铁	普钢	9/22
11	600022.SH	山东钢铁	67.41	钢铁	普钢	10/22
12	000709.SZ	河钢股份	66.46	钢铁	普钢	11/22
13	002075.SZ	沙钢股份	66.13	钢铁	特钢	2/14
14	000778.SZ	新兴铸管	65.67	钢铁	普钢	12/22
15	000898.SZ	鞍钢股份	65.43	钢铁	普钢	13/22
16	002318.SZ	久立特材	64.74	钢铁	特钢	3/14
17	000825.SZ	太钢不锈	64.05	钢铁	特钢	4/14
18	600231.SH	凌钢股份	63.09	钢铁	普钢	14/22
19	600010.SH	包钢股份	63.06	钢铁	普钢	15/22
20	600507.SH	方大特钢	62.72	钢铁	特钢	5/14
21	601005.SH	重庆钢铁	62.40	钢铁	普钢	16/22
22	002756.SZ	永兴材料	61.00	钢铁	特钢	6/14
23	601003.SH	柳钢股份	60.85	钢铁	普钢	17/22
24	601686.SH	友发集团	60.45	钢铁	特钢	7/14
25	603995.SH	甬金股份	60.43	钢铁	特钢	8/14
26	600569.SH	安阳钢铁	59.74	钢铁	普钢	18/22
27	000761.SZ	本钢板材	59.44	钢铁	普钢	19/22
28	002443.SZ	金洲管道	59.24	钢铁	特钢	9/14
29	600581.SH	八一钢铁	59.20	钢铁	普钢	20/22
30	600399.SH	抚顺特钢	58.92	钢铁	特钢	10/14
31	600307.SH	酒钢宏兴	57.98	钢铁	普钢	21/22
32	600117.SH	西宁特钢	57.71	钢铁	特钢	11/14
33	603878.SH	武进不锈	56.34	钢铁	普钢	22/22
34	688186.SH	广大特材	55.63	钢铁	特钢	12/14
35	002478.SZ	常宝股份	54.45	钢铁	特钢	13/14
36	300881.SZ	盛德鑫泰	53.64	钢铁	特钢	14/14

数据来源：同花顺、中关村国睿金融与产业发展研究会。

6.1.8 化工行业

化工行业共分析388家上市公司，388家上市公司共分布在4个二级行业和31个三级行业。2020年化工行业综合健康指数平均水平为61.99，其中，二级行业中，综合健康指数平均水平较高的行业是化工新材料（65.42），综合健康指数平均水平较低的行业是化工合成材料（61.31）；三级行业中，综合健康指数平均水平较高的行业是维纶（70.75），综合健康指数平均水平较低的行业是粘胶（56.12）。

行业全部上市公司排名如表6-10所示。

表6-10　　　　化工行业2020年上市公司综合健康指数排名

排名	公司代码	公司名称	综合健康指数	二级行业_同花顺	三级行业_同花顺	三级行业_同花顺_综合排名
1	600426.SH	华鲁恒升	73.39	化学制品	其他化学制品	1/123
2	000830.SZ	鲁西化工	72.93	化学制品	其他化学制品	2/123
3	002430.SZ	杭氧股份	72.87	化学制品	其他化学制品	3/123
4	600176.SH	中国巨石	72.85	化工新材料	玻纤	1/7
5	002493.SZ	荣盛石化	72.56	化工合成材料	涤纶	1/14
6	002080.SZ	中材科技	72.45	化工新材料	玻纤	2/7
7	601216.SH	君正集团	72.42	基础化学	氯碱	1/16
8	600309.SH	万华化学	72.37	化工新材料	聚氨酯	1/11
9	002838.SZ	道恩股份	72.35	化工合成材料	改性塑料	1/12
10	002643.SZ	万润股份	72.06	化学制品	其他化学制品	4/123
11	600486.SH	扬农化工	71.96	化学制品	农药	1/25
12	600409.SH	三友化工	71.58	基础化学	纯碱	1/6
13	600378.SH	昊华科技	71.48	化学制品	其他化学制品	5/123
14	000902.SZ	新洋丰	71.27	化学制品	复合肥	1/8
15	600389.SH	江山股份	71.25	化学制品	农药	2/25
16	600596.SH	新安股份	70.95	化学制品	其他化学制品	6/123
17	002064.SZ	华峰化学	70.81	化工新材料	聚氨酯	2/11
18	600063.SH	皖维高新	70.75	化工合成材料	维纶	1/1
19	300082.SZ	奥克股份	70.05	化学制品	其他化学制品	7/123
20	600273.SH	嘉化能源	70.01	化学制品	其他化学制品	8/123
21	300073.SZ	当升科技	69.99	化学制品	其他化学制品	9/123
22	601058.SH	赛轮轮胎	69.96	化工合成材料	轮胎	1/9
23	003022.SZ	联泓新科	69.96	化学制品	其他化学制品	10/123
24	000881.SZ	中广核技	69.95	化学制品	其他化学制品	11/123
25	600160.SH	巨化股份	69.94	化学制品	氟化工及制冷剂	1/5
26	600346.SH	恒力石化	69.93	化工合成材料	涤纶	2/14
27	601568.SH	北元集团	69.92	基础化学	氯碱	2/16
28	002386.SZ	天原股份	69.92	基础化学	氯碱	3/16

续表

排名	公司代码	公司名称	综合健康指数	二级行业_同花顺	三级行业_同花顺	三级行业_同花顺_综合排名
29	603026.SH	石大胜华	69.91	化工新材料	聚氨酯	3/11
30	600143.SH	金发科技	69.90	化工合成材料	改性塑料	2/12
31	603968.SH	醋化股份	69.87	化学制品	其他化学制品	12/123
32	002909.SZ	集泰股份	69.80	化学制品	其他化学制品	13/123
33	002258.SZ	利尔化学	69.79	化学制品	农药	3/25
34	300481.SZ	濮阳惠成	69.78	化学制品	其他化学制品	14/123
35	600299.SH	安迪苏	69.72	化学制品	其他化学制品	15/123
36	000589.SZ	贵州轮胎	69.62	化工合成材料	轮胎	2/9
37	002669.SZ	康达新材	69.49	化学制品	其他化学制品	16/123
38	002497.SZ	雅化集团	69.43	化学制品	民爆用品	1/13
39	002440.SZ	闰土股份	69.22	化学制品	纺织化学用品	1/9
40	000703.SZ	恒逸石化	69.10	化工合成材料	涤纶	3/14
41	002601.SZ	龙蟒佰利	69.09	化学制品	其他化学制品	17/123
42	600075.SH	新疆天业	69.06	基础化学	氯碱	4/16
43	300019.SZ	硅宝科技	69.01	化学制品	其他化学制品	18/123
44	300200.SZ	高盟新材	69.01	化工新材料	聚氨酯	4/11
45	600500.SH	中化国际	68.99	化学制品	其他化学制品	19/123
46	603599.SH	广信股份	68.99	化学制品	农药	4/25
47	002408.SZ	齐翔腾达	68.92	化工新材料	聚氨酯	5/11
48	002254.SZ	泰和新材	68.75	化工合成材料	氨纶	1/1
49	603225.SH	新凤鸣	68.65	化工合成材料	涤纶	4/14
50	002683.SZ	宏大爆破	68.60	化学制品	民爆用品	2/13
51	601233.SH	桐昆股份	68.58	化工合成材料	涤纶	5/14
52	603181.SH	皇马科技	68.46	化学制品	其他化学制品	20/123
53	002734.SZ	利民股份	68.30	化学制品	农药	5/25
54	002109.SZ	兴化股份	68.23	化学制品	其他化学制品	21/123
55	000553.SZ	安道麦A	68.04	化学制品	农药	6/25
56	600989.SH	宝丰能源	67.85	基础化学	其他化学原料	1/9
57	002588.SZ	史丹利	67.75	化学制品	复合肥	2/8
58	002250.SZ	联化科技	67.72	化学制品	农药	7/25
59	600623.SH	华谊集团	67.71	化学制品	其他化学制品	22/123
60	002381.SZ	双箭股份	67.40	化工合成材料	其他橡胶制品	1/8
61	600746.SH	江苏索普	67.28	化学制品	其他化学制品	23/123
62	600141.SH	兴发集团	67.28	化学制品	磷化工及磷酸盐	1/4
63	300132.SZ	青松股份	67.26	化学制品	其他化学制品	24/123
64	300699.SZ	光威复材	67.25	化工合成材料	其他纤维	1/6
65	002539.SZ	云图控股	67.18	化学制品	复合肥	3/8
66	300196.SZ	长海股份	67.11	化工新材料	玻纤	3/7
67	600800.SH	渤海化学	67.04	基础化学	石油加工	1/15
68	002753.SZ	永东股份	67.03	化工合成材料	炭黑	1/4

续表

排名	公司代码	公司名称	综合健康指数	二级行业_同花顺	三级行业_同花顺	三级行业_同花顺_综合排名
69	000990.SZ	诚志股份	67.02	化学制品	其他化学制品	25/123
70	300037.SZ	新宙邦	66.93	化学制品	其他化学制品	26/123
71	603737.SH	三棵树	66.92	化学制品	涂料油漆油墨制造	1/17
72	600352.SH	浙江龙盛	66.90	化学制品	纺织化学用品	2/9
73	603601.SH	再升科技	66.89	化工新材料	玻纤	4/7
74	002538.SZ	司尔特	66.88	化学制品	复合肥	4/8
75	603010.SH	万盛股份	66.80	化学制品	其他化学制品	27/123
76	002136.SZ	安纳达	66.78	化学制品	其他化学制品	28/123
77	603585.SH	苏利股份	66.73	化学制品	农药	8/25
78	000422.SZ	湖北宜化	66.64	基础化学	氯碱	5/16
79	603650.SH	彤程新材	66.37	化学制品	其他化学制品	29/123
80	603867.SH	新化股份	66.34	化学制品	其他化学制品	30/123
81	002810.SZ	山东赫达	66.32	化学制品	其他化学制品	31/123
82	603977.SH	国泰集团	66.27	化学制品	民爆用品	3/13
83	002768.SZ	国恩股份	66.26	化工合成材料	改性塑料	3/12
84	603605.SH	珀莱雅	66.26	化学制品	日用化学产品	1/12
85	601966.SH	玲珑轮胎	66.25	化工合成材料	轮胎	3/9
86	000698.SZ	沈阳化工	66.17	基础化学	石油加工	2/15
87	603002.SH	宏昌电子	66.13	化学制品	其他化学制品	32/123
88	002802.SZ	洪汇新材	66.08	化学制品	其他化学制品	33/123
89	603379.SH	三美股份	66.05	化学制品	氟化工及制冷剂	2/5
90	600727.SH	鲁北化工	66.04	化学制品	其他化学制品	34/123
91	002709.SZ	天赐材料	66.03	化学制品	其他化学制品	35/123
92	002666.SZ	德联集团	66.00	化学制品	其他化学制品	36/123
93	300690.SZ	双一科技	65.97	化学制品	其他化学制品	37/123
94	601163.SH	三角轮胎	65.95	化工合成材料	轮胎	4/9
95	600731.SH	湖南海利	65.94	化学制品	农药	9/25
96	603299.SH	苏盐井神	65.90	基础化学	氯碱	6/16
97	603948.SH	建业股份	65.89	化学制品	其他化学制品	38/123
98	601678.SH	滨化股份	65.84	基础化学	氯碱	7/16
99	603928.SH	兴业股份	65.79	基础化学	其他化学原料	2/9
100	000635.SZ	英力特	65.70	基础化学	氯碱	8/16
101	002637.SZ	赞宇科技	65.65	化学制品	日用化学产品	2/12
102	000301.SZ	东方盛虹	65.57	化工合成材料	涤纶	6/14
103	600458.SH	时代新材	65.55	化学制品	其他化学制品	39/123
104	002749.SZ	国光股份	65.55	化学制品	农药	10/25
105	002812.SZ	恩捷股份	65.53	化学制品	其他化学制品	40/123
106	300243.SZ	瑞丰高材	65.50	化学制品	其他化学制品	41/123

续表

排名	公司代码	公司名称	综合健康指数	二级行业_同花顺	三级行业_同花顺	三级行业_同花顺_综合排名
107	603639.SH	海利尔	65.50	化学制品	农药	11/25
108	600691.SH	阳煤化工	65.45	化学制品	氮肥	1/5
109	002165.SZ	红宝丽	65.45	化工新材料	聚氨酯	6/11
110	002942.SZ	新农股份	65.43	化学制品	农药	12/25
111	002469.SZ	三维化学	65.39	基础化学	其他化学原料	3/9
112	002068.SZ	黑猫股份	65.35	化工合成材料	炭黑	2/4
113	000859.SZ	国风塑业	65.31	化工合成材料	其他塑料制品	1/24
114	002092.SZ	中泰化学	65.24	基础化学	氯碱	9/16
115	300777.SZ	中简科技	65.19	化工合成材料	其他纤维	2/6
116	605006.SH	山东玻纤	65.09	化工新材料	玻纤	5/7
117	002407.SZ	多氟多	65.07	化学制品	氟化工及制冷剂	3/5
118	000973.SZ	弗塑科技	65.02	化工合成材料	其他塑料制品	2/24
119	300610.SZ	晨化股份	65.01	化学制品	其他化学制品	42/123
120	600469.SH	风神股份	64.81	化工合成材料	轮胎	5/9
121	603266.SH	天龙股份	64.69	化工合成材料	其他塑料制品	3/24
122	600810.SH	神马股份	64.69	化工合成材料	其他纤维	3/6
123	000059.SZ	华锦股份	64.66	基础化学	石油加工	3/15
124	002053.SZ	云南能投	64.63	基础化学	无机盐	1/8
125	300041.SZ	回天新材	64.54	化学制品	其他化学制品	43/123
126	603192.SH	汇得科技	64.51	化工新材料	聚氨酯	7/11
127	603916.SH	苏博特	64.44	化学制品	其他化学制品	44/123
128	300487.SZ	蓝晓科技	64.44	化学制品	其他化学制品	45/123
129	002825.SZ	纳尔股份	64.41	化工合成材料	其他塑料制品	4/24
130	002556.SZ	辉隆股份	64.39	化学制品	氮肥	2/5
131	002984.SZ	森麒麟	64.39	化工合成材料	轮胎	6/9
132	603067.SH	振华股份	64.38	基础化学	无机盐	2/8
133	002221.SZ	东华能源	64.38	基础化学	石油加工	4/15
134	600370.SH	三房巷	64.33	化工合成材料	涤纶	7/14
135	300305.SZ	裕兴股份	64.20	化工合成材料	其他塑料制品	5/24
136	300236.SZ	上海新阳	64.20	化学制品	其他化学制品	46/123
137	600096.SH	云天化	64.19	化学制品	磷肥	1/2
138	600618.SH	氯碱化工	64.19	基础化学	氯碱	10/16
139	002648.SZ	卫星石化	64.14	基础化学	其他化学原料	4/9
140	002312.SZ	川发龙蟒	64.11	化学制品	磷肥	2/2
141	300214.SZ	日科化学	64.09	化学制品	其他化学制品	47/123
142	002246.SZ	北化股份	64.06	化学制品	民爆用品	4/13
143	603906.SH	龙蟠科技	64.05	基础化学	石油加工	5/15
144	603086.SH	先达股份	64.02	化学制品	农药	13/25
145	002360.SZ	同德化工	64.00	化学制品	民爆用品	5/13
146	605008.SH	长鸿高科	63.93	化工合成材料	改性塑料	4/12

续表

排名	公司代码	公司名称	综合健康指数	二级行业_同花顺	三级行业_同花顺	三级行业_同花顺_综合排名
147	300910.SZ	瑞丰新材	63.91	化学制品	其他化学制品	48/123
148	603810.SH	丰山集团	63.84	化学制品	农药	14/25
149	002054.SZ	德美化工	63.78	化学制品	纺织化学用品	3/9
150	601208.SH	东材科技	63.74	化工合成材料	其他塑料制品	6/24
151	603217.SH	元利科技	63.73	化学制品	其他化学制品	49/123
152	600315.SH	上海家化	63.70	化学制品	日用化学产品	3/12
153	605399.SH	晨光新材	63.70	化学制品	其他化学制品	50/123
154	000949.SZ	新乡化纤	63.68	化工合成材料	粘胶	1/3
155	002206.SZ	海利得	63.67	化工合成材料	涤纶	8/14
156	688106.SH	金宏气体	63.60	化学制品	其他化学制品	51/123
157	300320.SZ	海达股份	63.59	化工合成材料	其他橡胶制品	2/8
158	688199.SH	久日新材	63.54	化学制品	其他化学制品	52/123
159	002145.SZ	中核钛白	63.51	化学制品	其他化学制品	53/123
160	603790.SH	雅运股份	63.48	化学制品	纺织化学用品	4/9
161	000818.SZ	航锦科技	63.45	基础化学	氯碱	11/16
162	600929.SH	雪天盐业	63.40	基础化学	氯碱	12/16
163	603980.SH	吉华集团	63.39	化学制品	纺织化学用品	5/9
164	300522.SZ	世名科技	63.33	化学制品	涂料油漆油墨制造	2/17
165	600527.SH	江南高纤	63.32	化工合成材料	涤纶	9/14
166	000731.SZ	四川美丰	63.30	化学制品	氮肥	3/5
167	300740.SZ	水羊股份	63.27	化学制品	日用化学产品	4/12
168	002037.SZ	保利联合	63.26	化学制品	民爆用品	6/13
169	603823.SH	百合花	63.25	化学制品	涂料油漆油墨制造	3/17
170	300398.SZ	飞凯材料	63.24	化学制品	涂料油漆油墨制造	4/17
171	300218.SZ	安利股份	63.19	化工合成材料	合成革	1/3
172	300856.SZ	科思股份	63.01	化学制品	日用化学产品	5/12
173	300758.SZ	七彩化学	62.99	化学制品	涂料油漆油墨制造	5/17
174	000792.SZ	盐湖股份	62.97	化学制品	钾肥	1/4
175	600028.SH	中国石化	62.93	基础化学	石油加工	6/15
176	300587.SZ	天铁股份	62.92	化工合成材料	其他橡胶制品	3/8
177	000912.SZ	泸天化	62.91	化学制品	氮肥	4/5
178	600256.SH	广汇能源	62.90	基础化学	石油加工	7/15
179	300848.SZ	美瑞新材	62.89	化工新材料	聚氨酯	8/11
180	688571.SH	杭华股份	62.88	化学制品	涂料油漆油墨制造	6/17
181	603970.SH	中农立华	62.85	化学制品	农药	15/25
182	600277.SH	亿利洁能	62.82	基础化学	氯碱	13/16
183	300727.SZ	润禾材料	62.81	化学制品	其他化学制品	54/123
184	000599.SZ	青岛双星	62.80	化工合成材料	轮胎	7/9

续表

排名	公司代码	公司名称	综合健康指数	二级行业_同花顺	三级行业_同花顺	三级行业_同花顺_综合排名
185	600586.SH	金晶科技	62.78	基础化学	纯碱	2/6
186	000819.SZ	岳阳兴长	62.71	基础化学	石油加工	8/15
187	002125.SZ	湘潭电化	62.69	基础化学	无机盐	3/8
188	002324.SZ	普利特	62.68	化工合成材料	改性塑料	5/12
189	300919.SZ	中伟股份	62.65	化学制品	其他化学制品	55/123
190	600470.SH	六国化工	62.65	化学制品	复合肥	5/8
191	002391.SZ	长青股份	62.65	化学制品	农药	16/25
192	300847.SZ	中船汉光	62.62	化学制品	其他化学制品	56/123
193	300596.SZ	利安隆	62.57	化学制品	其他化学制品	57/123
194	688268.SH	华特气体	62.54	化学制品	其他化学制品	58/123
195	002827.SZ	高争民爆	62.54	化学制品	民爆用品	7/13
196	002108.SZ	沧州明珠	62.53	化工合成材料	其他塑料制品	7/24
197	300067.SZ	安诺其	62.46	化学制品	纺织化学用品	6/9
198	002917.SZ	金奥博	62.45	化学制品	民爆用品	8/13
199	600688.SH	上海石化	62.42	基础化学	石油加工	9/15
200	002226.SZ	江南化工	62.40	化学制品	民爆用品	9/13
201	603722.SH	阿科力	62.37	化学制品	其他化学制品	59/123
202	605166.SH	聚合顺	62.31	化工合成材料	其他纤维	4/6
203	002915.SZ	中欣氟材	62.24	化学制品	氟化工及制冷剂	4/5
204	300957.SZ	贝泰妮	62.24	化学制品	日用化学产品	6/12
205	002919.SZ	名臣健康	62.17	化学制品	日用化学产品	7/12
206	605183.SH	确成股份	62.15	化工合成材料	炭黑	3/4
207	002549.SZ	凯美特气	62.11	化学制品	其他化学制品	60/123
208	300230.SZ	永利股份	62.06	化工合成材料	其他塑料制品	8/24
209	003002.SZ	壶化股份	62.04	化学制品	民爆用品	10/13
210	603227.SH	雪峰科技	62.01	化学制品	民爆用品	11/13
211	002783.SZ	凯龙股份	61.97	化学制品	民爆用品	12/13
212	603931.SH	格林达	61.96	化学制品	其他化学制品	61/123
213	002809.SZ	红墙股份	61.96	化学制品	其他化学制品	62/123
214	688065.SH	凯赛生物	61.94	化学制品	其他化学制品	63/123
215	300905.SZ	宝丽迪	61.86	化工合成材料	其他塑料制品	9/24
216	000565.SZ	渝三峡A	61.77	化学制品	涂料油漆油墨制造	7/17
217	300801.SZ	泰和科技	61.75	化学制品	其他化学制品	64/123
218	300225.SZ	金力泰	61.74	化学制品	涂料油漆油墨制造	8/17
219	600328.SH	中盐化工	61.73	基础化学	无机盐	4/8
220	600367.SH	红星发展	61.73	基础化学	无机盐	5/8
221	603938.SH	三孚股份	61.69	基础化学	其他化学原料	5/9
222	300575.SZ	中旗股份	61.67	化学制品	农药	17/25
223	300035.SZ	中科电气	61.59	化学制品	其他化学制品	65/123
224	688299.SH	长阳科技	61.56	化工合成材料	其他塑料制品	10/24

续表

排名	公司代码	公司名称	综合健康指数	二级行业_同花顺	三级行业_同花顺	三级行业_同花顺_综合排名
225	688129.SH	东来技术	61.50	化学制品	涂料油漆油墨制造	9/17
226	300174.SZ	元力股份	61.47	化学制品	其他化学制品	66/123
227	688179.SH	阿拉丁	61.45	化学制品	其他化学制品	67/123
228	603353.SH	和顺石油	61.34	基础化学	石油贸易	1/4
229	000545.SZ	金浦钛业	61.33	化学制品	其他化学制品	68/123
230	002886.SZ	沃特股份	61.32	化工合成材料	改性塑料	6/12
231	603360.SH	百傲化学	61.31	化学制品	农药	18/25
232	603110.SH	东方材料	61.17	化学制品	涂料油漆油墨制造	10/17
233	603041.SH	美思德	61.11	化工新材料	聚氨酯	9/11
234	300568.SZ	星源材质	61.05	化学制品	其他化学制品	69/123
235	002002.SZ	鸿达兴业	60.99	基础化学	氯碱	14/16
236	603683.SH	晶华新材	60.97	化学制品	其他化学制品	70/123
237	300576.SZ	容大感光	60.93	化学制品	涂料油漆油墨制造	11/17
238	002632.SZ	道明光学	60.90	化学制品	其他化学制品	71/123
239	002545.SZ	东方铁塔	60.88	化学制品	钾肥	2/4
240	002215.SZ	诺普信	60.88	化学制品	农药	19/25
241	002895.SZ	川恒股份	60.84	化学制品	磷化工及磷酸盐	2/4
242	688026.SH	洁特生物	60.76	化工合成材料	其他塑料制品	11/24
243	300180.SZ	华峰超纤	60.75	化工合成材料	合成革	2/3
244	688133.SH	泰坦科技	60.74	化学制品	其他化学制品	72/123
245	002274.SZ	华昌化工	60.73	化学制品	复合肥	6/8
246	300530.SZ	*ST达志	60.71	化学制品	其他化学制品	73/123
247	300121.SZ	阳谷华泰	60.62	化工合成材料	其他橡胶制品	4/8
248	002998.SZ	优彩资源	60.60	化工合成材料	涤纶	10/14
249	603630.SH	拉芳家化	60.53	化学制品	日用化学产品	8/12
250	603798.SH	康普顿	60.51	基础化学	石油加工	10/15
251	603378.SH	亚士创能	60.45	化学制品	涂料油漆油墨制造	12/17
252	000683.SZ	远兴能源	60.39	基础化学	纯碱	3/6
253	603681.SH	永冠新材	60.33	化学制品	其他化学制品	74/123
254	300767.SZ	震安科技	60.33	化工合成材料	其他橡胶制品	5/8
255	688550.SH	瑞联新材	60.29	化学制品	其他化学制品	75/123
256	300891.SZ	惠云钛业	60.19	化学制品	其他化学制品	76/123
257	002584.SZ	西陇科学	60.09	化学制品	其他化学制品	77/123
258	603725.SH	天安新材	60.01	化学制品	其他化学制品	78/123
259	002326.SZ	永太科技	59.97	化学制品	氟化工及制冷剂	5/5
260	300409.SZ	道氏技术	59.95	化学制品	其他化学制品	79/123
261	603033.SH	三维股份	59.87	化工合成材料	其他橡胶制品	6/8
262	002395.SZ	双象股份	59.87	化工合成材料	其他塑料制品	12/24

续表

排名	公司代码	公司名称	综合健康指数	二级行业_同花顺	三级行业_同花顺	三级行业_同花顺_综合排名
263	003017.SZ	大洋生物	59.84	基础化学	无机盐	6/8
264	300886.SZ	华业香料	59.84	化学制品	其他化学制品	80/123
265	000936.SZ	华西股份	59.83	化工合成材料	涤纶	11/14
266	601500.SH	通用股份	59.82	化工合成材料	轮胎	8/9
267	300535.SZ	达威股份	59.78	化学制品	纺织化学用品	7/9
268	002263.SZ	大东南	59.70	化工合成材料	其他塑料制品	13/24
269	002361.SZ	神剑股份	59.67	化学制品	涂料油漆油墨制造	13/17
270	000510.SZ	新金路	59.66	基础化学	氯碱	15/16
271	000985.SZ	大庆华科	59.64	化学制品	其他化学制品	81/123
272	688219.SH	会通股份	59.60	化工合成材料	改性塑料	7/12
273	300839.SZ	博汇股份	59.58	基础化学	石油加工	11/15
274	002170.SZ	芭田股份	59.56	化学制品	复合肥	7/8
275	002442.SZ	龙星化工	59.48	化工合成材料	炭黑	4/4
276	002096.SZ	南岭民爆	59.46	化学制品	民爆用品	13/13
277	002224.SZ	三力士	59.44	化工合成材料	其他橡胶制品	7/8
278	688585.SH	上纬新材	59.43	化学制品	其他化学制品	82/123
279	300655.SZ	晶瑞股份	59.41	基础化学	其他化学原料	6/9
280	000096.SZ	广聚能源	59.39	基础化学	石油贸易	2/4
281	000737.SZ	南风化工	59.37	基础化学	无机盐	7/8
282	300806.SZ	斯迪克	59.24	化学制品	其他化学制品	83/123
283	300717.SZ	华信新材	59.22	化工合成材料	其他塑料制品	14/24
284	603879.SH	永悦科技	59.17	化学制品	其他化学制品	84/123
285	002741.SZ	光华科技	59.10	化学制品	其他化学制品	85/123
286	300387.SZ	富邦股份	59.09	化学制品	其他化学制品	86/123
287	002986.SZ	宇新股份	59.07	基础化学	石油加工	12/15
288	603983.SH	丸美股份	58.99	化学制品	日用化学产品	9/12
289	300054.SZ	鼎龙股份	58.93	化学制品	其他化学制品	87/123
290	300665.SZ	飞鹿股份	58.81	化学制品	涂料油漆油墨制造	14/17
291	300107.SZ	建新股份	58.78	化学制品	其他化学制品	88/123
292	603580.SH	艾艾精工	58.75	化工合成材料	其他塑料制品	15/24
293	300876.SZ	蒙泰高新	58.69	化工合成材料	其他纤维	5/6
294	600714.SH	金瑞矿业	58.63	基础化学	无机盐	8/8
295	003042.SZ	中农联合	58.59	化学制品	农药	20/25
296	000822.SZ	山东海化	58.41	基础化学	纯碱	4/6
297	600230.SH	沧州大化	58.36	化工新材料	聚氨酯	10/11
298	300641.SZ	正丹股份	58.24	化学制品	其他化学制品	89/123
299	300429.SZ	强力新材	58.24	化学制品	其他化学制品	90/123
300	688157.SH	松井股份	58.23	化学制品	涂料油漆油墨制造	15/17
301	300927.SZ	江天化学	58.10	化学制品	其他化学制品	91/123
302	300796.SZ	贝斯美	58.08	化学制品	农药	21/25

续表

排名	公司代码	公司名称	综合健康指数	二级行业_同花顺	三级行业_同花顺	三级行业_同花顺_综合排名
303	002211.SZ	宏达新材	58.07	化学制品	其他化学制品	92/123
304	300920.SZ	润阳科技	57.96	化工合成材料	其他塑料制品	16/24
305	603078.SH	江化微	57.93	化学制品	其他化学制品	93/123
306	603256.SH	宏和科技	57.53	化工新材料	玻纤	6/7
307	688386.SH	泛亚微透	57.50	化学制品	其他化学制品	94/123
308	300538.SZ	同益股份	57.38	化工合成材料	改性塑料	8/12
309	002455.SZ	百川股份	57.37	化学制品	其他化学制品	95/123
310	603332.SH	苏州龙杰	57.33	化工合成材料	涤纶	12/14
311	002201.SZ	九鼎新材	57.26	化工新材料	玻纤	7/7
312	300446.SZ	*ST乐材	57.26	化学制品	其他化学制品	96/123
313	300261.SZ	雅本化学	57.20	化学制品	农药	22/25
314	300505.SZ	川金诺	57.17	化学制品	磷化工及磷酸盐	3/4
315	000554.SZ	泰山石油	57.16	基础化学	石油贸易	3/4
316	603822.SH	嘉澳环保	57.15	化学制品	其他化学制品	97/123
317	300221.SZ	银禧科技	56.97	化工合成材料	改性塑料	9/12
318	300980.SZ	祥源新材	56.96	化工合成材料	其他塑料制品	17/24
319	600182.SH	SST佳通	56.95	化工合成材料	轮胎	9/9
320	300644.SZ	南京聚隆	56.86	化工合成材料	改性塑料	10/12
321	000953.SZ	河化股份	56.85	化学制品	其他化学制品	98/123
322	300586.SZ	美联新材	56.80	化工合成材料	其他塑料制品	18/24
323	605366.SH	宏柏新材	56.74	化学制品	其他化学制品	99/123
324	300537.SZ	广信材料	56.64	化学制品	涂料油漆油墨制造	16/17
325	603077.SH	和邦生物	56.61	基础化学	纯碱	5/6
326	688398.SH	赛特新材	56.52	化学制品	其他化学制品	100/123
327	603615.SH	茶花股份	56.35	化工合成材料	其他塑料制品	19/24
328	300743.SZ	天地数码	56.14	化学制品	其他化学制品	101/123
329	000637.SZ	茂化实华	56.09	基础化学	石油加工	13/15
330	605155.SH	西大门	55.98	化学制品	其他化学制品	102/123
331	600722.SH	金牛化工	55.97	基础化学	其他化学原料	7/9
332	603155.SH	新亚强	55.90	化学制品	其他化学制品	103/123
333	002748.SZ	世龙实业	55.53	化学制品	其他化学制品	104/123
334	688683.SH	莱尔科技	55.49	化学制品	其他化学制品	105/123
335	300321.SZ	同大股份	55.48	化工合成材料	合成革	3/3
336	688350.SH	富淼科技	55.42	化学制品	其他化学制品	106/123
337	000893.SZ	亚钾国际	55.34	化学制品	钾肥	3/4
338	600228.SH	返利科技	55.32	基础化学	其他化学原料	8/9
339	603330.SH	上海天洋	55.13	化工新材料	聚氨酯	11/11
340	300437.SZ	清水源	55.07	化学制品	其他化学制品	107/123

续表

排名	公司代码	公司名称	综合健康指数	二级行业_同花顺	三级行业_同花顺	三级行业_同花顺_综合排名
341	000159.SZ	国际实业	54.82	基础化学	石油贸易	4/4
342	688669.SH	聚石化学	54.69	化工合成材料	改性塑料	11/12
343	688323.SH	瑞华泰	54.63	化工合成材料	其他塑料制品	20/24
344	600387.SH	ST海越	54.60	基础化学	石油加工	14/15
345	300769.SZ	德方纳米	54.59	化学制品	其他化学制品	108/123
346	000707.SZ	*ST双环	54.51	基础化学	纯碱	6/6
347	300539.SZ	横河精密	54.47	化工合成材料	其他塑料制品	21/24
348	002476.SZ	宝莫股份	54.45	化学制品	其他化学制品	109/123
349	002805.SZ	丰元股份	54.32	基础化学	其他化学原料	9/9
350	000408.SZ	藏格控股	54.24	化学制品	钾肥	4/4
351	600889.SH	南京化纤	54.24	化工合成材料	粘胶	2/3
352	600610.SH	中毅达	54.21	化学制品	其他化学制品	110/123
353	300637.SZ	扬帆新材	53.98	化学制品	其他化学制品	111/123
354	600249.SH	两面针	53.92	化学制品	日用化学产品	10/12
355	000677.SZ	恒天海龙	53.79	化工合成材料	涤纶	13/14
356	300721.SZ	怡达股份	53.76	化学制品	其他化学制品	112/123
357	002319.SZ	乐通股份	53.47	化学制品	涂料油漆油墨制造	17/17
358	300890.SZ	翔丰华	53.32	化学制品	其他化学制品	113/123
359	600423.SH	柳化股份	53.27	化学制品	氮肥	5/5
360	300135.SZ	宝利国际	53.21	基础化学	石油加工	15/15
361	600319.SH	*ST亚星	53.10	基础化学	氯碱	16/16
362	300798.SZ	锦鸡股份	53.02	化学制品	纺织化学用品	8/9
363	000782.SZ	美达股份	52.92	化工合成材料	其他纤维	6/6
364	000525.SZ	ST红太阳	52.52	化学制品	农药	23/25
365	002971.SZ	和远气体	52.45	化学制品	其他化学制品	114/123
366	002094.SZ	青岛金王	52.19	化学制品	日用化学产品	11/12
367	300163.SZ	先锋新材	52.06	化学制品	其他化学制品	115/123
368	000691.SZ	亚太实业	51.78	化学制品	其他化学制品	116/123
369	603188.SH	亚邦股份	51.76	化学制品	纺织化学用品	9/9
370	600078.SH	*ST澄星	51.75	化学制品	磷化工及磷酸盐	4/4
371	002341.SZ	新纶科技	51.71	化学制品	其他化学制品	117/123
372	300731.SZ	科创新源	51.57	化工合成材料	其他橡胶制品	8/8
373	002470.SZ	*ST金正	51.06	化学制品	复合肥	8/8
374	000523.SZ	*ST浪奇	50.84	化学制品	日用化学产品	12/12
375	002513.SZ	*ST蓝丰	50.76	化学制品	农药	24/25
376	600165.SH	新日恒力	50.50	化学制品	其他化学制品	118/123
377	000420.SZ	吉林化纤	50.43	化工合成材料	粘胶	3/3
378	300716.SZ	国立科技	50.33	化工合成材料	改性塑料	12/12
379	603991.SH	至正股份	49.95	化工合成材料	其他塑料制品	22/24
380	300405.SZ	科隆股份	49.92	化学制品	其他化学制品	119/123

续表

排名	公司代码	公司名称	综合健康指数	二级行业_同花顺	三级行业_同花顺	三级行业_同花顺_综合排名
381	002496.SZ	*ST辉丰	49.30	化学制品	农药	25/25
382	300169.SZ	天晟新材	48.95	化学制品	其他化学制品	120/123
383	600844.SH	丹化科技	48.79	化学制品	其他化学制品	121/123
384	603133.SH	碳元科技	48.47	化学制品	其他化学制品	122/123
385	300478.SZ	杭州高新	48.30	化工合成材料	其他塑料制品	23/24
386	002427.SZ	ST尤夫	48.23	化工合成材料	涤纶	14/14
387	600589.SH	ST榕泰	46.59	化学制品	其他化学制品	123/123
388	300325.SZ	*ST德威	45.97	化工合成材料	其他塑料制品	24/24

数据来源：同花顺、中关村国睿金融与产业发展研究会。

6.1.9 机械设备行业

机械设备行业共分析637家上市公司，637家上市公司共分布在4个二级行业和22个三级行业。2020年机械设备行业综合健康指数平均水平为61.23，其中，二级行业中，综合健康指数平均水平较高的行业是电气设备（61.51），综合健康指数平均水平较低的行业是专用设备（60.93）；三级行业中，综合健康指数平均水平较高的行业是工程机械（67.98），综合健康指数平均水平较低的行业是纺织服装设备（57.08）。

行业全部上市公司排名如表6-11所示。

表6-11　　　　　　　　机械设备行业2020年上市公司综合健康指数排名

排名	公司代码	公司名称	综合健康指数	二级行业_同花顺	三级行业_同花顺	三级行业_同花顺_综合排名
1	600031.SH	三一重工	74.44	专用设备	工程机械	1/12
2	601877.SH	正泰电器	74.28	电气设备	输变电设备	1/44
3	600406.SH	国电南瑞	74.02	电气设备	电气自控设备	1/49
4	601100.SH	恒立液压	73.95	通用设备	机械基础件	1/43
5	002158.SZ	汉钟精机	73.42	通用设备	制冷空调设备	1/8
6	000400.SZ	许继电气	73.17	电气设备	电气自控设备	2/49
7	600761.SH	安徽合力	72.95	专用设备	工程机械	2/12
8	600582.SH	天地科技	72.93	专用设备	冶金矿采化工设备	1/32
9	300124.SZ	汇川技术	72.69	电气设备	电气自控设备	3/49
10	002801.SZ	微光股份	72.29	电气设备	电机	1/18
11	002046.SZ	国机精工	72.28	通用设备	磨具磨料	1/14
12	002975.SZ	博杰股份	72.01	专用设备	其他专用机械	1/111
13	603100.SH	川仪股份	71.92	电气设备	电气自控设备	4/49
14	300129.SZ	泰胜风能	71.91	电气设备	电源设备	1/91
15	300607.SZ	拓斯达	71.83	通用设备	其他通用机械	1/40
16	603985.SH	恒润股份	71.38	通用设备	机械基础件	2/43

续表

排名	公司代码	公司名称	综合健康指数	二级行业_同花顺	三级行业_同花顺	三级行业_同花顺_综合排名
17	603025.SH	大豪科技	71.34	电气设备	电气自控设备	5/49
18	600089.SH	特变电工	71.26	电气设备	输变电设备	2/44
19	603666.SH	亿嘉和	71.24	通用设备	其他通用机械	2/40
20	601126.SH	四方股份	71.19	电气设备	电气自控设备	6/49
21	601369.SH	陕鼓动力	71.04	通用设备	其他通用机械	3/40
22	002367.SZ	康力电梯	70.92	专用设备	楼宇设备	1/10
23	000039.SZ	中集集团	70.81	通用设备	金属制品	1/23
24	002028.SZ	思源电气	70.80	电气设备	输变电设备	3/44
25	002534.SZ	杭锅股份	70.59	电气设备	电源设备	2/91
26	000811.SZ	冰轮环境	70.53	通用设备	制冷空调设备	2/8
27	002747.SZ	埃斯顿	70.46	通用设备	其他通用机械	4/40
28	000425.SZ	徐工机械	70.45	专用设备	工程机械	3/12
29	300316.SZ	晶盛机电	70.37	电气设备	电源设备	3/91
30	300415.SZ	伊之密	70.26	专用设备	其他专用机械	2/111
31	300750.SZ	宁德时代	70.24	电气设备	电源设备	4/91
32	600835.SH	上海机电	70.20	专用设备	楼宇设备	2/10
33	002706.SZ	良信股份	70.13	电气设备	输变电设备	4/44
34	603218.SH	日月股份	70.11	电气设备	电源设备	5/91
35	300450.SZ	先导智能	70.00	专用设备	其他专用机械	3/111
36	002026.SZ	山东威达	69.97	通用设备	机械基础件	3/43
37	603195.SH	公牛集团	69.89	电气设备	输变电设备	5/44
38	300776.SZ	帝尔激光	69.89	电气设备	电源设备	6/91
39	300171.SZ	东富龙	69.75	专用设备	其他专用机械	4/111
40	603606.SH	东方电缆	69.68	电气设备	其他电力设备	1/31
41	600475.SH	华光环能	69.63	专用设备	环保设备	1/18
42	688200.SH	华峰测控	69.62	专用设备	其他专用机械	5/111
43	601012.SH	隆基股份	69.59	电气设备	电源设备	7/91
44	603700.SH	宁水集团	69.44	仪器仪表	仪器仪表	1/42
45	002979.SZ	霍赛智能	69.41	电气设备	电气自控设备	7/49
46	002353.SZ	杰瑞股份	69.37	专用设备	冶金矿采化工设备	2/32
47	002757.SZ	南兴股份	69.35	专用设备	其他专用机械	6/111
48	300274.SZ	阳光电源	69.25	电气设备	电源设备	8/91
49	002884.SZ	凌霄泵业	69.21	通用设备	其他通用机械	5/40
50	002851.SZ	麦格米特	69.19	电气设备	电源设备	9/91
51	002527.SZ	新时达	69.14	电气设备	电气自控设备	8/49
52	603966.SH	法兰泰克	69.09	专用设备	重型机械	1/8
53	002129.SZ	中环股份	69.03	电气设备	电源设备	10/91
54	600388.SH	龙净环保	69.00	专用设备	环保设备	2/18

续表

排名	公司代码	公司名称	综合健康指数	二级行业_同花顺	三级行业_同花顺	三级行业_同花顺_综合排名
55	600817.SH	宏盛科技	68.97	专用设备	工程机械	4/12
56	002690.SZ	美亚光电	68.96	专用设备	其他专用机械	7/111
57	600218.SH	全柴动力	68.79	通用设备	内燃机	1/6
58	002097.SZ	山河智能	68.76	专用设备	工程机械	5/12
59	002438.SZ	江苏神通	68.66	通用设备	机械基础件	4/43
60	002833.SZ	弘亚数控	68.65	专用设备	其他专用机械	8/111
61	603298.SH	杭叉集团	68.64	专用设备	工程机械	6/12
62	603611.SH	诺力股份	68.63	专用设备	工程机械	7/12
63	300259.SZ	新天科技	68.58	仪器仪表	仪器仪表	2/42
64	688599.SH	天合光能	68.57	电气设备	电源设备	11/91
65	600444.SH	国机通用	68.56	专用设备	其他专用机械	9/111
66	600894.SH	广日股份	68.48	专用设备	楼宇设备	3/10
67	000528.SZ	柳工	68.47	专用设备	工程机械	8/12
68	300763.SZ	锦浪科技	68.45	电气设备	电源设备	12/91
69	601567.SH	三星医疗	68.40	电气设备	电气自控设备	9/49
70	002595.SZ	豪迈科技	68.37	专用设备	其他专用机械	10/111
71	600841.SH	上柴股份	68.21	通用设备	内燃机	2/6
72	600438.SH	通威股份	68.10	电气设备	电源设备	14/91
73	300443.SZ	金雷股份	68.08	电气设备	电源设备	15/91
74	300569.SZ	天能重工	68.07	电气设备	电源设备	16/91
75	600580.SH	卧龙电驱	68.06	电气设备	电机	2/18
76	600268.SH	国电南自	68.02	电气设备	电气自控设备	10/49
77	000551.SZ	创元科技	68.00	专用设备	环保设备	3/18
78	000682.SZ	东方电子	67.89	电气设备	电气自控设备	11/49
79	002698.SZ	博实股份	67.88	专用设备	冶金矿采化工设备	3/32
80	002459.SZ	晶澳科技	67.84	电气设备	电源设备	17/91
81	601615.SH	明阳智能	67.82	电气设备	电源设备	18/91
82	600875.SH	东方电气	67.76	电气设备	电源设备	19/91
83	002645.SZ	华宏科技	67.72	专用设备	环保设备	4/18
84	002444.SZ	巨星科技	67.67	通用设备	其他通用机械	6/40
85	002111.SZ	威海广泰	67.66	专用设备	其他专用机械	11/111
86	300014.SZ	亿纬锂能	67.49	电气设备	电源设备	20/91
87	603185.SH	上机数控	67.45	电气设备	电源设备	21/91
88	603960.SH	克来机电	67.43	专用设备	其他专用机械	12/111
89	002441.SZ	众业达	67.33	电气设备	输变电设备	6/44
90	600885.SH	宏发股份	67.30	电气设备	输变电设备	7/44
91	603556.SH	海兴电力	67.22	仪器仪表	仪器仪表	3/42
92	603337.SH	杰克股份	67.11	专用设备	其他专用机械	13/111
93	603081.SH	大丰实业	67.08	专用设备	其他专用机械	14/111
94	300114.SZ	中航电测	67.05	仪器仪表	仪器仪表	4/42

续表

排名	公司代码	公司名称	综合健康指数	二级行业_同花顺	三级行业_同花顺	三级行业_同花顺_综合排名
95	000837.SZ	秦川机床	67.01	通用设备	机床工具	1/16
96	603583.SH	捷昌驱动	67.00	电气设备	电气自控设备	12/49
97	002498.SZ	汉缆股份	66.95	电气设备	其他电力设备	2/31
98	600980.SH	北矿科技	66.95	专用设备	冶金矿采化工设备	4/32
99	688012.SH	中微公司	66.93	专用设备	其他专用机械	15/111
100	002202.SZ	金风科技	66.92	电气设备	电源设备	22/91
101	601038.SH	一拖股份	66.91	专用设备	农用机械	1/3
102	300772.SZ	运达股份	66.81	电气设备	电源设备	23/91
103	300349.SZ	金卡智能	66.80	仪器仪表	仪器仪表	5/42
104	002957.SZ	科瑞技术	66.77	专用设备	其他专用机械	16/111
105	000922.SZ	佳电股份	66.67	电气设备	电机	3/18
106	002960.SZ	青鸟消防	66.66	专用设备	其他专用机械	17/111
107	002487.SZ	大金重工	66.66	通用设备	金属制品	2/23
108	300718.SZ	长盛轴承	66.63	通用设备	机械基础件	5/43
109	601882.SH	海天精工	66.54	通用设备	机床工具	2/16
110	603187.SH	海容冷链	66.47	通用设备	制冷空调设备	3/8
111	688128.SH	中国电研	66.46	专用设备	其他专用机械	18/111
112	300751.SZ	迈为股份	66.44	电气设备	电源设备	24/91
113	002204.SZ	大连重工	66.42	专用设备	重型机械	2/8
114	300593.SZ	新雷能	66.41	电气设备	电源设备	25/91
115	600320.SH	振华重工	66.40	专用设备	重型机械	3/8
116	600577.SH	精达股份	66.40	电气设备	其他电力设备	3/31
117	600732.SH	爱旭股份	66.37	电气设备	电源设备	26/91
118	688777.SH	中控技术	66.31	电气设备	电气自控设备	13/49
119	600501.SH	航天晨光	66.29	专用设备	其他专用机械	19/111
120	002090.SZ	金智科技	66.29	电气设备	电气自控设备	14/49
121	600973.SH	宝胜股份	66.28	电气设备	其他电力设备	4/31
122	000157.SZ	中联重科	66.25	专用设备	工程机械	9/12
123	603757.SH	大元泵业	66.25	通用设备	其他通用机械	7/40
124	300193.SZ	佳士科技	66.14	通用设备	其他通用机械	8/40
125	300660.SZ	江苏雷利	66.09	电气设备	电机	4/18
126	603686.SH	龙马环卫	66.00	专用设备	其他专用机械	20/111
127	601002.SH	晋亿实业	66.00	通用设备	机械基础件	6/43
128	688390.SH	固德威	65.98	电气设备	电源设备	27/91
129	603915.SH	国茂股份	65.92	通用设备	机械基础件	7/43
130	300850.SZ	新强联	65.90	通用设备	机械基础件	8/43
131	601177.SH	杭齿前进	65.89	通用设备	机械基础件	9/43
132	603690.SH	至纯科技	65.87	专用设备	其他专用机械	21/111

续表

排名	公司代码	公司名称	综合健康指数	二级行业_同花顺	三级行业_同花顺	三级行业_同花顺_综合排名
133	300470.SZ	中密控股	65.87	通用设备	其他通用机械	9/40
134	603063.SH	禾望电气	65.85	电气设备	电气自控设备	15/49
135	300853.SZ	申昊科技	65.84	通用设备	其他通用机械	10/40
136	002559.SZ	亚威股份	65.83	通用设备	机床工具	3/16
137	002518.SZ	科士达	65.79	电气设备	电源设备	28/91
138	300007.SZ	汉威科技	65.73	仪器仪表	仪器仪表	6/42
139	300286.SZ	安科瑞	65.73	电气设备	电气自控设备	16/49
140	605222.SH	起帆电缆	65.65	电气设备	其他电力设备	5/31
141	300185.SZ	通裕重工	65.64	电气设备	电源设备	29/91
142	300423.SZ	昇辉科技	65.61	电气设备	输变电设备	8/44
143	300820.SZ	英杰电气	65.59	电气设备	电源设备	30/91
144	603131.SH	上海沪工	65.51	通用设备	其他通用机械	11/40
145	002184.SZ	海得控制	65.49	电气设备	电气自控设备	17/49
146	603659.SH	璞泰来	65.48	电气设备	电源设备	31/91
147	300371.SZ	汇中股份	65.30	仪器仪表	仪器仪表	7/42
148	603489.SH	八方股份	65.26	电气设备	电机	5/18
149	002276.SZ	万马股份	65.25	电气设备	其他电力设备	6/31
150	603806.SH	福斯特	65.21	电气设备	电源设备	32/91
151	000880.SZ	潍柴重机	65.18	通用设备	内燃机	3/6
152	300667.SZ	必创科技	65.16	电气设备	电气自控设备	18/49
153	603203.SH	快克股份	65.10	专用设备	其他专用机械	22/111
154	600330.SH	天通股份	65.08	专用设备	其他专用机械	23/111
155	688001.SH	华兴源创	65.06	专用设备	其他专用机械	24/111
156	002879.SZ	长缆科技	65.05	电气设备	其他电力设备	7/31
157	002523.SZ	天桥起重	65.03	专用设备	重型机械	4/8
158	002837.SZ	英维克	65.00	专用设备	其他专用机械	25/111
159	600877.SH	电能股份	64.93	电气设备	电源设备	33/91
160	002965.SZ	祥鑫科技	64.92	通用设备	金属制品	3/23
161	603699.SH	纽威股份	64.87	通用设备	机械基础件	10/43
162	600499.SH	科达制造	64.85	专用设备	其他专用机械	26/111
163	300407.SZ	凯发电气	64.79	电气设备	电气自控设备	19/49
164	002819.SZ	东方中科	64.78	仪器仪表	仪器仪表	8/42
165	300360.SZ	炬华科技	64.75	电气设备	电气自控设备	20/49
166	300604.SZ	长川科技	64.74	专用设备	其他专用机械	27/111
167	600592.SH	龙溪股份	64.74	通用设备	机械基础件	11/43
168	002380.SZ	科远智慧	64.68	电气设备	电气自控设备	21/49
169	300203.SZ	聚光科技	64.66	仪器仪表	仪器仪表	9/42
170	601179.SH	中国西电	64.65	电气设备	输变电设备	9/44
171	603339.SH	四方科技	64.64	通用设备	制冷空调设备	4/8
172	300724.SZ	捷佳伟创	64.64	电气设备	电源设备	34/91

续表

排名	公司代码	公司名称	综合健康指数	二级行业_同花顺	三级行业_同花顺	三级行业_同花顺_综合排名
173	002931.SZ	锋龙股份	64.62	专用设备	其他专用机械	28/111
174	002533.SZ	金杯电工	64.61	电气设备	其他电力设备	8/31
175	002073.SZ	软控股份	64.60	专用设备	其他专用机械	29/111
176	603618.SH	杭电股份	64.59	电气设备	其他电力设备	9/31
177	601106.SH	中国一重	64.57	专用设备	冶金矿采化工设备	5/32
178	300567.SZ	精测电子	64.54	仪器仪表	仪器仪表	10/42
179	603956.SH	威派格	64.50	专用设备	其他专用机械	30/111
180	600992.SH	贵绳股份	64.48	通用设备	金属制品	4/23
181	600590.SH	泰豪科技	64.47	电气设备	电气自控设备	22/49
182	000680.SZ	山推股份	64.46	专用设备	工程机械	10/12
183	300445.SZ	康斯特	64.46	仪器仪表	仪器仪表	11/42
184	002598.SZ	山东章鼓	64.45	通用设备	其他通用机械	12/40
185	603338.SH	浙江鼎力	64.45	专用设备	其他专用机械	31/111
186	600312.SH	平高电气	64.41	电气设备	输变电设备	10/44
187	002300.SZ	太阳电缆	64.39	电气设备	其他电力设备	10/31
188	002980.SZ	华盛昌	64.34	仪器仪表	仪器仪表	12/42
189	603988.SH	中电电机	64.26	电气设备	电机	6/18
190	300499.SZ	高澜股份	64.17	专用设备	其他专用机械	32/111
191	603416.SH	信捷电气	64.13	电气设备	电气自控设备	23/49
192	300648.SZ	星云股份	64.12	仪器仪表	仪器仪表	13/42
193	300572.SZ	安车检测	64.03	仪器仪表	仪器仪表	14/42
194	603076.SH	乐惠国际	64.02	专用设备	其他专用机械	33/111
195	600558.SH	大西洋	63.88	通用设备	金属制品	5/23
196	300112.SZ	万讯自控	63.87	仪器仪表	仪器仪表	15/42
197	300802.SZ	矩子科技	63.85	专用设备	其他专用机械	34/111
198	300693.SZ	盛弘股份	63.84	电气设备	电源设备	35/91
199	002483.SZ	润邦股份	63.82	专用设备	重型机械	5/8
200	002480.SZ	新筑股份	63.78	通用设备	机械基础件	12/43
201	688003.SH	天准科技	63.78	专用设备	其他专用机械	35/111
202	601616.SH	广电电气	63.71	电气设备	输变电设备	11/44
203	603638.SH	艾迪精密	63.71	专用设备	其他专用机械	36/111
204	300416.SZ	苏试试验	63.70	仪器仪表	仪器仪表	16/42
205	002190.SZ	成飞集成	63.70	电气设备	电源设备	36/91
206	300066.SZ	三川智慧	63.68	仪器仪表	仪器仪表	17/42
207	600984.SH	建设机械	63.66	专用设备	工程机械	11/12
208	688516.SH	奥特维	63.64	电气设备	电源设备	37/91
209	603283.SH	赛腾股份	63.63	专用设备	其他专用机械	37/111
210	002560.SZ	通达股份	63.56	电气设备	其他电力设备	11/31

续表

排名	公司代码	公司名称	综合健康指数	二级行业_同花顺	三级行业_同花顺	三级行业_同花顺_综合排名
211	002546.SZ	新联电子	63.55	电气设备	电气自控设备	24/49
212	603279.SH	景津环保	63.52	专用设备	环保设备	5/18
213	300861.SZ	美畅股份	63.52	通用设备	磨具磨料	2/14
214	300151.SZ	昌红科技	63.51	专用设备	其他专用机械	38/111
215	300669.SZ	沪宁股份	63.49	专用设备	楼宇设备	4/10
216	300161.SZ	华中数控	63.48	通用设备	机床工具	4/16
217	300943.SZ	春晖智控	63.48	通用设备	机械基础件	13/43
218	300486.SZ	东杰智能	63.45	专用设备	其他专用机械	39/111
219	002520.SZ	日发精机	63.41	通用设备	机床工具	5/16
220	603277.SH	银都股份	63.39	通用设备	制冷空调设备	5/8
221	600526.SH	菲达环保	63.36	专用设备	环保设备	6/18
222	600468.SH	百利电气	63.36	电气设备	输变电设备	12/44
223	002576.SZ	通达动力	63.36	电气设备	电机	7/18
224	605066.SH	天正电气	63.35	电气设备	输变电设备	13/44
225	002531.SZ	天顺风能	63.33	电气设备	电源设备	38/91
226	688160.SH	步科股份	63.32	电气设备	电气自控设备	25/49
227	300447.SZ	全信股份	63.31	电气设备	其他电力设备	12/31
228	688335.SH	复洁环保	63.22	专用设备	环保设备	7/18
229	600379.SH	宝光股份	63.18	电气设备	输变电设备	14/44
230	300882.SZ	万胜智能	63.18	仪器仪表	仪器仪表	18/42
231	300354.SZ	东华测试	63.17	仪器仪表	仪器仪表	19/42
232	603396.SH	金辰股份	63.14	电气设备	电源设备	39/91
233	000570.SZ	苏常柴A	63.12	通用设备	内燃机	4/6
234	300813.SZ	泰林生物	63.12	专用设备	其他专用机械	40/111
235	002580.SZ	圣阳股份	63.12	电气设备	电源设备	40/91
236	300215.SZ	电科院	63.11	电气设备	输变电设备	15/44
237	300515.SZ	三德科技	63.09	仪器仪表	仪器仪表	20/42
238	603901.SH	永创智能	63.09	专用设备	印刷包装机械	1/9
239	600262.SH	北方股份	63.00	专用设备	冶金矿采化工设备	6/32
240	002651.SZ	利君股份	62.99	专用设备	冶金矿采化工设备	7/32
241	603855.SH	华荣股份	62.92	专用设备	其他专用机械	41/111
242	300421.SZ	力星股份	62.90	通用设备	机械基础件	14/43
243	002338.SZ	奥普光电	62.87	仪器仪表	仪器仪表	21/42
244	603897.SH	长城科技	62.84	电气设备	其他电力设备	13/31
245	605288.SH	凯迪股份	62.81	电气设备	电气自控设备	26/49
246	002350.SZ	北京科锐	62.80	电气设备	输变电设备	16/44
247	000777.SZ	中核科技	62.80	通用设备	机械基础件	15/43
248	002730.SZ	电光科技	62.76	专用设备	冶金矿采化工设备	8/32
249	603050.SH	科林电气	62.75	电气设备	电气自控设备	27/49
250	002270.SZ	华明装备	62.74	电气设备	其他电力设备	14/31

续表

排名	公司代码	公司名称	综合健康指数	二级行业_同花顺	三级行业_同花顺	三级行业_同花顺_综合排名
251	600481.SH	双良节能	62.72	通用设备	制冷空调设备	6/8
252	603728.SH	鸣志电器	62.72	电气设备	电机	8/18
253	002132.SZ	恒星科技	62.64	通用设备	金属制品	6/23
254	603662.SH	柯力传感	62.63	仪器仪表	仪器仪表	22/42
255	003025.SZ	思进智能	62.62	通用设备	机床工具	6/16
256	300823.SZ	建科机械	62.59	专用设备	其他专用机械	42/111
257	603159.SH	上海亚虹	62.56	专用设备	其他专用机械	43/111
258	002150.SZ	通润装备	62.55	通用设备	金属制品	7/23
259	300092.SZ	科新机电	62.52	通用设备	机械基础件	16/43
260	603212.SH	赛五技术	62.51	电气设备	电源设备	41/91
261	603861.SH	白云电器	62.50	电气设备	输变电设备	17/44
262	605123.SH	派克新材	62.49	通用设备	机械基础件	17/43
263	300720.SZ	海川智能	62.48	仪器仪表	仪器仪表	23/42
264	300457.SZ	赢合科技	62.48	专用设备	其他专用机械	44/111
265	300771.SZ	智莱科技	62.48	专用设备	其他专用机械	45/111
266	603617.SH	君禾股份	62.47	通用设备	其他通用机械	13/40
267	603112.SH	华翔股份	62.42	通用设备	金属制品	8/23
268	300617.SZ	安靠智电	62.41	电气设备	其他电力设备	15/31
269	002282.SZ	博深股份	62.38	通用设备	磨具磨料	3/14
270	601608.SH	中信重工	62.38	专用设备	重型机械	6/8
271	300670.SZ	大烨智能	62.37	电气设备	输变电设备	18/44
272	002892.SZ	科力尔	62.37	电气设备	电机	9/18
273	002843.SZ	泰嘉股份	62.35	通用设备	金属制品	9/23
274	603656.SH	泰禾智能	62.34	专用设备	其他专用机械	46/111
275	600843.SH	上工申贝	62.33	专用设备	纺织服装设备	1/9
276	600651.SH	飞乐音响	62.32	通用设备	其他通用机械	14/40
277	300412.SZ	迦南科技	62.30	专用设备	其他专用机械	47/111
278	688063.SH	派能科技	62.25	电气设备	电源设备	42/91
279	002339.SZ	积成电子	62.24	电气设备	电气自控设备	28/49
280	300557.SZ	理工光科	62.23	仪器仪表	仪器仪表	24/42
281	000901.SZ	航天科技	62.21	仪器仪表	仪器仪表	25/42
282	600151.SH	航天机电	62.16	电气设备	电源设备	43/91
283	003008.SZ	开普检测	62.16	电气设备	输变电设备	19/44
284	002334.SZ	英威腾	62.09	电气设备	电气自控设备	29/49
285	300257.SZ	开山股份	61.99	通用设备	其他通用机械	15/40
286	603015.SH	弘讯科技	61.99	电气设备	电气自控设备	30/49
287	300553.SZ	集智股份	61.93	仪器仪表	仪器仪表	26/42
288	603308.SH	应流股份	61.93	通用设备	机械基础件	18/43

续表

排名	公司代码	公司名称	综合健康指数	二级行业_同花顺	三级行业_同花顺	三级行业_同花顺_综合排名
289	600579.SH	克劳斯	61.92	专用设备	其他专用机械	48/111
290	002218.SZ	拓日新能	61.91	电气设备	电源设备	44/91
291	002009.SZ	天奇股份	61.91	专用设备	其他专用机械	49/111
292	300095.SZ	华伍股份	61.91	通用设备	机械基础件	19/43
293	300441.SZ	鲍斯股份	61.90	通用设备	其他通用机械	16/40
294	603278.SH	大业股份	61.87	通用设备	金属制品	10/23
295	688006.SH	杭可科技	61.86	专用设备	其他专用机械	50/111
296	002526.SZ	山东矿机	61.86	专用设备	冶金矿采化工设备	9/32
297	002896.SZ	中大力德	61.83	通用设备	机械基础件	20/43
298	603331.SH	百达精工	61.77	通用设备	其他通用机械	17/40
299	300341.SZ	麦克奥迪	61.75	仪器仪表	仪器仪表	27/42
300	600169.SH	太原重工	61.75	专用设备	重型机械	7/8
301	603488.SH	展鹏科技	61.71	专用设备	楼宇设备	5/10
302	300971.SZ	博亚精工	61.67	通用设备	机床工具	7/16
303	601399.SH	国机重装	61.61	专用设备	重型机械	8/8
304	300817.SZ	双飞股份	61.61	通用设备	机械基础件	21/43
305	603029.SH	天鹅股份	61.54	专用设备	其他专用机械	51/111
306	300912.SZ	凯龙高科	61.53	专用设备	环保设备	8/18
307	605100.SH	华丰股份	61.50	通用设备	内燃机	5/6
308	603016.SH	新宏泰	61.48	电气设备	输变电设备	20/44
309	300503.SZ	昊志机电	61.45	通用设备	其他通用机械	18/40
310	300024.SZ	机器人	61.43	通用设备	其他通用机械	19/40
311	002903.SZ	宇环数控	61.42	通用设备	机床工具	8/16
312	002452.SZ	长高集团	61.39	电气设备	输变电设备	21/44
313	688312.SH	燕麦科技	61.38	专用设备	其他专用机械	52/111
314	688680.SH	海优新材	61.37	电气设备	电源设备	45/91
315	300427.SZ	红相股份	61.36	电气设备	电气自控设备	31/49
316	002882.SZ	金龙羽	61.34	电气设备	其他电力设备	16/31
317	600860.SH	京城股份	61.32	通用设备	金属制品	11/23
318	002364.SZ	中恒电气	61.29	电气设备	电源设备	46/91
319	300816.SZ	艾可蓝	61.27	专用设备	环保设备	9/18
320	002611.SZ	东方精工	61.24	专用设备	印刷包装机械	2/9
321	002606.SZ	大连电瓷	61.24	电气设备	其他电力设备	17/31
322	300837.SZ	浙矿股份	61.24	专用设备	冶金矿采化工设备	10/32
323	300438.SZ	鹏辉能源	61.21	电气设备	电源设备	47/91
324	300480.SZ	光力科技	61.14	专用设备	冶金矿采化工设备	11/32
325	300417.SZ	南华仪器	61.14	仪器仪表	仪器仪表	28/42
326	300913.SZ	兆龙互连	61.06	电气设备	其他电力设备	18/31
327	300179.SZ	四方达	60.97	通用设备	磨具磨料	4/14
328	002112.SZ	三变科技	60.94	电气设备	输变电设备	22/44

续表

排名	公司代码	公司名称	综合健康指数	二级行业_同花顺	三级行业_同花顺	三级行业_同花顺_综合排名
329	300099.SZ	精准信息	60.91	专用设备	冶金矿采化工设备	12/32
330	300393.SZ	中来股份	60.88	电气设备	电源设备	48/91
331	300862.SZ	蓝盾光电	60.88	专用设备	环保设备	10/18
332	688360.SH	德马科技	60.87	通用设备	其他通用机械	20/40
333	003033.SZ	征和工业	60.84	通用设备	其他通用机械	21/40
334	300105.SZ	龙源技术	60.83	电气设备	电源设备	49/91
335	603289.SH	泰瑞机器	60.78	专用设备	其他专用机械	53/111
336	300420.SZ	五洋停车	60.75	通用设备	其他通用机械	22/40
337	300228.SZ	富瑞特装	60.71	通用设备	金属制品	12/23
338	300048.SZ	合康新能	60.71	电气设备	电气自控设备	32/49
339	300281.SZ	金明精机	60.69	专用设备	其他专用机械	54/111
340	688096.SH	京源环保	60.68	专用设备	环保设备	11/18
341	688308.SH	欧科亿	60.63	通用设备	金属制品	13/23
342	002689.SZ	远大智能	60.62	专用设备	楼宇设备	6/10
343	603356.SH	华菱精工	60.59	专用设备	楼宇设备	7/10
344	688333.SH	铂力特	60.59	通用设备	其他通用机械	23/40
345	603819.SH	神力股份	60.55	电气设备	电机	10/18
346	300154.SZ	瑞凌股份	60.53	通用设备	其他通用机械	24/40
347	300713.SZ	英可瑞	60.53	电气设备	电源设备	50/91
348	603829.SH	洛凯股份	60.51	电气设备	输变电设备	23/44
349	002760.SZ	凤形股份	60.48	通用设备	磨具磨料	5/14
350	002871.SZ	伟隆股份	60.48	通用设备	机械基础件	22/43
351	688628.SH	优利德	60.46	仪器仪表	仪器仪表	29/42
352	600537.SH	亿晶光电	60.43	电气设备	电源设备	51/91
353	002309.SZ	中利集团	60.42	电气设备	电源设备	52/91
354	300879.SZ	大叶股份	60.34	专用设备	其他专用机械	55/111
355	300827.SZ	上能电气	60.33	电气设备	电源设备	53/91
356	603109.SH	神驰机电	60.33	电气设备	电机	11/18
357	002823.SZ	凯中精密	60.32	电气设备	电机	12/18
358	300786.SZ	国林科技	60.30	专用设备	环保设备	12/18
359	300097.SZ	智云股份	60.30	通用设备	其他通用机械	25/40
360	002733.SZ	雄韬股份	60.30	电气设备	电源设备	54/91
361	300222.SZ	科大智能	60.26	通用设备	其他通用机械	26/40
362	000852.SZ	石化机械	60.25	专用设备	冶金矿采化工设备	13/32
363	688330.SH	宏力达	60.23	电气设备	输变电设备	24/44
364	688408.SH	中信博	60.22	电气设备	电源设备	55/91
365	300902.SZ	国安达	60.22	专用设备	其他专用机械	56/111
366	002031.SZ	巨轮智能	60.22	专用设备	其他专用机械	57/111

续表

排名	公司代码	公司名称	综合健康指数	二级行业_同花顺	三级行业_同花顺	三级行业_同花顺_综合排名
367	300509.SZ	新美星	60.20	专用设备	印刷包装机械	3/9
368	688819.SH	天能股份	60.19	电气设备	电源设备	56/91
369	603269.SH	海鸥股份	60.16	通用设备	其他通用机械	27/40
370	603912.SH	佳力图	60.10	专用设备	其他专用机械	58/111
371	002849.SZ	威星智能	60.08	仪器仪表	仪器仪表	30/42
372	600815.SH	厦工股份	60.08	专用设备	工程机械	12/12
373	601700.SH	风范股份	60.08	电气设备	其他电力设备	19/31
374	300812.SZ	易天股份	60.04	专用设备	其他专用机械	59/111
375	300118.SZ	东方日升	59.97	电气设备	电源设备	57/91
376	688558.SH	国盛智科	59.97	通用设备	机床工具	9/16
377	300145.SZ	中金环境	59.91	通用设备	其他通用机械	28/40
378	300400.SZ	劲拓股份	59.90	通用设备	其他通用机械	29/40
379	300838.SZ	浙江力诺	59.88	通用设备	机械基础件	23/43
380	600302.SH	标准股份	59.86	专用设备	纺织服装设备	2/9
381	600202.SH	哈空调	59.85	电气设备	电源设备	58/91
382	002169.SZ	智光电气	59.85	电气设备	电气自控设备	33/49
383	002074.SZ	国轩高科	59.85	电气设备	电源设备	59/91
384	688529.SH	豪森股份	59.84	专用设备	其他专用机械	60/111
385	002686.SZ	亿利达	59.84	通用设备	其他通用机械	30/40
386	002272.SZ	川润股份	59.82	通用设备	机械基础件	24/43
387	605378.SH	野马电池	59.82	电气设备	电源设备	60/91
388	300283.SZ	温州宏丰	59.82	电气设备	输变电设备	25/44
389	300260.SZ	新莱应材	59.81	通用设备	机械基础件	25/43
390	688698.SH	伟创电气	59.78	电气设备	电气自控设备	34/49
391	000530.SZ	冰山冷热	59.75	通用设备	制冷空调设备	7/8
392	002890.SZ	弘宇股份	59.74	专用设备	农用机械	2/3
393	300818.SZ	耐普矿机	59.72	专用设备	冶金矿采化工设备	14/32
394	603320.SH	迪贝电气	59.69	电气设备	电机	13/18
395	300488.SZ	恒锋工具	59.69	通用设备	机械基础件	26/43
396	603028.SH	赛福天	59.69	通用设备	金属制品	14/23
397	300865.SZ	大宏立	59.58	专用设备	冶金矿采化工设备	15/32
398	603507.SH	振江股份	59.58	电气设备	电源设备	61/91
399	603318.SH	水发燃气	59.58	专用设备	其他专用机械	61/111
400	688037.SH	芯源微	59.56	专用设备	其他专用机械	62/111
401	603012.SH	创力集团	59.51	专用设备	冶金矿采化工设备	16/32
402	605060.SH	联德股份	59.50	通用设备	机械基础件	27/43
403	002164.SZ	宁波东力	59.48	通用设备	机械基础件	28/43
404	002255.SZ	海陆重工	59.47	电气设备	电源设备	62/91
405	300809.SZ	华辰装备	59.46	通用设备	机床工具	10/16
406	002471.SZ	中超控股	59.45	电气设备	其他电力设备	20/31

续表

排名	公司代码	公司名称	综合健康指数	二级行业_同花顺	三级行业_同花顺	三级行业_同花顺_综合排名
407	601798.SH	蓝科高新	59.44	专用设备	冶金矿采化工设备	17/32
408	603969.SH	银龙股份	59.38	通用设备	金属制品	15/23
409	605389.SH	长龄液压	59.37	通用设备	机械基础件	29/43
410	605277.SH	新亚电子	59.37	电气设备	其他电力设备	21/31
411	300629.SZ	新劲刚	59.35	通用设备	磨具磨料	6/14
412	601218.SH	吉鑫科技	59.35	电气设备	电源设备	63/91
413	688577.SH	浙海德曼	59.33	通用设备	机床工具	11/16
414	300490.SZ	华自科技	59.32	电气设备	电气自控设备	35/49
415	600545.SH	卓郎智能	59.30	专用设备	纺织服装设备	3/9
416	603530.SH	神马电力	59.30	电气设备	其他电力设备	22/31
417	300068.SZ	南都电源	59.29	电气设备	电源设备	64/91
418	688310.SH	迈得医疗	59.29	专用设备	其他专用机械	63/111
419	002953.SZ	日丰股份	59.28	电气设备	其他电力设备	23/31
420	002722.SZ	金轮股份	59.26	专用设备	纺织服装设备	4/9
421	603667.SH	五洲新春	59.25	通用设备	机械基础件	30/43
422	002685.SZ	华东重机	59.25	通用设备	机床工具	12/16
423	688056.SH	莱伯泰科	59.25	仪器仪表	仪器仪表	31/42
424	000584.SZ	哈工智能	59.24	专用设备	其他专用机械	64/111
425	600560.SH	金自天正	59.23	专用设备	冶金矿采化工设备	18/32
426	300514.SZ	友讯达	59.23	电气设备	电气自控设备	36/49
427	600416.SH	湘电股份	59.23	电气设备	电源设备	65/91
428	300491.SZ	通合科技	59.20	电气设备	电源设备	66/91
429	605186.SH	健麾信息	59.17	专用设备	其他专用机械	65/111
430	603300.SH	华铁应急	59.15	专用设备	其他专用机械	66/111
431	300376.SZ	易事特	59.14	电气设备	电源设备	67/91
432	300484.SZ	蓝海华腾	59.12	电气设备	电气自控设备	37/49
433	300062.SZ	中能电气	59.11	电气设备	输变电设备	26/44
434	300091.SZ	金通灵	59.10	通用设备	其他通用机械	31/40
435	300950.SZ	德固特	59.07	专用设备	冶金矿采化工设备	19/32
436	688309.SH	恒誉环保	59.06	专用设备	环保设备	13/18
437	002121.SZ	科陆电子	59.06	电气设备	电气自控设备	38/49
438	002786.SZ	银宝山新	59.04	专用设备	其他专用机械	67/111
439	002617.SZ	露笑科技	59.00	电气设备	电源设备	68/91
440	300885.SZ	海昌新材	58.88	通用设备	机械基础件	31/43
441	688551.SH	科威尔	58.88	专用设备	其他专用机械	68/111
442	300932.SZ	三友联众	58.87	电气设备	输变电设备	27/44
443	603036.SH	如通股份	58.82	专用设备	冶金矿采化工设备	20/32
444	300512.SZ	中亚股份	58.82	专用设备	印刷包装机械	4/9

续表

排名	公司代码	公司名称	综合健康指数	二级行业_同花顺	三级行业_同花顺	三级行业_同花顺_综合排名
445	600405.SH	动力源	58.81	电气设备	电源设备	69/91
446	600243.SH	青海华鼎	58.79	通用设备	其他通用机械	32/40
447	603095.SH	越剑智能	58.76	专用设备	纺织服装设备	5/9
448	603088.SH	宁波精达	58.73	通用设备	机床工具	13/16
449	300619.SZ	金银河	58.70	专用设备	其他专用机械	69/111
450	300549.SZ	优德精密	58.69	专用设备	其他专用机械	70/111
451	002006.SZ	精功科技	58.68	专用设备	其他专用机械	71/111
452	688021.SH	奥福环保	58.66	专用设备	环保设备	14/18
453	300402.SZ	宝色股份	58.64	通用设备	金属制品	16/23
454	688633.SH	星球石墨	58.60	专用设备	冶金矿采化工设备	21/32
455	000816.SZ	智慧农业	58.60	通用设备	内燃机	6/6
456	000821.SZ	京山轻机	58.59	专用设备	印刷包装机械	5/9
457	300195.SZ	长荣股份	58.58	专用设备	印刷包装机械	6/9
458	688686.SH	奥普特	58.57	专用设备	其他专用机械	72/111
459	603626.SH	科森科技	58.53	通用设备	金属制品	17/23
460	600550.SH	保变电气	58.53	电气设备	输变电设备	28/44
461	300018.SZ	中元股份	58.48	电气设备	电气自控设备	39/49
462	300265.SZ	通光线缆	58.39	电气设备	其他电力设备	24/31
463	300551.SZ	古鳌科技	58.25	专用设备	其他专用机械	73/111
464	002346.SZ	柘中股份	58.24	电气设备	输变电设备	29/44
465	300165.SZ	天瑞仪器	58.22	仪器仪表	仪器仪表	32/42
466	002249.SZ	大洋电机	58.21	电气设备	电机	14/18
467	002870.SZ	香山股份	58.20	仪器仪表	仪器仪表	33/42
468	603577.SH	汇金通	58.16	电气设备	其他电力设备	25/31
469	300907.SZ	康平科技	58.11	电气设备	电机	15/18
470	300444.SZ	双杰电气	58.10	电气设备	输变电设备	30/44
471	688155.SH	先惠技术	58.10	专用设备	其他专用机械	74/111
472	688557.SH	兰剑智能	58.06	通用设备	其他通用机械	33/40
473	300540.SZ	深冷股份	58.06	专用设备	其他专用机械	75/111
474	002426.SZ	胜利精密	58.04	通用设备	机械基础件	32/43
475	300897.SZ	山科智能	57.97	仪器仪表	仪器仪表	34/42
476	603800.SH	道森股份	57.95	专用设备	冶金矿采化工设备	22/32
477	600172.SH	黄河旋风	57.91	通用设备	磨具磨料	7/14
478	002774.SZ	快意电梯	57.89	专用设备	楼宇设备	8/10
479	603321.SH	梅轮电梯	57.87	专用设备	楼宇设备	9/10
480	000533.SZ	顺钠股份	57.84	电气设备	输变电设备	31/44
481	688022.SH	瀚川智能	57.83	专用设备	其他专用机械	76/111
482	300880.SZ	迦南智能	57.78	仪器仪表	仪器仪表	35/42
483	002877.SZ	智能自控	57.71	通用设备	机械基础件	33/43
484	002613.SZ	北玻股份	57.71	专用设备	其他专用机械	77/111

续表

排名	公司代码	公司名称	综合健康指数	二级行业_同花顺	三级行业_同花顺	三级行业_同花顺_综合排名
485	002337.SZ	赛象科技	57.58	专用设备	其他专用机械	78/111
486	688028.SH	沃尔德	57.52	通用设备	磨具磨料	8/14
487	603169.SH	兰石重装	57.50	专用设备	冶金矿采化工设备	23/32
488	300554.SZ	三超新材	57.48	通用设备	磨具磨料	9/14
489	688676.SH	金盘科技	57.48	电气设备	输变电设备	32/44
490	600192.SH	长城电工	57.46	电气设备	输变电设备	33/44
491	300001.SZ	特锐德	57.43	电气设备	输变电设备	34/44
492	300201.SZ	海伦哲	57.39	专用设备	其他专用机械	79/111
493	000595.SZ	*ST宝实	57.39	通用设备	机械基础件	34/43
494	300510.SZ	金冠股份	57.38	电气设备	输变电设备	35/44
495	688611.SH	杭州柯林	57.36	电气设备	电气自控设备	40/49
496	688630.SH	芯碁微装	57.31	专用设备	其他专用机械	80/111
497	002795.SZ	永和智控	57.29	通用设备	机械基础件	35/43
498	688378.SH	奥来德	57.27	专用设备	其他专用机械	81/111
499	002506.SZ	协鑫集成	57.27	电气设备	电源设备	70/91
500	300931.SZ	通用电梯	57.27	专用设备	楼宇设备	10/10
501	300606.SZ	金太阳	57.27	通用设备	磨具磨料	10/14
502	300040.SZ	九洲集团	57.25	电气设备	电气自控设备	41/49
503	688518.SH	联赢激光	57.23	专用设备	其他专用机械	82/111
504	600869.SH	远东股份	57.19	电气设备	其他电力设备	26/31
505	002342.SZ	巨力索具	57.10	通用设备	金属制品	18/23
506	300833.SZ	浩洋股份	57.08	专用设备	其他专用机械	83/111
507	600525.SH	长园集团	57.06	电气设备	电气自控设备	42/49
508	002058.SZ	*ST威尔	57.06	电气设备	电气自控设备	43/49
509	300306.SZ	远方信息	56.88	仪器仪表	仪器仪表	36/42
510	002227.SZ	奥特迅	56.86	电气设备	电源设备	71/91
511	688663.SH	新风光	56.77	电气设备	输变电设备	36/44
512	300521.SZ	爱司凯	56.75	专用设备	印刷包装机械	7/9
513	002209.SZ	达意隆	56.73	专用设备	印刷包装机械	8/9
514	603895.SH	天永智能	56.71	专用设备	其他专用机械	84/111
515	300430.SZ	诚益通	56.71	通用设备	其他通用机械	34/40
516	688596.SH	正帆科技	56.66	通用设备	其他通用机械	35/40
517	603011.SH	合锻智能	56.63	专用设备	其他专用机械	85/111
518	000856.SZ	冀东装备	56.62	专用设备	其他专用机械	86/111
519	002767.SZ	先锋电子	56.56	电气设备	电气自控设备	44/49
520	605286.SH	司力日升	56.55	通用设备	机械基础件	36/43
521	300953.SZ	震裕科技	56.52	专用设备	其他专用机械	87/111
522	688017.SH	绿的谐波	56.51	通用设备	机械基础件	37/43

续表

排名	公司代码	公司名称	综合健康指数	二级行业_同花顺	三级行业_同花顺	三级行业_同花顺_综合排名
523	688328.SH	深科达	56.37	专用设备	其他专用机械	88/111
524	300946.SZ	恒而达	56.28	通用设备	金属制品	19/23
525	002196.SZ	方正电机	56.21	电气设备	电机	16/18
526	002552.SZ	宝鼎科技	56.19	通用设备	机械基础件	38/43
527	688616.SH	西力科技	56.16	仪器仪表	仪器仪表	37/42
528	002927.SZ	泰永长征	56.00	电气设备	输变电设备	37/44
529	300756.SZ	金马游乐	55.94	专用设备	其他专用机械	89/111
530	300276.SZ	三丰智能	55.91	专用设备	其他专用机械	90/111
531	688395.SH	正弦电气	55.90	电气设备	电气自控设备	45/49
532	688377.SH	迪威尔	55.87	专用设备	冶金矿采化工设备	24/32
533	300011.SZ	鼎汉技术	55.86	电气设备	电源设备	72/91
534	003043.SZ	华亚智能	55.85	通用设备	金属制品	20/23
535	300385.SZ	雪浪环境	55.85	专用设备	环保设备	15/18
536	300141.SZ	和顺电气	55.81	电气设备	电源设备	73/91
537	688165.SH	埃夫特	55.80	通用设备	其他通用机械	36/40
538	603090.SH	宏盛股份	55.75	通用设备	其他通用机械	37/40
539	002691.SZ	冀凯股份	55.73	专用设备	冶金矿采化工设备	25/32
540	688218.SH	江苏北人	55.67	通用设备	其他通用机械	38/40
541	300275.SZ	梅安森	55.62	专用设备	冶金矿采化工设备	26/32
542	688092.SH	爱科科技	55.57	专用设备	其他专用机械	91/111
543	688383.SH	新益昌	55.56	专用设备	其他专用机械	92/111
544	002278.SZ	神开股份	55.55	专用设备	冶金矿采化工设备	27/32
545	300626.SZ	华瑞股份	55.52	电气设备	电机	17/18
546	300411.SZ	金盾股份	55.50	专用设备	其他专用机械	93/111
547	003036.SZ	泰坦股份	55.31	专用设备	纺织服装设备	6/9
548	688090.SH	瑞松科技	55.20	专用设备	其他专用机械	94/111
549	002192.SZ	融捷股份	55.15	专用设备	其他专用机械	95/111
550	002779.SZ	中坚科技	55.15	专用设备	其他专用机械	96/111
551	002857.SZ	三晖电气	55.14	仪器仪表	仪器仪表	38/42
552	300933.SZ	中辰股份	55.11	电气设备	其他电力设备	27/31
553	688059.SH	华锐精密	55.09	通用设备	磨具磨料	11/14
554	300307.SZ	慈星股份	55.01	专用设备	纺织服装设备	7/9
555	600232.SH	金鹰股份	54.99	专用设备	纺织服装设备	8/9
556	300985.SZ	致远新能	54.97	通用设备	金属制品	21/23
557	688659.SH	元琛科技	54.94	专用设备	环保设备	16/18
558	300780.SZ	德恩精工	54.91	通用设备	机械基础件	39/43
559	002347.SZ	泰尔股份	54.88	通用设备	机械基础件	40/43
560	688567.SH	孚能科技	54.74	电气设备	电源设备	74/91
561	300757.SZ	罗博特科	54.73	电气设备	电源设备	75/91
562	688665.SH	四方光电	54.70	仪器仪表	仪器仪表	39/42

续表

排名	公司代码	公司名称	综合健康指数	二级行业_同花顺	三级行业_同花顺	三级行业_同花顺_综合排名
563	002529.SZ	*ST海源	54.65	专用设备	其他专用机械	97/111
564	603628.SH	清源股份	54.64	电气设备	电源设备	76/91
565	300472.SZ	新元科技	54.63	专用设备	其他专用机械	98/111
566	300382.SZ	斯莱克	54.60	专用设备	其他专用机械	99/111
567	600241.SH	ST时万	54.56	电气设备	电源设备	77/91
568	688556.SH	高测股份	54.44	电气设备	电源设备	78/91
569	002806.SZ	华锋股份	54.42	电气设备	电气自控设备	46/49
570	002176.SZ	江特电机	54.30	电气设备	电机	18/18
571	300173.SZ	福能东方	54.30	专用设备	其他专用机械	100/111
572	300391.SZ	康跃科技	54.30	电气设备	电源设备	79/91
573	688560.SH	明冠新材	54.26	电气设备	电源设备	80/91
574	300836.SZ	佰奥智能	54.02	专用设备	其他专用机械	101/111
575	688528.SH	秦川物联	53.97	仪器仪表	仪器仪表	40/42
576	300004.SZ	南风股份	53.93	专用设备	其他专用机械	102/111
577	300466.SZ	赛摩智能	53.92	电气设备	电气自控设备	47/49
578	300471.SZ	厚普股份	53.87	专用设备	其他专用机械	103/111
579	603333.SH	尚纬股份	53.76	电气设备	其他电力设备	28/31
580	002667.SZ	鞍重股份	53.72	专用设备	冶金矿采化工设备	28/32
581	300153.SZ	科泰电源	53.69	电气设备	电源设备	81/91
582	002633.SZ	申科股份	53.65	通用设备	机械基础件	41/43
583	603324.SH	盛剑环境	53.23	专用设备	环保设备	17/18
584	000410.SZ	*ST沈机	53.16	通用设备	机床工具	14/16
585	600847.SH	万里股份	53.10	电气设备	电源设备	82/91
586	000890.SZ	法尔胜	53.02	通用设备	金属制品	22/23
587	002610.SZ	爱康科技	53.01	电气设备	电源设备	83/91
588	300210.SZ	森远股份	53.00	专用设备	其他专用机械	104/111
589	002122.SZ	*ST天马	52.99	通用设备	机械基础件	42/43
590	002943.SZ	宇晶股份	52.96	通用设备	机床工具	15/16
591	300293.SZ	蓝英装备	52.75	专用设备	其他专用机械	105/111
592	300700.SZ	岱勒新材	52.69	通用设备	磨具磨料	12/14
593	002630.SZ	华西能源	52.69	电气设备	电源设备	84/91
594	002490.SZ	山东墨龙	52.49	专用设备	冶金矿采化工设备	29/32
595	688215.SH	瑞晟智能	52.47	专用设备	其他专用机械	106/111
596	002639.SZ	雪人股份	52.11	通用设备	制冷空调设备	8/8
597	300461.SZ	田中精机	52.03	专用设备	其他专用机械	107/111
598	002816.SZ	和科达	52.01	专用设备	其他专用机械	108/111
599	300126.SZ	锐奇股份	51.91	通用设备	其他通用机械	39/40
600	300084.SZ	海默科技	51.89	专用设备	冶金矿采化工设备	30/32

续表

排名	公司代码	公司名称	综合健康指数	二级行业_同花顺	三级行业_同花顺	三级行业_同花顺_综合排名
601	002535.SZ	*ST林重	51.79	专用设备	冶金矿采化工设备	31/32
602	300986.SZ	志特新材	51.74	通用设备	金属制品	23/23
603	603789.SH	星光农机	51.62	专用设备	农用机械	3/3
604	002692.SZ	ST远程	51.57	电气设备	其他电力设备	29/31
605	300345.SZ	华民股份	51.48	通用设备	磨具磨料	13/14
606	300029.SZ	*ST天龙	51.26	电气设备	电源设备	85/91
607	002451.SZ	摩恩电气	51.25	电气设备	其他电力设备	30/31
608	002514.SZ	宝馨科技	51.16	通用设备	机械基础件	43/43
609	300023.SZ	*ST宝德	51.12	专用设备	冶金矿采化工设备	32/32
610	002499.SZ	*ST科林	51.09	电气设备	电源设备	86/91
611	600520.SH	文一科技	51.06	专用设备	其他专用机械	109/111
612	000585.SZ	*ST东电	50.91	电气设备	输变电设备	38/44
613	300340.SZ	科恒股份	50.85	专用设备	其他专用机械	110/111
614	300125.SZ	聆达股份	50.78	电气设备	电源设备	87/91
615	688339.SH	亿华通	50.73	电气设备	电源设备	88/91
616	300370.SZ	ST安控	50.42	仪器仪表	仪器仪表	41/42
617	000806.SZ	*ST银河	50.39	电气设备	输变电设备	39/44
618	300278.SZ	*ST华昌	50.32	通用设备	其他通用机械	40/40
619	002358.SZ	ST森源	50.29	电气设备	输变电设备	40/44
620	300317.SZ	珈伟新能	50.10	电气设备	电源设备	89/91
621	300477.SZ	合纵科技	50.03	电气设备	输变电设备	41/44
622	300208.SZ	青岛中程	49.53	电气设备	电气自控设备	48/49
623	300442.SZ	普丽盛	49.32	专用设备	印刷包装机械	9/9
624	002021.SZ	ST中捷	48.89	专用设备	纺织服装设备	9/9
625	600290.SH	ST华仪	48.56	电气设备	输变电设备	42/44
626	002665.SZ	首航高科	48.17	电气设备	电源设备	90/91
627	002248.SZ	华东数控	47.07	通用设备	机床工具	16/16
628	300069.SZ	金利华电	46.91	电气设备	其他电力设备	31/31
629	300064.SZ	*ST金刚	46.84	通用设备	磨具磨料	14/14
630	002622.SZ	融钰集团	46.58	电气设备	输变电设备	43/44
631	300362.SZ	天翔环境	45.79	专用设备	环保设备	18/18
632	002175.SZ	*ST东网	44.13	仪器仪表	仪器仪表	42/42
633	300356.SZ	ST光一	43.99	电气设备	电气自控设备	49/49
634	600112.SH	*ST天成	43.68	电气设备	输变电设备	44/44
635	300116.SZ	保力新	43.35	电气设备	电源设备	91/91
636	002366.SZ	台海核电	42.13	专用设备	其他专用机械	111/111
637	601727.SH	上海电气		电气设备	电源设备	---

数据来源：同花顺、中关村国睿金融与产业发展研究会。

6.1.10 家用电器行业

家用电器行业共分析70家上市公司，70家上市公司共分布在2个二级行业和7个三级行业。2020年家用电器行业综合健康指数平均水平为61.73，其中，二级行业中，综合健康指数平均水平较高的行业是白色家电（62.21），综合健康指数平均水平较低的行业是视听器材（59.17）；三级行业中，综合健康指数平均水平较高的行业是冰箱（64.88），综合健康指数平均水平较低的行业是洗衣机（54.25）。

行业全部上市公司排名如表6-12所示。

表6-12　　　　　　　　　　家用电器行业2020年上市公司综合健康指数排名

排名	公司代码	公司名称	综合健康指数	二级行业_同花顺	三级行业_同花顺	三级行业_同花顺_综合排名
1	000651.SZ	格力电器	75.12	白色家电	空调	1/3
2	002032.SZ	苏泊尔	72.26	白色家电	小家电	1/29
3	000333.SZ	美的集团	72.17	白色家电	空调	2/3
4	600060.SH	海信视像	71.70	视听器材	彩电	1/6
5	603486.SH	科沃斯	70.85	白色家电	小家电	2/29
6	600690.SH	海尔智家	70.40	白色家电	冰箱	1/5
7	002242.SZ	九阳股份	70.23	白色家电	小家电	3/29
8	002705.SZ	新宝股份	70.20	白色家电	小家电	4/29
9	002543.SZ	万和电气	70.11	白色家电	小家电	5/29
10	000921.SZ	海信家电	69.76	白色家电	冰箱	2/5
11	002050.SZ	三花智控	68.28	白色家电	其他白色家电	1/21
12	600336.SH	澳柯玛	67.68	白色家电	冰箱	3/5
13	688169.SH	石头科技	67.58	白色家电	小家电	6/29
14	002614.SZ	奥佳华	66.74	白色家电	小家电	7/29
15	002677.SZ	浙江美大	66.65	白色家电	小家电	8/29
16	000404.SZ	长虹华意	66.65	白色家电	其他白色家电	2/21
17	600839.SH	四川长虹	66.42	视听器材	彩电	2/6
18	000801.SZ	四川九洲	66.35	视听器材	其他视听器材	1/5
19	603657.SH	春光科技	66.11	白色家电	其他白色家电	3/21
20	002035.SZ	华帝股份	65.98	白色家电	小家电	9/29
21	603355.SH	莱克电气	65.44	白色家电	小家电	10/29
22	603551.SH	奥普家居	65.25	白色家电	小家电	11/29
23	002508.SZ	老板电器	65.05	白色家电	小家电	12/29
24	000521.SZ	长虹美菱	65.05	白色家电	冰箱	4/5
25	300824.SZ	北鼎股份	64.63	白色家电	小家电	13/29
26	603579.SH	荣泰健康	64.48	白色家电	小家电	14/29
27	000016.SZ	深康佳A	64.47	视听器材	彩电	3/6
28	603868.SH	飞科电器	64.41	白色家电	小家电	15/29
29	002860.SZ	星帅尔	64.41	白色家电	其他白色家电	4/21
30	601956.SH	东贝集团	64.00	白色家电	其他白色家电	5/21

续表

排名	公司代码	公司名称	综合健康指数	二级行业_同花顺	三级行业_同花顺	三级行业_同花顺_综合排名
31	002959.SZ	小熊电器	63.84	白色家电	小家电	16/29
32	300342.SZ	天银机电	63.76	白色家电	其他白色家电	6/21
33	300911.SZ	亿田智能	63.48	白色家电	小家电	17/29
34	605336.SH	帅丰电器	63.39	白色家电	小家电	18/29
35	600619.SH	海立股份	63.25	白色家电	其他白色家电	7/21
36	603519.SH	立霸股份	62.33	白色家电	其他白色家电	8/21
37	002429.SZ	兆驰股份	62.28	视听器材	彩电	4/6
38	300894.SZ	火星人	62.13	白色家电	小家电	19/29
39	300403.SZ	汉宇集团	61.72	白色家电	其他白色家电	9/21
40	603366.SH	日出东方	60.35	白色家电	小家电	20/29
41	002290.SZ	禾盛新材	60.26	白色家电	其他白色家电	10/21
42	603726.SH	朗迪集团	60.16	白色家电	其他白色家电	11/21
43	002420.SZ	毅昌股份	59.72	视听器材	彩电	5/6
44	300160.SZ	秀强股份	59.17	白色家电	其他白色家电	12/21
45	603578.SH	三星新材	59.13	白色家电	其他白色家电	13/21
46	003023.SZ	彩虹集团	59.05	白色家电	小家电	21/29
47	688696.SH	极米科技	58.81	视听器材	其他视听器材	2/5
48	002759.SZ	天际股份	58.67	白色家电	小家电	22/29
49	002403.SZ	爱仕达	58.62	白色家电	小家电	23/29
50	002011.SZ	盾安环境	58.41	白色家电	其他白色家电	14/21
51	688609.SH	九联科技	57.75	视听器材	其他视听器材	3/5
52	603311.SH	金海高科	57.64	白色家电	其他白色家电	15/21
53	300475.SZ	聚隆科技	57.54	白色家电	其他白色家电	16/21
54	300217.SZ	东方电热	57.39	白色家电	其他白色家电	17/21
55	002418.SZ	康盛股份	57.10	白色家电	其他白色家电	18/21
56	300272.SZ	开能健康	57.07	白色家电	小家电	24/29
57	603677.SH	奇精机械	57.05	白色家电	其他白色家电	19/21
58	300247.SZ	融捷健康	56.64	白色家电	小家电	25/29
59	002723.SZ	金莱特	56.44	白色家电	小家电	26/29
60	605117.SH	德业股份	56.21	白色家电	其他白色家电	20/21
61	002676.SZ	顺威股份	54.77	白色家电	其他白色家电	21/21
62	600983.SH	惠而浦	54.25	白色家电	洗衣机	1/1
63	600854.SH	春兰股份	53.83	白色家电	空调	3/3
64	002260.SZ	*ST德奥	53.54	白色家电	小家电	27/29
65	002848.SZ	高斯贝尔	51.79	视听器材	其他视听器材	4/5
66	002668.SZ	奥马电器	51.54	白色家电	冰箱	5/5
67	002052.SZ	ST同洲	50.22	视听器材	其他视听器材	5/5
68	002005.SZ	ST德豪	48.76	白色家电	小家电	28/29
69	002473.SZ	*ST圣莱	43.60	白色家电	小家电	29/29
70	603996.SH	*ST中新	41.35	视听器材	彩电	6/6

数据来源：同花顺、中关村国睿金融与产业发展研究会。

6.1.11 建筑材料行业

建筑材料行业共分析202家上市公司，202家上市公司共分布在2个二级行业和9个三级行业。2020年建筑材料行业综合健康指数平均水平为62.08，其中，二级行业中，综合健康指数平均水平较高的行业是建筑装饰（62.19），综合健康指数平均水平较低的行业是建筑材料（61.87）；三级行业中，综合健康指数平均水平较高的行业是水泥制造（65.21），综合健康指数平均水平较低的行业是装饰园林（58.05）。

行业全部上市公司排名如表6-13所示。

表6-13　　　　　　　　　建筑材料行业2020年上市公司综合健康指数排名

排名	公司代码	公司名称	综合健康指数	二级行业_同花顺	三级行业_同花顺	三级行业_同花顺_综合排名
1	600820.SH	隧道股份	74.03	建筑装饰	基础建设	1/38
2	002302.SZ	西部建设	72.93	建筑材料	其他建材	1/32
3	000786.SZ	北新建材	72.81	建筑材料	其他建材	2/32
4	600039.SH	四川路桥	72.64	建筑装饰	基础建设	2/38
5	601117.SH	中国化学	72.51	建筑装饰	专业工程	1/30
6	601636.SH	旗滨集团	71.92	建筑材料	玻璃制造	1/7
7	600170.SH	上海建工	71.68	建筑装饰	房屋建设	1/23
8	002372.SZ	伟星新材	71.64	建筑材料	管材	1/9
9	002641.SZ	永高股份	71.43	建筑材料	管材	2/9
10	002061.SZ	浙江交科	71.23	建筑装饰	基础建设	3/38
11	000498.SZ	山东路桥	71.07	建筑装饰	基础建设	4/38
12	601390.SH	中国中铁	70.95	建筑装饰	基础建设	5/38
13	000401.SZ	冀东水泥	70.94	建筑材料	水泥制造	1/18
14	600284.SH	浦东建设	70.91	建筑装饰	基础建设	6/38
15	002233.SZ	塔牌集团	70.91	建筑材料	水泥制造	2/18
16	003013.SZ	地铁设计	70.84	建筑装饰	基础建设	7/38
17	002271.SZ	东方雨虹	70.53	建筑材料	其他建材	3/32
18	600449.SH	宁夏建材	70.42	建筑材料	水泥制造	3/18
19	600068.SH	葛洲坝	70.40	建筑装饰	基础建设	8/38
20	600502.SH	安徽建工	70.23	建筑装饰	基础建设	9/38
21	601669.SH	中国电建	69.80	建筑装饰	基础建设	10/38
22	002081.SZ	金螳螂	69.72	建筑装饰	装饰园林	1/40
23	600248.SH	陕西建工	69.56	建筑装饰	房屋建设	2/23
24	002918.SZ	蒙娜丽莎	69.45	建筑材料	其他建材	4/32
25	000877.SZ	天山股份	69.16	建筑材料	水泥制造	4/18
26	600629.SH	华建集团	68.97	建筑装饰	房屋建设	3/23
27	002140.SZ	东华科技	68.85	建筑装饰	专业工程	2/30
28	601886.SH	江河集团	68.68	建筑装饰	装饰园林	2/40

续表

排名	公司代码	公司名称	综合健康指数	二级行业_同花顺	三级行业_同花顺	三级行业_同花顺_综合排名
29	601186.SH	中国铁建	68.55	建筑装饰	基础建设	11/38
30	600801.SH	华新水泥	68.49	建筑材料	水泥制造	5/18
31	000789.SZ	万年青	68.48	建筑材料	水泥制造	6/18
32	000065.SZ	北方国际	68.44	建筑装饰	专业工程	3/30
33	601618.SH	中国中冶	68.38	建筑装饰	专业工程	4/30
34	000928.SZ	中钢国际	68.28	建筑装饰	专业工程	5/30
35	603698.SH	航天工程	68.11	建筑装饰	专业工程	6/30
36	601668.SH	中国建筑	67.93	建筑装饰	房屋建设	4/23
37	600970.SH	中材国际	67.61	建筑装饰	专业工程	7/30
38	601611.SH	中国核建	67.61	建筑装饰	基础建设	12/38
39	603357.SH	设计总院	67.60	建筑装饰	基础建设	13/38
40	300599.SZ	雄塑科技	67.55	建筑材料	管材	3/9
41	600720.SH	祁连山	67.35	建筑材料	水泥制造	7/18
42	600585.SH	海螺水泥	67.23	建筑材料	水泥制造	8/18
43	002062.SZ	宏润建设	67.17	建筑装饰	基础建设	14/38
44	300737.SZ	科顺股份	67.17	建筑材料	其他建材	5/32
45	600133.SH	东湖高新	67.14	建筑装饰	基础建设	15/38
46	601226.SH	华电重工	67.04	建筑装饰	专业工程	8/30
47	601800.SH	中国交建	67.01	建筑装饰	基础建设	16/38
48	002761.SZ	多喜爱	66.93	建筑装饰	房屋建设	5/23
49	002043.SZ	兔宝宝	66.79	建筑材料	其他建材	6/32
50	600512.SH	腾达建设	66.68	建筑装饰	基础建设	17/38
51	000779.SZ	甘咨询	66.33	建筑装饰	基础建设	18/38
52	600477.SH	杭萧钢构	66.33	建筑装饰	专业工程	9/30
53	002713.SZ	东易日盛	66.31	建筑装饰	装饰园林	3/40
54	600846.SH	同济科技	66.04	建筑装饰	房屋建设	6/23
55	002989.SZ	中天精装	66.03	建筑装饰	装饰园林	4/40
56	603018.SH	华设集团	65.98	建筑装饰	基础建设	19/38
57	002949.SZ	华阳国际	65.98	建筑装饰	房屋建设	7/23
58	600326.SH	西藏天路	65.95	建筑材料	水泥制造	9/18
59	002051.SZ	中工国际	65.91	建筑装饰	专业工程	10/30
60	600876.SH	洛阳玻璃	65.58	建筑材料	玻璃制造	2/7
61	601992.SH	金隅集团	65.54	建筑材料	水泥制造	10/18
62	600939.SH	重庆建工	65.43	建筑装饰	房屋建设	8/23
63	002791.SZ	坚朗五金	65.39	建筑材料	其他建材	7/32
64	000628.SZ	高新发展	65.24	建筑装饰	房屋建设	9/23
65	300746.SZ	汉嘉设计	65.16	建筑装饰	房屋建设	10/23
66	603183.SH	建研院	65.15	建筑装饰	专业工程	11/30
67	002743.SZ	富煌钢构	65.09	建筑装饰	专业工程	12/30
68	601865.SH	福莱特	65.06	建筑材料	玻璃制造	3/7

续表

排名	公司代码	公司名称	综合健康指数	二级行业_同花顺	三级行业_同花顺	三级行业_同花顺_综合排名
69	002116.SZ	中国海诚	64.90	建筑装饰	基础建设	20/38
70	002088.SZ	鲁阳节能	64.66	建筑材料	耐火材料	1/5
71	002541.SZ	鸿路钢构	64.66	建筑装饰	专业工程	13/30
72	000672.SZ	上峰水泥	64.63	建筑材料	水泥制造	11/18
73	600496.SH	精工钢构	64.57	建筑装饰	专业工程	14/30
74	002392.SZ	北京利尔	64.50	建筑材料	耐火材料	2/5
75	000012.SZ	南玻A	64.39	建筑材料	玻璃制造	4/7
76	605158.SH	华达新材	64.29	建筑材料	其他建材	8/32
77	002623.SZ	亚玛顿	64.26	建筑材料	玻璃制造	5/7
78	600819.SH	耀皮玻璃	64.21	建筑材料	玻璃制造	6/7
79	003012.SZ	东鹏控股	64.20	建筑材料	其他建材	9/32
80	002542.SZ	中化岩土	64.15	建筑装饰	专业工程	15/30
81	000935.SZ	四川双马	64.09	建筑材料	水泥制造	12/18
82	002883.SZ	中设股份	64.03	建筑装饰	基础建设	21/38
83	002375.SZ	亚厦股份	63.98	建筑装饰	装饰园林	5/40
84	603637.SH	镇海股份	63.96	建筑装饰	专业工程	16/30
85	601789.SH	宁波建工	63.96	建筑装饰	房屋建设	11/23
86	002066.SZ	瑞泰科技	63.75	建筑材料	耐火材料	3/5
87	600853.SH	龙建股份	63.62	建筑装饰	基础建设	22/38
88	300284.SZ	苏交科	63.59	建筑装饰	基础建设	23/38
89	600668.SH	尖峰集团	63.46	建筑材料	水泥制造	13/18
90	002457.SZ	青龙管业	63.45	建筑材料	管材	4/9
91	300621.SZ	维业股份	63.43	建筑装饰	装饰园林	6/40
92	300675.SZ	建科院	63.03	建筑装饰	房屋建设	12/23
93	603856.SH	东宏股份	62.99	建筑材料	管材	5/9
94	002060.SZ	粤水电	62.99	建筑装饰	基础建设	24/38
95	603955.SH	大千生态	62.99	建筑装饰	装饰园林	7/40
96	003001.SZ	中岩大地	62.87	建筑装饰	专业工程	17/30
97	300564.SZ	筑博设计	62.86	建筑装饰	房屋建设	13/23
98	600724.SH	宁波富达	62.84	建筑材料	水泥制造	14/18
99	300384.SZ	三联虹普	62.76	建筑装饰	专业工程	18/30
100	002398.SZ	垒知集团	62.75	建筑材料	其他建材	10/32
101	002798.SZ	帝欧家居	62.69	建筑材料	其他建材	11/32
102	300778.SZ	新城市	62.60	建筑装饰	房屋建设	14/23
103	002225.SZ	濮耐股份	62.59	建筑材料	耐火材料	4/5
104	000055.SZ	方大集团	62.53	建筑装饰	专业工程	19/30
105	002307.SZ	北新路桥	62.53	建筑装饰	基础建设	25/38
106	002047.SZ	宝鹰股份	62.38	建筑装饰	装饰园林	8/40

续表

排名	公司代码	公司名称	综合健康指数	二级行业_同花顺	三级行业_同花顺	三级行业_同花顺_综合排名
107	000546.SZ	金圆股份	62.26	建筑材料	水泥制造	15/18
108	300715.SZ	凯伦股份	62.23	建筑材料	其他建材	12/32
109	603017.SH	中衡设计	62.00	建筑装饰	房屋建设	15/23
110	603937.SH	丽岛新材	61.98	建筑材料	其他建材	13/32
111	300500.SZ	启迪设计	61.97	建筑装饰	房屋建设	16/23
112	000619.SZ	海螺型材	61.94	建筑材料	其他建材	14/32
113	300732.SZ	设研院	61.68	建筑装饰	基础建设	26/38
114	002620.SZ	瑞和股份	61.66	建筑装饰	装饰园林	9/40
115	300668.SZ	杰恩设计	61.53	建筑装饰	房屋建设	17/23
116	603909.SH	合诚股份	61.27	建筑装饰	基础建设	27/38
117	002628.SZ	成都路桥	61.17	建筑装饰	基础建设	28/38
118	603860.SH	中公高科	61.16	建筑装饰	基础建设	29/38
119	002564.SZ	天沃科技	61.15	建筑装饰	基础建设	30/38
120	605289.SH	罗曼股份	61.15	建筑装饰	基础建设	31/38
121	002811.SZ	郑中设计	61.09	建筑装饰	房屋建设	18/23
122	002135.SZ	东南网架	61.06	建筑装饰	专业工程	20/30
123	002775.SZ	文科园林	61.03	建筑装饰	装饰园林	10/40
124	002163.SZ	海南发展	60.91	建筑材料	其他建材	15/32
125	603458.SH	勘设股份	60.87	建筑装饰	基础建设	32/38
126	300826.SZ	测绘股份	60.78	建筑装饰	专业工程	21/30
127	600491.SH	龙元建设	60.65	建筑装饰	房屋建设	19/23
128	002941.SZ	新疆交建	60.53	建筑装饰	基础建设	33/38
129	300649.SZ	杭州园林	60.14	建筑装饰	装饰园林	11/40
130	300517.SZ	海波重科	60.03	建筑装饰	专业工程	22/30
131	603098.SH	森特股份	60.01	建筑装饰	专业工程	23/30
132	002593.SZ	日上集团	59.98	建筑装饰	专业工程	24/30
133	300635.SZ	中达安	59.94	建筑装饰	专业工程	25/30
134	603030.SH	全筑股份	59.82	建筑装饰	装饰园林	12/40
135	603815.SH	交建股份	59.78	建筑装饰	基础建设	34/38
136	002333.SZ	罗普斯金	59.78	建筑材料	其他建材	16/32
137	603843.SH	正平股份	59.68	建筑装饰	基础建设	35/38
138	002482.SZ	广田集团	59.54	建筑装饰	装饰园林	13/40
139	002431.SZ	棕榈股份	59.40	建筑装饰	装饰园林	14/40
140	002830.SZ	名雕股份	59.19	建筑装饰	装饰园林	15/40
141	300117.SZ	嘉寓股份	58.94	建筑材料	其他建材	17/32
142	300712.SZ	永福股份	58.80	建筑装饰	基础建设	36/38
143	002663.SZ	普邦股份	58.75	建筑装饰	装饰园林	16/40
144	002325.SZ	洪涛股份	58.75	建筑装饰	装饰园林	17/40
145	600802.SH	福建水泥	58.70	建筑材料	水泥制造	16/18
146	603828.SH	柯利达	58.42	建筑装饰	装饰园林	18/40

续表

排名	公司代码	公司名称	综合健康指数	二级行业_同花顺	三级行业_同花顺	三级行业_同花顺_综合排名
147	300977.SZ	深圳瑞捷	58.30	建筑装饰	房屋建设	20/23
148	603388.SH	元成股份	58.16	建筑装饰	装饰园林	19/40
149	300983.SZ	尤安设计	58.15	建筑装饰	房屋建设	21/23
150	600425.SH	青松建化	57.95	建筑材料	水泥制造	17/18
151	002718.SZ	友邦吊顶	57.88	建筑材料	其他建材	18/32
152	002162.SZ	悦心健康	57.78	建筑材料	其他建材	19/32
153	002963.SZ	豪尔赛	57.73	建筑装饰	装饰园林	20/40
154	300492.SZ	华图山鼎	57.68	建筑装饰	房屋建设	22/23
155	300237.SZ	美晨生态	57.60	建筑装饰	装饰园林	21/40
156	002596.SZ	海南瑞泽	57.54	建筑材料	其他建材	20/32
157	300536.SZ	农尚环境	57.37	建筑装饰	装饰园林	22/40
158	603616.SH	韩建河山	57.35	建筑材料	管材	6/9
159	300374.SZ	中铁装配	57.32	建筑材料	耐火材料	5/5
160	002781.SZ	奇信股份	57.28	建筑装饰	装饰园林	23/40
161	002789.SZ	建艺集团	56.89	建筑装饰	装饰园林	24/40
162	601068.SH	中铝国际	56.83	建筑装饰	专业工程	26/30
163	300949.SZ	奥雅设计	56.80	建筑装饰	房屋建设	23/23
164	605122.SH	四方新材	56.70	建筑材料	其他建材	21/32
165	300198.SZ	纳川股份	56.56	建筑材料	管材	7/9
166	603929.SH	亚翔集成	56.42	建筑装饰	专业工程	27/30
167	605303.SH	园林股份	56.23	建筑装饰	装饰园林	25/40
168	603778.SH	乾景园林	56.04	建筑装饰	装饰园林	26/40
169	003037.SZ	三和管桩	56.02	建筑材料	其他建材	22/32
170	605318.SH	法狮龙	55.95	建筑材料	其他建材	23/32
171	600193.SH	ST创兴	55.77	建筑装饰	装饰园林	27/40
172	002822.SZ	中装建设	55.60	建筑装饰	装饰园林	28/40
173	600883.SH	博闻科技	55.40	建筑材料	水泥制造	18/18
174	603007.SH	ST花王	55.26	建筑装饰	装饰园林	29/40
175	603316.SH	诚邦股份	55.23	建筑装饰	装饰园林	30/40
176	000151.SZ	中成股份	55.17	建筑装饰	专业工程	28/30
177	002856.SZ	美芝股份	54.68	建筑装饰	装饰园林	31/40
178	300234.SZ	开尔新材	54.68	建筑材料	其他建材	24/32
179	600678.SH	四川金顶	54.32	建筑材料	其他建材	25/32
180	300592.SZ	华凯创意	54.11	建筑装饰	装饰园林	32/40
181	300982.SZ	苏文电能	54.09	建筑装饰	基础建设	37/38
182	300506.SZ	名家汇	54.07	建筑装饰	装饰园林	33/40
183	002178.SZ	延华智能	53.91	建筑装饰	专业工程	29/30
184	603038.SH	华立股份	53.43	建筑材料	其他建材	26/32

续表

排名	公司代码	公司名称	综合健康指数	二级行业_同花顺	三级行业_同花顺	三级行业_同花顺_综合排名
185	000010.SZ	美丽生态	53.28	建筑装饰	装饰园林	34/40
186	000023.SZ	深天地A	52.96	建筑材料	其他建材	27/32
187	002785.SZ	万里石	52.92	建筑材料	其他建材	28/32
188	605178.SH	时空科技	52.77	建筑装饰	装饰园林	35/40
189	002504.SZ	ST弘高	52.38	建筑装饰	装饰园林	36/40
190	002742.SZ	三圣股份	51.98	建筑材料	其他建材	29/32
191	600209.SH	*ST罗顿	51.93	建筑装饰	装饰园林	37/40
192	603959.SH	百利科技	51.49	建筑装饰	专业工程	30/30
193	002671.SZ	龙泉股份	51.08	建筑材料	管材	8/9
194	002374.SZ	中锐股份	50.75	建筑装饰	装饰园林	38/40
195	603717.SH	天域生态	50.44	建筑装饰	装饰园林	39/40
196	600321.SH	正源股份	49.75	建筑材料	其他建材	30/32
197	002586.SZ	*ST围海	49.59	建筑装饰	基础建设	38/38
198	002652.SZ	扬子新材	49.22	建筑材料	其他建材	31/32
199	002200.SZ	ST云投	48.27	建筑装饰	装饰园林	40/40
200	300093.SZ	金刚玻璃	47.94	建筑材料	玻璃制造	7/7
201	002323.SZ	*ST雅博	47.71	建筑材料	其他建材	32/32
202	002694.SZ	顾地科技	47.05	建筑材料	管材	9/9

数据来源：同花顺、中关村国睿金融与产业发展研究会。

6.1.12 交通运输行业

交通运输行业共分析123家上市公司，123家上市公司共分布在5个二级行业和8个三级行业。2020年交通运输行业综合健康指数平均水平为62.79，其中，二级行业中，综合健康指数平均水平较高的行业是港口航运（65.37），综合健康指数平均水平较低的行业是公交（57.70）；三级行业中，综合健康指数平均水平较高的行业是港口Ⅲ（65.70），综合健康指数平均水平较低的行业是公交Ⅲ（57.70）。

行业全部上市公司排名如表6-14所示。

表6-14　　　　　交通运输行业2020年上市公司综合健康指数排名

排名	公司代码	公司名称	综合健康指数	二级行业_同花顺	三级行业_同花顺	三级行业_同花顺_综合排名
1	600350.SH	山东高速	74.92	公路铁路运输	高速公路Ⅲ	1/21
2	001965.SZ	招商公路	74.53	公路铁路运输	高速公路Ⅲ	2/21
3	601598.SH	中国外运	73.24	物流	物流Ⅲ	1/47
4	002010.SZ	传化智联	72.31	物流	物流Ⅲ	2/47
5	601000.SH	唐山港	71.97	港口航运	港口Ⅲ	1/18
6	001872.SZ	招商港口	71.94	港口航运	港口Ⅲ	2/18

续表

排名	公司代码	公司名称	综合健康指数	二级行业_同花顺	三级行业_同花顺	三级行业_同花顺_综合排名
7	603128.SH	华贸物流	71.29	物流	物流Ⅲ	3/47
8	600153.SH	建发股份	71.20	物流	物流Ⅲ	4/47
9	601298.SH	青岛港	71.17	港口航运	港口Ⅲ	3/18
10	600704.SH	物产中大	70.48	物流	物流Ⅲ	5/47
11	000885.SZ	城发环境	70.32	公路铁路运输	高速公路Ⅲ	3/21
12	002352.SZ	顺丰控股	70.25	物流	物流Ⅲ	6/47
13	000582.SZ	北部湾港	70.11	港口航运	港口Ⅲ	4/18
14	600717.SH	天津港	70.01	港口航运	港口Ⅲ	5/18
15	600057.SH	厦门象屿	69.74	物流	物流Ⅲ	7/47
16	600018.SH	上港集团	69.74	港口航运	港口Ⅲ	6/18
17	601872.SH	招商轮船	69.59	港口航运	航运Ⅲ	1/11
18	601018.SH	宁波港	69.21	港口航运	港口Ⅲ	7/18
19	600794.SH	保税科技	69.12	物流	物流Ⅲ	8/47
20	600233.SH	圆通速递	69.00	物流	物流Ⅲ	9/47
21	600377.SH	宁沪高速	68.97	公路铁路运输	高速公路Ⅲ	4/21
22	002320.SZ	海峡股份	68.76	港口航运	航运Ⅲ	2/11
23	002120.SZ	韵达股份	68.54	物流	物流Ⅲ	10/47
24	601006.SH	大秦铁路	68.38	公路铁路运输	铁路运输Ⅲ	1/5
25	000099.SZ	中信海直	68.34	机场航运	航空运输Ⅲ	1/8
26	601919.SH	中远海控	68.33	港口航运	航运Ⅲ	3/11
27	600548.SH	深高速	67.91	公路铁路运输	高速公路Ⅲ	5/21
28	000927.SZ	中国铁物	67.67	物流	物流Ⅲ	11/47
29	600428.SH	中远海特	67.51	港口航运	航运Ⅲ	4/11
30	600269.SH	赣粤高速	67.04	公路铁路运输	高速公路Ⅲ	6/21
31	600012.SH	皖通高速	66.91	公路铁路运输	高速公路Ⅲ	7/21
32	600017.SH	日照港	66.87	港口航运	港口Ⅲ	8/18
33	600798.SH	宁波海运	66.84	港口航运	航运Ⅲ	5/11
34	601326.SH	秦港股份	66.65	港口航运	港口Ⅲ	9/18
35	000905.SZ	厦门港务	66.65	港口航运	港口Ⅲ	10/18
36	600035.SH	楚天高速	66.64	公路铁路运输	高速公路Ⅲ	8/21
37	000828.SZ	东莞控股	66.54	公路铁路运输	高速公路Ⅲ	9/21
38	603871.SH	嘉友国际	66.50	物流	物流Ⅲ	12/47
39	000429.SZ	粤高速A	66.42	公路铁路运输	高速公路Ⅲ	10/21
40	600603.SH	广汇物流	66.25	物流	物流Ⅲ	13/47
41	601880.SH	辽港股份	65.83	港口航运	港口Ⅲ	11/18
42	601107.SH	四川成渝	65.72	公路铁路运输	高速公路Ⅲ	11/21
43	600787.SH	中储股份	65.66	物流	物流Ⅲ	14/47
44	603648.SH	畅联股份	65.38	物流	物流Ⅲ	15/47
45	000900.SZ	现代投资	65.33	公路铁路运输	高速公路Ⅲ	12/21
46	603565.SH	中谷物流	65.23	港口航运	航运Ⅲ	6/11

续表

排名	公司代码	公司名称	综合健康指数	二级行业_同花顺	三级行业_同花顺	三级行业_同花顺_综合排名
47	000507.SZ	珠海港	65.21	港口航运	港口Ⅲ	12/18
48	600125.SH	铁龙物流	65.15	公路铁路运输	铁路运输Ⅲ	2/5
49	600575.SH	淮河能源	64.86	物流	物流Ⅲ	16/47
50	000557.SZ	西部创业	64.48	公路铁路运输	铁路运输Ⅲ	3/5
51	002245.SZ	蔚蓝锂芯	63.93	物流	物流Ⅲ	17/47
52	600026.SH	中远海能	63.59	港口航运	航运Ⅲ	7/11
53	603056.SH	德邦股份	63.58	物流	物流Ⅲ	18/47
54	601816.SH	京沪高铁	63.58	公路铁路运输	铁路运输Ⅲ	4/5
55	601228.SH	广州港	63.33	港口航运	港口Ⅲ	13/18
56	002468.SZ	申通快递	63.25	物流	物流Ⅲ	19/47
57	603535.SH	嘉诚国际	63.10	物流	物流Ⅲ	20/47
58	600611.SH	大众交通	63.09	公交	公交Ⅲ	1/9
59	002928.SZ	华夏航空	63.04	机场航运	航空运输Ⅲ	2/8
60	605151.SH	西上海	62.98	物流	物流Ⅲ	21/47
61	600033.SH	福建高速	62.82	公路铁路运输	高速公路Ⅲ	13/21
62	002930.SZ	宏川智慧	62.64	物流	物流Ⅲ	22/47
63	603713.SH	密尔克卫	62.59	物流	物流Ⅲ	23/47
64	601866.SH	中远海发	62.49	港口航运	航运Ⅲ	8/11
65	603967.SH	中创物流	62.39	物流	物流Ⅲ	24/47
66	601188.SH	龙江交通	62.24	公路铁路运输	高速公路Ⅲ	14/21
67	002492.SZ	恒基达鑫	62.05	物流	物流Ⅲ	25/47
68	002183.SZ	怡亚通	62.02	物流	物流Ⅲ	26/47
69	600650.SH	锦江在线	62.00	公交	公交Ⅲ	2/9
70	603066.SH	音飞储存	61.61	物流	物流Ⅲ	27/47
71	603167.SH	渤海轮渡	61.55	港口航运	航运Ⅲ	9/11
72	600004.SH	白云机场	61.54	机场航运	机场Ⅲ	1/4
73	600180.SH	瑞茂通	61.52	物流	物流Ⅲ	28/47
74	600179.SH	安通控股	61.50	物流	物流Ⅲ	29/47
75	601975.SH	招商南油	61.46	港口航运	航运Ⅲ	10/11
76	601021.SH	春秋航空	61.10	机场航运	航空运输Ⅲ	3/8
77	600020.SH	中原高速	60.85	公路铁路运输	高速公路Ⅲ	15/21
78	002627.SZ	宜昌交运	60.80	公交	公交Ⅲ	3/9
79	601008.SH	连云港	60.64	港口航运	港口Ⅲ	14/18
80	600662.SH	强生控股	60.60	公交	公交Ⅲ	4/9
81	601518.SH	吉林高速	60.60	公路铁路运输	高速公路Ⅲ	16/21
82	600897.SH	厦门空港	60.48	机场航运	机场Ⅲ	2/4
83	605050.SH	福然德	60.39	物流	物流Ⅲ	30/47
84	600190.SH	锦州港	59.63	港口航运	港口Ⅲ	15/18

续表

排名	公司代码	公司名称	综合健康指数	二级行业_同花顺	三级行业_同花顺	三级行业_同花顺_综合排名
85	603223.SH	恒通股份	59.30	物流	物流Ⅲ	31/47
86	000089.SZ	深圳机场	58.97	机场航运	机场Ⅲ	3/4
87	600115.SH	中国东航	58.90	机场航运	航空运输Ⅲ	4/8
88	002682.SZ	龙洲股份	58.79	物流	物流Ⅲ	32/47
89	002040.SZ	南京港	58.71	港口航运	港口Ⅲ	16/18
90	600029.SH	南方航空	58.71	机场航运	航空运输Ⅲ	5/8
91	300873.SZ	海晨股份	58.65	物流	物流Ⅲ	33/47
92	600368.SH	五洲交通	58.61	公路铁路运输	高速公路Ⅲ	17/21
93	603569.SH	长久物流	58.50	物流	物流Ⅲ	34/47
94	001202.SZ	炬申股份	58.42	物流	物流Ⅲ	35/47
95	600805.SH	悦达投资	58.26	公路铁路运输	高速公路Ⅲ	18/21
96	600106.SH	重庆路桥	58.15	公路铁路运输	高速公路Ⅲ	19/21
97	000548.SZ	湖南投资	58.02	公路铁路运输	高速公路Ⅲ	20/21
98	002357.SZ	富临运业	57.84	公交	公交Ⅲ	5/9
99	000520.SZ	长航凤凰	57.81	港口航运	航运Ⅲ	11/11
100	000088.SZ	盐田港	57.71	港口航运	港口Ⅲ	17/18
101	002889.SZ	东方嘉盛	57.63	物流	物流Ⅲ	36/47
102	300240.SZ	飞力达	57.34	物流	物流Ⅲ	37/47
103	603329.SH	上海雅仕	57.32	物流	物流Ⅲ	38/47
104	600279.SH	重庆港九	57.19	港口航运	港口Ⅲ	18/18
105	600009.SH	上海机场	56.48	机场航运	机场Ⅲ	4/4
106	603885.SH	吉祥航空	56.26	机场航运	航空运输Ⅲ	6/8
107	603117.SH	万林物流	56.11	物流	物流Ⅲ	39/47
108	600834.SH	申通地铁	55.88	公交	公交Ⅲ	6/9
109	601333.SH	广深铁路	55.54	公路铁路运输	铁路运输Ⅲ	5/5
110	601111.SH	中国国航	55.27	机场航运	航空运输Ⅲ	7/8
111	000755.SZ	山西路桥	55.26	公路铁路运输	高速公路Ⅲ	21/21
112	300350.SZ	华鹏飞	55.16	物流	物流Ⅲ	40/47
113	002210.SZ	*ST飞马	54.89	物流	物流Ⅲ	41/47
114	002769.SZ	普路通	54.71	物流	物流Ⅲ	42/47
115	603813.SH	原尚股份	54.26	物流	物流Ⅲ	43/47
116	002800.SZ	天顺股份	53.92	物流	物流Ⅲ	44/47
117	300013.SZ	新宁物流	53.81	物流	物流Ⅲ	45/47
118	600221.SH	*ST海航	53.75	机场航运	航空运输Ⅲ	8/8
119	600561.SH	江西长运	53.53	公交	公交Ⅲ	7/9
120	603069.SH	海汽集团	53.26	公交	公交Ⅲ	8/9
121	600119.SH	长江投资	52.93	物流	物流Ⅲ	46/47
122	603032.SH	*ST德新	52.32	公交	公交Ⅲ	9/9
123	002711.SZ	欧浦退	44.89	物流	物流Ⅲ	47/47

数据来源：同花顺、中关村国睿金融与产业发展研究会。

6.1.13 交运设备行业

交运设备行业共分析219家上市公司，219家上市公司共分布在4个二级行业和7个三级行业。2020年交运设备行业综合健康指数平均水平为61.38，其中，二级行业中，综合健康指数平均水平较高的行业是汽车整车（64.31），综合健康指数平均水平较低的行业是交运设备服务（60.07）；三级行业中，综合健康指数平均水平较高的行业是商用载货车（67.74），综合健康指数平均水平较低的行业是汽车服务（60.07）。

行业全部上市公司排名如表6-15所示。

表6-15 交运设备行业2020年上市公司综合健康指数排名

排名	公司代码	公司名称	综合健康指数	二级行业_同花顺	三级行业_同花顺	三级行业_同花顺_综合排名
1	000800.SZ	一汽解放	74.55	汽车整车	商用载货车	1/7
2	601965.SH	中国汽研	72.62	交运设备服务	汽车服务	1/13
3	600741.SH	华域汽车	72.35	汽车零部件	汽车零部件Ⅲ	1/150
4	000550.SZ	江铃汽车	72.19	汽车整车	商用载货车	2/7
5	000625.SZ	长安汽车	72.01	汽车整车	乘用车	1/10
6	600104.SH	上汽集团	72.00	汽车整车	乘用车	2/10
7	601633.SH	长城汽车	71.81	汽车整车	乘用车	3/10
8	000338.SZ	潍柴动力	71.61	汽车零部件	汽车零部件Ⅲ	2/150
9	000030.SZ	富奥股份	71.10	汽车零部件	汽车零部件Ⅲ	3/150
10	600742.SH	一汽富维	70.72	汽车零部件	汽车零部件Ⅲ	4/150
11	601799.SH	星宇股份	70.64	汽车零部件	汽车零部件Ⅲ	5/150
12	000581.SZ	威孚高科	70.56	汽车零部件	汽车零部件Ⅲ	6/150
13	600528.SH	中铁工业	70.47	非汽车交运	铁路设备	1/22
14	600480.SH	凌云股份	70.37	汽车零部件	汽车零部件Ⅲ	7/150
15	601311.SH	骆驼股份	70.34	汽车零部件	汽车零部件Ⅲ	8/150
16	000951.SZ	中国重汽	70.02	汽车整车	商用载货车	3/7
17	601717.SH	郑煤机	69.98	汽车零部件	汽车零部件Ⅲ	9/150
18	002664.SZ	长鹰信质	69.49	汽车零部件	汽车零部件Ⅲ	10/150
19	603129.SH	春风动力	69.31	非汽车交运	其他交运设备	1/11
20	603013.SH	亚普股份	68.91	汽车零部件	汽车零部件Ⅲ	11/150
21	601238.SH	广汽集团	68.87	汽车整车	乘用车	4/10
22	002553.SZ	南方轴承	68.61	汽车零部件	汽车零部件Ⅲ	12/150
23	603786.SH	科博达	68.57	汽车零部件	汽车零部件Ⅲ	13/150
24	603766.SH	隆鑫通用	68.51	非汽车交运	其他交运设备	2/11
25	002283.SZ	天润工业	68.38	汽车零部件	汽车零部件Ⅲ	14/150
26	002048.SZ	宁波华翔	68.00	汽车零部件	汽车零部件Ⅲ	15/150
27	600006.SH	东风汽车	67.98	汽车整车	商用载货车	4/7
28	688009.SH	中国通号	67.82	非汽车交运	铁路设备	2/22

续表

排名	公司代码	公司名称	综合健康指数	二级行业_同花顺	三级行业_同花顺	三级行业_同花顺_综合排名
29	002906.SZ	华阳集团	67.77	汽车零部件	汽车零部件Ⅲ	16/150
30	600660.SH	福耀玻璃	67.76	汽车零部件	汽车零部件Ⅲ	17/150
31	603358.SH	华达科技	67.63	汽车零部件	汽车零部件Ⅲ	18/150
32	601766.SH	中国中车	67.55	非汽车交运	铁路设备	3/22
33	601689.SH	拓普集团	67.49	汽车零部件	汽车零部件Ⅲ	19/150
34	002126.SZ	银轮股份	67.02	汽车零部件	汽车零部件Ⅲ	20/150
35	002406.SZ	远东传动	66.96	汽车零部件	汽车零部件Ⅲ	21/150
36	001696.SZ	宗申动力	66.87	汽车零部件	汽车零部件Ⅲ	22/150
37	300428.SZ	立中集团	66.82	汽车零部件	汽车零部件Ⅲ	23/150
38	002434.SZ	万里扬	66.72	汽车零部件	汽车零部件Ⅲ	24/150
39	300432.SZ	富临精工	66.62	汽车零部件	汽车零部件Ⅲ	25/150
40	600166.SH	福田汽车	66.32	汽车整车	商用载货车	5/7
41	600933.SH	爱柯迪	66.30	汽车零部件	汽车零部件Ⅲ	26/150
42	000903.SZ	云内动力	66.25	汽车零部件	汽车零部件Ⅲ	27/150
43	002594.SZ	比亚迪	66.18	汽车整车	乘用车	5/10
44	002101.SZ	广东鸿图	66.09	汽车零部件	汽车零部件Ⅲ	28/150
45	002328.SZ	新朋股份	66.09	汽车零部件	汽车零部件Ⅲ	29/150
46	300258.SZ	精锻科技	66.01	汽车零部件	汽车零部件Ⅲ	30/150
47	000559.SZ	万向钱潮	65.94	汽车零部件	汽车零部件Ⅲ	31/150
48	600066.SH	宇通客车	65.92	汽车整车	商用载客车	1/6
49	603680.SH	今创集团	65.81	非汽车交运	铁路设备	4/22
50	000976.SZ	华铁股份	65.74	非汽车交运	铁路设备	5/22
51	600699.SH	均胜电子	65.57	汽车零部件	汽车零部件Ⅲ	32/150
52	000887.SZ	中鼎股份	65.50	汽车零部件	汽车零部件Ⅲ	33/150
53	000913.SZ	钱江摩托	65.49	非汽车交运	其他交运设备	3/11
54	002516.SZ	旷达科技	65.36	汽车零部件	汽车零部件Ⅲ	34/150
55	603926.SH	铁流股份	65.19	汽车零部件	汽车零部件Ⅲ	35/150
56	300304.SZ	云意电气	65.11	汽车零部件	汽车零部件Ⅲ	36/150
57	002972.SZ	科安达	65.04	非汽车交运	铁路设备	6/22
58	002105.SZ	信隆健康	64.88	非汽车交运	其他交运设备	4/11
59	603037.SH	凯众股份	64.70	汽车零部件	汽车零部件Ⅲ	37/150
60	601127.SH	小康股份	64.65	汽车整车	乘用车	6/10
61	000957.SZ	中通客车	64.60	汽车整车	商用载客车	2/6
62	300695.SZ	兆丰股份	64.59	汽车零部件	汽车零部件Ⅲ	38/150
63	002284.SZ	亚太股份	64.44	汽车零部件	汽车零部件Ⅲ	39/150
64	600418.SH	江淮汽车	64.39	汽车整车	商用载货车	6/7
65	603305.SH	旭升股份	64.27	汽车零部件	汽车零部件Ⅲ	40/150
66	600523.SH	贵航股份	63.95	汽车零部件	汽车零部件Ⅲ	41/150
67	300825.SZ	阿尔特	63.88	交运设备服务	汽车服务	2/13
68	603040.SH	新坐标	63.77	汽车零部件	汽车零部件Ⅲ	42/150

续表

排名	公司代码	公司名称	综合健康指数	二级行业_同花顺	三级行业_同花顺	三级行业_同花顺_综合排名
69	600386.SH	北巴传媒	63.71	交运设备服务	汽车服务	3/13
70	603982.SH	泉峰汽车	63.71	汽车零部件	汽车零部件Ⅲ	43/150
71	600081.SH	东风科技	63.65	汽车零部件	汽车零部件Ⅲ	44/150
72	603089.SH	正裕工业	63.58	汽车零部件	汽车零部件Ⅲ	45/150
73	603788.SH	宁波高发	63.57	汽车零部件	汽车零部件Ⅲ	46/150
74	600960.SH	渤海汽车	63.53	汽车零部件	汽车零部件Ⅲ	47/150
75	300580.SZ	贝斯特	63.53	汽车零部件	汽车零部件Ⅲ	48/150
76	603179.SH	新泉股份	63.44	汽车零部件	汽车零部件Ⅲ	49/150
77	002454.SZ	松芝股份	63.42	汽车零部件	汽车零部件Ⅲ	50/150
78	300906.SZ	日月明	63.33	非汽车交运	铁路设备	7/22
79	002472.SZ	双环传动	63.28	汽车零部件	汽车零部件Ⅲ	51/150
80	600495.SH	晋西车轴	63.15	非汽车交运	铁路设备	8/22
81	300351.SZ	永贵电器	63.12	非汽车交运	铁路设备	9/22
82	689009.SH	九号公司	63.11	非汽车交运	其他交运设备	5/11
83	603596.SH	伯特利	63.07	汽车零部件	汽车零部件Ⅲ	52/150
84	600297.SH	广汇汽车	63.03	交运设备服务	汽车服务	4/13
85	600178.SH	东安动力	62.98	汽车零部件	汽车零部件Ⅲ	53/150
86	300507.SZ	苏奥传感	62.92	汽车零部件	汽车零部件Ⅲ	54/150
87	002448.SZ	中原内配	62.81	汽车零部件	汽车零部件Ⅲ	55/150
88	603949.SH	雪龙集团	62.77	汽车零部件	汽车零部件Ⅲ	56/150
89	600626.SH	申达股份	62.75	汽车零部件	汽车零部件Ⅲ	57/150
90	603758.SH	秦安股份	62.57	汽车零部件	汽车零部件Ⅲ	58/150
91	600327.SH	大东方	62.49	交运设备服务	汽车服务	5/13
92	603239.SH	浙江仙通	62.24	汽车零部件	汽车零部件Ⅲ	59/150
93	603730.SH	岱美股份	62.21	汽车零部件	汽车零部件Ⅲ	60/150
94	300893.SZ	松原股份	62.13	汽车零部件	汽车零部件Ⅲ	61/150
95	688569.SH	铁科轨道	62.06	非汽车交运	铁路设备	10/22
96	600335.SH	国机汽车	61.98	交运设备服务	汽车服务	6/13
97	603701.SH	德宏股份	61.98	汽车零部件	汽车零部件Ⅲ	62/150
98	603166.SH	福达股份	61.92	汽车零部件	汽车零部件Ⅲ	63/150
99	000868.SZ	安凯客车	61.77	汽车整车	商用载客车	3/6
100	603035.SH	常熟汽饰	61.70	汽车零部件	汽车零部件Ⅲ	64/150
101	603586.SH	金麒麟	61.67	汽车零部件	汽车零部件Ⅲ	65/150
102	688015.SH	交控科技	61.64	非汽车交运	铁路设备	11/22
103	603197.SH	保隆科技	61.62	汽车零部件	汽车零部件Ⅲ	66/150
104	605128.SH	上海沿浦	61.52	汽车零部件	汽车零部件Ⅲ	67/150
105	603306.SH	华懋科技	61.43	汽车零部件	汽车零部件Ⅲ	68/150
106	002536.SZ	飞龙股份	61.36	汽车零部件	汽车零部件Ⅲ	69/150

续表

排名	公司代码	公司名称	综合健康指数	二级行业_同花顺	三级行业_同花顺	三级行业_同花顺_综合排名
107	603500.SH	祥和实业	61.25	非汽车交运	铁路设备	12/22
108	605068.SH	明新旭腾	61.18	汽车零部件	汽车零部件Ⅲ	70/150
109	605005.SH	合兴股份	61.17	汽车零部件	汽车零部件Ⅲ	71/150
110	603319.SH	湘油泵	61.14	汽车零部件	汽车零部件Ⅲ	72/150
111	600676.SH	交运股份	61.14	汽车零部件	汽车零部件Ⅲ	73/150
112	002085.SZ	万丰奥威	61.09	汽车零部件	汽车零部件Ⅲ	74/150
113	600679.SH	上海凤凰	61.07	非汽车交运	其他交运设备	6/11
114	603158.SH	腾龙股份	60.95	汽车零部件	汽车零部件Ⅲ	75/150
115	002662.SZ	京威股份	60.93	汽车零部件	汽车零部件Ⅲ	76/150
116	000700.SZ	模塑科技	60.93	汽车零部件	汽车零部件Ⅲ	77/150
117	600148.SH	长春一东	60.89	汽车零部件	汽车零部件Ⅲ	78/150
118	603768.SH	常青股份	60.85	汽车零部件	汽车零部件Ⅲ	79/150
119	605018.SH	长华股份	60.80	汽车零部件	汽车零部件Ⅲ	80/150
120	603767.SH	中马传动	60.75	汽车零部件	汽车零部件Ⅲ	81/150
121	603335.SH	迪生力	60.75	汽车零部件	汽车零部件Ⅲ	82/150
122	603950.SH	长源东谷	60.68	汽车零部件	汽车零部件Ⅲ	83/150
123	603809.SH	豪能股份	60.67	汽车零部件	汽车零部件Ⅲ	84/150
124	000025.SZ	特力A	60.67	交运设备服务	汽车服务	7/13
125	002590.SZ	万安科技	60.66	汽车零部件	汽车零部件Ⅲ	85/150
126	603997.SH	继峰股份	60.57	汽车零部件	汽车零部件Ⅲ	86/150
127	300789.SZ	唐源电气	60.52	非汽车交运	铁路设备	13/22
128	603348.SH	文灿股份	60.46	汽车零部件	汽车零部件Ⅲ	87/150
129	000008.SZ	神州高铁	60.23	非汽车交运	铁路设备	14/22
130	300547.SZ	川环科技	60.23	汽车零部件	汽车零部件Ⅲ	88/150
131	600686.SH	金龙汽车	60.15	汽车整车	商用载客车	4/6
132	300594.SZ	朗进科技	60.13	非汽车交运	铁路设备	15/22
133	603006.SH	联明股份	60.11	汽车零部件	汽车零部件Ⅲ	89/150
134	000572.SZ	海马汽车	60.10	汽车整车	乘用车	7/10
135	002997.SZ	瑞鹄模具	60.05	汽车零部件	汽车零部件Ⅲ	90/150
136	603787.SH	新日股份	59.88	非汽车交运	其他交运设备	7/11
137	000757.SZ	浩物股份	59.76	交运设备服务	汽车服务	8/13
138	300928.SZ	华安鑫创	59.74	汽车零部件	汽车零部件Ⅲ	91/150
139	605088.SH	冠盛股份	59.67	汽车零部件	汽车零部件Ⅲ	92/150
140	000925.SZ	众合科技	59.62	非汽车交运	铁路设备	16/22
141	002703.SZ	浙江世宝	59.58	汽车零部件	汽车零部件Ⅲ	93/150
142	300585.SZ	奥联电子	59.56	汽车零部件	汽车零部件Ⅲ	94/150
143	688033.SH	天宜上佳	59.40	非汽车交运	铁路设备	17/22
144	603178.SH	圣龙股份	59.40	汽车零部件	汽车零部件Ⅲ	95/150
145	603776.SH	永安行	59.29	非汽车交运	其他交运设备	8/11
146	600099.SH	林海股份	59.20	非汽车交运	其他交运设备	9/11

续表

排名	公司代码	公司名称	综合健康指数	二级行业_同花顺	三级行业_同花顺	三级行业_同花顺_综合排名
147	605001.SH	威奥股份	58.99	非汽车交运	铁路设备	18/22
148	603917.SH	合力科技	58.93	汽车零部件	汽车零部件Ⅲ	96/150
149	600375.SH	汉马科技	58.72	汽车整车	商用载货车	7/7
150	603111.SH	康尼机电	58.71	非汽车交运	铁路设备	19/22
151	002725.SZ	跃岭股份	58.68	汽车零部件	汽车零部件Ⅲ	97/150
152	601777.SH	力帆科技	58.63	汽车整车	乘用车	8/10
153	300978.SZ	东箭科技	58.59	汽车零部件	汽车零部件Ⅲ	98/150
154	002863.SZ	今飞凯达	58.56	汽车零部件	汽车零部件Ⅲ	99/150
155	300694.SZ	蠡湖股份	58.51	汽车零部件	汽车零部件Ⅲ	100/150
156	605298.SH	必得科技	58.28	非汽车交运	铁路设备	20/22
157	603377.SH	东方时尚	58.21	交运设备服务	汽车服务	9/13
158	600698.SH	湖南天雁	58.19	汽车零部件	汽车零部件Ⅲ	101/150
159	300643.SZ	万通智控	58.08	汽车零部件	汽车零部件Ⅲ	102/150
160	300681.SZ	英搏尔	58.07	汽车零部件	汽车零部件Ⅲ	103/150
161	300923.SZ	研奥股份	57.83	非汽车交运	铁路设备	21/22
162	300652.SZ	雷迪克	57.61	汽车零部件	汽车零部件Ⅲ	104/150
163	002265.SZ	西仪股份	57.58	汽车零部件	汽车零部件Ⅲ	105/150
164	002239.SZ	奥特佳	57.58	汽车零部件	汽车零部件Ⅲ	106/150
165	002625.SZ	光启技术	57.36	汽车零部件	汽车零部件Ⅲ	107/150
166	300926.SZ	博俊科技	57.24	汽车零部件	汽车零部件Ⅲ	108/150
167	600609.SH	金杯汽车	57.23	汽车零部件	汽车零部件Ⅲ	109/150
168	002510.SZ	天汽模	57.20	汽车零部件	汽车零部件Ⅲ	110/150
169	000753.SZ	漳州发展	57.16	交运设备服务	汽车服务	10/13
170	002708.SZ	光洋股份	57.16	汽车零部件	汽车零部件Ⅲ	111/150
171	300680.SZ	隆盛科技	57.01	汽车零部件	汽车零部件Ⅲ	112/150
172	300375.SZ	鹏翎股份	56.98	汽车零部件	汽车零部件Ⅲ	113/150
173	300969.SZ	恒帅股份	56.97	汽车零部件	汽车零部件Ⅲ	114/150
174	300960.SZ	通业科技	56.90	非汽车交运	铁路设备	22/22
175	300707.SZ	威唐工业	56.88	汽车零部件	汽车零部件Ⅲ	115/150
176	600733.SH	北汽蓝谷	56.84	汽车整车	乘用车	9/10
177	600213.SH	亚星客车	56.83	汽车整车	商用载客车	5/6
178	300863.SZ	卡倍亿	56.71	汽车零部件	汽车零部件Ⅲ	116/150
179	300100.SZ	双林股份	56.65	汽车零部件	汽车零部件Ⅲ	117/150
180	605228.SH	神通科技	56.64	汽车零部件	汽车零部件Ⅲ	118/150
181	603286.SH	日盈电子	56.62	汽车零部件	汽车零部件Ⅲ	119/150
182	688667.SH	菱电电控	56.22	汽车零部件	汽车零部件Ⅲ	120/150

续表

排名	公司代码	公司名称	综合健康指数	二级行业_同花顺	三级行业_同花顺	三级行业_同花顺_综合排名
183	002921.SZ	联诚精密	56.11	汽车零部件	汽车零部件Ⅲ	121/150
184	300473.SZ	德尔股份	56.09	汽车零部件	汽车零部件Ⅲ	122/150
185	002813.SZ	路畅科技	56.00	汽车零部件	汽车零部件Ⅲ	123/150
186	603121.SH	华培动力	55.96	汽车零部件	汽车零部件Ⅲ	124/150
187	603922.SH	金鸿顺	55.93	汽车零部件	汽车零部件Ⅲ	125/150
188	605133.SH	嵘泰股份	55.71	汽车零部件	汽车零部件Ⅲ	126/150
189	603085.SH	天成自控	55.66	汽车零部件	汽车零部件Ⅲ	127/150
190	300733.SZ	西菱动力	55.66	汽车零部件	汽车零部件Ⅲ	128/150
191	603023.SH	威帝股份	55.21	汽车零部件	汽车零部件Ⅲ	129/150
192	002865.SZ	钧达股份	55.01	汽车零部件	汽车零部件Ⅲ	130/150
193	002363.SZ	隆基机械	54.99	汽车零部件	汽车零部件Ⅲ	131/150
194	300611.SZ	美力科技	54.75	汽车零部件	汽车零部件Ⅲ	132/150
195	600303.SH	曙光股份	54.73	汽车整车	商用载客车	6/6
196	002715.SZ	登云股份	54.58	汽车零部件	汽车零部件Ⅲ	133/150
197	603655.SH	朗博科技	54.56	汽车零部件	汽车零部件Ⅲ	134/150
198	605255.SH	天普股份	54.41	汽车零部件	汽车零部件Ⅲ	135/150
199	605208.SH	永茂泰	54.26	汽车零部件	汽车零部件Ⅲ	136/150
200	000017.SZ	*ST中华A	54.24	非汽车交运	其他交运设备	10/11
201	605333.SH	沪光股份	53.99	汽车零部件	汽车零部件Ⅲ	137/150
202	603161.SH	科华控股	53.40	汽车零部件	汽车零部件Ⅲ	138/150
203	603009.SH	北特科技	53.38	汽车零部件	汽车零部件Ⅲ	139/150
204	300176.SZ	派生科技	53.29	汽车零部件	汽车零部件Ⅲ	140/150
205	600818.SH	中路股份	52.92	非汽车交运	其他交运设备	11/11
206	600653.SH	申华控股	52.63	交运设备服务	汽车服务	11/13
207	601258.SH	庞大集团	52.63	交运设备服务	汽车服务	12/13
208	002213.SZ	六为股份	52.42	汽车零部件	汽车零部件Ⅲ	141/150
209	000981.SZ	*ST银亿	52.25	汽车零部件	汽车零部件Ⅲ	142/150
210	601279.SH	英利汽车	52.24	汽车零部件	汽车零部件Ⅲ	143/150
211	000622.SZ	恒立实业	52.14	汽车零部件	汽车零部件Ⅲ	144/150
212	300745.SZ	欣锐科技	52.12	汽车零部件	汽车零部件Ⅲ	145/150
213	000996.SZ	中国中期	52.12	交运设备服务	汽车服务	13/13
214	300742.SZ	越博动力	50.72	汽车零部件	汽车零部件Ⅲ	146/150
215	002488.SZ	金固股份	50.49	汽车零部件	汽车零部件Ⅲ	147/150
216	000980.SZ	*ST众泰	49.88	汽车整车	乘用车	10/10
217	002355.SZ	兴民智通	49.74	汽车零部件	汽车零部件Ⅲ	148/150
218	000678.SZ	襄阳轴承	49.35	汽车零部件	汽车零部件Ⅲ	149/150
219	002592.SZ	ST八菱	44.29	汽车零部件	汽车零部件Ⅲ	150/150

数据来源：同花顺、中关村国睿金融与产业发展研究会。

6.1.14 农林牧渔行业

农林牧渔行业共分析92家上市公司，92家上市公司共分布在4个二级行业和13个三级行业。2020年农林牧渔行业综合健康指数平均水平为61.90，其中，二级行业中，综合健康指数平均水平较高的行业是农产品加工（64.56），综合健康指数平均水平较低的行业是养殖业（58.20）；三级行业中，综合健康指数平均水平较高的行业是饲料Ⅲ（66.18），综合健康指数平均水平较低的行业是水产养殖（52.42）。

行业全部上市公司排名如表6-16所示。

表6-16　　农林牧渔行业2020年上市公司综合健康指数排名

排名	公司代码	公司名称	综合健康指数	二级行业_同花顺	三级行业_同花顺	三级行业_同花顺_综合排名
1	600298.SH	安琪酵母	73.12	农产品加工	其他农产品加工	1/10
2	300498.SZ	温氏股份	72.93	养殖业	畜禽养殖	1/14
3	002385.SZ	大北农	72.22	农产品加工	饲料Ⅲ	1/16
4	002311.SZ	海大集团	71.85	农产品加工	饲料Ⅲ	2/16
5	300138.SZ	晨光生物	71.67	农产品加工	其他农产品加工	2/10
6	002157.SZ	正邦科技	71.64	农产品加工	饲料Ⅲ	3/16
7	002567.SZ	唐人神	70.79	农产品加工	饲料Ⅲ	4/16
8	600195.SH	中牧股份	70.24	农业服务	动物保健	1/11
9	002100.SZ	天康生物	69.03	农产品加工	饲料Ⅲ	5/16
10	603566.SH	普莱柯	68.89	农业服务	动物保健	2/11
11	002714.SZ	牧原股份	68.61	养殖业	畜禽养殖	2/14
12	600201.SH	生物股份	68.55	农业服务	动物保健	3/11
13	601952.SH	苏垦农发	68.43	种植业与林业	粮食种植	1/6
14	002124.SZ	天邦股份	68.27	农产品加工	饲料Ⅲ	6/16
15	300999.SZ	金龙鱼	68.19	农产品加工	粮油加工	1/4
16	603609.SH	禾丰股份	68.04	农产品加工	饲料Ⅲ	7/16
17	000930.SZ	中粮科技	67.75	农产品加工	其他农产品加工	3/10
18	600737.SH	中粮糖业	67.74	农产品加工	其他农产品加工	4/10
19	002299.SZ	圣农发展	67.02	养殖业	畜禽养殖	3/14
20	300829.SZ	金丹科技	66.84	农产品加工	其他农产品加工	5/10
21	600975.SH	新五丰	66.80	养殖业	畜禽养殖	4/14
22	002286.SZ	保龄宝	66.59	农产品加工	其他农产品加工	6/10
23	000998.SZ	隆平高科	66.41	种植业与林业	种子生产	1/8
24	300087.SZ	荃银高科	66.33	种植业与林业	种子生产	2/8
25	000876.SZ	新希望	66.31	农产品加工	饲料Ⅲ	8/16
26	300119.SZ	瑞普生物	66.19	农业服务	动物保健	4/11
27	002891.SZ	中宠股份	66.14	农产品加工	饲料Ⅲ	9/16
28	000505.SZ	京粮控股	65.95	农产品加工	粮油加工	2/4

续表

排名	公司代码	公司名称	综合健康指数	二级行业_同花顺	三级行业_同花顺	三级行业_同花顺_综合排名
29	603668.SH	天马科技	65.91	农产品加工	饲料Ⅲ	10/16
30	300761.SZ	立华股份	65.74	养殖业	畜禽养殖	5/14
31	300511.SZ	雪榕生物	65.59	种植业与林业	粮食种植	2/6
32	600598.SH	北大荒	65.21	种植业与林业	粮食种植	3/6
33	002548.SZ	金新农	64.95	农产品加工	饲料Ⅲ	11/16
34	688526.SH	科前生物	64.87	农业服务	动物保健	5/11
35	002041.SZ	登海种业	64.65	种植业与林业	种子生产	3/8
36	002746.SZ	仙坛股份	64.64	养殖业	畜禽养殖	6/14
37	600873.SH	梅花生物	64.56	农产品加工	其他农产品加工	7/10
38	000702.SZ	正虹科技	64.16	农产品加工	饲料Ⅲ	12/16
39	300673.SZ	佩蒂股份	64.08	农产品加工	饲料Ⅲ	13/16
40	600127.SH	金健米业	63.79	农产品加工	粮油加工	3/4
41	000713.SZ	丰乐种业	63.61	种植业与林业	种子生产	4/8
42	603739.SH	蔚蓝生物	63.60	农业服务	动物保健	6/11
43	002868.SZ	绿康生化	63.30	农业服务	动物保健	7/11
44	300021.SZ	大禹节水	63.06	农业服务	农业综合Ⅲ	1/1
45	601118.SH	海南橡胶	62.98	种植业与林业	其他种植业	1/5
46	300871.SZ	回盛生物	62.88	农业服务	动物保健	8/11
47	600251.SH	冠农股份	62.80	农产品加工	果蔬加工	1/4
48	600359.SH	新农开发	62.72	种植业与林业	其他种植业	2/5
49	600313.SH	农发种业	62.56	种植业与林业	种子生产	5/8
50	002688.SZ	金河生物	62.32	农业服务	动物保健	9/11
51	688098.SH	申联生物	62.28	农业服务	动物保健	10/11
52	600097.SH	开创国际	62.26	养殖业	海洋捕捞	1/2
53	002852.SZ	道道全	62.25	农产品加工	粮油加工	4/4
54	300972.SZ	万辰生物	61.76	种植业与林业	粮食种植	4/6
55	600108.SH	亚盛集团	60.75	种植业与林业	其他种植业	3/5
56	002772.SZ	众兴菌业	60.71	种植业与林业	粮食种植	5/6
57	600354.SH	敦煌种业	60.60	种植业与林业	种子生产	6/8
58	603363.SH	傲农生物	60.47	农产品加工	饲料Ⅲ	14/16
59	002458.SZ	益生股份	60.29	养殖业	畜禽养殖	7/14
60	000911.SZ	南宁糖业	60.24	农产品加工	其他农产品加工	8/10
61	600467.SH	好当家	60.23	养殖业	水产养殖	1/7
62	000048.SZ	京基智农	59.88	农产品加工	饲料Ⅲ	15/16
63	002679.SZ	福建金森	59.72	种植业与林业	林业Ⅲ	1/4
64	603336.SH	宏辉果蔬	59.62	农产品加工	果蔬加工	2/4

续表

排名	公司代码	公司名称	综合健康指数	二级行业_同花顺	三级行业_同花顺	三级行业_同花顺_综合排名
65	603477.SH	巨星农牧	58.69	养殖业	畜禽养殖	8/14
66	688639.SH	华恒生物	58.51	农产品加工	其他农产品加工	9/10
67	600371.SH	万向德农	57.63	种植业与林业	种子生产	7/8
68	002234.SZ	民和股份	57.38	养殖业	畜禽养殖	9/14
69	600540.SH	新赛股份	56.88	种植业与林业	其他种植业	4/5
70	000735.SZ	罗牛山	56.65	养殖业	畜禽养殖	10/14
71	002982.SZ	湘佳股份	56.49	养殖业	畜禽养殖	11/14
72	603718.SH	海利生物	56.05	农业服务	动物保健	11/11
73	300970.SZ	华绿生物	55.95	种植业与林业	粮食种植	6/6
74	600257.SH	大湖股份	55.88	养殖业	水产养殖	2/7
75	300967.SZ	晓鸣股份	55.66	养殖业	畜禽养殖	12/14
76	002696.SZ	百洋股份	55.16	农产品加工	饲料Ⅲ	16/16
77	600506.SH	*ST香梨	54.62	种植业与林业	其他种植业	5/5
78	000592.SZ	平潭发展	54.56	种植业与林业	林业Ⅲ	2/4
79	300094.SZ	国联水产	53.88	养殖业	水产养殖	3/7
80	300189.SZ	神农科技	53.79	种植业与林业	种子生产	8/8
81	600076.SH	康欣新材	53.70	种植业与林业	林业Ⅲ	3/4
82	300268.SZ	佳沃股份	53.58	养殖业	水产养殖	4/7
83	000798.SZ	中水渔业	53.58	养殖业	海洋捕捞	2/2
84	300313.SZ	ST天山	52.87	养殖业	畜禽养殖	13/14
85	002069.SZ	獐子岛	52.83	养殖业	水产养殖	5/7
86	000972.SZ	*ST中基	52.28	农产品加工	果蔬加工	3/4
87	300175.SZ	朗源股份	52.16	农产品加工	果蔬加工	4/4
88	002321.SZ	*ST华英	52.04	养殖业	畜禽养殖	14/14
89	600191.SH	*ST华资	51.93	农产品加工	其他农产品加工	10/10
90	600265.SH	*ST景谷	50.03	种植业与林业	林业Ⅲ	4/4
91	002086.SZ	*ST东洋	45.68	养殖业	水产养殖	6/7
92	600275.SH	*ST昌鱼	44.89	养殖业	水产养殖	7/7

数据来源：同花顺、中关村国睿金融与产业发展研究会。

6.1.15 轻工制造行业

轻工制造行业共分析135家上市公司，135家上市公司共分布在3个二级行业和6个三级行业。2020年轻工制造行业综合健康指数平均水平为61.78，其中，二级行业中，综合健康指数平均水平较高的行业是造纸（65.25），综合健康指数平均水平较低的行业是家用轻工（60.92）；三级行业中，综合健康指数平均水平较高的行业是造纸Ⅲ（65.25），综合健康指数平均水平较低的行业是珠宝首饰（56.48）。

行业全部上市公司排名如表6-17所示。

表 6-17　　　　　　　　　　轻工制造行业 2020 年上市公司综合健康指数排名

排名	公司代码	公司名称	综合健康指数	二级行业_同花顺	三级行业_同花顺	三级行业_同花顺_综合排名
1	603833.SH	欧派家居	71.74	家用轻工	家具	1/30
2	002572.SZ	索菲亚	71.25	家用轻工	家具	2/30
3	002014.SZ	永新股份	70.84	包装印刷	包装印刷Ⅲ	1/40
4	603165.SH	荣晟环保	70.80	造纸	造纸Ⅲ	1/24
5	002191.SZ	劲嘉股份	70.75	包装印刷	包装印刷Ⅲ	2/40
6	603661.SH	恒林股份	70.52	家用轻工	家具	3/30
7	002067.SZ	景兴纸业	70.40	造纸	造纸Ⅲ	2/24
8	002831.SZ	裕同科技	70.06	包装印刷	包装印刷Ⅲ	3/40
9	002585.SZ	双星新材	69.44	包装印刷	包装印刷Ⅲ	4/40
10	603899.SH	晨光文具	69.43	家用轻工	文娱用品	1/12
11	000488.SZ	晨鸣纸业	69.40	造纸	造纸Ⅲ	3/24
12	002078.SZ	太阳纸业	69.07	造纸	造纸Ⅲ	4/24
13	002012.SZ	凯恩股份	69.06	造纸	造纸Ⅲ	5/24
14	000026.SZ	飞亚达	68.85	家用轻工	珠宝首饰	1/12
15	603313.SH	梦百合	68.83	家用轻工	家具	4/30
16	600612.SH	老凤祥	68.70	家用轻工	珠宝首饰	2/12
17	603180.SH	金牌厨柜	68.63	家用轻工	家具	5/30
18	603992.SH	松霖科技	68.63	家用轻工	其他家用轻工	1/17
19	603008.SH	喜临门	68.60	家用轻工	家具	6/30
20	603733.SH	仙鹤股份	68.54	造纸	造纸Ⅲ	6/24
21	603801.SH	志邦家居	68.45	家用轻工	家具	7/30
22	600356.SH	恒丰纸业	68.38	造纸	造纸Ⅲ	7/24
23	002511.SZ	中顺洁柔	68.20	造纸	造纸Ⅲ	8/24
24	002117.SZ	东港股份	67.92	包装印刷	包装印刷Ⅲ	5/40
25	002489.SZ	浙江永强	67.65	家用轻工	家具	8/30
26	600433.SH	冠豪高新	67.62	造纸	造纸Ⅲ	9/24
27	600966.SH	博汇纸业	67.33	造纸	造纸Ⅲ	10/24
28	002799.SZ	环球印务	67.29	包装印刷	包装印刷Ⅲ	6/40
29	600210.SH	紫江企业	67.16	包装印刷	包装印刷Ⅲ	7/40
30	603408.SH	建霖家居	67.03	家用轻工	其他家用轻工	2/17
31	600963.SH	岳阳林纸	66.86	造纸	造纸Ⅲ	11/24
32	002853.SZ	皮阿诺	66.49	家用轻工	家具	9/30
33	603607.SH	京华激光	66.40	包装印刷	包装印刷Ⅲ	8/40
34	603816.SH	顾家家居	66.30	家用轻工	家具	10/30
35	002678.SZ	珠江钢琴	66.20	家用轻工	文娱用品	2/12
36	002867.SZ	周大生	66.04	家用轻工	珠宝首饰	3/12
37	002228.SZ	合兴包装	65.83	包装印刷	包装印刷Ⅲ	9/40
38	600337.SH	美克家居	65.37	家用轻工	家具	11/30

续表

排名	公司代码	公司名称	综合健康指数	二级行业_同花顺	三级行业_同花顺	三级行业_同花顺_综合排名
39	601515.SH	东风股份	65.34	包装印刷	包装印刷Ⅲ	10/40
40	603326.SH	我乐家居	65.13	家用轻工	家具	12/30
41	605009.SH	豪悦护理	65.04	造纸	造纸Ⅲ	12/24
42	600567.SH	山鹰国际	64.96	造纸	造纸Ⅲ	13/24
43	603208.SH	江山欧派	64.89	家用轻工	家具	13/30
44	603818.SH	曲美家居	64.86	家用轻工	家具	14/30
45	601968.SH	宝钢包装	64.84	包装印刷	包装印刷Ⅲ	11/40
46	002521.SZ	齐峰新材	64.69	造纸	造纸Ⅲ	14/24
47	002701.SZ	奥瑞金	64.50	包装印刷	包装印刷Ⅲ	12/40
48	002084.SZ	海鸥住工	64.31	家用轻工	其他家用轻工	3/17
49	003018.SZ	金富科技	64.29	包装印刷	包装印刷Ⅲ	13/40
50	603687.SH	大胜达	64.27	包装印刷	包装印刷Ⅲ	14/40
51	300729.SZ	乐歌股份	64.19	家用轻工	其他家用轻工	4/17
52	002345.SZ	潮宏基	64.16	家用轻工	珠宝首饰	4/12
53	600308.SH	华泰股份	64.12	造纸	造纸Ⅲ	15/24
54	002301.SZ	齐心集团	64.04	家用轻工	文娱用品	3/12
55	603848.SH	好太太	63.88	家用轻工	家具	15/30
56	603898.SH	好莱客	63.80	家用轻工	家具	16/30
57	605500.SH	森林包装	63.76	造纸	造纸Ⅲ	16/24
58	603600.SH	永艺股份	63.64	家用轻工	家具	17/30
59	603610.SH	麒盛科技	63.58	家用轻工	家具	18/30
60	003006.SZ	百亚股份	63.28	造纸	造纸Ⅲ	17/24
61	300616.SZ	尚品宅配	63.12	家用轻工	家具	19/30
62	603221.SH	爱丽家居	62.94	家用轻工	家具	20/30
63	603429.SH	集友股份	62.84	包装印刷	包装印刷Ⅲ	15/40
64	600103.SH	青山纸业	62.83	造纸	造纸Ⅲ	18/24
65	605299.SH	舒华体育	62.73	家用轻工	文娱用品	4/12
66	300703.SZ	创源股份	62.57	家用轻工	文娱用品	5/12
67	002522.SZ	浙江众成	62.43	包装印刷	包装印刷Ⅲ	16/40
68	603226.SH	菲林格尔	62.31	家用轻工	家具	21/30
69	603021.SH	山东华鹏	61.88	家用轻工	其他家用轻工	5/17
70	605007.SH	五洲特纸	61.86	造纸	造纸Ⅲ	19/24
71	605377.SH	华旺科技	61.83	造纸	造纸Ⅲ	20/24
72	002790.SZ	瑞尔特	61.75	家用轻工	其他家用轻工	6/17
73	002303.SZ	美盈森	61.64	包装印刷	包装印刷Ⅲ	17/40
74	603058.SH	永吉股份	61.16	包装印刷	包装印刷Ⅲ	18/40
75	002846.SZ	英联股份	61.16	包装印刷	包装印刷Ⅲ	19/40
76	000815.SZ	美利云	61.00	造纸	造纸Ⅲ	21/24
77	603385.SH	惠达卫浴	60.98	家用轻工	其他家用轻工	7/17
78	601996.SH	丰林集团	60.92	家用轻工	家具	22/30

续表

排名	公司代码	公司名称	综合健康指数	二级行业_同花顺	三级行业_同花顺	三级行业_同花顺_综合排名
79	605099.SH	共创草坪	60.88	家用轻工	文娱用品	6/12
80	002735.SZ	王子新材	60.87	包装印刷	包装印刷Ⅲ	20/40
81	002751.SZ	易尚展示	60.82	家用轻工	其他家用轻工	8/17
82	600235.SH	民丰特纸	60.17	造纸	造纸Ⅲ	22/24
83	600793.SH	宜宾纸业	60.14	造纸	造纸Ⅲ	23/24
84	300640.SZ	德艺文创	59.91	家用轻工	其他家用轻工	9/17
85	300849.SZ	锦盛新材	59.89	包装印刷	包装印刷Ⅲ	21/40
86	002787.SZ	华源控股	59.67	包装印刷	包装印刷Ⅲ	22/40
87	600836.SH	上海易连	59.64	包装印刷	包装印刷Ⅲ	23/40
88	300955.SZ	嘉亨家化	59.56	包装印刷	包装印刷Ⅲ	24/40
89	300501.SZ	海顺新材	59.38	包装印刷	包装印刷Ⅲ	25/40
90	002631.SZ	德尔未来	59.35	家用轻工	家具	23/30
91	603398.SH	邦宝益智	59.22	家用轻工	文娱用品	7/12
92	003011.SZ	海象新材	59.05	家用轻工	家具	24/30
93	300883.SZ	龙利得	58.87	包装印刷	包装印刷Ⅲ	26/40
94	603709.SH	中源家居	58.85	家用轻工	家具	25/30
95	000910.SZ	大亚圣象	58.80	家用轻工	家具	26/30
96	002951.SZ	金时科技	58.73	包装印刷	包装印刷Ⅲ	27/40
97	300057.SZ	万顺新材	58.25	包装印刷	包装印刷Ⅲ	28/40
98	002899.SZ	英派斯	58.20	家用轻工	文娱用品	8/12
99	002836.SZ	新宏泽	58.06	包装印刷	包装印刷Ⅲ	29/40
100	300651.SZ	金陵体育	57.94	家用轻工	文娱用品	9/12
101	002599.SZ	盛通股份	57.75	包装印刷	包装印刷Ⅲ	30/40
102	300749.SZ	顶固集创	57.70	家用轻工	家具	27/30
103	002615.SZ	哈尔斯	57.61	家用轻工	其他家用轻工	10/17
104	002565.SZ	顺灏股份	57.26	包装印刷	包装印刷Ⅲ	31/40
105	002969.SZ	嘉美包装	56.94	包装印刷	包装印刷Ⅲ	32/40
106	603499.SH	翔港科技	56.90	包装印刷	包装印刷Ⅲ	33/40
107	603863.SH	ST松炀	56.68	造纸	造纸Ⅲ	24/24
108	600735.SH	新华锦	56.59	家用轻工	其他家用轻工	11/17
109	603268.SH	松发股份	56.24	家用轻工	其他家用轻工	12/17
110	002229.SZ	鸿博股份	56.15	包装印刷	包装印刷Ⅲ	34/40
111	000663.SZ	*ST永林	56.01	家用轻工	家具	28/30
112	605268.SH	三力安防	55.69	家用轻工	家具	29/30
113	300945.SZ	曼卡龙	55.68	家用轻工	珠宝首饰	5/12
114	600539.SH	狮头股份	55.68	家用轻工	其他家用轻工	13/17
115	002752.SZ	昇兴股份	55.52	包装印刷	包装印刷Ⅲ	35/40
116	603838.SH	四通股份	55.42	家用轻工	其他家用轻工	14/17

续表

排名	公司代码	公司名称	综合健康指数	二级行业_同花顺	三级行业_同花顺	三级行业_同花顺_综合排名
117	000695.SZ	滨海能源	55.34	包装印刷	包装印刷Ⅲ	36/40
118	300329.SZ	海伦钢琴	55.09	家用轻工	文娱用品	10/12
119	603059.SH	倍加洁	54.97	家用轻工	其他家用轻工	15/17
120	600916.SH	中国黄金	54.94	家用轻工	珠宝首饰	6/12
121	600439.SH	瑞贝卡	54.93	家用轻工	其他家用轻工	16/17
122	002574.SZ	明牌珠宝	54.90	家用轻工	珠宝首饰	7/12
123	603389.SH	亚振家居	54.83	家用轻工	家具	30/30
124	002721.SZ	金一文化	54.18	家用轻工	珠宝首饰	8/12
125	003003.SZ	天元股份	54.18	包装印刷	包装印刷Ⅲ	37/40
126	002103.SZ	广博股份	53.99	家用轻工	文娱用品	11/12
127	603022.SH	新通联	53.61	包装印刷	包装印刷Ⅲ	38/40
128	000659.SZ	珠海中富	53.41	包装印刷	包装印刷Ⅲ	39/40
129	002731.SZ	萃华珠宝	53.39	家用轻工	珠宝首饰	9/12
130	002862.SZ	实丰文化	52.01	家用轻工	文娱用品	12/12
131	002571.SZ	德力股份	51.42	家用轻工	其他家用轻工	17/17
132	002740.SZ	爱迪尔	49.95	家用轻工	珠宝首饰	10/12
133	000812.SZ	陕西金叶	49.89	包装印刷	包装印刷Ⅲ	40/40
134	002356.SZ	*ST赫美	45.02	家用轻工	珠宝首饰	11/12
135	000587.SZ	*ST金洲	41.92	家用轻工	珠宝首饰	12/12

数据来源：同花顺、中关村国睿金融与产业发展研究会。

6.1.16 商业贸易行业

商业贸易行业共分析108家上市公司，108家上市公司共分布在2个二级行业和4个三级行业。2020年商业贸易行业综合健康指数平均水平为62.00，其中，二级行业中，综合健康指数平均水平较高的行业是贸易（63.53），综合健康指数平均水平较低的行业是零售（61.44）；三级行业中，综合健康指数平均水平较高的行业是贸易Ⅲ（63.53），综合健康指数平均水平较低的行业是百货零售（60.72）。

行业全部上市公司排名如表6-18所示。

表6-18　　商业贸易行业2020年上市公司综合健康指数排名

排名	公司代码	公司名称	综合健康指数	二级行业_同花顺	三级行业_同花顺	三级行业_同花顺_综合排名
1	002758.SZ	浙农股份	75.50	贸易	贸易Ⅲ	1/29
2	002091.SZ	江苏国泰	75.19	贸易	贸易Ⅲ	2/29
3	000906.SZ	浙商中拓	74.98	贸易	贸易Ⅲ	3/29
4	600710.SH	苏美达	74.54	贸易	贸易Ⅲ	4/29
5	603123.SH	翠微股份	74.25	零售	百货零售	1/50
6	002818.SZ	富森美	73.46	零售	商业物业经营	1/15

续表

排名	公司代码	公司名称	综合健康指数	二级行业_同花顺	三级行业_同花顺	三级行业_同花顺_综合排名
7	002416.SZ	爱施德	71.21	零售	专业连锁	1/14
8	600981.SH	汇鸿集团	71.16	贸易	贸易Ⅲ	5/29
9	600755.SH	厦门国贸	70.91	贸易	贸易Ⅲ	6/29
10	002419.SZ	天虹股份	70.88	零售	百货零售	2/50
11	000019.SZ	深粮控股	70.40	贸易	贸易Ⅲ	7/29
12	000785.SZ	居然之家	69.72	零售	商业物业经营	2/15
13	600655.SH	豫园股份	69.65	零售	专业连锁	2/14
14	000829.SZ	天音控股	69.12	零售	专业连锁	3/14
15	002344.SZ	海宁皮城	69.11	零售	商业物业经营	3/15
16	600790.SH	轻纺城	68.65	零售	商业物业经营	4/15
17	600859.SH	王府井	68.26	零售	百货零售	3/50
18	600278.SH	东方创业	67.97	贸易	贸易Ⅲ	8/29
19	600729.SH	重庆百货	67.52	零售	百货零售	4/50
20	600415.SH	小商品城	67.43	零售	商业物业经营	5/15
21	600113.SH	浙江东日	66.73	零售	商业物业经营	6/15
22	000419.SZ	通程控股	66.69	零售	百货零售	5/50
23	000061.SZ	农产品	66.64	零售	专业连锁	4/14
24	300755.SZ	华致酒行	66.57	零售	专业连锁	5/14
25	600814.SH	杭州解百	66.54	零售	百货零售	6/50
26	601933.SH	永辉超市	66.34	零售	百货零售	7/50
27	002999.SZ	天禾股份	66.06	贸易	贸易Ⅲ	9/29
28	000626.SZ	远大控股	65.99	贸易	贸易Ⅲ	10/29
29	000715.SZ	中兴商业	65.40	零售	百货零售	8/50
30	605136.SH	丽人丽妆	65.36	零售	专业连锁	6/14
31	300622.SZ	博士眼镜	65.04	零售	专业连锁	7/14
32	002697.SZ	红旗连锁	64.87	零售	百货零售	9/50
33	002561.SZ	徐家汇	64.85	零售	百货零售	10/50
34	600058.SH	五矿发展	64.79	贸易	贸易Ⅲ	11/29
35	300464.SZ	星徽股份	64.66	零售	百货零售	11/50
36	002127.SZ	南极电商	64.62	零售	专业连锁	8/14
37	600827.SH	百联股份	64.34	零售	百货零售	12/50
38	000501.SZ	鄂武商A	64.16	零售	百货零售	13/50
39	300947.SZ	德必集团	63.84	零售	商业物业经营	7/15
40	002187.SZ	广百股份	63.74	零售	百货零售	14/50
41	600128.SH	弘业股份	63.73	贸易	贸易Ⅲ	12/29
42	000701.SZ	厦门信达	63.65	贸易	贸易Ⅲ	13/29
43	600697.SH	欧亚集团	63.65	零售	百货零售	15/50
44	603682.SH	锦和商业	63.51	零售	商业物业经营	8/15

续表

排名	公司代码	公司名称	综合健康指数	二级行业_同花顺	三级行业_同花顺	三级行业_同花顺_综合排名
45	002251.SZ	步步高	63.24	零售	百货零售	16/50
46	601116.SH	三江购物	62.94	零售	百货零售	17/50
47	600361.SH	华联综超	62.80	零售	百货零售	18/50
48	600822.SH	上海物贸	62.79	贸易	贸易Ⅲ	14/29
49	600693.SH	东百集团	62.77	零售	百货零售	19/50
50	000759.SZ	中百集团	62.54	零售	百货零售	20/50
51	601366.SH	利群股份	62.50	零售	百货零售	21/50
52	000417.SZ	合肥百货	62.49	零售	百货零售	22/50
53	601828.SH	美凯龙	62.28	零售	商业物业经营	9/15
54	002277.SZ	友阿股份	62.07	零售	百货零售	23/50
55	603214.SH	爱婴室	62.00	零售	专业连锁	9/14
56	600628.SH	新世界	61.85	零售	百货零售	24/50
57	603708.SH	家家悦	61.71	零售	百货零售	25/50
58	600694.SH	大商股份	61.50	零售	百货零售	26/50
59	601086.SH	国芳集团	61.46	零售	百货零售	27/50
60	300975.SZ	商络电子	61.30	贸易	贸易Ⅲ	15/29
61	002505.SZ	鹏都农牧	61.21	贸易	贸易Ⅲ	16/29
62	600608.SH	ST沪科	61.15	贸易	贸易Ⅲ	17/29
63	002336.SZ	人人乐	61.15	零售	百货零售	28/50
64	002024.SZ	苏宁易购	61.06	零售	专业连锁	10/14
65	000058.SZ	深赛格	60.94	零售	商业物业经营	10/15
66	600532.SH	未来股份	60.82	贸易	贸易Ⅲ	18/29
67	600725.SH	云维股份	60.67	贸易	贸易Ⅲ	19/29
68	600858.SH	银座股份	60.67	零售	百货零售	29/50
69	600287.SH	江苏舜天	60.59	贸易	贸易Ⅲ	20/29
70	600301.SH	*ST南化	60.58	贸易	贸易Ⅲ	21/29
71	603900.SH	莱绅通灵	60.51	零售	专业连锁	11/14
72	600250.SH	南纺股份	60.50	贸易	贸易Ⅲ	22/29
73	600723.SH	首商股份	60.49	零售	百货零售	30/50
74	601010.SH	文峰股份	60.32	零售	百货零售	31/50
75	601028.SH	玉龙股份	60.01	贸易	贸易Ⅲ	23/29
76	002264.SZ	新华都	59.71	零售	百货零售	32/50
77	600865.SH	百大集团	59.54	零售	百货零售	33/50
78	001201.SZ	东瑞股份	59.46	贸易	贸易Ⅲ	24/29
79	002640.SZ	*ST跨境	58.73	零售	百货零售	34/50
80	600738.SH	丽尚国潮	58.73	零售	商业物业经营	11/15
81	603003.SH	龙宇燃油	58.31	贸易	贸易Ⅲ	25/29
82	603031.SH	安德利	58.13	零售	百货零售	35/50

续表

排名	公司代码	公司名称	综合健康指数	二级行业_同花顺	三级行业_同花顺	三级行业_同花顺_综合排名
83	600838.SH	上海九百	58.00	零售	百货零售	36/50
84	000882.SZ	华联股份	57.76	零售	商业物业经营	12/15
85	300022.SZ	吉峰科技	57.71	零售	专业连锁	12/14
86	000861.SZ	海印股份	57.61	零售	商业物业经营	13/15
87	600785.SH	新华百货	57.55	零售	百货零售	37/50
88	600753.SH	东方银星	57.45	贸易	贸易Ⅲ	26/29
89	600861.SH	北京城乡	57.40	零售	百货零售	38/50
90	600828.SH	茂业商业	57.07	零售	百货零售	39/50
91	600647.SH	同达创业	56.46	贸易	贸易Ⅲ	27/29
92	605188.SH	国光连锁	55.60	零售	百货零售	40/50
93	600280.SH	中央商场	55.47	零售	百货零售	41/50
94	601113.SH	ST华鼎	55.27	零售	百货零售	42/50
95	600857.SH	宁波中百	54.63	零售	百货零售	43/50
96	000056.SZ	皇庭国际	53.86	零售	商业物业经营	14/15
97	600365.SH	ST通葡	53.62	零售	专业连锁	13/14
98	600778.SH	友好集团	53.51	零售	百货零售	44/50
99	300209.SZ	天泽信息	53.29	零售	百货零售	45/50
100	000564.SZ	*ST大集	52.12	零售	百货零售	46/50
101	600870.SH	*ST厦华	52.01	贸易	贸易Ⅲ	28/29
102	603101.SH	汇嘉时代	51.99	零售	百货零售	47/50
103	600306.SH	*ST商城	51.14	零售	百货零售	48/50
104	000679.SZ	大连友谊	50.35	零售	百货零售	49/50
105	600712.SH	南宁百货	49.90	零售	百货零售	50/50
106	000007.SZ	*ST全新	45.60	零售	商业物业经营	15/15
107	600122.SH	ST宏图	45.38	零售	专业连锁	14/14
108	600145.SH	*ST新亿	44.20	贸易	贸易Ⅲ	29/29

数据来源：同花顺、中关村国睿金融与产业发展研究会。

6.1.17 食品饮料行业

食品饮料行业共分析119家上市公司，119家上市公司共分布在2个二级行业和10个三级行业。2020年食品饮料行业综合健康指数平均水平为61.56，其中，二级行业中，综合健康指数平均水平较高的行业是饮料制造（62.13），综合健康指数平均水平较低的行业是食品加工制造（61.23）；三级行业中，综合健康指数平均水平较高的行业是白酒（66.24），综合健康指数平均水平较低的行业是葡萄酒（52.97）。

行业全部上市公司排名如表6-19所示。

表 6-19　食品饮料行业 2020 年上市公司综合健康指数排名

排名	公司代码	公司名称	综合健康指数	二级行业_同花顺	三级行业_同花顺	三级行业_同花顺_综合排名
1	603288.SH	海天味业	76.59	食品加工制造	调味发酵品	1/12
2	000568.SZ	泸州老窖	76.17	饮料制造	白酒	1/18
3	002304.SZ	洋河股份	73.33	饮料制造	白酒	2/18
4	600809.SH	山西汾酒	73.01	饮料制造	白酒	3/18
5	000858.SZ	五粮液	72.35	饮料制造	白酒	4/18
6	000596.SZ	古井贡酒	70.54	饮料制造	白酒	5/18
7	000895.SZ	双汇发展	70.32	食品加工制造	肉制品	1/8
8	002216.SZ	三全食品	69.55	食品加工制造	食品综合	1/40
9	600519.SH	贵州茅台	69.45	饮料制造	白酒	6/18
10	600132.SH	重庆啤酒	69.04	饮料制造	啤酒	1/7
11	603043.SH	广州酒家	68.99	食品加工制造	食品综合	2/40
12	603198.SH	迎驾贡酒	68.85	饮料制造	白酒	7/18
13	002568.SZ	百润股份	68.81	饮料制造	其他酒类	1/3
14	600887.SH	伊利股份	68.77	食品加工制造	乳品	1/15
15	603369.SH	今世缘	68.72	饮料制造	白酒	8/18
16	300146.SZ	汤臣倍健	68.69	食品加工制造	食品综合	3/40
17	000729.SZ	燕京啤酒	68.67	饮料制造	啤酒	2/7
18	603919.SH	金徽酒	68.21	饮料制造	白酒	9/18
19	002582.SZ	好想你	67.37	食品加工制造	食品综合	4/40
20	002557.SZ	洽洽食品	67.19	食品加工制造	食品综合	5/40
21	300741.SZ	华宝股份	67.00	食品加工制造	食品综合	6/40
22	000860.SZ	顺鑫农业	66.75	饮料制造	白酒	10/18
23	002507.SZ	涪陵榨菜	66.65	食品加工制造	食品综合	7/40
24	600872.SH	中炬高新	66.04	食品加工制造	调味发酵品	2/12
25	300791.SZ	仙乐健康	65.99	食品加工制造	食品综合	8/40
26	600197.SH	伊力特	65.83	饮料制造	白酒	11/18
27	002481.SZ	双塔食品	65.76	食品加工制造	食品综合	9/40
28	600597.SH	光明乳业	65.74	食品加工制造	乳品	2/15
29	603156.SH	养元饮品	65.17	饮料制造	软饮料	1/9
30	600600.SH	青岛啤酒	65.08	饮料制造	啤酒	3/7
31	002702.SZ	海欣食品	64.86	食品加工制造	食品综合	10/40
32	002661.SZ	克明面业	64.85	食品加工制造	食品综合	11/40
33	002847.SZ	盐津铺子	64.79	食品加工制造	食品综合	12/40
34	000848.SZ	承德露露	64.71	饮料制造	软饮料	2/9
35	300783.SZ	三只松鼠	64.41	食品加工制造	食品综合	13/40
36	002461.SZ	珠江啤酒	64.41	饮料制造	啤酒	4/7
37	002726.SZ	龙大肉食	64.40	食品加工制造	肉制品	2/8
38	002597.SZ	金禾实业	64.26	食品加工制造	食品综合	14/40
39	603711.SH	香飘飘	64.12	饮料制造	软饮料	3/9
40	000799.SZ	酒鬼酒	63.92	饮料制造	白酒	12/18

续表

排名	公司代码	公司名称	综合健康指数	二级行业_同花顺	三级行业_同花顺	三级行业_同花顺_综合排名
41	002695.SZ	煌上煌	63.69	食品加工制造	肉制品	3/8
42	603589.SH	口子窖	63.67	饮料制造	白酒	13/18
43	600559.SH	老白干酒	63.59	饮料制造	白酒	14/18
44	603719.SH	良品铺子	63.50	食品加工制造	食品综合	15/40
45	603317.SH	天味食品	63.48	食品加工制造	调味发酵品	3/12
46	002840.SZ	华统股份	63.20	食品加工制造	肉制品	4/8
47	002732.SZ	燕塘乳业	63.15	食品加工制造	乳品	3/15
48	300898.SZ	熊猫乳品	63.15	食品加工制造	乳品	4/15
49	603020.SH	爱普股份	63.04	食品加工制造	食品综合	16/40
50	600305.SH	恒顺醋业	62.78	食品加工制造	调味发酵品	4/12
51	002946.SZ	新乳业	62.74	食品加工制造	乳品	5/15
52	600419.SH	天润乳业	62.53	食品加工制造	乳品	6/15
53	603866.SH	桃李面包	62.51	食品加工制造	食品综合	17/40
54	600779.SH	水井坊	62.51	饮料制造	白酒	15/18
55	605077.SH	华康股份	62.44	食品加工制造	食品综合	18/40
56	603886.SH	元祖股份	62.27	食品加工制造	食品综合	19/40
57	603345.SH	安井食品	62.25	食品加工制造	食品综合	20/40
58	000869.SZ	张裕A	62.07	饮料制造	葡萄酒	1/4
59	603517.SH	绝味食品	61.88	食品加工制造	食品综合	21/40
60	000639.SZ	西王食品	61.83	食品加工制造	食品综合	22/40
61	600429.SH	三元股份	61.48	食品加工制造	乳品	7/15
62	300858.SZ	科拓生物	61.34	食品加工制造	食品综合	23/40
63	603027.SH	千禾味业	61.32	食品加工制造	调味发酵品	5/12
64	300892.SZ	品渥食品	61.21	食品加工制造	乳品	8/15
65	601579.SH	会稽山	61.12	饮料制造	黄酒	1/3
66	300908.SZ	仲景食品	61.06	食品加工制造	调味发酵品	6/12
67	603777.SH	来伊份	60.99	食品加工制造	食品综合	24/40
68	605388.SH	均瑶健康	60.94	饮料制造	软饮料	4/9
69	600059.SH	古越龙山	60.78	饮料制造	黄酒	2/3
70	600573.SH	惠泉啤酒	60.67	饮料制造	啤酒	5/7
71	300915.SZ	海融科技	60.63	食品加工制造	食品综合	25/40
72	600186.SH	莲花健康	60.58	食品加工制造	调味发酵品	7/12
73	600073.SH	上海梅林	60.49	食品加工制造	肉制品	5/8
74	688089.SH	嘉必优	60.39	食品加工制造	食品综合	26/40
75	300973.SZ	立高食品	59.83	食品加工制造	食品综合	27/40
76	605337.SH	李子园	59.66	饮料制造	软饮料	5/9
77	605179.SH	一鸣食品	59.65	食品加工制造	乳品	9/15
78	600702.SH	舍得酒业	59.39	饮料制造	白酒	16/18
79	600866.SH	星湖科技	59.38	食品加工制造	调味发酵品	8/12
80	002991.SZ	甘源食品	59.32	食品加工制造	食品综合	28/40

续表

排名	公司代码	公司名称	综合健康指数	二级行业_同花顺	三级行业_同花顺	三级行业_同花顺_综合排名
81	603696.SH	安记食品	59.20	食品加工制造	调味发酵品	9/12
82	605338.SH	巴比食品	59.16	食品加工制造	食品综合	29/40
83	600965.SH	福成股份	58.88	食品加工制造	肉制品	6/8
84	002495.SZ	佳隆股份	58.63	食品加工制造	调味发酵品	10/12
85	002650.SZ	ST加加	58.53	食品加工制造	调味发酵品	11/12
86	600882.SH	妙可蓝多	58.47	食品加工制造	乳品	10/15
87	603755.SH	日辰股份	58.36	食品加工制造	调味发酵品	12/12
88	003000.SZ	劲仔食品	58.21	食品加工制造	食品综合	30/40
89	600199.SH	金种子酒	58.14	饮料制造	白酒	17/18
90	600300.SH	ST维维	58.14	饮料制造	软饮料	6/9
91	605198.SH	德利股份	57.75	饮料制造	软饮料	7/9
92	603697.SH	有友食品	57.64	食品加工制造	食品综合	31/40
93	600616.SH	金枫酒业	57.49	饮料制造	黄酒	3/3
94	600189.SH	泉阳泉	57.34	饮料制造	软饮料	8/9
95	002820.SZ	桂发祥	57.29	食品加工制造	食品综合	32/40
96	002646.SZ	青青稞酒	57.21	饮料制造	其他酒类	2/3
97	300106.SZ	西部牧业	57.19	食品加工制造	乳品	11/15
98	605089.SH	味知香	57.16	食品加工制造	食品综合	33/40
99	603536.SH	惠发食品	56.87	食品加工制造	食品综合	34/40
100	003030.SZ	祖名股份	56.33	食品加工制造	食品综合	35/40
101	002956.SZ	西麦食品	55.77	食品加工制造	食品综合	36/40
102	002330.SZ	得利斯	55.76	食品加工制造	肉制品	7/8
103	002910.SZ	庄园牧场	55.41	食品加工制造	乳品	12/15
104	600962.SH	国投中鲁	55.33	饮料制造	软饮料	9/9
105	605300.SH	佳禾食品	54.96	食品加工制造	食品综合	37/40
106	002329.SZ	皇氏集团	54.70	食品加工制造	乳品	13/15
107	000716.SZ	黑芝麻	54.41	食品加工制造	食品综合	38/40
108	600543.SH	莫高股份	54.34	饮料制造	葡萄酒	2/4
109	605016.SH	百龙创园	53.93	食品加工制造	食品综合	39/40
110	002515.SZ	金字火腿	53.89	食品加工制造	肉制品	8/8
111	600238.SH	海南椰岛	52.76	饮料制造	其他酒类	3/3
112	600084.SH	*ST中葡	52.71	饮料制造	葡萄酒	3/4
113	002719.SZ	*ST麦趣	51.28	食品加工制造	食品综合	40/40
114	000929.SZ	兰州黄河	50.26	饮料制造	啤酒	6/7
115	000752.SZ	*ST西发	49.92	饮料制造	啤酒	7/7
116	002570.SZ	贝因美	49.76	食品加工制造	乳品	14/15
117	000995.SZ	皇台酒业	47.88	饮料制造	白酒	18/18
118	002770.SZ	*ST科迪	46.24	食品加工制造	乳品	15/15
119	603779.SH	ST威龙	42.74	饮料制造	葡萄酒	4/4

数据来源：同花顺、中关村国睿金融与产业发展研究会。

6.1.18 信息服务行业

信息服务行业共分析404家上市公司，404家上市公司共分布在3个二级行业和9个三级行业。2020年信息服务行业综合健康指数平均水平为61.44，其中，二级行业中，综合健康指数平均水平较高的行业是计算机应用（62.74），综合健康指数平均水平较低的行业是传媒（59.17）；三级行业中，综合健康指数平均水平较高的行业是平面媒体（64.69），综合健康指数平均水平较低的行业是影视动漫（54.55）。

行业全部上市公司排名如表6-20所示。

表6-20　　　　　　　信息服务行业2020年上市公司综合健康指数排名

排名	公司代码	公司名称	综合健康指数	二级行业_同花顺	三级行业_同花顺	三级行业_同花顺_综合排名
1	600845.SH	宝信软件	75.32	计算机应用	软件开发及服务	1/224
2	002230.SZ	科大讯飞	74.03	计算机应用	软件开发及服务	2/224
3	300188.SZ	美亚柏科	73.57	计算机应用	软件开发及服务	3/224
4	600637.SH	东方明珠	73.50	通信服务	有线电视网络	1/11
5	601360.SH	三六零	72.88	计算机应用	软件开发及服务	4/224
6	300033.SZ	同花顺	72.56	计算机应用	软件开发及服务	5/224
7	688111.SH	金山办公	72.24	计算机应用	软件开发及服务	6/224
8	002920.SZ	德赛西威	71.78	计算机应用	软件开发及服务	7/224
9	600633.SH	浙数文化	71.48	传媒	其他传媒	1/63
10	300454.SZ	深信服	71.37	计算机应用	软件开发及服务	8/224
11	600373.SH	中文传媒	71.35	传媒	其他传媒	2/63
12	002607.SZ	中公教育	71.33	传媒	其他传媒	3/63
13	300682.SZ	朗新科技	71.29	计算机应用	软件开发及服务	9/224
14	600588.SH	用友网络	70.67	计算机应用	软件开发及服务	10/224
15	600850.SH	华东电脑	70.48	计算机应用	软件开发及服务	11/224
16	000156.SZ	华数传媒	70.46	通信服务	有线电视网络	2/11
17	600271.SH	航天信息	70.41	计算机应用	软件开发及服务	12/224
18	300773.SZ	拉卡拉	70.41	计算机应用	软件开发及服务	13/224
19	600570.SH	恒生电子	70.32	计算机应用	软件开发及服务	14/224
20	002063.SZ	远光软件	70.20	计算机应用	软件开发及服务	15/224
21	002373.SZ	千方科技	70.11	计算机应用	软件开发及服务	16/224
22	300413.SZ	芒果超媒	70.05	通信服务	互联网信息服务	1/16
23	688188.SH	柏楚电子	70.03	计算机应用	软件开发及服务	17/224
24	000938.SZ	紫光股份	69.97	计算机应用	软件开发及服务	18/224
25	300579.SZ	数字认证	69.97	计算机应用	软件开发及服务	19/224
26	601801.SH	皖新传媒	69.79	传媒	平面媒体	1/22
27	002624.SZ	完美世界	69.75	传媒	其他传媒	4/63
28	601928.SH	凤凰传媒	69.73	传媒	平面媒体	2/22

续表

排名	公司代码	公司名称	综合健康指数	二级行业_同花顺	三级行业_同花顺	三级行业_同花顺_综合排名
29	603444.SH	吉比特	69.73	传媒	其他传媒	5/63
30	002232.SZ	启明信息	69.62	计算机应用	软件开发及服务	20/224
31	002027.SZ	分众传媒	69.54	传媒	营销服务	1/38
32	002410.SZ	广联达	69.41	计算机应用	软件开发及服务	21/224
33	002212.SZ	天融信	69.40	计算机应用	软件开发及服务	22/224
34	300662.SZ	科锐国际	69.37	计算机应用	软件开发及服务	23/224
35	002649.SZ	博彦科技	69.22	计算机应用	软件开发及服务	24/224
36	600636.SH	国新文化	69.17	传媒	其他传媒	6/63
37	300496.SZ	中科创达	69.15	计算机应用	软件开发及服务	25/224
38	600131.SH	国网信通	69.09	计算机应用	软件开发及服务	26/224
39	000529.SZ	广弘控股	69.06	传媒	平面媒体	3/22
40	000555.SZ	神州信息	69.05	计算机应用	软件开发及服务	27/224
41	002368.SZ	太极股份	69.03	计算机应用	软件开发及服务	28/224
42	002555.SZ	三七互娱	68.99	传媒	其他传媒	7/63
43	300229.SZ	拓尔思	68.83	计算机应用	软件开发及服务	29/224
44	600536.SH	中国软件	68.81	计算机应用	软件开发及服务	30/224
45	300659.SZ	中孚信息	68.79	计算机应用	软件开发及服务	31/224
46	002467.SZ	二六三	68.77	通信服务	通信运营Ⅲ	1/6
47	603000.SH	人民网	68.62	通信服务	互联网信息服务	2/16
48	600602.SH	云赛智联	68.58	计算机应用	软件开发及服务	32/224
49	002777.SZ	久远银海	68.48	计算机应用	软件开发及服务	33/224
50	000948.SZ	南天信息	68.47	计算机应用	软件开发及服务	34/224
51	002362.SZ	汉王科技	68.41	计算机应用	软件开发及服务	35/224
52	002421.SZ	达实智能	68.39	计算机应用	软件开发及服务	36/224
53	002987.SZ	京北方	68.36	计算机应用	软件开发及服务	37/224
54	601858.SH	中国科传	68.18	传媒	平面媒体	4/22
55	002803.SZ	吉宏股份	68.17	传媒	营销服务	2/38
56	300552.SZ	万集科技	68.10	计算机应用	软件开发及服务	38/224
57	603927.SH	中科软	68.05	计算机应用	软件开发及服务	39/224
58	002558.SZ	巨人网络	67.90	传媒	其他传媒	8/63
59	002878.SZ	元隆雅图	67.86	传媒	营销服务	3/38
60	002609.SZ	捷顺科技	67.84	计算机应用	软件开发及服务	40/224
61	603613.SH	国联股份	67.78	计算机应用	软件开发及服务	41/224
62	300379.SZ	东方通	67.77	计算机应用	软件开发及服务	42/224
63	002065.SZ	东华软件	67.72	计算机应用	软件开发及服务	43/224
64	300378.SZ	鼎捷软件	67.71	计算机应用	软件开发及服务	44/224
65	600826.SH	兰生股份	67.63	传媒	营销服务	4/38
66	300369.SZ	绿盟科技	67.61	计算机应用	软件开发及服务	45/224
67	300674.SZ	宇信科技	67.59	计算机应用	软件开发及服务	46/224
68	603232.SH	格尔软件	67.56	计算机应用	软件开发及服务	47/224

续表

排名	公司代码	公司名称	综合健康指数	二级行业_同花顺	三级行业_同花顺	三级行业_同花顺_综合排名
69	300036.SZ	超图软件	67.51	计算机应用	软件开发及服务	48/224
70	002439.SZ	启明星辰	67.48	计算机应用	软件开发及服务	49/224
71	603888.SH	新华网	67.41	通信服务	互联网信息服务	3/16
72	300525.SZ	博思软件	67.39	计算机应用	软件开发及服务	50/224
73	600050.SH	中国联通	67.38	通信服务	通信运营Ⅲ	2/6
74	002401.SZ	中远海科	67.23	计算机应用	软件开发及服务	51/224
75	603533.SH	掌阅科技	67.03	传媒	其他传媒	9/63
76	600757.SH	长江传媒	66.97	传媒	平面媒体	5/22
77	300768.SZ	迪普科技	66.97	计算机应用	软件开发及服务	52/224
78	002315.SZ	焦点科技	66.95	通信服务	互联网信息服务	4/16
79	605168.SH	三人行	66.88	传媒	营销服务	5/38
80	601098.SH	中南传媒	66.83	传媒	平面媒体	6/22
81	300271.SZ	华宇软件	66.82	计算机应用	软件开发及服务	53/224
82	603859.SH	能科股份	66.74	计算机应用	软件开发及服务	54/224
83	603466.SH	风语筑	66.68	传媒	其他传媒	10/63
84	300058.SZ	蓝色光标	66.64	传媒	营销服务	6/38
85	300212.SZ	易华录	66.61	计算机应用	软件开发及服务	55/224
86	002995.SZ	天地在线	66.57	传媒	营销服务	7/38
87	300451.SZ	创业慧康	66.54	计算机应用	软件开发及服务	56/224
88	300770.SZ	新媒股份	66.51	通信服务	互联网信息服务	5/16
89	000719.SZ	中原传媒	66.50	传媒	平面媒体	7/22
90	002238.SZ	天威视讯	66.44	通信服务	有线电视网络	3/11
91	300687.SZ	赛意信息	66.43	计算机应用	软件开发及服务	57/224
92	600410.SH	华胜天成	66.42	计算机应用	软件开发及服务	58/224
93	300542.SZ	新晨科技	66.42	计算机应用	软件开发及服务	59/224
94	002123.SZ	梦网科技	66.27	通信服务	通信运营Ⅲ	3/6
95	300440.SZ	运达科技	66.25	计算机应用	软件开发及服务	60/224
96	600037.SH	歌华有线	66.21	通信服务	有线电视网络	4/11
97	002605.SZ	姚记科技	66.19	传媒	其他传媒	11/63
98	603636.SH	南威软件	66.16	计算机应用	软件开发及服务	61/224
99	300253.SZ	卫宁健康	66.16	计算机应用	软件开发及服务	62/224
100	300785.SZ	值得买	66.10	通信服务	互联网信息服务	6/16
101	603887.SH	城地香江	66.09	计算机应用	软件开发及服务	63/224
102	300624.SZ	万兴科技	66.03	计算机应用	软件开发及服务	64/224
103	300248.SZ	新开普	65.94	计算机应用	软件开发及服务	65/224
104	601999.SH	出版传媒	65.82	传媒	平面媒体	8/22
105	003007.SZ	直真科技	65.79	计算机应用	软件开发及服务	66/224
106	600959.SH	江苏有线	65.75	通信服务	有线电视网络	5/11

续表

排名	公司代码	公司名称	综合健康指数	二级行业_同花顺	三级行业_同花顺	三级行业_同花顺_综合排名
107	603039.SH	泛微网络	65.74	计算机应用	软件开发及服务	67/224
108	300251.SZ	光线传媒	65.73	传媒	影视动漫	1/23
109	300348.SZ	长亮科技	65.63	计算机应用	软件开发及服务	68/224
110	601019.SH	山东出版	65.57	传媒	平面媒体	9/22
111	002322.SZ	理工环科	65.49	计算机应用	软件开发及服务	69/224
112	300166.SZ	东方国信	65.47	计算机应用	软件开发及服务	70/224
113	601949.SH	中国出版	65.44	传媒	平面媒体	10/22
114	002990.SZ	盛视科技	65.41	计算机应用	软件开发及服务	71/224
115	300170.SZ	汉得信息	65.27	计算机应用	软件开发及服务	72/224
116	603258.SH	电魂网络	65.25	传媒	其他传媒	12/63
117	002602.SZ	世纪华通	65.25	传媒	其他传媒	13/63
118	601811.SH	新华文轩	65.13	传媒	平面媒体	11/22
119	000158.SZ	常山北明	65.11	计算机应用	软件开发及服务	73/224
120	600880.SH	博瑞传播	65.08	传媒	平面媒体	12/22
121	300792.SZ	壹网壹创	65.03	传媒	营销服务	8/38
122	002537.SZ	海联金汇	64.99	计算机应用	软件开发及服务	74/224
123	003029.SZ	吉大正元	64.98	计算机应用	软件开发及服务	75/224
124	600446.SH	金证股份	64.96	计算机应用	软件开发及服务	76/224
125	688023.SH	安恒信息	64.90	计算机应用	软件开发及服务	77/224
126	000034.SZ	神州数码	64.88	计算机应用	软件开发及服务	78/224
127	600070.SH	浙江富润	64.77	传媒	营销服务	9/38
128	600756.SH	浪潮软件	64.74	计算机应用	软件开发及服务	79/224
129	603881.SH	数据港	64.73	计算机应用	软件开发及服务	80/224
130	300226.SZ	上海钢联	64.72	通信服务	互联网信息服务	7/16
131	300520.SZ	科大国创	64.71	计算机应用	软件开发及服务	81/224
132	603869.SH	新智认知	64.70	计算机应用	软件开发及服务	82/224
133	000526.SZ	学大教育	64.64	传媒	其他传媒	14/63
134	688088.SH	虹软科技	64.62	计算机应用	软件开发及服务	83/224
135	300418.SZ	昆仑万维	64.60	传媒	其他传媒	15/63
136	688568.SH	中科星图	64.58	计算机应用	软件开发及服务	84/224
137	002195.SZ	二三四五	64.47	计算机应用	软件开发及服务	85/224
138	002335.SZ	科华数据	64.41	计算机应用	软件开发及服务	86/224
139	300788.SZ	中信出版	64.38	传媒	平面媒体	13/22
140	002253.SZ	川大智胜	64.37	计算机应用	软件开发及服务	87/224
141	600551.SH	时代出版	64.31	传媒	平面媒体	14/22
142	300766.SZ	每日互动	64.29	计算机应用	软件开发及服务	88/224
143	300541.SZ	先进数通	64.28	计算机应用	软件开发及服务	89/224
144	300365.SZ	恒华科技	64.27	计算机应用	软件开发及服务	90/224
145	300578.SZ	会畅通讯	64.16	通信服务	通信运营Ⅲ	4/6
146	300941.SZ	创识科技	64.13	计算机应用	软件开发及服务	91/224

续表

排名	公司代码	公司名称	综合健康指数	二级行业_同花顺	三级行业_同花顺	三级行业_同花顺_综合排名
147	300133.SZ	华策影视	64.09	传媒	影视动漫	2/23
148	601900.SH	南方传媒	64.06	传媒	平面媒体	15/22
149	300523.SZ	辰安科技	63.99	计算机应用	软件开发及服务	92/224
150	002131.SZ	利欧股份	63.98	传媒	营销服务	10/38
151	000917.SZ	电广传媒	63.98	通信服务	有线电视网络	6/11
152	300860.SZ	锋尚文化	63.88	传媒	其他传媒	16/63
153	300002.SZ	神州泰岳	63.83	计算机应用	软件开发及服务	93/224
154	601519.SH	大智慧	63.80	计算机应用	软件开发及服务	94/224
155	300315.SZ	掌趣科技	63.68	传媒	其他传媒	17/63
156	688369.SH	致远互联	63.65	计算机应用	软件开发及服务	95/224
157	300364.SZ	中文在线	63.63	传媒	其他传媒	18/63
158	603825.SH	华扬联众	63.62	传媒	营销服务	11/38
159	002771.SZ	真视通	63.61	计算机应用	软件开发及服务	96/224
160	002261.SZ	拓维信息	63.59	计算机应用	软件开发及服务	97/224
161	300851.SZ	交大思诺	63.59	计算机应用	软件开发及服务	98/224
162	003005.SZ	竞业达	63.48	计算机应用	软件开发及服务	99/224
163	002153.SZ	石基信息	63.38	计算机应用	软件开发及服务	100/224
164	300168.SZ	万达信息	63.37	计算机应用	软件开发及服务	101/224
165	002405.SZ	四维图新	63.37	计算机应用	软件开发及服务	102/224
166	688579.SH	山大地纬	63.32	计算机应用	软件开发及服务	103/224
167	688588.SH	凌志软件	63.25	计算机应用	软件开发及服务	104/224
168	688039.SH	当虹科技	63.21	计算机应用	软件开发及服务	105/224
169	300559.SZ	佳发教育	63.14	计算机应用	软件开发及服务	106/224
170	600728.SH	佳都科技	63.10	计算机应用	软件开发及服务	107/224
171	600718.SH	东软集团	63.09	计算机应用	软件开发及服务	108/224
172	300895.SZ	铜牛信息	63.05	计算机应用	软件开发及服务	109/224
173	300245.SZ	天玑科技	63.04	计算机应用	软件开发及服务	110/224
174	603138.SH	海量数据	63.03	计算机应用	软件开发及服务	111/224
175	603918.SH	金桥信息	63.01	计算机应用	软件开发及服务	112/224
176	300550.SZ	和仁科技	62.97	计算机应用	软件开发及服务	113/224
177	603096.SH	新经典	62.91	传媒	平面媒体	16/22
178	002298.SZ	中电兴发	62.90	计算机应用	软件开发及服务	114/224
179	002657.SZ	中科金财	62.90	计算机应用	软件开发及服务	115/224
180	002400.SZ	省广集团	62.88	传媒	营销服务	12/38
181	600977.SH	中国电影	62.82	传媒	影视动漫	3/23
182	300846.SZ	首都在线	62.80	计算机应用	软件开发及服务	116/224
183	688318.SH	财富趋势	62.79	计算机应用	软件开发及服务	117/224
184	300518.SZ	盛讯达	62.73	传媒	其他传媒	19/63

续表

排名	公司代码	公司名称	综合健康指数	二级行业_同花顺	三级行业_同花顺	三级行业_同花顺_综合排名
185	300532.SZ	今天国际	62.62	计算机应用	软件开发及服务	118/224
186	300571.SZ	平治信息	62.52	传媒	其他传媒	20/63
187	603383.SH	顶点软件	62.43	计算机应用	软件开发及服务	119/224
188	002654.SZ	万润科技	62.41	传媒	营销服务	13/38
189	300047.SZ	天源迪科	62.39	计算机应用	软件开发及服务	120/224
190	600986.SH	浙文互联	62.37	传媒	营销服务	14/38
191	300608.SZ	思特奇	62.33	计算机应用	软件开发及服务	121/224
192	300845.SZ	捷安高科	62.28	计算机应用	软件开发及服务	122/224
193	300078.SZ	思创医惠	62.24	计算机应用	软件开发及服务	123/224
194	300634.SZ	彩讯股份	62.24	计算机应用	软件开发及服务	124/224
195	300075.SZ	数字政通	62.24	计算机应用	软件开发及服务	125/224
196	000665.SZ	湖北广电	62.14	通信服务	有线电视网络	7/11
197	300079.SZ	数码视讯	62.13	计算机应用	软件开发及服务	126/224
198	300805.SZ	电声股份	62.12	传媒	营销服务	15/38
199	300645.SZ	正元智慧	62.06	计算机应用	软件开发及服务	127/224
200	300113.SZ	顺网科技	62.04	通信服务	互联网信息服务	8/16
201	688058.SH	宝兰德	62.01	计算机应用	软件开发及服务	128/224
202	601929.SH	吉视传媒	61.97	通信服务	有线电视网络	8/11
203	300678.SZ	中科信息	61.95	计算机应用	软件开发及服务	129/224
204	600229.SH	城市传媒	61.94	传媒	平面媒体	17/22
205	300031.SZ	宝通科技	61.90	传媒	其他传媒	21/63
206	600571.SH	信雅达	61.88	计算机应用	软件开发及服务	130/224
207	603528.SH	多伦科技	61.88	计算机应用	软件开发及服务	131/224
208	300277.SZ	海联讯	61.85	计算机应用	软件开发及服务	132/224
209	603598.SH	引力传媒	61.79	传媒	营销服务	16/38
210	300459.SZ	金科文化	61.78	传媒	其他传媒	22/63
211	300299.SZ	富春股份	61.77	传媒	其他传媒	23/63
212	000004.SZ	国华网安	61.64	计算机应用	软件开发及服务	133/224
213	300494.SZ	盛天网络	61.63	通信服务	互联网信息服务	9/16
214	688004.SH	博汇科技	61.56	计算机应用	软件开发及服务	134/224
215	688561.SH	奇安信	61.55	计算机应用	软件开发及服务	135/224
216	300508.SZ	维宏股份	61.51	计算机应用	软件开发及服务	136/224
217	300467.SZ	迅游科技	61.50	通信服务	其他网络服务	1/1
218	300235.SZ	方直科技	61.50	计算机应用	软件开发及服务	137/224
219	002148.SZ	北纬科技	61.47	传媒	其他传媒	24/63
220	002425.SZ	凯撒文化	61.45	传媒	其他传媒	25/63
221	300533.SZ	冰川网络	61.41	传媒	其他传媒	26/63
222	600797.SH	浙大网新	61.36	计算机应用	软件开发及服务	138/224
223	002474.SZ	榕基软件	61.35	计算机应用	软件开发及服务	139/224
224	300925.SZ	法本信息	61.34	计算机应用	软件开发及服务	140/224

续表

排名	公司代码	公司名称	综合健康指数	二级行业_同花顺	三级行业_同花顺	三级行业_同花顺_综合排名
225	300085.SZ	银之杰	61.30	计算机应用	软件开发及服务	141/224
226	300096.SZ	易联众	61.29	计算机应用	软件开发及服务	142/224
227	000681.SZ	视觉中国	61.29	传媒	其他传媒	27/63
228	603999.SH	读者传媒	61.20	传媒	平面媒体	18/22
229	300799.SZ	左江科技	61.14	计算机应用	软件开发及服务	143/224
230	300231.SZ	银信科技	61.12	计算机应用	软件开发及服务	144/224
231	300448.SZ	浩云科技	61.07	计算机应用	软件开发及服务	145/224
232	002174.SZ	游族网络	61.05	传媒	其他传媒	28/63
233	603508.SH	思维列控	61.05	计算机应用	软件开发及服务	146/224
234	688083.SH	中望软件	60.88	计算机应用	软件开发及服务	147/224
235	002279.SZ	久其软件	60.87	计算机应用	软件开发及服务	148/224
236	600640.SH	号百控股	60.85	传媒	其他传媒	29/63
237	688365.SH	光云科技	60.85	计算机应用	软件开发及服务	149/224
238	688109.SH	品茗股份	60.84	计算机应用	软件开发及服务	150/224
239	300366.SZ	创意信息	60.81	计算机应用	软件开发及服务	151/224
240	300377.SZ	赢时胜	60.80	计算机应用	软件开发及服务	152/224
241	300654.SZ	世纪天鸿	60.74	传媒	平面媒体	19/22
242	300738.SZ	奥飞数据	60.73	计算机应用	软件开发及服务	153/224
243	300468.SZ	四方精创	60.69	计算机应用	软件开发及服务	154/224
244	688158.SH	优刻得	60.61	计算机应用	软件开发及服务	155/224
245	002095.SZ	生意宝	60.59	通信服务	互联网信息服务	10/16
246	300020.SZ	银江股份	60.55	计算机应用	软件开发及服务	156/224
247	002517.SZ	恺英网络	60.55	传媒	其他传媒	30/63
248	600556.SH	天下秀	60.44	传媒	营销服务	17/38
249	300663.SZ	科蓝软件	60.42	计算机应用	软件开发及服务	157/224
250	300063.SZ	天龙集团	60.35	传媒	营销服务	18/38
251	688078.SH	龙软科技	60.34	计算机应用	软件开发及服务	158/224
252	002181.SZ	粤传媒	60.30	传媒	平面媒体	20/22
253	600825.SH	新华传媒	60.29	传媒	平面媒体	21/22
254	003010.SZ	若羽臣	60.09	通信服务	互联网信息服务	11/16
255	300419.SZ	浩丰科技	60.07	计算机应用	软件开发及服务	159/224
256	300872.SZ	天阳科技	60.05	计算机应用	软件开发及服务	160/224
257	300688.SZ	创业黑马	60.02	传媒	其他传媒	31/63
258	002292.SZ	奥飞娱乐	60.00	传媒	影视动漫	4/23
259	000676.SZ	智度股份	59.99	传媒	其他传媒	32/63
260	688555.SH	泽达易盛	59.96	计算机应用	软件开发及服务	161/224
261	003004.SZ	声迅股份	59.92	计算机应用	软件开发及服务	162/224
262	300556.SZ	丝路视觉	59.90	计算机应用	软件开发及服务	163/224

续表

排名	公司代码	公司名称	综合健康指数	二级行业_同花顺	三级行业_同花顺	三级行业_同花顺_综合排名
263	300399.SZ	天利科技	59.88	计算机应用	软件开发及服务	164/224
264	300803.SZ	指南针	59.87	计算机应用	软件开发及服务	165/224
265	002453.SZ	华软科技	59.85	计算机应用	软件开发及服务	166/224
266	600455.SH	博通股份	59.84	传媒	其他传媒	33/63
267	300291.SZ	华录百纳	59.84	传媒	影视动漫	5/23
268	300192.SZ	科德教育	59.80	传媒	其他传媒	34/63
269	300730.SZ	科创信息	59.80	计算机应用	软件开发及服务	167/224
270	300280.SZ	紫天科技	59.79	传媒	营销服务	19/38
271	688095.SH	福昕软件	59.75	计算机应用	软件开发及服务	168/224
272	603189.SH	网达软件	59.66	计算机应用	软件开发及服务	169/224
273	600476.SH	湘邮科技	59.58	计算机应用	软件开发及服务	170/224
274	300935.SZ	盈建科	59.35	计算机应用	软件开发及服务	171/224
275	300605.SZ	恒锋信息	59.33	计算机应用	软件开发及服务	172/224
276	300250.SZ	初灵信息	59.29	计算机应用	软件开发及服务	173/224
277	300339.SZ	润和软件	59.29	计算机应用	软件开发及服务	174/224
278	300290.SZ	荣科科技	59.24	计算机应用	软件开发及服务	175/224
279	300311.SZ	任子行	59.24	计算机应用	软件开发及服务	176/224
280	300830.SZ	金现代	59.14	计算机应用	软件开发及服务	177/224
281	000607.SZ	华媒控股	59.10	传媒	营销服务	20/38
282	002642.SZ	荣联科技	59.02	计算机应用	软件开发及服务	178/224
283	000793.SZ	华闻集团	58.97	传媒	平面媒体	22/22
284	600936.SH	广西广电	58.90	通信服务	有线电视网络	9/11
285	688051.SH	佳华科技	58.80	计算机应用	软件开发及服务	179/224
286	300612.SZ	宣亚国际	58.76	传媒	营销服务	21/38
287	300598.SZ	诚迈科技	58.74	计算机应用	软件开发及服务	180/224
288	600892.SH	大晟文化	58.63	传媒	其他传媒	35/63
289	002530.SZ	金财互联	58.51	计算机应用	软件开发及服务	181/224
290	300292.SZ	吴通控股	58.50	通信服务	互联网信息服务	12/16
291	300061.SZ	旗天科技	58.38	传媒	营销服务	22/38
292	003032.SZ	传智教育	58.34	传媒	其他传媒	36/63
293	002331.SZ	皖通科技	58.28	计算机应用	软件开发及服务	182/224
294	603990.SH	麦迪科技	58.26	计算机应用	软件开发及服务	183/224
295	300043.SZ	星辉娱乐	58.23	传媒	其他传媒	37/63
296	300380.SZ	安硕信息	58.21	计算机应用	软件开发及服务	184/224
297	688590.SH	新致软件	58.21	计算机应用	软件开发及服务	185/224
298	300324.SZ	旋极信息	58.10	计算机应用	软件开发及服务	186/224
299	300609.SZ	汇纳科技	57.99	计算机应用	软件开发及服务	187/224
300	300959.SZ	线上线下	57.93	通信服务	通信运营Ⅲ	5/6
301	300359.SZ	全通教育	57.93	传媒	其他传媒	38/63
302	688118.SH	普元信息	57.92	计算机应用	软件开发及服务	188/224

续表

排名	公司代码	公司名称	综合健康指数	二级行业_同花顺	三级行业_同花顺	三级行业_同花顺_综合排名
303	600996.SH	贵广网络	57.80	通信服务	有线电视网络	10/11
304	002502.SZ	鼎龙文化	57.79	传媒	其他传媒	39/63
305	688258.SH	卓易信息	57.72	计算机应用	软件开发及服务	189/224
306	688500.SH	慧辰资讯	57.69	通信服务	互联网信息服务	13/16
307	002659.SZ	凯文教育	57.68	传媒	其他传媒	40/63
308	605398.SH	新炬网络	57.60	计算机应用	软件开发及服务	190/224
309	688168.SH	安博通	57.59	计算机应用	软件开发及服务	191/224
310	300148.SZ	天舟文化	57.54	传媒	其他传媒	41/63
311	603721.SH	中广天择	57.49	传媒	影视动漫	6/23
312	600831.SH	广电网络	57.42	通信服务	有线电视网络	11/11
313	688619.SH	罗普特	57.40	计算机应用	软件开发及服务	192/224
314	002739.SZ	万达电影	57.38	传媒	影视动漫	7/23
315	300150.SZ	世纪瑞尔	57.30	计算机应用	软件开发及服务	193/224
316	300288.SZ	朗玛信息	57.29	计算机应用	软件开发及服务	194/224
317	300781.SZ	因赛集团	57.09	传媒	营销服务	23/38
318	002354.SZ	天神娱乐	56.97	传媒	其他传媒	42/63
319	300182.SZ	捷成股份	56.94	传媒	影视动漫	8/23
320	000038.SZ	深大通	56.93	传媒	营销服务	24/38
321	688191.SH	智洋创新	56.86	计算机应用	软件开发及服务	195/224
322	688228.SH	开普云	56.81	计算机应用	软件开发及服务	196/224
323	000889.SZ	中嘉博创	56.80	通信服务	通信运营Ⅲ	6/6
324	300282.SZ	三盛教育	56.68	传媒	其他传媒	43/63
325	300561.SZ	汇金科技	56.53	计算机应用	软件开发及服务	197/224
326	688229.SH	博睿数据	56.50	计算机应用	软件开发及服务	198/224
327	300330.SZ	华虹计通	56.36	计算机应用	软件开发及服务	199/224
328	300465.SZ	高伟达	56.29	计算机应用	软件开发及服务	200/224
329	688201.SH	信安世纪	56.12	计算机应用	软件开发及服务	201/224
330	300588.SZ	熙菱信息	56.05	计算机应用	软件开发及服务	202/224
331	688030.SH	山石网科	56.04	计算机应用	软件开发及服务	203/224
332	300295.SZ	三六五网	55.92	通信服务	互联网信息服务	14/16
333	002113.SZ	*ST天润	55.65	传媒	其他传媒	44/63
334	002712.SZ	思美传媒	55.58	传媒	营销服务	25/38
335	002447.SZ	*ST晨鑫	55.54	传媒	其他传媒	45/63
336	300242.SZ	佳云科技	55.49	传媒	营销服务	26/38
337	300249.SZ	依米康	55.44	计算机应用	软件开发及服务	204/224
338	600654.SH	ST中安	55.40	计算机应用	软件开发及服务	205/224
339	002247.SZ	聚力文化	55.39	传媒	其他传媒	46/63
340	002591.SZ	恒大高新	55.28	传媒	营销服务	27/38

续表

排名	公司代码	公司名称	综合健康指数	二级行业_同花顺	三级行业_同花顺	三级行业_同花顺_综合排名
341	002417.SZ	深南股份	55.22	计算机应用	软件开发及服务	206/224
342	300287.SZ	飞利信	55.20	计算机应用	软件开发及服务	207/224
343	300297.SZ	蓝盾股份	55.15	计算机应用	软件开发及服务	208/224
344	002316.SZ	亚联发展	55.15	计算机应用	软件开发及服务	209/224
345	300038.SZ	*ST数知	55.07	传媒	营销服务	28/38
346	002445.SZ	中南文化	54.56	传媒	影视动漫	9/23
347	300081.SZ	恒信东方	54.46	传媒	其他传媒	47/63
348	600052.SH	浙江广厦	54.25	传媒	影视动漫	10/23
349	300074.SZ	华平股份	54.12	计算机应用	软件开发及服务	210/224
350	603103.SH	横店影视	54.08	传媒	影视动漫	11/23
351	601595.SH	上海电影	53.95	传媒	影视动漫	12/23
352	000802.SZ	ST北文	53.92	传媒	影视动漫	13/23
353	300352.SZ	北信源	53.90	计算机应用	软件开发及服务	211/224
354	002280.SZ	联络互动	53.66	计算机应用	软件开发及服务	212/224
355	300795.SZ	*ST米奥	53.54	传媒	营销服务	29/38
356	300010.SZ	豆神教育	53.44	传媒	其他传媒	48/63
357	002699.SZ	美盛文化	53.28	传媒	影视动漫	14/23
358	600576.SH	祥源文化	53.27	传媒	影视动漫	15/23
359	300367.SZ	ST网力	52.80	计算机应用	软件开发及服务	213/224
360	002638.SZ	*ST勤上	52.80	传媒	其他传媒	49/63
361	002343.SZ	慈文传媒	52.75	传媒	影视动漫	16/23
362	300344.SZ	立方数科	52.65	计算机应用	软件开发及服务	214/224
363	600661.SH	昂立教育	52.56	传媒	其他传媒	50/63
364	002621.SZ	美吉姆	52.28	传媒	其他传媒	51/63
365	002858.SZ	力盛赛车	52.20	传媒	其他传媒	52/63
366	300044.SZ	*ST赛为	52.16	计算机应用	软件开发及服务	215/224
367	002168.SZ	惠程科技	51.92	传媒	其他传媒	53/63
368	300300.SZ	海峡创新	51.90	计算机应用	软件开发及服务	216/224
369	603729.SH	ST龙韵	51.88	传媒	营销服务	30/38
370	600136.SH	当代文体	51.75	传媒	其他传媒	54/63
371	600381.SH	青海春天	51.72	传媒	营销服务	31/38
372	300469.SZ	信息发展	51.62	计算机应用	软件开发及服务	217/224
373	600226.SH	ST瀚叶	51.43	传媒	其他传媒	55/63
374	300264.SZ	佳创视讯	51.35	计算机应用	软件开发及服务	218/224
375	688316.SH	青云科技	51.21	计算机应用	软件开发及服务	219/224
376	600634.SH	退市富控	51.03	传媒	其他传媒	56/63
377	600358.SH	国旅联合	50.94	传媒	营销服务	32/38
378	300336.SZ	新文化	50.42	传媒	营销服务	33/38

续表

排名	公司代码	公司名称	综合健康指数	二级行业_同花顺	三级行业_同花顺	三级行业_同花顺_综合排名
379	300167.SZ	迪威迅	50.40	计算机应用	软件开发及服务	220/224
380	002235.SZ	安妮股份	50.07	传媒	其他传媒	57/63
381	600715.SH	文投控股	50.06	传媒	影视动漫	17/23
382	002905.SZ	金逸影视	49.92	传媒	影视动漫	18/23
383	300269.SZ	ST联建	49.89	传媒	营销服务	34/38
384	600242.SH	ST中昌	49.68	传媒	营销服务	35/38
385	002766.SZ	*ST索菱	49.46	计算机应用	软件开发及服务	221/224
386	300343.SZ	联创股份	49.31	传媒	营销服务	36/38
387	300027.SZ	华谊兄弟	49.26	传媒	影视动漫	19/23
388	300392.SZ	腾信股份	49.10	传媒	营销服务	37/38
389	000892.SZ	欢瑞世纪	48.78	传媒	影视动漫	20/23
390	002619.SZ	*ST艾格	48.64	传媒	其他传媒	58/63
391	300052.SZ	中青宝	48.62	通信服务	互联网信息服务	15/16
392	300338.SZ	开元教育	48.48	传媒	其他传媒	59/63
393	002072.SZ	*ST凯瑞	48.17	计算机应用	软件开发及服务	222/224
394	300051.SZ	ST三五	47.61	传媒	其他传媒	60/63
395	300528.SZ	幸福蓝海	47.46	传媒	影视动漫	21/23
396	300426.SZ	唐德影视	47.42	传媒	影视动漫	22/23
397	000673.SZ	*ST当代	47.39	传媒	影视动漫	23/23
398	002464.SZ	*ST众应	47.38	通信服务	互联网信息服务	16/16
399	000606.SZ	ST顺利	47.22	计算机应用	软件开发及服务	223/224
400	002348.SZ	高乐股份	47.19	计算机应用	软件开发及服务	224/224
401	600652.SH	*ST游久	47.04	传媒	其他传媒	61/63
402	300071.SZ	*ST嘉信	44.13	传媒	营销服务	38/38
403	000835.SZ	*ST长动	42.46	传媒	其他传媒	62/63
404	300089.SZ	文化长城	41.88	传媒	其他传媒	63/63

数据来源：同花顺、中关村国睿金融与产业发展研究会。

6.1.19 信息设备行业

信息设备行业共分析157家上市公司，157家上市公司共分布在2个二级行业和4个三级行业。2020年信息设备行业综合健康指数平均水平为61.75，其中，二级行业中，综合健康指数平均水平较高的行业是计算机设备（62.86），综合健康指数平均水平较低的行业是通信设备（61.23）；三级行业中，综合健康指数平均水平较高的行业是计算机设备Ⅲ（62.86），综合健康指数平均水平较低的行业是通信配套服务（60.26）。

行业全部上市公司排名如表6-21所示。

表 6-21　　信息设备行业 2020 年上市公司综合健康指数排名

排名	公司代码	公司名称	综合健康指数	二级行业_同花顺	三级行业_同花顺	三级行业_同花顺_综合排名
1	600522.SH	中天科技	76.04	通信设备	通信传输设备	1/45
2	002912.SZ	中新赛克	73.21	计算机设备	计算机设备Ⅲ	1/50
3	300628.SZ	亿联网络	73.06	通信设备	终端设备	1/35
4	000021.SZ	深科技	72.78	计算机设备	计算机设备Ⅲ	2/50
5	300638.SZ	广和通	72.14	通信设备	通信配套服务	1/27
6	000977.SZ	浪潮信息	72.13	计算机设备	计算机设备Ⅲ	3/50
7	002152.SZ	广电运通	72.08	计算机设备	计算机设备Ⅲ	4/50
8	603712.SH	七一二	71.82	通信设备	终端设备	2/35
9	000997.SZ	新大陆	71.59	计算机设备	计算机设备Ⅲ	5/50
10	603019.SH	中科曙光	71.32	计算机设备	计算机设备Ⅲ	6/50
11	002281.SZ	光迅科技	71.06	通信设备	通信传输设备	2/45
12	300627.SZ	华测导航	70.54	通信设备	终端设备	3/35
13	000066.SZ	中国长城	70.51	计算机设备	计算机设备Ⅲ	7/50
14	600498.SH	烽火通信	70.42	通信设备	通信传输设备	3/45
15	300383.SZ	光环新网	70.41	通信设备	通信配套服务	2/27
16	600487.SH	亨通光电	70.20	通信设备	通信传输设备	4/45
17	002396.SZ	星网锐捷	69.97	通信设备	通信配套服务	3/27
18	000810.SZ	创维数字	69.09	计算机设备	计算机设备Ⅲ	8/50
19	300017.SZ	网宿科技	69.04	通信设备	通信配套服务	4/27
20	000063.SZ	中兴通讯	68.83	通信设备	通信传输设备	5/45
21	300183.SZ	东软载波	68.41	通信设备	终端设备	4/35
22	600775.SH	南京熊猫	68.25	通信设备	终端设备	5/35
23	300455.SZ	康拓红外	68.09	计算机设备	计算机设备Ⅲ	9/50
24	300394.SZ	天孚通信	67.95	通信设备	通信传输设备	6/45
25	002268.SZ	卫士通	67.86	计算机设备	计算机设备Ⅲ	10/50
26	603803.SH	瑞斯康达	67.80	通信设备	通信传输设备	7/45
27	000070.SZ	特发信息	67.66	通信设备	通信传输设备	8/45
28	300620.SZ	光库科技	67.08	通信设备	通信传输设备	9/45
29	600855.SH	航天长峰	66.90	计算机设备	计算机设备Ⅲ	11/50
30	300177.SZ	中海达	66.88	计算机设备	计算机设备Ⅲ	12/50
31	002544.SZ	杰赛科技	66.80	通信设备	通信配套服务	5/27
32	002908.SZ	德生科技	66.76	通信设备	终端设备	6/35
33	688288.SH	鸿泉物联	66.41	计算机设备	计算机设备Ⅲ	13/50
34	603118.SH	共进股份	66.25	通信设备	终端设备	7/35
35	603236.SH	移远通信	66.15	通信设备	通信传输设备	10/45
36	601869.SH	长飞光纤	66.09	通信设备	通信传输设备	11/45
37	300711.SZ	广哈通信	66.02	通信设备	终端设备	8/35
38	000032.SZ	深桑达A	65.84	通信设备	终端设备	9/35

续表

排名	公司代码	公司名称	综合健康指数	二级行业_同花顺	三级行业_同花顺	三级行业_同花顺_综合排名
39	600776.SH	东方通信	65.81	通信设备	通信传输设备	12/45
40	300130.SZ	新国都	65.67	计算机设备	计算机设备Ⅲ	14/50
41	002017.SZ	东信和平	65.67	通信设备	终端设备	10/35
42	688100.SH	威胜信息	65.60	通信设备	终端设备	11/35
43	603516.SH	淳中科技	65.50	计算机设备	计算机设备Ⅲ	15/50
44	300308.SZ	中际旭创	65.48	通信设备	通信传输设备	13/45
45	300213.SZ	佳讯飞鸿	65.40	通信设备	终端设备	12/35
46	300590.SZ	移为通信	65.32	通信设备	终端设备	13/35
47	000851.SZ	高鸿股份	65.30	通信设备	终端设备	14/35
48	002955.SZ	鸿合科技	65.18	计算机设备	计算机设备Ⅲ	16/50
49	002528.SZ	英飞拓	65.05	计算机设备	计算机设备Ⅲ	17/50
50	002929.SZ	润建股份	64.93	通信设备	通信配套服务	6/27
51	002376.SZ	新北洋	64.82	计算机设备	计算机设备Ⅲ	18/50
52	300921.SZ	南凌科技	64.81	通信设备	通信配套服务	7/27
53	603496.SH	恒为科技	64.72	计算机设备	计算机设备Ⅲ	19/50
54	688208.SH	道通科技	64.64	计算机设备	计算机设备Ⅲ	20/50
55	600203.SH	福日电子	64.53	通信设备	终端设备	15/35
56	603660.SH	苏州科达	64.50	计算机设备	计算机设备Ⅲ	21/50
57	002796.SZ	世嘉科技	64.41	通信设备	通信传输设备	14/45
58	300386.SZ	飞天诚信	64.27	计算机设备	计算机设备Ⅲ	22/50
59	002180.SZ	纳思达	64.07	计算机设备	计算机设备Ⅲ	23/50
60	002115.SZ	三维通信	63.98	通信设备	通信配套服务	8/27
61	300504.SZ	天邑股份	63.94	通信设备	终端设备	16/35
62	002835.SZ	同为股份	63.90	计算机设备	计算机设备Ⅲ	24/50
63	300884.SZ	狄耐克	63.90	计算机设备	计算机设备Ⅲ	25/50
64	002583.SZ	海能达	63.74	通信设备	终端设备	17/35
65	300502.SZ	新易盛	63.49	通信设备	终端设备	18/35
66	002446.SZ	盛路通信	63.45	通信设备	通信传输设备	15/45
67	002194.SZ	武汉凡谷	63.44	通信设备	通信传输设备	16/45
68	002296.SZ	辉煌科技	63.40	计算机设备	计算机设备Ⅲ	26/50
69	002491.SZ	通鼎互联	63.29	通信设备	通信传输设备	17/45
70	002897.SZ	意华股份	63.12	通信设备	通信传输设备	18/45
71	300548.SZ	博创科技	63.04	通信设备	通信传输设备	19/45
72	300155.SZ	安居宝	63.02	计算机设备	计算机设备Ⅲ	27/50
73	600345.SH	长江通信	62.98	通信设备	通信传输设备	20/45
74	300710.SZ	万隆光电	62.97	通信设备	通信传输设备	21/45
75	300531.SZ	优博讯	62.86	通信设备	终端设备	19/35
76	603421.SH	鼎信通讯	62.42	通信设备	终端设备	20/35

续表

排名	公司代码	公司名称	综合健康指数	二级行业_同花顺	三级行业_同花顺	三级行业_同花顺_综合排名
77	300570.SZ	太辰光	62.39	通信设备	通信传输设备	22/45
78	002792.SZ	通宇通讯	62.23	通信设备	通信传输设备	23/45
79	688080.SH	映翰通	62.18	通信设备	终端设备	21/35
80	300414.SZ	中光防雷	62.02	通信设备	通信配套服务	9/27
81	600260.SH	凯乐科技	62.00	通信设备	终端设备	22/35
82	600105.SH	永鼎股份	61.94	通信设备	通信传输设备	24/45
83	600100.SH	同方股份	61.78	计算机设备	计算机设备Ⅲ	28/50
84	300563.SZ	神宇股份	61.48	通信设备	通信传输设备	25/45
85	300565.SZ	科信技术	61.46	通信设备	通信传输设备	26/45
86	002093.SZ	国脉科技	61.29	通信设备	通信配套服务	10/27
87	300513.SZ	恒实科技	61.29	通信设备	通信配套服务	11/27
88	300546.SZ	雄帝科技	61.25	计算机设备	计算机设备Ⅲ	29/50
89	603322.SH	超讯通信	61.18	通信设备	通信配套服务	12/27
90	603106.SH	恒银科技	61.13	计算机设备	计算机设备Ⅲ	30/50
91	300333.SZ	兆日科技	61.01	计算机设备	计算机设备Ⅲ	31/50
92	300045.SZ	华力创通	60.68	计算机设备	计算机设备Ⅲ	32/50
93	002177.SZ	御银股份	60.63	计算机设备	计算机设备Ⅲ	33/50
94	603083.SH	剑桥科技	60.60	通信设备	通信传输设备	27/45
95	300302.SZ	同有科技	60.58	计算机设备	计算机设备Ⅲ	34/50
96	603390.SH	通达电气	60.56	计算机设备	计算机设备Ⅲ	35/50
97	603220.SH	中贝通信	60.44	通信设备	通信配套服务	13/27
98	300098.SZ	高新兴	60.34	通信设备	通信配套服务	14/27
99	300689.SZ	澄天伟业	60.26	通信设备	终端设备	23/35
100	300597.SZ	吉大通信	59.93	通信设备	通信配套服务	15/27
101	300462.SZ	华铭智能	59.78	计算机设备	计算机设备Ⅲ	36/50
102	300368.SZ	汇金股份	59.68	计算机设备	计算机设备Ⅲ	37/50
103	002577.SZ	雷柏科技	59.52	计算机设备	计算机设备Ⅲ	38/50
104	600130.SH	波导股份	59.46	通信设备	终端设备	24/35
105	300211.SZ	亿通科技	59.38	通信设备	通信传输设备	28/45
106	300050.SZ	世纪鼎利	59.33	通信设备	通信配套服务	16/27
107	002197.SZ	证通电子	59.23	计算机设备	计算机设备Ⅲ	39/50
108	300449.SZ	汉邦高科	58.93	计算机设备	计算机设备Ⅲ	40/50
109	300042.SZ	朗科科技	58.92	计算机设备	计算机设备Ⅲ	41/50
110	600804.SH	鹏博士	58.80	通信设备	通信配套服务	17/27
111	688618.SH	三旺通信	58.49	通信设备	通信传输设备	29/45
112	688060.SH	云涌科技	58.42	计算机设备	计算机设备Ⅲ	42/50
113	688081.SH	兴图新科	58.42	通信设备	终端设备	25/35
114	603602.SH	纵横通信	58.02	通信设备	通信配套服务	18/27
115	003040.SZ	楚天龙	58.00	通信设备	终端设备	26/35
116	002104.SZ	恒宝股份	57.91	通信设备	终端设备	27/35

续表

排名	公司代码	公司名称	综合健康指数	二级行业_同花顺	三级行业_同花顺	三级行业_同花顺_综合排名
117	300560.SZ	中富通	57.64	通信设备	通信配套服务	19/27
118	000971.SZ	*ST高升	57.41	通信设备	通信配套服务	20/27
119	002308.SZ	威创股份	57.25	计算机设备	计算机设备Ⅲ	43/50
120	688027.SH	国盾量子	57.15	通信设备	终端设备	28/35
121	000836.SZ	富通信息	57.14	通信设备	通信传输设备	30/45
122	603042.SH	华脉科技	57.10	通信设备	通信传输设备	31/45
123	300310.SZ	宜通世纪	57.08	通信设备	通信配套服务	21/27
124	300134.SZ	大富科技	57.04	通信设备	通信传输设备	32/45
125	002313.SZ	日海智能	56.83	通信设备	通信传输设备	33/45
126	688668.SH	鼎通科技	56.33	通信设备	通信传输设备	34/45
127	688159.SH	有方科技	56.32	通信设备	终端设备	29/35
128	600293.SH	三峡新材	56.32	通信设备	终端设备	30/35
129	603703.SH	盛洋科技	56.30	通信设备	通信传输设备	35/45
130	300479.SZ	神思电子	56.22	计算机设备	计算机设备Ⅲ	44/50
131	300698.SZ	万马科技	56.17	通信设备	通信传输设备	36/45
132	300857.SZ	协创数据	56.04	通信设备	终端设备	31/35
133	600289.SH	ST信通	55.98	通信设备	通信配套服务	22/27
134	300205.SZ	天喻信息	55.88	通信设备	终端设备	32/35
135	603559.SH	中通国脉	55.87	通信设备	通信配套服务	23/27
136	688418.SH	震有科技	55.86	通信设备	通信传输设备	37/45
137	300555.SZ	路通视信	55.62	通信设备	通信传输设备	38/45
138	300807.SZ	天迈科技	55.59	计算机设备	计算机设备Ⅲ	45/50
139	688086.SH	紫晶存储	55.47	计算机设备	计算机设备Ⅲ	46/50
140	002383.SZ	合众思壮	55.24	计算机设备	计算机设备Ⅲ	47/50
141	002902.SZ	铭普光磁	55.12	通信设备	通信传输设备	39/45
142	688313.SH	仕佳光子	54.94	通信设备	通信传输设备	40/45
143	300615.SZ	欣天科技	53.45	通信设备	通信传输设备	41/45
144	300603.SZ	立昂技术	53.17	通信设备	通信配套服务	24/27
145	300202.SZ	*ST聚龙	53.16	计算机设备	计算机设备Ⅲ	48/50
146	300252.SZ	金信诺	52.34	通信设备	通信传输设备	42/45
147	000586.SZ	汇源通信	51.87	通信设备	通信传输设备	43/45
148	002512.SZ	达华智能	51.86	计算机设备	计算机设备Ⅲ	49/50
149	600898.SH	ST美讯	51.73	通信设备	终端设备	33/35
150	002231.SZ	奥维通信	51.57	通信设备	通信配套服务	25/27
151	600355.SH	精伦电子	50.43	通信设备	终端设备	34/35
152	300025.SZ	华星创业	49.99	通信设备	通信配套服务	26/27
153	300353.SZ	东土科技	48.30	通信设备	通信传输设备	44/45
154	600734.SH	*ST实达	47.19	通信设备	终端设备	35/35
155	300270.SZ	中威电子	44.49	计算机设备	计算机设备Ⅲ	50/50
156	300312.SZ	*ST邦讯	43.49	通信设备	通信配套服务	27/27
157	002089.SZ	ST新海	40.44	通信设备	通信传输设备	45/45

数据来源：同花顺、中关村国睿金融与产业发展研究会。

6.1.20 医药生物行业

医药生物行业共分析382家上市公司,382家上市公司共分布在5个二级行业和7个三级行业。2020年医药生物行业综合健康指数平均水平为61.84,其中,二级行业中,综合健康指数平均水平较高的行业是医药商业(63.16),综合健康指数平均水平较低的行业是生物制品(60.69);三级行业中,综合健康指数平均水平较高的行业是医疗器械Ⅲ(63.94),综合健康指数平均水平较低的行业是医疗服务Ⅲ(60.27)。

行业全部上市公司排名如表6-22所示。

表6-22　　医药生物行业2020年上市公司综合健康指数排名

排名	公司代码	公司名称	综合健康指数	二级行业_同花顺	三级行业_同花顺	三级行业_同花顺_综合排名
1	002030.SZ	达安基因	76.14	医疗器械服务	医疗器械Ⅲ	1/91
2	300760.SZ	迈瑞医疗	74.71	医疗器械服务	医疗器械Ⅲ	2/91
3	603882.SH	金域医学	72.63	医疗器械服务	医疗服务Ⅲ	1/29
4	600276.SH	恒瑞医药	72.34	化学制药	化学制剂	1/88
5	300206.SZ	理邦仪器	71.88	医疗器械服务	医疗器械Ⅲ	3/91
6	002022.SZ	科华生物	71.86	医疗器械服务	医疗器械Ⅲ	4/91
7	002001.SZ	新和成	71.75	化学制药	化学原料药	1/36
8	300677.SZ	英科医疗	71.74	医疗器械服务	医疗器械Ⅲ	5/91
9	300122.SZ	智飞生物	71.70	生物制品	生物制品Ⅲ	1/45
10	601607.SH	上海医药	71.68	医药商业	医药商业Ⅲ	1/26
11	300347.SZ	泰格医药	71.52	医疗器械服务	医疗服务Ⅲ	2/29
12	002223.SZ	鱼跃医疗	71.51	医疗器械服务	医疗器械Ⅲ	6/91
13	000963.SZ	华东医药	71.38	化学制药	化学制剂	2/88
14	300529.SZ	健帆生物	71.18	医疗器械服务	医疗器械Ⅲ	7/91
15	300558.SZ	贝达药业	71.07	化学制药	化学制剂	3/88
16	002332.SZ	仙琚制药	70.92	化学制药	化学制剂	4/88
17	002626.SZ	金达威	70.82	化学制药	化学原料药	2/36
18	000538.SZ	云南白药	70.71	中药	中药Ⅲ	1/67
19	002950.SZ	奥美医疗	70.70	医疗器械服务	医疗器械Ⅲ	8/91
20	603301.SH	振德医疗	70.59	医疗器械服务	医疗器械Ⅲ	9/91
21	300676.SZ	华大基因	70.43	医疗器械服务	医疗器械Ⅲ	10/91
22	000513.SZ	丽珠集团	70.33	化学制药	化学制剂	5/88
23	600216.SH	浙江医药	70.27	化学制药	化学原料药	3/36
24	600161.SH	天坛生物	70.19	生物制品	生物制品Ⅲ	2/45
25	000999.SZ	华润三九	70.16	中药	中药Ⅲ	2/67
26	000661.SZ	长春高新	70.16	生物制品	生物制品Ⅲ	3/45
27	300759.SZ	康龙化成	69.90	医疗器械服务	医疗服务Ⅲ	3/29
28	300244.SZ	迪安诊断	69.74	医疗器械服务	医疗器械Ⅲ	11/91

续表

排名	公司代码	公司名称	综合健康指数	二级行业_同花顺	三级行业_同花顺	三级行业_同花顺_综合排名
29	300832.SZ	新产业	69.71	医疗器械服务	医疗器械Ⅲ	12/91
30	600085.SH	同仁堂	69.60	中药	中药Ⅲ	3/67
31	603127.SH	昭衍新药	69.43	医疗器械服务	医疗服务Ⅲ	4/29
32	300003.SZ	乐普医疗	69.33	医疗器械服务	医疗器械Ⅲ	13/91
33	600529.SH	山东药玻	69.32	医疗器械服务	医疗器械Ⅲ	14/91
34	688139.SH	海尔生物	69.23	医疗器械服务	医疗器械Ⅲ	15/91
35	002603.SZ	以岭药业	69.12	中药	中药Ⅲ	4/67
36	002880.SZ	卫光生物	69.09	生物制品	生物制品Ⅲ	4/45
37	300463.SZ	迈克生物	69.06	医疗器械服务	医疗器械Ⅲ	16/91
38	300482.SZ	万孚生物	69.06	医疗器械服务	医疗器械Ⅲ	17/91
39	600436.SH	片仔癀	69.03	中药	中药Ⅲ	5/67
40	600535.SH	天士力	69.01	中药	中药Ⅲ	6/67
41	300009.SZ	安科生物	69.00	生物制品	生物制品Ⅲ	5/45
42	600056.SH	中国医药	69.00	医药商业	医药商业Ⅲ	2/26
43	600511.SH	国药股份	68.93	医药商业	医药商业Ⅲ	3/26
44	600380.SH	健康元	68.87	化学制药	化学制剂	6/88
45	000739.SZ	普洛药业	68.80	化学制药	化学原料药	4/36
46	600998.SH	九州通	68.77	医药商业	医药商业Ⅲ	4/26
47	300630.SZ	普利制药	68.77	化学制药	化学制剂	7/88
48	002755.SZ	奥赛康	68.73	化学制药	化学制剂	8/88
49	002262.SZ	恩华药业	68.69	化学制药	化学制剂	9/88
50	600566.SH	济川药业	68.61	中药	中药Ⅲ	7/67
51	300246.SZ	宝莱特	68.56	医疗器械服务	医疗器械Ⅲ	18/91
52	603079.SH	圣达生物	68.42	化学制药	化学原料药	5/36
53	300639.SZ	凯普生物	68.41	医疗器械服务	医疗器械Ⅲ	19/91
54	002773.SZ	康弘药业	68.31	化学制药	化学制剂	10/88
55	600750.SH	江中药业	68.25	中药	中药Ⅲ	8/67
56	688399.SH	硕世生物	68.10	医疗器械服务	医疗器械Ⅲ	20/91
57	600572.SH	康恩贝	67.97	中药	中药Ⅲ	9/67
58	300896.SZ	爱美客	67.86	医疗器械服务	医疗器械Ⅲ	21/91
59	688289.SH	圣湘生物	67.85	医疗器械服务	医疗器械Ⅲ	22/91
60	688202.SH	美迪西	67.84	医疗器械服务	医疗服务Ⅲ	5/29
61	300298.SZ	三诺生物	67.81	医疗器械服务	医疗器械Ⅲ	23/91
62	688317.SH	之江生物	67.81	医疗器械服务	医疗器械Ⅲ	24/91
63	002422.SZ	科伦药业	67.70	化学制药	化学制剂	11/88
64	600062.SH	华润双鹤	67.69	化学制药	化学制剂	12/88
65	600521.SH	华海药业	67.67	化学制药	化学制剂	13/88
66	002275.SZ	桂林三金	67.66	中药	中药Ⅲ	10/67
67	002020.SZ	京新药业	67.61	化学制药	化学制剂	14/88
68	603259.SH	药明康德	67.52	医疗器械服务	医疗服务Ⅲ	6/29

续表

排名	公司代码	公司名称	综合健康指数	二级行业_同花顺	三级行业_同花顺	三级行业_同花顺_综合排名
69	603858.SH	步长制药	67.49	中药	中药Ⅲ	11/67
70	002004.SZ	华邦健康	67.42	化学制药	化学制剂	15/88
71	000423.SZ	东阿阿胶	67.40	中药	中药Ⅲ	12/67
72	688016.SH	心脉医疗	67.37	医疗器械服务	医疗器械Ⅲ	25/91
73	603658.SH	安图生物	67.36	医疗器械服务	医疗器械Ⅲ	26/91
74	002382.SZ	蓝帆医疗	67.29	医疗器械服务	医疗器械Ⅲ	27/91
75	000650.SZ	仁和药业	67.28	中药	中药Ⅲ	13/67
76	000915.SZ	华特达因	67.24	化学制药	化学制剂	16/88
77	603233.SH	大参林	67.18	医药商业	医药商业Ⅲ	5/26
78	300685.SZ	艾德生物	67.13	医疗器械服务	医疗器械Ⅲ	28/91
79	300453.SZ	三鑫医疗	67.10	医疗器械服务	医疗器械Ⅲ	29/91
80	002932.SZ	明德生物	67.01	医疗器械服务	医疗器械Ⅲ	30/91
81	002007.SZ	华兰生物	66.99	生物制品	生物制品Ⅲ	6/45
82	688363.SH	华熙生物	66.88	生物制品	生物制品Ⅲ	7/45
83	600079.SH	人福医药	66.85	化学制药	化学制剂	17/88
84	002821.SZ	凯莱英	66.77	化学制药	化学原料药	6/36
85	603387.SH	基蛋生物	66.76	医疗器械服务	医疗器械Ⅲ	31/91
86	600196.SH	复星医药	66.75	生物制品	生物制品Ⅲ	8/45
87	603707.SH	健友股份	66.72	化学制药	化学原料药	7/36
88	600479.SH	千金药业	66.72	中药	中药Ⅲ	14/67
89	000028.SZ	国药一致	66.67	医药商业	医药商业Ⅲ	6/26
90	600329.SH	中新药业	66.65	中药	中药Ⅲ	15/67
91	300396.SZ	迪瑞医疗	66.62	医疗器械服务	医疗器械Ⅲ	32/91
92	300142.SZ	沃森生物	66.58	生物制品	生物制品Ⅲ	9/45
93	300314.SZ	戴维医疗	66.47	医疗器械服务	医疗器械Ⅲ	33/91
94	600763.SH	通策医疗	66.45	医疗器械服务	医疗服务Ⅲ	7/29
95	600867.SH	通化东宝	66.39	生物制品	生物制品Ⅲ	10/45
96	300869.SZ	康泰医学	66.38	医疗器械服务	医疗器械Ⅲ	34/91
97	600587.SH	新华医疗	66.37	医疗器械服务	医疗器械Ⅲ	35/91
98	000919.SZ	金陵药业	66.30	化学制药	化学制剂	18/88
99	603108.SH	润达医疗	66.30	医疗器械服务	医疗服务Ⅲ	8/29
100	603367.SH	辰欣药业	66.29	医疗器械服务	医疗器械Ⅲ	36/91
101	002940.SZ	昂利康	66.21	化学制药	化学制剂	19/88
102	300841.SZ	康华生物	66.20	生物制品	生物制品Ⅲ	11/45
103	300439.SZ	美康生物	66.09	医疗器械服务	医疗器械Ⅲ	37/91
104	600739.SH	辽宁成大	66.05	生物制品	生物制品Ⅲ	12/45
105	300015.SZ	爱尔眼科	66.00	医疗器械服务	医疗服务Ⅲ	9/29
106	002793.SZ	罗欣药业	65.99	化学制药	化学制剂	20/88

续表

排名	公司代码	公司名称	综合健康指数	二级行业_同花顺	三级行业_同花顺	三级行业_同花顺_综合排名
107	002901.SZ	大博医疗	65.99	医疗器械服务	医疗器械Ⅲ	38/91
108	000411.SZ	英特集团	65.95	医药商业	医药商业Ⅲ	7/26
109	000950.SZ	重药控股	65.81	医药商业	医药商业Ⅲ	8/26
110	603987.SH	康德莱	65.79	医疗器械服务	医疗器械Ⅲ	39/91
111	688068.SH	热景生物	65.72	医疗器械服务	医疗器械Ⅲ	40/91
112	600993.SH	马应龙	65.66	中药	中药Ⅲ	16/67
113	000756.SZ	新华制药	65.49	化学制药	化学原料药	8/36
114	002727.SZ	一心堂	65.47	医药商业	医药商业Ⅲ	9/26
115	600829.SH	人民同泰	65.44	医药商业	医药商业Ⅲ	10/26
116	002462.SZ	嘉事堂	65.43	医药商业	医药商业Ⅲ	11/26
117	600267.SH	海正药业	65.30	化学制药	化学原料药	9/36
118	300725.SZ	药石科技	65.29	化学制药	化学原料药	10/36
119	002675.SZ	东诚药业	65.19	化学制药	化学制剂	21/88
120	603456.SH	九洲药业	65.18	化学制药	化学原料药	11/36
121	300357.SZ	我武生物	65.12	生物制品	生物制品Ⅲ	13/45
122	300702.SZ	天宇股份	65.09	化学制药	化学原料药	12/36
123	300358.SZ	楚天科技	65.04	医疗器械服务	医疗器械Ⅲ	41/91
124	300601.SZ	康泰生物	65.04	生物制品	生物制品Ⅲ	14/45
125	600422.SH	昆药集团	65.00	中药	中药Ⅲ	17/67
126	002432.SZ	九安医疗	64.99	医疗器械服务	医疗器械Ⅲ	42/91
127	300723.SZ	一品红	64.96	化学制药	化学制剂	22/88
128	003020.SZ	立方制药	64.86	化学制药	化学制剂	23/88
129	002737.SZ	葵花药业	64.84	中药	中药Ⅲ	18/67
130	603392.SH	万泰生物	64.80	医疗器械服务	医疗器械Ⅲ	43/91
131	600513.SH	联环药业	64.78	化学制药	化学制剂	24/88
132	002294.SZ	信立泰	64.76	化学制药	化学制剂	25/88
133	300765.SZ	新诺威	64.71	化学制药	化学原料药	13/36
134	600713.SH	南京医药	64.69	医药商业	医药商业Ⅲ	12/26
135	002923.SZ	润都股份	64.67	化学制药	化学制剂	26/88
136	000705.SZ	浙江震元	64.66	医药商业	医药商业Ⅲ	13/26
137	600055.SH	万东医疗	64.56	医疗器械服务	医疗器械Ⅲ	44/91
138	300705.SZ	九典制药	64.54	化学制药	化学制剂	27/88
139	300595.SZ	欧普康视	64.53	医疗器械服务	医疗器械Ⅲ	45/91
140	600976.SH	健民集团	64.36	中药	中药Ⅲ	19/67
141	600332.SH	白云山	64.34	中药	中药Ⅲ	20/67
142	600833.SH	第一医药	64.25	医药商业	医药商业Ⅲ	14/26
143	603811.SH	诚意药业	64.24	化学制药	化学制剂	28/88
144	300026.SZ	红日药业	64.19	中药	中药Ⅲ	21/67
145	688298.SH	东方生物	64.19	医疗器械服务	医疗器械Ⅲ	46/91
146	603229.SH	奥翔药业	64.08	化学制药	化学原料药	14/36

续表

排名	公司代码	公司名称	综合健康指数	二级行业_同花顺	三级行业_同花顺	三级行业_同花顺_综合排名
147	300485.SZ	赛升药业	64.05	生物制品	生物制品Ⅲ	15/45
148	605369.SH	拱东医疗	64.02	医疗器械服务	医疗器械Ⅲ	47/91
149	300573.SZ	兴齐眼药	64.00	化学制药	化学制剂	29/88
150	300633.SZ	开立医疗	63.97	医疗器械服务	医疗器械Ⅲ	48/91
151	600135.SH	乐凯胶片	63.97	医疗器械服务	医疗器械Ⅲ	49/91
152	600812.SH	华北制药	63.94	化学制药	化学制剂	30/88
153	603087.SH	甘李药业	63.88	生物制品	生物制品Ⅲ	16/45
154	002653.SZ	海思科	63.79	化学制药	化学制剂	31/88
155	002038.SZ	双鹭药业	63.76	生物制品	生物制品Ⅲ	17/45
156	600664.SH	哈药股份	63.68	化学制药	化学制剂	32/88
157	300642.SZ	透景生命	63.59	医疗器械服务	医疗器械Ⅲ	50/91
158	300519.SZ	新光药业	63.56	中药	中药Ⅲ	22/67
159	603939.SH	益丰药房	63.49	医药商业	医药商业Ⅲ	15/26
160	603896.SH	寿仙谷	63.47	中药	中药Ⅲ	23/67
161	603880.SH	南卫股份	63.46	医疗器械服务	医疗器械Ⅲ	51/91
162	605116.SH	奥锐特	63.44	化学制药	化学原料药	15/36
163	300049.SZ	福瑞股份	63.41	医疗器械服务	医疗器械Ⅲ	52/91
164	300030.SZ	阳普医疗	63.40	医疗器械服务	医疗器械Ⅲ	53/91
165	000597.SZ	东北制药	63.37	化学制药	化学制剂	33/88
166	688389.SH	普门科技	63.33	医疗器械服务	医疗器械Ⅲ	54/91
167	600488.SH	天药股份	63.33	化学制药	化学制剂	34/88
168	300039.SZ	上海凯宝	63.28	中药	中药Ⅲ	24/67
169	688580.SH	伟思医疗	63.26	医疗器械服务	医疗器械Ⅲ	55/91
170	688358.SH	祥生医疗	63.23	医疗器械服务	医疗器械Ⅲ	56/91
171	300497.SZ	富祥药业	63.16	化学制药	化学原料药	16/36
172	002019.SZ	亿帆医药	63.15	化学制药	化学原料药	17/36
173	002562.SZ	兄弟科技	63.14	化学制药	化学原料药	18/36
174	603538.SH	美诺华	63.11	化学制药	化学原料药	19/36
175	300158.SZ	振东制药	63.10	化学制药	化学制剂	35/88
176	600789.SH	鲁抗医药	63.09	化学制药	化学制剂	36/88
177	002287.SZ	奇正藏药	63.09	中药	中药Ⅲ	25/67
178	000153.SZ	丰原药业	63.08	化学制药	化学制剂	37/88
179	603998.SH	方盛制药	63.07	中药	中药Ⅲ	26/67
180	300143.SZ	盈康生命	63.04	医疗器械服务	医疗服务Ⅲ	10/29
181	688029.SH	南微医学	62.93	医疗器械服务	医疗器械Ⅲ	57/91
182	002788.SZ	鹭燕医药	62.91	医药商业	医药商业Ⅲ	16/26
183	600222.SH	太龙药业	62.88	中药	中药Ⅲ	27/67
184	002551.SZ	尚荣医疗	62.87	医疗器械服务	医疗器械Ⅲ	58/91

续表

排名	公司代码	公司名称	综合健康指数	二级行业_同花顺	三级行业_同花顺	三级行业_同花顺_综合排名
185	000403.SZ	派林生物	62.83	生物制品	生物制品Ⅲ	18/45
186	603368.SH	柳药股份	62.82	医药商业	医药商业Ⅲ	17/26
187	300653.SZ	正海生物	62.73	医疗器械服务	医疗器械Ⅲ	59/91
188	002317.SZ	众生药业	62.70	中药	中药Ⅲ	28/67
189	688278.SH	特宝生物	62.63	生物制品	生物制品Ⅲ	19/45
190	002252.SZ	上海莱士	62.59	生物制品	生物制品Ⅲ	20/45
191	002644.SZ	佛慈制药	62.53	中药	中药Ⅲ	29/67
192	002349.SZ	精华制药	62.48	中药	中药Ⅲ	30/67
193	002082.SZ	万邦德	62.33	中药	中药Ⅲ	31/67
194	002099.SZ	海翔药业	62.29	化学制药	化学原料药	20/36
195	300294.SZ	博雅生物	62.25	生物制品	生物制品Ⅲ	21/45
196	600420.SH	国药现代	62.19	化学制药	化学制剂	38/88
197	300562.SZ	乐心医疗	62.13	医疗器械服务	医疗器械Ⅲ	60/91
198	603883.SH	老百姓	62.13	医药商业	医药商业Ⅲ	18/26
199	002399.SZ	海普瑞	62.10	化学制药	化学原料药	21/36
200	688356.SH	键凯科技	62.09	化学制药	化学原料药	22/36
201	300363.SZ	博腾股份	62.09	化学制药	化学原料药	23/36
202	600129.SH	太极集团	62.06	中药	中药Ⅲ	32/67
203	000534.SZ	万泽股份	62.02	生物制品	生物制品Ⅲ	22/45
204	300110.SZ	华仁药业	62.02	化学制药	化学制剂	39/88
205	300401.SZ	花园生物	62.01	化学制药	化学原料药	24/36
206	300149.SZ	睿智医药	61.98	医疗器械服务	医疗服务Ⅲ	11/29
207	688366.SH	昊海生科	61.96	医疗器械服务	医疗器械Ⅲ	61/91
208	300753.SZ	爱朋医疗	61.92	医疗器械服务	医疗器械Ⅲ	62/91
209	002864.SZ	盘龙药业	61.87	中药	中药Ⅲ	33/67
210	603351.SH	威尔药业	61.79	化学制药	化学原料药	25/36
211	603567.SH	珍宝岛	61.78	中药	中药Ⅲ	34/67
212	300452.SZ	山河药辅	61.51	化学制药	化学原料药	26/36
213	688606.SH	奥泰生物	61.50	医疗器械服务	医疗器械Ⅲ	63/91
214	603669.SH	灵康药业	61.39	化学制药	化学制剂	40/88
215	002907.SZ	华森制药	61.37	中药	中药Ⅲ	35/67
216	603590.SH	兼辰药业	61.36	生物制品	生物制品Ⅲ	23/45
217	603716.SH	塞力医疗	61.30	医药商业	医药商业Ⅲ	19/26
218	600557.SH	康缘药业	61.26	中药	中药Ⅲ	36/67
219	002107.SZ	沃华医药	61.25	中药	中药Ⅲ	37/67
220	300406.SZ	九强生物	61.20	医疗器械服务	医疗器械Ⅲ	64/91
221	600673.SH	东阳光	61.19	化学制药	化学制剂	41/88
222	000516.SZ	国际医学	61.16	医疗器械服务	医疗服务Ⅲ	12/29
223	000989.SZ	九芝堂	61.11	中药	中药Ⅲ	38/67
224	002873.SZ	新天药业	61.08	中药	中药Ⅲ	39/67

续表

排名	公司代码	公司名称	综合健康指数	二级行业_同花顺	三级行业_同花顺	三级行业_同花顺_综合排名
225	688301.SH	奕瑞科技	60.87	医疗器械服务	医疗器械Ⅲ	65/91
226	002390.SZ	信邦制药	60.86	医疗器械服务	医疗服务Ⅲ	13/29
227	300683.SZ	海特生物	60.84	生物制品	生物制品Ⅲ	24/45
228	300016.SZ	北陆药业	60.81	化学制药	化学制剂	42/88
229	300233.SZ	金城医药	60.72	化学制药	化学制剂	43/88
230	000623.SZ	吉林敖东	60.71	化学制药	化学制剂	44/88
231	688513.SH	苑东生物	60.71	化学制药	化学制剂	45/88
232	600285.SH	羚锐制药	60.67	中药	中药Ⅲ	40/67
233	000813.SZ	德展健康	60.64	化学制药	化学制剂	46/88
234	000503.SZ	国新健康	60.64	医疗器械服务	医疗服务Ⅲ	14/29
235	300404.SZ	博济医药	60.52	医疗器械服务	医疗服务Ⅲ	15/29
236	600272.SH	开开实业	60.51	医药商业	医药商业Ⅲ	20/26
237	600796.SH	钱江生化	60.42	生物制品	生物制品Ⅲ	25/45
238	688180.SH	君实生物	60.37	生物制品	生物制品Ⅲ	26/45
239	688626.SH	翔宇医疗	60.33	医疗器械服务	医疗器械Ⅲ	66/91
240	002166.SZ	莱茵生物	60.31	生物制品	生物制品Ⅲ	27/45
241	002044.SZ	美年健康	60.24	医疗器械服务	医疗服务Ⅲ	16/29
242	000710.SZ	贝瑞基因	60.12	医疗器械服务	医疗器械Ⅲ	67/91
243	000078.SZ	海王生物	60.09	医药商业	医药商业Ⅲ	21/26
244	603520.SH	司太立	60.09	化学制药	化学原料药	27/36
245	688658.SH	悦康药业	60.05	化学制药	化学制剂	47/88
246	605177.SH	东亚药业	60.05	化学制药	化学原料药	28/36
247	002817.SZ	黄山胶囊	60.01	中药	中药Ⅲ	41/67
248	605266.SH	健之佳	60.01	医药商业	医药商业Ⅲ	22/26
249	300239.SZ	东宝生物	59.96	生物制品	生物制品Ⅲ	28/45
250	002435.SZ	长江健康	59.96	化学制药	化学制剂	48/88
251	002424.SZ	贵州百灵	59.90	中药	中药Ⅲ	42/67
252	688222.SH	成都先导	59.85	医疗器械服务	医疗服务Ⅲ	17/29
253	600351.SH	亚宝药业	59.79	中药	中药Ⅲ	43/67
254	603676.SH	卫信康	59.69	化学制药	化学制剂	49/88
255	002900.SZ	哈三联	59.66	化学制药	化学制剂	50/88
256	300006.SZ	莱美药业	59.58	化学制药	化学制剂	51/88
257	300981.SZ	中红医疗	59.47	医疗器械服务	医疗器械Ⅲ	68/91
258	688108.SH	赛诺医疗	59.45	医疗器械服务	医疗器械Ⅲ	69/91
259	000952.SZ	广济药业	59.36	化学制药	化学原料药	29/36
260	603439.SH	贵州三力	59.32	中药	中药Ⅲ	44/67
261	600252.SH	中恒集团	59.28	中药	中药Ⅲ	45/67
262	002412.SZ	汉森制药	59.26	中药	中药Ⅲ	46/67

续表

排名	公司代码	公司名称	综合健康指数	二级行业_同花顺	三级行业_同花顺	三级行业_同花顺_综合排名
263	603309.SH	维力医疗	59.25	医疗器械服务	医疗器械Ⅲ	70/91
264	002365.SZ	永安药业	59.22	化学制药	化学原料药	30/36
265	688566.SH	吉贝尔	59.13	化学制药	化学制剂	52/88
266	300238.SZ	冠昊生物	59.08	医疗器械服务	医疗器械Ⅲ	71/91
267	600594.SH	益佰制药	59.00	中药	中药Ⅲ	47/67
268	688393.SH	安必平	58.97	医疗器械服务	医疗器械Ⅲ	72/91
269	688166.SH	博瑞医药	58.91	化学制药	化学制剂	53/88
270	600851.SH	海欣股份	58.82	化学制药	化学制剂	54/88
271	688050.SH	爱博医疗	58.69	医疗器械服务	医疗器械Ⅲ	73/91
272	688085.SH	三友医疗	58.60	医疗器械服务	医疗器械Ⅲ	74/91
273	300289.SZ	利德曼	58.57	医疗器械服务	医疗器械Ⅲ	75/91
274	002437.SZ	誉衡药业	58.52	化学制药	化学制剂	55/88
275	688198.SH	佰仁医疗	58.48	医疗器械服务	医疗器械Ⅲ	76/91
276	600211.SH	西藏药业	58.45	中药	中药Ⅲ	48/67
277	300194.SZ	福安药业	58.27	化学制药	化学制剂	56/88
278	300381.SZ	溢多利	58.17	生物制品	生物制品Ⅲ	29/45
279	300636.SZ	同和药业	58.15	化学制药	化学原料药	31/36
280	002393.SZ	力生制药	58.13	化学制药	化学制剂	57/88
281	300942.SZ	易瑞生物	58.11	医疗器械服务	医疗器械Ⅲ	77/91
282	300181.SZ	佐力药业	58.08	中药	中药Ⅲ	49/67
283	600774.SH	汉商集团	58.03	化学制药	化学制剂	58/88
284	300204.SZ	舒泰神	58.02	生物制品	生物制品Ⅲ	30/45
285	000790.SZ	华神科技	58.00	中药	中药Ⅲ	50/67
286	002566.SZ	益盛药业	57.95	中药	中药Ⅲ	51/67
287	300318.SZ	博晖创新	57.91	医疗器械服务	医疗器械Ⅲ	78/91
288	002826.SZ	易明医药	57.91	中药	中药Ⅲ	52/67
289	688013.SH	天臣医疗	57.91	医疗器械服务	医疗器械Ⅲ	79/91
290	000931.SZ	中关村	57.85	化学制药	化学制剂	59/88
291	300878.SZ	维康药业	57.83	中药	中药Ⅲ	53/67
292	600227.SH	圣济堂	57.77	化学制药	化学制剂	60/88
293	002550.SZ	千红制药	57.74	化学制药	化学制剂	61/88
294	000590.SZ	启迪药业	57.61	中药	中药Ⅲ	54/67
295	688607.SH	康众医疗	57.55	医疗器械服务	医疗器械Ⅲ	80/91
296	002524.SZ	光正眼科	57.45	医疗器械服务	医疗服务Ⅲ	18/29
297	688189.SH	南新制药	57.44	化学制药	化学制剂	62/88
298	688617.SH	惠泰医疗	57.38	医疗器械服务	医疗器械Ⅲ	81/91
299	603139.SH	康惠制药	57.32	中药	中药Ⅲ	55/67
300	688136.SH	科兴制药	57.20	生物制品	生物制品Ⅲ	31/45
301	300267.SZ	尔康制药	57.17	化学制药	化学原料药	32/36
302	688677.SH	海泰新光	57.14	医疗器械服务	医疗器械Ⅲ	82/91

续表

排名	公司代码	公司名称	综合健康指数	二级行业_同花顺	三级行业_同花顺	三级行业_同花顺_综合排名
303	688505.SH	复旦张江	57.13	化学制药	化学制剂	63/88
304	002433.SZ	太安堂	57.07	医药商业	医药商业Ⅲ	23/26
305	688338.SH	赛科希德	56.97	医疗器械服务	医疗器械Ⅲ	83/91
306	603976.SH	正川股份	56.83	医疗器械服务	医疗器械Ⅲ	84/91
307	300584.SZ	海辰药业	56.74	化学制药	化学制剂	64/88
308	688329.SH	艾隆科技	56.63	医疗器械服务	医疗器械Ⅲ	85/91
309	300109.SZ	新开源	56.54	医疗器械服务	医疗服务Ⅲ	19/29
310	002750.SZ	龙津药业	56.54	中药	中药Ⅲ	56/67
311	688321.SH	微芯生物	56.25	化学制药	化学制剂	65/88
312	688578.SH	艾力斯	56.23	化学制药	化学制剂	66/88
313	300086.SZ	康芝药业	56.20	化学制药	化学制剂	67/88
314	002589.SZ	瑞康医药	56.17	医药商业	医药商业Ⅲ	24/26
315	300534.SZ	陇神戎发	56.14	中药	中药Ⅲ	57/67
316	002172.SZ	澳洋健康	56.11	医疗器械服务	医疗服务Ⅲ	20/29
317	600530.SH	交大昂立	55.94	生物制品	生物制品Ⅲ	32/45
318	603222.SH	济民医疗	55.93	化学制药	化学制剂	68/88
319	600613.SH	神奇制药	55.77	化学制药	化学制剂	69/88
320	600896.SH	*ST海医	55.77	医疗器械服务	医疗服务Ⅲ	21/29
321	605199.SH	葫芦娃	55.65	中药	中药Ⅲ	58/67
322	000638.SZ	*ST万方	55.46	医疗器械服务	医疗服务Ⅲ	22/29
323	300436.SZ	广生堂	55.41	化学制药	化学制剂	70/88
324	688656.SH	浩欧博	55.37	医疗器械服务	医疗器械Ⅲ	86/91
325	000788.SZ	北大医药	55.30	化学制药	化学制剂	71/88
326	600645.SH	中源协和	55.15	生物制品	生物制品Ⅲ	33/45
327	300937.SZ	药易购	55.15	医药商业	医药商业Ⅲ	25/26
328	600624.SH	复旦复华	55.13	化学制药	化学制剂	72/88
329	000766.SZ	通化金马	55.13	化学制药	化学制剂	73/88
330	688185.SH	康希诺	54.93	生物制品	生物制品Ⅲ	34/45
331	688687.SH	凯因科技	54.88	生物制品	生物制品Ⅲ	35/45
332	688266.SH	泽璟制药	54.72	化学制药	化学制剂	74/88
333	002693.SZ	双成药业	54.71	生物制品	生物制品Ⅲ	36/45
334	300273.SZ	和佳医疗	54.67	医疗器械服务	医疗器械Ⅲ	87/91
335	300326.SZ	凯利泰	54.62	医疗器械服务	医疗器械Ⅲ	88/91
336	688221.SH	前沿生物	54.45	化学制药	化学制剂	75/88
337	600721.SH	*ST百花	54.45	医疗器械服务	医疗服务Ⅲ	23/29
338	002102.SZ	ST冠福	54.33	化学制药	化学原料药	33/36
339	300199.SZ	翰宇药业	54.29	化学制药	化学制剂	76/88
340	300434.SZ	金石亚药	54.24	化学制药	化学制剂	77/88
341	000504.SZ	南华生物	54.17	生物制品	生物制品Ⅲ	37/45
342	002728.SZ	特一药业	54.05	中药	中药Ⅲ	59/67

续表

排名	公司代码	公司名称	综合健康指数	二级行业_同花顺	三级行业_同花顺	三级行业_同花顺_综合排名
343	002370.SZ	亚太药业	53.97	化学制药	化学制剂	78/88
344	300583.SZ	赛托生物	53.78	化学制药	化学原料药	34/36
345	000908.SZ	景峰医药	53.75	化学制药	化学制剂	79/88
346	300147.SZ	香雪制药	53.62	中药	中药Ⅲ	60/67
347	300111.SZ	向日葵	53.52	化学制药	化学制剂	80/88
348	688488.SH	艾迪药业	53.38	生物制品	生物制品Ⅲ	38/45
349	603963.SH	大理药业	53.30	中药	中药Ⅲ	61/67
350	688177.SH	百奥泰	53.30	生物制品	生物制品Ⅲ	39/45
351	600771.SH	广誉远	53.24	中药	中药Ⅲ	62/67
352	688315.SH	诺禾致源	53.16	医疗器械服务	医疗服务Ⅲ	24/29
353	300966.SZ	共司药业	52.94	化学制药	化学原料药	35/36
354	300254.SZ	仟源医药	52.90	化学制药	化学制剂	81/88
355	000518.SZ	四环生物	52.84	生物制品	生物制品Ⅲ	40/45
356	688336.SH	三生国健	52.55	生物制品	生物制品Ⅲ	41/45
357	300255.SZ	常山药业	52.32	生物制品	生物制品Ⅲ	42/45
358	600538.SH	国发股份	52.31	医疗器械服务	医疗器械Ⅲ	89/91
359	000509.SZ	*ST华塑	52.24	医疗器械服务	医疗服务Ⅲ	25/29
360	688468.SH	科美诊断	52.10	医疗器械服务	医疗器械Ⅲ	90/91
361	002898.SZ	赛隆药业	52.00	化学制药	化学制剂	82/88
362	688520.SH	神州细胞	51.95	生物制品	生物制品Ⅲ	43/45
363	000150.SZ	宜华健康	51.89	医疗器械服务	医疗服务Ⅲ	26/29
364	688277.SH	天智航	51.77	医疗器械服务	医疗器械Ⅲ	91/91
365	002198.SZ	嘉应制药	51.66	中药	中药Ⅲ	63/67
366	600767.SH	ST运盛	51.60	医疗器械服务	医疗服务Ⅲ	27/29
367	603168.SH	莎普爱思	51.55	化学制药	化学制剂	83/88
368	600080.SH	金花股份	50.68	生物制品	生物制品Ⅲ	44/45
369	000566.SZ	海南海药	50.28	化学制药	化学制剂	84/88
370	600518.SH	*ST康美	49.69	中药	中药Ⅲ	64/67
371	002411.SZ	延安必康	49.61	化学制药	化学制剂	85/88
372	600200.SH	江苏吴中	48.98	化学制药	化学制剂	86/88
373	002173.SZ	创新医疗	48.65	医疗器械服务	医疗服务Ⅲ	28/29
374	002219.SZ	*ST恒康	48.59	医疗器械服务	医疗服务Ⅲ	29/29
375	002872.SZ	ST天圣	48.04	化学制药	化学制剂	87/88
376	002581.SZ	未名医药	47.42	生物制品	生物制品Ⅲ	45/45
377	600385.SH	*ST金泰	46.62	化学制药	化学原料药	36/36
378	600090.SH	*ST济堂	46.57	医药商业	医药商业Ⅲ	26/26
379	300108.SZ	吉药控股	46.29	中药	中药Ⅲ	65/67
380	600781.SH	ST辅仁	45.94	化学制药	化学制剂	88/88
381	002118.SZ	紫鑫药业	42.30	中药	中药Ⅲ	66/67
382	600671.SH	ST目药	40.68	中药	中药Ⅲ	67/67

数据来源：同花顺、中关村国睿金融与产业发展研究会。

6.1.21 有色金属行业

有色金属行业共分析137家上市公司，137家上市公司共分布在2个二级行业和8个三级行业。2020年有色金属行业综合健康指数平均水平为61.75，其中，二级行业中，有色冶炼加工行业综合健康指数平均水平较高（62.13），新材料行业综合健康指数平均水平较低（60.98）；三级行业中，综合健康指数平均水平较高的行业是铜（63.70），综合健康指数平均水平较低的行业是金属新材料Ⅲ（59.09）。

行业全部上市公司排名如表6-23所示。

表6-23　　　　有色金属行业2020年上市公司综合健康指数排名

排名	公司代码	公司名称	综合健康指数	二级行业_同花顺	三级行业_同花顺	三级行业_同花顺_综合排名
1	002056.SZ	横店东磁	74.10	新材料	磁性材料	1/11
2	601899.SH	紫金矿业	73.14	有色冶炼加工	黄金	1/11
3	000630.SZ	铜陵有色	72.07	有色冶炼加工	铜	1/14
4	601168.SH	西部矿业	71.79	有色冶炼加工	铅锌	1/14
5	600459.SH	贵研铂业	71.72	有色冶炼加工	小金属	1/28
6	600219.SH	南山铝业	71.23	有色冶炼加工	铝	1/25
7	000657.SZ	中钨高新	71.18	有色冶炼加工	小金属	2/28
8	600497.SH	驰宏锌锗	71.08	有色冶炼加工	铅锌	2/14
9	000060.SZ	中金岭南	70.63	有色冶炼加工	铅锌	3/14
10	600547.SH	山东黄金	70.18	有色冶炼加工	黄金	2/11
11	600111.SH	北方稀土	70.05	有色冶炼加工	小金属	3/28
12	600362.SH	江西铜业	69.97	有色冶炼加工	铜	2/14
13	600549.SH	厦门钨业	69.71	有色冶炼加工	小金属	4/28
14	002340.SZ	格林美	69.59	新材料	金属新材料Ⅲ	1/18
15	002182.SZ	云海金属	69.47	新材料	金属新材料Ⅲ	2/18
16	601677.SH	明泰铝业	69.19	有色冶炼加工	铝	2/25
17	000960.SZ	锡业股份	68.64	有色冶炼加工	小金属	5/28
18	002532.SZ	天山铝业	68.23	有色冶炼加工	铝	3/25
19	300821.SZ	东岳硅材	68.07	新材料	非金属新材料	1/16
20	601609.SH	金田铜业	68.00	有色冶炼加工	铜	3/14
21	002540.SZ	亚太科技	67.87	有色冶炼加工	铝	4/25
22	600392.SH	盛和资源	67.79	有色冶炼加工	小金属	6/28
23	000807.SZ	云铝股份	67.56	有色冶炼加工	铝	5/25
24	601600.SH	中国铝业	67.52	有色冶炼加工	铝	6/25
25	600531.SH	豫光金铅	67.29	有色冶炼加工	铅锌	4/14
26	600489.SH	中金黄金	67.10	有色冶炼加工	黄金	3/11
27	603993.SH	洛阳钼业	67.06	有色冶炼加工	小金属	7/28
28	603799.SH	华友钴业	66.89	有色冶炼加工	小金属	8/28

续表

排名	公司代码	公司名称	综合健康指数	二级行业_同花顺	三级行业_同花顺	三级行业_同花顺_综合排名
29	002171.SZ	楚江新材	66.86	有色冶炼加工	铜	4/14
30	000969.SZ	安泰科技	66.83	新材料	金属新材料Ⅲ	3/18
31	600961.SH	株冶集团	66.79	有色冶炼加工	铅锌	5/14
32	002149.SZ	西部材料	66.74	有色冶炼加工	小金属	9/28
33	002237.SZ	恒邦股份	66.32	有色冶炼加工	黄金	4/11
34	000831.SZ	五矿稀土	66.21	有色冶炼加工	小金属	10/28
35	002203.SZ	海亮股份	65.98	有色冶炼加工	铜	5/14
36	600259.SH	广晟有色	65.92	有色冶炼加工	小金属	11/28
37	600988.SH	赤峰黄金	65.92	有色冶炼加工	黄金	5/11
38	603612.SH	索通发展	65.78	新材料	非金属新材料	2/16
39	002978.SZ	安宁股份	65.68	有色冶炼加工	小金属	12/28
40	002155.SZ	湖南黄金	65.58	有色冶炼加工	黄金	6/11
41	688388.SH	嘉元科技	65.57	有色冶炼加工	铜	6/14
42	002057.SZ	中钢天源	65.47	新材料	磁性材料	2/11
43	688122.SH	西部超导	65.45	新材料	金属新材料Ⅲ	4/18
44	000933.SZ	神火股份	65.30	有色冶炼加工	铝	7/25
45	601137.SH	博威合金	65.07	有色冶炼加工	铜	7/14
46	000878.SZ	云南铜业	65.07	有色冶炼加工	铜	8/14
47	603115.SH	海星股份	64.97	有色冶炼加工	铝	8/25
48	000612.SZ	焦作万方	64.88	有色冶炼加工	铝	9/25
49	002130.SZ	沃尔核材	64.73	新材料	非金属新材料	3/16
50	000970.SZ	中科三环	64.67	新材料	磁性材料	3/11
51	600206.SH	有研新材	64.35	新材料	非金属新材料	4/16
52	601958.SH	金钼股份	64.31	有色冶炼加工	小金属	13/28
53	600888.SH	新疆众和	64.19	有色冶炼加工	铝	10/25
54	300224.SZ	正海磁材	64.16	新材料	磁性材料	4/11
55	000962.SZ	东方钽业	64.07	新材料	金属新材料Ⅲ	5/18
56	600456.SH	宝钛股份	63.87	有色冶炼加工	小金属	14/28
57	600114.SH	东睦股份	63.83	新材料	金属新材料Ⅲ	6/18
58	601388.SH	怡球资源	63.76	有色冶炼加工	铝	11/25
59	300395.SZ	菲利华	63.67	新材料	非金属新材料	5/16
60	000975.SZ	银泰黄金	63.66	有色冶炼加工	黄金	7/11
61	002738.SZ	中矿资源	63.61	有色冶炼加工	小金属	15/28
62	603688.SH	石英股份	63.52	新材料	非金属新材料	6/16
63	300748.SZ	金力永磁	63.10	新材料	磁性材料	5/11
64	002824.SZ	和胜股份	62.65	有色冶炼加工	铝	12/25
65	002996.SZ	顺博合金	62.65	有色冶炼加工	铝	13/25
66	300855.SZ	图南股份	62.55	新材料	金属新材料Ⅲ	7/18
67	600516.SH	方大炭素	62.46	新材料	非金属新材料	7/16
68	300127.SZ	银河磁体	62.42	新材料	磁性材料	6/11

续表

排名	公司代码	公司名称	综合健康指数	二级行业_同花顺	三级行业_同花顺	三级行业_同花顺_综合排名
69	300285.SZ	国瓷材料	62.38	新材料	非金属新材料	8/16
70	603876.SH	鼎胜新材	62.35	有色冶炼加工	铝	14/25
71	002460.SZ	赣锋锂业	62.29	有色冶炼加工	小金属	16/28
72	601212.SH	白银有色	62.24	有色冶炼加工	铜	9/14
73	688598.SH	金博股份	62.14	新材料	非金属新材料	9/16
74	300930.SZ	屹通新材	62.08	新材料	金属新材料Ⅲ	8/18
75	300618.SZ	寒锐钴业	62.07	有色冶炼加工	小金属	17/28
76	601069.SH	西部黄金	61.99	有色冶炼加工	黄金	8/11
77	601702.SH	华峰铝业	61.82	有色冶炼加工	铝	15/25
78	000603.SZ	盛达资源	61.80	有色冶炼加工	铅锌	6/14
79	000688.SZ	国城矿业	61.48	有色冶炼加工	铅锌	7/14
80	002578.SZ	闽发铝业	61.43	有色冶炼加工	铝	16/25
81	300080.SZ	易成新能	61.41	新材料	非金属新材料	10/16
82	688300.SH	联瑞新材	61.40	新材料	非金属新材料	11/16
83	300697.SZ	电工合金	60.87	有色冶炼加工	铜	10/14
84	002378.SZ	章源钨业	60.79	有色冶炼加工	小金属	18/28
85	603527.SH	众源新材	60.76	有色冶炼加工	铜	11/14
86	600711.SH	盛屯矿业	60.74	有色冶炼加工	小金属	19/28
87	688357.SH	建龙微纳	60.28	新材料	非金属新材料	12/16
88	603260.SH	合盛硅业	60.06	新材料	非金属新材料	13/16
89	300811.SZ	铂科新材	59.88	新材料	磁性材料	7/11
90	000758.SZ	中色股份	59.65	有色冶炼加工	铅锌	8/14
91	603826.SH	坤彩科技	59.50	新材料	非金属新材料	14/16
92	688116.SH	天奈科技	59.45	新材料	非金属新材料	15/16
93	003031.SZ	中瓷电子	59.41	新材料	非金属新材料	16/16
94	002295.SZ	精艺股份	59.26	有色冶炼加工	铜	12/14
95	605376.SH	博迁新材	59.17	新材料	金属新材料Ⅲ	9/18
96	300328.SZ	宜安科技	59.15	有色冶炼加工	铝	17/25
97	002988.SZ	豪美新材	58.88	有色冶炼加工	铝	18/25
98	603663.SH	三祥新材	58.82	有色冶炼加工	小金属	20/28
99	000751.SZ	锌业股份	58.60	有色冶炼加工	铅锌	9/14
100	000795.SZ	英洛华	58.55	新材料	磁性材料	8/11
101	688456.SH	有研粉材	58.48	新材料	金属新材料Ⅲ	10/18
102	002379.SZ	宏创控股	58.45	有色冶炼加工	铝	19/25
103	600366.SH	宁波韵升	58.30	新材料	磁性材料	9/11
104	002842.SZ	翔鹭钨业	58.27	有色冶炼加工	小金属	21/28
105	300835.SZ	龙磁科技	58.25	新材料	磁性材料	10/11
106	002114.SZ	罗平锌电	58.21	有色冶炼加工	铅锌	10/14

续表

排名	公司代码	公司名称	综合健康指数	二级行业_同花顺	三级行业_同花顺	三级行业_同花顺_综合排名
107	600595.SH	*ST中孚	58.06	有色冶炼加工	铝	20/25
108	603045.SH	福达合金	57.72	新材料	金属新材料Ⅲ	11/18
109	002160.SZ	常铝股份	57.69	有色冶炼加工	铝	21/25
110	600490.SH	鹏欣资源	57.39	有色冶炼加工	铜	13/14
111	300963.SZ	中洲特材	57.36	新材料	金属新材料Ⅲ	12/18
112	603978.SH	深圳新星	57.33	新材料	金属新材料Ⅲ	13/18
113	002428.SZ	云南锗业	56.40	有色冶炼加工	小金属	22/28
114	300337.SZ	锡邦股份	56.40	有色冶炼加工	铝	22/25
115	002466.SZ	天齐锂业	56.00	有色冶炼加工	小金属	23/28
116	688379.SH	华光新材	55.34	新材料	金属新材料Ⅲ	14/18
117	601020.SH	ST华钰	55.28	有色冶炼加工	铅锌	11/14
118	603399.SH	吉翔股份	55.23	有色冶炼加工	小金属	24/28
119	600768.SH	宁波富邦	54.92	有色冶炼加工	铝	23/25
120	000426.SZ	兴业矿业	54.10	有色冶炼加工	铅锌	12/14
121	002167.SZ	东方锆业	54.07	有色冶炼加工	小金属	25/28
122	002240.SZ	盛新锂能	53.99	有色冶炼加工	小金属	26/28
123	000762.SZ	西藏矿业	53.87	有色冶炼加工	小金属	27/28
124	003038.SZ	鑫铂股份	53.42	有色冶炼加工	铝	24/25
125	600615.SH	*ST丰华	53.29	新材料	金属新材料Ⅲ	15/18
126	688077.SH	大地熊	52.85	新材料	磁性材料	11/11
127	600255.SH	鑫科材料	52.72	有色冶炼加工	铜	14/14
128	300489.SZ	中飞股份	52.31	新材料	金属新材料Ⅲ	16/18
129	002716.SZ	*ST金贵	51.18	有色冶炼加工	小金属	28/28
130	000633.SZ	合金投资	50.89	新材料	金属新材料Ⅲ	17/18
131	600338.SH	西藏珠峰	49.11	有色冶炼加工	铅锌	13/14
132	002501.SZ	*ST利源	48.50	有色冶炼加工	铝	25/25
133	600766.SH	*ST园城	47.81	有色冶炼加工	黄金	9/11
134	600331.SH	宏达股份	45.89	有色冶炼加工	铅锌	14/14
135	600311.SH	ST荣华	44.93	有色冶炼加工	黄金	10/11
136	000506.SZ	中润资源	41.36	有色冶炼加工	黄金	11/11
137	600614.SH	退市鹏起	37.94	新材料	金属新材料Ⅲ	18/18

数据来源：同花顺、中关村国睿金融与产业发展研究会。

6.1.22　综合行业

综合行业共分析31家上市公司，2020年该行业综合健康指数平均水平为59.82，行业全部上市公司排名如表6-24所示。

表 6-24　　综合行业 2020 年上市公司综合健康指数排名

排名	公司代码	公司名称	综合健康指数	二级行业_同花顺	三级行业_同花顺	三级行业_同花顺_综合排名
1	603060.SH	国检集团	74.51	综合	综合Ⅲ	1/31
2	002967.SZ	广电计量	70.87	综合	综合Ⅲ	2/31
3	300012.SZ	华测检测	70.70	综合	综合Ⅲ	3/31
4	300797.SZ	钢研纳克	68.72	综合	综合Ⅲ	4/31
5	601512.SH	中新集团	67.64	综合	综合Ⅲ	5/31
6	000409.SZ	云鼎科技	65.66	综合	综合Ⅲ	6/31
7	300887.SZ	谱尼测试	65.64	综合	综合Ⅲ	7/31
8	600784.SH	鲁银投资	65.44	综合	综合Ⅲ	8/31
9	000009.SZ	中国宝安	63.50	综合	综合Ⅲ	9/31
10	600682.SH	南京新百	62.94	综合	综合Ⅲ	10/31
11	600811.SH	东方集团	62.17	综合	综合Ⅲ	11/31
12	600149.SH	廊坊发展	61.09	综合	综合Ⅲ	12/31
13	600881.SH	亚泰集团	60.99	综合	综合Ⅲ	13/31
14	600382.SH	*ST广珠	60.90	综合	综合Ⅲ	14/31
15	605098.SH	行动教育	60.89	综合	综合Ⅲ	15/31
16	000652.SZ	泰达股份	60.45	综合	综合Ⅲ	16/31
17	600234.SH	山水文化	60.36	综合	综合Ⅲ	17/31
18	300938.SZ	信测标准	59.06	综合	综合Ⅲ	18/31
19	600281.SH	太化股份	58.94	综合	综合Ⅲ	19/31
20	600730.SH	中国高科	58.85	综合	综合Ⅲ	20/31
21	000839.SZ	中信国安	58.18	综合	综合Ⅲ	21/31
22	300962.SZ	中金辐照	57.95	综合	综合Ⅲ	22/31
23	600620.SH	天宸股份	56.14	综合	综合Ⅲ	23/31
24	600212.SH	江泉实业	55.87	综合	综合Ⅲ	24/31
25	600421.SH	ST华嵘	54.75	综合	综合Ⅲ	25/31
26	002575.SZ	*ST群兴	52.94	综合	综合Ⅲ	26/31
27	600083.SH	*ST博信	52.39	综合	综合Ⅲ	27/31
28	600462.SH	ST九有	52.11	综合	综合Ⅲ	28/31
29	600091.SH	*ST明科	48.21	综合	综合Ⅲ	29/31
30	600139.SH	ST西源	45.39	综合	综合Ⅲ	30/31
31	000611.SZ	*ST天首	41.25	综合	综合Ⅲ	31/31

数据来源：同花顺、中关村国睿金融与产业发展研究会。

6.2　2020年上市公司8大系统健康指数评价

在对2020年上市公司综合健康指数总体比较的基础上，报告进一步分析了4032家上市公司在8大系统方面的具体情况。

6.2.1 法人治理系统

根据2020年披露年报、公告和其他数据,4032家中国上市公司在法人治理系统方面的健康指数平均水平为71.78,平均水平以上的上市公司有2045家。各行业的法人治理系统健康指数平均水平、最高和最低情况如表6-25所示。

表6-25　　2020年上市公司法人治理系统健康指数行业情况

一级行业	上市公司数量	平均水平	最高	最低
采掘	63	73.85	85.98（冀中能源）	56.28（龙高股份）
餐饮旅游	34	72.61	86.28（全聚德）	56.20（*ST海创）
电子	321	70.52	88.46（锐科激光）	51.01（中芯国际）
纺织服装	92	70.10	85.39（新野纺织）	52.78（*ST环球）
公用事业	202	73.81	88.29（国统股份）	45.52（*ST节能）
国防军工	80	73.25	87.96（北方导航）	53.25（智明达）
黑色金属	36	75.60	88.62（华菱钢铁）	64.84（友发集团）
化工	388	72.59	88.84（佛塑科技）	53.73（聚石化学）
机械设备	637	70.95	87.97（国机精工）	48.52（*ST科林）
家用电器	70	71.15	87.08（四川长虹）	51.05（*ST中新）
建筑材料	202	72.73	91.28（西部建设）	48.31（苏文电能）
交通运输	123	74.12	88.97（招商公路）	55.78（欧浦退）
交运设备	219	71.17	86.92（凌云股份）	49.71（菱电电控）
农林牧渔	92	72.39	86.28（福建金森）	55.34（华绿生物）
轻工制造	135	71.14	85.41（民丰特纸）	49.49（*ST金洲）
商业贸易	108	72.86	88.54（徐家汇）	51.79（百大集团）
食品饮料	119	71.72	88.46（泸州老窖）	52.94（佳禾食品）
信息服务	404	71.25	86.93（凯文教育）	48.86（祥源文化）
信息设备	157	71.75	88.65（中新赛克）	49.26（汇源通信）
医药生物	382	71.56	86.48（仙琚制药）	51.11（常山药业）
有色金属	137	71.32	86.64（中钨高新）	48.51（退市鹏起）
综合	31	69.83	88.69（钢研纳克）	55.61（中金辐照）
总计	4032	71.78	—	—

数据来源：同花顺、中关村国睿金融与产业发展研究会。

根据法人治理系统健康指数平均水平情况看,平均水平较高的行业分别是黑色金属(75.60)、交通运输(74.12)、采掘(73.85),平均水平较低的行业分别是综合(69.83)、纺织服装(70.10)、电子(70.52)。

根据法人治理系统健康指数各区间的分布情况,如表6-26所示,2103家上市公司处于70~80的区间内,占52.16%;其次,1293家处于60~70健康水平区间,占32.07%;424家处于80~90较高水平区间,占10.51%;健康水平处于60以下的上市公司有211家,占5.23%。

表 6-26　　　　　　　　　　　　法人治理系统健康指数各区间分布情况

一级行业	40~50	50~60	60~70	70~80	80~90	90~100
采掘		3	13	41	6	
餐饮旅游		2	10	16	6	
电子		24	106	177	14	
纺织服装		9	31	46	6	
公用事业	1	6	51	101	43	
国防军工		6	17	42	15	
黑色金属			7	22	7	
化工		8	116	219	45	
机械设备	1	36	234	330	36	
家用电器		4	22	38	6	
建筑材料	1	8	54	114	24	1
交通运输		3	35	54	31	
交运设备	1	18	70	108	22	
农林牧渔		4	27	48	13	
轻工制造	1	5	49	71	9	
商业贸易		6	35	40	27	
食品饮料		7	40	57	15	
信息服务	1	16	143	212	32	
信息设备	1	5	55	83	13	
医药生物		19	122	211	30	
有色金属	2	7	44	65	19	
综合		6	12	8	5	
总计	9	202	1293	2103	424	1

数据来源：自行整理。

6.2.2　外部监督系统

根据2020年披露年报、公告和其他数据，4032家中国上市公司在外部监督系统方面的健康指数平均水平为70.40，平均水平以上的上市公司有2271家。各行业的外部监督系统健康指数平均水平、最高和最低情况如表6-27所示。

表 6-27　　　　　　　　　　2020年上市公司外部监督系统健康指数行业情况

一级行业	上市公司数量	平均水平	最高	最低
采掘	63	69.84	88.42（河钢资源）	32.18（恒泰艾普）
餐饮旅游	34	69.69	87.67（锦江酒店）	25.59（大连圣亚）
电子	321	70.92	91.24（高德红外）	33.14（*ST巴士）
纺织服装	92	69.25	92.35（稳健医疗）	36.51（*ST拉夏）

续表

一级行业	上市公司数量	平均水平	最高	最低
公用事业	202	71.21	91.18（深圳燃气）	34.78（博天环境）
国防军工	80	71.90	94.14（中航光电）	26.59（*ST华讯）
黑色金属	36	73.27	94.65（中信特钢）	47.60（常宝股份）
化工	388	70.17	95.30（中国巨石）	34.96（*ST德威）
机械设备	637	70.25	92.75（汇川技术）	30.13（台海核电）
家用电器	70	70.51	92.49（美的集团）	29.33（*ST中新）
建筑材料	202	70.78	94.88（伟星新材）	35.87（*ST围海）
交通运输	123	71.75	92.90（山东高速）	38.57（欧浦退）
交运设备	219	69.74	93.34（华阳集团）	32.69（ST八菱）
农林牧渔	92	70.62	96.74（金龙鱼）	39.79（*ST东洋）
轻工制造	135	70.72	92.10（晨光文具）	28.44（*ST赫美）
商业贸易	108	69.18	86.32（江苏国泰）	31.19（天泽信息）
食品饮料	119	71.86	91.58（泸州老窖）	40.34（*ST麦趣）
信息服务	404	69.22	95.08（金山办公）	33.47（*ST嘉信）
信息设备	157	69.96	90.34（深科技）	28.06（ST新海）
医药生物	382	71.07	95.56（迈瑞医疗）	34.35（延安必康）
有色金属	137	70.57	93.80（宝钛股份）	34.32（退市鹏起）
综合	31	65.89	89.47（广电计量）	31.17（*ST群兴）
总计	4032	70.40	—	—

数据来源：同花顺、中关村国睿金融与产业发展研究会。

根据外部监督系统健康指数平均水平情况来看，平均水平较高的行业分别是黑色金属（73.27）、国防军工（71.90）、食品饮料（71.86），平均水平较低的行业分别是综合（65.89）、商业贸易（69.18）和信息服务（69.22）。

根据外部监督系统健康指数各区间分布情况，如表6-28所示，1671家上市公司处于70~80的区间内，占41.44%；其次，1124家处于60~70健康水平区间，占27.88%；677家处于80~100较高水平区间，占16.79%；健康水平处于60以下的上市公司有560家，占13.89%。

表6-28 外部监督系统健康指数各区间分布情况

一级行业	0~30	30~40	40~50	50~60	60~70	70~80	80~90	90~100
采掘		2	2	8	14	27	10	
餐饮旅游	1	1	1	4	5	15	7	
电子		5	11	25	85	132	59	4
纺织服装		3	7	5	25	35	16	1
公用事业		6	6	14	45	99	29	3
国防军工	1			7	18	39	14	1
黑色金属			2	1	8	17	7	1
化工		8	10	38	114	158	54	6

续表

一级行业	0~30	30~40	40~50	50~60	60~70	70~80	80~90	90~100
机械设备		5	26	51	186	271	92	6
家用电器	1	3	2	4	17	27	15	1
建筑材料		3	3	17	66	79	30	4
交通运输		1	2	8	40	49	22	1
交运设备		3	9	18	74	85	25	5
农林牧渔		1	5	9	20	42	14	1
轻工制造	1	1	5	11	40	57	17	3
商业贸易		3	5	10	33	39	18	
食品饮料			4	10	31	47	24	3
信息服务		8	21	43	109	167	51	5
信息设备	1	4	3	19	40	62	27	1
医药生物		5	15	29	94	169	65	5
有色金属		2	4	9	51	45	25	1
综合		2	4	2	9	10	4	
总计	5	66	147	342	1124	1671	625	52

数据来源：自行整理。

6.2.3 创利能力系统

根据2020年披露年报、公告和其他数据，4032家中国上市公司在创利能力系统方面的健康指数平均水平为50.66，平均水平以上的上市公司有2062家。各行业的创利能力系统健康指数平均水平、最高和最低情况如表6-29所示。

表6-29　　　　　　　　2020年上市公司创利能力系统健康指数行业情况

一级行业	上市公司数量	平均水平	最高	最低
采掘	63	50.62	76.26（中国神华）	25.53（ST仁智）
餐饮旅游	34	50.85	76.15（中国中免）	32.15（*ST腾邦）
电子	321	50.40	79.61（卓胜微）	19.42（雷曼光电）
纺织服装	92	50.63	73.00（歌力思）	14.74（*ST环球）
公用事业	202	50.61	84.31（长江电力）	22.69（ST星源）
国防军工	80	50.41	76.13（甘化科工）	25.23（天海防务）
黑色金属	36	51.02	74.17（中信特钢）	25.94（本钢板材）
化工	388	50.77	80.71（双一科技）	17.35（亚邦股份）
机械设备	637	50.71	80.33（美亚光电）	15.91（保力新）
家用电器	70	50.73	76.50（苏泊尔）	24.73（ST德豪）
建筑材料	202	50.62	86.32（塔牌集团）	23.35（乾景园林）
交通运输	123	50.72	76.20（大秦铁路）	21.99（龙洲股份）

续表

一级行业	上市公司数量	平均水平	最高	最低
交运设备	219	50.62	73.93（雪龙集团）	16.89（襄阳轴承）
农林牧渔	92	51.14	76.90（科前生物）	24.23（康欣新材）
轻工制造	135	50.85	77.29（晨光文具）	24.85（*ST赫美）
商业贸易	108	50.58	79.74（富森美）	21.17（*ST大集）
食品饮料	119	50.83	82.41（贵州茅台）	15.95（*ST科迪）
信息服务	404	50.70	83.46（同花顺）	19.20（*ST索菱）
信息设备	157	50.64	82.83（亿联网络）	21.38（ST新海）
医药生物	382	50.55	82.85（硕世生物）	16.81（紫鑫药业）
有色金属	137	50.62	77.49（金博股份）	23.05（宏达股份）
综合	31	49.90	70.32（行动教育）	25.75（中信国安）
总计	4032	50.66	—	—

数据来源：同花顺、中关村国睿金融与产业发展研究会。

根据创利能力系统健康指数平均水平情况看，平均水平较高的行业分别是农林牧渔（51.14）、黑色金属（51.02）、餐饮旅游（50.85），平均水平较低的行业分别是综合（49.90）、电子（50.40）、国防军工（50.41）。各行业创利能力系统健康指数平均水平之间差距较小，综合类行业明显低于其他行业。

根据创利能力系统健康指数各区间分布情况，如表6-30所示，1214家上市公司处于50~60的区间内，占30.11%；其次，766家处于60~70健康水平区间，占19.00%；198家处于70~90较高水平区间，占4.91%；健康水平处于40以下的上市公司有863家，占21.40%。

表6-30 创利能力系统健康指数各区间分布情况

一级行业	0~30	30~40	40~50	50~60	60~70	70~80	80~90
采掘	5	10	9	26	9	4	
餐饮旅游		9	9	7	6	3	
电子	12	58	88	90	55	18	
纺织服装	4	18	26	18	20	6	
公用事业	10	30	51	69	35	6	1
国防军工	3	13	18	31	13	2	
黑色金属	1	7	11	6	10	1	
化工	17	60	105	103	90	12	1
机械设备	37	101	148	200	117	33	1
家用电器	2	19	12	17	13	7	
建筑材料	11	34	51	58	39	8	1
交通运输	7	18	28	40	27	3	
交运设备	9	36	50	75	44	5	
农林牧渔	5	14	20	32	13	8	
轻工制造	6	22	35	37	25	10	
商业贸易	5	17	23	42	18	3	

续表

一级行业	0~30	30~40	40~50	50~60	60~70	70~80	80~90
食品饮料	9	19	24	37	20	9	1
信息服务	21	64	100	116	83	19	1
信息设备	7	22	44	53	28	2	1
医药生物	16	72	97	101	71	23	2
有色金属	8	20	32	45	26	6	
综合	1	4	10	11	4	1	
总计	196	667	991	1214	766	189	9

数据来源：自行整理。

6.2.4 竞争态势系统

根据2020年披露年报、公告和其他数据，4032家中国上市公司在竞争态势系统方面的健康指数平均水平为49.34，平均水平以上的上市公司有2017家。各行业的竞争态势系统健康指数平均水平、最高和最低情况如表6-31所示。

表 6-31　　　　　　　　　　2020年上市公司竞争态势系统健康指数行业情况

一级行业	上市公司数量	平均水平	最高	最低
采掘	63	48.85	71.45（中国石油）	21.05（准油股份）
餐饮旅游	34	48.03	73.26（岭南控股）	22.60（长白山）
电子	321	49.73	81.90（大华股份）	13.07（和林微纳）
纺织服装	92	49.21	75.42（森马服饰）	21.67（*ST环球）
公用事业	202	48.75	74.15（中国核电）	20.62（嘉泽新能）
国防军工	80	49.22	74.81（航天发展）	19.26（天箭科技）
黑色金属	36	49.36	79.37（中信特钢）	18.31（盛德鑫泰）
化工	388	49.37	76.15（金发科技）	15.75（润阳科技）
机械设备	637	49.50	81.92（三一重工）	16.74（盛剑环境）
家用电器	70	49.40	76.46（海尔智家）	24.18（*ST圣莱）
建筑材料	202	49.29	76.27（上海建工）	21.07（四方新材）
交通运输	123	48.54	77.59（韵达股份）	22.71（龙江交通）
交运设备	219	49.30	79.35（长城汽车）	22.87（东方时尚）
农林牧渔	92	49.16	74.85（大北农）	19.04（*ST华资）
轻工制造	135	49.46	79.25（欧派家居）	21.57（狮头股份）
商业贸易	108	48.78	71.93（苏宁易购）	24.21（*ST南化）
食品饮料	119	48.99	80.84（海天味业）	17.84（*ST西发）
信息服务	404	49.78	81.86（用友网络）	19.72（*ST凯瑞）
信息设备	157	49.77	81.62（烽火通信）	9.70（澄天伟业）
医药生物	382	49.40	78.13（迈瑞医疗）	23.21（科美诊断）
有色金属	137	49.08	78.77（江西铜业）	19.39（*ST利源）
综合	31	48.54	75.88（国检集团）	22.39（*ST明科）
总计	4032	49.34	—	—

数据来源：同花顺、中关村国睿金融与产业发展研究会。

根据竞争态势系统健康指数平均水平情况看，平均水平较高的行业分别是信息服务（49.78）、信息设备（49.77）、电子（49.73），平均水平较低的行业分别是餐饮旅游（48.03）、综合（48.54）、交通运输（48.54）。

根据竞争态势系统健康指数各区间分布情况，如表6-32所示，1139家上市公司处于40~50的区间内，占28.26%；其次，1087家处于50~60健康水平区间，占26.96%；187家处于70~90较高水平区间，占4.64%；健康水平处于40以下的上市公司有960家，占23.81%。

表6-32　　　　　　　　　竞争态势系统健康指数各区间分布情况

一级行业	0~30	30~40	40~50	50~60	60~70	70~80	80~90
采掘	2	10	26	14	10	1	
餐饮旅游	4	6	8	9	5	2	
电子	20	45	92	96	58	9	1
纺织服装	3	20	26	27	14	2	
公用事业	8	39	68	53	27	7	
国防军工	9	14	19	19	14	5	
黑色金属	4	5	10	7	4	6	
化工	18	65	110	117	70	8	
机械设备	37	109	195	165	98	30	3
家用电器	4	16	20	14	14	2	
建筑材料	10	34	53	71	30	4	
交通运输	9	28	32	32	14	8	
交运设备	12	42	68	50	35	12	
农林牧渔	7	16	24	24	16	5	
轻工制造	6	24	41	32	27	5	
商业贸易	4	16	38	35	12	3	
食品饮料	12	21	27	33	18	7	1
信息服务	28	76	96	106	71	25	2
信息设备	14	33	35	29	30	14	2
医药生物	15	68	110	113	62	14	
有色金属	12	26	33	35	24	7	
综合	4	5	8	6	6	2	
总计	242	718	1139	1087	659	178	9

数据来源：自行整理。

6.2.5　产品销售系统

根据2020年披露年报、公告和其他数据，4032家中国上市公司在产品销售系统方面的健康指数平均水平为50.03。平均水平以上的上市公司有2026家。各行业的产品销售系统健康指数平均水平、最高和最低情况如表6-33所示。

表 6-33　　2020 年上市公司产品销售系统健康指数行业情况

一级行业	上市公司数量	平均水平	最高	最低
采掘	63	50.06	71.55（金能科技）	25.64（通源石油）
餐饮旅游	34	50.02	72.10（中国中免）	28.92（*ST东海A）
电子	321	49.99	80.72（立讯精密）	20.75（好利来）
纺织服装	92	50.17	74.10（华利集团）	27.29（华斯股份）
公用事业	202	49.97	73.87（华电国际）	18.62（巴安水务）
国防军工	80	49.81	81.95（中航沈飞）	17.03（新光光电）
黑色金属	36	49.91	73.88（华菱钢铁）	18.89（广大特材）
化工	388	50.00	82.76（荣盛石化）	20.00（艾艾精工）
机械设备	637	50.01	81.37（精达股份）	13.19（*ST天成）
家用电器	70	50.23	74.64（深康佳A）	18.53（*ST圣莱）
建筑材料	202	49.95	83.28（陕西建工）	18.20（华凯创意）
交通运输	123	50.16	78.78（中远海控）	29.50（连云港）
交运设备	219	49.98	83.62（一汽富维）	20.72（威帝股份）
农林牧渔	92	50.17	75.46（正邦科技）	23.55（*ST华资）
轻工制造	135	50.16	82.04（华泰股份）	24.71（实丰文化）
商业贸易	108	50.23	79.43（苏美达）	25.33（北京城乡）
食品饮料	119	50.30	76.14（海天味业）	13.97（*ST中葡）
信息服务	404	50.00	78.79（国联股份）	12.77（*ST长动）
信息设备	157	49.96	78.97（中天科技）	15.29（*ST邦讯）
医药生物	382	49.98	81.62（英科医疗）	16.77（泽璟制药）
有色金属	137	50.01	84.44（江西铜业）	22.84（合金投资）
综合	31	50.11	66.85（中新集团）	26.30（*ST天首）
总计	4032	50.03	—	—

数据来源：同花顺、中关村国睿金融与产业发展研究会。

根据公司产品销售系统健康指数平均水平情况看，平均水平较高的行业分别是食品饮料（50.30）、家用电器（50.23）、商业贸易（50.23），平均水平较低的行业分别是国防军工（49.81）、黑色金属（49.91）、建筑材料（49.95）。

根据产品销售系统健康指数各区间分布情况，如表6-34所示，1164家上市公司处于50~60的区间内，占28.87%；其次，1129家处于40~50健康水平区间，占28.00%；232家处于70~90较高水平区间，占5.75%；健康水平处于40以下的上市公司有875家，占21.70%。

表 6-34　　产品销售系统健康指数各区间分布情况

一级行业	0~30	30~40	40~50	50~60	60~70	70~80	80~90
采掘	3	10	17	19	11	3	
餐饮旅游	1	9	6	12	5	1	
电子	16	48	97	93	51	15	1
纺织服装	4	11	34	23	18	2	

续表

一级行业	0~30	30~40	40~50	50~60	60~70	70~80	80~90
公用事业	7	32	58	64	35	6	
国防军工	4	13	26	16	15	4	2
黑色金属	4	6	9	5	7	5	
化工	15	74	108	111	51	25	4
机械设备	38	104	175	177	106	34	3
家用电器	3	13	15	23	14	2	
建筑材料	16	29	57	58	28	11	3
交通运输	2	30	28	36	19	8	
交运设备	7	37	71	61	32	10	1
农林牧渔	8	14	26	22	13	9	
轻工制造	4	23	35	44	22	6	1
商业贸易	4	19	30	34	13	8	
食品饮料	9	8	40	40	17	5	
信息服务	19	59	117	130	63	16	
信息设备	11	25	44	41	24	12	
医药生物	15	78	93	113	63	18	2
有色金属	7	31	32	32	20	13	2
综合	1	4	11	10	5		
总计	198	677	1129	1164	632	213	19

数据来源：自行整理。

6.2.6 价值再造系统

根据2020年披露年报、公告和其他数据，4032家中国上市公司在价值再造系统方面的健康指数平均水平为54.84，平均水平以上的上市公司有2017家。各行业的价值再造系统健康指数平均水平、最高和最低情况如表6-35所示。

表6-35　　　　　　　　　2020年上市公司价值再造系统健康指数行业情况

一级行业	上市公司数量	平均水平	最高	最低
采掘	63	56.55	75.72（兖州煤业）	35.45（*ST平能）
餐饮旅游	34	56.11	82.47（云南旅游）	42.37（*ST东海A）
电子	321	54.97	80.13（长盈精密）	34.14（*ST丹邦）
纺织服装	92	54.81	77.37（新澳股份）	32.81（聚杰微纤）
公用事业	202	55.44	83.40（华能国际）	29.99（德创环保）
国防军工	80	52.25	70.50（烽火电子）	30.42（天箭科技）
黑色金属	36	57.82	78.85（华菱钢铁）	36.11（广大特材）
化工	383	55.35	81.46（新安股份）	28.91（翔丰华）

续表

一级行业	上市公司数量	平均水平	最高	最低
机械设备	637	53.22	78.36（天地科技）	30.94（青岛中程）
家用电器	70	56.26	85.55（海信视像）	28.30（*ST圣莱）
建筑材料	202	54.69	81.87（浙江交科）	20.28（天域生态）
交通运输	123	55.32	78.98（深高速）	27.03（*ST德新）
交运设备	219	54.18	74.56（立中集团）	29.58（中国中期）
农林牧渔	92	53.38	80.43（正邦科技）	27.64（*ST景谷）
轻工制造	135	55.10	77.72（晨鸣纸业）	31.11（珠海中富）
商业贸易	108	56.47	78.03（苏美达）	35.72（上海九百）
食品饮料	119	51.11	67.54（汤臣倍健）	26.42（莫高股份）
信息服务	404	55.74	79.05（航天信息）	30.70（金逸影视）
信息设备	157	55.95	79.63（中天科技）	31.53（欣天科技）
医药生物	382	55.84	83.04（之江生物）	27.41（赛隆药业）
有色金属	137	56.08	78.26（江西铜业）	27.90（*ST利源）
综合	31	52.00	71.51（国检集团）	31.57（*ST明科）
总计	4032	54.84	—	—

数据来源：同花顺、中关村国睿金融与产业发展研究会。

根据价值再造系统健康指数平均水平情况看，平均水平较高的行业分别是黑色金属（57.82）、采掘（56.55）、商业贸易（56.47），平均水平较低的行业分别是食品饮料（51.11）、综合（52.00）、国防军工（52.25）。

根据价值再造系统健康指数各区间分布情况，如表6-36所示，1551家上市公司处于50~60的区间内，占38.47%；其次，994家处于60~70健康水平区间，993家处于40~50健康水平区间，各占24.65%；233家处于70~90较高水平区间，占5.78%；健康水平处于40以下的上市公司有261家，占6.47%。

表6-36　　　　　　　　　价值再造系统健康指数各区间分布情况

一级行业	0~30	30~40	40~50	50~60	60~70	70~80	80~90
采掘		5	12	18	21	7	
餐饮旅游			7	19	6	1	1
电子		19	79	131	68	23	1
纺织服装		5	26	31	26	4	
公用事业	1	9	48	85	47	11	1
国防军工		10	21	30	18	1	
黑色金属		4	5	9	14	4	
化工	1	20	99	139	104	24	1
机械设备		51	171	269	126	20	
家用电器	1	1	17	26	20	4	1

续表

一级行业	0~30	30~40	40~50	50~60	60~70	70~80	80~90
建筑材料	3	16	46	75	47	13	2
交通运输	2	5	34	41	31	10	
交运设备	1	14	60	84	50	10	
农林牧渔	1	7	26	33	20	4	1
轻工制造		11	37	36	40	11	
商业贸易		5	21	44	28	10	
食品饮料	1	9	46	40	23		
信息服务		21	84	164	114	21	
信息设备		8	35	63	40	11	
医药生物	1	14	84	151	110	20	2
有色金属	1	10	27	49	37	13	
综合		4	8	14	4	1	
总计	13	248	993	1551	994	223	10

数据来源：自行整理。

6.2.7 资产资本结构系统

根据2020年披露年报、公告和其他数据，4032家中国上市公司在资产资本结构系统方面的健康指数平均水平为50.92，平均水平以上的上市公司有1911家。各行业的资产资本结构系统健康指数平均水平、最高和最低如表6-37所示。

表6-37　　2020年上市公司资产资本结构系统健康指数行业情况

一级行业	上市公司数量	平均水平	最高	最低
采掘	63	50.38	64.27（金岭矿业）	38.14（山西焦煤）
餐饮旅游	34	52.01	67.31（九华旅游）	35.46（桂林旅游）
电子	321	50.78	77.73（澜起科技）	30.19（ST瑞德）
纺织服装	92	52.64	73.35（中胤时尚）	23.91（*ST贵人）
公用事业	202	50.84	68.50（梅雁吉祥）	33.31（华电能源）
国防军工	80	51.48	67.62（新兴装备）	34.23（新研股份）
黑色金属	36	50.78	63.98（杭钢股份）	35.40（西宁特钢）
化工	388	50.66	72.29（宝丽迪）	31.68（ST红太阳）
机械设备	637	50.78	77.71（复洁环保）	28.28（科陆电子）
家用电器	70	50.64	71.97（北鼎股份）	32.53（海立股份）
建筑材料	202	50.79	68.66（农尚环境）	34.87（韩建河山）
交通运输	123	52.18	73.21（海峡股份）	35.12（江西长运）
交运设备	219	50.62	73.23（研奥股份）	31.19（*ST银亿）
农林牧渔	92	50.65	66.77（万向德农）	32.30（獐子岛）

续表

一级行业	上市公司数量	平均水平	最高	最低
轻工制造	135	50.68	74.31（金富科技）	32.77（山东华鹏）
商业贸易	108	50.33	68.02（同达创业）	31.08（友好集团）
食品饮料	119	50.92	68.79（贵州茅台）	29.39（泉阳泉）
信息服务	404	50.54	73.11（财富趋势）	30.87（当代文体）
信息设备	157	50.31	71.33（南凌科技）	33.23（永鼎股份）
医药生物	382	51.95	75.79（新光药业）	26.65（*ST恒康）
有色金属	137	50.64	70.12（图南股份）	29.56（天齐锂业）
综合	31	51.90	71.63（行动教育）	36.36（廊坊发展）
总计	4032	50.92	—	—

数据来源：同花顺、中关村国睿金融与产业发展研究会。

根据资产资本结构系统健康指数平均水平情况看，平均水平较高的行业分别是纺织服装（52.64）、交通运输（52.18）、餐饮旅游（52.01），平均水平较低的行业分别是信息设备（50.31）、商业贸易（50.33）、采掘（50.38）。

根据资产资本结构系统健康指数各区间分布情况，如表6-38所示，1548家上市公司处于40~50的区间内，占38.39%；其次，1380家处于50~60健康水平区间，占34.23%；681家处于60~80较高水平区间，占16.89%；健康水平处于40以下的上市公司有423家，占10.49%。

表 6-38　　　　　　　　　　　资产资本结构系统健康指数各区间分布情况

一级行业	0~30	30~40	40~50	50~60	60~70	70~80
采掘		4	27	27	5	
餐饮旅游		1	12	15	6	
电子		35	139	89	50	8
纺织服装	1	5	31	32	21	2
公用事业		15	81	76	30	
国防军工		6	34	22	18	
黑色金属		4	16	10	6	
化工		37	168	111	69	3
机械设备	2	73	239	214	104	5
家用电器		10	27	21	10	2
建筑材料		16	89	68	29	
交通运输		4	49	49	20	1
交运设备		25	76	89	25	4
农林牧渔		9	35	38	10	
轻工制造		16	50	56	11	2
商业贸易		14	39	41	13	1
食品饮料	1	15	34	51	18	
信息服务		49	162	120	70	3

续表

一级行业	0~30	30~40	40~50	50~60	60~70	70~80
信息设备		25	52	52	26	2
医药生物	4	39	121	137	68	13
有色金属	1	8	56	54	17	1
综合		4	11	8	7	1
总计	9	414	1548	1380	633	48

数据来源：自行整理。

6.2.8 内部控制系统

根据2020年披露年报、公告和其他数据，4032家中国上市公司在内部控制系统方面的健康平均水平为79.59，平均水平以上的上市公司有2260家。各行业的内部控制系统健康指数平均水平、最高和最低情况如表6-39所示。

表6-39　2020年上市公司内部控制系统健康指数行业情况

一级行业	上市公司数量	平均水平	最高	最低
采掘	63	82.45	94.15（山西焦煤）	54.97（ST大洲）
餐饮旅游	34	79.30	95.30（中国中免）	59.64（*ST海创）
电子	321	78.60	94.08（瑞芯微、世运电路）	51.27（美迪凯）
纺织服装	92	77.20	94.81（海澜之家）	51.95（*ST贵人）
公用事业	202	80.78	94.44（瀚蓝环境）	46.73（金达莱）
国防军工	80	81.25	95.80（中国卫通）	47.40（天海防务）
黑色金属	36	84.43	94.11（杭钢股份）	70.18（新兴铸管）
化工	388	80.27	97.28（北元集团）	48.69（聚石化学）
机械设备	637	78.59	95.97（青鸟消防）	46.50（新风光）
家用电器	70	79.31	94.75（春光科技）	54.98（极米科技）
建筑材料	202	80.91	94.86（大千生态）	52.85（顾地科技）
交通运输	123	82.14	96.92（宁沪高速）	63.74（华鹏飞）
交运设备	219	79.84	94.65（松原股份、祥和实业）	53.75（万丰奥威）
农林牧渔	92	80.93	95.92（普莱柯）	48.78（獐子岛）
轻工制造	135	80.62	96.29（菲林格尔、麒盛科技）	58.02（陕西金叶）
商业贸易	108	80.81	96.85（安德利）	55.29（*ST全新）
食品饮料	119	80.20	93.01（青青稞酒）	57.84（ST威龙）
信息服务	404	78.55	94.32（多伦科技、能科股份）	49.62（开普云）
信息设备	157	79.36	94.34（康拓红外）	51.34（ST新海）
医药生物	382	78.63	95.47（圣达生物）	47.17（奥泰生物）
有色金属	137	79.89	93.37（国城矿业）	54.24（有研粉材）
综合	31	76.55	93.23（钢研纳克）	55.45（*ST天首）
总计	4032	79.59	—	—

数据来源：同花顺、中关村国睿金融与产业发展研究会。

根据内部控制系统健康指数平均水平情况看,平均水平较高的行业分别是黑色金属(84.43)、采掘(82.45)、交通运输(82.14),平均水平较低的行业分别是综合(76.55)、纺织服装(77.20)、信息服务(78.55)。

根据内部控制系统健康指数各区间分布情况,如表6-40所示,1789家上市公司处于80~90的区间内,占44.37%;其次,1280家处于70~80健康水平区间,占31.75%;393家处于90~100较高水平区间,占9.75%;健康水平处于70以下的上市公司有570家,占14.14%。

表6-40　　　　　　　　　　内部控制系统健康指数各区间分布情况

一级行业	40~50	50~60	60~70	70~80	80~90	90~100
采掘		1	6	13	30	13
餐饮旅游		1	5	8	18	2
电子		6	48	103	143	21
纺织服装		4	14	38	30	6
公用事业	1	5	20	52	96	28
国防军工	1	1	9	19	35	15
黑色金属				9	18	9
化工	2	7	38	120	177	44
机械设备	4	22	85	224	241	61
家用电器		3	8	20	32	7
建筑材料		3	17	54	114	14
交通运输			7	33	69	14
交运设备		5	22	77	93	22
农林牧渔	1	2	8	22	50	9
轻工制造		1	11	51	56	16
商业贸易		2	7	36	52	11
食品饮料		1	9	45	53	11
信息服务	1	12	59	130	179	23
信息设备		3	22	48	67	17
医药生物	1	14	50	121	160	36
有色金属		3	11	46	64	13
综合		2	5	11	12	1
总计	11	98	461	1280	1789	393

数据来源:自行整理。

第7章
中国上市公司健康指数 2015—2020 年评价

2020年是"十三五"规划的收官之年,我国经济在"十三五"时期取得了较好的发展,GDP总量首次突破百万亿元人民币,资本市场各项改革事业取得了明显的进步,报告特选取2015—2020年我国上市公司的发展状况进行整体健康分析。

7.1　2015—2020 年上市公司综合健康指数评价

2015—2020年,随着我国经济的发展以及资本市场改革的推进,我国上市公司的数量以及发展质量在不断提升。根据图7-1所示的数据,报告分析口径内,2015年上市公司3466家,截至2020年报告统计的上市公司数量为4032家(剔除了房地产和金融服务行业),增加了566家。2015年我国上市公司综合健康指数平均水平为57.90,2020年我国上市公司综合健康指数平均水平为61.72。2015—2020年,我国上市公司无论从量的方面,还是质的方面都取得了明显的进步。[①]

图 7-1　2015—2020 年中国上市公司数量和综合健康指数

---

① 为增加年度分析的可比性,报告将当年能够分析的上市公司以及非上市公司(三年内上市)统一纳入分析口径。实际情况中,剔除金融和房地产行业后,2015—2020上市公司数量分别为2588家、2819家、3242家、3334家、3513家和4032家。

7.1.1 2015—2020年上市公司综合健康指数行业变化情况

从细分的22个一级行业来看，如表7-1所示，2015—2020年各行各业都发生了变化。

表7-1　　2015-2020年分行业上市公司数量和综合健康指数情况

年份 项目	2015		2016		2017		2018		2019		2020	
	数量	平均水平	数量	平均水平	数量	平均水平	数量	平均水平	数量	平均水平	数量	平均水平
采掘	65	58.27	63	59.31	62	59.98	62	60.94	65	60.89	63	62.50
餐饮旅游	35	58.27	34	58.62	33	60.47	33	60.80	33	60.41	34	61.88
电子	249	57.48	278	57.62	323	57.75	316	58.85	317	58.85	321	61.40
纺织服装	98	58.25	96	58.96	100	58.85	98	59.98	97	59.26	92	61.01
公用事业	143	58.10	157	58.54	183	58.84	194	60.08	196	60.09	202	62.42
国防军工	39	57.06	46	57.56	61	57.34	70	59.60	76	60.07	80	62.12
黑色金属	32	59.33	35	59.69	35	60.45	35	61.01	35	61.71	36	63.90
化工	358	57.55	372	58.50	400	58.42	393	59.70	391	59.66	388	61.99
机械设备	584	57.89	607	58.49	661	58.21	650	59.16	645	59.34	637	61.23
家用电器	64	59.06	67	59.26	72	58.76	71	60.04	68	60.18	70	61.73
建筑材料	201	58.20	203	58.96	219	59.17	216	60.37	210	60.29	202	62.08
交通运输	106	57.91	112	58.85	117	59.81	123	60.75	124	60.99	123	62.79
交运设备	174	57.61	180	58.19	201	58.32	214	59.79	217	59.47	219	61.38
农林牧渔	95	58.61	95	58.90	94	59.46	91	60.29	90	59.98	92	61.90
轻工制造	135	57.24	136	58.54	144	58.64	138	60.01	136	59.74	135	61.78
商业贸易	108	58.09	108	59.10	115	59.14	112	60.15	107	60.17	108	62.00
食品饮料	99	58.15	106	58.65	119	58.07	119	59.18	120	59.78	119	61.56
信息服务	290	57.64	341	58.03	380	58.68	394	59.53	402	59.70	404	61.44
信息设备	137	57.82	146	58.90	157	58.86	160	60.14	160	59.86	157	61.75
医药生物	291	58.09	312	58.62	363	58.11	367	59.53	375	59.58	382	61.84
有色金属	124	58.26	124	58.78	138	58.93	143	59.69	138	59.38	137	61.75
综合	39	57.56	35	57.20	35	57.60	30	57.64	28	58.39	31	59.82
总计	3466	57.90	3653	58.51	4012	58.55	4029	59.68	4030	59.69	4032	61.72

数据来源：同花顺、中关村国睿金融与产业发展研究会。

从各行业上市公司数量变动情况来看，信息服务行业增加了114家上市公司，为各行业最多；其次是医药生物行业增加了91家上市公司，电子行业增加了72家上市公司，公用事业行业增加了59家上市公司，机械设备行业增加了53家上市公司，交运设备行业增加了45家上市公司，国防军工行业增加了41家上市公司，化工行业增加了30家上市公司，信息设备行业增加了20家上市公司，食品饮料行业增加了20家上市公司。综合、纺织服装、农林牧渔等行业的上市公司数量都出现了减少。上市公司数量变动情况完全符合我国过去几年内产业发展的趋势。

2015年综合健康指数最高的行业是黑色金属（59.33）、家用电器（59.06）、农林牧渔（58.61），综合健康指数最低的行业是国防军工（57.06）、轻工制造（57.24）、电子（57.48）。2020年综合健康指数最高的行业是黑色金属（63.90）、交通运输（62.79）、采掘（62.50），综合健康指数最低的行业是综合（59.82）、纺织服装（61.01）、机械设备（61.23）。

从各行业综合健康指数平均水平变动情况来看，如图7-2所示，2015—2020年22个一级行业的综合健康指数基本都是稳步增长的趋势，各行业平均增长了3.21。其中，国防军工行业综合健康指数涨幅最大，增长了4.56；其次是黑色金属行业，增长了4.21；交通运输行业增长了3.94，综合健康指数平均水平增长最低的是纺织服装行业，增长了2.05。

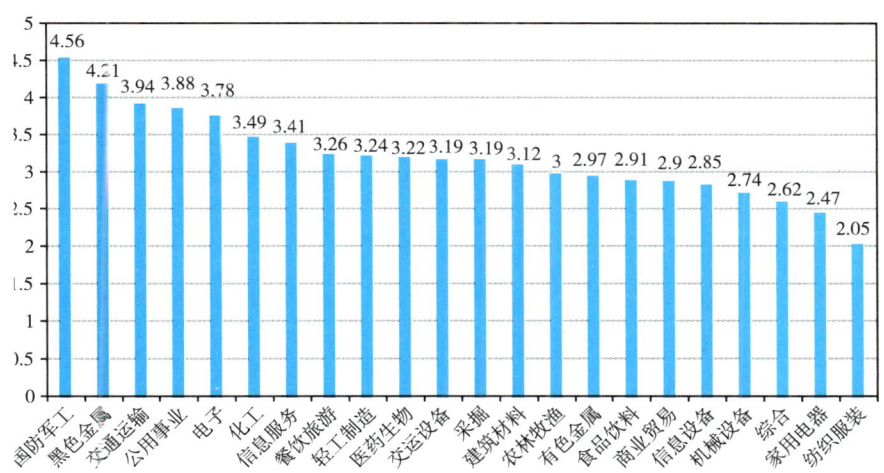

图7-2　2015—2020年各行业综合健康指数平均水平变动情况

7.1.2　2015—2020年上市公司综合健康指数前100名变化情况

根据上市公司健康诊断体系对2015—2020年我国上市公司进行健康诊断，得出每个年度上市公司综合健康指数前100名的公司，如表7-2所示。

表 7-2　　　　　　　　　　2015—2020年上市公司综合健康指数前100名变化

年份 排名	2015	2016	2017	2018	2019	2020
1	温氏股份	温氏股份	三钢闽光	五粮液	温氏股份	华菱钢铁
2	汇川技术	信立泰	长江电力	泸州老窖	华菱钢铁	海天味业
3	广日股份	安徽合力	伟星股份	物产中大	招商公路	佛燃能源
4	同花顺	洋河股份	五粮液	温氏股份	国检集团	泸州老窖
5	联发股份	伟星股份	康弘药业	海大集团	宝信软件	达安基因
6	信立泰	联发股份	温氏股份	潍柴动力	五粮液	中天科技
7	索菲亚	泸州老窖	海康威视	宝信软件	隧道股份	浙农股份
8	江铃汽车	索菲亚	潍柴动力	杰克股份	康弘药业	宝信软件
9	长江电力	永新股份	泸州老窖	迈瑞医疗	中新赛克	江苏国泰
10	东方雨虹	东软载波	龙蟒佰利	正泰电器	物产中大	格力电器

续表

年份 排名	2015	2016	2017	2018	2019	2020
11	海康威视	汇川技术	美的集团	森马服饰	万润股份	浙商中拓
12	国电南瑞	海大集团	京东方A	金卡智能	恒立液压	山东高速
13	万润股份	长江电力	万润股份	海康威视	迈瑞医疗	中国中免
14	海油工程	中国神华	洋河股份	格力电器	海天味业	长江电力
15	金风科技	京东方A	新和成	华域汽车	金卡智能	迈瑞医疗
16	天邦股份	韵达股份	威孚高科	完美世界	宁德时代	中国核电
17	海大集团	星网锐捷	海大集团	伟星新材	居然之家	一汽解放
18	洋河股份	海天味业	汇川技术	招商公路	三六零	苏美达
19	泸州老窖	三聚环保	罗莱生活	上海电力	泸州老窖	招商公路
20	双汇发展	海康威视	通威股份	铜陵有色	中信特钢	国检集团
21	*ST金正	汉钟精机	徐工机械	太极股份	安徽合力	三一重工
22	美的集团	长城汽车	中国神华	北新建材	宏大爆破	正泰电器
23	大洋电机	长安汽车	国星光电	杭氧股份	旗滨集团	翠微股份
24	唐人神	五矿资本	中金岭南	安徽合力	太极股份	横店东磁
25	东富龙	鲁泰A	欧派家居	中国建筑	杭氧股份	隧道股份
26	华兰生物	江铃汽车	国电南瑞	国检集团	格力电器	科大讯飞
27	万丰奥威	网宿科技	伟星新材	当升科技	金溢科技	国电南瑞
28	四方股份	双汇发展	索菲亚	康弘药业	华域汽车	恒立液压
29	海天味业	唐人神	万华化学	恒立液压	浙商中拓	伟星股份
30	许继电气	航民股份	宝信软件	华菱钢铁	中国汽研	森马服饰
31	星网锐捷	正泰电器	信立泰	天虹股份	万集科技	美亚柏科
32	康力电梯	福耀玻璃	紫光股份	郑煤机	长江电力	东方明珠
33	劲嘉股份	森马服饰	海天味业	永新股份	中国巨石	富森美
34	大北农	中国动力	森马服饰	亿联网络	宋城演艺	汉钟精机
35	金螳螂	利亚德	汉钟精机	华兰生物	陕鼓动力	华鲁恒升
36	新时达	物产中大	海尔智家	万润股份	唐山港	洋河股份
37	中国神华	亚威股份	华域汽车	中文传媒	安琪酵母	中信特钢
38	华域汽车	伟星新材	兴蓉环境	苏泊尔	美的集团	中国外运
39	深天马A	华域汽车	浙江交科	浪潮信息	欧派家居	中新赛克
40	东风股份	国电南瑞	金达威	航民股份	潍柴动力	许继电气
41	生物股份	江苏国泰	TCL科技	岭南控股	长鹰信质	淮北矿业
42	上汽集团	航天电器	长安汽车	美的集团	东方明珠	紫金矿业
43	网宿科技	广日股份	唐人神	海格通信	麦格米特	安琪酵母
44	宋城演艺	先导智能	杭氧股份	汇顶科技	志邦家居	亿联网络
45	大华股份	许继电气	广电运通	洋河股份	高盟新材	山西汾酒
46	美亚光电	伊利股份	大华股份	先导智能	徐工机械	安徽合力
47	恒瑞医药	乐普医疗	北新建材	隧道股份	杰瑞股份	三钢闽光
48	扬农化工	贵州茅台	招商公路	九阳股份	科大讯飞	鲁西化工

续表

年份 排名	2015	2016	2017	2018	2019	2020
49	广电运通	万润股份	鲁西化工	国投电力	万华化学	天地科技
50	森马服饰	美的集团	金风科技	TCL科技	洋河股份	西部建设
51	宇通客车	三钢闽光	视源股份	三六零	许继电气	温氏股份
52	传化智联	潍柴动力	美亚柏科	锡业股份	威孚高科	三六零
53	禾丰股份	天康生物	三一重工	浙商中拓	先导智能	杭氧股份
54	思源电气	隧道股份	上汽集团	塔牌集团	中国神华	中国巨石
55	东华软件	新大陆	航天电器	威孚高科	永高股份	北新建材
56	航民股份	大华股份	航天信息	美亚光电	大华股份	深科技
57	罗莱生活	新和成	太阳纸业	三一重工	广电运通	中国神华
58	东软载波	冰山冷热	隆基股份	汇川技术	烽火通信	汇川技术
59	苏交科	清新环境	隧道股份	科大智能	多喜爱	四川路桥
60	伟星新材	中泰化学	广汽集团	横店东磁	海格通信	金域医学
61	克明面业	安洁科技	新钢股份	联发股份	华东电脑	国睿科技
62	中材国际	东方雨虹	科士达	奥克股份	大豪科技	中国汽研
63	长安汽车	航天科技	天康生物	国星光电	佛燃能源	同花顺
64	安徽合力	中国建筑	东方园林	东港股份	国电南瑞	荣盛石化
65	尔康制药	扬农化工	上港集团	新钢股份	岭南控股	中国化学
66	豪迈科技	上海石化	宋城演艺	华鲁恒升	海大集团	中材科技
67	巨星科技	特变电工	东风股份	新大陆	用友网络	君正集团
68	联化科技	东阿阿胶	正泰电器	上海建工	汇川技术	万华化学
69	东旭光电	科大智能	华鲁恒升	粤电力A	乐普医疗	道恩股份
70	海格通信	科士达	大北农	冀东水泥	同花顺	华域汽车
71	海利得	宇通客车	苏泊尔	星网锐捷	新天科技	五粮液
72	科大智能	碧水源	中泰化学	淮北矿业	森马服饰	恒瑞医药
73	天虹股份	金发科技	贵州茅台	太极实业	云南铜业	传化智联
74	东港股份	劲嘉股份	金螳螂	洽洽食品	巨化股份	微光股份
75	正邦科技	*ST金正	禾丰股份	岭南股份	中天科技	国机精工
76	中国海诚	豪迈科技	上海建工	深粮控股	江铃汽车	苏泊尔
77	新大陆	上汽集团	扬农化工	徐工机械	云南白药	金山办公
78	苏泊尔	光迅科技	美亚光电	杭叉集团	三钢闽光	大北农
79	晨光文具	海联金汇	老板电器	索菲亚	新希望	三环集团
80	云赛智联	圆通速递	东方雨虹	禾丰股份	长城汽车	江铃汽车
81	德美化工	宋城演艺	横店东磁	中天科技	冀东水泥	美的集团
82	三星医疗	环旭电子	国机精工	航天电器	罗欣药业	拓邦股份
83	隧道股份	长盈精密	歌尔股份	航天发展	华峰化学	卓胜微
84	新联电子	太阳纸业	湖北能源	沪电股份	星网锐捷	视源股份
85	金发科技	申通快递	恒瑞医药	欧派家居	伊利股份	广和通
86	中工国际	中工国际	旗滨集团	盈趣科技	华鲁恒升	浪潮信息

续表

年份 排名	2015	2016	2017	2018	2019	2020
87	伟星股份	江西铜业	伊力特	海天味业	杭叉集团	广电运通
88	英威腾	博迈科	隆鑫通用	佛燃能源	华东医药	铜陵有色
89	科士达	浙数文化	广州发展	三钢闽光	天虹股份	云南旅游
90	汉钟精机	云南白药	大豪科技	伟星股份	浙数文化	万润股份
91	永高股份	闰土股份	碧水源	盈峰环境	深信服	长安汽车
92	京东方A	阳光电源	中国建筑	长江电力	陕天然气	博杰股份
93	浙江龙盛	正邦科技	天齐锂业	信立泰	华新水泥	上汽集团
94	华东医药	金达威	岭南控股	鲁泰A	海康威视	唐山港
95	万和电气	太极实业	星网锐捷	中铁工业	上海机电	扬农化工
96	华测检测	海油工程	环旭电子	视源股份	美亚光电	招商港口
97	恒宝股份	大豪科技	永新股份	同花顺	国星光电	川仪股份
98	TCL科技	上海莱士	新大陆	东阿阿胶	康达新材	旗滨集团
99	林洋能源	方大集团	伊利股份	中光学	海兴电力	国电电力
100	国光股份	晶盛机电	当升科技	巨化股份	航天电器	泰胜风能

数据来源：同花顺、中关村国睿金融与产业发展研究会。

通过对连续6年综合健康指数前100名的上市公司进行分析，连续6年都排在综合健康指数前100名的上市公司有海天味业、华域汽车、汇川技术、泸州老窖、美的集团、森马服饰、隧道股份、万润股份、温氏股份、洋河股份、长江电力，共11家。

在综合健康指数前100名榜单上出现了5年的上市公司有安徽合力、国电南瑞、海大集团、海康威视、三钢闽光、伟星股份、星网锐捷、中国神华，共8家。

自2018年以来，最近三年连续出现在综合健康指数前100名榜单上的上市公司有安徽合力、宝信软件、佛燃能源、格力电器、国检集团、海天味业、杭氧股份、恒立液压、华菱钢铁、华鲁恒升、华域汽车、汇川技术、泸州老窖、迈瑞医疗、美的集团、三钢闽光、三六零、森马服饰、隧道股份、同花顺、万润股份、温氏股份、五粮液、洋河股份、长江电力、招商公路、浙商中拓、中天科技，共28家。

7.2 2015—2020年上市公司8大系统健康指数评价

7.2.1 法人治理系统

根据2015—2020年我国上市公司法人治理系统健康指数的变动情况，如图7-3所示，在"十三五"时期，我国上市公司在法人治理方面稳步提升。法人治理系统健康指数平均水平由2015年的56.95增长到2020年的71.78，提升了14.83，反映了我国上市公司在公司治理方面更加规范、治理水平更高，整体质量都得到了提升。

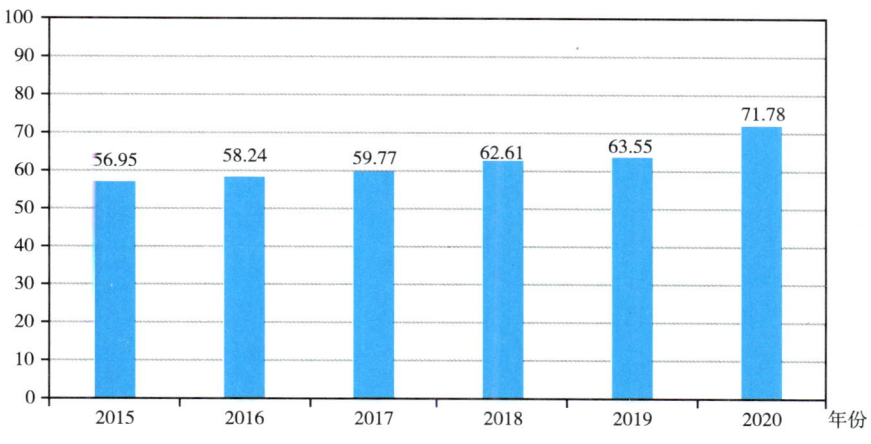

图7-3 2015—2020年上市公司法人治理系统健康指数

从具体的22个一级行业来看，如表7-3所示，2015年法人治理系统健康指数平均水平最高的行业是家用电器（61.30）、餐饮旅游（60.78）、黑色金属（60.05），健康指数平均水平最低的行业是轻工制造（55.09）、电子（55.39）、信息服务（55.96）。2020年法人治理系统健康指数平均水平最高的行业是黑色金属（75.60）、交通运输（74.12）、采掘（73.85），健康指数最低的行业是综合（69.83）、纺织服装（70.10）、电子（70.52）。

表7-3　　2015—2020年各行业上市公司法人治理系统健康指数变动

年份 行业	2015	2016	2017	2018	2019	2020	2015—2020年增量
采掘	58.98	60.84	63.42	67.27	67.58	73.85	14.87
餐饮旅游	60.78	62.30	64.54	66.37	65.96	72.61	11.83
电子	55.39	55.39	57.20	59.65	61.29	70.52	15.13
纺织服装	57.69	58.97	60.33	62.30	62.06	70.10	12.41
公用事业	57.68	58.20	61.04	64.38	65.02	73.81	16.13
国防军工	55.97	56.67	56.91	62.30	64.12	73.25	17.29
黑色金属	60.05	61.53	63.33	67.37	67.83	75.60	15.54
化工	56.48	58.05	59.84	62.92	63.85	72.59	16.10
机械设备	56.43	57.91	58.68	60.70	62.04	70.95	14.52
家用电器	61.30	61.37	60.28	63.03	63.27	71.15	9.85
建筑材料	57.31	59.51	61.53	64.57	65.16	72.73	15.42
交通运输	57.41	59.28	62.77	66.41	67.23	74.12	16.72
交运设备	56.12	57.24	59.44	62.88	63.26	71.17	15.05
农林牧渔	59.29	60.43	62.65	64.94	64.68	72.39	13.10
轻工制造	55.09	57.48	59.86	62.54	62.71	71.14	16.04
商业贸易	58.11	60.58	62.12	65.60	66.41	72.86	14.74

续表

年份 行业	2015	2016	2017	2018	2019	2020	2015—2020年增量
食品饮料	57.85	58.62	58.65	61.36	62.94	71.72	13.87
信息服务	55.96	57.66	59.90	62.55	64.07	71.25	15.29
信息设备	56.42	59.03	60.88	64.33	64.37	71.75	15.33
医药生物	57.06	57.71	58.40	61.66	62.85	71.56	14.50
有色金属	58.15	59.16	60.56	62.74	63.11	71.32	13.17
综合	59.66	57.52	58.39	59.46	61.08	69.83	10.17
总计	56.95	58.24	59.77	62.61	63.55	71.78	14.83

数据来源：同花顺、中关村国睿金融与产业发展研究会。

从健康指数变动情况来看，根据图7-4所示，2015—2020年22个一级行业在法人治理系统方面都实现了明显的增长。其中，国防军工行业法人治理系统健康指数涨幅最大，增长了17.29，其次是交通运输行业增长了16.72，公用事业行业增长了16.13。法人治理系统健康指数平均水平增长最低的是家用电器行业，仅仅增长了9.85。

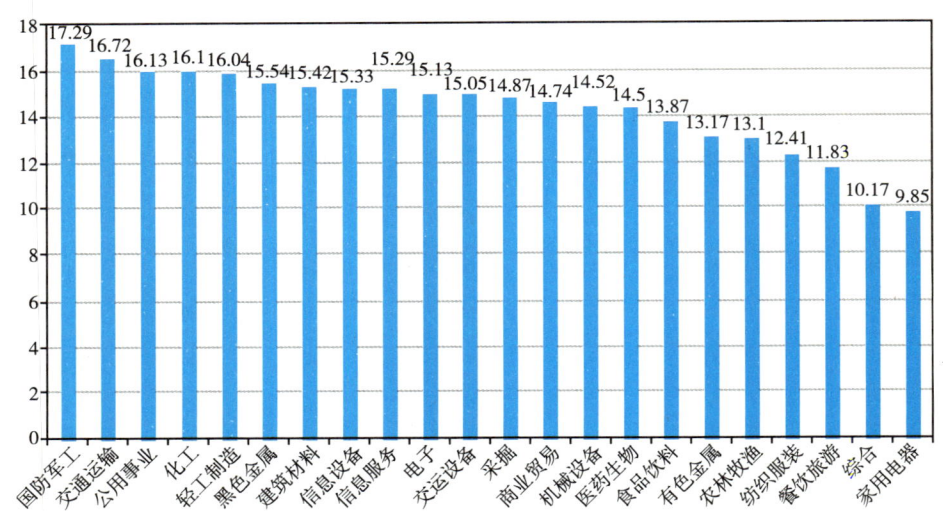

图7-4　2015—2020年各行业法人治理系统健康指数平均水平变动情况

7.2.2　外部监督系统

根据2015—2020年我国上市公司外部监督系统健康指数的变动情况，如图7-5所示，在"十三五"时期，我国上市公司在外部监督方面有一定的波动。外部监督系统健康指数平均水平由2015年的72.64降低到2020年的70.40，整体上呈现波动下降的趋势，在2020年略有反弹，原因是新《证券法》颁布，加大监管力度，违规成本增加，处罚力度加大，外部监督系统受到一定影响。

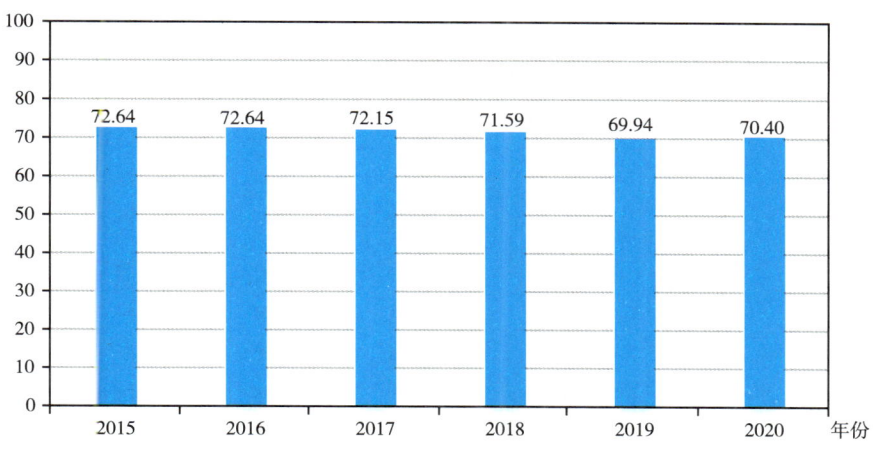

图7-5 2015—2020年上市公司外部监督系统健康指数

从具体的22个一级行业来看，根据表7-4所示，2015年外部监督系统健康指数平均水平最高的行业是黑色金属（73.97）、食品饮料（73.75）、家用电器（73.49），健康指数平均水平最低的行业是综合（66.83）、采掘（70.28）、餐饮旅游（70.42）。2020年外部监督系统健康指数平均水平最高的行业是黑色金属（73.27）、国防军工（71.90）、食品饮料（71.86），健康指数平均水平最低的行业是综合（65.89）、商业贸易（69.18）、信息服务（69.22）。

表7-4　　　　2015—2020年各行业上市公司外部监督系统健康指数变动

	2015	2016	2017	2018	2019	2020	2015—2020年增量
采掘	70.28	71.00	70.30	69.69	67.65	69.84	-0.44
餐饮旅游	70.42	70.42	73.19	72.32	70.18	69.69	-0.73
电子	73.23	73.26	72.81	72.55	70.57	70.92	-2.32
纺织服装	72.74	71.84	72.09	71.58	69.56	69.25	-3.48
公用事业	72.78	73.22	72.52	71.86	70.70	71.21	-1.57
国防军工	70.82	72.83	71.63	72.48	71.09	71.90	1.08
黑色金属	73.97	73.38	75.00	71.29	71.88	73.27	-0.70
化工	72.61	72.83	71.83	71.92	69.67	70.17	-2.44
机械设备	72.90	72.73	72.19	71.58	70.04	70.25	-2.65
家用电器	73.49	72.84	71.30	70.69	70.76	70.51	-2.98
建筑材料	72.94	72.59	72.21	71.48	70.11	70.78	-2.16
交通运输	72.86	72.76	72.65	71.35	69.65	71.75	-1.11
交运设备	72.59	72.37	71.98	71.88	69.43	69.74	-2.85
农林牧渔	71.52	70.91	71.36	70.54	68.33	70.62	-0.89
轻工制造	73.21	73.34	73.01	72.48	70.08	70.72	-2.49
商业贸易	71.29	71.51	71.29	69.65	68.64	69.18	-2.11

续表

	2015	2016	2017	2018	2019	2020	2015—2020年增量
食品饮料	73.75	72.96	72.02	72.35	70.99	71.86	−1.89
信息服务	73.29	72.38	71.82	71.07	69.10	69.22	−4.07
信息设备	73.46	73.22	72.16	71.58	69.62	69.96	−3.49
医药生物	72.31	73.42	72.44	72.11	70.93	71.07	−1.24
有色金属	71.82	72.31	72.59	70.55	69.66	70.57	−1.26
综合	66.83	68.26	68.79	67.64	68.10	65.89	−0.95
合计	72.64	72.64	72.15	71.59	69.94	70.40	−2.24

数据来源：同花顺、中关村国睿金融与产业发展研究会。

从健康指数变动情况来看，根据图7-6所示，2015—2020年22个一级行业在外部监督系统方面除了国防军工行业外都出现了小幅度的下滑。其中，除国防军工行业外部监督系统健康指数有所上涨，增长了1.08，其他行业均出现了下滑，下滑幅度最小的是采掘行业，下滑了0.44。外部监督系统健康指数平均水平下滑幅度最快的是信息服务行业，下滑了4.07。

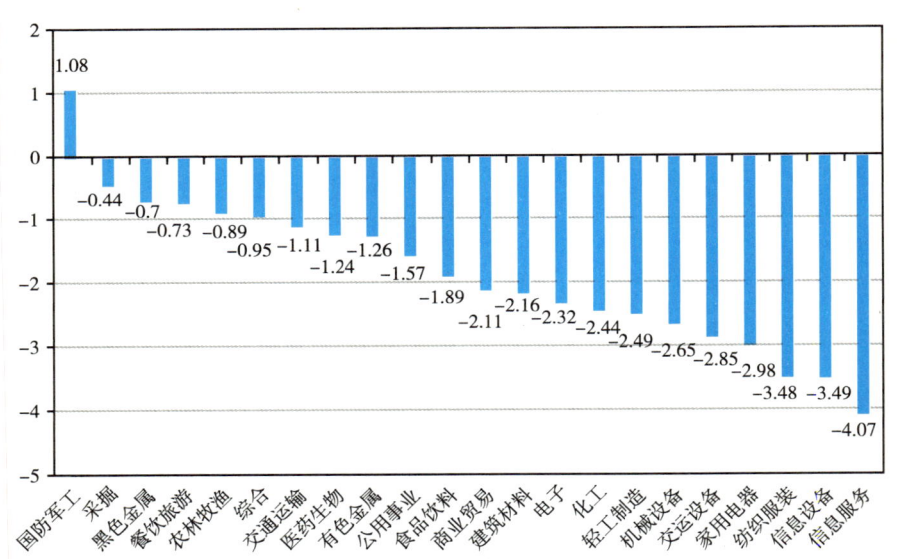

图7-6　2015—2020年各行业外部监督系统健康指数平均水平变动情况

7.2.3　创利能力系统

根据2015—2020年我国上市公司创利能力系统健康指数的变动情况，如图7-7所示，在"十三五"时期，我国上市公司在创利能力方面有一定的波动。创利能力系统健康指数平均水平由2015年的49.86增长到2020年的50.66，受疫情和国际形势的影响，2020年相比2019年略有下滑。

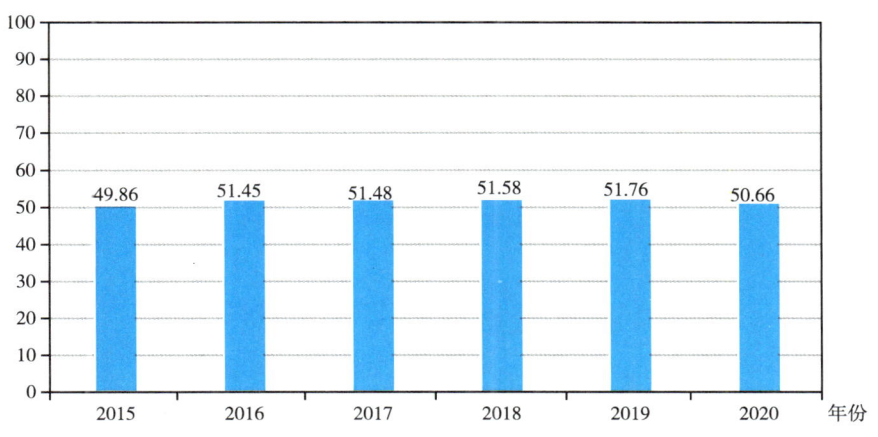

图7-7 2015—2020年上市公司创利能力系统健康指数

从具体的22个一级行业来看，根据表7-5所示，2015年创利能力系统健康指数平均水平最高的行业是农林牧渔（50.90）、食品饮料（50.48）、机械设备（50.41），健康指数平均水平最低的行业是采掘（48.04）、黑色金属（48.42）、公用事业（48.69）。2020年创利能力系统健康指数平均水平最高的行业是农林牧渔（51.14）、黑色金属（51.02）、轻工制造（50.85），健康指数平均水平最低的行业是综合（49.90）、电子（50.40）、国防军工（50.41）。

表7-5　　　　　　　　2015—2020年各行业上市公司创利能力系统健康指数变动

行业	2015	2016	2017	2018	2019	2020	2015—2020年增量
采掘	48.04	50.29	51.87	50.58	51.76	50.62	2.57
餐饮旅游	49.70	50.40	50.49	50.15	52.54	50.85	1.15
电子	49.49	50.73	50.90	51.05	51.51	50.40	0.91
纺织服装	49.07	52.24	52.37	52.29	52.25	50.63	1.57
公用事业	48.69	51.04	51.03	51.42	51.70	50.61	1.92
国防军工	49.93	49.24	50.54	51.49	51.84	50.41	0.48
黑色金属	48.42	50.42	50.16	49.80	51.93	51.02	2.60
化工	50.02	51.85	51.79	51.73	52.01	50.77	0.74
机械设备	50.41	51.86	51.62	51.66	51.75	50.71	0.30
家用电器	49.75	50.34	52.20	52.29	52.35	50.73	0.98
建筑材料	50.18	51.41	51.31	51.41	51.50	50.62	0.44
交通运输	49.13	51.52	51.93	51.93	51.73	50.72	1.59
交运设备	49.62	51.54	51.82	51.90	51.83	50.62	1.01
农林牧渔	50.90	52.25	52.19	52.32	51.93	51.14	0.24
轻工制造	50.12	51.92	51.91	52.01	52.00	50.85	0.73
商业贸易	48.76	52.10	50.69	51.51	51.62	50.58	1.83
食品饮料	50.48	52.13	51.82	52.04	52.40	50.83	0.35
信息服务	50.01	51.35	51.84	51.73	51.75	50.70	0.69

续表

行业	2015	2016	2017	2018	2019	2020	2015—2020年增量
信息设备	49.50	51.33	51.36	51.65	51.59	50.64	1.14
医药生物	50.20	51.28	50.95	51.45	51.62	50.55	0.36
有色金属	50.30	51.45	51.29	51.20	51.34	50.62	0.32
综合	48.94	49.44	50.92	49.34	50.43	49.90	0.96
合计	49.86	51.45	51.48	51.58	51.76	50.66	0.80

数据来源：同花顺、中关村国睿金融与产业发展研究会。

从健康指数变动情况来看，根据图7-8所示，2015—2020年22个一级行业在创利能力系统方面都出现了小幅增长。其中，黑色金属行业创利能力系统健康指数涨幅最大，增长了2.60，其次是采掘行业增长了2.57，公用事业行业增长了1.92。创利能力系统健康指数平均水平增长最低的是农林牧渔行业，仅仅增长了0.24。

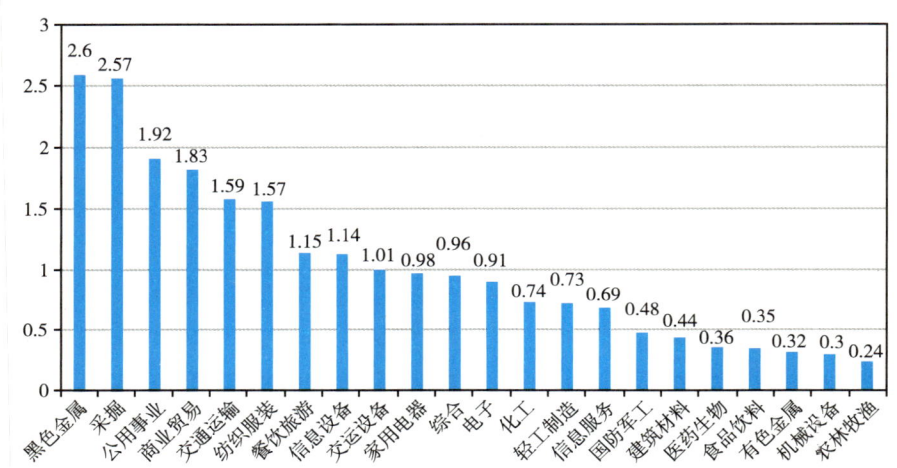

图7-8　2015—2020年各行业创利能力系统健康指数平均水平变动情况

7.2.4　竞争态势系统

根据2015—2020年我国上市公司竞争态势系统健康指数的变动情况，如图7-9所示，在"十三五"时期，我国上市公司在竞争态势方面稳步提升。竞争态势系统健康指数平均水平由2015年的48.10增长到2020年的49.34，增长了1.24。

从具体的22个一级行业来看，如表7-6所示，2015年竞争态势系统健康指数平均水平最高的行业是家用电器（48.80）、黑色金属（48.46）、信息设备（48.44），健康指数平均水平最低的行业是综合（47.25）、公用事业（47.31）、交通运输（47.36）。2020年竞争态势系统健康指数平均水平最高的行业是信息服务（49.78）、信息设备（49.77）、电子（49.73），健康指数平均水平最低的行业是餐饮旅游（48.03）、交通运输（48.54）、综合（48.54）。

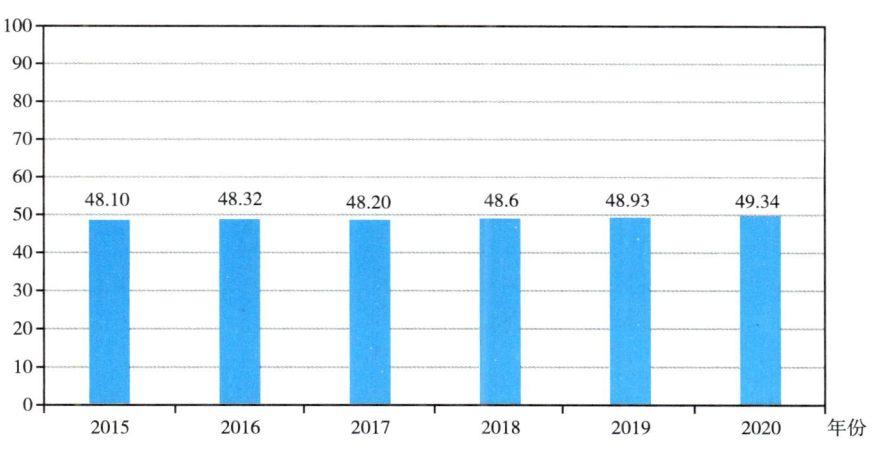

图 7-9 2015—2020 年上市公司竞争态势系统健康指数

表 7-6　　　　　　　　2015—2020 年各行业上市公司竞争态势系统健康指数

年份 行业	2015	2016	2017	2018	2019	2020	2015—2020 年增量
采掘	47.96	48.30	48.66	48.72	48.83	48.85	0.89
餐饮旅游	48.35	48.02	47.75	47.78	47.95	48.03	−0.32
电子	48.04	48.27	48.10	48.52	49.05	49.73	1.69
纺织服装	48.40	48.83	48.57	48.68	48.84	49.21	0.81
公用事业	47.31	47.59	47.47	47.99	48.33	48.75	1.44
国防军工	47.65	47.73	47.38	48.23	48.75	49.22	1.57
黑色金属	48.46	47.86	48.36	48.53	48.95	49.36	0.90
化工	48.00	48.30	48.13	48.57	48.90	49.37	1.36
机械设备	48.35	48.50	48.33	48.72	49.08	49.50	1.15
家用电器	48.80	48.64	48.32	48.86	49.18	49.40	0.59
建筑材料	48.17	48.50	48.44	48.88	49.05	49.29	1.12
交通运输	47.36	47.44	47.60	47.98	48.36	48.54	1.17
交运设备	47.97	48.39	48.13	48.69	48.87	49.30	1.33
农林牧渔	48.28	48.57	48.44	48.64	48.80	49.16	0.88
轻工制造	47.99	48.38	48.45	48.75	48.99	49.46	1.47
商业贸易	48.16	48.29	48.34	48.59	48.44	48.78	0.63
食品饮料	47.89	48.04	47.89	48.24	48.49	48.99	1.09
信息服务	48.19	48.41	48.53	48.99	49.41	49.78	1.60
信息设备	48.44	48.61	48.58	49.05	49.50	49.77	1.33
医药生物	48.19	48.37	48.05	48.47	48.87	49.40	1.22
有色金属	47.97	48.31	48.20	48.40	48.71	49.08	1.11
综合	47.25	47.16	47.11	47.48	47.68	48.54	1.29
总计	48.10	48.32	48.20	48.60	48.93	49.34	1.24

数据来源：同花顺、中关村国睿金融与产业发展研究会。

从健康指数变动情况来看，根据图 7-10 所示，2015—2020 年除餐饮旅游行业下滑了 0.32 外，其他21个一级行业在竞争态势系统方面都实现了不同幅度增长。其中，电子行业涨幅最大，增长了1.69；其次是信息服务行业增长了1.60；国防军工行业增长了1.57。竞争态势系统健康指数平均水平增长最低的是家用电器行业，仅增长了0.59。

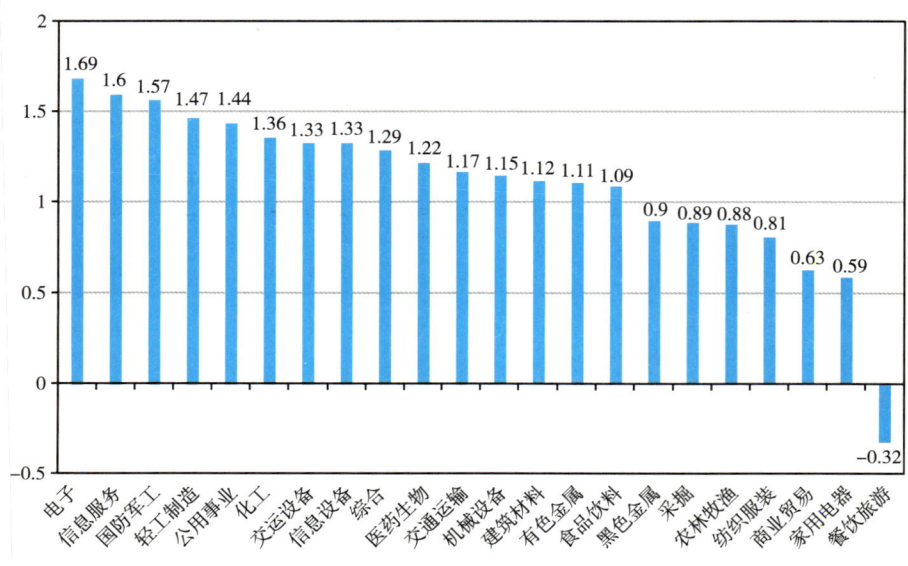

图7-10　2015—2020年各行业竞争态势系统健康指数平均水平变动情况

7.2.5　产品销售系统

根据2015—2020年我国上市公司产品销售系统健康指数平均水平的变动情况，如图7-11所示，在"十三五"时期，我国上市公司在产品销售方面出现了波动趋势。产品销售系统健康指数由2015年的50.22微弱下滑到2020年的50.03，略微下滑了0.19。

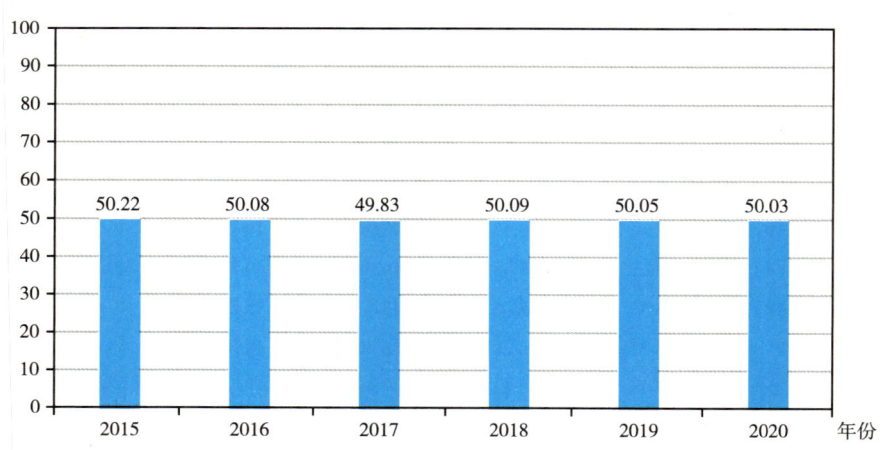

图7-11　2015—2020年上市公司产品销售系统健康指数

从具体的22个一级行业来看，如表7-7所示，2015年产品销售系统健康指数平均水平最高的行业是信息设备（50.73）、农林牧渔（50.68）、有色金属（50.68），健康指数平均水平最低的行业是综合（49.13）、公用事业（49.28）、商业贸易（49.62）。2020年产品销售系统健康指数平均水平最高的行业是食品饮料（50.30）、家用电器（50.23）、商业贸易（50.23），健康指数平均水平最低的行业是国防军工（49.81）、黑色金属（49.91）、建筑材料（49.95）。

表 7-7　　2015—2020 年各行业上市公司产品销售系统健康指数

年份 行业	2015	2016	2017	2018	2019	2020	2015—2020年增量
采掘	50.35	50.18	49.94	49.70	49.89	50.06	−0.29
餐饮旅游	49.71	49.93	49.68	50.00	50.08	50.02	0.31
电子	50.36	50.40	49.70	50.23	49.90	49.99	−0.37
纺织服装	50.42	50.43	49.76	50.50	50.25	50.17	−0.25
公用事业	49.28	49.67	49.71	50.04	50.02	49.97	0.69
国防军工	49.76	49.70	49.67	50.03	49.89	49.81	0.05
黑色金属	50.02	50.44	49.24	49.90	50.41	49.91	−0.11
化工	50.57	50.29	50.02	50.12	50.10	50.00	−0.57
机械设备	50.46	50.31	49.91	50.47	50.20	50.01	−0.46
家用电器	50.23	49.85	50.14	50.04	50.24	50.23	0.00
建筑材料	50.15	49.78	49.82	49.89	49.72	49.95	−0.20
交通运输	49.79	49.96	50.16	50.35	50.19	50.16	0.37
交运设备	50.66	50.62	50.13	50.27	49.94	49.98	−0.68
农林牧渔	50.68	50.35	50.54	50.40	50.27	50.17	−0.50
轻工制造	50.07	50.23	50.07	50.40	50.20	50.16	0.09
商业贸易	49.62	49.91	49.92	49.87	50.08	50.23	0.62
食品饮料	50.12	50.10	50.19	50.24	50.28	50.30	0.18
信息服务	49.79	49.48	49.83	50.05	50.00	50.00	0.21
信息设备	50.73	50.25	50.09	49.98	50.12	49.96	−0.76
医药生物	49.99	49.66	48.89	49.33	49.80	49.98	−0.01
有色金属	50.68	50.17	49.92	49.82	50.13	50.01	−0.67
综合	49.13	49.74	49.23	49.67	49.84	50.11	0.98
总计	50.22	50.08	49.83	50.09	50.05	50.03	−0.20

数据来源：同花顺、中关村国睿金融与产业发展研究会。

从健康指数变动情况来看，根据图7-12所示，2015—2020年9个行业实现了微弱增长，分别是综合、公用事业、商业贸易、交通运输、餐饮旅游、信息服务、食品饮料、轻工制造、国防军工行业，医药家用电器行业零增长，医药生物、黑色金属、建筑材料、纺织服装、采掘、电子、机械设备、农林牧渔、化工、有色金属、交运设备、信息设备行业均出现了下滑。

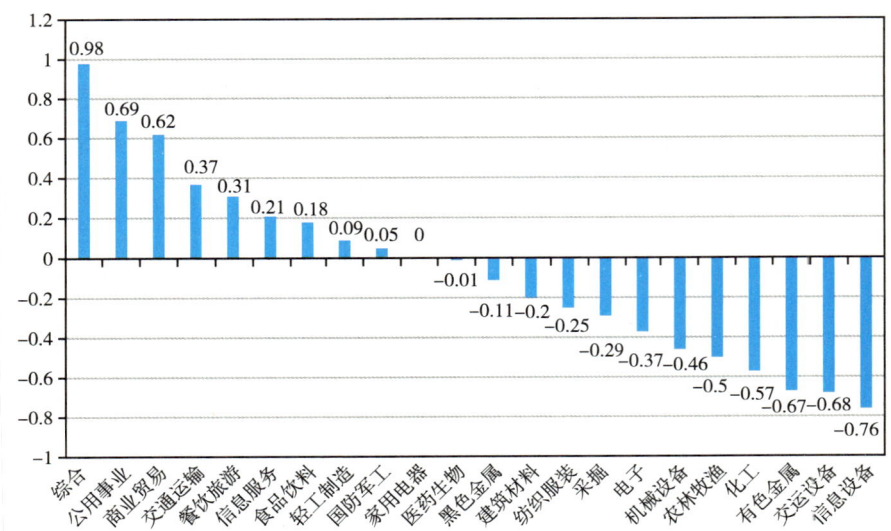

图7-12 2015—2020年各行业产品销售系统健康指数平均水平变动情况

7.2.6 价值再造系统

根据2015—2020年我国上市公司价值再造系统健康指数的变动情况，如图7-13所示，在"十三五"时期，我国上市公司在价值再造方面呈现波动上升的趋势，在2017年出现低点，之后开始反弹上升。价值再造系统健康指数平均水平由2015年的55.06下滑到2020年的54.84，小幅度下滑了0.22。

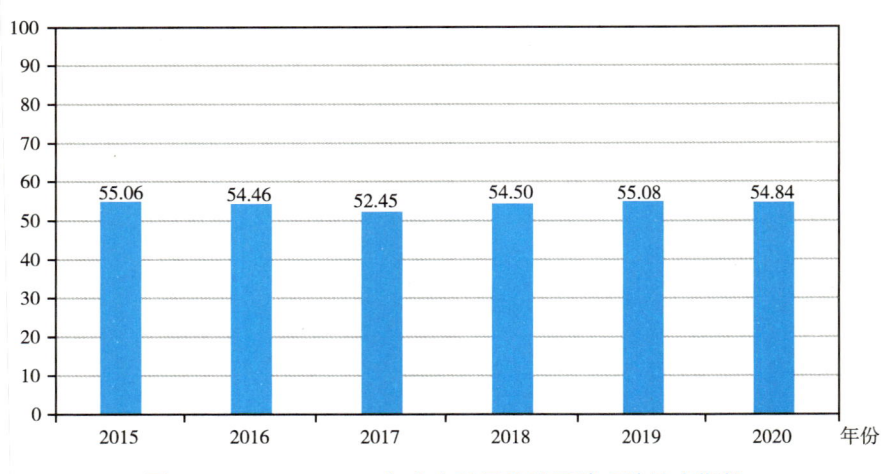

图7-13 2015—2020年上市公司价值再造系统健康指数

从具体的22个一级行业来看，如表7-8所示，2015年价值再造系统健康指数平均水平最高的行业是公用事业（56.49）、采掘（56.28）、纺织服装（56.17），健康指数平均水平最低的行业是国防军工（50.64）、轻工制造（52.12）、食品饮料（52.66）。2020年价值再造系统健康指数平均水平最高的行业是黑色金属（57.82）、采掘（56.55）、商业贸易（56.47），健康指数平均水平最低的行业是食品饮料（51.11）、综合（52.00）、国防军工（52.25）。

表7-8　　　　　　　2015—2020年各行业上市公司价值再造系统健康指数变动

年份 行业	2015	2016	2017	2018	2019	2020	2015—2020年增量
采掘	56.28	55.81	54.66	56.08	57.23	56.55	0.28
餐饮旅游	53.14	50.56	56.73	57.17	54.82	56.11	2.98
电子	55.57	54.01	51.72	54.02	53.89	54.97	−0.60
纺织服装	56.17	55.49	52.11	55.42	53.96	54.81	−1.36
公用事业	56.49	54.38	52.60	54.35	54.37	55.44	−1.05
国防军工	50.64	52.89	50.71	52.82	54.87	52.25	1.61
黑色金属	56.03	54.27	55.73	57.23	57.26	57.82	1.78
化工	53.33	54.58	51.62	53.57	54.31	55.35	2.02
机械设备	55.66	54.93	52.20	54.74	55.42	53.22	−2.44
家用电器	53.78	55.02	52.82	57.00	56.89	56.26	2.49
建筑材料	55.76	55.20	53.32	55.78	55.98	54.69	−1.07
交通运输	54.81	53.64	54.11	52.76	56.10	55.32	0.51
交运设备	55.09	53.96	51.14	53.11	54.11	54.18	−0.91
农林牧渔	55.43	53.44	53.08	53.92	55.97	53.38	−2.05
轻工制造	52.12	55.10	51.30	54.60	56.12	55.10	2.97
商业贸易	55.98	53.39	52.78	54.40	54.92	56.47	0.50
食品饮料	52.66	53.63	50.70	52.45	55.03	51.11	−1.55
信息服务	55.96	53.59	53.43	54.54	55.73	55.74	−0.22
信息设备	55.41	55.55	53.17	54.48	54.95	55.95	0.54
医药生物	56.14	55.23	52.65	54.95	54.62	55.84	−0.30
有色金属	53.48	54.27	52.39	56.48	54.90	56.08	2.60
综合	55.09	53.90	53.16	56.04	55.95	52.00	−3.09
总计	55.06	54.46	52.45	54.50	55.08	54.84	−0.22

数据来源：同花顺、中关村国睿金融与产业发展研究会。

从健康指数变动情况来看，根据图7-14所示，2015—2020年11个一级行业在价值再造系统方面都实现了明显的增长。其中，餐饮旅游行业涨幅最大，增长了2.98，轻工制造行业增长了2.97，有色金属行业增长了2.60。11个一级行业出现了不同程度的下滑，其中下滑幅度最大的是综合行业，下滑3.09。

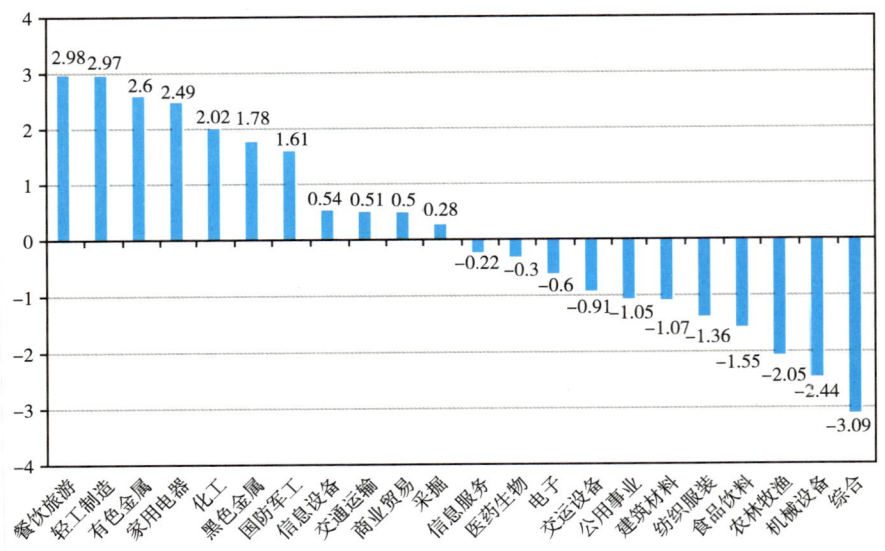

图7-14　2015—2020年各行业价值再造系统健康指数平均水平变动情况

7.2.7　资产资本结构系统

根据2015—2020年我国上市公司资产资本结构系统健康指数的变动情况，如图7-15所示，受经济形势影响，在"十三五"时期，我国上市公司在资产资本结构方面略有波动。资产资本结构系统健康指数平均水平由2015年的51.07下滑到2020年的50.92，下滑了0.15。

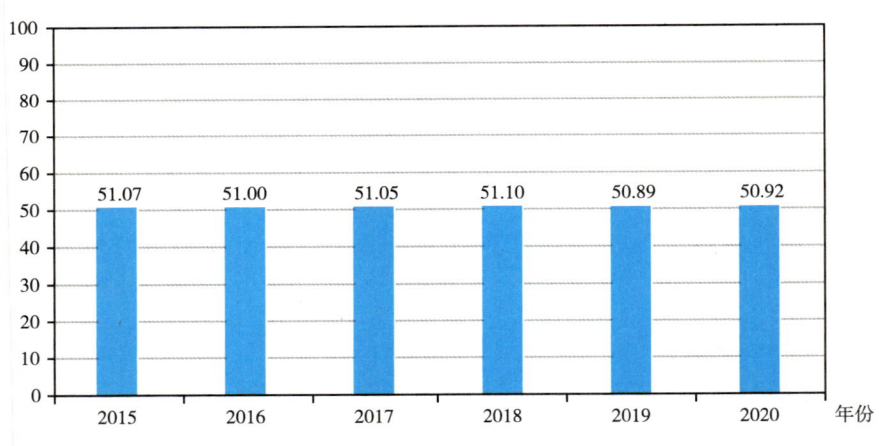

图7-15　2015—2020年上市公司资产资本结构系统健康指数

从具体的22个一级行业来看，如表7-9所示，2015年资产资本结构系统健康指数平均水平最高的行业是轻工制造（52.54）、纺织服装（52.50）、电子（52.46），健康指数平均水平最低的行业是黑色金属（49.84）、商业贸易（49.95）、餐饮旅游（50.05）。2020年资产资本结构系统健康指数平均水平最高的行业是纺织服装（52.64）、交通运输（52.18）、餐饮旅游（52.01），健康指数平均水平最低的行业是信息设备（50.31）、商业贸易（50.33）、采掘（50.38）。

表 7-9　　　　　2015—2020 年各行业上市公司资产资本结构系统健康指数变动

年份 行业	2015	2016	2017	2018	2019	2020	2015—2020 年增量
采掘	50.52	50.54	50.27	50.35	50.41	50.38	−0.14
餐饮旅游	50.05	49.90	50.26	50.42	51.55	52.01	1.97
电子	52.46	52.62	52.65	52.62	50.78	50.78	−1.68
纺织服装	52.50	52.50	52.49	52.59	52.72	52.64	0.15
公用事业	50.59	50.64	50.71	50.75	50.79	50.84	0.26
国防军工	51.20	49.44	52.42	52.36	51.25	51.48	0.28
黑色金属	49.84	49.88	49.59	50.61	49.88	50.78	0.94
化工	50.61	50.62	50.61	50.64	50.73	50.66	0.04
机械设备	50.75	50.69	50.75	50.70	50.72	50.78	0.03
家用电器	50.84	50.70	50.63	50.70	50.75	50.64	−0.20
建筑材料	50.74	50.88	50.78	50.73	50.85	50.79	0.04
交通运输	50.57	50.80	50.81	52.45	52.31	52.18	1.61
交运设备	50.41	50.62	50.51	50.56	50.59	50.62	0.21
农林牧渔	50.50	50.70	50.46	50.49	50.74	50.65	0.14
轻工制造	52.54	50.84	50.58	50.69	50.71	50.68	−1.86
商业贸易	49.95	50.14	50.22	50.26	50.36	50.33	0.38
食品饮料	50.64	50.91	50.93	51.01	51.02	50.92	0.28
信息服务	50.57	50.74	50.74	50.21	50.50	50.54	−0.03
信息设备	50.25	50.22	50.32	50.34	50.48	50.31	0.06
医药生物	52.35	52.47	52.13	52.39	51.99	51.95	−0.40
有色金属	52.11	50.51	52.04	52.27	49.99	50.64	−1.47
综合	52.27	52.25	50.65	50.91	51.07	51.90	−0.37
总计	51.07	51.00	51.05	51.10	50.89	50.92	−0.14

数据来源：同花顺、中关村国睿金融与产业发展研究会。

从健康指数变动情况来看，根据图 7-16 所示，2015—2020 年，14 个一级行业出现不同程度的增长，餐饮旅游行业增幅最大，增长 1.97；8 个一级行业出现不同程度的下滑，轻工制造行业下滑幅度最大，下降了 1.86。

7.2.8　内部控制系统

根据 2015—2020 年我国上市公司内部控制系统健康指数的变动情况，如图 7-17 所示，在"十三五"时期，我国上市公司在内部控制方面稳步提升。内部控制系统健康指数由 2015 年的 75.03 增长到 2020 年的 79.59，增长了 4.56，反映了我国上市公司在内控治理方面更加规范、治理水平更高，整体质量都得到了提升。

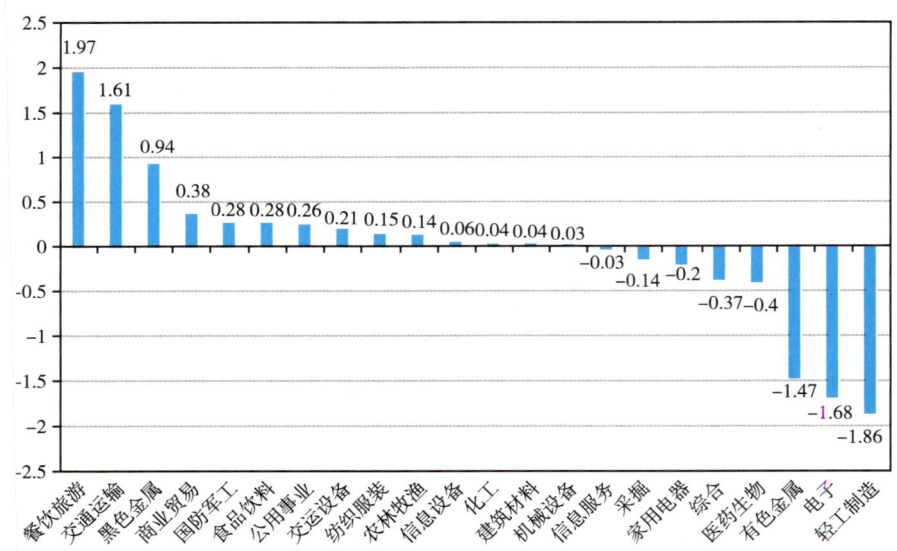

图7-16 2015—2020年各行业资产资本结构系统健康指数平均水平变动情况

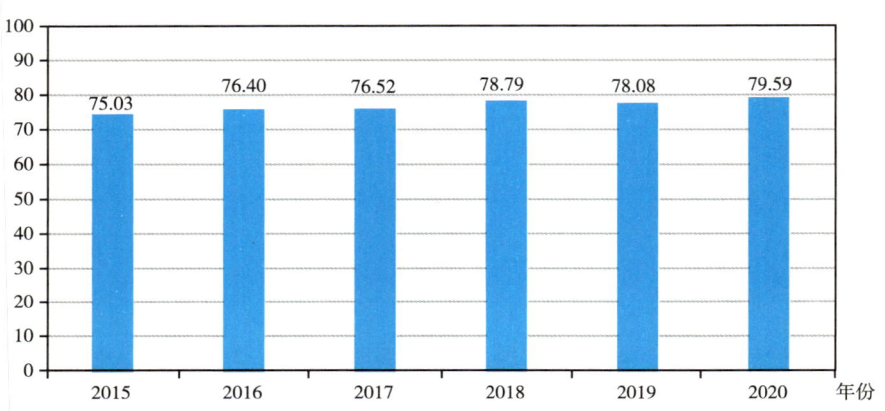

图7-17 2015—2020年上市公司内部控制系统健康指数

从具体的22个一级行业来看，如表7-10所示，2015年内部控制系统健康指数平均水平最高的行业是黑色金属（81.94）、采掘（79.36）、商业贸易（78.18），健康指数平均水平最低的行业是电子（72.66）、信息服务（73.06）、机械设备（74.01）。2020年内部控制系统健康指数平均水平最高的行业是黑色金属（84.43）、采掘（82.45）、交通运输（82.14），健康指数平均水平最低的行业是综合（76.55）、纺织服装（77.20）、信息服务（78.55）。

表7-10　　　　　　　　2015—2020年各行业上市公司内部控制系统健康指数

年份 行业	2015	2016	2017	2018	2019	2020	2015—2020年增量
采掘	79.36	81.40	81.92	83.77	82.20	82.45	3.09
餐饮旅游	76.39	78.48	80.67	80.50	78.89	79.30	2.91
电子	72.66	73.61	74.46	76.41	75.78	78.60	5.94
纺织服装	75.23	76.29	76.08	79.11	77.14	77.20	1.97

续表

年份 行业	2015	2016	2017	2018	2019	2020	2015—2020年增量
公用事业	77.30	78.08	77.41	79.55	79.11	80.78	3.48
国防军工	77.63	77.43	75.47	79.14	78.95	81.25	3.62
黑色金属	81.94	82.20	82.45	81.47	82.87	84.43	2.49
化工	74.52	75.77	76.21	78.96	78.06	80.27	5.74
机械设备	74.01	75.46	75.68	77.55	77.31	78.59	4.57
家用电器	76.18	77.27	77.02	78.86	79.12	79.31	3.12
建筑材料	75.72	77.38	77.63	80.18	79.53	80.91	5.20
交通运输	76.61	79.25	79.22	82.07	81.34	82.14	5.54
交运设备	74.70	76.15	76.34	80.07	78.61	79.84	5.13
农林牧渔	76.18	77.42	77.73	80.67	79.49	80.93	4.74
轻工制造	74.26	75.89	76.43	80.06	78.74	80.62	6.36
商业贸易	78.18	79.63	79.38	80.30	79.26	80.81	2.63
食品饮料	76.18	76.69	76.17	77.54	78.09	80.20	4.02
信息服务	73.06	75.04	76.12	78.11	77.21	78.55	5.49
信息设备	74.11	76.55	76.09	79.41	78.28	79.36	5.24
医药生物	74.76	76.38	75.79	78.41	77.41	78.63	3.87
有色金属	77.43	77.98	77.43	78.18	77.96	79.89	2.46
综合	76.48	75.96	77.30	74.87	75.96	76.55	0.06
总计	75.03	76.40	76.52	78.79	78.08	79.59	4.56

数据来源：同花顺、中关村国睿金融与产业发展研究会。

从健康指数变动情况来看，根据图7-18所示，2015—2020年22个一级行业在内部控制系统方面都基本实现了明显的增长。其中，轻工制造行业涨幅最大，增长了6.36；其次是电子行业增长了5.94；化工行业增长了5.74。内部控制系统健康指数平均水平增长最低的是综合行业，仅增长了0.06。

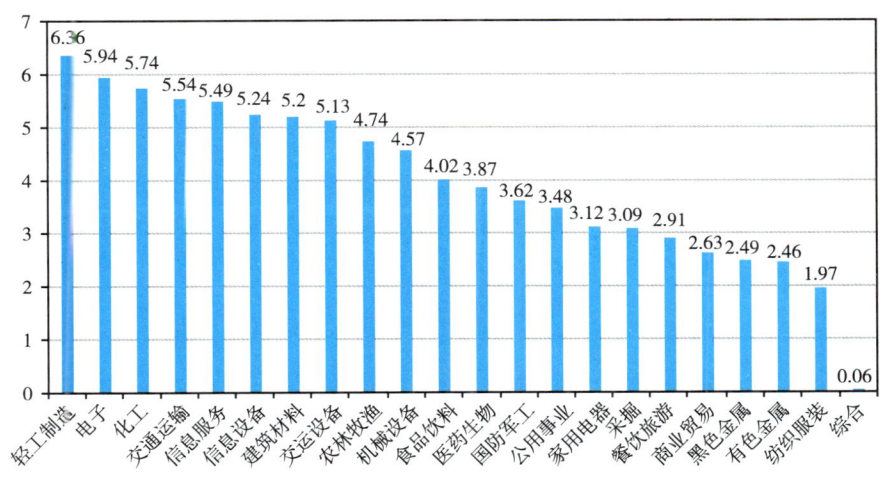

图7-18　2015—2020年各行业内部控制系统健康指数平均水平变动情况

第三篇

中国上市公司健康指数——地区篇

第8章
中国上市公司健康指数省际评价

基于上市公司2020年的年报等公开披露数据，对4032家上市公司健康指数进行计算，从而得到不同行政区域维度下中国上市公司综合健康指数和8大系统的具体排名情况。

8.1 中国上市公司综合健康指数省际评价

本报告主要聚焦研究一级省级行政区，包括省、自治区、直辖市三类共31个一级行政区域下的上市公司发展情况，本报告不研究香港、澳门、台湾省的上市公司发展情况。

根据2020年披露年报、公告和其他数据，4032家中国上市公司综合健康指数平均水平为61.72，平均水平以上的上市公司有2117家。

各省（自治区、直辖市）上市公司的综合健康指数平均水平、最高和最低情况如表8-1所示。

表 8-1　　　　　各省（自治区、直辖市）上市公司综合健康指数情况

省份（直辖市、自治区）	上市公司数量	健康指数平均水平	最高	最低
安徽省	127	62.96	科大讯飞（74.03）	ST德豪（48.76）
北京市	353	63.02	中国中免（74.87）	*ST邦讯（43.49）
重庆市	49	62.52	中国汽研（72.62）	ST天圣（48.04）
福建省	149	61.73	美亚柏科（73.57）	*ST实达（47.19）
甘肃省	33	58.53	金徽酒（68.21）	ST荣华（44.93）
广东省	667	61.40	海天味业（76.59）	文化长城（41.88）
广西壮族自治区	35	58.96	北部湾港（70.11）	*ST东网（44.13）
贵州省	29	61.98	航天电器（70.90）	*ST天成（43.68）
海南省	31	57.66	中钨高新（71.18）	ST大洲（44.69）
河北省	60	62.49	唐山港（71.97）	*ST华讯（41.10）
河南省	86	62.53	许继电气（73.17）	ST辅仁（45.94）
黑龙江省	34	59.78	中直股份（68.82）	*ST金洲（41.92）
湖北省	110	61.78	中信特钢（73.26）	*ST昌鱼（44.89）
湖南省	113	61.44	华菱钢铁（78.49）	开元教育（48.48）
吉林省	42	58.91	一汽解放（74.55）	退市鹏起（37.94）
江苏省	483	61.24	中天科技（76.04）	ST新海（40.44）

续表

省份（直辖市、自治区）	上市公司数量	健康指数平均水平	最高	最低
江西省	56	62.18	江铃汽车（72.19）	*ST节能（42.88）
辽宁省	72	59.74	国电电力（71.92）	大连圣亚（49.76）
内蒙古自治区	24	62.39	君正集团（72.42）	*ST天首（41.25）
宁夏回族自治区	15	59.27	宁夏建材（70.42）	*ST环球（39.58）
青海省	11	57.92	西部矿业（71.79）	ST顺利（47.22）
山东省	227	62.30	山东高速（74.92）	中润资源（41.36）
山西省	39	62.61	山西汾酒（73.01）	*ST当代（47.39）
陕西省	54	61.46	陕鼓动力（71.04）	保力新（43.35）
上海市	312	62.16	宝信软件（75.32）	*ST游久（47.04）
四川省	136	61.34	泸州老窖（76.17）	台海核电（42.13）
天津市	53	62.89	招商公路（74.53）	津膜科技（53.64）
西藏自治区	18	60.10	华宝股份（67.00）	西藏珠峰（49.11）
新疆维吾尔自治区	54	58.53	西部建设（72.93）	*ST新亿（44.20）
云南省	33	63.04	云南旅游（72.07）	ST云投（48.27）
浙江省	524	62.14	浙农股份（75.50）	ST目药（40.68）
—（华润微、中芯国际、九号公司）	3			

数据来源：同花顺、中关村国睿金融与产业发展研究会。

根据综合健康指数平均水平情况看，综合健康指数平均水平较高的一级行政区域（含上市公司数量）分别是云南省（33家，63.04）、北京市（353家，63.02）、安徽省（127家，62.96），综合健康指数平均水平较低的一级行政区域分别是海南省（31家，57.66）、青海省（11家，57.92）、新疆维吾尔自治区（54家，58.53）。

从二级行政区域即省内城市的上市公司分布情况来看，深圳市拥有320家上市公司，遥遥领先，优势明显。其次是杭州市159家，北京市海淀区155家，苏州市147家，广州市114家，上海浦东新区108家，这也是仅有的上市公司较为集中且超过100家以上的6个市（区）。

以2020年综合健康指数排名前100名的上市公司为例，根据评价结果，综合健康指数排名前100名的上市公司，共来自中国22个省级行政区，其中广东省共有18家上市公司进入前100名，整体优势明显，其次是浙江省13家，北京市13家，江苏省11家，这4个省份（直辖市）共有55家上市公司进入综合健康指数前100名，占55%，区位优势明显。进入健康指数前100名的上市公司省级分布，如图8-1所示。

如果从更具体的省内城市分布来看，数量排名靠前的城市（直辖市属区）中，北京市海淀区和深圳市分别有7家进入综合健康指数前100名，杭州市有6家上市公司进入综合健康指数前100名，其次广州市和南京市各有4家，北京东城区、佛山市、烟台市各有3家进入前100名。

没有上市公司进入综合健康指数前100名的省份有甘肃、广西、贵州、海南、黑龙江、宁夏、青海、西藏和新疆共9个省（自治区）。

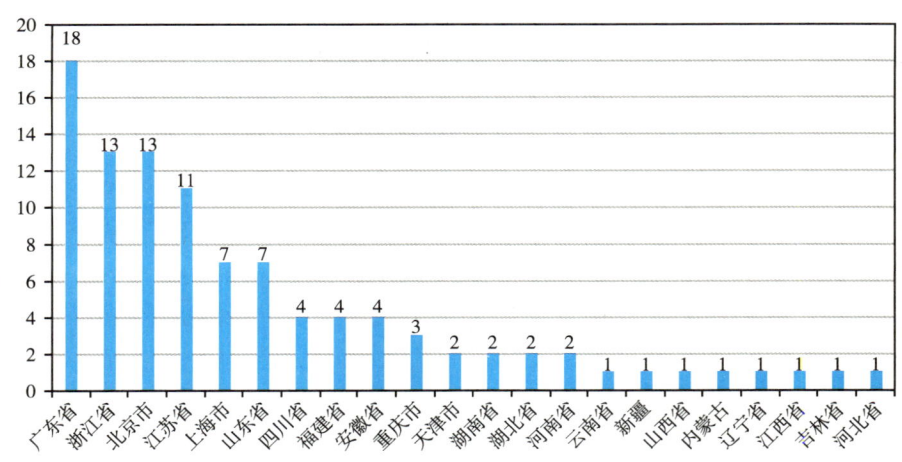

图 8-1 综合健康指数前 100 名上市公司省级分布

8.1.1 安徽省

报告共分析安徽省 127 家上市公司，综合健康指数平均水平为 62.96，该省上市公司全排名如表 8-2 所示。

表 8-2　　　　　　　　　　　　安徽省上市公司综合健康指数全排名

排名	公司代码	公司名称	综合健康指数	一级行业_同花顺	地级市	产权性质
1	002230.SZ	科大讯飞	74.03	信息服务	合肥市	非国有
2	600985.SH	淮北矿业	73.16	采掘	淮北市	地方国有
3	600761.SH	安徽合力	72.95	机械设备	合肥市	地方国有
4	000630.SZ	铜陵有色	72.07	有色金属	铜陵市	地方国有
5	002607.SZ	中公教育	71.33	信息服务	芜湖市	非国有
6	002014.SZ	永新股份	70.84	轻工制造	黄山市	非国有
7	600063.SH	皖维高新	70.75	化工	合肥市	地方国有
8	000596.SZ	古井贡酒	70.54	食品饮料	亳州市	地方国有
9	600502.SH	安徽建工	70.23	建筑材料	蚌埠市	地方国有
10	000543.SZ	皖能电力	70.22	公用事业	合肥市	地方国有
11	601801.SH	皖新传媒	69.79	信息服务	合肥市	地方国有
12	300274.SZ	阳光电源	69.25	机械设备	合肥市	非国有
13	300009.SZ	安科生物	69.00	医药生物	合肥市	非国有
14	002555.SZ	三七互娱	68.99	信息服务	芜湖市	非国有
15	603599.SH	广信股份	68.99	化工	宣城市	非国有
16	002690.SZ	美亚光电	68.96	机械设备	合肥市	非国有
17	002140.SZ	东华科技	68.85	建筑材料	合肥市	中央国有
18	603198.SH	迎驾贡酒	68.85	食品饮料	六安市	非国有
19	600218.SH	全柴动力	68.79	机械设备	滁州市	地方国有
20	600444.SH	国机通用	68.56	机械设备	合肥市	中央国有

续表

排名	公司代码	公司名称	综合健康指数	一级行业_同花顺	地级市	产权性质
21	603801.SH	志邦家居	68.45	轻工制造	合肥市	非国有
22	603199.SH	九华旅游	68.37	餐饮旅游	池州市	地方国有
23	000930.SZ	中粮科技	67.75	农林牧渔	蚌埠市	中央国有
24	600808.SH	马钢股份	67.70	黑色金属	马鞍山市	中央国有
25	603357.SH	设计总院	67.60	建筑材料	合肥市	地方国有
26	603689.SH	皖天然气	67.27	公用事业	合肥市	地方国有
27	600585.SH	海螺水泥	67.23	建筑材料	芜湖市	地方国有
28	002557.SZ	洽洽食品	67.19	食品饮料	合肥市	非国有
29	600012.SH	皖通高速	66.91	交通运输	合肥市	地方国有
30	002538.SZ	司尔特	66.88	化工	宣城市	非国有
31	002171.SZ	楚江新材	66.86	有色金属	芜湖市	非国有
32	002136.SZ	安纳达	66.78	化工	铜陵市	地方国有
33	605108.SH	同庆楼	66.51	餐饮旅游	合肥市	非国有
34	600577.SH	精达股份	66.40	机械设备	铜陵市	非国有
35	300692.SZ	中环环保	66.39	公用事业	合肥市	非国有
36	300087.SZ	荃银高科	66.33	农林牧渔	合肥市	中央国有
37	000850.SZ	华茂股份	66.22	纺织服装	安庆市	地方国有
38	600552.SH	凯盛科技	65.90	电子	蚌埠市	中央国有
39	000887.SZ	中鼎股份	65.50	交运设备	宣城市	非国有
40	002057.SZ	中钢天源	65.47	有色金属	马鞍山市	中央国有
41	300877.SZ	金春股份	65.47	纺织服装	滁州市	非国有
42	000859.SZ	国风塑业	65.31	化工	合肥市	地方国有
43	002743.SZ	富煌钢构	65.09	建筑材料	合肥市	非国有
44	000521.SZ	长虹美菱	65.05	家用电器	合肥市	地方国有
45	600054.SH	黄山旅游	65.01	餐饮旅游	黄山市	地方国有
46	600567.SH	山鹰国际	64.96	轻工制造	马鞍山市	非国有
47	600971.SH	恒源煤电	64.94	采掘	淮北市	地方国有
48	003020.SZ	立方制药	64.86	医药生物	合肥市	非国有
49	600575.SH	淮河能源	64.86	交通运输	芜湖市	地方国有
50	300520.SZ	科大国创	64.71	信息服务	合肥市	非国有
51	002541.SZ	鸿路钢构	64.66	建筑材料	合肥市	非国有
52	600990.SH	四创电子	64.57	国防军工	合肥市	中央国有
53	600496.SH	精工钢构	64.57	建筑材料	六安市	非国有
54	300595.SZ	欧普康视	64.53	医药生物	合肥市	非国有
55	300783.SZ	三只松鼠	64.41	食品饮料	芜湖市	非国有
56	002556.SZ	辉隆股份	64.39	化工	合肥市	非国有
57	600418.SH	江淮汽车	64.39	交运设备	合肥市	地方国有
58	300815.SZ	玉禾田	64.33	公用事业	安庆市	非国有

续表

排名	公司代码	公司名称	综合健康指数	一级行业_同花顺	地级市	产权性质
59	600551.SH	时代出版	64.31	信息服务	合肥市	地方国有
60	002597.SZ	金禾实业	64.26	食品饮料	滁州市	非国有
61	300088.SZ	长信科技	63.72	电子	芜湖市	地方国有
62	300388.SZ	节能国祯	63.72	公用事业	合肥市	中央国有
63	603589.SH	口子窖	63.67	食品饮料	淮北市	非国有
64	003027.SZ	同兴环保	63.66	公用事业	马鞍山市	非国有
65	000713.SZ	丰乐种业	63.61	农林牧渔	合肥市	地方国有
66	300218.SZ	安利股份	63.19	化工	合肥市	非国有
67	000153.SZ	丰原药业	63.08	医药生物	芜湖市	非国有
68	603596.SH	伯特利	63.07	交运设备	芜湖市	非国有
69	002298.SZ	中电兴发	62.90	信息服务	芜湖市	非国有
70	603429.SH	集友股份	62.84	轻工制造	安庆市	非国有
71	600470.SH	六国化工	62.65	化工	铜陵市	非国有
72	000417.SZ	合肥百货	62.49	商业贸易	合肥市	地方国有
73	002226.SZ	江南化工	62.40	化工	宣城市	中央国有
74	300577.SZ	开润股份	62.38	纺织服装	滁州市	非国有
75	603656.SH	泰禾智能	62.34	机械设备	合肥市	非国有
76	000619.SZ	海螺型材	61.94	建筑材料	芜湖市	地方国有
77	601918.SH	新集能源	61.93	采掘	淮南市	中央国有
78	603308.SH	应流股份	61.93	机械设备	合肥市	非国有
79	000868.SZ	安凯客车	61.77	交运设备	合肥市	地方国有
80	002042.SZ	华孚时尚	61.58	纺织服装	淮北市	非国有
81	300452.SZ	山河药辅	61.51	医药生物	淮南市	非国有
82	300816.SZ	艾可蓝	61.27	机械设备	池州市	非国有
83	300862.SZ	蓝盾光电	60.88	机械设备	铜陵市	非国有
84	603768.SH	常青股份	60.85	交运设备	合肥市	非国有
85	603527.SH	众源新材	60.76	有色金属	芜湖市	非国有
86	603356.SH	华菱精工	60.59	机械设备	宣城市	非国有
87	002760.SZ	凤形股份	60.48	机械设备	宣城市	非国有
88	002997.SZ	瑞鹄模具	60.05	交运设备	芜湖市	非国有
89	002817.SZ	黄山胶囊	60.01	医药生物	宣城市	非国有
90	002074.SZ	国轩高科	59.85	机械设备	合肥市	非国有
91	300886.SZ	华业香料	59.84	化工	安庆市	非国有
92	603815.SH	交建股份	59.78	建筑材料	合肥市	非国有
93	002361.SZ	神剑股份	59.67	化工	芜湖市	非国有
94	688219.SH	会通股份	59.60	化工	合肥市	非国有
95	002983.SZ	芯瑞达	59.48	电子	合肥市	非国有
96	300929.SZ	华骐环保	59.34	公用事业	马鞍山市	地方国有
97	601606.SH	长城军工	59.00	国防军工	合肥市	地方国有
98	688551.SH	科威尔	58.88	机械设备	合肥市	非国有

续表

排名	公司代码	公司名称	综合健康指数	一级行业_同花顺	地级市	产权性质
99	300883.SZ	龙利得	58.87	轻工制造	滁州市	非国有
100	600375.SH	汉马科技	58.72	交运设备	马鞍山市	非国有
101	688639.SH	华恒生物	58.51	农林牧渔	合肥市	非国有
102	002331.SZ	皖通科技	58.28	信息服务	合肥市	非国有
103	300835.SZ	龙磁科技	58.25	有色金属	合肥市	非国有
104	600199.SH	金种子酒	58.14	食品饮料	阜阳市	地方国有
105	603031.SH	安德利	58.13	商业贸易	合肥市	非国有
106	688679.SH	通源环境	57.91	公用事业	合肥市	非国有
107	300475.SZ	聚隆科技	57.54	家用电器	宣城市	非国有
108	688630.SH	芯碁微装	57.31	机械设备	合肥市	非国有
109	688586.SH	江航装备	57.22	国防军工	合肥市	中央国有
110	688027.SH	国盾量子	57.15	信息设备	合肥市	非国有
111	300134.SZ	大富科技	57.04	信息设备	蚌埠市	非国有
112	002969.SZ	嘉美包装	56.94	轻工制造	滁州市	非国有
113	300247.SZ	融捷健康	56.64	家用电器	合肥市	非国有
114	603011.SH	合锻智能	56.63	机械设备	合肥市	非国有
115	600237.SH	铜峰电子	56.02	电子	铜陵市	地方国有
116	688600.SH	皖仪科技	55.99	公用事业	合肥市	非国有
117	688165.SH	埃夫特	55.80	机械设备	芜湖市	地方国有
118	688659.SH	元琛科技	54.94	机械设备	合肥市	非国有
119	002347.SZ	泰尔股份	54.88	机械设备	马鞍山市	非国有
120	300956.SZ	英力股份	54.60	电子	六安市	非国有
121	600983.SH	惠而浦	54.25	家用电器	合肥市	非国有
122	003038.SZ	鑫铂股份	53.42	有色金属	滁州市	非国有
123	688077.SH	大地熊	52.85	有色金属	合肥市	非国有
124	600255.SH	鑫科材料	52.72	有色金属	芜湖市	非国有
125	002571.SZ	德力股份	51.42	轻工制造	滁州市	非国有
126	600520.SH	文一科技	51.06	机械设备	铜陵市	非国有
127	002005.SZ	ST德豪	48.76	家用电器	蚌埠市	非国有

数据来源：同花顺、中关村国睿金融与产业发展研究会。

从行业分布来看，安徽省127家上市公司分布在21个同花顺一级行业中，其中机械设备行业最多，有20家，其次是化工行业有12家，黑色金属行业最少，仅有1家。综合健康指数平均水平最高的行业是黑色金属（67.70），最低的行业是家用电器（56.45）。

从省内城市分布来看，安徽省127家上市公司分布在15个省内城市，其中合肥市有57家，其次芜湖市有16家，亳州市和阜阳市仅有1家，综合健康指数平均水平最高的市是亳州市（70.54），最低的是阜阳市（58.14），如图8-3所示。

从产权性质来看，安徽省127家上市公司，国有控股上市公司45家，其中中央控股上市公司12

家，综合健康指数平均水平为65.03，地方国有控股上市公司33家，综合健康指数平均水平为65.59；非国有控股上市公司82家，综合健康指数平均水平为61.59；如图8-4所示。

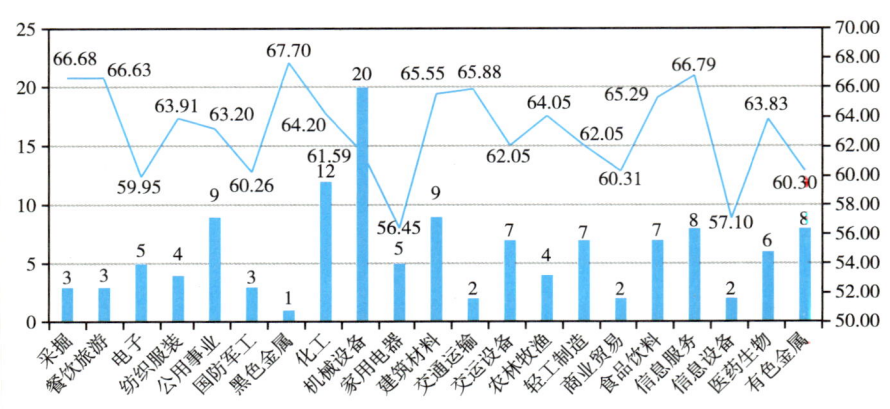

图8-2　安徽省上市公司行业分布

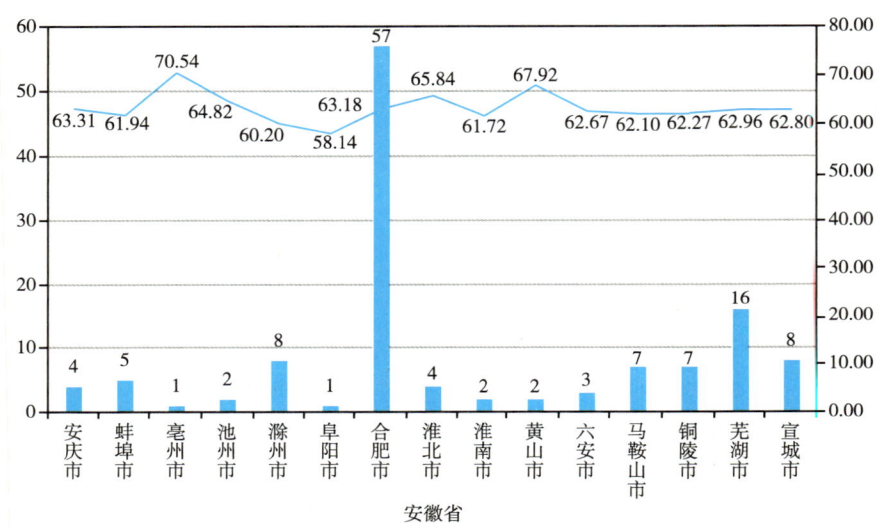

图8-3　安徽省上市公司省内分布

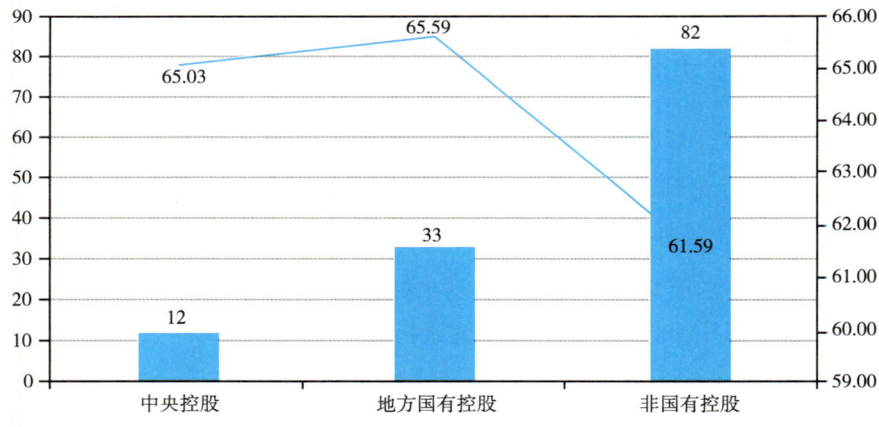

图8-4　安徽省上市公司产权性质分布

8.1.2 北京市

报告共分析北京市353家上市公司，综合健康指数平均水平为63.02，该市上市公司全排名如表8-3所示。

表 8-3　　　　　　　　　　　　　北京省上市公司综合健康指数全排名

排名	公司代码	公司名称	综合健康指数	一级行业_同花顺	地级市	产权性质
1	601888.SH	中国中免	74.87	餐饮旅游	东城区	中央国有
2	600900.SH	长江电力	74.81	公用事业	海淀区	中央国有
3	601985.SH	中国核电	74.60	公用事业	海淀区	中央国有
4	603060.SH	国检集团	74.51	综合	朝阳区	中央国有
5	600031.SH	三一重工	74.44	机械设备	昌平区	非国有
6	603123.SH	翠微股份	74.25	商业贸易	海淀区	地方国有
7	601598.SH	中国外运	73.24	交通运输	海淀区	中央国有
8	600582.SH	天地科技	72.93	机械设备	朝阳区	中央国有
9	000786.SZ	北新建材	72.81	建筑材料	海淀区	中央国有
10	601088.SH	中国神华	72.72	采掘	东城区	中央国有
11	601117.SH	中国化学	72.51	建筑材料	东城区	中央国有
12	688111.SH	金山办公	72.24	信息服务	海淀区	非国有
13	002385.SZ	大北农	72.22	农林牧渔	海淀区	非国有
14	000959.SZ	首钢股份	71.68	黑色金属	石景山区	地方国有
15	603025.SH	大豪科技	71.34	机械设备	朝阳区	地方国有
16	601126.SH	四方股份	71.19	机械设备	海淀区	非国有
17	601390.SH	中国中铁	70.95	建筑材料	丰台区	中央国有
18	600588.SH	用友网络	70.67	信息服务	海淀区	非国有
19	600008.SH	首创股份	70.63	公用事业	西城区	地方国有
20	600886.SH	国投电力	70.54	公用事业	西城区	中央国有
21	002271.SZ	东方雨虹	70.53	建筑材料	顺义区	非国有
22	600528.SH	中铁工业	70.47	交运设备	丰台区	中央国有
23	600271.SH	航天信息	70.41	信息服务	海淀区	中央国有
24	300383.SZ	光环新网	70.41	信息设备	门头沟区	非国有
25	300773.SZ	拉卡拉	70.41	信息服务	海淀区	非国有
26	000725.SZ	京东方A	70.30	电子	朝阳区	地方国有
27	600195.SH	中牧股份	70.24	农林牧渔	丰台区	中央国有
28	600161.SH	天坛生物	70.19	医药生物	大兴区	中央国有
29	002373.SZ	千方科技	70.11	信息服务	海淀区	非国有
30	300073.SZ	当升科技	69.99	化工	丰台区	中央国有
31	000938.SZ	紫光股份	69.97	信息服务	海淀区	中央国有
32	300579.SZ	数字认证	69.97	信息服务	海淀区	地方国有
33	300759.SZ	康龙化成	69.90	医药生物	大兴区	非国有
34	601669.SH	中国电建	69.80	建筑材料	海淀区	中央国有

续表

排名	公司代码	公司名称	综合健康指数	一级行业_同花顺	地级市	产权性质
35	603588.SH	高能环境	69.73	公用事业	海淀区	非国有
36	600299.SH	安迪苏	69.72	化工	海淀区	中央国有
37	600258.SH	首旅酒店	69.70	餐饮旅游	西城区	地方国有
38	688200.SH	华峰测控	69.62	机械设备	海淀区	非国有
39	600085.SH	同仁堂	69.60	医药生物	大兴区	地方国有
40	603127.SH	昭衍新药	69.43	医药生物	大兴区	非国有
41	002410.SZ	广联达	69.41	信息服务	海淀区	非国有
42	600372.SH	中航电子	69.38	国防军工	大兴区	中央国有
43	300662.SZ	科锐国际	69.37	信息服务	朝阳区	非国有
44	600968.SH	海油发展	69.36	采掘	东城区	中央国有
45	300003.SZ	乐普医疗	69.33	医药生物	昌平区	非国有
46	002649.SZ	博彦科技	69.22	信息服务	海淀区	非国有
47	300496.SZ	中科创达	69.15	信息服务	海淀区	非国有
48	002368.SZ	太极股份	69.03	信息服务	海淀区	中央国有
49	300200.SZ	高盟新材	69.01	化工	房山区	非国有
50	600056.SH	中国医药	69.00	医药生物	东城区	中央国有
51	002186.SZ	全聚德	68.97	餐饮旅游	西城区	地方国有
52	600511.SH	国药股份	68.93	医药生物	东城区	中央国有
53	300229.SZ	拓尔思	68.83	信息服务	海淀区	非国有
54	600536.SH	中国软件	68.81	信息服务	昌平区	中央国有
55	002467.SZ	二六三	68.77	信息服务	昌平区	非国有
56	002755.SZ	奥赛康	68.73	医药生物	丰台区	非国有
57	300797.SZ	钢研纳克	68.72	综合	海淀区	中央国有
58	601886.SH	江河集团	68.68	建筑材料	顺义区	非国有
59	000729.SZ	燕京啤酒	68.67	食品饮料	顺义区	地方国有
60	603000.SH	人民网	68.62	信息服务	西城区	中央国有
61	601186.SH	中国铁建	68.55	建筑材料	海淀区	中央国有
62	300661.SZ	圣邦股份	68.54	电子	海淀区	非国有
63	002371.SZ	北方华创	68.46	电子	朝阳区	地方国有
64	000065.SZ	北方国际	68.44	建筑材料	丰台区	中央国有
65	002362.SZ	汉王科技	68.41	信息服务	海淀区	非国有
66	601618.SH	中国中冶	68.38	建筑材料	朝阳区	中央国有
67	002987.SZ	京北方	68.36	信息服务	海淀区	非国有
68	600859.SH	王府井	68.26	商业贸易	东城区	地方国有
69	601991.SH	大唐发电	68.18	公用事业	西城区	中央国有
70	601858.SH	中国科传	68.18	信息服务	东城区	中央国有
71	600578.SH	京能电力	68.11	公用事业	石景山区	地方国有
72	603698.SH	航天工程	68.11	建筑材料	大兴区	中央国有
73	300552.SZ	万集科技	68.10	信息服务	海淀区	非国有
74	300455.SZ	康拓红外	68.09	信息设备	海淀区	中央国有

续表

排名	公司代码	公司名称	综合健康指数	一级行业_同花顺	地级市	产权性质
75	300034.SZ	钢研高纳	68.06	国防军工	海淀区	中央国有
76	603927.SH	中科软	68.05	信息服务	海淀区	中央国有
77	601668.SH	中国建筑	67.93	建筑材料	海淀区	中央国有
78	002878.SZ	元隆雅图	67.86	信息服务	西城区	非国有
79	300896.SZ	爱美客	67.86	医药生物	昌平区	非国有
80	688009.SH	中国通号	67.82	交运设备	丰台区	中央国有
81	603803.SH	瑞斯康达	67.80	信息设备	海淀区	非国有
82	603613.SH	国联股份	67.78	信息服务	海淀区	非国有
83	300379.SZ	东方通	67.77	信息服务	丰台区	非国有
84	002065.SZ	东华软件	67.72	信息服务	海淀区	非国有
85	600062.SH	华润双鹤	67.69	医药生物	朝阳区	中央国有
86	300369.SZ	绿盟科技	67.61	信息服务	海淀区	非国有
87	300674.SZ	宇信科技	67.59	信息服务	海淀区	非国有
88	688169.SH	石头科技	67.58	家用电器	海淀区	非国有
89	601766.SH	中国中车	67.55	交运设备	海淀区	中央国有
90	601600.SH	中国铝业	67.52	有色金属	海淀区	中央国有
91	300036.SZ	超图软件	67.51	信息服务	朝阳区	非国有
92	002439.SZ	启明星辰	67.48	信息服务	海淀区	非国有
93	601857.SH	中国石油	67.48	采掘	东城区	中央国有
94	603888.SH	新华网	67.41	信息服务	西城区	中央国有
95	300684.SZ	中石科技	67.38	电子	大兴区	非国有
96	600050.SH	中国联通	67.38	信息服务	西城区	中央国有
97	600011.SH	华能国际	67.32	公用事业	西城区	中央国有
98	600489.SH	中金黄金	67.10	有色金属	东城区	中央国有
99	601226.SH	华电重工	67.04	建筑材料	丰台区	中央国有
100	603533.SH	掌阅科技	67.03	信息服务	朝阳区	非国有
101	601800.SH	中国交建	67.01	建筑材料	西城区	中央国有
102	600980.SH	北矿科技	66.95	机械设备	丰台区	中央国有
103	600855.SH	航天长峰	66.90	信息设备	海淀区	中央国有
104	000969.SZ	安泰科技	66.83	有色金属	海淀区	中央国有
105	300271.SZ	华宇软件	66.82	信息服务	海淀区	非国有
106	600435.SH	北方导航	66.78	国防军工	大兴区	中央国有
107	600138.SH	中青旅	66.76	餐饮旅游	东城区	中央国有
108	000860.SZ	顺鑫农业	66.75	食品饮料	顺义区	地方国有
109	603859.SH	能科股份	66.74	信息服务	房山区	非国有
110	300058.SZ	蓝色光标	66.64	信息服务	朝阳区	非国有
111	300212.SZ	易华录	66.61	信息服务	石景山区	中央国有
112	002995.SZ	天地在线	66.57	信息服务	东城区	非国有

续表

排名	公司代码	公司名称	综合健康指数	一级行业_同花顺	地级市	产权性质
113	603871.SH	嘉友国际	66.50	交通运输	西城区	非国有
114	601698.SH	中国卫通	66.47	国防军工	海淀区	中央国有
115	600410.SH	华胜天成	66.42	信息服务	海淀区	非国有
116	300542.SZ	新晨科技	66.42	信息服务	海淀区	非国有
117	300593.SZ	新雷能	66.41	机械设备	昌平区	非国有
118	600166.SH	福田汽车	66.32	交运设备	昌平区	地方国有
119	002713.SZ	东易日盛	66.31	建筑材料	房山区	非国有
120	600037.SH	歌华有线	66.21	信息服务	海淀区	中央国有
121	603267.SH	鸿远电子	66.20	电子	丰台区	非国有
122	300785.SZ	值得买	66.10	信息服务	丰台区	非国有
123	002051.SZ	中工国际	65.91	建筑材料	海淀区	中央国有
124	002933.SZ	新兴装备	65.90	国防军工	海淀区	非国有
125	002829.SZ	星网宇达	65.87	国防军工	大兴区	非国有
126	003007.SZ	直真科技	65.79	信息服务	昌平区	非国有
127	002573.SZ	清新环境	65.77	公用事业	海淀区	地方国有
128	601898.SH	中煤能源	65.76	采掘	朝阳区	中央国有
129	603903.SH	中持股份	65.74	公用事业	海淀区	非国有
130	300251.SZ	光线传媒	65.73	信息服务	东城区	非国有
131	688068.SH	热景生物	65.72	医药生物	大兴区	非国有
132	300887.SZ	谱尼测试	65.64	综合	海淀区	非国有
133	601992.SH	金隅集团	65.54	建筑材料	东城区	地方国有
134	603516.SH	淳中科技	65.50	信息设备	海淀区	非国有
135	300166.SZ	东方国信	65.47	信息服务	朝阳区	非国有
136	603986.SH	兆易创新	65.44	电子	海淀区	非国有
137	601949.SH	中国出版	65.44	信息服务	东城区	中央国有
138	002462.SZ	嘉事堂	65.43	医药生物	海淀区	中央国有
139	300213.SZ	佳讯飞鸿	65.40	信息设备	海淀区	非国有
140	002955.SZ	鸿合科技	65.18	信息设备	海淀区	非国有
141	300667.SZ	必创科技	65.16	机械设备	海淀区	非国有
142	002985.SZ	北摩高科	65.07	国防军工	昌平区	非国有
143	603818.SH	曲美家居	64.86	轻工制造	顺义区	非国有
144	603392.SH	万泰生物	64.80	医药生物	昌平区	非国有
145	600058.SH	五矿发展	64.79	商业贸易	海淀区	中央国有
146	002819.SZ	东方中科	64.78	机械设备	海淀区	中央国有
147	600764.SH	中国海防	64.77	国防军工	海淀区	中央国有
148	300719.SZ	安达维尔	64.77	国防军工	海淀区	非国有
149	000970.SZ	中科三环	64.67	有色金属	海淀区	中央国有
150	300418.SZ	昆仑万维	64.60	信息服务	海淀区	非国有

续表

排名	公司代码	公司名称	综合健康指数	一级行业_同花顺	地级市	产权性质
151	688568.SH	中科星图	64.58	信息服务	顺义区	中央国有
152	600055.SH	万东医疗	64.56	医药生物	朝阳区	非国有
153	300070.SZ	碧水源	64.52	公用事业	海淀区	中央国有
154	002701.SZ	奥瑞金	64.50	轻工制造	怀柔区	非国有
155	002392.SZ	北京利尔	64.50	建筑材料	昌平区	非国有
156	300445.SZ	康斯特	64.46	机械设备	海淀区	非国有
157	300456.SZ	赛微电子	64.42	电子	西城区	非国有
158	300788.SZ	中信出版	64.38	信息服务	朝阳区	中央国有
159	600206.SH	有研新材	64.35	有色金属	海淀区	中央国有
160	300541.SZ	先进数通	64.28	信息服务	海淀区	非国有
161	300365.SZ	恒华科技	64.27	信息服务	西城区	非国有
162	300386.SZ	飞天诚信	64.27	信息设备	海淀区	非国有
163	002542.SZ	中化岩土	64.15	建筑材料	大兴区	地方国有
164	300485.SZ	赛升药业	64.05	医药生物	大兴区	非国有
165	002612.SZ	朗姿股份	64.05	纺织服装	顺义区	非国有
166	300523.SZ	辰安科技	63.99	信息服务	海淀区	中央国有
167	603087.SH	甘李药业	63.88	医药生物	通州区	非国有
168	300860.SZ	锋尚文化	63.88	信息服务	东城区	非国有
169	300825.SZ	阿尔特	63.88	交运设备	大兴区	非国有
170	600118.SH	中国卫星	63.87	国防军工	海淀区	中央国有
171	300002.SZ	神州泰岳	63.83	信息服务	海淀区	非国有
172	002038.SZ	双鹭药业	63.76	医药生物	海淀区	非国有
173	002066.SZ	瑞泰科技	63.75	建筑材料	朝阳区	中央国有
174	300005.SZ	探路者	63.73	纺织服装	昌平区	非国有
175	600386.SH	北巴传媒	63.71	交运设备	海淀区	地方国有
176	300315.SZ	掌趣科技	63.68	信息服务	海淀区	非国有
177	688369.SH	致远互联	63.65	信息服务	海淀区	非国有
178	300364.SZ	中文在线	63.63	信息服务	东城区	非国有
179	601908.SH	京运通	63.63	公用事业	大兴区	非国有
180	603825.SH	华扬联众	63.62	信息服务	海淀区	非国有
181	002771.SZ	真视通	63.61	信息服务	丰台区	非国有
182	002738.SZ	中矿资源	63.61	有色金属	丰台区	非国有
183	300851.SZ	交大思诺	63.59	信息服务	昌平区	非国有
184	601816.SH	京沪高铁	63.58	交通运输	海淀区	中央国有
185	603979.SH	金诚信	63.50	采掘	密云区	非国有
186	003005.SZ	竞业达	63.48	信息服务	门头沟区	非国有
187	600871.SH	石化油服	63.41	采掘	朝阳区	中央国有
188	002153.SZ	石基信息	63.38	信息服务	海淀区	非国有
189	002405.SZ	四维图新	63.37	信息服务	海淀区	非国有
190	002151.SZ	北斗星通	63.28	国防军工	海淀区	非国有

续表

排名	公司代码	公司名称	综合健康指数	一级行业_同花顺	地级市	产权性质
191	300895.SZ	铜牛信息	63.05	信息服务	东城区	地方国有
192	603138.SH	海量数据	63.03	信息服务	海淀区	非国有
193	600028.SH	中国石化	62.93	化工	朝阳区	中央国有
194	002657.SZ	中科金财	62.90	信息服务	海淀区	非国有
195	300223.SZ	北京君正	62.90	电子	海淀区	非国有
196	003001.SZ	中岩大地	62.87	建筑材料	海淀区	非国有
197	603970.SH	中农立华	62.85	化工	西城区	非国有
198	600977.SH	中国电影	62.82	信息服务	怀柔区	中央国有
199	688181.SH	八亿时空	62.80	电子	房山区	非国有
200	600361.SH	华联综超	62.80	商业贸易	西城区	地方国有
201	300846.SZ	首都在线	62.80	信息服务	朝阳区	非国有
202	002350.SZ	北京科锐	62.80	机械设备	海淀区	非国有
203	300384.SZ	三联虹普	62.76	建筑材料	海淀区	非国有
204	600313.SH	农发种业	62.56	农林牧渔	西城区	中央国有
205	300608.SZ	思特奇	62.33	信息服务	海淀区	非国有
206	002658.SZ	雪迪龙	62.29	公用事业	昌平区	非国有
207	300075.SZ	数字政通	62.24	信息服务	海淀区	非国有
208	688080.SH	映翰通	62.18	信息设备	朝阳区	非国有
209	300079.SZ	数码视讯	62.13	信息服务	海淀区	非国有
210	688356.SH	键凯科技	62.09	医药生物	海淀区	非国有
211	601016.SH	节能风电	62.09	公用事业	海淀区	中央国有
212	688569.SH	铁科轨道	62.06	交运设备	昌平区	中央国有
213	688058.SH	宝兰德	62.01	信息服务	海淀区	非国有
214	000603.SZ	盛达资源	61.80	有色金属	大兴区	非国有
215	603598.SH	引力传媒	61.79	信息服务	海淀区	非国有
216	600100.SH	同方股份	61.78	信息设备	海淀区	中央国有
217	601989.SH	中国重工	61.69	国防军工	海淀区	中央国有
218	601101.SH	昊华能源	61.64	采掘	门头沟区	地方国有
219	688015.SH	交控科技	61.64	交运设备	丰台区	非国有
220	688004.SH	博汇科技	61.56	信息服务	海淀区	非国有
221	688561.SH	奇安信	61.55	信息服务	西城区	非国有
222	002310.SZ	东方园林	61.49	公用事业	朝阳区	地方国有
223	600429.SH	三元股份	61.48	食品饮料	大兴区	地方国有
224	002148.SZ	北纬科技	61.47	信息服务	丰台区	非国有
225	603590.SH	康辰药业	61.36	医药生物	密云区	非国有
226	300858.SZ	科拓生物	61.34	食品饮料	怀柔区	非国有
227	600860.SH	京城股份	61.32	机械设备	朝阳区	地方国有
228	300513.SZ	恒实科技	61.29	信息设备	海淀区	非国有

续表

排名	公司代码	公司名称	综合健康指数	一级行业_同花顺	地级市	产权性质
229	601718.SH	际华集团	61.21	纺织服装	丰台区	中央国有
230	300406.SZ	九强生物	61.20	医药生物	海淀区	非国有
231	603860.SH	中公高科	61.16	建筑材料	海淀区	中央国有
232	300799.SZ	左江科技	61.14	信息服务	海淀区	非国有
233	300231.SZ	银信科技	61.12	信息服务	海淀区	非国有
234	002662.SZ	京威股份	60.93	交运设备	大兴区	非国有
235	002279.SZ	久其软件	60.87	信息服务	海淀区	非国有
236	688466.SH	金科环境	60.83	公用事业	朝阳区	非国有
237	300016.SZ	北陆药业	60.81	医药生物	密云区	非国有
238	300048.SZ	合康新能	60.71	机械设备	大兴区	非国有
239	300045.SZ	华力创通	60.68	信息设备	海淀区	非国有
240	300296.SZ	利亚德	60.64	电子	海淀区	非国有
241	300302.SZ	同有科技	60.58	信息设备	海淀区	非国有
242	600723.SH	首商股份	60.49	商业贸易	西城区	地方国有
243	688066.SH	航天宏图	60.42	国防军工	海淀区	非国有
244	300663.SZ	科蓝软件	60.42	信息服务	大兴区	非国有
245	300191.SZ	潜能恒信	60.41	采掘	海淀区	非国有
246	300065.SZ	海兰信	60.38	国防军工	海淀区	非国有
247	688078.SH	龙软科技	60.34	信息服务	海淀区	非国有
248	000008.SZ	神州高铁	60.23	交运设备	海淀区	中央国有
249	300419.SZ	浩丰科技	60.07	信息服务	海淀区	非国有
250	688658.SH	悦康药业	60.05	医药生物	大兴区	非国有
251	300688.SZ	创业黑马	60.02	信息服务	朝阳区	非国有
252	603098.SH	森特股份	60.01	建筑材料	顺义区	非国有
253	003004.SZ	声迅股份	59.92	信息服务	海淀区	非国有
254	300803.SZ	指南针	59.87	信息服务	昌平区	非国有
255	300291.SZ	华录百纳	59.84	信息服务	石景山区	非国有
256	300928.SZ	华安鑫创	59.74	交运设备	通州区	非国有
257	000758.SZ	中色股份	59.65	有色金属	丰台区	中央国有
258	002893.SZ	华通热力	59.65	公用事业	丰台区	非国有
259	688033.SH	天宜上佳	59.40	交运设备	海淀区	非国有
260	300935.SZ	盈建科	59.35	信息服务	海淀区	非国有
261	600198.SH	*ST大唐	59.31	电子	海淀区	中央国有
262	000605.SZ	渤海股份	59.31	公用事业	顺义区	地方国有
263	688056.SH	莱伯泰科	59.25	机械设备	顺义区	非国有
264	600560.SH	金自天正	59.23	机械设备	丰台区	中央国有
265	600288.SH	大恒科技	59.17	电子	海淀区	非国有
266	002642.SZ	荣联科技	59.02	信息服务	海淀区	地方国有
267	300958.SZ	建工修复	59.00	公用事业	朝阳区	地方国有
268	300117.SZ	嘉寓股份	58.94	建筑材料	顺义区	非国有

续表

排名	公司代码	公司名称	综合健康指数	一级行业_同花顺	地级市	产权性质
269	300449.SZ	汉邦高科	58.93	信息设备	海淀区	非国有
270	300965.SZ	恒宇信通	58.86	国防军工	顺义区	非国有
271	600730.SH	中国高科	58.85	综合	顺义区	中央国有
272	600405.SH	动力源	58.81	机械设备	丰台区	非国有
273	688051.SH	佳华科技	58.80	信息服务	通州区	非国有
274	300612.SZ	宣亚国际	58.76	信息服务	朝阳区	非国有
275	688050.SH	爱博医疗	58.69	医药生物	昌平区	非国有
276	300289.SZ	利德曼	58.57	医药生物	大兴区	地方国有
277	603569.SH	长久物流	58.50	交通运输	顺义区	非国有
278	688198.SH	佰仁医疗	58.48	医药生物	昌平区	非国有
279	688456.SH	有研粉材	58.48	有色金属	怀柔区	中央国有
280	002306.SZ	中科云网	58.46	餐饮旅游	海淀区	非国有
281	603377.SH	东方时尚	58.21	交运设备	大兴区	非国有
282	000839.SZ	中信国安	58.18	综合	海淀区	中央国有
283	300072.SZ	三聚环保	58.15	公用事业	海淀区	地方国有
284	300444.SZ	双杰电气	58.10	机械设备	海淀区	非国有
285	300324.SZ	旋极信息	58.10	信息服务	海淀区	非国有
286	002780.SZ	三夫户外	58.08	纺织服装	西城区	非国有
287	300204.SZ	舒泰神	58.02	医药生物	大兴区	非国有
288	300318.SZ	博晖创新	57.91	医药生物	昌平区	非国有
289	000931.SZ	中关村	57.85	医药生物	海淀区	非国有
290	000882.SZ	华联股份	57.76	商业贸易	通州区	地方国有
291	002599.SZ	盛通股份	57.75	轻工制造	大兴区	非国有
292	002963.SZ	豪尔赛	57.73	建筑材料	海淀区	非国有
293	688500.SH	慧辰资讯	57.69	信息服务	海淀区	非国有
294	002659.SZ	凯文教育	57.68	信息服务	海淀区	地方国有
295	688168.SH	安博通	57.59	信息服务	西城区	非国有
296	688028.SH	沃尔德	57.52	机械设备	朝阳区	非国有
297	600861.SH	北京城乡	57.40	商业贸易	海淀区	地方国有
298	002739.SZ	万达电影	57.38	信息服务	朝阳区	非国有
299	603616.SH	韩建河山	57.35	建筑材料	房山区	非国有
300	300374.SZ	中铁装配	57.32	建筑材料	房山区	中央国有
301	300150.SZ	世纪瑞尔	57.30	信息服务	海淀区	非国有
302	688338.SH	赛科希德	56.97	医药生物	昌平区	非国有
303	300182.SZ	捷成股份	56.94	信息服务	海淀区	非国有
304	600733.SH	北汽蓝谷	56.84	交运设备	大兴区	地方国有
305	601068.SH	中铝国际	56.83	建筑材料	海淀区	中央国有
306	300430.SZ	诚益通	56.71	机械设备	大兴区	非国有
307	300282.SZ	三盛教育	56.68	信息服务	海淀区	非国有
308	688229.SH	博睿数据	56.50	信息服务	东城区	非国有

续表

排名	公司代码	公司名称	综合健康指数	一级行业_同花顺	地级市	产权性质
309	688256.SH	寒武纪	56.39	电子	海淀区	非国有
310	300465.SZ	高伟达	56.29	信息服务	海淀区	非国有
311	688201.SH	信安世纪	56.12	信息服务	海淀区	非国有
312	603778.SH	乾景园林	56.04	建筑材料	海淀区	非国有
313	300011.SZ	鼎汉技术	55.86	机械设备	丰台区	非国有
314	002707.SZ	众信旅游	55.36	餐饮旅游	朝阳区	非国有
315	600962.SH	国投中鲁	55.33	食品饮料	丰台区	中央国有
316	601111.SH	中国国航	55.27	交通运输	顺义区	中央国有
317	002383.SZ	合众思壮	55.24	信息设备	海淀区	地方国有
318	300287.SZ	飞利信	55.20	信息服务	海淀区	非国有
319	000151.SZ	中成股份	55.17	建筑材料	丰台区	中央国有
320	300038.SZ	*ST数知	55.07	信息服务	西城区	非国有
321	300332.SZ	天壕环境	54.98	公用事业	海淀区	非国有
322	600916.SH	中国黄金	54.94	轻工制造	大兴区	中央国有
323	688687.SH	凯因科技	54.88	医药生物	大兴区	非国有
324	300081.SZ	恒信东方	54.46	信息服务	东城区	非国有
325	002721.SZ	金一文化	54.18	轻工制造	海淀区	地方国有
326	000802.SZ	ST北文	53.92	信息服务	门头沟区	非国有
327	300352.SZ	北信源	53.90	信息服务	海淀区	非国有
328	000798.SZ	中水渔业	53.58	农林牧渔	西城区	中央国有
329	300736.SZ	百邦科技	53.45	电子	朝阳区	非国有
330	300010.SZ	豆神教育	53.44	信息服务	门头沟区	非国有
331	300810.SZ	中科海讯	53.29	国防军工	海淀区	非国有
332	688315.SH	诺禾致源	53.16	医药生物	昌平区	非国有
333	300367.SZ	ST网力	52.80	信息服务	海淀区	地方国有
334	605178.SH	时空科技	52.77	建筑材料	怀柔区	非国有
335	300344.SZ	立方数科	52.65	信息服务	丰台区	非国有
336	002504.SZ	ST弘高	52.38	建筑材料	朝阳区	非国有
337	000996.SZ	中国中期	52.12	交运设备	朝阳区	非国有
338	688468.SH	科美诊断	52.10	医药生物	海淀区	非国有
339	688520.SH	神州细胞	51.95	医药生物	通州区	非国有
340	688277.SH	天智航	51.77	医药生物	海淀区	非国有
341	300055.SZ	万邦达	51.35	公用事业	朝阳区	非国有
342	688316.SH	青云科技	51.21	信息服务	朝阳区	非国有
343	688339.SH	亿华通	50.73	机械设备	海淀区	非国有
344	300370.SZ	ST安控	50.42	机械设备	海淀区	非国有
345	300477.SZ	合纵科技	50.03	机械设备	海淀区	非国有
346	603603.SH	博天环境	49.94	公用事业	海淀区	非国有
347	300139.SZ	晓程科技	49.62	电子	海淀区	非国有
348	300392.SZ	腾信股份	49.10	信息服务	朝阳区	非国有

续表

排名	公司代码	公司名称	综合健康指数	一级行业_同花顺	地级市	产权性质
349	300353.SZ	东土科技	48.30	信息设备	石景山区	非国有
350	300157.SZ	恒泰艾普	47.29	采掘	海淀区	非国有
351	600856.SH	ST中天	46.41	公用事业	东城区	非国有
352	300071.SZ	*ST嘉信	44.13	信息服务	石景山区	非国有
353	300312.SZ	*ST邦讯	43.49	信息设备	海淀区	非国有

数据来源：同花顺、中关村国睿金融与产业发展研究会。

从行业分布来看，北京市353家上市公司分布在22个同花顺一级行业中，其中信息服务行业最多，有111家，其次是医药生物行业有34家，黑色金属和家用电器行业最少，仅有1家。综合健康指数平均水平最高的行业是黑色金属（71.68），最低的行业是轻工制造（59.25），如图8-5所示。

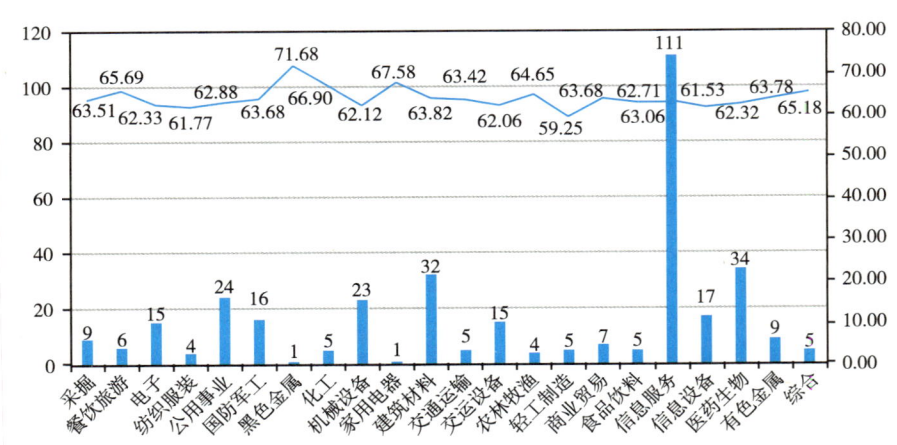

图8-5 北京市上市公司行业分布

从市内各区分布来看，北京市353家上市公司分布在14个区，其中海淀区有155家，其次朝阳区有35家，密云区仅有3家，综合健康指数平均水平最高的区是东城区（65.54），最低的是通州区（58.43），如图8-6所示。

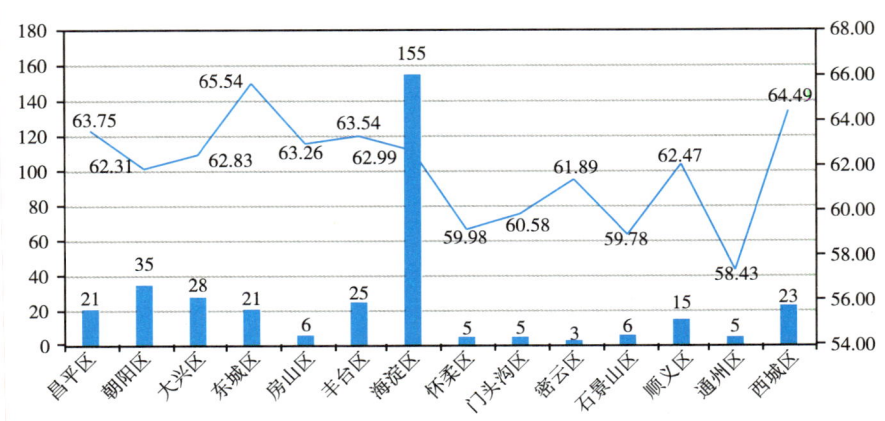

图8-6 北京市上市公司市内分布

从产权性质来看，北京市353家上市公司，国有控股上市公司134家，其中中央控股上市公司96家，综合健康指数平均水平为65.96，地方国有控股上市公司38家，综合健康指数平均水平为63.69；非国有控股上市公司219家，综合健康指数平均水平为61.61；如图8-7所示。

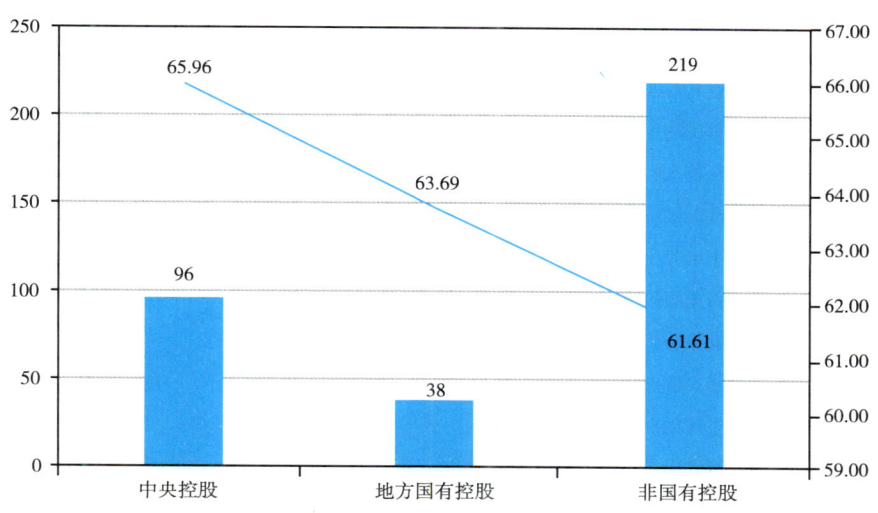

图8-7　北京市上市公司产权性质分布

8.1.3　重庆市

报告共分析重庆市49家上市公司，综合健康指数平均水平为62.52，该市上市公司全排名如表8-4所示。

表8-4　重庆市上市公司综合健康指数全排名

排名	公司代码	公司名称	综合健康指数	一级行业_同花顺	地级市	产权性质
1	601965.SH	中国汽研	72.62	交运设备	渝北区	中央国有
2	000625.SZ	长安汽车	72.01	交运设备	江北区	中央国有
3	603100.SH	川仪股份	71.92	机械设备	北碚区	地方国有
4	300122.SZ	智飞生物	71.70	医药生物	江北区	非国有
5	601158.SH	重庆水务	69.29	公用事业	渝中区	地方国有
6	600132.SH	重庆啤酒	69.04	食品饮料	渝北区	非国有
7	603766.SH	隆鑫通用	68.51	交运设备	九龙坡区	非国有
8	002558.SZ	巨人网络	67.90	信息服务	南岸区	非国有
9	601827.SH	三峰环境	67.75	公用事业	大渡口区	地方国有
10	600729.SH	重庆百货	67.52	商业贸易	渝中区	地方国有
11	002004.SZ	华邦健康	67.42	医药生物	渝北区	非国有
12	603601.SH	再升科技	66.89	化工	渝北区	非国有
13	001696.SZ	宗申动力	66.87	交运设备	巴南区	非国有
14	002507.SZ	涪陵榨菜	66.65	食品饮料	涪陵区	地方国有

续表

排名	公司代码	公司名称	综合健康指数	一级行业_同花顺	地级市	产权性质
15	600292.SH	远达环保	66.53	公用事业	九龙坡区	中央国有
16	000591.SZ	太阳能	66.06	公用事业	渝中区	中央国有
17	600452.SH	涪陵电力	66.03	公用事业	涪陵区	中央国有
18	600917.SH	重庆燃气	65.99	公用事业	江北区	地方国有
19	000950.SZ	重药控股	65.81	医药生物	渝北区	地方国有
20	600939.SH	重庆建工	65.43	建筑材料	渝北区	地方国有
21	600116.SH	三峡水利	65.30	公用事业	万州区	中央国有
22	600877.SH	电能股份	64.93	机械设备	璧山区	中央国有
23	601127.SH	小康股份	64.65	交运设备	沙坪坝区	非国有
24	003006.SZ	百亚股份	63.28	轻工制造	巴南区	非国有
25	002996.SZ	顺博合金	62.65	有色金属	合川区	非国有
26	603758.SH	秦安股份	62.57	交运设备	九龙坡区	非国有
27	601005.SH	重庆钢铁	62.40	黑色金属	长寿区	中央国有
28	300363.SZ	博腾股份	62.09	医药生物	长寿区	非国有
29	600129.SH	太极集团	62.06	医药生物	涪陵区	中央国有
30	000565.SZ	渝三峡A	61.77	化工	江津区	地方国有
31	000688.SZ	国城矿业	61.48	有色金属	涪陵区	非国有
32	002907.SZ	华森制药	61.37	医药生物	荣昌区	非国有
33	002765.SZ	蓝黛科技	60.64	电子	璧山区	非国有
34	603109.SH	神驰机电	60.33	机械设备	北碚区	非国有
35	300006.SZ	莱美药业	59.58	医药生物	南岸区	地方国有
36	601777.SH	力帆科技	58.63	交运设备	渝北区	非国有
37	300194.SZ	福安药业	58.27	医药生物	长寿区	非国有
38	600106.SH	重庆路桥	58.15	交通运输	渝中区	非国有
39	603697.SH	有友食品	57.64	食品饮料	渝北区	非国有
40	600279.SH	重庆港九	57.19	交通运输	九龙坡区	地方国有
41	603976.SH	正川股份	56.83	医药生物	北碚区	非国有
42	605122.SH	四方新材	56.70	建筑材料	巴南区	非国有
43	300275.SZ	梅安森	55.62	机械设备	九龙坡区	非国有
44	000788.SZ	北大医药	55.30	医药生物	北碚区	中央国有
45	600847.SH	万里股份	53.10	机械设备	江津区	非国有
46	002742.SZ	三圣股份	51.98	建筑材料	北碚区	非国有
47	603717.SH	天域生态	50.44	建筑材料	江北区	非国有
48	000892.SZ	欢瑞世纪	48.78	信息服务	涪陵区	非国有
49	002872.SZ	ST天圣	48.04	医药生物	垫江县	非国有

数据来源：同花顺、中关村国睿金融与产业发展研究会。

从行业分布来看，重庆市49家上市公司分布在14个同花顺一级行业中，其中医药生物行业最多，有11家，其次是公用事业、交运设备行业有7家，电子、黑色金属、轻工制造、商业贸易行业最少，仅有1家。综合健康指数平均水平最高的行业是商业贸易（67.52），最低的行业是建筑材料（56.14），如图8-8所示。

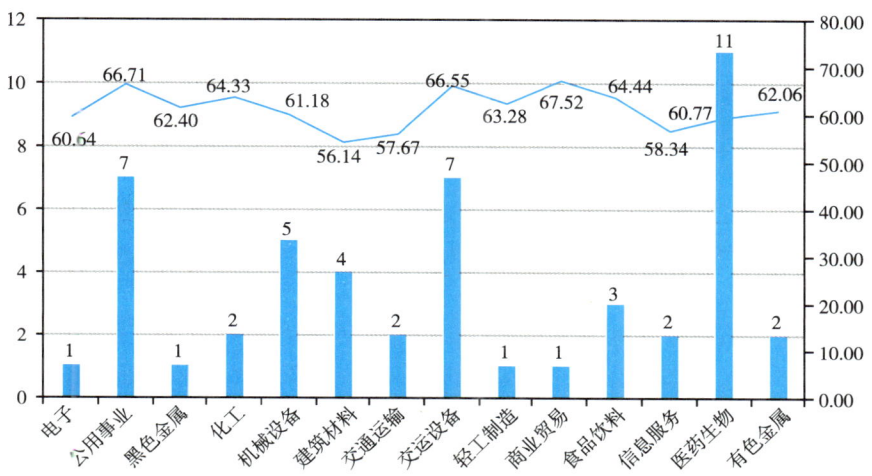

图8-8　重庆市上市公司行业分布

从市内各区分布来看，重庆市49家上市公司分布在17个市内各区，其中渝北区有8家，其次北碚区、涪陵区、九龙坡区有5家，大渡口区、合川区、荣昌区、沙坪坝区、万州区仅有1家，综合健康指数平均水平最高的区是大渡口区（67.75），最低的是垫江县（48.04），如图8-9所示。

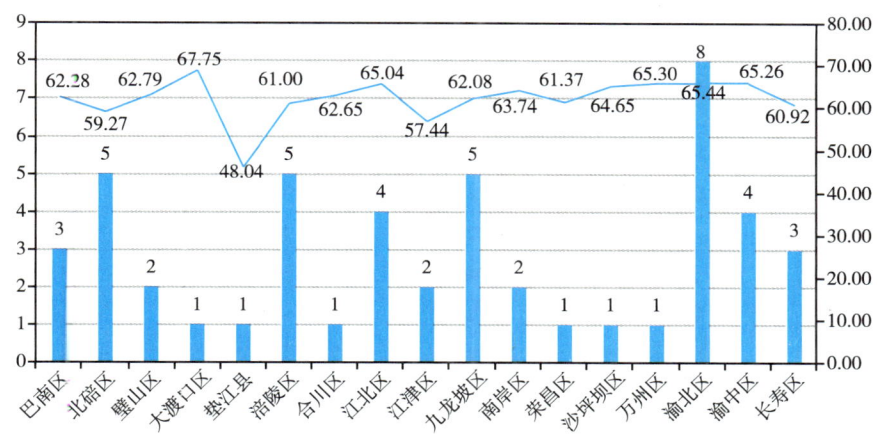

图8-9　重庆市上市公司市内分布

从产权性质来看，重庆市49家上市公司，国有控股上市公司21家，其中中央控股上市公司10家，综合健康指数平均水平为65.32，地方国有控股上市公司11家，综合健康指数平均水平为65.35；非国有控股上市公司28家，综合健康指数平均水平为60.41；如图8-10所示。

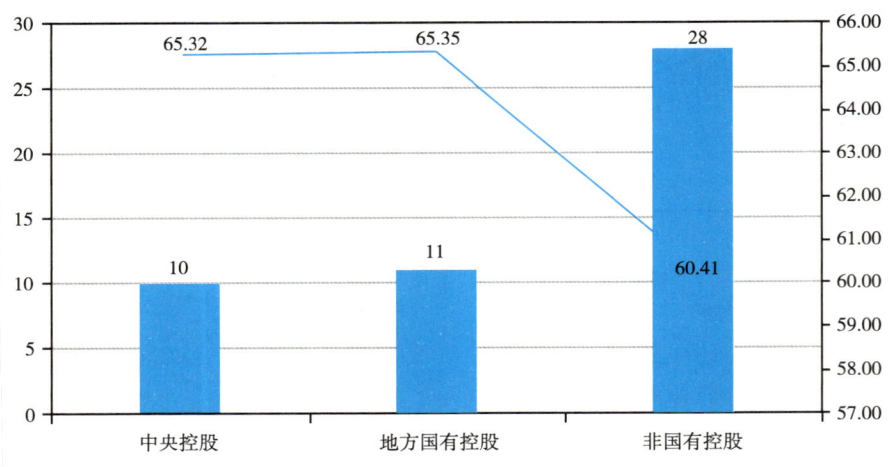

图8-10 重庆市上市公司产权性质分布

8.1.4 福建省

报告共分析福建省149家上市公司，综合健康指数平均水平为61.73，该省上市公司全排名如表8-5所示。

表 8-5　　　　　　　　　　　　福建省上市公司综合健康指数全排名

排名	公司代码	公司名称	综合健康指数	一级行业_同花顺	地级市	产权性质
1	300188.SZ	美亚柏科	73.57	信息服务	厦门市	中央国有
2	601899.SH	紫金矿业	73.14	有色金属	龙岩市	地方国有
3	300628.SZ	亿联网络	73.06	信息设备	厦门市	非国有
4	002110.SZ	三钢闽光	72.93	黑色金属	三明市	地方国有
5	000997.SZ	新大陆	71.59	信息设备	福州市	非国有
6	600153.SH	建发股份	71.20	交通运输	厦门市	地方国有
7	600755.SH	厦门国贸	70.91	商业贸易	厦门市	地方国有
8	002626.SZ	金达威	70.82	医药生物	厦门市	非国有
9	300750.SZ	宁德时代	70.24	机械设备	宁德市	非国有
10	000547.SZ	航天发展	70.22	国防军工	福州市	中央国有
11	002396.SZ	星网锐捷	69.97	信息设备	福州市	地方国有
12	002925.SZ	盈趣科技	69.80	电子	厦门市	非国有
13	603893.SH	瑞芯微	69.77	电子	福州市	非国有
14	600057.SH	厦门象屿	69.74	交通运输	厦门市	地方国有
15	603444.SH	吉比特	69.73	信息服务	厦门市	非国有
16	600549.SH	厦门钨业	69.71	有色金属	厦门市	地方国有
17	600436.SH	片仔癀	69.03	医药生物	漳州市	地方国有
18	600388.SH	龙净环保	69.00	机械设备	龙岩市	非国有
19	600483.SH	福能股份	68.77	公用事业	南平市	地方国有
20	603180.SH	金牌厨柜	68.63	轻工制造	厦门市	非国有

续表

排名	公司代码	公司名称	综合健康指数	一级行业_同花顺	地级市	产权性质
21	603992.SH	松霖科技	68.63	轻工制造	厦门市	非国有
22	002803.SZ	吉宏股份	68.17	信息服务	厦门市	非国有
23	600660.SH	福耀玻璃	67.76	交运设备	福州市	非国有
24	300525.SZ	博思软件	67.39	信息服务	福州市	非国有
25	300132.SZ	青松股份	67.26	化工	南平市	非国有
26	300685.SZ	艾德生物	67.13	医药生物	厦门市	非国有
27	603408.SH	建霖家居	67.03	轻工制造	厦门市	非国有
28	002299.SZ	圣农发展	67.02	农林牧渔	南平市	非国有
29	002222.SZ	福晶科技	66.94	电子	福州市	中央国有
30	603737.SH	三棵树	66.92	化工	莆田市	非国有
31	002614.SZ	奥佳华	66.74	家用电器	厦门市	非国有
32	000905.SZ	厦门港务	66.65	交通运输	厦门市	地方国有
33	002674.SZ	兴业科技	66.54	纺织服装	泉州市	非国有
34	601933.SH	永辉超市	66.34	商业贸易	福州市	非国有
35	603636.SH	南威软件	66.16	信息服务	泉州市	非国有
36	603686.SH	龙马环卫	66.00	机械设备	龙岩市	非国有
37	002901.SZ	大博医疗	65.99	医药生物	厦门市	非国有
38	603668.SH	天马科技	65.91	农林牧渔	福州市	非国有
39	002228.SZ	合兴包装	65.83	轻工制造	厦门市	非国有
40	688196.SH	卓越新能	65.65	公用事业	龙岩市	非国有
41	003016.SZ	欣贺股份	65.63	纺织服装	厦门市	非国有
42	002702.SZ	海欣食品	64.86	食品饮料	福州市	非国有
43	600592.SH	龙溪股份	64.74	机械设备	漳州市	地方国有
44	000526.SZ	学大教育	64.64	信息服务	厦门市	非国有
45	600203.SH	福日电子	64.53	信息设备	福州市	地方国有
46	002335.SZ	科华数据	64.41	信息服务	厦门市	非国有
47	002300.SZ	太阳电缆	64.39	机械设备	南平市	非国有
48	600163.SH	中闽能源	64.31	公用事业	南平市	地方国有
49	603678.SH	火炬电子	64.18	电子	泉州市	非国有
50	300658.SZ	延江股份	64.15	纺织服装	厦门市	非国有
51	300941.SZ	创识科技	64.13	信息服务	福州市	非国有
52	300648.SZ	星云股份	64.12	机械设备	福州市	非国有
53	003019.SZ	宸展光电	64.08	电子	厦门市	非国有
54	300884.SZ	狄耐克	63.90	信息设备	厦门市	非国有
55	000701.SZ	厦门信达	63.65	商业贸易	厦门市	地方国有
56	300632.SZ	光莆股份	63.58	电子	厦门市	非国有
57	002868.SZ	绿康生化	63.30	农林牧渔	南平市	非国有
58	601566.SH	九牧王	63.07	纺织服装	泉州市	非国有

续表

排名	公司代码	公司名称	综合健康指数	一级行业_同花顺	地级市	产权性质
59	002788.SZ	鹭燕医药	62.91	医药生物	厦门市	非国有
60	600103.SH	青山纸业	62.83	轻工制造	福州市	地方国有
61	600033.SH	福建高速	62.82	交通运输	福州市	地方国有
62	600693.SH	东百集团	62.77	商业贸易	福州市	非国有
63	002398.SZ	垒知集团	62.75	建筑材料	厦门市	非国有
64	605299.SH	舒华体育	62.73	轻工制造	泉州市	非国有
65	688278.SH	特宝生物	62.63	医药生物	厦门市	非国有
66	603383.SH	顶点软件	62.43	信息服务	福州市	非国有
67	002098.SZ	浔兴股份	62.40	纺织服装	泉州市	非国有
68	002029.SZ	七匹狼	62.27	纺织服装	泉州市	非国有
69	603345.SH	安井食品	62.25	食品饮料	厦门市	非国有
70	603817.SH	海峡环保	62.21	公用事业	福州市	地方国有
71	600563.SH	法拉电子	61.89	电子	厦门市	非国有
72	300299.SZ	富春股份	61.77	信息服务	福州市	非国有
73	300972.SZ	万辰生物	61.76	农林牧渔	漳州市	非国有
74	300341.SZ	麦克奥迪	61.75	机械设备	厦门市	地方国有
75	002790.SZ	瑞尔特	61.75	轻工制造	厦门市	非国有
76	300174.SZ	元力股份	61.47	化工	南平市	非国有
77	002578.SZ	闽发铝业	61.43	有色金属	泉州市	地方国有
78	603306.SH	华懋科技	61.43	交运设备	厦门市	非国有
79	300427.SZ	红相股份	61.36	机械设备	厦门市	非国有
80	002474.SZ	榕基软件	61.35	信息服务	福州市	非国有
81	300096.SZ	易联众	61.29	信息服务	厦门市	非国有
82	002093.SZ	国脉科技	61.29	信息设备	福州市	非国有
83	603909.SH	合诚股份	61.27	建筑材料	厦门市	非国有
84	688010.SH	福光股份	61.12	电子	福州市	非国有
85	002174.SZ	游族网络	61.05	信息服务	泉州市	非国有
86	603933.SH	睿能科技	60.92	电子	福州市	非国有
87	600711.SH	盛屯矿业	60.74	有色金属	厦门市	非国有
88	600493.SH	凤竹纺织	60.68	纺织服装	泉州市	非国有
89	600573.SH	惠泉啤酒	60.67	食品饮料	泉州市	地方国有
90	002517.SZ	恺英网络	60.55	信息服务	泉州市	非国有
91	000536.SZ	华映科技	60.49	电子	福州市	地方国有
92	600897.SH	厦门空港	60.48	交通运输	厦门市	地方国有
93	603363.SH	傲农生物	60.47	农林牧渔	漳州市	非国有
94	300902.SZ	国安达	60.22	机械设备	厦门市	非国有
95	600686.SH	金龙汽车	60.15	交运设备	厦门市	地方国有
96	600815.SH	厦工股份	60.08	机械设备	厦门市	地方国有

续表

排名	公司代码	公司名称	综合健康指数	一级行业_同花顺	地级市	产权性质
97	002593.SZ	日上集团	59.98	建筑材料	厦门市	非国有
98	300640.SZ	德艺文创	59.91	轻工制造	福州市	非国有
99	688095.SH	福昕软件	59.75	信息服务	福州市	非国有
100	002679.SZ	福建金森	59.72	农林牧渔	三明市	地方国有
101	002264.SZ	新华都	59.71	商业贸易	厦门市	非国有
102	300955.SZ	嘉亨家化	59.56	轻工制造	泉州市	非国有
103	603826.SH	坤彩科技	59.50	有色金属	福州市	非国有
104	300605.SZ	恒锋信息	59.33	信息服务	福州市	非国有
105	300657.SZ	弘信电子	59.21	电子	厦门市	非国有
106	603696.SH	安记食品	59.20	食品饮料	泉州市	非国有
107	603879.SH	永悦科技	59.17	化工	泉州市	非国有
108	300062.SZ	中能电气	59.11	机械设备	福州市	非国有
109	603663.SH	三祥新材	58.82	有色金属	宁德市	非国有
110	300712.SZ	永福股份	58.80	建筑材料	福州市	非国有
111	002682.SZ	龙洲股份	58.79	交通运输	龙岩市	地方国有
112	600802.SH	福建水泥	58.70	建筑材料	福州市	地方国有
113	605118.SH	力鼎光电	58.02	电子	厦门市	非国有
114	300560.SZ	中富通	57.64	信息设备	福州市	非国有
115	600753.SH	东方银星	57.45	商业贸易	福州市	非国有
116	688619.SH	罗普特	57.40	信息服务	厦门市	非国有
117	000753.SZ	漳州发展	57.16	交运设备	漳州市	地方国有
118	605086.SH	龙高股份	57.04	采掘	龙岩市	地方国有
119	300867.SZ	圣元环保	56.92	公用事业	厦门市	非国有
120	300198.SZ	纳川股份	56.56	建筑材料	泉州市	非国有
121	688398.SH	赛特新材	56.52	化工	龙岩市	非国有
122	603615.SH	茶花股份	56.35	化工	福州市	非国有
123	300946.SZ	恒而达	56.28	机械设备	莆田市	非国有
124	300650.SZ	太龙照明	56.16	电子	漳州市	非国有
125	002229.SZ	鸿博股份	56.15	轻工制造	福州市	非国有
126	000663.SZ	*ST永林	56.01	轻工制造	三明市	中央国有
127	002217.SZ	合力泰	55.79	电子	莆田市	地方国有
128	002752.SZ	昇兴股份	55.52	轻工制造	福州市	非国有
129	300436.SZ	广生堂	55.41	医药生物	宁德市	非国有
130	300706.SZ	阿石创	55.25	电子	福州市	非国有
131	688195.SH	腾景科技	55.08	电子	福州市	非国有
132	002529.SZ	*ST海源	54.65	机械设备	福州市	非国有
133	603628.SH	清源股份	54.64	机械设备	厦门市	非国有
134	000592.SZ	平潭发展	54.56	农林牧渔	福州市	非国有
135	002729.SZ	好利来	54.40	电子	厦门市	非国有
136	002102.SZ	ST冠福	54.33	医药生物	泉州市	非国有

续表

排名	公司代码	公司名称	综合健康指数	一级行业_同花顺	地级市	产权性质
137	000993.SZ	闽东电力	53.48	公用事业	宁德市	地方国有
138	002785.SZ	万里石	52.92	建筑材料	厦门市	非国有
139	300102.SZ	乾照光电	52.25	电子	厦门市	非国有
140	002639.SZ	雪人股份	52.11	机械设备	福州市	非国有
141	600870.SH	*ST厦华	52.01	商业贸易	厦门市	非国有
142	300300.SZ	海峡创新	51.90	信息服务	福州市	地方国有
143	002512.SZ	达华智能	51.86	信息设备	福州市	非国有
144	300056.SZ	中创环保	51.00	公用事业	厦门市	非国有
145	002235.SZ	安妮股份	50.07	信息服务	厦门市	非国有
146	002740.SZ	爱迪尔	49.95	轻工制造	龙岩市	非国有
147	603555.SH	*ST贵人	48.24	纺织服装	泉州市	非国有
148	300051.SZ	ST三五	47.61	信息服务	厦门市	非国有
149	600734.SH	*ST实达	47.19	信息设备	福州市	地方国有

数据来源：同花顺、中关村国睿金融与产业发展研究会。

从行业分布来看，福建省149家上市公司分布在20个同花顺一级行业中，其中信息服务行业最多，有20家，其次是电子行业有18家，黑色金属、采掘、国防军工、家用电器行业最少，仅有1家。综合健康指数平均水平最高的行业是黑色金属（72.93），最低的行业是采掘（57.04），如图8-11所示。

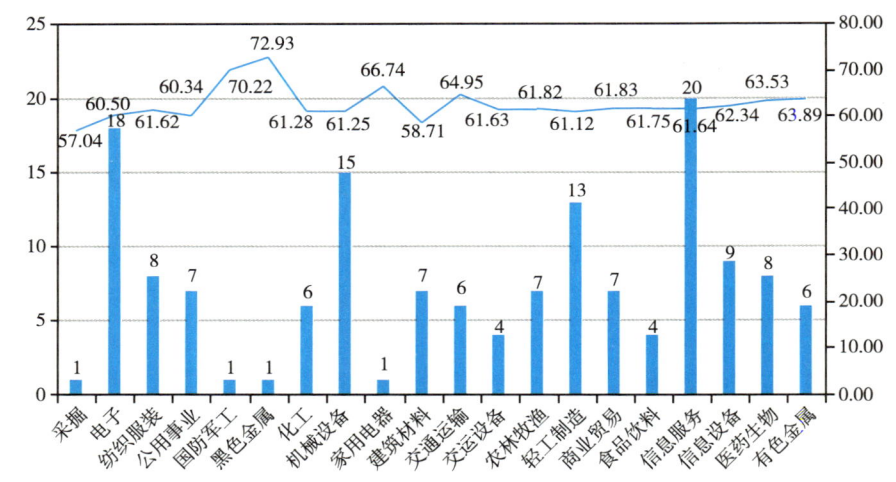

图8-11　福建省上市公司行业分布

从省内城市分布来看，福建省149家上市公司分布在9个省内城市，其中厦门市有56家，其次福州市有44家，三明市仅有3家，综合健康指数平均水平最高的市是南平市（65.22），最低的是宁德市（59.49），如图8-12所示。

从产权性质来看，福建省149家上市公司，国有控股上市公司37家，其中中央控股上市公司4家，综合健康指数平均水平为66.68，地方国有控股上市公司33家，综合健康指数平均水平为62.79；非国有控股上市公司112家，综合健康指数平均水平为61.24；如图8-13所示。

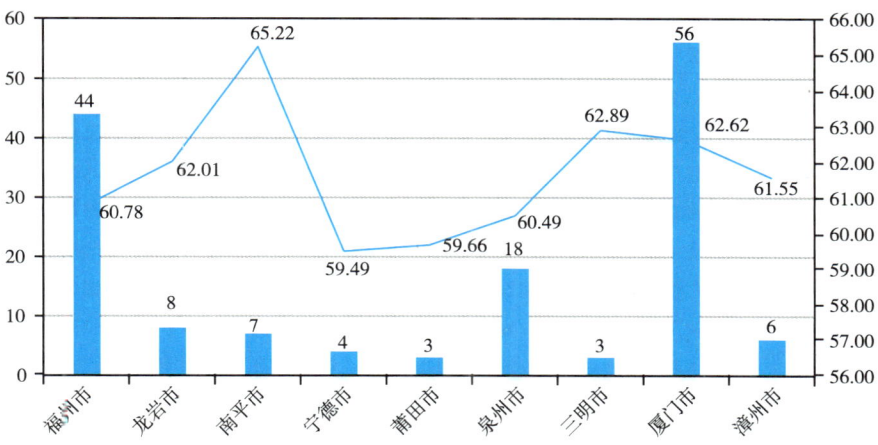

图 8-12 福建省上市公司省内分布

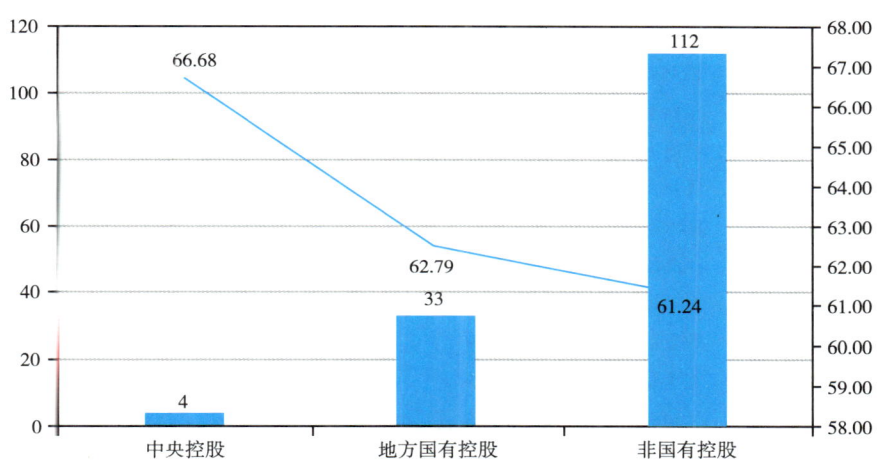

图 8-13 福建省上市公司产权性质分布

8.1.5 甘肃省

报告共分析甘肃省 33 家上市公司，综合健康指数平均水平为 58.53，该省上市公司全排名如表 8-6 所示。

表 8-6 甘肃省上市公司综合健康指数全排名

排名	公司代码	公司名称	综合健康指数	一级行业_同花顺	地级市	产权性质
1	603919.SH	金徽酒	68.21	食品饮料	陇南市	非国有
2	002185.SZ	华天科技	68.00	电子	天水市	非国有
3	600720.SH	祁连山	67.35	建筑材料	兰州市	中央国有
4	000779.SZ	甘咨询	66.33	建筑材料	兰州市	地方国有
5	000672.SZ	上峰水泥	64.63	建筑材料	白银市	非国有
6	002145.SZ	中核钛白	63.51	化工	白银市	非国有

续表

排名	公司代码	公司名称	综合健康指数	一级行业_同花顺	地级市	产权性质
7	000552.SZ	靖远煤电	63.06	采掘	白银市	地方国有
8	300021.SZ	大禹节水	63.06	农林牧渔	酒泉市	非国有
9	000791.SZ	甘肃电投	62.67	公用事业	兰州市	地方国有
10	002644.SZ	佛慈制药	62.53	医药生物	兰州市	地方国有
11	600516.SH	方大炭素	62.46	有色金属	兰州市	非国有
12	601212.SH	白银有色	62.24	有色金属	白银市	地方国有
13	601086.SH	国芳集团	61.46	商业贸易	兰州市	非国有
14	603999.SH	读者传媒	61.20	信息服务	兰州市	地方国有
15	600108.SH	亚盛集团	60.75	农林牧渔	兰州市	地方国有
16	002772.SZ	众兴菌业	60.71	农林牧渔	天水市	非国有
17	600354.SH	敦煌种业	60.60	农林牧渔	酒泉市	地方国有
18	601798.SH	蓝科高新	59.44	机械设备	兰州市	中央国有
19	600738.SH	丽尚国潮	58.73	商业贸易	兰州市	地方国有
20	600307.SH	酒钢宏兴	57.98	黑色金属	嘉峪关市	地方国有
21	603169.SH	兰石重装	57.50	机械设备	兰州市	地方国有
22	600192.SH	长城电工	57.46	机械设备	兰州市	地方国有
23	300534.SZ	陇神戎发	56.14	医药生物	兰州市	地方国有
24	002910.SZ	庄园牧场	55.41	食品饮料	兰州市	非国有
25	600543.SH	莫高股份	54.34	食品饮料	兰州市	地方国有
26	000981.SZ	*ST银亿	52.25	交运设备	兰州市	非国有
27	300084.SZ	海默科技	51.89	机械设备	兰州市	非国有
28	000691.SZ	亚太实业	51.78	化工	兰州市	非国有
29	000929.SZ	兰州黄河	50.26	食品饮料	兰州市	非国有
30	002219.SZ	*ST恒康	48.59	医药生物	陇南市	非国有
31	002665.SZ	首航高科	48.17	机械设备	兰州市	非国有
32	000995.SZ	皇台酒业	47.88	食品饮料	武威市	非国有
33	600311.SH	ST荣华	44.93	有色金属	武威市	非国有

数据来源：同花顺、中关村国睿金融与产业发展研究会。

从行业分布来看，甘肃省33家上市公司分布在20个同花顺一级行业中，其中食品饮料、机械设备行业最多，有5家，其次是农林牧渔行业有4家，采掘、电子、公用事业、黑色金属、交运设备、信息服务行业最少，仅有1家。综合健康指数平均水平最高的行业是电子（68.00），最低的行业是交运设备（52.25），如图8-14所示。

从省内城市分布来看，甘肃省33家上市公司分布在7个省内城市，其中兰州市有20家，其次白银市有4家，嘉峪关市仅有1家，综合健康指数平均水平最高的市是天水市（64.35），最低的是嘉峪关市（57.98），如图8-15所示。

从产权性质来看，甘肃省33家上市公司，国有控股上市公司16家，其中中央控股上市公司2家，综合健康指数平均水平为63.40，地方国有控股上市公司14家，综合健康指数平均水平为60.11；非国有控股上市公司17家，综合健康指数平均水平为56.66；如图8-16所示。

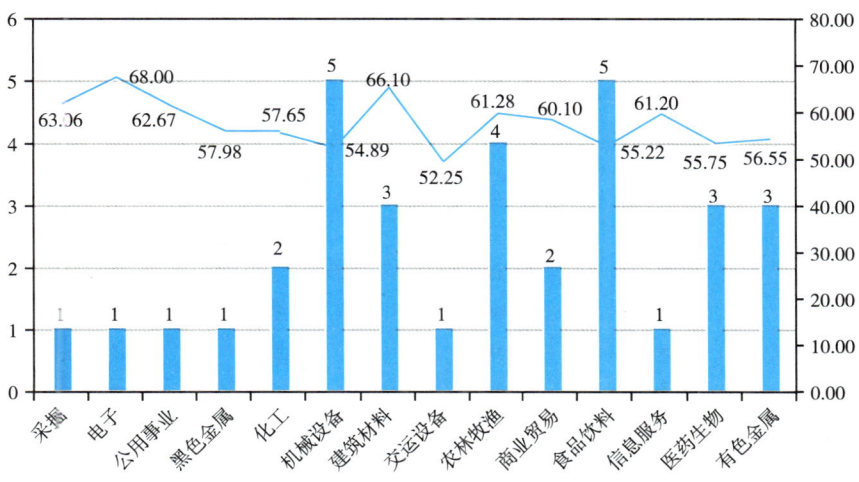

图8-14 甘肃省上市公司行业分布

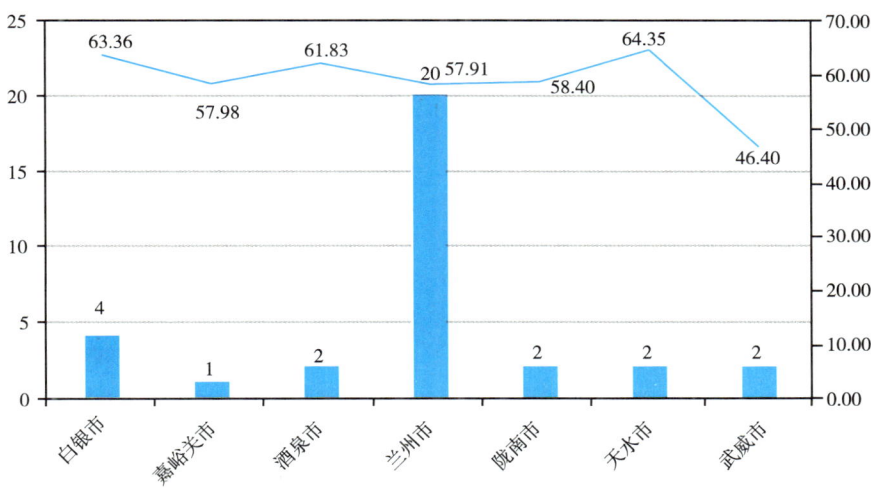

图8-15 甘肃省上市公司省内分布

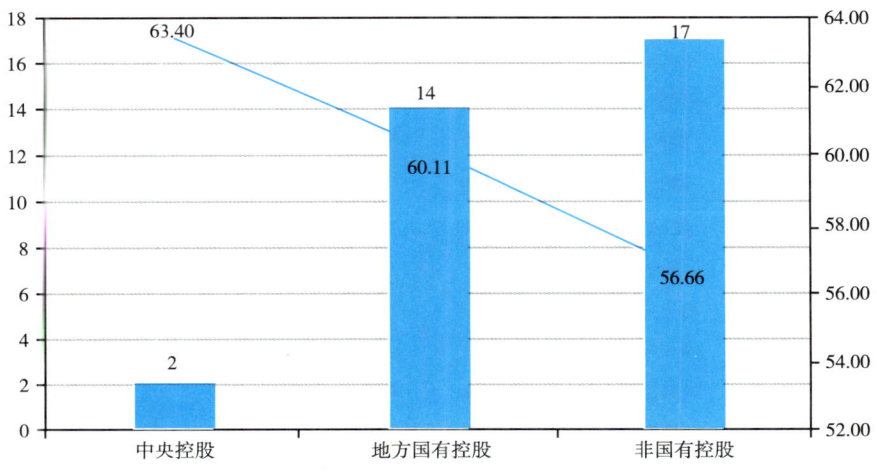

图8-16 甘肃省上市公司产权性质分布

8.1.6 广东省

报告共分析广东省667家上市公司,综合健康指数平均水平为61.40,该省上市公司全排名如表8-7所示。

表 8-7　　　　　　　　　　　　　广东省上市公司综合健康指数全排名

排名	公司代码	公司名称	综合健康指数	一级行业_同花顺	地级市	产权性质
1	603288.SH	海天味业	76.59	食品饮料	佛山市	非国有
2	002911.SZ	佛燃能源	76.53	公用事业	佛山市	地方国有
3	002030.SZ	达安基因	76.14	医药生物	广州市	地方国有
4	000651.SZ	格力电器	75.12	家用电器	珠海市	非国有
5	300760.SZ	迈瑞医疗	74.71	医药生物	深圳市	非国有
6	002912.SZ	中新赛克	73.21	信息设备	深圳市	地方国有
7	300498.SZ	温氏股份	72.93	农林牧渔	云浮市	非国有
8	000021.SZ	深科技	72.78	信息设备	深圳市	中央国有
9	300124.SZ	汇川技术	72.69	机械设备	深圳市	非国有
10	603882.SH	金域医学	72.63	医药生物	广州市	非国有
11	300408.SZ	三环集团	72.20	电子	潮州市	非国有
12	000333.SZ	美的集团	72.17	家用电器	佛山市	非国有
13	002139.SZ	拓邦股份	72.17	电子	深圳市	非国有
14	002841.SZ	视源股份	72.14	电子	广州市	非国有
15	300638.SZ	广和通	72.14	信息设备	深圳市	非国有
16	002152.SZ	广电运通	72.08	信息设备	广州市	地方国有
17	002975.SZ	博杰股份	72.01	机械设备	珠海市	非国有
18	001872.SZ	招商港口	71.94	交通运输	深圳市	中央国有
19	300206.SZ	理邦仪器	71.88	医药生物	深圳市	非国有
20	002311.SZ	海大集团	71.85	农林牧渔	广州市	非国有
21	300607.SZ	拓斯达	71.83	机械设备	东莞市	非国有
22	002920.SZ	德赛西威	71.78	信息服务	惠州市	地方国有
23	603833.SH	欧派家居	71.74	轻工制造	广州市	非国有
24	300888.SZ	稳健医疗	71.59	纺织服装	深圳市	非国有
25	300454.SZ	深信服	71.37	信息服务	深圳市	非国有
26	002572.SZ	索菲亚	71.25	轻工制造	广州市	非国有
27	002416.SZ	爱施德	71.21	商业贸易	深圳市	非国有
28	300529.SZ	健帆生物	71.18	医药生物	珠海市	非国有
29	000539.SZ	粤电力A	71.09	公用事业	广州市	地方国有
30	000050.SZ	深天马A	71.07	电子	深圳市	中央国有
31	002233.SZ	塔牌集团	70.91	建筑材料	梅州市	非国有
32	601139.SH	深圳燃气	70.89	公用事业	深圳市	地方国有
33	002419.SZ	天虹股份	70.88	商业贸易	深圳市	中央国有
34	002967.SZ	广电计量	70.87	综合	广州市	地方国有

续表

排名	公司代码	公司名称	综合健康指数	一级行业_同花顺	地级市	产权性质
35	003013.SZ	地铁设计	70.84	建筑材料	广州市	地方国有
36	000039.SZ	中集集团	70.81	机械设备	深圳市	中央国有
37	002191.SZ	劲嘉股份	70.75	轻工制造	深圳市	非国有
38	300012.SZ	华测检测	70.70	综合	深圳市	非国有
39	000060.SZ	中金岭南	70.63	有色金属	深圳市	地方国有
40	002465.SZ	海格通信	70.60	国防军工	广州市	地方国有
41	002916.SZ	深南电路	70.59	电子	深圳市	中央国有
42	000066.SZ	中国长城	70.51	信息设备	深圳市	中央国有
43	300676.SZ	华大基因	70.43	医药生物	深圳市	非国有
44	000019.SZ	深粮控股	70.40	商业贸易	深圳市	地方国有
45	000531.SZ	穗恒运A	70.39	公用事业	广州市	地方国有
46	000513.SZ	丽珠集团	70.33	医药生物	珠海市	非国有
47	300415.SZ	伊之密	70.26	机械设备	佛山市	非国有
48	002352.SZ	顺丰控股	70.25	交通运输	深圳市	非国有
49	002705.SZ	新宝股份	70.20	家用电器	佛山市	非国有
50	002063.SZ	远光软件	70.20	信息服务	珠海市	中央国有
51	000999.SZ	华润三九	70.16	医药生物	深圳市	中央国有
52	000717.SZ	韶钢松山	70.13	黑色金属	韶关市	中央国有
53	002543.SZ	万和电气	70.11	家用电器	佛山市	非国有
54	002831.SZ	裕同科技	70.06	轻工制造	深圳市	非国有
55	600098.SH	广州发展	70.05	公用事业	广州市	地方国有
56	000049.SZ	德赛电池	69.97	电子	深圳市	地方国有
57	600143.SH	金发科技	69.90	化工	广州市	非国有
58	601138.SH	工业富联	69.90	电子	深圳市	非国有
59	002909.SZ	集泰股份	69.80	化工	广州市	非国有
60	000921.SZ	海信家电	69.76	家用电器	佛山市	地方国有
61	000100.SZ	TCL科技	69.75	电子	惠州市	非国有
62	600323.SH	瀚蓝环境	69.75	公用事业	佛山市	地方国有
63	300832.SZ	新产业	69.71	医药生物	深圳市	非国有
64	600183.SH	生益科技	69.64	电子	东莞市	非国有
65	002340.SZ	格林美	69.59	有色金属	深圳市	非国有
66	002027.SZ	分众传媒	69.54	信息服务	广州市	非国有
67	002918.SZ	蒙娜丽莎	69.45	建筑材料	佛山市	非国有
68	002106.SZ	莱宝高科	69.42	电子	深圳市	中央国有
69	002979.SZ	雷赛智能	69.41	机械设备	深圳市	非国有
70	002212.SZ	天融信	69.40	信息服务	汕头市	非国有
71	002757.SZ	南兴股份	69.35	机械设备	东莞市	非国有
72	002884.SZ	凌霄泵业	69.21	机械设备	阳江市	非国有
73	002851.SZ	麦格米特	69.19	机械设备	深圳市	非国有
74	002475.SZ	立讯精密	69.18	电子	深圳市	非国有

续表

排名	公司代码	公司名称	综合健康指数	一级行业_同花顺	地级市	产权性质
75	002880.SZ	卫光生物	69.09	医药生物	深圳市	地方国有
76	000529.SZ	广弘控股	69.06	信息服务	广州市	地方国有
77	300482.SZ	万孚生物	69.06	医药生物	广州市	非国有
78	000555.SZ	神州信息	69.05	信息服务	深圳市	非国有
79	000027.SZ	深圳能源	68.99	公用事业	深圳市	地方国有
80	603043.SH	广州酒家	68.99	食品饮料	广州市	地方国有
81	300115.SZ	长盈精密	68.98	电子	深圳市	非国有
82	600380.SH	健康元	68.87	医药生物	深圳市	非国有
83	601238.SH	广汽集团	68.87	交运设备	广州市	地方国有
84	000026.SZ	飞亚达	68.85	轻工制造	深圳市	中央国有
85	000063.SZ	中兴通讯	68.83	信息设备	深圳市	非国有
86	300146.SZ	汤臣倍健	68.69	食品饮料	珠海市	非国有
87	002833.SZ	弘亚数控	68.65	机械设备	广州市	非国有
88	002683.SZ	宏大爆破	68.60	化工	广州市	地方国有
89	000541.SZ	佛山照明	68.58	电子	佛山市	地方国有
90	300246.SZ	宝莱特	68.56	医药生物	珠海市	非国有
91	600894.SH	广日股份	68.48	机械设备	广州市	地方国有
92	002402.SZ	和而泰	68.48	电子	深圳市	非国有
93	002600.SZ	领益智造	68.41	电子	江门市	非国有
94	300639.SZ	凯普生物	68.41	医药生物	潮州市	非国有
95	002421.SZ	达实智能	68.39	信息服务	深圳市	非国有
96	000099.SZ	中信海直	68.34	交通运输	深圳市	中央国有
97	003816.SZ	中国广核	68.33	公用事业	深圳市	中央国有
98	002511.SZ	中顺洁柔	68.20	轻工制造	中山市	非国有
99	002869.SZ	金溢科技	68.10	电子	深圳市	非国有
100	000636.SZ	风华高科	67.93	电子	肇庆市	地方国有
101	600548.SH	深高速	67.91	交通运输	深圳市	地方国有
102	002609.SZ	捷顺科技	67.84	信息服务	深圳市	非国有
103	601615.SH	明阳智能	67.82	机械设备	中山市	非国有
104	000690.SZ	宝新能源	67.80	公用事业	梅州市	非国有
105	002906.SZ	华阳集团	67.77	交运设备	惠州市	非国有
106	000070.SZ	特发信息	67.66	信息设备	深圳市	地方国有
107	002938.SZ	鹏鼎控股	67.64	电子	深圳市	非国有
108	600433.SH	冠豪高新	67.62	轻工制造	湛江市	中央国有
109	300458.SZ	全志科技	67.60	电子	珠海市	非国有
110	300599.SZ	雄塑科技	67.55	建筑材料	佛山市	非国有
111	600428.SH	中远海特	67.51	交通运输	广州市	中央国有
112	688036.SH	传音控股	67.49	电子	深圳市	非国有

续表

排名	公司代码	公司名称	综合健康指数	一级行业_同花顺	地级市	产权性质
113	300014.SZ	亿纬锂能	67.49	机械设备	惠州市	非国有
114	002441.SZ	众业达	67.33	机械设备	汕头市	非国有
115	603160.SH	汇顶科技	67.32	电子	深圳市	非国有
116	002832.SZ	比音勒芬	67.22	纺织服装	广州市	非国有
117	002138.SZ	顺络电子	67.18	电子	深圳市	非国有
118	603233.SH	大参林	67.18	医药生物	广州市	非国有
119	300737.SZ	科顺股份	67.17	建筑材料	佛山市	非国有
120	300620.SZ	光库科技	67.08	信息设备	珠海市	地方国有
121	600685.SH	中船防务	67.04	国防军工	广州市	中央国有
122	000524.SZ	岭南控股	66.97	餐饮旅游	广州市	地方国有
123	002724.SZ	海洋王	66.97	电子	深圳市	非国有
124	300037.SZ	新宙邦	66.93	化工	深圳市	非国有
125	300177.SZ	中海达	66.88	信息设备	广州市	非国有
126	002970.SZ	锐明技术	66.84	电子	深圳市	非国有
127	002544.SZ	杰赛科技	66.80	信息设备	广州市	中央国有
128	002957.SZ	科瑞技术	66.77	机械设备	深圳市	非国有
129	002908.SZ	德生科技	66.76	信息设备	广州市	非国有
130	002008.SZ	大族激光	66.75	电子	深圳市	非国有
131	000028.SZ	国药一致	66.67	医药生物	深圳市	中央国有
132	000061.SZ	农产品	66.64	商业贸易	深圳市	地方国有
133	603228.SH	景旺电子	66.55	电子	深圳市	非国有
134	000828.SZ	东莞控股	66.54	交通运输	东莞市	地方国有
135	300770.SZ	新媒股份	66.51	信息服务	广州市	地方国有
136	002853.SZ	皮阿诺	66.49	轻工制造	中山市	非国有
137	688128.SH	中国电研	66.46	机械设备	广州市	中央国有
138	002238.SZ	天威视讯	66.44	信息服务	深圳市	地方国有
139	300687.SZ	赛意信息	66.43	信息服务	广州市	非国有
140	000429.SZ	粤高速A	66.42	交通运输	广州市	地方国有
141	000823.SZ	超声电子	66.37	电子	汕头市	地方国有
142	002449.SZ	国星光电	66.28	电子	佛山市	地方国有
143	603118.SH	共进股份	66.25	信息设备	深圳市	非国有
144	002678.SZ	珠江钢琴	66.20	轻工制造	广州市	地方国有
145	300207.SZ	欣旺达	66.19	电子	深圳市	非国有
146	002594.SZ	比亚迪	66.18	交运设备	深圳市	非国有
147	300679.SZ	电连技术	66.17	电子	深圳市	非国有
148	300193.SZ	佳士科技	66.14	机械设备	深圳市	非国有
149	603002.SH	宏昌电子	66.13	化工	广州市	非国有
150	002101.SZ	广东鸿图	66.09	交运设备	肇庆市	地方国有

续表

排名	公司代码	公司名称	综合健康指数	一级行业_同花顺	地级市	产权性质
151	002327.SZ	富安娜	66.07	纺织服装	深圳市	非国有
152	002999.SZ	天禾股份	66.06	商业贸易	广州市	非国有
153	002867.SZ	周大生	66.04	轻工制造	深圳市	非国有
154	600872.SH	中炬高新	66.04	食品饮料	中山市	非国有
155	002709.SZ	天赐材料	66.03	化工	广州市	非国有
156	002989.SZ	中天精装	66.03	建筑材料	深圳市	非国有
157	300711.SZ	广哈通信	66.02	信息设备	广州市	地方国有
158	002666.SZ	德联集团	66.00	化工	佛山市	非国有
159	300791.SZ	仙乐健康	65.99	食品饮料	汕头市	非国有
160	002035.SZ	华帝股份	65.98	家用电器	中山市	非国有
161	002949.SZ	华阳国际	65.98	建筑材料	深圳市	非国有
162	603063.SH	禾望电气	65.85	机械设备	深圳市	非国有
163	300136.SZ	信维通信	65.84	电子	深圳市	非国有
164	000032.SZ	深桑达A	65.84	信息设备	深圳市	中央国有
165	300219.SZ	鸿利智汇	65.80	电子	广州市	地方国有
166	002518.SZ	科士达	65.79	机械设备	深圳市	非国有
167	000976.SZ	华铁股份	65.74	交运设备	江门市	非国有
168	300130.SZ	新国都	65.67	信息设备	深圳市	非国有
169	002017.SZ	东信和平	65.67	信息设备	珠海市	中央国有
170	300348.SZ	长亮科技	65.63	信息服务	深圳市	非国有
171	002845.SZ	同兴达	65.62	电子	深圳市	非国有
172	002351.SZ	漫步者	65.58	电子	深圳市	非国有
173	688388.SH	嘉元科技	65.57	有色金属	梅州市	非国有
174	002990.SZ	盛视科技	65.41	信息服务	深圳市	非国有
175	002791.SZ	坚朗五金	65.39	建筑材料	东莞市	非国有
176	601515.SH	东风股份	65.34	轻工制造	汕头市	非国有
177	300303.SZ	聚飞光电	65.33	电子	深圳市	非国有
178	000507.SZ	珠海港	65.21	交通运输	珠海市	地方国有
179	300543.SZ	朗科智能	65.18	电子	深圳市	非国有
180	002616.SZ	长青集团	65.10	公用事业	中山市	非国有
181	002528.SZ	英飞拓	65.05	信息设备	深圳市	地方国有
182	002972.SZ	科安达	65.04	交运设备	深圳市	非国有
183	300622.SZ	博士眼镜	65.04	商业贸易	深圳市	非国有
184	300601.SZ	康泰生物	65.04	医药生物	深圳市	非国有
185	603808.SH	歌力思	65.04	纺织服装	深圳市	非国有
186	000973.SZ	佛塑科技	65.02	化工	佛山市	地方国有
187	002837.SZ	英维克	65.00	机械设备	深圳市	非国有
188	600446.SH	金证股份	64.96	信息服务	深圳市	非国有
189	300723.SZ	一品红	64.96	医药生物	广州市	非国有
190	002548.SZ	金新农	64.95	农林牧渔	深圳市	非国有

续表

排名	公司代码	公司名称	综合健康指数	一级行业_同花顺	地级市	产权性质
191	002965.SZ	祥鑫科技	64.92	机械设备	东莞市	非国有
192	000034.SZ	神州数码	64.88	信息服务	深圳市	非国有
193	002105.SZ	信隆健康	64.88	交运设备	深圳市	非国有
194	600499.SH	科达制造	64.85	机械设备	佛山市	非国有
195	300921.SZ	南凌科技	64.81	信息设备	深圳市	非国有
196	002294.SZ	信立泰	64.76	医药生物	深圳市	非国有
197	002130.SZ	沃尔核材	64.73	有色金属	深圳市	非国有
198	002672.SZ	东江环保	64.72	公用事业	深圳市	地方国有
199	002436.SZ	兴森科技	64.70	电子	深圳市	非国有
200	002923.SZ	润都股份	64.67	医药生物	珠海市	非国有
201	300464.SZ	星徽股份	64.66	商业贸易	佛山市	非国有
202	688208.SH	道通科技	64.64	信息设备	深圳市	非国有
203	300724.SZ	捷佳伟创	64.64	机械设备	深圳市	非国有
204	300824.SZ	北鼎股份	64.63	家用电器	深圳市	非国有
205	000016.SZ	深康佳A	64.47	家用电器	深圳市	中央国有
206	002461.SZ	珠江啤酒	64.41	食品饮料	广州市	地方国有
207	000012.SZ	南玻A	64.39	建筑材料	深圳市	地方国有
208	002763.SZ	汇洁股份	64.37	纺织服装	深圳市	非国有
209	002980.SZ	华盛昌	64.34	机械设备	深圳市	非国有
210	600332.SH	白云山	64.34	医药生物	广州市	地方国有
211	002084.SZ	海鸥住工	64.31	轻工制造	广州市	非国有
212	002782.SZ	可立克	64.31	电子	深圳市	非国有
213	003018.SZ	金富科技	64.29	轻工制造	东莞市	非国有
214	003012.SZ	东鹏控股	64.20	建筑材料	清远市	非国有
215	300499.SZ	高澜股份	64.17	机械设备	广州市	非国有
216	002345.SZ	潮宏基	64.16	轻工制造	汕头市	非国有
217	002180.SZ	纳思达	64.07	信息设备	珠海市	非国有
218	601900.SH	南方传媒	64.06	信息服务	广州市	地方国有
219	002301.SZ	齐心集团	64.04	轻工制造	深圳市	非国有
220	603920.SH	世运电路	64.03	电子	江门市	非国有
221	300572.SZ	安车检测	64.03	机械设备	深圳市	非国有
222	603936.SH	博敏电子	64.02	电子	梅州市	非国有
223	300633.SZ	开立医疗	63.97	医药生物	深圳市	非国有
224	002815.SZ	崇达技术	63.96	电子	深圳市	非国有
225	002835.SZ	同为股份	63.90	信息设备	深圳市	非国有
226	603848.SH	好太太	63.88	轻工制造	广州市	非国有
227	300112.SZ	万讯自控	63.87	机械设备	深圳市	非国有
228	688595.SH	芯海科技	63.86	电子	深圳市	非国有

续表

排名	公司代码	公司名称	综合健康指数	一级行业_同花顺	地级市	产权性质
229	002959.SZ	小熊电器	63.84	家用电器	佛山市	非国有
230	300693.SZ	盛弘股份	63.84	机械设备	深圳市	非国有
231	603898.SH	好莱客	63.80	轻工制造	广州市	非国有
232	002054.SZ	德美化工	63.78	化工	佛山市	非国有
233	300870.SZ	欧陆通	63.74	电子	深圳市	非国有
234	002187.SZ	广百股份	63.74	商业贸易	广州市	地方国有
235	002583.SZ	海能达	63.74	信息设备	深圳市	非国有
236	002850.SZ	科达利	63.73	电子	深圳市	非国有
237	002973.SZ	侨银股份	63.69	公用事业	广州市	非国有
238	300476.SZ	胜宏科技	63.52	电子	惠州市	非国有
239	300151.SZ	昌红科技	63.51	机械设备	深圳市	非国有
240	000009.SZ	中国宝安	63.50	综合	深圳市	非国有
241	688788.SH	科思科技	63.46	国防军工	深圳市	非国有
242	002446.SZ	盛路通信	63.45	信息设备	佛山市	非国有
243	300621.SZ	维业股份	63.43	建筑材料	深圳市	地方国有
244	300030.SZ	阳普医疗	63.40	医药生物	广州市	非国有
245	300131.SZ	英唐智控	63.36	电子	深圳市	非国有
246	003028.SZ	振邦智能	63.35	电子	深圳市	非国有
247	601228.SH	广州港	63.33	交通运输	广州市	地方国有
248	688389.SH	普门科技	63.33	医药生物	深圳市	非国有
249	003021.SZ	兆威机电	63.30	电子	深圳市	非国有
250	000062.SZ	深圳华强	63.29	电子	深圳市	非国有
251	002732.SZ	燕塘乳业	63.15	食品饮料	广州市	中央国有
252	300616.SZ	尚品宅配	63.12	轻工制造	广州市	非国有
253	300232.SZ	洲明科技	63.11	电子	深圳市	非国有
254	600728.SH	佳都科技	63.10	信息服务	广州市	非国有
255	603535.SH	嘉诚国际	63.10	交通运输	广州市	非国有
256	300675.SZ	建科院	63.03	建筑材料	深圳市	地方国有
257	300155.SZ	安居宝	63.02	信息设备	广州市	非国有
258	002745.SZ	木林森	63.00	电子	中山市	非国有
259	300227.SZ	光韵达	63.00	电子	深圳市	非国有
260	002060.SZ	粤水电	62.99	建筑材料	广州市	地方国有
261	002579.SZ	中京电子	62.95	电子	惠州市	非国有
262	002881.SZ	美格智能	62.95	电子	深圳市	非国有
263	002400.SZ	省广集团	62.88	信息服务	广州市	地方国有
264	002551.SZ	尚荣医疗	62.87	医药生物	深圳市	非国有
265	300531.SZ	优博讯	62.86	信息设备	深圳市	非国有
266	688318.SH	财富趋势	62.79	信息服务	深圳市	非国有
267	603328.SH	依顿电子	62.73	电子	中山市	非国有
268	300518.SZ	盛讯达	62.73	信息服务	深圳市	非国有

续表

排名	公司代码	公司名称	综合健康指数	一级行业_同花顺	地级市	产权性质
269	002317.SZ	众生药业	62.70	医药生物	东莞市	非国有
270	000685.SZ	中山公用	62.69	公用事业	中山市	地方国有
271	300335.SZ	迪森股份	62.68	公用事业	广州市	非国有
272	002824.SZ	和胜股份	62.65	有色金属	中山市	非国有
273	002993.SZ	奥海科技	62.65	电子	东莞市	非国有
274	002930.SZ	宏川智慧	62.64	交通运输	东莞市	非国有
275	300532.SZ	今天国际	62.62	信息服务	深圳市	非国有
276	300778.SZ	新城市	62.60	建筑材料	深圳市	非国有
277	601330.SH	绿色动力	62.55	公用事业	深圳市	地方国有
278	688268.SH	华特气体	62.54	化工	佛山市	非国有
279	000055.SZ	方大集团	62.53	建筑材料	深圳市	非国有
280	603861.SH	白云电器	62.50	机械设备	广州市	非国有
281	300720.SZ	海川智能	62.48	机械设备	佛山市	非国有
282	300457.SZ	赢合科技	62.48	机械设备	深圳市	地方国有
283	300771.SZ	智莱科技	62.48	机械设备	深圳市	非国有
284	002917.SZ	金奥博	62.45	化工	深圳市	非国有
285	002654.SZ	万润科技	62.41	信息服务	深圳市	地方国有
286	300047.SZ	天源迪科	62.39	信息服务	深圳市	非国有
287	300570.SZ	太辰光	62.39	信息设备	深圳市	非国有
288	002047.SZ	宝鹰股份	62.38	建筑材料	深圳市	地方国有
289	300735.SZ	光弘科技	62.35	电子	惠州市	非国有
290	002429.SZ	兆驰股份	62.28	家用电器	深圳市	非国有
291	300634.SZ	彩讯股份	62.24	信息服务	深圳市	非国有
292	688007.SH	光峰科技	62.24	电子	深圳市	非国有
293	002792.SZ	通宇通讯	62.23	信息设备	中山市	非国有
294	002919.SZ	名臣健康	62.17	化工	汕头市	非国有
295	002055.SZ	得润电子	62.15	电子	深圳市	非国有
296	300562.SZ	乐心医疗	62.13	医药生物	中山市	非国有
297	300805.SZ	电声股份	62.12	信息服务	广州市	非国有
298	300903.SZ	科翔股份	62.10	电子	惠州市	非国有
299	002399.SZ	海普瑞	62.10	医药生物	深圳市	非国有
300	002334.SZ	英威腾	62.09	机械设备	深圳市	非国有
301	300916.SZ	朗特智能	62.06	电子	深圳市	非国有
302	002492.SZ	恒基达鑫	62.05	交通运输	珠海市	非国有
303	000534.SZ	万泽股份	62.02	医药生物	汕头市	非国有
304	002183.SZ	怡亚通	62.02	交通运输	深圳市	地方国有
305	300197.SZ	节能铁汉	62.02	公用事业	深圳市	中央国有
306	000576.SZ	甘化科工	61.99	国防军工	江门市	非国有

续表

排名	公司代码	公司名称	综合健康指数	一级行业_同花顺	地级市	产权性质
307	300149.SZ	睿智医药	61.98	医药生物	江门市	非国有
308	002809.SZ	红墙股份	61.96	化工	惠州市	非国有
309	002218.SZ	拓日新能	61.91	机械设备	深圳市	非国有
310	002045.SZ	国光电器	61.88	电子	广州市	非国有
311	300277.SZ	海联讯	61.85	信息服务	深圳市	地方国有
312	300625.SZ	三雄极光	61.78	电子	广州市	非国有
313	300403.SZ	汉宇集团	61.72	家用电器	江门市	非国有
314	300686.SZ	智动力	61.71	电子	深圳市	非国有
315	002717.SZ	岭南股份	61.66	公用事业	东莞市	非国有
316	002620.SZ	瑞和股份	61.66	建筑材料	深圳市	非国有
317	000004.SZ	国华网安	61.64	信息服务	深圳市	非国有
318	002303.SZ	美盈森	61.64	轻工制造	深圳市	非国有
319	600004.SH	白云机场	61.54	交通运输	广州市	地方国有
320	300668.SZ	杰恩设计	61.53	建筑材料	深圳市	非国有
321	300235.SZ	方直科技	61.50	信息服务	深圳市	非国有
322	300565.SZ	科信技术	61.46	信息设备	深圳市	非国有
323	002425.SZ	凯撒文化	61.45	信息服务	汕头市	非国有
324	300852.SZ	四会富仕	61.45	电子	肇庆市	非国有
325	300503.SZ	昊志机电	61.45	机械设备	广州市	非国有
326	300533.SZ	冰川网络	61.41	信息服务	深圳市	非国有
327	688312.SH	燕麦科技	61.38	机械设备	深圳市	非国有
328	300925.SZ	法本信息	61.34	信息服务	深圳市	非国有
329	002882.SZ	金龙羽	61.34	机械设备	深圳市	非国有
330	002886.SZ	沃特股份	61.32	化工	深圳市	非国有
331	300085.SZ	银之杰	61.30	信息服务	深圳市	非国有
332	300546.SZ	雄帝科技	61.25	信息设备	深圳市	非国有
333	002611.SZ	东方精工	61.24	机械设备	佛山市	非国有
334	300438.SZ	鹏辉能源	61.21	机械设备	广州市	非国有
335	603386.SH	广东骏亚	61.20	电子	惠州市	非国有
336	600673.SH	东阳光	61.19	医药生物	韶关市	非国有
337	300691.SZ	联合光电	61.19	电子	中山市	非国有
338	603322.SH	超讯通信	61.18	信息设备	广州市	非国有
339	002456.SZ	欧菲光	61.16	电子	深圳市	非国有
340	002846.SZ	英联股份	61.16	轻工制造	汕头市	非国有
341	002336.SZ	人人乐	61.15	商业贸易	深圳市	地方国有
342	300417.SZ	南华仪器	61.14	机械设备	佛山市	非国有
343	300822.SZ	贝仕达克	61.12	电子	深圳市	非国有
344	002811.SZ	郑中设计	61.09	建筑材料	深圳市	非国有
345	300448.SZ	浩云科技	61.07	信息服务	广州市	非国有
346	000601.SZ	韶能股份	61.07	公用事业	韶关市	地方国有

续表

排名	公司代码	公司名称	综合健康指数	一级行业_同花顺	地级市	产权性质
347	300568.SZ	星源材质	61.05	化工	深圳市	非国有
348	002775.SZ	文科园林	61.03	建筑材料	深圳市	非国有
349	300333.SZ	兆日科技	61.01	信息设备	深圳市	非国有
350	000058.SZ	深赛格	60.94	商业贸易	深圳市	地方国有
351	300909.SZ	汇创达	60.94	电子	深圳市	非国有
352	300576.SZ	容大感光	60.93	化工	深圳市	非国有
353	002855.SZ	捷荣技术	60.93	电子	东莞市	非国有
354	002762.SZ	金发拉比	60.92	纺织服装	汕头市	非国有
355	002163.SZ	海南发展	60.91	建筑材料	深圳市	地方国有
356	600382.SH	*ST广珠	60.90	综合	梅州市	非国有
357	002215.SZ	诺普信	60.88	化工	深圳市	非国有
358	688083.SH	中望软件	60.88	信息服务	广州市	非国有
359	002735.SZ	王子新材	60.87	轻工制造	深圳市	非国有
360	000037.SZ	深南电A	60.87	公用事业	深圳市	地方国有
361	002751.SZ	易尚展示	60.82	轻工制造	深圳市	非国有
362	300377.SZ	赢时胜	60.80	信息服务	深圳市	非国有
363	688026.SH	洁特生物	60.76	化工	广州市	非国有
364	603335.SH	迪生力	60.75	交运设备	江门市	非国有
365	300738.SZ	奥飞数据	60.73	信息服务	广州市	非国有
366	300530.SZ	*ST达志	60.71	化工	广州市	非国有
367	300281.SZ	金明精机	60.69	机械设备	汕头市	地方国有
368	300468.SZ	四方精创	60.69	信息服务	深圳市	非国有
369	000025.SZ	特力A	60.67	交运设备	深圳市	地方国有
370	002177.SZ	御银股份	60.63	信息设备	广州市	非国有
371	603390.SH	通达电气	60.56	信息设备	广州市	非国有
372	688020.SH	方邦股份	60.54	电子	广州市	非国有
373	300154.SZ	瑞凌股份	60.53	机械设备	深圳市	非国有
374	603630.SH	拉芳家化	60.53	化工	汕头市	非国有
375	300713.SZ	英可瑞	60.53	机械设备	深圳市	非国有
376	300404.SZ	博济医药	60.52	医药生物	广州市	非国有
377	688628.SH	优利德	60.46	机械设备	东莞市	非国有
378	603348.SH	文灿股份	60.46	交运设备	佛山市	非国有
379	688699.SH	明微电子	60.36	电子	深圳市	非国有
380	300790.SZ	宇瞳光学	60.35	电子	东莞市	非国有
381	300063.SZ	天龙集团	60.35	信息服务	肇庆市	非国有
382	300098.SZ	高新兴	60.34	信息设备	广州市	非国有
383	002823.SZ	凯中精密	60.32	机械设备	深圳市	非国有
384	002181.SZ	粤传媒	60.30	信息服务	广州市	地方国有

续表

排名	公司代码	公司名称	综合健康指数	一级行业_同花顺	地级市	产权性质
385	002733.SZ	雄韬股份	60.30	机械设备	深圳市	非国有
386	603608.SH	天创时尚	60.28	纺织服装	广州市	非国有
387	300689.SZ	澄天伟业	60.26	信息设备	深圳市	非国有
388	300671.SZ	富满电子	60.23	电子	深圳市	非国有
389	002031.SZ	巨轮智能	60.22	机械设备	揭阳市	非国有
390	300891.SZ	惠云钛业	60.19	化工	云浮市	非国有
391	688138.SH	清溢光电	60.15	电子	深圳市	非国有
392	300602.SZ	飞荣达	60.12	电子	深圳市	非国有
393	002584.SZ	西陇科学	60.09	化工	汕头市	非国有
394	000078.SZ	海王生物	60.09	医药生物	深圳市	非国有
395	003010.SZ	若羽臣	60.09	信息服务	广州市	非国有
396	000045.SZ	深纺织A	60.04	电子	深圳市	地方国有
397	300812.SZ	易天股份	60.04	机械设备	深圳市	非国有
398	603725.SH	天安新材	60.01	化工	佛山市	非国有
399	002292.SZ	奥飞娱乐	60.00	信息服务	汕头市	非国有
400	000676.SZ	智度股份	59.99	信息服务	广州市	非国有
401	300968.SZ	格林精密	59.98	电子	惠州市	非国有
402	300409.SZ	道氏技术	59.95	化工	江门市	非国有
403	002876.SZ	三利谱	59.95	电子	深圳市	非国有
404	300635.SZ	中达安	59.94	建筑材料	广州市	非国有
405	300556.SZ	丝路视觉	59.90	信息服务	深圳市	非国有
406	300400.SZ	劲拓股份	59.90	机械设备	深圳市	非国有
407	300843.SZ	胜蓝股份	59.89	电子	东莞市	非国有
408	000048.SZ	京基智农	59.88	农林牧渔	深圳市	非国有
409	002681.SZ	奋达科技	59.88	电子	深圳市	非国有
410	300811.SZ	铂科新材	59.88	有色金属	深圳市	非国有
411	002169.SZ	智光电气	59.85	机械设备	广州市	非国有
412	300973.SZ	立高食品	59.83	食品饮料	广州市	非国有
413	300979.SZ	华利集团	59.82	纺织服装	中山市	非国有
414	300545.SZ	联得装备	59.74	电子	深圳市	非国有
415	002420.SZ	毅昌股份	59.72	家用电器	广州市	非国有
416	688025.SH	杰普特	59.65	电子	深圳市	非国有
417	300656.SZ	民德电子	59.65	电子	深圳市	非国有
418	300868.SZ	杰美特	59.63	电子	深圳市	非国有
419	603336.SH	宏辉果蔬	59.62	农林牧渔	汕头市	非国有
420	002170.SZ	芭田股份	59.56	化工	深圳市	非国有
421	002482.SZ	广田集团	59.54	建筑材料	深圳市	非国有
422	002577.SZ	雷柏科技	59.52	信息设备	深圳市	非国有
423	001201.SZ	东瑞股份	59.46	商业贸易	河源市	非国有
424	002922.SZ	伊戈尔	59.43	电子	佛山市	非国有

续表

排名	公司代码	公司名称	综合健康指数	一级行业_同花顺	地级市	产权性质
425	000096.SZ	广聚能源	59.39	化工	深圳市	地方国有
426	003039.SZ	顺控发展	59.39	公用事业	佛山市	地方国有
427	600866.SH	星湖科技	59.38	食品饮料	肇庆市	地方国有
428	300629.SZ	新劲刚	59.35	机械设备	佛山市	非国有
429	300050.SZ	世纪鼎利	59.33	信息设备	珠海市	非国有
430	002953.SZ	日丰股份	59.28	机械设备	中山市	非国有
431	002295.SZ	精艺股份	59.26	有色金属	佛山市	非国有
432	603309.SH	维力医疗	59.25	医药生物	广州市	非国有
433	300311.SZ	任子行	59.24	信息服务	深圳市	非国有
434	300514.SZ	友讯达	59.23	机械设备	深圳市	非国有
435	002197.SZ	证通电子	59.23	信息设备	深圳市	非国有
436	603398.SH	邦宝益智	59.22	轻工制造	汕头市	非国有
437	002830.SZ	名雕股份	59.19	建筑材料	深圳市	非国有
438	603797.SH	联泰环保	59.18	公用事业	汕头市	非国有
439	300328.SZ	宜安科技	59.15	有色金属	东莞市	地方国有
440	300376.SZ	易事特	59.14	机械设备	东莞市	非国有
441	300951.SZ	博硕科技	59.14	电子	深圳市	非国有
442	300484.SZ	蓝海华腾	59.12	机械设备	深圳市	非国有
443	002741.SZ	光华科技	59.10	化工	汕头市	非国有
444	300238.SZ	冠昊生物	59.08	医药生物	广州市	非国有
445	300938.SZ	信测标准	59.06	综合	深圳市	非国有
446	002121.SZ	科陆电子	59.06	机械设备	深圳市	非国有
447	002786.SZ	银宝山新	59.04	机械设备	深圳市	中央国有
448	603983.SH	丸美股份	58.99	化工	广州市	非国有
449	688393.SH	安必平	58.97	医药生物	广州市	非国有
450	000089.SZ	深圳机场	58.97	交通运输	深圳市	地方国有
451	300042.SZ	朗科科技	58.92	信息设备	深圳市	非国有
452	002988.SZ	豪美新材	58.88	有色金属	清远市	非国有
453	300389.SZ	艾比森	58.87	电子	深圳市	非国有
454	300932.SZ	三友联众	58.87	机械设备	东莞市	非国有
455	002587.SZ	奥拓电子	58.86	电子	深圳市	非国有
456	002663.SZ	普邦股份	58.75	建筑材料	广州市	非国有
457	002325.SZ	洪涛股份	58.75	建筑材料	深圳市	非国有
458	600029.SH	南方航空	58.71	交通运输	广州市	中央国有
459	300619.SZ	金银河	58.70	机械设备	佛山市	非国有
460	300876.SZ	蒙泰高新	58.69	化工	揭阳市	非国有
461	002759.SZ	天际股份	58.67	家用电器	汕头市	非国有
462	002495.SZ	佳隆股份	58.63	食品饮料	揭阳市	非国有

续表

排名	公司代码	公司名称	综合健康指数	一级行业_同花顺	地级市	产权性质
463	600892.SH	大晟文化	58.63	信息服务	深圳市	非国有
464	300978.SZ	东箭科技	58.59	交运设备	佛山市	非国有
465	688686.SH	奥普特	58.57	机械设备	东莞市	非国有
466	688559.SH	海目星	58.56	电子	深圳市	非国有
467	688618.SH	三旺通信	58.49	信息设备	深圳市	非国有
468	300752.SZ	隆利科技	58.46	电子	深圳市	非国有
469	001202.SZ	炬申股份	58.42	交通运输	佛山市	非国有
470	002888.SZ	惠威科技	58.39	电子	广州市	非国有
471	300977.SZ	深圳瑞捷	58.30	建筑材料	深圳市	非国有
472	002842.SZ	翔鹭钨业	58.27	有色金属	潮州市	非国有
473	300057.SZ	万顺新材	58.25	轻工制造	汕头市	非国有
474	300043.SZ	星辉娱乐	58.23	信息服务	汕头市	非国有
475	002249.SZ	大洋电机	58.21	机械设备	中山市	非国有
476	002870.SZ	香山股份	58.20	机械设备	中山市	非国有
477	300381.SZ	溢多利	58.17	医药生物	珠海市	非国有
478	300889.SZ	爱克股份	58.17	电子	深圳市	非国有
479	300942.SZ	易瑞生物	58.11	医药生物	深圳市	非国有
480	300053.SZ	欧比特	58.10	电子	珠海市	地方国有
481	300681.SZ	英搏尔	58.07	交运设备	珠海市	非国有
482	002836.SZ	新宏泽	58.06	轻工制造	潮州市	非国有
483	003040.SZ	楚天龙	58.00	信息设备	东莞市	非国有
484	300962.SZ	中金辐照	57.95	综合	深圳市	中央国有
485	300359.SZ	全通教育	57.93	信息服务	中山市	非国有
486	002774.SZ	快意电梯	57.89	机械设备	东莞市	非国有
487	000533.SZ	顺钠股份	57.84	机械设备	佛山市	非国有
488	002502.SZ	鼎龙文化	57.79	信息服务	汕头市	非国有
489	688609.SH	九联科技	57.75	家用电器	惠州市	非国有
490	000088.SZ	盐田港	57.71	交通运输	深圳市	地方国有
491	300749.SZ	顶固集创	57.70	轻工制造	中山市	非国有
492	003035.SZ	南网能源	57.63	公用事业	广州市	中央国有
493	002889.SZ	东方嘉盛	57.63	交通运输	深圳市	非国有
494	000861.SZ	海印股份	57.61	商业贸易	广州市	非国有
495	300976.SZ	达瑞电子	57.48	电子	东莞市	非国有
496	300647.SZ	超频三	57.44	电子	深圳市	非国有
497	002388.SZ	新亚制程	57.41	电子	深圳市	非国有
498	688617.SH	惠泰医疗	57.38	医药生物	深圳市	非国有
499	300538.SZ	同益股份	57.38	化工	深圳市	非国有
500	002625.SZ	光启技术	57.36	交运设备	深圳市	非国有
501	603978.SH	深圳新星	57.33	有色金属	深圳市	非国有
502	002781.SZ	奇信股份	57.28	建筑材料	深圳市	地方国有

续表

排名	公司代码	公司名称	综合健康指数	一级行业_同花顺	地级市	产权性质
503	300606.SZ	金太阳	57.27	机械设备	东莞市	非国有
504	002308.SZ	威创股份	57.25	信息设备	广州市	非国有
505	688518.SH	联赢激光	57.23	机械设备	深圳市	非国有
506	002503.SZ	搜于特	57.20	纺织服装	东莞市	非国有
507	300322.SZ	硕贝德	57.13	电子	惠州市	非国有
508	300781.SZ	因赛集团	57.09	信息服务	广州市	非国有
509	300833.SZ	浩洋股份	57.08	机械设备	广州市	非国有
510	300310.SZ	宜通世纪	57.08	信息设备	广州市	非国有
511	002433.SZ	太安堂	57.07	医药生物	汕头市	非国有
512	600525.SH	长园集团	57.06	机械设备	深圳市	非国有
513	002875.SZ	安奈儿	57.01	纺织服装	深圳市	非国有
514	300739.SZ	明阳电路	56.98	电子	深圳市	非国有
515	300221.SZ	银禧科技	56.97	化工	东莞市	非国有
516	000038.SZ	深大通	56.93	信息服务	深圳市	非国有
517	300960.SZ	通业科技	56.90	交运设备	深圳市	非国有
518	002789.SZ	建艺集团	56.89	建筑材料	深圳市	非国有
519	002227.SZ	奥特迅	56.86	机械设备	深圳市	非国有
520	002313.SZ	日海智能	56.83	信息设备	深圳市	地方国有
521	688228.SH	开普云	56.81	信息服务	东莞市	非国有
522	300949.SZ	奥雅设计	56.80	建筑材料	深圳市	非国有
523	300586.SZ	美联新材	56.80	化工	汕头市	非国有
524	300521.SZ	爱司凯	56.75	机械设备	广州市	非国有
525	002209.SZ	达意隆	56.73	机械设备	广州市	非国有
526	688589.SH	力合微	56.73	电子	深圳市	地方国有
527	603863.SH	ST松炀	56.68	轻工制造	汕头市	非国有
528	002885.SZ	京泉华	56.59	电子	深圳市	非国有
529	300561.SZ	汇金科技	56.53	信息服务	珠海市	非国有
530	002723.SZ	金莱特	56.44	家用电器	江门市	非国有
531	300793.SZ	佳禾智能	56.41	电子	东莞市	非国有
532	300939.SZ	秋田微	56.40	电子	深圳市	非国有
533	688328.SH	深科达	56.37	机械设备	深圳市	非国有
534	688668.SH	鼎通科技	56.33	信息设备	东莞市	非国有
535	688159.SH	有方科技	56.32	信息设备	深圳市	非国有
536	688321.SH	微芯生物	56.25	医药生物	深圳市	非国有
537	603268.SH	松发股份	56.24	轻工制造	潮州市	非国有
538	002291.SZ	星期六	56.10	纺织服装	佛山市	非国有
539	000637.SZ	茂化实华	56.09	化工	茂名市	非国有
540	300241.SZ	瑞丰光电	56.05	电子	深圳市	非国有

续表

排名	公司代码	公司名称	综合健康指数	一级行业_同花顺	地级市	产权性质
541	300857.SZ	协创数据	56.04	信息设备	深圳市	非国有
542	003037.SZ	三和管桩	56.02	建筑材料	中山市	非国有
543	002813.SZ	路畅科技	56.00	交运设备	深圳市	非国有
544	300319.SZ	麦捷科技	55.98	电子	深圳市	地方国有
545	002981.SZ	朝阳科技	55.97	电子	东莞市	非国有
546	300756.SZ	金马游乐	55.94	机械设备	中山市	非国有
547	688395.SH	正弦电气	55.90	机械设备	深圳市	非国有
548	688418.SH	震有科技	55.86	信息设备	深圳市	非国有
549	688135.SH	利扬芯片	55.69	电子	东莞市	非国有
550	002822.SZ	中装建设	55.60	建筑材料	深圳市	非国有
551	688383.SH	新益昌	55.56	机械设备	深圳市	非国有
552	300961.SZ	深水海纳	55.56	公用事业	深圳市	非国有
553	601333.SH	广深铁路	55.54	交通运输	深圳市	中央国有
554	688683.SH	莱尔科技	55.49	化工	佛山市	非国有
555	300242.SZ	佳云科技	55.49	信息服务	东莞市	非国有
556	688086.SH	紫晶存储	55.47	信息设备	梅州市	非国有
557	603838.SH	四通股份	55.42	轻工制造	潮州市	非国有
558	688183.SH	生益电子	55.37	电子	东莞市	地方国有
559	300083.SZ	创世纪	55.35	电子	东莞市	非国有
560	000893.SZ	亚钾国际	55.34	化工	广州市	非国有
561	000068.SZ	华控赛格	55.33	公用事业	深圳市	地方国有
562	300940.SZ	南极光	55.23	电子	深圳市	非国有
563	002417.SZ	深南股份	55.22	信息服务	深圳市	非国有
564	688090.SH	瑞松科技	55.20	机械设备	广州市	非国有
565	300350.SZ	华鹏飞	55.16	交通运输	深圳市	非国有
566	300297.SZ	蓝盾股份	55.15	信息服务	广州市	非国有
567	002316.SZ	亚联发展	55.15	信息服务	深圳市	非国有
568	002192.SZ	融捷股份	55.15	机械设备	广州市	非国有
569	002902.SZ	铭普光磁	55.12	信息设备	东莞市	非国有
570	000040.SZ	东旭蓝天	55.08	公用事业	深圳市	非国有
571	002210.SZ	*ST飞马	54.89	交通运输	深圳市	非国有
572	002676.SZ	顺威股份	54.77	家用电器	佛山市	非国有
573	002769.SZ	普路通	54.71	交通运输	深圳市	地方国有
574	688669.SH	聚石化学	54.69	化工	清远市	非国有
575	002856.SZ	美芝股份	54.68	建筑材料	深圳市	地方国有
576	300273.SZ	和佳医疗	54.67	医药生物	珠海市	非国有
577	688323.SH	瑞华泰	54.63	化工	深圳市	非国有
578	300769.SZ	德方纳米	54.59	化工	深圳市	非国有
579	002715.SZ	登云股份	54.58	交运设备	肇庆市	非国有
580	300301.SZ	长方集团	54.57	电子	深圳市	非国有

续表

排名	公司代码	公司名称	综合健康指数	一级行业_同花顺	地级市	产权性质
581	300178.SZ	*ST腾邦	54.49	餐饮旅游	深圳市	非国有
582	002660.SZ	茂硕电源	54.43	电子	深圳市	地方国有
583	002806.SZ	华锋股份	54.42	机械设备	肇庆市	非国有
584	300173.SZ	福能东方	54.30	机械设备	佛山市	地方国有
585	300199.SZ	翰宇药业	54.29	医药生物	深圳市	非国有
586	603813.SH	原尚股份	54.26	交通运输	广州市	非国有
587	000017.SZ	*ST中华A	54.24	交运设备	深圳市	非国有
588	300591.SZ	万里马	54.19	纺织服装	东莞市	非国有
589	003003.SZ	天元股份	54.18	轻工制造	东莞市	非国有
590	300424.SZ	航新科技	54.17	国防军工	广州市	非国有
591	002167.SZ	东方锆业	54.07	有色金属	汕头市	非国有
592	300506.SZ	名家汇	54.07	建筑材料	深圳市	非国有
593	002728.SZ	特一药业	54.05	医药生物	江门市	非国有
594	002240.SZ	盛新锂能	53.99	有色金属	深圳市	非国有
595	300004.SZ	南风股份	53.93	机械设备	佛山市	非国有
596	300094.SZ	国联水产	53.88	农林牧渔	湛江市	非国有
597	000056.SZ	皇庭国际	53.86	商业贸易	深圳市	非国有
598	002161.SZ	远望谷	53.74	电子	深圳市	非国有
599	300077.SZ	国民技术	53.73	电子	深圳市	非国有
600	300589.SZ	江龙船艇	53.66	国防军工	中山市	非国有
601	300147.SZ	香雪制药	53.62	医药生物	广州市	非国有
602	002137.SZ	实益达	53.61	电子	深圳市	非国有
603	002260.SZ	*ST德奥	53.54	家用电器	佛山市	非国有
604	002369.SZ	卓翼科技	53.47	电子	深圳市	非国有
605	002319.SZ	乐通股份	53.47	化工	珠海市	非国有
606	300615.SZ	欣天科技	53.45	信息设备	深圳市	非国有
607	603038.SH	华立股份	53.43	建筑材料	东莞市	非国有
608	000659.SZ	珠海中富	53.41	轻工制造	珠海市	非国有
609	300808.SZ	久量股份	53.37	电子	广州市	非国有
610	300890.SZ	翔丰华	53.32	化工	深圳市	非国有
611	688177.SH	百奥泰	53.30	医药生物	广州市	非国有
612	300176.SZ	派生科技	53.29	交运设备	肇庆市	非国有
613	000010.SZ	美丽生态	53.28	建筑材料	深圳市	非国有
614	002776.SZ	ST柏龙	53.09	纺织服装	揭阳市	非国有
615	300410.SZ	正业科技	53.00	电子	东莞市	非国有
616	000023.SZ	深天地A	52.96	建筑材料	深圳市	非国有
617	002575.SZ	*ST群兴	52.94	综合	汕头市	非国有
618	000782.SZ	美达股份	52.92	化工	江门市	非国有

续表

排名	公司代码	公司名称	综合健康指数	一级行业_同花顺	地级市	产权性质
619	600868.SH	梅雁吉祥	52.88	公用事业	梅州市	非国有
620	002638.SZ	*ST勤上	52.80	信息服务	东莞市	非国有
621	002141.SZ	贤丰控股	52.75	电子	珠海市	非国有
622	300162.SZ	雷曼光电	52.67	电子	深圳市	非国有
623	002213.SZ	大为股份	52.42	交运设备	深圳市	非国有
624	002256.SZ	*ST兆新	52.40	公用事业	深圳市	非国有
625	300252.SZ	金信诺	52.34	信息设备	深圳市	非国有
626	300044.SZ	*ST赛为	52.16	信息服务	深圳市	非国有
627	300745.SZ	欣锐科技	52.12	交运设备	深圳市	非国有
628	002862.SZ	实丰文化	52.01	轻工制造	汕头市	非国有
629	002816.SZ	和科达	52.01	机械设备	深圳市	非国有
630	002898.SZ	赛隆药业	52.00	医药生物	珠海市	非国有
631	002288.SZ	超华科技	51.99	电子	梅州市	非国有
632	002168.SZ	惠程科技	51.92	信息服务	深圳市	非国有
633	000150.SZ	宜华健康	51.89	医药生物	汕头市	非国有
634	002341.SZ	新纶科技	51.71	化工	深圳市	非国有
635	002198.SZ	嘉应制药	51.66	医药生物	梅州市	非国有
636	300731.SZ	科创新源	51.57	化工	深圳市	非国有
637	002668.SZ	奥马电器	51.54	家用电器	中山市	非国有
638	688662.SH	富信科技	51.52	电子	佛山市	非国有
639	300264.SZ	佳创视讯	51.35	信息服务	深圳市	非国有
640	000020.SZ	深华发A	51.05	电子	深圳市	非国有
641	300340.SZ	科恒股份	50.85	机械设备	江门市	非国有
642	000523.SZ	*ST浪奇	50.84	化工	广州市	地方国有
643	000005.SZ	ST星源	50.46	公用事业	深圳市	非国有
644	300167.SZ	迪威迅	50.40	信息服务	深圳市	非国有
645	300716.SZ	国立科技	50.33	化工	东莞市	非国有
646	002289.SZ	宇顺电子	50.28	电子	深圳市	非国有
647	002052.SZ	ST同洲	50.22	家用电器	深圳市	非国有
648	300317.SZ	珈伟新能	50.10	机械设备	深圳市	非国有
649	002656.SZ	ST摩登	50.03	纺织服装	广州市	非国有
650	002905.SZ	金逸影视	49.92	信息服务	广州市	非国有
651	300269.SZ	ST联建	49.89	信息服务	深圳市	非国有
652	002992.SZ	宝明科技	49.85	电子	深圳市	非国有
653	300526.SZ	中潜股份	49.74	纺织服装	惠州市	非国有
654	600518.SH	*ST康美	49.69	医药生物	揭阳市	非国有
655	600242.SH	ST中昌	49.68	信息服务	阳江市	非国有
656	002766.SZ	*ST索菱	49.46	信息服务	深圳市	非国有

续表

排名	公司代码	公司名称	综合健康指数	一级行业_同花顺	地级市	产权性质
657	300460.SZ	惠伦晶体	49.05	电子	东莞市	非国有
658	002076.SZ	ST雪莱	48.88	电子	佛山市	非国有
659	300052.SZ	中青宝	48.62	信息服务	深圳市	非国有
660	300093.SZ	金刚玻璃	47.94	建筑材料	汕头市	非国有
661	002348.SZ	高乐股份	47.19	信息服务	揭阳市	非国有
662	600589.SH	ST榕泰	46.59	化工	揭阳市	非国有
663	000007.SZ	*ST全新	45.60	商业贸易	深圳市	非国有
664	002618.SZ	*ST丹邦	45.48	电子	深圳市	非国有
665	002356.SZ	*ST赫美	45.02	轻工制造	深圳市	非国有
666	002711.SZ	欧浦退	44.89	交通运输	佛山市	非国有
667	300089.SZ	文化长城	41.88	信息服务	潮州市	非国有

数据来源：同花顺、中关村国睿金融与产业发展研究会。

从行业分布来看，广东省667家上市公司分布在21个同花顺一级行业中，其中电子行业最多，有129家，其次是机械设备行业有84家，黑色金属行业最少，仅有1家。综合健康指数平均水平最高的行业是黑色金属（70.13），最低的行业是化工（59.27），如图8-17所示。

从省内城市分布来看，广东省667家上市公司分布在20个省内城市，其中深圳市有320家，其次广州有114家，河源市、茂名市仅有1家，综合健康指数平均水平最高的市是云浮市（66.56），最低的是揭阳市（53.44），如图8-18所示。

从产权性质来看，广东省667家上市公司，国有控股上市公司120家，其中中央控股上市公司30家，综合健康指数平均水平为66.54，地方国有控股上市公司90家，综合健康指数平均水平为64.36；非国有控股上市公司547家，综合健康指数平均水平为60.63；如图8-19所示。

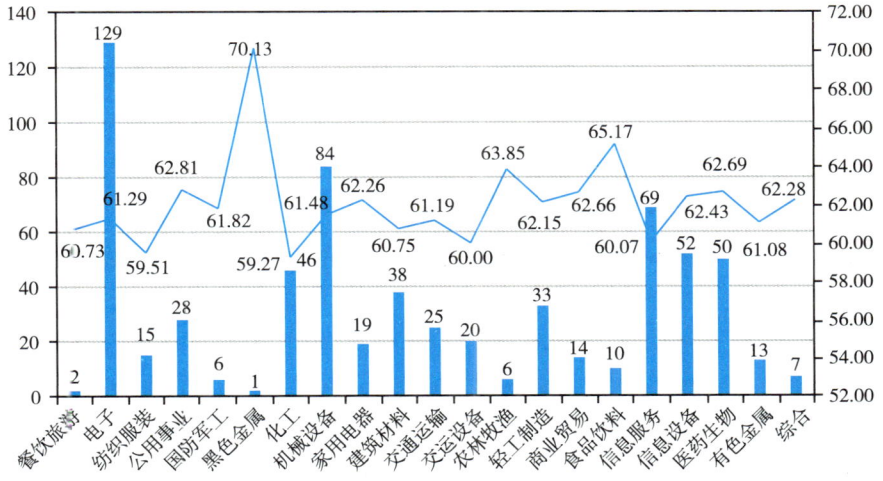

图8-17　广东省上市公司行业分布

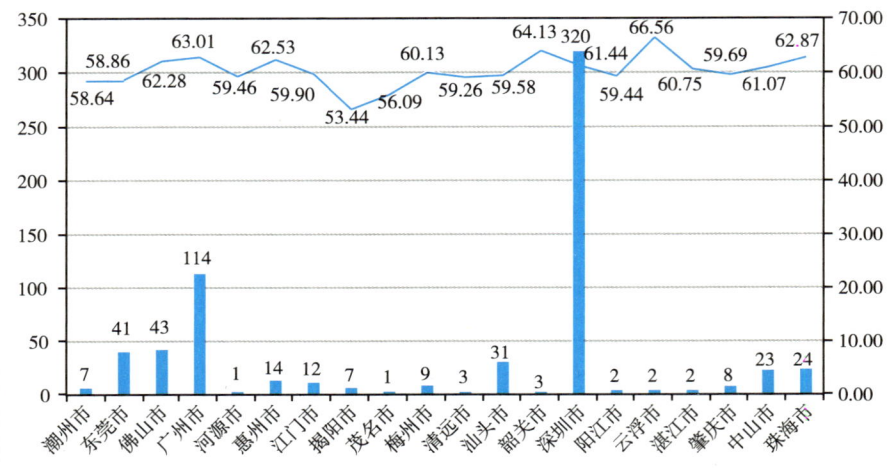

图8-18 广东省上市公司省内分布

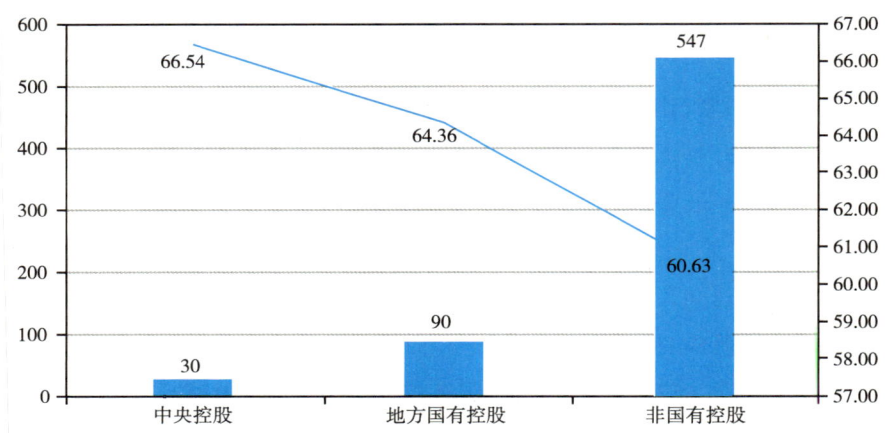

图8-19 广东省上市公司产权性质分布

8.1.7 广西壮族自治区

报告共分析广西壮族自治区35家上市公司，综合健康指数平均水平为58.96，该自治区上市公司全排名如表8-8所示。

表8-8　　　　　　　　　　广西壮族自治区上市公司综合健康指数全排名

排名	公司代码	公司名称	综合健康指数	一级行业_同花顺	地级市	产权性质
1	000582.SZ	北部湾港	70.11	交通运输	北海市	地方国有
2	000703.SZ	恒逸石化	69.10	化工	北海市	非国有
3	000528.SZ	柳工	68.47	机械设备	柳州市	地方国有
4	002275.SZ	桂林三金	67.66	医药生物	桂林市	非国有
5	600236.SH	桂冠电力	67.42	公用事业	南宁市	中央国有
6	002929.SZ	润建股份	64.93	信息设备	南宁市	非国有

续表

排名	公司代码	公司名称	综合健康指数	一级行业_同花顺	地级市	产权性质
7	603869.SH	新智认知	64.70	信息服务	北海市	非国有
8	300422.SZ	博世科	64.48	公用事业	南宁市	地方国有
9	603368.SH	柳药股份	62.82	医药生物	柳州市	非国有
10	600310.SH	桂东电力	62.49	公用事业	贺州市	地方国有
11	603166.SH	福达股份	61.92	交运设备	桂林市	非国有
12	000833.SZ	粤桂股份	61.23	采掘	贵港市	地方国有
13	601996.SH	丰林集团	60.92	轻工制造	南宁市	非国有
14	601003.SH	柳钢股份	60.85	黑色金属	柳州市	地方国有
15	600301.SH	*ST南化	60.58	商业贸易	南宁市	地方国有
16	600556.SH	天下秀	60.44	信息服务	北海市	非国有
17	601368.SH	绿城水务	60.34	公用事业	南宁市	地方国有
18	002166.SZ	莱茵生物	60.31	医药生物	桂林市	非国有
19	000911.SZ	南宁糖业	60.24	农林牧渔	南宁市	地方国有
20	600252.SH	中恒集团	59.28	医药生物	梧州市	地方国有
21	600936.SH	广西广电	58.90	信息服务	南宁市	地方国有
22	600368.SH	五洲交通	58.61	交通运输	南宁市	地方国有
23	000953.SZ	河化股份	56.85	化工	河池市	非国有
24	002956.SZ	西麦食品	55.77	食品饮料	桂林市	非国有
25	002696.SZ	百洋股份	55.16	农林牧渔	南宁市	地方国有
26	002329.SZ	皇氏集团	54.70	食品饮料	南宁市	非国有
27	000716.SZ	黑芝麻	54.41	食品饮料	玉林市	非国有
28	600249.SH	两面针	53.92	化工	柳州市	地方国有
29	600423.SH	柳化股份	53.27	化工	柳州市	地方国有
30	000978.SZ	桂林旅游	52.64	餐饮旅游	桂林市	地方国有
31	600538.SH	国发股份	52.31	医药生物	北海市	非国有
32	000806.SZ	*ST银河	50.39	机械设备	北海市	非国有
33	600712.SH	南宁百货	49.90	商业贸易	南宁市	地方国有
34	002592.SZ	ST八菱	44.29	交运设备	南宁市	非国有
35	002175.SZ	*ST东网	44.13	机械设备	桂林市	非国有

数据来源：同花顺、中关村国睿金融与产业发展研究会。

从行业分布来看，广西壮族自治区35家上市公司分布在15个同花顺一级行业中，其中医药生物行业最多，有5家，其次是化工、公用事业行业有4家，采掘、餐饮旅游、黑色金属、轻工制造行业最少，仅有1家。综合健康指数平均水平最高的行业是信息设备（64.93），最低的行业是餐饮旅游（52.64），如图8-20所示。

从省内城市分布来看，广西壮族自治区35家上市公司分布在9个省内城市，其中南宁市有13家，其次北海市、桂林市有6家，贵港市、河池市、贺州市、梧州市、玉林市仅有1家，综合健康指数平均水平最高的市是贺州市（62.49），最低的是玉林市（54.41），如图8-21所示。

从产权性质来看，广西壮族自治区35家上市公司，国有控股上市公司18家，其中中央控股上市公司1家，综合健康指数平均水平为67.42，地方国有控股上市公司17家，综合健康指数平均水平为

59.44；非国有控股上市公司17家，综合健康指数平均水平为57.98；如图8-22所示。

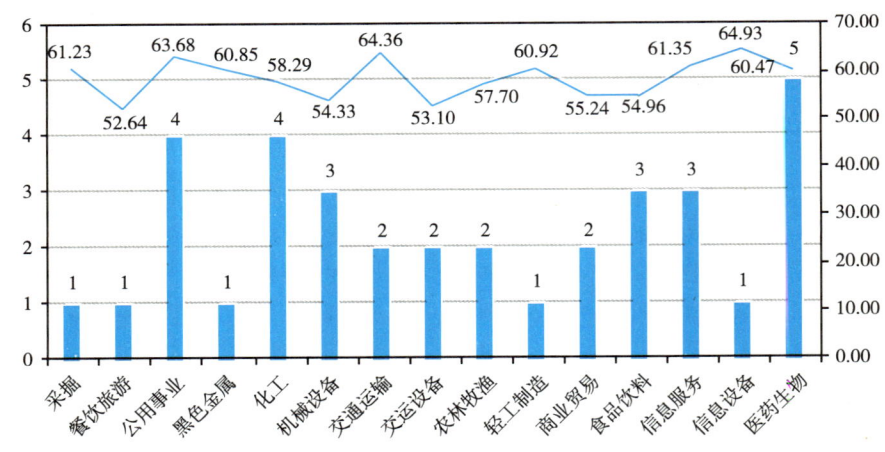

图8-20　广西壮族自治区上市公司行业分布

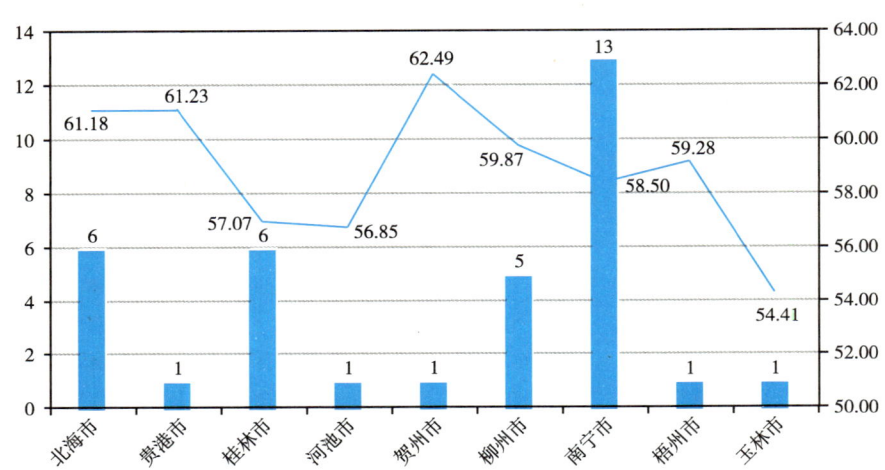

图8-21　广西壮族自治区上市公司省内分布

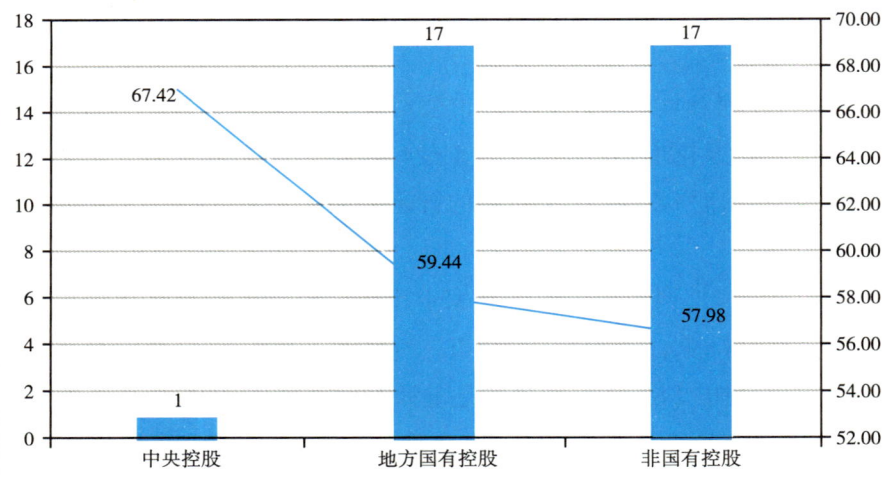

图8-22　广西壮族自治区上市公司产权性质分布

8.1.8 贵州省

报告共分析贵州省29家上市公司，综合健康指数平均水平为61.98，该省上市公司全排名如表8-9所示。

表8-9　　　　　　　　　　　　　　贵州省上市公司综合健康指数全排名

排名	公司代码	公司名称	综合健康指数	一级行业_同花顺	地级市	产权性质
1	002025.SZ	航天电器	70.90	国防军工	贵阳市	中央国有
2	000589.SZ	贵州轮胎	69.62	化工	贵阳市	地方国有
3	600519.SH	贵州茅台	69.45	食品饮料	遵义市	地方国有
4	002039.SZ	黔源电力	67.91	公用事业	贵阳市	中央国有
5	000851.SZ	高鸿股份	65.30	信息设备	贵阳市	中央国有
6	000733.SZ	振华科技	64.85	电子	贵阳市	中央国有
7	600765.SH	中航重机	64.78	国防军工	贵阳市	中央国有
8	600395.SH	盘江股份	64.76	采掘	六盘水市	地方国有
9	600992.SH	贵绳股份	64.48	机械设备	遵义市	地方国有
10	000920.SZ	南方汇通	64.18	公用事业	贵阳市	中央国有
11	600523.SH	贵航股份	63.95	交运设备	贵阳市	中央国有
12	002037.SZ	保利联合	63.26	化工	贵阳市	中央国有
13	002928.SZ	华夏航空	63.04	交通运输	贵阳市	非国有
14	300919.SZ	中伟股份	62.65	化工	铜仁市	非国有
15	600367.SH	红星发展	61.73	化工	安顺市	地方国有
16	603058.SH	永吉股份	61.16	轻工制造	贵阳市	非国有
17	600903.SH	贵州燃气	61.10	公用事业	贵阳市	非国有
18	002873.SZ	新天药业	61.08	医药生物	贵阳市	非国有
19	603458.SH	勘设股份	60.87	建筑材料	贵阳市	非国有
20	002390.SZ	信邦制药	60.86	医药生物	黔南布依族苗族自治州	非国有
21	002895.SZ	川恒股份	60.84	化工	黔南布依族苗族自治州	非国有
22	002424.SZ	贵州百灵	59.90	医药生物	安顺市	非国有
23	603439.SH	贵州三力	59.32	医药生物	安顺市	非国有
24	600594.SH	益佰制药	59.00	医药生物	贵阳市	非国有
25	600996.SH	贵广网络	57.80	信息服务	贵阳市	地方国有
26	600227.SH	圣济堂	57.77	医药生物	贵阳市	非国有
27	300288.SZ	朗玛信息	57.29	信息服务	贵阳市	非国有
28	002927.SZ	泰永长征	56.00	机械设备	遵义市	非国有
29	600112.SH	*ST天成	43.68	机械设备	遵义市	非国有

数据来源：同花顺、中关村国睿金融与产业发展研究会。

从行业分布来看，贵州省29家上市公司分布在14个同花顺一级行业中，其中医药生物行业最多，有6家，其次是化工行业有5家，采掘、电子、建筑材料、交通运输、交运设备、轻工制造、食品饮料、信息设备行业最少，仅有1家。综合健康指数平均水平最高的行业是食品饮料（69.45），最低的行业是机械设备（54.72），如图8-23所示。

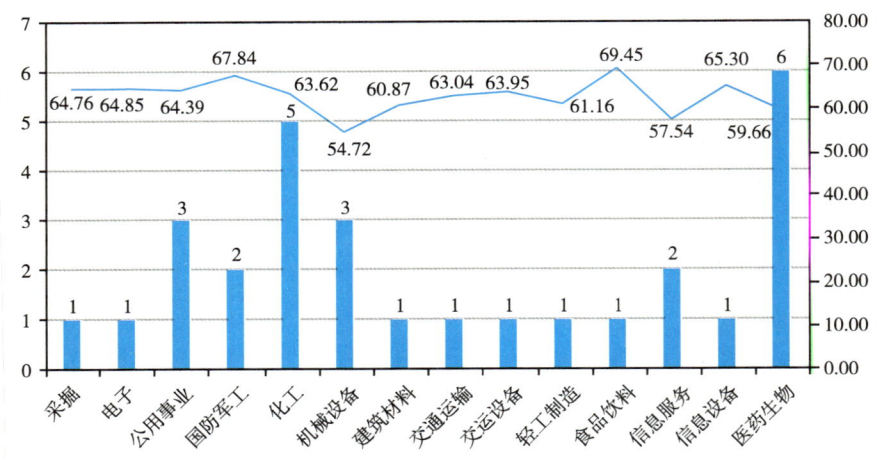

图8-23 贵州省上市公司行业分布

从省内城市分布来看，贵州省29家上市公司分布在6个省内城市，其中贵阳市有18家，其次遵义市有4家，六盘水市、铜仁市仅有1家，综合健康指数平均水平最高的市是六盘水市（64.76），最低的是遵义市（58.40），如图8-24所示。

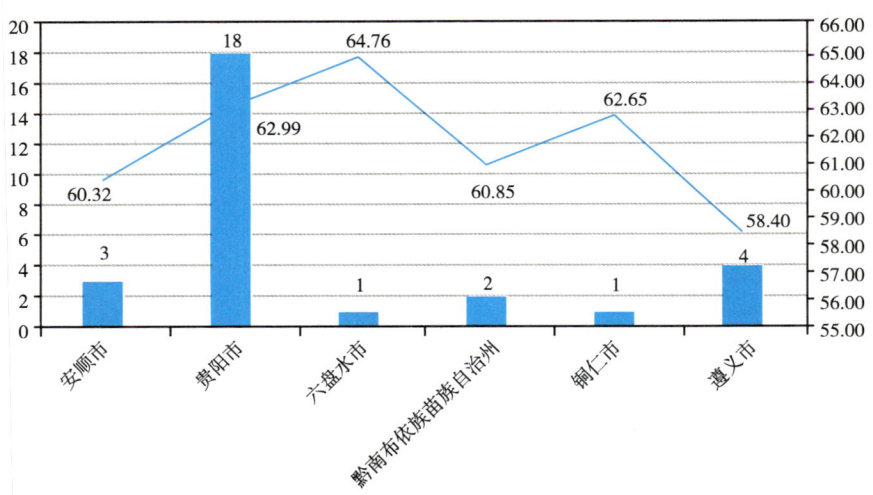

图8-24 贵州省上市公司省内分布

从产权性质来看，贵州省29家上市公司，国有控股上市公司14家，其中中央控股上市公司8家，综合健康指数平均水平为65.64，地方国有控股上市公司6家，综合健康指数平均水平为64.64；非国有控股上市公司15家，综合健康指数平均水平为58.97；如图8-25所示。

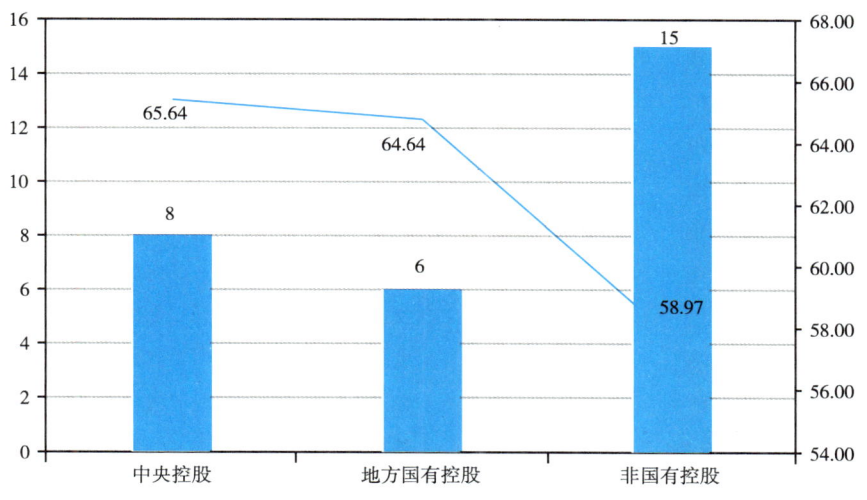

图8-25 贵州省上市公司产权性质分布

8.1.9 海南省

报告共分析海南省31家上市公司，综合健康指数平均水平为57.66，该省上市公司全排名如表8-10所示。

表8-10　　　　　　　　　　　海南省上市公司综合健康指数全排名

排名	公司代码	公司名称	综合健康指数	一级行业_同花顺	地级市	产权性质
1	000657.SZ	中钨高新	71.18	有色金属	海口市	中央国有
2	300630.SZ	普利制药	68.77	医药生物	海口市	非国有
3	002320.SZ	海峡股份	68.76	交通运输	海口市	中央国有
4	000955.SZ	欣龙控股	66.96	纺织服装	省直辖县级行政区划	非国有
5	000505.SZ	京粮控股	65.95	农林牧渔	海口市	地方国有
6	600259.SH	广晟有色	65.92	有色金属	海口市	地方国有
7	601118.SH	海南橡胶	62.98	农林牧渔	海口市	地方国有
8	601969.SH	海南矿业	61.26	采掘	省直辖县级行政区划	非国有
9	000503.SZ	国新健康	60.64	医药生物	海口市	中央国有
10	000572.SZ	海马汽车	60.10	交运设备	海口市	非国有
11	000796.SZ	凯撒旅业	59.30	餐饮旅游	三亚市	非国有
12	000793.SZ	华闻集团	58.97	信息服务	海口市	非国有
13	600759.SH	洲际油气	57.98	采掘	海口市	非国有
14	002596.SZ	海南瑞泽	57.54	建筑材料	三亚市	非国有
15	688676.SH	金盘科技	57.48	机械设备	海口市	非国有
16	000735.SZ	罗牛山	56.65	农林牧渔	海口市	非国有
17	300086.SZ	康芝药业	56.20	医药生物	海口市	非国有
18	600896.SH	*ST海医	55.77	医药生物	三亚市	非国有

续表

排名	公司代码	公司名称	综合健康指数	一级行业_同花顺	地级市	产权性质
19	605199.SH	葫芦娃	55.65	医药生物	海口市	非国有
20	002865.SZ	钧达股份	55.01	交运设备	海口市	非国有
21	002693.SZ	双成药业	54.71	医药生物	海口市	非国有
22	300189.SZ	神农科技	53.79	农林牧渔	海口市	非国有
23	600221.SH	*ST海航	53.75	交通运输	海口市	地方国有
24	603069.SH	海汽集团	53.26	交通运输	海口市	地方国有
25	600238.SH	海南椰岛	52.76	食品饮料	海口市	非国有
26	600209.SH	*ST罗顿	51.93	建筑材料	海口市	地方国有
27	000613.SZ	*ST东海A	51.74	餐饮旅游	三亚市	非国有
28	000585.SZ	*ST东电	50.91	机械设备	海口市	非国有
29	000566.SZ	海南海药	50.28	医药生物	海口市	中央国有
30	600555.SH	*ST海创	46.71	餐饮旅游	三亚市	非国有
31	000571.SZ	ST大洲	44.69	采掘	海口市	非国有

数据来源：同花顺、中关村国睿金融与产业发展研究会。

从行业分布来看，海南省31家上市公司分布在12个同花顺一级行业中，其中医药生物行业最多，有7家，其次是农林牧渔行业有4家，纺织服装、食品饮料、信息服务行业最少，仅有1家。综合健康指数平均水平最高的行业是有色金属（68.55），最低的行业是餐饮旅游（52.58），如图8-26所示。

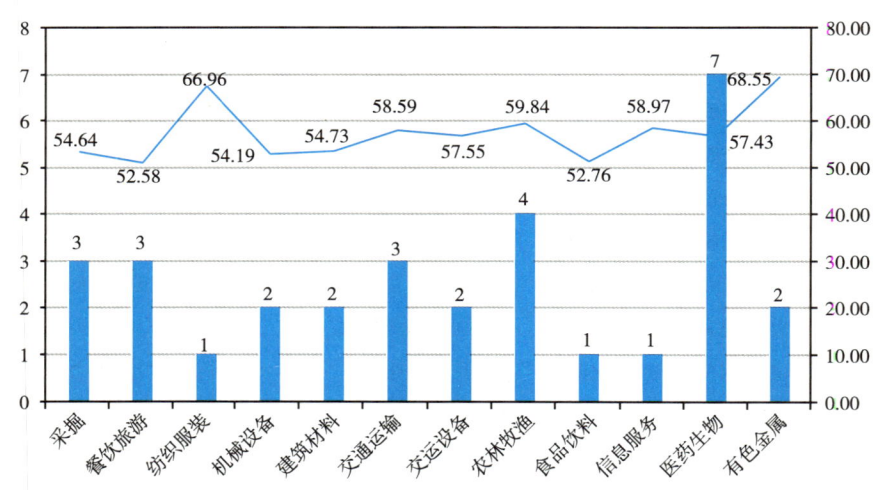

图8-26　海南省上市公司行业分布

从产权性质来看，海南省31家上市公司，国有控股上市公司10家，其中中央控股上市公司4家，综合健康指数平均水平为62.72，地方国有控股上市公司6家，综合健康指数平均水平为58.97；非国有控股上市公司21家，综合健康指数平均水平为56.33；如图8-28所示。

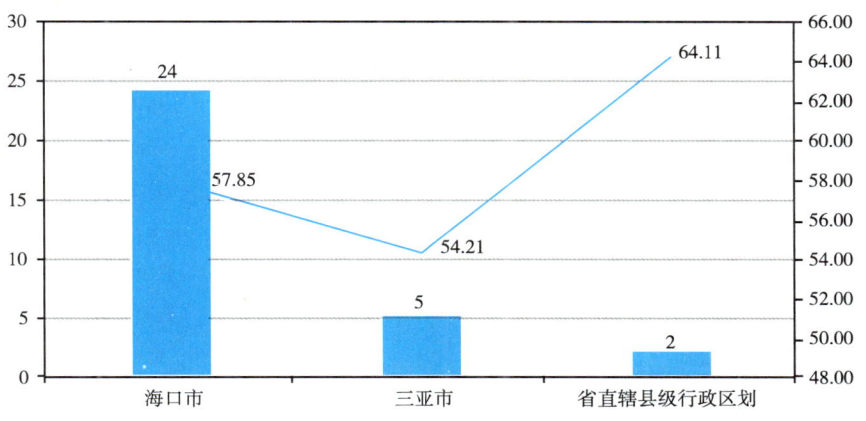

图 8-27 海南省上市公司省内分布

从产权性质来看,海南省 31 家上市公司,国有控股上市公司 10 家,其中中央控股上市公司 4 家,综合健康指数平均水平为 62.72,地方国有控股上市公司 6 家,综合健康指数平均水平为 58.97;非国有控股上市公司 21 家,综合健康指数平均水平为 56.33;如图 8-28 所示。

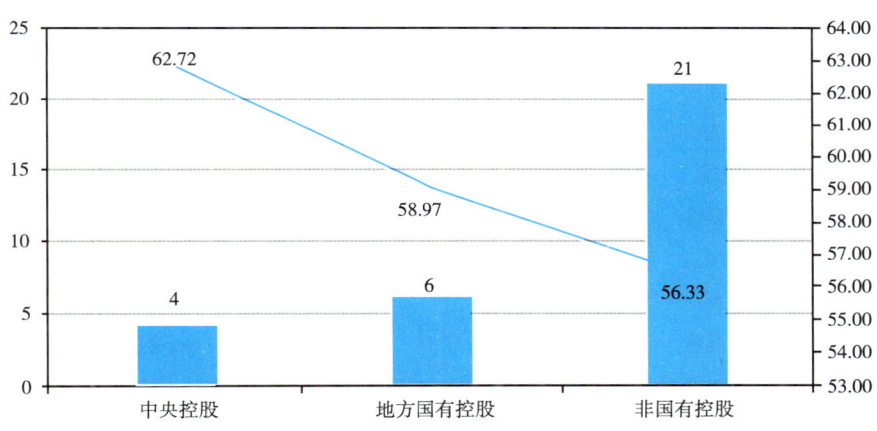

图 8-28 海南省上市公司产权性质分布

8.1.10 河北省

报告共分析河北省 60 家上市公司,综合健康指数平均水平为 62.49,该省上市公司全排名如表 8-11 所示。

表 8-11　　　　　　　　　　河北省上市公司综合健康指数全排名

排名	公司代码	公司名称	综合健康指数	一级行业_同花顺	地级市	产权性质
1	601000.SH	唐山港	71.97	交通运输	唐山市	地方国有
2	601633.SH	长城汽车	71.81	交运设备	保定市	非国有
3	300138.SZ	晨光生物	71.67	农林牧渔	邯郸市	非国有
4	600409.SH	三友化工	71.58	化工	唐山市	中央国有

续表

排名	公司代码	公司名称	综合健康指数	一级行业_同花顺	地级市	产权性质
5	000401.SZ	冀东水泥	70.94	建筑材料	唐山市	地方国有
6	600803.SH	新奥股份	70.81	公用事业	石家庄市	非国有
7	000600.SZ	建投能源	70.50	公用事业	石家庄市	地方国有
8	600480.SH	凌云股份	70.37	交运设备	保定市	中央国有
9	000923.SZ	河钢资源	69.67	采掘	张家口市	地方国有
10	002603.SZ	以岭药业	69.12	医药生物	石家庄市	非国有
11	000937.SZ	冀中能源	68.52	采掘	邢台市	地方国有
12	002459.SZ	晶澳科技	67.84	机械设备	邢台市	非国有
13	600997.SH	开滦股份	67.14	采掘	唐山市	地方国有
14	300428.SZ	立中集团	66.82	交运设备	保定市	非国有
15	002960.SZ	青鸟消防	66.66	机械设备	张家口市	非国有
16	601326.SH	秦港股份	66.65	交通运输	秦皇岛市	地方国有
17	000709.SZ	河钢股份	66.46	黑色金属	石家庄市	地方国有
18	300869.SZ	康泰医学	66.38	医药生物	秦皇岛市	非国有
19	000778.SZ	新兴铸管	65.67	黑色金属	邯郸市	中央国有
20	300371.SZ	汇中股份	65.30	机械设备	唐山市	非国有
21	603156.SH	养元饮品	65.17	食品饮料	衡水市	非国有
22	000158.SZ	常山北明	65.11	信息服务	石家庄市	地方国有
23	300765.SZ	新诺威	64.71	医药生物	石家庄市	非国有
24	000848.SZ	承德露露	64.71	食品饮料	承德市	非国有
25	600956.SH	新天绿能	64.33	公用事业	石家庄市	地方国有
26	600135.SH	乐凯胶片	63.97	医药生物	保定市	中央国有
27	600812.SH	华北制药	63.94	医药生物	石家庄市	地方国有
28	600559.SH	老白干酒	63.59	食品饮料	衡水市	地方国有
29	002049.SZ	紫光国微	63.26	电子	唐山市	中央国有
30	600482.SH	中国动力	62.96	国防军工	保定市	中央国有
31	603050.SH	科林电气	62.75	机械设备	石家庄市	非国有
32	300847.SZ	中船汉光	62.62	化工	邯郸市	中央国有
33	002108.SZ	沧州明珠	62.53	化工	沧州市	非国有
34	300922.SZ	天秦装备	62.52	国防军工	秦皇岛市	非国有
35	002282.SZ	博深股份	62.38	机械设备	石家庄市	非国有
36	603938.SH	三孚股份	61.69	化工	唐山市	非国有
37	600149.SH	廊坊发展	61.09	综合	廊坊市	地方国有
38	603385.SH	惠达卫浴	60.98	轻工制造	唐山市	非国有
39	300137.SZ	先河环保	60.35	公用事业	石家庄市	非国有
40	300368.SZ	汇金股份	59.68	信息设备	石家庄市	地方国有
41	002442.SZ	龙星化工	59.48	化工	邢台市	非国有
42	300981.SZ	中红医疗	59.47	医药生物	唐山市	地方国有

续表

排名	公司代码	公司名称	综合健康指数	一级行业_同花顺	地级市	产权性质
43	003031.SZ	中瓷电子	59.41	有色金属	石家庄市	中央国有
44	300491.SZ	通合科技	59.20	机械设备	石家庄市	非国有
45	600965.SH	福成股份	58.88	食品饮料	廊坊市	非国有
46	300107.SZ	建新股份	58.78	化工	沧州市	非国有
47	600550.SH	保变电气	58.53	机械设备	保定市	中央国有
48	600230.SH	沧州大化	58.36	化工	沧州市	中央国有
49	300446.SZ	*ST乐材	57.26	化工	保定市	中央国有
50	002342.SZ	巨力索具	57.10	机械设备	保定市	非国有
51	000889.SZ	中嘉博创	56.80	信息服务	秦皇岛市	非国有
52	000856.SZ	冀东装备	56.62	机械设备	唐山市	地方国有
53	600722.SH	金牛化工	55.97	化工	沧州市	地方国有
54	002691.SZ	冀凯股份	55.73	机械设备	石家庄市	非国有
55	002494.SZ	华斯股份	54.06	纺织服装	沧州市	非国有
56	601258.SH	庞大集团	52.63	交运设备	唐山市	非国有
57	300255.SZ	常山药业	52.32	医药生物	石家庄市	非国有
58	000413.SZ	东旭光电	51.94	电子	石家庄市	非国有
59	300152.SZ	科融环境	51.74	公用事业	保定市	非国有
60	000687.SZ	*ST华讯	41.10	国防军工	保定市	非国有

数据来源：同花顺、中关村国睿金融与产业发展研究会。

从行业分布来看，河北省60家上市公司分布在19个同花顺一级行业中，其中机械设备行业最多，有10家，其次是化工行业有9家，纺织服装、建筑材料、农林牧渔、轻工制造、信息设备、有色金属、综合行业最少，仅有1家。综合健康指数平均水平最高的行业是农林牧渔（71.67），最低的行业是纺织服装（54.06），如图8-29所示。

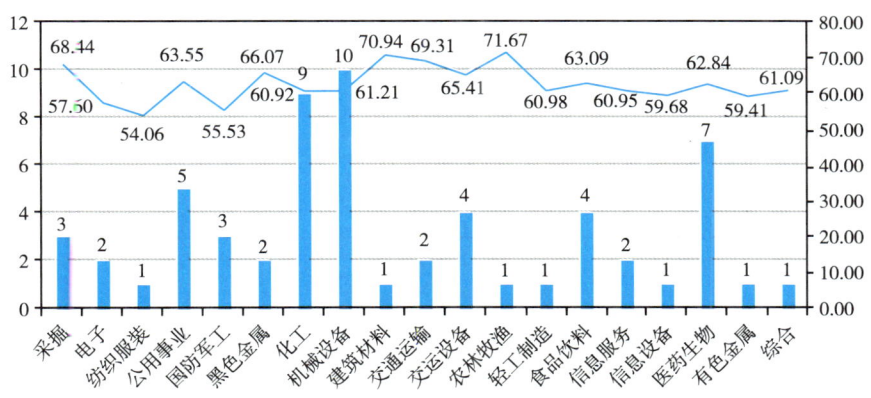

图8-29 河北省上市公司行业分布

从省内城市分布来看，河北省60家上市公司分布在11个省内城市，其中石家庄市有17家，其次唐山市有11家，承德市仅有1家，综合健康指数平均水平最高的市是张家口市（68.16），最低的是沧州市（57.94），如图8-30所示。

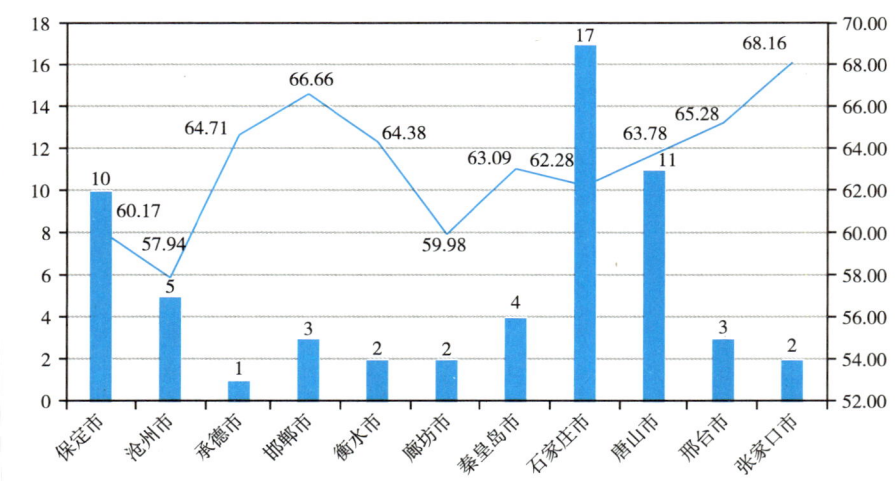

图8-30　河北省上市公司省内分布

从产权性质来看，河北省60家上市公司，国有控股上市公司28家，其中中央控股上市公司11家，综合健康指数平均水平为63.09，地方国有控股上市公司17家，综合健康指数平均水平为64.80；非国有控股上市公司32家，综合健康指数平均水平为61.06；如图8-31所示。

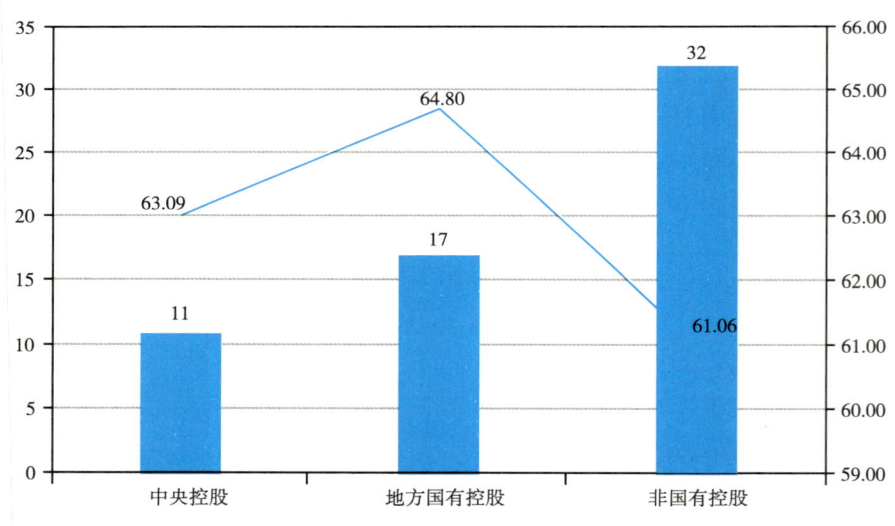

图8-31　河北省上市公司产权性质分布

8.1.11　河南省

报告共分析河南省86家上市公司，综合健康指数平均水平为62.53，该省上市公司全排名如表8-12所示。

表 8-12　　　　　　　　　　　　河南省上市公司综合健康指数全排名

排名	公司代码	公司名称	综合健康指数	一级行业_同花顺	地级市	产权性质
1	000400.SZ	许继电气	73.17	机械设备	许昌市	中央国有
2	002046.SZ	国机精工	72.28	机械设备	洛阳市	中央国有
3	002179.SZ	中航光电	71.64	国防军工	洛阳市	中央国有
4	000885.SZ	城发环境	70.32	交通运输	郑州市	地方国有
5	000895.SZ	双汇发展	70.32	食品饮料	漯河市	非国有
6	601717.SH	郑煤机	69.98	交运设备	郑州市	地方国有
7	300481.SZ	濮阳惠戎	69.78	化工	濮阳市	非国有
8	002216.SZ	三全食品	69.55	食品饮料	郑州市	非国有
9	601677.SH	明泰铝业	69.19	有色金属	郑州市	非国有
10	002601.SZ	龙蟒佰利	69.09	化工	焦作市	非国有
11	600817.SH	宏盛科技	68.97	机械设备	郑州市	非国有
12	603566.SH	普莱柯	68.89	农林牧渔	洛阳市	非国有
13	002714.SZ	牧原股份	68.61	农林牧渔	南阳市	非国有
14	300259.SZ	新天科技	68.58	机械设备	郑州市	非国有
15	000544.SZ	中原环保	68.26	公用事业	郑州市	地方国有
16	002582.SZ	好想你	67.37	食品饮料	郑州市	非国有
17	603658.SH	安图生物	67.36	医药生物	郑州市	非国有
18	600531.SH	豫光金铅	67.29	有色金属	省直辖县级行政区划	地方国有
19	603993.SH	洛阳钼业	67.06	有色金属	洛阳市	非国有
20	002007.SZ	华兰生物	66.99	医药生物	新乡市	非国有
21	002406.SZ	远东传动	66.96	交运设备	许昌市	非国有
22	601038.SH	一拖股份	66.91	机械设备	洛阳市	中央国有
23	300829.SZ	金丹科技	66.84	农林牧渔	周口市	非国有
24	002189.SZ	中光学	66.53	电子	南阳市	中央国有
25	000719.SZ	中原传媒	66.50	信息服务	焦作市	地方国有
26	002087.SZ	新野纺织	66.28	纺织服装	南阳市	地方国有
27	300248.SZ	新开普	65.94	信息服务	郑州市	非国有
28	600066.SH	宇通客车	65.92	交运设备	郑州市	非国有
29	300850.SZ	新强联	65.90	机械设备	洛阳市	非国有
30	601666.SH	平煤股份	65.80	采掘	平顶山市	地方国有
31	300007.SZ	汉威科技	65.73	机械设备	郑州市	非国有
32	600876.SH	洛阳玻璃	65.58	建筑材料	洛阳市	中央国有
33	000933.SZ	神火股份	65.30	有色金属	商丘市	地方国有
34	002407.SZ	多氟多	65.07	化工	焦作市	非国有
35	300263.SZ	隆华科技	65.06	公用事业	洛阳市	非国有
36	000612.SZ	焦作万方	64.88	有色金属	焦作市	非国有
37	600469.SH	风神股份	64.81	化工	焦作市	中央国有
38	600810.SH	神马股份	64.69	化工	平顶山市	地方国有

续表

排名	公司代码	公司名称	综合健康指数	一级行业_同花顺	地级市	产权性质
39	600312.SH	平高电气	64.41	机械设备	平顶山市	中央国有
40	001896.SZ	豫能控股	64.26	公用事业	郑州市	地方国有
41	300910.SZ	瑞丰新材	63.91	化工	新乡市	非国有
42	000949.SZ	新乡化纤	63.68	化工	新乡市	地方国有
43	002560.SZ	通达股份	63.56	机械设备	洛阳市	非国有
44	002296.SZ	辉煌科技	63.40	信息设备	郑州市	非国有
45	300701.SZ	森霸传感	63.20	电子	南阳市	非国有
46	600222.SH	太龙药业	62.88	医药生物	郑州市	地方国有
47	002448.SZ	中原内配	62.81	交运设备	焦作市	非国有
48	002132.SZ	恒星科技	62.64	机械设备	郑州市	非国有
49	002225.SZ	濮耐股份	62.59	建筑材料	濮阳市	非国有
50	601608.SH	中信重工	62.38	机械设备	洛阳市	中央国有
51	300845.SZ	捷安高科	62.28	信息服务	郑州市	非国有
52	003008.SZ	开普检测	62.16	机械设备	许昌市	非国有
53	600207.SH	安彩高科	61.97	公用事业	安阳市	地方国有
54	300732.SZ	设研院	61.68	建筑材料	郑州市	非国有
55	300080.SZ	易成新能	61.41	有色金属	开封市	地方国有
56	002536.SZ	飞龙股份	61.36	交运设备	南阳市	非国有
57	300480.SZ	光力科技	61.14	机械设备	郑州市	非国有
58	300908.SZ	仲景食品	61.06	食品饮料	南阳市	非国有
59	603508.SH	思维列控	61.05	信息服务	郑州市	非国有
60	300179.SZ	四方达	60.97	机械设备	郑州市	非国有
61	600020.SH	中原高速	60.85	交通运输	郑州市	地方国有
62	600285.SH	羚锐制药	60.67	医药生物	信阳市	非国有
63	600186.SH	莲花健康	60.58	食品饮料	周口市	非国有
64	688626.SH	翔宇医疗	60.33	医药生物	安阳市	非国有
65	688357.SH	建龙微纳	60.28	有色金属	洛阳市	非国有
66	605368.SH	蓝天燃气	59.99	公用事业	驻马店市	非国有
67	600569.SH	安阳钢铁	59.74	黑色金属	安阳市	地方国有
68	002431.SZ	棕榈股份	59.40	建筑材料	郑州市	地方国有
69	600595.SH	*ST中孚	58.06	有色金属	郑州市	非国有
70	600172.SH	黄河旋风	57.91	机械设备	许昌市	非国有
71	002613.SZ	北玻股份	57.71	机械设备	洛阳市	非国有
72	300109.SZ	新开源	56.54	医药生物	焦作市	非国有
73	300807.SZ	天迈科技	55.59	信息设备	郑州市	非国有
74	002857.SZ	三晖电气	55.14	机械设备	郑州市	非国有
75	300437.SZ	清水源	55.07	化工	省直辖县级行政区划	非国有
76	688313.SH	仕佳光子	54.94	信息设备	鹤壁市	非国有

续表

排名	公司代码	公司名称	综合健康指数	一级行业_同花顺	地级市	产权性质
77	600439.SH	瑞贝卡	54.93	轻工制造	许昌市	非国有
78	600403.SH	ST大有	53.86	采掘	三门峡市	地方国有
79	002321.SZ	*ST华英	52.04	农林牧渔	信阳市	地方国有
80	002535.SZ	*ST林重	51.79	机械设备	安阳市	非国有
81	600121.SH	郑州煤电	51.24	采掘	郑州市	地方国有
82	002358.SZ	ST森源	50.29	机械设备	许昌市	非国有
83	002684.SZ	*ST猛狮	47.01	电子	三门峡市	非国有
84	300064.SZ	*ST金刚	46.84	机械设备	郑州市	非国有
85	002770.SZ	*ST科迪	46.24	食品饮料	商丘市	非国有
86	600781.SH	ST辅仁	45.94	医药生物	周口市	非国有

数据来源：同花顺、中关村国睿金融与产业发展研究会。

从行业分布来看，河南省86家上市公司分布在18个同花顺一级行业中，其中机械设备行业最多，有20家，其次是有色金属、化工行业有8家，纺织服装、国防军工、黑色金属、轻工制造行业最少，仅有1家。综合健康指数平均水平最高的行业是国防军工（71.64），最低的行业是采掘（56.97），如图8-32所示。

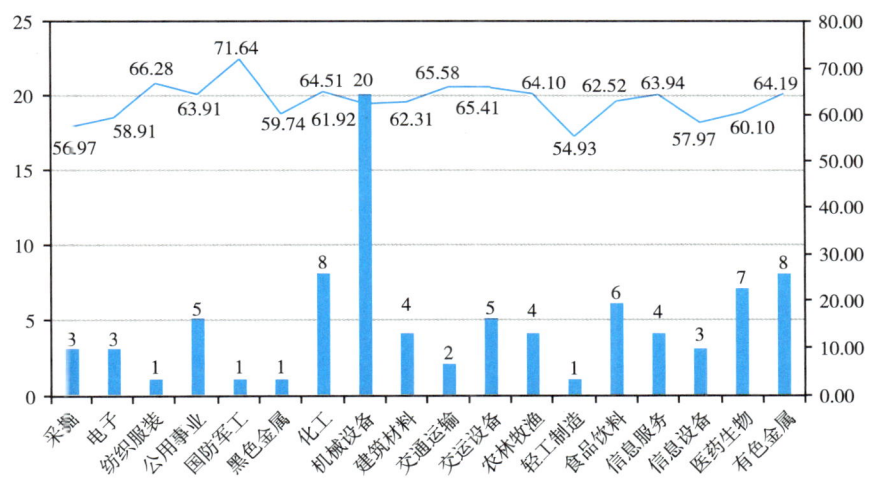

图8-32　河南省上市公司行业分布

从省内城市分布来看，河南省86家上市公司分布在18个省内城市，其中郑州市有28家，其次洛阳市有12家，鹤壁市、开封市、漯河市、驻马店市仅有1家，综合健康指数平均水平最高的市是漯河市（70.32），最低的是三门峡市（50.44），如图8-33所示。

从产权性质来看，河南省86家上市公司，国有控股上市公司29家，其中中央控股上市公司9家，综合健康指数平均水平为67.52，地方国有控股上市公司20家，综合健康指数平均水平为62.79；非国有控股上市公司57家，综合健康指数平均水平为61.64；如图8-34所示。

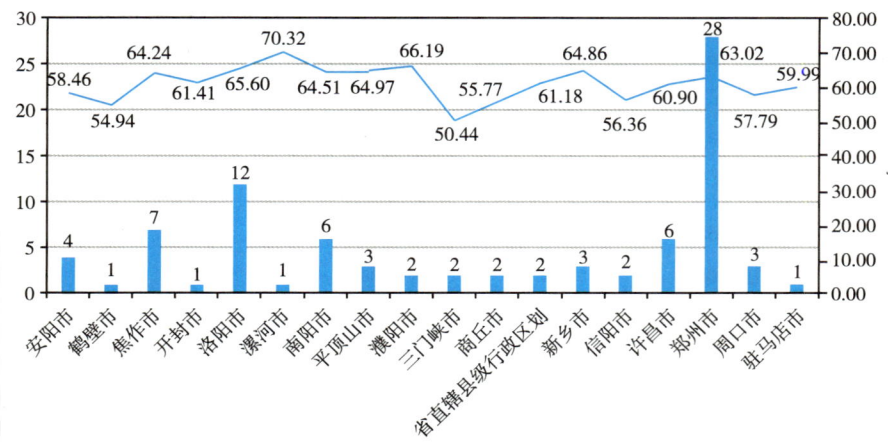

图 8-33 河南省上市公司省内分布

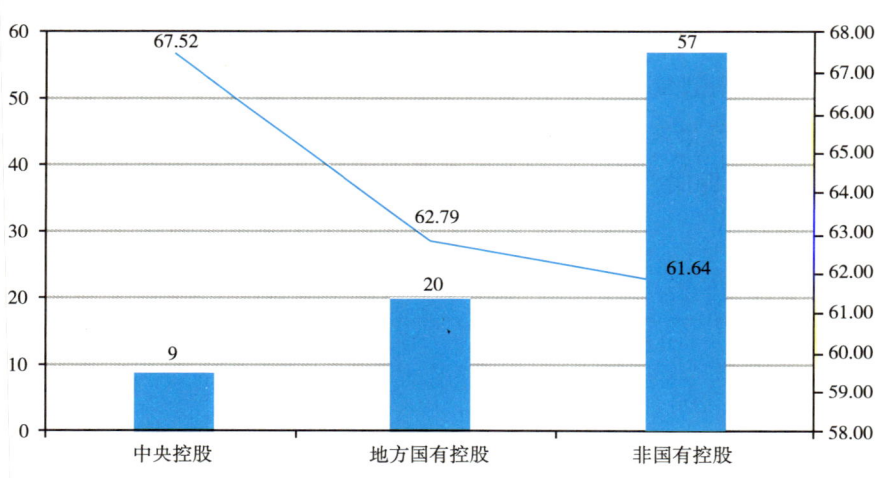

图 8-34 河南省上市公司产权性质分布

8.1.12 黑龙江省

报告共分析黑龙江省34家上市公司，综合健康指数平均水平为59.78，该省上市公司全排名如表8-13所示。

表 8-13　　　　　　　　　　黑龙江省上市公司综合健康指数全排名

排名	公司代码	公司名称	综合健康指数	一级行业_同花顺	地级市	产权性质
1	600038.SH	中直股份	68.82	国防军工	哈尔滨市	中央国有
2	600356.SH	恒丰纸业	68.38	轻工制造	牡丹江市	地方国有
3	002698.SZ	博实股份	67.88	机械设备	哈尔滨市	非国有
4	000922.SZ	佳电股份	66.67	机械设备	佳木斯市	中央国有
5	600829.SH	人民同泰	65.44	医药生物	哈尔滨市	地方国有
6	600598.SH	北大荒	65.21	农林牧渔	哈尔滨市	中央国有

续表

排名	公司代码	公司名称	综合健康指数	一级行业_同花顺	地级市	产权性质
7	002737.SZ	葵花药业	64.84	医药生物	哈尔滨市	非国有
8	601106.SH	中国一重	64.57	机械设备	齐齐哈尔市	中央国有
9	600664.SH	哈药股份	63.68	医药生物	哈尔滨市	地方国有
10	600853.SH	龙建股份	63.62	建筑材料	哈尔滨市	地方国有
11	600178.SH	东安动力	62.98	交运设备	哈尔滨市	中央国有
12	601188.SH	龙江交通	62.24	交通运输	哈尔滨市	地方国有
13	000901.SZ	航天科技	62.21	机械设备	哈尔滨市	中央国有
14	600811.SH	东方集团	62.17	综合	哈尔滨市	非国有
15	603567.SH	珍宝岛	61.78	医药生物	鸡西市	非国有
16	600179.SH	安通控股	61.50	交通运输	齐齐哈尔市	非国有
17	600202.SH	哈空调	59.85	机械设备	哈尔滨市	地方国有
18	002900.SZ	哈三联	59.66	医药生物	哈尔滨市	非国有
19	000985.SZ	大庆华科	59.64	化工	大庆市	中央国有
20	300900.SZ	广联航空	59.18	国防军工	哈尔滨市	非国有
21	688011.SH	新光光电	58.58	国防军工	哈尔滨市	非国有
22	002437.SZ	誉衡药业	58.52	医药生物	哈尔滨市	非国有
23	000711.SZ	京蓝科技	57.89	公用事业	哈尔滨市	非国有
24	600371.SH	万向德农	57.63	农林牧渔	哈尔滨市	非国有
25	600726.SH	华电能源	57.58	公用事业	哈尔滨市	中央国有
26	300040.SZ	九洲集团	57.25	机械设备	哈尔滨市	非国有
27	600182.SH	SST佳通	56.95	化工	牡丹江市	非国有
28	601011.SH	宝泰隆	56.35	采掘	七台河市	非国有
29	600289.SH	ST信通	55.98	信息设备	哈尔滨市	非国有
30	603023.SH	威帝股份	55.21	交运设备	哈尔滨市	地方国有
31	600187.SH	国中水务	53.03	公用事业	哈尔滨市	非国有
32	300489.SZ	中飞股份	52.31	有色金属	哈尔滨市	非国有
33	600666.SH	ST瑞德	43.03	电子	哈尔滨市	非国有
34	000587.SZ	*ST金洲	41.92	轻工制造	伊春市	非国有

数据来源：同花顺、中关村国睿金融与产业发展研究会。

从行业分布来看，黑龙江省34家上市公司分布在15个同花顺一级行业中，其中机械设备、医药生物行业最多，有6家，其次是公用事业、国防军工行业有3家，采掘、电子、建筑材料、信息设备、有色金属、综合行业最少，仅有1家。综合健康指数平均水平最高的行业是建筑材料（63.62），最低的行业是电子（43.03），如图8-35所示。

从省内城市分布来看，黑龙江省34家上市公司分布在8个省内城市，其中哈尔滨市有25家，其次牡丹江市、齐齐哈尔市有2家，大庆市、鸡西市、佳木斯市、七台河市、伊春市仅有1家，综合健康指数平均水平最高的市是佳木斯市（66.67），最低的是伊春市（41.92），如图8-36所示。

从产权性质来看，黑龙江省34家上市公司，国有控股上市公司15家，其中中央控股上市公司8家，综合健康指数平均水平为63.46，地方国有控股上市公司7家，综合健康指数平均水平为62.63；

非国有控股上市公司19家,综合健康指数平均水平为57.18;如图8-37所示。

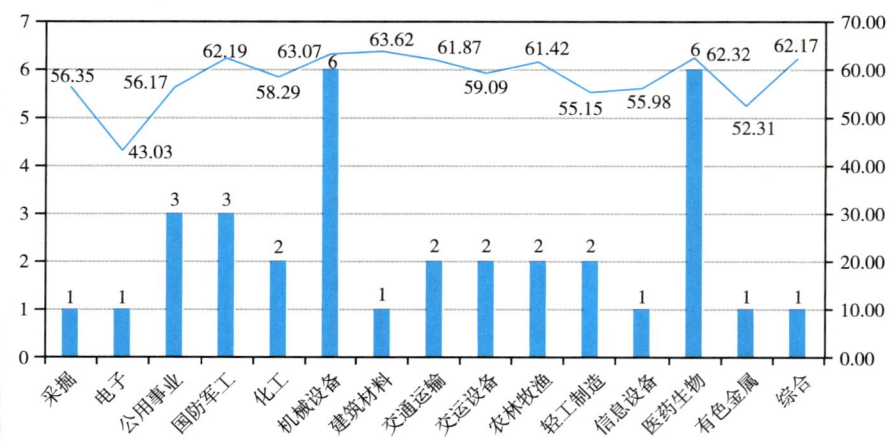

图8-35 黑龙江省上市公司行业分布

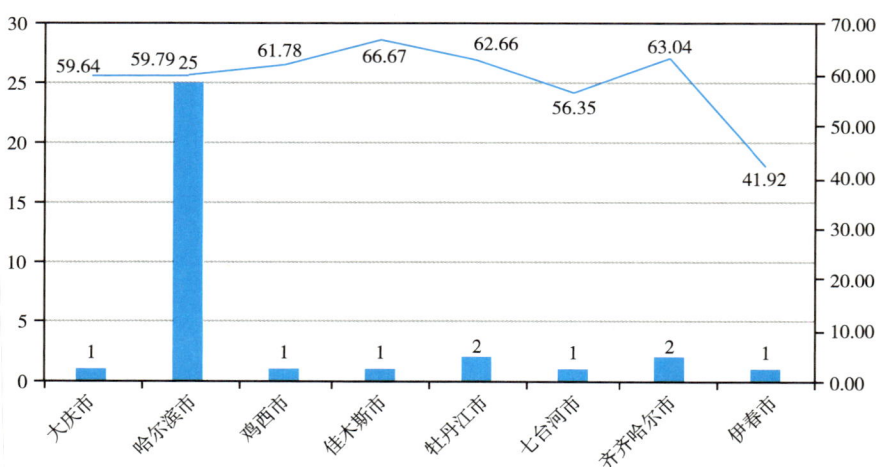

图8-36 黑龙江省上市公司省内分布

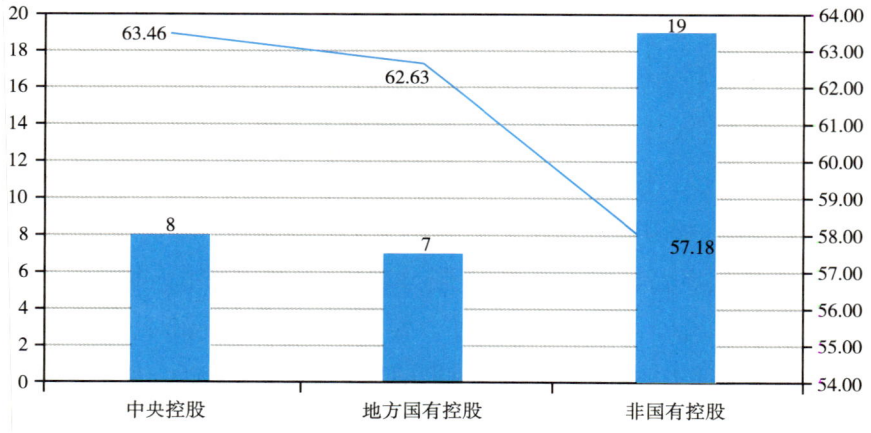

图8-37 黑龙江省上市公司产权性质分布

8.1.13 湖北省

报告共分析湖北省110家上市公司，综合健康指数平均水平为61.78，该省上市公司全排名如表8-14所示。

表 8-14　　　　　　　　　　　　湖北省上市公司综合健康指数全排名

排名	公司代码	公司名称	综合健康指数	一级行业_同花顺	地级市	产权性质
1	000708.SZ	中信特钢	73.26	黑色金属	黄石市	中央国有
2	600298.SH	安琪酵母	73.12	农林牧渔	宜昌市	地方国有
3	000902.SZ	新洋丰	71.27	化工	荆门市	非国有
4	002281.SZ	光迅科技	71.06	信息设备	武汉市	中央国有
5	002950.SZ	奥美医疗	70.70	医药生物	宜昌市	非国有
6	600498.SH	烽火通信	70.42	信息设备	武汉市	中央国有
7	600068.SH	葛洲坝	70.40	建筑材料	武汉市	中央国有
8	601311.SH	骆驼股份	70.34	交运设备	襄阳市	非国有
9	300747.SZ	锐科激光	70.20	电子	武汉市	中央国有
10	300776.SZ	帝尔激光	69.89	机械设备	武汉市	非国有
11	000785.SZ	居然之家	69.72	商业贸易	武汉市	非国有
12	002414.SZ	高德红外	69.56	电子	武汉市	非国有
13	600998.SH	九州通	68.77	医药生物	武汉市	非国有
14	000883.SZ	湖北能源	68.69	公用事业	武汉市	中央国有
15	600566.SH	济川药业	68.61	医药生物	荆州市	非国有
16	600745.SH	闻泰科技	68.51	电子	黄石市	非国有
17	600801.SH	华新水泥	68.49	建筑材料	黄石市	非国有
18	600879.SH	航天电子	68.49	国防军工	武汉市	中央国有
19	002013.SZ	中航机电	68.30	国防军工	襄阳市	中央国有
20	000553.SZ	安道麦A	68.04	化工	荆州市	中央国有
21	600006.SH	东风汽车	67.98	交运设备	襄阳市	非国有
22	000988.SZ	华工科技	67.84	电子	武汉市	地方国有
23	600184.SH	光电股份	67.35	国防军工	襄阳市	中央国有
24	600885.SH	宏发股份	67.30	机械设备	武汉市	非国有
25	600141.SH	兴发集团	67.28	化工	宜昌市	地方国有
26	600133.SH	东湖高新	67.14	建筑材料	武汉市	地方国有
27	002932.SZ	明德生物	67.01	医药生物	武汉市	非国有
28	600757.SH	长江传媒	66.97	信息服务	武汉市	地方国有
29	600079.SH	人福医药	66.85	医药生物	武汉市	非国有
30	600703.SH	三安光电	66.70	电子	荆州市	非国有
31	600035.SH	楚天高速	66.64	交通运输	武汉市	地方国有
32	000422.SZ	湖北宜化	66.64	化工	宜昌市	地方国有

续表

排名	公司代码	公司名称	综合健康指数	一级行业_同花顺	地级市	产权性质
33	601869.SH	长飞光纤	66.09	信息设备	武汉市	非国有
34	002159.SZ	三特索道	65.71	餐饮旅游	武汉市	非国有
35	600993.SH	马应龙	65.66	医药生物	武汉市	非国有
36	600681.SH	百川能源	65.61	公用事业	武汉市	非国有
37	300516.SZ	久之洋	65.32	电子	武汉市	中央国有
38	688526.SH	科前生物	64.87	农林牧渔	武汉市	非国有
39	000966.SZ	长源电力	64.63	公用事业	武汉市	中央国有
40	300041.SZ	回天新材	64.54	化工	襄阳市	非国有
41	300567.SZ	精测电子	64.54	机械设备	武汉市	非国有
42	603067.SH	振华股份	64.38	化工	黄石市	非国有
43	600976.SH	健民集团	64.36	医药生物	武汉市	非国有
44	000501.SZ	鄂武商A	64.16	商业贸易	武汉市	地方国有
45	601956.SH	东贝集团	64.00	家用电器	黄石市	非国有
46	300395.SZ	菲利华	63.67	有色金属	荆州市	非国有
47	603719.SH	良品铺子	63.50	食品饮料	武汉市	非国有
48	300161.SZ	华中数控	63.48	机械设备	武汉市	非国有
49	002194.SZ	武汉凡谷	63.44	信息设备	武汉市	非国有
50	600345.SH	长江通信	62.98	信息设备	武汉市	中央国有
51	300871.SZ	回盛生物	62.88	农林牧渔	武汉市	非国有
52	300527.SZ	中船应急	62.81	国防军工	武汉市	中央国有
53	000759.SZ	中百集团	62.54	商业贸易	武汉市	地方国有
54	300557.SZ	理工光科	62.23	机械设备	武汉市	中央国有
55	000665.SZ	湖北广电	62.14	信息服务	武汉市	地方国有
56	600260.SH	凯乐科技	62.00	信息设备	荆州市	非国有
57	002783.SZ	凯龙股份	61.97	化工	荆门市	地方国有
58	300971.SZ	博亚精工	61.67	机械设备	襄阳市	非国有
59	300494.SZ	盛天网络	61.63	信息服务	武汉市	非国有
60	603716.SH	塞力医疗	61.30	医药生物	武汉市	非国有
61	605388.SH	均瑶健康	60.94	食品饮料	宜昌市	非国有
62	300683.SZ	海特生物	60.84	医药生物	武汉市	非国有
63	002627.SZ	宜昌交运	60.80	交通运输	宜昌市	地方国有
64	000826.SZ	启迪环境	60.78	公用事业	宜昌市	非国有
65	603950.SH	长源东谷	60.68	交运设备	襄阳市	非国有
66	603220.SH	中贝通信	60.44	信息设备	武汉市	非国有
67	688089.SH	嘉必优	60.39	食品饮料	武汉市	非国有
68	300323.SZ	华灿光电	60.32	电子	武汉市	地方国有
69	000852.SZ	石化机械	60.25	机械设备	武汉市	中央国有
70	300517.SZ	海波重科	60.03	建筑材料	武汉市	非国有
71	600168.SH	武汉控股	59.85	公用事业	武汉市	地方国有
72	000952.SZ	广济药业	59.36	医药生物	黄冈市	地方国有

续表

排名	公司代码	公司名称	综合健康指数	一级行业_同花顺	地级市	产权性质
73	002365.SZ	永安药业	59.22	医药生物	省直辖县级行政区划	非国有
74	300387.SZ	富邦股份	59.09	化工	孝感市	非国有
75	300054.SZ	鼎龙股份	58.93	化工	武汉市	非国有
76	002861.SZ	瀛通通讯	58.72	电子	咸宁市	非国有
77	000821.SZ	京山轻机	58.59	机械设备	荆门市	非国有
78	300046.SZ	台基股份	58.52	电子	襄阳市	非国有
79	300018.SZ	中元股份	58.48	机械设备	武汉市	非国有
80	688081.SH	兴图新科	58.42	信息设备	武汉市	非国有
81	688156.SH	路德环境	58.27	公用事业	武汉市	非国有
82	002962.SZ	五方光电	58.05	电子	荆州市	非国有
83	600774.SH	汉商集团	58.03	医药生物	武汉市	非国有
84	000520.SZ	长航凤凰	57.81	交通运输	武汉市	非国有
85	000971.SZ	*ST高升	57.41	信息设备	省直辖县级行政区划	非国有
86	300536.SZ	农尚环境	57.37	建筑材料	武汉市	非国有
87	300184.SZ	力源信息	57.12	电子	武汉市	非国有
88	300980.SZ	祥源新材	56.96	化工	孝感市	非国有
89	600293.SH	三峡新材	56.32	信息设备	宜昌市	非国有
90	688667.SH	菱电电控	56.22	交运设备	武汉市	非国有
91	300276.SZ	三丰智能	55.91	机械设备	黄石市	非国有
92	300205.SZ	天喻信息	55.88	信息设备	武汉市	中央国有
93	600107.SH	美尔雅	55.34	纺织服装	黄石市	非国有
94	600421.SH	ST华嵘	54.75	综合	武汉市	非国有
95	688665.SH	四方光电	54.70	机械设备	武汉市	非国有
96	000707.SZ	*ST双环	54.51	化工	孝感市	地方国有
97	603738.SH	泰晶科技	54.29	电子	随州市	非国有
98	600769.SH	祥龙电业	54.28	公用事业	武汉市	地方国有
99	000670.SZ	*ST盈方	53.17	电子	荆州市	非国有
100	300966.SZ	共同药业	52.94	医药生物	襄阳市	非国有
101	002971.SZ	和远气体	52.45	化工	宜昌市	非国有
102	600462.SH	ST九有	52.11	综合	武汉市	非国有
103	600136.SH	当代文体	51.75	信息服务	武汉市	非国有
104	600355.SH	精伦电子	50.43	信息设备	武汉市	非国有
105	300278.SZ	*ST华昌	50.32	机械设备	十堰市	非国有
106	300220.SZ	金运激光	49.36	电子	武汉市	非国有
107	000678.SZ	襄阳轴承	49.35	交运设备	襄阳市	非国有
108	002072.SZ	*ST凯瑞	48.17	信息服务	荆门市	非国有
109	002694.SZ	顾地科技	47.05	建筑材料	鄂州市	非国有
110	600275.SH	*ST昌鱼	44.89	农林牧渔	鄂州市	中央国有

数据来源：同花顺、中关村国睿金融与产业发展研究会。

从行业分布来看，湖北省110家上市公司分布在20个同花顺一级行业中，其中电子行业最多，有14家，其次是医药生物行业有13家，餐饮旅游、纺织服装、黑色金属、家用电器、有色金属行业最少，仅有1家。综合健康指数平均水平最高的行业是黑色金属（73.26），最低的行业是综合（53.43），如图8-38所示。

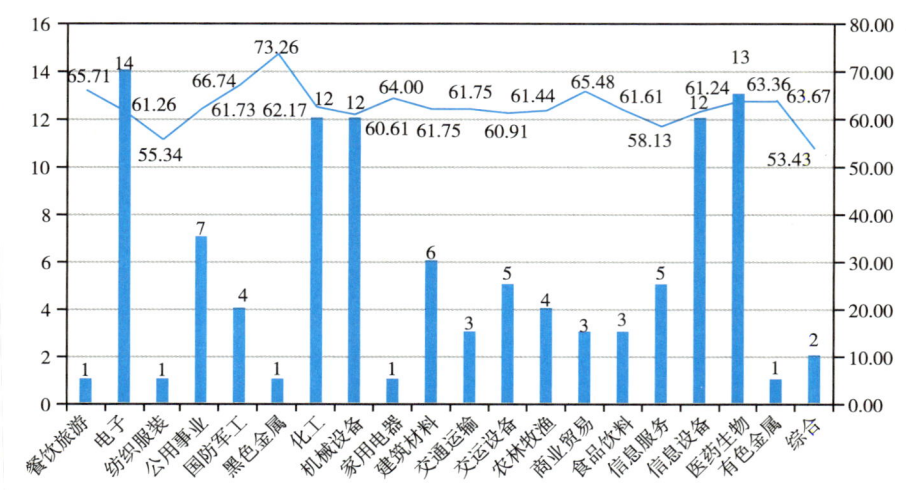

图8-38　湖北省上市公司行业分布

从省内城市分布来看，湖北省110家上市公司分布在13个省内城市，其中武汉市有62家，其次襄阳市有10家，黄冈市、十堰市、随州市、咸宁市仅有1家，综合健康指数平均水平最高的市是黄石市（64.27），最低的是鄂州市（45.97），如图8-39所示。

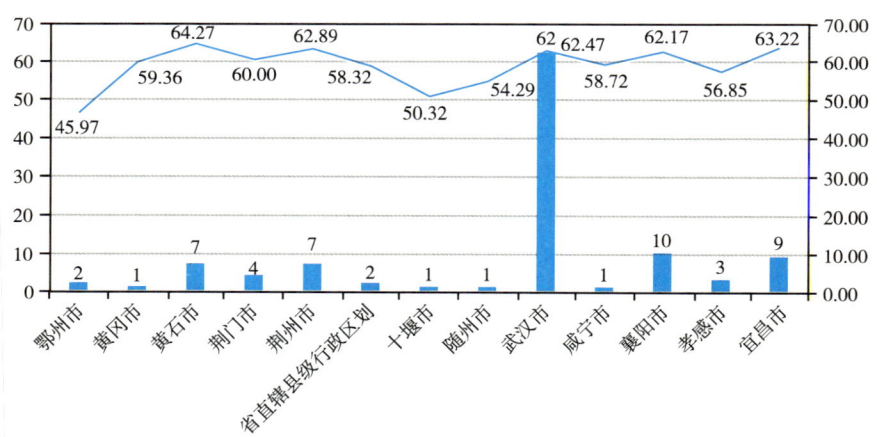

图8-39　湖北省上市公司省内分布

从产权性质来看，湖北省110家上市公司，国有控股上市公司35家，其中中央控股上市公司18家，综合健康指数平均水平为65.29，地方国有控股上市公司17家，综合健康指数平均水平为63.27；非国有控股上市公司75家，综合健康指数平均水平为60.60；如图8-40所示。

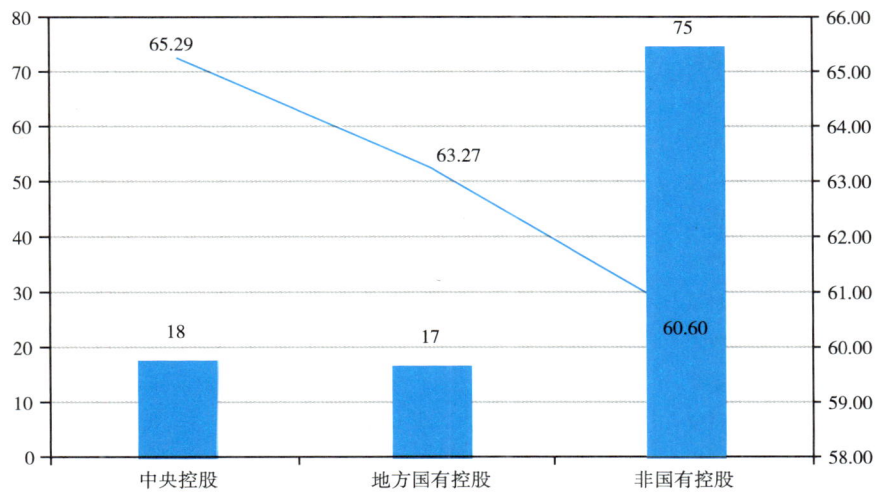

图8-40 湖北省上市公司产权性质分布

8.1.14 湖南省

报告共分析湖南省113家上市公司，综合健康指数平均水平为61.44，该省上市公司全排名如表8-15所示。

表8-15　　　　　　　　　　　　湖南省上市公司综合健康指数全排名

排名	公司代码	公司名称	综合健康指数	一级行业_同花顺	地级市	产权性质
1	000932.SZ	华菱钢铁	78.49	黑色金属	长沙市	地方国有
2	601636.SH	旗滨集团	71.92	建筑材料	株洲市	非国有
3	002567.SZ	唐人神	70.79	农林牧渔	株洲市	非国有
4	300413.SZ	芒果超媒	70.05	信息服务	长沙市	地方国有
5	000519.SZ	中兵红箭	69.57	国防军工	湘潭市	中央国有
6	002097.SZ	山河智能	68.76	机械设备	长沙市	地方国有
7	688289.SH	圣湘生物	67.85	医药生物	长沙市	非国有
8	300298.SZ	三诺生物	67.81	医药生物	长沙市	非国有
9	300433.SZ	蓝思科技	67.44	电子	长沙市	非国有
10	603989.SH	艾华集团	67.01	电子	益阳市	非国有
11	600963.SH	岳阳林纸	66.86	轻工制造	岳阳市	中央国有
12	601098.SH	中南传媒	66.83	信息服务	长沙市	地方国有
13	600975.SH	新五丰	66.80	农林牧渔	长沙市	地方国有
14	600961.SH	株冶集团	66.79	有色金属	株洲市	中央国有
15	600479.SH	千金药业	66.72	医药生物	株洲市	地方国有
16	000419.SZ	通程控股	66.69	商业贸易	长沙市	地方国有
17	000998.SZ	隆平高科	66.41	农林牧渔	长沙市	中央国有
18	000157.SZ	中联重科	66.25	机械设备	长沙市	地方国有

续表

排名	公司代码	公司名称	综合健康指数	一级行业_同花顺	地级市	产权性质
19	300015.SZ	爱尔眼科	66.00	医药生物	长沙市	非国有
20	600731.SH	湖南海利	65.94	化工	长沙市	地方国有
21	688100.SH	威胜信息	65.60	信息设备	长沙市	非国有
22	002155.SZ	湖南黄金	65.58	有色金属	长沙市	地方国有
23	600458.SH	时代新材	65.55	化工	株洲市	中央国有
24	300800.SZ	力合科技	65.40	公用事业	长沙市	非国有
25	000900.SZ	现代投资	65.33	交通运输	长沙市	地方国有
26	300866.SZ	安克创新	65.18	电子	长沙市	非国有
27	002879.SZ	长缆科技	65.05	机械设备	长沙市	非国有
28	300358.SZ	楚天科技	65.04	医药生物	长沙市	非国有
29	002523.SZ	天桥起重	65.03	机械设备	株洲市	地方国有
30	002661.SZ	克明面业	64.85	食品饮料	益阳市	非国有
31	002847.SZ	盐津铺子	64.79	食品饮料	长沙市	非国有
32	002533.SZ	金杯电工	64.61	机械设备	长沙市	非国有
33	002397.SZ	梦洁股份	64.59	纺织服装	长沙市	非国有
34	300726.SZ	宏达电子	64.59	电子	株洲市	非国有
35	300705.SZ	九典制药	64.54	医药生物	长沙市	非国有
36	000702.SZ	正虹科技	64.16	农林牧渔	岳阳市	地方国有
37	000917.SZ	电广传媒	63.98	信息服务	长沙市	地方国有
38	000799.SZ	酒鬼酒	63.92	食品饮料	湘西土家族苗族自治州	中央国有
39	600127.SH	金健米业	63.79	农林牧渔	常德市	地方国有
40	000722.SZ	湖南发展	63.69	公用事业	长沙市	地方国有
41	002261.SZ	拓维信息	63.59	信息服务	长沙市	非国有
42	603939.SH	益丰药房	63.49	医药生物	常德市	非国有
43	600929.SH	雪天盐业	63.40	化工	长沙市	地方国有
44	300740.SZ	水羊股份	63.27	化工	长沙市	非国有
45	002251.SZ	步步高	63.24	商业贸易	湘潭市	非国有
46	300515.SZ	三德科技	63.09	机械设备	长沙市	非国有
47	603998.SH	方盛制药	63.07	医药生物	长沙市	非国有
48	002913.SZ	奥士康	63.07	电子	益阳市	非国有
49	300474.SZ	景嘉微	63.06	国防军工	长沙市	非国有
50	000819.SZ	岳阳兴长	62.71	化工	岳阳市	中央国有
51	002125.SZ	湘潭电化	62.69	化工	湘潭市	地方国有
52	600969.SH	郴电国际	62.52	公用事业	郴州市	地方国有
53	002892.SZ	科力尔	62.37	机械设备	永州市	非国有
54	002843.SZ	泰嘉股份	62.35	机械设备	长沙市	非国有
55	002852.SZ	道道全	62.25	农林牧渔	岳阳市	非国有
56	600744.SH	华银电力	62.22	公用事业	长沙市	中央国有
57	688598.SH	金博股份	62.14	有色金属	益阳市	非国有
58	603883.SH	老百姓	62.13	医药生物	长沙市	非国有

续表

排名	公司代码	公司名称	综合健康指数	一级行业_同花顺	地级市	产权性质
59	002549.SZ	凯美特气	62.11	化工	岳阳市	非国有
60	002277.SZ	友阿股份	62.07	商业贸易	长沙市	非国有
61	603517.SH	绝味食品	61.88	食品饮料	长沙市	非国有
62	300035.SZ	中科电气	61.59	化工	岳阳市	非国有
63	002903.SZ	宇环数控	61.42	机械设备	长沙市	非国有
64	002452.SZ	长高集团	61.39	机械设备	长沙市	非国有
65	603353.SH	和顺石油	61.34	化工	长沙市	非国有
66	002505.SZ	鹏都农牧	61.21	商业贸易	长沙市	非国有
67	603319.SH	湘油泵	61.14	交运设备	衡阳市	非国有
68	000989.SZ	九芝堂	61.11	医药生物	长沙市	非国有
69	688308.SH	欧科亿	60.63	机械设备	株洲市	非国有
70	300672.SZ	国科微	60.54	电子	长沙市	非国有
71	300730.SZ	科创信息	59.80	信息服务	长沙市	非国有
72	600476.SH	湘邮科技	59.58	信息服务	长沙市	中央国有
73	600156.SH	华升股份	59.47	纺织服装	长沙市	地方国有
74	002096.SZ	南岭民爆	59.46	化工	永州市	地方国有
75	300490.SZ	华自科技	59.32	机械设备	长沙市	非国有
76	002412.SZ	汉森制药	59.26	医药生物	益阳市	非国有
77	600416.SH	湘电股份	59.23	机械设备	湘潭市	地方国有
78	002986.SZ	宇新股份	59.07	化工	长沙市	非国有
79	002297.SZ	博云新材	58.99	国防军工	长沙市	地方国有
80	300665.SZ	飞鹿股份	58.81	化工	株洲市	非国有
81	002650.SZ	ST加加	58.53	食品饮料	长沙市	非国有
82	688157.SH	松井股份	58.23	化工	长沙市	非国有
83	003000.SZ	劲仔食品	58.21	食品饮料	岳阳市	非国有
84	600698.SH	湖南天雁	58.19	交运设备	衡阳市	中央国有
85	000548.SZ	湖南投资	58.02	交通运输	长沙市	地方国有
86	000430.SZ	张家界	57.70	餐饮旅游	张家界市	地方国有
87	000590.SZ	启迪药业	57.61	医药生物	衡阳市	非国有
88	300148.SZ	天舟文化	57.54	信息服务	长沙市	非国有
89	603721.SH	中广天择	57.49	信息服务	长沙市	地方国有
90	688189.SH	南新制药	57.44	医药生物	长沙市	地方国有
91	002554.SZ	惠博普	57.40	采掘	长沙市	地方国有
92	300187.SZ	永清环保	57.30	公用事业	长沙市	非国有
93	300267.SZ	尔康制药	57.17	医药生物	长沙市	非国有
94	002982.SZ	湘佳股份	56.49	农林牧渔	常德市	非国有
95	300123.SZ	亚光科技	56.21	国防军工	益阳市	非国有
96	600478.SH	科力远	56.10	电子	长沙市	非国有

续表

排名	公司代码	公司名称	综合健康指数	一级行业_同花顺	地级市	产权性质
97	600257.SH	大湖股份	55.88	农林牧渔	常德市	非国有
98	002113.SZ	*ST天润	55.65	信息服务	岳阳市	非国有
99	000428.SZ	华天酒店	55.57	餐饮旅游	长沙市	地方国有
100	688059.SH	华锐精密	55.09	机械设备	株洲市	非国有
101	000504.SZ	南华生物	54.17	医药生物	长沙市	地方国有
102	300592.SZ	华凯创意	54.11	建筑材料	长沙市	非国有
103	000908.SZ	景峰医药	53.75	医药生物	岳阳市	非国有
104	300268.SZ	佳沃股份	53.58	农林牧渔	常德市	非国有
105	300209.SZ	天泽信息	53.29	商业贸易	长沙市	非国有
106	002943.SZ	宇晶股份	52.96	机械设备	益阳市	非国有
107	300700.SZ	岱勒新材	52.69	机械设备	长沙市	非国有
108	000622.SZ	恒立实业	52.14	交运设备	岳阳市	非国有
109	002848.SZ	高斯贝尔	51.79	家用电器	郴州市	地方国有
110	603959.SH	百利科技	51.49	建筑材料	岳阳市	非国有
111	300345.SZ	华民股份	51.48	机械设备	长沙市	非国有
112	002716.SZ	*ST金贵	51.18	有色金属	郴州市	地方国有
113	300338.SZ	开元教育	48.48	信息服务	长沙市	非国有

数据来源：同花顺、中关村国睿金融与产业发展研究会。

从行业分布来看，湖南省113家上市公司分布在21个同花顺一级行业中，其中机械设备行业最多，有17家，其次是医药生物行业有16家，采掘、黑色金属、家用电器、轻工制造、信息设备行业最少，仅有1家。综合健康指数平均水平最高的行业是黑色金属（78.49），最低的行业是家用电器（51.79），如图8-41所示。

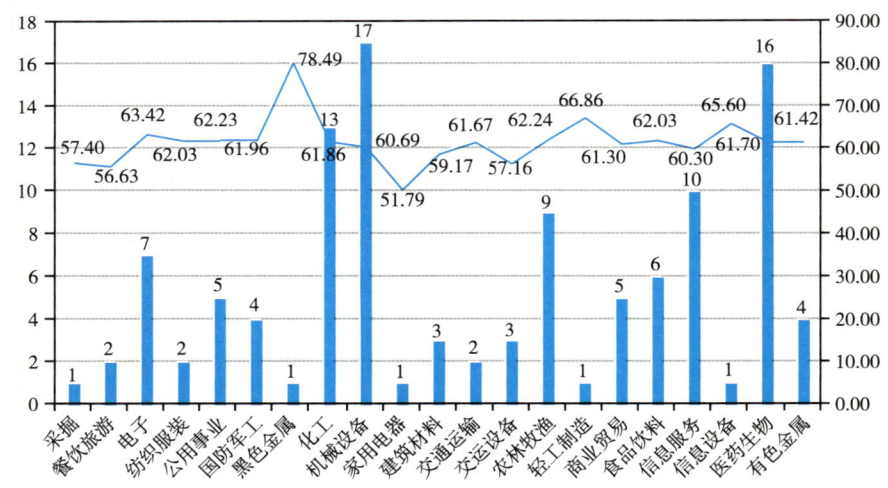

图8-41 湖南省上市公司行业分布

从省内城市分布来看，湖南省113家上市公司分布在11个省内城市，其中长沙市有66家，其次岳阳市有11家，湘西土家族苗族自治州、张家界市仅有1家，综合健康指数平均水平最高的市是株洲市（64.59），最低的是郴州市（55.16），如图8-42所示。

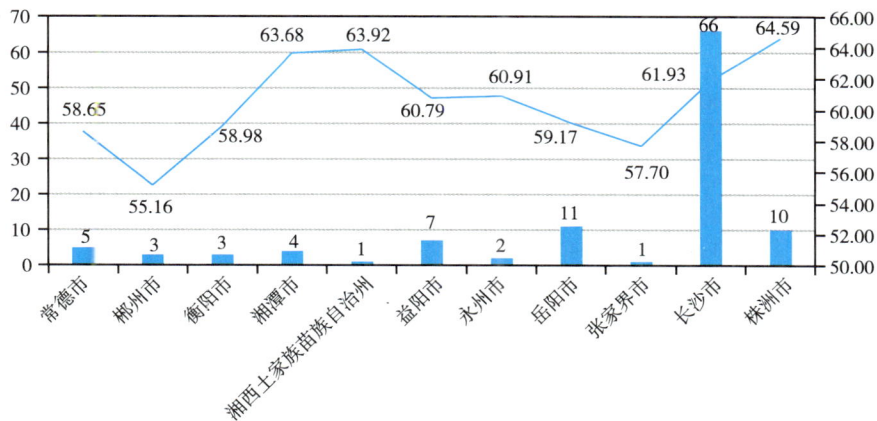

图8-42　湖南省上市公司省内分布

从产权性质来看，湖南省113家上市公司，国有控股上市公司42家，其中中央控股上市公司10家，综合健康指数平均水平为64.18，地方国有控股上市公司32家，综合健康指数平均水平为62.33；非国有控股上市公司71家，综合健康指数平均水平为60.66；如图8-43所示。

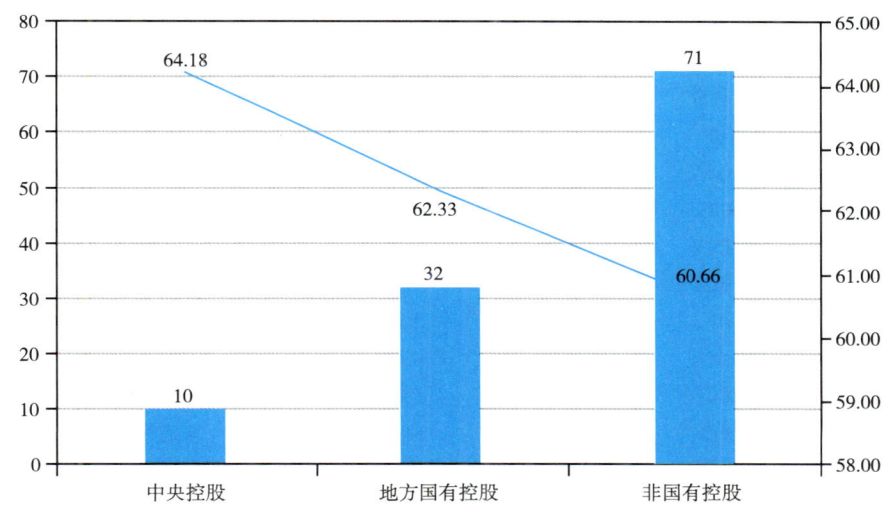

图8-43　湖南省上市公司产权性质分布

8.1.15　吉林省

报告共分析吉林省42家上市公司，综合健康指数平均水平为58.91，该省上市公司全排名如表8-16所示。

表 8-16　　吉林省上市公司综合健康指数全排名

排名	公司代码	公司名称	综合健康指数	一级行业_同花顺	地级市	产权性质
1	000800.SZ	一汽解放	74.55	交运设备	长春市	中央国有
2	000030.SZ	富奥股份	71.10	交运设备	长春市	地方国有
3	600742.SH	一汽富维	70.72	交运设备	长春市	地方国有
4	000661.SZ	长春高新	70.16	医药生物	长春市	地方国有
5	002232.SZ	启明信息	69.62	信息服务	长春市	中央国有
6	000928.SZ	中钢国际	68.28	建筑材料	吉林市	中央国有
7	300396.SZ	迪瑞医疗	66.62	医药生物	长春市	中央国有
8	600867.SH	通化东宝	66.39	医药生物	通化市	非国有
9	000875.SZ	吉电股份	65.91	公用事业	长春市	中央国有
10	003029.SZ	吉大正元	64.98	信息服务	长春市	非国有
11	600697.SH	欧亚集团	63.65	商业贸易	长春市	地方国有
12	002338.SZ	奥普光电	62.87	机械设备	长春市	中央国有
13	000546.SZ	金圆股份	62.26	建筑材料	长春市	非国有
14	601929.SH	吉视传媒	61.97	信息服务	长春市	地方国有
15	000545.SZ	金浦钛业	61.33	化工	吉林市	非国有
16	600881.SH	亚泰集团	60.99	综合	长春市	地方国有
17	600148.SH	长春一东	60.89	交运设备	长春市	中央国有
18	000623.SZ	吉林敖东	60.71	医药生物	延边朝鲜族自治州	非国有
19	601518.SH	吉林高速	60.60	交通运输	长春市	地方国有
20	300597.SZ	吉大通信	59.93	信息设备	长春市	中央国有
21	600360.SH	华微电子	58.66	电子	吉林市	非国有
22	002566.SZ	益盛药业	57.95	医药生物	通化市	非国有
23	300923.SZ	研奥股份	57.83	交运设备	长春市	非国有
24	600110.SH	诺德股份	57.74	电子	长春市	非国有
25	300510.SZ	金冠股份	57.38	机械设备	长春市	地方国有
26	600189.SH	泉阳泉	57.34	食品饮料	长春市	地方国有
27	000669.SZ	*ST金鸿	57.34	公用事业	吉林市	非国有
28	688378.SH	奥来德	57.27	机械设备	长春市	非国有
29	600333.SH	长春燃气	57.12	公用事业	长春市	地方国有
30	603559.SH	中通国脉	55.87	信息设备	长春市	非国有
31	000638.SZ	*ST万方	55.46	医药生物	白山市	非国有
32	000766.SZ	通化金马	55.13	医药生物	通化市	非国有
33	300985.SZ	致远新能	54.97	机械设备	长春市	非国有
34	600365.SH	ST通葡	53.62	商业贸易	通化市	非国有
35	603099.SH	长白山	52.66	餐饮旅游	延边朝鲜族自治州	地方国有
36	601279.SH	英利汽车	52.24	交运设备	长春市	非国有
37	000420.SZ	吉林化纤	50.43	化工	吉林市	地方国有
38	002501.SZ	*ST利源	48.50	有色金属	辽源市	非国有
39	002622.SZ	融钰集团	46.58	机械设备	吉林市	非国有
40	300108.SZ	吉药控股	46.29	医药生物	通化市	非国有
41	002118.SZ	紫鑫药业	42.30	医药生物	通化市	非国有
42	600614.SH	退市鹏起	37.94	有色金属	白山市	非国有

数据来源：同花顺、中关村国睿金融与产业发展研究会。

从行业分布来看，吉林省42家上市公司分布在15个同花顺一级行业中，其中医药生物行业最多，有9家，其次是交运设备行业有6家，餐饮旅游、交通运输、食品饮料、综合行业最少，仅有1家。综合健康指数平均水平最高的行业是信息服务（65.52），最低的行业是有色金属（43.22），如图8-44所示。

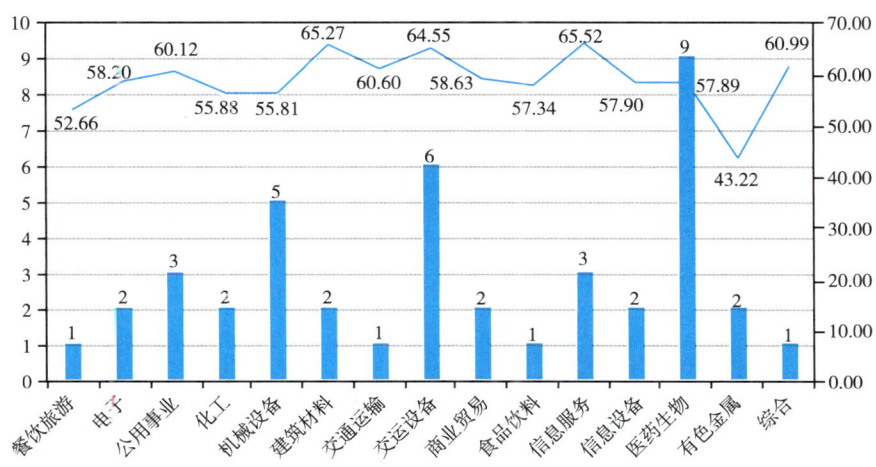

图8-44　吉林省上市公司行业分布

从省内城市分布来看，吉林省42家上市公司分布在6个省内城市，其中长春市有25家，其次吉林市、通化市有6家，辽源市仅有1家，综合健康指数平均水平最高的市是长春市（62.18），最低的是白山市（46.70），如图8-45所示。

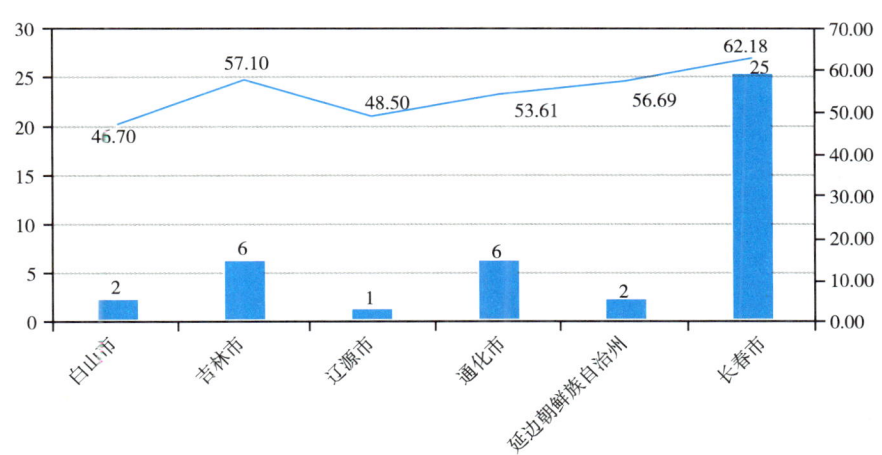

图8-45　吉林省上市公司省内分布

从产权性质来看，吉林省42家上市公司，国有控股上市公司20家，其中中央控股上市公司8家，综合健康指数平均水平为66.08，地方国有控股上市公司12家，综合健康指数平均水平为61.18；非国有控股上市公司22家，综合健康指数平均水平为55.06；如图8-46所示。

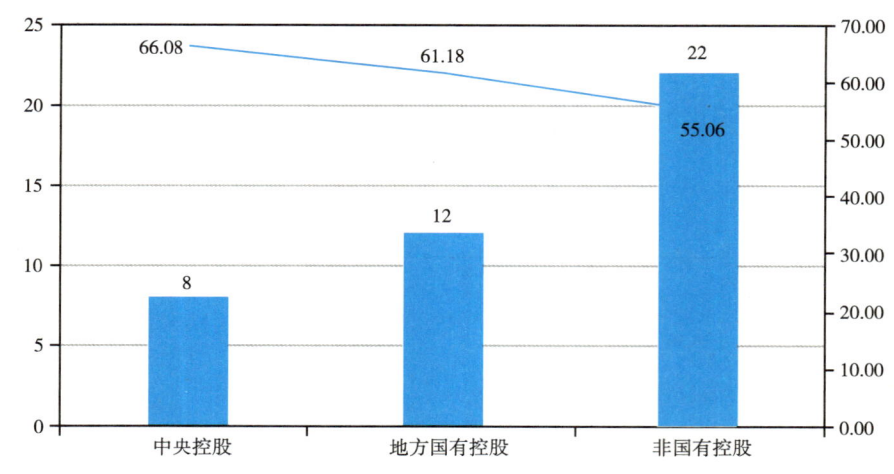

图8-46 吉林省上市公司产权性质分布

8.1.16 江苏省

报告共分析江苏省483家上市公司，综合健康指数平均水平为61.24，该省上市公司全排名如表8-17所示。

表8-17　　　　　　　　　　江苏省上市公司综合健康指数全排名

排名	公司代码	公司名称	综合健康指数	一级行业_同花顺	地级市	产权性质
1	600522.SH	中天科技	76.04	信息设备	南通市	非国有
2	002091.SZ	江苏国泰	75.19	商业贸易	苏州市	地方国有
3	600710.SH	苏美达	74.54	商业贸易	南京市	中央国有
4	600406.SH	国电南瑞	74.02	机械设备	南京市	中央国有
5	601100.SH	恒立液压	73.95	机械设备	常州市	非国有
6	002304.SZ	洋河股份	73.33	食品饮料	宿迁市	地方国有
7	600562.SH	国睿科技	72.62	国防军工	南京市	中央国有
8	002080.SZ	中材科技	72.45	化工	南京市	中央国有
9	600276.SH	恒瑞医药	72.34	医药生物	连云港市	非国有
10	300782.SZ	卓胜微	72.16	电子	无锡市	非国有
11	600486.SH	扬农化工	71.96	化工	扬州市	中央国有
12	002223.SZ	鱼跃医疗	71.51	医药生物	镇江市	非国有
13	603985.SH	恒润股份	71.38	机械设备	无锡市	非国有
14	300682.SZ	朗新科技	71.29	信息服务	无锡市	非国有
15	600389.SH	江山股份	71.25	化工	南通市	地方国有
16	603666.SH	亿嘉和	71.24	机械设备	南京市	非国有
17	600981.SH	汇鸿集团	71.16	商业贸易	南京市	地方国有
18	002293.SZ	罗莱生活	70.99	纺织服装	南通市	非国有
19	002367.SZ	康力电梯	70.92	机械设备	苏州市	非国有
20	002484.SZ	江海股份	70.92	电子	南通市	非国有

续表

排名	公司代码	公司名称	综合健康指数	一级行业_同花顺	地级市	产权性质
21	603486.SH	科沃斯	70.85	家用电器	苏州市	非国有
22	601799.SH	星宇股份	70.64	交运设备	常州市	非国有
23	000581.SZ	威孚高科	70.56	交运设备	无锡市	地方国有
24	002747.SZ	埃斯顿	70.46	机械设备	南京市	非国有
25	000425.SZ	徐工机械	70.45	机械设备	徐州市	地方国有
26	600487.SH	亨通光电	70.20	信息设备	苏州市	非国有
27	600282.SH	南钢股份	70.08	黑色金属	南京市	非国有
28	300450.SZ	先导智能	70.00	机械设备	无锡市	非国有
29	603968.SH	醋化股份	69.87	化工	南通市	非国有
30	603005.SH	晶方科技	69.85	电子	苏州市	非国有
31	601928.SH	凤凰传媒	69.73	信息服务	南京市	地方国有
32	002081.SZ	金螳螂	69.72	建筑材料	苏州市	非国有
33	600475.SH	华光环能	69.63	机械设备	无锡市	地方国有
34	600667.SH	太极实业	69.54	电子	无锡市	地方国有
35	002182.SZ	云海金属	69.47	有色金属	南京市	非国有
36	002585.SZ	双星新材	69.44	轻工制造	宿迁市	非国有
37	002384.SZ	东山精密	69.42	电子	苏州市	非国有
38	600794.SH	保税科技	69.12	交通运输	苏州市	地方国有
39	603966.SH	法兰泰克	69.09	机械设备	苏州市	非国有
40	000727.SZ	冠捷科技	69.09	电子	南京市	中央国有
41	000738.SZ	航发控制	68.98	国防军工	无锡市	中央国有
42	600377.SH	宁沪高速	68.97	交通运输	南京市	地方国有
43	603013.SH	亚普股份	68.91	交运设备	扬州市	中央国有
44	603313.SH	梦百合	68.83	轻工制造	南通市	非国有
45	002608.SZ	江苏国信	68.80	公用事业	南京市	地方国有
46	603369.SH	今世缘	68.72	食品饮料	淮安市	地方国有
47	601007.SH	金陵饭店	68.70	餐饮旅游	南京市	地方国有
48	002262.SZ	恩华药业	68.69	医药生物	徐州市	非国有
49	002438.SZ	江苏神通	68.66	机械设备	南通市	非国有
50	002553.SZ	南方轴承	68.61	交运设备	常州市	非国有
51	688599.SH	天合光能	68.57	机械设备	常州市	非国有
52	601952.SH	苏垦农发	68.43	农林牧渔	南京市	地方国有
53	002734.SZ	利民股份	68.30	化工	徐州市	非国有
54	601222.SH	林洋能源	68.29	公用事业	南通市	非国有
55	002015.SZ	协鑫能科	68.27	公用事业	无锡市	非国有
56	600775.SH	南京熊猫	68.25	信息设备	南京市	中央国有
57	600398.SH	海澜之家	68.23	纺织服装	无锡市	非国有
58	688399.SH	硕世生物	68.10	医药生物	泰州市	非国有

续表

排名	公司代码	公司名称	综合健康指数	一级行业_同花顺	地级市	产权性质
59	600268.SH	国电南自	68.02	机械设备	南京市	中央国有
60	000551.SZ	创元科技	68.00	机械设备	苏州市	地方国有
61	300394.SZ	天孚通信	67.95	信息设备	苏州市	非国有
62	002540.SZ	亚太科技	67.87	有色金属	无锡市	非国有
63	002635.SZ	安洁科技	67.84	电子	苏州市	非国有
64	002156.SZ	通富微电	67.78	电子	南通市	非国有
65	002645.SZ	华宏科技	67.72	机械设备	无锡市	非国有
66	002463.SZ	沪电股份	67.68	电子	苏州市	非国有
67	601512.SH	中新集团	67.64	综合	苏州市	地方国有
68	603358.SH	华达科技	67.63	交运设备	泰州市	非国有
69	600970.SH	中材国际	67.61	建筑材料	南京市	中央国有
70	603259.SH	药明康德	67.52	医药生物	无锡市	非国有
71	603185.SH	上机数控	67.45	机械设备	无锡市	非国有
72	600746.SH	江苏索普	67.28	化工	镇江市	地方国有
73	002394.SZ	联发股份	67.17	纺织服装	南通市	非国有
74	300196.SZ	长海股份	67.11	化工	常州市	非国有
75	300623.SZ	捷捷微电	67.04	电子	南通市	非国有
76	002315.SZ	焦点科技	66.95	信息服务	南京市	非国有
77	603387.SH	基蛋生物	66.76	医药生物	南京市	非国有
78	603585.SH	苏利股份	66.73	化工	无锡市	非国有
79	603707.SH	健友股份	66.72	医药生物	南京市	非国有
80	300373.SZ	扬杰科技	66.57	电子	扬州市	非国有
81	300751.SZ	迈为股份	66.44	机械设备	苏州市	非国有
82	000919.SZ	金陵药业	66.30	医药生物	南京市	地方国有
83	600501.SH	航天晨光	66.29	机械设备	南京市	中央国有
84	002090.SZ	金智科技	66.29	机械设备	南京市	非国有
85	600973.SH	宝胜股份	66.28	机械设备	扬州市	中央国有
86	002075.SZ	沙钢股份	66.13	黑色金属	苏州市	非国有
87	300660.SZ	江苏雷利	66.09	机械设备	常州市	非国有
88	002802.SZ	洪汇新材	66.08	化工	无锡市	非国有
89	300258.SZ	精锻科技	66.01	交运设备	泰州市	非国有
90	000626.SZ	远大控股	65.99	商业贸易	连云港市	非国有
91	688390.SH	固德威	65.98	机械设备	苏州市	非国有
92	603018.SH	华设集团	65.98	建筑材料	南京市	非国有
93	603359.SH	东珠生态	65.96	公用事业	无锡市	非国有
94	603915.SH	国茂股份	65.92	机械设备	常州市	非国有
95	603299.SH	苏盐井神	65.90	化工	淮安市	地方国有
96	002559.SZ	亚威股份	65.83	机械设备	扬州市	非国有
97	603680.SH	今创集团	65.81	交运设备	常州市	非国有
98	603928.SH	兴业股份	65.79	化工	苏州市	非国有

续表

排名	公司代码	公司名称	综合健康指数	一级行业_同花顺	地级市	产权性质
99	600959.SH	江苏有线	65.75	信息服务	南京市	地方国有
100	300761.SZ	立华股份	65.74	农林牧渔	常州市	非国有
101	605111.SH	新洁能	65.72	电子	无锡市	非国有
102	002387.SZ	维信诺	65.65	电子	苏州市	非国有
103	002409.SZ	雅克科技	65.65	电子	无锡市	非国有
104	000301.SZ	东方盛虹	65.57	化工	苏州市	非国有
105	000421.SZ	南京公用	65.57	公用事业	南京市	地方国有
106	300390.SZ	天华超净	65.52	电子	苏州市	非国有
107	002079.SZ	苏州固锝	65.45	电子	苏州市	非国有
108	002165.SZ	红宝丽	65.45	化工	南京市	非国有
109	603355.SH	莱克电气	65.44	家用电器	苏州市	非国有
110	002516.SZ	旷达科技	65.36	交运设备	常州市	非国有
111	300864.SZ	南大环境	65.32	公用事业	南京市	中央国有
112	300725.SZ	药石科技	65.29	医药生物	南京市	非国有
113	603489.SH	八方股份	65.26	机械设备	苏州市	非国有
114	300777.SZ	中简科技	65.19	化工	常州市	非国有
115	603183.SH	建研院	65.15	建筑材料	苏州市	非国有
116	603326.SH	我乐家居	65.13	轻工制造	南京市	非国有
117	300304.SZ	云意电气	65.11	交运设备	徐州市	非国有
118	603203.SH	快克股份	65.10	机械设备	常州市	非国有
119	688001.SH	华兴源创	65.06	机械设备	苏州市	非国有
120	300610.SZ	晨化股份	65.01	化工	扬州市	非国有
121	603115.SH	海星股份	64.97	有色金属	南通市	非国有
122	603890.SH	春秋电子	64.95	电子	苏州市	非国有
123	601199.SH	江南水务	64.94	公用事业	无锡市	地方国有
124	603699.SH	纽威股份	64.87	机械设备	苏州市	非国有
125	600513.SH	联环药业	64.78	医药生物	扬州市	地方国有
126	603380.SH	易德龙	64.74	电子	苏州市	非国有
127	600713.SH	南京医药	64.69	医药生物	南京市	地方国有
128	002380.SZ	科远智慧	64.68	机械设备	南京市	非国有
129	603339.SH	四方科技	64.64	机械设备	南通市	非国有
130	002127.SZ	南极电商	64.62	商业贸易	苏州市	非国有
131	603660.SH	苏州科达	64.50	信息设备	苏州市	非国有
132	300190.SZ	维尔利	64.46	公用事业	常州市	非国有
133	603916.SH	苏博特	64.44	化工	南京市	非国有
134	002866.SZ	传艺科技	64.44	电子	扬州市	非国有
135	002796.SZ	世嘉科技	64.41	信息设备	苏州市	非国有
136	002221.SZ	东华能源	64.38	化工	苏州市	非国有

续表

排名	公司代码	公司名称	综合健康指数	一级行业_同花顺	地级市	产权性质
137	600370.SH	三房巷	64.33	化工	无锡市	非国有
138	603988.SH	中电电机	64.26	机械设备	无锡市	非国有
139	002623.SZ	亚玛顿	64.26	建筑材料	常州市	非国有
140	300305.SZ	裕兴股份	64.20	化工	常州市	非国有
141	688508.SH	芯朋微	64.20	电子	无锡市	非国有
142	603416.SH	信捷电气	64.13	机械设备	无锡市	非国有
143	603906.SH	龙蟠科技	64.05	化工	南京市	非国有
144	300172.SZ	中电环保	64.04	公用事业	南京市	非国有
145	002883.SZ	中设股份	64.03	建筑材料	无锡市	非国有
146	002245.SZ	蔚蓝锂芯	63.93	交通运输	苏州市	非国有
147	603810.SH	丰山集团	63.84	化工	盐城市	非国有
148	002483.SZ	润邦股份	63.82	机械设备	南通市	非国有
149	688003.SH	天准科技	63.78	机械设备	苏州市	非国有
150	300342.SZ	天银机电	63.76	家用电器	苏州市	地方国有
151	601388.SH	怡球资源	63.76	有色金属	苏州市	非国有
152	600128.SH	弘业股份	63.73	商业贸易	南京市	地方国有
153	603982.SH	泉峰汽车	63.71	交运设备	南京市	非国有
154	300416.SZ	苏试试验	63.70	机械设备	苏州市	非国有
155	688516.SH	奥特维	63.64	机械设备	无锡市	非国有
156	603283.SH	赛腾股份	63.63	机械设备	苏州市	非国有
157	688106.SH	金宏气体	63.60	化工	苏州市	非国有
158	002778.SZ	高科石化	63.59	公用事业	无锡市	地方国有
159	300320.SZ	海达股份	63.59	化工	无锡市	非国有
160	300284.SZ	苏交科	63.59	建筑材料	南京市	非国有
161	002546.SZ	新联电子	63.55	机械设备	南京市	非国有
162	300580.SZ	贝斯特	63.53	交运设备	无锡市	非国有
163	603688.SH	石英股份	63.52	有色金属	连云港市	非国有
164	603880.SH	南卫股份	63.46	医药生物	常州市	非国有
165	603179.SH	新泉股份	63.44	交运设备	镇江市	非国有
166	002576.SZ	通达动力	63.36	机械设备	南通市	非国有
167	002531.SZ	天顺风能	63.33	机械设备	苏州市	非国有
168	300522.SZ	世名科技	63.33	化工	苏州市	非国有
169	600527.SH	江南高纤	63.32	化工	苏州市	非国有
170	300447.SZ	全信股份	63.31	机械设备	南京市	非国有
171	002491.SZ	通鼎互联	63.29	信息设备	苏州市	非国有
172	688580.SH	伟思医疗	63.26	医药生物	南京市	非国有
173	688588.SH	凌志软件	63.25	信息服务	苏州市	非国有
174	688358.SH	祥生医疗	63.23	医药生物	无锡市	非国有
175	300631.SZ	久吾高科	63.18	公用事业	南京市	非国有
176	300354.SZ	东华测试	63.17	机械设备	泰州市	非国有

续表

排名	公司代码	公司名称	综合健康指数	一级行业_同花顺	地级市	产权性质
177	600584.SH	长电科技	63.15	电子	无锡市	非国有
178	000570.SZ	苏常柴A	63.12	机械设备	常州市	地方国有
179	600862.SH	中航高科	63.12	国防军工	南通市	中央国有
180	002519.SZ	银河电子	63.12	电子	苏州市	非国有
181	300215.SZ	电科院	63.11	机械设备	苏州市	非国有
182	688069.SH	德林海	63.09	公用事业	无锡市	非国有
183	300856.SZ	科思股份	63.01	化工	南京市	非国有
184	603955.SH	大千生态	62.99	建筑材料	南京市	非国有
185	603221.SH	爱丽家居	62.94	轻工制造	苏州市	非国有
186	600682.SH	南京新百	62.94	综合	南京市	非国有
187	688029.SH	南微医学	62.93	医药生物	南京市	非国有
188	300507.SZ	苏奥传感	62.92	交运设备	扬州市	非国有
189	300421.SZ	力星股份	62.90	机械设备	南通市	非国有
190	605288.SH	凯迪股份	62.81	机械设备	常州市	非国有
191	000777.SZ	中核科技	62.80	机械设备	苏州市	中央国有
192	600305.SH	恒顺醋业	62.78	食品饮料	镇江市	地方国有
193	600481.SH	双良节能	62.72	机械设备	无锡市	非国有
194	002391.SZ	长青股份	62.65	化工	扬州市	非国有
195	002150.SZ	通润装备	62.55	机械设备	苏州市	非国有
196	300855.SZ	图南股份	62.55	有色金属	镇江市	非国有
197	603212.SH	赛伍技术	62.51	机械设备	苏州市	非国有
198	605123.SH	派克新材	62.49	机械设备	无锡市	非国有
199	600327.SH	大东方	62.49	交运设备	无锡市	非国有
200	002349.SZ	精华制药	62.48	医药生物	南通市	地方国有
201	300617.SZ	安靠智电	62.41	机械设备	常州市	非国有
202	603722.SH	阿科力	62.37	化工	无锡市	非国有
203	300670.SZ	大烨智能	62.37	机械设备	南京市	非国有
204	603876.SH	鼎胜新材	62.35	有色金属	镇江市	非国有
205	603519.SH	立霸股份	62.33	家用电器	无锡市	非国有
206	300715.SZ	凯伦股份	62.23	建筑材料	苏州市	非国有
207	605183.SH	确成股份	62.15	化工	无锡市	非国有
208	002077.SZ	大港股份	62.15	电子	镇江市	地方国有
209	603136.SH	天目湖	62.13	餐饮旅游	常州市	非国有
210	002976.SZ	瑞玛工业	62.13	电子	苏州市	非国有
211	688536.SH	思瑞浦	62.10	电子	苏州市	非国有
212	300618.SZ	寒锐钴业	62.07	有色金属	南京市	非国有
213	603017.SH	中衡设计	62.00	建筑材料	苏州市	非国有
214	603937.SH	丽岛新材	61.98	建筑材料	常州市	非国有

续表

排名	公司代码	公司名称	综合健康指数	一级行业_同花顺	地级市	产权性质
215	300500.SZ	启迪设计	61.97	建筑材料	苏州市	非国有
216	600105.SH	永鼎股份	61.94	信息设备	苏州市	非国有
217	300753.SZ	爱朋医疗	61.92	医药生物	南通市	非国有
218	002009.SZ	天奇股份	61.91	机械设备	无锡市	非国有
219	300031.SZ	宝通科技	61.90	信息服务	无锡市	非国有
220	603528.SH	多伦科技	61.88	信息服务	南京市	非国有
221	300905.SZ	宝丽迪	61.86	化工	苏州市	非国有
222	603351.SH	威尔药业	61.79	医药生物	南京市	非国有
223	688093.SH	世华科技	61.78	电子	苏州市	非国有
224	603488.SH	展鹏科技	61.71	机械设备	无锡市	非国有
225	603035.SH	常熟汽饰	61.70	交运设备	苏州市	非国有
226	300575.SZ	中旗股份	61.67	化工	南京市	非国有
227	603066.SH	音飞储存	61.61	交通运输	南京市	地方国有
228	688178.SH	万德斯	61.58	公用事业	南京市	非国有
229	300912.SZ	凯龙高科	61.53	机械设备	无锡市	非国有
230	603016.SH	新宏泰	61.48	机械设备	无锡市	非国有
231	300563.SZ	神宇股份	61.48	信息设备	无锡市	非国有
232	601975.SH	招商南油	61.46	交通运输	南京市	中央国有
233	600400.SH	红豆股份	61.45	纺织服装	无锡市	非国有
234	603693.SH	江苏新能	61.40	公用事业	南京市	地方国有
235	688300.SH	联瑞新材	61.40	有色金属	连云港市	非国有
236	000035.SZ	中国天楹	61.39	公用事业	南通市	非国有
237	300975.SZ	商络电子	61.30	商业贸易	南京市	非国有
238	000681.SZ	视觉中国	61.29	信息服务	常州市	非国有
239	600557.SH	康缘药业	61.26	医药生物	连云港市	非国有
240	002564.SZ	天沃科技	61.15	建筑材料	苏州市	地方国有
241	603041.SH	美思德	61.11	化工	南京市	非国有
242	002024.SZ	苏宁易购	61.06	商业贸易	南京市	非国有
243	300709.SZ	精研科技	61.00	电子	常州市	非国有
244	002002.SZ	鸿达兴业	60.99	化工	扬州市	非国有
245	603158.SH	腾龙股份	60.95	交运设备	常州市	非国有
246	000700.SZ	模塑科技	60.93	交运设备	无锡市	非国有
247	300393.SZ	中来股份	60.88	机械设备	苏州市	非国有
248	605099.SH	共创草坪	60.88	轻工制造	淮安市	非国有
249	300697.SZ	电工合金	60.87	有色金属	无锡市	非国有
250	300826.SZ	测绘股份	60.78	建筑材料	南京市	非国有
251	300420.SZ	五洋停车	60.75	机械设备	徐州市	非国有
252	002274.SZ	华昌化工	60.73	化工	苏州市	非国有
253	300228.SZ	富瑞特装	60.71	机械设备	苏州市	非国有
254	688096.SH	京源环保	60.68	机械设备	南通市	非国有

续表

排名	公司代码	公司名称	综合健康指数	一级行业_同花顺	地级市	产权性质
255	601008.SH	连云港	60.64	交通运输	连云港市	地方国有
256	002998.SZ	优彩资源	60.60	化工	无锡市	非国有
257	600287.SH	江苏舜天	60.59	商业贸易	南京市	地方国有
258	605058.SH	澳弘电子	60.57	电子	常州市	非国有
259	603819.SH	神力股份	60.55	机械设备	常州市	非国有
260	603829.SH	洛凯股份	60.51	机械设备	常州市	非国有
261	603900.SH	莱绅通灵	60.51	商业贸易	南京市	非国有
262	600250.SH	南纺股份	60.50	商业贸易	南京市	地方国有
263	002309.SZ	中利集团	60.42	机械设备	苏州市	非国有
264	603366.SH	日出东方	60.35	家用电器	连云港市	非国有
265	300827.SZ	上能电气	60.33	机械设备	无锡市	非国有
266	601010.SH	文峰股份	60.32	商业贸易	南通市	非国有
267	002290.SZ	禾盛新材	60.26	家用电器	苏州市	非国有
268	002044.SZ	美年健康	60.24	医药生物	南通市	非国有
269	003015.SZ	日久光电	60.23	电子	苏州市	非国有
270	688408.SH	中信博	60.22	机械设备	苏州市	非国有
271	300509.SZ	新美星	60.20	机械设备	苏州市	非国有
272	603269.SH	海鸥股份	60.16	机械设备	常州市	非国有
273	603912.SH	佳力图	60.10	机械设备	南京市	非国有
274	601700.SH	风范股份	60.08	机械设备	苏州市	非国有
275	688558.SH	国盛智科	59.97	机械设备	南通市	非国有
276	002435.SZ	长江健康	59.96	医药生物	苏州市	非国有
277	603787.SH	新日股份	59.88	交运设备	无锡市	非国有
278	002395.SZ	双象股份	59.87	化工	无锡市	非国有
279	002453.SZ	华软科技	59.85	信息服务	苏州市	非国有
280	000936.SZ	华西股份	59.83	化工	无锡市	非国有
281	601500.SH	通用股份	59.82	化工	无锡市	非国有
282	300260.SZ	新莱应材	59.81	机械设备	苏州市	非国有
283	300192.SZ	科德教育	59.80	信息服务	苏州市	非国有
284	300280.SZ	紫天科技	59.79	信息服务	南通市	非国有
285	688698.SH	伟创电气	59.78	机械设备	苏州市	非国有
286	002333.SZ	罗普斯金	59.78	建筑材料	苏州市	非国有
287	603028.SH	赛福天	59.69	机械设备	无锡市	地方国有
288	002787.SZ	华源控股	59.67	轻工制造	苏州市	非国有
289	300600.SZ	国瑞科技	59.62	国防军工	苏州市	地方国有
290	300346.SZ	南大光电	59.62	电子	苏州市	非国有
291	603507.SH	振江股份	59.58	机械设备	无锡市	非国有
292	300585.SZ	奥联电子	59.56	交运设备	南京市	非国有

续表

排名	公司代码	公司名称	综合健康指数	一级行业_同花顺	地级市	产权性质
293	300952.SZ	恒辉安防	59.51	纺织服装	南通市	非国有
294	002255.SZ	海陆重工	59.47	机械设备	苏州市	非国有
295	300809.SZ	华辰装备	59.46	机械设备	苏州市	非国有
296	002471.SZ	中超控股	59.45	机械设备	无锡市	非国有
297	688116.SH	天奈科技	59.45	有色金属	镇江市	非国有
298	300655.SZ	晶瑞股份	59.41	化工	苏州市	非国有
299	300211.SZ	亿通科技	59.38	信息设备	苏州市	非国有
300	605389.SH	长龄液压	59.37	机械设备	无锡市	非国有
301	601218.SH	吉鑫科技	59.35	机械设备	无锡市	非国有
302	002631.SZ	德尔未来	59.35	轻工制造	苏州市	非国有
303	603530.SH	神马电力	59.30	机械设备	南通市	非国有
304	603776.SH	永安行	59.29	交运设备	常州市	非国有
305	300339.SZ	润和软件	59.29	信息服务	南京市	非国有
306	002722.SZ	金轮股份	59.26	机械设备	南通市	非国有
307	605258.SH	协和电子	59.26	电子	常州市	非国有
308	002685.SZ	华东重机	59.25	机械设备	无锡市	非国有
309	300806.SZ	斯迪克	59.24	化工	宿迁市	非国有
310	000584.SZ	哈工智能	59.24	机械设备	无锡市	非国有
311	300664.SZ	鹏鹞环保	59.23	公用事业	无锡市	非国有
312	300717.SZ	华信新材	59.22	化工	徐州市	非国有
313	600099.SH	林海股份	59.20	交运设备	泰州市	中央国有
314	300160.SZ	秀强股份	59.17	家用电器	宿迁市	地方国有
315	605376.SH	博迁新材	59.17	有色金属	宿迁市	非国有
316	688566.SH	吉贝尔	59.13	医药生物	镇江市	非国有
317	300091.SZ	金通灵	59.10	机械设备	南通市	地方国有
318	688055.SH	龙腾光电	59.03	电子	苏州市	地方国有
319	002808.SZ	恒久科技	58.98	电子	苏州市	非国有
320	688286.SH	敏芯股份	58.97	电子	苏州市	非国有
321	688166.SH	博瑞医药	58.91	医药生物	苏州市	非国有
322	300885.SZ	海昌新材	58.88	机械设备	扬州市	非国有
323	603036.SH	如通股份	58.82	机械设备	南通市	非国有
324	000910.SZ	大亚圣象	58.80	轻工制造	镇江市	非国有
325	300598.SZ	诚迈科技	58.74	信息服务	南京市	非国有
326	603111.SH	康尼机电	58.71	交运设备	南京市	非国有
327	002040.SZ	南京港	58.71	交通运输	南京市	地方国有
328	300549.SZ	优德精密	58.69	机械设备	苏州市	非国有
329	300873.SZ	海晨股份	58.65	交通运输	苏州市	非国有
330	300402.SZ	宝色股份	58.64	机械设备	南京市	地方国有
331	300842.SZ	帝科股份	58.61	电子	无锡市	非国有
332	688633.SH	星球石墨	58.60	机械设备	南通市	非国有

续表

排名	公司代码	公司名称	综合健康指数	一级行业_同花顺	地级市	产权性质
333	000816.SZ	智慧农业	58.60	机械设备	盐城市	非国有
334	603626.SH	科森科技	58.53	机械设备	苏州市	非国有
335	300694.SZ	蠡湖股份	58.51	交运设备	无锡市	非国有
336	002530.SZ	金财互联	58.51	信息服务	盐城市	非国有
337	300292.SZ	吴通控股	58.50	信息服务	苏州市	非国有
338	688060.SH	云涌科技	58.42	信息设备	泰州市	非国有
339	603828.SH	柯利达	58.42	建筑材料	苏州市	非国有
340	688678.SH	福立旺	58.41	电子	苏州市	非国有
341	300265.SZ	通光线缆	58.39	机械设备	南通市	非国有
342	003032.SZ	传智教育	58.34	信息服务	宿迁市	非国有
343	300279.SZ	和晶科技	58.32	电子	无锡市	非国有
344	605298.SH	必得科技	58.28	交运设备	无锡市	非国有
345	600805.SH	悦达投资	58.26	交通运输	盐城市	地方国有
346	603990.SH	麦迪科技	58.26	信息服务	苏州市	非国有
347	300641.SZ	正丹股份	58.24	化工	镇江市	非国有
348	300429.SZ	强力新材	58.24	化工	常州市	非国有
349	300165.SZ	天瑞仪器	58.22	机械设备	苏州市	非国有
350	300331.SZ	苏大维格	58.15	电子	苏州市	非国有
351	600300.SH	ST维维	58.14	食品饮料	徐州市	非国有
352	300907.SZ	康平科技	58.11	机械设备	苏州市	非国有
353	300927.SZ	江天化学	58.10	化工	南通市	地方国有
354	002426.SZ	胜利精密	58.04	机械设备	苏州市	非国有
355	002947.SZ	恒铭达	58.03	电子	苏州市	非国有
356	603800.SH	道森股份	57.95	机械设备	苏州市	非国有
357	300651.SZ	金陵体育	57.94	轻工制造	苏州市	非国有
358	300959.SZ	线上线下	57.93	信息服务	无锡市	非国有
359	603078.SH	江化微	57.93	化工	无锡市	非国有
360	002104.SZ	恒宝股份	57.91	信息设备	镇江市	非国有
361	688013.SH	天臣医疗	57.91	医药生物	苏州市	非国有
362	688022.SH	瀚川智能	57.83	机械设备	苏州市	非国有
363	601890.SH	亚星锚链	57.80	国防军工	泰州市	非国有
364	002550.SZ	千红制药	57.74	医药生物	常州市	非国有
365	688258.SH	卓易信息	57.72	信息服务	无锡市	非国有
366	002877.SZ	智能自控	57.71	机械设备	无锡市	非国有
367	002160.SZ	常铝股份	57.69	有色金属	苏州市	非国有
368	002239.SZ	奥特佳	57.58	交运设备	南通市	非国有
369	688607.SH	康众医疗	57.55	医药生物	苏州市	非国有
370	688386.SH	泛亚微透	57.50	化工	常州市	非国有

续表

排名	公司代码	公司名称	综合健康指数	一级行业_同花顺	地级市	产权性质
371	300554.SZ	三超新材	57.48	机械设备	南京市	非国有
372	300201.SZ	海伦哲	57.39	机械设备	徐州市	非国有
373	300217.SZ	东方电热	57.39	家用电器	镇江市	非国有
374	002455.SZ	百川股份	57.37	化工	无锡市	非国有
375	603518.SH	锦泓集团	57.36	纺织服装	南京市	非国有
376	300240.SZ	飞力达	57.34	交通运输	苏州市	非国有
377	603332.SH	苏州龙杰	57.33	化工	苏州市	非国有
378	300931.SZ	通用电梯	57.27	机械设备	苏州市	非国有
379	002201.SZ	九鼎新材	57.26	化工	南通市	非国有
380	300926.SZ	博俊科技	57.24	交运设备	苏州市	非国有
381	300261.SZ	雅本化学	57.20	化工	苏州市	非国有
382	002708.SZ	光洋股份	57.16	交运设备	常州市	非国有
383	605089.SH	味知香	57.16	食品饮料	苏州市	非国有
384	603042.SH	华脉科技	57.10	信息设备	南京市	非国有
385	600220.SH	江苏阳光	57.06	纺织服装	无锡市	非国有
386	300680.SZ	隆盛科技	57.01	交运设备	无锡市	非国有
387	300707.SZ	威唐工业	56.88	交运设备	无锡市	非国有
388	300644.SZ	南京聚隆	56.86	化工	南京市	非国有
389	600213.SH	亚星客车	56.83	交运设备	扬州市	地方国有
390	300584.SZ	海辰药业	56.74	医药生物	南京市	非国有
391	603629.SH	利通电子	56.68	电子	无锡市	非国有
392	300537.SZ	广信材料	56.64	化工	无锡市	非国有
393	688329.SH	艾隆科技	56.63	医药生物	苏州市	非国有
394	603286.SH	日盈电子	56.62	交运设备	常州市	非国有
395	605286.SH	同力日升	56.55	机械设备	镇江市	非国有
396	688017.SH	绿的谐波	56.51	机械设备	苏州市	非国有
397	688689.SH	银河微电	56.43	电子	常州市	非国有
398	603929.SH	亚翔集成	56.42	建筑材料	苏州市	非国有
399	300337.SZ	银邦股份	56.40	有色金属	无锡市	非国有
400	603878.SH	武进不锈	56.34	黑色金属	常州市	非国有
401	600770.SH	综艺股份	56.31	电子	南通市	非国有
402	688510.SH	航亚科技	56.26	国防军工	无锡市	非国有
403	002172.SZ	澳洋健康	56.11	医药生物	苏州市	非国有
404	603117.SH	万林物流	56.11	交通运输	泰州市	非国有
405	002413.SZ	雷科防务	56.05	国防军工	常州市	非国有
406	688030.SH	山石网科	56.04	信息服务	苏州市	非国有
407	300970.SZ	华绿生物	55.95	农林牧渔	宿迁市	非国有
408	603922.SH	金鸿顺	55.93	交运设备	苏州市	非国有
409	300295.SZ	三六五网	55.92	信息服务	南京市	非国有
410	603155.SH	新亚强	55.90	化工	宿迁市	非国有

续表

排名	公司代码	公司名称	综合健康指数	一级行业_同花顺	地级市	产权性质
411	688377.SH	迪威尔	55.87	机械设备	南京市	非国有
412	003043.SZ	华亚智能	55.85	机械设备	苏州市	非国有
413	300385.SZ	雪浪环境	55.85	机械设备	无锡市	地方国有
414	300141.SZ	和顺电气	55.81	机械设备	苏州市	非国有
415	603090.SH	宏盛股份	55.75	机械设备	无锡市	非国有
416	605133.SH	嵘泰股份	55.71	交运设备	扬州市	非国有
417	300936.SZ	中英科技	55.67	电子	常州市	非国有
418	688218.SH	江苏北人	55.67	机械设备	苏州市	非国有
419	688186.SH	广大特材	55.63	黑色金属	苏州市	非国有
420	300555.SZ	路通视信	55.62	信息设备	无锡市	非国有
421	300819.SZ	聚杰微纤	55.56	纺织服装	苏州市	非国有
422	600280.SH	中央商场	55.47	商业贸易	南京市	非国有
423	605218.SH	伟时电子	55.47	电子	苏州市	非国有
424	688350.SH	富淼科技	55.42	化工	苏州市	非国有
425	688656.SH	浩欧博	55.37	医药生物	苏州市	非国有
426	300495.SZ	*ST美尚	55.27	公用事业	无锡市	非国有
427	603007.SH	ST花王	55.26	建筑材料	镇江市	非国有
428	300933.SZ	中辰股份	55.11	机械设备	无锡市	非国有
429	300128.SZ	锦富技术	54.97	电子	苏州市	地方国有
430	603059.SH	倍加洁	54.97	轻工制造	扬州市	非国有
431	605300.SH	佳禾食品	54.96	食品饮料	苏州市	非国有
432	603389.SH	亚振家居	54.83	轻工制造	南通市	非国有
433	300757.SZ	罗博特科	54.73	机械设备	苏州市	非国有
434	688266.SH	泽璟制药	54.72	医药生物	苏州市	非国有
435	300708.SZ	聚灿光电	54.68	电子	苏州市	非国有
436	300382.SZ	斯莱克	54.60	机械设备	苏州市	非国有
437	603655.SH	朗博科技	54.56	交运设备	常州市	非国有
438	002445.SZ	中南文化	54.56	信息服务	无锡市	地方国有
439	688221.SH	前沿生物	54.45	医药生物	南京市	非国有
440	002478.SZ	常宝股份	54.45	黑色金属	常州市	非国有
441	600889.SH	南京化纤	54.24	化工	南京市	地方国有
442	300982.SZ	苏文电能	54.09	建筑材料	常州市	非国有
443	603958.SH	哈森股份	54.06	纺织服装	苏州市	非国有
444	300836.SZ	佰奥智能	54.02	机械设备	苏州市	非国有
445	605333.SH	沪光股份	53.99	交运设备	苏州市	非国有
446	300466.SZ	赛摩智能	53.92	机械设备	徐州市	地方国有
447	600854.SH	春兰股份	53.83	家用电器	泰州市	非国有
448	300013.SZ	新宁物流	53.81	交通运输	苏州市	非国有

续表

排名	公司代码	公司名称	综合健康指数	一级行业_同花顺	地级市	产权性质
449	300721.SZ	怡达股份	53.76	化工	无锡市	非国有
450	300881.SZ	盛德鑫泰	53.64	黑色金属	常州市	非国有
451	603161.SH	科华控股	53.40	交运设备	常州市	非国有
452	688488.SH	艾迪药业	53.38	医药生物	扬州市	非国有
453	300135.SZ	宝利国际	53.21	化工	无锡市	非国有
454	000890.SZ	法尔胜	53.02	机械设备	无锡市	非国有
455	300798.SZ	锦鸡股份	53.02	化工	泰州市	非国有
456	002610.SZ	爱康科技	53.01	机械设备	无锡市	非国有
457	000518.SZ	四环生物	52.84	医药生物	无锡市	非国有
458	000525.SZ	ST红太阳	52.52	化工	南京市	非国有
459	600083.SH	*ST博信	52.39	综合	苏州市	地方国有
460	688661.SH	和林微纳	52.21	电子	苏州市	非国有
461	603188.SH	亚邦股份	51.76	化工	常州市	非国有
462	600078.SH	*ST澄星	51.75	化工	无锡市	非国有
463	002692.SZ	ST远程	51.57	机械设备	无锡市	地方国有
464	300029.SZ	*ST天龙	51.26	机械设备	常州市	非国有
465	002514.SZ	宝馨科技	51.16	机械设备	苏州市	非国有
466	002499.SZ	*ST科林	51.09	机械设备	苏州市	非国有
467	600358.SH	国旅联合	50.94	信息服务	南京市	地方国有
468	002513.SZ	*ST蓝丰	50.76	化工	徐州市	非国有
469	300742.SZ	越博动力	50.72	交运设备	南京市	非国有
470	688533.SH	上声电子	49.75	电子	苏州市	非国有
471	002547.SZ	春兴精工	49.60	电子	苏州市	非国有
472	002496.SZ	*ST辉丰	49.30	化工	盐城市	非国有
473	002652.SZ	扬子新材	49.22	建筑材料	苏州市	非国有
474	600200.SH	江苏吴中	48.98	医药生物	苏州市	非国有
475	300169.SZ	天晟新材	48.95	化工	常州市	非国有
476	600844.SH	丹化科技	48.79	化工	镇江市	地方国有
477	688260.SH	昀冢科技	48.77	电子	苏州市	非国有
478	603133.SH	碳元科技	48.47	化工	常州市	非国有
479	300528.SZ	幸福蓝海	47.46	信息服务	南京市	地方国有
480	300325.SZ	*ST德威	45.97	化工	苏州市	非国有
481	600122.SH	ST宏图	45.38	商业贸易	南京市	非国有
482	300356.SZ	ST光一	43.99	机械设备	南京市	非国有
483	002089.SZ	ST新海	40.44	信息设备	苏州市	非国有

数据来源：同花顺、中关村国睿金融与产业发展研究会。

从行业分布来看，江苏省483家上市公司分布在21个同花顺一级行业中，其中机械设备行业最多，有122家，其次是化工行业有67家，餐饮旅游行业最少，仅有2家。综合健康指数平均水平最高的行业是餐饮旅游（65.41），最低的行业是黑色金属（59.38），如图8-47所示。

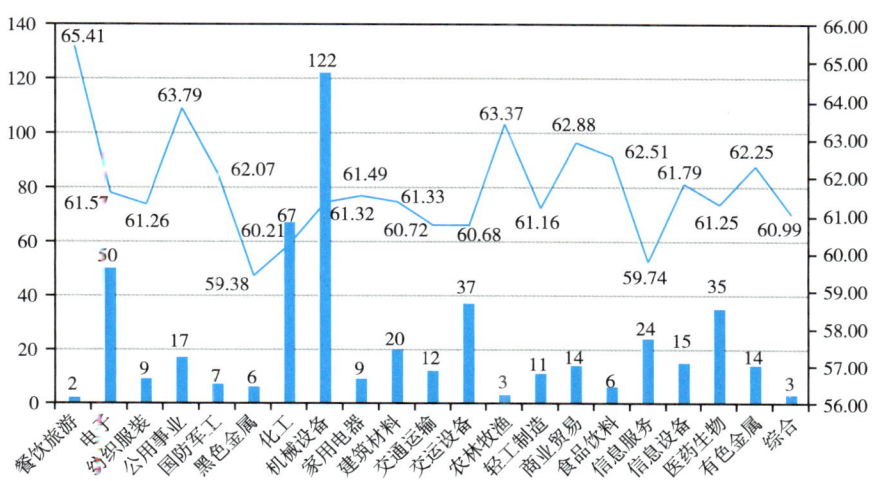

图8-47 江苏省上市公司行业分布

从省内城市分布来看，江苏省483家上市公司分布在13个省内城市，其中苏州市有147家，其次无锡市有90家，淮安市仅有3家，综合健康指数平均水平最高的市是淮安市（65.17），最低的是盐城市（57.70），如图8-48所示。

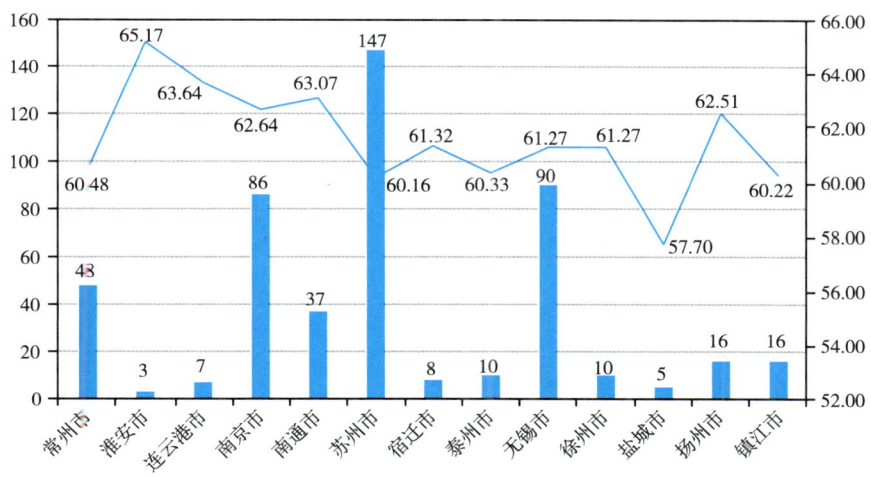

图8-48 江苏省上市公司省内分布

从产权性质来看，江苏省483家上市公司，国有控股上市公司76家，其中中央控股上市公司18家，综合健康指数平均水平为67.83，地方国有控股上市公司58家，综合健康指数平均水平为62.65；非国有控股上市公司407家，综合健康指数平均水平为60.75；如图8-49所示。

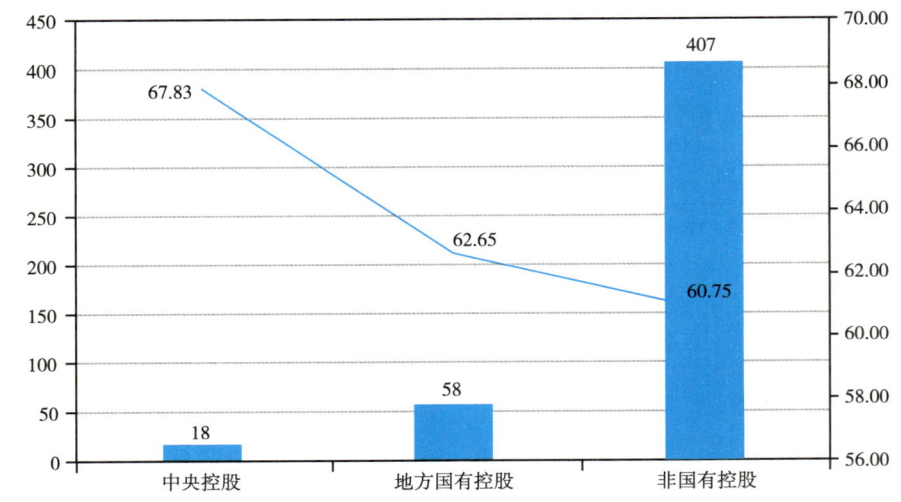

图 8-49 江苏省上市公司产权性质分布

8.1.17 江西省

报告共分析江西省56家上市公司，综合健康指数平均水平为62.18，该省上市公司全排名如表8-18所示。

表 8-18 江西省上市公司综合健康指数全排名

排名	公司代码	公司名称	综合健康指数	一级行业_同花顺	地级市	产权性质
1	000550.SZ	江铃汽车	72.19	交运设备	南昌市	地方国有
2	002157.SZ	正邦科技	71.64	农林牧渔	南昌市	非国有
3	600782.SH	新钢股份	71.44	黑色金属	新余市	地方国有
4	600373.SH	中文传媒	71.35	信息服务	上饶市	地方国有
5	000899.SZ	赣能股份	70.28	公用事业	南昌市	地方国有
6	600362.SH	江西铜业	69.97	有色金属	鹰潭市	地方国有
7	600461.SH	洪城环境	69.66	公用事业	南昌市	地方国有
8	000829.SZ	天音控股	69.12	商业贸易	赣州市	地方国有
9	000789.SZ	万年青	68.48	建筑材料	上饶市	地方国有
10	600750.SH	江中药业	68.25	医药生物	南昌市	中央国有
11	000650.SZ	仁和药业	67.28	医药生物	南昌市	非国有
12	300453.SZ	三鑫医疗	67.10	医药生物	南昌市	非国有
13	600269.SH	赣粤高速	67.04	交通运输	南昌市	地方国有
14	000990.SZ	诚志股份	67.02	化工	南昌市	中央国有
15	000404.SZ	长虹华意	66.65	家用电器	景德镇市	地方国有
16	603977.SH	国泰集团	66.27	化工	南昌市	地方国有
17	600337.SH	美克家居	65.37	轻工制造	赣州市	非国有
18	002068.SZ	黑猫股份	65.35	化工	景德镇市	地方国有

续表

排名	公司代码	公司名称	综合健康指数	一级行业_同花顺	地级市	产权性质
19	002036.SZ	联创电子	64.96	电子	南昌市	非国有
20	601778.SH	晶科科技	64.86	公用事业	上饶市	非国有
21	600363.SH	联创光电	64.58	电子	南昌市	非国有
22	600590.SH	泰豪科技	64.47	机械设备	南昌市	非国有
23	605399.SH	晨光新材	63.70	化工	九江市	非国有
24	002695.SZ	煌上煌	63.69	食品饮料	南昌市	非国有
25	300066.SZ	三川智慧	63.68	机械设备	鹰潭市	非国有
26	300906.SZ	日月明	63.33	交运设备	南昌市	非国有
27	300497.SZ	富祥药业	63.16	医药生物	景德镇市	非国有
28	300748.SZ	金力永磁	63.10	有色金属	赣州市	非国有
29	600507.SH	方大特钢	62.72	黑色金属	南昌市	非国有
30	002460.SZ	赣锋锂业	62.29	有色金属	新余市	非国有
31	300294.SZ	博雅生物	62.25	医药生物	抚州市	非国有
32	300095.SZ	华伍股份	61.91	机械设备	宜春市	非国有
33	600316.SH	洪都航空	61.76	国防军工	南昌市	中央国有
34	300722.SZ	新余国科	60.83	国防军工	新余市	地方国有
35	002378.SZ	章源钨业	60.79	有色金属	赣州市	非国有
36	688057.SH	金达莱	60.77	公用事业	南昌市	非国有
37	600071.SH	凤凰光学	59.98	电子	上饶市	中央国有
38	300399.SZ	天利科技	59.88	信息服务	上饶市	地方国有
39	300818.SZ	耐普矿机	59.72	机械设备	上饶市	非国有
40	002991.SZ	甘源食品	59.32	食品饮料	萍乡市	非国有
41	300787.SZ	海能实业	59.08	电子	吉安市	非国有
42	300636.SZ	同和药业	58.15	医药生物	宜春市	非国有
43	600397.SH	安源煤业	57.87	采掘	萍乡市	地方国有
44	605366.SH	宏柏新材	56.74	化工	景德镇市	非国有
45	603773.SH	沃格光电	56.11	电子	新余市	非国有
46	605188.SH	国光连锁	55.60	商业贸易	吉安市	非国有
47	002748.SZ	世龙实业	55.53	化工	景德镇市	非国有
48	600228.SH	返利科技	55.32	化工	赣州市	非国有
49	002591.SZ	恒大高新	55.28	信息服务	南昌市	非国有
50	688567.SH	孚能科技	54.74	机械设备	赣州市	非国有
51	300472.SZ	新元科技	54.63	机械设备	抚州市	非国有
52	002176.SZ	江特电机	54.30	机械设备	宜春市	非国有
53	688560.SH	明冠新材	54.26	机械设备	宜春市	非国有
54	600561.SH	江西长运	53.53	交通运输	南昌市	地方国有
55	300986.SZ	志特新材	51.74	机械设备	抚州市	非国有
56	000820.SZ	*ST节能	42.88	公用事业	南昌市	非国有

数据来源：同花顺、中关村国睿金融与产业发展研究会。

从行业分布来看，江西省56家上市公司分布在18个同花顺一级行业中，其中机械设备行业最多，有9家，其次是化工行业有7家，采掘、家用电器、建筑材料、农林牧渔、轻工制造行业最少，仅有1家。综合健康指数平均水平最高的行业是农林牧渔（71.64），最低的行业是采掘（57.87），如图8-50所示。

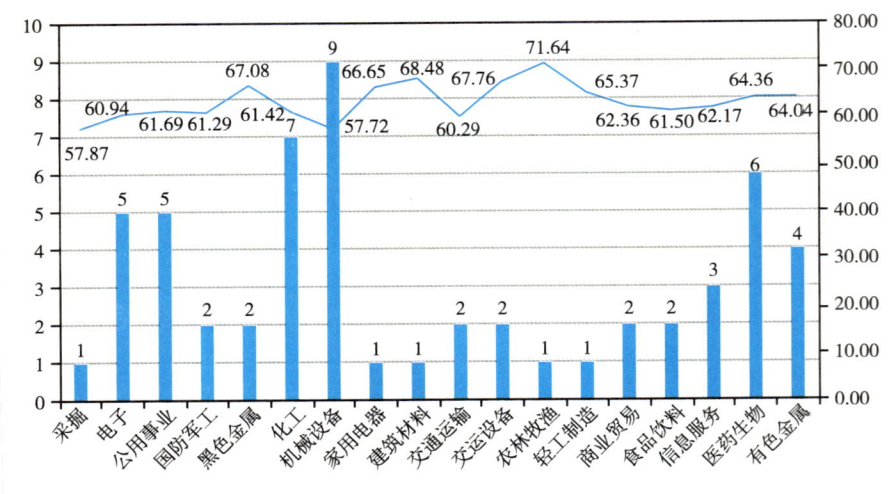

图8-50 江西省上市公司行业分布

从省内城市分布来看，江西省56家上市公司分布在11个省内城市，其中南昌市有21家，其次赣州市、上饶市有6家，九江市仅有1家，综合健康指数平均水平最高的市是鹰潭市（66.83），最低的是抚州市（56.21），如图8-51所示。

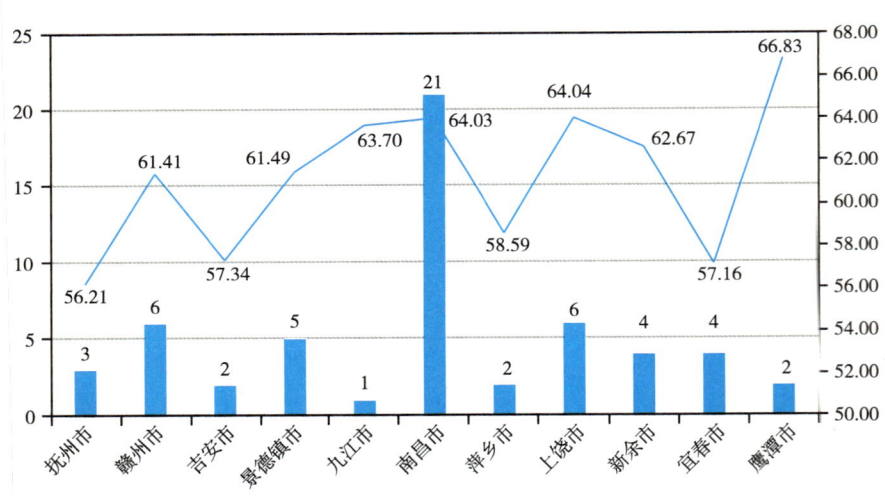

图8-51 江西省上市公司省内分布

从产权性质来看，江西省56家上市公司，国有控股上市公司20家，其中中央控股上市公司4家，综合健康指数平均水平为64.25，地方国有控股上市公司16家，综合健康指数平均水平为66.24；非国有控股上市公司36家，综合健康指数平均水平为60.14；如图8-52所示。

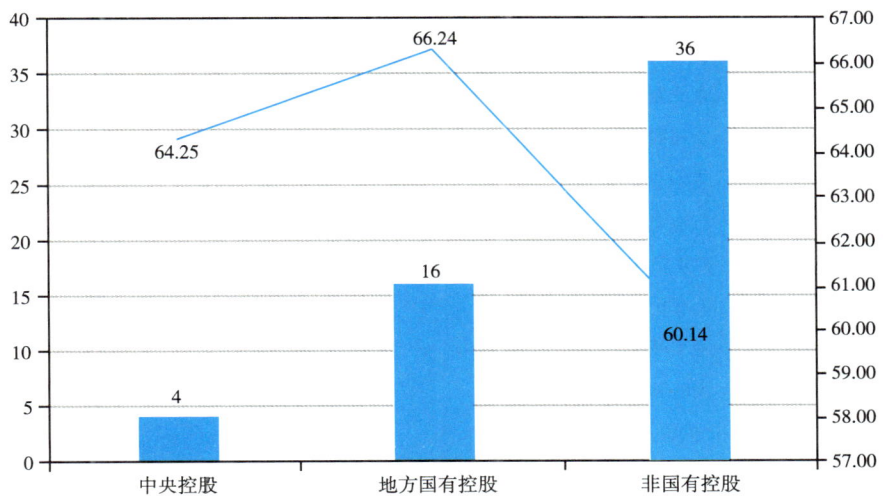

图8-52　江西省上市公司产权性质分布

8.1.18　辽宁省

报告共分析辽宁省72家上市公司，综合健康指数平均水平为59.74，该省上市公司全排名如表8-19所示。

表8-19　　　　　　　　　　　　辽宁省上市公司综合健康指数全排名

排名	公司代码	公司名称	综合健康指数	一级行业_同花顺	地级市	产权性质
1	600795.SH	国电电力	71.92	公用事业	大连市	中央国有
2	300082.SZ	奥克股份	70.05	化工	辽阳市	非国有
3	000881.SZ	中广核技	69.95	化工	大连市	中央国有
4	600346.SH	恒力石化	69.93	化工	大连市	非国有
5	600233.SH	圆通速递	69.00	交通运输	大连市	非国有
6	603609.SH	禾丰股份	68.04	农林牧渔	沈阳市	非国有
7	002487.SZ	大金重工	66.66	机械设备	阜新市	非国有
8	002204.SZ	大连重工	66.42	机械设备	大连市	地方国有
9	002123.SZ	梦网科技	66.27	信息服务	鞍山市	非国有
10	000698.SZ	沈阳化工	66.17	化工	沈阳市	中央国有
11	600739.SH	辽宁成大	66.05	医药生物	大连市	地方国有
12	601880.SH	辽港股份	65.83	交通运输	大连市	中央国有
13	601999.SH	出版传媒	65.82	信息服务	沈阳市	地方国有
14	000898.SZ	鞍钢股份	65.43	黑色金属	鞍山市	中央国有
15	000715.SZ	中兴商业	65.40	商业贸易	沈阳市	非国有
16	600125.SH	铁龙物流	65.15	交通运输	大连市	中央国有
17	000059.SZ	华锦股份	64.66	化工	盘锦市	中央国有
18	600167.SH	联美控股	64.31	公用事业	沈阳市	非国有
19	300573.SZ	兴齐眼药	64.00	医药生物	沈阳市	非国有
20	000818.SZ	航锦科技	63.45	化工	葫芦岛市	地方国有

续表

排名	公司代码	公司名称	综合健康指数	一级行业_同花顺	地级市	产权性质
21	000597.SZ	东北制药	63.37	医药生物	沈阳市	非国有
22	603396.SH	金辰股份	63.14	机械设备	营口市	非国有
23	600231.SH	凌钢股份	63.09	黑色金属	朝阳市	地方国有
24	600718.SH	东软集团	63.09	信息服务	沈阳市	非国有
25	600297.SH	广汇汽车	63.03	交运设备	大连市	非国有
26	300758.SZ	七彩化学	62.99	化工	鞍山市	非国有
27	603866.SH	桃李面包	62.51	食品饮料	沈阳市	非国有
28	600694.SH	大商股份	61.50	商业贸易	大连市	非国有
29	300024.SZ	机器人	61.43	机械设备	沈阳市	中央国有
30	603360.SH	百傲化学	61.31	化工	大连市	非国有
31	002606.SZ	大连电瓷	61.24	机械设备	大连市	非国有
32	688233.SH	神工股份	61.09	电子	锦州市	非国有
33	002689.SZ	远大智能	60.62	机械设备	沈阳市	非国有
34	300097.SZ	智云股份	60.30	机械设备	大连市	非国有
35	600396.SH	金山股份	60.12	公用事业	沈阳市	中央国有
36	688529.SH	豪森股份	59.84	机械设备	大连市	非国有
37	000530.SZ	冰山冷热	59.75	机械设备	大连市	非国有
38	600190.SH	锦州港	59.63	交通运输	锦州市	非国有
39	603318.SH	水发燃气	59.58	机械设备	大连市	地方国有
40	688037.SH	芯源微	59.56	机械设备	沈阳市	中央国有
41	000761.SZ	本钢板材	59.44	黑色金属	本溪市	地方国有
42	300290.SZ	荣科科技	59.24	信息服务	沈阳市	非国有
43	603315.SH	福鞍股份	59.14	公用事业	鞍山市	非国有
44	600399.SH	抚顺特钢	58.92	黑色金属	抚顺市	非国有
45	002952.SZ	亚世光电	58.90	电子	鞍山市	非国有
46	000751.SZ	锌业股份	58.60	有色金属	葫芦岛市	非国有
47	600758.SH	辽宁能源	57.74	采掘	沈阳市	地方性国有
48	600609.SH	金杯汽车	57.23	交运设备	沈阳市	地方国有
49	002354.SZ	天神娱乐	56.97	信息服务	大连市	非国有
50	300473.SZ	德尔股份	56.09	交运设备	阜新市	非国有
51	002447.SZ	*ST晨鑫	55.54	信息服务	大连市	非国有
52	603399.SH	吉翔股份	55.23	有色金属	锦州市	非国有
53	600303.SH	曙光股份	54.73	交运设备	丹东市	非国有
54	600719.SH	大连热电	54.71	公用事业	大连市	地方国有
55	600241.SH	ST时万	54.56	机械设备	大连市	地方国有
56	002667.SZ	鞍重股份	53.72	机械设备	鞍山市	非国有
57	002731.SZ	萃华珠宝	53.39	轻工制造	沈阳市	非国有
58	300202.SZ	*ST聚龙	53.16	信息设备	鞍山市	非国有

续表

排名	公司代码	公司名称	综合健康指数	一级行业_同花顺	地级市	产权性质
59	000410.SZ	*ST沈机	53.16	机械设备	沈阳市	中央国有
60	300210.SZ	森远股份	53.00	机械设备	鞍山市	非国有
61	002069.SZ	獐子岛	52.83	农林牧渔	大连市	非国有
62	300293.SZ	蓝英装备	52.75	机械设备	沈阳市	非国有
63	600653.SH	申华控股	52.63	交运设备	沈阳市	地方国有
64	000692.SZ	惠天热电	52.32	公用事业	沈阳市	地方国有
65	002621.SZ	美吉姆	52.28	信息服务	大连市	非国有
66	002231.SZ	奥维通信	51.57	信息设备	沈阳市	非国有
67	600306.SH	*ST商城	51.14	商业贸易	沈阳市	非国有
68	300125.SZ	聆达股份	50.78	机械设备	大连市	非国有
69	000679.SZ	大连友谊	50.35	商业贸易	大连市	非国有
70	600715.SH	文投控股	50.06	信息服务	沈阳市	地方国有
71	300405.SZ	科隆股份	49.92	化工	辽阳市	非国有
72	600593.SH	大连圣亚	49.76	餐饮旅游	大连市	地方国有

数据来源：同花顺、中关村国睿金融与产业发展研究会。

从行业分布来看，辽宁省72家上市公司分布在17个同花顺一级行业中，其中机械设备行业最多，有17家，其次是化工行业有9家，采掘、餐饮旅游、轻工制造、食品饮料行业最少，仅有1家。综合健康指数平均水平最高的行业是交通运输（64.90），最低的行业是餐饮旅游（49.76），如图8-53所示。

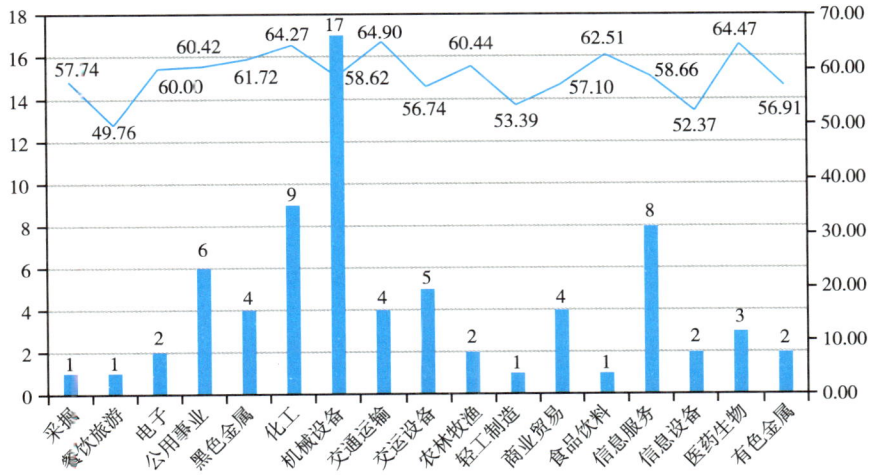

图8-53 辽宁省上市公司行业分布

从省内城市分布来看，辽宁省72家上市公司分布在13个省内城市，其中大连市有25家，其次沈阳市有24家，本溪市、朝阳市、丹东市、抚顺市、盘锦市、营口市仅有1家，综合健康指数平均水平最高的市是盘锦市（64.66），最低的是丹东市（54.73），如图8-54所示。

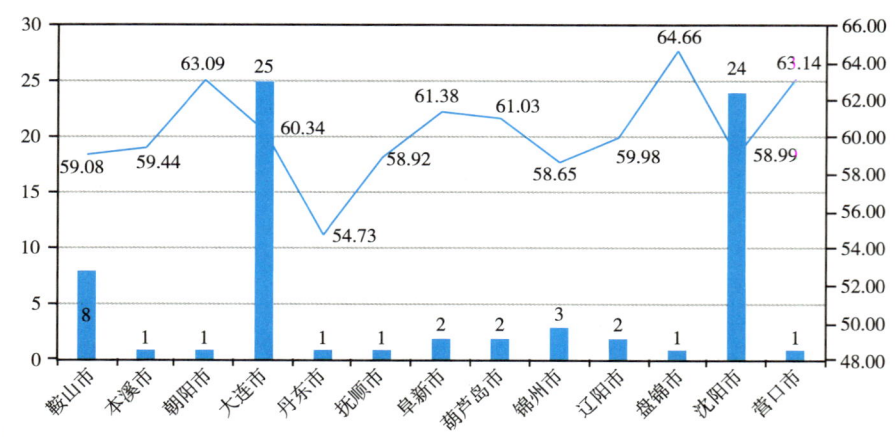

图 8-54 辽宁省上市公司省内分布

从产权性质来看,辽宁省72家上市公司,国有控股上市公司26家,其中中央控股上市公司11家,综合健康指数平均水平为63.94,地方国有控股上市公司15家,综合健康指数平均水平为58.19;非国有控股上市公司46家,综合健康指数平均水平为59.25;如图8-55所示。

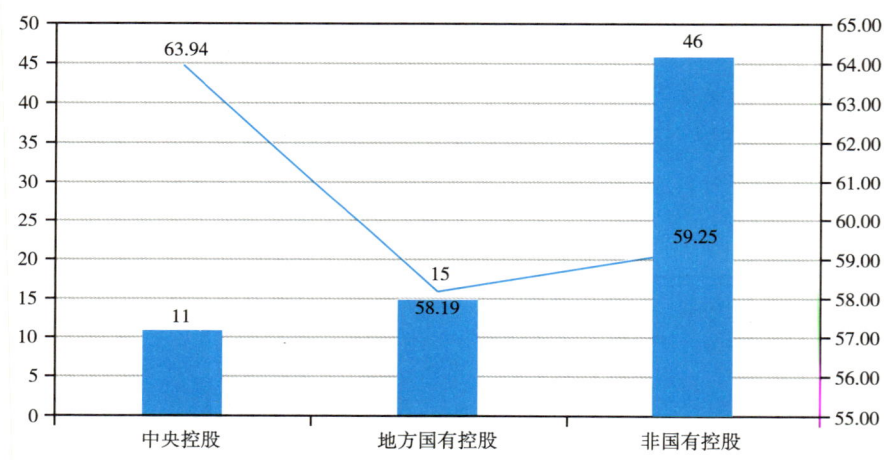

图 8-55 辽宁省上市公司产权性质分布

8.1.19 内蒙古自治区

报告共分析内蒙古自治区24家上市公司,综合健康指数平均水平为62.39,该自治区上市公司全排名如表8-20所示。

表 8-20　　　　　　　　内蒙古自治区省上市公司综合健康指数全排名

排名	公司代码	公司名称	综合健康指数	一级行业_同花顺	地级市	产权性质
1	601216.SH	君正集团	72.42	化工	乌海市	非国有
2	600295.SH	鄂尔多斯	70.45	采掘	鄂尔多斯市	非国有

续表

排名	公司代码	公司名称	综合健康指数	一级行业_同花顺	地级市	产权性质
3	600967.SH	内蒙一机	70.16	国防军工	包头市	中央国有
4	600111.SH	北方稀土	70.05	有色金属	包头市	地方国有
5	600887.SH	伊利股份	68.77	食品饮料	呼和浩特市	非国有
6	600201.SH	生物股份	68.55	农林牧渔	呼和浩特市	非国有
7	002128.SZ	露天煤业	67.57	采掘	通辽市	中央国有
8	600988.SH	赤峰黄金	65.92	有色金属	赤峰市	非国有
9	600863.SH	内蒙华电	64.77	公用事业	呼和浩特市	中央国有
10	300355.SZ	蒙草生态	64.05	公用事业	呼和浩特市	非国有
11	000975.SZ	银泰黄金	63.66	有色金属	锡林郭勒盟	非国有
12	300049.SZ	福瑞股份	63.41	医药生物	乌兰察布市	非国有
13	600010.SH	包钢股份	63.06	黑色金属	包头市	地方国有
14	600262.SH	北方股份	63.00	机械设备	包头市	中央国有
15	600277.SH	亿利洁能	62.82	化工	鄂尔多斯市	非国有
16	002688.SZ	金河生物	62.32	农林牧渔	呼和浩特市	非国有
17	600328.SH	中盐化工	61.73	化工	阿拉善盟	中央国有
18	000683.SZ	远兴能源	60.39	化工	鄂尔多斯市	非国有
19	300239.SZ	东宝生物	59.96	医药生物	包头市	非国有
20	000780.SZ	*ST平能	58.75	采掘	赤峰市	中央国有
21	000426.SZ	兴业矿业	54.10	有色金属	赤峰市	非国有
22	600191.SH	*ST华资	51.93	农林牧渔	包头市	非国有
23	600091.SH	*ST明科	48.21	综合	包头市	非国有
24	000611.SZ	*ST天首	41.25	综合	包头市	非国有

数据来源：同花顺、中关村国睿金融与产业发展研究会。

从行业分布来看，内蒙古自治区24家上市公司分布在11个同花顺一级行业中，其中化工、有色金属行业最多，有4家，其次是采掘、农林牧渔行业有3家，国防军工、黑色金属、机械设备、食品饮料行业最少，仅有1家。综合健康指数平均水平最高的行业是国防军工（70.16），最低的行业是综合（44.73），如图8-56所示。

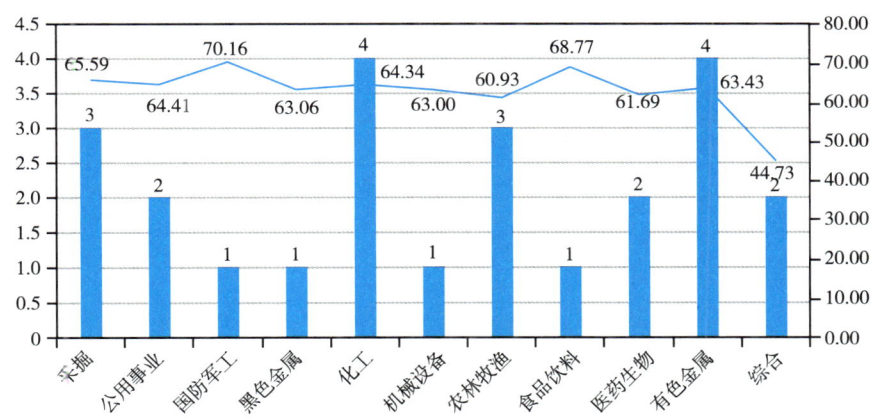

图8-56 内蒙古自治区上市公司行业分布

从省内城市分布来看，内蒙古自治区24家上市公司分布在9个自治区内城市，其中包头市有8家，其次呼和浩特市有5家，阿拉善盟、通辽市、乌海市、乌兰察布市、锡林郭勒盟仅有1家，综合健康指数平均水平最高的市是乌海市（72.42），最低的是包头市（58.45），如图8-57所示。

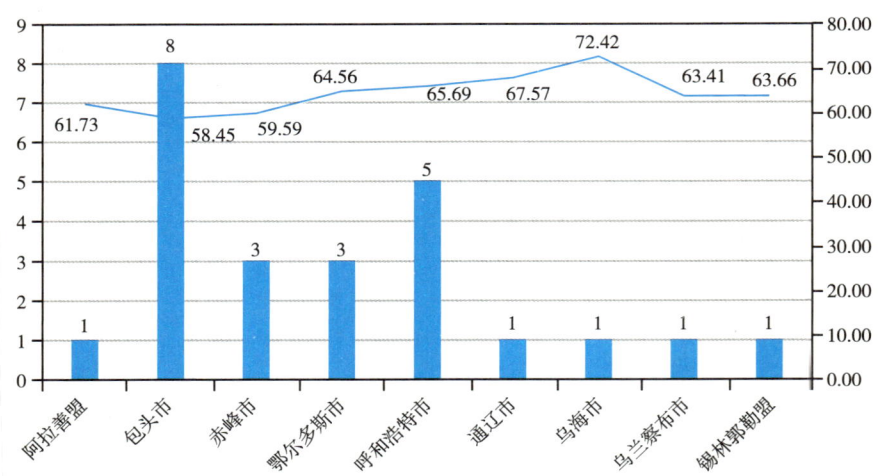

图8-57 内蒙古自治区上市公司省内分布

从产权性质来看，内蒙古自治区24家上市公司，国有控股上市公司8家，其中中央控股上市公司6家，综合健康指数平均水平为64.33，地方国有控股上市公司2家，综合健康指数平均水平为66.56；非国有控股上市公司16家，综合健康指数平均水平为61.14；如图8-58所示。

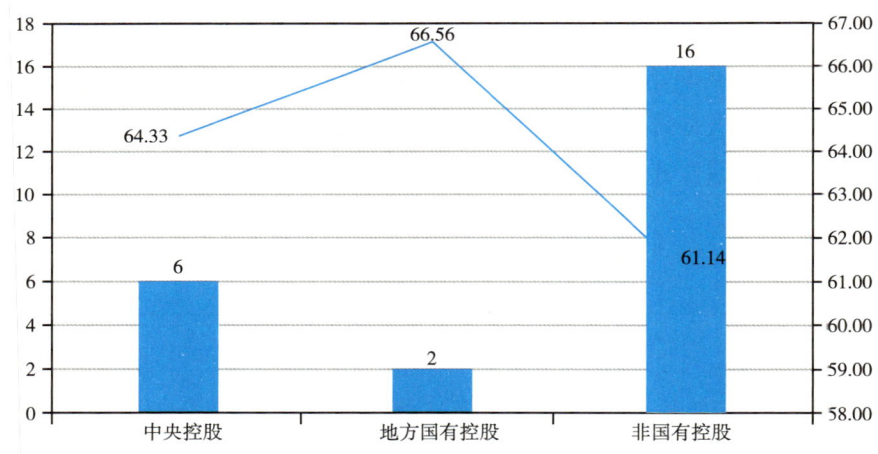

图8-58 内蒙古自治区上市公司产权性质分布

8.1.20 宁夏回族自治区

报告共分析宁夏回族自治区15家上市公司，综合健康指数平均水平为59.27，该自治区上市公司全排名如表8-21所示。

表 8-21　　　　　　　　　　宁夏回族自治区上市公司综合健康指数全排名

排名	公司代码	公司名称	综合健康指数	一级行业_同花顺	地级市	产权性质
1	600449.SH	宁夏建材	70.42	建筑材料	银川市	中央国有
2	600989.SH	宝丰能源	67.85	化工	银川市	非国有
3	000635.SZ	英力特	65.70	化工	石嘴山市	中央国有
4	000557.SZ	西部创业	64.48	交通运输	银川市	地方国有
5	000962.SZ	东方钽业	64.07	有色金属	石嘴山市	中央国有
6	002457.SZ	青龙管业	63.45	建筑材料	吴忠市	非国有
7	000815.SZ	美利云	61.00	轻工制造	中卫市	中央国有
8	601619.SH	嘉泽新能	58.38	公用事业	吴忠市	非国有
9	600785.SH	新华百货	57.55	商业贸易	银川市	非国有
10	000595.SZ	*ST宝实	57.39	机械设备	银川市	地方国有
11	000862.SZ	银星能源	56.66	公用事业	银川市	中央国有
12	000982.SZ	中银绒业	56.40	纺织服装	银川市	非国有
13	300967.SZ	晓鸣股份	55.66	农林牧渔	银川市	非国有
14	600165.SH	新日恒力	50.50	化工	石嘴山市	非国有
15	600146.SH	*ST环球	39.58	纺织服装	银川市	非国有

数据来源：同花顺、中关村国睿金融与产业发展研究会。

从行业分布来看，宁夏回族自治区15家上市公司分布在10个同花顺一级行业中，其中化工行业最多，有3家，其次是建筑材料、公用事业、纺织服装行业有2家，机械设备、交通运输、农林牧渔、轻工制造、商业贸易、有色金属行业最少，仅有1家。综合健康指数平均水平最高的行业是建筑材料（66.93），最低的行业是纺织服装（47.99），如图8-59所示。

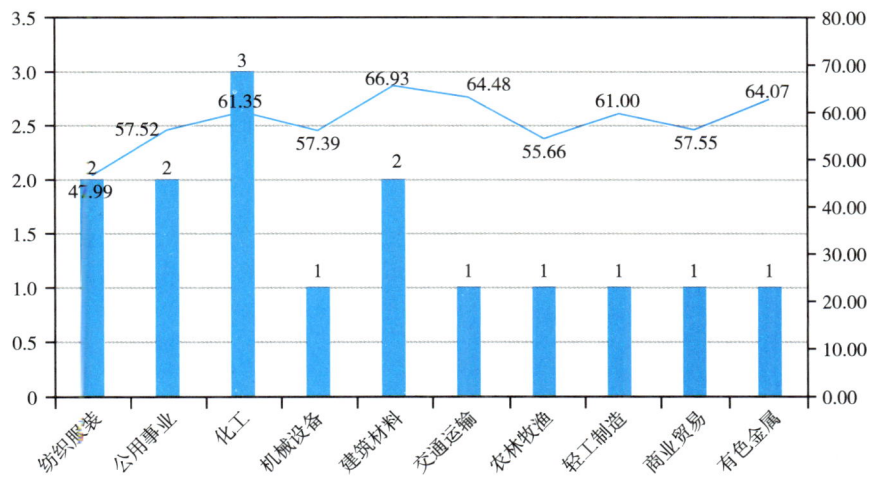

图 8-59　宁夏回族自治区上市公司行业分布

从省内城市分布来看,宁夏回族自治区15家上市公司分布在4个自治区内城市,其中银川市有9家,其次石嘴山市有3家,中卫市仅有1家,综合健康指数平均水平最高的市是中卫市(61.00),最低的是银川市(58.44),如图8-60所示。

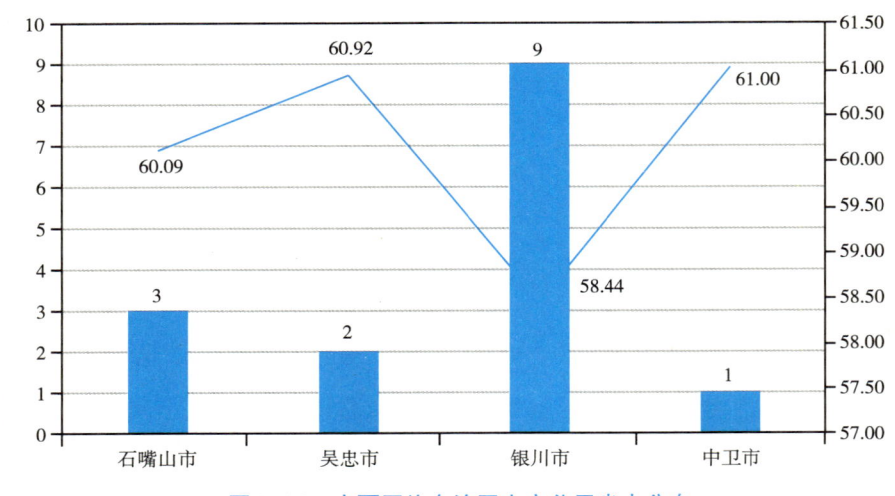

图8-60　宁夏回族自治区上市公司省内分布

从产权性质来看,宁夏回族自治区15家上市公司,国有控股上市公司7家,其中中央控股上市公司5家,综合健康指数平均水平为63.57,地方国有控股上市公司2家,综合健康指数平均水平为60.94;非国有控股上市公司8家,综合健康指数平均水平为56.17;如图8-61所示。

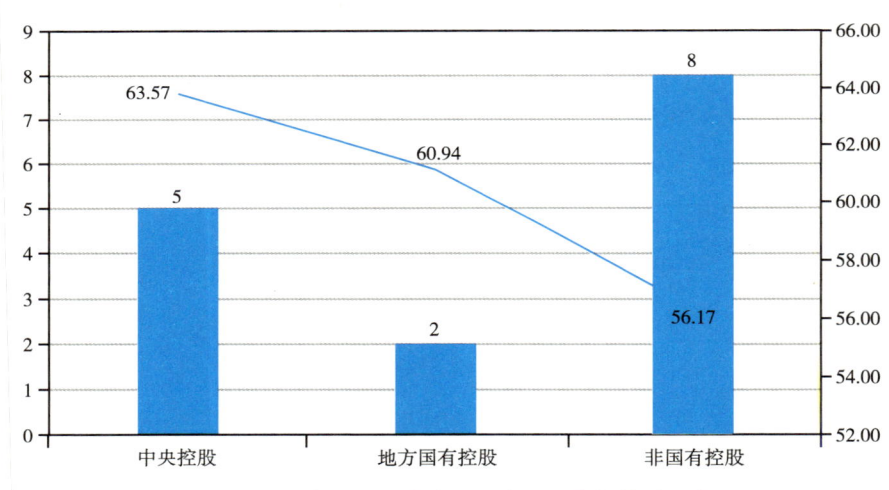

图8-61　宁夏回族自治区上市公司产权性质分布

8.1.21　青海省

报告共分析青海省11家上市公司,综合健康指数平均水平为57.92,该省上市公司全排名如表8-22所示。

表 8-22　　　　　　　　　　　　青海省上市公司综合健康指数全排名

排名	公司代码	公司名称	综合健康指数	一级行业_同花顺	地级市	产权性质
1	601168.SH	西部矿业	71.79	有色金属	西宁市	地方国有
2	000792.SZ	盐湖股份	62.97	化工	海西蒙古族藏族自治州	地方国有
3	603843.SH	王平股份	59.68	建筑材料	西宁市	非国有
4	600243.SH	青海华鼎	58.79	机械设备	西宁市	非国有
5	600714.SH	金瑞矿业	58.63	化工	西宁市	地方国有
6	600117.SH	西宁特钢	57.71	黑色金属	西宁市	地方国有
7	002646.SZ	青青稞酒	57.21	食品饮料	海东市	非国有
8	600869.SH	远东股份	57.19	机械设备	西宁市	非国有
9	000408.SZ	藏格控股	54.24	化工	海西蒙古族藏族自治州	非国有
10	600381.SH	青海春天	51.72	信息服务	西宁市	非国有
11	000606.SZ	ST顺利	47.22	信息服务	西宁市	非国有

数据来源：同花顺、中关村国睿金融与产业发展研究会。

从行业分布来看，青海省11家上市公司分布在7个同花顺一级行业中，其中化工行业最多，有3家，其次是机械设备、服务信息行业有2家，黑色金属、建筑材料、有色金属、食品饮料行业最少，仅有1家。综合健康指数平均水平最高的行业是有色金属（71.79），最低的行业是信息服务（49.47），如图8-62所示。

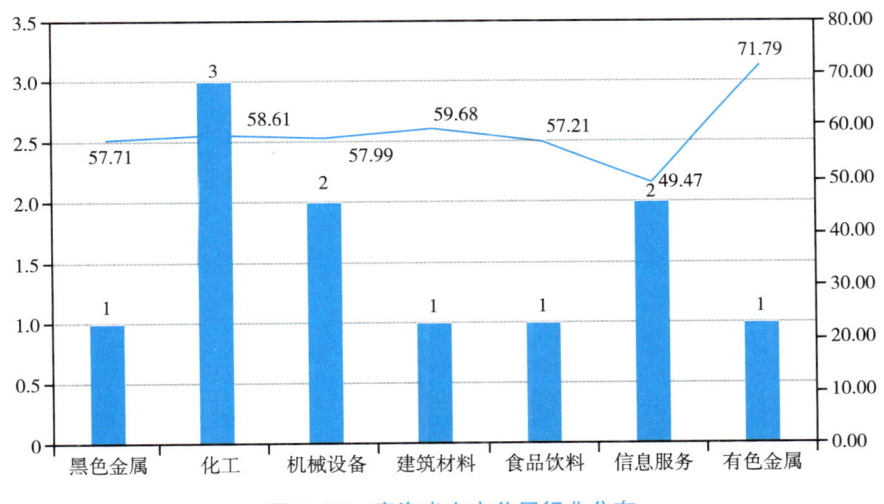

图8-62　青海省上市公司行业分布

从省内城市分布来看，青海省11家上市公司分布在3个省内城市，其中西宁市有8家，其次海西蒙古族藏族自治区有2家，海东市仅有1家，综合健康指数平均水平最高的市是海西蒙古族藏族自治州（58.61），最低的是海东市（57.21），如图8-63所示。

从产权性质来看，青海省11家上市公司，国有控股上市公司4家，其中中央控股上市公司0家，地方国有控股上市公司4家，综合健康指数平均水平为62.77；非国有控股上市公司7家，综合健康指数平均水平为55.15；如图8-64所示。

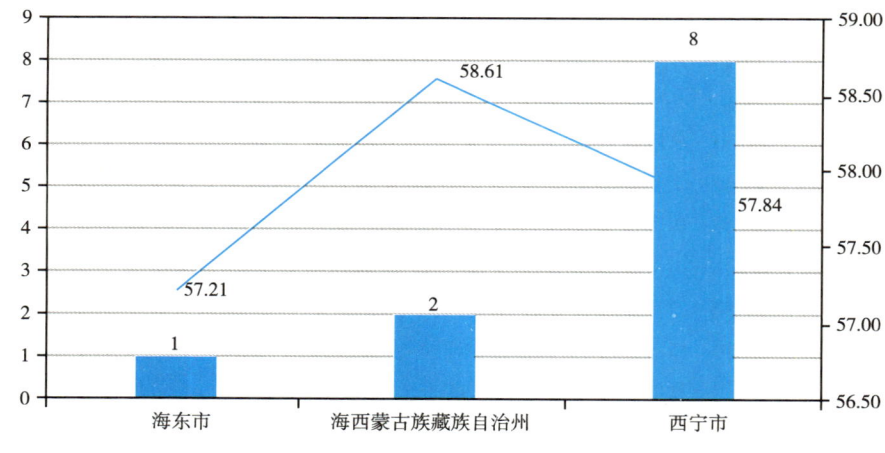

图 8-63　青海省上市公司省内分布

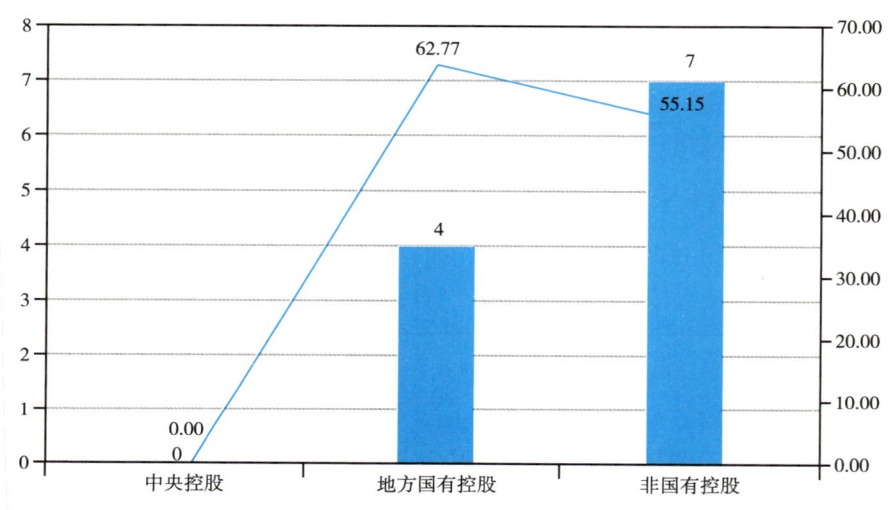

图 8-64　青海省上市公司产权性质分布

8.1.22　山东省

报告共分析山东省227家上市公司，综合健康指数平均水平为62.30，该省上市公司全排名如表8-23所示。

表 8-23　　　　　　　　　　　山东省上市公司综合健康指数全排名

排名	公司代码	公司名称	综合健康指数	一级行业_同花顺	地级市	产权性质
1	600350.SH	山东高速	74.92	交通运输	济南市	地方国有
2	600426.SH	华鲁恒升	73.39	化工	德州市	地方国有
3	000830.SZ	鲁西化工	72.93	化工	聊城市	中央国有
4	600309.SH	万华化学	72.37	化工	烟台市	地方国有
5	002838.SZ	道恩股份	72.35	化工	烟台市	非国有
6	000977.SZ	浪潮信息	72.13	信息设备	济南市	地方国有

续表

排名	公司代码	公司名称	综合健康指数	一级行业_同花顺	地级市	产权性质
7	002643.SZ	万润股份	72.06	化工	烟台市	中央国有
8	300677.SZ	英科医疗	71.74	医药生物	淄博市	非国有
9	600060.SH	海信视像	71.70	家用电器	青岛市	地方国有
10	000338.SZ	潍柴动力	71.61	交运设备	潍坊市	地方国有
11	600219.SH	南山铝业	71.23	有色金属	烟台市	非国有
12	601298.SH	青岛港	71.17	交通运输	青岛市	地方国有
13	000498.SZ	山东路桥	71.07	建筑材料	济南市	地方国有
14	002241.SZ	歌尔股份	70.98	电子	潍坊市	非国有
15	600188.SH	兖州煤业	70.58	采掘	济宁市	地方国有
16	000811.SZ	冰轮环境	70.53	机械设备	烟台市	地方国有
17	600690.SH	海尔智家	70.40	家用电器	青岛市	非国有
18	002242.SZ	九阳股份	70.23	家用电器	济南市	非国有
19	600547.SH	山东黄金	70.18	有色金属	济南市	地方国有
20	000951.SZ	中国重汽	70.02	交运设备	济南市	地方国有
21	002026.SZ	山东威达	69.97	机械设备	威海市	非国有
22	601058.SH	赛轮轮胎	69.96	化工	青岛市	非国有
23	003022.SZ	联泓新科	69.96	化工	枣庄市	非国有
24	600760.SH	中航沈飞	69.92	国防军工	威海市	中央国有
25	603026.SH	石大胜华	69.91	化工	东营市	中央国有
26	000488.SZ	晨鸣纸业	69.40	轻工制造	潍坊市	地方国有
27	002353.SZ	杰瑞股份	69.37	机械设备	烟台市	非国有
28	600529.SH	山东药玻	69.32	医药生物	淄博市	地方国有
29	688139.SH	海尔生物	69.23	医药生物	青岛市	非国有
30	002073.SZ	太阳纸业	69.07	轻工制造	济宁市	非国有
31	002408.SZ	齐翔腾达	68.92	化工	淄博市	非国有
32	300659.SZ	中孚信息	68.79	信息服务	济南市	非国有
33	002254.SZ	泰和新材	68.75	化工	烟台市	地方国有
34	603113.SH	金能科技	68.53	采掘	德州市	非国有
35	300183.SZ	东软载波	68.41	信息设备	青岛市	地方国有
36	002283.SZ	天润工业	68.38	交运设备	威海市	非国有
37	002595.SZ	豪迈科技	68.37	机械设备	潍坊市	非国有
38	300443.SZ	金雷股份	68.08	机械设备	济南市	非国有
39	300559.SZ	天能重工	68.07	机械设备	青岛市	地方国有
40	300821.SZ	东岳硅材	68.07	有色金属	淄博市	非国有
41	002117.SZ	东港股份	67.92	轻工制造	济南市	非国有
42	000682.SZ	东方电子	67.89	机械设备	烟台市	地方国有
43	002588.SZ	史丹利	67.75	化工	临沂市	非国有
44	600027.SH	华电国际	67.73	公用事业	济南市	中央国有

续表

排名	公司代码	公司名称	综合健康指数	一级行业_同花顺	地级市	产权性质
45	600336.SH	澳柯玛	67.68	家用电器	青岛市	地方国有
46	002111.SZ	威海广泰	67.66	机械设备	威海市	非国有
47	603858.SH	步长制药	67.49	医药生物	菏泽市	非国有
48	600022.SH	山东钢铁	67.41	黑色金属	济南市	地方国有
49	000423.SZ	东阿阿胶	67.40	医药生物	聊城市	中央国有
50	600966.SH	博汇纸业	67.33	轻工制造	淄博市	非国有
51	002382.SZ	蓝帆医疗	67.29	医药生物	淄博市	非国有
52	300699.SZ	光威复材	67.25	化工	威海市	非国有
53	000915.SZ	华特达因	67.24	医药生物	临沂市	地方国有
54	002498.SZ	汉缆股份	66.95	机械设备	青岛市	非国有
55	688363.SH	华熙生物	66.88	医药生物	济南市	非国有
56	600017.SH	日照港	66.87	交通运输	日照市	地方国有
57	002286.SZ	保龄宝	66.59	农林牧渔	德州市	非国有
58	000726.SZ	鲁泰A	66.51	纺织服装	淄博市	非国有
59	603187.SH	海容冷链	66.47	机械设备	青岛市	非国有
60	600587.SH	新华医疗	66.37	医药生物	淄博市	地方国有
61	002237.SZ	恒邦股份	66.32	有色金属	烟台市	地方国有
62	002810.SZ	山东赫达	66.32	化工	淄博市	非国有
63	603367.SH	辰欣药业	66.29	医药生物	济宁市	非国有
64	002768.SZ	国恩股份	66.26	化工	青岛市	非国有
65	601966.SH	玲珑轮胎	66.25	化工	烟台市	非国有
66	002891.SZ	中宠股份	66.14	农林牧渔	烟台市	非国有
67	600727.SH	鲁北化工	66.04	化工	滨州市	地方国有
68	300690.SZ	双一科技	65.97	化工	德州市	非国有
69	601163.SH	三角轮胎	65.95	化工	威海市	非国有
70	601678.SH	滨化股份	65.84	化工	滨州市	非国有
71	603612.SH	索通发展	65.78	有色金属	德州市	非国有
72	002481.SZ	双塔食品	65.76	食品饮料	烟台市	地方国有
73	000409.SZ	云鼎科技	65.66	综合	济南市	地方国有
74	300185.SZ	通裕重工	65.64	机械设备	德州市	地方国有
75	300423.SZ	昇辉科技	65.61	机械设备	烟台市	非国有
76	601019.SH	山东出版	65.57	信息服务	济南市	地方国有
77	300243.SZ	瑞丰高材	65.50	化工	淄博市	非国有
78	603639.SH	海利尔	65.50	化工	青岛市	非国有
79	000756.SZ	新华制药	65.49	医药生物	淄博市	地方国有
80	300308.SZ	中际旭创	65.48	信息设备	烟台市	非国有
81	600784.SH	鲁银投资	65.44	综合	济南市	地方国有
82	002469.SZ	三维化学	65.39	化工	淄博市	非国有
83	002675.SZ	东诚药业	65.19	医药生物	烟台市	非国有
84	000880.SZ	潍柴重机	65.18	机械设备	潍坊市	地方国有

续表

排名	公司代码	公司名称	综合健康指数	一级行业_同花顺	地级市	产权性质
85	000655.SZ	金岭矿业	65.12	采掘	淄博市	地方国有
86	605006.SH	山东玻纤	65.09	化工	临沂市	地方国有
87	600600.SH	青岛啤酒	65.08	食品饮料	青岛市	地方国有
88	002537.SZ	海联金汇	64.99	信息服务	青岛市	非国有
89	002376.SZ	新北洋	64.82	信息设备	威海市	地方国有
90	600756.SH	浪潮软件	64.74	信息服务	泰安市	地方国有
91	002521.SZ	齐峰新材	64.69	轻工制造	淄博市	非国有
92	002088.SZ	鲁阳节能	64.66	建筑材料	淄博市	非国有
93	002041.SZ	登海种业	64.65	农林牧渔	烟台市	非国有
94	002746.SZ	仙坛股份	64.64	农林牧渔	烟台市	非国有
95	000957.SZ	中通客车	64.60	交运设备	聊城市	地方国有
96	002073.SZ	软控股份	64.60	机械设备	青岛市	非国有
97	000680.SZ	山推股份	64.46	机械设备	济宁市	地方国有
98	002598.SZ	山东章鼓	64.45	机械设备	济南市	地方国有
99	002726.SZ	龙大肉食	64.40	食品饮料	烟台市	非国有
100	002984.SZ	森麒麟	64.39	化工	青岛市	非国有
101	300224.SZ	正海磁材	64.16	有色金属	烟台市	非国有
102	600308.SH	华泰股份	64.12	轻工制造	东营市	非国有
103	300214.SZ	日科化学	64.09	化工	潍坊市	非国有
104	603086.SH	先达股份	64.02	化工	滨州市	非国有
105	603217.SH	元利科技	63.73	化工	潍坊市	非国有
106	603638.SH	艾迪精密	63.71	机械设备	烟台市	非国有
107	688002.SH	睿创微纳	63.66	电子	烟台市	非国有
108	603739.SH	蔚蓝生物	63.60	农林牧渔	青岛市	非国有
109	600960.SH	渤海汽车	63.53	交运设备	滨州市	地方国有
110	603279.SH	景津环保	63.52	机械设备	德州市	非国有
111	688579.SH	山大地纬	63.32	信息服务	济南市	中央国有
112	002580.SZ	圣阳股份	63.12	机械设备	济宁市	地方国有
113	600789.SH	鲁抗医药	63.09	医药生物	济宁市	地方国有
114	300143.SZ	盈康生命	63.04	医药生物	青岛市	非国有
115	603856.SH	东宏股份	62.99	建筑材料	济宁市	非国有
116	300848.SZ	美瑞新材	62.89	化工	烟台市	非国有
117	000599.SZ	青岛双星	62.80	化工	青岛市	地方国有
118	600586.SH	金晶科技	62.78	化工	淄博市	非国有
119	002270.SZ	华明装备	62.74	机械设备	济南市	非国有
120	300653.SZ	正海生物	62.73	医药生物	烟台市	非国有
121	601366.SH	利群股份	62.50	商业贸易	青岛市	非国有
122	603421.SH	鼎信通讯	62.42	信息设备	青岛市	非国有

续表

排名	公司代码	公司名称	综合健康指数	一级行业_同花顺	地级市	产权性质
123	603967.SH	中创物流	62.39	交通运输	青岛市	非国有
124	300285.SZ	国瓷材料	62.38	有色金属	东营市	非国有
125	600986.SH	浙文互联	62.37	信息服务	东营市	非国有
126	002339.SZ	积成电子	62.24	机械设备	济南市	非国有
127	000869.SZ	张裕A	62.07	食品饮料	烟台市	非国有
128	300110.SZ	华仁药业	62.02	医药生物	青岛市	地方国有
129	600229.SH	城市传媒	61.94	信息服务	青岛市	地方国有
130	600579.SH	克劳斯	61.92	机械设备	青岛市	中央国有
131	603021.SH	山东华鹏	61.88	轻工制造	威海市	地方国有
132	603278.SH	大业股份	61.87	机械设备	潍坊市	非国有
133	002526.SZ	山东矿机	61.86	机械设备	潍坊市	非国有
134	000639.SZ	西王食品	61.83	食品饮料	滨州市	非国有
135	000407.SZ	胜利股份	61.80	公用事业	济南市	非国有
136	300801.SZ	泰和科技	61.75	化工	枣庄市	非国有
137	603708.SH	家家悦	61.71	商业贸易	威海市	非国有
138	603586.SH	金麒麟	61.67	交运设备	德州市	非国有
139	603167.SH	渤海轮渡	61.55	交通运输	烟台市	地方国有
140	603029.SH	天鹅股份	61.54	机械设备	济南市	非国有
141	600180.SH	瑞茂通	61.52	交通运输	烟台市	非国有
142	605100.SH	华丰股份	61.50	机械设备	潍坊市	非国有
143	002107.SZ	沃华医药	61.25	医药生物	潍坊市	非国有
144	600448.SH	华纺股份	61.14	纺织服装	滨州市	地方国有
145	300099.SZ	精准信息	60.91	机械设备	泰安市	非国有
146	002545.SZ	东方铁塔	60.88	化工	青岛市	非国有
147	003033.SZ	征和工业	60.84	机械设备	青岛市	非国有
148	300105.SZ	龙源技术	60.83	机械设备	烟台市	中央国有
149	300654.SZ	世纪天鸿	60.74	信息服务	淄博市	非国有
150	300233.SZ	金城医药	60.72	医药生物	淄博市	非国有
151	600858.SH	银座股份	60.67	商业贸易	济南市	地方国有
152	300121.SZ	阳谷华泰	60.62	化工	聊城市	非国有
153	603798.SH	康普顿	60.51	化工	青岛市	非国有
154	002871.SZ	伟隆股份	60.48	机械设备	青岛市	非国有
155	300779.SZ	惠城环保	60.35	公用事业	青岛市	非国有
156	300786.SZ	国林科技	60.30	机械设备	青岛市	非国有
157	002458.SZ	益生股份	60.29	农林牧渔	烟台市	非国有
158	600467.SH	好当家	60.23	农林牧渔	威海市	非国有
159	300594.SZ	朗进科技	60.13	交运设备	济南市	非国有
160	601028.SH	玉龙股份	60.01	商业贸易	济南市	非国有
161	002890.SZ	弘宇股份	59.74	机械设备	烟台市	非国有
162	300918.SZ	南山智尚	59.52	纺织服装	烟台市	非国有

续表

排名	公司代码	公司名称	综合健康指数	一级行业_同花顺	地级市	产权性质
163	603223.SH	恒通股份	59.30	交通运输	烟台市	非国有
164	300830.SZ	金现代	59.14	信息服务	济南市	非国有
165	300950.SZ	德固特	59.07	机械设备	青岛市	非国有
166	688309.SH	恒誉环保	59.06	机械设备	济南市	非国有
167	605001.SH	威奥股份	58.99	交运设备	青岛市	非国有
168	002083.SZ	孚日股份	58.85	纺织服装	潍坊市	地方国有
169	688021.SH	奥福环保	58.66	机械设备	德州市	非国有
170	003042.SZ	中农联合	58.59	化工	济南市	非国有
171	002379.SZ	宏创控股	58.45	有色金属	滨州市	非国有
172	000822.SZ	山东海化	58.41	化工	潍坊市	地方国有
173	603755.SH	日辰股份	58.36	食品饮料	青岛市	非国有
174	002899.SZ	英派斯	58.20	轻工制造	青岛市	非国有
175	603577.SH	汇金通	58.16	机械设备	青岛市	非国有
176	688557.SH	兰剑智能	58.06	机械设备	济南市	非国有
177	300948.SZ	冠中生态	57.84	公用事业	青岛市	非国有
178	605198.SH	德利股份	57.75	食品饮料	烟台市	非国有
179	300237.SZ	美晨生态	57.60	建筑材料	潍坊市	地方国有
180	300001.SZ	特锐德	57.43	机械设备	青岛市	非国有
181	002485.SZ	希努尔	57.40	餐饮旅游	潍坊市	非国有
182	002234.SZ	民和股份	57.38	农林牧渔	烟台市	非国有
183	688136.SH	科兴制药	57.20	医药生物	济南市	非国有
184	000554.SZ	泰山石油	57.16	化工	泰安市	中央国有
185	688677.SH	海泰新光	57.14	医药生物	青岛市	非国有
186	300840.SZ	酷特智能	57.06	纺织服装	青岛市	非国有
187	603536.SH	惠发食品	56.87	食品饮料	潍坊市	非国有
188	688191.SH	智洋创新	56.86	信息服务	淄博市	非国有
189	688663.SH	新风光	56.77	机械设备	济宁市	地方国有
190	600735.SH	新华锦	56.59	轻工制造	青岛市	非国有
191	300479.SZ	神思电子	56.22	信息设备	济南市	非国有
192	002589.SZ	瑞康医药	56.17	医药生物	烟台市	非国有
193	002921.SZ	联诚精密	56.11	交运设备	济宁市	非国有
194	600212.SH	江泉实业	55.87	综合	临沂市	非国有
195	002330.SZ	得利斯	55.76	食品饮料	潍坊市	非国有
196	300321.SZ	同大股份	55.48	化工	潍坊市	非国有
197	002363.SZ	隆基机械	54.99	交运设备	烟台市	非国有
198	002655.SZ	共达电声	54.47	电子	潍坊市	非国有
199	002476.SZ	宝莫股份	54.45	化工	东营市	非国有
200	688556.SH	高测股份	54.44	机械设备	青岛市	非国有

续表

排名	公司代码	公司名称	综合健康指数	一级行业_同花顺	地级市	产权性质
201	002805.SZ	丰元股份	54.32	化工	枣庄市	非国有
202	300391.SZ	康跃科技	54.30	机械设备	潍坊市	非国有
203	605016.SH	百龙创园	53.93	食品饮料	德州市	非国有
204	000677.SZ	恒天海龙	53.79	化工	潍坊市	非国有
205	300583.SZ	赛托生物	53.78	医药生物	菏泽市	非国有
206	600076.SH	康欣新材	53.70	农林牧渔	潍坊市	地方国有
207	600319.SH	*ST亚星	53.10	化工	潍坊市	地方国有
208	002490.SZ	山东墨龙	52.49	机械设备	潍坊市	地方国有
209	002094.SZ	青岛金王	52.19	化工	青岛市	非国有
210	300175.SZ	朗源股份	52.16	农林牧渔	烟台市	非国有
211	600898.SH	ST美讯	51.73	信息设备	济南市	非国有
212	600777.SH	新潮能源	51.14	采掘	烟台市	非国有
213	002671.SZ	龙泉股份	51.08	建筑材料	淄博市	非国有
214	002470.SZ	*ST金正	51.06	化工	临沂市	非国有
215	002374.SZ	中锐股份	50.75	建筑材料	烟台市	非国有
216	002355.SZ	兴民智通	49.74	交运设备	烟台市	非国有
217	300208.SZ	青岛中程	49.53	机械设备	青岛市	地方国有
218	300343.SZ	联创股份	49.31	信息服务	淄博市	非国有
219	002193.SZ	如意集团	49.07	纺织服装	济宁市	非国有
220	600766.SH	*ST园城	47.81	有色金属	烟台市	非国有
221	002323.SZ	*ST雅博	47.71	建筑材料	枣庄市	非国有
222	002581.SZ	未名医药	47.42	医药生物	淄博市	非国有
223	002248.SZ	华东数控	47.07	机械设备	威海市	非国有
224	600385.SH	*ST金泰	46.62	医药生物	济南市	非国有
225	002086.SZ	*ST东洋	45.68	农林牧渔	烟台市	非国有
226	603779.SH	ST威龙	42.74	食品饮料	烟台市	非国有
227	000506.SZ	中润资源	41.36	有色金属	济南市	非国有

数据来源：同花顺、中关村国睿金融与产业发展研究会。

从行业分布来看，山东省227家上市公司分布在22个同花顺一级行业中，其中化工、机械设备行业最多，有44家，其次是医药生物行业有24家，餐饮旅游、国防军工、黑色金属行业最少，仅有1家。综合健康指数平均水平最高的行业是家用电器（70.00），最低的行业是餐饮旅游（57.40），如图8-65所示。

从省内城市分布来看，山东省227家上市公司分布在16个省内城市，其中青岛市有44家，其次烟台市有42家，日照市仅有1家，综合健康指数平均水平最高的市是日照市（66.87），最低的是枣庄市（58.43），如图8-66所示。

从产权性质来看，山东省227家上市公司，国有控股上市公司68家，其中中央控股上市公司10家，综合健康指数平均水平为66.32，地方国有控股上市公司58家，综合健康指数平均水平为65.15；非国有控股上市公司159家，综合健康指数平均水平为61.00；如图8-67所示。

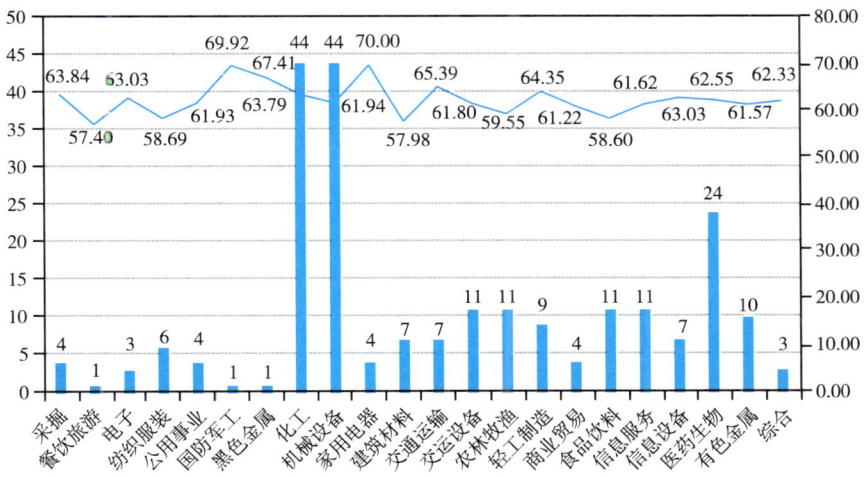

图 8-65　山东省上市公司行业分布

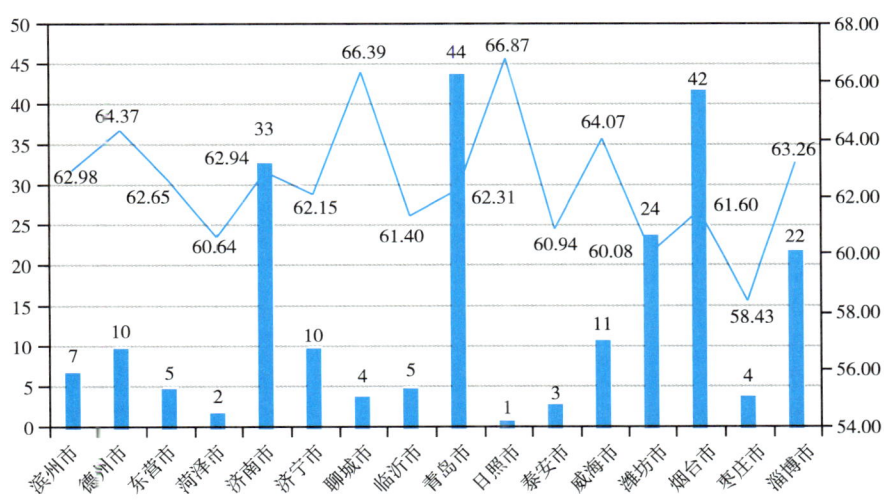

图 8-66　山东省上市公司省内分布

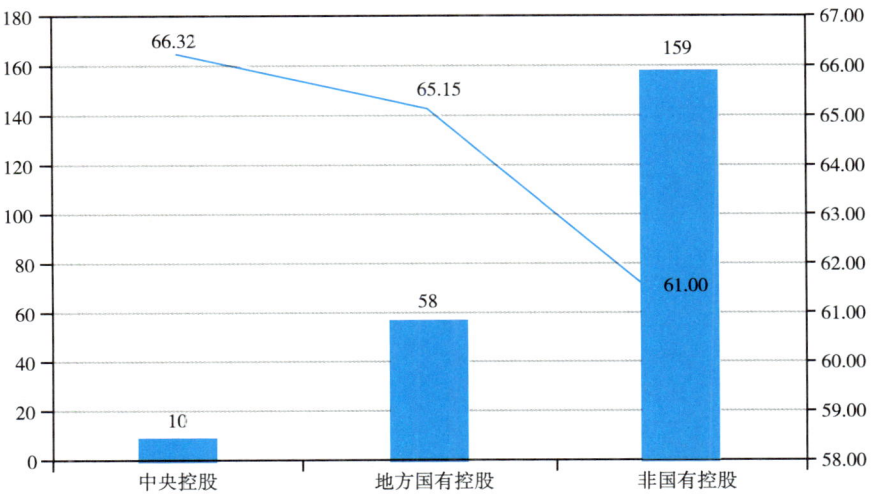

图 8-67　山东省上市公司产权性质分布

8.1.23 山西省

报告共分析山西省39家上市公司,综合健康指数平均水平为62.61,该省上市公司全排名如表8-24所示。

表8-24　　山西省上市公司综合健康指数全排名

排名	公司代码	公司名称	综合健康指数	一级行业_同花顺	地级市	产权性质
1	600809.SH	山西汾酒	73.01	食品饮料	吕梁市	地方国有
2	601699.SH	潞安环能	69.96	采掘	长治市	地方国有
3	600348.SH	华阳股份	68.98	采掘	阳泉市	地方国有
4	000983.SZ	山西焦煤	68.52	采掘	太原市	地方国有
5	601006.SH	大秦铁路	68.38	交通运输	大同市	中央国有
6	601001.SH	晋控煤业	68.20	采掘	大同市	地方国有
7	600157.SH	永泰能源	67.30	采掘	晋中市	非国有
8	600780.SH	通宝能源	67.26	公用事业	太原市	地方国有
9	002753.SZ	永东股份	67.03	化工	运城市	非国有
10	600546.SH	山煤国际	66.46	采掘	太原市	地方国有
11	000831.SZ	五矿稀土	66.21	有色金属	运城市	中央国有
12	600691.SH	阳煤化工	65.45	化工	阳泉市	地方国有
13	000723.SZ	美锦能源	64.78	采掘	太原市	非国有
14	600740.SH	山西焦化	64.08	采掘	临汾市	地方国有
15	000825.SZ	太钢不锈	64.05	黑色金属	太原市	中央国有
16	002360.SZ	同德化工	64.00	化工	忻州市	非国有
17	300486.SZ	东杰智能	63.45	机械设备	太原市	非国有
18	600495.SH	晋西车轴	63.15	交运设备	太原市	中央国有
19	300158.SZ	振东制药	63.10	医药生物	长治市	非国有
20	600123.SH	兰花科创	63.07	采掘	晋城市	地方国有
21	000403.SZ	派林生物	62.83	医药生物	太原市	非国有
22	000968.SZ	蓝焰控股	62.48	采掘	太原市	地方国有
23	603112.SH	华翔股份	62.42	机械设备	临汾市	非国有
24	003002.SZ	壶化股份	62.04	化工	长治市	非国有
25	600617.SH	国新能源	61.96	公用事业	太原市	地方国有
26	600169.SH	太原重工	61.75	机械设备	太原市	地方国有
27	000767.SZ	晋控电力	61.09	公用事业	太原市	地方国有
28	600408.SH	ST安泰	60.44	采掘	晋中市	非国有
29	600234.SH	山水文化	60.36	综合	太原市	非国有
30	600351.SH	亚宝药业	59.79	医药生物	运城市	非国有
31	000737.SZ	南风化工	59.37	化工	运城市	地方国有
32	600281.SH	太化股份	58.94	综合	太原市	地方国有
33	002640.SZ	*ST跨境	58.73	商业贸易	太原市	地方国有
34	000795.SZ	英洛华	58.55	有色金属	太原市	非国有
35	600539.SH	狮头股份	55.68	轻工制造	太原市	非国有
36	000755.SZ	山西路桥	55.26	交通运输	临汾市	地方国有
37	600771.SH	广誉远	53.24	医药生物	晋中市	非国有
38	300254.SZ	仟源医药	52.90	医药生物	大同市	非国有
39	000673.SZ	*ST当代	47.39	信息服务	大同市	非国有

数据来源:同花顺、中关村国睿金融与产业发展研究会。

从行业分布来看，山西省39家上市公司分布在14个同花顺一级行业中，其中采掘行业最多，有11家，其次是化工、医药生物行业有5家，黑色金属、交运设备、轻工制造、商业贸易、食品饮料、信息服务行业最少，仅有1家。综合健康指数平均水平最高的行业是食品饮料（73.01），最低的行业是信息服务（47.39），如图8-68所示。

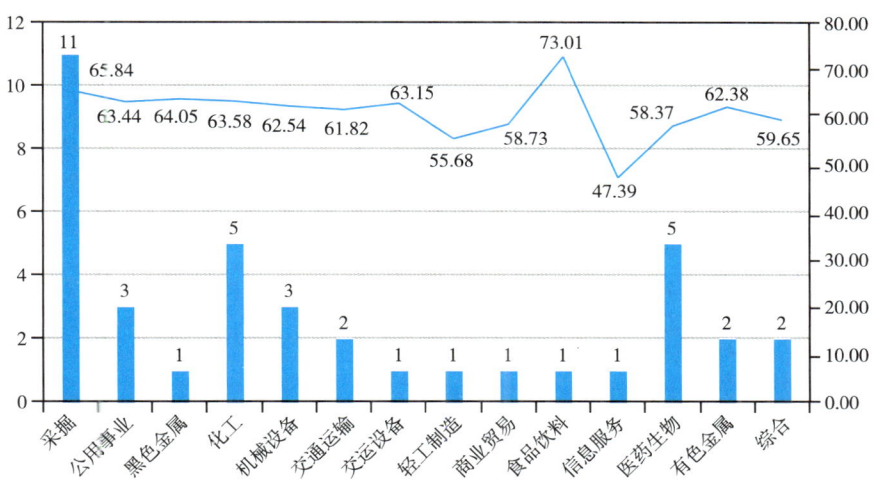

图8-68　山西省上市公司行业分布

从省内城市分布来看，山西省39家上市公司分布在10个省内城市，其中太原市有17家，其次大同市、运城市有4家，晋城市、吕梁市、沂州市仅有1家，综合健康指数平均水平最高的市是吕梁市（73.01），最低的是大同市（59.22），如图8-69所示。

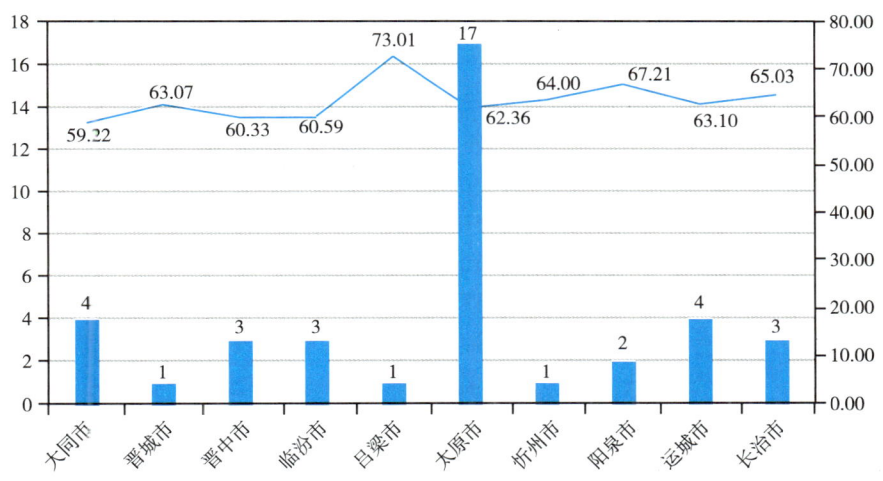

图8-69　山西省上市公司省内分布

从产权性质来看，山西省39家上市公司，国有控股上市公司22家，其中中央控股上市公司4家，综合健康指数平均水平为65.45，地方国有控股上市公司18家，综合健康指数平均水平为64.14；非国有控股上市公司17家，综合健康指数平均水平为60.31；如图8-70所示。

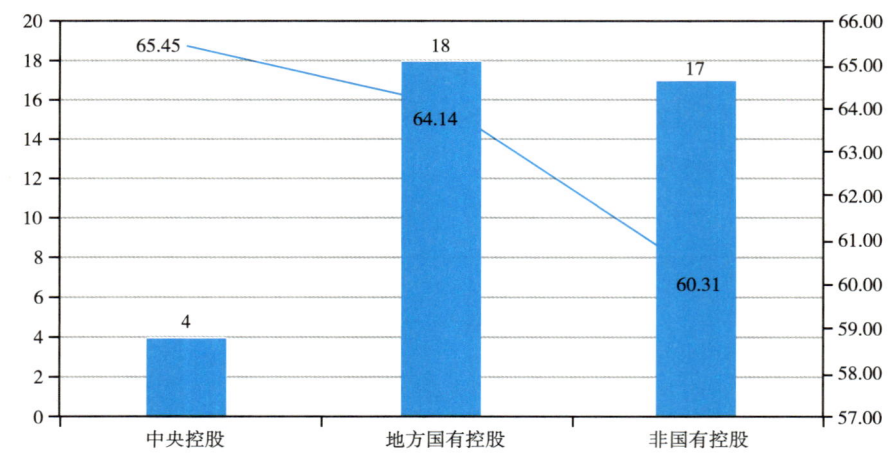

图 8-70　山西省上市公司产权性质分布

8.1.24　陕西省

报告共分析陕西省 54 家上市公司，综合健康指数平均水平为 61.46，该省上市公司全排名如表 8-25 所示。

表 8-25　　　　　　　　　　　陕西省上市公司综合健康指数全排名

排名	公司代码	公司名称	综合健康指数	一级行业_同花顺	地级市	产权性质
1	601369.SH	陕鼓动力	71.04	机械设备	西安市	地方国有
2	002267.SZ	陕天然气	70.03	公用事业	西安市	地方国有
3	601225.SH	陕西煤业	69.93	采掘	西安市	地方国有
4	601568.SH	北元集团	69.92	化工	榆林市	地方国有
5	601012.SH	隆基股份	69.59	机械设备	西安市	非国有
6	600248.SH	陕西建工	69.56	建筑材料	咸阳市	地方国有
7	002109.SZ	兴化股份	68.23	化工	咸阳市	地方国有
8	600893.SH	航发动力	67.51	国防军工	西安市	中央国有
9	002799.SZ	环球印务	67.29	轻工制造	西安市	地方国有
10	300114.SZ	中航电测	67.05	机械设备	汉中市	中央国有
11	000837.SZ	秦川机床	67.01	机械设备	宝鸡市	地方国有
12	605168.SH	三人行	66.88	信息服务	西安市	非国有
13	002149.SZ	西部材料	66.74	有色金属	西安市	地方国有
14	688122.SH	西部超导	65.45	有色金属	西安市	地方国有
15	601179.SH	中国西电	64.65	机械设备	西安市	中央国有
16	300487.SZ	蓝晓科技	64.44	化工	西安市	非国有
17	601958.SH	金钼股份	64.31	有色金属	西安市	地方国有
18	000768.SZ	中航西飞	64.14	国防军工	西安市	中央国有
19	600706.SH	曲江文旅	63.97	餐饮旅游	西安市	地方国有
20	003009.SZ	中天火箭	63.92	国防军工	西安市	中央国有

续表

排名	公司代码	公司名称	综合健康指数	一级行业_同花顺	地级市	产权性质
21	600456.SH	宝钛股份	63.87	有色金属	宝鸡市	地方国有
22	600984.SH	建设机械	63.66	机械设备	西安市	地方国有
23	300861.SZ	美畅股份	63.52	机械设备	咸阳市	非国有
24	000561.SZ	烽火电子	63.41	国防军工	宝鸡市	地方国有
25	600379.SH	宝光股份	63.18	机械设备	宝鸡市	中央国有
26	600217.SH	中再资环	62.74	公用事业	铜川市	非国有
27	600707.SH	彩虹股份	62.59	电子	咸阳市	地方国有
28	002864.SZ	盘龙药业	61.87	医药生物	商洛市	非国有
29	300581.SZ	晨曦航空	61.24	国防军工	西安市	非国有
30	000516.SZ	国际医学	61.16	医药生物	西安市	非国有
31	300775.SZ	三角防务	60.75	国防军工	西安市	地方国有
32	000610.SZ	西安旅游	60.69	餐饮旅游	西安市	地方国有
33	688333.SH	铂力特	60.59	机械设备	西安市	非国有
34	300397.SZ	天和防务	60.40	国防军工	西安市	非国有
35	688101.SH	三达膜	60.31	公用事业	延安市	非国有
36	688550.SH	瑞联新材	60.29	化工	西安市	非国有
37	600302.SH	标准股份	59.86	机械设备	西安市	地方国有
38	600455.SH	博通股份	59.84	信息服务	西安市	地方国有
39	601015.SH	陕西黑猫	59.24	采掘	渭南市	非国有
40	600343.SH	航天动力	59.22	国防军工	西安市	中央国有
41	300103.SZ	达刚控股	59.17	公用事业	西安市	非国有
42	000721.SZ	西安饮食	58.49	餐饮旅游	西安市	地方国有
43	300831.SZ	派瑞股份	57.72	电子	西安市	地方国有
44	600831.SH	广电网络	57.42	信息服务	西安市	地方国有
45	603139.SH	康惠制药	57.32	医药生物	咸阳市	非国有
46	300140.SZ	中环装备	55.30	公用事业	西安市	中央国有
47	000697.SZ	炼石航空	54.45	国防军工	咸阳市	非国有
48	300164.SZ	通源石油	52.22	采掘	西安市	非国有
49	000564.SZ	*ST大集	52.12	商业贸易	西安市	非国有
50	300023.SZ	*ST宝德	51.12	机械设备	西安市	非国有
51	600080.SH	金花股份	50.68	医药生物	西安市	非国有
52	000812.SZ	陕西金叶	49.89	轻工制造	西安市	非国有
53	002411.SZ	延安必康	49.61	医药生物	延安市	非国有
54	300116.SZ	保力新	43.35	机械设备	西安市	非国有

数据来源：同花顺、中关村国睿金融与产业发展研究会。

从行业分布来看，陕西省54家上市公司分布在13个同花顺一级行业中，其中机械设备行业最多，有12家，其次是国防军工行业有9家，建筑材料、商业贸易行业最少，仅有1家。综合健康指数平均水平最高的行业是建筑材料（69.56），最低的行业是商业贸易（52.12），如图8-71所示。

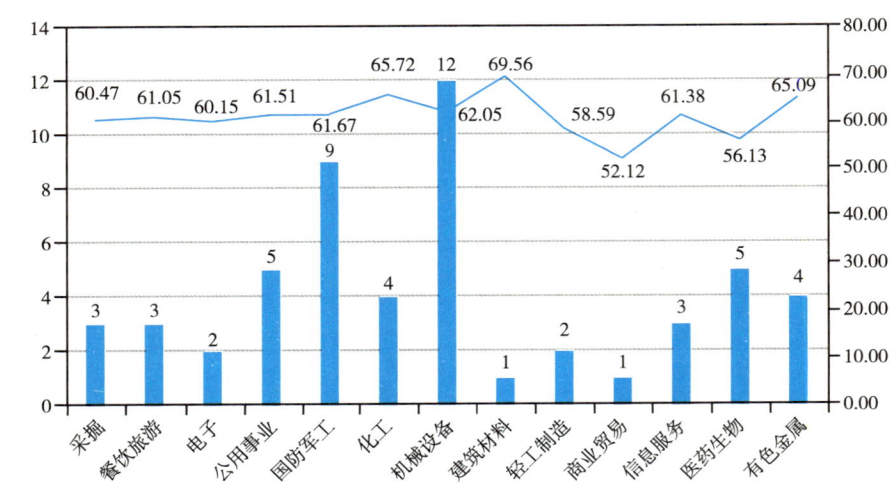

图8-71 陕西省上市公司行业分布

从省内城市分布来看，陕西省54家上市公司分布在9个省内城市，其中西安市有37家，其次咸阳市有6家，汉中市、商洛市、铜川市、渭南市、榆林市仅有1家，综合健康指数平均水平最高的市是榆林市（69.92），最低的是延安市（54.96），如图8-72所示。

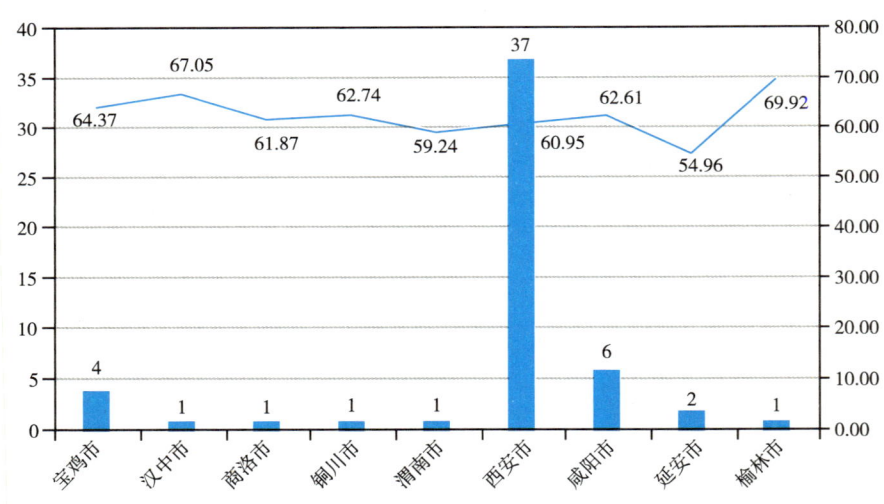

图8-72 陕西省上市公司省内分布

从产权性质来看，陕西省54家上市公司，国有控股上市公司31家，其中中央控股上市公司8家，综合健康指数平均水平为63.12，地方国有控股上市公司23家，综合健康指数平均水平为64.43；非国有控股上市公司23家，综合健康指数平均水平为57.92；如图8-73所示。

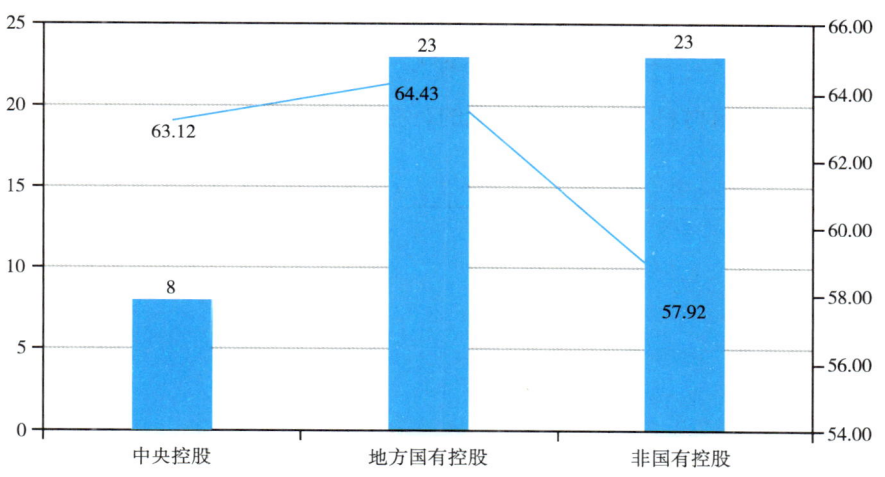

图 8-73　陕西省上市公司产权性质分布

8.1.25　上海市

报告共分析上海市 312 家上市公司，综合健康指数平均水平为 62.16，该市上市公司全排名如表 8-26 所示。

表 8-26　　　　　　　　　　　　　　上海市上市公司综合健康指数全排名

排名	公司代码	公司名称	综合健康指数	一级行业_同花顺	地级市	产权性质
1	600845.SH	宝信软件	75.32	信息服务	浦东新区	中央国有
2	600820.SH	隧道股份	74.03	建筑材料	徐汇区	地方国有
3	600637.SH	东方明珠	73.50	信息服务	徐汇区	地方国有
4	002158.SZ	汉钟精机	73.42	机械设备	金山区	非国有
5	600741.SH	华域汽车	72.35	交运设备	静安区	地方国有
6	600104.SH	上汽集团	72.00	交运设备	浦东新区	地方国有
7	300129.SZ	泰胜风能	71.91	机械设备	金山区	非国有
8	002022.SZ	科华生物	71.86	医药生物	徐汇区	非国有
9	601607.SH	上海医药	71.68	医药生物	浦东新区	地方国有
10	600170.SH	上海建工	71.68	建筑材料	浦东新区	地方国有
11	603128.SH	华贸物流	71.29	交通运输	浦东新区	中央国有
12	600754.SH	锦江酒店	71.13	餐饮旅游	浦东新区	地方国有
13	600021.SH	上海电力	71.12	公用事业	黄浦区	中央国有
14	603501.SH	韦尔股份	71.04	电子	浦东新区	非国有
15	600284.SH	浦东建设	70.91	建筑材料	浦东新区	地方国有
16	002028.SZ	思源电气	70.80	机械设备	闵行区	非国有
17	600171.SH	上海贝岭	70.58	电子	徐汇区	中央国有
18	300627.SZ	华测导航	70.54	信息设备	青浦区	非国有
19	600019.SH	宝钢股份	70.51	黑色金属	宝山区	中央国有
20	600850.SH	华东电脑	70.48	信息服务	嘉定区	中央国有

续表

排名	公司代码	公司名称	综合健康指数	一级行业_同花顺	地级市	产权性质
21	600835.SH	上海机电	70.20	机械设备	浦东新区	地方国有
22	002706.SZ	良信股份	70.13	机械设备	浦东新区	非国有
23	688188.SH	柏楚电子	70.03	信息服务	闵行区	非国有
24	300171.SZ	东富龙	69.75	机械设备	闵行区	非国有
25	600018.SH	上港集团	69.74	交通运输	浦东新区	地方国有
26	600655.SH	豫园股份	69.65	商业贸易	黄浦区	非国有
27	601872.SH	招商轮船	69.59	交通运输	浦东新区	中央国有
28	002669.SZ	康达新材	69.49	化工	奉贤区	地方国有
29	603899.SH	晨光文具	69.43	轻工制造	奉贤区	非国有
30	601231.SH	环旭电子	69.32	电子	浦东新区	非国有
31	600636.SH	国新文化	69.17	信息服务	闵行区	中央国有
32	002527.SZ	新时达	69.14	机械设备	嘉定区	非国有
33	300327.SZ	中颖电子	69.10	电子	长宁区	非国有
34	300017.SZ	网宿科技	69.04	信息设备	嘉定区	非国有
35	600500.SH	中化国际	68.99	化工	浦东新区	中央国有
36	600629.SH	华建集团	68.97	建筑材料	黄浦区	地方国有
37	002568.SZ	百润股份	68.81	食品饮料	浦东新区	非国有
38	600612.SH	老凤祥	68.70	轻工制造	黄浦区	地方国有
39	600602.SH	云赛智联	68.58	信息服务	浦东新区	地方国有
40	603786.SH	科博达	68.57	交运设备	浦东新区	非国有
41	688099.SH	晶晨股份	68.35	电子	浦东新区	非国有
42	600841.SH	上柴股份	68.21	机械设备	杨浦区	地方国有
43	603515.SH	欧普照明	68.20	电子	浦东新区	非国有
44	300999.SZ	金龙鱼	68.19	农林牧渔	浦东新区	非国有
45	600278.SH	东方创业	67.97	商业贸易	浦东新区	地方国有
46	688202.SH	美迪西	67.84	医药生物	浦东新区	非国有
47	688317.SH	之江生物	67.81	医药生物	浦东新区	非国有
48	300378.SZ	鼎捷软件	67.71	信息服务	静安区	非国有
49	600623.SH	华谊集团	67.71	化工	静安区	地方国有
50	600826.SH	兰生股份	67.63	信息服务	浦东新区	地方国有
51	601611.SH	中国核建	67.61	建筑材料	青浦区	中央国有
52	603232.SH	格尔软件	67.56	信息服务	静安区	非国有
53	603960.SH	克来机电	67.43	机械设备	宝山区	非国有
54	688016.SH	心脉医疗	67.37	医药生物	浦东新区	非国有
55	002401.SZ	中远海科	67.23	信息服务	浦东新区	中央国有
56	601200.SH	上海环境	67.19	公用事业	长宁区	地方国有
57	600210.SH	紫江企业	67.16	轻工制造	闵行区	非国有
58	688012.SH	中微公司	66.93	机械设备	浦东新区	地方国有

续表

排名	公司代码	公司名称	综合健康指数	一级行业_同花顺	地级市	产权性质
59	600196.SH	复星医药	66.75	医药生物	普陀区	非国有
60	603466.SH	风语筑	66.68	信息服务	静安区	非国有
61	603365.SH	水星家纺	66.44	纺织服装	奉贤区	非国有
62	600320.SH	振华重工	66.40	机械设备	浦东新区	中央国有
63	603650.SH	彤程新材	66.37	化工	浦东新区	非国有
64	600732.SH	爱旭股份	66.37	机械设备	浦东新区	非国有
65	603108.SH	润达医疗	66.30	医药生物	金山区	地方国有
66	688008.SH	澜起科技	66.19	电子	徐汇区	非国有
67	002605.SZ	姚记科技	66.19	信息服务	嘉定区	非国有
68	300253.SZ	卫宁健康	66.16	信息服务	浦东新区	非国有
69	603236.SH	移远通信	66.15	信息设备	徐汇区	非国有
70	603887.SH	城地香江	66.09	信息服务	嘉定区	非国有
71	002328.SZ	新朋股份	66.09	交运设备	青浦区	非国有
72	600846.SH	同济科技	66.04	建筑材料	浦东新区	中央国有
73	603690.SH	至纯科技	65.87	机械设备	闵行区	非国有
74	603987.SH	宸德莱	65.79	医药生物	嘉定区	非国有
75	603039.SH	泛微网络	65.74	信息服务	奉贤区	非国有
76	600597.SH	光明乳业	65.74	食品饮料	闵行区	地方国有
77	300286.SZ	安科瑞	65.73	机械设备	嘉定区	非国有
78	605222.SH	起帆电缆	65.65	机械设备	金山区	非国有
79	300511.SZ	雪榕生物	65.59	农林牧渔	奉贤区	非国有
80	603131.SH	上海沪工	65.51	机械设备	青浦区	非国有
81	002184.SZ	海得控制	65.49	机械设备	闵行区	非国有
82	603659.SH	璞泰来	65.48	机械设备	浦东新区	非国有
83	600642.SH	申能股份	65.41	公用事业	闵行区	地方国有
84	603648.SH	畅联股份	65.38	交通运输	浦东新区	地方国有
85	605136.SH	丽人丽妆	65.36	商业贸易	松江区	非国有
86	300590.SZ	移为通信	65.32	信息设备	闵行区	非国有
87	600150.SH	中国船舶	65.31	国防军工	浦东新区	中央国有
88	300170.SZ	汉得信息	65.27	信息服务	青浦区	非国有
89	603565.SH	中谷物流	65.23	交通运输	浦东新区	非国有
90	002116.SZ	中国海诚	64.90	建筑材料	徐汇区	中央国有
91	002561.SZ	徐家汇	64.85	商业贸易	徐汇区	地方国有
92	688019.SH	安集科技	64.85	电子	浦东新区	非国有
93	601968.SH	宝钢包装	64.84	轻工制造	宝山区	中央国有
94	603881.SH	数据港	64.73	信息服务	静安区	地方国有
95	603496.SH	恒为科技	64.72	信息设备	徐汇区	非国有
96	300226.SZ	上海钢联	64.72	信息服务	宝山区	非国有
97	603037.SH	凯众股份	64.70	交运设备	浦东新区	非国有
98	688368.SH	晶丰明源	64.64	电子	浦东新区	非国有

续表

排名	公司代码	公司名称	综合健康指数	一级行业_同花顺	地级市	产权性质
99	603587.SH	地素时尚	64.64	纺织服装	长宁区	非国有
100	300483.SZ	首华燃气	64.55	采掘	闵行区	非国有
101	603192.SH	汇得科技	64.51	化工	金山区	非国有
102	603956.SH	威派格	64.50	机械设备	嘉定区	非国有
103	603579.SH	荣泰健康	64.48	家用电器	青浦区	非国有
104	002195.SZ	二三四五	64.47	信息服务	徐汇区	非国有
105	603868.SH	飞科电器	64.41	家用电器	松江区	非国有
106	002825.SZ	纳尔股份	64.41	化工	浦东新区	非国有
107	600827.SH	百联股份	64.34	商业贸易	浦东新区	地方国有
108	600833.SH	第一医药	64.25	医药生物	黄浦区	地方国有
109	600819.SH	耀皮玻璃	64.21	建筑材料	浦东新区	地方国有
110	300236.SZ	上海新阳	64.20	化工	松江区	非国有
111	600618.SH	氯碱化工	64.19	化工	金山区	地方国有
112	300578.SZ	会畅通讯	64.16	信息服务	金山区	非国有
113	300613.SZ	富瀚微	64.01	电子	徐汇区	非国有
114	688123.SH	聚辰股份	63.92	电子	浦东新区	非国有
115	300802.SZ	矩子科技	63.85	机械设备	闵行区	非国有
116	300947.SZ	德必集团	63.84	商业贸易	长宁区	非国有
117	601519.SH	大智慧	63.80	信息服务	浦东新区	非国有
118	601616.SH	广电电气	63.71	机械设备	奉贤区	非国有
119	600315.SH	上海家化	63.70	化工	虹口区	非国有
120	600081.SH	东风科技	63.65	交运设备	闵行区	中央国有
121	600026.SH	中远海能	63.59	交通运输	浦东新区	中央国有
122	300642.SZ	透景生命	63.59	医药生物	浦东新区	非国有
123	603056.SH	德邦股份	63.58	交通运输	青浦区	非国有
124	603682.SH	锦和商业	63.51	商业贸易	徐汇区	非国有
125	600508.SH	上海能源	63.51	采掘	浦东新区	中央国有
126	603790.SH	雅运股份	63.48	化工	徐汇区	非国有
127	002454.SZ	松芝股份	63.42	交运设备	闵行区	非国有
128	300168.SZ	万达信息	63.37	信息服务	徐汇区	非国有
129	688160.SH	步科股份	63.32	机械设备	浦东新区	非国有
130	300039.SZ	上海凯宝	63.28	医药生物	奉贤区	非国有
131	600619.SH	海立股份	63.25	家用电器	浦东新区	地方国有
132	300398.SZ	飞凯材料	63.24	化工	宝山区	非国有
133	688335.SH	复洁环保	63.22	机械设备	杨浦区	非国有
134	300762.SZ	上海瀚讯	63.12	国防军工	长宁区	非国有
135	002636.SZ	金安国纪	63.10	电子	松江区	非国有
136	600611.SH	大众交通	63.09	交通运输	徐汇区	非国有

续表

排名	公司代码	公司名称	综合健康指数	一级行业_同花顺	地级市	产权性质
137	688018.SH	乐鑫科技	63.07	电子	浦东新区	非国有
138	603020.SH	爱普股份	63.04	食品饮料	嘉定区	非国有
139	300245.SZ	天玑科技	63.04	信息服务	青浦区	非国有
140	600072.SH	中船科技	63.01	国防军工	浦东新区	中央国有
141	603918.SH	金桥信息	63.01	信息服务	浦东新区	非国有
142	605151.SH	西上海	62.98	交通运输	嘉定区	非国有
143	603855.SH	华荣股份	62.92	机械设备	嘉定区	非国有
144	600822.SH	上海物贸	62.79	商业贸易	黄浦区	地方国有
145	600626.SH	申达股份	62.75	交运设备	浦东新区	地方国有
146	603728.SH	鸣志电器	62.72	机械设备	闵行区	非国有
147	688608.SH	恒玄科技	62.70	电子	浦东新区	非国有
148	002324.SZ	普利特	62.68	化工	青浦区	非国有
149	603713.SH	密尔克卫	62.59	交通运输	虹口区	非国有
150	002252.SZ	上海莱士	62.59	医药生物	奉贤区	非国有
151	603159.SH	上海亚虹	62.56	机械设备	奉贤区	非国有
152	601866.SH	中远海发	62.49	交通运输	浦东新区	中央国有
153	300067.SZ	安诺其	62.46	化工	青浦区	非国有
154	600688.SH	上海石化	62.42	化工	金山区	中央国有
155	600824.SH	益民集团	62.40	纺织服装	黄浦区	地方国有
156	600843.SH	上工申贝	62.33	机械设备	浦东新区	地方国有
157	600651.SH	飞乐音响	62.32	机械设备	嘉定区	地方国有
158	603226.SH	菲林格尔	62.31	轻工制造	奉贤区	非国有
159	601828.SH	美凯龙	62.28	商业贸易	浦东新区	非国有
160	688098.SH	申联生物	62.28	农林牧渔	闵行区	非国有
161	603886.SH	元祖股份	62.27	食品饮料	青浦区	非国有
162	600097.SH	开创国际	62.26	农林牧渔	浦东新区	地方国有
163	688063.SH	派能科技	62.25	机械设备	浦东新区	非国有
164	603730.SH	岱美股份	62.21	交运设备	浦东新区	非国有
165	600420.SH	国药现代	62.19	医药生物	浦东新区	中央国有
166	600151.SH	航天机电	62.16	机械设备	浦东新区	中央国有
167	300230.SZ	永利股份	62.06	化工	青浦区	非国有
168	603214.SH	爱婴室	62.00	商业贸易	浦东新区	非国有
169	600650.SH	锦江在线	62.00	交通运输	浦东新区	地方国有
170	688366.SH	昊海生科	61.96	医药生物	松江区	非国有
171	688065.SH	凯赛生物	61.94	化工	浦东新区	非国有
172	600628.SH	新世界	61.85	商业贸易	黄浦区	地方国有
173	601702.SH	华峰铝业	61.82	有色金属	金山区	非国有
174	300225.SZ	金力泰	61.74	化工	奉贤区	非国有
175	603197.SH	保隆科技	61.62	交运设备	松江区	非国有
176	605128.SH	上海沿浦	61.52	交运设备	闵行区	非国有

续表

排名	公司代码	公司名称	综合健康指数	一级行业_同花顺	地级市	产权性质
177	600088.SH	中视传媒	61.52	餐饮旅游	浦东新区	中央国有
178	300508.SZ	维宏股份	61.51	信息服务	闵行区	非国有
179	688129.SH	东来技术	61.50	化工	嘉定区	非国有
180	688179.SH	阿拉丁	61.45	化工	奉贤区	非国有
181	688680.SH	海优新材	61.37	机械设备	浦东新区	非国有
182	300899.SZ	上海凯鑫	61.35	公用事业	浦东新区	非国有
183	002486.SZ	嘉麟杰	61.33	纺织服装	金山区	非国有
184	600689.SH	上海三毛	61.26	纺织服装	浦东新区	地方国有
185	300892.SZ	品渥食品	61.21	食品饮料	松江区	非国有
186	600608.SH	ST沪科	61.15	商业贸易	浦东新区	地方国有
187	605289.SH	罗曼股份	61.15	建筑材料	杨浦区	非国有
188	600676.SH	交运股份	61.14	交运设备	浦东新区	地方国有
189	601021.SH	春秋航空	61.10	交通运输	长宁区	非国有
190	600679.SH	上海凤凰	61.07	交运设备	金山区	地方国有
191	603777.SH	来伊份	60.99	食品饮料	松江区	非国有
192	603683.SH	晶华新材	60.97	化工	松江区	非国有
193	605098.SH	行动教育	60.89	综合	闵行区	非国有
194	603068.SH	博通集成	60.87	电子	浦东新区	非国有
195	688301.SH	奕瑞科技	60.87	医药生物	浦东新区	非国有
196	600640.SH	号百控股	60.85	信息服务	普陀区	中央国有
197	600532.SH	未来股份	60.82	商业贸易	宝山区	非国有
198	300180.SZ	华峰超纤	60.75	化工	金山区	非国有
199	688133.SH	泰坦科技	60.74	化工	徐汇区	非国有
200	300915.SZ	海融科技	60.63	食品饮料	奉贤区	非国有
201	688158.SH	优刻得	60.61	信息服务	杨浦区	非国有
202	600662.SH	强生控股	60.60	交通运输	浦东新区	地方国有
203	603083.SH	剑桥科技	60.60	信息设备	闵行区	非国有
204	600272.SH	开开实业	60.51	医药生物	静安区	地方国有
205	600073.SH	上海梅林	60.49	食品饮料	浦东新区	地方国有
206	603378.SH	亚士创能	60.45	化工	青浦区	非国有
207	605050.SH	福然德	60.39	交通运输	宝山区	非国有
208	688180.SH	君实生物	60.37	医药生物	浦东新区	非国有
209	603681.SH	永冠新材	60.33	化工	青浦区	非国有
210	600825.SH	新华传媒	60.29	信息服务	闵行区	地方国有
211	300222.SZ	科大智能	60.26	机械设备	浦东新区	非国有
212	688330.SH	宏力达	60.23	机械设备	松江区	非国有
213	603006.SH	联明股份	60.11	交运设备	浦东新区	非国有
214	688126.SH	沪硅产业	59.83	电子	嘉定区	地方国有

续表

排名	公司代码	公司名称	综合健康指数	一级行业_同花顺	地级市	产权性质
215	603030.SH	全筑股份	59.82	建筑材料	青浦区	非国有
216	300462.SZ	华铭智能	59.78	信息设备	松江区	非国有
217	603189.SH	网达软件	59.66	信息服务	浦东新区	非国有
218	600836.SH	上海易连	59.64	轻工制造	浦东新区	非国有
219	300493.SZ	润欣科技	59.53	电子	徐汇区	非国有
220	603012.SH	创力集团	59.51	机械设备	青浦区	非国有
221	688585.SH	上纬新材	59.43	化工	松江区	非国有
222	300501.SZ	海顺新材	59.38	轻工制造	松江区	非国有
223	688519.SH	南亚新材	59.37	电子	嘉定区	非国有
224	605186.SH	健麾信息	59.17	机械设备	松江区	非国有
225	605338.SH	巴比食品	59.16	食品饮料	松江区	非国有
226	603200.SH	上海洗霸	58.91	公用事业	嘉定区	非国有
227	600115.SH	中国东航	58.90	交通运输	浦东新区	中央国有
228	600851.SH	海欣股份	58.82	医药生物	松江区	非国有
229	603580.SH	艾艾精工	58.75	化工	静安区	非国有
230	688521.SH	芯原股份	58.65	电子	浦东新区	非国有
231	688085.SH	三友医疗	58.60	医药生物	嘉定区	非国有
232	600882.SH	妙可蓝多	58.47	食品饮料	奉贤区	非国有
233	300061.SZ	旗天科技	58.38	信息服务	浦东新区	非国有
234	603003.SH	龙宇燃油	58.31	商业贸易	浦东新区	非国有
235	300551.SZ	古鳌科技	58.25	机械设备	普陀区	非国有
236	002346.SZ	柘中股份	58.24	机械设备	奉贤区	非国有
237	300380.SZ	安硕信息	58.21	信息服务	杨浦区	非国有
238	688590.SH	新致软件	58.21	信息服务	浦东新区	非国有
239	300983.SZ	尤安设计	58.15	建筑材料	宝山区	非国有
240	688155.SH	先惠技术	58.10	机械设备	松江区	非国有
241	002211.SZ	宏达新材	58.07	化工	闵行区	非国有
242	600838.SH	上海九百	58.00	商业贸易	静安区	地方国有
243	300609.SZ	汇纳科技	57.99	信息服务	金山区	非国有
244	688118.SH	普元信息	57.92	信息服务	浦东新区	非国有
245	002162.SZ	悦心健康	57.78	建筑材料	闵行区	非国有
246	605398.SH	新炬网络	57.60	信息服务	青浦区	非国有
247	603256.SH	宏和科技	57.53	化工	浦东新区	非国有
248	600630.SH	龙头股份	57.50	纺织服装	黄浦区	地方国有
249	600635.SH	大众公用	57.49	公用事业	浦东新区	非国有
250	600616.SH	金枫酒业	57.49	食品饮料	浦东新区	地方国有
251	600490.SH	鹏欣资源	57.39	有色金属	普陀区	非国有
252	300963.SZ	中洲特材	57.36	有色金属	嘉定区	非国有
253	603329.SH	上海雅仕	57.32	交通运输	浦东新区	非国有
254	002506.SZ	协鑫集成	57.27	机械设备	奉贤区	非国有

续表

排名	公司代码	公司名称	综合健康指数	一级行业_同花顺	地级市	产权性质
255	002565.SZ	顺灏股份	57.26	轻工制造	普陀区	非国有
256	688505.SH	复旦张江	57.13	医药生物	浦东新区	地方国有
257	300272.SZ	开能健康	57.07	家用电器	浦东新区	非国有
258	002058.SZ	*ST威尔	57.06	机械设备	闵行区	非国有
259	603499.SH	翔港科技	56.90	轻工制造	浦东新区	非国有
260	603895.SH	天永智能	56.71	机械设备	嘉定区	非国有
261	603196.SH	日播时尚	56.69	纺织服装	松江区	非国有
262	688596.SH	正帆科技	56.66	机械设备	闵行区	非国有
263	600009.SH	上海机场	56.48	交通运输	浦东新区	地方国有
264	600647.SH	同达创业	56.46	商业贸易	浦东新区	中央国有
265	300330.SZ	华虹计通	56.36	信息服务	长宁区	地方国有
266	603885.SH	吉祥航空	56.26	交通运输	浦东新区	非国有
267	688578.SH	艾力斯	56.23	医药生物	浦东新区	非国有
268	603633.SH	徕木股份	56.15	电子	闵行区	非国有
269	600620.SH	天宸股份	56.14	综合	长宁区	非国有
270	603718.SH	海利生物	56.05	农林牧渔	奉贤区	非国有
271	603121.SH	华培动力	55.96	交运设备	青浦区	非国有
272	600530.SH	交大昂立	55.94	医药生物	松江区	非国有
273	600834.SH	申通地铁	55.88	交通运输	浦东新区	地方国有
274	600613.SH	神奇制药	55.77	医药生物	浦东新区	非国有
275	600193.SH	ST创兴	55.77	建筑材料	浦东新区	非国有
276	600601.SH	ST方科	55.70	电子	静安区	中央国有
277	002278.SZ	神开股份	55.55	机械设备	闵行区	非国有
278	600654.SH	ST中安	55.40	信息服务	普陀区	非国有
279	605081.SH	太和水	55.26	公用事业	金山区	非国有
280	600624.SH	复旦复华	55.13	医药生物	奉贤区	地方国有
281	603330.SH	上海天洋	55.13	化工	嘉定区	非国有
282	300326.SZ	凯利泰	54.62	医药生物	浦东新区	非国有
283	002269.SZ	美邦服饰	54.50	纺织服装	浦东新区	非国有
284	605208.SH	永茂泰	54.26	交运设备	青浦区	非国有
285	600610.SH	*中毅达	54.21	化工	崇明区	中央国有
286	300074.SZ	华平股份	54.12	信息服务	杨浦区	非国有
287	601595.SH	上海电影	53.95	信息服务	徐汇区	地方国有
288	002178.SZ	延华智能	53.91	建筑材料	普陀区	非国有
289	603619.SH	中曼石油	53.87	采掘	浦东新区	非国有
290	300153.SZ	科泰电源	53.69	机械设备	青浦区	非国有
291	603022.SH	新通联	53.61	轻工制造	宝山区	非国有
292	603009.SH	北特科技	53.38	交运设备	嘉定区	非国有

续表

排名	公司代码	公司名称	综合健康指数	一级行业_同花顺	地级市	产权性质
293	600615.SH	*ST丰华	53.29	有色金属	浦东新区	非国有
294	603324.SH	盛剑环境	53.23	机械设备	嘉定区	非国有
295	600119.SH	长江投资	52.93	交通运输	静安区	地方国有
296	600818.SH	中路股份	52.92	交运设备	浦东新区	非国有
297	688682.SH	霍莱沃	52.77	国防军工	浦东新区	非国有
298	300262.SZ	巴安水务	52.58	公用事业	青浦区	非国有
299	600661.SH	昂立教育	52.56	信息服务	徐汇区	中央国有
300	688336.SH	三生国健	52.55	医药生物	浦东新区	非国有
301	002858.SZ	力盛赛车	52.20	信息服务	松江区	非国有
302	300126.SZ	锐奇股份	51.91	机械设备	松江区	非国有
303	603729.SH	ST龙韵	51.88	信息服务	松江区	非国有
304	300469.SZ	信息发展	51.62	信息服务	静安区	非国有
305	002451.SZ	摩恩电气	51.25	机械设备	浦东新区	非国有
306	600634.SH	退市富控	51.03	信息服务	虹口区	非国有
307	300336.SZ	新文化	50.42	信息服务	虹口区	非国有
308	603991.SH	至正股份	49.95	化工	闵行区	非国有
309	300442.SZ	普丽盛	49.32	机械设备	金山区	非国有
310	300008.SZ	天海防务	48.73	国防军工	松江区	非国有
311	600652.SH	*ST游久	47.04	信息服务	静安区	非国有
312	601727.SH	上海电气	—	机械设备	长宁区	地方国有

数据来源：同花顺、中关村国睿金融与产业发展研究会。

从行业分布来看，上海市312家上市公司分布在22个同花顺一级行业中，其中机械设备行业最多，有49家，其次是信息服务行业有46家，黑色金属行业最少，仅有1家。综合健康指数平均水平最高的行业是黑色金属（70.51），最低的行业是有色金属（57.46），如图8-74所示。

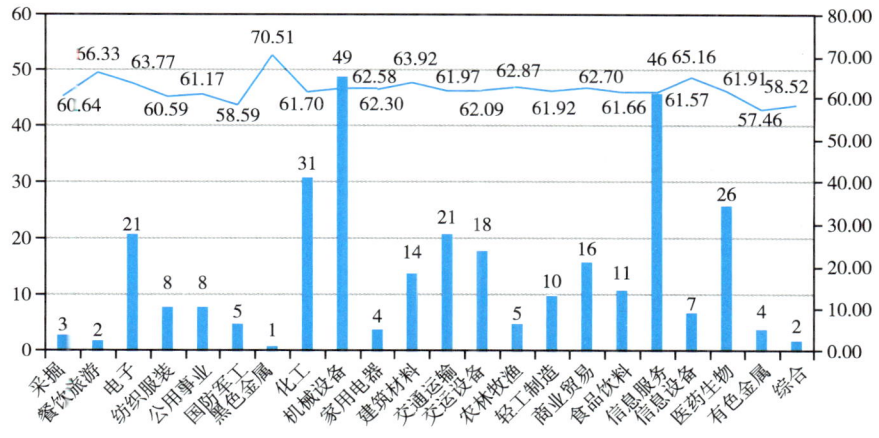

图8-74　上海市上市公司行业分布

从市内各区分布来看，上海市312家上市公司分布在16个区，其中浦东新区有108家，其次闵行区有28家，崇明区仅有1家，综合健康指数平均水平最高的区是黄浦区（65.25），最低的是崇明区（54.21），如图8-75所示。

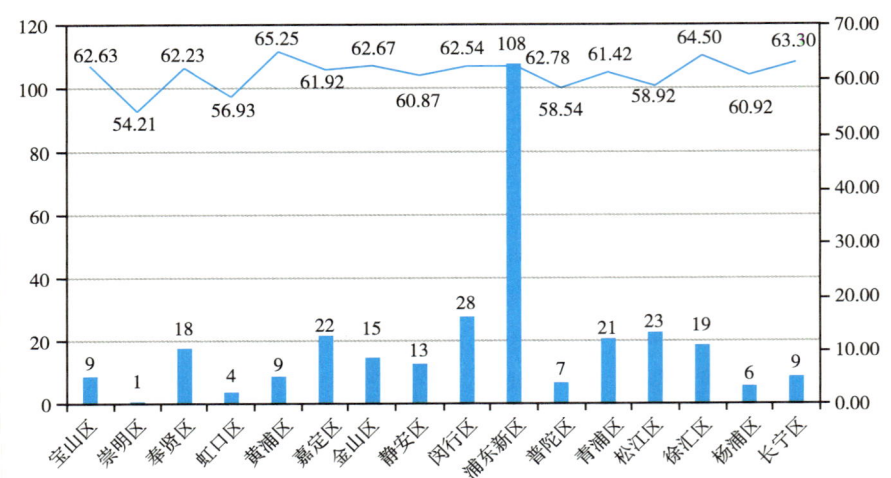

图8-75　上海市上市公司市内分布

从产权性质来看，上海市312家上市公司，国有控股上市公司90家，其中中央控股上市公司31家，综合健康指数平均水平为64.60，地方国有控股上市公司59家，综合健康指数平均水平为64.16；非国有控股上市公司222家，综合健康指数平均水平为61.29；如图8-76所示。

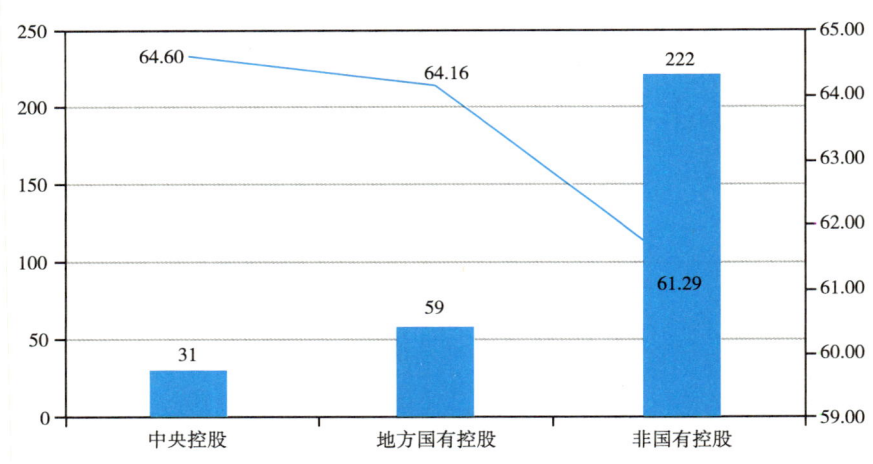

图8-76　上海市上市公司产权性质分布

8.1.26　四川省

报告共分析四川省136家上市公司，综合健康指数平均水平为61.34，该省上市公司全排名如表8-27所示。

表 8-27　　四川省上市公司综合健康指数全排名

排名	公司代码	公司名称	综合健康指数	一级行业_同花顺	地级市	产权性质
1	000568.SZ	泸州老窖	76.17	食品饮料	泸州市	地方国有
2	002818.SZ	富森美	73.46	商业贸易	成都市	非国有
3	600039.SH	四川路桥	72.64	建筑材料	成都市	地方国有
4	000858.SZ	五粮液	72.35	食品饮料	宜宾市	地方国有
5	600378.SH	昊华科技	71.48	化工	成都市	中央国有
6	000598.SZ	兴蓉环境	70.50	公用事业	成都市	地方国有
7	002386.SZ	天原股份	69.92	化工	宜宾市	地方国有
8	002258.SZ	利尔化学	69.79	化工	绵阳市	中央国有
9	002497.SZ	雅化集团	69.43	化工	雅安市	非国有
10	600131.SH	国网信通	69.09	信息服务	阿坝藏族羌族自治州	中央国有
11	000810.SZ	创维数字	69.09	信息设备	遂宁市	非国有
12	300463.SZ	迈克生物	69.06	医药生物	成都市	非国有
13	300019.SZ	硅宝科技	69.01	化工	成都市	非国有
14	002777.SZ	久远银海	68.48	信息服务	成都市	中央国有
15	002773.SZ	康弘药业	68.31	医药生物	成都市	非国有
16	600438.SH	通威股份	68.10	机械设备	成都市	非国有
17	002268.SZ	卫士通	67.86	信息设备	成都市	中央国有
18	600392.SH	盛和资源	67.79	有色金属	成都市	中央国有
19	600875.SH	东方电气	67.76	机械设备	成都市	中央国有
20	002422.SZ	科伦药业	67.70	医药生物	成都市	非国有
21	002539.SZ	云图控股	67.18	化工	成都市	非国有
22	300432.SZ	富临精工	66.62	交运设备	绵阳市	非国有
23	600839.SH	四川长虹	66.42	家用电器	绵阳市	地方国有
24	000801.SZ	四川九洲	66.35	家用电器	绵阳市	地方国有
25	000876.SZ	新希望	66.31	农林牧渔	绵阳市	非国有
26	600603.SH	广汇物流	66.25	交通运输	成都市	非国有
27	300440.SZ	运达科技	66.25	信息服务	成都市	非国有
28	000888.SZ	峨眉山A	66.20	餐饮旅游	乐山市	地方国有
29	300841.SZ	康华生物	66.20	医药生物	成都市	非国有
30	002935.SZ	天奥电子	65.94	国防军工	成都市	中央国有
31	300470.SZ	中密控股	65.87	机械设备	成都市	非国有
32	600674.SH	川投能源	65.81	公用事业	成都市	地方国有
33	000155.SZ	川能动力	65.77	公用事业	成都市	地方国有
34	601107.SH	四川成渝	65.72	交通运输	成都市	地方国有
35	002978.SZ	安宁股份	65.68	有色金属	攀枝花市	非国有
36	300820.SZ	英杰电气	65.59	机械设备	德阳市	非国有
37	002749.SZ	国光股份	65.55	化工	成都市	非国有
38	000628.SZ	高新发展	65.24	建筑材料	成都市	地方国有

续表

排名	公司代码	公司名称	综合健康指数	一级行业_同花顺	地级市	产权性质
39	601811.SH	新华文轩	65.13	信息服务	成都市	地方国有
40	600880.SH	博瑞传播	65.08	信息服务	成都市	地方国有
41	002697.SZ	红旗连锁	64.87	商业贸易	成都市	非国有
42	603053.SH	成都燃气	64.53	公用事业	成都市	地方国有
43	002253.SZ	川大智胜	64.37	信息服务	成都市	非国有
44	300425.SZ	中建环能	64.36	公用事业	成都市	中央国有
45	000629.SZ	攀钢钒钛	64.16	采掘	攀枝花市	中央国有
46	002312.SZ	川发龙蟒	64.11	化工	成都市	地方国有
47	000935.SZ	四川双马	64.09	建筑材料	绵阳市	非国有
48	002246.SZ	北化股份	64.06	化工	泸州市	中央国有
49	300504.SZ	天邑股份	63.94	信息设备	成都市	非国有
50	600558.SH	大西洋	63.88	机械设备	自贡市	地方国有
51	002480.SZ	新筑股份	63.78	机械设备	成都市	地方国有
52	601208.SH	东材科技	63.74	化工	绵阳市	非国有
53	002190.SZ	成飞集成	63.70	机械设备	成都市	中央国有
54	300502.SZ	新易盛	63.49	信息设备	成都市	非国有
55	603317.SH	天味食品	63.48	食品饮料	成都市	非国有
56	000731.SZ	四川美丰	63.30	化工	遂宁市	中央国有
57	603327.SH	福蓉科技	63.15	电子	成都市	地方国有
58	300559.SZ	佳发教育	63.14	信息服务	成都市	非国有
59	002651.SZ	利君股份	62.99	机械设备	成都市	非国有
60	000912.SZ	泸天化	62.91	化工	泸州市	地方国有
61	002946.SZ	新乳业	62.74	食品饮料	成都市	非国有
62	002798.SZ	帝欧家居	62.69	建筑材料	成都市	非国有
63	300092.SZ	科新机电	62.52	机械设备	德阳市	非国有
64	600779.SH	水井坊	62.51	食品饮料	成都市	非国有
65	600979.SH	广安爱众	62.48	公用事业	广安市	地方国有
66	300127.SZ	银河磁体	62.42	有色金属	成都市	非国有
67	300414.SZ	中光防雷	62.02	信息设备	成都市	非国有
68	300678.SZ	中科信息	61.95	信息服务	成都市	中央国有
69	600101.SH	明星电力	61.65	公用事业	遂宁市	中央国有
70	601399.SH	国机重装	61.61	机械设备	德阳市	中央国有
71	300467.SZ	迅游科技	61.50	信息服务	成都市	地方国有
72	603027.SH	千禾味业	61.32	食品饮料	眉山市	非国有
73	300101.SZ	振芯科技	61.22	国防军工	成都市	非国有
74	002628.SZ	成都路桥	61.17	建筑材料	成都市	非国有
75	600353.SH	旭光电子	60.83	电子	成都市	非国有
76	300366.SZ	创意信息	60.81	信息服务	成都市	非国有
77	688311.SH	盟升电子	60.71	国防军工	成都市	非国有
78	688513.SH	苑东生物	60.71	医药生物	成都市	非国有

续表

排名	公司代码	公司名称	综合健康指数	一级行业_同花顺	地级市	产权性质
79	603809.SH	豪能股份	60.67	交运设备	成都市	非国有
80	300789.SZ	唐源电气	60.52	交运设备	成都市	非国有
81	300547.SZ	川环科技	60.23	交运设备	达州市	非国有
82	600644.SH	乐山电力	60.20	公用事业	乐山市	地方国有
83	300696.SZ	爱乐达	60.14	国防军工	成都市	非国有
84	600793.SH	宜宾纸业	60.14	轻工制造	宜宾市	地方国有
85	000710.SZ	贝瑞基因	60.12	医药生物	成都市	非国有
86	688222.SH	成都先导	59.85	医药生物	成都市	非国有
87	002272.SZ	川润股份	59.82	机械设备	自贡市	非国有
88	300535.SZ	达威股份	59.78	化工	成都市	非国有
89	000757.SZ	浩物股份	59.76	交运设备	内江市	地方国有
90	000510.SZ	新金路	59.66	化工	德阳市	非国有
91	300865.SZ	大宏立	59.58	机械设备	成都市	非国有
92	600702.SH	舍得酒业	59.39	食品饮料	遂宁市	地方国有
93	600505.SH	西昌电力	59.22	公用事业	凉山彝族自治州	中央国有
94	002023.SZ	海特高新	59.17	国防军工	成都市	非国有
95	002977.SZ	天箭科技	59.11	国防军工	成都市	非国有
96	003023.SZ	彩虹集团	59.05	家用电器	成都市	非国有
97	688696.SH	极米科技	58.81	家用电器	成都市	非国有
98	600804.SH	鹏博士	58.80	信息设备	成都市	非国有
99	002951.SZ	金时科技	58.73	轻工制造	成都市	非国有
100	603679.SH	华体科技	58.70	电子	成都市	非国有
101	603477.SH	巨星农牧	58.69	农林牧渔	乐山市	非国有
102	000593.SZ	大通燃气	58.55	公用事业	成都市	非国有
103	300540.SZ	深冷股份	58.06	机械设备	成都市	地方国有
104	000790.SZ	华神科技	58.00	医药生物	成都市	非国有
105	002357.SZ	富临运业	57.84	交通运输	绵阳市	非国有
106	300022.SZ	吉峰科技	57.71	商业贸易	成都市	非国有
107	300492.SZ	华图山鼎	57.68	建筑材料	成都市	非国有
108	600391.SH	航发科技	57.65	国防军工	成都市	中央国有
109	600828.SH	茂业商业	57.07	商业贸易	成都市	非国有
110	600137.SH	浪莎股份	57.02	纺织服装	宜宾市	非国有
111	603077.SH	和邦生物	56.61	化工	乐山市	非国有
112	002466.SZ	天齐锂业	56.00	有色金属	遂宁市	非国有
113	300733.SZ	西菱动力	55.66	交运设备	成都市	非国有
114	603759.SH	海天股份	55.52	公用事业	成都市	非国有
115	300249.SZ	依米康	55.44	信息服务	成都市	非国有
116	300937.SZ	药易购	55.15	医药生物	成都市	非国有

续表

排名	公司代码	公司名称	综合健康指数	一级行业_同花顺	地级市	产权性质
117	300780.SZ	德恩精工	54.91	机械设备	眉山市	非国有
118	600678.SH	四川金顶	54.32	建筑材料	乐山市	地方国有
119	300434.SZ	金石亚药	54.24	医药生物	成都市	非国有
120	688528.SH	秦川物联	53.97	机械设备	成都市	非国有
121	300471.SZ	厚普股份	53.87	机械设备	成都市	非国有
122	603333.SH	尚纬股份	53.76	机械设备	乐山市	非国有
123	002259.SZ	*ST升达	53.18	公用事业	成都市	非国有
124	002630.SZ	华西能源	52.69	机械设备	自贡市	非国有
125	688636.SH	智明达	52.52	国防军工	成都市	非国有
126	688070.SH	纵横股份	52.47	国防军工	成都市	非国有
127	000509.SZ	*ST华塑	52.24	医药生物	南充市	地方国有
128	000586.SZ	汇源通信	51.87	信息设备	成都市	非国有
129	600767.SH	ST运盛	51.60	医药生物	成都市	非国有
130	000803.SZ	北清环能	51.25	公用事业	南充市	地方国有
131	600321.SH	正源股份	49.75	建筑材料	成都市	非国有
132	600331.SH	宏达股份	45.89	有色金属	德阳市	非国有
133	300362.SZ	天翔环境	45.79	机械设备	成都市	非国有
134	600139.SH	ST西源	45.39	综合	绵阳市	非国有
135	000835.SZ	*ST长动	42.46	信息服务	成都市	非国有
136	002366.SZ	台海核电	42.13	机械设备	眉山市	非国有

数据来源：同花顺、中关村国睿金融与产业发展研究会。

从行业分布来看，四川省136家上市公司分布在21个同花顺一级行业中，其中机械设备行业最多，有20家，其次是化工行业有15家，采掘、餐饮旅游、纺织服装、综合行业最少，仅有1家。综合健康指数平均水平最高的行业是餐饮旅游（66.20），最低的行业是综合（45.39），如图8-77所示。

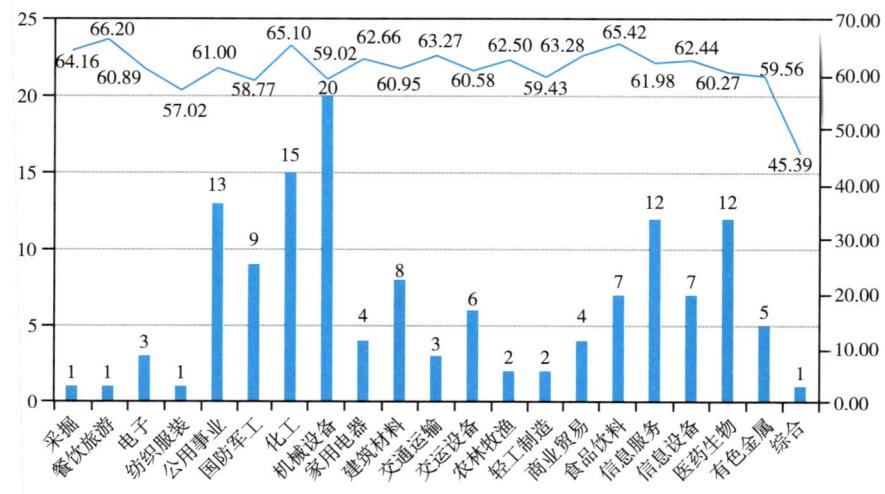

图8-77　上海市上市公司行业分布

从省内城市分布来看，四川省136家上市公司分布在17个省内城市，其中成都市有88家，其次绵阳市有9家，阿坝藏族羌族自治州、达州市、广安市、凉山彝族自治州、内江市、雅安市仅有1家，综合健康指数平均水平最高的市是雅安市（69.43），最低的是南充市（51.75），如图8-78所示。

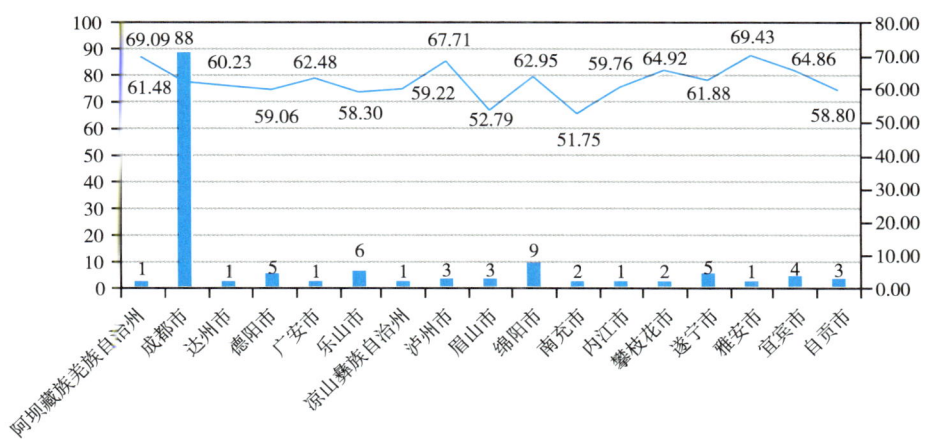

图8-78　四川省上市公司省内分布

从产权性质来看，四川省136家上市公司，国有控股上市公司49家，其中中央控股上市公司18家，综合健康指数平均水平为64.99，地方国有控股上市公司31家，综合健康指数平均水平为63.90；非国有控股上市公司87家，综合健康指数平均水平为59.68；如图8-79所示。

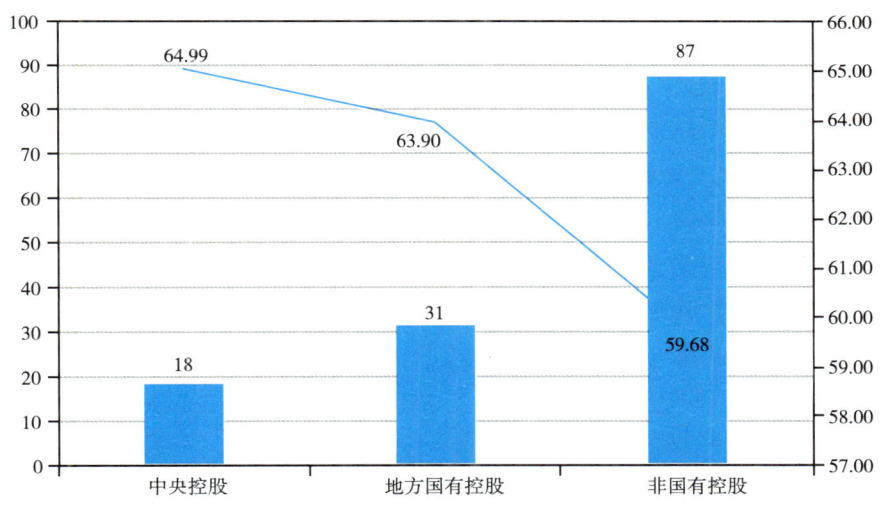

图8-79　四川省上市公司产权性质分布

8.1.27　天津市

报告共分析天津市53家上市公司，综合健康指数平均水平为62.89，该市上市公司全排名如表8-28所示。

表 8-28　　天津市上市公司综合健康指数全排名

排名	公司代码	公司名称	综合健康指数	一级行业_同花顺	地级市	产权性质
1	001965.SZ	招商公路	74.53	交通运输	滨海新区	中央国有
2	601360.SH	三六零	72.88	信息服务	西青区	非国有
3	603712.SH	七一二	71.82	信息设备	滨海新区	地方国有
4	603019.SH	中科曙光	71.32	信息设备	西青区	中央国有
5	600717.SH	天津港	70.01	交通运输	滨海新区	地方国有
6	002129.SZ	中环股份	69.03	机械设备	西青区	非国有
7	600535.SH	天士力	69.01	医药生物	北辰区	非国有
8	603126.SH	中材节能	68.85	公用事业	北辰区	中央国有
9	601919.SH	中远海控	68.33	交通运输	滨海新区	中央国有
10	600583.SH	海油工程	67.84	采掘	滨海新区	中央国有
11	000927.SZ	中国铁物	67.67	交通运输	南开区	中央国有
12	600800.SH	渤海化学	67.04	化工	滨海新区	地方国有
13	601808.SH	中海油服	67.01	采掘	滨海新区	中央国有
14	002821.SZ	凯莱英	66.77	医药生物	滨海新区	非国有
15	600329.SH	中新药业	66.65	医药生物	南开区	地方国有
16	002887.SZ	绿茵生态	66.31	公用事业	滨海新区	非国有
17	300119.SZ	瑞普生物	66.19	农林牧渔	滨海新区	非国有
18	600787.SH	中储股份	65.66	交通运输	北辰区	中央国有
19	002432.SZ	九安医疗	64.99	医药生物	南开区	非国有
20	300407.SZ	凯发电气	64.79	机械设备	滨海新区	非国有
21	603727.SH	博迈科	64.70	采掘	滨海新区	非国有
22	300026.SZ	红日药业	64.19	医药生物	武清区	地方国有
23	688199.SH	久日新材	63.54	化工	北辰区	非国有
24	600468.SH	百利电气	63.36	机械设备	西青区	地方国有
25	600488.SH	天药股份	63.33	医药生物	滨海新区	地方国有
26	600874.SH	创业环保	63.03	公用事业	南开区	地方国有
27	603096.SH	新经典	62.91	信息服务	滨海新区	非国有
28	300823.SZ	建科机械	62.59	机械设备	北辰区	非国有
29	300596.SZ	利安隆	62.57	化工	滨海新区	非国有
30	600335.SH	国机汽车	61.98	交运设备	滨海新区	中央国有
31	603106.SH	恒银科技	61.13	信息设备	滨海新区	非国有
32	601686.SH	友发集团	60.45	黑色金属	静海区	非国有
33	000652.SZ	泰达股份	60.45	综合	滨海新区	地方国有
34	300875.SZ	捷强装备	60.10	国防军工	北辰区	非国有
35	688555.SH	泽达易盛	59.96	信息服务	滨海新区	非国有
36	300828.SZ	锐新科技	59.64	电子	西青区	非国有

续表

排名	公司代码	公司名称	综合健康指数	一级行业_同花顺	地级市	产权性质
37	688108.SH	赛诺医疗	59.45	医药生物	滨海新区	非国有
38	603969.SH	银龙股份	59.38	机械设备	北辰区	非国有
39	300195.SZ	长荣股份	58.58	机械设备	北辰区	非国有
40	600751.SH	海航科技	58.37	电子	滨海新区	非国有
41	002134.SZ	天津普林	58.19	电子	滨海新区	地方国有
42	002393.SZ	力生制药	58.13	医药生物	西青区	地方国有
43	300120.SZ	经纬辉开	57.76	电子	津南区	非国有
44	002337.SZ	赛象科技	57.58	机械设备	滨海新区	非国有
45	600821.SH	津劝业	57.53	公用事业	和平区	地方国有
46	002820.SZ	桂发祥	57.29	食品饮料	河西区	地方国有
47	002510.SZ	天汽模	57.20	交运设备	滨海新区	非国有
48	000836.SZ	富通信息	57.14	信息设备	滨海新区	非国有
49	300375.SZ	鹏翎股份	56.98	交运设备	滨海新区	非国有
50	000695.SZ	滨海能源	55.34	轻工制造	滨海新区	地方国有
51	600645.SH	中源协和	55.15	医药生物	滨海新区	非国有
52	688185.SH	康希诺	54.93	医药生物	东丽区	非国有
53	300334.SZ	津膜科技	53.64	公用事业	滨海新区	中央国有

数据来源：同花顺、中关村国睿金融与产业发展研究会。

从行业分布来看，天津市53家上市公司分布在16个同花顺一级行业中，其中医药生物行业最多，有10家，其次是机械设备行业有7家，国防军工、黑色金属、农林牧渔、轻工制造、食品饮料、综合行业最少，仅有1家。综合健康指数平均水平最高的行业是交通运输（69.24），最低的行业是轻工制造（55.34），如图8-80所示。

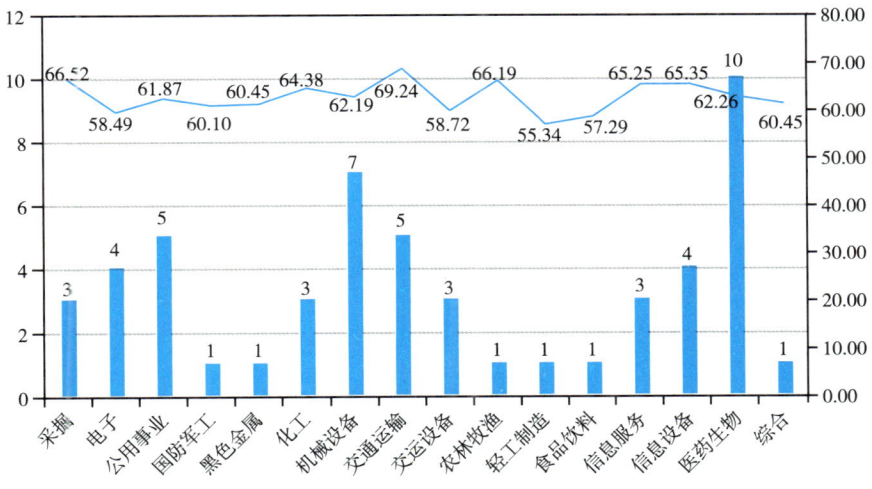

图8-80　天津市上市公司行业分布

从市内各区分布来看，天津市53家上市公司分布在10个区，其中滨海新区有29家，其次北辰区有8家，东丽区、和平区、河西区、津南区、静海区、武清区仅有1家，综合健康指数平均水平最高的区是西青区（65.73），最低的是东丽区（54.93），如图8-81所示。

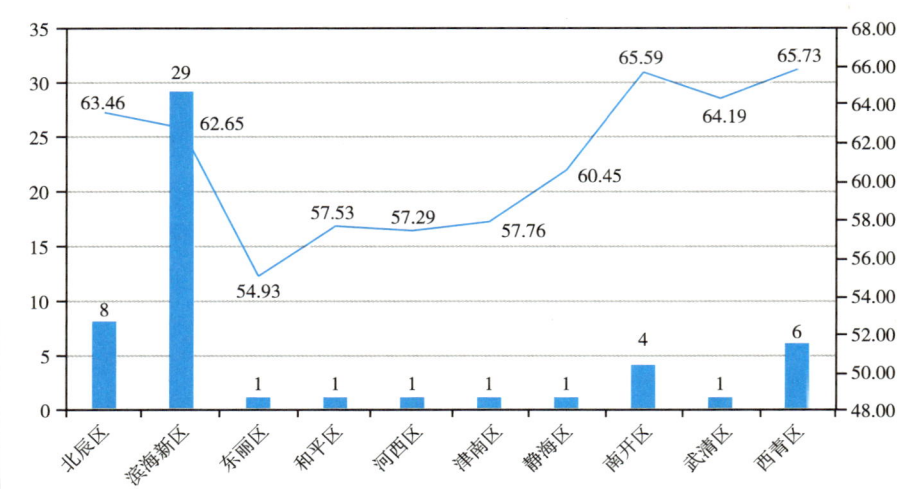

图8-81　天津市上市公司市内分布

从产权性质来看，天津市53家上市公司，国有控股上市公司24家，其中中央控股上市公司10家，综合健康指数平均水平为66.68，地方国有控股上市公司14家，综合健康指数平均水平为62.20；非国有控股上市公司29家，综合健康指数平均水平为61.73；如图8-82所示。

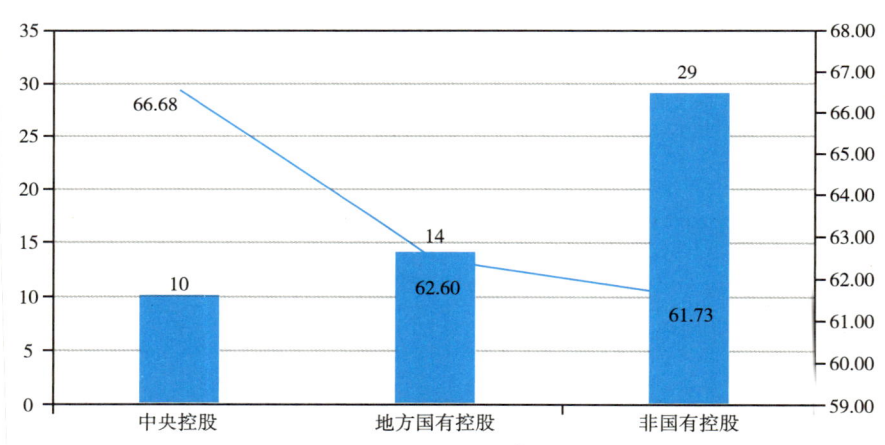

图8-82　天津市上市公司产权性质分布

8.1.28　西藏自治区

报告共分析西藏自治区18家上市公司，综合健康指数平均水平为60.10，该自治区上市公司全排名如表8-29所示。

表 8-29 西藏自治区上市公司综合健康指数全排名

排名	公司代码	公司名称	综合健康指数	一级行业_同花顺	地级市	产权性质
1	300741.SZ	华宝股份	67.00	食品饮料	拉萨市	非国有
2	300624.SZ	万兴科技	66.03	信息服务	拉萨市	非国有
3	600326.SH	西藏天路	65.95	建筑材料	拉萨市	地方国有
4	600873.SH	梅花生物	64.56	农林牧渔	拉萨市	非国有
5	002653.SZ	海思科	63.79	医药生物	山南市	非国有
6	002287.SZ	奇正藏药	63.09	医药生物	林芝市	非国有
7	300564.SZ	筑博设计	62.86	建筑材料	拉萨市	非国有
8	002827.SZ	高争民爆	62.54	化工	拉萨市	地方国有
9	603669.SH	灵康药业	61.39	医药生物	山南市	非国有
10	600749.SH	西藏旅游	60.38	餐饮旅游	拉萨市	非国有
11	300872.SZ	天阳科技	60.05	信息服务	拉萨市	非国有
12	603676.SH	卫信康	59.69	医药生物	拉萨市	非国有
13	600211.SH	西藏药业	58.45	医药生物	拉萨市	非国有
14	002826.SZ	易明医药	57.91	医药生物	拉萨市	非国有
15	601020.SH	ST华钰	55.28	有色金属	拉萨市	非国有
16	000762.SZ	西藏矿业	53.87	有色金属	拉萨市	中央国有
17	000752.SZ	*ST西发	49.92	食品饮料	拉萨市	非国有
18	600338.SH	西藏珠峰	49.11	有色金属	拉萨市	非国有

数据来源：同花顺、中关村国睿金融与产业发展研究会。

从行业分布来看，西藏自治区18家上市公司分布在8个同花顺一级行业中，其中医药生物行业最多，有6家，其次是有色金属行业有3家，餐饮旅游、化工、农林牧渔行业最少，仅有1家。综合健康指数平均水平最高的行业是农林牧渔（64.56），最低的行业是有色金属（52.75），如图8-83所示。

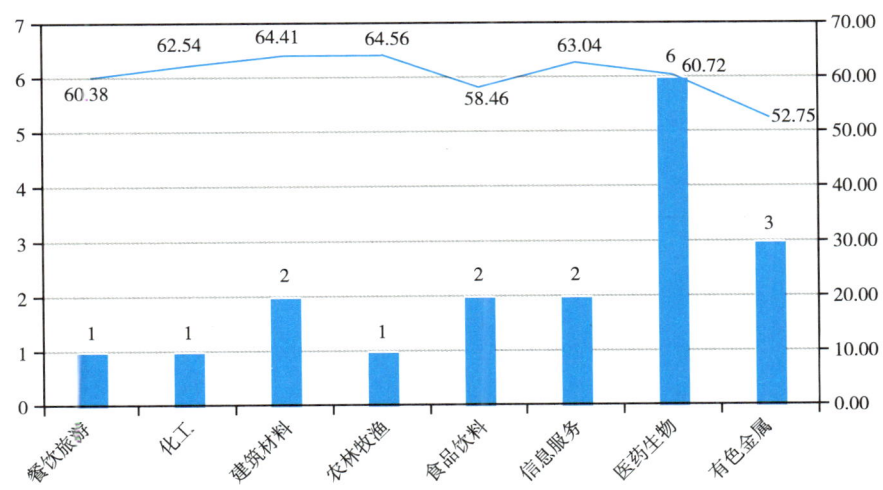

图 8-83 西藏自治区上市公司行业分布

从自治区城市分布来看，西藏自治区18家上市公司分布在3个自治区内城市，其中拉萨市有15家，其次山南市有2家，林芝市仅有1家，综合健康指数平均水平最高的市是林芝市（63.09），最低的是拉萨市（59.57），如图8-84所示。

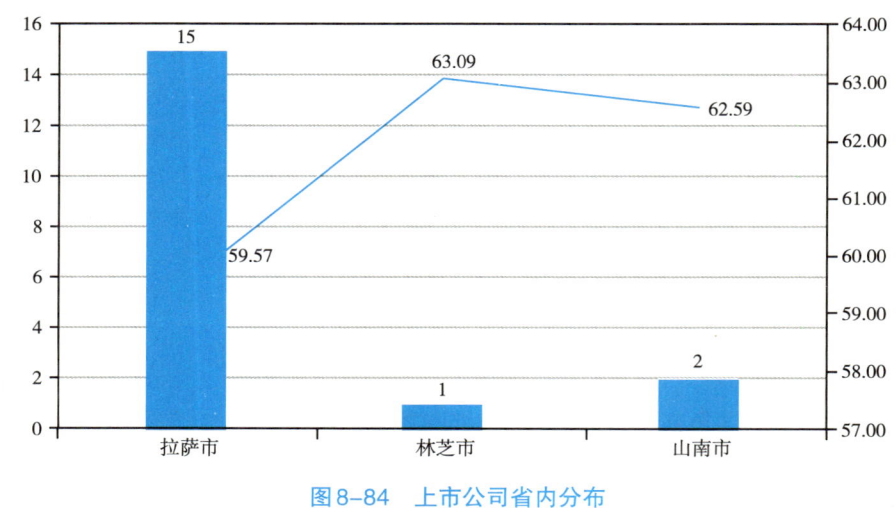

图8-84　上市公司省内分布

从产权性质来看，西藏自治区18家上市公司，国有控股上市公司3家，其中中央控股上市公司1家，综合健康指数平均水平为53.87，地方国有控股上市公司2家，综合健康指数平均水平为64.24；非国有控股上市公司15家，综合健康指数平均水平为59.97；如图8-85所示。

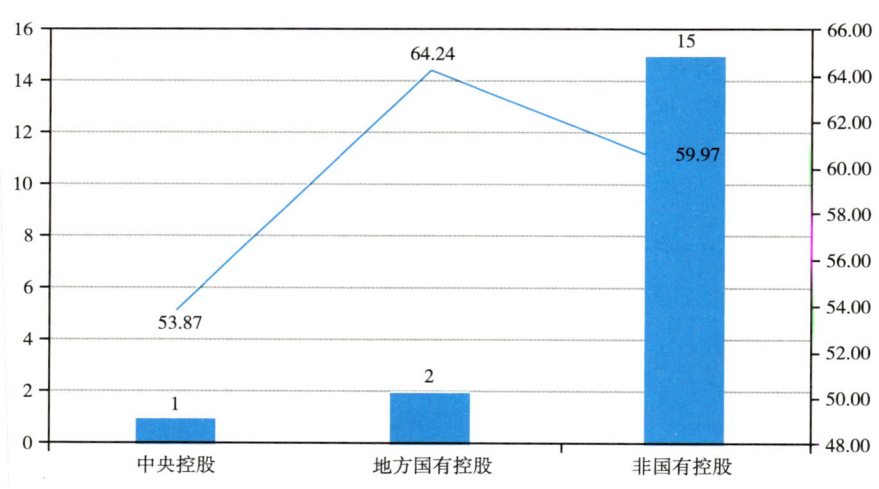

图8-85　西藏自治区上市公司产权性质分布

8.1.29　新疆维吾尔自治区

报告共分析新疆维吾尔自治区54家上市公司，综合健康指数平均水平为58.53，该自治区上市公司全排名如表8-30所示。

表 8-30　　　　　　　　　　　　　新疆上市公司综合健康指数全排名

排名	公司代码	公司名称	综合健康指数	一级行业_同花顺	地级市	产权性质
1	002302.SZ	西部建设	72.93	建筑材料	乌鲁木齐市	中央国有
2	600089.SH	特变电工	71.26	机械设备	昌吉回族自治州	非国有
3	600339.SH	中油工程	69.52	采掘	克拉玛依市	中央国有
4	000877.SZ	天山股份	69.16	建筑材料	乌鲁木齐市	中央国有
5	600075.SH	新疆天业	69.06	化工	省直辖县级行政区划	地方国有
6	002100.SZ	天康生物	69.03	农林牧渔	乌鲁木齐市	地方国有
7	600737.SH	中粮糖业	67.74	农林牧渔	昌吉回族自治州	中央国有
8	002202.SZ	金风科技	66.92	机械设备	乌鲁木齐市	地方国有
9	600197.SH	伊力特	65.83	食品饮料	省直辖县级行政区划	地方国有
10	002092.SZ	中泰化学	65.24	化工	乌鲁木齐市	地方国有
11	600888.SH	新疆众和	64.19	有色金属	乌鲁木齐市	非国有
12	600256.SH	广汇能源	62.90	化工	乌鲁木齐市	非国有
13	600251.SH	冠农股份	62.80	农林牧渔	省直辖县级行政区划	地方国有
14	600359.SH	新农开发	62.72	农林牧渔	省直辖县级行政区划	地方国有
15	002307.SZ	北新路桥	62.53	建筑材料	乌鲁木齐市	地方国有
16	600419.SH	天润乳业	62.53	食品饮料	乌鲁木齐市	地方国有
17	002205.SZ	国统股份	62.19	公用事业	乌鲁木齐市	中央国有
18	603227.SH	雪峰科技	62.01	化工	乌鲁木齐市	地方国有
19	601069.SH	西部黄金	61.99	有色金属	乌鲁木齐市	地方国有
20	603393.SH	新天然气	61.65	公用事业	乌鲁木齐市	非国有
21	000813.SZ	德展健康	60.64	医药生物	乌鲁木齐市	非国有
22	002941.SZ	新疆交建	60.53	建筑材料	乌鲁木齐市	地方国有
23	605169.SH	洪通燃气	59.44	公用事业	巴音郭楞蒙古自治州	非国有
24	600545.SH	卓郎智能	59.30	机械设备	乌鲁木齐市	非国有
25	600581.SH	八一钢铁	59.20	黑色金属	乌鲁木齐市	中央国有
26	600425.SH	青松建化	57.95	建筑材料	省直辖县级行政区划	地方国有
27	002524.SZ	光正眼科	57.45	医药生物	乌鲁木齐市	非国有
28	300859.SZ	*ST西域	57.27	餐饮旅游	昌吉回族自治州	地方国有
29	300106.SZ	西部牧业	57.19	食品饮料	省直辖县级行政区划	地方国有
30	600509.SH	天富能源	56.91	公用事业	省直辖县级行政区划	地方国有
31	600540.SH	新赛股份	56.88	农林牧渔	省直辖县级行政区划	地方国有
32	603080.SH	新疆火炬	56.67	公用事业	喀什地区	非国有
33	603706.SH	东方环宇	56.30	公用事业	昌吉回族自治州	非国有
34	300588.SZ	熙菱信息	56.05	信息服务	乌鲁木齐市	非国有
35	002828.SZ	贝肯能源	55.37	采掘	克拉玛依市	非国有
36	000159.SZ	国际实业	54.82	化工	乌鲁木齐市	非国有
37	600506.SH	*ST香梨	54.62	农林牧渔	巴音郭楞蒙古自治州	中央国有
38	300159.SZ	新研股份	54.54	国防军工	乌鲁木齐市	非国有

续表

排名	公司代码	公司名称	综合健康指数	一级行业_同花顺	地级市	产权性质
39	600721.SH	*ST百花	54.45	医药生物	省直辖县级行政区划	非国有
40	002800.SZ	天顺股份	53.92	交通运输	乌鲁木齐市	非国有
41	600778.SH	友好集团	53.51	商业贸易	乌鲁木齐市	非国有
42	300603.SZ	立昂技术	53.17	信息设备	乌鲁木齐市	非国有
43	300313.SZ	ST天山	52.87	农林牧渔	昌吉回族自治州	非国有
44	600084.SH	*ST中葡	52.71	食品饮料	乌鲁木齐市	非国有
45	603032.SH	*ST德新	52.32	交通运输	乌鲁木齐市	非国有
46	000972.SZ	*ST中基	52.28	农林牧渔	省直辖县级行政区划	非国有
47	603101.SH	汇嘉时代	51.99	商业贸易	乌鲁木齐市	非国有
48	002719.SZ	*ST麦趣	51.28	食品饮料	昌吉回族自治州	非国有
49	000633.SZ	合金投资	50.89	有色金属	和田地区	非国有
50	002207.SZ	准油股份	49.72	采掘	克拉玛依市	非国有
51	002700.SZ	ST浩源	49.47	公用事业	阿克苏地区	非国有
52	603157.SH	*ST拉夏	47.81	纺织服装	乌鲁木齐市	非国有
53	600090.SH	*ST济堂	46.57	医药生物	乌鲁木齐市	非国有
54	600145.SH	*ST新亿	44.20	商业贸易	塔城地区	非国有

数据来源：同花顺、中关村国睿金融与产业发展研究会。

从行业分布来看，新疆维吾尔自治区54家上市公司分布在17个同花顺一级行业中，其中农林牧渔行业最多，有8家，其次公用事业行业有7家，餐饮旅游、纺织服装、国防军工、黑色金属、信息服务、信息设备行业最少，仅有1家。综合健康指数平均水平最高的行业是机械设备（65.83），最低的行业是纺织服装（47.81），如图8-86所示。

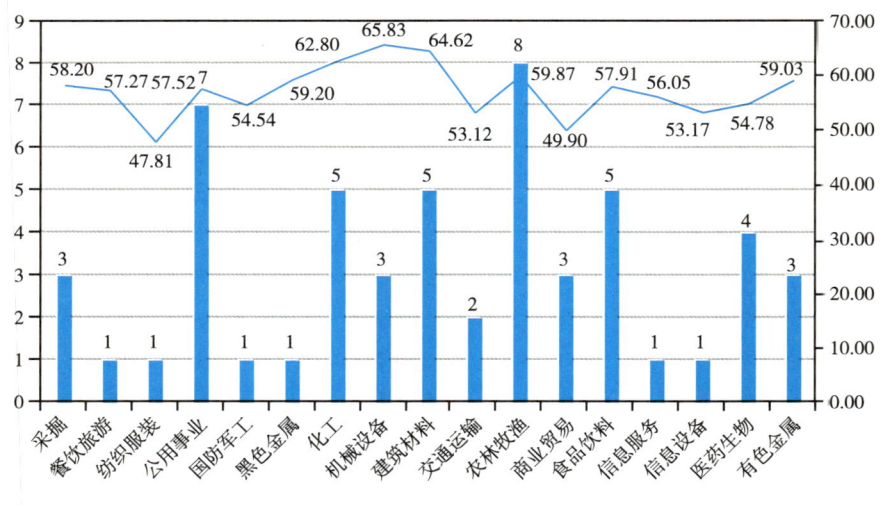

图8-86 新疆维吾尔自治区上市公司行业分布

从自治区内城市分布来看，新疆维吾尔自治区54家上市公司分布在9个自治区内城市（或地区），其中乌鲁木齐市有29家，其次省直辖县级行政区划有10家，阿克苏地区、和田地区、喀什地区、塔城地区仅有1家。综合健康指数平均水平最高的省直辖县级行政区划（59.61），最低的是塔城地区（44.20），如图8-37所示。

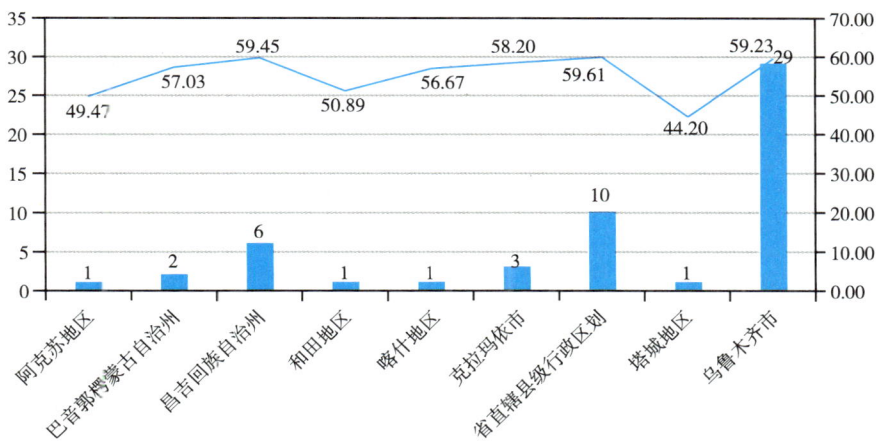

图8-87 新疆维吾尔自治区上市公司省内分布

从产权性质来看，新疆维吾尔自治区54家上市公司，国有控股上市公司24家，其中中央控股上市公司7家，综合健康指数平均水平为65.05，地方国有控股上市公司17家，综合健康指数平均水平为62.20；非国有控股上市公司30家，综合健康指数平均水平为54.92；如图8-88所示。

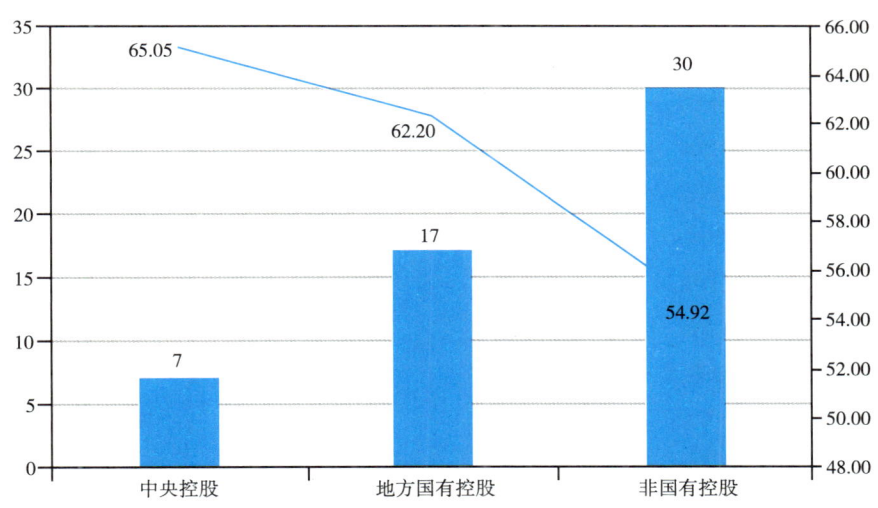

图8-88 新疆维吾尔自治区上市公司产权性质分布

8.1.30 云南省

报告共分析云南省33家上市公司，综合健康指数平均水平为63.04，该省上市公司全排名如表8-31所示。

表 8-31　　云南省上市公司综合健康指数全排名

排名	公司代码	公司名称	综合健康指数	一级行业_同花顺	地级市	产权性质
1	002059.SZ	云南旅游	72.07	餐饮旅游	昆明市	中央国有
2	600459.SH	贵研铂业	71.72	有色金属	昆明市	地方国有
3	002033.SZ	丽江股份	71.25	餐饮旅游	丽江市	非国有
4	600497.SH	驰宏锌锗	71.08	有色金属	曲靖市	中央国有
5	000538.SZ	云南白药	70.71	医药生物	昆明市	地方国有
6	000960.SZ	锡业股份	68.64	有色金属	昆明市	地方国有
7	000948.SZ	南天信息	68.47	信息服务	昆明市	地方国有
8	600025.SH	华能水电	67.74	公用事业	昆明市	中央国有
9	000807.SZ	云铝股份	67.56	有色金属	昆明市	中央国有
10	300142.SZ	沃森生物	66.58	医药生物	昆明市	非国有
11	300755.SZ	华致酒行	66.57	商业贸易	迪庆藏族自治州	非国有
12	000903.SZ	云内动力	66.25	交运设备	昆明市	地方国有
13	002812.SZ	恩捷股份	65.53	化工	玉溪市	非国有
14	002727.SZ	一心堂	65.47	医药生物	昆明市	非国有
15	000878.SZ	云南铜业	65.07	有色金属	昆明市	中央国有
16	600422.SH	昆药集团	65.00	医药生物	昆明市	非国有
17	002053.SZ	云南能投	64.63	化工	昆明市	地方国有
18	600096.SH	云天化	64.19	化工	昆明市	地方国有
19	600995.SH	文山电力	64.18	公用事业	文山壮族苗族自治州	中央国有
20	300957.SZ	贝泰妮	62.24	化工	昆明市	非国有
21	600792.SH	云煤能源	61.35	采掘	昆明市	地方国有
22	600725.SH	云维股份	60.67	商业贸易	曲靖市	地方国有
23	300767.SZ	震安科技	60.33	化工	昆明市	非国有
24	605266.SH	健之佳	60.01	医药生物	昆明市	非国有
25	002114.SZ	罗平锌电	58.21	有色金属	曲靖市	地方国有
26	002265.SZ	西仪股份	57.58	交运设备	昆明市	中央国有
27	300505.SZ	川金诺	57.17	化工	昆明市	非国有
28	002750.SZ	龙津药业	56.54	医药生物	昆明市	非国有
29	002428.SZ	云南锗业	56.40	有色金属	临沧市	非国有
30	600883.SH	博闻科技	55.40	建筑材料	保山市	非国有
31	603963.SH	大理药业	53.30	医药生物	大理白族自治州	非国有
32	600265.SH	*ST景谷	50.03	农林牧渔	昆明市	非国有
33	002200.SZ	ST云投	48.27	建筑材料	昆明市	地方国有

数据来源：同花顺、中关村国睿金融与产业发展研究会。

从行业分布来看，云南省33家上市公司分布在11个同花顺一级行业中，其中有色金属、医药生物行业最多，有7家，其次是化工行业有6家，采掘、农林牧渔、信息服务行业最少，仅有1家。综合健康指数平均水平最高的行业是餐饮旅游（71.66），最低的行业是农林牧渔（50.03），如图8-89所示。

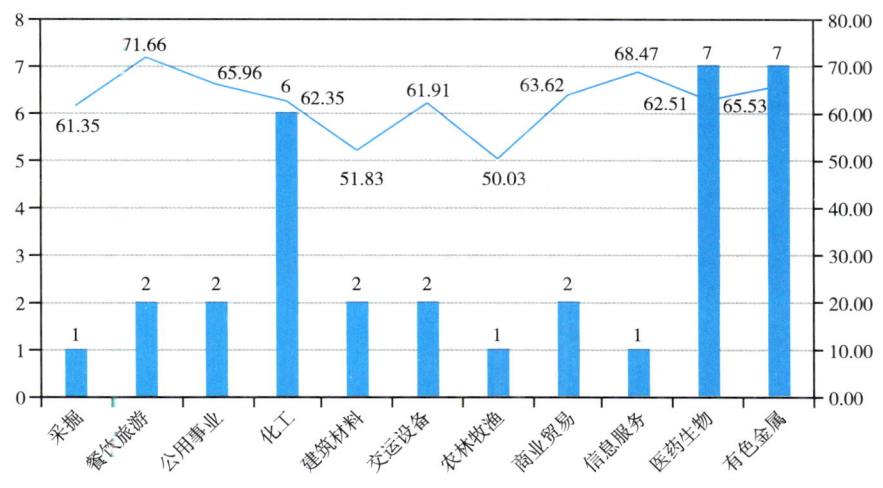

图8-89　云南省上市公司行业分布

从省内城市分布来看，云南省33家上市公司分布在9个省内城市，其中昆明市有23家，其次曲靖市有3家，保山市、大理白族自治州、迪庆藏族自治州、丽江市、临沧市、文山壮族苗族自治州、玉溪市仅有1家，综合健康指数平均水平最高的市是丽江市（71.25），最低的是大理白族自治州（53.30），如图8-90所示。

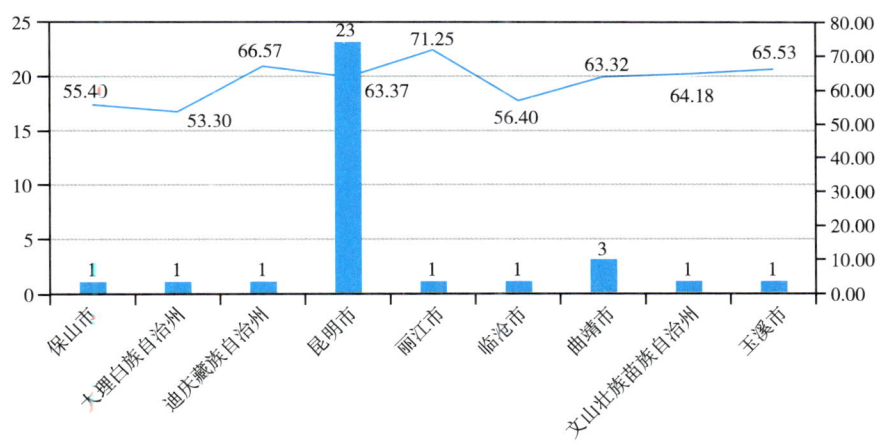

图8-90　云南省上市公司省内分布

从产权性质来看，云南省33家上市公司，国有控股上市公司18家，其中中央控股上市公司7家，综合健康指数平均水平为66.47，地方国有控股上市公司11家，综合健康指数平均水平为63.92；非国有控股上市公司15家，综合健康指数平均水平为60.79；如图8-91所示。

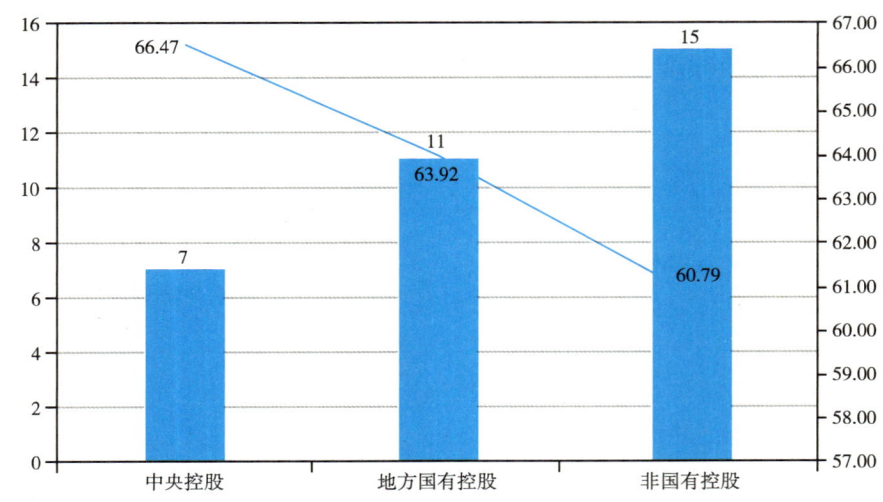

图 8-91　云南省上市公司产权性质分布

8.1.31　浙江省

报告共分析浙江省524家上市公司，综合健康指数平均水平为62.14，该省上市公司全排名如表8-32所示。

表 8-32　　　　　　　　　　　浙江省上市公司综合健康指数全排名

排名	公司代码	公司名称	综合健康指数	一级行业_同花顺	地级市	产权性质
1	002758.SZ	浙农股份	75.50	商业贸易	绍兴市	非国有
2	000906.SZ	浙商中拓	74.98	商业贸易	杭州市	地方国有
3	601877.SH	正泰电器	74.28	机械设备	温州市	非国有
4	002056.SZ	横店东磁	74.10	有色金属	金华市	非国有
5	002003.SZ	伟星股份	73.86	纺织服装	台州市	非国有
6	002563.SZ	森马服饰	73.81	纺织服装	温州市	非国有
7	002430.SZ	杭氧股份	72.87	化工	杭州市	地方国有
8	600176.SH	中国巨石	72.85	化工	嘉兴市	中央国有
9	300033.SZ	同花顺	72.56	信息服务	杭州市	非国有
10	002493.SZ	荣盛石化	72.56	化工	杭州市	非国有
11	002010.SZ	传化智联	72.31	交通运输	杭州市	非国有
12	002801.SZ	微光股份	72.29	机械设备	杭州市	非国有
13	002032.SZ	苏泊尔	72.26	家用电器	台州市	非国有
14	002001.SZ	新和成	71.75	医药生物	绍兴市	非国有
15	002372.SZ	伟星新材	71.64	建筑材料	台州市	非国有
16	300347.SZ	泰格医药	71.52	医药生物	杭州市	非国有
17	600633.SH	浙数文化	71.48	信息服务	杭州市	地方国有
18	002641.SZ	永高股份	71.43	建筑材料	台州市	非国有

续表

排名	公司代码	公司名称	综合健康指数	一级行业_同花顺	地级市	产权性质
19	000963.SZ	华东医药	71.38	医药生物	杭州市	非国有
20	000967.SZ	盈峰环境	71.29	公用事业	绍兴市	非国有
21	002061.SZ	浙江交科	71.23	建筑材料	衢州市	地方国有
22	300558.SZ	贝达药业	71.07	医药生物	杭州市	非国有
23	600596.SH	新安股份	70.95	化工	杭州市	非国有
24	002332.SZ	仙琚制药	70.92	医药生物	台州市	地方国有
25	002064.SZ	华峰化学	70.81	化工	温州市	非国有
26	603165.SH	荣晟环保	70.80	轻工制造	嘉兴市	非国有
27	600023.SH	浙能电力	70.79	公用事业	杭州市	地方国有
28	002236.SZ	大华股份	70.70	电子	杭州市	非国有
29	603301.SH	振德医疗	70.59	医药生物	绍兴市	非国有
30	002534.SZ	杭锅股份	70.59	机械设备	杭州市	非国有
31	603661.SH	恒林股份	70.52	轻工制造	湖州市	非国有
32	600704.SH	物产中大	70.48	交通运输	杭州市	地方国有
33	000156.SZ	华数传媒	70.46	信息服务	杭州市	地方国有
34	002067.SZ	景兴纸业	70.40	轻工制造	嘉兴市	非国有
35	300316.SZ	晶盛机电	70.37	机械设备	绍兴市	非国有
36	600570.SH	恒生电子	70.32	信息服务	杭州市	非国有
37	600216.SH	浙江医药	70.27	医药生物	绍兴市	非国有
38	603218.SH	日月股份	70.11	机械设备	宁波市	非国有
39	002415.SZ	海康威视	70.03	电子	杭州市	中央国有
40	600273.SH	嘉化能源	70.01	化工	嘉兴市	非国有
41	603568.SH	伟明环保	69.97	公用事业	温州市	非国有
42	600160.SH	巨化股份	69.94	化工	衢州市	地方国有
43	603195.SH	公牛集团	69.89	机械设备	宁波市	非国有
44	603877.SH	太平鸟	69.76	纺织服装	宁波市	非国有
45	002624.SZ	完美世界	69.75	信息服务	湖州市	非国有
46	300244.SZ	迪安诊断	69.74	医药生物	杭州市	非国有
47	600987.SH	航民股份	69.72	纺织服装	杭州市	非国有
48	603606.SH	东方电缆	69.68	机械设备	宁波市	非国有
49	002664.SZ	长鹰信质	69.49	交运设备	台州市	非国有
50	603700.SH	宁水集团	69.44	机械设备	宁波市	非国有
51	603129.SH	春风动力	69.31	交运设备	杭州市	非国有
52	002440.SZ	闰土股份	69.22	化工	绍兴市	非国有
53	601018.SH	宁波港	69.21	交通运输	宁波市	地方国有
54	002344.SZ	海宁皮城	69.11	商业贸易	嘉兴市	地方国有
55	002012.SZ	凯恩股份	69.06	轻工制造	丽水市	非国有
56	000739.SZ	普洛药业	68.80	医药生物	金华市	非国有
57	603225.SH	新凤鸣	68.65	化工	嘉兴市	非国有
58	600790.SH	轻纺城	68.65	商业贸易	绍兴市	地方国有

续表

排名	公司代码	公司名称	综合健康指数	一级行业_同花顺	地级市	产权性质
59	603298.SH	杭叉集团	68.64	机械设备	杭州市	非国有
60	603611.SH	诺力股份	68.63	机械设备	湖州市	非国有
61	603008.SH	喜临门	68.60	轻工制造	绍兴市	非国有
62	601233.SH	桐昆股份	68.58	化工	嘉兴市	非国有
63	603733.SH	仙鹤股份	68.54	轻工制造	衢州市	非国有
64	002120.SZ	韵达股份	68.54	交通运输	宁波市	非国有
65	603181.SH	皇马科技	68.46	化工	绍兴市	非国有
66	300763.SZ	锦浪科技	68.45	机械设备	宁波市	非国有
67	603079.SH	圣达生物	68.42	医药生物	台州市	非国有
68	601567.SH	三星医疗	68.40	机械设备	宁波市	非国有
69	002050.SZ	三花智控	68.28	家用电器	绍兴市	非国有
70	002124.SZ	天邦股份	68.27	农林牧渔	宁波市	非国有
71	002532.SZ	天山铝业	68.23	有色金属	台州市	非国有
72	002266.SZ	浙富控股	68.07	公用事业	杭州市	非国有
73	600580.SH	卧龙电驱	68.06	机械设备	绍兴市	非国有
74	601609.SH	金田铜业	68.00	有色金属	宁波市	非国有
75	002048.SZ	宁波华翔	68.00	交运设备	宁波市	非国有
76	600572.SH	康恩贝	67.97	医药生物	金华市	地方国有
77	600126.SH	杭钢股份	67.86	黑色金属	杭州市	地方国有
78	002250.SZ	联化科技	67.72	化工	台州市	非国有
79	002444.SZ	巨星科技	67.67	机械设备	杭州市	非国有
80	600521.SH	华海药业	67.67	医药生物	台州市	非国有
81	002489.SZ	浙江永强	67.65	轻工制造	台州市	非国有
82	002020.SZ	京新药业	67.61	医药生物	绍兴市	非国有
83	601689.SH	拓普集团	67.49	交运设备	宁波市	非国有
84	600415.SH	小商品城	67.43	商业贸易	金华市	地方国有
85	002381.SZ	双箭股份	67.40	化工	嘉兴市	非国有
86	603556.SH	海兴电力	67.22	机械设备	杭州市	非国有
87	002062.SZ	宏润建设	67.17	建筑材料	宁波市	非国有
88	002144.SZ	宏达高科	67.11	纺织服装	嘉兴市	非国有
89	603337.SH	杰克股份	67.11	机械设备	台州市	非国有
90	603081.SH	大丰实业	67.08	机械设备	宁波市	非国有
91	002126.SZ	银轮股份	67.02	交运设备	台州市	非国有
92	002214.SZ	大立科技	67.01	电子	杭州市	非国有
93	603583.SH	捷昌驱动	67.00	机械设备	绍兴市	非国有
94	603889.SH	新澳股份	67.00	纺织服装	嘉兴市	非国有
95	300768.SZ	迪普科技	66.97	信息服务	杭州市	非国有
96	002761.SZ	多喜爱	66.93	建筑材料	杭州市	地方国有
97	600352.SH	浙江龙盛	66.90	化工	绍兴市	非国有
98	603238.SH	诺邦股份	66.89	纺织服装	杭州市	非国有

续表

排名	公司代码	公司名称	综合健康指数	一级行业_同花顺	地级市	产权性质
99	603799.SH	华友钴业	66.89	有色金属	嘉兴市	非国有
100	600798.SH	宁波海运	66.84	交通运输	宁波市	地方国有
101	300772.SZ	运达股份	66.81	机械设备	杭州市	地方国有
102	300349.SZ	金卡智能	66.80	机械设备	温州市	非国有
103	603010.SH	万盛股份	66.80	化工	台州市	非国有
104	002043.SZ	兔宝宝	66.79	建筑材料	湖州市	非国有
105	600177.SH	雅戈尔	66.79	纺织服装	宁波市	非国有
106	600113.SH	浙江东日	66.73	商业贸易	温州市	地方国有
107	002434.SZ	万里扬	66.72	交运设备	金华市	非国有
108	600512.SH	腾达建设	66.68	建筑材料	台州市	非国有
109	002677.SZ	浙江美大	66.65	家用电器	嘉兴市	非国有
110	300718.SZ	长盛轴承	66.63	机械设备	嘉兴市	非国有
111	002154.SZ	报喜鸟	66.57	纺织服装	温州市	非国有
112	002034.SZ	旺能环境	66.55	公用事业	湖州市	非国有
113	300451.SZ	创业慧康	66.54	信息服务	杭州市	非国有
114	600814.SH	杭州解百	66.54	商业贸易	杭州市	地方国有
115	601882.SH	海天精工	66.54	机械设备	宁波市	非国有
116	300314.SZ	戴维医疗	66.47	医药生物	宁波市	非国有
117	600763.SH	通策医疗	66.45	医药生物	杭州市	非国有
118	002479.SZ	富春环保	66.44	公用事业	杭州市	地方国有
119	688288.SH	鸿泉物联	66.41	信息设备	杭州市	非国有
120	603607.SH	京华激光	66.40	轻工制造	绍兴市	非国有
121	600261.SH	阳光照明	66.36	电子	绍兴市	非国有
122	002687.SZ	乔治白	66.35	纺织服装	温州市	非国有
123	603867.SH	新化股份	66.34	化工	杭州市	地方国有
124	600477.SH	杭萧钢构	66.33	建筑材料	杭州市	非国有
125	688777.SH	中控技术	66.31	机械设备	杭州市	非国有
126	603816.SH	顾家家居	66.30	轻工制造	杭州市	非国有
127	600933.SH	爱柯迪	66.30	交运设备	宁波市	非国有
128	603605.SH	珀莱雅	66.26	化工	杭州市	非国有
129	603757.SH	大元泵业	66.25	机械设备	台州市	非国有
130	002940.SZ	昂利康	66.21	医药生物	绍兴市	非国有
131	603657.SH	春光科技	66.11	家用电器	金华市	非国有
132	300439.SZ	美康生物	66.09	医药生物	宁波市	非国有
133	603379.SH	三美股份	66.05	化工	金华市	非国有
134	601002.SH	晋亿实业	66.00	机械设备	嘉兴市	非国有
135	002404.SZ	嘉欣丝绸	66.00	纺织服装	嘉兴市	非国有
136	002793.SZ	罗欣药业	65.99	医药生物	台州市	非国有

续表

排名	公司代码	公司名称	综合健康指数	一级行业_同花顺	地级市	产权性质
137	002203.SZ	海亮股份	65.98	有色金属	绍兴市	非国有
138	000411.SZ	英特集团	65.95	医药生物	杭州市	地方国有
139	000559.SZ	万向钱潮	65.94	交运设备	杭州市	非国有
140	603948.SH	建业股份	65.89	化工	杭州市	非国有
141	601177.SH	杭齿前进	65.89	机械设备	杭州市	地方国有
142	300853.SZ	申昊科技	65.84	机械设备	杭州市	非国有
143	600776.SH	东方通信	65.81	信息设备	杭州市	中央国有
144	002637.SZ	赞宇科技	65.65	化工	杭州市	非国有
145	600699.SH	均胜电子	65.57	交运设备	宁波市	非国有
146	300144.SZ	宋城演艺	65.52	餐饮旅游	杭州市	非国有
147	002322.SZ	理工环科	65.49	信息服务	宁波市	非国有
148	000913.SZ	钱江摩托	65.49	交运设备	台州市	非国有
149	002942.SZ	新农股份	65.43	化工	台州市	非国有
150	600982.SH	宁波能源	65.36	公用事业	宁波市	地方国有
151	600267.SH	海正药业	65.30	医药生物	台州市	地方国有
152	603297.SH	永新光学	65.29	电子	宁波市	非国有
153	603258.SH	电魂网络	65.25	信息服务	杭州市	非国有
154	002276.SZ	万马股份	65.25	机械设备	杭州市	地方国有
155	002602.SZ	世纪华通	65.25	信息服务	绍兴市	非国有
156	300901.SZ	中胤时尚	65.25	纺织服装	温州市	非国有
157	603551.SH	奥普家居	65.25	家用电器	杭州市	非国有
158	603806.SH	福斯特	65.21	机械设备	杭州市	非国有
159	603926.SH	铁流股份	65.19	交运设备	杭州市	非国有
160	603456.SH	九洲药业	65.18	医药生物	台州市	非国有
161	300746.SZ	汉嘉设计	65.16	建筑材料	杭州市	非国有
162	300357.SZ	我武生物	65.12	医药生物	湖州市	非国有
163	300702.SZ	天宇股份	65.09	医药生物	台州市	非国有
164	600330.SH	天通股份	65.08	机械设备	嘉兴市	非国有
165	601137.SH	博威合金	65.07	有色金属	宁波市	非国有
166	601865.SH	福莱特	65.06	建筑材料	嘉兴市	非国有
167	002508.SZ	老板电器	65.05	家用电器	杭州市	非国有
168	603290.SH	斯达半导	65.04	电子	嘉兴市	非国有
169	605009.SH	豪悦护理	65.04	轻工制造	杭州市	非国有
170	300792.SZ	壹网壹创	65.03	信息服务	杭州市	非国有
171	688023.SH	安恒信息	64.90	信息服务	杭州市	非国有
172	603208.SH	江山欧派	64.89	轻工制造	衢州市	非国有
173	603055.SH	台华新材	64.87	纺织服装	嘉兴市	非国有
174	603665.SH	康隆达	64.82	纺织服装	绍兴市	非国有

续表

排名	公司代码	公司名称	综合健康指数	一级行业_同花顺	地级市	产权性质
175	600070.SH	浙江富润	64.77	信息服务	绍兴市	非国有
176	300360.SZ	炬华科技	64.75	机械设备	杭州市	非国有
177	300604.SZ	长川科技	64.74	机械设备	杭州市	非国有
178	002318.SZ	久立特材	64.74	黑色金属	湖州市	非国有
179	002389.SZ	航天彩虹	64.73	国防军工	台州市	中央国有
180	603266.SH	天龙股份	64.69	化工	宁波市	非国有
181	300203.SZ	聚光科技	64.66	机械设备	杭州市	非国有
182	000705.SZ	浙江震元	64.66	医药生物	绍兴市	地方国有
183	688088.SH	虹软科技	64.62	信息服务	杭州市	非国有
184	002931.SZ	锋龙股份	64.62	机械设备	绍兴市	非国有
185	603618.SH	杭电股份	64.59	机械设备	杭州市	非国有
186	300695.SZ	兆丰股份	64.59	交运设备	杭州市	非国有
187	603338.SH	浙江鼎力	64.45	机械设备	湖州市	非国有
188	002284.SZ	亚太股份	64.44	交运设备	杭州市	非国有
189	002860.SZ	星帅尔	64.41	家用电器	杭州市	非国有
190	605003.SH	众望布艺	64.40	纺织服装	杭州市	非国有
191	605158.SH	华达新材	64.29	建筑材料	杭州市	非国有
192	300766.SZ	每日互动	64.29	信息服务	杭州市	非国有
193	603305.SH	旭升股份	64.27	交运设备	宁波市	非国有
194	603687.SH	大胜达	64.27	轻工制造	杭州市	非国有
195	002859.SZ	洁美科技	64.26	电子	湖州市	非国有
196	002634.SZ	棒杰股份	64.25	纺织服装	金华市	非国有
197	603811.SH	诚意药业	64.24	医药生物	温州市	非国有
198	688298.SH	东方生物	64.19	医药生物	湖州市	非国有
199	300729.SZ	乐歌股份	64.19	轻工制造	宁波市	非国有
200	600283.SH	钱江水利	64.18	公用事业	杭州市	中央国有
201	002648.SZ	卫星石化	64.14	化工	嘉兴市	非国有
202	603711.SH	香飘飘	64.12	食品饮料	湖州市	非国有
203	300133.SZ	华策影视	64.09	信息服务	杭州市	非国有
204	300673.SZ	佩蒂股份	64.08	农林牧渔	温州市	非国有
205	603229.SH	奥翔药业	64.08	医药生物	台州市	非国有
206	603076.SH	乐惠国际	64.02	机械设备	宁波市	非国有
207	605369.SH	拱东医疗	64.02	医药生物	台州市	非国有
208	002131.SZ	利欧股份	63.98	信息服务	台州市	非国有
209	002375.SZ	亚厦股份	63.98	建筑材料	绍兴市	非国有
210	002115.SZ	三维通信	63.98	信息设备	杭州市	非国有
211	603637.SH	镇海股份	63.96	建筑材料	宁波市	地方国有
212	601789.SH	宁波建工	63.96	建筑材料	宁波市	地方国有
213	605008.SH	长鸿高科	63.93	化工	宁波市	非国有
214	603116.SH	红蜻蜓	63.92	纺织服装	温州市	非国有

续表

排名	公司代码	公司名称	综合健康指数	一级行业_同花顺	地级市	产权性质
215	600114.SH	东睦股份	63.83	有色金属	宁波市	非国有
216	603040.SH	新坐标	63.77	交运设备	杭州市	非国有
217	300582.SZ	英飞特	63.77	电子	杭州市	非国有
218	605500.SH	森林包装	63.76	轻工制造	台州市	非国有
219	002937.SZ	兴瑞科技	63.74	电子	宁波市	非国有
220	002206.SZ	海利得	63.67	化工	嘉兴市	非国有
221	603600.SH	永艺股份	63.64	轻工制造	湖州市	非国有
222	300566.SZ	激智科技	63.61	电子	宁波市	非国有
223	603610.SH	麒盛科技	63.58	轻工制造	嘉兴市	非国有
224	603089.SH	正裕工业	63.58	交运设备	台州市	非国有
225	603788.SH	宁波高发	63.57	交运设备	宁波市	非国有
226	300519.SZ	新光药业	63.56	医药生物	绍兴市	非国有
227	300669.SZ	沪宁股份	63.49	机械设备	杭州市	非国有
228	300911.SZ	亿田智能	63.48	家用电器	绍兴市	非国有
229	300943.SZ	春晖智控	63.48	机械设备	绍兴市	非国有
230	603896.SH	寿仙谷	63.47	医药生物	金华市	非国有
231	600668.SH	尖峰集团	63.46	建筑材料	金华市	地方国有
232	605116.SH	奥锐特	63.44	医药生物	台州市	非国有
233	002520.SZ	日发精机	63.41	机械设备	绍兴市	非国有
234	603980.SH	吉华集团	63.39	化工	杭州市	非国有
235	603277.SH	银都股份	63.39	机械设备	杭州市	非国有
236	605336.SH	帅丰电器	63.39	家用电器	绍兴市	非国有
237	603303.SH	得邦照明	63.38	电子	金华市	非国有
238	600526.SH	菲达环保	63.36	机械设备	绍兴市	地方国有
239	605066.SH	天正电气	63.35	机械设备	温州市	非国有
240	002472.SZ	双环传动	63.28	交运设备	台州市	非国有
241	002468.SZ	申通快递	63.25	交通运输	台州市	非国有
242	603823.SH	百合花	63.25	化工	杭州市	非国有
243	688039.SH	当虹科技	63.21	信息服务	杭州市	非国有
244	002840.SZ	华统股份	63.20	食品饮料	金华市	非国有
245	300882.SZ	万胜智能	63.18	机械设备	台州市	非国有
246	002019.SZ	亿帆医药	63.15	医药生物	杭州市	非国有
247	300898.SZ	熊猫乳品	63.15	食品饮料	温州市	非国有
248	002562.SZ	兄弟科技	63.14	医药生物	嘉兴市	非国有
249	300813.SZ	泰林生物	63.12	机械设备	杭州市	非国有
250	300351.SZ	永贵电器	63.12	交运设备	台州市	非国有
251	002897.SZ	意华股份	63.12	信息设备	温州市	非国有
252	603538.SH	美诺华	63.11	医药生物	宁波市	非国有

续表

排名	公司代码	公司名称	综合健康指数	一级行业_同花顺	地级市	产权性质
253	603901.SH	永创智能	63.09	机械设备	杭州市	非国有
254	300548.SZ	博创科技	63.04	信息设备	嘉兴市	非国有
255	300710.SZ	万隆光电	62.97	信息设备	杭州市	非国有
256	300550.SZ	和仁科技	62.97	信息服务	杭州市	非国有
257	601116.SH	三江购物	62.94	商业贸易	宁波市	非国有
258	600460.SH	士兰微	62.94	电子	杭州市	非国有
259	300587.SZ	天铁股份	62.92	化工	台州市	非国有
260	688571.SH	杭华股份	62.88	化工	杭州市	地方国有
261	605358.SH	立昂微	62.86	电子	杭州市	非国有
262	603897.SH	长城科技	62.84	机械设备	湖州市	非国有
263	600724.SH	宁波富达	62.84	建筑材料	宁波市	地方国有
264	300727.SZ	润禾材料	62.81	化工	宁波市	非国有
265	603949.SH	雪龙集团	62.77	交运设备	宁波市	非国有
266	002730.SZ	电光科技	62.76	机械设备	温州市	非国有
267	603662.SH	柯力传感	62.63	机械设备	宁波市	非国有
268	003025.SZ	思进智能	62.62	机械设备	宁波市	非国有
269	300703.SZ	创源股份	62.57	轻工制造	宁波市	非国有
270	300571.SZ	平治信息	62.52	信息服务	杭州市	非国有
271	603617.SH	君禾股份	62.47	机械设备	宁波市	非国有
272	605077.SH	华康股份	62.44	食品饮料	衢州市	非国有
273	601339.SH	百隆东方	62.43	纺织服装	宁波市	非国有
274	002522.SZ	浙江众成	62.43	轻工制造	嘉兴市	非国有
275	002082.SZ	万邦德	62.33	医药生物	湖州市	非国有
276	605166.SH	聚合顺	62.31	化工	杭州市	非国有
277	300412.SZ	迦南科技	62.30	机械设备	温州市	非国有
278	002099.SZ	海翔药业	62.29	医药生物	台州市	非国有
279	002915.SZ	中欣氟材	62.24	化工	绍兴市	非国有
280	300078.SZ	思创医惠	62.24	信息服务	杭州市	非国有
281	603239.SH	浙江仙通	62.24	交运设备	台州市	非国有
282	300894.SZ	火星人	62.13	家用电器	嘉兴市	非国有
283	300893.SZ	松原股份	62.13	交运设备	宁波市	非国有
284	603505.SH	金石资源	62.12	采掘	杭州市	非国有
285	603839.SH	安正时尚	62.11	纺织服装	嘉兴市	非国有
286	300930.SZ	屹通新材	62.08	有色金属	杭州市	非国有
287	300645.SZ	正元智慧	62.06	信息服务	杭州市	非国有
288	002273.SZ	水晶光电	62.06	电子	台州市	非国有
289	300113.SZ	顺网科技	62.04	信息服务	杭州市	非国有
290	300401.SZ	花园生物	62.01	医药生物	金华市	非国有
291	300257.SZ	开山股份	61.99	机械设备	衢州市	非国有
292	603015.SH	弘讯科技	61.99	机械设备	宁波市	非国有

续表

排名	公司代码	公司名称	综合健康指数	一级行业_同花顺	地级市	产权性质
293	603701.SH	德宏股份	61.98	交运设备	湖州市	地方国有
294	603931.SH	格林达	61.96	化工	杭州市	非国有
295	603685.SH	晨丰科技	61.94	电子	嘉兴市	非国有
296	300553.SZ	集智股份	61.93	机械设备	杭州市	非国有
297	300441.SZ	鲍斯股份	61.90	机械设备	宁波市	非国有
298	600571.SH	信雅达	61.88	信息服务	杭州市	非国有
299	688006.SH	杭可科技	61.86	机械设备	杭州市	非国有
300	605007.SH	五洲特纸	61.86	轻工制造	衢州市	非国有
301	603001.SH	奥康国际	61.84	纺织服装	温州市	非国有
302	605377.SH	华旺科技	61.83	轻工制造	杭州市	非国有
303	002896.SZ	中大力德	61.83	机械设备	宁波市	非国有
304	300459.SZ	金科文化	61.78	信息服务	绍兴市	非国有
305	603331.SH	百达精工	61.77	机械设备	台州市	非国有
306	688127.SH	蓝特光学	61.63	电子	嘉兴市	非国有
307	300817.SZ	双飞股份	61.61	机械设备	嘉兴市	非国有
308	688299.SH	长阳科技	61.56	化工	宁波市	非国有
309	688005.SH	容百科技	61.56	电子	宁波市	非国有
310	300435.SZ	中泰股份	61.55	公用事业	杭州市	非国有
311	600884.SH	杉杉股份	61.51	电子	宁波市	非国有
312	688606.SH	奥泰生物	61.50	医药生物	杭州市	非国有
313	600797.SH	浙大网新	61.36	信息服务	杭州市	中央国有
314	002364.SZ	中恒电气	61.29	机械设备	杭州市	非国有
315	603500.SH	祥和实业	61.25	交运设备	台州市	非国有
316	300837.SZ	浙矿股份	61.24	机械设备	湖州市	非国有
317	605068.SH	明新旭腾	61.18	交运设备	嘉兴市	非国有
318	605005.SH	合兴股份	61.17	交运设备	温州市	非国有
319	603110.SH	东方材料	61.17	化工	台州市	非国有
320	601579.SH	会稽山	61.12	食品饮料	绍兴市	非国有
321	002085.SZ	万丰奥威	61.09	交运设备	绍兴市	非国有
322	002135.SZ	东南网架	61.06	建筑材料	杭州市	非国有
323	300913.SZ	兆龙互连	61.06	机械设备	湖州市	非国有
324	002756.SZ	永兴材料	61.00	黑色金属	湖州市	非国有
325	002112.SZ	三变科技	60.94	机械设备	台州市	地方国有
326	002632.SZ	道明光学	60.90	化工	金华市	非国有
327	688360.SH	德马科技	60.87	机械设备	湖州市	非国有
328	688365.SH	光云科技	60.85	信息服务	杭州市	非国有
329	688109.SH	品茗股份	60.84	信息服务	杭州市	非国有
330	605018.SH	长华股份	60.80	交运设备	宁波市	非国有

续表

排名	公司代码	公司名称	综合健康指数	一级行业_同花顺	地级市	产权性质
331	603289.SH	泰瑞机器	60.78	机械设备	杭州市	非国有
332	600059.SH	古越龙山	60.78	食品饮料	绍兴市	地方国有
333	603767.SH	中马传动	60.75	交运设备	台州市	非国有
334	002590.SZ	万安科技	60.66	交运设备	绍兴市	非国有
335	600491.SH	龙元建设	60.65	建筑材料	宁波市	非国有
336	603186.SH	华正新材	60.61	电子	杭州市	非国有
337	002095.SZ	生意宝	60.59	信息服务	杭州市	非国有
338	603997.SH	继峰股份	60.57	交运设备	宁波市	非国有
339	300020.SZ	银江股份	60.55	信息服务	杭州市	非国有
340	603995.SH	甬金股份	60.43	黑色金属	金华市	非国有
341	600537.SH	亿晶光电	60.43	机械设备	宁波市	非国有
342	600796.SH	钱江生化	60.42	医药生物	嘉兴市	地方国有
343	300879.SZ	大叶股份	60.34	机械设备	宁波市	非国有
344	688819.SH	天能股份	60.19	机械设备	湖州市	非国有
345	600235.SH	民丰特纸	60.17	轻工制造	嘉兴市	地方国有
346	603726.SH	朗迪集团	60.16	家用电器	宁波市	非国有
347	300649.SZ	杭州园林	60.14	建筑材料	杭州市	非国有
348	300666.SZ	江丰电子	60.14	电子	宁波市	非国有
349	603520.SH	司太立	60.09	医药生物	台州市	非国有
350	002849.SZ	威星智能	60.08	机械设备	杭州市	非国有
351	603260.SH	合盛硅业	60.06	有色金属	嘉兴市	非国有
352	605177.SH	东亚药业	60.05	医药生物	台州市	非国有
353	003026.SZ	中晶科技	59.98	电子	湖州市	非国有
354	300118.SZ	东方日升	59.97	机械设备	宁波市	非国有
355	002326.SZ	永太科技	59.97	化工	台州市	非国有
356	300145.SZ	中金环境	59.91	机械设备	杭州市	地方国有
357	300849.SZ	锦盛新材	59.89	轻工制造	绍兴市	非国有
358	300838.SZ	浙江力诺	59.88	机械设备	温州市	非国有
359	603033.SH	三维股份	59.87	化工	台州市	非国有
360	003017.SZ	大洋生物	59.84	化工	杭州市	非国有
361	002686.SZ	亿利达	59.84	机械设备	台州市	地方国有
362	605378.SH	野马电池	59.82	机械设备	宁波市	非国有
363	300283.SZ	温州宏丰	59.82	机械设备	温州市	非国有
364	002263.SZ	大东南	59.70	化工	绍兴市	地方国有
365	603320.SH	迪贝电气	59.69	机械设备	绍兴市	非国有
366	300483.SZ	恒锋工具	59.69	机械设备	嘉兴市	非国有
367	605083.SH	冠盛股份	59.67	交运设备	温州市	非国有
368	605337.SH	李子园	59.66	食品饮料	金华市	非国有
369	605179.SH	一鸣食品	59.65	食品饮料	温州市	非国有
370	000925.SZ	众合科技	59.62	交运设备	杭州市	中央国有

续表

排名	公司代码	公司名称	综合健康指数	一级行业_同花顺	地级市	产权性质
371	002703.SZ	浙江世宝	59.58	交运设备	金华市	非国有
372	300839.SZ	博汇股份	59.58	化工	宁波市	非国有
373	600865.SH	百大集团	59.54	商业贸易	杭州市	非国有
374	605060.SH	联德股份	59.50	机械设备	杭州市	非国有
375	002164.SZ	宁波东力	59.48	机械设备	宁波市	非国有
376	600130.SH	波导股份	59.46	信息设备	宁波市	非国有
377	002224.SZ	三力士	59.44	化工	绍兴市	非国有
378	603178.SH	圣龙股份	59.40	交运设备	宁波市	非国有
379	605277.SH	新亚电子	59.37	机械设备	温州市	非国有
380	688577.SH	浙海德曼	59.33	机械设备	台州市	非国有
381	300076.SZ	GQY视讯	59.33	电子	宁波市	地方国有
382	605180.SH	华生科技	59.31	纺织服装	嘉兴市	非国有
383	300250.SZ	初灵信息	59.29	信息服务	杭州市	非国有
384	300068.SZ	南都电源	59.29	机械设备	杭州市	非国有
385	688310.SH	迈得医疗	59.29	机械设备	台州市	非国有
386	603667.SH	五洲新春	59.25	机械设备	绍兴市	非国有
387	002443.SZ	金洲管道	59.24	黑色金属	湖州市	非国有
388	603300.SH	华铁应急	59.15	机械设备	杭州市	非国有
389	603578.SH	三星新材	59.13	家用电器	湖州市	非国有
390	000607.SZ	华媒控股	59.10	信息服务	杭州市	地方国有
391	003011.SZ	海象新材	59.05	轻工制造	嘉兴市	非国有
392	003041.SZ	真爱美家	59.03	纺织服装	金华市	非国有
393	002617.SZ	露笑科技	59.00	机械设备	绍兴市	非国有
394	002199.SZ	东晶电子	58.97	电子	金华市	非国有
395	002119.SZ	康强电子	58.96	电子	宁波市	非国有
396	603917.SH	合力科技	58.93	交运设备	宁波市	非国有
397	603709.SH	中源家居	58.85	轻工制造	湖州市	非国有
398	300512.SZ	中亚股份	58.82	机械设备	杭州市	非国有
399	603095.SH	越剑智能	58.76	机械设备	绍兴市	非国有
400	603088.SH	宁波精达	58.73	机械设备	宁波市	非国有
401	002725.SZ	跃岭股份	58.68	交运设备	台州市	非国有
402	002006.SZ	精功科技	58.68	机械设备	绍兴市	非国有
403	002403.SZ	爱仕达	58.62	家用电器	台州市	非国有
404	002863.SZ	今飞凯达	58.56	交运设备	金华市	非国有
405	002011.SZ	盾安环境	58.41	家用电器	绍兴市	非国有
406	603595.SH	东尼电子	58.32	电子	湖州市	非国有
407	600366.SH	宁波韵升	58.30	有色金属	宁波市	非国有
408	603908.SH	牧高笛	58.29	纺织服装	衢州市	非国有

续表

排名	公司代码	公司名称	综合健康指数	一级行业_同花顺	地级市	产权性质
409	603388.SH	元成股份	58.16	建筑材料	杭州市	非国有
410	300796.SZ	贝斯美	58.08	化工	绍兴市	非国有
411	300181.SZ	佐力药业	58.08	医药生物	湖州市	非国有
412	300643.SZ	万通智控	58.08	交运设备	杭州市	非国有
413	603602.SH	纵横通信	58.02	信息设备	杭州市	非国有
414	300897.SZ	山科智能	57.97	机械设备	杭州市	非国有
415	300920.SZ	润阳科技	57.96	化工	湖州市	非国有
416	002718.SZ	友邦吊顶	57.88	建筑材料	嘉兴市	非国有
417	603321.SH	梅轮电梯	57.87	机械设备	绍兴市	非国有
418	300878.SZ	维康药业	57.83	医药生物	丽水市	非国有
419	300880.SZ	迦南智能	57.78	机械设备	宁波市	非国有
420	603045.SH	福达合金	57.72	有色金属	温州市	非国有
421	603105.SH	芯能科技	57.66	公用事业	嘉兴市	非国有
422	603311.SH	金海高科	57.64	家用电器	绍兴市	非国有
423	300652.SZ	雷迪克	57.61	交运设备	杭州市	非国有
424	002615.SZ	哈尔斯	57.61	轻工制造	金华市	非国有
425	688611.SH	杭州柯林	57.36	机械设备	杭州市	非国有
426	002795.SZ	永和智控	57.29	机械设备	台州市	非国有
427	603822.SH	嘉澳环保	57.15	化工	嘉兴市	非国有
428	002418.SZ	康盛股份	57.10	家用电器	杭州市	非国有
429	603677.SH	奇精机械	57.05	家用电器	宁波市	非国有
430	688079.SH	美迪凯	57.02	电子	杭州市	非国有
431	300969.SZ	恒帅股份	56.97	交运设备	宁波市	非国有
432	300306.SZ	远方信息	56.88	机械设备	杭州市	非国有
433	603557.SH	ST起步	56.80	纺织服装	丽水市	非国有
434	300863.SZ	卡倍亿	56.71	交运设备	宁波市	非国有
435	300100.SZ	双林股份	56.65	交运设备	宁波市	非国有
436	605228.SH	神通科技	56.64	交运设备	宁波市	非国有
437	002767.SZ	先锋电子	56.56	机械设备	杭州市	非国有
438	300953.SZ	震裕科技	56.52	机械设备	宁波市	非国有
439	603558.SH	健盛集团	56.46	纺织服装	杭州市	非国有
440	300266.SZ	兴源环境	56.44	公用事业	杭州市	非国有
441	003030.SZ	祖名股份	56.33	食品饮料	杭州市	非国有
442	603703.SH	盛洋科技	56.30	信息设备	绍兴市	非国有
443	605303.SH	园林股份	56.23	建筑材料	杭州市	非国有
444	002196.SZ	方正电机	56.21	机械设备	丽水市	非国有
445	605117.SH	德业股份	56.21	家用电器	宁波市	非国有
446	002552.SZ	宝鼎科技	56.19	机械设备	杭州市	地方国有
447	600152.SH	维科技术	56.17	电子	宁波市	非国有
448	300698.SZ	万马科技	56.17	信息设备	杭州市	非国有

续表

排名	公司代码	公司名称	综合健康指数	一级行业_同花顺	地级市	产权性质
449	688616.SH	西力科技	56.16	机械设备	杭州市	非国有
450	300743.SZ	天地数码	56.14	化工	杭州市	非国有
451	605155.SH	西大门	55.98	化工	绍兴市	非国有
452	605318.SH	法狮龙	55.95	建筑材料	嘉兴市	非国有
453	603222.SH	济民医疗	55.93	医药生物	台州市	非国有
454	605268.SH	王力安防	55.69	轻工制造	金华市	非国有
455	300945.SZ	曼卡龙	55.68	轻工制造	杭州市	非国有
456	603085.SH	天成自控	55.66	交运设备	台州市	非国有
457	300256.SZ	星星科技	55.61	电子	台州市	地方国有
458	002712.SZ	思美传媒	55.58	信息服务	杭州市	地方国有
459	688092.SH	爱科科技	55.57	机械设备	杭州市	非国有
460	300626.SZ	华瑞股份	55.52	机械设备	宁波市	地方国有
461	300411.SZ	金盾股份	55.50	机械设备	绍兴市	非国有
462	002247.SZ	聚力文化	55.39	信息服务	杭州市	非国有
463	688379.SH	华光新材	55.34	有色金属	杭州市	非国有
464	003036.SZ	泰坦股份	55.31	机械设备	绍兴市	非国有
465	601113.SH	ST华鼎	55.27	商业贸易	金华市	非国有
466	603316.SH	诚邦股份	55.23	建筑材料	杭州市	非国有
467	002779.SZ	中坚科技	55.15	机械设备	金华市	非国有
468	300329.SZ	海伦钢琴	55.09	轻工制造	宁波市	非国有
469	300307.SZ	慈星股份	55.01	机械设备	宁波市	非国有
470	600232.SH	金鹰股份	54.99	机械设备	舟山市	非国有
471	600768.SH	宁波富邦	54.92	有色金属	宁波市	非国有
472	002574.SZ	明牌珠宝	54.90	轻工制造	绍兴市	非国有
473	300611.SZ	美力科技	54.75	交运设备	绍兴市	非国有
474	300234.SZ	开尔新材	54.68	建筑材料	金华市	非国有
475	600857.SH	宁波中百	54.63	商业贸易	宁波市	非国有
476	600387.SH	ST海越	54.60	化工	绍兴市	地方国有
477	300539.SZ	横河精密	54.47	化工	宁波市	非国有
478	605255.SH	天普股份	54.41	交运设备	宁波市	非国有
479	600052.SH	浙江广厦	54.25	信息服务	金华市	非国有
480	603103.SH	横店影视	54.08	信息服务	金华市	非国有
481	002103.SZ	广博股份	53.99	轻工制造	宁波市	非国有
482	300637.SZ	扬帆新材	53.98	化工	绍兴市	非国有
483	002370.SZ	亚太药业	53.97	医药生物	绍兴市	非国有
484	603177.SH	德创环保	53.95	公用事业	绍兴市	非国有
485	002515.SZ	金字火腿	53.89	食品饮料	金华市	非国有
486	002280.SZ	联络互动	53.66	信息服务	杭州市	非国有

续表

排名	公司代码	公司名称	综合健康指数	一级行业_同花顺	地级市	产权性质
487	002633.SZ	申科股份	53.65	机械设备	绍兴市	非国有
488	300795.SZ	*ST米奥	53.54	信息服务	杭州市	非国有
489	300111.SZ	向日葵	53.52	医药生物	绍兴市	非国有
490	601599.SH	浙文影业	53.36	纺织服装	杭州市	地方国有
491	002699.SZ	美盛文化	53.28	信息服务	绍兴市	非国有
492	600576.SH	祥源文化	53.27	信息服务	杭州市	非国有
493	002122.SZ	*ST天马	52.99	机械设备	杭州市	非国有
494	002343.SZ	慈文传媒	52.75	信息服务	嘉兴市	地方国有
495	688215.SH	瑞晟智能	52.47	机械设备	宁波市	非国有
496	605055.SH	迎丰股份	52.42	纺织服装	绍兴市	非国有
497	300163.SZ	先锋新材	52.06	化工	宁波市	非国有
498	300461.SZ	田中精机	52.03	机械设备	嘉兴市	非国有
499	603789.SH	星光农机	51.62	机械设备	湖州市	非国有
500	603168.SH	莎普爱思	51.55	医药生物	嘉兴市	非国有
501	600226.SH	ST瀚叶	51.43	信息服务	湖州市	非国有
502	002188.SZ	*ST巴士	50.61	电子	嘉兴市	非国有
503	002488.SZ	金固股份	50.49	交运设备	杭州市	非国有
504	300025.SZ	华星创业	49.99	信息设备	杭州市	非国有
505	000980.SZ	*ST众泰	49.88	交运设备	金华市	非国有
506	002570.SZ	贝因美	49.76	食品饮料	杭州市	非国有
507	002586.SZ	*ST围海	49.59	建筑材料	宁波市	非国有
508	300027.SZ	华谊兄弟	49.26	信息服务	金华市	非国有
509	300032.SZ	金龙机电	49.18	电子	温州市	非国有
510	002629.SZ	ST仁智	49.08	采掘	温州市	非国有
511	002021.SZ	ST中捷	48.89	机械设备	台州市	非国有
512	002173.SZ	创新医疗	48.65	医药生物	绍兴市	非国有
513	002619.SZ	*ST艾格	48.64	信息服务	金华市	非国有
514	600290.SH	ST华仪	48.56	机械设备	温州市	非国有
515	300478.SZ	杭州高新	48.30	化工	杭州市	非国有
516	002427.SZ	ST尤夫	48.23	化工	湖州市	中央国有
517	300426.SZ	唐德影视	47.42	信息服务	金华市	地方国有
518	002464.SZ	*ST众应	47.38	信息服务	丽水市	非国有
519	300069.SZ	金利华电	46.91	机械设备	金华市	非国有
520	002569.SZ	ST步森	45.63	纺织服装	绍兴市	非国有
521	300270.SZ	中威电子	44.49	信息设备	杭州市	非国有
522	002473.SZ	*ST圣莱	43.60	家用电器	宁波市	非国有
523	603996.SH	*ST中新	41.35	家用电器	台州市	非国有
524	600671.SH	ST目药	40.68	医药生物	杭州市	非国有

数据来源：同花顺、中关村国睿金融与产业发展研究会。

从行业分布来看，浙江省524家上市公司分布在21个同花顺一级行业中，其中机械设备行业最多，有117家，其次是化工行业有53家，餐饮旅游、国防军工行业最少，仅有1家。综合健康指数平均水平最高的行业是交通运输（68.44），最低的行业是采掘（55.60），如图8-92所示。

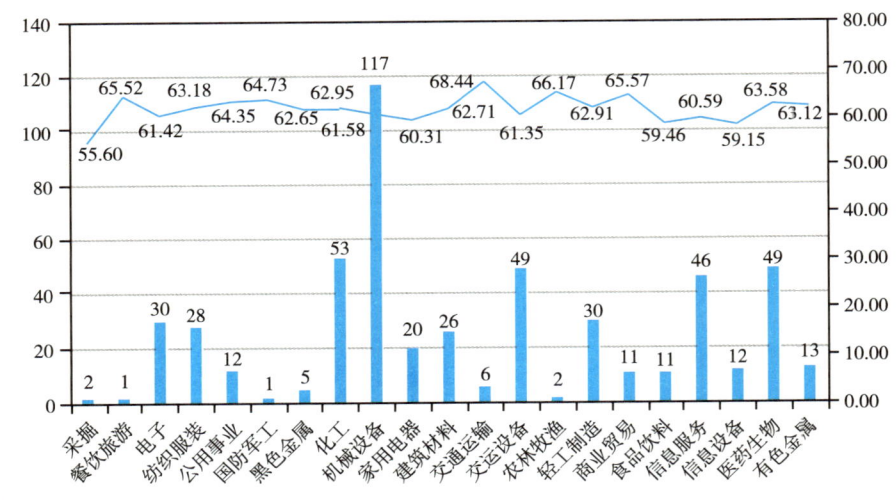

图8-92 浙江省上市公司行业分布

从省内城市分布来看，浙江省524家上市公司分布在11个省内城市，其中杭州市有159家，其次宁波市有93家，舟山市仅有1家，综合健康指数平均水平最高的市是衢州市（64.90），最低的是舟山市（54.99），如图8-93所示。

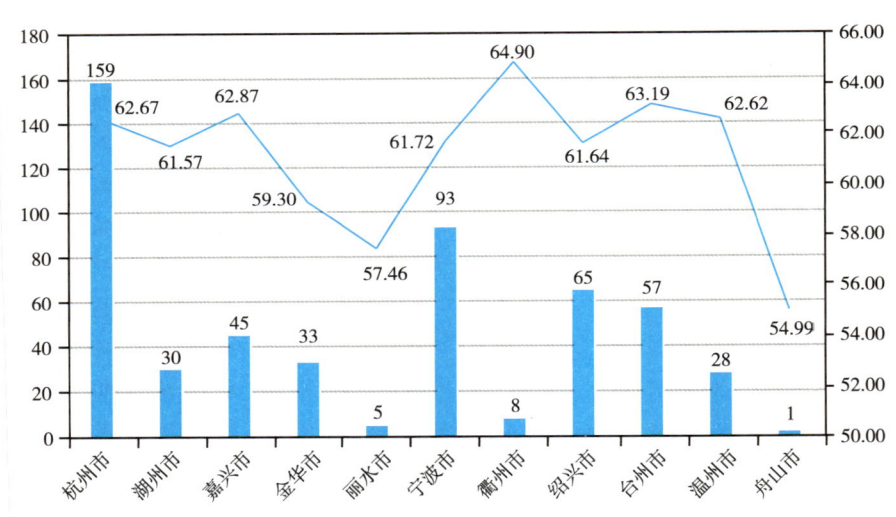

图8-93 浙江省上市公司省内分布

从产权性质来看，浙江省524家上市公司，国有控股上市公司60家，其中中央控股上市公司8家，综合健康指数平均水平为63.35，地方国有控股上市公司52家，综合健康指数平均水平为63.96；非国有控股上市公司464家，综合健康指数平均水平为61.91；如图8-94所示。

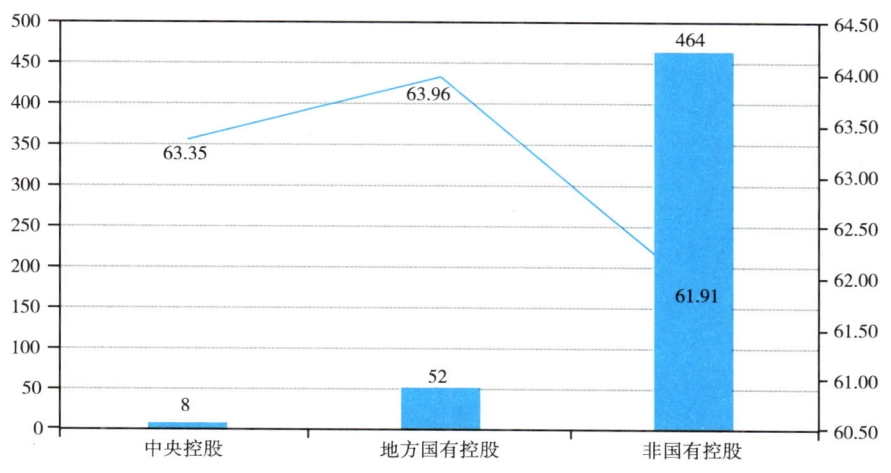

图 8-94　浙江省上市公司产权性质分布

8.2　中国上市公司 8 大系统健康指数省际评价

在对 2020 年各省（自治区、直辖市）上市公司综合健康指数省际比较的基础上，报告进一步分析了 4032 家上市公司在 8 大系统方面的具体情况。

8.2.1　法人治理系统

根据 2020 年披露年报、公告和其他数据，4032 家中国上市公司在法人治理系统方面的健康指数平均水平为 71.78，平均水平以上的上市公司有 2045 家。各省（自治区、直辖市）的法人治理系统健康指数平均水平、最高和最低情况如表 8-33 所示。

表 8-33　　　2020 年各省（自治区、直辖市）上市公司法人治理系统健康指数情况

省份	上市公司数量	平均水平	最高	最低
安徽省	127	72.20	86.67（安凯客车）	53.78（鑫铂股份）
北京市	353	72.77	88.69（钢研纳克）	51.85（科美诊断）
重庆市	49	73.80	85.47（重庆水务）	61.37（三圣股份）
福建省	149	71.30	86.78（龙洲股份）	55.53（*ST实达）
甘肃省	33	72.32	84.39（庄园牧场）	56.78（*ST恒康）
广东省	667	71.68	88.84（佛塑科技）	52.81（富信科技）
广西壮族自治区	35	71.27	81.46（桂东电力）	60.63（*ST东网）
贵州省	29	71.88	86.48（黔源电力）	59.43（*ST天成）
海南省	31	71.18	86.64（中钨高新）	53.63（金盘科技）
河北省	60	73.14	88.19（冀东水泥）	51.11（常山药业）
河南省	86	73.17	87.97（国机精工）	59.64（瑞贝卡）
黑龙江省	34	71.86	82.37（龙江交通）	49.49（*ST金洲）

续表

省份	上市公司数量	平均水平	最高	最低
湖北省	110	72.46	88.46（锐科激光）	49.71（菱电电控）
湖南省	113	73.20	88.62（华菱钢铁）	54.68（*ST金贵）
吉林省	42	70.67	86.05（一汽解放）	48.51（退市鹏起）
江苏省	483	70.43	86.42（江苏神通）	48.31（苏文电能）
江西省	56	72.62	84.60（长虹华意）	45.52（*ST节能）
辽宁省	72	72.39	86.46（中广核技）	56.13（曙光股份）
内蒙古自治区	24	73.64	84.08（东宝生物）	58.11（*ST天首）
宁夏回族自治区	15	72.09	86.60（东方钽业）	52.78（*ST环球）
青海省	11	71.62	81.59（金瑞矿业）	63.39（远东股份）
山东省	227	71.75	88.03（万润股份）	51.80（联创股份）
山西省	39	73.79	84.96（五矿稀土）	63.24（山西路桥）
陕西省	54	72.89	86.01（陕天然气）	59.08（金花股份）
上海市	312	70.57	88.54（徐家汇）	52.99（盛剑环境）
四川省	136	72.45	88.46（泸州老窖）	49.26（汇源通信）
天津市	53	72.42	88.97（招商公路）	58.28（康希诺）
西藏自治区	18	70.46	83.51（高争民爆）	60.35（西藏珠峰）
新疆维吾尔自治区	54	71.76	91.28（西部建设）	55.80（*ST新亿）
云南省	33	75.53	88.11（文山电力）	59.52（贝泰妮）
浙江省	524	71.47	88.05（海宁皮城）	48.86（祥源文化）
—（华润微、中芯国际、九号公司）	3	58.11	64.96（九号公司）	51.01（中芯国际）

数据来源：同花顺、中关村国睿金融与产业发展研究会。

根据公司法人治理系统健康指数平均水平情况看，平均水平较高的省（自治区、直辖市）（含上市公司数量）分别是云南省（33家，75.53）、重庆市（49家，73.8）、山西省（39家，73.79），平均水平较低的各省（自治区、直辖市）（含上市公司数量）分别是江苏省（483家，70.43）、西藏自治区（18家，70.46）、上海市（312家，70.57）。

8.2.2 外部监督系统

根据2020年披露年报、公告和其他数据，4032家中国上市公司在外部监督系统方面的健康指数平均水平为70.40，平均水平以上的上市公司有2271家。各省（自治区、直辖市）的外部监督系统健康指数平均水平、最高和最低情况如表8-34所示。

表8-34　　2020年各省（自治区、直辖市）上市公司外部监督系统健康指数情况

省份	上市公司数量	平均水平	最高	最低
安徽省	127	72.20	91.57（科大讯飞）	39.73（ST德豪）
北京市	353	71.66	95.08（金山办公）	32.18（桓泰艾普）
重庆市	49	73.39	92.30（长安汽车）	43.05（ST天圣）
福建省	149	70.17	89.24（紫金矿业）	35.35（*ST实达）

续表

省份	上市公司数量	平均水平	最高	最低
甘肃省	33	67.52	90.64（金徽酒）	41.94（ST荣华）
广东省	667	69.25	95.56（迈瑞医疗）	28.44（*ST赫美）
广西壮族自治区	35	66.06	89.37（恒逸石化）	32.69（ST八菱）
贵州省	29	72.79	84.68（黔源电力）	50.15（*ST天成）
海南省	31	64.85	79.78（普利制药）	35.26（ST大洲）
河北省	60	70.20	92.42（三友化工）	26.59（*ST华讯）
河南省	86	72.23	94.14（中航光电）	34.41（*ST猛狮）
黑龙江省	34	67.59	81.07（博实股份）	30.68（*ST金洲）
湖北省	110	71.14	94.65（中信特钢）	40.07（*ST凯瑞）
湖南省	113	70.92	93.76（芒果超媒）	31.19（天泽信息）
吉林省	42	69.01	83.00（一汽解放）	34.32（退市鹏起）
江苏省	483	69.90	93.67（中材科技）	28.06（ST新海）
江西省	56	73.91	92.82（江铃汽车）	40.86（*ST节能）
辽宁省	72	66.32	84.86（鞍钢股份）	25.59（大连圣亚）
内蒙古自治区	24	68.61	81.19（内蒙一机）	35.77（*ST天首）
宁夏回族自治区	15	73.44	91.23（宝丰能源）	50.31（*ST环球）
青海省	11	66.24	84.91（西部矿业）	37.67（ST顺利）
山东省	227	70.34	92.90（山东高速）	35.64（中润资源）
山西省	39	71.78	87.09（山西汾酒）	40.16（*ST当代）
陕西省	54	70.59	93.80（宝钛股份）	34.35（延安必康）
上海市	312	71.74	96.74（金龙鱼）	40.31（退市富控）
四川省	136	70.96	91.58（泸州老窖）	30.13（台海核电）
天津市	53	70.54	87.84（中环股份）	49.26（鹏翎股份）
西藏自治区	18	69.41	85.48（奇正藏药）	55.09（*ST西发）
新疆维吾尔自治区	54	65.45	85.80（特变电工）	36.51（*ST拉夏）
云南省	33	73.83	94.28（云南白药）	51.92（ST云投）
浙江省	524	70.72	95.30（中国巨石）	29.33（*ST中新）
—（华润微、中芯国际、九号公司）	3	83.90	89.94（华润微）	73.23（中芯国际）

数据来源：同花顺、中关村国睿金融与产业发展研究会。

根据公司外部监督系统健康指数平均水平情况看，平均水平较高的各省（自治区、直辖市）（含上市公司数量）分别是江西省（56家，73.91）、云南省（33家，73.83）、宁夏回族自治区（15家，73.44），平均水平较低的各省（自治区、直辖市）（含上市公司数量）分别是海南省（31家，64.85）、新疆维吾尔自治区（54家，65.45）、广西壮族自治区（35家，66.06）。

8.2.3 创利能力系统

根据2020年披露年报、公告和其他数据，4032家中国上市公司在创利能力系统方面的健康指数平均水平为50.66，平均水平以上的上市公司有2062家。各省（自治区、直辖市）的创利能力系统健康指数平均水平、最高和最低情况如表8-35所示。

表8-35 2020年各省（自治区、直辖市）上市公司创利能力系统健康指数情况

省份	上市公司数量	平均水平	最高	最低
安徽省	127	50.57	80.33（美亚光电）	24.73（ST德豪）
北京市	353	51.71	84.31（长江电力）	21.96（*ST邦讯）
重庆市	49	50.30	76.42（智飞生物）	25.72（天域生态）
福建省	149	51.90	82.83（亿联网络）	21.99（龙洲股份）
甘肃省	33	43.72	78.83（祁连山）	21.69（长城电工）
广东省	667	50.09	86.32（塔牌集团）	19.20（*ST索菱）
广西壮族自治区	35	44.03	70.02（桂冠电力）	21.28（皇氏集团）
贵州省	29	50.69	82.41（贵州茅台）	16.96（*ST天成）
海南省	31	41.80	75.78（海峡股份）	22.54（海南海药）
河北省	60	49.46	74.14（河钢资源）	25.85（华斯股份）
河南省	86	48.81	71.86（普莱柯）	15.95（*ST科迪）
黑龙江省	34	46.50	75.98（博实股份）	24.73（ST瑞德）
湖北省	110	49.64	76.90（科前生物）	16.89（襄阳轴承）
湖南省	113	49.60	79.52（圣湘生物）	22.85（开元教育）
吉林省	42	44.07	73.16（通化东宝）	16.81（紫鑫药业）
江苏省	483	51.66	82.85（硕世生物）	17.35（亚邦股份）
江西省	56	49.10	72.32（金达莱）	29.43（江特电机）
辽宁省	72	43.86	66.63（百傲化学）	19.13（科隆股份）
内蒙古自治区	24	50.64	77.83（君正集团）	31.28（*ST明科）
宁夏回族自治区	15	45.27	69.91（宁夏建材）	14.74（*ST环球）
青海省	11	44.32	66.66（盐湖股份）	32.01（金瑞矿业）
山东省	227	51.32	80.71（双一科技）	20.54（青岛金王）
山西省	39	48.34	76.20（大秦铁路）	26.13（仟源医药）
陕西省	54	48.63	71.72（陕西煤业）	15.91（保力新）
上海市	312	52.87	81.56（之江生物）	24.45（信息发展）
四川省	136	50.83	79.74（富森美）	20.40（台海核电）
天津市	53	51.68	74.68（瑞普生物）	24.01（天汽模）
西藏自治区	18	54.55	69.35（华宝股份）	31.10（*ST西发）
新疆维吾尔自治区	54	44.04	69.70（天山股份）	20.22（*ST济堂）
云南省	33	48.91	68.96（丽江股份）	29.00（*ST景谷）
浙江省	524	53.19	83.46（同花顺）	20.35（ST尤夫）
—（华润微、中芯国际、九号公司）	3	53.84	54.07（中芯国际）	53.51（华润微）

数据来源：同花顺、中关村国睿金融与产业发展研究会。

根据公司创利能力系统健康指数平均水平情况看，平均水平较高的各省（自治区、直辖市）（含上市公司数量）分别是西藏自治区（18家，54.55）、浙江省（524家，53.19）、上海市（312家，52.87），平均水平较低的各省（自治区、直辖市）（含上市公司数量）分别是海南省（31家，41.80）、

甘肃省（33家，43.72）、辽宁省（72家，43.86）。

8.2.4 竞争态势系统

根据2020年披露年报、公告和其他数据，4032家中国上市公司在竞争态势系统方面的健康指数平均水平为49.34，平均水平以上的上市公司有2017家。各省（自治区、直辖市）的竞争态势系统健康指数平均水平、最高和最低情况如表8-36所示。

表8-36　　2020年一级行政区域上市公司竞争态势系统健康指数情况

省份	上市公司数量	平均水平	最高	最低
安徽省	127	50.93	79.24（科大讯飞）	22.96（鑫铂股份）
北京市	353	53.14	81.92（三一重工）	22.87（东方时尚）
重庆市	49	50.02	78.35（长安汽车）	21.07（四方新材）
福建省	149	48.96	78.59（新大陆）	21.24（腾景科技）
甘肃省	33	43.07	62.75（华天科技）	19.55（ST荣华）
广东省	667	50.52	80.84（海天味业）	9.70（澄天伟业）
广西壮族自治区	35	45.96	71.56（柳工）	21.43（柳化股份）
贵州省	29	48.52	68.13（振华科技）	31.59（朗玛信息）
海南省	31	45.70	70.09（中钨高新）	26.37（*ST东海A）
河北省	60	51.30	79.35（长城汽车）	26.26（金牛化工）
河南省	86	52.31	74.47（宇通客车）	19.68（*ST科迪）
黑龙江省	34	47.16	66.25（航天科技）	20.02（广联航空）
湖北省	110	50.03	81.62（烽火通信）	19.72（*ST凯瑞）
湖南省	113	48.63	77.70（中联重科）	24.32（岱勒新材）
吉林省	42	45.35	71.69（长春高新）	19.39（*ST利源）
江苏省	483	47.31	75.05（金智科技）	13.07（和林微纳）
江西省	56	47.53	78.77（江西铜业）	28.40（志特新材）
辽宁省	72	47.58	72.52（中广核技）	24.25（聆达股份）
内蒙古自治区	24	50.21	75.59（伊利股份）	19.04（*ST华资）
宁夏回族自治区	15	37.43	47.78（宁夏建材）	20.62（嘉泽新能）
青海省	11	43.43	62.86（西部矿业）	29.55（青海春天）
山东省	227	50.17	79.34（东方电子）	22.88（百龙创园）
山西省	39	48.06	67.52（山西汾酒）	21.57（狮头股份）
陕西省	54	46.93	67.55（陕鼓动力）	24.15（派瑞股份）
上海市	312	50.91	76.73（万达信息）	16.74（盛剑环境）
四川省	136	47.96	80.21（东方电气）	19.26（天箭科技）
天津市	53	54.05	80.07（三六零）	25.11（泽达易盛）
西藏自治区	18	41.60	63.52（华宝股份）	17.84（*ST西发）
新疆维吾尔自治区	54	42.24	74.42（特变电工）	21.05（准油股份）
云南省	33	47.19	69.96（贵研铂业）	21.89（*ST景谷）
浙江省	524	48.30	81.90（大华股份）	15.75（润阳科技）
—（华润微、中芯国际、九号公司）	3	63.14	66.72（华润微）	60.27（中芯国际）

数据来源：同花顺、中关村国睿金融与产业发展研究会。

根据公司竞争态势系统健康指数平均水平情况看,平均水平较高的一级行政区域(含上市公司数量)分别是天津市(53家,54.05)、北京市(354家,53.14)、河南省(86家,52.31),平均水平较低的各省(自治区、直辖市)(含上市公司数量)分别是宁夏回族自治区(15家,37.43)、西藏自治区(18家,41.60)、新疆维吾尔自治区(54家,42.24)。

8.2.5 产品销售系统

根据2020年披露年报、公告和其他数据,4032家中国上市公司在产品销售系统方面的健康指数平均水平为50.03,平均水平以上的上市公司有2026家。各省(自治区、直辖市)的产品销售系统健康指数平均水平、最高和最低情况如表8-37所示。

表8-37　2020年各省(自治区、直辖市)上市公司产品销售系统健康指数情况

省份	上市公司数量	平均水平	最高	最低
安徽省	127	53.24	81.37(精达股份)	24.03(龙磁科技)
北京市	353	50.30	78.79(国联股份)	15.29(*ST邦讯)
重庆市	49	49.69	75.81(隆鑫通用)	23.27(天域生态)
福建省	149	50.25	77.37(福日电子)	20.75(好利来)
甘肃省	33	42.55	67.96(华天科技)	19.52(皇台酒业)
广东省	667	49.37	80.72(立讯精密)	18.88(金刚玻璃)
广西壮族自治区	35	48.05	78.34(恒逸石化)	26.69(两面针)
贵州省	29	48.65	74.17(中伟股份)	13.19(*ST天成)
海南省	31	42.34	64.12(京粮控股)	15.16(*ST东电)
河北省	60	53.13	80.27(中红医疗)	21.90(*ST华讯)
河南省	86	51.38	77.80(豫光金铅)	23.51(*ST猛狮)
黑龙江省	34	46.69	77.90(中国一重)	17.03(新光光电)
湖北省	110	49.54	77.79(凯乐科技)	24.27(金运激光)
湖南省	113	47.93	75.48(湖南黄金)	18.20(华凯创意)
吉林省	42	45.77	83.62(一汽富维)	19.82(融钰集团)
江苏省	483	50.48	80.83(华光环能)	16.77(泽璟制药)
江西省	56	49.63	84.44(江西铜业)	21.11(*ST节能)
辽宁省	72	50.02	80.85(恒力石化)	27.27(芯源微)
内蒙古自治区	24	52.05	81.59(内蒙一机)	23.55(*ST华资)
宁夏回族自治区	15	41.90	59.97(宁夏建材)	27.77(*ST环球)
青海省	11	42.25	75.47(西部矿业)	20.23(青海春天)
山东省	227	52.70	82.04(华泰股份)	19.73(未名医药)
山西省	39	52.14	72.82(ST安泰)	28.21(壶化股份)
陕西省	54	49.27	83.28(陕西建工)	25.64(通源石油)
上海市	312	50.18	80.04(爱旭股份)	18.62(巴安水务)
四川省	136	47.25	80.29(四川路桥)	12.77(*ST长动)

续表

省份	上市公司数量	平均水平	最高	最低
天津市	53	52.05	78.78（中远海控）	27.43（桂发祥）
西藏自治区	18	44.73	71.23（梅花生物）	24.16（西藏珠峰）
新疆维吾尔自治区	54	44.18	68.29（西部建设）	13.97（*ST中葡）
云南省	33	50.57	70.32（锡业股份）	21.88（ST云投）
浙江省	524	51.34	82.76（荣盛石化）	15.62（金利华电）
—（华润微、中芯国际、九号公司）	3	60.68	69.34（华润微）	44.23（九号公司）

数据来源：同花顺、中关村国睿金融与产业发展研究会。

根据公司产品销售系统健康指数平均水平情况看，平均水平较高的各省（自治区、直辖市）（含上市公司数量）分别是安徽省（127家，53.24）、河北省（60家，53.13）、山东省（227家，52.70），平均水平较低的各省（自治区、直辖市）（含上市公司数量）分别是宁夏回族自治区（15家，41.90）、青海省（11家，42.25）、海南省（33家，42.34）。

8.2.6　价值再造系统

根据2020年披露年报、公告和其他数据，4032家中国上市公司在价值再造系统方面的健康指数平均水平为54.84，平均水平以上的上市公司有2017家。各省（自治区、直辖市）的价值再造系统健康指数平均水平、最高和最低情况如表8-38所示。

表8-38　2020年各省（自治区、直辖市）上市公司价值再造系统健康指数情况

省份	上市公司数量	平均水平	最高	最低
安徽省	127	57.73	77.93（马钢股份）	37.94（科威尔）
北京市	353	56.46	83.40（华能国际）	29.58（中国中期）
重庆市	49	52.24	73.32（隆鑫通用）	20.28（天域生态）
福建省	149	54.93	77.91（厦门国贸）	31.43（德艺文创）
甘肃省	33	50.42	65.88（华天科技）	26.42（莫高股份）
广东省	667	54.87	80.13（长盈精密）	27.41（赛隆药业）
广西壮族自治区	35	52.88	65.15（北部湾港）	36.47（南宁百货）
贵州省	29	54.74	72.01（勘设股份）	35.94（*ST天成）
海南省	31	50.21	70.89（中钨高新）	27.56（*ST罗顿）
河北省	60	55.83	74.56（立中集团）	35.92（*ST华讯）
河南省	86	56.29	74.87（神马股份）	33.26（开普检测）
黑龙江省	34	51.16	72.68（恒丰纸业）	32.85（万向德农）
湖北省	110	54.96	77.96（东湖高新）	30.24（农尚环境）
湖南省	113	52.96	81.37（楚天科技）	31.23（中广天择）
吉林省	42	52.92	69.60（启明信息）	27.90（*ST利源）
江苏省	483	54.17	79.63（中天科技）	30.29（锦鸡股份）
江西省	56	55.48	80.43（正邦科技）	36.55（孚能科技）
辽宁省	72	52.97	69.75（国电电力）	33.72（美吉姆）

续表

省份	上市公司数量	平均水平	最高	最低
内蒙古自治区	24	56.04	79.46（君正集团）	31.57（*ST明科）
宁夏回族自治区	15	50.58	61.96（青龙管业）	33.40（嘉泽新能）
青海省	11	49.77	70.37（西部矿业）	34.40（青海春天）
山东省	227	55.94	85.55（海信视象）	30.94（青岛中程）
山西省	39	57.93	74.56（潞安环能）	44.52（*ST当代）
陕西省	54	54.12	77.57（兴化股份）	34.46（保力新）
上海市	312	55.22	83.04（之江生物）	28.84（上海机场）
四川省	136	53.28	75.80（四川路桥）	28.91（正源股份）
天津市	53	56.59	76.28（恒银科技）	34.78（天津普林）
西藏自治区	18	51.45	71.65（海思科）	30.63（西藏珠峰）
新疆维吾尔自治区	54	51.88	75.26（中油工程）	27.03（*ST德新）
云南省	33	55.71	82.47（云南旅游）	27.64（*ST景谷）
浙江省	524	55.07	81.87（浙江交科）	28.30（*ST圣莱）
—（华润微、中芯国际、九号公司）	3	49.52	54.41（中芯国际）	45.79（华润微）

数据来源：同花顺、中关村国睿金融与产业发展研究会。

根据公司价值再造系统健康指数平均水平情况看，平均水平较高的各省（自治区、直辖市）（含上市公司数量）分别是山西省（39家，57.93）、安徽省（127家，57.73）、天津市（53家，56.69），平均水平较低的各省（自治区、直辖市）（含上市公司数量）分别是青海省（11家，49.77）、海南省（31家，50.21）、甘肃省（34家，50.42）。

8.2.7 资产资本结构系统

根据2020年披露年报、公告和其他数据，4032家中国上市公司在资产资本系统方面的健康指数平均水平为50.90，平均水平以上的上市公司有1911家。各省（自治区、直辖市）的资产资本结构系统健康指数平均水平、最高和最低情况如表8-39所示。

表 8-39　　2020年各省（自治区、直辖市）上市公司资产资本结构系统健康指数情况

省份	上市公司数量	平均水平	最高	最低
安徽省	127	51.26	67.83（科威尔）	35.42（安凯客车）
北京市	353	51.39	74.04（赛科希德）	28.66（ST安控）
重庆市	49	50.83	66.35（涪陵榨菜）	31.49（莱美药业）
福建省	149	50.10	70.50（欣贺股份）	23.91（*ST贵人）
甘肃省	33	47.79	62.59（靖远煤电）	26.65（*ST恒康）
广东省	667	50.66	74.83（易瑞生物）	27.56（宜华健康）
广西壮族自治区	35	47.38	65.56（桂林三金）	34.87（黑芝麻）
贵州省	29	48.18	68.79（贵州茅台）	34.14（高鸿股份）

续表

省份	上市公司数量	平均水平	最高	最低
海南省	31	49.66	73.21（海峡股份）	33.46（华闻集团）
河北省	60	50.62	67.71（中船汉光）	36.36（廊坊发展）
河南省	86	48.70	66.37（瑞丰新材）	31.52（*ST林重）
黑龙江省	34	50.22	66.77（万向德农）	30.19（ST瑞德）
湖北省	110	48.90	68.66（农尚环境）	27.77（汉商集团）
湖南省	113	50.23	68.60（宇新股份）	27.83（景峰医药）
吉林省	42	48.50	73.23（研奥股份）	29.39（泉阳泉）
江苏省	483	51.67	75.20（伟思医疗）	31.68（ST红太阳）
江西省	56	50.54	70.36（日月明）	33.38（泰豪科技）
辽宁省	72	48.60	66.64（亚世光电）	32.30（獐子岛）
内蒙古自治区	24	49.12	60.54（赤峰黄金）	37.14（金河生物）
宁夏回族自治区	15	51.66	64.72（中银绒业）	40.67（新日恒力）
青海省	11	46.94	62.67（藏格控股）	35.04（远东股份）
山东省	227	50.79	69.15（兰剑智能）	32.77（山东华鹏）
山西省	39	48.43	65.07（晋西车轴）	32.25（仟源医药）
陕西省	54	51.00	70.49（派瑞股份）	36.11（延安必康）
上海市	312	52.69	77.73（澜起科技）	32.18（昂立教育）
四川省	136	51.38	70.35（康华生物）	29.56（天齐锂业）
天津市	53	51.01	73.49（康希诺）	31.09（海航科技）
西藏自治区	18	52.77	65.52（筑博设计）	41.39（*ST西发）
新疆维吾尔自治区	54	48.94	64.79（洪通燃气）	31.08（友好集团）
云南省	33	51.10	68.07（博闻科技）	34.35（云天化）
浙江省	524	51.95	75.79（新光药业）	32.48（ST尤夫）
—（华润微、中芯国际、九号公司）	3	55.40	57.78（华润微）	53.86（中芯国际）

数据来源：同花顺、中关村匡睿金融与产业发展研究会。

根据公司资产资本结构系统健康指数平均水平情况看，平均水平较高的各省（自治区、直辖市）（含上市公司数量）分别是西藏自治区（18家，55.40）、上海市（312家，52.69）、浙江省（524家，51.95），平均水平较低的各省（自治区、直辖市）（含上市公司数量）分别是青海省（11家，46.94）、广西壮族自治区（35家，47.38）、甘肃省（33家，47.79）。

8.2.8 内部控制系统

根据2020年披露年报、公告和其他数据，4032家中国上市公司在内部控制系统方面的健康平均水平为79.59，平均水平以上的上市公司有2260家。各省（自治区、直辖市）的内部控制系统健康指数平均水平、最高和最低情况如表8-40所示。

表 8-40　　2020 年各省（自治区、直辖市）上市公司内部控制系统健康指数情况

省份	上市公司数量	平均水平	最高	最低
安徽省	127	80.53	96.85（安德利）	58.38（惠而浦）
北京市	353	80.53	95.80（中国卫通）	52.69（佳华科技）
重庆市	49	81.65	93.37（国城矿业）	56.98（博腾股份）
福建省	149	79.97	94.66（金牌厨柜）	51.95（*ST贵人）
甘肃省	33	81.26	91.48（佛慈制药）	59.96（*ST银亿）
广东省	667	78.64	95.09（天虹股份）	48.69（聚石化学）
广西壮族自治区	35	79.37	92.78（润建股份）	58.24（*ST银河）
贵州省	29	82.36	92.14（贵绳股份）	67.51（贵州轮胎）
海南省	31	78.60	93.78（海峡股份）	54.97（ST大洲）
河北省	60	80.64	95.97（青鸟消防）	60.32（紫光国微）
河南省	86	79.85	95.92（普莱柯）	52.89（仕佳光子）
黑龙江省	34	80.37	90.63（京蓝科技）	64.45（ST瑞德）
湖北省	110	79.84	95.15（振华股份）	52.85（顾地科技）
湖南省	113	79.43	94.19（旗滨集团）	58.74（长高集团）
吉林省	42	77.53	92.44（一汽解放）	55.41（退市鹏起）
江苏省	483	79.36	96.92（宁沪高速）	48.97（富森科技）
江西省	56	81.05	94.43（洪城环境）	46.73（金达莱）
辽宁省	72	80.24	94.08（禾丰股份）	48.78（獐子岛）
内蒙古自治区	24	81.82	90.66（内蒙一机）	55.45（*ST天首）
宁夏回族自治区	15	81.87	89.82（嘉泽新能）	54.38（*ST环球）
青海省	11	78.90	93.01（青青稞酒）	67.24（ST顺利）
山东省	227	80.25	94.94（仙坛股份）	46.50（新风光）
山西省	39	82.79	95.73（壶化股份）	64.83（*ST跨境）
陕西省	54	81.21	97.28（北元集团）	58.02（陕西金叶）
上海市	312	78.23	96.29（菲林格尔）	47.40（天海防务）
四川省	136	78.42	92.91（大宏立）	54.62（成都先导）
天津市	53	79.37	92.26（捷强装备）	58.07（津劝业）
西藏自治区	18	77.52	92.99（灵康药业）	58.36（西藏矿业）
新疆维吾尔自治区	54	82.31	91.86（新疆天业）	64.55（ST浩源）
云南省	33	82.13	93.78（恩捷股份）	68.00（贝泰妮）
浙江省	524	79.35	96.29（麒盛科技）	47.17（奥泰生物）
—（华润微、中芯国际、九号公司）	3	69.49	77.05（华润微）	57.68（中芯国际）

数据来源：同花顺、中关村国睿金融与产业发展研究会。

根据公司内部控制系统健康指数平均水平情况看，平均水平较高的各省（自治区、直辖市）（含上市公司数量）分别是山西省（39家，82.79）、贵州省（29家，82.36）、新疆维吾尔自治区（54家，82.31），平均水平较低的各省（自治区、直辖市）（含上市公司数量）分别是西藏自治区（18家，77.52）、吉林省（42家，77.53）、上海市（312家，78.23）。

第9章
中国上市公司健康指数地理区域评价

基于上市公司2020年的年报等公开披露数据，对4032家上市公司健康指数进行计算，从而得到不同地理区域维度下中国上市公司综合健康指数和8大系统的具体排名情况。

9.1 中国上市公司综合健康指数地理区域评价

按照我国经济协作区的划分方式，报告详细给出了我国东北、华北、西北、华南、华东、华中、西南七大经济地理区域上市公司的综合健康指数及发展情况。

华北地区包括北京市、天津市、河北省、山西省、内蒙古自治区；东北地区包括黑龙江省、吉林省、辽宁省；华东地区包括上海市、江苏省、浙江省、安徽省、江西省、山东省、福建省；华中地区包括河南省、湖北省、湖南省；华南地区包括广东省、广西壮族自治区、海南省；西南地区包括重庆市、四川省、贵州省、云南省、西藏自治区；西北地区包括陕西省、甘肃省、青海省、宁夏回族自治区、新疆维吾尔自治区。

根据2020年披露年报、公告和其他数据，4032家中国上市公司综合健康指数平均水平为61.72，平均水平以上的上市公司有2117家。七大经济地理区域上市公司数量和综合健康指数平均水平比较如表9-1所示。

表9-1 七大经济地理区域上市公司数量和综合健康指数平均水平比较

地理区域	综合健康指数平均水平	地区上市公司数量	上市公司数量占比
华东	61.95	1880	46.63%
华南	61.12	733	18.18%
华北	62.89	530	13.14%
华中	61.86	309	7.66%
西北	59.50	167	4.14%
西南	61.76	265	6.57%
东北	59.52	148	3.67%

数据来源：同花顺、中关村国睿金融与产业发展研究会。

总体来说，在报告分析的4032家上市公司中，华东地区占有1880家，占比46.63%，处于绝对优势地位；其次是华南地区，占有733家，占比18.18%；东北地区和西北地区拥有的上市公司数量最少，数量分别为148家和167家，占比分别为3.67%和4.14%。

从地区健康指数的平均水平来看，华北地区上市公司的综合健康指数平均水平最高为62.89，其次是华东地区为61.95，最低的是西北地区，上市公司综合健康指数平均水平为59.50。华东地区无论是上市公司数量还是综合健康水平都处于领先水平。

对比七大经济地理区域的22个行业具体情况，各行业的大多数上市公司集中在华东和华南地区，特别是华东地区，如纺织服装行业68.48%的上市公司、家用电器行业62.85%的上市公司、轻工制造行业60%的上市公司分布在华东地区，足以体现华东地区的重要地位。采掘行业46.03%的上市公司位于华北地区。华中、西北和西南地区，相对而言各行业上市公司数量明显减少。东北地区，所有行业的上市公司分布都相对较少，甚至纺织服装、家用电器行业上市公司数量为0（见图9-1）。

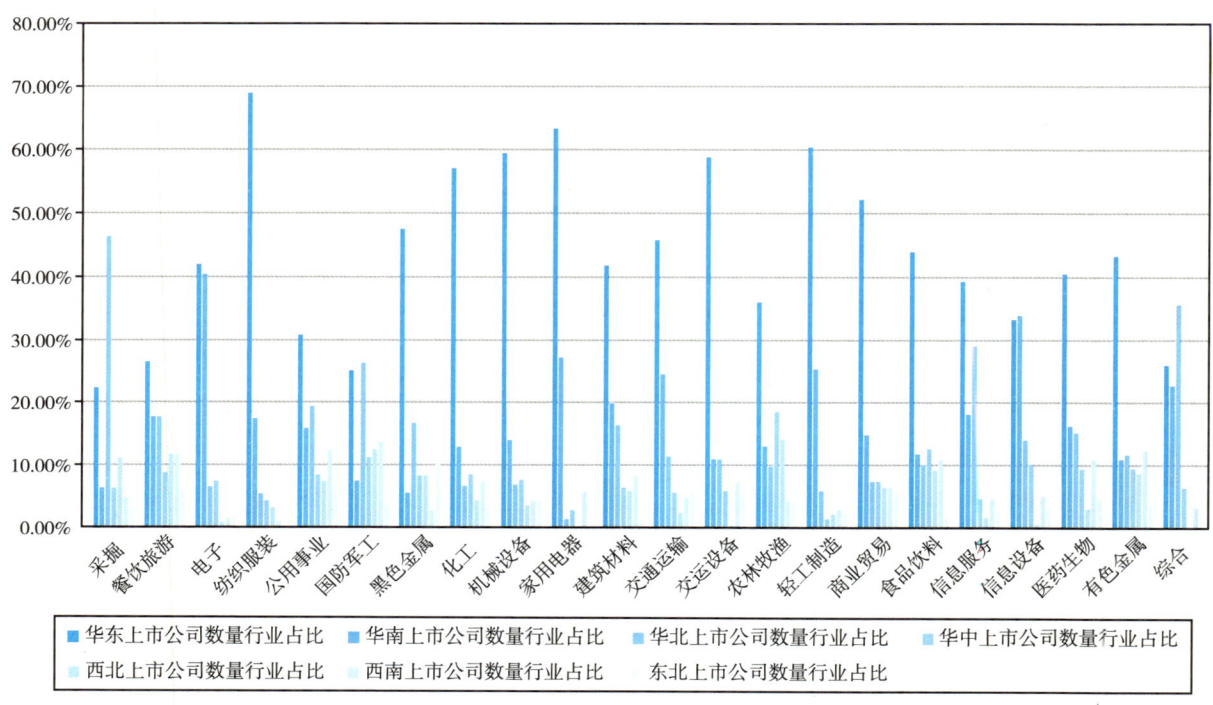

图9-1　七大经济地理区域各行业上市公司分布情况

以2020年综合健康指数排名前100名的上市公司为例，根据评价结果，综合健康指数排名前100名的上市公司，在七大区域上分布极不均衡，如图9-2所示。进入综合健康指数前100名的上市公司中，来自华东地区的有47家，其次是华北地区的18家、华南地区的18家、西南地区8家、华中地区6家、东北地区2家，西北地区仅有1家。

华东地区拥有全国经济最发达的几个省份，上市公司整体发展质量较高，在前100名中几乎占据着半壁江山就是证明。在拥有北京、天津的华北地区，以及拥有广东省的华南地区，这两个地区在综合健康指数前100名家中，拥有的数量相当。东北地区和西北地区差距明显，仅有一两家上市公司进入综合健康指数前100名，也从侧面印证了这两个地区的上市公司整体发展质量相对不高。

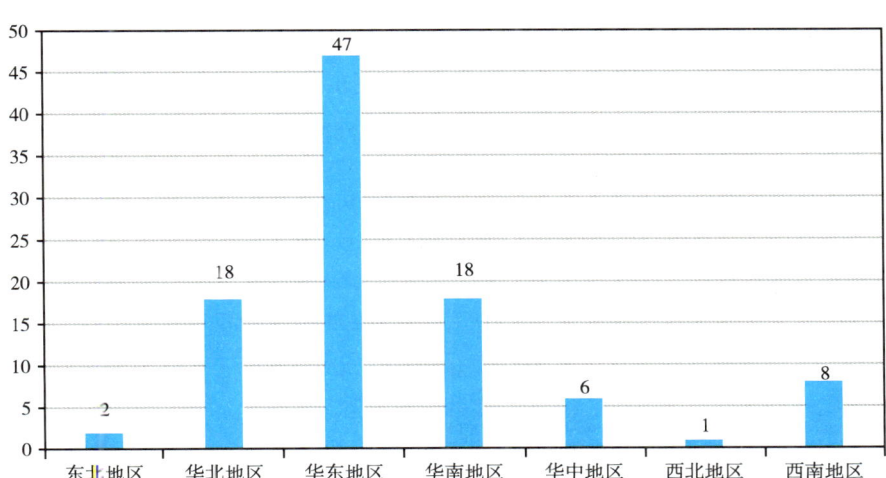

图9-2 综合健康指数前100名上市公司地理区域分布

9.1.1 华东地区

华东地区主要包括上海市、江苏省、浙江省、安徽省、江西省、山东省、福建省共7个省（直辖市），共有上市公司1880家，占报告分析上市公司总量的46.63%，综合健康指数平均水平为61.95。华东地区各行业上市公司数量和综合健康指数平均水平如表9-2所示。

表9-2　　　　　　　　　　　2020年华东地区上市公司综合健康指数情况

一级行业	上市公司数量	平均水平	华东			
			行业上市公司数量	上市公司数量行业占比	行业最高	行业最低
采掘	63	61.67	14	22.22%	73.16（淮北矿业）	49.08（ST仁智）
餐饮旅游	34	65.14	9	26.47%	71.13（锦江酒店）	57.40（希努尔）
电子	321	61.68	134	41.74%	72.16（卓胜微）	48.77（昀家科技）
纺织服装	92	62.00	63	68.48%	73.86（伟星股份）	45.63（ST步森）
公用事业	202	62.80	62	30.69%	71.29（盈峰环境）	42.88（*ST节能）
国防军工	80	61.78	20	25.00%	72.62（国睿科技）	48.73（天海防务）
黑色金属	36	63.66	17	47.22%	72.93（三钢闽光）	53.64（盛德鑫泰）
化工	388	62.08	220	56.70%	73.39（华鲁恒升）	45.97（*ST德威）
机械设备	637	61.56	376	59.03%	74.28（正泰电器）	43.99（ST光一）
家用电器	70	61.47	44	62.86%	72.26（苏泊尔）	41.35（*ST中新）
建筑材料	202	62.23	84	41.58%	74.03（隧道股份）	47.71（*ST雅博）
交通运输	123	63.22	56	45.53%	74.92（山东高速）	52.93（长江投资）
交运设备	219	61.45	128	58.45%	72.35（华域汽车）	49.74（兴民智通）
农林牧渔	92	62.20	33	35.87%	71.64（正邦科技）	45.68（*ST东洋）

续表

一级行业	上市公司数量	华东				
		平均水平	行业上市公司数量	上市公司数量行业占比	行业最高	行业最低
轻工制造	135	62.38	81	60.00%	70.84（永新股份）	49.95（爱迪尔）
商业贸易	108	63.00	56	51.85%	75.50（浙农股份）	45.38（ST宏图）
食品饮料	119	61.14	52	43.70%	73.33（洋河股份）	42.74（ST威龙）
信息服务	404	61.29	158	39.11%	75.32（宝信软件）	47.04（*ST游久）
信息设备	157	61.72	52	33.12%	76.04（中天科技）	40.44（ST新海）
医药生物	382	62.65	154	40.31%	72.34（恒瑞医药）	40.68（ST目药）
有色金属	137	62.03	59	43.07%	74.10（横店东磁）	41.36（中润资源）
综合	31	60.87	8	25.81%	67.64（中新集团）	52.39（*ST博信）
总计	4032	61.95	1880	46.63%		

数据来源：同花顺、中关村国睿金融与产业发展研究会。

从华东地区各行业上市公司数量看，机械设备行业上市公司数量最多，有376家；其次是化工行业，有220家；综合行业上市公司数量最少，只有8家。

从华东地区各行业上市公司在行业占比情况看，纺织服装行业68.48%的上市公司集中在华东地区，其次是家用电器行业62.86%的上市公司集中在华东地区；上市公司行业占比最低的是采掘行业，仅有22.22%的上市公司集中在华东地区。

从综合健康指数平均水平来看，餐饮旅游行业综合健康指数平均水平最高（65.14），其次是黑色金属行业（63.66），综合行业综合健康指数平均水平最低（60.87）。

9.1.2 华南地区

华南地区主要包括广东省、广西壮族自治区、海南省共3个省（自治区），共有上市公司733家，占报告分析上市公司总量的18.18%，综合健康指数平均水平为61.12。华南地区各行业上市公司数量和综合健康指数平均水平如表9-3所示。

表 9-3　　　　　　　　　　2020 年华南地区上市公司综合健康指数情况

一级行业	上市公司数量	华南				
		平均水平	行业上市公司数量	上市公司数量行业占比	行业最高	行业最低
采掘	63	56.29	4	6.35%	61.26（海南矿业）	44.69（ST大洲）
餐饮旅游	34	55.31	6	17.65%	66.97（岭南控股）	46.71（*ST海创）
电子	321	61.29	129	40.19%	72.20（三环集团）	45.48（*ST丹邦）
纺织服装	92	59.98	16	17.39%	71.59（稳健医疗）	49.74（中潜股份）
公用事业	202	62.92	32	15.84%	76.53（佛燃能源）	50.46（ST星源）
国防军工	80	61.82	6	7.50%	70.60（海格通信）	53.66（江龙船艇）
黑色金属	36	65.49	2	5.56%	70.13（韶钢松山）	60.85（柳钢股份）
化工	388	59.19	50	12.89%	69.90（金发科技）	46.59（ST榕泰）
机械设备	637	61.08	89	13.97%	72.69（汇川技术）	44.13（*ST东网）
家用电器	70	62.26	19	27.14%	75.12（格力电器）	50.22（ST同洲）

续表

一级行业	上市公司数量	华南				
		平均水平	行业上市公司数量	上市公司数量行业占比	行业最高	行业最低
建筑材料	202	60.45	40	19.80%	70.91（塔牌集团）	47.94（金刚玻璃）
交通运输	123	61.14	30	24.39%	71.94（招商港口）	44.89（欧浦退）
交运设备	219	59.22	24	10.96%	68.87（广汽集团）	44.29（ST八菱）
农林牧渔	92	61.49	12	13.04%	72.93（温氏股份）	53.79（神农科技）
轻工制造	135	62.11	34	25.19%	71.74（欧派家居）	45.02（*ST赫美）
商业贸易	108	61.73	16	14.81%	71.21（爱施德）	45.60（*ST全新）
食品饮料	119	62.09	14	11.76%	76.59（海天味业）	52.76（海南椰岛）
信息服务	404	60.11	73	18.07%	71.78（德赛西威）	41.88（文化长城）
信息设备	157	62.48	53	33.76%	73.21（中新赛克）	52.34（金信诺）
医药生物	382	61.92	62	16.23%	76.14（达安基因）	49.69（*ST康美）
有色金属	137	62.07	15	10.95%	71.18（中钨高新）	53.99（盛新锂能）
综合	31	62.28	7	22.58%	70.87（广电计量）	52.94（*ST群兴）
总计	4032	61.12	733	18.18%		

数据来源：同花顺、中关村国睿金融与产业发展研究会。

从华南地区各行业上市公司数量看，电子行业上市公司数量最多，有129家；其次是机械设备行业，有89家；黑色金属行业上市公司数量最少，只有2家。

从华南地区各行业上市公司在行业占比情况看，电子行业40.19%的上市公司集中在华南地区，其次是信息设备行业33.76%的上市公司集中在华南地区；上市公司行业占比最低的是黑色金属行业，仅有5.56%的上市公司集中在华南地区。

从综合健康指数平均水平来看，黑色金属行业综合健康指数平均水平最高（65.49），其次是公用事业行业（62.92），餐饮旅游行业综合健康指数平均水平最低（55.31）。

9.1.3 华北地区

华北地区主要包括北京市、天津市、河北省、山西省、内蒙古自治区共5个省（直辖市、自治区），共有上市公司530家，占报告分析上市公司总量的13.14%，综合健康指数平均水平为62.89。华北地区各行业上市公司数量和综合健康指数平均水平如表9-4所示。

表9-4　　　　　　　　　　　2020年华北地区上市公司综合健康指数情况

一级行业	上市公司数量	华北				
		平均水平	行业上市公司数量	上市公司数量行业占比	行业最高	行业最低
采掘	63	65.43	29	46.03%	72.72（中国神华）	47.29（恒泰艾普）
餐饮旅游	34	65.69	6	17.65%	74.87（中国中免）	55.36（众信旅游）
电子	321	61.15	21	6.54%	70.30（京东方A）	49.62（晓程科技）
纺织服装	92	60.23	5	5.43%	64.05（朗姿股份）	54.06（华斯股份）
公用事业	202	62.96	39	19.31%	74.81（长江电力）	46.41（ST中天）
国防军工	80	62.65	21	26.25%	70.16（内蒙一机）	41.10（*ST华讯）

续表

一级行业	上市公司数量	华北				
		平均水平	行业上市公司数量	上市公司数量行业占比	行业最高	行业最低
黑色金属	36	65.23	6	16.67%	71.68（首钢股份）	60.45（友发集团）
化工	388	63.51	26	6.70%	72.42（君正集团）	55.97（金牛化工）
机械设备	637	61.97	44	6.91%	74.44（三一重工）	50.03（合纵科技）
家用电器	70	67.58	1	1.43%	67.58（石头科技）	67.58（石头科技）
建筑材料	202	64.04	33	16.34%	72.81（北新建材）	52.38（ST弘高）
交通运输	123	66.11	14	11.38%	74.53（招商公路）	55.26（山西路桥）
交运设备	219	62.29	24	10.96%	71.81（长城汽车）	52.12（中国中期）
农林牧渔	92	64.36	9	9.78%	72.22（大北农）	51.93（*ST华资）
轻工制造	135	58.53	8	5.93%	64.86（曲美家居）	54.18（金一文化）
商业贸易	108	63.06	8	7.41%	74.25（翠微股份）	57.40（北京城乡）
食品饮料	119	63.75	12	10.08%	73.01（山西汾酒）	55.33（国投中鲁）
信息服务	404	62.94	117	28.96%	72.88（三六零）	44.13（*ST嘉信）
信息设备	157	62.14	22	14.01%	71.82（七一二）	43.49（*ST邦讯）
医药生物	382	62.01	58	15.18%	70.19（天坛生物）	51.77（天智航）
有色金属	137	63.24	16	11.68%	70.05（北方稀土）	54.10（兴业矿业）
综合	31	59.65	11	35.48%	74.51（国检集团）	41.25（*ST天首）
总计	4032	62.89	530	13.14%		

数据来源：同花顺、中关村国睿金融与产业发展研究会。

从华北地区各行业上市公司数量看，信息服务行业上市公司数量最多，有117家；其次是医药生物行业，有58家；家用电器行业上市公司数量最少，只有1家。

从华北地区各行业上市公司在行业占比情况看，采掘行业46.03%的上市公司集中在华北地区，其次是综合行业35.48%的上市公司集中在华北地区；上市公司行业占比最低的是家用电器行业，仅有1.43%的上市公司集中在华北地区。

从综合健康指数平均水平来看，家用电器行业综合健康指数平均水平最高（67.58），其次是交通运输行业（66.11），轻工制造行业综合健康指数平均水平最低（58.53）。

9.1.4 华中地区

华中地区主要包括河南省、湖北省、湖南省共3个省，共有上市公司309家，占报告分析上市公司总量的7.66%，综合健康指数平均水平为61.86。华中地区各行业上市公司数量和综合健康指数平均水平如表9-5所示。

表9-5　　　　　　　　　2020年华中地区上市公司综合健康指数情况

一级行业	上市公司数量	华中				
		平均水平	行业上市公司数量	上市公司数量行业占比	行业最高	行业最低
采掘	63	57.08	4	6.35%	65.80（平煤股份）	51.24（郑州煤电）
餐饮旅游	34	59.66	3	8.82%	65.71（三特索道）	55.57（华天酒店）

续表

一级行业	上市公司数量	华中				
		平均水平	行业上市公司数量	上市公司数量行业占比	行业最高	行业最低
电子	321	61.60	24	7.48%	70.20（锐科激光）	47.01（*ST猛狮）
纺织服装	92	61.42	4	4.35%	66.28（新野纺织）	55.34（美尔雅）
公用事业	202	62.52	17	8.42%	68.69（湖北能源）	54.28（祥龙电业）
国防军工	80	65.16	9	11.25%	71.64（中航光电）	56.21（亚光科技）
黑色金属	36	70.50	3	8.33%	78.49（华菱钢铁）	59.74（安阳钢铁）
化工	388	62.62	33	8.51%	71.27（新洋丰）	52.45（和远气体）
机械设备	637	61.17	49	7.69%	73.17（许继电气）	46.84（*ST金刚）
家用电器	70	57.90	2	2.86%	64.00（东贝集团）	51.79（高斯贝尔）
建筑材料	202	61.33	13	6.44%	71.92（旗滨集团）	47.05（顾地科技）
交通运输	123	62.82	7	5.69%	70.32（城发环境）	57.81（长航凤凰）
交运设备	219	61.77	13	5.94%	70.34（骆驼股份）	49.35（襄阳轴承）
农林牧渔	92	62.49	17	18.48%	73.12（安琪酵母）	44.89（*ST昌鱼）
轻工制造	135	60.90	2	1.48%	66.86（岳阳林纸）	54.93（瑞贝卡）
商业贸易	108	62.87	8	7.41%	69.72（居然之家）	53.29（天泽信息）
食品饮料	119	62.14	15	12.61%	70.32（双汇发展）	46.24（*ST科迪）
信息服务	404	60.50	19	4.70%	70.05（芒果超媒）	48.17（*ST凯瑞）
信息设备	157	60.90	16	10.19%	71.06（光迅科技）	50.43（精伦电子）
医药生物	382	61.99	36	9.42%	70.70（奥美医疗）	45.94（ST辅仁）
有色金属	137	63.30	13	9.49%	69.19（明泰铝业）	51.18（*ST金贵）
综合	31	53.43	2	6.45%	54.75（ST华嵘）	52.11（ST九有）
总计	4032	61.86	309	7.66%		

数据来源：同花顺、中关村国睿金融与产业发展研究会。

从华中地区各行业上市公司数量看，机械设备行业上市公司数量最多，有49家；其次是医药生物行业，有36家；综合行业上市公司数量最少，只有2家。

从华中地区各行业上市公司在行业占比情况看，农林牧渔行业18.48%的上市公司集中在华中地区，其次是食品饮料行业12.61%的上市公司集中在华中地区；上市公司行业占比最低的是轻工制造行业，仅有1.48%的上市公司集中在华中地区。

从综合健康指数平均水平来看，黑色金属行业综合健康指数平均水平最高（70.50），其次是国防军工行业（65.16），综合行业综合健康指数平均水平最低（53.43）。

9.1.5　西北地区

西北地区主要包括陕西省、甘肃省、青海省、宁夏回族自治区、新疆维吾尔自治区共5个省（自治区），共有上市公司167家，占报告分析上市公司总量的4.14%，综合健康指数平均水平为

59.50。西北地区各行业上市公司数量和综合健康指数平均水平如表9-6所示。

表 9-6　　2020年西北地区上市公司综合健康指数情况

一级行业	上市公司数量	西北				
		平均水平	行业上市公司数量	上市公司数量行业占比	行业最高	行业最低
采掘	63	59.87	7	11.11%	69.93（陕西煤业）	49.72（准油股份）
餐饮旅游	34	60.10	4	11.76%	63.97（曲江文旅）	57.27（*ST西域）
电子	321	62.77	3	0.93%	68.00（华天科技）	57.72（派瑞股份）
纺织服装	92	47.93	3	3.26%	56.40（中银绒业）	39.58（*ST环球）
公用事业	202	59.19	15	7.43%	70.03（陕天然气）	49.47（ST浩源）
国防军工	80	60.96	10	12.50%	67.51（航发动力）	54.45（炼石航空）
黑色金属	36	58.30	3	8.33%	59.20（八一钢铁）	57.71（西宁特钢）
化工	388	61.89	17	4.38%	69.92（北元集团）	50.50（新日恒力）
机械设备	637	60.43	23	3.61%	71.26（特变电工）	43.35（保力新）
家用电器	70	—	—	—	—	—
建筑材料	202	65.38	12	5.94%	72.93（西部建设）	57.95（青松建化）
交通运输	123	56.91	3	2.44%	64.48（西部创业）	52.32（*ST德新）
交运设备	219	52.25	1	0.46%	52.25（*ST银亿）	52.25（*ST银亿）
农林牧渔	92	59.98	13	14.13%	69.03（天康生物）	52.28（*ST中基）
轻工制造	135	59.39	3	2.22%	67.29（环球印务）	49.89（陕西金叶）
商业贸易	108	54.22	7	6.48%	61.46（国芳集团）	44.20（*ST新亿）
食品饮料	119	56.62	11	9.24%	68.21（金徽酒）	47.88（皇台酒业）
信息服务	404	57.19	7	1.73%	66.88（三人行）	47.22（ST顺利）
信息设备	157	53.17	1	0.64%	53.17（立昂技术）	53.17（立昂技术）
医药生物	382	55.58	12	3.14%	62.53（佛慈制药）	46.57（*ST济堂）
有色金属	137	61.91	12	8.76%	71.79（西部矿业）	44.93（ST荣华）
综合	31	—	—	—	—	—
总计	4032	59.50	167	4.14%		

数据来源：同花顺、中关村国睿金融与产业发展研究会。

从西北地区各行业上市公司数量看，机械设备行业上市公司数量最多，有23家；其次是化工行业，有17家；交运设备和信息设备行业上市公司数量最少，只有1家；家用电器和综合行业没有上市公司分布在西北地区。

从西北地区各行业上市公司在行业占比情况看，农林牧渔行业14.13%的上市公司集中在西北地区，其次是国防军工行业12.50%的上市公司集中在西北地区；上市公司行业占比最低的是交运设备，仅有0.46%的上市公司集中在西北地区。

从综合健康指数平均水平来看，建筑材料行业综合健康指数平均水平最高（65.38），其次是电子行业（62.77），纺织服装行业综合健康指数平均水平最低（47.93）。

9.1.6　西南地区

西南地区主要包括重庆市、四川省、贵州省、云南省、西藏自治区共5个省（直辖市、自治区），共有上市公司265家，占报告分析上市公司总量的6.57%，综合健康指数平均水平为61.76。西南地区各行业上市公司数量和综合健康指数平均水平如表9–7所示。

表 9–7　　　　　　　　　2020年西南地区上市公司综合健康指数情况

一级行业	上市公司数量	西南				
		平均水平	行业上市公司数量	上市公司数量行业占比	行业最高	行业最低
采掘	63	63.43	3	4.76%	64.76（盘江股份）	61.35（云煤能源）
餐饮旅游	34	67.47	4	11.76%	72.07（云南旅游）	60.38（西藏旅游）
电子	321	61.63	5	1.56%	64.85（振华科技）	58.70（华体科技）
纺织服装	92	57.02	1	1.09%	57.02（浪莎股份）	57.02（浪莎股份）
公用事业	202	63.40	25	12.38%	70.50（兴蓉环境）	51.25（北清环能）
国防军工	80	60.42	11	13.75%	70.90（航天电器）	52.47（纵横股份）
黑色金属	36	62.40	1	2.78%	62.40（重庆钢铁）	62.40（重庆钢铁）
化工	388	64.14	29	7.47%	71.48（昊华科技）	56.61（和邦生物）
机械设备	637	58.94	28	4.40%	71.92（川仪股份）	42.13（台海核电）
家用电器	70	62.66	4	5.71%	66.42（四川长虹）	58.81（极米科技）
建筑材料	202	59.15	17	8.42%	72.64（四川路桥）	48.27（ST云投）
交通运输	123	61.37	6	4.88%	66.25（广汇物流）	57.19（重庆港九）
交运设备	219	63.57	16	7.31%	72.62（中国汽研）	55.66（西菱动力）
农林牧渔	92	59.90	4	4.35%	66.31（新希望）	50.03（*ST景谷）
轻工制造	135	60.83	4	2.96%	63.28（百亚股份）	58.73（金时科技）
商业贸易	108	63.98	7	6.48%	73.46（富森美）	57.07（茂业商业）
食品饮料	119	64.44	13	10.92%	76.17（泸州老窖）	49.92（*ST西发）
信息服务	404	61.58	19	4.70%	69.09（国网信通）	42.46（*ST长动）
信息设备	157	62.80	8	5.10%	69.09（创维数字）	51.87（汇源通信）
医药生物	382	60.75	42	10.99%	71.70（智飞生物）	48.04（ST天圣）
有色金属	137	61.11	17	12.41%	71.72（贵研铂业）	45.89（宏达股份）
综合	31	45.39	1	3.23%	45.39（ST西源）	45.39（ST西源）
总计	4032	61.76	265	6.57%		

数据来源：同花顺、中关村国睿金融与产业发展研究会。

从西南地区各行业上市公司数量看，医药生物行业上市公司数量最多，有42家；其次是化工行业，有29家；综合、黑色金属和纺织服装三个行业上市公司数量最少，都只有1家。

从西南地区各行业上市公司在行业占比情况看，国防军工行业13.75%的上市公司集中在西南地区，其次是有色金属行业12.41%的上市公司集中在西南地区；上市公司行业占比最低的是纺织服装行业，仅有1.09%的上市公司集中在西南地区。

从综合健康指数平均水平来看，餐饮旅游行业综合健康指数平均水平最高（67.47），其次是食品饮料行业（64.44），综合行业综合健康指数平均水平最低（45.39）。

9.1.7 东北地区

东北地区主要包括黑龙江省、吉林省、辽宁省共3个省，共有上市公司148家，占报告分析上市公司总量的3.67%，综合健康指数平均水平为59.52。东北地区各行业上市公司数量和综合健康指数平均水平如表9-8所示。

表9-8　　　　　　　　　　　2020年东北地区上市公司综合健康指数情况

一级行业	上市公司数量	东北				
		平均水平	行业上市公司数量	上市公司数量行业占比	行业最高	行业最低
采掘	63	57.04	2	3.17%	57.74（辽宁能源）	56.35（宝泰隆）
餐饮旅游	34	51.21	2	5.88%	52.66（长白山）	49.76（大连圣亚）
电子	321	55.89	5	1.56%	61.09（神工股份）	43.03（ST瑞德）
纺织服装	92	—	—	—	—	—
公用事业	202	59.28	12	5.94%	71.92（国电电力）	52.32（惠天热电）
国防军工	80	62.19	3	3.75%	68.82（中直股份）	58.58（新光光电）
黑色金属	36	61.72	4	11.11%	65.43（鞍钢股份）	58.92（抚顺特钢）
化工	388	62.06	13	3.35%	70.05（奥克股份）	49.92（科隆股份）
机械设备	637	59.07	28	4.40%	67.88（博实股份）	46.58（融钰集团）
家用电器	70	—	—	—	—	—
建筑材料	202	64.72	3	1.49%	68.28（中钢国际）	62.26（金圆股份）
交通运输	123	63.42	7	5.69%	69.00（圆通速递）	59.63（锦州港）
交运设备	219	60.71	13	5.94%	74.55（一汽解放）	52.24（英利汽车）
农林牧渔	92	60.93	4	4.35%	68.04（禾丰股份）	52.83（獐子岛）
轻工制造	135	54.56	3	2.22%	68.38（恒丰纸业）	41.92（*ST金洲）
商业贸易	108	57.61	6	5.56%	65.40（中兴商业）	50.35（大连友谊）
食品饮料	119	59.93	2	1.68%	62.51（桃李面包）	57.34（泉阳泉）
信息服务	404	60.53	11	2.72%	69.62（启明信息）	50.06（文投控股）
信息设备	157	55.30	5	3.18%	59.93（吉大通信）	51.57（奥维通信）
医药生物	382	60.46	18	4.71%	70.16（长春高新）	42.30（紫鑫药业）
有色金属	137	50.52	5	3.65%	58.60（锌业股份）	37.94（退市鹏起）
综合	31	61.58	2	6.45%	62.17（东方集团）	60.99（亚泰集团）
总计	4032	59.52	148	3.67%		

数据来源：同花顺、中关村国睿金融与产业发展研究会。

从东北地区各行业上市公司数量看，机械设备行业上市公司数量最多，有28家；其次是医药生物行业，有18家；综合、食品饮料、餐饮旅游和采掘行业上市公司数量最少，都只有2家，家用电器和纺织服装行业没有上市公司分布在东北地区。

从东北地区各行业上市公司在行业占比情况看，黑色金属行业11.11%的上市公司集中在东北地

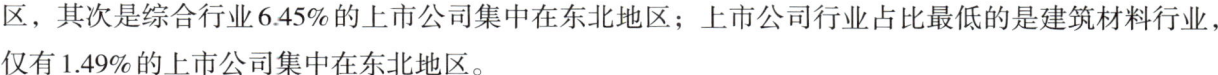

区，其次是综合行业6.45%的上市公司集中在东北地区；上市公司行业占比最低的是建筑材料行业，仅有1.49%的上市公司集中在东北地区。

从综合健康指数平均水平来看，建筑材料行业综合健康指数平均水平最高（64.72），其次是交通运输行业（63.42），有色金属行业综合健康指数平均水平最低（50.52）。

9.2　中国上市公司8大系统健康指数地理区域评价

在对2020年地理区域上市公司综合健康指数分析的基础上，报告进一步分析了七大地理区域中4032家上市公司在8大系统方面的具体情况。

9.2.1　法人治理系统

根据2020年披露年报、公告和其他数据，4032家中国上市公司法人治理系统健康指数平均水平为71.78，平均水平以上的上市公司有2045家。各地理区域的法人治理系统健康指数平均水平情况如表9-9所示。

表 9-9　　　　各地理区域上市公司分布和法人治理系统健康指数平均水平

	华东	华南	华北	华中	西北	西南	东北
上市公司数量	1880	733	530	309	167	265	148
占比	45.63%	18.18%	13.14%	7.66%	4.14%	6.57%	3.67%
平均水平	71.14	71.64	72.88	72.93	72.26	72.88	71.78

从整体上看，各经济地理区域上市公司法人治理系统健康指数平均水平的高低顺序为：华中（72.93）、西南（72.88）、华北（72.88）、西北（72.26）、东北（71.78）、华南（71.64）、华东（71.14）。

更具体的七大区域各行业上市公司法人治理系统健康指数情况如表9-10所示。

从区域的角度看，华东地区法人治理系统健康指数平均水平最高的行业是交通运输（74.25），最低的行业是有色金属（69.86）；华南地区法人治理系统健康指数平均水平最高的行业是国防军工（73.28），最低的行业是综合（66.45）；华北地区法人治理系统健康指数平均水平最高的行业是黑色金属（77.73），最低的行业是国防军工（70.14）；华中地区法人治理系统健康指数平均水平最高的行业是交通运输（77.76），最低的行业是综合（68.42）；西北地区法人治理系统健康指数平均水平最高的行业是黑色金属（77.67），最低的行业是交运设备（59.12）；西南地区法人治理系统健康指数平均水平最高的行业是餐饮旅游（80.13），最低的行业是综合（59.29）；东北地区法人治理系统健康指数平均水平最高的行业是国防军工（77.34），最低的行业是餐饮旅游（63.15）。

表 9-10　2020 年各地理区域上市公司法人治理系统健康指数情况

一级行业	华东				华南				华北				华中				西北				西南				东北			
	平均水平	最高	最低		平均水平	最高	最低		平均水平	最高	最低		平均水平	最高	最低		平均水平	最高	最低		平均水平	最高	最低		平均水平	最高	最低	
采掘	72.26	81.21	56.28（亳州煤业）	74.61（龙高股份）	75.39	79.27	67.00（ST大洲）			85.98（冀中能源）	59.36（中煤能源）	69.30	74.95（平煤股份）	61.72（郑州煤电）	70.99	78.19（中油工程）	65.51（陕西煤业）	77.92	79.67（攀钢钒钛）	75.46（云煤能源）	74.13	80.20（辽宁能源）	68.05（宝泰隆）					
餐饮旅游	72.32	81.61（锦江酒店）	58.35（希尔努尔）	68.55	75.62	78.88（岭南控股）	56.20（*ST海创）			86.28（全聚德）	66.85（中科云网）	70.44	81.28（张家界）	62.66（华天酒店）	73.66	76.39（曲江文旅）	69.71（*ST西域）	80.13	84.66（丽江股份）	71.13（西藏旅游）	63.15	63.35（大连圣亚）	62.96（长白山）					
电子	70.09	84.23（GQY视讯）	51.01（中芯国际）	70.52	71.38	85.94（鸿利智汇）	52.81（富信科技）			80.30	53.75（易兆创新）	72.33	88.46（锐科激光）	61.60（安克创新）	74.88	77.66（彩虹股份）	72.08（派瑞股份）	70.71	78.23（福蓉科技）	62.83（振华科技）	66.94	74.05（亚世光电）	57.13（ST瑞德）					
纺织服装	70.38	82.03（宏达高科）	56.12（华生科技）	68.98	73.70	77.42（欣龙控股）	53.40（华利集团）			75.63（朗姿股份）	71.55（三夫户外）	74.60	85.39（新野纺织）	64.00（美尔雅）	60.92	68.15（中银绒业）	52.78（*ST环球）	61.86	61.86（浪莎股份）	61.86（浪莎股份）								
公用事业	72.42	84.84（上海电力）	45.52（*ST节能）	73.73	73.05	88.03（橙恒运A）	55.76（顺控发展）			84.57（国新能源）	60.72（博天环境）	75.64	84.26（隆华科技）	63.26（蓝天燃气）	72.83	88.29（国统股份）	60.48（新天然气）	78.03	88.11（文山电力）	57.54（海天股份）	73.53	84.52（吉电股份）	61.38（国中水务）					
国防军工	73.38	83.78（国睿科技）	53.59（霍莱沃）	76.03	70.14	86.44（海格通信）	67.63（科思科技）			87.96（北方导航）	56.26（*ST华讯）	77.40	84.43（博云新材）	66.89（亚光科技）	74.81	83.05（航天动力）	67.56（天和防务）	71.53	85.21（航天电器）	53.25（智明达）	77.34	79.17（中直股份）	74.79（广联航空）					
黑色金属	74.06	83.73（三钢闽光）	66.85（盛德鑫泰）	75.99	77.73	83.17（韶钢松山）	68.80（柳钢股份）			84.76（河钢股份）	64.84（友发集团）	77.52	88.62（华菱钢铁）	69.95（安阳钢铁）	77.67	79.27（西宁特钢）	76.64（酒钢宏兴）	77.40	77.40（重庆钢铁）	77.40（重庆钢铁）	75.29	78.74（本钢板材）	69.48（抚顺特钢）					
化工	71.98	88.03（万润股份）	56.20（杭州高新）	70.97	75.30	88.84（佛塑科技）	53.73（聚石化学）			84.77（当升科技）	67.29（中国石化）	74.15	87.17（凯龙股份）	59.31（祥源新材）	73.40	87.91（新疆天业）	58.83（新日恒力）	74.64	83.64（雅化集团）	59.52（贝泰妮）	74.03	86.46（中广核技）	65.17（SST佳通）					

续表

一级行业	华东 平均水平	华东 最高	华东 最低	华南 平均水平	华南 最高	华南 最低	华北 平均水平	华北 最高	华北 最低	华中 平均水平	华中 最高	华中 最低	西北 平均水平	西北 最高	西北 最低	西南 平均水平	西南 最高	西南 最低	东北 平均水平	东北 最高	东北 最低
机械设备	70.51	86.42（江苏神通）	48.52（*ST利林）	70.74	81.03（福能东方）	53.44（新益昌）	72.26	83.18（北矿科技）	63.36（银龙股份）	72.51	87.97（国机精工）	56.96（四方光电）	71.76	82.24（秦川机床）	63.39（远东股份）	72.19	85.12（贵绳股份）	59.43（*ST成天）	70.92	80.62（奥普光电）	54.00（致远新能）
家用电器	70.72	84.80（澳柯玛）	51.05（*ST中新）	71.86	83.60（深康佳A）	57.47（九联科技）	71.98	71.98（石头科技）	71.98（石头科技）	74.17	76.02（东贝集团）	72.33（高斯贝尔）				70.73	87.08（四川长虹）	56.88（极米科技）			
建筑材料	71.55	85.73（隧道股份）	48.31（苏文电能）	72.57	84.42（蒙娜丽莎）	56.07（深天地A）	75.61	88.19（冀东水泥）	62.55（ST弘高）	72.98	80.84（华新水泥）	59.58（百利科技）	76.93	91.28（西部建设）	65.57（青松建化）	69.96	78.55（西藏天路）	55.38（正源股份）	73.92	78.78（龙建股份）	68.58（金圆股份）
交通运输	74.25	86.78（龙洲股份）	59.62（恒通股份）	73.23	84.90（东莞控股）	55.78（欧浦退）	74.70	88.97（招商公路）	63.24（山西路桥）	77.76	83.56（宜昌交运）	73.87（中原高速）	72.99	80.03（西部创业）	68.41（天顺股份）	72.12	79.25（四川成渝）	65.19（重庆港九）	74.35	82.37（龙江交通）	67.35（安通控股）
交运设备	70.80	86.67（安凯客车）	54.98（神通科技）	71.07	84.46（特力A）	54.42（通业科技）	72.06	86.92（凌云股份）	59.23（庞大集团）	69.79	81.21（湖南天雁）	49.71（菱电电控）	59.12	59.12（*ST银亿）	59.12（*ST银亿）	75.14	80.65（长安汽车）	67.88（力帆科技）	70.65	86.05（一汽解放）	53.63（英利汽车）
农林牧渔	72.04	86.28（福建金森）	55.34（华绿生物）	72.56	84.39（京粮控股）	63.97（京基智农）	73.17	80.81（中牧股份）	69.77（*ST华资）	72.45	85.57（安琪酵母）	60.96（大湖股份）	73.41	81.85（新农开发）	59.03（晓鸣股份）	73.28	79.17（新希望）	68.39（梅花生物）	68.60	76.86（北大荒）	62.35（万向德农）
轻工制造	70.74	85.41（民丰特纸）	52.63（大亚圣象）	72.12	79.76（潮宏基）	64.99（天元股份）	71.61	84.28（曲美家居）	60.58（中国黄金）	69.37	79.10（岳阳林纸）	59.64（瑞贝卡）	72.02	79.89（环球印务）	59.64（陕西金叶）	73.42	83.00（宜宾纸业）	67.72（永吉股份）	66.67	78.60（恒丰纸业）	49.49（*ST金洲）
商业贸易	71.95	88.54（徐家汇）	51.79（百大集团）	74.75	86.00（人人乐）	56.79（东瑞股份）	77.17	88.47（翠微股份）	67.38（华联综超）	74.79	82.89（友阿股份）	64.06（鹏都农牧）	66.70	75.14（新华百货）	55.80（*ST新亿）	75.41	86.33（富森美）	67.83（茂业商业）	72.12	81.86（中兴商业）	62.09（*ST商城）

403

续表

一级行业	平均水平	华东			华南			华北			华中			西北			西南			东北		
		最高	最低	平均水平	最高	最低	平均水平	最高	最低	平均水平	最高	最低	平均水平	最高	最低	平均水平	最高	最低	平均水平	最高	最低
食品饮料	70.09	82.49（金枫酒业）	52.94（佳禾食品）	71.98	84.77（燕塘乳业）	56.25（立高食品）	76.27	85.76（老白干酒）	65.39（福成股份）	72.76	81.25（盐津铺子）	66.50（绝味食品）	73.13	84.39（庄园牧场）	61.90（兰州黄河）	70.58	88.46（泸州老窖）	58.72（水井坊）	76.83	81.69（泉阳泉）	71.97（桃李面包）
信息服务	70.36	86.32（美亚柏科）	48.86（祥源文化）	71.07	86.40（粤传媒）	58.52（中望软件）	74.25	86.93（凯文教育）	52.57（腾信股份）	83.25（湘邮科技）	63.35（*ST凯瑞）	70.28	77.34（广电网络）	64.05（*ST顺利）		82.75（南天信息）	64.37（欢瑞世纪）	73.30	82.59（梦网科技）	65.27（文投控股）
信息设备	70.71	82.57（中天科技）	54.09（中威电子）	72.49	88.65（中新赛克）	55.46（楚天龙）	74.32	84.89（康拓红外）	64.86（东土科技）	70.96	82.68（烽火通信）	65.40（天喻信息）	64.65	64.65（立昂技术）	64.65（立昂技术）	69.75	78.73（高鸿股份）	49.26（汇源通信）	70.67	75.62（吉大通信）	64.93（*ST信通）
医药生物	72.00	86.48（仙琚制药）	56.41（浩欧博）	72.30	83.86（卫光生物）	55.54（*ST海医）	70.53	84.08（东宝生物）	51.11（常山药业）	71.20	78.73（启迪药业）	57.36（共同药业）	69.29	81.79（陇神戎发）	56.78（*ST恒康）	70.58	84.19（莱美药业）	52.74（*ST易购）	73.04	83.24（长春高新）	60.05（通化东宝）
有色金属	69.86	85.33（横店东磁）	49.52（合盛硅业）	74.19	86.64（中钨高新）	60.53（东方锆业）	74.43	84.96（五矿稀土）	60.02（中瓷电子）	72.45	86.08（株冶集团）	54.68（*ST金贵）	72.09	86.60（东方钽业）	58.93（*ST荣华）	71.88	86.11（贵研铂业）	60.35（西藏珠峰）	63.26	68.14（锌业股份）	48.51（退市鹏起）
综合	70.98	81.50（鲁银投资）	57.15（行动教育）	66.45	82.46（广电计量）	55.61（中金辐照）	72.47	88.69（钢研纳克）	58.11（*ST天首）	68.42	70.78（ST九有）	66.06（ST华嵘）				59.29	59.29（ST西源）	59.29（ST西源）	69.18	69.75（亚泰集团）	68.61（东方集团）

数据来源：同花顺、中关村国睿金融与产业发展研究会。

9.2.2 外部监督系统

根据2020年披露年报、公告和其他数据，4032家中国上市公司外部监督系统健康指数平均水平为70.40，平均水平以上的上市公司有2271家。各地理区域的外部监督系统健康指数平均水平情况如表9-11所示。

表9-11　　各地理区域上市公司分布和外部监督系统健康指数平均水平

	华东	华南	华北	华中	西北	西南	东北
上市公司数量	1880	733	530	309	167	265	148
占比	46.63%	18.18%	13.14%	7.66%	4.14%	6.57%	3.67%
平均水平	70.80	68.91	71.29	71.36	68.29	71.86	67.38

从整体上看，各经济地理区域上市公司外部监督系统健康指数平均水平的高低顺序为：西南（71.86）、华中（71.36）、华北（71.29）、华东（70.80）、华南（68.91）、西北（68.29）、东北（67.38）。

更具体的七大区域各行业上市公司外部监督系统健康指数情况如表9-12所示。

从区域的角度看，华东地区外部监督系统健康指数平均水平最高的行业是餐饮旅游（74.71），最低的行业是综合（65.33）；华南地区外部监督系统健康指数平均水平最高的行业是有色金属（72.23），最低的行业是采掘（51.97）；华北地区外部监督系统健康指数平均水平最高的行业是家用电器（79.86），最低的行业是综合（66.11）；华中地区外部监督系统健康指数平均水平最高的行业是黑色金属（85.95），最低的行业是综合（44.71）；西北地区外部监督系统健康指数平均水平最高的行业是电子（77.75），最低的行业是交运设备（48.43）；西南地区外部监督系统健康指数平均水平最高的行业是餐饮旅游（77.98），最低的行业是综合（49.22）；东北地区外部监督系统健康指数平均水平最高的行业是国防军工（76.43），最低的行业是餐饮旅游（48.78）。

9.2.3 创利能力系统

根据2020年披露年报、公告和其他数据，4032家中国上市公司创利能力系统健康指数平均水平为50.66，平均水平以上的上市公司有2062家。各地理区域的创利能力系统健康指数平均水平情况如表9-13所示。

表 9-12 2020年地理区域上市公司外部监督系统健康指数情况

一级行业	上市公司数量	平均水平	华东 最高	华东 最低	华东 平均水平	华南 最高	华南 最低	华南 平均水平	华北 最高	华北 最低	华北 平均水平	华中 最高	华中 最低	华中 平均水平	西北 最高	西北 最低	西北 平均水平	西南 最高	西南 最低	西南 平均水平	东北 最高	东北 最低
采掘	63	70.32	81.00（金石资源）	43.47	51.97	67.45（粤桂股份）	35.26（ST 大洲）	72.05	88.42（河钢资源）	32.18（恒泰艾普）	70.82	82.56（平煤股份）	62.71（惠博普）	67.52	83.43（陕西煤业）	54.78（准油股份）	75.73	79.05（盘江股份）	73.67（攀钢钒钛）	67.66	69.86（辽宁能源）	65.47（宝泰隆）
餐饮旅游	34	74.71	87.67（锦江酒店）	65.03（天目湖）	56.86	76.94（岭南控股）	31.13（*ST 腾邦）	72.45	87.59（中国中免）	51.75（中科云网）	73.62	80.25（三特索道）	69.31（华天酒店）	72.72	76.12（曲江文旅）	69.96	77.98	84.75（丽江股份）	71.12（云南旅游）	48.78	71.97（长白山）	25.59（大连圣亚）
电子	321	72.17	89.94（华润微）	33.14（*ST 巴士）	70.07	90.38（视源股份）	34.93（*ST 丹邦）	68.64	91.14（京东方A）	37.86（晓程科技）	70.15	91.24（高德红外）	34.41（*ST 猛狮）	77.75	78.80（彩虹股份）	76.33（派瑞股份）	74.46	83.65（振华科技）	67.69（福蓉科技）	64.95	78.41（神工股份）	34.93（*ST 瑞德）
纺织服装	92	70.86	89.42（伟星股份）	39.91（孚日股份）	64.39	92.35（稳健医疗）	39.97（*ST 摩登）	71.75	83.14（探路者）	63.82（华斯股份）	76.20	87.11（新野纺织）	66.34（华升股份）	49.15	60.62（中银绒业）	36.51（*ST 拉夏）	65.87	65.87（浪莎股份）	65.87			
公用事业	202	72.28	86.74（晶科科技）	40.86（*ST 兆新）	70.71	91.18（深圳燃气）	35.18（*ST 兆新）	69.65	90.82（新天绿能）	34.78（博天环境）	72.39	81.91（中原环保）	58.16（隆华科技）	67.37	85.52（嘉泽新能）	37.20（中环装备）	73.71	85.18（兴蓉环境）	39.45（北清环能）	69.95	80.08（长春燃气）	53.66（惠天热电）
国防军工	80	72.40	87.89（航发控制）	50.62（雷科防务）	65.29	76.80（海格通信）	51.16（甘化科工）	70.85	84.33（中航电子）	26.59（*ST 华讯）	74.07	94.14（中航光电）	57.55（博云新材）	71.98	85.76（航发动力）	58.69（新研股份）	73.54	83.15（航天电器）	60.75（振芯科技）	76.43	78.99（中直股份）	71.72（新光光电）
黑色金属	36	71.86	84.94（久立特材）	47.60（常宝股份）	69.72	75.17（韶钢松山）	64.27（柳钢股份）	73.49	81.23（首钢股份）	67.49（新兴铸管）	85.95	94.65（中信特钢）	80.83（安阳钢铁）	68.71	69.69（八一钢铁）	68.12（西宁特钢）	68.84	68.84（重庆钢铁）	68.84（重庆钢铁）	75.73	84.86（鞍钢股份）	64.37（本钢板材）
化工	388	69.75	95.30（中国巨石）	34.96（*ST 德威）	66.20	89.37（恒逸石化）	37.75（新纶科技）	69.92	92.42（三友化工）	56.55（龙星化工）	74.19	88.99（新洋丰）	56.01（富邦股份）	71.15	91.23（宝丰能源）	50.14（藏格控股）	75.17	89.63（硅宝科技）	55.82（新金路）	70.39	81.01（中广核技）	60.35（百傲化学）

续表

一级行业	上市公司数量	平均水平	华东 最高	最低	平均水平	华南 最高	最低	平均水平	华北 最高	最低	平均水平	华中 最高	最低	平均水平	西北 最高	最低	平均水平	西南 最高	最低	平均水平	东北 最高	最低
机械设备	637	71.07	91.61（埃斯顿）	38.27（*ST光一）	68.50	92.75（汇川技术）	33.94（*ST朱闲）	71.95	87.84（中环股份）	41.42（ST安控）	69.24	90.40（一拖股份）	40.85（*ST华昌）	69.77	85.80（特变电工）	50.04（保力新）	67.25	82.33（通威股份）	30.13（台海核电）	67.34	83.39（豪森股份）	40.57（金冠股份）
家用电器	70	69.75	86.62（三花智控）	29.33（*ST中新）	71.43	92.49（美的集团）	39.73（奥马电器）	79.86	79.86（石头科技）	79.86（石头科技）	61.28	79.76（东贝集团）	42.81（高斯贝尔）				76.77	83.42（彩虹集团）	72.42（四川长虹）			
建筑材料	202	71.16	94.88（伟星新材）	35.87（*ST围海）	73.27	93.26（东鹏控股）	38.31（中装建设）		94.08（北新建材）	54.48（时空科技）	69.57	86.95（旗滨集团）	44.44（顾地科技）	71.39	80.05（上峰水泥）	62.17（祁连山）	68.54	81.57（四川路桥）	51.92（ST云投）	70.81	79.76（中钢国际）	66.15（龙建股份）
交通运输	123	71.93	92.90（山东高速）	51.67（飞力达）	69.96	88.30（顺丰控股）	38.57（欧浦退）	75.91	87.46（中国外运）	62.37（山西路桥）	71.68	88.20（城发环境）	59.59（长航凤凰）	69.03	80.17（西部创业）	60.38（天顺股份）	69.05	75.45（广汇物流）	60.04（四川成渝）	73.16	81.82（铁龙物流）	55.25（安通控股）
交运设备	219	69.65	92.82（江铃汽车）	36.21（*ST众泰）	67.55	93.34（华阳集团）	32.69（ST八菱）	70.04	90.25（长城汽车）	39.07（庞大集团）	72.43	83.44（宇通客车）	62.15（湖南天雁）	48.43	48.43（*ST银亿）	48.43（*ST银亿）	73.21	92.30（长安汽车）	58.88（西仪股份）	68.79	83.00（一汽解放）	51.48（金杯汽车）
农林牧渔	92	72.94	96.74（金龙鱼）	39.79（*ST东洋）	65.70	87.52（海大集团）	43.93（京基智农）	73.14	85.15（大北农）	58.65（瑞普生物）	72.37	85.64（隆平高科）	43.48（*ST昌鱼）	69.31	84.22（中粮糖业）	51.99（ST天山）	60.62	67.60（新希望）	49.38（巨星农牧）	67.43	79.98（万向德农）	49.85（獐子岛）
轻工制造	135	71.38	92.10（晨光文具）	44.33（爱迪尔）	70.71	87.94（周大生）	28.44（*ST赫美）	70.25	78.31（奥瑞金）	62.59（金一文化）	68.41	70.05（瑞贝卡）	66.76（岳阳林纸）	72.46	87.17（环球印务）	55.36（陕西金叶）	72.27	91.03（百亚股份）	63.27（金时科技）	51.97	75.92（恒丰纸业）	30.68（*ST金洲）
商业贸易	108	70.86	86.32（江苏国泰）	40.31（ST华鼎）	67.62	85.94（农产品）	31.61（*ST全新）	71.19	82.76（翠微股份）	49.91（*ST跨境）	72.12	83.69（鹏都农牧）	31.19（天泽信息）	56.45	66.29（国芳集团）	37.20（*ST新亿）	69.72	83.99（富森美）	54.84（吉峰科技）	65.21	74.39（中兴商业）	46.51（大连友谊）

续表

一级行业	上市公司数量	平均水平	华东 最高	华东 最低	华东 平均水平	华南 最高	华南 最低	华南 平均水平	华北 最高	华北 最低	华北 平均水平	华中 最高	华中 最低	华中 平均水平	西北 最高	西北 最低	西北 平均水平	西南 最高	西南 最低	西南 平均水平	东北 最高	东北 最低
食品饮料	119	72.29	89.88（洋河股份）	47.29（ST威龙）	68.01	88.86（海天味业）	51.01（皇氏集团）	73.77	87.09（山西汾酒）	61.22（福成股份）	72.29	86.61（酒鬼酒）	45.75（ST加加）	68.24	90.64（金徽酒）	40.34（*ST麦趣）	76.21	91.58（泸州老窖）	55.09（*ST西发）	64.77	65.55（桃李面包）	63.99（*ST金泉阳泉）
信息服务	404	68.97	91.57（科大讯飞）	35.84（*ST三五）	67.05	91.11（神州信息）	38.76（高乐股份）	71.72	95.08（金山办公）	33.47（*ST嘉信）	67.28	93.76（芒果超媒）	40.07（*ST凯瑞）	62.70	77.84（三人行）	37.67（顺利）	71.20	82.11（运达科技）	42.20（*ST长动）	64.59	81.20（吉大正元）	48.49（*ST文投控股）
信息设备	157	69.69	84.98（狄耐克）	28.06（*ST新海）	71.55	90.34（深科技）	45.39（朗科科技）	66.32	83.53（七一二）	36.15（*ST邦讯）	72.47	84.83（光迅科技）	54.94（*ST高升）	69.08	69.08（立昂技术）	69.08（立昂技术）	71.80	81.39（中光防雷）	56.36（鹏博士）	61.24	72.05（吉大通信）	54.05（*ST聚龙）
医药生物	382	71.63	91.38（华熙生物）	36.68（ST目药）	70.17	95.56（迈瑞医疗）	37.86（嘉应制药）	72.37	90.73（爱美客）	50.30（中源协和）	71.51	86.25（九州通）	37.94（ST辅仁）	61.51	85.85（国际医学）	34.35（延安必康）	71.89	94.28（云南白药）	43.05（ST天圣）	68.64	80.64（通化东宝）	45.38（紫鑫药业）
有色金属	137	69.59	89.77（横店东磁）	35.64（中润资源）	72.23	89.09（嘉元科技）	61.44（宜安科技）	71.10	83.14（中矿资源）	61.96（中科三环）	73.92	85.10（金博股份）	49.78（*ST金贵）	73.91	93.80（宝钛股份）	41.94（ST荣华）	71.66	85.97（安宁股份）	45.04（宏达股份）	54.90	68.86（锌业股份）	34.32（退市鹏起）
综合	31	65.33	74.33（鲁银投资）	40.75（*ST博信）	72.00	89.47（广电计量）	31.17（*ST群兴）	66.11	86.11（国检集团）	35.77（*ST天首）	44.71	46.35（ST九有）	43.08（ST华嵘）					49.22（ST西源）	49.22（ST西源）	49.22	75.83（亚泰集团）	74.12（东方集团）

数据来源：同花顺、中关村国睿金融与产业发展研究会。

表 9-13　　　各地理区域上市公司分布和创利能力系统健康指数平均水平

	华东	华南	华北	华中	西北	西南	东北
上市公司数量	1880	733	530	309	167	265	148
占比	46.63%	18.18%	13.14%	7.66%	4.14%	6.57%	3.67%
平均水平	52.12	49.45	51.16	49.40	45.59	50.73	44.53

从整体上看，各经济地理区域上市公司创利能力系统健康指数平均水平的高低顺序为：华东（52.12）、华北（51.16）、西南（50.73）、华南（49.45）、华中（49.40）、西北（45.59）、东北（44.53），华东地区虽然上市公司数量庞大，但创利能力水平仍然处于领先地位，东北地区上市公司创利能力整体落后于全国其他地区，特别是与华东地区，差异极大。具体的七大区域各行业上市公司创利能力系统健康指数情况如表9-14所示。

从区域的角度看，华东地区创利能力系统健康指数平均水平最高的行业是餐饮旅游（59.69），最低的行业是国防军工（48.64）；华南地区创利能力系统健康指数平均水平最高的行业是综合（56.64），最低的行业是采掘（38.59）；华北地区创利能力系统健康指数平均水平最高的行业是家用电器（76.23），最低的行业是纺织服装（37.25）；华中地区创利能力系统健康指数平均水平最高的行业是黑色金属（59.02），最低的行业是家用电器（33.80）；西北地区创利能力系统健康指数平均水平最高的行业是建筑材料（57.19），最低的行业是信息设备（31.27）；西南地区创利能力系统健康指数平均水平最高的行业是食品饮料（61.35），最低的行业是黑色金属（32.66）；东北地区创利能力系统健康指数平均水平最高的行业是农林牧渔（57.59），最低的行业是采掘（34.27）。

9.2.4　竞争态势系统

根据2020年披露年报、公告和其他数据，4032家中国上市公司竞争态势系统健康指数平均水平为49.34，平均水平以上的上市公司有2017家。各地理区域的竞争态势系统健康指数平均水平情况如表9-15所示。

表 9-14 2020年各经济地理区域各行业上市公司创利能力系统健康指数情况

一级行业	华东 平均水平	华东 最高	华东 最低	华南 平均水平	华南 最高	华南 最低	华北 平均水平	华北 最高	华北 最低	华中 平均水平	华中 最高	华中 最低	西北 平均水平	西北 最高	西北 最低	西南 平均水平	西南 最高	西南 最低	东北 平均水平	东北 最高	东北 最低
采掘	53.47	65.82（龙高股份）	25.53（ST仁智）	38.59	50.54（洲际油气）	28.09（ST大洲）	55.53	76.26（中国神华）	29.37（恒泰艾普）	37.46	59.80（平煤股份）	26.51（郑州煤电）	45.29	71.72（陕西煤业）	30.41（准油股份）	46.73	57.49（盘江股份）	34.96（云煤能源）	34.27	38.80（宝泰隆）	29.75（辽宁能源）
餐饮旅游	59.69	71.02（天目湖）	40.96（希努尔）	39.20	41.15（岭南控股）	32.15（*ST腾邦）	53.36	76.15（中国中免）	39.50（众信旅游）	46.30	67.18（三特索道）	32.62（华天酒店）	46.37	57.44（西安旅游）	35.20（*ST西域）	58.93	68.96（丽江股份）	54.91（云南旅游）	38.04	40.46（大连圣亚）	35.62（长白山）
电子	52.14	79.61（卓胜微）	28.69（春兴精工）	48.90	72.23（金溢科技）	19.42（雷曼光电）	51.91	71.56（中石科技）	26.00（东旭光电）	50.11	75.29（宏达电子）	20.83（金运激光）	44.51	52.77（派瑞股份）	32.68（彩虹股份）	50.25	68.89（福蓉科技）	31.85（蓝黛科技）	41.45	56.54（神工股份）	24.73（ST瑞德）
纺织服装	52.41	72.89（地素时尚）	32.59（ST步森）	52.26	73.00（歌力思）	28.53（搜于特）	37.25	47.21（朗姿股份）	25.85（华斯股份）	44.10	50.78（美尔雅）	36.65（新野纺织）	38.28	48.14（中银绒业）	14.74（*ST环球）	42.92	42.92（浪莎股份）	42.92（浪莎股份）			
公用事业	51.91	72.48（浙能电力）	22.89（*ST美尚）	51.59	76.57（宝新能源）	22.69（ST星源）	48.62	84.31（长江电力）	23.18（万邦达）	52.67	70.21（百川能源）	23.92（启迪环境）	47.36	66.77（新天然气）	29.99（国统股份）	53.68	68.70（重庆水务）	33.90（北清环能）	42.44	66.55（联美控股）	32.78（京蓝科技）
国防军工	48.64	67.19（国睿科技）	25.23（天海防务）	49.52	76.13（甘化科工）	31.60（航新科技）	53.32	71.77（新兴装备）	26.70（*ST华讯）	49.69	64.57（中航光电）	37.37（亚光科技）	45.65	62.10（天和防务）	27.12（炼石航空）	53.94	68.32（航天电器）	31.18（航发科技）	48.70	51.49（中直股份）	43.54（广联航空）
黑色金属	56.13	68.70（宝钢股份）	39.97（盛德鑫泰）	54.63	65.42（韶钢松山）	43.83（柳钢股份）	46.41	60.06（友发集团）	32.72（包钢股份）	59.02	74.17（中信特钢）	35.22（安阳钢铁）	38.78	40.48（八一钢铁）	36.67（酒钢宏兴）	32.66	32.66（重庆钢铁）	32.66（重庆钢铁）	42.21	49.47（抚顺特钢）	25.94（本钢板材）
化工	52.45	80.71（双一科技）	17.35（亚邦股份）	47.23	72.46（金发科技）	20.56（国立科技）	51.51	77.83（君正集团）	34.03（沧州大化）	46.52	68.19（龙蟒佰利）	20.33（*ST双环）	50.12	67.83（宝丰能源）	24.01（新日恒力）	46.13	67.84（贝泰妮）	35.49（利和生物）	50.70	66.63（百傲化学）	19.13（科隆股份）

续表

一级行业	华东 平均水平	华东 最高	华东 最低	华南 平均水平	华南 最高	华南 最低	华北 平均水平	华北 最高	华北 最低	华中 平均水平	华中 最高	华中 最低	西北 平均水平	西北 最高	西北 最低	西南 平均水平	西南 最高	西南 最低	东北 平均水平	东北 最高	东北 最低
机械设备	52.18	80.33（美亚光电）	17.74（ST光一）	51.77	75.86（博杰股份）	23.95（*ST东网）	49.33	75.31（华峰测控）	27.96（亿华通）	49.35	73.86（帝尔激光）	22.34（黄河旋风）	44.18	70.17（陕鼓动力）	15.91（保力新）	45.02	68.72（电能股份）	16.96（*ST天成）	43.19	75.98（博实股份）	23.86（融钰集团）
家用电器	52.12	76.50（苏泊尔）	24.73（ST德豪）	49.14	70.38（北鼎股份）	29.28（ST同洲）	76.23	76.23（石头科技）	76.23	33.80	36.00（东贝集团）	31.59（高斯贝尔）				45.12	52.68（彩虹集团）	32.03（四川长虹）			
建筑材料	51.04	75.62（海螺水泥）	23.89（龙泉股份）	49.18	86.32（塔牌集团）	23.49（奇信股份）	49.87	68.28（三联虹普）	23.35（乾景园林）	49.10	68.71（旗滨集团）	24.30（顾地科技）	57.19	78.83（祁连山）	34.61（北新路桥）	50.37	73.46（四川双马）	25.72（天域生态）		52.46（中钢国际）	44.17（龙建股份）
交通运输	52.01	73.51（上港集团）	21.99（龙洲股份）	48.48	75.78（海峡股份）	23.21（*ST海航）	53.46	76.20（大秦铁路）	29.79（中国国航）	47.80	60.07（城发环境）	38.73（宜昌交运）	38.31	47.72（西部创业）	26.41（*ST德新）	52.09	64.26（广汇物流）	35.93（重庆港九）		65.72（龙江交通）	37.44（锦州港）
交运设备	52.11	73.93（雪龙集团）	18.62（越博动力）	47.05	68.10（科安达）	22.23（ST八菱）	47.72	63.03（长城汽车）	24.01（天模汽车）	51.13	66.92（长源东谷）	16.89（襄阳轴承）	41.24	41.24（*ST银亿）	41.24（*ST银亿）	46.99	73.30（中国汽研）	34.62（浩物股份）		61.88（一汽富维）	34.16（曙光股份）
农林牧渔	51.64	71.15（申联生物）	24.23（康欣新材）	47.95	75.00（京基智农）	32.86（神农科技）	55.25	74.68（瑞普生物）	34.41（*ST华资）	52.43	76.90（科前生物）	25.88（*ST华英）	47.94	66.33（天康生物）	31.67（亚盛集团）	45.81	58.37（梅花生物）	29.00（*ST景谷）	57.59	63.80（万向德农）	51.14
轻工制造	51.96	77.29（晨光文具）	29.17（广博股份）	51.39	73.71（好太太）	24.85（*ST赫美）	42.50	57.90（奥瑞金）	28.16（金一文化）	45.07	53.79（岳阳林纸）	36.34（瑞贝卡）	41.70	51.95（环球印务）	35.11（美利云）	54.41	68.69（金时科技）	27.21（宜宾纸业）	45.30	61.03（恒丰纸业）	33.68（莘华珠宝）
商业贸易	52.81	77.68（锦和商业）	24.27（ST宏图）	50.23	65.52（爱施德）	29.50（皇庭国际）	47.49	56.95（翠微股份）	37.13（北京城乡）	49.12	61.90（居然之家）	38.32（鹏都农牧）	38.99	58.06（国芳集团）	21.17（*ST大集）	57.49	79.74（富森美）	49.10（云维股份）	42.26	59.14（中兴商业）	29.43（ST通葡）

续表

一级行业	华东 平均水平	华东 最高	华东 最低	华南 平均水平	华南 最高	华南 最低	华北 平均水平	华北 最高	华北 最低	华中 平均水平	华中 最高	华中 最低	西北 平均水平	西北 最高	西北 最低	西南 平均水平	西南 最高	西南 最低	东北 最高	东北 最低
食品饮料	50.35	74.72（古井贡酒）	26.58（ST威龙）	50.88	79.38（海天味业）	21.28（皇氏集团）	50.39	75.03（山西汾酒）	22.54（国投中鲁）	53.09	68.69（酒鬼酒）	15.95（*ST科迪）	37.93	58.68（金徽酒）	27.34（兰州黄河）	51.44	82.41（贵州茅台）	30.85（新乳业）	64.24（桃李面包）	38.64（泉阳泉）
信息服务	51.59	83.46（同花顺）	23.72（金财互联）	47.47	72.43（分众传媒）	19.20（*ST紫菱）	53.25	74.65（拉卡拉）	24.13（*ST嘉信）	47.08	63.65（建安高科）	22.85（开元教育）	46.11	66.33（三人行）	35.16（广电网络）	44.78	67.92（巨人网络）	24.94（*ST长动）	62.17（吉大正元）	21.90（文投控股）
信息设备	50.90	82.83（亿联网络）	21.38（ST新海）	51.52	73.97（中新赛克）	27.81（日海智能）	50.68	70.00（七一二）	21.96（*ST邦讯）	49.59	68.91（威胜信息）	36.17（精伦电子）	31.27	31.27（立昂技术）	31.27（立昂技术）	39.88	63.97（天邑股份）	42.79（高鸿股份）	45.33（吉大通信）	25.24（奥维通信）
医药生物	52.84	82.85（硕世生物）	20.51（ST目药）	49.54	79.41（达安基因）	22.54（海南海药）	51.67	75.75（爱美客）	26.13（仟源医药）	49.73	79.52（圣湘生物）	17.19（ST辅仁）	38.28	54.78（德展健康）	20.22（*ST济堂）	45.08	76.42（智飞生物）	27.60（*ST天圣）	73.16（通化东宝）	16.81（紫鑫药业）
有色金属	52.24	73.04（联瑞新材）	27.99（中润资源）	46.79	60.68（嘉元科技）	36.54（深圳新星）	50.63	74.69（银泰黄金）	28.29（中色股份）	52.58	77.49（金博股份）	24.68（易成新能）	51.37	67.52（西部超导）	33.13（ST荣华）	35.11	72.23（安宁股份）	23.05（宏达股份）	43.22（锌业股份）	25.01（退市鹏起）
综合	54.08	70.32（行动教育）	42.10（江泉实业）	56.64	65.66（华测检测）	47.78（中国宝安）	46.67	60.77（廊坊发展）	25.75（中信国安）	42.63	46.56（ST华嵘）	38.69（ST九有）				35.38	35.38（ST西源）	35.38（ST西源）	42.57（亚泰集团）	41.22（东方集团）

数据来源：同花顺、中关村国睿金融与产业发展研究会。

表 9–15　　各地理区域上市公司分布和竞争态势系统健康指数平均水平

	华东	华南	华北	华中	西北	西南	东北
上市公司数量	1880	733	530	309	167	265	148
占比	46.63%	18.18%	13.14%	7.66%	4.14%	6.57%	3.67%
平均水平	48.93	50.10	52.53	50.15	43.57	47.88	46.85

从整体上看，各经济地理区域上市公司竞争态势系统健康指数平均水平的高低顺序为：华北（52.53）、华中（50.15）、华南（50.10）、华东（48.93）、西南（47.88）、东北（46.85）、西北（43.57）。

更具体的七大区域各行业上市公司竞争态势系统健康指数情况如表9–16所示。

从区域的角度看，华东地区竞争态势系统健康指数平均水平最高的行业是餐饮旅游（52.48），最低的行业是黑色金属（43.94）；华南地区竞争态势系统健康指数平均水平最高的行业是食品饮料（53.66），最低的行业是采掘（42.30）；华北地区竞争态势系统健康指数平均水平最高的行业是黑色金属（59.14），最低的行业是轻工制造（44.31）；华中地区竞争态势系统健康指数平均水平最高的行业是黑色金属（69.00），最低的行业是餐饮旅游（44.08）；西北地区竞争态势系统健康指数平均水平最高的行业是交运设备（61.19），最低的行业是纺织服装（28.18）；西南地区竞争态势系统健康指数平均水平最高的行业是黑色金属（54.93），最低的行业是轻工制造（35.06）；东北地区竞争态势系统健康指数平均水平最高的行业是综合（60.14），最低的行业是餐饮旅游（31.01）。

9.2.5　产品销售系统

根据2020年披露年报、公告和其他数据，4032家中国上市公司产品销售系统健康指数平均水平为50.03，平均水平以上的上市公司有2026家。各地理区域的产品销售系统健康指数平均水平情况如表9–17所示。

表9-16　2020年各经济地理区域上市公司竞争态势系统健康指数情况

一级行业	华东				华南				华北				华中				西北				西南				东北			
	平均水平	最高	最低		平均水平	最高	最低		平均水平	最高	最低		平均水平	最高	最低		平均水平	最高	最低		平均水平	最高	最低		平均水平	最高	最低	
采掘	46.13	69.73（兖州煤业）	28.86（龙高股份）		42.30	47.86（海南矿业）	38.39（洲际油气）		53.65	71.45（中国石油）	41.47（河钢资源）		45.23	48.48（平煤股份）	39.28（郑州煤电）		49.75	66.30（中油工程）	21.05（准油股份）		45.18	58.33（攀钢钒钛）	45.18（盘江股份）		36.67	39.64（辽宁能源）	33.70（宝泰隆）
餐饮旅游	52.48	69.28（锦江酒店）	39.30（九华旅游）		46.74	73.26（岭南控股）	26.37（*ST东海A）		58.34	71.61（首旅酒店）	43.86（中科云网）		44.08	47.81（华天酒店）	39.57（张家界）		46.52	53.67（曲江文旅）	24.73（*ST西域）			64.05（云南旅游）	30.57（西藏旅游）		31.01	39.42（大连圣亚）	22.60（长白山）
电子	48.48	81.90（大华股份）	13.07（和林微纳）		50.55	79.72（大族激光）	23.38（汇创达）		54.27	75.62（京东方A）	26.80		50.65	67.74（华工科技）	29.66		46.75	62.75（华天科技）	24.15（派瑞股份）		48.69	68.13（振华科技）	30.12（福容科技）		41.40	55.58（华微电子）	28.79（神工股份）
纺织服装	49.99	75.42（森马服饰）	27.91（牧高笛）		49.27	69.32（稳健医疗）	36.76（中潜股份）		52.16	60.67（朗姿股份）	41.01（百邦科技）		50.80	71.24（梦洁股份）	34.79（华升股份）		28.18	31.80（*ST拉夏）	21.67（*ST环球）		41.64	41.64（浪莎股份）	41.64（浪莎股份）				
公用事业	48.62	71.48（盈峰环境）	24.68（闽东电力）		51.32	72.82（岭南股份）	23.33（联泰环保）		54.65	74.15（中国核电）	30.81（ST中天）		45.16	66.61（隆华科技）	29.94（祥龙电业）		38.80	61.89（中环装备）	20.62（嘉泽新能）		46.54	68.25（远达环保）	32.90（黔源电力）		45.48	60.70（国电电力）	33.96（大连热电）
国防军工	48.10	74.81（航天发展）	20.08（霍莱沃）		52.79	65.14（中船防务）	38.63（江龙船艇）		52.22	72.85（中航电子）	26.59（天秦装备）		55.74	73.54（航天电子）	39.23（中船应急）		47.10	64.92（烽火电子）	28.06（三角防务）		42.78	61.93（海特高新）	19.26（天箭科技）		39.74	61.50（中直股份）	20.02（广联航空）
黑色金属	43.94	73.19（南钢股份）	18.31（盛德鑫泰）		48.73	55.51（韶钢松山）	41.95（柳钢股份）		59.14	71.31（首钢股份）	41.20（安阳钢铁）		69.00	79.37（中信特钢）	50.51（安阳钢铁）		40.91	48.08（酒钢宏兴）	32.92（八一钢铁）		54.93	54.93（重庆钢铁）	54.93（重庆钢铁）		48.22	54.49（鞍钢股份）	42.15（抚顺特钢）
化工	49.59	73.80（万华化学）	15.75（润阳科技）		48.11	76.15（金发科技）	19.93（亚钾国际）		49.23	69.36（安迪苏）	26.26（金牛化工）		50.71	71.41（时代新材）	25.80（祥源新材）		43.11	57.22（中泰化学）	26.81（国际实业）		52.14	76.06（吴华科技）	30.70（高争民爆）		49.31	72.52（中广核技）	33.79（吉林化纤）

续表

一级行业	华东			华南			华北			华中			西北			西南			东北		
	平均水平	最高	最低	平均水平	最高	最低	平均水平	最高	最低	平均水平	最高	最低	平均水平	最高	最低	平均水平	最高	最低	平均水平	最高	最低
机械设备	48.57	79.34（东方电子）	16.74（盛剑环境）	51.23	80.61（长园集团）	28.62（和科达）	54.92	81.92（三一重工）	35.16（华翔股份）	50.82	77.70（中联重科）	24.32（岱勒新材）	49.58	74.42（特变电工）	24.23（保力新）	47.32	80.21（东方电气）	29.86（天翔环境）	47.77	71.90（大连重工）	24.25（聆达股份）
家用电器	48.01	76.46（海尔智家）	24.18（*ST圣莱）	51.08	69.98（格力电器）	35.60（*ST德奥）	54.63	54.63（石头科技）	54.63（石头科技）	51.59	53.35（东贝集团）	49.83（高斯贝尔）				54.28	68.26（四川九洲）	39.73（彩虹集团）			
建筑材料	50.07	76.27（上海建工）	26.66（苏文电能）	47.95	65.46（南玻A）	26.22（深圳瑞捷）	52.26	70.49（中工国际）	33.54（中铁装配）	50.17	66.86（葛洲坝）	30.91（华凯创意）	48.84	66.69（陕西建工）	33.70（青松建化）	40.95	61.55（四川路桥）	21.07（四方新材）	57.68	65.10（中钢国际）	52.63（龙建股份）
交通运输	49.92	77.59（韵达股份）	28.97（江西长运）	46.93	72.54（顺丰控股）	27.28（炬申股份）	54.18	73.18（招商公路）	38.99（京沪高铁）	46.93	62.62（现代投资）	32.25（宜昌交运）	33.17	37.03（西部创业）	28.41（*ST德新）	43.17	55.80（四川成渝）	29.66（重庆路桥）	45.83	70.47（圆通速递）	22.71（龙江交通）
交运设备	48.12	74.95（华域汽车）	26.66（天普股份）	46.83	69.23（华阳集团）	23.46（*ST八菱）	54.50	79.35（长城汽车）	22.87（东方时尚）	51.52	74.47（宇通客车）	27.94（恒立实业）	61.19	61.19（*ST银亿）	61.19（*ST银亿）	52.41	78.35（长安汽车）	35.29（蒙能股份）	48.88	67.02（一汽解放）	26.50（英利汽车）
农林牧渔	47.05	71.61（正邦科技）	27.10（万辰生物）	52.29	69.70（海大集团）	39.91（百洋股份）	55.31	74.85（大北农）	19.04（*ST华资）	50.60	72.31（隆平高科）	22.95（*ST昌鱼）	44.92	70.31（天康生物）	26.69（*ST香梨）	48.25	66.07（新希望）	21.89（*ST景谷）	51.86	63.41（禾丰股份）	41.92（北大荒）
轻工制造	50.40	76.41（晨鸣纸业）	25.10（曼卡龙）	50.88	79.25（欧派家居）	25.81（金富科技）	44.31	64.78（曲美家居）	21.57（狮头股份）	54.38	62.92（岳阳林纸）	45.85（瑞贝卡）	43.47	49.11（环球印务）	38.34（美利云）	35.06	47.82（宜宾纸业）	21.65（金时科技）	43.60	55.81（恒丰纸业）	33.78（*ST金洲）
商业贸易	49.35	71.93（苏宁易购）	27.50（*ST厦华）	49.57	71.51（星徽股份）	24.21（*ST南化）	51.81	66.16（翠微股份）	38.90（华联股份）	54.32	62.39（中百集团）	41.68（通程控股）	43.04	54.29（大集）	25.97（*ST新亿）	46.97	54.46（重庆百货）	34.91（云维股份）	38.82	52.72（欧亚集团）	29.24（*ST商城）

续表

一级行业	华东 平均水平	华东 最高	华东 最低	华南 平均水平	华南 最高	华南 最低	华北 平均水平	华北 最高	华北 最低	华中 平均水平	华中 最高	华中 最低	西北 平均水平	西北 最高	西北 最低	西南 平均水平	西南 最高	西南 最低	东北 平均水平	东北 最高	东北 最低
食品饮料	48.76	70.57（洋河股份）	22.88（百龙创园）	53.66	80.84（海天味业）	24.89（西麦食品）	54.92	75.59（伊利股份）	36.44（国投中鲁）	46.90	74.03（三全食品）	19.68（*ST科迪）	35.80	49.99（金徽酒）	20.81（皇台酒业）	53.61	76.72（重庆啤酒）	17.84（*ST西发）	44.68	45.92（泉阳泉）	43.45（桃李面包）
信息服务	49.71	79.24（科大讯飞）	21.95（幸福蓝海）	49.11	76.94（天融信）	21.76（金逸影视）	51.44	81.86（用友网络）	25.11（泽达易盛）	47.31	63.96（新开普）	19.72（*ST凯端）	40.16	55.12（广电网络）	29.55（青海春天）	48.80	68.27（国网信通）	28.90（*ST长动）	49.68	69.79（东软集团）	30.86（*ST晨鑫）
信息设备	49.32	78.59（新大陆）	24.59（路通视信）	49.76	80.84（海能达）	9.70（澄天伟业）	52.19	75.52（同方股份）	27.20（*ST邦讯）	49.85	81.62（烽火通信）	31.23（兴图新科）	43.34	43.34（立昂技术）	43.34（立昂技术）	53.32	73.37（卫士通）	35.71（中光防雷）	39.22	40.53（吉大通信）	29.49（*ST聚龙）
医药生物	48.13	74.04（恒瑞医药）	24.45（天臣医疗）	52.84	78.13（迈瑞医疗）	29.02（易瑞生物）	51.13	72.41（万泰生物）	23.21（科美诊断）	50.33	71.94（华兰生物）	24.54（共同药业）	40.67	54.99（延安必康）	28.08（陇神戎发）	47.28	69.32（迈克生物）	30.10（健之佳）	51.82	71.69（长春高新）	24.29（紫鑫药业）
有色金属	49.77	78.77（江西铜业）	20.13（*ST丰华）	50.18	70.09（中矿高新）	27.76（铂科新材）	51.32	66.57（安泰科技）	36.35（兴业矿业）	51.33	69.07（明泰铝业）	32.40（金博股份）	48.34	71.37（新疆众和）	19.55（*ST荣华）	46.84	69.96（贵研铂业）	23.03（西藏珠峰）	33.93	43.38（吉翔股份）	19.39（*ST利源）
综合	44.58	62.70（南京新百）	29.87（天宸股份）	53.21	70.50（华测检测）	28.28（*ST广珠）	48.28	75.88（国检集团）	22.39（*ST明科）	44.60	45.44（九有）	43.76（ST华嵘）				35.11	35.11（ST西源）	35.11（ST西源）	60.14	60.95（东方集团）	59.33（亚泰集团）

数据来源：同花顺、中关村国睿金融与产业发展研究会。

表 9-17　　各地理区域上市公司分布和产品销售系统健康指数平均水平

	华东	华南	华北	华中	西北	西南	东北
上市公司数量	1880	733	530	309	167	265	148
占比	46.63%	18.18%	13.14%	7.66%	4.14%	6.57%	3.67%
平均水平	51.10	49.01	51.00	49.46	45.17	48.10	48.05

从整体上看，各经济地理区域上市公司产品销售系统健康指数平均水平的高低顺序为：华东（51.10）、华北（51.00）、华中（49.46）、华南（49.01）、西南（48.10）、东北（48.05）、西北（45.17）。

更具体的七大区域各行业上市公司产品销售系统健康指数情况如表9-18所示。

从区域的角度看，华东地区产品销售系统健康指数平均水平最高的行业是餐饮旅游（55.38），最低的行业是家用电器（48.94）；华南地区产品销售系统健康指数平均水平最高的行业是黑色金属（64.46），最低的行业是交运设备（43.28）；华北地区产品销售系统健康指数平均水平最高的行业是交通运输（61.57），最低的行业是纺织服装（42.85）；华中地区产品销售系统健康指数平均水平最高的行业是有色金属（57.02），最低的行业是采掘（38.11）；西北地区产品销售系统健康指数平均水平最高的行业是建筑材料（59.30），最低的行业是黑色金属（30.04）；西南地区产品销售系统健康指数平均水平最高的行业是农林牧渔（55.43），最低的行业是综合（30.23）；东北地区产品销售系统健康指数平均水平最高的行业是建筑材料（63.38），最低的行业是信息设备（33.51）。

9.2.6　价值再造系统

根据2020年披露年报、公告和其他数据，4032家中国上市公司价值再造系统健康指数平均水平为54.84，平均水平以上的上市公司有2017家。各地理区域的价值再造系统健康指数平均水平情况如表9-19所示。

表 9-18　2020 年各经济地理区域上市公司产品销售系统健康指数情况

一级行业	华东				华南				华北				华中				西北				西南				东北		
	平均水平	最高	最低		平均水平	最高	最低		平均水平	最高	最低		平均水平	最高	最低		平均水平	最高	最低		平均水平	最高	最低		平均水平	最高	最低
采掘	49.20	71.55（金能科技）	28.79（金石资源）		43.73	48.06（海南矿业）	32.66（ST大洲）		54.20	72.82（ST安泰）	30.42（恒泰艾普）		38.11	41.00（平煤股份）	32.62（惠博普）		46.55	68.78（陕西煤业）	25.64（通源石油）		50.96	52.73（盘江股份）	48.86（攀钢钒钛）		43.66	48.46（宝泰隆）	38.86（辽宁能源）
餐饮旅游	55.38	69.59（锦江酒店）	45.43（天目湖）		46.13	62.89（*ST腾邦）	28.92（*ST东海A）		56.30	72.10（中国中免）	37.85（众信旅游）		41.78	51.45（三特索道）	34.61（张家界）		44.23	56.35（曲江文旅）	35.55（西安饮食）		50.61	67.44（云南旅游）	38.48（峨眉山A）		41.50	47.18（大连圣亚）	35.81（长白山）
电子	50.57	79.70（环旭电子）	20.75（好利来）	50.68	80.72（立讯精密）	23.61（远望谷）		45.48	65.13（京东方A）	26.00（赛武纪）		48.68	71.14（闻泰科技）	23.51（*ST猛狮）		52.91	67.96（华天科技）	28.72（派瑞股份）		46.22	52.46（蓝黛科技）	40.90（旭光电子）		43.86	53.06（诺德股份）	33.41（ST瑞德）
纺织服装	52.05	70.50（航民股份）	28.27（ST起步）	48.63	74.10（华利集团）	31.51（*ST摩登）		42.85	59.45（际华集团）	27.29（华斯股份）		47.48	58.89（新野纺织）	34.86（美尔雅）		33.92	44.72（中银绒业）	27.77（*ST环球）		52.63	52.63（浪莎股份）	52.63（浪莎股份）				
公用事业	49.93	73.87（华电国际）	18.62（巴安水务）	50.48	67.82（粤电力A）	26.60（华控赛格）		54.63	71.95（京能电力）	31.50（先河环保）		49.42	60.07（湖北能源）	31.48（祥龙电业）		42.67	60.21（陕天然气）	29.63（ST浩源）		49.27	63.34（华能水电）	34.30（西昌电力）		45.06	72.80（国电电力）	29.26（国中水务）
国防军工	51.57	81.95（中航沈飞）	31.85（新余国科）	51.53	79.23（中船防务）	40.75（航新科技）		50.47	81.59（内蒙一机）	21.90（*ST华讯）		54.74	70.58（湖北光电）	30.25（博云新材）		47.84	64.40（中航西飞）	33.02（中航动力）		43.88	66.34（中航重机）			43.51	68.97（中直股份）	17.03（新光光电）
黑色金属	49.89	72.73（新钢股份）	18.89（广大特材）	64.46	67.23（柳钢股份）	61.70（韶钢松山）		54.40	70.69（首钢股份）	44.23（大冶特钢）		56.97	73.88（华菱钢铁）	35.30（安阳钢铁）		30.04	34.24（八一钢铁）	27.69（西宁特钢）		49.90	49.90（重庆钢铁）	49.90（重庆钢铁）		45.55	53.38（本钢板材）	40.32（抚顺特钢）
化工	50.70	82.76（荣盛石化）	20.00（艾艾精工）	45.15	78.34（恒逸石化）	24.89（科创新源）		54.20	76.12（君正集团）	27.16（*ST乐材）		47.14	70.26（湖北宜化）	25.37（湘潭电化）		49.01	77.51（北元集团）	28.31（新日恒力）		50.57	74.17（中伟股份）	28.96（震安科技）		55.60	80.85（恒力石化）	31.83（吉林化纤）

续表

一级行业	平均水平	华东			华南			华北			华中			西北			西南			东北	
		最高	最低	平均水平	最高	最低	平均水平	最高	最低	平均水平	最高	最低	平均水平	最高	最低	平均水平	最高	最低	平均水平	最高	最低
机械设备	51.50	81.37（精达股份）	15.62（金利华电）	49.16	75.22（中集集团）	15.16（*ST东电）	46.66	73.82（晶澳科技）	24.44（冀凯股份）	48.87	73.48（新强联电气）	24.31（三晖电气）	48.99	74.31（隆基股份）	21.19（首航高科）	43.66	74.23（通威股份）	13.19（*ST天成）	47.03	77.90（中国一重）	19.82（融钰集团）
家用电器	48.94	69.03（禾盛新材）	18.53（*ST圣莱）	53.52	74.64（深康佳A）	32.33（北鼎股份）	55.03	55.03（石头科技）	55.03（石头科技）	40.13	54.44（东贝集团）	25.82（高斯贝尔）				52.71	66.67（四川长虹）	35.34（彩虹集团）			
建筑材料	51.58	80.97（浙江交科）	22.44（中锐股份）	44.28	59.85（文科园林）	18.35（*ST罗顿）	51.98	76.85（中国化学）	27.55（豪迈东赛）	47.41	65.63（葛洲坝）	18.20（华凯创意）	59.30	83.28（陕西建工）	45.75（青龙管业）	44.20	80.29（四川路桥）	21.88（ST云投）	63.38	76.71（中钢国际）	54.46（龙建股份）
交通运输	50.04	73.78（物产中大）	29.50（连云港）	46.03	70.44（粤高速A）	30.20（海汽集团）	61.57	78.78（中远海控）	30.70（中国国航）		56.73（城发环境）	36.63（湖南投资）	47.76	47.14（西部创业）	30.89（*ST德新）	37.99	55.52（四川成渝）	38.33（重庆路桥）	55.42	72.14（圆通速递）	29.62（龙江交通）
交运设备	50.39	75.64（华域汽车）	24.61（祥和实业）	43.28	62.10（比亚迪）	21.87（欣锐科技）	50.99	72.99（立中集团）	30.31（中国中期）		59.49（郑煤机）	33.79（湖南天雁）	49.13	53.65（*ST银亿）	53.65（*ST银亿）	53.65	75.81（隆鑫通用）	26.78（唐源电气）	56.55	83.62（一汽富维）	20.72（威帝股份）
农林牧渔	50.15	75.46（正邦科技）	27.24（*ST东洋）	53.47	74.23（海大集团）	26.06（神农科技）	50.73	69.74（大北农）	23.55（*ST华资）	51.35	75.28（唐人神）	34.09（*ST昌鱼）	43.53	57.45（天康生物）	29.43（*ST中基）	55.43	71.58（新希望）	26.52（*ST景谷）	50.53	70.48（禾丰股份）	31.77（万向德农）
轻工制造	52.11	82.04（华泰股份）	29.25（海伦钢琴）	48.39	65.59（欧派家居）	24.71（实丰文化）	45.62	64.59（中国黄金）	31.54（狮头股份）	44.63	53.07（岳阳林纸）	36.18（瑞贝卡）	46.83	60.15（环球印务）	32.14（陕西金叶）	49.39	54.60（金时科技）	43.07（永吉股份）	37.61	41.53（恒丰纸业）	31.06（*ST金洲）
商业贸易	53.38	79.43（苏美达）	26.16（上海九百）	49.41	72.59（爱施德）	32.86（皇庭国际）	49.96	73.47（五矿发展）	25.33（北京城乡）		58.66（鹏都农牧）	29.03（友阿股份）	47.68	44.26（丽尚国潮）	28.89（*ST大集）	36.09	62.98（云维股份）	31.92（茂业商业）	41.96	52.16（大商股份）	30.52（大连友谊）

续表

一级行业	华东			华南			华北			华中			西北			西南			东北		
	平均水平	最高	最低	平均水平	最高	最低	平均水平	最高	最低	平均水平	最高	最低	平均水平	最高	最低	平均水平	最高	最低	平均水平	最高	最低
食品饮料	51.77	75.92（龙大肉食）	21.76（ST威龙）	52.75	76.14（海天味业）	35.19（西麦食品）	48.99	59.71（伊利股份）	27.43（桂发祥）	51.64	75.05（双汇发展）	35.50（均瑶健康）	36.32	58.54（西部牧业）	13.97（*ST中葡）	54.08	66.96（贵州茅台）	42.81（有友食品）	65.25（桃李面包）		42.92（泉阳泉）
信息服务	50.11	74.85（宝信软件）	20.50（幸福蓝海）	49.89	73.43（金证股份）	24.01（中青宝）	51.59	78.79（国联股份）	23.23（立方数科）	47.82	64.54（长江传媒）	31.62（开元教育）	40.76	63.40（三人行）	20.23（青天春天）	48.43	63.93（南天信息）	12.77（*ST长动）	65.58（梦网科技）		28.07（美吉姆）
信息设备	51.87	78.97（中天科技）	20.06（中威电子）	49.50	72.76（共进股份）	22.87（兆日科技）	49.07	74.80（光环新网）	15.29（*ST邦讯）	51.23	77.79（凯乐科技）	24.94（兴图新科）	37.88	37.88（立昂技术）	37.88（立昂技术）	33.51	63.84（创维数字）	34.60（中光防雷）	42.65（吉大通信）		27.45（ST信通）
医药生物	51.89	81.62（英科医疗）	16.77（泽璟制药）	49.93	72.73（白云山）	23.42（翔隆药业）	49.04	80.27（中红医疗）	23.55（天智航）	51.36	71.74（奥美医疗）	23.05（景峰医药）	40.84	56.40（国际医学）	29.92（陇神戎发）	46.41	70.08（智飞生物）	23.01（大理药业）	67.92（辽宁成大）		22.43（紫鑫药业）
有色金属	50.84	84.44（江西铜业）	24.03（龙磁科技）	47.26	65.09（中金岭南）	32.66（盛新锂能）	51.86	63.64（盛达资源）	32.16（中矿资源）	57.02	77.80（豫光金铅）	30.14（金博股份）	46.73	75.47（西部矿业）	22.84（合金投资）	38.88	70.32（锡业股份）	24.16（西藏珠峰）	60.52（锌业股份）		25.33（退市鹏起）
综合	53.97	66.85（中新集团）	35.72（天宸股份）	53.68	60.00（中金辐照）	43.29（信测标准）	47.01	66.03（泰达股份）	26.30（*ST天首）	43.88	49.81（ST华嵘）	37.95（ST九有）				30.23	30.23（ST西源）	30.23（ST西源）	65.47（东方集团）		45.28（亚泰集团）

数据来源：同花顺，中关村国睿金融与产业发展研究会。

表 9-19　　　　　各地理区域上市公司分布和价值再造系统健康指数平均水平

	华东	华南	华北	华中	西北	西南	东北
上市公司数量	1880	733	530	309	167	265	148
占比	46.63%	18.18%	13.14%	7.66%	4.14%	6.57%	3.67%
平均水平	55.14	54.58	56.48	54.60	52.06	53.43	52.54

从整体上看，各经济地理区域上市公司价值再造系统健康指数平均水平的高低顺序为：华北（56.48）、华东（55.14）、华中（54.60）、华南（54.58）、西南（53.43）、东北（52.54）、西北（52.06）。

更具体的七大区域各行业上市公司价值再造系统健康指数情况如表9-20所示。

从区域的角度看，华东地区价值再造系统健康指数平均水平最高的行业是商业贸易（58.48），最低的行业是食品饮料（50.92）；华南地区价值再造系统健康指数平均水平最高的行业是黑色金属（63.96），最低的行业是交运设备（50.01）；华北地区价值再造系统健康指数平均水平最高的行业是黑色金属（61.41），最低的行业是家用电器（49.41）；华中地区价值再造系统健康指数平均水平最高的行业是黑色金属（64.55），最低的行业是综合（48.32）；西北地区价值再造系统健康指数平均水平最高的行业是建筑材料（58.28），最低的行业是信息设备（35.22）；西南地区价值再造系统健康指数平均水平最高的行业是黑色金属（68.07），最低的行业是综合（38.57）；东北地区价值再造系统健康指数平均水平最高的行业是建筑材料（66.37），最低的行业是食品饮料（42.37）。

9.2.7　资产资本结构系统

根据2020年披露年报、公告和其他数据，4032家中国上市公司资产资本结构系统健康指数平均水平为50.90，平均水平以上的上市公司有1911家。各地理区域的资产资本结构系统健康指数平均水平如表9-21所示。

表 9-20 2020年各经济地理区域上市公司价值再造系统健康指数情况

一级行业	华东 平均水平	华东 最高	华东 最低	华南 平均水平	华南 最高	华南 最低	华北 平均水平	华北 最高	华北 最低	华中 平均水平	华中 最高	华中 最低	西北 平均水平	西北 最高	西北 最低	西南 平均水平	西南 最高	西南 最低	东北 平均水平	东北 最高	东北 最低
采掘	53.09	75.72(兖州煤业)	41.64(安源煤业)	56.90	64.60(洲际油气)	38.85(*ST大洲)	59.98	75.28(鄂尔多斯)	35.45(*ST平能)	50.79	64.09(平煤股份)	39.48(郑州煤电)	54.74	75.26(中油工程)	38.85(准油股份)	56.50	61.42(云煤能源)	50.18(盘江股份)	48.29	53.33(宝泰隆)	43.24(辽宁能源)
餐饮旅游	56.50	72.06(九华旅游)	47.60(天目湖)	53.46	63.42(岭南控股)	42.37	58.92	65.75(首旅酒店)	42.75(众信旅游)	57.31	66.66(三特索道)	48.51(张家界)	52.55	55.89(曲江文旅)	48.13(西安旅游)	62.36	82.47(云南旅游)	51.96(峨眉山A)	46.76	50.84(大连圣亚)	42.67(长白山)
电子	55.10	77.80(安洁科技)	36.32(新洁能)	56.06	80.13(长盈精密)	34.14(*ST丹邦)	51.74	74.92(京东方A)	34.78(天津普林)	53.53	67.67(闻泰科技)	37.26(金运激光)	52.66	65.88(华天科技)	36.79(派瑞股份)	51.90	65.49(振华科技)	40.52(福蓉科技)	47.89	54.33(诺德股份)	38.16(亚世光电)
纺织服装	56.57	77.37(新澳股份)	32.81(聚杰微纤)	51.81	66.38(比音勒芬)	36.81(中潜股份)	52.37	62.72(朗姿股份)	41.27(三夫户外)	52.60	60.09(梦洁股份)	45.09(美尔雅)	40.88	43.64(中银绒业)	37.70(*ST拉夏)	54.97	54.97(浪莎股份)	54.97(浪莎股份)			
公用事业	57.67	74.07(福能股份)	29.99(德创环保)	56.49	78.92(粤电力A)	33.64(华控赛格)	59.56	83.40(华能国际)	39.38(*ST中天)	53.25	63.89(中原环保)	40.50(祥龙电业)	50.03	67.25(陕天然气)	33.40(嘉泽新能)	49.93	60.68(中建环能)	35.94(成都燃气)	49.07	69.75(国电电力)	34.34(惠天热电)
国防军工	52.51	69.27(国睿科技)	35.38(国瑞科技)	53.38	67.74(海格通信)	35.85(江龙船艇)	55.01	68.08(星网宇达)	35.92(*ST华讯)	57.47	68.91(中航机电)	39.84(景嘉微)	47.82	70.50(烽火电子)	38.44(*ST炼石航空)	47.33	66.56(振芯科技)	30.42(天箭科技)		60.85(中直股份)	34.37(新光光电)
黑色金属	55.40	77.93(马钢股份)	36.11(广大特材)	63.96	66.49(韶钢松山)	61.44(柳钢股份)	61.41	71.13(首钢股份)	46.68(友发集团)	64.55	78.85(华菱钢铁)	51.38(中信特钢)	54.44	58.05(八一钢铁)	50.72(西宁特钢)	68.07	68.07(重庆钢铁)	68.07(重庆钢铁)	54.54	61.90(本钢板材)	37.24(抚顺特钢)
化工	54.76	81.46(新安股份)	30.29(锦鸡股份)	52.69	74.90(金发科技)	28.91(翔丰华)	58.27	79.46(君正集团)	38.63(金牛化工)	56.99	74.87(神马股份)	35.94(利顺特钢)	56.31	77.57(兴化股份)	43.65(藏格控股)	59.13	75.49(太原股份)	37.21(震安科技)	55.83	67.86(沈阳化工)	44.00(科隆股份)

续表

一级行业	华东			华南			华北			华中			西北			西南			东北		
	平均水平	最高	最低	平均水平	最高	最低	平均水平	最高	最低	平均水平	最高	最低	平均水平	最高	最低	平均水平	最高	最低	平均水平	最高	最低
机械设备	53.29	74.79(徐工机械)	30.94(青岛中程)	52.97	71.23(拓斯达)	32.11(融捷股份)	53.91	78.36(天地科技)	37.95(沃尔德)	54.45	73.35(中联重科)	33.26(开普检测)	54.63	69.58(特变电工)	34.46(保力新)	49.63	66.15(川仪股份)	32.60(天翔环境)	53.21	67.03(哈空调)	38.38(芯源微)
家用电器	54.67	85.55(海信视像)	28.30(*ST圣莱)	59.09	74.71(兆驰股份)	45.21(小熊电器)	56.46	49.41(石头科技)	49.41		64.23(东贝集团)	48.68(高斯贝尔)				62.01	67.32(四川长虹)	51.11(彩虹集团)			
建筑材料	55.78	81.87(浙江交科)	34.18(永福股份)	50.21	68.61(中天精装)	27.56(*ST罗顿)	57.74	77.34(江河集团)	37.84(中公高科)	58.28	77.96(东湖高新)	30.24(农尚环境)	49.48	77.55(陕西建工)	46.97(上峰水泥)	55.35	75.80(四川路桥)	20.28(天域生态)	66.37	68.76(中钢国际)	64.82(金圆股份)
交通运输	54.96	76.74(传化智联)	28.84(上海机场)	55.06	78.98(深高速)	38.50(海汽集团)	60.84	76.53(中国外运)	42.06(京沪高铁)	41.63	70.42(城发环境)	36.88(长航凤凰)	54.04	54.04(西部创业)	27.03(*ST德新)	55.14	68.32(四川成渝)	46.88(重庆路桥)	54.63	65.15(圆通速递)	42.02(龙江交通)
交运设备	54.41	74.15(天润工业)	32.72(浙江仙通)	50.01	66.70(广东鸿图)	31.58(欣锐科技)	56.12	74.56(立中集团)	29.58(中国中期)	56.93	72.01(中原内配)	39.98(湖南天雁)	53.16	53.16(*ST银亿)	53.16(*ST银亿)	55.44	73.32(隆鑫通用)	45.99(西菱动力)	52.21	67.72(一汽富维)	36.30(研奥股份)
农林牧渔	53.99	80.43(正邦科技)	40.62(*ST东洋)	54.64	68.46(温氏股份)	46.31(罗牛山)	57.75	74.07(大北农)	36.85(*ST中基)	53.33	77.66(唐人神)	33.17(*ST昌鱼)	48.51	68.00(天康生物)	36.02(*ST景谷)	55.44	65.32(巨星农牧)	27.64(*ST景谷)	48.62	68.69(禾丰股份)	32.85(万向德农)
轻工制造	56.16	77.72(晨鸣纸业)	31.43(德艺文创)	54.12	72.92(海鸥住工)	31.11(珠海中富)	57.02	61.96(曲美家居)	32.21(中国黄金)	57.29	61.28(岳阳林纸)	52.76(瑞贝卡)	49.55	59.04(美利云)	55.00(环球印务)	55.14	60.28(永吉股份)	36.88(百亚股份)	52.52	72.68(恒丰纸业)	38.09(*ST金洲)
商业贸易	58.48	78.03(苏美达)	35.72(上海九百)	54.86	77.60(爱施德)	36.47(南宁百货)	53.52	71.76(翠微股份)	43.92(华联股份)	56.14	60.87(天泽信息)	51.26(鹏都农牧)	49.72	57.78(国芳集团)	41.51(*ST新亿)	58.29	67.88(重庆百货)	49.22(茂业商业)	52.25	62.04(欧亚集团)	42.71(*ST商城)

续表

一级行业	平均水平	华东 最高	华东 最低	华东 平均水平	华南 最高	华南 最低	华南 平均水平	华北 最高	华北 最低	华北 平均水平	华中 最高	华中 最低	华中 平均水平	西北 最高	西北 最低	西北 平均水平	西南 最高	西南 最低	西南 平均水平	东北 最高	东北 最低
食品饮料	50.92	66.13(光明乳业)	33.51(ST威龙)	55.45	67.54(汤臣倍健)	38.44(西麦食品)	53.49	63.83(福成股份)	40.91(老白干酒)	50.52	65.27(双汇发展)	37.68(酒鬼酒)	47.37	61.95(天润乳业)	26.42(莫高股份)	50.18	61.58(新乳业)	40.70(贵州茅台)	42.37	43.57(泉阳泉)	41.17(桃李面包)
信息服务	55.75	75.33(利欧股份)	32.24(横店影视)	54.57	71.41(深信服)	30.70(金逸影视)	57.25	79.05(航天信息)	34.97(新经典)	51.27	68.65(新开普)	31.23(中广天择)	49.78	64.22(三人行)	34.40(青海春天)	56.32	75.72(南天信息)	35.99(*ST长动)	57.69	69.60(启明信息)	33.72(美吉姆)
信息设备	56.62	79.63(中天科技)	39.06(国盾量子)	56.73	70.89(深科技)	31.53(欣天科技)	57.12	76.28(恒银科技)	39.15(*ST邦讯)	52.19	64.23(烽火通信)	37.46(壮佳光子)	35.22	35.22(立昂技术)	35.22(立昂技术)	57.48	72.95(创维数字)	46.12(鹏博士)	49.28	55.25(中通国脉)	42.40(奥维通信)
医药生物	57.23	83.04(之江生物)	36.35(*ST金泰)	55.09	73.36(宝莱特)	27.41(赛隆药业)	54.64	74.05(天士力)	39.09(神州细胞)	51.87	81.37(楚天科技)	44.01(启迪药业)	53.83	66.34(德展健康)	41.12(*ST恒康)	53.83	71.65(海思科)	31.98(大理药业)	53.78	62.49(东北制药)	40.71(紫鑫药业)
有色金属	58.47	78.26(江西铜业)	36.12(寒锐钴业)	57.66	70.89(中钨高新)	41.52(盛新锂能)	56.96	73.86(中国铝业)	42.08(兴业矿业)	54.01	67.93(明泰铝业)	37.37(金博股份)	55.32	70.37(西部矿业)	33.76(合金投资)	51.21	74.79(驰宏锌锗)	30.63(西藏珠峰)	44.12	53.92(吉翔股份)	27.90(*ST利源)
综合	52.01	62.29(鲁银投资)	36.88(天宸股份)	55.54	63.25(华测检测)	46.97(信测标准)	51.54	71.51(国检集团)	31.57(*ST明科)	48.32	54.52(ST华嵘)	42.11(ST九有)					38.57(ST西源)	38.57(ST西源)	38.57	54.52(亚泰集团)	50.54(东方集团)

数据来源：同花顺、中关村国睿金融与产业发展研究会。

表 9-21　各地理区域上市公司分布和资产资本结构系统健康指数平均水平

	华东	华南	华北	华中	西北	西南	东北
上市公司数量	1830	733	530	309	167	265	148
占比	46.63%	18.18%	13.14%	7.66%	4.14%	6.57%	3.67%
平均水平	51.63	50.46	50.95	49.33	49.49	50.99	48.94

从整体上看，各经济地理区域上市公司资产资本结构系统健康指数平均水平的高低顺序为：华东（51.63）、西南（50.99）、华北（50.95）、华南（50.46）、西北（49.49）、华中（49.33）、东北（48.94）。

更具体的七大区域各行业上市公司资产资本结构系统健康指数情况如表9-22所示。

从区域的角度看，华东地区资产资本结构系统健康指数平均水平最高的行业是餐饮旅游（55.78），最低的行业是信息设备（48.88）；华南地区资产资本结构系统健康指数平均水平最高的行业是综合（55.45），最低的行业是黑色金属（45.86）；华北地区资产资本结构系统健康指数平均水平最高的行业是家用电器（65.95），最低的行业是黑色金属（44.87）；华中地区资产资本结构系统健康指数平均水平最高的行业是食品饮料（52.84），最低的行业是综合（44.80）；西北地区资产资本结构系统健康指数平均水平最高的行业是交通运输（64.17），最低的行业是交运设备（31.19）；西南地区资产资本结构系统健康指数平均水平最高的行业是纺织服装（68.51），最低的行业是综合（39.50）；东北地区资产资本结构系统健康指数平均水平最高的行业是国防军工（57.68），最低的行业是食品饮料（38.84）。

9.2.8　内部控制系统

根据2020年披露年报、公告和其他数据，4032家中国上市公司内部控制系统健康平均水平为79.59，平均水平以上的上市公司有2260家。各地理区域的内部控制系统健康指数平均水平情况如表9-23所示。

表9-22 2020年各经济地理区域上市公司资产资本结构系统健康指数情况

一级行业	平均水平	华东 最高	华东 最低	华东 平均水平	华南 最高	华南 最低	华南 平均水平	华北 最高	华北 最低	华北 平均水平	华中 最高	华中 最低	华中 平均水平	西北 最高	西北 最低	西北 平均水平	西南 最高	西南 最低	西南 平均水平	东北 最高	东北 最低	东北 平均水平
采掘	51.13	64.27（金岭矿业）	40.54（ST仁智）	48.99	58.31（粤桂股份）	38.82（ST大洲）	50.56	62.59（中国神华）	38.14（山西焦煤）	46.98	53.13（惠博普）	39.63（郑州煤电）	52.34	62.59（靖远煤电）	45.42（通源石油）	50.20	55.43（攀钢钒钛）	46.83（云煤能源）	45.50	48.18（宝泰隆）	42.82（辽宁能源）	
餐饮旅游	55.78	67.31（九华旅游）	41.86（锦江酒店）	46.88	50.92（岭南控股）	35.46（桂林旅游）	49.49	61.39（中国中免）	41.86（中青旅）	47.53	51.13（张家界）	44.78（华天酒店）	54.59	57.29（西安旅游）	46.89（曲江文旅）	55.80	62.34（丽江股份）	51.44（云南旅游）	52.00	59.12（长白山）	44.88（大连圣亚）	
电子	51.49	77.73（澜起科技）	31.84（和晶科技）	49.97	71.09（芯海科技）	30.90（正业科技）	51.88	69.49（寒武纪）	31.09（海航科技）	50.22	65.25（森霸传感）	37.89（*ST盈方）	52.95	70.49（派瑞股份）	41.19（彩虹股份）	51.32	63.06（福蓉科技）	43.69（蓝黛科技）	49.20	66.64（亚世光电）	30.19（ST瑞德）	
纺织服装	52.48	73.35（中胤时尚）	23.91（*ST贵人）	53.61	65.91（比音勒芬）	40.84（搜于特）	53.96	62.69（探路者）	40.12（朗姿股份）	47.69	61.09（华升股份）	38.54（美尔雅）	50.10	64.72（中银绒业）	42.14（*ST拉夏）	68.51	68.51（浪莎股份）	68.51（浪莎股份）				
公用事业	53.90	66.44（南大环境）	37.85（华电国际）	49.50	68.50（梅雁吉祥）	36.94（粤电力A）	47.62	68.39（建工修复）	34.29（ST中天）	50.43	67.68（力合科技）	39.43（华银电力）	53.26	64.79（洪通燃气）	41.73（天富能源）	51.05	62.57（明星电力）	37.76（北清环能）	46.23	63.86（联美控股）	33.31（华电能源）	
国防军工	51.31	65.54（江航装备）	40.27（四创电子）	52.94	63.79（科思科技）	35.75（航新科技）	48.11	67.62（新兴装备）	41.70（钢研高纳）	50.24	60.93（景嘉微）	39.97（亚光科技）	48.21	62.86（中天火箭）	34.23（新研股份）	53.17	66.21（天箭科技）	38.29（航发科技）	57.68	66.69（新光光电）	47.19（中直股份）	
黑色金属	55.62	63.98（杭钢股份）	43.96（山东钢铁）	45.86	46.95（韶钢松山）	44.76（柳钢股份）	44.87	50.75（新兴铸管）	38.28（首钢股份）	45.98	52.00（中信特钢）	39.60（安阳钢铁）	41.36	46.63（酒钢宏兴）	35.40（西宁特钢）	49.78	49.78（重庆钢铁）	49.78（重庆钢铁）	52.49	59.78（抚顺特钢）	44.78（鞍钢股份）	
化工	51.66	72.29（宝丽迪）	31.68（ST红太阳）	48.97	65.93（蒙素高新）	35.05（乐通股份）	51.02	67.71（中船汉光）	36.18（阳煤化工）	49.02	68.60（宁新股份）	33.27（湖北宜化）	50.21	66.86（瑞联新材）	35.28（盐湖股份）	49.32	63.28（贝泰妮）	34.35（云天化）	47.04	62.77（大庆华科）	39.85（吉林化纤）	

续表

一级行业	华东 平均水平	华东 最高	华东 最低	华南 平均水平	华南 最高	华南 最低	华北 平均水平	华北 最高	华北 最低	华中 平均水平	华中 最高	华中 最低	西北 平均水平	西北 最高	西北 最低	西南 平均水平	西南 最高	西南 最低	东北 平均水平	东北 最高	东北 最低
机械设备	51.41	77.71（复洁环保）	33.38（泰豪科技）	51.50	70.65（智莱科技）	28.28（*ST科陆电子）	49.10	68.74（华峰测控）	28.66（*ST安控）	48.94	64.35（开普检测）	31.52（*ST林重）	46.96	69.75（美畅股份）	35.04（远东股份）	50.79	64.00（英杰电气）	34.33（天翔环境）	49.10	64.08（奥来德）	37.05（智云股份）
家用电器	51.90	67.05（聚隆科技）	32.53（海立股份）	47.58	71.97（北鼎股份）	36.54（深康佳A）	65.95	65.95（石头科技）	65.95（石头科技）	45.59	46.96（高斯贝尔）	44.23（东贝集团）				49.97	56.54（四川九洲）	34.45（四川长虹）			
建筑材料	50.61	68.25（镇海股份）	36.90（天沃科技）	52.48	64.20（杰恩设计）	36.57（粤水电）	51.01	68.65（时空科技）	34.87（韩建河山）	48.71	68.66（农尚环境）	35.51（百利科技）	48.86	58.87（甘咨询）	38.08（北新路桥）	51.36	68.07（博闻科技）	38.87（三圣股份）		47.77（中钢国际）	39.90（金圆股份）
交通运输	52.24	67.45（西上海）	35.12（江西长运）	51.40	73.21（海峡股份）	38.34（深高速）	50.57	63.59（唐山港）	41.35（山西路桥）	50.71	59.64（湖南投资）	45.31（楚天高速）	64.17	64.42（西部创业）	60.38（天顺股份）	50.96	60.96（重庆路桥）	40.29（富临运业）	55.64	65.09（铁龙物流）	43.17（锦州港）
交运设备	50.58	71.03（雪龙集团）	32.98（申达股份）	52.24	70.71（科安达）	35.10（*ST八菱）	50.41	65.79（天宜上佳）	38.52（东风时尚）	49.80	60.89（恒立实业）	35.69（襄阳轴承）	31.19	31.19（*ST银亿）	31.19（*ST银亿）	51.52	68.97（唐源电气）	41.99（云内动力）	49.57	73.23（研奥股份）	35.38（德尔股份）
农林牧渔	52.73	66.68（申联生物）	39.66（傲农生物）	50.27	61.68（神农科技）	36.35（南宁糖业）	49.57	59.38（生物股份）	37.14（金河生物）	49.97	64.50（科前生物）	35.41（*ST华英）	47.80	64.83（*ST香梨）	38.76（大禹节水）	46.68	49.56（巨星农牧）	44.85（新希望）	53.16	66.77（万向德农）	32.30（獐子岛）
轻工制造	50.97	70.96（曼卡龙）	32.77（山东华鹏）	51.10	74.31（金富科技）	36.62（好莱客）	47.22	64.74（中国黄金）	38.00（奥瑞金）	49.12	50.65（瑞贝卡）	47.59（岳阳林纸）	43.03	48.96（美利云）	36.62（陕西金叶）	54.45	59.13（百亚股份）	46.10（宜宾纸业）	51.02	58.93（莱华珠宝）	42.56（*ST金洲）
商业贸易	51.17	68.02（同达创业）	35.58（中央商场）	50.75	62.49（博士眼镜）	40.77（农产品）	48.57	53.44（首商股份）	41.67（*ST跨境）	47.65	59.66（通程控股）	36.27（步步高）	48.89	60.28（国芳集团）	31.08（友好集团）	50.67	64.21（华致酒行）	34.47（茂业商业）	48.53	64.03（中兴商业）	35.53（欧亚集团）

续表

一级行业	华东 平均水平	华东 最高	华东 最低	华南 平均水平	华南 最高	华南 最低	华北 平均水平	华北 最高	华北 最低	华中 平均水平	华中 最高	华中 最低	西北 平均水平	西北 最高	西北 最低	西南 平均水平	西南 最高	西南 最低	东北 平均水平	东北 最高	东北 最低
食品饮料	51.05	66.02（日辰股份）	33.28（贝因美）	49.79	66.34（佳隆股份）	34.87（黑芝麻）	52.84	62.89（桂发祥）	33.44（国投中鲁）	49.74	67.39（劲仔食品）	35.25（莲花健康）	53.82	54.84（莫高股份）	38.75（皇台酒业）	38.84	68.79（贵州茅台）	35.75（重庆啤酒）	48.30（桃李面包）	29.39（ST泉阳泉）
信息服务	51.04	67.92（同花顺）	32.18（昂立教育）	48.88	73.11（财富趋势）	33.43（*ST赛为）	49.29	73.04（海量数据）	32.04（豆神教育）	51.51	65.42（捷安高科）	30.87（当代文体）	49.05	63.54（三人行）	37.35（ST顺利）	49.00	62.44（欢瑞世纪）	36.88（依米康）	63.52（吉大正元）	36.17（吉视传媒）
信息设备	48.88	64.32（亿通科技）	33.23（永鼎股份）	51.77	71.33（南陵科技）	34.83（海能达）	49.62	66.26（飞天诚信）	36.56（同方股份）	44.29	66.44（兴图新科）	35.36（三峡新材）	51.13	44.29（立昂技术）	44.29（立昂技术）	55.63	65.67（新易盛）	34.14（高鸿股份）	61.81（樊维通信）	41.54（中通国脉）
医药生物	53.49	75.79（新光药业）	35.02（ST目药）	50.41	74.83（易瑞生物）	27.56（宜华健康）	47.60	74.04（兼科希德）	32.25（仟源医药）	47.19	68.42（圣湘生物）	27.77（汉商集团）	51.84	62.65（德展健康）	26.65（*ST恒康）	46.40	70.35（康华生物）	31.49（莱美药业）	58.90（通化东宝）	32.45（吉药控股）
有色金属	51.29	70.12（图南股份）	35.12（东睦股份）	49.15	59.95（嘉元科技）	40.38（格林美）	51.65	63.07（有研新材）	38.36（中国铝业）	50.90	64.17（金博股份）	41.40（株冶集团）	59.87	59.87（西部黄金）	40.61（西部矿业）	48.79	63.48（银河磁体）	29.56（天齐锂业）	53.59（吉翔股份）	30.61（退市鹏起）
综合	55.15	71.63（行动教育）	36.90（鲁银投资）	55.45	64.01（信测标准）	44.44（广电计量）	51.25	67.26（钢研纳克）	36.36（廊坊发展）	44.80	47.83（ST华峡）	41.76（ST九有）	39.50	39.50（ST西源）	39.50（ST西源）	43.34	39.50（ST西源）	39.50（ST西源）	48.51（东方集团）	38.16（亚泰集团）

数据来源：同花顺、中关村国睿金融与产业发展研究会。

表 9-23　　各地理区域上市公司分布和内部控制系统健康指数平均水平

	华东	华南	华北	华中	西北	西南	东北
上市公司数量	1880	733	530	309	167	265	148
占比	46.63%	18.18%	13.14%	7.66%	4.14%	6.57%	3.67%
平均水平	79.44	78.67	80.64	79.69	81.48	79.85	80.55

从整体上看，各经济地理区域上市公司内部控制结构系统健康指数平均水平的高低顺序为：西北（81.48）、华北（80.64）、东北（80.55）、西南（79.85）、华中（79.69）、华东（79.44）、华南（78.67）。

更具体的七大区域各行业上市公司内部控制结构系统健康指数情况如表9-24所示。

从区域的角度看，华东地区内部控制系统健康指数平均水平最高的行业是黑色金属（85.74），最低的行业是纺织服装（76.97）；华南地区内部控制系统健康指数平均水平最高的行业是黑色金属（83.51），最低的行业是餐饮旅游（70.48）；华北地区内部控制系统健康指数平均水平最高的行业是采掘（84.86），最低的行业是家用电器（71.96）；华中地区内部控制系统健康指数平均水平最高的行业是轻工制造（86.84），最低的行业是信息设备（73.90）；西北地区内部控制系统健康指数平均水平最高的行业是信息设备（85.85），最低的行业是交运设备（59.96）；西南地区内部控制系统健康指数平均水平最高的行业是餐饮旅游（84.51），最低的行业是综合（57.30）；东北地区内部控制系统健康指数平均水平最高的行业是国防军工（86.74），最低的行业是有色金属（74.32）。

表9-24 2020年各地理区域上市公司内部控制系统健康指数情况

一级行业	平均水平	华东 最高	华东 最低	华南 平均水平	华南 最高	华南 最低	华北 平均水平	华北 最高	华北 最低	华中 平均水平	华中 最高	华中 最低	西北 平均水平	西北 最高	西北 最低	西南 平均水平	西南 最高	西南 最低	东北 平均水平	东北 最高	东北 最低
采掘	79.91	93.77(淮北矿业)	62.45(*ST仁智)	75.86	87.42(粤桂股份)	54.97(ST大洲)	84.86	94.15(山西焦煤)	66.17(恒泰艾普)	79.80	85.01(惠博普)	76.08(郑州煤电)	84.15	93.78(陕西黑猫)	72.40(准油股份)	77.13	82.40(云煤能源)	69.52(攀钢钒钛)	85.86	90.50(辽宁能源)	81.21(宝泰隆)
餐饮旅游	79.79	88.11(天目湖)	71.83(同庆楼)	70.48	83.16(桂林旅游)	59.64(*ST海创)	84.73	95.30(中国中免)	69.94(中科云网)	75.44	82.94(三特索道)	62.48(张家界)	79.68	85.40(曲江文旅)	73.66(西安旅游)	84.51	88.24(云南旅游)	82.07(西藏旅游)	81.80	84.37(大连圣亚)	79.24(长白山)
电子	78.12	94.08(瑞芯微)	51.27(美迪凯)	78.82	94.08(世运电路)	59.94(瑞丰光电)	77.30	93.13(兆易创新)	60.32(紫光国微)	80.08	91.37(艾华集团)	65.43(宏达电子)	82.54	87.86(华天科技)	79.66(彩虹股份)	83.06	85.17(旭光电子)	77.33(振华科技)	77.35	83.85(亚世光电)	64.45(ST瑞德)
纺织服装	76.97	94.81(海澜之家)	51.95(*ST贵人)	78.59	91.92(稳健医疗)	58.88(星期六)	82.53	87.20(朗姿股份)	72.14(华斯股份)	76.07	78.70(华升股份)	71.20(新野纺织)	70.16	81.75(中银绒业)	54.38(*ST环球)	69.03	69.03(浪莎股份)	69.03(浪莎股份)			
公用事业	79.90	94.43(洪城环境)	46.73(金达莱)	81.79	94.44(瀚蓝环境)	60.38(ST星源)	80.33	93.95(节能风电)	58.07(津劝业)	79.41	86.37(永清环保)	71.27(路德环境)	82.96	93.83(陕天然气)	64.55(ST浩源)	81.34	91.01(重庆燃气)	57.06(北清环能)	82.04	93.20(联美控股)	66.01(惠天热电)
国防军工	78.86	92.48(航发控制)	47.40(天海防务)	78.45	87.03(海格通信)	71.87(航新科技)	83.56	95.80(中国卫通)	65.02(海兰信)	83.47	92.72(航天电子)	72.09(中航光电)	84.13	90.71(中天火箭)	75.20(中航西飞)	76.79	92.26(天箭科技)	62.69(纵横股份)	86.74	89.31(广联航空)	85.20(新光光电)
黑色金属	85.74	94.11(杭钢股份)	76.50(金洲管道)	83.51	87.07(柳钢股份)	79.95(韶钢松山)	84.76	90.32(包钢股份)	70.18(新兴铸管)	83.37	90.09(华菱钢铁)	79.98(中信特钢)	84.18	91.01(八一钢铁)	77.64(酒钢宏兴)	82.26	82.26(重庆钢铁)	82.26(重庆钢铁)	80.35	88.65(凌钢股份)	72.96(本钢板材)
化工	79.91	95.73(洪汇新材)	48.97(富淼科技)	76.70	90.82(德联集团)	48.69(聚石化学)	81.21	95.73(壶化股份)	68.00(中国石化)	83.36	95.15(振华股份)	68.53(松井股份)	83.43	97.28(北元集团)	68.63(盐湖股份)	82.52	93.78(恩捷股份)	56.02(新金路)	81.09	92.96(恒力石化)	56.12(吉林化纤)

续表

一级行业	华东			华南			华北			华中			西北			西南			东北		
	平均水平	最高	最低	平均水平	最高	最低	平均水平	最高	最低	平均水平	最高	最低	平均水平	最高	最低	平均水平	最高	最低	平均水平	最高	最低
机械设备	78.79	94.59（恒消股份）	46.50（新风光）	77.32	93.81（易天股份）	51.78（深科达）	79.81	95.97（青鸟消防）	58.21（合纵科技）	77.82	92.26（长缆科技）	53.51（四方光电）	81.05	91.75（特变电工）	64.78（保力新）	77.66	92.91（大宏立）	58.38（台海核电）	78.13	90.27（冰山冷热）	59.35（蓝英装备）
家用电器	80.37	94.75（春光科技）	58.38（惠而浦）	77.84	90.95（汉宇集团）	58.87（深康佳A）	71.96	71.96（石头科技）	71.96（石头科技）	82.41	85.89（东贝集团）	78.94（高斯贝尔）				74.84	82.86（四川长虹）	54.98（极米科技）			
建筑材料	80.64	94.86（大千生态）	57.47（尤安设计）	80.04	92.66（维业股份）	59.25（金刚玻璃）	82.59	89.04（北京利尔）	72.41（时空科技）	79.57	94.19（旗滨集团）	52.85（顾地科技）	82.74	90.86（西部建设）	72.15（上峰水泥）	81.18	91.78（四川路桥）	67.77（华图山鼎）	78.72	85.50（金圆股份）	68.32（中钢国际）
交通运输	83.06	96.92（宁沪高速）	65.14（飞力达）	79.72	93.78（海峡股份）	63.74（华鹏飞）	82.63	87.50（秦港股份）	76.17（大秦铁路）	83.46	91.30（宜昌交运）	68.73（湖南投资）	83.66	85.54（西部创业）	74.11（天顺股份）	83.96	86.79（广汇物流）	81.67（重庆港九）	80.71	85.65（锦州港）	72.74（安通控股）
交运设备	79.88	94.65（松原股份、祥和实业）	53.75（万丰奥威）	79.19	90.46（英搏尔）	67.94（*ST中华A）	82.41	92.81（晋西车轴）	67.58（交控科技）	77.82	86.84（郑煤机）	63.60（中原内配）	59.96	59.96（*ST银亿）	59.96（*ST银亿）	80.24	92.54（中国汽研）	63.05（川环科技）	78.88	92.44（一汽解放）	58.14（英利汽车）
农林牧渔	80.68	94.94（仙坛股份）	57.10（华绿生物）	81.36	93.94（温氏股份）	68.34（京基智农）	82.52	89.45（中牧股份）	73.82（*ST华资）	80.00	95.92（普莱柯）	65.07（科前生物）	83.63	89.38（众兴菌业）	72.93（晓鸣股份）	78.24	85.29（巨星农牧）	65.45（新希望）	75.95	94.08（禾丰股份）	48.78（獐子岛）

中国上市公司健康指数报告（2021）

续表

一级行业	华东 平均水平	华东 最高	华东 最低	华南 平均水平	华南 最高	华南 最低	华北 平均水平	华北 最高	华北 最低	华中 平均水平	华中 最高	华中 最低	西北 平均水平	西北 最高	西北 最低	西南 平均水平	西南 最高	西南 最低	东北 平均水平	东北 最高	东北 最低
轻工制造	80.89	96.29（菲林格尔，麒盛科技）	60.82（大亚圣象）	81.81	91.52（松发股份）	63.80（珠海中富）	76.30	84.67（狮头股份）	66.33（中国黄金）	86.84	92.95（岳阳林纸）	80.73（瑞贝卡）	76.86	87.53（美利云）	58.02（陕西金叶）	77.64	82.28（永吉股份）	69.57（金时科技）	75.03	85.95（恒丰纸业）	64.88（*ST金洲）
商业贸易	80.96	96.85（安德利）	56.63（ST宏图）	77.83	95.09（天虹股份）	55.29（*ST全新）	84.49	94.16（华联股份）	64.83（*ST跨境）	81.03	92.03（友阿股份）	70.40（天泽信息）	80.99	90.27（国芳集团）	66.30（*ST新亿）	81.99	92.75（富森美）	70.91（吉峰科技）	80.52	92.96（中兴商业）	63.12（大连友谊）
食品饮料	78.97	92.57（海融科技）	57.84（ST麒盛）	79.33	88.99（佳隆股份）	68.19（黑芝麻）	82.35	91.70（科拓生物）	69.60（桂发祥）	80.03	91.11（克明面业）	65.50（*ST科迪）	83.14	93.01（青青稞酒）	72.38（皇台酒业）	81.81	89.58（新乳业）	72.44（舍得酒业）	80.24	84.84（桃李面包）	75.65（泉阳泉）
信息服务	77.85	94.32（多伦科技）	55.65（联络互动）	76.85	91.21（冰川网络）	49.62（开普云）	79.96	94.32（能科股份）	52.69（佳华科技）	80.78	90.61（湖北广电）	71.35（天舟文化）	79.29	88.45（读者传媒）	67.24（ST顺利）	78.52	91.21（佳发教育）	61.11（*ST长动）	80.68	88.47（吉视传媒）	67.09（荣科科技）
信息设备	80.55	93.44（中天科技）	51.34（ST新海）	79.87	92.78（润建股份）	58.40（紫晶存储）	80.07	94.34（康拓红外）	67.36（同方股份）	73.90	83.03（中贝通信）	52.89（仕佳光子）	85.85	85.85（立昂技术）	85.85（立昂技术）	78.32	89.77（卫士通）	63.32（鹏博士）	76.08	80.63（吉大通信）	66.59（*ST聚龙）
医药生物	78.54	95.47（圣达生物）	47.17（奥素生物）	78.84	94.50（卫光生物）	54.30（百奥泰）	77.60	93.86（新诺威）	59.35（神州细胞）	79.87	92.95（塞力医疗）	54.74（翔宇医疗）	78.75	91.48（佛慈制药）	66.86（金花股份）	78.58	92.99（灵康药业）	54.62（成都先导）	79.61	90.95（迪瑞医疗）	61.76（紫鑫药业）
有色金属	80.62	92.37（华友钴业）	62.86（福达合金）	79.82	89.89（广晟有色）	72.61（精艺股份）	81.18	91.09（盛达资源）	54.24（有研粉材）	78.02	90.13（明泰铝业）	64.80（*ST金贵）	77.66	86.09（东方钼业）	61.03（ST荣华）	80.85	93.37（国城矿业）	58.36（西藏矿业）	74.32	91.14（吉翔股份）	55.41（退市鹏起）
综合	77.76	86.59（中新集团）	65.80（*ST博信）	75.53	86.05（广电计量）	65.86（*ST群兴）	76.96	93.23（钢研纳克）	55.45（*ST天首）	76.88	79.14（ST华嵘）	74.62（ST九有）				57.30	57.30（ST西源）	57.30（ST西源）	82.28	83.08（亚泰集团）	81.48（东方集团）

数据来源：同花顺、中关村国睿金融与产业发展研究会。

第四篇

中国上市公司健康指数——产权篇

第10章
中国国有和非国有上市公司健康指数评价

基于上市公司2020年的年报等公开披露数据,对4032家上市公司健康指数进行计算,从而得到不同产权性质维度下中国上市公司综合健康指数和8大系统健康指数的具体排名情况。

10.1 国有控股和非国有控股上市公司综合健康指数评价

2020年中国4032家上市公司综合健康指数的平均水平为61.72,在平均水平及以上的上市公司有2117家。其中,国有控股上市公司1115家,综合健康指数平均水平为64.18,非国有控股上市公司2917家,综合健康指数平均水平为60.77。

10.1.1 国有非国有上市公司分行业健康指数评价

在国有控股和非国有控股产权性质下,22个一级行业的上市公司数量和综合健康指数平均水平如表10-1所示。根据综合健康指数平均水平情况看,国有控股产权下,平均水平较高的行业分别是黑色金属(65.94)、信息设备(65.85)、有色金属(65.49),平均水平较低的行业分别是纺织服装(60.77)、农林牧渔(62.14)、综合(62.98);非国有控股产权下,平均水平较高的行业分别是农林牧渔(61.79)、轻工制造(61.58)、医药生物(61.36),平均水平较低的行业分别是综合类(57.22)、采掘(58.41)、国防军工(58.45)。

根据行业中的国有控股和非国有控股的上市公司比例来看,交通运输(65.85%)、采掘(65.08%)、黑色金属(63.89%)、餐饮旅游(61.76%)、公用事业(55.94%)、国防军工(53.75%)行业国有控股公司占据主要地位,纺织服装(89.13%)、轻工制造(86.67%)、电子(85.05%)、家用电器(82.86%)、医药生物(82.72%)、机械设备(81.79%)、信息设备(78.48%)、信息服务(77.48%)、交运设备(76.71%)、化工(74.04%)、食品饮料(71.19%)、有色金属(67.88%)、农林牧渔(67.39%)、建筑材料(62.38%)、综合(56.25%)、商业贸易(55.56%)行业非国有控股公司占据主要地位(括号内为国有/非国有控股公司在报告统计行业上市公司总量占比)。

表 10-1　不同行业不同产权性质下的上市公司综合健康指数情况

一级行业	行业上市公司数量	国有控股				非国有控股			
		平均水平	行业上市公司数量	行业最高	行业最低	平均水平	行业上市公司数量	行业最高	行业最低
采掘	63	64.70	41	73.16（淮北矿业）	51.24（郑州煤电）	58.41	22	70.45（鄂尔多斯）	44.69（ST大洲）
餐饮旅游	34	63.29	21	74.87（中国中免）	49.76（大连圣亚）	59.61	13	71.25（丽江股份）	46.71（*ST海创）
电子	321	63.21	48	71.07（深天马A）	54.43（茂硕电源）	61.09	273	72.20（三环集团）	43.03（ST瑞德）
纺织服装	92	60.77	10	66.28（新野纺织）	53.36（浙文影业）	61.04	82	73.86（伟星股份）	39.58（*ST环球）
公用事业	202	64.36	113	76.53（佛燃能源）	51.25（北清环能）	59.97	89	71.29（盈峰环境）	42.88（*ST节能）
国防军工	80	65.28	43	72.62（国睿科技）	57.22（江航装备）	58.45	37	65.90（新兴装备）	41.10（*ST华讯）
黑色金属	36	65.94	23	78.49（华菱钢铁）	57.71（西宁特钢）	60.29	13	70.08（南钢股份）	53.64（盛德鑫泰）
化工	388	64.10	101	73.39（华鲁恒升）	48.23（ST尤夫）	61.25	287	72.56（荣盛石化）	45.97（*ST德威）
机械设备	637	63.38	116	74.02（国电南瑞）	49.53（青岛中程）	60.75	521	74.44（三一重工）	42.13（台海核电）
家用电器	70	64.67	12	71.70（海信视像）	51.79（高斯贝尔）	61.13	58	75.12（格力电器）	41.35（*ST中新）
建筑材料	202	65.24	76	74.03（隧道股份）	48.27（ST云投）	60.17	126	71.92（旗滨集团）	47.05（顾地科技）
交通运输	123	64.02	81	74.92（山东高速）	52.93（长京投资）	60.41	42	72.31（传化智联）	44.89（欧浦退）
交运设备	219	64.46	51	74.55（一汽解放）	52.63（申华控股）	60.45	168	71.81（长城汽车）	44.29（ST八菱）
农林牧渔	92	62.14	30	73.12（安琪酵母）	44.89（*ST昌鱼）	61.79	62	72.93（温氏股份）	45.68（*ST东洋）
轻工制造	135	63.03	18	69.40（晨鸣纸业）	54.18（金一文化）	61.58	117	71.74（欧派家居）	41.92（*ST金洲）
商业贸易	108	64.50	48	75.19（江苏国泰）	49.90（南宁百货）	60.00	60	75.50（浙农股份）	44.20（*ST新亿）
食品饮料	119	64.02	34	76.17（泸州老窖）	54.34（莫高股份）	60.58	85	76.59（海天味业）	42.74（*ST威龙）
信息服务	404	63.79	91	75.32（宝信软件）	47.42（唐德影视）	60.76	313	74.03（科大讯飞）	41.88（文化长城）
信息设备	157	65.85	34	73.21（中新赛克）	47.19（*ST实达）	60.61	123	76.04（中天科技）	40.44（*ST新海）
医药生物	382	64.11	66	76.14（达安基因）	50.28（海南海药）	61.36	316	74.71（迈瑞医疗）	40.68（ST目药）
有色金属	137	65.49	44	73.14（紫金矿业）	51.18（*ST金贵）	59.98	93	74.10（横店东磁）	37.94（退市鹏起）
综合	31	62.98	14	74.51（国检集团）	52.39（*ST博信）	57.22	17	70.70（华测检测）	41.25（*ST天首）

数据来源：同花顺、中关村国睿金融与产业发展研究会。

以2020年综合健康指数排名前100名的上市公司为例，根据评价结果，综合健康指数排名前100名的上市公司国有控股的有62家，非国有控股的有38家，国有企业优势明显。

10.1.2 国有控股上市公司综合健康指数前100名

根据报告整理，表10-2中列举了国有控股上市公司综合健康指数前100名的上市公司的综合健康指数及所处行业情况等。

表 10-2　　国有控股上市公司 2020 年度综合健康指数前 100 名

排名	公司代码	公司名称	综合健康指数	一级行业_同花顺	省份	产权性质
1	000932.SZ	华菱钢铁	78.49	黑色金属	湖南省	地方国有
2	002911.SZ	佛燃能源	76.53	公用事业	广东省	地方国有
3	000568.SZ	泸州老窖	76.17	食品饮料	四川省	地方国有
4	002030.SZ	达安基因	76.14	医药生物	广东省	地方国有
5	600845.SH	宝信软件	75.32	信息服务	上海市	中央国有
6	002091.SZ	江苏国泰	75.19	商业贸易	江苏省	地方国有
7	000906.SZ	浙商中拓	74.98	商业贸易	浙江省	地方国有
8	600350.SH	山东高速	74.92	交通运输	山东省	地方国有
9	601888.SH	中国中免	74.87	餐饮旅游	北京市	中央国有
10	600900.SH	长江电力	74.81	公用事业	北京市	中央国有
11	601985.SH	中国核电	74.60	公用事业	北京市	中央国有
12	000800.SZ	一汽解放	74.55	交运设备	吉林省	中央国有
13	600710.SH	苏美达	74.54	商业贸易	江苏省	中央国有
14	001965.SZ	招商公路	74.53	交通运输	天津市	中央国有
15	603060.SH	国检集团	74.51	综合	北京市	中央国有
16	603123.SH	翠微股份	74.25	商业贸易	北京市	地方国有
17	600820.SH	隧道股份	74.03	建筑材料	上海市	地方国有
18	600406.SH	国电南瑞	74.02	机械设备	江苏省	中央国有
19	300188.SZ	美亚柏科	73.57	信息服务	福建省	中央国有
20	600637.SH	东方明珠	73.50	信息服务	上海市	地方国有
21	600426.SH	华鲁恒升	73.39	化工	山东省	地方国有
22	002304.SZ	洋河股份	73.33	食品饮料	江苏省	地方国有
23	000708.SZ	中信特钢	73.26	黑色金属	湖北省	中央国有
24	601598.SH	中国外运	73.24	交通运输	北京市	中央国有
25	002912.SZ	中新赛克	73.21	信息设备	广东省	地方国有
26	000400.SZ	许继电气	73.17	机械设备	河南省	中央国有
27	600985.SH	淮北矿业	73.16	采掘	安徽省	地方国有
28	601899.SH	紫金矿业	73.14	有色金属	福建省	地方国有
29	600298.SH	安琪酵母	73.12	农林牧渔	湖北省	地方国有
30	600809.SH	山西汾酒	73.01	食品饮料	山西省	地方国有

续表

排名	公司代码	公司名称	综合健康指数	一级行业_同花顺	省份	产权性质
31	600761.SH	安徽合力	72.95	机械设备	安徽省	地方国有
32	002110.SZ	三钢闽光	72.93	黑色金属	福建省	地方国有
33	000830.SZ	鲁西化工	72.93	化工	山东省	中央国有
34	600582.SH	天地科技	72.93	机械设备	北京市	中央国有
35	002302.SZ	西部建设	72.93	建筑材料	新疆维吾尔自治区	中央国有
36	002430.SZ	杭氧股份	72.87	化工	浙江省	地方国有
37	600176.SH	中国巨石	72.85	化工	浙江省	中央国有
38	000786.SZ	北新建材	72.81	建筑材料	北京市	中央国有
39	000021.SZ	深科技	72.78	信息设备	广东省	中央国有
40	601088.SH	中国神华	72.72	采掘	北京市	中央国有
41	600039.SH	四川路桥	72.64	建筑材料	四川省	地方国有
42	600562.SH	国睿科技	72.62	国防军工	江苏省	中央国有
43	601965.SH	中国汽研	72.62	交运设备	重庆市	中央国有
44	601117.SH	中国化学	72.51	建筑材料	北京市	中央国有
45	002080.SZ	中材科技	72.45	化工	江苏省	中央国有
46	600309.SH	万华化学	72.37	化工	山东省	地方国有
47	600741.SH	华域汽车	72.35	交运设备	上海市	地方国有
48	000858.SZ	五粮液	72.35	食品饮料	四川省	地方国有
49	002046.SZ	国机精工	72.28	机械设备	河南省	中央国有
50	000550.SZ	江铃汽车	72.19	交运设备	江西省	地方国有
51	000977.SZ	浪潮信息	72.13	信息设备	山东省	地方国有
52	002152.SZ	广电运通	72.08	信息设备	广东省	地方国有
53	000630.SZ	铜陵有色	72.07	有色金属	安徽省	地方国有
54	002059.SZ	云南旅游	72.07	餐饮旅游	云南省	中央国有
55	002643.SZ	万润股份	72.06	化工	山东省	中央国有
56	000625.SZ	长安汽车	72.01	交运设备	重庆市	中央国有
57	600104.SH	上汽集团	72.00	交运设备	上海市	地方国有
58	601000.SH	唐山港	71.97	交通运输	河北省	地方国有
59	600486.SH	扬农化工	71.96	化工	江苏省	中央国有
60	001872.SZ	招商港口	71.94	交通运输	广东省	中央国有
61	603100.SH	川仪股份	71.92	机械设备	重庆市	地方国有
62	600795.SH	国电电力	71.92	公用事业	辽宁省	中央国有
63	603712.SH	七一二	71.82	信息设备	天津市	地方国有
64	601168.SH	西部矿业	71.79	有色金属	青海省	地方国有
65	002920.SZ	德赛西威	71.78	信息服务	广东省	地方国有
66	600459.SH	贵研铂业	71.72	有色金属	云南省	地方国有
67	600060.SH	海信视像	71.70	家用电器	山东省	地方国有
68	601607.SH	上海医药	71.68	医药生物	上海市	地方国有

续表

排名	公司代码	公司名称	综合健康指数	一级行业_同花顺	省份	产权性质
69	600170.SH	上海建工	71.68	建筑材料	上海市	地方国有
70	000959.SZ	首钢股份	71.68	黑色金属	北京市	地方国有
71	002179.SZ	中航光电	71.64	国防军工	河南省	中央国有
72	000338.SZ	潍柴动力	71.61	交运设备	山东省	地方国有
73	600409.SH	三友化工	71.58	化工	河北省	中央国有
74	600633.SH	浙数文化	71.48	信息服务	浙江省	地方国有
75	600378.SH	昊华科技	71.48	化工	四川省	中央国有
76	600782.SH	新钢股份	71.44	黑色金属	江西省	地方国有
77	600373.SH	中文传媒	71.35	信息服务	江西省	地方国有
78	603025.SH	大豪科技	71.34	机械设备	北京市	地方国有
79	603019.SH	中科曙光	71.32	信息设备	天津市	中央国有
80	603128.SH	华贸物流	71.29	交通运输	上海市	中央国有
81	600389.SH	江山股份	71.25	化工	江苏省	地方国有
82	002061.SZ	浙江交科	71.23	建筑材料	浙江省	地方国有
83	600153.SH	建发股份	71.20	交通运输	福建省	地方国有
84	000657.SZ	中钨高新	71.18	有色金属	海南省	中央国有
85	601298.SH	青岛港	71.17	交通运输	山东省	地方国有
86	600981.SH	汇鸿集团	71.16	商业贸易	江苏省	地方国有
87	600754.SH	锦江酒店	71.13	餐饮旅游	上海市	地方国有
88	600021.SH	上海电力	71.12	公用事业	上海市	中央国有
89	000030.SZ	富奥股份	71.10	交运设备	吉林省	地方国有
90	000539.SZ	粤电力A	71.09	公用事业	广东省	地方国有
91	600497.SH	驰宏锌锗	71.08	有色金属	云南省	中央国有
92	000050.SZ	深天马A	71.07	电子	广东省	中央国有
93	000498.SZ	山东路桥	71.07	建筑材料	山东省	地方国有
94	002281.SZ	光迅科技	71.06	信息设备	湖北省	中央国有
95	601369.SH	陕鼓动力	71.04	机械设备	陕西省	地方国有
96	601390.SH	中国中铁	70.95	建筑材料	北京市	中央国有
97	000401.SZ	冀东水泥	70.94	建筑材料	河北省	地方国有
98	002332.SZ	仙琚制药	70.92	医药生物	浙江省	地方国有
99	600755.SH	厦门国贸	70.91	商业贸易	福建省	地方国有
100	600284.SH	浦东建设	70.91	建筑材料	上海市	地方国有

数据来源：同花顺、中关村国睿金融与产业发展研究会。

2020年国有控股上市公司综合健康指数排名前10的是华菱钢铁、佛燃能源、泸州老窖、达安基因、宝信软件、江苏国泰、浙商中拓、山东高速、中国中免、长江电力。

在排名前100的国有控股上市公司中，中央控股上市公司有42家，地方国有控股上市公司58家。从省际分布来看，上市公司数量排名前5的省（市）分别是北京市（13家）、上海市（11家）、山东省（10家）、广东省（9家）、江苏省（9家）。

2020年国有控股上市公司前100名综合健康指数平均水平为72.59，远高于全市场4032家平均水平的61.72。

10.1.3 非国有控股上市公司综合健康指数前 100 名

根据报告整理，表 10-3 中列举了非国有控股上市公司综合健康指数前 100 名的上市公司的综合健康指数及所处行业情况等。

表 10-3　　　　非国有控股上市公司 2020 年度综合健康指数前 100 名

排名	公司代码	公司名称	综合健康指数	一级行业_同花顺	省份
1	603288.SH	海天味业	76.59	食品饮料	广东省
2	600522.SH	中天科技	76.04	信息设备	江苏省
3	002758.SZ	浙农股份	75.50	商业贸易	浙江省
4	000651.SZ	格力电器	75.12	家用电器	广东省
5	300760.SZ	迈瑞医疗	74.71	医药生物	广东省
6	600031.SH	三一重工	74.44	机械设备	北京市
7	601877.SH	正泰电器	74.28	机械设备	浙江省
8	002056.SZ	横店东磁	74.10	有色金属	浙江省
9	002230.SZ	科大讯飞	74.03	信息服务	安徽省
10	601100.SH	恒立液压	73.95	机械设备	江苏省
11	002003.SZ	伟星股份	73.86	纺织服装	浙江省
12	002563.SZ	森马服饰	73.81	纺织服装	浙江省
13	002818.SZ	富森美	73.46	商业贸易	四川省
14	002158.SZ	汉钟精机	73.42	机械设备	上海市
15	300628.SZ	亿联网络	73.06	信息设备	福建省
16	300498.SZ	温氏股份	72.93	农林牧渔	广东省
17	601360.SH	三六零	72.88	信息服务	天津市
18	300124.SZ	汇川技术	72.69	机械设备	广东省
19	603882.SH	金域医学	72.63	医药生物	广东省
20	300033.SZ	同花顺	72.56	信息服务	浙江省
21	002493.SZ	荣盛石化	72.56	化工	浙江省
22	601216.SH	君正集团	72.42	化工	内蒙古
23	002838.SZ	道恩股份	72.35	化工	山东省
24	600276.SH	恒瑞医药	72.34	医药生物	江苏省
25	002010.SZ	传化智联	72.31	交通运输	浙江省
26	002801.SZ	微光股份	72.29	机械设备	浙江省
27	002032.SZ	苏泊尔	72.26	家用电器	浙江省
28	688111.SH	金山办公	72.24	信息服务	北京市
29	002385.SZ	大北农	72.22	农林牧渔	北京市
30	300408.SZ	三环集团	72.20	电子	广东省
31	000333.SZ	美的集团	72.17	家用电器	广东省
32	002139.SZ	拓邦股份	72.17	电子	广东省
33	300782.SZ	卓胜微	72.16	电子	江苏省
34	002841.SZ	视源股份	72.14	电子	广东省

续表

排名	公司代码	公司名称	综合健康指数	一级行业_同花顺	省份
35	300638.SZ	广和通	72.14	信息设备	广东省
36	002975.SZ	博杰股份	72.01	机械设备	广东省
37	601636.SH	旗滨集团	71.92	建筑材料	湖南省
38	300129.SZ	泰胜风能	71.91	机械设备	上海市
39	300206.SZ	理邦仪器	71.88	医药生物	广东省
40	002022.SZ	科华生物	71.86	医药生物	上海市
41	002311.SZ	海大集团	71.85	农林牧渔	广东省
42	300607.SZ	拓斯达	71.83	机械设备	广东省
43	601633.SH	长城汽车	71.81	交运设备	河北省
44	002001.SZ	新和成	71.75	医药生物	浙江省
45	603833.SH	欧派家居	71.74	轻工制造	广东省
46	300677.SZ	英科医疗	71.74	医药生物	山东省
47	300122.SZ	智飞生物	71.70	医药生物	重庆市
48	300138.SZ	晨光生物	71.67	农林牧渔	河北省
49	002157.SZ	正邦科技	71.64	农林牧渔	江西省
50	002372.SZ	伟星新材	71.64	建筑材料	浙江省
51	300888.SZ	稳健医疗	71.59	纺织服装	广东省
52	000997.SZ	新大陆	71.59	信息设备	福建省
53	300347.SZ	泰格医药	71.52	医药生物	浙江省
54	002223.SZ	鱼跃医疗	71.51	医药生物	江苏省
55	002641.SZ	永高股份	71.43	建筑材料	浙江省
56	603985.SH	恒润股份	71.38	机械设备	江苏省
57	000963.SZ	华东医药	71.38	医药生物	浙江省
58	300454.SZ	深信服	71.37	信息服务	广东省
59	002607.SZ	中公教育	71.33	信息服务	安徽省
60	000967.SZ	盈峰环境	71.29	公用事业	浙江省
61	300682.SZ	朗新科技	71.29	信息服务	江苏省
62	000902.SZ	新洋丰	71.27	化工	湖北省
63	600089.SH	特变电工	71.26	机械设备	新疆
64	002572.SZ	索菲亚	71.25	轻工制造	广东省
65	002033.SZ	丽江股份	71.25	餐饮旅游	云南省
66	603666.SH	亿嘉和	71.24	机械设备	江苏省
67	600219.SH	南山铝业	71.23	有色金属	山东省
68	002416.SZ	爱施德	71.21	商业贸易	广东省
69	601126.SH	四方股份	71.19	机械设备	北京市
70	300529.SZ	健帆生物	71.18	医药生物	广东省
71	300558.SZ	贝达药业	71.07	医药生物	浙江省
72	603501.SH	韦尔股份	71.04	电子	上海市

续表

排名	公司代码	公司名称	综合健康指数	一级行业_同花顺	省份
73	002293.SZ	罗莱生活	70.99	纺织服装	江苏省
74	002241.SZ	歌尔股份	70.98	电子	山东省
75	600596.SH	新安股份	70.95	化工	浙江省
76	002367.SZ	康力电梯	70.92	机械设备	江苏省
77	002484.SZ	江海股份	70.92	电子	江苏省
78	002233.SZ	塔牌集团	70.91	建筑材料	广东省
79	603486.SH	科沃斯	70.85	家用电器	江苏省
80	002014.SZ	永新股份	70.84	轻工制造	安徽省
81	002626.SZ	金达威	70.82	医药生物	福建省
82	002064.SZ	华峰化学	70.81	化工	浙江省
83	600803.SH	新奥股份	70.81	公用事业	河北省
84	603165.SH	荣晟环保	70.80	轻工制造	浙江省
85	002028.SZ	思源电气	70.80	机械设备	上海市
86	002567.SZ	唐人神	70.79	农林牧渔	湖南省
87	002191.SZ	劲嘉股份	70.75	轻工制造	广东省
88	300012.SZ	华测检测	70.70	综合	广东省
89	002236.SZ	大华股份	70.70	电子	浙江省
90	002950.SZ	奥美医疗	70.70	医药生物	湖北省
91	600588.SH	用友网络	70.67	信息服务	北京市
92	601799.SH	星宇股份	70.64	交运设备	江苏省
93	603301.SH	振德医疗	70.59	医药生物	浙江省
94	002534.SZ	杭锅股份	70.59	机械设备	浙江省
95	300627.SZ	华测导航	70.54	信息设备	上海市
96	002271.SZ	东方雨虹	70.53	建筑材料	北京市
97	603661.SH	恒林股份	70.52	轻工制造	浙江省
98	002747.SZ	埃斯顿	70.46	机械设备	江苏省
99	600295.SH	鄂尔多斯	70.45	采掘	内蒙古
100	300676.SZ	华大基因	70.43	医药生物	广东省

数据来源：同花顺、中关村国睿金融与产业发展研究会。

2020年非国有控股上市公司综合健康指数排名前10的是海天味业、中天科技、浙农股份、格力电器、迈瑞医疗、三一重工、正泰电器、横店东磁、科大讯飞、恒立液压。

在排名前100的非国有控股上市公司中，从省际分布来看，上市公司数量排名前5的省（市）分别是广东省（25家）、浙江省（24家）、江苏省（14家）、北京市（6家）、上海市（6家），主要集中在北上广江浙五个经济发达的省份（直辖市）。

2020年非国有控股上市公司前100名综合健康指数平均水平为71.90，远高于全市场4032家平均水平的61.72，略低于国有控股上市公司前100名平均水平。

10.2 国有控股和非国有控股上市公司8大系统健康指数评价

在对2020年不同产权性质下的上市公司综合健康指数比较的基础上，报告进一步分析了4032家上市公司在8大系统方面的具体情况。

10.2.1 法人治理系统

根据2020年披露年报、公告和其他数据，4032家中国上市公司法人治理系统健康指数平均水平为71.78，平均水平以上的上市公司有2045家。其中，国有控股上市公司1115家，法人治理系统健康指数平均水平为76.47，非国有控股上市公司2917家，法人治理系统健康指数平均水平为69.99。国有控股的上市公司在法人治理健康水平方面远高于非国有控股的上市公司。

在国有控股和非国有控股产权性质下，22个一级行业的上市公司数量和法人治理系统健康指数平均水平如表10-4所示：根据法人治理系统健康指数平均水平情况看，国有控股产权下，平均水平较高的行业分别是家用电器（79.46）、黑色金属（77.93）、化工（77.51），平均水平较低的行业分别是综合（74.60）、餐饮旅游（74.89）、电子（75.20）；非国有控股产权下，平均水平较高的行业分别是黑色金属（71.47）、采掘（71.17）、化工（70.85），平均水平较低的行业分别是综合（65.90）、有色金属（68.55）、餐饮旅游（68.93）。

以2020年法人治理系统健康指数排名前100名的上市公司为例，根据评价结果，法人治理系统健康指数排名前100名的上市公司中国有控股的有94家，非国有控股的仅有6家，国有企业在法人治理系统健康方面优势明显。健康指数排名前40名的上市公司中，全是国有控股的上市公司。前50名的上市公司中，国有控股的上市公司占48家，非国有控股的上市公司仅有2家。

10.2.2 外部监督系统

根据2020年披露年报、公告和其他数据，4032家中国上市公司在外部监督系统方面的健康指数平均水平为70.40，平均水平以上的上市公司有2271家。其中，国有控股上市公司1115家，外部监督系统健康指数平均水平为72.77，非国有控股上市公司2917家，外部监督系统健康指数平均水平为69.50。国有控股的上市公司的外部监督系统健康水平在整体上高于全部上市公司水平，而非国有控股的上市公司的外部监督健康水平在整体上低于全部上市公司水平，与国有控股上市公司更是有着明显的差距。

在国有控股和非国有控股产权性质下，22个一级行业的上市公司数量和外部监督系统健康指数平均水平如表10-5所示：根据外部监督系统健康指数平均水平情况看，国有控股产权下，平均水平较高的行业分别是食品饮料（76.04）、国防军工（75.28）、公用事业（74.20），平均水平较低的行业分别是纺织服装（66.14）、综合（70.53）、家用电器（70.61）；非国有控股产权下，平均水平较高的行业分别是黑色金属（71.87）、电子（70.79）、医药生物（70.67），平均水平较低的行业分别是采掘（61.80）、综合（62.06）、餐饮旅游（65.93）。

第10章 中国国有和非国有上市公司健康指数评价

表10-4 不同产权性质下的上市公司法人治理系统健康指数情况

一级行业	国有控股				非国有控股			
	行业上市公司数量	平均水平	行业最高	行业最低	行业上市公司数量	平均水平	行业最高	行业最低
采掘	63	75.29	85.98（冀中能源）	56.28（龙高股份）	22	71.17	78.58（海南矿业）	59.44（新潮能源）
餐饮旅游	34	74.89	86.28（全聚德）	62.66（华天酒店）	13	68.93	84.66（丽江股份）	56.20（*ST海创）
电子	321	75.20	88.46（锐科激光）	57.12（生益电子）	273	69.70	81.71（江海股份）	51.01（中芯国际）
纺织服装	92	75.27	85.39（新野纺织）	62.35（浙文影业）	82	69.47	82.03（安达高科）	52.78（*ST环球）
公用事业	202	76.97	88.29（国统股份）	55.76（顺控发展）	89	69.80	84.26（隆华科技）	45.52（*ST节能）
国防军工	80	76.79	87.96（北方导航）	59.33（中国海防）	37	69.14	78.05（新光光电）	53.25（智明达）
黑色金属	36	77.93	88.62（华菱钢铁）	68.80（柳钢股份）	13	71.47	78.14（常宝股份）	64.84（友发集团）
化工	388	77.51	88.84（佛塑科技）	58.72（丹化科技）	287	70.85	84.21（多氟多）	53.73（聚石化学）
机械设备	637	75.73	87.97（国机精工）	57.76（新风光）	521	69.89	86.42（江苏神通）	48.52（*ST科林）
家用电器	70	79.46	87.08（四川长虹）	71.46（海立股份）	58	69.43	80.25（格力电器）	51.05（*ST中新）
建筑材料	202	76.71	91.28（西部建设）	59.96（南玻A）	126	70.32	84.42（蒙娜丽莎）	48.31（苏文电能）
交通运输	123	76.45	88.97（招商公路）	62.77（中远海发）	42	69.63	81.21（传化智联）	55.78（欧浦退）
交运设备	219	76.41	86.92（凌云股份）	59.55（金龙汽车）	168	69.57	83.65（长鹰信质）	49.71（菱电电控）
农林牧渔	92	76.53	86.28（福建金森）	61.34（*ST香梨）	62	70.39	83.89（瓯蒂股份）	55.34（华绿生物）
轻工制造	135	76.94	85.41（民丰特纸）	60.58（中国黄金）	117	70.25	84.28（曲美家居）	49.49（*ST金洲）
商业贸易	108	77.20	88.54（徐家汇）	61.86（南宁百货）	60	69.38	86.33（富森美）	51.79（百大集团）
食品饮料	119	76.85	88.46（泸州老窖）	62.81（上海梅林）	85	69.67	84.39（庄园牧场）	52.94（佳禾食品）
信息服务	404	75.91	86.93（凯文教育）	62.56（国旅联合）	313	69.90	82.59（梦网科技）	48.86（祥源文化）
信息设备	157	77.05	88.65（中薯克）	55.53（*ST实达）	123	70.29	82.57（中天科技）	49.26（汇源通信）
医药生物	382	75.71	86.48（仙琚制药）	56.16（中红医疗）	316	70.69	84.86（圣达生物）	51.11（常山药业）
有色金属	137	77.16	86.64（中钨高新）	54.68（*ST金贵）	93	68.55	85.33（横店东磁）	48.51（退市鹏起）
综合	31	74.60	88.69（钢研纳克）	55.61（中金辐照）	17	65.90	75.84（南京新百）	57.15（行动教育）

数据来源：同花顺、中关村国睿金融与产业发展研究会。

表10-5 不同产权性质下的上市公司外部监督系统健康指数情况

一级行业	行业上市公司数量	平均水平	国有控股 行业上市公司数量	国有控股 行业最高	国有控股 行业最低	平均水平	非国有控股 行业上市公司数量	非国有控股 行业最高	非国有控股 行业最低
采掘	63	74.16	41	88.42（河钢资源）	53.76（昊华能源）	61.80	22	81.37（永泰能源）	32.18（恒泰艾普）
餐饮旅游	34	72.02	21	87.67（锦江酒店）	25.59（大连圣亚）	65.93	13	84.75（丽江股份）	31.13（*ST腾邦）
电子	321	71.64	48	91.14（京东方A）	41.00（欧比特）	70.79	273	91.24（高德红外）	33.14（*ST巴士）
纺织服装	92	66.14	10	87.11（新野纺织）	39.91（孚日股份）	69.63	82	92.35（稳健医疗）	36.51（*ST拉夏）
公用事业	202	74.20	113	91.18（深圳燃气）	37.20（中环装备）	67.41	89	86.74（晶科科技）	34.78（博天环境）
国防军工	80	75.28	43	94.14（中航光电）	57.55（博云新材）	67.98	37	82.78（航亚科技）	26.59（*ST华讯）
黑色金属	36	74.06	23	94.65（中信特钢）	58.32（杭钢股份）	71.87	13	84.94（久立特材）	47.60（常宝股份）
化工	388	72.09	101	95.30（中国巨石）	39.31（ST尤夫）	69.49	287	94.64（荣盛石化）	34.96（*ST德威）
机械设备	637	70.85	116	92.48（中集集团）	40.57（金冠股份）	70.12	521	92.75（汇川技术）	30.13（台海核电）
家用电器	70	70.61	12	82.23（长虹美菱）	42.81（高斯贝尔）	70.49	58	92.49（美的集团）	29.33（*ST中新）
建筑材料	202	73.55	76	94.08（北新建材）	51.69（美芝股份）	69.11	126	94.88（伟星新材）	35.87（*ST围海）
交通运输	123	73.64	81	92.90（山东高速）	56.31（长江投资）	68.09	42	88.30（顺丰控股）	38.57（欧浦退）
交运设备	219	72.70	51	92.82（江铃汽车）	51.48（金杯汽车）	68.84	168	93.34（华阳集团）	32.69（ST八菱）
农林牧渔	92	70.84	30	85.64（隆平高科）	43.48（*ST昌鱼）	70.52	62	96.74（金龙鱼）	39.79（*ST东洋）
轻工制造	135	72.57	18	87.17（环球印务）	53.16（*ST永林）	70.43	117	92.10（晨光文具）	28.44（*ST赫美）
商业贸易	108	72.97	48	86.32（江苏国泰）	49.91（*ST跨境）	66.14	60	84.78（浙文股份）	31.19（天泽信息）
食品饮料	119	76.04	34	91.58（泸州老窖）	57.58（上海梅林）	70.19	85	90.64（金徽酒）	40.34（*ST麦趣）
信息服务	404	71.21	91	93.76（芒果超媒）	39.59（ST网力）	68.64	313	95.08（金山办公）	33.47（*ST嘉信）
信息设备	157	73.10	34	90.34（深科技）	35.35（*ST实达）	69.10	123	86.08（广和通）	28.06（*ST新海）
医药生物	382	72.95	66	94.28（云南白药）	51.01（海南海药）	70.67	316	95.56（迈瑞医疗）	34.35（延安必康）
有色金属	137	74.13	44	93.80（宝钛股份）	49.78（*ST金贵）	68.88	93	89.77（横店东磁）	34.32（退市鹏起）
综合	31	70.53	14	89.47（广电计量）	40.75（*ST博信）	62.06	17	85.27（华测检测）	31.17（*ST群兴）

数据来源：同花顺、中关村国睿金融与产业发展研究会。

以2020年外部监督系统健康指数排名前100名的上市公司为例，根据评价结果，外部监督系统健康指数排名前100名的上市公司中国有控股的有38家，非国有控股的有62家。

10.2.3 创利能力系统

根据2020年披露年报、公告和其他数据，4032家中国上市公司在创利能力系统方面的健康指数平均水平为50.66，平均水平以上的上市公司有2062家。其中，国有控股上市公司1115家，创利能力系统健康指数平均水平为50.17；非国有控股上市公司2917家，创利能力系统健康指数平均水平为50.84。非国有控股上市公司的创利能力平均水平略高于国有控股上市公司。

在国有控股和非国有控股产权性质下，22个一级行业的上市公司数量和创利能力系统健康指数平均水平如表10-6所示：根据创利能力系统健康指数平均水平情况看，国有控股产权下，平均水平较高的行业分别是采掘（53.25）、食品饮料（52.65）、公用事业（52.26），平均水平较低的行业分别是纺织服装（41.80）、家用电器（43.94）、轻工制造（46.52）；非国有控股产权下，平均水平较高的行业分别是黑色金属（54.56）、农林牧渔（52.83）、家用电器（52.14），平均水平较低的行业分别是采掘（45.71）、交通运输（48.28）、公用事业（48.51）。

以2020年创利能力系统健康指数排名前100名的上市公司为例，根据评价结果，创利能力系统健康指数排名前100名的上市公司中国有控股的有22家，非国有控股的有78家，非国有企业在创利能力方面具有明显优势。

10.2.4 竞争态势系统

根据2020年披露年报、公告和其他数据，4032家中国上市公司在竞争态势系统方面的健康指数平均水平为49.34，平均水平以上的上市公司有2017家。其中，国有控股上市公司1115家，竞争态势系统健康指数平均水平为53.34，非国有控股上市公司2917家，竞争态势系统健康指数平均水平为47.82。国有控股上市公司的竞争态势整体水平高于非国有控股上市公司。

在国有控股和非国有控股产权性质下，22个一级行业的上市公司数量和竞争态势系统健康指数平均水平如表10-7所示：根据竞争态势系统健康指数平均水平情况看，国有控股产权下，平均水平较高的行业分别是信息设备（59.72）、家用电器（58.55）、交运设备（57.78），平均水平较低的行业分别是餐饮旅游（48.83）、农林牧渔（48.92）、交通运输（49.06）；非国有控股产权下，平均水平较高的行业分别是轻工制造（49.36）、农林牧渔（49.28）、纺织服装（48.99），平均水平较低的行业分别是黑色金属（36.36）、国防军工（41.74）、采掘（44.78）。

表 10-6 不同产权性质下的上市公司创利能力系统健康指数情况

一级行业	国有控股					非国有控股				
	行业上市公司数量	平均水平	行业最高		行业最低		行业上市公司数量	平均水平	行业最高		行业最低	
采掘	63	53.25	41	76.26（中国神华）	26.51（郑州煤电）	22	45.71	64.11（鄂尔多斯）	25.53（ST仁智）
餐饮旅游	34	50.68	21	76.15（中国中免）	32.62（华天酒店）	13	51.12	71.02（天目湖）	32.15（*ST腾邦）
电子	321	49.41	48	79.50（海康威视）	30.65（星星科技）	273	50.58	79.61（卓胜微）	19.42（雷曼光电）
纺织服装	92	41.80	10	60.12（益民集团）	27.81（际华集团）	82	51.71	73.00（歌力思）	14.74（*ST环球）
公用事业	202	52.26	113	84.31（长江电力）	24.77（东方园林）	89	48.51	76.57（宝新能源）	22.69（ST星源）
国防军工	80	49.98	43	68.32（航天动力）	30.55（航天动力）	37	50.92	76.13（甘化科工）	25.23（天海防务）
黑色金属	36	49.03	23	74.17（中信特钢）	25.94（本钢板材）	13	54.56	68.62（久立特材）	39.97（盛德鑫泰）
化工	388	48.63	101	71.69（华鲁恒升）	20.33（*ST双环）	287	51.52	80.71（双一科技）	17.35（亚邦股份）
机械设备	637	47.00	116	74.62（大豪科技）	19.44（ST远程）	521	51.54	80.33（美亚光电）	15.91（保力新）
家用电器	70	43.94	12	60.49（天银机电）	31.51（长虹美菱）	58	52.14	76.50（苏泊尔）	24.73（ST德豪）
建筑材料	202	51.59	76	78.83（祁连山）	23.49（奇虹股份）	126	50.04	86.32（塔牌集团）	23.35（乾景园林）
交通运输	123	51.98	81	76.20（大秦铁路）	21.99（龙洲股份）	42	48.28	65.72（顺丰控股）	23.95（欧浦退）
交运设备	219	49.40	51	73.30（中国汽研）	25.43（北汽集团）	168	51.00	73.93（雪龙集团）	16.89（襄阳轴承）
农林牧渔	92	47.65	30	70.53（安琪酵母）	24.23（康欣新材）	62	52.83	76.90（科前生物）	27.45（朗源股份）
轻工制造	135	46.52	18	65.22（飞亚达）	27.21（宜宾纸业）	117	51.52	77.29（晨光文具）	24.85（*ST藤美）
商业贸易	108	52.12	48	69.85（杭州解百）	31.11（南宁百货）	60	49.35	79.74（富森美）	21.17（*ST大集）
食品饮料	119	52.65	34	82.41（贵州茅台）	22.54（国投中鲁）	85	50.11	79.38（海天味业）	15.95（*ST科迪）
信息服务	404	50.97	91	73.18（宝信软件）	21.90（文投控股）	313	50.62	83.46（同花顺）	19.20（*ST秀菱）
信息设备	157	52.01	34	73.97（中新赛克）	24.74（*ST实达）	123	50.26	82.83（亿联网络）	21.38（ST渤海）
医药生物	382	49.56	66	79.41（达安基因）	22.54（海南海药）	316	50.76	82.85（硕世生物）	16.81（紫鑫药业）
有色金属	137	50.98	44	71.03（紫金矿业）	24.68（易成新能）	93	50.45	77.49（金博股份）	23.05（宏达股份）
综合	31	50.29	14	66.32（中新集团）	25.75（中信国安）	17	49.58	70.32（行动教育）	31.28（*ST明科）

数据来源：同花顺、中关村国睿金融与产业发展研究会。

表 10-7　不同产权性质下的上市公司竞争态势系统健康指数情况

一级行业	行业上市公司数量	国有控股				非国有控股			
		平均水平	行业最高	行业最低	行业上市公司数量	平均水平	行业上市公司数量	行业最高	行业最低
采掘	63	51.03	71.45（中国石油）	28.86（龙高股份）	41	44.78	22	61.18（博迈科）	21.05（准油股份）
餐饮旅游	34	48.83	73.26（岭南控股）	22.60（长白山）	21	46.73	13	65.21（宋城演艺）	26.37（*ST东海A）
电子	321	55.14	79.86（海康威视）	24.15（派瑞股份）	48	48.78	273	81.90（大华股份）	13.07（和林微纳）
纺织服装	92	51.04	65.53（龙头股份）	34.79（华孚股份）	10	48.99	82	75.42（森马服饰）	21.67（*ST环球）
公用事业	202	49.87	74.15（中国核电）	24.68（闽东电力）	113	47.32	89	73.81（高能环境）	20.62（嘉泽新能）
国防军工	80	55.67	74.81（航天发展）	28.06（三角防务）	43	41.74	37	65.99（北斗星通）	19.26（天箭科技）
黑色金属	36	56.70	79.37（中信特钢）	32.92（八一钢铁）	23	36.36	13	73.19（南钢股份）	18.31（盛德鑫泰）
化工	388	52.24	76.06（昊华科技）	21.43（柳化股份）	101	48.35	287	76.15（金发科技）	15.75（润阳科技）
机械设备	637	56.43	80.21（东方电气）	24.30（青岛中程）	116	47.96	521	81.92（三一重工）	16.74（盛剑环境）
家用电器	70	58.55	68.26（四川九洲）	38.48（秀强股份）	12	47.50	58	76.46（海尔智家）	24.18（*ST圣莱）
建筑材料	202	54.54	76.27（上海建工）	23.24（ST云投）	76	46.11	126	71.60（金螳螂）	21.07（四方新材）
交通运输	123	49.06	76.77（物产中大）	22.71（龙江交通）	81	47.53	42	77.59（韵达股份）	27.28（炬申股份）
交运设备	219	57.78	78.35（长安汽车）	36.95（威帝股份）	51	46.72	168	79.35（长城汽车）	22.87（东方时尚）
农林牧渔	92	48.92	72.31（隆平高科）	22.95（*ST昌鱼）	30	49.28	62	74.85（大北农）	19.04（*ST华资）
轻工制造	135	50.07	76.41（晨鸣纸业）	33.89（金一文化）	18	49.36	117	79.25（欧派家居）	21.57（狮头股份）
商业贸易	108	50.85	70.31（天虹股份）	24.21（*ST南化）	48	47.13	60	71.93（苏宁易购）	25.97（*ST新亿）
食品饮料	119	53.24	70.58（燕京啤酒）	27.02（莫高股份）	34	47.28	85	80.84（海天味业）	17.84（*ST西发）
信息服务	404	52.81	79.84（中国软件）	21.95（幸福蓝海）	91	48.90	313	81.86（用友网络）	19.72（*ST凯瑞）
信息设备	157	59.72	81.62（烽火通信）	36.25（汇金股份）	34	47.02	123	80.84（海能达）	9.70（澄天伟业）
医药生物	382	54.66	74.21（达安基因）	28.08（陇神戎发）	66	48.31	316	78.13（迈瑞医疗）	23.21（科美诊断）
有色金属	137	56.15	78.77（江西铜业）	25.17（西藏矿业）	44	45.73	93	75.31（南山铝业）	19.39（*ST利源）
综合	31	52.82	75.88（国检集团）	33.48（大化股份）	14	45.02	17	70.50（华测检测）	22.39（*ST明科）

数据来源：同花顺、中关村国睿金融与产业发展研究会。

以2020年竞争态势系统健康指数排名前100名的上市公司为例，根据评价结果，竞争态势系统健康指数排名前100名的上市公司中国有控股的有47家、非国有控股的有53家，在竞争态势前100名中，非国有上市公司略占优势。

10.2.5 产品销售系统

根据2020年披露年报、公告和其他数据，4032家中国上市公司在产品销售系统方面的健康指数平均水平为50.03，平均水平以上的上市公司有2026家。其中，国有控股上市公司1115家，产品销售系统健康指数平均水平为53.90；非国有控股上市公司2917家，产品销售系统健康指数平均水平为48.54。国有控股上市公司在产品销售方面整体好于非国有控股上市公司。

在国有控股和非国有控股产权性质下，22个一级行业的上市公司数量和产品销售系统健康指数平均水平如表10-8所示：根据产品销售系统健康指数平均水平情况看，国有控股产权下，平均水平较高的行业分别是国防军工（57.37）、有色金属（57.16）、信息设备（56.64），平均水平较低的行业分别是食品饮料（49.51）、餐饮旅游（50.34）、交通运输（50.45）；非国有控股产权下，平均水平较高的行业分别是食品饮料（50.62）、农林牧渔（50.01）、轻工制造（49.98），平均水平较低的行业分别是国防军工（41.03）、黑色金属（42.41）、采掘（45.23）。

以2020年产品销售系统健康指数排名前100名的上市公司为例，根据评价结果，产品销售系统健康指数排名前100名的上市公司中国有控股的有46家，非国有控股的有54家，在竞争态势前100名中，非国有上市公司略占优势。

10.2.6 价值再造系统

根据2020年披露年报、公告和其他数据，4032家中国上市公司在价值再造系统方面的健康指数平均水平为54.84，平均水平以上的上市公司有2017家。其中，国有控股上市公司1115家，价值再造系统健康指数平均水平为57.39；非国有控股上市公司2917家，价值再造系统健康指数平均水平为53.86。

在国有控股和非国有控股产权性质下，22个一级行业的上市公司数量和价值再造系统健康指数平均水平如表10-9所示：根据价值再造系统健康指数平均水平情况看，国有控股产权下，平均水平较高的行业分别是家用电器（64.12）、黑色金属（63.51）、信息设备（61.63），平均水平较低的行业分别是食品饮料（50.94）、农林牧渔（51.72）、综合（54.31）；非国有控股产权下，平均水平较高的行业分别是医药生物（55.51）、信息服务（55.48）、商业贸易（55.39），平均水平较低的行业分别是黑色金属（47.76）、国防军工（48.98）、综合（50.10）。

表 10-8　不同产权性质下的上市公司产品销售系统健康指数情况

一级行业	国有控股					非国有控股			
	行业上市公司数量	平均水平	行业最高	行业最低	行业上市公司数量	平均水平	行业最高	行业最低	
采掘	63	52.66	70.04（中国神华）	32.62（惠博普）	22	45.23	72.82（ST安泰）	25.64（通源石油）
餐饮旅游	34	50.34	72.10（中国中免）	34.61（张家界）	13	49.50	62.29（中科云网）	28.92（*ST东海A）
电子	321	53.55	77.84（德赛电池）	26.24（GQY视讯）	273	49.36	80.72（立讯精密）	20.75（好利来）
纺织服装	92	55.22	65.24（华纺股份）	43.66（益民集团）	82	49.56	74.10（华利集团）	27.29（华斯股份）
公用事业	202	53.38	73.87（华电国际）	26.60（华搾糠）	89	45.64	72.76（浙富控股）	18.62（巴安水务）
国防军工	80	57.37	81.95（中航沈飞）	30.25（博云新材）	37	41.03	56.87（星网宇达）	17.03（新光光电）
黑色金属	36	54.15	73.88（华菱钢铁）	27.69（西宁特钢）	13	42.41	65.76（沙钢股份）	18.89（广大特材）
化工	388	53.75	79.81（江苏索普）	25.37（湘潭电化）	287	48.68	82.76（荣盛股份）	20.00（艾艾精工）
机械设备	637	54.90	80.83（华光环能）	27.27（芯源微）	521	48.92	81.37（精达股份）	13.19（*ST天成）
家用电器	70	55.72	74.64（深康佳A）	25.82（高斯贝尔）	58	49.10	72.15（兆驰股份）	18.53（*ST圣莱）
建筑材料	202	56.19	83.28（陕西建工）	18.35（*ST罗顿）	126	46.18	71.85（华达新材）	18.20（华凯创意）
交通运输	123	50.45	78.78（中远海控）	29.50（连云港）	42	49.60	72.14（圆通速递）	30.89（*ST德新）
交运设备	219	54.91	83.62（一汽富维）	20.72（威帝股份）	168	48.49	75.81（隆鑫通用）	21.87（欣锐科技）
农林牧渔	92	50.50	75.37（中粮科技）	29.22（康欣新材）	62	50.01	75.46（正邦科技）	23.55（*ST华资）
轻工制造	135	51.32	73.02（晨鸣纸业）	37.31（金一文化）	117	49.98	82.04（华泰股份）	24.71（实丰文化）
商业贸易	108	52.41	79.43（苏美达）	25.33（北京城乡）	60	48.49	74.24（浙农股份）	28.89（*ST大集）
食品饮料	119	49.51	74.32（上海梅林）	24.29（莫高股份）	85	50.62	76.14（海天味业）	13.97（*ST中葡）
信息服务	404	53.98	74.85（宝信软件）	20.50（幸福蓝海）	313	48.84	78.79（国联股份）	12.77（*ST长动）
信息设备	157	56.64	77.37（福日电子）	29.81（广哈通信）	123	48.12	78.97（中天科技）	15.29（*ST邦讯）
医药生物	382	55.11	80.27（中红医疗）	29.92（陇神戎发）	316	48.90	81.62（英科医疗）	16.77（泽璟制药）
有色金属	137	57.16	84.44（江西铜业）	30.33（西藏矿业）	93	46.63	79.46（海亮股份）	22.84（合金投资）
综合	31	54.99	66.85（中新集团）	40.20（中国高科）	17	46.09	65.47（东方集团）	26.30（*ST天首）

数据来源：同花顺，中关村国睿金融与产业发展研究会。

表10-9　不同产权性质下的上市公司价值再造系统健康指数情况

一级行业	国有控股					非国有控股				
	行业上市公司数量	平均水平	行业上市公司数量	行业最高	行业最低	平均水平	行业上市公司数量	行业最高	行业最低	
采掘	63	58.44	41	75.72（兖州煤业）	35.45（*ST平能）	53.03	22	75.28（鄂尔多斯）	38.85（ST大洲）
餐饮旅游	34	57.41	21	82.47（云南旅游）	42.67（长白山）	54.01	13	66.66（三特索道）	42.37（*ST东海A）
电子	321	56.43	48	74.99（上海贝岭）	34.78（天津普林）	54.71	273	80.13（长盈精密）	34.14（*ST丹邦）
纺织服装	92	55.61	10	70.00（华茂股份）	45.14（上海三毛）	54.71	82	77.37（新澳股份）	32.81（聚杰微纤）
公用事业	202	56.39	113	83.40（华能国际）	33.64（华控赛格）	54.24	89	73.77（蒙草生态）	29.99（德创环保）
国防军工	80	55.07	43	70.50（烽火电子）	35.38（国瑞科技）	48.98	37	68.08（星网宇达）	30.42（天箭科技）
黑色金属	36	63.51	23	78.85（华菱钢铁）	50.72（西宁特钢）	47.76	13	74.10（南钢股份）	36.11（广大特材）
化工	388	59.43	101	77.57（兴化股份）	37.54（广聚能源）	53.91	287	81.46（新安股份）	28.91（翔丰华）
机械设备	637	57.11	116	78.36（天地科技）	30.94（青岛中程）	52.35	521	74.73（泰胜风能）	30.97（金利华电）
家用电器	70	64.12	12	85.55（海信视像）	48.68（高斯贝尔）	54.64	58	74.71（兆驰股份）	28.30（*ST圣莱）
建筑材料	202	59.53	76	81.87（浙江交科）	27.56（*ST罗顿）	51.77	126	77.34（江河集团）	20.28（天域生态）
交通运输	123	56.18	81	78.98（深高速）	28.84（上海机场）	53.67	42	76.74（传化智联）	27.03（*ST德新）
交运设备	219	57.03	51	73.90（华域汽车）	39.06（威帝股份）	53.32	168	74.56（立中集团）	29.58（中国中期）
农林牧渔	92	51.72	30	68.00（天康生物）	33.17（*ST昌鱼）	54.18	62	80.43（正邦科技）	27.64（*ST景谷）
轻工制造	135	56.93	18	77.72（晨鸣纸业）	32.21（中国黄金）	54.81	117	75.33（恒林股份）	31.11（珠海中富）
商业贸易	108	57.83	48	78.03（苏美达）	35.72（上海九百）	55.39	60	77.60（爱施德）	38.37（*ST全新）
食品饮料	119	50.94	34	66.13（光明乳业）	26.42（莫高股份）	51.18	85	67.54（汤臣倍健）	30.76（皇台酒业）
信息服务	404	56.63	91	79.05（航天信息）	31.23（中广天择）	55.48	313	78.38（华胜天成）	30.70（金逸影视）
信息设备	157	61.63	34	74.00（浪潮信息）	44.75（吉大通信）	54.38	123	79.63（中天科技）	31.53（欣天科技）
医药生物	382	57.41	66	77.86（新华医疗）	39.30（*ST华塑）	55.51	316	83.04（之江生物）	27.41（赛隆药业）
有色金属	137	60.33	44	78.26（江西铜业）	36.32（西藏矿业）	54.07	93	74.50（天山铝业）	27.90（*ST利源）
综合	31	54.31	14	71.51（国检集团）	40.14（*ST博信）	50.10	17	64.49（山水文化）	31.57（*ST明科）

数据来源：同花顺、中关村国睿金融与产业发展研究会。

以2020年价值再造系统健康指数排名前100名的上市公司为例，根据评价结果，价值再造系统健康指数排名前100名的上市公司中国有控股的有51家，非国有控股的有49家，基本均衡。

10.2.7 资产资本结构系统

根据2020年披露年报、公告和其他数据，4032家中国上市公司在资产资本结构系统方面的健康指数平均水平为50.90，平均水平以上的上市公司有1911家。其中，国有控股上市公司1115家，资产资本结构系统健康指数平均水平为48.72；非国有控股上市公司2917家，资产资本结构系统健康指数平均水平为51.76。在资产资本结构系统方面，非国有控股的上市公司的整体表现要优于国有控股上市公司。

在国有控股和非国有控股产权性质下，22个一级行业的上市公司数量和资产资本结构系统健康指数平均水平如表10-10所示：根据资产资本结构系统健康指数平均水平情况看，国有控股产权下，平均水平较高的行业分别是餐饮旅游（51.96）、交通运输（51.30）、采掘（51.05），平均水平较低的行业分别是家用电器（44.29）、机械设备（46.99）、信息设备（47.60）；非国有控股产权下，平均水平较高的行业分别是黑色金属（56.10）、公用事业（54.36）、国防军工（54.22），平均水平较低的行业分别是采掘（49.14）、商业贸易（50.84）、信息服务（50.88）。

以2020年资产资本结构系统健康指数排名前100名的上市公司为例，根据评价结果，资产资本结构系统健康指数排名前100名的上市公司中国有控股的有9家，非国有控股的有91家，资产资本结构系统健康前100名中，非国有企业占据绝对优势。

10.2.8 内部控制系统

根据2020年披露年报、公告和其他数据，4032家中国上市公司在内部控制系统方面的健康平均水平为79.59，平均水平以上的上市公司有2260家。其中，国有控股上市公司1115家，内部控制系统健康指数平均水平为81.28；非国有控股上市公司2917家，内部控制系统健康指数平均水平为78.95。整体上国有控股上市公司内部控制方面整体优于非国有控股上市公司。

在国有控股和非国有控股产权性质下，22个一级行业的上市公司数量和内部控制系统健康指数平均水平如表10-11所示：根据内部控制系统健康指数平均水平情况看，国有控股产权下，平均水平较高的行业分别是国防军工（85.20）、黑色金属（85.11）、采掘（83.52），平均水平较低的行业分别是纺织服装（75.01）、电子（77.39）、综合（79.49）；非国有控股产权下，平均水平较高的行业分别是黑色金属（83.23）、轻工制造（80.62）、交通运输（80.60），平均水平较低的行业分别是综合（74.12）、餐饮旅游（74.53）、国防军工（76.67）。

以2020年内部控制系统健康指数排名前100名的上市公司为例，根据评价结果，内部控制系统健康指数排名前100名的上市公司中国有控股的有28家，非国有控股的有72家，非国有企业占据绝对优势。

表10-10 不同产权性质下的上市公司资产资本结构系统健康指数情况

一级行业	行业上市公司数量	国有控股				非国有控股			
		平均水平	行业上市公司数量	行业最高	行业最低	平均水平	行业上市公司数量	行业最高	行业最低
采掘	63	51.05	41	64.27（金岭矿业）	38.14（山西焦煤）	49.14	22	60.49（潜能恒信）	38.82（ST大洲）
餐饮旅游	34	51.96	21	67.31（九华旅游）	35.46（桂林旅游）	52.10	13	65.14（同庆楼）	42.70（众信旅游）
电子	321	47.61	48	70.78（力合微）	34.04（ST方科）	51.34	273	77.73（澜起科技）	30.19（ST瑞德）
纺织服装	92	49.70	10	61.09（华升股份）	39.26（浙文影业）	53.00	82	73.35（中胤时尚）	23.91（*ST贵人）
公用事业	202	48.07	113	68.39（建工修复）	33.31（华电能源）	54.36	89	68.50（梅雁吉祥）	34.29（ST中天）
国防军工	80	49.13	43	65.54（江航装备）	38.29（航发科技）	54.22	37	67.62（新兴装备）	34.23（新研股份）
黑色金属	36	47.78	23	63.98（杭钢股份）	35.40（西宁特钢）	56.10	13	61.36（方大特钢）	47.20（友发集团）
化工	388	47.81	101	67.71（中船汉光）	32.48（ST尤夫）	51.66	287	72.29（宝丽迪）	31.68（ST红太阳）
机械设备	637	46.99	116	63.21（东方中科）	31.18（中集集团）	51.63	521	77.71（复洁环保）	28.28（科陆电子）
家用电器	70	44.29	12	56.54（四川九洲）	32.53（海立股份）	51.95	58	71.97（北鼎股份）	37.36（爱仕达）
建筑材料	202	48.62	76	68.25（镇海股份）	36.57（粤水电）	52.09	126	68.66（农尚环境）	34.87（韩建河山）
交通运输	123	51.30	81	73.21（海峡股份）	35.12（江西长运）	53.88	42	67.45（西上海）	40.29（富临运业）
交运设备	219	48.87	51	66.74（威帝股份）	32.98（申达股份）	51.15	168	73.23（研奥股份）	31.19（*ST银亿）
农林牧渔	92	48.05	30	58.70（福建金森）	35.41（*ST华英）	51.91	62	66.77（万向德农）	32.30（獐子岛）
轻工制造	135	48.68	18	64.74（中国黄金）	32.77（山东华鹏）	50.99	117	74.31（金富科技）	36.62（陕西金叶）
商业贸易	108	49.69	48	68.02（同达创业）	35.53（欧亚集团）	50.84	60	66.65（宁波中百）	31.08（友好集团）
食品饮料	119	50.37	34	68.79（贵州茅台）	29.39（泉阳泉）	51.14	85	67.39（劲仔食品）	33.28（贝因美）
信息服务	404	49.37	91	64.84（天利科技）	32.18（昂立教育）	50.88	313	73.11（财富趋势）	30.87（当代文体）
信息设备	157	47.60	34	69.59（广哈通信）	34.14（高鸿股份）	51.06	123	71.33（南威软件）	33.23（永鼎股份）
医药生物	382	48.47	66	62.61（中红医疗）	31.49（莱美药业）	52.68	316	75.79（新光药业）	26.65（*ST恒康）
有色金属	137	48.75	44	63.07（有研新材）	37.73（厦门钨业）	51.54	93	70.12（图南股份）	29.56（天齐锂业）
综合	31	49.46	14	67.26（钢研纳克）	36.36（廊坊发展）	53.91	17	71.63（行动教育）	39.50（ST西源）

数据来源：同花顺、中关村国睿金融与产业发展研究会。

表10-11 不同产权性质下的上市公司内部控制系统健康指数情况

一级行业	行业上市公司数量	国有控股 平均水平	国有控股 行业上市公司数量	国有控股 行业最高	国有控股 行业最低	非国有控股 平均水平	非国有控股 行业上市公司数量	非国有控股 行业最高	非国有控股 行业最低
采掘	63	83.52	41	94.15（山西焦煤）	66.22（龙高股份）	80.46	22	93.78（陕西黑猫）	54.97（ST大洲）
餐饮旅游	34	82.25	21	95.30（中国中免）	62.48（张家界）	74.53	13	88.11（天目湖）	59.64（*ST海创）
电子	321	77.39	48	88.64（深天马A）	60.05（沪硅产业）	78.81	273	94.08（瑞芯微、世运电路）	51.27（美迪凯）
纺织服装	92	75.01	10	84.03（际华集团）	68.79（孚日股份）	77.47	82	94.81（海澜之家）	51.95（*ST贵人）
公用事业	202	82.20	113	94.44（瀚蓝环境）	57.06（北清环能）	78.96	89	94.00（联泰环保）	46.73（金达莱）
国防军工	80	85.20	43	95.80（中国卫通）	63.93（江航装备）	76.67	37	92.26（天箭科技、捷强装备）	47.40（天海防务）
黑色金属	36	85.11	23	94.11（杭钢股份）	70.18（新兴铸管）	83.23	13	92.55（南钢股份）	74.33（抚顺特钢）
化工	388	80.78	101	97.28（北元集团）	54.57（大东南）	80.08	287	95.73（洪汇新材、壶化股份）	48.69（聚石化学）
机械设备	637	79.94	116	92.91（运达股份）	46.50（新风光）	78.28	521	95.97（青鸟消防）	47.66（明冠新材）
家用电器	70	79.55	12	91.87（海信视像）	58.87（深康佳A）	79.26	58	94.75（春光科技）	54.98（极米科技）
建筑材料	202	82.45	76	93.31（镇海股份）	68.32（中钢国际）	79.98	126	94.86（大千生态）	52.85（顾地科技）
交通运输	123	82.95	81	96.92（宁沪高速）	68.73（湖南投资）	80.60	42	93.08（瑞茂通）	63.74（华鹏飞）
交运设备	219	80.22	51	92.81（晋西车轴）	65.62（申华控股）	79.72	168	94.65（松原股份、祥和实业）	53.75（万丰奥威）
农林牧渔	92	81.87	30	89.45（中牧股份）	58.66（丰乐种业）	80.47	62	95.92（普莱柯）	48.78（獐子岛）
轻工制造	135	80.61	18	92.95（岳阳林纸）	65.81（*ST永林）	80.62	117	96.29（菲林格尔、麒盛科技）	58.02（陕西金叶）
商业贸易	108	82.36	48	95.09（天虹股份）	64.83（*ST跨境）	79.57	60	96.85（安德利）	55.29（*ST全新）
食品饮料	119	80.37	34	90.46（燕京啤酒）	69.60（桂发祥）	80.14	85	93.01（青青稞酒）	57.84（ST威龙）
信息服务	404	80.76	91	92.76（数聚港）	62.12（昂立教育）	77.91	313	94.32（多伦科技、能科股份）	49.62（开普云）
信息设备	157	80.07	34	94.34（康跃红外）	64.54（天瑜信息）	79.16	123	93.44（中天科技）	51.34（ST新海）
医药生物	382	80.73	66	94.50（卫光生物）	58.28（海南海药）	78.19	316	95.47（圣达生物）	47.17（奥泰生物）
有色金属	137	80.26	44	91.34（锡业股份）	54.24（有研粉材）	79.71	93	93.37（国城矿业）	55.41（退市鹏起）
综合	31	79.49	14	93.23（钢研纳克）	65.80（*ST博信）	74.12	17	83.19（谱尼测试）	55.45（*ST天首）

数据来源：同花顺、中关村国睿金融与产业发展研究会。

第11章
中央控股和地方国有控股上市公司健康指数评价

在推动国有企业深化改革的大背景下，对国有控股的上市公司的健康状况和发展质量进行分析有着极其重要的意义，本章专注于国有控股下的上市公司健康状况研究，进一步细分为中央控股和地方控股的两类上市公司属性进行分析。

11.1 中央控股和地方国有控股上市公司综合健康指数评价

根据2020年披露年报、公告和其他数据，4032家中国上市公司综合健康指数平均水平为61.72，平均水平以上的上市公司有2117家。

国有控股上市公司1115家，综合健康指数平均水平为64.18。其中，中央控股上市公司380家，综合健康指数平均水平为65.41；地方国有控股上市公司735家，综合健康指数平均水平为63.55。中央控股上市公司健康质量平均水平略高于地方控股上市公司。

11.1.1 国有控股上市公司综合健康指数评价

在国有控股性质下，22个一级行业的上市公司数量和综合健康指数平均水平如表11-1所示：根据综合健康指数平均水平情况看，中央控股产权下，平均水平较高的行业分别是餐饮旅游（68.81）、建筑材料（66.92）、商业贸易（66.67），平均水平较低的行业分别是食品饮料（60.80）、纺织服装（61.21）、农林牧渔（61.93）；地方国有控股产权下，平均水平较高的行业分别是有色金属（65.94）、黑色金属（65.58）、信息设备（65.11），平均水平较低的行业分别是纺织服装（60.72）、电子（61.63）、国防军工（61.88）。

根据行业中的国有控股和非国有控股的上市公司比例来看，国防军工（83.72%）、信息设备（52.94%）行业中央控股公司占据主要地位，家用电器（91.67%）、商业贸易（91.67%）、食品饮料（91.18%）、纺织服装（90.00%）、餐饮旅游（80.95%）、医药生物（75.76%）、交通运输（72.84%）、采掘（68.29%）、农林牧渔（66.67%）、信息服务（65.93%）、化工（65.35%）、机械设备（64.66%）、公用事业（64.60%）、电子（64.58%）、综合（64.29%）、建筑材料（61.84%）、轻工制造（61.11%）、黑色金属（60.87%）、交运设备（60.78%）、有色金属（59.10%）行业地方国有控股公司占据主要地位（括号内为中央/地方国有控股公司在报告统计行业上市公司总量占比）。

第11章 中央控股和地方国有控股上市公司健康指数评价

表11-1 两类国有控股上市公司综合健康指数情况

一级行业	行业上市公司数量	中央控股				地方国有控股			
		平均水平	行业最高	行业最低	行业上市公司数量	平均水平	行业最高	行业最低	行业上市公司数量
采掘	41	66.08	72.72（中国神华）	58.75（*ST平能）	13	64.06	73.16（淮北矿业）	51.24（郑州煤电）	28
餐饮旅游	21	68.81	74.87（中国中免）	61.52（中视传媒）	4	61.99	71.13（锦江酒店）	49.76（大连圣亚）	17
电子	48	66.07	71.07（深天马A）	55.70（ST方科）	17	61.63	70.30（京东方A）	54.43（度硕他源）	31
纺织服装	10	61.21	61.21（际华集团）	61.21（际华集团）	1	60.72	66.28（新野纺织）	53.36（浙文影业）	9
公用事业	113	64.88	74.81（长江电力）	53.64（津滨科技）	40	64.07	76.53（佛燃能源）	51.25（北清环能）	73
国防军工	43	65.94	72.62（国睿科技）	57.22（江航装备）	36	61.88	70.60（海格通信）	58.99（博云新材）	7
黑色金属	23	66.48	73.26（中信特钢）	59.20（八一钢铁）	9	65.58	78.49（华菱钢铁）	57.71（西宁特钢）	14
化工	101	65.31	72.93（鲁西化工）	48.23（*ST尤夫）	35	63.46	73.39（华鲁恒升）	48.79（丹化科技）	66
机械设备	116	64.47	74.02（国电南端）	53.16（*ST沈机）	41	62.78	72.95（安徽合力）	49.53（青岛贝尔）	75
家用电器	12	64.47	64.47（深康佳A）	64.47（深康佳A）	1	64.69	71.70（海信视像）	51.79（高斯贝尔）	11
建筑材料	76	66.92	72.93（西部建设）	55.17（中成股份）	29	64.20	74.03（隆道股份）	48.27（ST云投）	47
交通运输	81	65.72	74.53（招商公路）	55.27（中国国航）	22	63.38	74.92（山东高速）	52.93（长江投资）	59
交运设备	51	64.89	74.55（一汽解放）	57.58（西仪股份）	20	64.18	72.35（华域汽车）	52.63（申华控股）	31
农林牧渔	30	61.93	70.24（中牧股份）	44.89（*ST昌鱼）	10	62.24	73.12（安琪酵母）	52.04（*ST华英）	20
轻工制造	18	62.88	68.85（飞亚达）	54.94（中国黄金）	7	63.14	69.40（晨鸣纸业）	54.18（金一文化）	11
商业贸易	48	66.67	74.54（苏美达）	56.46（同达创业）	4	64.30	75.19（江苏国泰）	49.90（南宁百货）	44
食品饮料	34	60.80	63.92（酒鬼酒）	55.33（中投中鲁）	3	64.33	76.17（泸州老窖）	54.34（莫高股份）	31
信息服务	91	66.60	75.32（宝信软件）	52.56（昂立教育）	31	62.33	73.50（东方明珠）	47.42（唐德影视）	60
信息设备	34	66.51	72.78（深科技）	55.88（天喻信息）	18	65.11	73.21（中新赛克）	47.19（*ST实达）	16
医药生物	66	64.67	70.19（天坛生物）	50.28（海南海药）	16	63.93	76.14（达安基因）	52.24（*ST华塑）	50
有色金属	44	64.84	71.18（中钨高新）	53.87（西藏矿业）	18	65.94	73.14（紫金矿业）	51.18（*ST金贵）	26
综合	14	63.64	74.51（国检集团）	57.95（中金辐照）	5	62.61	70.87（广电计量）	52.39（*ST博信）	9

数据来源：同花顺、中关村国睿金融与产业发展研究会。

以2020年综合健康指数排名前100名的国有上市公司为例，根据评价结果，中央控股的有42家，地方国有控股的有58家。健康指数排名前10的上市公司中，地方国有控股的占7家，中央控股的仅有3家，分别是排第5的宝信软件、第9的中国中免和第10的长江电力。

11.1.2 中央控股上市公司综合健康指数前100名

根据报告整理，表11-2中列举了国有企业中属于中央控股上市公司综合健康指数前100名的上市公司的综合健康指数及所处行业情况等。

表11-2　中央控股上市公司综合健康指数前100名

排名	公司代码	公司名称	综合健康指数	一级行业_同花顺	省份
1	600845.SH	宝信软件	75.32	信息服务	上海市
2	601888.SH	中国中免	74.87	餐饮旅游	北京市
3	600900.SH	长江电力	74.81	公用事业	北京市
4	601985.SH	中国核电	74.60	公用事业	北京市
5	000800.SZ	一汽解放	74.55	交运设备	吉林省
6	600710.SH	苏美达	74.54	商业贸易	江苏省
7	001965.SZ	招商公路	74.53	交通运输	天津市
8	603060.SH	国检集团	74.51	综合	北京市
9	600406.SH	国电南瑞	74.02	机械设备	江苏省
10	300188.SZ	美亚柏科	73.57	信息服务	福建省
11	000708.SZ	中信特钢	73.26	黑色金属	湖北省
12	601598.SH	中国外运	73.24	交通运输	北京市
13	000400.SZ	许继电气	73.17	机械设备	河南省
14	000830.SZ	鲁西化工	72.93	化工	山东省
15	600582.SH	天地科技	72.93	机械设备	北京市
16	002302.SZ	西部建设	72.93	建筑材料	新疆
17	600176.SH	中国巨石	72.85	化工	浙江省
18	000786.SZ	北新建材	72.81	建筑材料	北京市
19	000021.SZ	深科技	72.78	信息设备	广东省
20	601088.SH	中国神华	72.72	采掘	北京市
21	600562.SH	国睿科技	72.62	国防军工	江苏省
22	601965.SH	中国汽研	72.62	交运设备	重庆市
23	601117.SH	中国化学	72.51	建筑材料	北京市
24	002080.SZ	中材科技	72.45	化工	江苏省
25	002046.SZ	国机精工	72.28	机械设备	河南省
26	002059.SZ	云南旅游	72.07	餐饮旅游	云南省
27	002643.SZ	万润股份	72.06	化工	山东省
28	000625.SZ	长安汽车	72.01	交运设备	重庆市
29	600486.SH	扬农化工	71.96	化工	江苏省
30	001872.SZ	招商港口	71.94	交通运输	广东省

续表

排名	公司代码	公司名称	综合健康指数	一级行业_同花顺	省份
31	600795.SH	国电电力	71.92	公用事业	辽宁省
32	002179.SZ	中航光电	71.64	国防军工	河南省
33	600409.SH	三友化工	71.58	化工	河北省
34	600378.SH	昊华科技	71.48	化工	四川省
35	603019.SH	中科曙光	71.32	信息设备	天津市
36	603128.SH	华贸物流	71.29	交通运输	上海市
37	000657.SZ	中钨高新	71.18	有色金属	海南省
38	600021.SH	上海电力	71.12	公用事业	上海市
39	600497.SH	驰宏锌锗	71.08	有色金属	云南省
40	000050.SZ	深天马A	71.07	电子	广东省
41	002281.SZ	光迅科技	71.06	信息设备	湖北省
42	601390.SH	中国中铁	70.95	建筑材料	北京市
43	002025.SZ	航天电器	70.90	国防军工	贵州省
44	002419.SZ	天虹股份	70.88	商业贸易	广东省
45	000039.SZ	中集集团	70.81	机械设备	广东省
46	002916.SZ	深南电路	70.59	电子	广东省
47	600171.SH	上海贝岭	70.58	电子	上海市
48	600886.SH	国投电力	70.54	公用事业	北京市
49	600019.SH	宝钢股份	70.51	黑色金属	上海市
50	000066.SZ	中国长城	70.51	信息设备	广东省
51	600850.SH	华东电脑	70.48	信息服务	上海市
52	600528.SH	中铁工业	70.47	交运设备	北京市
53	600498.SH	烽火通信	70.42	信息设备	湖北省
54	600449.SH	宁夏建材	70.42	建筑材料	宁夏
55	600271.SH	航天信息	70.41	信息服务	北京市
56	600068.SH	葛洲坝	70.40	建筑材料	湖北省
57	600480.SH	凌云股份	70.37	交运设备	河北省
58	600195.SH	中牧股份	70.24	农林牧渔	北京市
59	000547.SZ	航天发展	70.22	国防军工	福建省
60	300747.SZ	锐科激光	70.20	电子	湖北省
61	002063.SZ	远光软件	70.20	信息服务	广东省
62	600161.SH	天坛生物	70.19	医药生物	北京市
63	000999.SZ	华润三九	70.16	医药生物	广东省
64	600967.SH	内蒙一机	70.16	国防军工	内蒙古
65	000717.SZ	韶钢松山	70.13	黑色金属	广东省
66	002415.SZ	海康威视	70.03	电子	浙江省
67	300073.SZ	当升科技	69.99	化工	北京市
68	000938.SZ	紫光股份	69.97	信息服务	北京市

续表

排名	公司代码	公司名称	综合健康指数	一级行业_同花顺	省份
69	000881.SZ	中广核技	69.95	化工	辽宁省
70	600760.SH	中航沈飞	69.92	国防军工	山东省
71	603026.SH	石大胜华	69.91	化工	山东省
72	601669.SH	中国电建	69.80	建筑材料	北京市
73	002258.SZ	利尔化学	69.79	化工	四川省
74	600299.SH	安迪苏	69.72	化工	北京市
75	002232.SZ	启明信息	69.62	信息服务	吉林省
76	601872.SH	招商轮船	69.59	交通运输	上海市
77	000519.SZ	中兵红箭	69.57	国防军工	湖南省
78	600339.SH	中油工程	69.52	采掘	新疆
79	002106.SZ	莱宝高科	69.42	电子	广东省
80	600372.SH	中航电子	69.38	国防军工	北京市
81	600968.SH	海油发展	69.36	采掘	北京市
82	600636.SH	国新文化	69.17	信息服务	上海市
83	000877.SZ	天山股份	69.16	建筑材料	新疆
84	000727.SZ	冠捷科技	69.09	电子	江苏省
85	600131.SH	国网信通	69.09	信息服务	四川省
86	002368.SZ	太极股份	69.03	信息服务	北京市
87	600056.SH	中国医药	69.00	医药生物	北京市
88	600500.SH	中化国际	68.99	化工	上海市
89	000738.SZ	航发控制	68.98	国防军工	江苏省
90	600511.SH	国药股份	68.93	医药生物	北京市
91	603013.SH	亚普股份	68.91	交运设备	江苏省
92	002140.SZ	东华科技	68.85	建筑材料	安徽省
93	000026.SZ	飞亚达	68.85	轻工制造	广东省
94	603126.SH	中材节能	68.85	公用事业	天津市
95	600038.SH	中直股份	68.82	国防军工	黑龙江省
96	600536.SH	中国软件	68.81	信息服务	北京市
97	002320.SZ	海峡股份	68.76	交通运输	海南省
98	300797.SZ	钢研纳克	68.72	综合	北京市
99	000883.SZ	湖北能源	68.69	公用事业	湖北省
100	603000.SH	人民网	68.62	信息服务	北京市

数据来源：同花顺、中关村国睿金融与产业发展研究会。

根据评价结果，中央控股上市公司综合健康指数平均水平为65.40，略高于全市场4032家平均水平（61.72）。中央控股上市公司前100名的平均水平为70.98，略低于所有国有控股上市公司前100名综合健康指数平均水平（72.59）。

11.1.3 地方国有控股上市公司综合健康指数前100名

根据报告整理，表11-3中列举了国有企业中属于地方国有控股上市公司综合健康指数前100名的上市公司的综合健康指数及所处行业情况等。

表11-3　　地方国有控股上市公司综合健康指数前100名

排名	公司代码	公司名称	综合健康指数	一级行业_同花顺	省份
1	000932.SZ	华菱钢铁	78.49	黑色金属	湖南省
2	002911.SZ	佛燃能源	76.53	公用事业	广东省
3	000568.SZ	泸州老窖	76.17	食品饮料	四川省
4	002030.SZ	达安基因	76.14	医药生物	广东省
5	002091.SZ	江苏国泰	75.19	商业贸易	江苏省
6	000906.SZ	浙商中拓	74.98	商业贸易	浙江省
7	600350.SH	山东高速	74.92	交通运输	山东省
8	603123.SH	翠微股份	74.25	商业贸易	北京市
9	600820.SH	隧道股份	74.03	建筑材料	上海市
10	600637.SH	东方明珠	73.50	信息服务	上海市
11	600426.SH	华鲁恒升	73.39	化工	山东省
12	002304.SZ	洋河股份	73.33	食品饮料	江苏省
13	002912.SZ	中新赛克	73.21	信息设备	广东省
14	600985.SH	淮北矿业	73.16	采掘	安徽省
15	601899.SH	紫金矿业	73.14	有色金属	福建省
16	600298.SH	安琪酵母	73.12	农林牧渔	湖北省
17	600809.SH	山西汾酒	73.01	食品饮料	山西省
18	600761.SH	安徽合力	72.95	机械设备	安徽省
19	002110.SZ	三钢闽光	72.93	黑色金属	福建省
20	002430.SZ	杭氧股份	72.87	化工	浙江省
21	600039.SH	四川路桥	72.64	建筑材料	四川省
22	600309.SH	万华化学	72.37	化工	山东省
23	600741.SH	华域汽车	72.35	交运设备	上海市
24	000858.SZ	五粮液	72.35	食品饮料	四川省
25	000550.SZ	江铃汽车	72.19	交运设备	江西省
26	000977.SZ	浪潮信息	72.13	信息设备	山东省
27	002152.SZ	广电运通	72.08	信息设备	广东省
28	000630.SZ	铜陵有色	72.07	有色金属	安徽省

续表

排名	公司代码	公司名称	综合健康指数	一级行业_同花顺	省份
29	600104.SH	上汽集团	72.00	交运设备	上海市
30	601000.SH	唐山港	71.97	交通运输	河北省
31	603100.SH	川仪股份	71.92	机械设备	重庆市
32	603712.SH	七一二	71.82	信息设备	天津市
33	601168.SH	西部矿业	71.79	有色金属	青海省
34	002920.SZ	德赛西威	71.78	信息服务	广东省
35	600459.SH	贵研铂业	71.72	有色金属	云南省
36	600060.SH	海信视像	71.70	家用电器	山东省
37	601607.SH	上海医药	71.68	医药生物	上海市
38	600170.SH	上海建工	71.68	建筑材料	上海市
39	000959.SZ	首钢股份	71.68	黑色金属	北京市
40	000338.SZ	潍柴动力	71.61	交运设备	山东省
41	600633.SH	浙数文化	71.48	信息服务	浙江省
42	600782.SH	新钢股份	71.44	黑色金属	江西省
43	600373.SH	中文传媒	71.35	信息服务	江西省
44	603025.SH	大豪科技	71.34	机械设备	北京市
45	600389.SH	江山股份	71.25	化工	江苏省
46	002061.SZ	浙江交科	71.23	建筑材料	浙江省
47	600153.SH	建发股份	71.20	交通运输	福建省
48	601298.SH	青岛港	71.17	交通运输	山东省
49	600981.SH	汇鸿集团	71.16	商业贸易	江苏省
50	600754.SH	锦江酒店	71.13	餐饮旅游	上海市
51	000030.SZ	富奥股份	71.10	交运设备	吉林省
52	000539.SZ	粤电力A	71.09	公用事业	广东省
53	000498.SZ	山东路桥	71.07	建筑材料	山东省
54	601369.SH	陕鼓动力	71.04	机械设备	陕西省
55	000401.SZ	冀东水泥	70.94	建筑材料	河北省
56	002332.SZ	仙琚制药	70.92	医药生物	浙江省
57	600755.SH	厦门国贸	70.91	商业贸易	福建省
58	600284.SH	浦东建设	70.91	建筑材料	上海市
59	601139.SH	深圳燃气	70.89	公用事业	广东省
60	002967.SZ	广电计量	70.87	综合	广东省

续表

排名	公司代码	公司名称	综合健康指数	一级行业_同花顺	省份
61	003013.SZ	地铁设计	70.84	建筑材料	广东省
62	600023.SH	浙能电力	70.79	公用事业	浙江省
63	600063.SH	皖维高新	70.75	化工	安徽省
64	600742.SH	一汽富维	70.72	交运设备	吉林省
65	000538.SZ	云南白药	70.71	医药生物	云南省
66	000060.SZ	中金岭南	70.63	有色金属	广东省
67	600008.SH	首创股份	70.63	公用事业	北京市
68	002465.SZ	海格通信	70.60	国防军工	广东省
69	600188.SH	兖州煤业	70.58	采掘	山东省
70	000581.SZ	威孚高科	70.56	交运设备	江苏省
71	000596.SZ	古井贡酒	70.54	食品饮料	安徽省
72	000811.SZ	冰轮环境	70.53	机械设备	山东省
73	000600.SZ	建投能源	70.50	公用事业	河北省
74	000598.SZ	兴蓉环境	70.50	公用事业	四川省
75	600704.SH	物产中大	70.48	交通运输	浙江省
76	000156.SZ	华数传媒	70.46	信息服务	浙江省
77	000425.SZ	徐工机械	70.45	机械设备	江苏省
78	000019.SZ	深粮控股	70.40	商业贸易	广东省
79	000531.SZ	穗恒运A	70.39	公用事业	广东省
80	000885.SZ	城发环境	70.32	交通运输	河南省
81	000725.SZ	京东方A	70.30	电子	北京市
82	000899.SZ	赣能股份	70.28	公用事业	江西省
83	600502.SH	安徽建工	70.23	建筑材料	安徽省
84	000543.SZ	皖能电力	70.22	公用事业	安徽省
85	600835.SH	上海机电	70.20	机械设备	上海市
86	600547.SH	山东黄金	70.18	有色金属	山东省
87	000661.SZ	长春高新	70.16	医药生物	吉林省
88	000582.SZ	北部湾港	70.11	交通运输	广西壮族自治区
89	600098.SH	广州发展	70.05	公用事业	广东省
90	300413.SZ	芒果超媒	70.05	信息服务	湖南省
91	600111.SH	北方稀土	70.05	有色金属	内蒙古自治区
92	002267.SZ	陕天然气	70.03	公用事业	陕西省

续表

排名	公司代码	公司名称	综合健康指数	一级行业_同花顺	省份
93	000951.SZ	中国重汽	70.02	交运设备	山东省
94	600717.SH	天津港	70.01	交通运输	天津市
95	601717.SH	郑煤机	69.98	交运设备	河南省
96	002396.SZ	星网锐捷	69.97	信息设备	福建省
97	000049.SZ	德赛电池	69.97	电子	广东省
98	600362.SH	江西铜业	69.97	有色金属	江西省
99	300579.SZ	数字认证	69.97	信息服务	北京市
100	601699.SH	潞安环能	69.96	采掘	山西省

数据来源：同花顺、中关村国睿金融与产业发展研究会。

根据评价结果，地方国有控股上市公司综合健康指数平均水平为63.55，略高于全市场4032家平均水平（61.72），低于中央控股上市公司的整体平均水平（65.40）。地方国有控股上市公司前100名的平均水平为71.60，略低于所有国有控股上市公司前100名综合健康指数平均水平（72.59），略高于中央控股上市公司综合健康指数前100名的整体平均水平（70.98）。

11.2 中央控股和地方国有控股上市公司8大系统健康指数评价

在对2020年国有控股下的上市公司综合健康指数分析的基础上，报告进一步分析了1115家国有控股上市公司在8大系统方面的具体情况。

11.2.1 法人治理系统

国有控股上市公司1115家，法人治理系统健康指数平均水平为76.47。其中，中央控股上市公司380家，法人治理系统健康指数平均水平为76.63，地方国有控股上市公司735家，法人治理系统健康指数平均水平为76.38。

在国有控股产权性质下，22个一级行业的上市公司数量和法人治理系统健康指数平均水平如表11-4所示：中央控股产权下，平均水平较高的行业分别是家用电器（83.60）、食品饮料（80.98）、建筑材料（78.29），平均水平较低的行业分别是农林牧渔（72.59）、纺织服装（74.50）、采掘（74.57）；地方国有控股产权下，平均水平较高的行业分别是家用电器（79.09）、黑色金属（78.87）、农林牧渔（78.50），平均水平较低的行业分别是餐饮旅游（74.49）、综合（74.54）、纺织服装（75.35）。

表 11-4　不同产权性质下的上市公司法人治理系统健康指数情况

一级行业	行业上市公司数量	中央控股				地方国有控股			
		平均水平	行业上市公司数量	行业最高	行业最低	平均水平	行业上市公司数量	行业最高	行业最低
采掘	41	74.57	13	79.67(攀钢钒钛)	59.36(中煤能源)	75.62	28	85.98(冀中能源)	56.28(龙高股份)
餐饮旅游	21	76.57	4	82.48(云南旅游)	70.13(中视传媒)	74.49	17	86.28(全聚德)	62.66(华天酒店)
电子	48	74.86	17	88.46(锐科激光)	58.35(华润微)	75.39	31	88.23(华工科技)	51.12(生益电子)
纺织服装	10	74.50	1	74.50(际华集团)	74.50(际华集团)	75.35	9	85.39(新野纺织)	62.35(浙文影业)
公用事业	113	77.86	40	88.29(国统股份)	60.35(南网能源)	76.48	73	88.03(穗恒运A)	55.76(顺控发展)
国防军工	43	76.65	36	87.96(北方导航)	59.33(中国海防)	77.53	7	86.44(海格通信)	69.66(长城军工)
黑色金属	23	76.48	9	83.17(韶钢松山)	70.82(马钢股份)	78.87	14	88.62(华菱钢铁)	68.80(柳钢股份)
化工	101	77.92	35	88.03(万润股份)	67.29(中国石化)	77.29	66	88.84(佛塑科技)	58.72(丹化科技)
机械设备	116	76.34	41	87.97(国机精工)	60.76(国机重装)	75.39	75	85.12(贵绳股份)	57.76(新风光)
家用电器	12	83.60	1	83.60(深康佳A)	83.60(深康佳A)	79.09	11	87.08(四川长虹)	71.46(海立股份)
建筑材料	76	78.29	29	91.28(西部建设)	63.21(中铝国际)	75.74	47	88.19(冀东水泥)	59.96(南玻A)
交通运输	81	75.48	22	88.97(招商公路)	62.77(中远海发)	76.81	59	86.78(龙洲股份)	63.24(山西路桥)
交运设备	51	76.83	20	86.92(凌云股份)	67.15(众合科技)	76.13	31	86.67(安凯客车)	59.55(金龙汽车)
农林牧渔	30	72.59	10	80.81(中牧股份)	61.34(*ST香梨)	78.50	20	86.28(福建金森)	70.17(康欣新材)
轻工制造	18	75.21	7	79.58(飞亚达)	60.58(中国黄金)	78.04	11	85.41(民丰特纸)	67.79(晨鸣纸业)
商业贸易	48	76.62	4	84.06(苏美达)	62.34(同达创业)	77.25	44	88.54(徐家汇)	61.86(南宁百货)
食品饮料	34	80.98	3	84.88(国投中鲁)	73.29(酒鬼酒)	76.45	31	88.46(泸州老窖)	62.81(上海梅林)
信息服务	91	75.65	31	86.32(美亚柏科)	66.14(中科软)	76.04	60	86.93(凯文教育)	62.56(国旅联合)
信息设备	34	77.84	18	86.76(深科技)	65.40(天喻信息)	76.16	16	88.65(中新赛克)	55.53(*ST实达)
医药生物	66	75.63	16	83.78(乐凯胶片)	65.38(国药现代)	75.73	50	86.48(仙琚制药)	56.16(中红医疗)
有色金属	44	77.56	18	86.64(中钨高新)	60.02(中瓷电子)	76.88	26	86.11(贵研铂业)	54.68(*ST金贵)
综合	14	74.70	5	88.69(钢研纳克)	55.61(中金辐照)	74.54	9	82.46(广电计量)	62.39(泰达股份)

数据来源：同花顺、中关村国睿金融与产业发展研究会。

以2020年法人治理系统健康指数排名前100名的上市公司为例，非国有控股上市公司仅有6家，国有控股上市公司94家，其中中央控股上市公司32家、地方政府控股上市公司62家。

国有控股上市公司法人治理系统健康指数前100名的上市公司如表11-5所示。

表11-5　　　　　　　　国有控股上市公司法人治理系统健康指数前100名

排名	公司代码	公司名称	健康指数	一级行业_同花顺	产权性质
1	002302.SZ	西部建设	91.28	建筑材料	中央国有
2	001965.SZ	招商公路	88.97	交通运输	中央国有
3	000973.SZ	佛塑科技	88.84	化工	地方国有
4	300797.SZ	钢研纳克	88.69	综合	中央国有
5	002912.SZ	中新赛克	88.65	信息设备	地方国有
6	000932.SZ	华菱钢铁	88.62	黑色金属	地方国有
7	002561.SZ	徐家汇	88.54	商业贸易	地方国有
8	603123.SH	翠微股份	88.47	商业贸易	地方国有
9	000568.SZ	泸州老窖	88.46	食品饮料	地方国有
10	300747.SZ	锐科激光	88.46	电子	中央国有
11	002205.SZ	国统股份	88.29	公用事业	中央国有
12	000988.SZ	华工科技	88.23	电子	地方国有
13	000401.SZ	冀东水泥	88.19	建筑材料	地方国有
14	600859.SH	王府井	88.12	商业贸易	地方国有
15	600995.SH	文山电力	88.11	公用事业	中央国有
16	002344.SZ	海宁皮城	88.05	商业贸易	地方国有
17	000531.SZ	穗恒运A	88.03	公用事业	地方国有
18	002643.SZ	万润股份	88.03	化工	中央国有
19	002911.SZ	佛燃能源	88.03	公用事业	地方国有
20	002046.SZ	国机精工	87.97	机械设备	中央国有
21	600435.SH	北方导航	87.96	国防军工	中央国有
22	600075.SH	新疆天业	87.91	化工	地方国有
23	000070.SZ	特发信息	87.66	信息设备	地方国有
24	000786.SZ	北新建材	87.60	建筑材料	中央国有
25	002066.SZ	瑞泰科技	87.20	建筑材料	中央国有
26	002783.SZ	凯龙股份	87.17	化工	地方国有
27	600839.SH	四川长虹	87.08	家用电器	地方国有
28	002051.SZ	中工国际	87.04	建筑材料	中央国有
29	603060.SH	国检集团	86.95	综合	中央国有
30	002659.SZ	凯文教育	86.93	信息服务	地方国有
31	600480.SH	凌云股份	86.92	交运设备	中央国有
32	002682.SZ	龙洲股份	86.78	交通运输	地方国有
33	000021.SZ	深科技	86.76	信息设备	中央国有
34	000868.SZ	安凯客车	86.67	交运设备	地方国有

续表

排名	公司代码	公司名称	健康指数	一级行业_同花顺	产权性质
35	000657.SZ	中钨高新	86.64	有色金属	中央国有
36	000962.SZ	东方钽业	86.60	有色金属	中央国有
37	002332.SZ	仙琚制药	86.48	医药生物	地方国有
38	002039.SZ	黔源电力	86.48	公用事业	中央国有
39	000881.SZ	中广核技	86.46	化工	中央国有
40	002465.SZ	海格通信	86.44	国防军工	地方国有
41	002181.SZ	粤传媒	86.40	信息服务	地方国有
42	002349.SZ	精华制药	86.39	医药生物	地方国有
43	300188.SZ	美亚柏科	86.32	信息服务	中央国有
44	002679.SZ	福建金森	86.28	农林牧渔	地方国有
45	002186.SZ	全聚德	86.28	餐饮旅游	地方国有
46	601000.SH	唐山港	86.17	交通运输	地方国有
47	600459.SH	贵研铂业	86.11	有色金属	地方国有
48	600961.SH	株冶集团	86.08	有色金属	中央国有
49	000800.SZ	一汽解放	86.05	交运设备	中央国有
50	002683.SZ	宏大爆破	86.05	化工	地方国有
51	002267.SZ	陕天然气	86.01	公用事业	地方国有
52	002336.SZ	人人乐	86.00	商业贸易	地方国有
53	000937.SZ	冀中能源	85.98	采掘	地方国有
54	000599.SZ	青岛双星	85.95	化工	地方国有
55	300219.SZ	鸿利智汇	85.94	电子	地方国有
56	000957.SZ	中通客车	85.91	交运设备	地方国有
57	600559.SH	老白干酒	85.76	食品饮料	地方国有
58	600820.SH	隧道股份	85.73	建筑材料	地方国有
59	002152.SZ	广电运通	85.64	信息设备	地方国有
60	600449.SH	宁夏建材	85.63	建筑材料	中央国有
61	600298.SH	安琪酵母	85.57	农林牧渔	地方国有
62	601158.SH	重庆水务	85.47	公用事业	地方国有
63	002091.SZ	江苏国泰	85.47	商业贸易	地方国有
64	000906.SZ	浙商中拓	85.42	商业贸易	地方国有
65	600235.SH	民丰特纸	85.41	轻工制造	地方国有
66	002087.SZ	新野纺织	85.39	纺织服装	地方国有
67	600917.SH	重庆燃气	85.33	公用事业	地方国有
68	000919.SZ	金陵药业	85.30	医药生物	地方国有
69	000860.SZ	顺鑫农业	85.26	食品饮料	地方国有
70	002025.SZ	航天电器	85.21	国防军工	中央国有
71	600992.SH	贵绳股份	85.12	机械设备	地方国有
72	300110.SZ	华仁药业	85.10	医药生物	地方国有

续表

排名	公司代码	公司名称	健康指数	一级行业_同花顺	产权性质
73	600975.SH	新五丰	85.03	农林牧渔	地方国有
74	600312.SH	平高电气	84.99	机械设备	中央国有
75	000831.SZ	五矿稀土	84.96	有色金属	中央国有
76	300770.SZ	新媒股份	84.90	信息服务	地方国有
77	000828.SZ	东莞控股	84.90	交通运输	地方国有
78	300455.SZ	康拓红外	84.89	信息设备	中央国有
79	600962.SH	国投中鲁	84.88	食品饮料	中央国有
80	600021.SH	上海电力	84.84	公用事业	中央国有
81	600977.SH	中国电影	84.82	信息服务	中央国有
82	600336.SH	澳柯玛	84.80	家用电器	地方国有
83	600626.SH	申达股份	84.79	交运设备	地方国有
84	002732.SZ	燕塘乳业	84.77	食品饮料	中央国有
85	300073.SZ	当升科技	84.77	化工	中央国有
86	000709.SZ	河钢股份	84.76	黑色金属	地方国有
87	002136.SZ	安纳达	84.62	化工	地方国有
88	603167.SH	渤海轮渡	84.61	交通运输	地方国有
89	000404.SZ	长虹华意	84.60	家用电器	地方国有
90	600617.SH	国新能源	84.57	公用事业	地方国有
91	002480.SZ	新筑股份	84.54	机械设备	地方国有
92	002092.SZ	中泰化学	84.53	化工	地方国有
93	002149.SZ	西部材料	84.53	有色金属	地方国有
94	002449.SZ	国星光电	84.53	电子	地方国有
95	000875.SZ	吉电股份	84.52	公用事业	中央国有
96	601008.SH	连云港	84.50	交通运输	地方国有
97	000507.SZ	珠海港	84.46	交通运输	地方国有
98	000025.SZ	特力A	84.46	交运设备	地方国有
99	002297.SZ	博云新材	84.43	国防军工	地方国有
100	000505.SZ	京粮控股	84.39	农林牧渔	地方国有

数据来源：同花顺、中关村国睿金融与产业发展研究会。

11.2.2 外部监督系统

国有控股上市公司1115家，外部监督系统健康指数平均水平为72.77。其中，中央控股上市公司380家，外部监督系统健康指数平均水平为74.14；地方国有控股上市公司735家，外部监督系统健康指数平均水平为72.06。

在国有控股产权性质下，22个一级行业的上市公司数量和外部监督系统健康指数平均水平如表11-6所示：中央控股产权下，平均水平较高的行业分别是餐饮旅游（77.33）、国防军工（76.51）、交通运输（76.29），平均水平较低的行业分别是纺织服装（68.70）、交运设备（70.33）、轻工制造（70.53）；地方国有控股产权下，平均水平较高的行业分别是食品饮料（76.46）、公用事业（74.83）、有色金属（74.82），平均水平较低的行业分别是纺织服装（65.85）、国防军工（68.95）、电子（69.12）。

第 11 章　中央控股和地方国有控股上市公司健康指数评价

表 11-6　不同产权性质下的上市公司外部监督系统健康指数情况

一级行业	行业上市公司数量	中央控股				地方国有控股			
		平均水平	行业上市公司数量	行业最高	行业最低	平均水平	行业上市公司数量	行业最高	行业最低
采掘	41	73.47	13	79.12（中煤能源）	63.11（中国石油）	74.48	28	88.42（河钢资源）	53.76（昊华能源）
餐饮旅游	21	77.33	4	87.59（中国中免）	71.11（中视传媒）	70.77	17	87.67（锦江酒店）	25.59（大连圣亚）
电子	48	76.25	17	89.94（华润微）	63.57（紫光国微）	69.12	31	91.14（京东方A）	41.00（欧比特）
纺织服装	10	68.70	1	68.70（际华集团）	68.70（际华集团）	65.85	9	87.11（新野纺织）	39.91（孚日股份）
公用事业	113	73.04	40	90.50（长江电力）	37.20（中环装备）	74.83	73	91.18（深圳燃气）	39.45（北清环能）
国防军工	43	76.51	36	94.14（中航光电）	64.49（中船应急）	68.95	7	76.80（海格通信）	57.55（博云新材）
黑色金属	23	76.22	9	94.65（中信特钢）	67.49（新兴铸管）	72.67	14	82.36（华菱钢铁）	58.32（杭钢股份）
化工	101	73.35	35	95.30（中国巨石）	39.31（*ST沪夫）	71.43	66	89.93（杭氧股份）	40.99（*ST浪奇）
机械设备	116	73.32	41	92.48（中集集团）	56.45（*ST沈机）	69.50	75	86.31（广日股份）	40.57（金冠股份）
家用电器	12	73.30	1	73.30（深康佳A）	73.30（深康佳A）	70.36	11	82.23（长虹美菱）	42.81（高斯贝尔）
建筑材料	76	75.67	29	94.08（北新建材）	59.12（中成股份）	72.24	47	90.35（南玻A）	51.69（美芝股份）
交通运输	81	76.29	22	87.46（中国外运）	62.60（广深铁路）	72.65	59	92.90（山东高速）	56.31（长江投资）
交运设备	51	70.33	20	92.30（长安汽车）	57.98（神州高铁）	74.23	31	92.82（江铃汽车）	51.48（金杯汽车）
农林牧渔	30	73.04	10	85.64（隆平高科）	43.48（*ST昌鱼）	69.75	20	82.26（苏垦农发）	52.07（天康生物）
轻工制造	18	70.53	7	78.92（冠豪高新）	53.16（*ST永林）	73.86	11	87.17（环球印务）	62.59（金一文化）
商业贸易	48	75.16	4	86.28（苏美达）	59.61（同达创业）	72.77	44	86.32（江苏国泰）	49.91（*ST跨境）
食品饮料	34	71.66	3	86.61（酒鬼酒）	62.17（燕塘乳业）	76.46	31	91.58（泸州老窖）	57.58（上海梅林）
信息设备	91	74.51	31	86.20（美亚柏科）	55.85（浙大网新）	69.50	60	93.76（芒果超媒）	39.59（ST网力）
信息服务	34	74.68	18	90.34（深科技）	57.02（同方股份）	71.32	16	85.23（光库科技）	35.35（*ST实达）
医药生物	66	74.30	16	84.99（天坛生物）	51.01（海南海药）	72.52	50	94.28（云南白药）	53.40（红日药业）
有色金属	44	73.13	18	82.04（西藏矿业）	61.96（中科三环）	74.82	26	93.80（宝钛股份）	49.78（*ST金贵）
综合	14	71.62	5	86.11（国检集团）	64.16（钢研纳克）	69.93	9	89.47（广电计量）	40.75（*ST博信）

数据来源：同花顺、中关村国睿金融与产业发展研究会。

以2020年外部监督系统健康指数排名前100名的上市公司为例,非国有控股上市公司有62家,国有控股上市公司38家,其中中央控股上市公司15家、地方政府控股上市公司23家。

国有控股上市公司外部监督系统健康指数前100名的上市公司如表11-7所示。

表11-7　　　　　　　　　国有控股上市公司外部监督系统健康指数前100名

排名	公司代码	公司名称	健康指数	一级行业_同花顺	产权性质
1	600176.SH	中国巨石	95.30	化工	中央国有
2	000708.SZ	中信特钢	94.65	黑色金属	中央国有
3	000538.SZ	云南白药	94.28	医药生物	地方国有
4	002179.SZ	中航光电	94.14	国防军工	中央国有
5	000786.SZ	北新建材	94.08	建筑材料	中央国有
6	600456.SH	宝钛股份	93.80	有色金属	地方国有
7	300413.SZ	芒果超媒	93.76	信息服务	地方国有
8	002080.SZ	中材科技	93.67	化工	中央国有
9	600350.SH	山东高速	92.90	交通运输	地方国有
10	000550.SZ	江铃汽车	92.82	交运设备	地方国有
11	000039.SZ	中集集团	92.48	机械设备	中央国有
12	600409.SH	三友化工	92.42	化工	中央国有
13	000625.SZ	长安汽车	92.30	交运设备	中央国有
14	000568.SZ	泸州老窖	91.58	食品饮料	地方国有
15	601139.SH	深圳燃气	91.18	公用事业	地方国有
16	000725.SZ	京东方A	91.14	电子	地方国有
17	000858.SZ	五粮液	91.11	食品饮料	地方国有
18	600956.SH	新天绿能	90.82	公用事业	地方国有
19	600900.SH	长江电力	90.50	公用事业	中央国有
20	601038.SH	一拖股份	90.40	机械设备	中央国有
21	000012.SZ	南玻A	90.35	建筑材料	地方国有
22	000021.SZ	深科技	90.34	信息设备	中央国有
23	601238.SH	广汽集团	90.09	交运设备	地方国有
24	688396.SH	华润微	89.94	电子	中央国有
25	002430.SZ	杭氧股份	89.93	化工	地方国有
26	002304.SZ	洋河股份	89.88	食品饮料	地方国有
27	601985.SH	中国核电	89.68	公用事业	中央国有
28	002967.SZ	广电计量	89.47	综合	地方国有
29	003013.SZ	地铁设计	89.36	建筑材料	地方国有
30	601899.SH	紫金矿业	89.24	有色金属	地方国有
31	002046.SZ	国机精工	89.10	机械设备	中央国有
32	000498.SZ	山东路桥	89.04	建筑材料	地方国有
33	002149.SZ	西部材料	88.96	有色金属	地方国有
34	600166.SH	福田汽车	88.78	交运设备	地方国有
35	000923.SZ	河钢资源	88.42	采掘	地方国有
36	000885.SZ	城发环境	88.20	交通运输	地方国有

续表

排名	公司代码	公司名称	健康指数	一级行业_同花顺	产权性质
37	000738.SZ	航发控制	87.89	国防军工	中央国有
38	600754.SH	锦江酒店	87.67	餐饮旅游	地方国有
39	601888.SH	中国中免	87.59	餐饮旅游	中央国有
40	002911.SZ	佛燃能源	87.48	公用事业	地方国有
41	601598.SH	中国外运	87.46	交通运输	中央国有
42	002799.SZ	环球印务	87.17	轻工制造	地方国有
43	002087.SZ	新野纺织	87.11	纺织服装	地方国有
44	600809.SH	山西汾酒	87.09	食品饮料	地方国有
45	000600.SZ	建投能源	87.05	公用事业	地方国有
46	001965.SZ	招商公路	87.04	交通运输	中央国有
47	600104.SH	上汽集团	86.73	交运设备	地方国有
48	000799.SZ	酒鬼酒	86.61	食品饮料	中央国有
49	600876.SH	洛阳玻璃	86.53	建筑材料	中央国有
50	601117.SH	中国化学	86.42	建筑材料	中央国有
51	002091.SZ	江苏国泰	86.32	商业贸易	地方国有
52	600894.SH	广日股份	86.31	机械设备	地方国有
53	600710.SH	苏美达	86.28	商业贸易	中央国有
54	002371.SZ	北方华创	86.25	电子	地方国有
55	300188.SZ	美亚柏科	86.20	信息服务	地方国有
56	603060.SH	国检集团	86.11	综合	中央国有
57	001872.SZ	招商港口	86.10	交通运输	中央国有
58	000906.SZ	浙商中拓	85.97	商业贸易	地方国有
59	000061.SZ	农产品	85.94	商业贸易	地方国有
60	002068.SZ	黑猫股份	85.86	化工	地方国有
61	600893.SH	航发动力	85.76	国防军工	中央国有
62	000156.SZ	华数传媒	85.70	信息服务	地方国有
63	000998.SZ	隆平高科	85.64	农林牧渔	中央国有
64	000830.SZ	鲁西化工	85.58	化工	中央国有
65	000829.SZ	天音控股	85.56	商业贸易	地方国有
66	002920.SZ	德赛西威	85.52	信息服务	地方国有
67	688122.SH	西部超导	85.46	有色金属	地方国有
68	000938.SZ	紫光股份	85.44	信息服务	中央国有
69	002125.SZ	湘潭电化	85.43	化工	地方国有
70	600841.SH	上柴股份	85.42	机械设备	地方国有
71	601018.SH	宁波港	85.31	交通运输	地方国有
72	300620.SZ	光库科技	85.23	信息设备	地方国有
73	000598.SZ	兴蓉环境	85.18	公用事业	地方国有
74	000050.SZ	深天马A	85.15	电子	中央国有
75	600486.SH	扬农化工	85.01	化工	中央国有
76	600161.SH	天坛生物	84.99	医药生物	中央国有

续表

排名	公司代码	公司名称	健康指数	一级行业_同花顺	产权性质
77	000028.SZ	国药一致	84.98	医药生物	中央国有
78	601168.SH	西部矿业	84.91	有色金属	地方国有
79	600436.SH	片仔癀	84.89	医药生物	地方国有
80	600309.SH	万华化学	84.88	化工	地方国有
81	000898.SZ	鞍钢股份	84.86	黑色金属	中央国有
82	002281.SZ	光迅科技	84.83	信息设备	中央国有
83	300772.SZ	运达股份	84.81	机械设备	地方国有
84	002039.SZ	黔源电力	84.68	公用事业	中央国有
85	600662.SH	强生控股	84.64	交通运输	地方国有
86	000937.SZ	冀中能源	84.55	采掘	地方国有
87	000589.SZ	贵州轮胎	84.49	化工	地方国有
88	000811.SZ	冰轮环境	84.47	机械设备	地方国有
89	600428.SH	中远海特	84.45	交通运输	中央国有
90	000066.SZ	中国长城	84.41	信息设备	中央国有
91	600372.SH	中航电子	84.33	国防军工	中央国有
92	000888.SZ	峨眉山A	84.30	餐饮旅游	地方国有
93	002258.SZ	利尔化学	84.25	化工	中央国有
94	002344.SZ	海宁皮城	84.24	商业贸易	地方国有
95	600737.SH	中粮糖业	84.22	农林牧渔	中央国有
96	600258.SH	首旅酒店	84.22	餐饮旅游	地方国有
97	002030.SZ	达安基因	84.14	医药生物	地方国有
98	000988.SZ	华工科技	83.94	电子	地方国有
99	002254.SZ	泰和新材	83.91	化工	地方国有
100	688571.SH	杭华股份	83.86	化工	地方国有

数据来源：同花顺、中关村国睿金融与产业发展研究会。

11.2.3 创利能力系统

国有控股上市公司1115家，创利能力系统健康指数平均水平为50.17。其中，中央控股上市公司380家，创利能力系统健康指数平均水平为52.03，地方国有控股上市公司735家，创利能力系统健康指数平均水平为49.21。

在国有控股产权性质下，22个一级行业的上市公司数量和创利能力系统健康指数平均水平如表11-8所示：中央控股产权下，平均水平较高的行业分别是餐饮旅游（59.22）、采掘（57.24）、信息服务（56.56），平均水平较低的行业分别是纺织服装（27.81）、家用电器（35.44）、综合（46.77）；地方国有控股产权下，平均水平较高的行业分别是食品饮料（53.11）、综合（52.24）、商业贸易（52.01），平均水平较低的行业分别是轻工制造（42.79）、纺织服装（43.36）、家用电器（44.71）。

表11-8 不同产权性质下的上市公司创利能力系统健康指数情况

一级行业	中央控股					地方国有控股			
	行业上市公司数量	平均水平	行业最高	行业最低	行业上市公司数量	平均水平	行业最高	行业最低
采掘	41	57.24	76.26（中国神华）	42.46（*ST平能）	28	51.40	74.14（河钢资源）	26.51（郑州煤电）
餐饮旅游	21	59.22	76.15（中国中免）	50.07（中视传媒）	17	48.67	70.11（金陵饭店）	32.62（华天酒店）
电子	48	55.29	79.50（海康威视）	36.84（凤凰光学）	31	46.19	68.89（蓝帜科技）	30.65（星星科技）
纺织服装	10	27.81	27.81（际华集团）	27.81（际华集团）	9	43.36	60.12（益民集团）	32.88（龙头股份）
公用事业	113	52.77	84.31（长江电力）	27.22（津膜科技）	73	51.97	72.48（浙能电力）	24.77（东方园林）
国防军工	43	50.34	68.32（航天电器）	30.55（航天动力）	7	48.10	60.61（三角防务）	36.83（烽火电子）
黑色金属	23	53.12	74.17（中信特钢）	32.66（重庆钢铁）	14	46.40	67.67（华菱钢铁）	25.94（本钢板材）
化工	101	50.05	70.07（安迪苏）	20.35（*ST尤夫）	66	47.87	71.69（华鲁恒升）	20.33（*ST双环）
机械设备	116	47.89	68.72（电能股份）	30.24（*ST沈机）	75	46.51	74.62（大豪科技）	19.44（长虹美菱）
家用电器	12	35.44	35.44（深康佳A）	35.44（深康佳A）	11	44.71	60.49（天银机电）	31.51（长虹美菱）
建筑材料	76	54.58	78.83（祁连山）	31.48（中铝国际）	47	49.74	75.62（海螺水泥）	23.49（奇信股份）
交通运输	81	54.46	76.20（大秦铁路）	28.67（中国东航）	59	51.06	73.51（上港集团）	21.99（龙洲股份）
交运设备	51	52.07	73.30（中国汽研）	34.17（神州高铁）	31	47.67	69.99（威孚高科）	25.43（北汽蓝谷）
农林牧渔	30	49.93	64.44（中牧股份）	28.63（*ST昌鱼）	20	46.51	70.53（安琪酵母）	24.23（康欣新材）
轻工制造	18	52.39	65.22（飞亚达）	35.11（美利云）	11	42.79	63.05（老凤祥）	27.21（宜宾纸业）
商业贸易	48	53.28	57.64（天虹股份）	48.94（同达创业）	44	52.01	69.85（杭州解百）	31.11（南宁百货）
食品饮料	34	47.87	68.69（酒鬼酒）	22.54（国投中鲁）	31	53.11	82.41（贵州茅台）	28.57（金种子酒）
信息服务	91	56.56	73.18（宝信软件）	33.91（号百控股）	60	48.08	69.86（东方明珠）	21.90（文投控股）
信息设备	34	52.63	64.69（中科曙光）	37.62（天喻信息）	16	51.33	73.97（中新赛克）	24.74（*ST实达）
医药生物	66	49.21	69.18（江中药业）	22.54（海南海药）	50	49.67	79.41（达安基因）	33.88（陇神戎发）
有色金属	44	50.15	60.99（中钢天源）	28.29（中色股份）	26	51.55	71.03（紫金矿业）	24.68（易成新能）
综合	14	46.77	57.94（国检集团）	25.75（中信国安）	9	52.24	66.32（中新集团）	42.57（亚泰集团）

数据来源：同花顺、中关村国睿金融与产业发展研究会。

以2020年创利能力系统健康指数排名前100名的上市公司为例,非国有控股上市公司有78家,国有控股上市公司22家,其中中央控股上市公司10家、地方政府控股上市公司12家。

国有控股上市公司创利能力系统健康指数前100名的上市公司如表11-9所示。

表11-9　　　　　　　国有控股上市公司创利能力系统健康指数前100名

排名	公司代码	公司名称	健康指数	一级行业_同花顺	产权性质
1	600900.SH	长江电力	84.31	公用事业	中央国有
2	600519.SH	贵州茅台	82.41	食品饮料	地方国有
3	002415.SZ	海康威视	79.50	电子	中央国有
4	002030.SZ	达安基因	79.41	医药生物	地方国有
5	600720.SH	祁连山	78.83	建筑材料	中央国有
6	000568.SZ	泸州老窖	77.16	食品饮料	地方国有
7	601088.SH	中国神华	76.26	采掘	中央国有
8	601006.SH	大秦铁路	76.20	交通运输	中央国有
9	601888.SH	中国中免	76.15	餐饮旅游	中央国有
10	002320.SZ	海峡股份	75.78	交通运输	中央国有
11	600585.SH	海螺水泥	75.62	建筑材料	地方国有
12	600809.SH	山西汾酒	75.03	食品饮料	地方国有
13	000596.SZ	古井贡酒	74.72	食品饮料	地方国有
14	603025.SH	大豪科技	74.62	机械设备	地方国有
15	000708.SZ	中信特钢	74.17	黑色金属	中央国有
16	000923.SZ	河钢资源	74.14	采掘	地方国有
17	002304.SZ	洋河股份	74.14	食品饮料	地方国有
18	002912.SZ	中新赛克	73.97	信息设备	地方国有
19	603369.SH	今世缘	73.63	食品饮料	地方国有
20	600018.SH	上港集团	73.51	交通运输	地方国有
21	601965.SH	中国汽研	73.30	交运设备	中央国有
22	600845.SH	宝信软件	73.18	信息服务	中央国有
23	002128.SZ	露天煤业	73.12	采掘	中央国有
24	600023.SH	浙能电力	72.48	公用事业	地方国有
25	603357.SH	设计总院	71.87	建筑材料	地方国有
26	601225.SH	陕西煤业	71.72	采掘	地方国有
27	600426.SH	华鲁恒升	71.69	化工	地方国有
28	300183.SZ	东软载波	71.46	信息设备	地方国有
29	000858.SZ	五粮液	71.36	食品饮料	地方国有
30	601899.SH	紫金矿业	71.03	有色金属	地方国有
31	000789.SZ	万年青	71.01	建筑材料	地方国有
32	600298.SH	安琪酵母	70.53	农林牧渔	地方国有
33	601369.SH	陕鼓动力	70.17	机械设备	地方国有
34	601007.SH	金陵饭店	70.11	餐饮旅游	地方国有

续表

排名	公司代码	公司名称	健康指数	一级行业_同花顺	产权性质
35	002911.SZ	佛燃能源	70.09	公用事业	地方国有
36	600299.SH	安迪苏	70.07	化工	中央国有
37	002222.SZ	福晶科技	70.04	电子	中央国有
38	600236.SH	桂冠电力	70.02	公用事业	中央国有
39	603712.SH	七一二	70.00	信息设备	地方国有
40	000581.SZ	威孚高科	69.99	交运设备	地方国有
41	600449.SH	宁夏建材	69.91	建筑材料	中央国有
42	300569.SZ	天能重工	69.90	机械设备	地方国有
43	600637.SH	东方明珠	69.86	信息服务	地方国有
44	600814.SH	杭州解百	69.85	商业贸易	地方国有
45	002049.SZ	紫光国微	69.79	电子	中央国有
46	600012.SH	皖通高速	69.78	交通运输	地方国有
47	601001.SH	晋控煤业	69.76	采掘	地方国有
48	003039.SZ	顺控发展	69.72	公用事业	地方国有
49	000877.SZ	天山股份	69.70	建筑材料	中央国有
50	603013.SH	亚普股份	69.62	交运设备	中央国有
51	600761.SH	安徽合力	69.51	机械设备	地方国有
52	601139.SH	深圳燃气	69.38	公用事业	地方国有
53	002643.SZ	万润股份	69.38	化工	中央国有
54	600750.SH	江中药业	69.18	医药生物	中央国有
55	603000.SH	人民网	69.10	信息服务	中央国有
56	603327.SH	福蓉科技	68.89	电子	地方国有
57	600877.SH	电能股份	68.72	机械设备	中央国有
58	600019.SH	宝钢股份	68.70	黑色金属	中央国有
59	601158.SH	重庆水务	68.70	公用事业	地方国有
60	000799.SZ	酒鬼酒	68.69	食品饮料	中央国有
61	000883.SZ	湖北能源	68.67	公用事业	中央国有
62	000951.SZ	中国重汽	68.62	交运设备	地方国有
63	600406.SH	国电南瑞	68.52	机械设备	中央国有
64	002025.SZ	航天电器	68.32	国防军工	中央国有
65	600309.SH	万华化学	68.23	化工	地方国有
66	000828.SZ	东莞控股	68.14	交通运输	地方国有
67	600633.SH	浙数文化	67.92	信息服务	地方国有
68	600389.SH	江山股份	67.92	化工	地方国有
69	300470.SZ	中密控股	67.84	机械设备	地方国有
70	601568.SH	北元集团	67.76	化工	地方国有
71	600636.SH	国新文化	67.68	信息服务	中央国有
72	000932.SZ	华菱钢铁	67.67	黑色金属	地方国有
73	600724.SH	宁波富达	67.57	建筑材料	地方国有
74	688122.SH	西部超导	67.52	有色金属	地方国有

续表

排名	公司代码	公司名称	健康指数	一级行业_同花顺	产权性质
75	601872.SH	招商轮船	67.45	交通运输	中央国有
76	600436.SH	片仔癀	67.35	医药生物	地方国有
77	688663.SH	新风光	67.32	机械设备	地方国有
78	300981.SZ	中红医疗	67.24	医药生物	地方国有
79	003013.SZ	地铁设计	67.22	建筑材料	地方国有
80	600562.SH	国睿科技	67.19	国防军工	中央国有
81	601975.SH	招商南油	67.14	交通运输	中央国有
82	600350.SH	山东高速	67.09	交通运输	地方国有
83	300579.SZ	数字认证	66.98	信息服务	地方国有
84	000531.SZ	穗恒运A	66.81	公用事业	地方国有
85	600377.SH	宁沪高速	66.79	交通运输	地方国有
86	300034.SZ	钢研高纳	66.79	国防军工	中央国有
87	002507.SZ	涪陵榨菜	66.78	食品饮料	地方国有
88	603648.SH	畅联股份	66.73	交通运输	地方国有
89	600846.SH	同济科技	66.69	建筑材料	中央国有
90	000792.SZ	盐湖股份	66.66	化工	地方国有
91	601298.SH	青岛港	66.52	交通运输	地方国有
92	002100.SZ	天康生物	66.33	农林牧渔	地方国有
93	601512.SH	中新集团	66.32	综合	地方国有
94	002039.SZ	黔源电力	66.27	公用事业	中央国有
95	300864.SZ	南大环境	66.13	公用事业	中央国有
96	600025.SH	华能水电	66.07	公用事业	中央国有
97	002916.SZ	深南电路	66.05	电子	中央国有
98	603199.SH	九华旅游	66.02	餐饮旅游	地方国有
99	603043.SH	广州酒家	65.98	食品饮料	地方国有
100	000538.SZ	云南白药	65.95	医药生物	地方国有

数据来源：同花顺、中关村国睿金融与产业发展研究会。

11.2.4 竞争态势系统

国有控股上市公司1115家，竞争态势系统健康指数平均水平为53.34。其中，中央控股上市公司380家，竞争态势系统健康指数平均水平为56.57，地方国有控股上市公司735家，竞争态势系统健康指数平均水平为51.67。

在国有控股产权性质下，22个一级行业的上市公司数量和竞争态势系统健康指数平均水平如表11-10所示：中央控股产权下，平均水平较高的行业分别是电子（62.12）、信息设备（60.58）、黑色金属（60.39），平均水平较低的行业分别是食品饮料（42.17）、轻工制造（49.00）、农林牧渔（49.43）；地方国有控股产权下，平均水平较高的行业分别是信息设备（58.75）、家用电器（58.72）、交运设备（57.47），平均水平较低的行业分别是国防军工（44.85）、交通运输（46.69）、餐饮旅游（46.98）。

第11章　中央控股和地方国有控股上市公司健康指数评价

表11-10　不同产权性质下的上市公司竞争态势系统健康指数情况

一级行业	行业上市公司数量	中央控股					地方国有控股			
		平均水平	行业上市公司数量	行业最高	行业最低	平均水平	行业上市公司数量	行业最高	行业最低
采掘	41	57.97	13	71.45（中国石油）	36.18（新集能源）	47.81	28	69.73（兖州煤业）	28.86（龙高股份）
餐饮旅游	21	56.70	4	64.05（云南旅游）	43.73（中视传媒）	46.98	17	73.26（岭南控股）	22.60（长白山）
电子	48	62.12	17	79.86（海康威视）	46.72（凤凰光学）	51.32	31	75.62（京东方A）	24.15（派瑞股份）
纺织服装	10	58.49	1	58.49（际华集团）	58.49（际华集团）	50.21	9	65.53（龙头股份）	34.79（华升股份）
公用事业	113	51.67	40	74.15（中国核电）	32.90（黔源电力）	48.88	73	73.73（东方园林）	24.68（闽东电力）
国防军工	43	57.77	36	74.81（航天发展）	29.11（江航装备）	44.85	7	64.92（烽火电子）	28.06（三角防务）
黑色金属	23	60.39	9	79.37（中信特钢）	32.92（八一钢铁）	54.33	14	77.11（华菱钢铁）	41.72（西宁特钢）
化工	101	55.40	35	76.06（昊华科技）	37.36（岳阳兴长）	50.57	66	73.80（万华化学）	21.43（柳化股份）
机械设备	116	58.94	41	80.21（东方电气）	41.73（成飞集成）	55.06	75	79.34（东华电子）	24.30（青岛中程）
家用电器	12	56.71	1	56.71（深华佳A）	56.71（深华佳A）	58.72	11	68.26（四川九洲）	38.48（秀强股份）
建筑材料	76	56.02	29	70.49（中工国际）	33.54（中铁装配）	53.63	47	76.27（上海建工）	23.24（ST云投）
交通运输	81	55.38	22	73.44（华贸物流）	38.99（京沪高铁）	46.69	59	76.77（物产中大）	22.71（龙江交通）
交运设备	51	58.27	20	78.35（长安汽车）	40.95（晋西车轴）	57.47	31	74.95（华域汽车）	36.95（威孚股份）
农林牧渔	30	49.43	10	72.31（隆平高科）	22.95（*ST昌鱼）	48.66	20	70.31（天康生物）	27.19（福建金森）
轻工制造	18	49.00	7	62.92（岳阳林纸）	35.21（中国黄金）	50.75	11	76.41（晨鸣纸业）	33.89（金一文化）
商业贸易	48	56.17	4	70.31（天虹股份）	36.38（汇达创业）	50.36	44	67.94（汇鸿集团）	24.21（*ST南化）
食品饮料	34	42.17	3	48.54（燕塘乳业）	36.44（国投中鲁）	54.31	31	70.58（燕京啤酒）	27.02（莫高股份）
信息服务	91	58.77	31	79.84（中国软件）	28.57（湘邮科技）	49.73	60	76.95（浙数文化）	21.95（幸福蓝海）
信息设备	34	60.58	18	81.62（烽火通信）	39.79（长江通信）	58.75	16	73.75（星网锐捷）	36.25（汇金股份）
医药生物	66	56.35	16	62.40（太极集团）	41.52（乐凯胶片）	54.12	50	74.21（达安基因）	28.08（陇神戎发）
有色金属	44	55.93	18	70.09（中钨高新）	25.17（西藏矿业）	56.30	26	78.77（江西铜业）	34.89（*ST金贵）
综合	14	56.19	5	75.88（国检集团）	42.04（中金辐照）	50.95	9	65.89（广电计量）	33.48（太化股份）

数据来源：同花顺、中关村国睿金融与产业发展研究会。

以2020年竞争态势系统健康指数排名前100名的上市公司为例，非国有控股上市公司有53家，国有控股上市公司47家，其中中央控股上市公司22家、地方政府控股上市公司25家。

国有控股上市公司竞争态势系统健康指数前100名的上市公司如表11-11所示。

表11-11　　　　　　　　国有控股上市公司竞争态势系统健康指数前100名

排名	公司代码	公司名称	健康指数	一级行业_同花顺	产权性质
1	600498.SH	烽火通信	81.62	信息设备	中央国有
2	600875.SH	东方电气	80.21	机械设备	中央国有
3	002415.SZ	海康威视	79.86	电子	中央国有
4	600536.SH	中国软件	79.84	信息服务	中央国有
5	000708.SZ	中信特钢	79.37	黑色金属	中央国有
6	000682.SZ	东方电子	79.34	机械设备	地方国有
7	600362.SH	江西铜业	78.77	有色金属	地方国有
8	000625.SZ	长安汽车	78.35	交运设备	中央国有
9	000157.SZ	中联重科	77.70	机械设备	地方国有
10	000066.SZ	中国长城	77.32	信息设备	中央国有
11	002368.SZ	太极股份	77.16	信息服务	中央国有
12	000932.SZ	华菱钢铁	77.11	黑色金属	地方国有
13	600633.SH	浙数文化	76.95	信息服务	地方国有
14	600704.SH	物产中大	76.77	交通运输	地方国有
15	000488.SZ	晨鸣纸业	76.41	轻工制造	地方国有
16	600170.SH	上海建工	76.27	建筑材料	地方国有
17	600378.SH	昊华科技	76.06	化工	中央国有
18	603060.SH	国检集团	75.88	综合	中央国有
19	000811.SZ	冰轮环境	75.77	机械设备	地方国有
20	000725.SZ	京东方A	75.62	电子	地方国有
21	600651.SH	飞乐音响	75.56	机械设备	地方国有
22	600100.SH	同方股份	75.52	信息设备	中央国有
23	600637.SH	东方明珠	75.23	信息服务	地方国有
24	000008.SZ	神州高铁	75.18	交运设备	中央国有
25	600820.SH	隧道股份	75.02	建筑材料	地方国有
26	000630.SZ	铜陵有色	74.98	有色金属	地方国有
27	600741.SH	华域汽车	74.95	交运设备	地方国有
28	000547.SZ	航天发展	74.81	国防军工	中央国有
29	600845.SH	宝信软件	74.53	信息服务	中央国有
30	002030.SZ	达安基因	74.21	医药生物	地方国有
31	601985.SH	中国核电	74.15	公用事业	中央国有
32	002371.SZ	北方华创	74.04	电子	地方国有
33	600309.SH	万华化学	73.80	化工	地方国有
34	600418.SH	江淮汽车	73.76	交运设备	地方国有
35	002396.SZ	星网锐捷	73.75	信息设备	地方国有
36	002310.SZ	东方园林	73.73	公用事业	地方国有

续表

排名	公司代码	公司名称	健康指数	一级行业_同花顺	产权性质
37	600879.SH	航天电子	73.54	国防军工	中央国有
38	603128.SH	华贸物流	73.44	交通运输	中央国有
39	002268.SZ	卫士通	73.37	信息设备	中央国有
40	600602.SH	云赛智联	73.34	信息服务	地方国有
41	000524.SZ	岭南控股	73.26	餐饮旅游	地方国有
42	001965.SZ	招商公路	73.18	交通运输	中央国有
43	000425.SZ	徐工机械	73.17	机械设备	地方国有
44	600480.SH	凌云股份	73.13	交运设备	中央国有
45	600320.SH	振华重工	73.06	机械设备	中央国有
46	000550.SZ	江铃汽车	72.96	交运设备	地方国有
47	600372.SH	中航电子	72.85	国防军工	中央国有
48	000881.SZ	中广核技	72.52	化工	中央国有
49	002544.SZ	杰赛科技	72.50	信息设备	中央国有
50	002179.SZ	中航光电	72.44	国防军工	中央国有
51	000998.SZ	隆平高科	72.31	农林牧渔	中央国有
52	600019.SH	宝钢股份	72.11	黑色金属	中央国有
53	600761.SH	安徽合力	72.10	机械设备	地方国有
54	600850.SH	华东电脑	72.00	信息服务	中央国有
55	600808.SH	马钢股份	71.95	黑色金属	中央国有
56	600098.SH	广州发展	71.91	公用事业	地方国有
57	002204.SZ	大连重工	71.90	机械设备	地方国有
58	000661.SZ	长春高新	71.69	医药生物	地方国有
59	300188.SZ	美亚柏科	71.68	信息服务	中央国有
60	600258.SH	首旅酒店	71.61	餐饮旅游	地方国有
61	000528.SZ	柳工	71.56	机械设备	地方国有
62	002683.SZ	宏大爆破	71.49	化工	中央国有
63	000977.SZ	浪潮信息	71.46	信息设备	地方国有
64	601857.SH	中国石油	71.45	采掘	中央国有
65	600458.SH	时代新材	71.41	化工	中央国有
66	000938.SZ	紫光股份	71.31	信息服务	中央国有
67	000959.SZ	首钢股份	71.31	黑色金属	地方国有
68	600549.SH	厦门钨业	71.30	有色金属	地方国有
69	688128.SH	中国电研	71.19	机械设备	中央国有
70	600601.SH	ST方科	71.18	电子	中央国有
71	000553.SZ	安道麦A	71.12	化工	中央国有
72	601607.SH	上海医药	71.11	医药生物	地方国有
73	601919.SH	中远海控	71.09	交通运输	中央国有
74	600582.SH	天地科技	71.01	机械设备	中央国有
75	600406.SH	国电南瑞	70.60	机械设备	中央国有
76	000729.SZ	燕京啤酒	70.58	食品饮料	地方国有

续表

排名	公司代码	公司名称	健康指数	一级行业_同花顺	产权性质
77	002304.SZ	洋河股份	70.57	食品饮料	地方国有
78	002051.SZ	中工国际	70.49	建筑材料	中央国有
79	600733.SH	北汽蓝谷	70.47	交运设备	地方国有
80	600151.SH	航天机电	70.37	机械设备	中央国有
81	603927.SH	中科软	70.31	信息服务	中央国有
82	002419.SZ	天虹股份	70.31	商业贸易	中央国有
83	002100.SZ	天康生物	70.31	农林牧渔	地方国有
84	600764.SH	中国海防	70.28	国防军工	中央国有
85	600268.SH	国电南自	70.12	机械设备	中央国有
86	600686.SH	金龙汽车	70.10	交运设备	地方国有
87	000657.SZ	中钨高新	70.09	有色金属	中央国有
88	000596.SZ	古井贡酒	70.05	食品饮料	地方国有
89	600459.SH	贵研铂业	69.96	有色金属	地方国有
90	600528.SH	中铁工业	69.96	交运设备	中央国有
91	600482.SH	中国动力	69.80	国防军工	中央国有
92	000680.SZ	山推股份	69.80	机械设备	地方国有
93	600329.SH	中新药业	69.77	医药生物	地方国有
94	000551.SZ	创元科技	69.75	机械设备	地方国有
95	600579.SH	克劳斯	69.75	机械设备	中央国有
96	600188.SH	兖州煤业	69.73	采掘	地方国有
97	600150.SH	中国船舶	69.48	国防军工	中央国有
98	002063.SZ	远光软件	69.43	信息服务	中央国有
99	600299.SH	安迪苏	69.36	化工	中央国有
100	600754.SH	锦江酒店	69.28	餐饮旅游	地方国有

数据来源：同花顺、中关村国睿金融与产业发展研究会。

11.2.5 产品销售系统

国有控股上市公司1115家，产品销售系统健康指数平均水平为53.90。其中，中央控股上市公司380家，产品销售系统健康指数平均水平为56.10；地方国有控股上市公司735家，产品销售系统健康指数平均水平为52.77。

在国有控股产权性质下，22个一级行业的上市公司数量和产品销售系统健康指数平均水平如表11-12所示：中央控股产权下，平均水平较高的行业分别是家用电器（74.64）、餐饮旅游（61.91）、国防军工（60.17），平均水平较低的行业分别是食品饮料（43.68）、黑色金属（51.12）、综合（51.78）；地方国有控股产权下，平均水平较高的行业分别是有色金属（60.33）、综合（56.77）、黑色金属（56.09），平均水平较低的行业分别是国防军工（42.96）、餐饮旅游（47.62）、交通运输（48.55）。

第11章 中央控股和地方国有控股上市公司健康指数评价

表11-12 不同产权性质下的上市公司产品销售系统健康指数情况

一级行业	行业上市公司数量	中央控股 平均水平	中央控股 行业上市公司数量	中央控股 行业最高	中央控股 行业最低	地方国有控股 平均水平	地方国有控股 行业上市公司数量	地方国有控股 行业最高	地方国有控股 行业最低
采掘	41	55.53	13	70.04（中国神华）	34.06（*ST平能）	51.32	28	69.58（淮北矿业）	32.62（惠博普）
餐饮旅游	21	61.91	4	72.10（中国中免）	49.65（中青旅）	47.62	17	69.59（锦江酒店）	34.61（张家界）
电子	48	54.93	17	73.03（莱宝高科）	31.33（*ST大唐）	52.80	31	77.84（亿赛电池）	26.24（GQY视讯）
纺织服装	10	59.45	1	59.45（际华集团）	59.45（际华集团）	54.74	9	65.24（华纺股份）	43.66（益民集团）
公用事业	113	54.06	40	73.87（华电国际）	33.13（津膜科技）	53.01	73	71.95（京能电力）	26.60（华控赛格）
国防军工	43	60.17	36	81.95（中航沈飞）	33.02（航天动力）	42.96	7	54.84（海格通信）	30.25（博云新材）
黑色金属	23	51.12	9	61.73（中信特钢）	34.24（八一钢铁）	56.09	14	73.88（华菱钢铁）	27.69（西宁特钢）
化工	101	55.90	35	75.23（沈阳化工）	27.16（*ST乐材）	52.61	66	79.81（江苏索普）	25.37（湘潭电化）
机械设备	116	55.56	41	77.90（中国一重）	27.27（芯源微）	54.54	75	80.83（华光环能）	27.46（青岛中程）
家用电器	12	74.64	1	74.64（康佳A）	74.64（康佳A）	54.00	11	66.67（四川长虹）	25.82（高斯贝尔）
建筑材料	76	58.48	29	76.85（中国化学）	29.73（中公高科）	54.77	47	83.28（陕西建工）	18.35（*ST罗顿）
交通运输	81	55.53	22	78.78（中远海控）	30.70（中国国航）	48.55	59	74.56（天津港）	29.50（连云港）
交运设备	51	54.58	20	74.92（一汽解放）	31.45（神州高铁）	55.12	31	83.62（一汽富维）	20.72（威帆股份）
农林牧渔	30	53.74	10	75.37（中粮科技）	34.09（*ST昌鱼）	48.88	20	64.12（京欣轻股）	29.22（康欣新材）
轻工制造	18	52.60	7	65.50（宝钢包装）	37.64（*ST永林）	50.50	11	73.02（晨鸣纸业）	37.31（金一文化）
商业贸易	48	60.04	4	79.43（苏美达）	39.40（同达创业）	51.71	44	74.46（浙商中拓）	25.33（北京城乡）
食品饮料	34	43.68	3	50.17（燕塘乳业）	36.40（国投中鲁）	50.08	31	74.32（上海梅林）	24.29（莫高股份）
信息服务	91	58.01	31	74.85（宝信软件）	36.64（昂立教育）	51.89	60	70.75（德赛西威）	20.50（幸福蓝海）
信息设备	34	59.33	18	72.60（光迅科技）	41.71（长江通信）	53.62	16	77.37（福日电子）	29.81（广哈通信）
医药生物	66	56.15	16	73.92（嘉事堂）	30.02（海南海药）	54.78	50	80.27（中红医疗）	29.92（陇神戎发）
有色金属	44	52.57	18	70.22（株冶集团）	30.33（西藏矿业）	60.33	26	84.44（江西铜业）	34.59（宜安科技）
综合	14	51.78	5	60.69（国检集团）	40.20（中国高科）	56.77	9	66.85（中新集团）	45.28（亚泰集团）

数据来源：同花顺、中关村国睿金融与产业发展研究会。

以2020年产品销售系统健康指数排名前100名的上市公司为例，非国有控股上市公司有54家，国有控股上市公司46家，其中中央控股上市公司19家、地方政府控股上市公司27家。

国有控股上市公司产品销售系统健康指数前100名的上市公司如表11-13所示。

表11-13　　　　　　　国有控股上市公司产品销售系统健康指数前100名

排名	公司代码	公司名称	健康指数	一级行业_同花顺	产权性质
1	600362.SH	江西铜业	84.44	有色金属	地方国有
2	600742.SH	一汽富维	83.62	交运设备	地方国有
3	600248.SH	陕西建工	83.28	建筑材料	地方国有
4	600760.SH	中航沈飞	81.95	国防军工	中央国有
5	600967.SH	内蒙一机	81.59	国防军工	中央国有
6	002237.SZ	恒邦股份	81.07	有色金属	地方国有
7	002061.SZ	浙江交科	80.97	建筑材料	地方国有
8	600475.SH	华光环能	80.83	机械设备	地方国有
9	600039.SH	四川路桥	80.29	建筑材料	地方国有
10	300981.SZ	中红医疗	80.27	医药生物	地方国有
11	000630.SZ	铜陵有色	79.95	有色金属	地方国有
12	600746.SH	江苏索普	79.81	化工	地方国有
13	600710.SH	苏美达	79.43	商业贸易	中央国有
14	600685.SH	中船防务	79.23	国防军工	中央国有
15	601919.SH	中远海控	78.78	交通运输	中央国有
16	601789.SH	宁波建工	78.65	建筑材料	地方国有
17	601106.SH	中国一重	77.90	机械设备	中央国有
18	000049.SZ	德赛电池	77.84	电子	地方国有
19	600531.SH	豫光金铅	77.80	有色金属	地方国有
20	600426.SH	华鲁恒升	77.70	化工	地方国有
21	601568.SH	北元集团	77.51	化工	地方国有
22	600203.SH	福日电子	77.37	信息设备	地方国有
23	600063.SH	皖维高新	77.32	化工	地方国有
24	601117.SH	中国化学	76.85	建筑材料	中央国有
25	000928.SZ	中钢国际	76.71	建筑材料	中央国有
26	600741.SH	华域汽车	75.64	交运设备	地方国有
27	002155.SZ	湖南黄金	75.48	有色金属	地方国有
28	601168.SH	西部矿业	75.47	有色金属	地方国有
29	000930.SZ	中粮科技	75.37	农林牧渔	中央国有
30	000698.SZ	沈阳化工	75.23	化工	中央国有
31	000039.SZ	中集集团	75.22	机械设备	中央国有
32	600170.SH	上海建工	74.93	建筑材料	地方国有
33	000800.SZ	一汽解放	74.92	交运设备	中央国有
34	600845.SH	宝信软件	74.85	信息服务	中央国有

续表

排名	公司代码	公司名称	健康指数	一级行业_同花顺	产权性质
35	600939.SH	重庆建工	74.75	建筑材料	地方国有
36	000830.SZ	鲁西化工	74.74	化工	中央国有
37	000016.SZ	深康佳A	74.64	家用电器	中央国有
38	600717.SH	天津港	74.56	交通运输	地方国有
39	000906.SZ	浙商中拓	74.46	商业贸易	地方国有
40	600218.SH	全柴动力	74.42	机械设备	地方国有
41	600073.SH	上海梅林	74.32	食品饮料	地方国有
42	600150.SH	中国船舶	73.96	国防军工	中央国有
43	002462.SZ	嘉事堂	73.92	医药生物	中央国有
44	603026.SH	石大胜华	73.89	化工	中央国有
45	000932.SZ	华菱钢铁	73.88	黑色金属	地方国有
46	600027.SH	华电国际	73.87	公用事业	中央国有
47	601669.SH	中国电建	73.79	建筑材料	中央国有
48	600704.SH	物产中大	73.78	交通运输	地方国有
49	600981.SH	汇鸿集团	73.66	商业贸易	地方国有
50	600761.SH	安徽合力	73.60	机械设备	地方国有
51	600058.SH	五矿发展	73.47	商业贸易	中央国有
52	600820.SH	隧道股份	73.39	建筑材料	地方国有
53	603013.SH	亚普股份	73.33	交运设备	中央国有
54	002106.SZ	莱宝高科	73.03	电子	中央国有
55	000488.SZ	晨鸣纸业	73.02	轻工制造	地方国有
56	601390.SH	中国中铁	73.01	建筑材料	中央国有
57	002683.SZ	宏大爆破	72.96	化工	地方国有
58	002386.SZ	天原股份	72.92	化工	地方国有
59	000977.SZ	浪潮信息	72.89	信息设备	地方国有
60	000701.SZ	厦门信达	72.86	商业贸易	地方国有
61	600795.SH	国电电力	72.80	公用事业	中央国有
62	600500.SH	中化国际	72.77	化工	中央国有
63	600332.SH	白云山	72.73	医药生物	地方国有
64	600782.SH	新钢股份	72.73	黑色金属	地方国有
65	601611.SH	中国核建	72.65	建筑材料	中央国有
66	002281.SZ	光迅科技	72.60	信息设备	中央国有
67	600553.SH	大西洋	72.59	机械设备	地方国有
68	002368.SZ	太极股份	72.54	信息服务	中央国有
69	600547.SH	山东黄金	72.45	有色金属	地方国有
70	002110.SZ	三钢闽光	72.42	黑色金属	地方国有
71	600894.SH	广日股份	72.30	机械设备	地方国有
72	600536.SH	中国软件	72.17	信息服务	中央国有
73	601888.SH	中国中免	72.10	餐饮旅游	中央国有
74	000938.SZ	紫光股份	71.95	信息服务	中央国有

续表

排名	公司代码	公司名称	健康指数	一级行业_同花顺	产权性质
75	600578.SH	京能电力	71.95	公用事业	地方国有
76	600056.SH	中国医药	71.88	医药生物	中央国有
77	000425.SZ	徐工机械	71.88	机械设备	地方国有
78	000543.SZ	皖能电力	71.83	公用事业	地方国有
79	601607.SH	上海医药	71.79	医药生物	地方国有
80	600271.SH	航天信息	71.76	信息服务	中央国有
81	600057.SH	厦门象屿	71.47	交通运输	地方国有
82	000551.SZ	创元科技	71.37	机械设备	地方国有
83	600011.SH	华能国际	71.23	公用事业	中央国有
84	000927.SZ	中国铁物	71.01	交通运输	中央国有
85	000066.SZ	中国长城	71.00	信息设备	中央国有
86	000951.SZ	中国重汽	70.83	交运设备	地方国有
87	002920.SZ	德赛西威	70.75	信息服务	地方国有
88	000959.SZ	首钢股份	70.69	黑色金属	地方国有
89	600511.SH	国药股份	70.59	医药生物	中央国有
90	600184.SH	光电股份	70.58	国防军工	中央国有
91	600389.SH	江山股份	70.50	化工	地方国有
92	000519.SZ	中兵红箭	70.47	国防军工	中央国有
93	000429.SZ	粤高速A	70.44	交通运输	地方国有
94	600126.SH	杭钢股份	70.42	黑色金属	地方国有
95	000960.SZ	锡业股份	70.32	有色金属	地方国有
96	000422.SZ	湖北宜化	70.26	化工	地方国有
97	600713.SH	南京医药	70.22	医药生物	地方国有
98	600961.SH	株冶集团	70.22	有色金属	中央国有
99	600502.SH	安徽建工	70.14	建筑材料	地方国有
100	600775.SH	南京熊猫	70.13	信息设备	中央国有

数据来源：同花顺、中关村国睿金融与产业发展研究会。

11.2.6 价值再造系统

国有控股上市公司1115家，价值再造系统健康指数平均水平为57.39。其中，中央控股上市公司380家，价值再造系统健康指数平均水平为58.14；地方国有控股上市公司735家，价值再造系统健康指数平均水平为57.00。

在国有控股产权性质下，22个一级行业的上市公司数量和价值再造系统健康指数平均水平如表11-14所示：中央控股产权下，平均水平较高的行业分别是家用电器（70.20）、餐饮旅游（64.77）、黑色金属（64.28），平均水平较低的行业分别是食品饮料（45.12）、农林牧渔（50.15）、轻工制造（52.43）；地方国有控股产权下，平均水平较高的行业分别是家用电器（63.57）、黑色金属（63.01）、信息设备（61.75），平均水平较低的行业分别是食品饮料（51.50）、农林牧渔（52.51）、综合（53.11）。

第 11 章 中央控股和地方国有控股上市公司健康指数评价

表 11-14 不同产权性质下的上市公司价值再营造体系综合健康指数情况

一级行业	中央控股					地方国有控股				
	行业上市公司数量	平均水平	行业上市公司数量	行业最高	行业最低	平均水平	行业上市公司数量	行业最高	行业最低	
采掘	41	58.85	13	75.26（中油工程）	35.45（*ST平能）	58.26	28	75.72（兖州煤业）	39.48（郑州煤电）
餐饮旅游	21	61.77	4	82.47（云南旅游）	56.57（中视传媒）	55.68	17	72.06（九华旅游）	42.67（长白山）
电子	48	58.66	17	74.99（上海贝岭）	42.26（*ST大唐）	55.21	31	74.92（京东方A）	34.78（天津普林）
纺织服装	10	58.23	1	58.23（际华集团）	58.23（际华集团）	55.32	9	70.00（华茂股份）	45.14（上海三毛）
公用事业	113	58.07	40	83.40（华能国际）	41.17（文山电力）	55.47	73	78.92（粤电力A）	33.64（华控赛格）
国防军工	43	55.34	36	69.27（国睿科技）	38.32（中航高科）	53.71	7	70.50（烽火电子）	35.38（国瑞科技）
黑色金属	23	64.28	9	77.93（马钢股份）	51.38（中信特钢）	63.01	14	78.85（华菱钢铁）	50.72（西宁特钢）
化工	101	59.62	35	75.07（中化国际）	44.37（大庆华科）	59.34	66	77.57（兴化股份）	37.54（广聚能源）
机械设备	116	56.44	41	78.36（天地科技）	38.38（芯源微）	57.47	75	74.79（徐工机械）	30.94（青岛中程）
家用电器	12	70.20	1	70.20（深康佳A）	70.20（深康佳A）	63.57	11	85.55（海信视像）	48.68（高斯贝尔）
建筑材料	76	60.36	29	76.74（中国电建）	37.84（中公高科）	59.02	47	81.87（浙江交科）	27.56（*ST罗顿）
交通运输	81	57.29	22	76.53（中国外运）	33.76（招商南油）	55.77	59	78.98（深高速）	28.84（上海机场）
交运设备	51	56.81	20	70.14（中铁工业）	39.98（湖南天雁）	57.17	31	73.90（华域汽车）	39.06（威帝股份）
农林牧渔	30	50.15	10	65.56（中粮科技）	33.17（*ST昌鱼）	52.51	20	68.00（天康生物）	43.85（福建金森）
轻工制造	18	52.43	7	61.28（岳阳林纸）	32.21（中国黄金）	59.80	11	77.72（晨鸣纸业）	43.93（滨海能源）
商业贸易	48	61.63	4	78.03（苏美达）	48.22（五矿发展）	57.49	44	77.91（厦门国贸）	35.72（上海九百）
食品饮料	34	45.12	3	53.12（燕塘乳业）	37.68（酒鬼酒）	51.50	31	66.13（光明乳业）	26.42（莫高股份）
信息服务	91	60.47	31	79.05（航天信息）	44.86（昂立教育）	54.65	60	75.72（南天信息）	31.23（中广天择）
信息设备	34	61.52	18	70.89（深科技）	44.75（吉大通信）	61.75	16	74.00（浪潮信息）	49.20（*ST实达）
医药生物	66	57.15	16	69.22（华润三九）	43.50（国新健康）	57.50	50	77.86（新华医疗）	39.30（*ST华塑）
有色金属	44	59.59	18	74.79（驰宏锌锗）	36.32（西藏矿业）	60.84	26	78.26（江西铜业）	46.52（闽发铝业）
综合	14	56.48	5	71.51（国检集团）	49.23（中金辐照）	53.11	9	62.68（广电计量）	40.14（*ST博信）

数据来源：同花顺、中关村国睿金融与产业发展研究会。

以2020年价值再造系统健康指数排名前100名的上市公司为例，非国有控股上市公司有49家，国有控股上市公司51家，其中中央控股上市公司18家，地方政府控股上市公司33家。

国有控股上市公司价值再造系统健康指数前100名的上市公司如表11-15所示：

表11-15　　国有控股上市公司价值再造系统健康指数前100名

排名	公司代码	公司名称	健康指数	产权性质
1	600060.SH	海信视像	85.55	地方国有
2	600011.SH	华能国际	83.40	中央国有
3	002059.SZ	云南旅游	82.47	中央国有
4	002061.SZ	浙江交科	81.87	地方国有
5	600820.SH	隧道股份	80.68	地方国有
6	600271.SH	航天信息	79.05	中央国有
7	600548.SH	深高速	78.98	地方国有
8	000539.SZ	粤电力A	78.92	地方国有
9	600170.SH	上海建工	78.92	地方国有
10	600008.SH	首创股份	78.91	地方国有
11	000932.SZ	华菱钢铁	78.85	地方国有
12	600582.SH	天地科技	78.36	中央国有
13	600362.SH	江西铜业	78.26	地方国有
14	600710.SH	苏美达	78.03	中央国有
15	600133.SH	东湖高新	77.96	地方国有
16	600808.SH	马钢股份	77.93	中央国有
17	600755.SH	厦门国贸	77.91	地方国有
18	600587.SH	新华医疗	77.86	地方国有
19	600502.SH	安徽建工	77.86	地方国有
20	000488.SZ	晨鸣纸业	77.72	地方国有
21	002109.SZ	兴化股份	77.57	地方国有
22	600248.SH	陕西建工	77.55	地方国有
23	601985.SH	中国核电	77.11	中央国有
24	601669.SH	中国电建	76.74	中央国有
25	601598.SH	中国外运	76.53	中央国有
26	600039.SH	四川路桥	75.80	地方国有
27	600188.SH	兖州煤业	75.72	地方国有
28	000948.SZ	南天信息	75.72	地方国有
29	600717.SH	天津港	75.68	地方国有
30	002386.SZ	天原股份	75.49	地方国有
31	600339.SH	中油工程	75.26	中央国有
32	000630.SZ	铜陵有色	75.16	地方国有
33	601618.SH	中国中冶	75.14	中央国有
34	601991.SH	大唐发电	75.10	中央国有
35	600500.SH	中化国际	75.07	中央国有
36	600350.SH	山东高速	75.04	地方国有

续表

排名	公司代码	公司名称	健康指数	产权性质
37	600171.SH	上海贝岭	74.99	中央国有
38	000725.SZ	京东方A	74.92	地方国有
39	600810.SH	神马股份	74.87	地方国有
40	600497.SH	驰宏锌锗	74.79	中央国有
41	000425.SZ	徐工机械	74.79	地方国有
42	600269.SH	赣粤高速	74.71	地方国有
43	000727.SZ	冠捷科技	74.67	中央国有
44	601699.SH	潞安环能	74.56	地方国有
45	600981.SH	汇鸿集团	74.46	地方国有
46	600483.SH	福能股份	74.07	地方国有
47	600063.SH	皖维高新	74.05	地方国有
48	000977.SZ	浪潮信息	74.00	地方国有
49	600741.SH	华域汽车	73.90	地方国有
50	601600.SH	中国铝业	73.86	中央国有
51	000050.SZ	深天马A	73.81	中央国有
52	600536.SH	中国软件	73.73	中央国有
53	000912.SZ	泸天化	73.69	地方国有
54	000157.SZ	中联重科	73.35	地方国有
55	000906.SZ	浙商中拓	73.32	地方国有
56	600141.SH	兴发集团	73.31	地方国有
57	600985.SH	淮北矿业	73.15	地方国有
58	000498.SZ	山东路桥	73.15	地方国有
59	300212.SZ	易华录	73.13	中央国有
60	601390.SH	中国中铁	73.12	中央国有
61	000400.SZ	许继电气	73.05	中央国有
62	002091.SZ	江苏国泰	72.79	地方国有
63	000158.SZ	常山北明	72.77	地方国有
64	600356.SH	恒丰纸业	72.68	地方国有
65	600348.SH	华阳股份	72.63	地方国有
66	600104.SH	上汽集团	72.39	地方国有
67	000830.SZ	鲁西化工	72.38	中央国有
68	603199.SH	九华旅游	72.06	地方国有
69	600619.SH	海立股份	71.97	地方国有
70	600549.SH	厦门钨业	71.91	地方国有
71	600458.SH	时代新材	71.80	中央国有
72	603123.SH	翠微股份	71.76	地方国有
73	001872.SZ	招商港口	71.69	中央国有
74	601899.SH	紫金矿业	71.60	地方国有
75	601186.SH	中国铁建	71.52	中央国有
76	603060.SH	国检集团	71.51	中央国有

续表

排名	公司代码	公司名称	健康指数	产权性质
77	002037.SZ	保利联合	71.43	中央国有
78	000401.SZ	冀东水泥	71.37	地方国有
79	000422.SZ	湖北宜化	71.31	地方国有
80	600800.SH	渤海化学	71.21	地方国有
81	000959.SZ	首钢股份	71.13	地方国有
82	001965.SZ	招商公路	71.04	中央国有
83	002030.SZ	达安基因	71.00	地方国有
84	000021.SZ	深科技	70.89	中央国有
85	000657.SZ	中钨高新	70.89	中央国有
86	002683.SZ	宏大爆破	70.82	地方国有
87	601607.SH	上海医药	70.79	地方国有
88	600475.SH	华光环能	70.74	地方国有
89	002573.SZ	清新环境	70.60	地方国有
90	600551.SH	时代出版	70.60	地方国有
91	601898.SH	中煤能源	70.60	中央国有
92	000561.SZ	烽火电子	70.50	地方国有
93	002479.SZ	富春环保	70.50	地方国有
94	600278.SH	东方创业	70.49	地方国有
95	000885.SZ	城发环境	70.42	地方国有
96	603867.SH	新化股份	70.42	地方国有
97	601168.SH	西部矿业	70.37	地方国有
98	000756.SZ	新华制药	70.23	地方国有
99	000016.SZ	深康佳A	70.20	中央国有
100	603108.SH	润达医疗	70.19	地方国有

数据来源：同花顺、中关村国睿金融与产业发展研究会。

11.2.7 资产资本结构系统

国有控股上市公司1115家，资产资本结构系统健康指数平均水平为48.72。其中，中央控股上市公司380家，资产资本结构系统健康指数平均水平为49.17；地方国有控股上市公司735家，资产资本结构系统健康指数平均水平为48.49。

在国有控股产权性质下，22个一级行业的上市公司数量和资产资本结构系统健康指数平均水平如表11-16所示：中央控股产权下，平均水平较高的行业分别是综合（55.60）、餐饮旅游（53.71）、商业贸易（53.17），平均水平较低的行业分别是家用电器（36.54）、食品饮料（44.37）、公用事业（46.45）；地方国有控股产权下，平均水平较高的行业分别是国防军工（51.91）、餐饮旅游（51.54）、交通运输（51.37），平均水平较低的行业分别是家用电器（44.99）、综合（46.05）、机械设备（46.64）。

第11章 中央控股和地方国有控股上市公司健康指数评价

表11-16 不同产权性质下的上市公司资产资本结构系统健康指数情况

一级行业	中央控股					地方国有控股			
	行业上市公司数量	平均水平	行业最高	行业最低	行业上市公司数量	平均水平	行业最高	行业最低	
采掘	41	52.89	62.59（中国神华）	41.91（新集能源）	28	50.19	64.27（金岭矿业）	38.14（山西焦煤）	
餐饮旅游	21	53.71	61.39（中国中免）	41.86（中青旅）	17	51.54	67.31（九华旅游）	35.46（桂林旅游）	
电子	48	48.71	64.63（久之洋）	34.04（ST方科）	31	47.00	70.78（力合微）	36.78（星星科技）	
纺织服装	10	50.33	50.33（际华集团）	50.33（际华集团）	9	49.63	61.09（华升股份）	39.26（浙文影业）	
公用事业	113	46.45	66.44（南大环境）	33.31（华电能源）	73	48.96	68.39（建工修复）	36.94（粤电力A）	
国防军工	43	48.59	65.54（江航装备）	38.29（航发科技）	7	51.91	60.54（三角防务）	47.63（烽火电子）	
黑色金属	23	48.29	52.00（中信特钢）	42.06（八一钢铁）	14	47.45	63.98（杭钢股份）	35.40（西宁特钢）	
化工	101	48.20	67.71（中船汉光）	32.48（ST尤夫）	66	47.60	65.05（北элемент集团）	33.27（湖北宜化）	
机械设备	116	47.64	63.21（东方中科）	31.18（中集集团）	75	46.64	60.53（金明精机）	35.17（兰石重装）	
家用电器	12	36.54	36.54（深康佳A）	36.54（深康佳A）	11	44.99	56.54（四川九洲）	32.53（海立股份）	
建筑材料	76	49.60	61.23（中国海诚）	39.81（洛阳玻璃）	47	48.02	68.25（镇海股份）	36.57（粤水电）	
交通运输	81	51.10	73.21（海峡股份）	40.16（南方航空）	59	51.37	66.87（音飞储存）	35.12（江西长运）	
交运设备	51	51.63	65.45（林海股份）	39.02（神州高铁）	31	47.09	66.74（威帝股份）	32.98（申达股份）	
农林牧渔	30	48.90	56.81（北大荒）	39.49（隆平高科）	20	47.62	58.70（福建金森）	35.41（*ST华英）	
轻工制造	18	51.51	64.74（中国黄金）	46.85（*ST永林）	11	46.88	62.53（珠江钢琴）	32.77（山东华鹏）	
商业贸易	48	53.17	68.02（同达创业）	45.16（苏美达）	44	49.37	59.66（通程控股）	35.53（欧亚集团）	
食品饮料	34	44.37	54.28（酒鬼酒）	33.44（国投中鲁）	31	50.95	68.79（贵州茅台）	29.39（泉阳泉）	
信息服务	91	50.18	64.19（中科星图）	32.18（昂立教育）	60	48.96	64.84（天利科技）	34.04（ST网力）	
信息设备	34	47.61	61.98（东信和平）	34.14（高鸿股份）	16	47.58	69.59（广哈通信）	36.79（日海智能）	
医药生物	66	50.85	62.47（国新健康）	35.04（海南海药）	50	47.71	62.61（中红医疗）	31.49（莱美药业）	
有色金属	44	49.48	63.07（有研新材）	38.36（中国铝业）	26	48.25	59.87（西部黄金）	37.73（厦门钨业）	
综合	14	55.60	67.26（钢研纳克）	42.60（中信国安）	9	46.05	51.38（中新集团）	36.36（廊坊发展）	

数据来源：同花顺、中关村国睿金融与产业发展研究会。

以2020年资产资本结构系统健康指数排名前100名的上市公司为例，非国有控股上市公司有91家，国有控股上市公司9家，其中中央控股上市公司3家、地方政府控股上市公司6家。

国有控股上市公司资产资本结构系统健康指数前100名的上市公司如表11-17所示。

表11-17　　　　　　　国有控股上市公司资产资本结构系统健康指数前100名

排名	公司代码	公司名称	健康指数	一级行业_同花顺	产权性质
1	002320.SZ	海峡股份	73.21	交通运输	中央国有
2	688589.SH	力合微	70.78	电子	地方国有
3	300831.SZ	派瑞股份	70.49	电子	地方国有
4	300711.SZ	广哈通信	69.59	信息设备	地方国有
5	600519.SH	贵州茅台	68.79	食品饮料	地方国有
6	300958.SZ	建工修复	68.39	公用事业	地方国有
7	603637.SH	镇海股份	68.25	建筑材料	地方国有
8	600647.SH	同达创业	68.02	商业贸易	中央国有
9	300847.SZ	中船汉光	67.71	化工	中央国有
10	002912.SZ	中新赛克	67.37	信息设备	地方国有
11	603199.SH	九华旅游	67.31	餐饮旅游	地方国有
12	300797.SZ	钢研纳克	67.26	综合	中央国有
13	603066.SH	音飞储存	66.87	交通运输	地方国有
14	603023.SH	威帝股份	66.74	交运设备	地方国有
15	300864.SZ	南大环境	66.44	公用事业	中央国有
16	002507.SZ	涪陵榨菜	66.35	食品饮料	地方国有
17	000722.SZ	湖南发展	66.00	公用事业	地方国有
18	688586.SH	江航装备	65.54	国防军工	中央国有
19	600009.SH	上海机场	65.54	交通运输	地方国有
20	600099.SH	林海股份	65.45	交运设备	中央国有
21	600125.SH	铁龙物流	65.09	交通运输	中央国有
22	600495.SH	晋西车轴	65.07	交运设备	中央国有
23	601568.SH	北元集团	65.05	化工	地方国有
24	300399.SZ	天利科技	64.84	信息服务	地方国有
25	600916.SH	中国黄金	64.74	轻工制造	中央国有
26	002263.SZ	大东南	64.64	化工	地方国有
27	300516.SZ	久之洋	64.63	电子	中央国有
28	000557.SZ	西部创业	64.42	交通运输	地方国有
29	600585.SH	海螺水泥	64.35	建筑材料	地方国有
30	000655.SZ	金岭矿业	64.27	采掘	地方国有
31	688568.SH	中科星图	64.19	信息服务	中央国有
32	000096.SZ	广聚能源	64.17	化工	地方国有
33	600126.SH	杭钢股份	63.98	黑色金属	地方国有
34	601000.SH	唐山港	63.59	交通运输	地方国有
35	002819.SZ	东方中科	63.21	机械设备	中央国有
36	600206.SH	有研新材	63.07	有色金属	中央国有

续表

排名	公司代码	公司名称	健康指数	一级行业_同花顺	产权性质
37	603327.SH	福蓉科技	63.06	电子	地方国有
38	600730.SH	中国高科	62.97	综合	中央国有
39	002820.SZ	桂发祥	62.89	食品饮料	地方国有
40	003009.SZ	中天火箭	62.86	国防军工	中央国有
41	000985.SZ	大庆华科	62.77	化工	中央国有
42	600573.SH	惠泉啤酒	62.68	食品饮料	地方国有
43	300981.SZ	中红医疗	62.61	医药生物	地方国有
44	000552.SZ	靖远煤电	62.59	采掘	地方国有
45	601088.SH	中国神华	62.59	采掘	中央国有
46	600101.SH	明星电力	62.57	公用事业	中央国有
47	300927.SZ	江天化学	62.54	化工	地方国有
48	002678.SZ	珠江钢琴	62.53	轻工制造	地方国有
49	000503.SZ	国新健康	62.47	医药生物	中央国有
50	688571.SH	杭华股份	62.43	化工	地方国有
51	002110.SZ	三钢闽光	62.41	黑色金属	地方国有
52	603721.SH	中广天择	62.27	信息服务	地方国有
53	000819.SZ	岳阳兴长	62.27	化工	地方国有
54	601188.SH	龙江交通	62.16	交通运输	地方国有
55	000423.SZ	东阿阿胶	62.14	医药生物	中央国有
56	002935.SZ	天奥电子	62.03	国防军工	中央国有
57	600012.SH	皖通高速	62.00	交通运输	地方国有
58	002017.SZ	东信和平	61.98	信息设备	中央国有
59	600714.SH	金瑞矿业	61.98	化工	地方国有
60	601975.SH	招商南油	61.92	交通运输	中央国有
61	688569.SH	铁科轨道	61.78	交运设备	中央国有
62	300105.SZ	龙源技术	61.54	机械设备	中央国有
63	000762.SZ	西藏矿业	61.45	有色金属	中央国有
64	600722.SH	金牛化工	61.42	化工	地方国有
65	601888.SH	中国中免	61.39	餐饮旅游	中央国有
66	002232.SZ	启明信息	61.32	信息服务	中央国有
67	601698.SH	中国卫通	61.32	国防军工	中央国有
68	002116.SZ	中国海诚	61.23	建筑材料	中央国有
69	600156.SH	华升股份	61.09	纺织服装	地方国有
70	600650.SH	锦江在线	61.05	交通运输	地方国有
71	003031.SZ	中瓷电子	61.02	有色金属	中央国有
72	601098.SH	中南传媒	61.01	信息服务	地方国有
73	300620.SZ	光库科技	60.94	信息设备	地方国有
74	000915.SZ	华特达因	60.92	医药生物	地方国有
75	688505.SH	复旦张江	60.85	医药生物	地方国有
76	000519.SZ	中兵红箭	60.73	国防军工	中央国有

续表

排名	公司代码	公司名称	健康指数	一级行业_同花顺	产权性质
77	300073.SZ	当升科技	60.57	化工	中央国有
78	600824.SH	益民集团	60.55	纺织服装	地方国有
79	300775.SZ	三角防务	60.54	国防军工	地方国有
80	300281.SZ	金明精机	60.53	机械设备	地方国有
81	300770.SZ	新媒股份	60.51	信息服务	地方国有
82	600444.SH	国机通用	60.41	机械设备	中央国有
83	603648.SH	畅联股份	60.24	交通运输	地方国有
84	600088.SH	中视传媒	60.17	餐饮旅游	中央国有
85	600436.SH	片仔癀	60.10	医药生物	地方国有
86	002254.SZ	泰和新材	60.07	化工	地方国有
87	600897.SH	厦门空港	59.99	交通运输	地方国有
88	601069.SH	西部黄金	59.87	有色金属	地方国有
89	003013.SZ	地铁设计	59.84	建筑材料	地方国有
90	600161.SH	天坛生物	59.81	医药生物	中央国有
91	600980.SH	北矿科技	59.80	机械设备	中央国有
92	688037.SH	芯源微	59.79	机械设备	中央国有
93	600780.SH	通宝能源	59.78	公用事业	地方国有
94	605086.SH	龙高股份	59.77	采掘	地方国有
95	603927.SH	中科软	59.76	信息服务	中央国有
96	300183.SZ	东软载波	59.71	信息设备	地方国有
97	600153.SH	建发股份	59.70	交通运输	地方国有
98	603698.SH	航天工程	59.68	建筑材料	中央国有
99	603053.SH	成都燃气	59.67	公用事业	地方国有
100	300076.SZ	GQY视讯	59.67	电子	地方国有

数据来源：同花顺、中关村国睿金融与产业发展研究会。

11.2.8 内部控制系统

国有控股上市公司1115家，内部控制系统健康指数平均水平为81.28。其中，中央控股上市公司380家，内部控制系统健康指数平均水平为81.93；地方国有控股上市公司735家，内部控制系统健康指数平均水平为80.94。

在国有控股产权性质下，22个一级行业的上市公司数量和内部控制系统健康指数平均水平如表11-18所示：根据内部控制系统健康指数平均水平情况看，中央控股产权下，平均水平较高的行业分别是国防军工（85.17）、餐饮旅游（85.10）、纺织服装（84.03），平均水平较低的行业分别是家用电器（58.87）、信息设备（78.32）、食品饮料（78.95）；地方国有控股产权下，平均水平较高的行业分别是黑色金属（87.07）、国防军工（85.35）、采掘（83.90），平均水平较低的行业分别是纺织服装（74.01）、电子（76.21）、综合（77.73）。

第 11 章 中央控股和地方国有控股上市公司健康指数评价

表 11-18 不同产权性质下的上市公司内部控制系统健康指数情况

一级行业	行业上市公司数量（家）	中央控股				地方国有控股			
		平均水平	行业上市公司数量	行业最高	行业最低	平均水平	行业上市公司数量	行业最高	行业最低
采掘	41	82.71	13	92.76（中国神华）	69.52（攀钢钒钛）	83.90	28	94.15（山西焦煤）	66.22（龙高股份）
餐饮旅游	21	85.10	4	95.30（中国中免）	71.98（中视传媒）	81.58	17	93.17（全聚德）	62.48（张家界）
电子	48	79.55	17	88.64（深天马A）	60.32（紫光国微）	76.21	31	86.91（华灿光电）	60.05（沪硅产业）
纺织服装	10	84.03	1	84.03（际华集团）	84.03（际华集团）	74.01	9	82.04（上海三毛）	68.79（孚日股份）
公用事业	113	82.93	40	93.95（节能风电）	69.60（节能国祯）	81.81	73	94.44（瀚蓝环境）	57.06（北清环能）
国防军工	43	85.17	36	95.80（中国卫通）	63.93（江航装备）	85.35	7	92.26（新余国科）	79.18（长城军工）
黑色金属	23	82.05	9	91.01（八一钢铁）	70.18（新兴铸管）	87.07	14	94.11（杭钢股份）	72.96（本钢板材）
化工	101	82.39	35	93.55（中国巨石）	63.18（泰山石油）	79.93	66	97.28（北元集团）	54.57（大东南）
机械设备	116	81.62	41	92.33（国电南瑞）	68.71（银宝山新）	79.02	75	92.91（运达股份）	46.50（新风光）
家用电器	12	58.87	1	58.87（深康佳A）	58.87（深康佳A）	81.42	11	91.87（海信视像）	71.48（秀强股份）
建筑材料	76	82.79	29	90.86（西部建设）	68.32（中钢国际）	82.24	47	93.31（镇海股份）	71.84（海南发展）
交通运输	81	82.40	22	93.78（海峡股份）	71.13（中国东航）	83.15	59	96.92（宁沪高速）	68.73（申华控股）
交运设备	51	81.51	20	92.81（晋西车轴）	68.28（众合科技）	79.39	31	91.31（一汽富维）	65.62（丰乐种业）
农林牧渔	30	80.38	10	89.45（中牧股份）	71.14（隆平高科）	82.62	20	89.13（苏垦农发）	58.66（丰乐种业）
轻工制造	18	80.89	7	92.95（岳阳林纸）	65.81（*ST永林）	80.44	11	85.95（恒丰纸业）	71.62（民丰特纸）
商业贸易	48	81.73	4	95.09（天虹股份）	74.03（同达创业）	82.42	44	94.16（华联股份）	64.83（*ST跨境）
食品饮料	34	78.95	3	80.82（国投中鲁）	77.02（酒鬼酒）	80.50	31	90.46（燕京啤酒）	69.60（桂发祥）
信息服务	91	81.62	31	88.72（华东电脑）	62.12（昂立教育）	80.31	60	92.76（数据港）	62.72（唐德影视）
信息设备	34	78.32	18	94.34（康拓红外）	64.54（天喻信息）	82.04	16	90.29（广电运通）	70.52（汇金股份）
医药生物	66	81.23	16	90.95（迪瑞医疗）	58.28（海南海药）	80.58	50	94.50（卫光生物）	63.88（中红医疗）
有色金属	44	80.10	18	90.86（云铝股份）	54.24（有研粉材）	80.38	26	91.34（锡业股份）	64.80（*ST金贵）
综合	14	82.66	5	93.23（钢研纳克）	74.90（中金辐照）	77.73	9	86.59（中新集团）	65.80（*ST博信）

数据来源：同花顺、中关村国睿金融与产业发展研究会。

以 2020 年内部控制系统健康指数排名前 100 名的上市公司为例，非国有控股上市公司仅有 72 家，国有控股上市公司 28 家，其中中央控股上市公司 10 家、地方政府控股上市公司 18 家。

国有控股上市公司内部控制系统健康指数前 100 名的上市公司如表 11-19 所示。

表 11-19　　　　　　　　国有控股上市公司内部控制系统健康指数前 100 名

排名	公司代码	公司名称	健康指数	一级行业_同花顺	产权性质
1	601568.SH	北元集团	97.28	化工	地方国有
2	600377.SH	宁沪高速	96.92	交通运输	地方国有
3	601698.SH	中国卫通	95.80	国防军工	中央国有
4	601888.SH	中国中免	95.30	餐饮旅游	中央国有
5	002419.SZ	天虹股份	95.09	商业贸易	中央国有
6	600012.SH	皖通高速	95.04	交通运输	地方国有
7	002880.SZ	卫光生物	94.50	医药生物	地方国有
8	600323.SH	瀚蓝环境	94.44	公用事业	地方国有
9	600461.SH	洪城环境	94.43	公用事业	地方国有
10	300455.SZ	康拓红外	94.34	信息设备	中央国有
11	000882.SZ	华联股份	94.16	商业贸易	地方国有
12	000983.SZ	山西焦煤	94.15	采掘	地方国有
13	600126.SH	杭钢股份	94.11	黑色金属	地方国有
14	601016.SH	节能风电	93.95	公用事业	中央国有
15	601699.SH	潞安环能	93.85	采掘	地方国有
16	002267.SZ	陕天然气	93.83	公用事业	地方国有
17	002320.SZ	海峡股份	93.78	交通运输	中央国有
18	600985.SH	淮北矿业	93.77	采掘	地方国有
19	600009.SH	上海机场	93.73	交通运输	地方国有
20	600176.SH	中国巨石	93.55	化工	中央国有
21	603637.SH	镇海股份	93.31	建筑材料	地方国有
22	002110.SZ	三钢闽光	93.30	黑色金属	地方国有
23	600426.SH	华鲁恒升	93.23	化工	地方国有
24	300797.SZ	钢研纳克	93.23	综合	中央国有
25	600628.SH	新世界	93.17	商业贸易	地方国有
26	002186.SZ	全聚德	93.17	餐饮旅游	地方国有
27	600963.SH	岳阳林纸	92.95	轻工制造	中央国有
28	300772.SZ	运达股份	92.91	机械设备	地方国有
29	002091.SZ	江苏国泰	92.88	商业贸易	地方国有
30	600723.SH	首商股份	92.87	商业贸易	地方国有
31	600795.SH	国电电力	92.81	公用事业	中央国有
32	600495.SH	晋西车轴	92.81	交运设备	中央国有
33	601088.SH	中国神华	92.76	采掘	中央国有
34	603881.SH	数据港	92.76	信息服务	地方国有

续表

排名	公司代码	公司名称	健康指数	一级行业_同花顺	产权性质
35	600879.SH	航天电子	92.72	国防军工	中央国有
36	002643.SZ	万润股份	92.70	化工	中央国有
37	600782.SH	新钢股份	92.69	黑色金属	地方国有
38	300621.SZ	维业股份	92.66	建筑材料	地方国有
39	600098.SH	广州发展	92.57	公用事业	地方国有
40	601965.SH	中国汽研	92.54	交运设备	中央国有
41	000738.SZ	航发控制	92.48	国防军工	中央国有
42	600486.SH	扬农化工	92.48	化工	中央国有
43	000800.SZ	一汽解放	92.44	交运设备	中央国有
44	000881.SZ	中广核技	92.42	化工	中央国有
45	000498.SZ	山东路桥	92.38	建筑材料	地方国有
46	600502.SH	安徽建工	92.37	建筑材料	地方国有
47	600033.SH	福建高速	92.34	交通运输	地方国有
48	600406.SH	国电南瑞	92.33	机械设备	中央国有
49	600428.SH	中远海特	92.29	交通运输	中央国有
50	300722.SZ	新余国科	92.26	国防军工	地方国有
51	600348.SH	华阳股份	92.15	采掘	地方国有
52	600992.SH	贵绳股份	92.14	机械设备	地方国有
53	601101.SH	昊华能源	92.06	采掘	地方国有
54	600060.SH	海信视像	91.87	家用电器	地方国有
55	600075.SH	新疆天业	91.86	化工	地方国有
56	600039.SH	四川路桥	91.78	建筑材料	地方国有
57	003013.SZ	地铁设计	91.75	建筑材料	地方国有
58	300114.SZ	中航电测	91.67	机械设备	中央国有
59	300895.SZ	铜牛信息	91.58	信息服务	地方国有
60	002125.SZ	湘潭电化	91.54	化工	地方国有
61	603108.SH	润达医疗	91.53	医药生物	地方国有
62	600475.SH	华光环能	91.48	机械设备	地方国有
63	002644.SZ	佛慈制药	91.48	医药生物	地方国有
64	000582.SZ	北部湾港	91.38	交通运输	地方国有
65	002025.SZ	航天电器	91.37	国防军工	中央国有
66	000960.SZ	锡业股份	91.34	有色金属	地方国有
67	600742.SH	一汽富维	91.31	交运设备	地方国有
68	002627.SZ	宜昌交运	91.30	交通运输	地方国有
69	000791.SZ	甘肃电投	91.21	公用事业	地方国有
70	600482.SH	中国动力	91.15	国防军工	中央国有
71	002389.SZ	航天彩虹	91.07	国防军工	中央国有
72	002092.SZ	中泰化学	91.01	化工	地方国有

续表

排名	公司代码	公司名称	健康指数	一级行业_同花顺	产权性质
73	600581.SH	八一钢铁	91.01	黑色金属	中央国有
74	600917.SH	重庆燃气	91.01	公用事业	地方国有
75	002573.SZ	清新环境	90.97	公用事业	地方国有
76	300396.SZ	迪瑞医疗	90.95	医药生物	中央国有
77	000400.SZ	许继电气	90.92	机械设备	中央国有
78	002109.SZ	兴化股份	90.88	化工	地方国有
79	600170.SH	上海建工	90.86	建筑材料	地方国有
80	000807.SZ	云铝股份	90.86	有色金属	中央国有
81	002302.SZ	西部建设	90.86	建筑材料	中央国有
82	000682.SZ	东方电子	90.86	机械设备	地方国有
83	600980.SH	北矿科技	90.75	机械设备	中央国有
84	600511.SH	国药股份	90.72	医药生物	中央国有
85	003009.SZ	中天火箭	90.71	国防军工	中央国有
86	600886.SH	国投电力	90.70	公用事业	中央国有
87	600022.SH	山东钢铁	90.69	黑色金属	地方国有
88	600967.SH	内蒙一机	90.66	国防军工	中央国有
89	601827.SH	三峰环境	90.66	公用事业	地方国有
90	000665.SZ	湖北广电	90.61	信息服务	地方国有
91	000591.SZ	太阳能	90.51	公用事业	中央国有
92	600758.SH	辽宁能源	90.50	采掘	地方国有
93	002039.SZ	黔源电力	90.48	公用事业	中央国有
94	000729.SZ	燕京啤酒	90.46	食品饮料	地方国有
95	600489.SH	中金黄金	90.45	有色金属	中央国有
96	600436.SH	片仔癀	90.37	医药生物	地方国有
97	002246.SZ	北化股份	90.36	化工	中央国有
98	600010.SH	包钢股份	90.32	黑色金属	地方国有
99	000547.SZ	航天发展	90.30	国防军工	中央国有
100	600893.SH	航发动力	90.30	国防军工	中央国有

数据来源：同花顺、中关村国睿金融与产业发展研究会。

第五篇

中国上市公司健康指数
——重点产业链篇

第12章
芯片产业链上市公司健康指数评价

在《"十四五"规划和2035年远景目标纲要》的第十五章《打造数字经济新优势》中提到:"充分发挥海量数据和丰富应用场景优势,促进数字技术与实体经济深度融合,赋能传统产业转型升级,催生新产业新业态新模式,壮大经济发展新引擎。"在加强关键数字技术创新应用方面,规划指出"聚焦高端芯片……等关键领域,加快推进基础理论、基础算法、装备材料等研发突破与迭代应用",从国家发展的高度将推动芯片产业的发展。

芯片是信息社会的基石,我国数字经济快速发展,为芯片产业发展提供了非常广阔的市场。工业和信息化部党组成员、总工程师、新闻发言人田玉龙表示:总体来看,我国芯片产业链发展面临机遇,也面临挑战,需要在全球范围内加强合作,共同打造芯片产业链,使其更加健康可持续发展。

基于上市公司2020年的公开数据,以及对芯片产业链的梳理,对86家芯片产业链上市公司健康指数进行计算,从而得到中国芯片产业链上市公司的整体健康情况。

12.1 芯片产业链上市公司综合健康指数评价

目前报告分析的芯片产业链中共包含86家上市公司,分布在芯片产业链中6个关键节点中,包括芯片封装测试、芯片代工、芯片设计、芯片IP核设计、半导体设备、半导体材料。报告没有分析芯片应用方面的产业节点,仅聚焦于芯片密切相关的产业链节点中[1],更能真实反映我国芯片产业链的实际情况。

2020年芯片产业链上市公司综合健康指数平均水平为63.04,平均水平以上的公司有46家。

12.1.1 芯片产业链上市公司综合健康指数情况

芯片产业链中的86家上市公司在产业链中的分布情况如图12-1所示。

---

[1] 其他上市公司可能开展芯片相关业务,但芯片产业链相关业务收入未达到总收入的20%也没有统计在内。同时对于芯片下游大量应用方面的上市公司也不做分析。

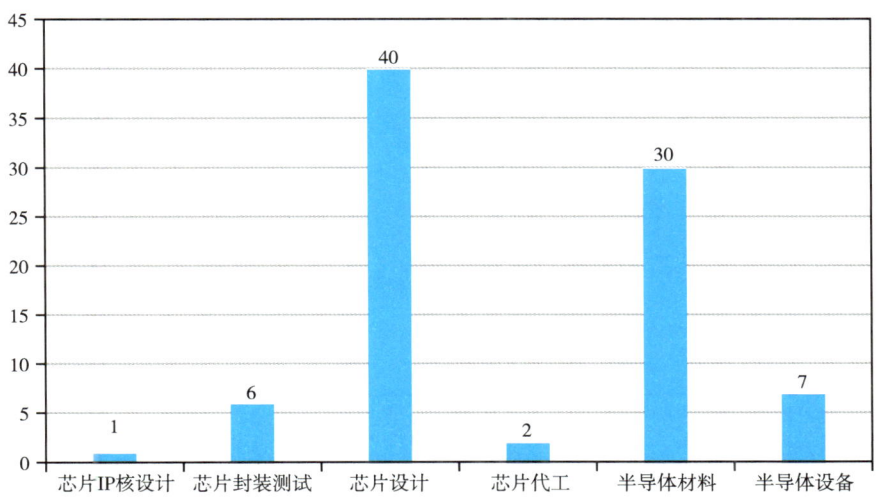

图12-1 芯片产业链上下游上市公司分布情况

产业链节点中，芯片封装测试的上市公司有6家、芯片代工的上市公司有2家、芯片设计的上市公司有40家、芯片IP核设计的上市公司有1家、半导体设备的上市公司有7家、半导体材料的上市公司有30家，共86家。

从整体上看，芯片产业链中所有上市公司的健康指数情况如图12-2所示：综合健康指数为63.04，内部控制系统健康指数为78.35，外部监督系统健康指数为74.22，创利能力系统健康指数为55.50，产品销售系统健康指数为49.15，竞争态势系统健康指数为52.06，价值再造系统健康指数为54.63，法人治理系统健康指数为70.20，资产资本结构系统健康指数为56.23。

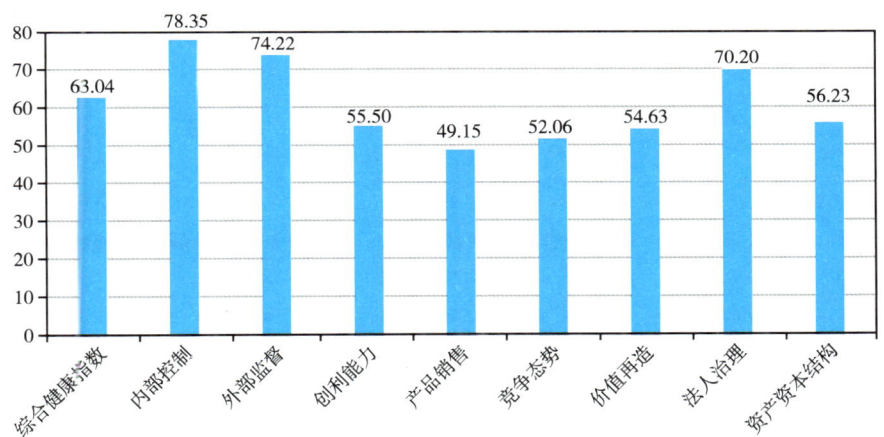

图12-2 芯片产业链上市公司综合健康指数和各系统健康指数平均水平情况

从各个产业链节点看，各节点上市公司综合健康指数的平均水平情况如图12-3所示。

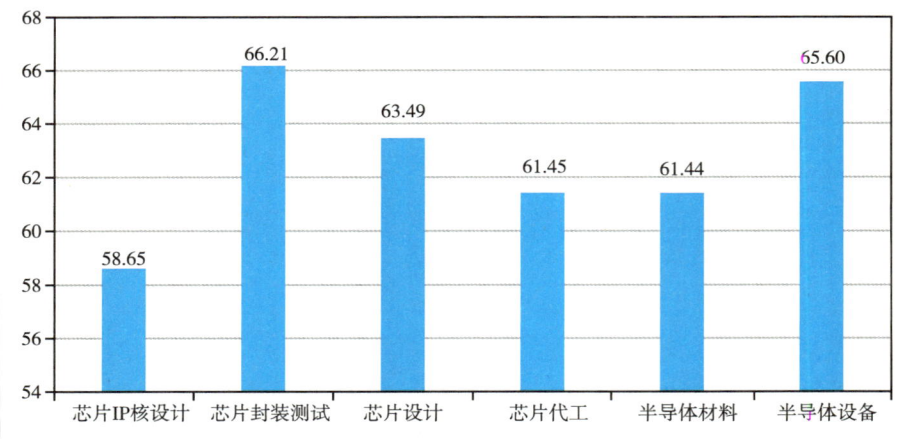

图12-3　芯片产业链上下游各节点上市公司平均综合健康指数

在6个产业链节点的上市公司综合健康指数平均水平方面,芯片封装测试(66.21)最高,其次是半导体设备(65.60)、芯片设计(63.49),芯片IP核设计(58.65)节点上市公司平均综合健康指数最低。

芯片产业链中的86家上市公司在产业链各节点上具有代表性的上市公司有(综合健康指数排名前3):芯片封装测试的上市公司有深科技(72.78)、晶方科技(69.85)、华天科技(68.00);芯片代工的上市公司有赛微电子(64.42)、中芯国际(58.48);芯片IP核设计的上市公司有芯原股份(58.65);半导体设备的上市公司有华峰测控(69.62)、北方华创(68.46)、中微公司(66.93);半导体材料的上市公司有晶盛机电(70.37)、三安光电(66.70)、杨杰科技(66.57);芯片设计的上市公司有卓胜微(72.16)、韦尔股份(71.04)、上海贝岭(70.58)。

12.1.2　芯片产业链上市公司综合健康指数全排名

芯片产业链86家上市公司中,综合健康指数全排名如表12-1所示。

表12-1　芯片产业链上市公司综合健康指数全排名

排名	产业链节点	公司代码	公司名称	综合健康指数	一级行业_同花顺	一级行业_同花顺_综合排名
1	芯片封装测试	000021.SZ	深科技	72.78	信息设备	4/157
2	芯片设计	300782.SZ	卓胜微	72.16	电子	3/321
3	芯片设计	603501.SH	韦尔股份	71.04	电子	6/321
4	芯片设计	600171.SH	上海贝岭	70.58	电子	11/321
5	半导体材料	300316.SZ	晶盛机电	70.37	机械设备	29/637
6	芯片封装测试	603005.SH	晶方科技	69.85	电子	17/321
7	芯片设计	603893.SH	瑞芯微	69.77	电子	19/321
8	半导体设备	688200.SH	华峰测控	69.62	机械设备	42/637
9	芯片设计	300327.SZ	中颖电子	69.10	电子	28/321
10	芯片设计	300661.SZ	圣邦股份	68.54	电子	32/321
11	芯片设计	600745.SH	闻泰科技	68.51	电子	33/321
12	半导体设备	002371.SZ	北方华创	68.46	电子	35/321

续表

排名	产业链节点	公司代码	公司名称	综合健康指数	一级行业_同花顺	一级行业_同花顺_综合排名
13	芯片设计	300183.SZ	东软载波	68.41	信息设备	21/157
14	芯片设计	688099.SH	晶晨股份	68.35	电子	37/321
15	芯片封装测试	002185.SZ	华天科技	68.00	电子	40/321
16	芯片封装测试	002156.SZ	通富微电	67.78	电子	44/321
17	芯片设计	300458.SZ	全志科技	67.60	电子	47/321
18	芯片设计	603160.SH	汇顶科技	67.32	电子	51/321
19	半导体设备	688012.SH	中微公司	66.93	机械设备	100/637
20	半导体材料	600703.SH	三安光电	66.70	电子	60/321
21	半导体材料	300373.SZ	扬杰科技	66.57	电子	61/321
22	半导体材料	603650.SH	彤程新材	66.37	化工	79/388
23	芯片设计	688008.SH	澜起科技	66.19	电子	68/321
24	半导体材料	002409.SZ	雅克科技	65.65	电子	76/321
25	芯片设计	002079.SZ	苏州固锝	65.45	电子	80/321
26	芯片设计	603986.SH	兆易创新	65.44	电子	81/321
27	半导体设备	600641.SH	万业企业	65.38	房地产	39/125
28	半导体材料	688019.SH	安集科技	64.85	电子	90/321
29	半导体设备	300604.SZ	长川科技	64.74	机械设备	167/637
30	芯片设计	688368.SH	晶丰明源	64.64	电子	94/321
31	半导体设备	300567.SZ	精测电子	64.54	机械设备	179/637
32	芯片设计	688396.SH	华润微	64.50	电子	97/321
33	芯片代工	300456.SZ	赛微电子	64.42	电子	99/321
34	半导体材料	600206.SH	有研新材	64.35	有色金属	51/137
35	芯片设计	688508.SH	芯朋微	64.20	电子	102/321
36	半导体材料	300236.SZ	上海新阳	64.20	化工	136/388
37	芯片设计	300613.SZ	富瀚微	64.01	电子	107/321
38	芯片设计	688123.SH	聚辰股份	63.92	电子	109/321
39	芯片设计	688595.SH	芯海科技	63.86	电子	110/321
40	芯片设计	688002.SH	睿创微纳	63.66	电子	116/321
41	半导体材料	688106.SH	金宏气体	63.60	化工	156/388
42	芯片设计	002049.SZ	紫光国微	63.26	电子	125/321
43	半导体材料	300398.SZ	飞凯材料	63.24	化工	170/388
44	芯片封装测试	600584.SH	长电科技	63.15	电子	127/321
45	芯片设计	688018.SH	乐鑫科技	63.07	电子	132/321
46	芯片设计	300474.SZ	景嘉微	63.06	国防军工	38/80
47	芯片设计	600460.SH	士兰微	62.94	电子	138/321
48	芯片设计	300223.SZ	北京君正	62.90	电子	139/321
49	半导体材料	605358.SH	立昂微	62.86	电子	140/321
50	芯片设计	688608.SH	恒玄科技	62.70	电子	143/321
51	半导体材料	688268.SH	华特气体	62.54	化工	194/388
52	半导体材料	300285.SZ	国瓷材料	62.38	有色金属	69/137
53	芯片设计	688536.SH	思瑞浦	62.10	电子	152/321
54	半导体材料	603931.SH	格林达	61.96	化工	212/388

续表

排名	产业链节点	公司代码	公司名称	综合健康指数	一级行业_同花顺	一级行业_同花顺_综合排名
55	芯片设计	300101.SZ	振芯科技	61.22	国防军工	47/80
56	半导体材料	688233.SH	神工股份	61.09	电子	170/321
57	半导体材料	300576.SZ	容大感光	60.93	化工	237/388
58	芯片设计	603068.SH	博通集成	60.87	电子	175/321
59	芯片设计	300672.SZ	国科微	60.54	电子	182/321
60	芯片设计	688699.SH	明微电子	60.36	电子	184/321
61	半导体材料	300323.SZ	华灿光电	60.32	电子	186/321
62	芯片设计	300671.SZ	富满电子	60.23	电子	188/321
63	半导体材料	688138.SH	清溢光电	60.15	电子	189/321
64	半导体材料	300666.SZ	江丰电子	60.14	电子	190/321
65	半导体材料	003026.SZ	中晶科技	59.98	电子	193/321
66	半导体材料	688126.SH	沪硅产业	59.83	电子	199/321
67	半导体材料	300346.SZ	南大光电	59.62	电子	205/321
68	半导体设备	688037.SH	芯源微	59.56	机械设备	401/637
69	半导体材料	300655.SZ	晶瑞股份	59.41	化工	279/388
70	半导体材料	605376.SH	博迁新材	59.17	有色金属	95/137
71	半导体材料	002119.SZ	康强电子	58.96	电子	221/321
72	半导体材料	300054.SZ	鼎龙股份	58.93	化工	289/388
73	芯片设计	300042.SZ	朗科科技	58.92	信息设备	109/157
74	芯片IP核设计	688521.SH	芯原股份	58.65	电子	228/321
75	芯片代工	688981.SH	中芯国际	58.48	电子	232/321
76	半导体材料	603078.SH	江化微	57.93	化工	305/388
77	芯片设计	688589.SH	力合微	56.73	电子	256/321
78	芯片设计	688689.SH	银河微电	56.43	电子	259/321
79	芯片设计	688256.SH	寒武纪	56.39	电子	262/321
80	芯片设计	300123.SZ	亚光科技	56.21	国防军工	69/80
81	芯片封装测试	688135.SH	利扬芯片	55.69	电子	275/321
82	半导体材料	300706.SZ	阿石创	55.25	电子	281/321
83	芯片设计	688313.SH	仕佳光子	54.94	信息设备	142/157
84	半导体材料	300077.SZ	国民技术	53.73	电子	293/321
85	半导体材料	300102.SZ	乾照光电	52.25	电子	302/321
86	芯片设计	300139.SZ	晓程科技	49.62	电子	312/321

数据来源：同花顺、中关村国睿金融与产业发展研究会。

12.2 芯片产业链上市公司8大系统健康指数评价

在对2020年芯片产业链上市公司综合健康指数总体分析的基础上，报告进一步分析了86家芯片产业链上市公司在8大系统方面的健康指数情况。

12.2.1 法人治理系统

根据2020年披露年报、公告和其他数据，芯片产业链上86家中国上市公司法人治理系统健康指数平均水平为70.20，平均水平以上的上市公司有46家。

芯片产业链中法人治理系统健康指数排名前10的上市公司分别是深科技（86.76）、上海贝岭（82.93）、晶盛机电（80.84）、有研新材（80.08）、上海新阳（79.74）、容大感光（78.55）、北方华创（76.47）、扬杰科技（76.03）、卓胜微（75.94）、华峰测控（75.49）。

从产业链各节点上市公司法人治理系统健康指数的平均水平情况如图12-4所示。

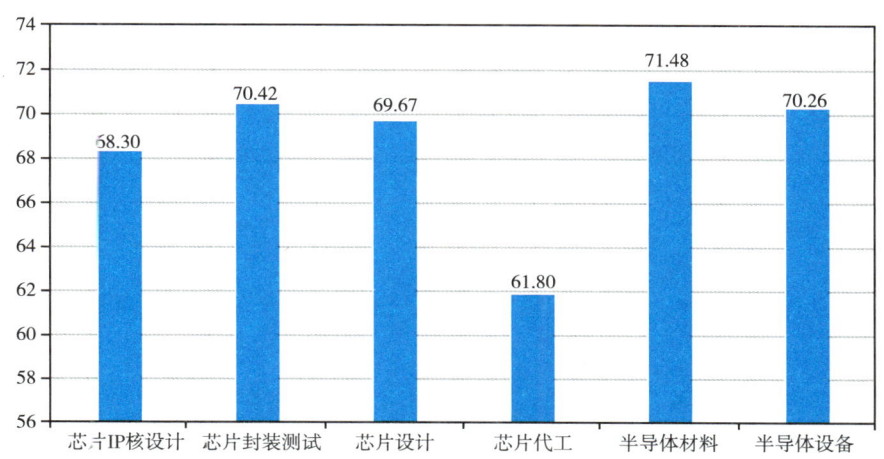

图12-4　芯片产业链各节点上市公司法人治理系统健康指数平均水平情况

在6个产业链节点的上市公司法人治理系统健康指数平均水平最高的是半导体材料（71.48）、最低的是芯片代工（61.80）。

从产业链上下游各节点来看，芯片产业链中的86家上市公司在各节点上的代表性的公司，法人治理系统健康指数排名前3的分别是：

芯片产业链中的86家上市公司在产业链上下游各节点上具有代表性的公司有（法人治理系统健康指数排名前3）：芯片封装测试的上市公司有深科技（86.76）、华天科技（74.90）、通富微电（74.12）；芯片代工的上市公司有赛微电子（72.59）、中芯国际（51.01）；芯片IP核设计的上市公司有芯原股份（68.30）；半导体设备的上市公司有北方华创（76.47）、华峰测控（75.49）、芯源微（69.41）；半导体材料的上市公司有晶盛机电（80.84）、有研新材（80.08）、上海新阳（79.74）；芯片设计的上市公司有上海贝岭（82.93）、卓胜微（75.94）、思瑞浦（75.07）。

12.2.2　外部监督系统

根据2020年披露年报、公告和其他数据，芯片产业链上86家中国上市公司外部监督系统健康指数平均水平为74.22，平均水平以上的上市公司有48家。

在外部监督系统方面表现最好的十家上市公司分别是深科技（90.34）、华润微（89.94）、卓胜微（89.70）、华峰测控（86.96）、北方华创（86.25）、晶晨股份（85.91）、通富微电（85.86）、思瑞浦（85.61）、三安光电（85.51）、立昂微（85.47）。

从产业链各节点上市公司外部监督系统健康指数的平均水平情况如图12-5所示。

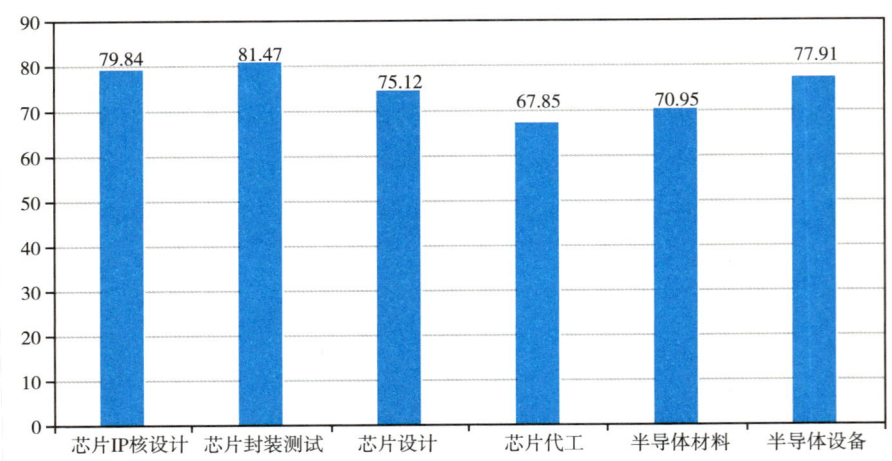

图12-5 芯片产业链各节点上市公司外部监督系统健康指数平均水平情况

芯片产业链上，外部监督系统健康指数平均水平最高的节点为芯片封装测试（81.47），最低的节点是芯片代工（67.85）。

从产业链上下游各节点来看，芯片产业链中的86家上市公司在各节点上的代表性的公司，外部监督系统健康指数排名前3的分别是：

芯片产业链中的86家上市公司在产业链上下游各节点上具有代表性的公司有（外部监督系统健康指数排名前3）：芯片封装测试的上市公司有深科技（90.34）、通富微电（85.86）、晶方科技（81.85）；芯片代工的上市公司有中芯国际（73.23）、赛微电子（62.47）；芯片IP核设计的上市公司有芯原股份（79.84）；半导体设备的上市公司有华峰测控（86.96）、北方华创（86.25）、中微公司（81.10）；半导体材料的上市公司有三安光电（85.51）、立昂微（85.47）、晶盛机电（84.36）；芯片设计的上市公司有华润微（88.94）、卓胜微（89.70）、晶晨股份（85.91）。

12.2.3 创利能力系统

根据2020年披露年报、公告和其他数据，芯片产业链上86家中国上市公司创利能力系统健康指数平均水平为55.50，平均水平以上的上市公司有46家。

在创利能力系统方面表现最好的十家上市公司分别是卓胜微（79.61）、中颖电子（77.13）、华峰测控（75.31）、睿创微纳（72.70）、东软载波（71.46）、聚辰股份（70.99）、圣邦股份（70.68）、紫光国微（69.79）、澜起科技（69.46）、彤程新材（69.05）。

从产业链各节点上市公司创利能力系统健康指数的平均水平情况如图12-6所示。

芯片产业链上，创利能力系统健康指数平均水平最高的节点为半导体设备（59.88），最低的节点是芯片IP核设计（39.50）。

从产业链上下游各节点来看，芯片产业链中的86家上市公司在各节点上的代表性的公司，创利能力系统健康指数排名前3的分别是：

芯片产业链中的86家上市公司在产业链上下游各节点上具有代表性的公司有（创利能力系统

健康指数排名前3）：芯片封装测试的上市公司有晶方科技（62.32）、深科技（60.86）、长电科技（52.81）；芯片代工的上市公司有赛微电子（60.41）、中芯国际（54.07）；芯片IP核设计的上市公司有芯原股份（39.50）；半导体设备的上市公司有华峰测控（75.31）、万业企业（63.60）、中微公司（62.52）；半导体材料的上市公司有彤程新材（69.05）、扬杰科技（67.38）、安集科技（65.28）；芯片设计的上市公司有卓胜微（79.61）、中颖电子（77.13）、睿创微纳（72.70）。

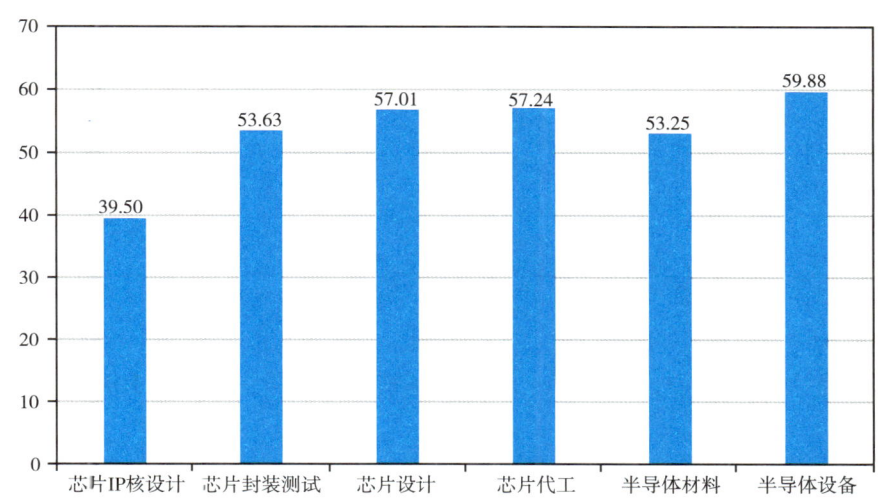

图12-6　芯片产业链各节点上市公司创利能力系统健康指数平均水平情况

12.2.4　竞争态势系统

根据2020年披露年报、公告和其他数据，芯片产业链上86家中国上市公司竞争态势系统健康指数平均水平为52.06，平均水平以上的上市公司有46家。

在竞争态势系统方面表现最好的十家上市公司分别是北方华创（74.04）、士兰微（72.96）、闻泰科技（67.33）、兆易创新（66.79）、华润微（66.72）、上海贝岭（66.69）、北京君正（66.24）、精测电子（65.75）、东软载波（65.40）、三安光电（65.15）。

从产业链各节点上市公司竞争态势系统健康指数的平均水平情况如图12-7所示。

芯片产业链上，竞争态势系统健康指数平均水平最高的节点为芯片IP核设计（61.60），最低的节点是半导体材料（48.48）。

从产业链上下游各节点来看，芯片产业链中的86家上市公司在各节点上的代表性的公司，竞争态势系统健康指数排名前3的分别是：

芯片产业链中的86家上市公司在产业链上下游各节点上具有代表性的公司有（竞争态势系统健康指数排名前3）：芯片封装测试的上市公司有华天科技（62.75）、通富微电（59.78）、长电科技（58.62）；芯片代工的上市公司有中芯国际（60.27）、赛微电子（51.75）；芯片IP核设计的上市公司有芯原股份（61.60）；半导体设备的上市公司有北方华创（74.04）、精测电子（65.75）、长川科技（62.91）；半导体材料的上市公司有三安光电（65.15）、鼎龙股份（64.02）、扬杰科技（63.34）；芯片设计的上市公司有士兰微（72.96）、闻泰科技（67.33）、兆易创新（66.79）。

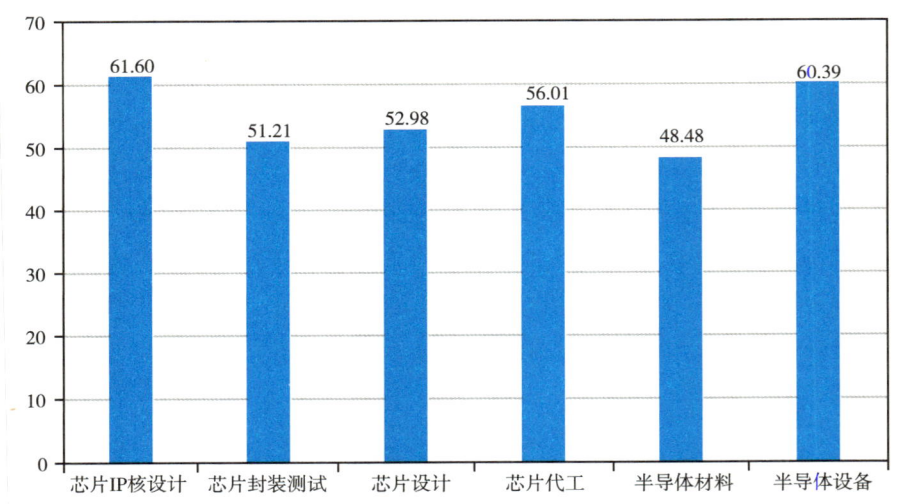

图12-7 芯片产业链各节点上市公司竞争态势系统健康指数平均水平情况

12.2.5 产品销售系统

根据2020年披露年报、公告和其他数据，芯片产业链上86家中国上市公司产品销售系统健康指数平均水平为49.15，平均水平以上的上市公司有41家。

在产品销售系统方面表现最好的十家上市公司分别是韦尔股份（73.59）、通富微电（72.02）、闻泰科技（71.14）、长电科技（69.37）、华润微（69.34）、中芯国际（74.64）、华天科技（67.96）、晶盛机电（67.63）、深科技（66.21）、康强电子（64.84）。

从产业链各节点上市公司产品销售系统健康指数的平均水平情况如图12-8所示。

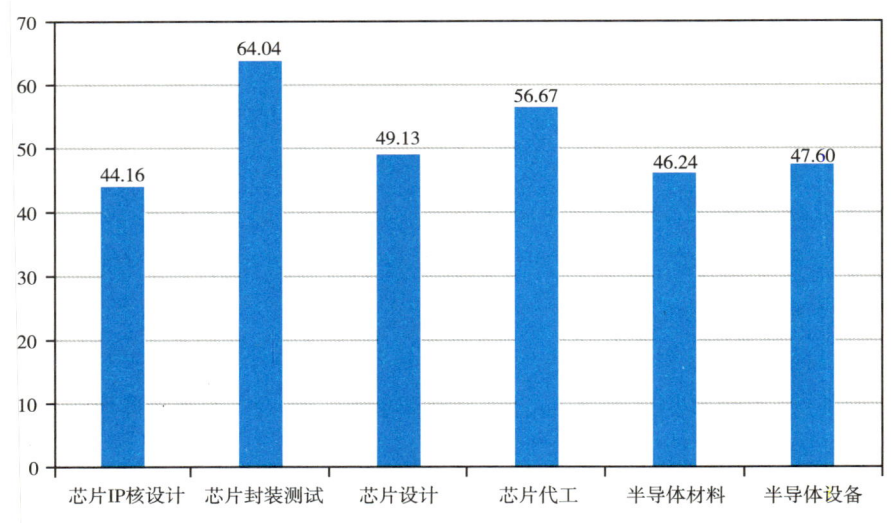

图12-8 芯片产业链各节点上市公司产品销售系统健康指数平均水平情况

芯片产业链上,产品销售系统健康指数平均水平最高的节点为芯片封装测试(64.04),最低的节点是芯片IP核设计(44.16)。

从产业链上下游各节点来看,芯片产业链中的86家上市公司在各节点上的代表性的公司,产品销售系统健康指数排名前3的分别是:

芯片产业链中的86家上市公司在产业链上下游各节点上具有代表性的公司有(产品销售系统健康指数排名前3):芯片封装测试的上市公司有通富微电(72.02)、长电科技(69.37)、华天科技(67.96);芯片代工的上市公司有中芯国际(68.48)、赛微电子(44.87);芯片IP核设计的上市公司有芯原股份(44.16);半导体设备的上市公司有万业企业(59.43)、精测电子(55.68)、中微公司(53.37);半导体材料的上市公司有晶盛机电(67.63)、康强电子(64.84)、有研新材(60.68);芯片设计的上市公司有韦尔股份(73.59)、闻泰科技(71.14)、华润微(69.34)。

12.2.6 价值再造系统

根据2020年披露年报、公告和其他数据,芯片产业链上86家中国上市公司价值再造系统健康指数平均水平为54.63,平均水平以上的上市公司有44家。

在价值再造系统方面表现最好的十家上市公司分别是上海贝岭(74.99)、长川科技(72.04)、深科技(70.89)、晶方科技(69.90)、晶晨股份(69.57)、赛微电子(69.35)、闻泰科技(67.67)、振芯科技(66.56)、中微公司(66.50)、韦尔股份(66.24)。

从产业链各节点上市公司价值再造系统健康指数的平均水平情况如图12-9所示。

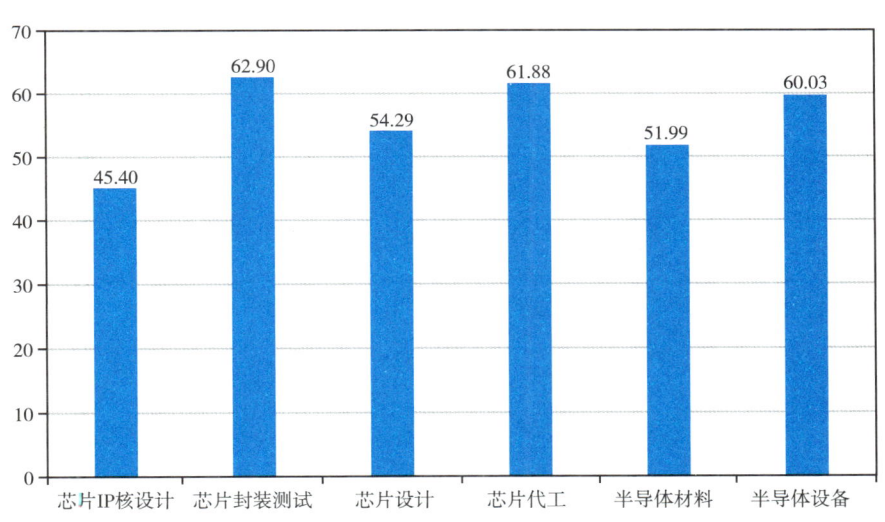

图12-9 芯片产业链各节点上市公司价值再造系统健康指数平均水平情况

芯片产业链上,价值再造系统健康指数平均水平最高的节点为芯片封装测试(62.90),最低的节点是芯片IP核设计(45.40)。

从产业链上下游各节点来看,芯片产业链中的86家上市公司在各节点上的代表性的公司,价值再造系统健康指数排名前3的分别是:

芯片产业链中的86家上市公司在产业链上下游各节点上具有代表性的公司有（价值再造系统健康指数排名前3）：芯片封装测试的上市公司有深科技（70.89）、晶方科技（69.90）、华天科技（65.88）；芯片代工的上市公司有赛微电子（69.35）、中芯国际（54.41）；芯片IP核设计的上市公司有芯原股份（45.40）；半导体设备的上市公司有长川科技（72.04）、中微公司（66.50）、万业企业（64.61）；半导体材料的上市公司有上海新阳（61.66）、三安光电（61.42）、飞凯材料（59.36）；芯片设计的上市公司有上海贝岭（74.99）、晶晨股份（69.57）、闻泰科技（67.67）。

12.2.7 资产资本结构系统

根据2020年披露年报、公告和其他数据，芯片产业链上86家中国上市公司资产资本结构系统健康指数平均水平为56.23，平均水平以上的上市公司有45家。

在资产资本结构系统方面表现最好的十家上市公司分别是澜起科技（73.73）、卓胜微（74.48）、思瑞浦（72.42）、芯海科技（71.09）、力合微（70.78）、聚辰股份（70.45）、寒武纪（69.49）、芯朋微（69.09）、华峰测控（68.74）、晶方科技（68.50）。

从产业链各节点上市公司资产资本结构系统健康指数的平均水平情况如图12-10所示。

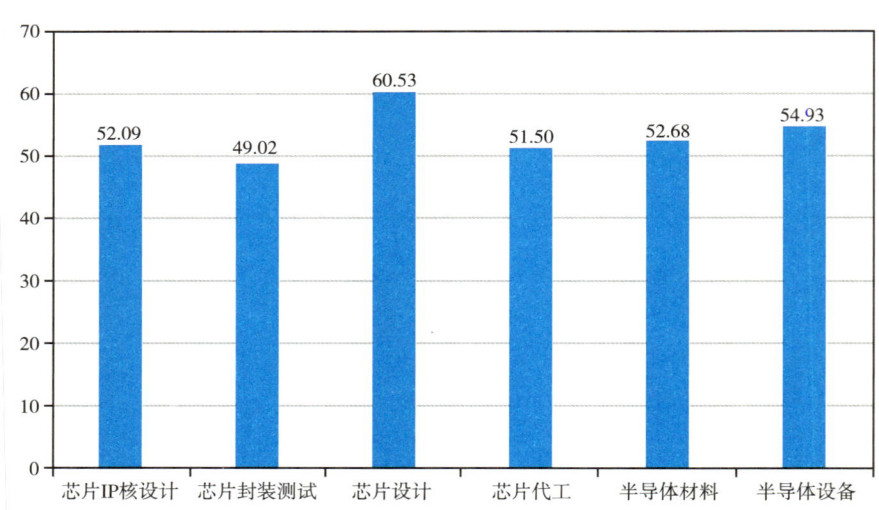

图12-10　芯片产业链各节点上市公司资产资本结构系统健康指数平均水平情况

芯片产业链上，资产资本结构系统健康指数平均水平最高的节点为芯片设计（60.53），最低的节点是芯片封装测试（49.02）。

从产业链上下游各节点来看，芯片产业链中的86家上市公司在各节点上的代表性的公司，资本资产结构系统健康指数排名前3的分别是：

芯片产业链中的86家上市公司在产业链上下游各节点上具有代表性的公司有（资产资本结构系统健康指数排名前3）：芯片封装测试的上市公司有晶方科技（68.50）、利扬芯片（63.33）、华天科技（47.16）；芯片代工的上市公司有中芯国际（53.86）、赛微电子（49.15）；芯片IP核设计的上市公司有芯原股份（52.09）；半导体设备的上市公司有华峰测控（68.74）、芯源微（59.79）、中微公司

（58.20）；半导体材料的上市公司有中晶科技（67.71）、博迁新材（66.14）、安集科技（64.20）；芯片设计的上市公司有澜起科技（77.73）、卓胜微（74.48）、思瑞浦（72.42）。

12.2.8 内部控制系统

根据2020年披露年报、公告和其他数据，芯片产业链上86家中国上市公司内部控制系统健康指数平均水平为78.35，平均水平以上的上市公司有45家。

在内部控制系统方面表现最好的十家上市公司分别是瑞芯微（94.08）、兆易创新（93.13）、全志科技（91.86）、立昂微（91.54）、三安光电（90.92）、晶方科技（90.83）、闻泰科技（90.25）、景嘉微（90.12）、江丰电子（90.06）、通富微电（89.72）。

从产业链各节点上上市公司内部控制系统健康指数的平均水平情况如图12-11所示。

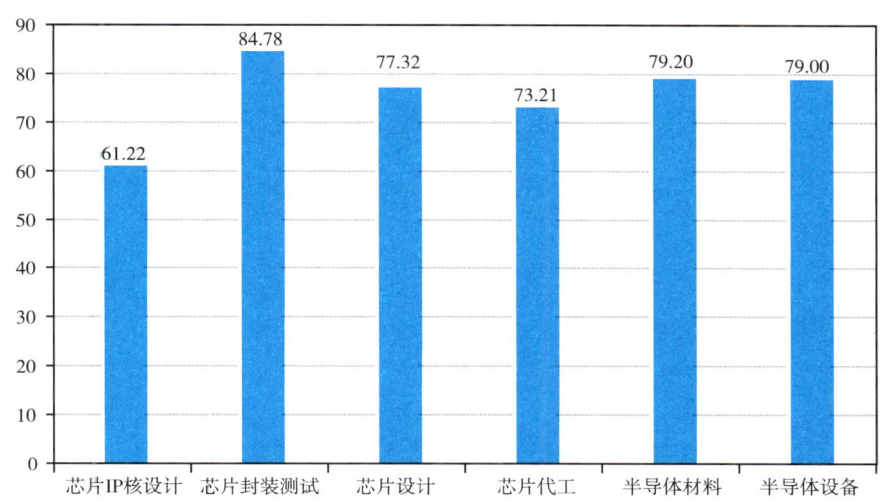

图12-11　芯片产业链各节点上市公司内部控制系统健康指数平均水平情况

芯片产业链上，内部控制系统健康指数平均水平最高的节点为芯片封装测试（84.78），最低的节点是芯片IP核设计（61.22）。

从产业链上下游各节点来看，芯片产业链中的86家上市公司在各节点上的代表性的公司，内部控制系统健康指数排名前3的分别是：

芯片产业链中的86家上市公司在产业链上下游各节点上具有代表性的公司有（内部控制系统健康指数排名前3）：芯片封装测试的上市公司有晶方科技（90.83）、通富微电（89.72）、华天科技（87.86）；芯片代工的上市公司有赛微电子（88.74）、中芯国际（57.68）；芯片IP核设计的上市公司有芯原股份（61.22）；半导体设备的上市公司有万业企业（86.36）、芯源微（83.33）、精测电子（82.67）；半导体材料的上市公司有立昂微（91.54）、三安光电（90.92）、江丰电子（90.06）；芯片设计的上市公司有瑞芯微（94.08）、兆易创新（93.13）、全志科技（91.86）。

第13章
光伏产业链上市公司健康指数评价

在《十四五规划和2035远景纲要》的第十一章"建设现代化基础设施体系"中提出要构建现代能源体系,"推进能源革命,建设清洁低碳、安全高效的能源体系,提高能源供给保障能力。加快发展非化石能源,坚持集中式和分布式并举,大力提升风电、光伏发电规模,加快发展东中部分布式能源……"。

光伏发电2020年仅占全社会用电量的3.47%,在我国能源结构当中的比重还比较小。2021年是"十四五"开局之年,风电、光伏发电进入新发展阶段,落实碳达峰、碳中和目标,推动风电、光伏发电高质量跃升发展。

基于上市公司2020年的公开数据,以及对光伏产业链的梳理,对83家光伏产业链上市公司健康指数进行分析,从而得到中国光伏产业链上市公司的整体健康情况。

13.1 光伏产业链上市公司综合健康指数评价

目前报告分析的光伏产业链中共包含83家上市公司,分布在光伏产业链中11个关键节点中。其中光伏产业链中上游的节点包括太阳能电池生产线、光伏硅片、胶粘剂、太阳能电池银浆、光伏用膜、光伏逆变器,中游的节点包括光伏设备、储能系统集成、纯水冷却设备,下游的节点包括光伏电站工程、光伏发电。

2020年83家光伏产业链上市公司的综合健康指数为61.44,平均水平以上的公司有45家。

13.1.1 光伏产业链上市公司综合健康指数情况

光伏产业链中的83家上市公司在产业链上下游中的分布情况如图13-1所示。

上游的节点中,太阳能电池生产线的上市公司有10家、光伏硅片的上市公司有1家、胶粘剂的上市公司有1家、太阳能电池银浆的上市公司有1家、光伏用膜的上市公司有1家、光伏逆变器的上市公司有2家,共16家。

中游的节点中,光伏设备的上市公司有19家、储能系统集成的上市公司有5家、纯水冷却设备的上市公司有1家,共25家。

下游的节点中，光伏电站工程的上市公司有17家、光伏发电的上市公司有25家，共42家。

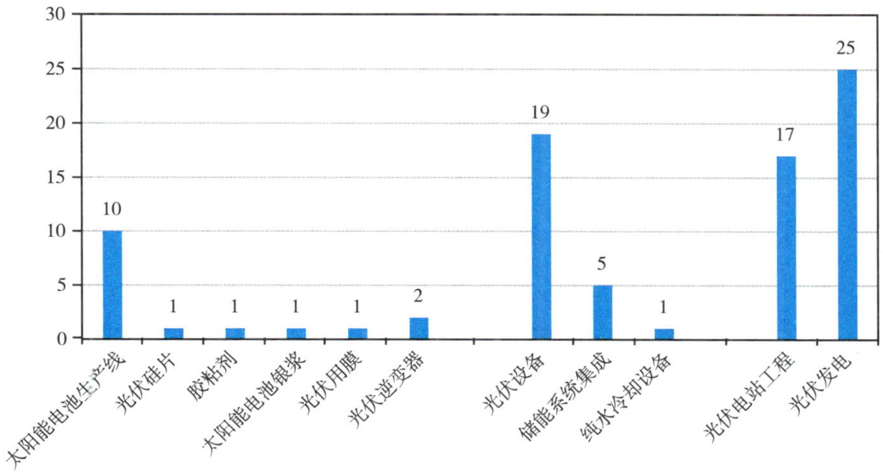

图13-1　光伏产业链上下游上市公司分布情况

从节点上市公司分布来看，上游节点上市公司总量以及中游纯水冷却设备节点上市公司数量极其稀少，仅有1家或2家，上中游节点上市公司数量稀少明显对下游和整个产业链的发展形成了抑制。

从整体上看，光伏产业链中所有上市公司的健康指数平均水平情况如图13-2所示。

光伏产业链上市公司综合健康指数为61.44，内部控制系统健康指数为78.26，外部监督系统健康指数为72.23，创利能力系统健康指数为48.95，产品销售系统健康指数为55.14，竞争态势系统健康指数为48.68，价值再造系统健康指数为54.26，法人治理系统健康指数为70.22，资产资本结构系统健康指数为49.24。

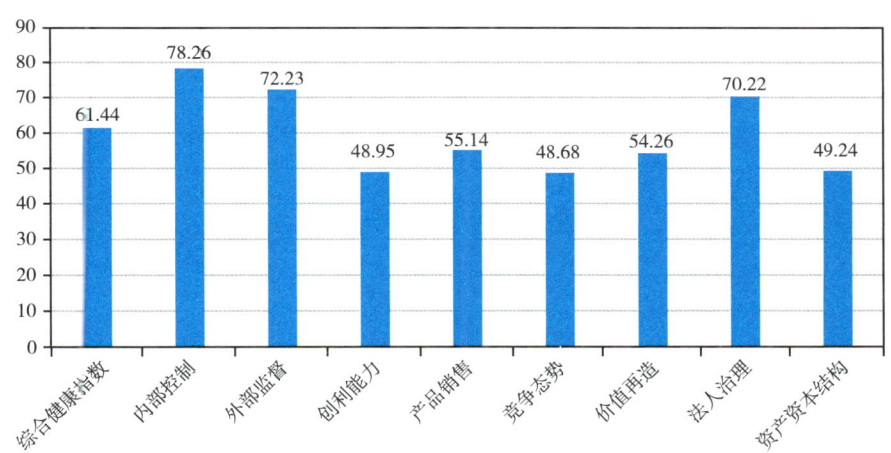

图13-2　光伏产业链中上市公司平均综合指数和各系统健康指数平均水平

从各个产业链节点看，各节点上市公司健康指数的平均水平情况如图13-3所示。

在11个产业链节点中，光伏逆变器（65.91）节点的上市公司综合健康指数平均水平最高，其次是太阳能电池银浆（65.45）、纯水冷却设备（64.17）；光伏硅片（51.26）节点上市公司综合健康指数平均水平最低，其次是光伏用膜（55.13）、胶粘剂（58.61）。

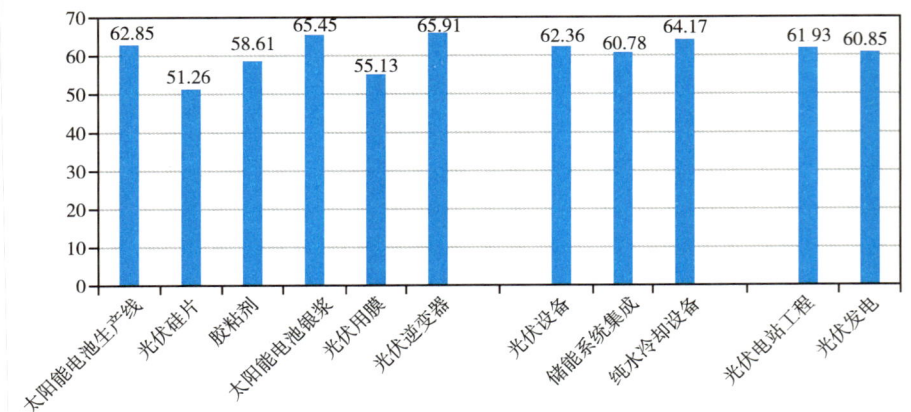

图 13-3　光伏产业链上下游各节点上市公司综合健康指数平均水平情况

光伏产业中的83家上市公司在产业链上下游各节点上具有代表性的公司有（综合健康指数排名前3）：

上游的节点中，太阳能电池生产线的上市公司有晶盛机电（70.37）、帝尔激光（69.89）、上机数控（67.45）；光伏硅片的上市公司有*ST天龙（51.26）；胶粘剂的上市公司有帝科股份（58.61）；太阳能电池银浆的上市公司有苏州固锝（65.45）；光伏用膜的上市公司有上海天洋（55.13）；光伏逆变器的上市公司有固德威（65.98）、禾望电气（65.85）。

中游的节点中，光伏设备的上市公司有横店东磁（74.10）、高盟新材（69.01）、爱旭股份（69.37）；储能系统集成的上市公司有阳光电源（69.25）、派能科技（62.25）、上能电气（60.33）；纯水冷却设备的上市公司有高澜股份（64.17）。

下游的节点中，光伏电站工程的上市公司有正泰电器（74.28）、隆基股份（69.59）、天合光能（68.57）；光伏发电的上市公司有中环股份（69.03）、锦浪科技（68.45）、通威股份（68.10）。

13.1.2　光伏产业链上市公司综合健康指数全排名

光伏产业链83家上市公司中，综合健康指数全排名如表13-1所示。

表 13-1　　　　　　　　　　光伏产业链上市公司综合健康指数全排名

排名	产业链节点	公司代码	公司名称	综合健康指数	一级行业_同花顺	一级行业_同花顺_综合排名
1	光伏电站工程	601877.SH	正泰电器	74.28	机械设备	2/637
2	光伏设备	002056.SZ	横店东磁	74.10	有色金属	1/137
3	太阳能电池生产线	300316.SZ	晶盛机电	70.37	机械设备	29/637
4	太阳能电池生产线	300776.SZ	帝尔激光	69.89	机械设备	38/637
5	光伏电站工程	601012.SH	隆基股份	69.59	机械设备	43/637
6	储能系统集成	300274.SZ	阳光电源	69.25	机械设备	48/637

续表

排名	产业链节点	公司代码	公司名称	综合健康指数	一级行业_同花顺	一级行业_同花顺_综合排名
7	光伏发电	002129.SZ	中环股份	69.03	机械设备	53/637
8	光伏设备	300200.SZ	高盟新材	69.01	化工	44/388
9	光伏电站工程	688599.SH	天合光能	68.57	机械设备	64/637
10	光伏发电	300763.SZ	锦浪科技	68.45	机械设备	68/637
11	光伏电站工程	601222.SH	林洋能源	68.29	公用事业	31/202
12	光伏发电	600438.SH	通威股份	68.10	机械设备	73/637
13	光伏发电	002459.SZ	晶澳科技	67.84	机械设备	81/637
14	太阳能电池生产线	603185.SH	上机数控	67.45	机械设备	88/637
15	太阳能电池生产线	300751.SZ	迈为股份	66.44	机械设备	113/637
16	光伏设备	600732.SH	爱旭股份	66.37	机械设备	118/637
17	光伏发电	000591.SZ	太阳能	66.06	公用事业	52/202
18	光伏逆变器	688390.SH	固德威	65.98	机械设备	129/637
19	光伏发电	000875.SZ	吉电股份	65.91	公用事业	56/202
20	光伏逆变器	603063.SH	禾望电气	65.85	机械设备	135/637
21	光伏设备	600876.SH	洛阳玻璃	65.58	建筑材料	60/202
22	太阳能电池银浆	002079.SZ	苏州固锝	65.45	电子	80/321
23	光伏电站工程	603806.SH	福斯特	65.21	机械设备	151/637
24	光伏设备	601137.SH	博威合金	65.07	有色金属	45/137
25	光伏电站工程	601865.SH	福莱特	65.06	建筑材料	68/202
26	光伏电站工程	601778.SH	晶科科技	64.86	公用事业	72/202
27	光伏设备	002389.SZ	航天彩虹	64.73	国防军工	28/80
28	太阳能电池生产线	300724.SZ	捷佳伟创	64.64	机械设备	173/637
29	光伏设备	300041.SZ	回天新材	64.54	化工	125/388
30	光伏发电	600956.SH	新天绿能	64.33	公用事业	81/202
31	光伏发电	002623.SZ	亚玛顿	64.26	建筑材料	77/202
32	纯水冷却设备	300499.SZ	高澜股份	64.17	机械设备	191/637
33	光伏设备	600135.SH	乐凯胶片	63.97	医药生物	151/382
34	太阳能电池生产线	688516.SH	奥特维	63.64	机械设备	209/637
35	光伏发电	601908.SH	京运通	63.63	公用事业	95/202
36	光伏设备	300566.SZ	激智科技	63.61	电子	117/321
37	太阳能电池生产线	300861.SZ	美畅股份	63.52	机械设备	214/637
38	太阳能电池生产线	603396.SH	金辰股份	63.14	机械设备	233/637
39	光伏设备	002897.SZ	意华股份	63.12	信息设备	70/157
40	光伏发电	603212.SH	赛伍技术	62.51	机械设备	261/637
41	储能系统集成	688063.SH	派能科技	62.25	机械设备	279/637
42	光伏发电	600151.SH	航天机电	62.16	机械设备	283/637
43	光伏设备	600207.SH	安彩高科	61.97	公用事业	114/202
44	光伏电站工程	002218.SZ	拓日新能	61.91	机械设备	291/637

续表

排名	产业链节点	公司代码	公司名称	综合健康指数	一级行业_同花顺	一级行业_同花顺_综合排名
45	光伏发电	600884.SH	杉杉股份	61.51	电子	163/321
46	光伏发电	300080.SZ	易成新能	61.41	有色金属	81/137
47	光伏发电	603693.SH	江苏新能	61.40	公用事业	123/202
48	光伏设备	688680.SH	海优新材	61.37	机械设备	315/637
49	光伏设备	300393.SZ	中来股份	60.88	机械设备	331/637
50	光伏电站工程	600537.SH	亿晶光电	60.43	机械设备	353/637
51	光伏电站工程	002309.SZ	中利集团	60.42	机械设备	354/637
52	储能系统集成	300827.SZ	上能电气	60.33	机械设备	356/637
53	光伏设备	688408.SH	中信博	60.22	机械设备	365/637
54	光伏电站工程	300118.SZ	东方日升	59.97	机械设备	376/637
55	储能系统集成	002169.SZ	智光电气	59.85	机械设备	383/637
56	光伏设备	603507.SH	振江股份	59.58	机械设备	399/637
57	光伏发电	300376.SZ	易事特	59.14	机械设备	432/637
58	光伏电站工程	002617.SZ	露笑科技	59.00	机械设备	440/637
59	胶粘剂	300842.SZ	帝科股份	58.61	电子	229/321
60	太阳能电池生产线	000821.SZ	京山轻机	58.59	机械设备	457/637
61	光伏发电	601619.SH	嘉泽新能	58.38	公用事业	154/202
62	光伏电站工程	603105.SH	芯能科技	57.66	公用事业	160/202
63	光伏发电	003035.SZ	南网能源	57.63	公用事业	161/202
64	光伏发电	300187.SZ	永清环保	57.30	公用事业	166/202
65	光伏发电	002506.SZ	协鑫集成	57.27	机械设备	500/637
66	光伏电站工程	300141.SZ	和顺电气	55.81	机械设备	537/637
67	光伏用膜	603330.SH	上海天洋	55.13	化工	339/388
68	光伏发电	000040.SZ	东旭蓝天	55.08	公用事业	181/202
69	光伏设备	002529.SZ	*ST海源	54.65	机械设备	564/637
70	光伏电站工程	603628.SH	清源股份	54.64	机械设备	565/637
71	太阳能电池生产线	688556.SH	高测股份	54.44	机械设备	569/637
72	光伏设备	300391.SZ	康跃科技	54.30	机械设备	573/637
73	光伏设备	688560.SH	明冠新材	54.26	机械设备	574/637
74	光伏发电	002610.SZ	爱康科技	53.01	机械设备	588/637
75	光伏发电	002256.SZ	*ST兆新	52.40	公用事业	192/202
76	光伏设备	300102.SZ	乾照光电	52.25	电子	302/321
77	光伏硅片	300029.SZ	*ST天龙	51.26	机械设备	607/637
78	光伏电站工程	002499.SZ	*ST科林	51.09	机械设备	611/637
79	光伏发电	300125.SZ	聆达股份	50.78	机械设备	615/637
80	光伏电站工程	300317.SZ	珈伟新能	50.10	机械设备	621/637
81	光伏发电	300139.SZ	晓程科技	49.62	电子	312/321
82	光伏发电	002665.SZ	首航高科	48.17	机械设备	627/637
83	储能系统集成	002684.SZ	*ST猛狮	47.01	电子	319/321

数据来源：同花顺、中关村国睿金融与产业发展研究会。

13.2 光伏产业链上市公司8大系统健康指数评价

在对2020年光伏产业链上市公司健康指数总体比较的基础上，报告进一步分析了83家光伏产业链中的上市公司在8大系统方面的具体情况。

13.2.1 法人治理系统

根据2020年披露年报、公告和其他数据，光伏产业链上83家中国上市公司法人治理系统健康指数平均水平为70.22，平均水平以上的上市公司有40家。

光伏产业链中法人治理系统健康指数排名前10的上市公司分别是横店东磁（85.33）、吉电股份（84.52）、易成新能（84.10）、乐凯胶片（83.78）、航天彩虹（82.44）、高盟新材（80.91）、晶盛机电（80.44）、正泰电器（80.06）、中环股份（78.50）、晶澳科技（78.46）。

从产业链各节点上市公司法人治理系统健康指数的平均水平情况如图13-4所示：

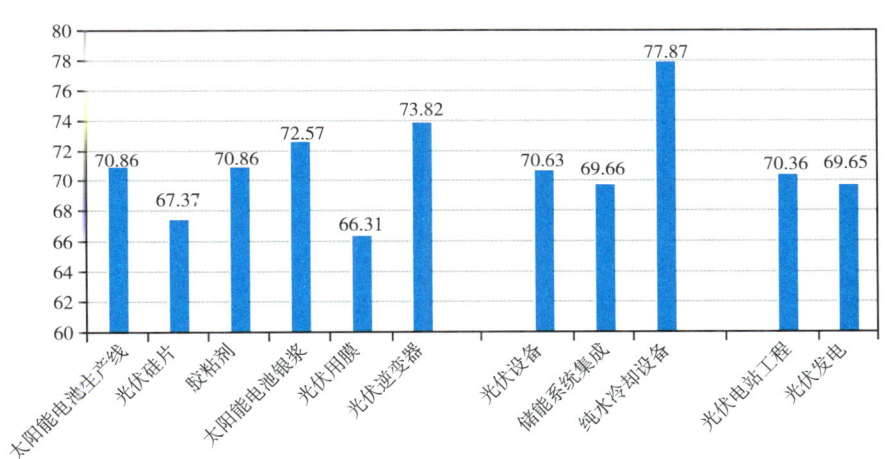

图13-4 光伏产业链各节点上市公司法人治理系统健康指数平均水平情况

光伏产业链上，法人治理系统健康指数平均水平较高的节点为纯水冷却设备（77.87）、光伏逆变器（73.82）、太阳能电池银浆（72.57），主要集中在光伏产业链上中游。法人治理系统健康指数平均水平较低的节点为光伏用膜（66.31）、光伏硅片（67.37）、光伏发电（69.65），遍布在光伏产业链上下游。

从产业链上下游各节点来看，光伏产业链中的83家上市公司在各节点上的代表性的公司，法人治理系统健康指数排名前3的分别是：

上游的节点中，太阳能电池生产线的上市公司有晶盛机电（80.84）、帝尔激光（78.31）、迈为股份（76.37）；光伏硅片的上市公司有*ST天龙（67.37）；胶粘剂的上市公司有帝科股份（70.86）；太阳能电池银浆的上市公司有苏州固锝（72.57）；光伏用膜的上市公司有上海天洋（66.31）；光伏逆变器的上市公司有禾望电气（70.26）、固德威（66.69）。

中游的节点中，光伏设备的上市公司有横店东磁（85.33）、乐凯胶片（83.78）、航天彩虹（82.44）；储能系统集成的上市公司有阳光电源（74.02）、智光电气（71.75）、上能电气（68.77）；纯水冷却设备的上市公司有高澜股份（77.87）。

下游的节点中，光伏电站工程的上市公司有正泰电器（80.06）、亿晶光电（73.02）、天合光能（72.94）；光伏发电的上市公司有吉电股份（84.52）、易成新能（84.10）、中环股份（78.50）。

13.2.2 外部监督系统

根据2020年披露年报、公告和其他数据，光伏产业链上83家中国上市公司外部监督系统健康指数平均水平为72.23，平均水平以上的上市公司有47家。

光伏产业链中外部监督系统健康指数排名前10的上市公司分别是新天绿能（90.82）、横店东磁（89.77）、正泰电器（88.65）、中环股份（87.84）、天合光能（87.26）晶科科技（86.74）、洛阳玻璃（86.53）、晶澳科技（85.73）、嘉泽新能（85.52）、林洋能源（84.77）。

从产业链各节点上市公司外部监督系统健康指数的平均水平情况如图13-5所示。

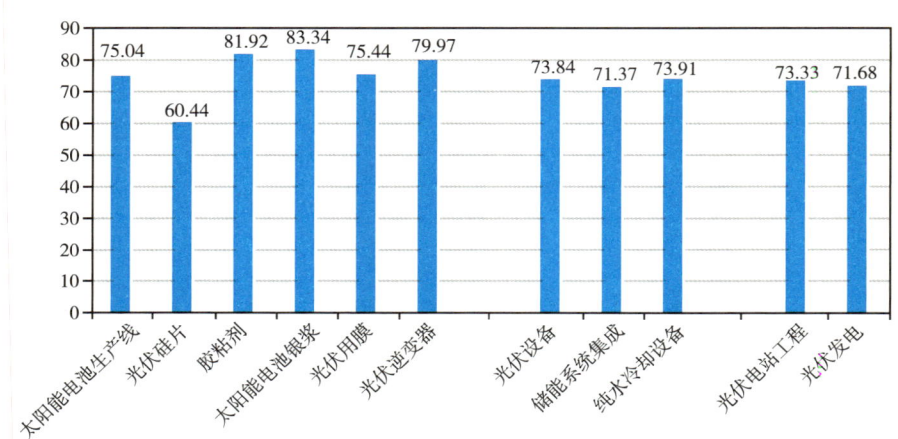

图13-5　光伏产业链各节点上市公司外部监督系统健康指数平均水平情况

光伏产业链上，外部监督系统健康指数平均水平较高的节点为太阳能电池银浆（83.34）、胶粘剂（81.92）、光伏逆变器（79.97），均集中在光伏产业链上游。外部监督系统健康指数平均水平较低的节点为光伏硅片（60.44）、储能系统集成（71.37）、光伏发电（71.68），均集中在光伏产业链中下游。

从产业链上下游各节点来看，光伏产业链中的83家上市公司在各节点上的代表性的公司，外部监督系统健康指数排名前3的分别是：

上游的节点中，太阳能电池生产线的上市公司有晶盛机电（84.36）、帝尔激光（83.51）、奥特维（83.36）；光伏硅片的上市公司有*ST天龙（60.44）；胶粘剂的上市公司有帝科股份（81.92）；太阳能电池银浆的上市公司有苏州固锝（83.34）；光伏用膜的上市公司有上海天洋（75.44）；光伏逆变器的上市公司有固德威（82.22）、禾望电气（77.79）。

中游的节点中，光伏设备的上市公司有横店东磁（89.77）、洛阳玻璃（86.53）、安彩高科

（80.98）；储能系统集成的上市公司有阳光电源（84.61）、派能科技（79.93）、上能电气（79.69）；纯水冷却设备的上市公司有高澜股份（73.91）。

下游的节点中，光伏电站工程的上市公司有正泰电器（88.65）、天合光能（87.26）、晶科科技（86.74）；光伏发电的上市公司有新天绿能（90.82）、中环股份（87.84）、晶澳科技（85.73）。

13.2.3 创利能力系统

根据2020年披露年报、公告和其他数据，光伏产业链上83家中国上市公司创利能力系统健康指数平均水平为48.95，平均水平以上的上市公司有40家。

光伏产业链中创利能力系统健康指数排名前10的上市公司分别是帝尔激光（73.86）、高盟新材（73.68）、福斯特（70.72）、横店东磁（68.47）、锦浪科技（67.28）、隆基股份（66.68）、美畅股份（66.26）、固德威（65.87）、奥特维（64.94）、晶盛机电（64.56）。

从产业链各节点上市公司创利能力系统健康指数的平均水平情况如图13-6所示。

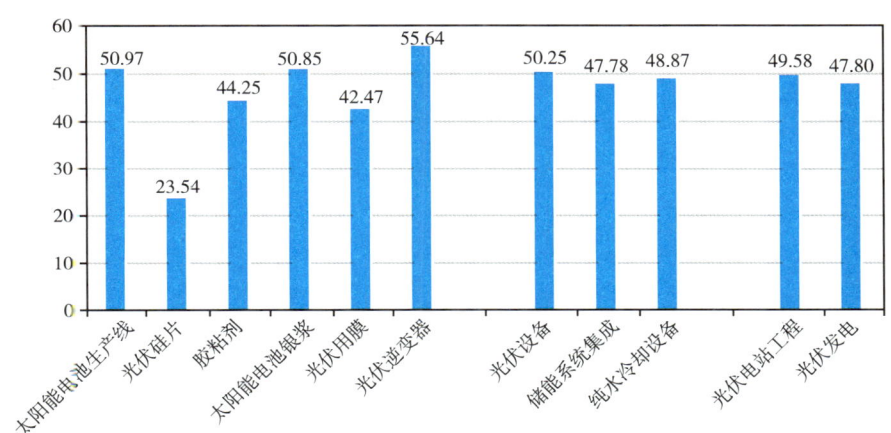

图13-6　光伏产业链各节点上市公司创利能力系统健康指数平均水平情况

光伏产业链上，创利能力系统健康指数平均水平较高的节点为光伏逆变器（55.64）、太阳能电池生产线（50.97）、太阳能电池银浆（50.85），均集中在光伏产业链上游。创利能力系统健康指数平均水平较低的节点为光伏硅片（23.54）、光伏用膜（42.47）、胶粘剂（44.25），主要集中在光伏产业链上游。

从产业链上下游各节点来看，光伏产业链中的83家上市公司在各节点上的代表性的公司，创利能力系统健康指数排名前3的分别是：

上游的节点中，太阳能电池生产线的上市公司有帝尔激光（73.86）、美畅股份（66.26）、奥特维（64.94）；光伏硅片的上市公司有*ST天龙（23.54）；胶粘剂的上市公司有帝科股份（44.25）；太阳能电池银浆的上市公司有苏州固锝（50.85）；光伏用膜的上市公司有上海天洋（42.47）；光伏逆变器的上市公司有固德威（65.87）、禾望电气（58.01）。

中游的节点中，光伏设备的上市公司有高盟新材（73.68）、横店东磁（68.47）、意华股份

（60.33）；储能系统集成的上市公司有阳光电源（59.75）、派能科技（58.95）、智光电气（45.41）；纯水冷却设备的上市公司有高澜股份（48.87）。

下游的节点中，光伏电站工程的上市公司有福斯特（70.72）、隆基股份（66.68）、正泰电器（62.79）；光伏发电的上市公司有锦浪科技（67.28）、新天绿能（62.94）、通威股份（58.96）。

13.2.4 竞争态势系统

根据2020年披露年报、公告和其他数据，光伏产业链上83家中国上市公司竞争态势系统健康指数平均水平为48.68，平均水平以上的上市公司有40家。

光伏产业链中竞争态势系统健康指数排名前10的上市公司分别是阳光电源（77.57）、航天机电（70.37）、京山轻机（67.89）、正泰电器（67.86）、博威合金（65.15）、天合光能（65.01）、横店东磁（64.36）、林洋能源（63.09）、回天新材（62.43）、东方日升（61.55）。

从产业链各节点上市公司竞争态势系统健康指数的平均水平情况如图13-7所示。

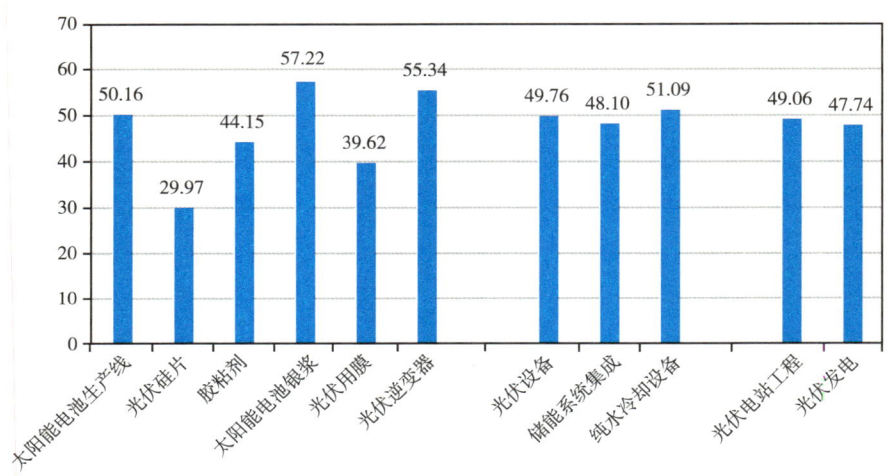

图13-7 光伏产业链各节点上市公司竞争态势系统健康指数平均水平情况

光伏产业链上，竞争态势系统健康指数平均水平较高的节点为太阳能电池银浆（57.22）、光伏逆变器（55.34）、纯水冷却设备（51.09），均集中在光伏产业链上中游。竞争态势系统健康指数平均水平较低的节点为光伏硅片（29.97）、光伏用膜（39.62），胶粘剂（44.15），集中在光伏产业链上游。

从产业链上下游各节点来看，光伏产业链中的83家上市公司在各节点上的代表性的公司，竞争态势系统健康指数排名前3的分别是：

上游的节点中，太阳能电池生产线的上市公司有京山轻机（67.89）、捷佳伟创（56.29）、迈为股份（52.23）；光伏硅片的上市公司有*ST天龙（29.97）；胶粘剂的上市公司有帝科股份（44.15）；太阳能电池银浆的上市公司有苏州固锝（57.22）；光伏用膜的上市公司有上海天洋（39.62）；光伏逆变器的上市公司有禾望电气（57.84）、固德威（55.03）。

中游的节点中，光伏设备的上市公司有博威合金（65.15）、横店东磁（64.36）、回天新材

（62.43）；储能系统集成的上市公司有阳光电源（77.57）、智光电气（56.46）、上能电气（51.85）；纯水冷却设备的上市公司有高澜股份（51.09）。

下游的节点中，光伏电站工程的上市公司有正泰电器（67.86）、天合光能（65.01）、林洋能源（63.09）；光伏发电的上市公司有航天机电（70.37）、通威股份（61.12）、中环股份（60.69）。

13.2.5 产品销售系统

根据2020年披露年报、公告和其他数据，光伏产业链上83家中国上市公司产品销售系统健康指数平均水平为55.14，平均水平以上的上市公司有81家。

光伏产业链中产品销售系统健康指数排名前10的上市公司分别是爱旭股份（80.04）、上机数控（79.18）、隆基股份（74.31）、通威股份（74.23）、海优新材（74.01）、晶澳科技（73.82）、中信博（73.71）、天合光能（73.18）、露笑科技（72.70）、东方日升（71.96）。

从产业链各节点上市公司产品销售系统健康指数的平均水平情况如图13-8所示。

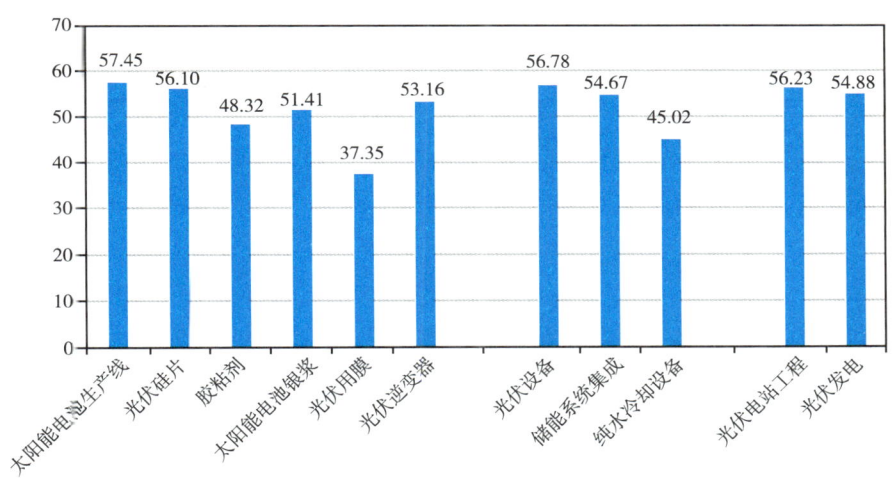

图13-8　光伏产业链各节点上市公司产品销售系统健康指数平均水平情况

光伏产业链上，产品销售系统健康指数平均水平较高的节点为太阳能电池生产线（57.45）、光伏电站工程（56.23）、光伏硅片（56.10），分布在光伏产业链上下游。产品销售系统健康指数平均水平较低的节点为光伏用膜（37.35）、纯水冷却设备（45.02）、胶粘剂（48.23），分布在光伏产业链上中游。

从产业链上下游各节点来看，光伏产业链中的83家上市公司在各节点上的代表性的公司，产品销售系统健康指数排名前3的分别是：

上游的节点中，中游的节点中，光伏设备的上市公司有爱旭股份（80.04）、海优新材（74.01）、中信博（73.71）；储能系统集成的上市公司有阳光电源（69.71）、派能科技（61.79）、智光电气（59.98）；纯水冷却设备的上市公司有高澜股份（45.02）。

下游的节点中，光伏电站工程的上市公司有隆基股份（74.31）、天合光能（73.18）、露笑科技（72.70）；光伏发电的上市公司有通威股份（74.23）、晶澳科技（73.82）、赛伍技术（69.90）。

13.2.6 价值再造系统

根据2020年披露年报、公告和其他数据，光伏产业链上83家中国上市公司价值再造系统健康指数平均水平为54.26，平均水平以上的上市公司有43家。

光伏产业链中价值再造系统健康指数排名前10的上市公司分别是横店东磁（72.56）、意华股份（70.81）、智光电气（70.69）、激智科技（70.41）、正泰电器（70.35）、博威合金（68.91）、天合光能（68.17）、洛阳玻璃（66.98）、高盟新材（64.57）、高澜股份（64.55）。

从产业链各节点上市公司价值再造系统健康指数的平均水平情况如图13-9所示。

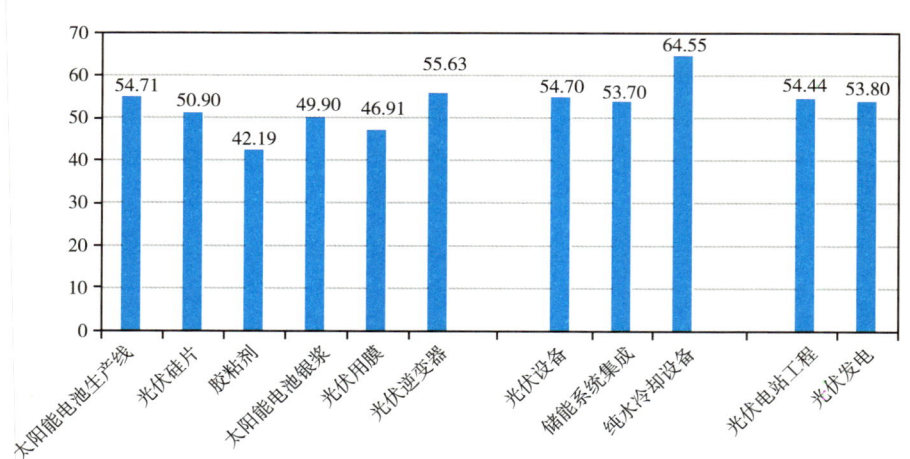

图13-9 光伏产业链各节点上市公司价值再造系统健康指数平均水平情况

光伏产业链上，价值再造系统健康指数平均水平较高的节点为纯水冷却设备（64.55）、光伏逆变器（55.63）、太阳能电池生产线（54.71），均集中在光伏产业链上中游。价值再造系统健康指数平均水平较低的节点为胶粘剂（42.19）、光伏用膜（46.91）、太阳能电池银浆（49.90），均集中在光伏产业链上游。

从产业链上下游各节点来看，光伏产业链中的83家上市公司在各节点上的代表性的公司，价值再造系统健康指数排名前3的分别是：

上游的节点中，太阳能电池生产线的上市公司有奥特维（63.39）、晶盛机电（58.63）、金辰股份（56.02）；光伏硅片的上市公司有*ST天龙（50.90）；胶粘剂的上市公司有帝科股份（42.19）；太阳能电池银浆的上市公司有苏州固锝（49.90）；光伏用膜的上市公司有上海天洋（46.91）；光伏逆变器的上市公司有禾望电气（53.14）、固德威（50.84）。

中游的节点中，光伏设备的上市公司有横店东磁（72.56）、意华股份（70.81）、激智科技（70.41）；储能系统集成的上市公司有智光电气（70.69）、阳光电源（55.09）、派能科技（42.57）；纯水冷却设备的上市公司有高澜股份（64.55）。

下游的节点中，光伏电站工程的上市公司有正泰电器（70.35）、天合光能（68.17）、隆基股份（63.02）；光伏发电的上市公司有吉电股份（62.91）、通威股份（59.08）、东旭蓝天（58.79）。

13.2.7 资产资本结构系统

根据2020年披露年报、公告和其他数据，光伏产业链上83家中国上市公司资产资本结构系统健康指数平均水平为49.24，平均水平以上的上市公司有43家。

光伏产业链中资产资本结构系统健康指数排名前10的上市公司分别是派能科技（71.87）、美畅股份（69.75）、固德威（64.78）、林洋能源（63.24）、芯能科技（62.88）、帝尔激光（61.56）、晶科科技（61.38）、福斯特（61.31）、明冠新材（61.07）、禾望电气（60.98）。

从产业链各节点上市公司资产资本结构系统健康指数的平均水平情况如图13-10所示。

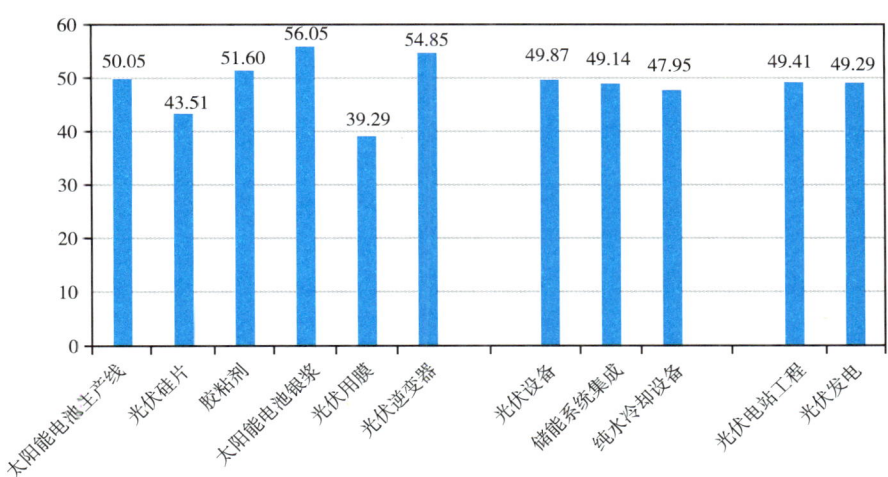

图13-10 光伏产业链各节点上市公司资产资本结构系统健康指数平均水平情况

光伏产业链上，资产资本结构系统健康指数平均水平较高的节点为太阳能电池银浆（56.05）、光伏逆变器（54.85）、胶粘剂（51.60），均集中在光伏产业链上游。资产资本结构系统健康指数平均水平较低的节点为光伏用膜（39.29）、光伏硅片（43.51）、纯水冷却设备（47.95），分布在光伏产业链上中游。

从产业链上下游各节点来看，光伏产业链中的83家上市公司在各节点上的代表性的公司，资产资本结构系统健康指数排名前3的分别是：

上游的节点中，太阳能电池生产线的上市公司有美畅股份（69.75）、帝尔激光（61.56）、上机数控（55.08）；光伏硅片的上市公司有*ST天龙（43.51）；胶粘剂的上市公司有帝科股份（51.60）；太阳能电池银浆的上市公司有苏州固锝（56.05）；光伏用膜的上市公司有上海天洋（39.29）；光伏逆变器的上市公司有固德威（64.78）、禾望电气（60.98）。

中游的节点中，光伏设备的上市公司有明冠新材（61.07）、高盟新材（55.73）、乐凯胶片（55.60）；储能系统集成的上市公司有派能科技（71.87）、上能电气（53.48）、阳光电源（47.35）；纯水冷却设备的上市公司有高澜股份（47.95）。

下游的节点中，光伏电站工程的上市公司有林洋能源（63.24）、芯能科技（62.88）、晶科科技（61.38）；光伏发电的上市公司有锦浪科技（59.00）、赛伍技术（57.70）、江苏新能（55.75）。

13.2.8 内部控制系统

根据2020年披露年报、公告和其他数据，光伏产业链上83家中国上市公司内部控制系统健康指数平均水平为78.26，平均水平以上的上市公司有51家。

光伏产业链中内部控制系统健康指数排名前10的上市公司分别是通威股份（92.52）、正泰电器（91.59）、赛伍技术（91.36）、航天彩虹（91.07）、林洋能源（90.62）、太阳能（90.51）、嘉泽新能（89.82）、振江股份（89.80）、亚玛顿（89.80）、康跃科技（89.32）。

从产业链各节点上市公司内部控制系统健康指数的平均水平情况如图13-11所示。

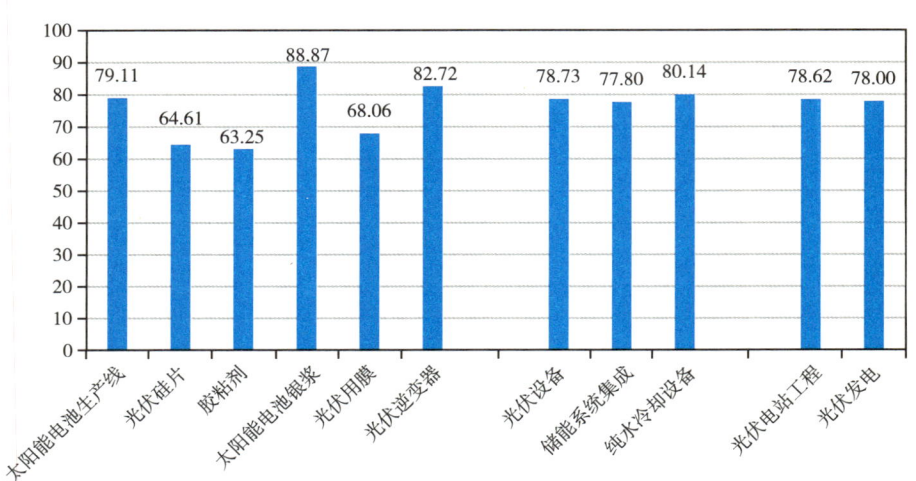

图13-11　光伏产业链各节点上市公司内部控制系统健康指数平均水平情况

光伏产业链上，内部控制系统健康指数平均水平较高的节点为太阳能电池银浆（88.87）、光伏逆变器（82.72）、纯水冷却设备（80.14），分布在光伏产业链上中游。内部控制系统健康指数平均水平较低的节点为胶粘剂（63.25）、光伏硅片（64.61）、光伏用膜（68.06），均集中在光伏产业链上中游。

从产业链上下游各节点来看，光伏产业链中的83家上市公司在各节点上的代表性的公司，内部控制系统健康指数排名前3的分别是：

上游的节点中，太阳能电池生产线的上市公司有上机数控（87.70）、帝尔激光（86.69）、金辰股份（86.54）；光伏硅片的上市公司有*ST天龙（64.61）；胶粘剂的上市公司有帝科股份（63.25）；太阳能电池银浆的上市公司有苏州固锝（88.87）；光伏用膜的上市公司有上海天洋（68.06）；光伏逆变器的上市公司有禾望电气（85.33）、固德威（81.77）。

中游的节点中，光伏设备的上市公司有航天彩虹（91.07）、振江股份（89.80）、康跃科技（89.32）；储能系统集成的上市公司有上能电气（79.62）、智光电气（78.88）、阳光电源（69.70）；纯水冷却设备的上市公司有高澜股份（80.14）。

下游的节点中，光伏电站工程的上市公司有正泰电器（91.59）、林洋能源（90.62）、亿晶光电（85.85）；光伏发电的上市公司有通威股份（92.52）、赛伍技术（91.36）、太阳能（90.51）。

第14章
医药生物产业链上市公司健康指数评价

《"十四五"规划和2035年远景目标纲要》提出全面推进健康中国建设，大力发展新兴产业，生物制药产业是未来中国经济发展的主要突破点。未来，随着我国人口老龄化的加剧，以及人民群众对身体健康、生活质量日益增长的需求，我国医药生物产业面临着巨大的市场发展空间。目前，从中央政府到地方各级政府，都在积极推动医药生物产业的发展，出台诸多推动医药生物产业发展的各项措施和政策。

基于上市公司2020年的公开数据，以及对医药生物产业链的梳理，对353家医药生物产业链上市公司健康指数进行分析，从而得到中国医药生物产业链上市公司的整体健康情况。

14.1 医药生物产业链上市公司综合健康指数评价

目前报告分析的医药生物产业链中共包含353家上市公司，分布在医药生物产业链中17个关键节点中。其中医药生物产业链中上游的节点包括药物分子砌块、原料药起始物料、医药中间体、生物化工、医药制造设备、医疗器械制造设备、药用包装物、CXO服务、药用辅料；中游的节点包括化学原料药、化学制剂、生物制品、中药、医用耗材、医用设备；下游的节点包括医疗健康服务、其他医疗服务。

2020年医药生物产业链上市公司综合健康指数平均水平为61.97，平均水平以上的公司有192家。

14.1.1 医药生物产业链上市公司综合健康指数情况

医药生物产业链中的353家上市公司在产业链上下游中的分布情况如图14-1所示。

上游的节点中，药物分子砌块的上市公司1家、原料药起始物料的上市公司1家、医药中间体的上市公司6家、生物化工的上市公司11家、医药制造设备的上市公司3家、医疗器械制造设备的上市公司3家、药用包装物的上市公司2家、CXO服务的上市公司11家、药用辅料的上市公司4家，共42家。

中游的节点中，化学原料药的上市公司24家、化学制剂的上市公司93家、生物制品的上市公司29家、中药的上市公司52家、医用耗材的上市公司72家、医用设备的上市公司23家，共293家。

下游的节点中，医疗健康服务的上市公司有15家、其他医疗服务的上市公司有3家，共18家。

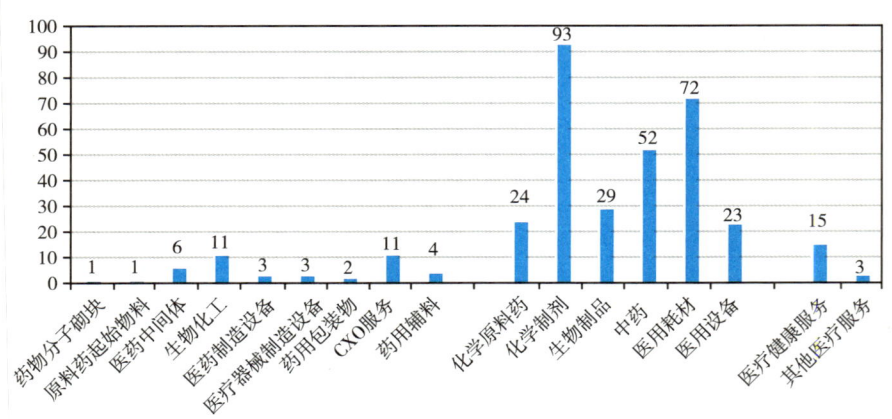

图14-1　医药生物产业链上下游上市公司分布情况

从整体上看，医药生物产业链中所有上市公司的健康指数情况如图14-2所示：综合健康指数为61.97，内部控制系统健康指数为78.07，外部监督系统健康指数为70.96，创利能力系统健康指数为52.12，产品销售系统健康指数为49.17，竞争态势系统健康指数为49.34，价值再造系统健康指数为55.82，法人治理系统健康指数为71.51，资产资本结构系统健康指数为52.93。

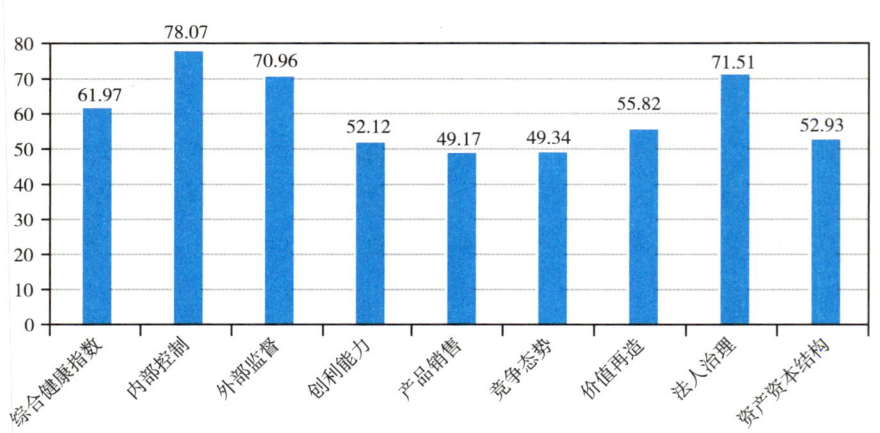

图14-2　医药生物产业链上市公司综合健康指数和各系统健康指数平均水平情况

从各个产业链节点看，各节点上市公司健康指数的平均水平情况如图14-3所示：在17个产业链节点中，上市公司综合健康指数平均水平的最高的节点医药制造设备（65.70），最低的节点是原料药起始物料（53.78）。

医药生物产业链中的353家上市公司在产业链上下游各节点上具有代表性的公司有（综合健康指数排名前3）：

上游的节点中，药物分子砌块的上市公司有药石科技（65.29），原料药起始物料的上市公司有赛托生物（53.78），医药中间体的上市公司有联化科技（67.72）、瑞联新材（60.29）、星湖科技

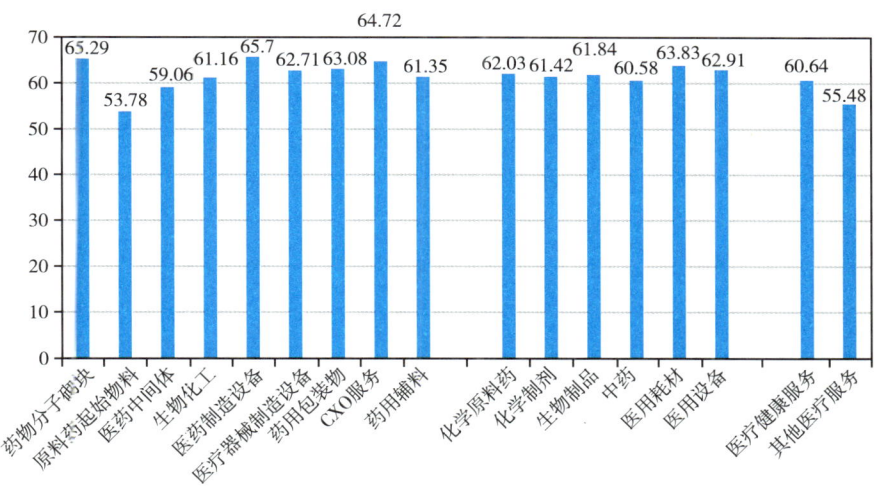

图14-3　医药生物产业链上下游各节点上市公司综合健康指数平均情况

（59.38），生物化工的上市公司有晨光生物（71.67）、青松股份（67.26）、赞宇科技（65.65），医药制造设备的上市公司有东富龙（69.75）、楚天科技（65.04）、迦南科技（62.30），医疗器械制造设备的上市公司有新华医疗（66.37）、赢合科技（62.48）、迈得医疗（59.29），药用包装物的上市公司有山东药玻（69.32）、正川股份（56.83），CXO服务的上市公司有泰格医药（71.52）、康龙化成（69.90）、昭衍新药（69.43），药用辅料的上市公司有键凯科技（62.09）、威尔药业（61.79）、山河药辅（61.51）。

中游的节点中，化学原料药的上市公司有新和成（71.75）、金达威（70.82）、浙江医药（70.27），化学制剂的上市公司有恒瑞医药（72.34）、华东医药（71.38）、贝达药业（71.07），生物制品的上市公司有智飞生物（71.70）、天坛生物（70.19）、长春高新（70.16），中药的上市公司有云南白药（70.71）、华润三九（70.16）、同仁堂（69.60），医用耗材的上市公司有达安基因（76.14）、科华生物（71.86）、英科医疗（71.74），医用设备的上市公司有迈瑞医疗（74.71）、理邦仪器（71.88）、海尔生物（69.23）。

下游的节点中，医疗健康服务的上市公司有金域医学（72.63）、华大基因（70.43）、迪安诊断（69.74），其他医疗服务的上市公司有国新健康（60.64）、延华智能（53.91）、宜华健康（51.89）。

14.1.2　医药生物产业链上市公司综合健康指数全排名

医药生物产业链353家上市公司中，综合健康指数全排名如表14-1所示。

表14-1　医药生物产业链上市公司综合健康指数全排名

排名	产业链节点	公司代码	公司名称	综合健康指数	一级行业_同花顺	一级行业_同花顺_综合排名
1	医用耗材	002030.SZ	达安基因	76.14	医药生物	1/382
2	医用设备	300760.SZ	迈瑞医疗	74.71	医药生物	2/382
3	医疗健康服务	603882.SH	金域医学	72.63	医药生物	3/382
4	化学制剂	600276.SH	恒瑞医药	72.34	医药生物	4/382

续表

排名	产业链节点	公司代码	公司名称	综合健康指数	一级行业_同花顺	一级行业_同花顺_综合排名
5	医用设备	300206.SZ	理邦仪器	71.88	医药生物	5/382
6	医用耗材	002022.SZ	科华生物	71.86	医药生物	6/382
7	化学原料药	002001.SZ	新和成	71.75	医药生物	7/382
8	医用耗材	300677.SZ	英科医疗	71.74	医药生物	8/382
9	生物制品	300122.SZ	智飞生物	71.70	医药生物	9/382
10	生物化工	300138.SZ	晨光生物	71.67	农林牧渔	5/92
11	医用耗材	300888.SZ	稳健医疗	71.59	纺织服装	3/92
12	CXO服务	300347.SZ	泰格医药	71.52	医药生物	11/382
13	医用耗材	002223.SZ	鱼跃医疗	71.51	医药生物	12/382
14	化学制剂	000963.SZ	华东医药	71.38	医药生物	13/382
15	医用耗材	300529.SZ	健帆生物	71.18	医药生物	14/382
16	化学制剂	300558.SZ	贝达药业	71.07	医药生物	15/382
17	化学制剂	002332.SZ	仙琚制药	70.92	医药生物	16/382
18	化学原料药	002626.SZ	金达威	70.82	医药生物	17/382
19	中药	000538.SZ	云南白药	70.71	医药生物	18/382
20	医用耗材	002950.SZ	奥美医疗	70.70	医药生物	19/382
21	医用耗材	603301.SH	振德医疗	70.59	医药生物	20/382
22	医疗健康服务	300676.SZ	华大基因	70.43	医药生物	21/382
23	化学制剂	000513.SZ	丽珠集团	70.33	医药生物	22/382
24	化学原料药	600216.SH	浙江医药	70.27	医药生物	23/382
25	生物制品	600161.SH	天坛生物	70.19	医药生物	24/382
26	中药	000999.SZ	华润三九	70.16	医药生物	25/382
27	生物制品	000661.SZ	长春高新	70.16	医药生物	26/382
28	CXO服务	300759.SZ	康龙化成	69.90	医药生物	27/382
29	医药制造设备	300171.SZ	东富龙	69.75	机械设备	39/637
30	医疗健康服务	300244.SZ	迪安诊断	69.74	医药生物	28/382
31	医用耗材	300832.SZ	新产业	69.71	医药生物	29/382
32	中药	600085.SH	同仁堂	69.60	医药生物	30/382
33	CXO服务	603127.SH	昭衍新药	69.43	医药生物	31/382
34	化学制剂	300003.SZ	乐普医疗	69.33	医药生物	32/382
35	药用包装物	600529.SH	山东药玻	69.32	医药生物	33/382
36	医用设备	688139.SH	海尔生物	69.23	医药生物	34/382
37	中药	002603.SZ	以岭药业	69.12	医药生物	35/382
38	生物制品	002880.SZ	卫光生物	69.09	医药生物	36/382
39	医用耗材	300463.SZ	迈克生物	69.06	医药生物	37/382
40	医用耗材	300482.SZ	万孚生物	69.06	医药生物	38/382
41	中药	600436.SH	片仔癀	69.03	医药生物	39/382
42	中药	600535.SH	天士力	69.01	医药生物	40/382

续表

排名	产业链节点	公司代码	公司名称	综合健康指数	一级行业_同花顺	一级行业_同花顺_综合排名
43	生物制品	300009.SZ	安科生物	69.00	医药生物	41/382
44	化学制剂	600380.SH	健康元	68.87	医药生物	44/382
45	化学原料药	000739.SZ	普洛药业	68.80	医药生物	45/382
46	化学制剂	300630.SZ	普利制药	68.77	医药生物	47/382
47	化学制剂	002755.SZ	奥赛康	68.73	医药生物	48/382
48	化学制剂	002262.SZ	恩华药业	68.69	医药生物	49/382
49	化学制剂	600566.SH	济川药业	68.61	医药生物	50/382
50	医用设备	300246.SZ	宝莱特	68.56	医药生物	51/382
51	化学原料药	603079.SH	圣达生物	68.42	医药生物	52/382
52	医用耗材	300639.SZ	凯普生物	68.41	医药生物	53/382
53	化学制剂	002773.SZ	康弘药业	68.31	医药生物	54/382
54	中药	600750.SH	江中药业	68.25	医药生物	55/382
55	医用耗材	688399.SH	硕世生物	68.10	医药生物	56/382
56	化学制剂	600572.SH	康恩贝	67.97	医药生物	57/382
57	医用耗材	300896.SZ	爱美客	67.86	医药生物	58/382
58	医用耗材	688289.SH	圣湘生物	67.85	医药生物	59/382
59	CXO服务	688202.SH	美迪西	67.84	医药生物	60/382
60	医用耗材	300298.SZ	三诺生物	67.81	医药生物	61/382
61	医用耗材	688317.SH	之江生物	67.81	医药生物	62/382
62	医药中间体	002250.SZ	联化科技	67.72	化工	58/388
63	化学制剂	600062.SH	华润双鹤	67.69	医药生物	64/382
64	化学制剂	600521.SH	华海药业	67.67	医药生物	65/382
65	中药	002275.SZ	桂林三金	67.66	医药生物	66/382
66	CXO服务	603259.SH	药明康德	67.52	医药生物	68/382
67	化学制剂	603858.SH	步长制药	67.49	医药生物	69/382
68	中药	000423.SZ	东阿阿胶	67.40	医药生物	71/382
69	医用耗材	688016.SH	心脉医疗	67.37	医药生物	72/382
70	医用耗材	603658.SH	安图生物	67.36	医药生物	73/382
71	医用耗材	002382.SZ	蓝帆医疗	67.29	医药生物	74/382
72	中药	000650.SZ	仁和药业	67.28	医药生物	75/382
73	生物化工	300132.SZ	青松股份	67.26	化工	63/388
74	化学制剂	000915.SZ	华特达因	67.24	医药生物	76/382
75	医用耗材	002394.SZ	联发股份	67.17	纺织服装	9/92
76	医用耗材	300685.SZ	艾德生物	67.13	医药生物	78/382
77	医用设备	002144.SZ	宏达高科	67.11	纺织服装	10/92
78	医用耗材	300453.SZ	三鑫医疗	67.10	医药生物	79/382
79	医用耗材	002932.SZ	明德生物	67.01	医药生物	80/382
80	生物制品	002007.SZ	华兰生物	66.99	医药生物	81/382
81	医用耗材	688363.SH	华熙生物	66.88	医药生物	82/382
82	化学制剂	600079.SH	人福医药	66.85	医药生物	83/382

续表

排名	产业链节点	公司代码	公司名称	综合健康指数	一级行业_同花顺	一级行业_同花顺_综合排名
83	CXO服务	002821.SZ	凯莱英	66.77	医药生物	84/382
84	医用耗材	603387.SH	基蛋生物	66.76	医药生物	85/382
85	化学制剂	600196.SH	复星医药	66.75	医药生物	86/382
86	化学制剂	603707.SH	健友股份	66.72	医药生物	87/382
87	化学制剂	600479.SH	千金药业	66.72	医药生物	88/382
88	中药	600329.SH	中新药业	66.65	医药生物	90/382
89	医用耗材	300396.SZ	迪瑞医疗	66.62	医药生物	91/382
90	生物制品	300142.SZ	沃森生物	66.58	医药生物	92/382
91	医用设备	300314.SZ	戴维医疗	66.47	医药生物	93/382
92	医疗健康服务	600763.SH	通策医疗	66.45	医药生物	94/382
93	生物制品	600867.SH	通化东宝	66.39	医药生物	95/382
94	医用设备	300869.SZ	康泰医学	66.38	医药生物	96/382
95	医疗器械制造设备	600587.SH	新华医疗	66.37	医药生物	97/382
96	医疗健康服务	000919.SZ	金陵药业	66.30	医药生物	98/382
97	医用耗材	603108.SH	润达医疗	66.30	医药生物	99/382
98	化学制剂	002940.SZ	昂利康	66.21	医药生物	101/382
99	生物制品	300841.SZ	康华生物	66.20	医药生物	102/382
100	医用耗材	300439.SZ	美康生物	66.09	医药生物	103/382
101	医疗健康服务	300015.SZ	爱尔眼科	66.00	医药生物	105/382
102	化学制剂	002793.SZ	罗欣药业	65.99	医药生物	106/382
103	医用耗材	002901.SZ	大博医疗	65.99	医药生物	107/382
104	医用耗材	603987.SH	康德莱	65.79	医药生物	110/382
105	医用耗材	688068.SH	热景生物	65.72	医药生物	111/382
106	中药	600993.SH	马应龙	65.66	医药生物	112/382
107	生物化工	002637.SZ	赞宇科技	65.65	化工	101/388
108	医用耗材	300390.SZ	天华超净	65.52	电子	79/321
109	化学制剂	000756.SZ	新华制药	65.49	医药生物	113/382
110	化学原料药	600267.SH	海正药业	65.30	医药生物	117/382
111	药物分子砌块	300725.SZ	药石科技	65.29	医药生物	118/382
112	化学制剂	002675.SZ	东诚药业	65.19	医药生物	119/382
113	化学原料药	603456.SH	九洲药业	65.18	医药生物	120/382
114	生物制品	300357.SZ	我武生物	65.12	医药生物	121/382
115	医药制造设备	300358.SZ	楚天科技	65.04	医药生物	123/382
116	生物制品	300601.SZ	康泰生物	65.04	医药生物	124/382
117	中药	600422.SH	昆药集团	65.00	医药生物	125/382
118	医用设备	002432.SZ	九安医疗	64.99	医药生物	126/382
119	化学制剂	003020.SZ	立方制药	64.86	医药生物	128/382
120	化学制剂	002737.SZ	葵花药业	64.84	医药生物	129/382

续表

排名	产业链节点	公司代码	公司名称	综合健康指数	一级行业_同花顺	一级行业_同花顺_综合排名
121	生物制品	603392.SH	万泰生物	64.80	医药生物	130/382
122	化学制剂	600513.SH	联环药业	64.78	医药生物	131/382
123	化学原料药	002294.SZ	信立泰	64.76	医药生物	132/382
124	化学制剂	002923.SZ	润都股份	64.67	医药生物	135/382
125	医用设备	600055.SH	万东医疗	64.56	医药生物	137/382
126	化学制剂	300705.SZ	九典制药	64.54	医药生物	138/382
127	医用耗材	300595.SZ	欧普康视	64.53	医药生物	139/382
128	中药	600976.SH	健民集团	64.36	医药生物	140/382
129	化学制剂	603811.SH	诚意药业	64.24	医药生物	143/382
130	中药	300026.SZ	红日药业	64.19	医药生物	144/382
131	医用耗材	688298.SH	东方生物	64.19	医药生物	145/382
132	化学原料药	603229.SH	奥翔药业	64.08	医药生物	146/382
133	化学制剂	300485.SZ	赛升药业	64.05	医药生物	147/382
134	医疗健康服务	002612.SZ	朗姿股份	64.05	纺织服装	36/92
135	医用耗材	605369.SH	拱东医疗	64.02	医药生物	148/382
136	化学制剂	300573.SZ	兴齐眼药	64.00	医药生物	149/382
137	医用设备	300633.SZ	开立医疗	63.97	医药生物	150/382
138	医用耗材	600135.SH	乐凯胶片	63.97	医药生物	151/382
139	化学制剂	600812.SH	华北制药	63.94	医药生物	152/382
140	生物制品	603087.SH	甘李药业	63.88	医药生物	153/382
141	化学制剂	002653.SZ	海思科	63.79	医药生物	154/382
142	生物制品	002038.SZ	双鹭药业	63.76	医药生物	155/382
143	化学制剂	600664.SH	哈药股份	63.68	医药生物	156/382
144	生物化工	603739.SH	蔚蓝生物	63.60	农林牧渔	42/92
145	医用耗材	300642.SZ	透景生命	63.59	医药生物	157/382
146	中药	300519.SZ	新光药业	63.56	医药生物	158/382
147	医用耗材	300151.SZ	昌红科技	63.51	机械设备	215/637
148	中药	603896.SH	寿仙谷	63.47	医药生物	160/382
149	医用耗材	603880.SH	南卫股份	63.46	医药生物	161/382
150	化学原料药	605116.SH	奥锐特	63.44	医药生物	162/382
151	中药	300049.SZ	福瑞股份	63.41	医药生物	163/382
152	医用耗材	300030.SZ	阳普医疗	63.40	医药生物	164/382
153	化学制剂	000597.SZ	东北制药	63.37	医药生物	165/382
154	医用耗材	688389.SH	普门科技	63.33	医药生物	166/382
155	化学制剂	600488.SH	天药股份	63.33	医药生物	167/382
156	中药	300039.SZ	上海凯宝	63.28	医药生物	168/382
157	医用设备	688580.SH	伟思医疗	63.26	医药生物	169/382
158	医用设备	688358.SH	祥生医疗	63.23	医药生物	170/382
159	化学制剂	300497.SZ	富祥药业	63.16	医药生物	171/382
160	化学制剂	002019.SZ	亿帆医药	63.15	医药生物	172/382

续表

排名	产业链节点	公司代码	公司名称	综合健康指数	一级行业_同花顺	一级行业_同花顺_综合排名
161	生物化工	002562.SZ	兄弟科技	63.14	医药生物	173/382
162	化学原料药	603538.SH	美诺华	63.11	医药生物	174/382
163	化学制剂	600789.SH	鲁抗医药	63.09	医药生物	176/382
164	中药	002287.SZ	奇正藏药	63.09	医药生物	177/382
165	化学制剂	603998.SH	方盛制药	63.07	医药生物	179/382
166	医用设备	300143.SZ	盈康生命	63.04	医药生物	180/382
167	生物制品	600682.SH	南京新百	62.94	综合	10/31
168	医用耗材	688029.SH	南微医学	62.93	医药生物	181/382
169	中药	600222.SH	太龙药业	62.88	医药生物	183/382
170	医用耗材	002551.SZ	尚荣医疗	62.87	医药生物	184/382
171	生物制品	000403.SZ	派林生物	62.83	医药生物	185/382
172	医用耗材	300653.SZ	正海生物	62.73	医药生物	187/382
173	化学制剂	002317.SZ	众生药业	62.70	医药生物	188/382
174	生物制品	688278.SH	特宝生物	62.63	医药生物	189/382
175	生物制品	002252.SZ	上海莱士	62.59	医药生物	190/382
176	中药	002644.SZ	佛慈制药	62.53	医药生物	191/382
177	化学原料药	002349.SZ	精华制药	62.48	医药生物	192/382
178	医疗器械制造设备	300457.SZ	赢合科技	62.48	机械设备	265/637
179	医用耗材	300285.SZ	国瓷材料	62.38	有色金属	69/137
180	医药制造设备	300412.SZ	迦南科技	62.30	机械设备	278/637
181	化学原料药	002099.SZ	海翔药业	62.29	医药生物	194/382
182	化学制剂	300294.SZ	博雅生物	62.25	医药生物	195/382
183	化学制剂	600420.SH	国药现代	62.19	医药生物	196/382
184	医用设备	300562.SZ	乐心医疗	62.13	医药生物	197/382
185	化学制剂	002399.SZ	海普瑞	62.10	医药生物	199/382
186	药用辅料	688356.SH	键凯科技	62.09	医药生物	200/382
187	CXO服务	300363.SZ	博腾股份	62.09	医药生物	201/382
188	化学制剂	600129.SH	太极集团	62.06	医药生物	202/382
189	化学制剂	000534.SZ	万泽股份	62.02	医药生物	203/382
190	化学制剂	300110.SZ	华仁药业	62.02	医药生物	204/382
191	化学原料药	300401.SZ	花园生物	62.01	医药生物	205/382
192	CXO服务	300149.SZ	睿智医药	61.98	医药生物	206/382
193	医用耗材	688366.SH	昊海生科	61.96	医药生物	207/382
194	医用耗材	300753.SZ	爱朋医疗	61.92	医药生物	208/382
195	中药	002864.SZ	盘龙药业	61.87	医药生物	209/382
196	药用辅料	603351.SH	威尔药业	61.79	医药生物	210/382
197	中药	603567.SH	珍宝岛	61.78	医药生物	211/382
198	药用辅料	300452.SZ	山河药辅	61.51	医药生物	212/382

续表

排名	产业链节点	公司代码	公司名称	综合健康指数	一级行业_同花顺	一级行业_同花顺_综合排名
199	医用耗材	688606.SH	奥泰生物	61.50	医药生物	213/382
200	化学制剂	603669.SH	灵康药业	61.39	医药生物	214/382
201	化学制剂	002907.SZ	华森制药	61.37	医药生物	215/382
202	化学制剂	603590.SH	康辰药业	61.36	医药生物	216/382
203	生物化工	300858.SZ	科拓生物	61.34	食品饮料	62/119
204	医用耗材	002486.SZ	嘉麟杰	61.33	纺织服装	49/92
205	中药	600557.SH	康缘药业	61.26	医药生物	218/382
206	中药	002107.SZ	沃华医药	61.25	医药生物	219/382
207	医用耗材	300406.SZ	九强生物	61.20	医药生物	220/382
208	化学制剂	600673.SH	东阳光	61.19	医药生物	221/382
209	化学制剂	000989.SZ	九芝堂	61.11	医药生物	223/382
210	中药	002873.SZ	新天药业	61.08	医药生物	224/382
211	医用设备	688301.SH	奕瑞科技	60.87	医药生物	225/382
212	中药	002390.SZ	信邦制药	60.86	医药生物	226/382
213	生物制品	300683.SZ	海特生物	60.84	医药生物	227/382
214	化学制剂	300016.SZ	北陆药业	60.81	医药生物	228/382
215	医用耗材	688026.SH	洁特生物	60.76	化工	242/388
216	化学制剂	300233.SZ	金城医药	60.72	医药生物	229/382
217	化学制剂	000623.SZ	吉林敖东	60.71	医药生物	230/382
218	化学制剂	688513.SH	苑东生物	60.71	医药生物	231/382
219	中药	600285.SH	羚锐制药	60.67	医药生物	232/382
220	化学制剂	000813.SZ	德展健康	60.64	医药生物	233/382
221	其他医疗服务	000503.SZ	国新健康	60.64	医药生物	234/382
222	CXO服务	300404.SZ	博济医药	60.52	医药生物	235/382
223	医用设备	688628.SH	优利德	60.46	机械设备	352/637
224	生物制品	688180.SH	君实生物	60.37	医药生物	238/382
225	医用设备	688626.SH	翔宇医疗	60.33	医药生物	239/382
226	生物化工	002166.SZ	莱茵生物	60.31	医药生物	240/382
227	医药中间体	688550.SH	瑞联新材	60.29	化工	255/388
228	医疗健康服务	002044.SZ	美年健康	60.24	医药生物	241/382
229	医用耗材	000710.SZ	贝瑞基因	60.12	医药生物	242/382
230	化学原料药	603520.SH	司太立	60.09	医药生物	244/382
231	化学制剂	688658.SH	悦康药业	60.05	医药生物	245/382
232	化学原料药	605177.SH	东亚药业	60.05	医药生物	246/382
233	药用辅料	002317.SZ	黄山胶囊	60.01	医药生物	247/382
234	中药	002424.SZ	贵州百灵	59.90	医药生物	251/382
235	CXO服务	688222.SH	成都先导	59.85	医药生物	252/382
236	化学制剂	600351.SH	亚宝药业	59.79	医药生物	253/382
237	化学制剂	603676.SH	卫信康	59.69	医药生物	254/382
238	化学制剂	300006.SZ	莱美药业	59.58	医药生物	256/382

续表

排名	产业链节点	公司代码	公司名称	综合健康指数	一级行业_同花顺	一级行业_同花顺_综合排名
239	医用耗材	300981.SZ	中红医疗	59.47	医药生物	257/382
240	医用耗材	688108.SH	赛诺医疗	59.45	医药生物	258/382
241	医药中间体	600866.SH	星湖科技	59.38	食品饮料	79/119
242	化学原料药	000952.SZ	广济药业	59.36	医药生物	259/382
243	中药	603439.SH	贵州三力	59.32	医药生物	260/382
244	医疗器械制造设备	688310.SH	迈得医疗	59.29	机械设备	419/637
245	中药	600252.SH	中恒集团	59.28	医药生物	261/382
246	中药	002412.SZ	汉森制药	59.26	医药生物	262/382
247	医用耗材	603309.SH	维力医疗	59.25	医药生物	263/382
248	化学原料药	002365.SZ	永安药业	59.22	医药生物	264/382
249	化学制剂	688566.SH	吉贝尔	59.13	医药生物	265/382
250	医用耗材	300238.SZ	冠昊生物	59.08	医药生物	266/382
251	中药	600594.SH	益佰制药	59.00	医药生物	267/382
252	医用耗材	688393.SH	安必平	58.97	医药生物	268/382
253	化学制剂	688166.SH	博瑞医药	58.91	医药生物	269/382
254	医用耗材	688050.SH	爱博医疗	58.69	医药生物	271/382
255	医用耗材	688085.SH	三友医疗	58.60	医药生物	272/382
256	医用耗材	300289.SZ	利德曼	58.57	医药生物	273/382
257	化学制剂	002437.SZ	誉衡药业	58.52	医药生物	274/382
258	生物化工	688639.SH	华恒生物	58.51	农林牧渔	66/92
259	医用耗材	688198.SH	佰仁医疗	58.48	医药生物	275/382
260	中药	600211.SH	西藏药业	58.45	医药生物	276/382
261	化学制剂	300194.SZ	福安药业	58.27	医药生物	277/382
262	化学原料药	300381.SZ	溢多利	58.17	医药生物	278/382
263	化学原料药	300636.SZ	同和药业	58.15	医药生物	279/382
264	中药	300181.SZ	佐力药业	58.08	医药生物	282/382
265	化学制剂	300204.SZ	舒泰神	58.02	医药生物	284/382
266	中药	000790.SZ	华神科技	58.00	医药生物	285/382
267	中药	002566.SZ	益盛药业	57.95	医药生物	286/382
268	生物制品	300318.SZ	博晖创新	57.91	医药生物	287/382
269	化学制剂	002826.SZ	易明医药	57.91	医药生物	288/382
270	医用设备	688013.SH	天臣医疗	57.91	医药生物	289/382
271	化学制剂	300878.SZ	维康药业	57.83	医药生物	291/382
272	化学制剂	002550.SZ	千红制药	57.74	医药生物	293/382
273	中药	000590.SZ	启迪药业	57.61	医药生物	294/382
274	医用设备	688607.SH	康众医疗	57.55	医药生物	295/382
275	医疗健康服务	002524.SZ	光正眼科	57.45	医药生物	296/382
276	化学制剂	688189.SH	南新制药	57.44	医药生物	297/382

续表

排名	产业链节点	公司代码	公司名称	综合健康指数	一级行业_同花顺	一级行业_同花顺_综合排名
277	医用耗材	688617.SH	惠泰医疗	57.38	医药生物	298/382
278	中药	603139.SH	康惠制药	57.32	医药生物	299/382
279	医药中间体	300261.SZ	雅本化学	57.20	化工	313/388
280	生物制品	688136.SH	科兴制药	57.20	医药生物	300/382
281	化学原料药	300267.SZ	尔康制药	57.17	医药生物	301/382
282	医用设备	688677.SH	海泰新光	57.14	医药生物	302/382
283	化学制剂	688505.SH	复旦张江	57.13	医药生物	303/382
284	医用耗材	300840.SZ	酷特智能	57.06	纺织服装	69/92
285	医用耗材	688338.SH	赛科希德	56.97	医药生物	305/382
286	医药中间体	000953.SZ	河化股份	56.85	化工	321/388
287	药用包装物	603976.SH	正川股份	56.83	医药生物	306/382
288	化学制剂	300584.SZ	海辰药业	56.74	医药生物	307/382
289	医用设备	300430.SZ	诚益通	56.71	机械设备	516/637
290	医用耗材	300109.SZ	新开源	56.54	医药生物	309/382
291	中药	002750.SZ	龙津药业	56.54	医药生物	310/382
292	化学制剂	688321.SH	微芯生物	56.25	医药生物	311/382
293	医疗健康服务	300086.SZ	康芝药业	56.20	医药生物	313/382
294	中药	300534.SZ	陇神戎发	56.14	医药生物	315/382
295	生物化工	600530.SH	交大昂立	55.94	医药生物	317/382
296	医用耗材	603222.SH	济民医疗	55.93	医药生物	318/382
297	化学制剂	600613.SH	神奇制药	55.77	医药生物	319/382
298	医疗健康服务	600896.SH	*ST海医	55.77	医药生物	320/382
299	中药	605199.SH	葫芦娃	55.65	医药生物	321/382
300	化学制剂	300436.SZ	广生堂	55.41	医药生物	323/382
301	医用耗材	688656.SH	浩欧博	55.37	医药生物	324/382
302	化学制剂	000788.SZ	北大医药	55.30	医药生物	325/382
303	医用耗材	600645.SH	中源协和	55.15	医药生物	326/382
304	化学制剂	000766.SZ	通化金马	55.13	医药生物	329/382
305	生物制品	688185.SH	康希诺	54.93	医药生物	330/382
306	化学制剂	688687.SH	凯因科技	54.88	医药生物	331/382
307	医用设备	300273.SZ	和佳医疗	54.67	医药生物	334/382
308	医用耗材	300326.SZ	凯利泰	54.62	医药生物	335/382
309	化学制剂	688221.SH	前沿生物	54.45	医药生物	336/382
310	CXO服务	600721.SH	*ST百花	54.45	医药生物	337/382
311	化学制剂	300199.SZ	翰宇药业	54.29	医药生物	339/382
312	生物制品	000504.SZ	南华生物	54.17	医药生物	341/382
313	化学制剂	002728.SZ	特一药业	54.05	医药生物	342/382
314	化学制剂	002370.SZ	亚太药业	53.97	医药生物	343/382
315	生物化工	605016.SH	百龙创园	53.93	食品饮料	109/119
316	其他医疗服务	002178.SZ	延华智能	53.91	建筑材料	183/202

续表

排名	产业链节点	公司代码	公司名称	综合健康指数	一级行业_同花顺	一级行业_同花顺_综合排名
317	原料药起始物料	300583.SZ	赛托生物	53.78	医药生物	344/382
318	化学原料药	000908.SZ	景峰医药	53.75	医药生物	345/382
319	中药	300147.SZ	香雪制药	53.62	医药生物	346/382
320	化学制剂	300111.SZ	向日葵	53.52	医药生物	347/382
321	化学原料药	688488.SH	艾迪药业	53.38	医药生物	348/382
322	中药	603963.SH	大理药业	53.30	医药生物	349/382
323	生物制品	688177.SH	百奥泰	53.30	医药生物	350/382
324	中药	600771.SH	广誉远	53.24	医药生物	351/382
325	医疗健康服务	688315.SH	诺禾致源	53.16	医药生物	352/382
326	医用耗材	002776.SZ	ST柏龙	53.09	纺织服装	84/92
327	医药中间体	300966.SZ	共同药业	52.94	医药生物	353/382
328	化学制剂	300254.SZ	仟源医药	52.90	医药生物	354/382
329	生物制品	000518.SZ	四环生物	52.84	医药生物	355/382
330	生物制品	688336.SH	三生国健	52.55	医药生物	356/382
331	化学制剂	300255.SZ	常山药业	52.32	医药生物	357/382
332	医疗健康服务	000509.SZ	*ST华塑	52.24	医药生物	359/382
333	医用耗材	688468.SH	科美诊断	52.10	医药生物	360/382
334	化学制剂	002898.SZ	赛隆药业	52.00	医药生物	361/382
335	生物制品	688520.SH	神州细胞	51.95	医药生物	362/382
336	其他医疗服务	000150.SZ	宜华健康	51.89	医药生物	363/382
337	医用设备	688277.SH	天智航	51.77	医药生物	364/382
338	中药	600381.SH	青海春天	51.72	信息服务	371/404
339	中药	002198.SZ	嘉应制药	51.66	医药生物	365/382
340	医疗健康服务	600767.SH	ST运盛	51.60	医药生物	366/382
341	化学制剂	603168.SH	莎普爱思	51.55	医药生物	367/382
342	生物化工	600226.SH	ST瀚叶	51.43	信息服务	373/404
343	中药	600080.SH	金花股份	50.68	医药生物	368/382
344	化学制剂	000566.SZ	海南海药	50.28	医药生物	369/382
345	中药	600518.SH	*ST康美	49.69	医药生物	370/382
346	化学制剂	600200.SH	江苏吴中	48.98	医药生物	372/382
347	生物制品	002581.SZ	未名医药	47.42	医药生物	376/382
348	医疗健康服务	600568.SH	ST中珠	47.35	房地产	122/125
349	化学原料药	600385.SH	*ST金泰	46.62	医药生物	377/382
350	中药	300108.SZ	吉药控股	46.29	医药生物	379/382
351	化学制剂	600781.SH	ST辅仁	45.94	医药生物	380/382
352	中药	002118.SZ	紫鑫药业	42.30	医药生物	381/382
353	化学制剂	600671.SH	ST目药	40.68	医药生物	382/382

数据来源：同花顺、中关村国睿金融与产业发展研究会。

14.2 医药生物产业链上市公司8大系统健康指数评价

在对2020年医药生物产业链上上市公司健康指数总体分析的基础上，报告进一步分析了353家医药生物产业链上市公司在8大系统方面的具体情况。

14.2.1 法人治理系统

根据2020年披露年报、公告和其他数据，医药生物产业链上353家中国上市公司法人治理系统健康指数平均水平为71.51，平均水平以上的上市公司有188家。

医药生物产业链中法人治理系统健康指数排名前10的上市公司分别是仙琚制药（86.48）、精华制药（86.39）、金陵药业（85.30）、华仁药业（85.10）、圣达生物（84.86）、莱美药业（84.19）、诚意药业（84.04）、卫光生物（83.86）、乐凯胶片（83.78）、昂利康（83.31）。

产业链各节点上市公司法人治理系统健康指数的平均水平情况如图14-4所示。

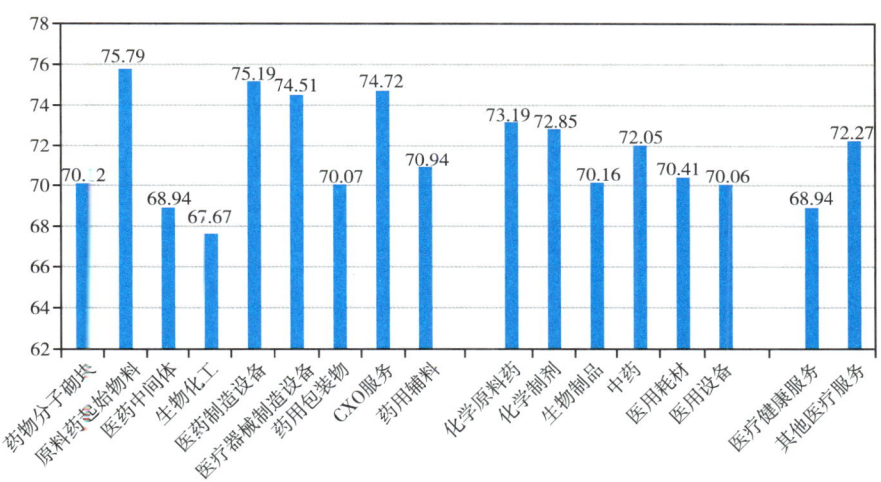

图14-4 医药生物产业链各节点上市公司法人治理系统健康指数平均水平情况

医药生物产业链上，法人治理系统健康指数平均水平最高的节点是原始药起始物料（75.79），最低的节点是生物化工（67.67）。

从产业链上下游各节点来看，医药生物产业链中的353家上市公司在各节点上的代表性的公司，法人治理系统健康指数排名前3的分别是：

上游的节点中，药物分子砌块的上市公司有药石科技（70.12），原料药起始物料的上市公司有赛托生物（75.79），医药中间体的上市公司有联化科技（82.37）、星湖科技（71.04）、瑞联新材（68.00），生物化工的上市公司有晨光生物（75.87）、兄弟科技75.03）、青松股份（74.83），医药制造设备的上市公司有迦南科技（79.42）、东富龙（74.15）、楚天科技（71.99），医疗器械制造设备的上市公司有新华医疗（77.25）、赢合科技（73.61）、迈得医疗（72.67），药用包装物的上市公司有山东药玻（76.54）、正川股份（63.60），CXO服务的上市公司有康龙化成（79.97）、博济医药（76.28）、美迪西（76.06），药用辅料的上市公司有山河药辅（72.33）、黄山胶囊（71.74）、威尔药业（70.56）。

中游的节点中，化学原料药的上市公司有精华制药（86.39）、圣达生物（84.86）、海正药业（81.70），化学制剂的上市公司有仙琚制药（86.48）、华仁药业（85.10）、莱美药业（84.19），生物制品的上市公司有卫光生物（83.86）、长春高新（83.24）、天坛生物（79.76），中药的上市公司有东阿阿胶（82.16）、陇神戎发（81.79）、盘龙药业（80.83），医用耗材的上市公司有乐凯胶片（83.78）、润达医疗（80.84）、凯普生物（77.49），医用设备的上市公司有宏达高科（82.03）、理邦仪器（78.79）、开立医疗（77.37）。

下游的节点中，医疗健康服务的上市公司有金陵药业（85.30）、迪安诊断（78.51）、金域医学（76.33），其他医疗服务的上市公司有国新健康（79.75）、宜华健康（70.74）、延华智能（66.33）。

14.2.2　外部监督系统

根据2020年披露年报、公告和其他数据，医药生物产业链上353家中国上市公司外部监督系统健康指数平均水平为70.96，平均水平以上的上市公司有203家。

医药生物产业链中外部监督系统健康指数排名前10的上市公司分别是迈瑞医疗（95.56）、云南白药（94.28）、稳健医疗（92.35）、华熙生物（91.38）、康弘药业（90.84）、爱美客（90.73）、通策医疗（89.99）、新和成（89.84）、华东医药（89.09）、金域医学（87.97）。

产业链各节点上市公司外部监督系统健康指数的平均水平情况如图14-5所示。

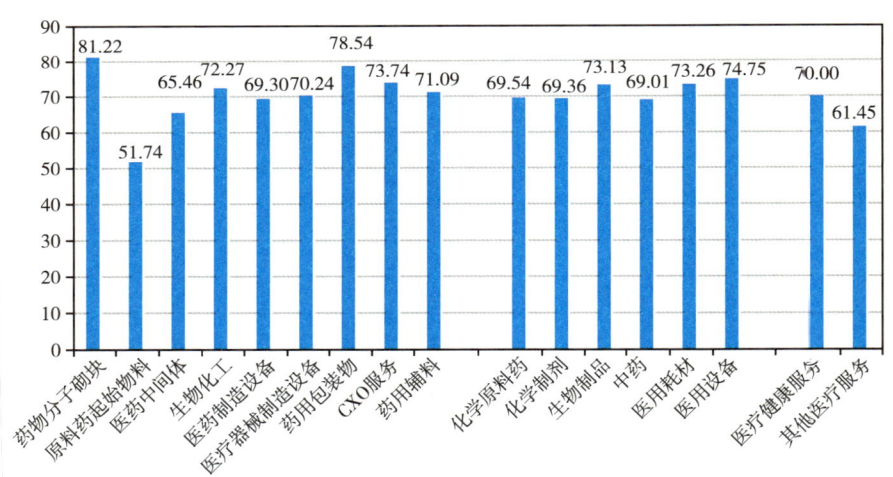

图14-5　医药生物产业链各节点上市公司外部监督系统健康指数平均水平情况

医药生物产业链上，外部监督系统健康指数平均水平最高的节点是药物分子砌块（81.22），最低节点是原料药起始物料（51.74）。

从产业链上下游各节点来看，医药生物产业链中的353家上市公司在各节点上的代表性的公司，外部监督系统健康指数排名前3的分别是：

上游的节点中，药物分子砌块的上市公司有药石科技（81.22），原料药起始物料的上市公司有赛托生物（51.74），医药中间体的上市公司有共同药业（73.96）、联化科技（73.65）、瑞联新材（69.54），生物化工的上市公司有晨光生物（84.00）、青松股份（76.16）、莱茵生物（75.03），医药制造设备的上市公司有东富龙（80.56）、迦南科技（66.28）、楚天科技（61.05），医疗器械制造设备的上市公司有赢合科技（75.78）、新华医疗（67.86）、迈得医疗（67.07），药用包装物的上市公司有山东药玻（80.40）、正川股份（76.68），CXO服务的上市公司有泰格医药（85.13）、美迪西（82.04）、康龙化成（81.56），药用辅料的上市公司有键凯科技（81.90）、威尔药业（69.29）、黄山胶囊（68.61）。

中游的节点中，化学原料药的上市公司有新和成（89.84）、普洛药业（82.94）、花园生物（81.64），化学制剂的上市公司有康弘药业（90.84）、华东医药（89.09）、人福医药（86.03），生物制品的上市公司有我武生物（87.90）、智飞生物（86.32）、片仔癀（84.89），中药的上市公司有云南白药（94.28）、奇正藏药（85.48）、同仁堂（69.60），医用耗材的上市公司有稳健医疗（92.35）、华熙生物（91.38）、爱美客（90.73），医用设备的上市公司有迈瑞医疗（95.56）、海尔生物（69.23）、奕瑞科技（82.28）。

下游的节点中，医疗健康服务的上市公司有通策医疗（89.99）、金域医学（87.97）、金陵药业（81.56），其他医疗服务的上市公司有国新健康（64.80）、延华智能（63.77）、宜华健康（55.79）。

14.2.3 创利能力系统

根据2020年披露年报、公告和其他数据，医药生物产业链上353家中国上市公司创利能力系统健康指数平均水平为52.12，平均水平以上的上市公司有182家。

医药生物产业链中创利能力系统健康指数排名前10的上市公司分别是硕世生物（82.85）、之江生物（81.56）、圣湘生物（79.52）、达安基因（79.41）、东方生物（77.29）、健帆生物（76.92）、智飞生物（76.42）、新产业（76.23）、爱美客（75.75）、恒瑞医药（75.52）。

产业链各节点上市公司创利能力系统健康指数的平均水平情况如图14-6所示。

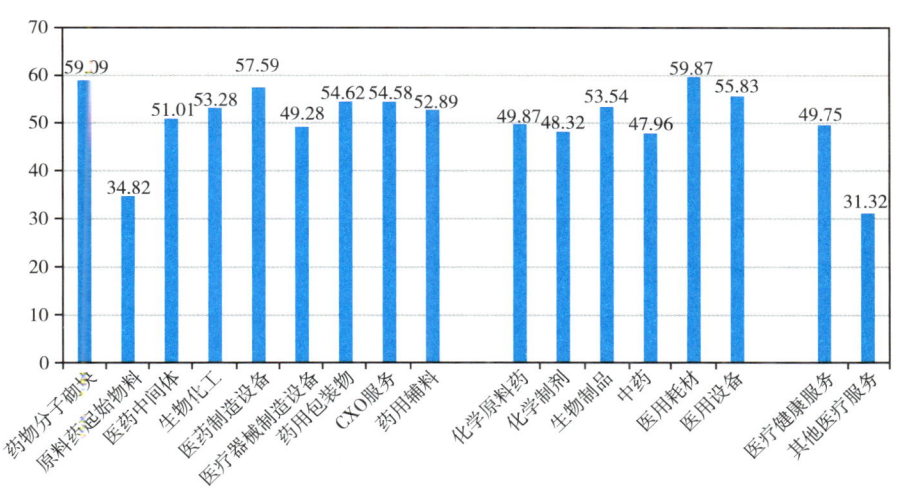

图14-6　医药生物产业链各节点上市公司创利能力系统健康指数平均水平情况

医药生物产业链上，创利能力系统健康指数平均水平最高的节点是医用耗材（59.87），最低的节点是其他医疗服务（31.32）。

从产业链上下游各节点来看，医药生物产业链中的353家上市公司在各节点上的代表性的公司，创利能力系统健康指数排名前3的分别是：

上游的节点中，药物分子砌块的上市公司有药石科技（59.09），原料药起始物料的上市公司有赛托生物（34.82），医药中间体的上市公司有河化股份（61.28）、瑞联新材（61.12）、联化科技（54.12），生物化工的上市公司有华恒生物（66.63）、蔚蓝生物（64.63）、青松股份（63.72），医药制造设备的上市公司有东富龙（69.93）、楚天科技（52.31）、迦南科技（50.54），医疗器械制造设备的上市公司有迈得医疗（59.12）、新华医疗（45.41）、赢合科技（43.30），药用包装物的上市公司有山东药玻（63.17）、正川股份（46.06），CXO服务的上市公司有昭衍新药（74.03）、泰格医药（64.03）、康龙化成（60.29），药用辅料的上市公司有键凯科技（62.61）、山河药辅（54.89）、威尔药业（50.55）。

中游的节点中，化学原料药的上市公司有金达威（72.48）、花园生物（63.39）、普洛药业（63.23），化学制剂的上市公司有恒瑞医药（75.52）、恩华药业（67.89）、丽珠集团（67.37），生物制品的上市公司有智飞生物（76.42）、通化东宝（73.16）、安科生物（67.48），中药的上市公司有江中药业（69.18）、片仔癀（67.35）、西藏药业（66.19），医用耗材的上市公司有硕世生物（82.85）、之江生物（81.56）、圣湘生物（79.52），医用设备的上市公司有理邦仪器（73.93）、康泰医学（72.80）、迈瑞医疗（70.60）。

下游的节点中，医疗健康服务的上市公司有华大基因（70.75）、通策医疗（65.79）、金域医学（65.59），其他医疗服务的上市公司有国新健康（39.68）、宜华健康（29.32）、延华智能（24.97）。

14.2.4 竞争态势系统

根据2020年披露年报、公告和其他数据，医药生物产业链上353家中国上市公司竞争态势系统健康指数平均水平为49.34，平均水平以上的上市公司有180家。

医药生物产业链中竞争态势系统健康指数排名前10的上市公司分别是迈瑞医疗（78.13）、达安基因（74.21）、恒瑞医疗（74.04）、万泰生物（72.41）、健康元（71.94）华兰生物（71.94）、长春高新（71.69）、乐普医疗（71.15）、万孚生物（71.12）、楚天科技（70.80）。

产业链各节点上市公司竞争态势系统健康指数的平均水平情况如图14-7所示。

医药生物产业链上，竞争态势系统健康指数平均水平最高的节点是医药制造设备（64.04），最低的节点是原料药起始物料（34.28）。

从产业链上下游各节点来看，医药生物产业链中的353家上市公司在各节点上的代表性的公司，竞争态势系统健康指数排名前3的分别是：

上游的节点中，药物分子砌块的上市公司有药石科技（46.65），原料药起始物料的上市公司有赛托生物（34.28），医药中间体的上市公司有联化科技（62.56）、星湖科技（49.68）、雅本化学（49.60），生物化工的上市公司有晨光生物（68.12）、赞宇科技（64.96）、蔚蓝生物（54.53），医药

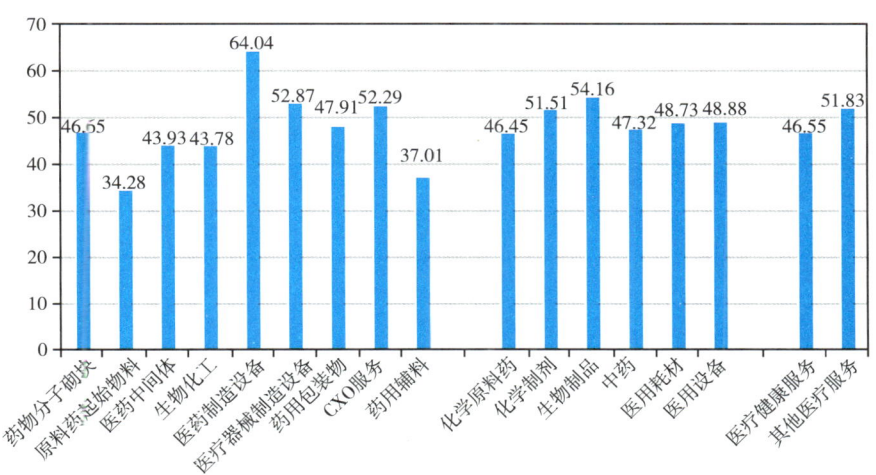

图14-7 医药生物产业链各节点上市公司竞争态势系统健康指数平均水平情况

制造设备的上市公司有楚天科技（70.80）、东富龙（69.90）、迦南科技（51.42），医疗器械制造设备的上市公司有新华医疗（64.20）、赢合科技（55.81）、迈得医疗（38.62），药用包装物的上市公司有山东药玻（56.82）、正川股份（39.00），CXO服务的上市公司有药明康德（67.22）、康龙化成（60.27）、凯莱英（58.42），药用辅料的上市公司有山河药辅（41.71）、威尔药业（40.77）、键凯科技（34.93）。

中游的节点中，化学原料药的上市公司有浙江医药（70.59）、普洛药业（61.25）、新和成（61.22），化学制剂的上市公司有恒瑞医药（74.04）、健康元（71.94）、乐普医疗（71.15），生物制品的上市公司有万泰生物（72.41）、华兰生物（71.94）、长春高新（71.69），中药的上市公司有天士力（70.39）、中新药业（69.77）、云南白药（68.69），医用耗材的上市公司有达安基因（74.21）、万孚生物（71.12）、迈克生物（69.32），医用设备的上市公司有迈瑞医疗（78.13）、九安医疗（65.65）、开立医疗（64.51）。

下游的节点中，医疗健康服务的上市公司有朗姿股份（60.67）、金域医学（60.21）、迪安诊断（59.56），其他医疗服务的上市公司有国新健康（55.93）、延华智能（54.66）、宜华健康（44.89）。

14.2.5 产品销售系统

根据2020年披露年报、公告和其他数据，医药生物产业链上353家中国上市公司产品销售系统健康指数平均水平为49.17，平均水平以上的上市公司有176家。

医药生物产业链中产品销售系统健康指数排名前10的上市公司分别是英科医疗（81.62）、中红医疗（80.27）、振德医疗（75.60）、鱼跃医疗（73.63）、迈瑞医疗（72.55）、普洛药业（72.12）、奥美医疗（71.74）、蓝帆医疗（71.52）、金达威（71.04）、宝莱特（70.37）。

产业链各节点上市公司产品销售系统健康指数的平均水平情况如图14-8所示。

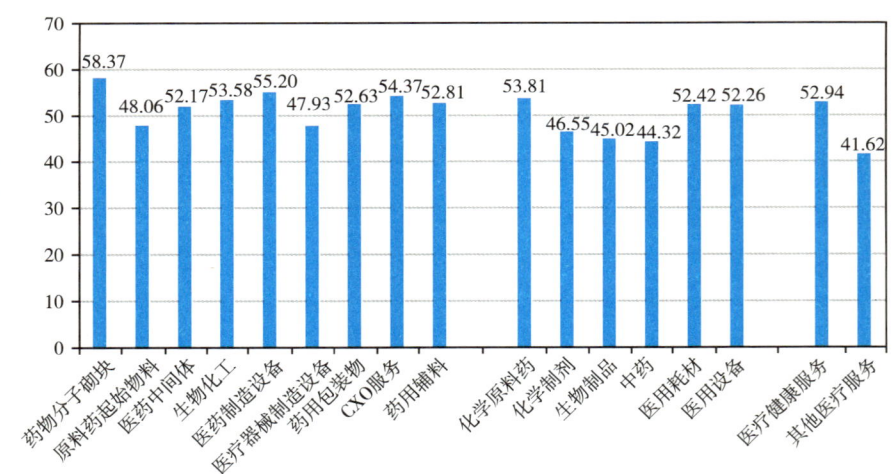

图 14-8　医药生物产业链各节点上市公司产品销售系统健康指数平均水平情况

医药生物产业链上，产品销售系统健康指数平均水平最高的节点是药物分子砌块（58.37），最低的节点是其他医疗服务（41.62）。

从产业链上下游各节点来看，医药生物产业链中的353家上市公司在各节点上的代表性的公司，产品销售系统健康指数排名前3的分别是：

上游的节点中，药物分子砌块的上市公司有药石科技（58.37），原料药起始物料的上市公司有赛托生物（48.06），医药中间体的上市公司有联化科技（59.24）、雅本化学（57.32）、共同药业（53.13），生物化工的上市公司有晨光生物（69.38）、百龙创园（62.11）、青松股份（58.99），医药制造设备的上市公司有楚天科技（66.69）、东富龙（52.92）、迦南科技（46.00），医疗器械制造设备的上市公司有新华医疗（62.51）、赢合科技（49.81）、迈得医疗（31.46），药用包装物的上市公司有山东药玻（65.12）、正川股份（40.14），CXO服务的上市公司有泰格医药（66.80）、昭衍新药（64.59）、康龙化成（61.68），药用辅料的上市公司有威尔药业（61.26）、山河药辅（55.51）、键凯科技（54.02）。

中游的节点中，化学原料药的上市公司有普洛药业（72.12）、金达威（71.04）、浙江医药（64.57），化学制剂的上市公司有华东医药（65.97）、东阳光（65.78）、新华制药（65.50），生物制品的上市公司有智飞生物（70.08）、卫光生物（60.87）、上海莱士（58.51），中药的上市公司有云南白药（66.09）、片仔癀（65.46）、仁和药业（64.24），医用耗材的上市公司有英科医疗（81.62）、中红医疗（80.27）、振德医疗（75.60），医用设备的上市公司有迈瑞医疗（72.55）、宝莱特（70.37）、康泰医学（65.70）。

下游的节点中，医疗健康服务的上市公司有金域医学（69.96）、爱尔眼科（67.39）、迪安诊断（66.27），其他医疗服务的上市公司有国新健康（49.70）、宜华健康（38.09）、延华智能（37.07）。

14.2.6　价值再造系统

根据2020年披露年报、公告和其他数据，医药生物产业链上353家中国上市公司价值再造系统健康指数平均水平为55.82，平均水平以上的上市公司有180家。

医药生物产业链中价值再造系统健康指数排名前10的上市公司分别是之江生物（83.04）、楚天科技（81.37）、新华医疗（77.86）、鱼跃医疗（76.90）、科华生物（76.27）、奥美医疗（74.68）、天士力（74.05）、宝莱特（73.36）、蓝帆医疗（72.70）、赞宇科技（72.33）。

产业链各节点上市公司价值再造系统健康指数的平均水平情况如图14-9所示。

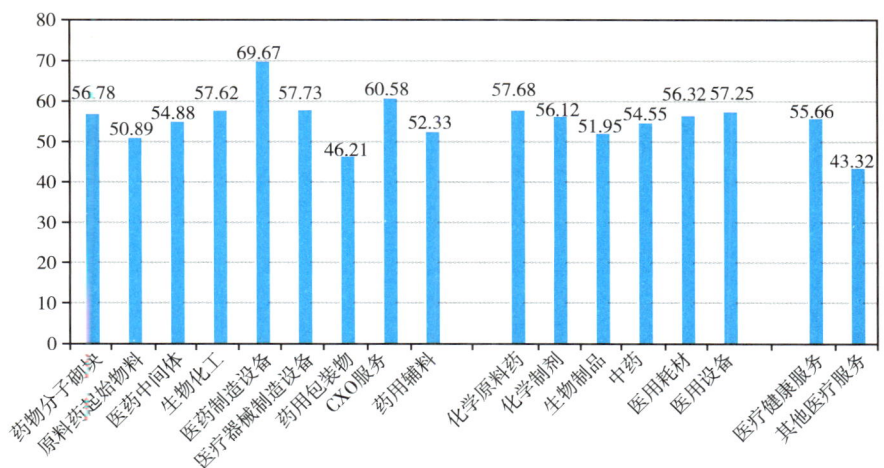

图14-9　医药生物产业链各节点上市公司价值再造系统健康指数平均水平情况

医药生物产业链上，价值再造系统健康指数平均水平最高的节点是医药制造设备（69.67），最低的节点是其他医疗服务（43.32）。

从产业链上下游各节点来看，医药生物产业链中的353家上市公司在各节点上的代表性的公司，价值再造系统健康指数排名前3的分别是：

上游的节点中，药物分子砌块的上市公司有药石科技（56.78），原料药起始物料的上市公司有赛托生物（50.89），医药中间体的上市公司有星湖科技（64.62）、雅本化学（58.27）、联化科技（56.97），生物化工的上市公司有赞宇科技（72.33）、晨光生物（66.17）、青松股份（65.89），医药制造设备的上市公司有楚天科技（81.37）、东富龙（67.39）、迦南科技（60.25），医疗器械制造设备的上市公司有新华医疗（77.86）、赢合科技（50.10）、迈得医疗（45.24），药用包装物的上市公司有山东药玻（54.81）、正川股份（37.61），CXO服务的上市公司有美迪西（68.93）、成都先导（65.87）、凯莱英（64.62），药用辅料的上市公司有黄山胶囊（57.73）、山河药辅（55.21）、威尔药业（50.97）。

中游的节点中，化学原料药的上市公司有海正药业（69.97）、浙江医药（69.56）、新和成（68.56），化学制剂的上市公司有海思科（71.65）、丽珠集团（71.59）、新华制药（70.23），生物制品的上市公司有安科生物（67.02）、沃森生物（66.91）、双鹭药业（64.84），中药的上市公司有天士力（74.05）、香雪制药（71.03）、红日药业（69.92），医用耗材的上市公司有之江生物（83.04）、鱼跃医疗（76.90）、科华生物（76.27），医用设备的上市公司有宝莱特（73.36）、海尔生物（71.47）、翔宇医疗（69.26）。

下游的节点中，医疗健康服务的上市公司有迪安诊断（71.99）、华大基因（69.00）、金域医学（66.74），其他医疗服务的上市公司有延华智能（45.73）、国新健康（43.50）、宜华健康（40.73）。

14.2.7 资产资本结构系统

根据2020年披露年报、公告和其他数据，医药生物产业链上353家中国上市公司资产资本结构系统健康指数平均水平为52.93，平均水平以上的上市公司有171家。

医药生物产业链中资产资本结构系统健康指数排名前10的上市公司分别是新光药业（75.79）、伟思医疗（75.20）、心脉医疗（74.07）、赛科希德（74.04）、爱美客（73.84）、天臣医疗（73.67）、康希诺（73.49）、之江生物（71.55）、天智航（70.90）、爱博医疗（70.76）。

产业链各节点上市公司资产资本结构系统健康指数的平均水平情况如图14-10所示。

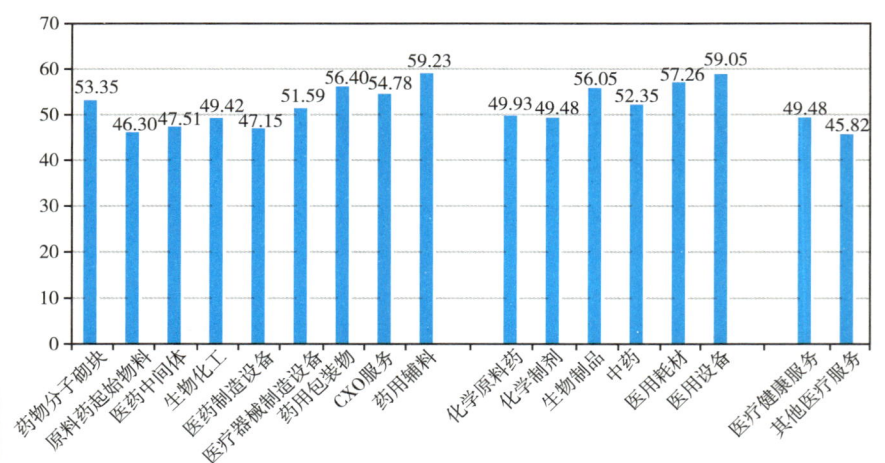

图14-10　医药生物产业链各节点上市公司资产资本结构系统健康指数平均水平情况

医药生物产业链上，资产资本结构系统健康指数平均水平最高的节点是药用辅料（59.23），最低的节点是其他医疗服务（45.82）。

从产业链上下游各节点来看，医药生物产业链中的353家上市公司在各节点上的代表性的公司，资产资本结构系统健康指数排名前3的分别是：

上游的节点中，药物分子砌块的上市公司有药石科技（53.35），原料药起始物料的上市公司有赛托生物（46.30），医药中间体的上市公司有瑞联新材（66.86）、共同药业（51.76）、雅本化学（46.50），生物化工的上市公司有科拓生物（59.75）、蔚蓝生物（55.09）、华恒生物（52.95），医药制造设备的上市公司有东富龙（52.66）、迦南科技（46.36）、楚天科技（42.43），医疗器械制造设备的上市公司有迈得医疗（65.68）、赢合科技（53.98）、新华医疗（35.11），药用包装物的上市公司有正川股份（58.35）、山东药玻（54.44），CXO服务的上市公司有泰格医药（66.06）、美迪西（64.31）、成都先导（63.72），药用辅料的上市公司有键凯科技（68.53）、黄山胶囊（64.27）、山河药辅（52.15）。

中游的节点中，化学原料药的上市公司有花园生物（66.32）、奥翔药业（64.28）、艾迪药业（64.23），化学制剂的上市公司有吉贝尔（67.02）、恒瑞医药（67.02）、苑东生物（66.00），生物制品的上市公司有康希诺（73.49）、康华生物（70.35）、科兴制药（67.86），中药的上市公司有新光药业（75.79）、桂林三金（65.56）、大理药业（64.01），医用耗材的上市公司有心脉医疗（74.07）、赛科希德（74.04）、爱美客（73.84），医用设备的上市公司有伟思医疗（75.20）、天臣医疗（73.67）、天智航（70.90）。

下游的节点中，医疗健康服务的上市公司有华大基因（58.27）、通策医疗（57.63）、金域医学（55.93），其他医疗服务的上市公司有国新健康（62.47）、延华智能（47.42）、宜华健康（27.56）。

14.2.8 内部控制系统

根据2020年披露年报、公告和其他数据，医药生物产业链上353家中国上市公司内部控制系统健康指数平均水平为78.07，平均水平以上的上市公司有198家。

医药生物产业链中内部控制系统健康指数排名前10的上市公司分别是圣达生物（95.47）、英科医疗（94.70）、卫光生物（94.50）、迪安诊断（93.72）、灵康药业（92.99）、黄山胶囊（92.95）、康辰药业（92.64）、安图生物（92.40）、稳健医疗（91.92）、科拓生物（91.70）。

产业链各节点上市公司内部控制系统健康指数的平均水平情况如图14-11所示。

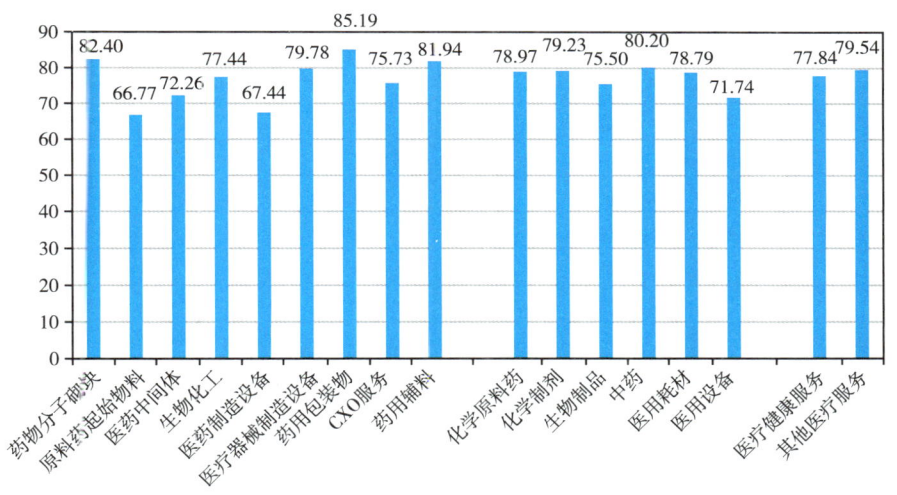

图14-11 医药生物产业链各节点上市公司内部控制系统健康指数平均水平情况

医药生物产业链上，内部控制系统健康指数平均水平最高的节点是药用包装物（85.19），最低的节点是原料药起始物料（66.77）。

从产业链上下游各节点来看，医药生物产业链中的353家上市公司在各节点上的代表性的公司，内部控制系统健康指数排名前3的分别是：

上游的节点中，药物分子砌块的上市公司有药石科技（82.40），原料药起始物料的上市公司有赛托生物（66.77），医药中间体的上市公司有联化科技（86.41）、雅本化学（73.64）、星湖科技

（72.23），生物化工的上市公司有科拓生物（91.70）、蔚蓝生物（88.45）、莱茵生物（85.69），医药制造设备的上市公司有迦南科技（71.09）、东富龙（70.15）、楚天科技（61.09），医疗器械制造设备的上市公司有赢合科技（83.05）、新华医疗（81.96）、迈得医疗（74.34），药用包装物的上市公司有山东药玻（88.10）、正川股份（82.27），CXO服务的上市公司有泰格医药（85.43）、昭衍新药（84.99）、博济医药（83.82），药用辅料的上市公司有黄山胶囊（92.95）、威尔药业（88.69）、山河药辅（80.79）。

中游的节点中，化学原料药的上市公司有圣达生物（95.47）、信立泰（90.95）、司太立（90.43），化学制剂的上市公司有灵康药业（92.99）、康辰药业（92.64）、步长制药（91.50），生物制品的上市公司有卫光生物（94.50）、安科生物（89.55）、我武生物（87.48），中药的上市公司有佛慈制药（91.48）、龙津药业（91.45）、新光药业（91.39），医用耗材的上市公司有英科医疗（94.70）、安图生物（92.40）、稳健医疗（91.92），医用设备的上市公司有盈康生命（87.54）、九安医疗（85.14）、康泰医学（84.90）。

下游的节点中，医疗健康服务的上市公司有迪安诊断（93.72）、朗姿股份（87.20）、金域医学（84.14），其他医疗服务的上市公司有宜华健康（83.48）、延华智能（81.25）、国新健康（73.90）。

第六篇

综合篇

第15章
2020年中国上市公司健康指数全排名

依托研究会研发的上市公司健康诊断指标体系，根据公开披露的2020年年报、各类公告、报道等，对我国市场全部上市公司进行健康诊断（剔除金融服务和房地产行业），最后获取4032家上市公司的健康指数。由于篇幅所限，本部分只展示4032家上市公司的综合健康指数排名，以及提供八大系统健康指数。具体排名如下：

排名	公司代码	公司名称	综合健康指数	内部控制	外部监督	创利能力	产品销售	竞争态势	价值再造	法人治理	资产资本结构
1	000932.SZ	华菱钢铁	78.49	90.09	82.36	67.67	73.88	77.11	78.85	88.62	46.34
2	603288.SH	海天味业	76.59	88.15	88.86	79.38	76.14	80.84	60.27	72.73	60.66
3	002911.SZ	佛燃能源	76.53	84.77	87.48	70.09	67.47	67.16	68.28	88.03	52.02
4	000568.SZ	泸州老窖	76.17	83.93	91.58	77.16	59.67	65.72	55.35	88.46	56.11
5	002030.SZ	达安基因	76.14	87.96	84.14	79.41	67.56	74.21	71.00	77.21	50.98
6	600522.SH	中天科技	76.04	93.44	82.88	62.18	78.97	67.30	79.63	82.57	44.89
7	002758.SZ	浙农股份	75.50	92.52	84.78	69.22	74.24	55.52	77.32	82.53	46.70
8	600845.SH	宝信软件	75.32	84.59	82.33	73.18	74.85	74.53	65.39	81.19	46.88
9	002091.SZ	江苏国泰	75.19	92.88	86.32	63.05	66.44	58.82	72.79	85.47	54.85
10	000651.SZ	格力电器	75.12	86.88	85.42	66.38	66.02	69.98	72.80	80.25	58.80
11	000906.SZ	浙商中拓	74.98	88.20	85.97	61.82	74.46	62.22	73.32	85.42	44.70
12	600350.SH	山东高速	74.92	83.82	92.90	67.09	64.17	64.73	75.04	80.20	47.71
13	601888.SH	中国中免	74.87	95.30	87.59	76.15	72.10	58.29	59.07	77.24	61.39
14	600900.SH	长江电力	74.81	87.96	90.50	84.31	61.26	50.15	63.12	81.29	50.28
15	300760.SZ	迈瑞医疗	74.71	77.26	95.56	70.60	72.55	78.13	54.13	76.33	59.13
16	601985.SH	中国核电	74.60	86.63	89.68	63.91	63.10	74.15	77.11	77.99	43.94
17	000800.SZ	一汽解放	74.55	92.44	83.00	58.09	74.92	67.02	62.74	86.05	56.22
18	600710.SH	苏美达	74.54	80.24	86.28	55.57	79.43	67.36	78.03	84.06	45.16
19	001965.SZ	招商公路	74.53	84.89	87.04	55.92	56.41	73.18	71.04	88.97	51.29
20	603060.SH	国检集团	74.51	82.85	86.11	57.94	60.69	75.88	71.51	86.95	47.82
21	600031.SH	三一重工	74.44	89.89	86.13	73.80	70.15	81.92	67.09	69.53	49.33
22	601877.SH	正泰电器	74.28	91.59	88.65	62.79	66.44	67.86	70.35	80.06	47.01

续表

排名	公司代码	公司名称	综合健康指数	内部控制	外部监督	创利能力	产品销售	竞争态势	价值再造	法人治理	资产资本结构
23	603123.SH	翠微股份	74.25	89.65	82.76	56.95	62.55	66.16	71.76	88.47	51.37
24	002056.SZ	横店东磁	74.10	82.34	89.77	68.47	47.50	64.36	72.56	85.33	49.59
25	600820.SH	隧道股份	74.03	83.62	78.79	52.68	73.39	75.02	80.68	85.73	40.98
26	002230.SZ	科大讯飞	74.03	91.26	91.57	56.29	62.42	79.24	69.70	78.98	43.79
27	600406.SH	国电南瑞	74.02	92.33	82.51	68.52	69.63	70.60	61.37	80.44	49.08
28	601100.SH	恒立液压	73.95	94.54	82.41	79.09	76.62	49.93	54.30	80.33	58.07
29	002003.SZ	伟星股份	73.86	91.22	89.42	69.12	54.07	69.14	61.29	80.99	51.83
30	002563.SZ	森马服饰	73.81	71.17	85.20	71.72	63.51	75.42	64.58	80.31	58.71
31	300188.SZ	美亚柏科	73.57	84.05	86.20	62.35	53.94	71.68	64.88	86.32	51.16
32	600637.SH	东方明珠	73.50	86.89	81.65	69.86	57.34	75.23	65.58	81.16	46.46
33	002818.SZ	富森美	73.46	92.75	83.99	79.74	50.59	41.46	62.42	86.33	59.43
34	002158.SZ	汉钟精机	73.42	80.29	89.45	73.33	64.77	68.00	62.48	76.94	51.76
35	600426.SH	华鲁恒升	73.39	93.23	78.13	71.69	77.70	64.33	53.40	81.98	48.89
36	002304.SZ	洋河股份	73.33	82.71	89.88	74.14	57.06	70.57	48.99	81.57	57.34
37	000708.SZ	中信特钢	73.26	79.98	94.65	74.17	61.73	79.37	51.38	73.99	52.00
38	601598.SH	中国外运	73.24	80.74	87.46	60.04	65.69	61.20	76.53	82.99	45.97
39	002912.SZ	中新赛克	73.21	89.67	80.00	73.97	42.54	56.77	58.62	88.65	67.37
40	000400.SZ	许继电气	73.17	90.92	81.18	54.42	69.14	68.60	73.05	82.85	47.86
41	600985.SH	淮北矿业	73.16	93.77	80.87	57.69	69.58	65.89	73.15	80.70	48.30
42	601899.SH	紫金矿业	73.14	79.83	89.24	71.03	65.62	66.71	71.60	75.90	41.86
43	600298.SH	安琪酵母	73.12	85.59	78.91	70.53	58.95	67.39	61.58	85.57	48.74
44	300628.SZ	亿联网络	73.06	84.30	84.23	82.83	61.38	70.55	46.76	75.86	63.41
45	600809.SH	山西汾酒	73.01	85.86	87.09	75.03	59.60	67.52	52.78	78.72	57.44
46	600761.SH	安徽合力	72.95	83.85	81.11	69.51	73.60	72.10	65.63	74.59	52.34
47	002110.SZ	三钢闽光	72.93	93.30	77.89	64.33	72.42	48.60	66.57	83.73	62.41
48	000830.SZ	鲁西化工	72.93	85.53	85.58	62.65	74.74	68.67	72.38	74.99	45.21
49	600582.SH	天地科技	72.93	90.25	76.10	60.67	69.15	71.01	78.36	76.54	52.93
50	002302.SZ	西部建设	72.93	90.86	72.65	61.52	68.29	59.45	62.32	91.28	51.97
51	300498.SZ	温氏股份	72.93	93.94	73.66	73.50	71.00	68.93	68.46	73.07	54.52
52	601360.SH	三六零	72.88	80.30	77.18	65.97	61.35	80.07	72.59	77.34	54.85
53	002430.SZ	杭氧股份	72.87	83.57	89.93	62.63	66.30	61.26	65.34	82.40	45.50
54	600176.SH	中国巨石	72.85	93.55	95.30	63.26	54.44	58.82	55.27	83.75	49.24
55	000786.SZ	北新建材	72.81	81.09	94.08	60.31	52.76	60.78	61.64	87.60	50.20
56	000021.SZ	深科技	72.78	81.39	90.34	60.86	66.21	53.31	70.89	86.76	36.93
57	601088.SH	中国神华	72.72	92.76	72.46	76.26	70.04	65.10	60.82	75.36	62.59
58	300124.SZ	汇川技术	72.69	82.26	92.75	68.79	61.79	70.77	61.69	74.41	50.45
59	600039.SH	四川路桥	72.64	91.78	81.57	59.18	80.29	61.55	75.80	76.35	41.90
60	603882.SH	金域医学	72.63	84.14	87.97	65.59	69.96	60.21	66.74	76.33	55.93

续表

排名	公司代码	公司名称	综合健康指数	内部控制	外部监督	创利能力	产品销售	竞争态势	价值再造	法人治理	资产资本结构
61	600562.SH	国睿科技	72.62	84.44	74.43	67.19	62.00	64.85	69.27	83.78	54.15
62	601965.SH	中国汽研	72.62	92.54	80.19	73.30	60.25	64.65	56.76	79.10	56.89
63	300033.SZ	同花顺	72.56	76.78	78.08	83.46	64.70	66.80	66.72	69.87	67.92
64	002493.SZ	荣盛石化	72.56	86.85	94.64	61.74	82.76	64.47	64.08	71.15	43.51
65	601117.SH	中国化学	72.51	88.75	86.42	58.37	76.85	62.08	64.99	76.17	59.42
66	002080.SZ	中材科技	72.45	76.65	93.67	63.45	61.89	58.16	68.81	82.76	41.61
67	601216.SH	君正集团	72.42	80.45	70.53	77.83	76.12	60.50	79.46	73.17	50.32
68	600309.SH	万华化学	72.37	85.07	84.88	68.23	58.16	73.80	62.36	79.74	39.66
69	002838.SZ	道恩股份	72.35	90.14	71.96	67.82	77.34	60.44	72.50	77.94	48.24
70	600741.SH	华域汽车	72.35	77.61	83.54	57.86	75.64	74.95	73.90	75.51	48.02
71	000858.SZ	五粮液	72.35	86.54	91.11	71.36	61.99	66.78	56.53	72.93	57.98
72	600276.SH	恒瑞医药	72.34	91.20	82.39	75.52	60.42	74.04	55.74	69.38	67.02
73	002010.SZ	传化智联	72.31	90.15	71.86	57.43	63.84	70.86	76.74	81.21	53.65
74	002801.SZ	微光股份	72.29	84.43	85.09	77.70	62.85	42.78	53.81	83.23	64.42
75	002046.SZ	国机精工	72.28	88.88	89.10	52.21	62.25	65.00	57.24	87.97	48.05
76	002032.SZ	苏泊尔	72.26	92.29	81.95	76.50	63.82	63.48	54.67	73.80	60.91
77	688111.SH	金山办公	72.24	78.73	95.08	69.80	56.96	63.89	57.98	74.25	66.44
78	002385.SZ	大北农	72.22	81.73	85.15	58.87	69.74	74.85	74.07	74.01	46.87
79	300408.SZ	三环集团	72.20	81.90	84.27	65.54	63.46	66.73	61.19	79.61	57.28
80	000550.SZ	江铃汽车	72.19	88.98	92.82	53.41	62.98	72.96	70.15	73.88	50.13
81	000333.SZ	美的集团	72.17	78.25	92.49	68.86	64.55	69.36	63.21	73.03	49.80
82	002139.SZ	拓邦股份	72.17	81.16	85.39	64.01	67.05	69.95	79.76	72.14	42.32
83	300782.SZ	卓胜微	72.16	87.86	89.70	79.61	61.20	50.52	45.25	75.94	74.48
84	002841.SZ	视源股份	72.14	86.49	90.38	70.17	64.54	69.45	50.63	75.48	52.47
85	300638.SZ	广和通	72.14	84.12	86.08	69.48	70.27	60.30	67.27	75.29	45.40
86	000977.SZ	浪潮信息	72.13	80.40	79.03	59.54	72.89	71.46	74.00	78.61	44.62
87	002152.SZ	广电运通	72.08	90.29	83.40	59.49	51.75	60.61	68.93	85.64	47.95
88	000630.SZ	铜陵有色	72.07	81.14	82.04	46.71	79.95	74.98	75.16	79.46	45.23
89	002059.SZ	云南旅游	72.07	88.24	71.12	54.91	67.44	64.05	82.47	82.48	51.44
90	002643.SZ	万润股份	72.06	92.70	82.97	69.38	44.34	61.47	55.14	88.03	46.24
91	000625.SZ	长安汽车	72.01	80.47	92.30	47.00	66.38	78.35	65.26	80.65	46.43
92	002975.SZ	博杰股份	72.01	84.64	90.22	75.86	49.39	50.94	58.42	79.27	62.88
93	600104.SH	上汽集团	72.00	83.29	86.73	58.83	65.10	61.93	72.39	78.59	50.84
94	601000.SH	唐山港	71.97	78.81	79.70	60.79	69.38	56.98	61.39	86.17	63.59
95	600486.SH	扬农化工	71.96	92.48	85.01	63.76	62.20	64.23	61.05	77.47	54.11
96	001872.SZ	招商港口	71.94	89.68	86.10	57.35	56.81	67.62	71.69	79.43	45.13
97	603100.SH	川仪股份	71.92	81.93	81.04	64.32	54.87	66.91	66.15	82.43	54.99
98	601636.SH	旗滨集团	71.92	94.19	86.95	68.71	64.55	59.03	62.15	73.65	52.17

续表

排名	公司代码	公司名称	综合健康指数	内部控制	外部监督	创利能力	产品销售	竞争态势	价值再造	法人治理	资产资本结构
99	600795.SH	国电电力	71.92	92.81	79.31	59.09	72.80	60.70	69.75	80.76	40.40
100	300129.SZ	泰胜风能	71.91	88.26	81.92	58.00	72.36	54.83	74.73	79.17	50.87
101	300206.SZ	理邦仪器	71.88	80.62	76.21	73.93	59.69	62.14	66.95	78.79	58.64
102	002022.SZ	科华生物	71.86	81.85	70.95	70.47	69.48	68.20	76.27	75.39	49.52
103	002311.SZ	海大集团	71.85	88.72	87.52	63.18	74.23	69.70	55.24	73.97	51.73
104	300607.SZ	拓斯达	71.83	89.31	71.68	73.17	54.59	66.99	71.23	77.26	54.15
105	603712.SH	七一二	71.82	77.35	83.53	70.00	67.16	68.08	57.65	78.69	51.78
106	601633.SH	长城汽车	71.81	91.21	90.25	63.03	64.27	79.35	71.15	62.33	53.52
107	601168.SH	西部矿业	71.79	84.28	84.91	54.36	75.47	62.86	70.37	80.79	40.61
108	002920.SZ	德赛西威	71.78	79.44	85.52	62.14	70.75	65.79	58.72	81.64	47.75
109	002001.SZ	新和成	71.75	86.89	89.84	62.50	59.08	61.22	68.56	76.61	49.13
110	603833.SH	欧派家居	71.74	82.10	77.82	71.74	65.59	79.25	55.52	74.37	56.85
111	300677.SZ	英科医疗	71.74	94.70	75.84	72.03	81.62	52.26	59.69	72.36	64.92
112	600459.SH	贵研铂业	71.72	89.90	76.25	52.20	69.22	69.96	60.38	86.11	52.22
113	600060.SH	海信视像	71.70	91.87	71.99	51.69	66.48	62.10	85.55	80.79	51.07
114	300122.SZ	智飞生物	71.70	79.38	86.32	76.42	70.08	61.57	61.25	72.03	50.11
115	601607.SH	上海医药	71.68	82.01	80.00	53.60	71.79	71.11	70.79	83.73	35.26
116	600170.SH	上海建工	71.68	90.86	77.41	45.04	74.93	76.27	78.92	77.64	44.02
117	000959.SZ	首钢股份	71.68	88.93	81.23	47.91	70.69	71.31	71.13	83.12	38.28
118	300138.SZ	晨光生物	71.67	82.46	84.00	63.60	69.38	68.12	66.17	75.87	47.61
119	002157.SZ	正邦科技	71.64	90.93	78.47	46.11	75.46	71.61	80.43	74.82	53.30
120	002372.SZ	伟星新材	71.64	91.45	94.88	70.66	50.13	52.58	47.20	80.45	60.30
121	002179.SZ	中航光电	71.64	72.09	94.14	64.57	60.60	72.44	55.09	79.54	47.35
122	000338.SZ	潍柴动力	71.61	88.20	81.53	64.27	63.78	68.57	67.87	75.18	48.69
123	300888.SZ	稳健医疗	71.59	91.92	92.35	61.65	61.87	69.32	53.72	71.46	64.90
124	000997.SZ	新大陆	71.59	90.71	83.36	66.62	68.75	78.59	69.24	64.21	50.19
125	600409.SH	三友化工	71.58	88.94	92.42	48.36	64.28	61.33	64.33	82.34	49.67
126	300347.SZ	泰格医药	71.52	85.43	85.13	64.03	66.80	57.99	62.44	75.50	66.06
127	002223.SZ	鱼跃医疗	71.51	86.64	78.72	71.06	73.63	60.95	76.90	67.33	52.42
128	600633.SH	浙数文化	71.48	82.93	76.10	67.92	58.66	76.95	69.64	75.65	47.03
129	600378.SH	昊华科技	71.48	83.41	83.12	59.13	57.79	76.06	63.84	78.32	53.72
130	600782.SH	新钢股份	71.44	92.69	79.97	58.29	72.73	63.17	66.91	75.79	53.55
131	002641.SZ	永高股份	71.43	93.80	85.88	59.55	52.50	56.49	60.91	83.78	54.01
132	603985.SH	恒润股份	71.38	94.59	77.32	72.92	77.54	42.74	69.94	75.07	45.54
133	000963.SZ	华东医药	71.38	83.44	89.09	65.81	65.97	68.22	62.73	72.75	46.56
134	300454.SZ	深信服	71.37	87.02	84.65	59.96	59.42	73.67	71.41	72.39	51.04
135	600373.SH	中文传媒	71.35	89.39	81.23	60.45	61.50	65.47	66.42	78.05	52.73
136	603025.SH	大豪科技	71.34	85.23	81.53	74.62	53.13	63.11	49.72	81.05	59.13

续表

排名	公司代码	公司名称	综合健康指数	内部控制	外部监督	创利能力	产品销售	竞争态势	价值再造	法人治理	资产资本结构
137	002607.SZ	中公教育	71.33	82.58	81.68	66.11	55.70	70.08	56.91	81.95	51.03
138	603019.SH	中科曙光	71.32	78.89	83.07	64.69	68.86	62.00	67.65	76.96	51.22
139	000967.SZ	盈峰环境	71.29	86.83	83.92	53.50	59.88	71.48	70.34	78.22	50.17
140	300682.SZ	朗新科技	71.29	87.37	78.11	63.60	62.69	62.06	70.64	78.32	50.03
141	603128.SH	华贸物流	71.29	83.48	81.41	60.54	55.95	73.44	59.36	80.68	57.53
142	000902.SZ	新洋丰	71.27	92.26	88.99	63.67	63.26	63.31	54.27	75.05	55.77
143	600089.SH	特变电工	71.26	91.75	85.80	58.74	63.14	74.42	69.58	70.62	45.99
144	002572.SZ	索菲亚	71.25	83.40	87.54	70.80	60.14	59.88	65.72	75.24	43.26
145	600389.SH	江山股份	71.25	81.84	78.48	67.92	70.50	64.52	65.72	77.90	42.32
146	002033.SZ	丽江股份	71.25	83.02	84.75	68.96	57.74	44.05	58.55	84.66	62.34
147	603666.SH	亿嘉和	71.24	91.89	79.54	73.46	56.56	64.67	67.48	71.13	52.52
148	002061.SZ	浙江交科	71.23	72.76	64.92	59.74	80.97	60.31	81.87	84.38	46.51
149	600219.SH	南山铝业	71.23	92.37	82.20	58.58	60.56	75.31	73.12	70.67	48.89
150	002416.SZ	爱施德	71.21	79.70	77.71	65.52	72.59	54.69	77.60	74.90	55.88
151	600153.SH	建发股份	71.20	89.66	72.58	54.40	66.87	67.84	68.38	80.91	59.70
152	601126.SH	四方股份	71.19	88.50	74.83	71.84	56.11	75.26	64.66	71.94	57.24
153	300529.SZ	健帆生物	71.18	82.67	76.49	76.92	58.59	61.91	55.14	77.34	65.92
154	000657.SZ	中钨高新	71.18	88.42	79.28	50.24	47.24	70.09	70.89	86.64	51.61
155	601298.SH	青岛港	71.17	81.20	81.20	66.52	64.76	59.04	60.78	81.93	49.64
156	600981.SH	汇鸿集团	71.16	81.62	83.17	47.14	73.66	67.94	74.46	80.34	44.41
157	600754.SH	锦江酒店	71.13	74.13	87.67	63.19	69.59	69.28	54.15	81.61	41.86
158	600021.SH	上海电力	71.12	85.20	77.39	60.39	67.68	55.10	69.92	84.84	41.32
159	000030.SZ	富奥股份	71.10	78.28	81.04	59.71	65.08	61.14	65.35	83.63	50.90
160	000539.SZ	粤电力A	71.09	89.02	78.42	57.65	67.82	57.17	78.92	80.02	36.94
161	600497.SH	驰宏锌锗	71.08	90.27	75.11	58.01	55.36	64.85	74.79	82.54	44.45
162	300558.SZ	贝达药业	71.07	90.75	79.43	59.46	50.65	59.27	66.20	82.22	62.92
163	000050.SZ	深天马A	71.07	88.64	85.15	43.61	69.31	66.49	73.81	81.25	42.06
164	000498.SZ	山东路桥	71.07	92.38	89.04	49.39	65.12	60.44	73.15	77.61	43.97
165	002281.SZ	光迅科技	71.06	70.34	84.83	61.85	72.60	64.18	60.55	80.96	51.80
166	601369.SH	陕鼓动力	71.04	77.55	81.98	70.17	67.04	67.55	59.93	78.79	38.62
167	603501.SH	韦尔股份	71.04	89.10	83.86	59.89	73.59	64.89	66.24	71.57	52.65
168	002293.SZ	罗莱生活	70.99	91.26	84.72	68.77	61.19	63.23	58.60	72.89	54.02
169	002241.SZ	歌尔股份	70.98	82.70	84.32	52.67	76.04	56.59	73.09	79.05	46.90
170	600596.SH	新安股份	70.95	79.26	84.38	65.17	69.59	69.11	81.46	66.49	41.70
171	601390.SH	中国中铁	70.95	83.12	74.63	58.59	73.01	60.34	73.12	81.13	44.88
172	000401.SZ	冀东水泥	70.94	81.17	82.88	58.75	50.82	53.69	71.37	88.19	45.18
173	002367.SZ	康力电梯	70.92	80.57	78.29	69.46	55.81	65.03	63.22	80.81	48.60
174	002332.SZ	仙琚制药	70.92	79.26	81.89	59.39	57.32	60.13	63.51	86.48	50.09

续表

排名	公司代码	公司名称	综合健康指数	内部控制	外部监督	创利能力	产品销售	竞争态势	价值再造	法人治理	资产资本结构
175	002484.SZ	江海股份	70.92	80.32	82.30	57.41	59.80	65.32	69.62	81.71	47.04
176	600755.SH	厦门国贸	70.91	86.24	75.98	55.48	66.21	55.55	77.91	81.20	52.04
177	600284.SH	浦东建设	70.91	87.17	75.96	58.40	64.49	64.11	67.61	80.86	52.02
178	002233.SZ	塔牌集团	70.91	90.18	85.72	86.32	52.55	46.46	50.00	74.36	59.94
179	002025.SZ	航天电器	70.90	91.37	83.15	68.32	52.72	58.16	49.07	85.21	47.97
180	601139.SH	深圳燃气	70.89	87.57	91.18	69.38	53.69	68.82	68.98	65.33	51.44
181	002419.SZ	天虹股份	70.88	95.09	80.33	57.64	47.84	70.31	60.14	81.90	53.10
182	002967.SZ	广电计量	70.87	86.05	89.47	52.44	57.29	65.89	62.68	82.46	44.44
183	603486.SH	科沃斯	70.85	88.71	85.90	69.77	55.86	72.96	53.88	72.50	51.57
184	002014.SZ	永新股份	70.84	79.60	74.44	76.53	65.34	70.09	64.62	70.84	55.18
185	003013.SZ	地铁设计	70.84	91.75	89.36	67.22	49.23	56.46	54.98	77.60	59.84
186	002626.SZ	金达威	70.82	87.42	81.06	72.48	71.04	47.81	64.18	76.27	46.04
187	002064.SZ	华峰化学	70.81	82.58	89.83	65.03	75.27	58.39	58.71	72.71	50.26
188	600803.SH	新奥股份	70.81	92.50	82.92	55.96	68.91	72.63	69.35	70.11	48.75
189	000039.SZ	中集集团	70.81	76.68	92.48	58.58	75.22	67.54	68.31	73.69	31.18
190	603165.SH	荣晟环保	70.80	91.18	70.27	56.79	69.84	54.50	70.49	82.65	58.57
191	002028.SZ	思源电气	70.80	82.89	73.16	65.04	67.58	75.18	68.52	73.28	52.16
192	600023.SH	浙能电力	70.79	80.50	78.57	72.48	66.65	59.26	66.52	73.28	56.20
193	002567.SZ	唐人神	70.79	78.93	75.56	59.18	75.28	70.68	77.66	74.23	42.48
194	002191.SZ	劲嘉股份	70.75	80.07	78.76	73.12	60.89	61.36	65.05	75.15	54.23
195	600063.SH	皖维高新	70.75	77.97	78.29	56.87	77.32	66.57	74.05	75.83	47.02
196	600742.SH	一汽富维	70.72	91.31	75.26	61.88	83.62	54.80	67.72	76.06	43.39
197	000538.SZ	云南白药	70.71	84.70	94.28	65.95	66.09	68.69	68.17	61.50	52.97
198	300012.SZ	华测检测	70.70	80.20	85.27	65.66	54.00	70.50	63.25	74.75	54.36
199	002236.SZ	大华股份	70.70	85.34	81.09	64.83	54.00	81.90	75.78	66.95	46.01
200	002950.SZ	奥美医疗	70.70	87.83	77.84	69.52	71.74	41.72	74.68	75.48	51.25
201	600588.SH	用友网络	70.67	87.20	85.18	63.04	60.20	81.86	66.83	68.53	39.05
202	601799.SH	星宇股份	70.64	84.01	82.54	69.25	63.94	54.91	59.10	75.97	61.10
203	000060.SZ	中金岭南	70.63	82.16	83.18	58.90	65.09	66.04	65.11	79.01	44.02
204	600008.SH	首创股份	70.63	77.83	78.72	53.96	69.75	61.67	78.91	80.62	42.47
205	002465.SZ	海格通信	70.60	87.03	76.80	53.69	54.84	63.52	67.74	86.44	49.22
206	002916.SZ	深南电路	70.59	81.62	80.35	66.05	69.53	65.71	53.05	79.53	48.75
207	603301.SH	振德医疗	70.59	83.73	83.02	67.79	75.60	53.08	68.73	69.47	57.13
208	002534.SZ	杭锅股份	70.59	70.95	79.82	72.91	66.61	76.43	67.80	69.81	45.47
209	600171.SH	上海贝岭	70.58	81.61	68.27	62.44	53.52	66.69	74.99	82.93	53.27
210	600188.SH	兖州煤业	70.58	76.22	68.86	62.05	63.83	69.73	75.72	81.21	46.92
211	000581.SZ	威孚高科	70.56	80.32	75.46	69.99	55.69	67.96	62.85	77.69	56.71
212	000596.SZ	古井贡酒	70.54	83.21	81.15	74.72	51.39	70.05	49.59	76.31	59.10

续表

排名	公司代码	公司名称	综合健康指数	内部控制	外部监督	创利能力	产品销售	竞争态势	价值再造	法人治理	资产资本结构
213	300627.SZ	华测导航	70.54	89.03	83.84	69.05	51.12	62.34	62.90	75.86	47.51
214	600886.SH	国投电力	70.54	90.70	79.83	65.38	69.82	57.40	58.82	77.93	45.77
215	002271.SZ	东方雨虹	70.53	88.54	89.61	63.01	58.94	59.26	55.04	76.64	54.77
216	000811.SZ	冰轮环境	70.53	82.28	84.47	52.63	57.22	75.77	56.78	83.67	46.32
217	603661.SH	恒林股份	70.52	90.56	81.14	61.21	50.98	56.58	75.33	78.41	47.31
218	600019.SH	宝钢股份	70.51	80.22	76.91	68.70	61.27	72.11	65.38	74.16	49.85
219	000066.SZ	中国长城	70.51	68.64	84.41	51.85	71.00	77.32	68.65	79.26	42.22
220	000600.SZ	建投能源	70.50	87.14	87.05	64.31	57.63	48.73	63.11	82.20	42.70
221	000598.SZ	兴蓉环境	70.50	90.11	85.18	62.73	51.72	51.41	57.53	84.25	52.66
222	600704.SH	物产中大	70.48	81.28	61.10	58.26	73.78	76.77	65.96	83.52	49.38
223	600850.SH	华东电脑	70.48	88.72	74.86	57.30	68.72	72.00	58.46	79.84	49.85
224	600528.SH	中铁工业	70.47	82.57	72.81	57.53	62.08	69.96	70.14	80.84	50.64
225	002747.SZ	埃斯顿	70.46	90.65	91.61	57.68	51.46	72.43	52.09	78.83	43.66
226	000156.SZ	华数传媒	70.46	74.37	85.70	55.94	60.81	66.58	70.14	79.90	46.41
227	600295.SH	鄂尔多斯	70.45	86.65	79.30	64.11	53.33	61.05	75.28	76.52	46.36
228	000425.SZ	徐工机械	70.45	87.47	81.23	53.70	71.88	73.17	74.79	70.01	45.37
229	300676.SZ	华大基因	70.43	81.96	80.65	70.75	64.17	52.42	69.00	73.13	58.27
230	600498.SH	烽火通信	70.42	81.53	79.72	46.55	63.98	81.62	64.23	82.68	42.75
231	600449.SH	宁夏建材	70.42	88.44	74.83	69.91	59.97	47.78	56.27	85.63	53.57
232	600271.SH	航天信息	70.41	84.16	76.23	59.38	71.76	66.29	79.05	71.51	46.42
233	300383.SZ	光环新网	70.41	90.43	76.01	58.04	74.80	63.04	68.62	74.95	48.08
234	300773.SZ	拉卡拉	70.41	88.28	76.04	74.65	61.58	57.72	66.15	72.69	51.57
235	002067.SZ	景兴纸业	70.40	82.98	85.78	48.37	69.83	62.85	67.41	80.75	46.15
236	600068.SH	葛洲坝	70.40	89.01	79.92	56.59	65.63	66.86	64.33	79.49	40.81
237	600690.SH	海尔智家	70.40	88.95	73.86	62.70	62.55	76.46	66.58	75.41	40.40
238	000019.SZ	深粮控股	70.40	80.00	74.94	57.87	69.90	65.05	68.74	80.34	49.33
239	000531.SZ	穗恒运A	70.39	76.19	75.46	66.81	60.30	50.12	66.22	88.03	45.65
240	600480.SH	凌云股份	70.37	90.09	70.27	48.48	58.83	73.13	68.72	86.92	43.92
241	300316.SZ	晶盛机电	70.37	83.03	84.36	64.56	67.63	49.59	58.63	80.84	51.13
242	601311.SH	骆驼股份	70.34	85.38	80.85	59.80	57.85	67.05	66.66	77.40	49.51
243	000513.SZ	丽珠集团	70.33	72.13	79.44	67.37	57.16	70.70	71.59	74.22	52.63
244	000885.SZ	城发环境	70.32	87.37	88.20	60.07	56.73	52.79	70.42	76.11	51.09
245	600570.SH	恒生电子	70.32	80.99	85.24	69.83	63.43	72.68	66.40	66.83	44.77
246	000895.SZ	双汇发展	70.32	81.34	80.24	61.59	75.05	65.04	65.27	73.96	47.93
247	000725.SZ	京东方A	70.30	71.21	91.14	44.20	65.13	75.62	74.92	77.84	41.58
248	000899.SZ	赣能股份	70.28	87.98	82.65	60.85	58.19	45.35	66.25	83.22	52.10
249	600216.SH	浙江医药	70.27	82.16	77.20	61.21	64.57	70.59	69.56	73.24	54.22
250	300415.SZ	伊之密	70.26	74.77	86.52	64.03	54.71	65.26	66.20	78.96	42.61

续表

排名	公司代码	公司名称	综合健康指数	内部控制	外部监督	创利能力	产品销售	竞争态势	价值再造	法人治理	资产资本结构
251	002352.SZ	顺丰控股	70.25	77.28	88.30	65.72	62.10	72.54	57.70	72.61	47.99
252	300750.SZ	宁德时代	70.24	85.29	87.96	61.84	65.44	62.81	57.02	74.90	49.97
253	600195.SH	中牧股份	70.24	89.45	71.28	64.44	57.04	68.35	60.12	80.81	51.67
254	600502.SH	安徽建工	70.23	92.37	76.03	41.73	70.14	63.83	77.86	81.38	44.89
255	002242.SZ	九阳股份	70.23	82.82	80.00	75.99	59.52	64.40	62.89	67.81	60.68
256	000543.SZ	皖能电力	70.22	75.71	80.27	59.13	71.83	62.80	68.47	79.02	43.74
257	000547.SZ	航天发展	70.22	90.30	83.72	55.21	59.01	74.81	51.79	80.89	43.77
258	600487.SH	亨通光电	70.20	86.57	79.46	56.79	73.84	67.56	75.34	71.31	40.30
259	600835.SH	上海机电	70.20	88.12	81.44	55.89	66.44	67.21	61.65	78.46	44.16
260	300747.SZ	锐科激光	70.20	85.60	83.35	51.46	51.53	60.41	58.23	88.46	54.17
261	002705.SZ	新宝股份	70.20	90.30	84.02	59.00	63.48	58.84	62.90	78.00	44.62
262	002063.SZ	远光软件	70.20	87.67	79.41	63.77	55.80	69.43	63.80	75.23	50.04
263	600161.SH	天坛生物	70.19	83.77	84.99	62.18	58.12	58.86	55.03	79.76	59.81
264	600547.SH	山东黄金	70.18	85.96	67.76	64.20	72.45	54.37	68.04	83.82	41.20
265	000999.SZ	华润三九	70.16	88.01	80.74	60.94	57.99	61.78	69.22	77.44	43.86
266	600967.SH	内蒙一机	70.16	90.66	81.19	48.20	81.59	55.62	62.51	79.41	52.27
267	000661.SZ	长春高新	70.16	73.27	74.98	64.92	57.84	71.69	58.37	83.24	52.34
268	000717.SZ	韶钢松山	70.13	79.95	75.17	65.42	61.70	55.51	66.49	83.17	46.95
269	002706.SZ	良信股份	70.13	72.60	84.02	78.97	57.28	72.84	53.11	72.01	48.51
270	002373.SZ	千方科技	70.11	89.65	77.83	58.24	64.94	71.74	67.65	74.08	43.61
271	000582.SZ	北部湾港	70.11	91.38	81.22	63.55	50.88	61.10	65.15	76.56	52.30
272	002543.SZ	万和电气	70.11	90.70	77.80	68.75	53.41	57.04	68.97	76.43	45.69
273	603218.SH	日月股份	70.11	84.84	84.22	67.33	75.56	43.33	52.08	76.70	65.62
274	600282.SH	南钢股份	70.08	92.55	75.71	58.37	64.94	73.19	74.10	68.94	48.90
275	002831.SZ	裕同科技	70.06	87.13	85.56	60.98	62.79	58.72	64.76	75.11	47.52
276	600098.SH	广州发展	70.05	92.57	70.54	55.04	66.73	71.91	64.05	79.24	47.85
277	300413.SZ	芒果超媒	70.05	75.94	93.76	56.01	63.50	60.69	52.29	80.93	53.18
278	300082.SZ	奥克股份	70.05	85.17	70.80	62.70	80.69	58.57	62.77	80.37	41.17
279	600111.SH	北方稀土	70.05	85.18	80.55	56.09	63.44	63.48	55.74	83.50	50.00
280	002267.SZ	陕天然气	70.03	93.83	72.38	55.95	60.21	53.35	67.25	86.01	47.12
281	688188.SH	柏楚电子	70.03	85.20	85.31	79.37	51.65	47.84	45.24	78.85	61.78
282	002415.SZ	海康威视	70.03	70.83	77.11	79.50	57.33	79.86	62.08	67.38	54.36
283	000951.SZ	中国重汽	70.02	67.25	75.42	68.62	70.83	54.64	65.20	82.68	49.52
284	600273.SH	嘉化能源	70.01	82.62	75.55	73.65	73.22	56.90	69.59	70.59	44.39
285	600717.SH	天津港	70.01	82.52	78.15	56.90	74.56	66.45	75.68	70.86	48.47
286	300450.SZ	先导智能	70.00	84.48	91.06	63.78	59.35	66.64	55.90	71.46	52.40
287	300073.SZ	当升科技	69.99	80.64	70.28	63.69	64.04	58.59	58.28	84.77	60.57
288	601717.SH	郑煤机	69.98	86.84	75.02	65.65	59.49	67.01	57.84	80.44	43.97

续表

排名	公司代码	公司名称	综合健康指数	内部控制	外部监督	创利能力	产品销售	竞争态势	价值再造	法人治理	资产资本结构
289	000938.SZ	紫光股份	69.97	85.29	85.44	54.45	71.95	71.31	63.59	72.18	44.53
290	002396.SZ	星网锐捷	69.97	82.91	78.17	49.46	59.79	73.75	68.95	81.91	43.31
291	603568.SH	伟明环保	69.97	83.95	79.70	63.37	58.33	52.29	67.64	77.19	63.17
292	000049.SZ	德赛电池	69.97	68.22	82.95	61.47	77.84	53.13	65.57	81.52	42.67
293	600362.SH	江西铜业	69.97	78.11	68.39	49.16	84.44	78.77	78.26	74.86	42.48
294	300579.SZ	数字认证	69.97	73.15	76.05	66.98	48.89	61.06	65.19	83.72	57.56
295	002026.SZ	山东威达	69.97	88.69	80.23	58.31	69.69	53.06	66.89	76.59	53.45
296	601058.SH	赛轮轮胎	69.96	92.14	84.37	63.66	52.16	61.89	72.98	70.93	44.57
297	601699.SH	潞安环能	69.96	93.85	72.47	55.75	63.86	61.26	74.56	75.91	53.06
298	003022.SZ	联泓新科	69.96	92.22	82.04	69.36	67.30	56.00	64.23	69.60	46.76
299	000881.SZ	中广核技	69.95	92.42	81.01	43.93	50.46	72.52	64.34	86.46	40.91
300	600160.SH	巨化股份	69.94	89.85	80.82	52.88	55.21	60.11	64.23	83.03	51.29
301	601225.SH	陕西煤业	69.93	85.99	83.43	71.72	68.78	55.71	66.02	65.51	57.76
302	600346.SH	恒力石化	69.93	92.96	79.54	62.45	80.85	60.45	58.45	71.11	46.89
303	601568.SH	北元集团	69.92	97.28	73.47	67.76	77.51	46.80	61.02	71.09	65.05
304	002386.SZ	天原股份	69.92	79.88	79.29	45.74	72.92	59.87	75.49	83.16	41.66
305	600760.SH	中航沈飞	69.92	85.51	80.28	61.08	81.95	59.03	55.64	75.13	50.30
306	603026.SH	石大胜华	69.91	81.27	74.69	61.64	73.89	62.07	57.70	80.54	50.40
307	300759.SZ	康龙化成	69.90	81.06	81.56	60.29	61.68	60.27	61.18	79.97	52.67
308	600143.SH	金发科技	69.90	71.84	64.93	72.46	69.72	76.15	74.90	72.78	41.98
309	601138.SH	工业富联	69.90	82.29	85.92	58.57	78.49	47.24	67.09	75.05	50.80
310	603195.SH	公牛集团	69.89	92.91	81.67	78.04	69.15	56.45	41.51	68.46	68.11
311	300776.SZ	帝尔激光	69.89	86.69	83.51	73.86	56.42	47.60	50.24	78.31	61.56
312	603968.SH	醋化股份	69.87	89.44	76.46	69.43	62.89	60.42	59.33	73.02	57.82
313	603005.SH	晶方科技	69.85	90.83	81.85	62.32	63.42	47.38	69.90	71.07	68.50
314	002909.SZ	集泰股份	69.80	78.38	82.35	65.21	45.59	54.20	68.96	81.65	52.75
315	002925.SZ	盈趣科技	69.80	85.60	84.86	76.60	72.30	57.73	60.02	62.91	53.76
316	601669.SH	中国电建	69.80	84.66	80.11	52.38	73.79	60.78	76.74	73.67	45.70
317	601801.SH	皖新传媒	69.79	84.58	75.41	57.91	66.14	54.69	63.13	83.47	52.39
318	002258.SZ	利尔化学	69.79	81.94	84.25	54.67	55.80	65.48	63.00	82.33	43.30
319	300481.SZ	濮阳惠成	69.78	92.36	74.40	65.97	59.98	54.98	63.80	74.82	63.31
320	603893.SH	瑞芯微	69.77	94.08	79.09	67.45	58.20	60.94	53.52	72.25	66.99
321	000921.SZ	海信家电	69.76	86.26	81.80	59.44	61.85	63.94	69.46	74.39	43.35
322	603877.SH	太平鸟	69.76	78.97	81.89	72.59	60.55	68.53	59.26	70.43	50.77
323	000100.SZ	TCL科技	69.75	70.36	86.72	45.19	74.14	72.64	78.49	74.79	40.15
324	300171.SZ	东富龙	69.75	70.15	80.56	69.93	52.92	69.90	67.39	74.15	52.66
325	600323.SH	瀚蓝环境	69.75	94.44	78.01	61.29	57.26	60.38	61.42	79.42	43.35
326	002624.SZ	完美世界	69.75	81.57	84.68	65.45	55.65	72.15	54.38	75.06	49.03

续表

排名	公司代码	公司名称	综合健康指数	内部控制	外部监督	创利能力	产品销售	竞争态势	价值再造	法人治理	资产资本结构
327	600057.SH	厦门象屿	69.74	88.60	75.31	54.34	71.47	63.50	68.10	76.64	49.07
328	600018.SH	上港集团	69.74	84.41	71.98	73.51	51.47	61.92	61.24	78.82	51.86
329	300244.SZ	迪安诊断	69.74	93.72	72.60	56.34	66.27	59.56	71.99	78.51	42.20
330	603588.SH	高能环境	69.73	92.27	76.35	49.91	65.87	73.81	73.51	73.57	43.52
331	601928.SH	凤凰传媒	69.73	88.82	78.54	58.46	62.38	67.84	61.44	77.07	46.68
332	603444.SH	吉比特	69.73	93.55	76.86	73.75	54.40	63.18	61.16	67.93	61.04
333	600299.SH	安迪苏	69.72	78.49	72.41	70.07	50.50	69.36	60.18	81.87	46.89
334	600987.SH	航民股份	69.72	86.84	80.81	60.19	70.50	60.77	64.19	70.69	60.04
335	000785.SZ	居然之家	69.72	84.06	76.40	61.90	57.91	58.12	60.35	81.42	58.64
336	002081.SZ	金螳螂	69.72	67.78	84.94	65.88	69.43	71.60	64.05	69.05	55.14
337	600549.SH	厦门钨业	69.71	81.66	82.80	54.06	53.56	71.30	71.91	78.80	37.73
338	300832.SZ	新产业	69.71	79.18	81.24	76.23	60.26	64.82	48.10	71.43	66.12
339	600258.SH	首旅酒店	69.70	88.91	84.22	49.07	61.79	71.61	65.75	76.84	42.15
340	603606.SH	东方电缆	69.68	91.69	79.51	68.52	67.45	52.70	50.55	76.82	54.48
341	000923.SZ	河钢资源	69.67	84.74	88.42	74.14	47.14	41.47	48.58	83.48	54.70
342	600461.SH	洪城环境	69.66	94.43	82.79	59.99	53.97	57.58	61.45	78.24	47.29
343	600655.SH	豫园股份	69.65	82.47	82.87	58.07	60.38	66.67	75.70	71.63	44.57
344	600183.SH	生益科技	69.64	82.68	79.80	71.30	69.54	68.97	61.57	69.03	39.22
345	600475.SH	华光环能	69.63	91.48	66.18	54.16	80.83	67.95	70.74	74.81	47.26
346	688200.SH	华峰测控	69.62	77.96	86.96	75.31	38.30	55.52	56.99	75.49	68.74
347	002232.SZ	启明信息	69.62	76.86	74.97	62.12	64.93	48.66	69.60	81.08	61.32
348	000589.SZ	贵州轮胎	69.62	67.51	84.49	63.59	56.40	63.11	70.01	78.80	44.14
349	600085.SH	同仁堂	69.60	88.70	77.50	59.56	62.62	61.26	63.02	76.68	53.95
350	601012.SH	隆基股份	69.59	84.14	81.76	66.68	74.31	59.15	63.02	70.42	44.57
351	002340.SZ	格林美	69.59	87.72	87.57	44.06	60.79	67.68	67.15	79.77	40.38
352	601872.SH	招商轮船	69.59	81.05	71.93	67.45	66.87	59.14	61.41	80.05	47.72
353	000519.SZ	中兵红箭	69.57	88.89	73.28	53.38	70.47	58.36	61.82	80.35	60.73
354	002414.SZ	高德红外	69.56	67.64	91.24	67.63	51.51	66.45	57.90	76.49	49.46
355	600248.SH	陕西建工	69.56	81.89	74.42	47.07	83.28	66.69	77.55	74.94	43.43
356	002216.SZ	三全食品	69.55	78.82	77.08	60.88	64.68	74.03	57.37	76.72	52.11
357	600667.SH	太极实业	69.54	86.27	72.81	51.37	69.51	68.88	69.31	79.71	42.23
358	002027.SZ	分众传媒	69.54	68.47	90.69	72.43	63.22	62.42	51.73	72.26	56.00
359	600339.SH	中油工程	69.52	90.06	72.62	46.44	65.38	66.30	75.26	78.19	53.39
360	002664.SZ	长鹰信质	69.49	90.13	67.04	58.67	66.53	56.21	65.35	83.65	49.55
361	002669.SZ	康达新材	69.49	90.01	76.70	61.54	48.77	64.39	63.00	79.88	48.78
362	002182.SZ	云海金属	69.47	87.21	83.19	51.39	62.11	59.75	66.25	81.41	38.93
363	002918.SZ	蒙娜丽莎	69.45	89.53	84.26	61.60	48.15	54.17	51.50	84.42	52.52
364	600519.SH	贵州茅台	69.45	87.03	78.57	82.41	66.96	57.51	40.70	68.72	68.79

续表

排名	公司代码	公司名称	综合健康指数	内部控制	外部监督	创利能力	产品销售	竞争态势	价值再造	法人治理	资产资本结构
365	002585.SZ	双星新材	69.44	77.62	87.25	59.62	68.65	54.21	65.27	74.66	51.49
366	603700.SH	宁水集团	69.44	80.69	84.11	74.88	53.25	60.18	55.28	71.55	59.31
367	603127.SH	昭衍新药	69.43	84.99	72.71	74.03	64.59	54.27	63.15	73.45	54.83
368	603899.SH	晨光文具	69.43	72.17	92.10	77.29	63.85	61.64	48.56	68.81	52.89
369	002497.SZ	雅化集团	69.43	83.14	86.35	49.47	52.40	59.51	63.86	83.64	51.29
370	002106.SZ	莱宝高科	69.42	80.88	76.56	55.16	73.03	55.89	66.28	79.97	51.96
371	002384.SZ	东山精密	69.42	87.49	82.25	55.59	64.63	58.99	70.44	77.02	36.61
372	002979.SZ	雷赛智能	69.41	79.41	84.70	75.22	53.57	59.25	45.56	76.58	58.44
373	002410.SZ	广联达	69.41	79.54	88.80	62.15	52.24	78.50	62.08	68.48	49.55
374	000488.SZ	晨鸣纸业	69.40	83.14	79.75	49.45	73.02	76.41	77.72	67.79	45.11
375	002212.SZ	天融信	69.40	80.50	82.03	56.33	58.11	76.94	66.14	73.25	47.16
376	600372.SH	中航电子	69.38	89.91	84.33	52.95	60.23	72.85	56.24	76.96	43.12
377	300662.SZ	科锐国际	69.37	74.66	83.89	73.22	65.20	53.74	54.03	77.49	45.86
378	002353.SZ	杰瑞股份	69.37	85.81	84.55	64.25	56.14	66.41	54.00	74.85	50.16
379	600968.SH	海油发展	69.36	84.91	78.53	63.00	60.80	58.79	58.72	77.82	55.28
380	002757.SZ	南兴股份	69.35	82.50	76.63	65.87	71.68	59.14	65.84	71.61	51.60
381	300003.SZ	乐普医疗	69.33	80.83	67.71	62.50	61.89	71.15	63.59	80.35	47.57
382	601231.SH	环旭电子	69.32	92.90	78.13	60.26	79.70	51.64	74.13	67.69	46.23
383	600529.SH	山东药玻	69.32	88.10	80.40	63.17	65.12	56.82	54.81	76.54	54.44
384	603129.SH	春风动力	69.31	73.76	81.67	71.80	58.60	71.75	54.55	73.55	47.97
385	601158.SH	重庆水务	69.29	81.77	76.15	68.70	56.86	47.85	55.43	85.47	51.60
386	300274.SZ	阳光电源	69.25	69.70	84.61	59.75	69.71	77.57	55.09	74.02	47.35
387	688139.SH	海尔生物	69.23	75.50	86.50	59.83	61.70	54.60	71.47	73.72	53.76
388	002440.SZ	闰土股份	69.22	87.49	63.19	65.63	54.25	61.84	69.31	79.82	56.68
389	002649.SZ	博彦科技	69.22	90.01	72.28	63.32	61.62	59.06	72.26	73.59	49.12
390	601018.SH	宁波港	69.21	83.81	85.31	63.74	64.18	46.80	66.29	73.22	55.48
391	002884.SZ	凌霄泵业	69.21	88.53	80.68	69.74	71.67	50.27	49.14	72.15	64.82
392	601677.SH	明泰铝业	69.19	90.13	67.40	57.14	76.00	69.07	67.93	70.35	59.28
393	002851.SZ	麦格米特	69.19	79.36	83.53	58.48	66.76	69.75	56.22	75.17	47.98
394	002475.SZ	立讯精密	69.18	82.47	87.76	56.37	80.72	49.87	63.37	73.25	46.15
395	600636.SH	国新文化	69.17	81.41	80.24	67.68	45.10	52.96	62.15	80.89	55.42
396	000877.SZ	天山股份	69.16	82.36	77.54	69.70	55.26	51.51	59.83	79.88	52.07
397	300496.SZ	中科创达	69.15	89.66	85.82	54.64	55.00	60.62	60.32	77.84	48.98
398	002527.SZ	新时达	69.14	82.77	75.63	53.96	64.83	67.01	65.58	79.42	45.57
399	000829.SZ	天音控股	69.12	86.88	85.56	52.22	67.49	59.36	67.43	75.83	38.52
400	600794.SH	保税科技	69.12	85.79	65.77	61.33	57.24	56.82	68.12	83.07	55.82
401	002603.SZ	以岭药业	69.12	81.66	82.61	56.96	55.19	65.31	66.16	75.23	53.91
402	002344.SZ	海宁皮城	69.11	89.08	84.24	49.93	46.30	45.23	64.22	88.05	56.00

续表

排名	公司代码	公司名称	综合健康指数	内部控制	外部监督	创利能力	产品销售	竞争态势	价值再造	法人治理	资产资本结构
403	300327.SZ	中颖电子	69.10	71.00	80.29	77.13	57.13	59.11	54.23	73.97	61.66
404	000703.SZ	恒逸石化	69.10	83.89	89.37	53.39	78.34	61.13	64.65	71.20	35.60
405	002880.SZ	卫光生物	69.09	94.50	71.54	63.80	60.87	52.05	50.78	83.86	54.29
406	603966.SH	法兰泰克	69.09	90.39	82.20	64.82	59.68	55.39	58.41	75.10	47.46
407	002601.SZ	龙蟒佰利	69.09	83.87	77.80	68.19	56.78	66.88	64.88	71.78	45.40
408	000727.SZ	冠捷科技	69.09	88.33	72.08	57.12	65.93	67.64	74.67	74.26	37.48
409	600131.SH	国网信通	69.09	87.68	68.72	60.99	62.40	68.27	61.41	80.25	42.89
410	000810.SZ	创维数字	69.09	89.33	76.67	50.77	63.84	71.98	72.95	73.33	42.55
411	002078.SZ	太阳纸业	69.07	84.71	85.07	52.36	76.16	69.87	61.83	70.15	44.48
412	000529.SZ	广弘控股	69.06	83.18	74.21	65.85	64.68	54.77	55.94	80.03	54.98
413	300463.SZ	迈克生物	69.06	79.66	78.54	58.17	61.57	69.32	62.85	76.94	47.13
414	300482.SZ	万孚生物	69.06	79.76	79.32	67.82	59.52	71.12	55.54	72.88	50.70
415	002012.SZ	凯恩股份	69.06	78.24	77.85	62.24	54.68	61.81	67.61	76.28	56.96
416	600075.SH	新疆天业	69.06	91.86	73.05	54.61	46.31	51.71	69.51	87.91	46.42
417	000555.SZ	神州信息	69.05	77.36	91.11	43.61	68.21	67.97	65.36	76.08	46.84
418	600132.SH	重庆啤酒	69.04	80.08	81.67	76.14	62.63	76.72	60.27	63.92	35.75
419	300017.SZ	网宿科技	69.04	84.63	71.39	59.97	58.49	70.48	72.49	72.89	52.17
420	002368.SZ	太极股份	69.03	86.19	63.79	58.47	72.54	77.16	68.65	74.98	40.19
421	002100.SZ	天康生物	69.03	88.97	52.07	66.33	57.45	70.31	68.00	81.50	54.12
422	002129.SZ	中环股份	69.03	86.45	87.84	52.61	66.96	60.69	55.75	78.50	41.27
423	600436.SH	片仔癀	69.03	90.37	84.89	67.35	65.46	58.51	52.54	67.68	60.10
424	600535.SH	天士力	69.01	91.19	76.26	59.15	58.62	70.39	74.05	67.43	49.74
425	300019.SZ	硅宝科技	69.01	74.34	89.63	63.84	44.46	62.86	59.61	78.39	48.63
426	300200.SZ	高盟新材	69.01	79.00	71.94	73.68	49.77	50.29	64.57	80.91	55.73
427	600388.SH	龙净环保	69.00	88.03	70.75	57.40	67.90	73.03	74.22	69.74	45.68
428	300009.SZ	安科生物	69.00	89.55	76.28	67.48	48.00	63.45	67.02	72.82	50.59
429	600233.SH	圆通速递	69.00	84.23	77.59	54.12	72.14	70.47	65.15	71.25	52.33
430	600056.SH	中国医药	69.00	81.98	75.85	48.01	71.88	60.41	69.22	81.49	45.09
431	600500.SH	中化国际	68.99	83.07	71.07	45.34	72.77	66.53	75.07	81.57	38.69
432	002555.SZ	三七互娱	68.99	83.07	77.73	68.15	59.25	70.38	53.08	74.46	47.71
433	603599.SH	广信股份	68.99	93.25	78.98	60.70	59.27	57.44	54.44	75.01	64.32
434	000027.SZ	深圳能源	68.99	77.96	83.65	58.81	55.82	59.86	66.67	79.54	41.27
435	603043.SH	广州酒家	68.99	84.61	70.57	65.98	57.90	61.90	56.34	81.12	52.52
436	300115.SZ	长盈精密	68.98	89.46	79.07	47.53	63.63	62.36	80.13	74.18	42.49
437	000738.SZ	航发控制	68.98	92.48	87.89	51.93	54.80	48.54	56.97	83.07	50.21
438	600348.SH	华阳股份	68.98	92.15	74.31	53.64	64.55	51.21	72.63	78.85	48.67
439	002186.SZ	全聚德	68.97	93.17	72.36	50.30	54.13	59.85	59.59	86.28	55.53
440	600377.SH	宁沪高速	68.97	96.92	78.17	66.79	49.04	42.51	56.89	82.39	51.80

续表

排名	公司代码	公司名称	综合健康指数	内部控制	外部监督	创利能力	产品销售	竞争态势	价值再造	法人治理	资产资本结构
441	600629.SH	华建集团	68.97	82.22	76.71	59.11	53.74	69.14	61.20	80.94	42.64
442	600817.SH	宏盛科技	68.97	84.10	82.51	57.60	66.27	61.49	67.44	70.81	52.20
443	002690.SZ	美亚光电	68.96	82.29	76.90	80.33	50.18	64.68	44.00	72.77	66.56
444	600511.SH	国药股份	68.93	90.72	83.38	58.87	70.59	56.10	50.58	75.76	51.68
445	002408.SZ	齐翔腾达	68.92	88.73	77.65	57.59	76.14	60.52	70.75	70.51	39.10
446	603013.SH	亚普股份	68.91	81.16	64.63	69.62	73.33	62.83	47.98	81.72	52.65
447	603566.SH	普莱柯	68.89	95.92	74.19	71.86	39.10	61.00	61.82	73.74	56.17
448	600380.SH	健康元	68.87	81.88	76.86	60.41	57.72	71.94	66.10	72.53	51.05
449	601238.SH	广汽集团	68.87	78.10	90.09	38.31	60.37	66.23	61.35	82.11	56.19
450	002140.SZ	东华科技	68.85	85.10	81.13	56.81	65.17	57.36	61.81	74.82	57.68
451	000026.SZ	飞亚达	68.85	89.71	75.33	65.22	51.66	54.03	60.84	79.58	52.10
452	603198.SH	迎驾贡酒	68.85	83.54	81.56	65.95	51.71	58.98	51.41	79.85	52.71
453	603126.SH	中材节能	68.85	89.97	80.38	50.79	53.04	63.68	57.99	80.20	59.11
454	603313.SH	梦百合	68.83	93.72	85.73	62.65	55.87	60.46	66.23	67.88	44.68
455	000063.SZ	中兴通讯	68.83	78.42	78.27	61.53	59.51	72.25	66.24	74.91	37.09
456	300229.SZ	拓尔思	68.83	90.03	74.57	55.49	56.94	66.31	66.06	77.18	48.10
457	600038.SH	中直股份	68.82	85.71	78.99	51.49	68.97	61.50	60.85	79.17	47.19
458	002568.SZ	百润股份	68.81	83.75	80.66	68.34	53.10	60.41	51.64	76.98	54.42
459	600536.SH	中国软件	68.81	80.40	77.70	43.64	72.17	79.84	73.73	72.43	43.77
460	002608.SZ	江苏国信	68.80	83.86	76.63	63.58	64.66	43.02	59.25	83.73	48.63
461	000739.SZ	普洛药业	68.80	69.20	82.94	63.23	72.12	61.25	64.42	72.14	50.47
462	600218.SH	全柴动力	68.79	82.56	71.07	54.55	74.42	54.78	69.04	78.69	53.90
463	300659.SZ	中孚信息	68.79	89.02	81.70	59.33	56.41	58.14	65.58	70.13	65.04
464	600998.SH	九州通	68.77	84.68	86.25	48.52	71.22	64.76	62.52	75.05	41.52
465	600887.SH	伊利股份	68.77	80.91	78.91	62.41	59.71	75.59	61.01	72.57	41.46
466	002467.SZ	二六三	68.77	89.90	75.50	66.89	52.14	60.73	58.96	75.39	53.63
467	600483.SH	福能股份	68.77	87.60	79.57	59.74	65.63	50.05	74.07	72.98	44.99
468	300630.SZ	普利制药	68.77	82.91	79.78	62.74	56.80	62.62	59.44	75.85	51.72
469	002320.SZ	海峡股份	68.76	93.78	78.89	75.78	44.58	42.51	44.76	78.61	73.21
470	002097.SZ	山河智能	68.76	79.23	76.22	60.11	55.27	67.81	60.78	82.05	39.18
471	002254.SZ	泰和新材	68.75	81.27	83.91	57.77	52.43	59.05	57.28	78.97	60.07
472	002755.SZ	奥赛康	68.73	83.11	73.15	65.33	51.04	65.51	62.06	75.77	59.31
473	300797.SZ	钢研纳克	68.72	93.23	64.16	53.67	50.11	62.91	52.76	88.69	67.26
474	603369.SH	今世缘	68.72	88.40	81.63	73.63	49.56	54.51	46.57	75.80	59.51
475	600612.SH	老凤祥	68.70	81.96	78.44	63.05	67.97	47.17	55.60	80.13	55.98
476	601007.SH	金陵饭店	68.70	85.05	69.45	70.11	58.70	50.82	66.48	77.56	52.22
477	002262.SZ	恩华药业	68.69	80.80	80.90	67.89	54.16	64.21	56.29	72.12	59.79
478	300146.SZ	汤臣倍健	68.69	79.02	68.90	65.05	53.37	67.94	67.54	78.57	47.58

续表

排名	公司代码	公司名称	综合健康指数	内部控制	外部监督	创利能力	产品销售	竞争态势	价值再造	法人治理	资产资本结构
479	000883.SZ	湖北能源	68.69	86.32	78.37	68.67	60.07	43.95	57.52	81.62	42.54
480	601886.SH	江河集团	68.68	78.66	76.10	56.87	62.29	64.08	77.34	73.17	46.93
481	000729.SZ	燕京啤酒	68.67	90.46	83.73	41.60	53.39	70.58	63.61	80.12	47.24
482	002438.SZ	江苏神通	68.66	81.81	83.83	54.32	46.40	54.93	59.70	86.42	48.40
483	002833.SZ	弘亚数控	68.65	79.60	83.36	65.65	67.66	52.75	59.40	71.94	55.98
484	603225.SH	新凤鸣	68.65	89.87	80.01	46.38	79.83	63.89	69.35	69.77	49.21
485	600790.SH	轻纺城	68.65	87.06	76.10	65.78	48.43	45.89	63.27	81.22	57.03
486	000960.SZ	锡业股份	68.64	91.34	73.35	51.77	70.32	59.68	68.58	75.43	49.89
487	603298.SH	杭叉集团	68.64	88.07	71.94	65.73	68.66	68.78	61.52	68.61	50.73
488	603180.SH	金牌厨柜	68.63	94.66	70.52	60.65	56.07	69.98	74.87	69.21	44.43
489	603611.SH	诺力股份	68.63	92.25	70.68	63.50	62.15	69.24	62.74	72.44	43.89
490	603992.SH	松霖科技	68.63	78.77	87.44	71.33	53.49	56.87	51.45	71.93	60.67
491	603000.SH	人民网	68.62	82.15	79.05	69.10	50.73	55.31	50.40	80.83	55.34
492	002714.SZ	牧原股份	68.61	89.75	73.90	57.83	63.05	53.08	74.14	73.61	53.67
493	002553.SZ	南方轴承	68.61	82.96	79.01	73.14	49.03	49.48	65.08	73.23	58.28
494	600566.SH	济川药业	68.61	90.22	78.64	64.91	49.23	61.17	59.30	74.32	54.59
495	002683.SZ	宏大爆破	68.60	86.65	51.07	49.80	72.96	71.49	70.82	86.05	47.07
496	603008.SH	喜临门	68.60	82.12	82.32	55.75	52.06	61.77	61.79	80.82	45.35
497	601233.SH	桐昆股份	68.58	86.56	85.03	48.71	81.22	54.08	63.90	71.82	52.18
498	300259.SZ	新天科技	68.58	81.58	80.71	62.80	49.20	65.14	57.65	74.97	61.38
499	600602.SH	云赛智联	68.58	81.10	72.01	54.23	67.40	73.34	67.65	73.64	51.50
500	000541.SZ	佛山照明	68.58	80.42	76.98	59.09	53.69	61.00	65.07	79.18	51.86
501	688599.SH	天合光能	68.57	72.31	87.26	48.42	73.18	65.01	68.17	72.94	49.59
502	603786.SH	科博达	68.57	86.45	83.25	72.78	57.08	59.73	50.39	70.10	53.79
503	600444.SH	国机通用	68.56	86.81	67.87	58.82	58.66	60.20	61.77	80.49	60.41
504	300246.SZ	宝莱特	68.56	77.58	67.12	62.92	70.37	56.44	73.36	77.32	47.01
505	601186.SH	中国铁建	68.55	83.65	80.50	56.62	64.14	59.24	71.52	72.96	44.21
506	600201.SH	生物股份	68.55	80.93	75.43	71.23	44.49	64.56	62.23	73.36	59.38
507	603733.SH	仙鹤股份	68.54	94.06	91.62	62.01	70.15	52.34	44.35	71.98	45.70
508	002120.SZ	韵达股份	68.54	91.47	72.53	53.54	67.40	77.59	60.45	69.75	56.59
509	300661.SZ	圣邦股份	68.54	79.83	77.67	70.68	53.94	57.23	54.83	74.22	66.58
510	603113.SH	金䇹科技	68.53	93.43	76.24	59.45	71.55	52.04	52.80	76.85	54.26
511	000937.SZ	冀中能源	68.52	75.49	84.55	51.66	57.87	52.24	63.39	85.98	44.07
512	000983.SZ	山西焦煤	68.52	94.15	80.67	57.29	57.01	50.67	63.55	79.87	38.14
513	603766.SH	隆鑫通用	68.51	80.88	66.55	55.02	75.81	57.17	73.32	78.01	50.49
514	600745.SH	闻泰科技	68.51	90.25	76.19	55.55	71.14	67.33	67.67	69.98	41.89
515	600801.SH	华新水泥	68.49	89.59	70.01	68.54	52.62	59.36	54.08	80.84	48.89
516	600879.SH	航天电子	68.49	92.72	80.38	48.68	60.46	73.54	59.11	74.10	48.67

续表

排名	公司代码	公司名称	综合健康指数	内部控制	外部监督	创利能力	产品销售	竞争态势	价值再造	法人治理	资产资本结构
517	600894.SH	广日股份	68.48	84.41	86.31	55.79	72.30	62.90	63.66	66.68	51.13
518	002777.SZ	久远银海	68.48	84.96	80.20	61.86	54.64	51.56	64.51	77.55	50.58
519	002402.SZ	和而泰	68.48	81.22	81.26	54.48	67.13	63.42	64.68	74.57	45.52
520	000789.SZ	万年青	68.48	71.91	78.97	71.01	65.35	57.21	59.58	73.54	51.75
521	000948.SZ	南天信息	68.47	70.23	75.58	46.53	63.93	64.94	75.72	82.75	45.19
522	000528.SZ	柳工	68.47	79.04	82.98	51.07	61.38	71.56	62.67	75.88	45.71
523	603181.SH	皇马科技	68.46	83.22	83.06	60.80	54.00	51.90	49.07	83.08	56.54
524	002371.SZ	北方华创	68.46	80.15	86.25	51.35	52.64	74.04	59.48	76.47	46.73
525	300763.SZ	锦浪科技	68.45	79.81	82.49	67.28	61.15	57.20	55.85	71.86	59.00
526	603801.SH	志邦家居	68.45	94.73	68.31	62.87	58.75	70.05	69.32	67.30	55.35
527	000065.SZ	北方国际	68.44	81.82	82.20	50.64	64.74	63.25	64.58	76.94	45.74
528	601952.SH	苏垦农发	68.43	89.13	82.26	64.65	52.75	51.22	50.53	78.63	56.75
529	603079.SH	圣达生物	68.42	95.47	68.88	58.61	58.29	39.27	65.21	84.86	55.37
530	300183.SZ	东软载波	68.41	84.84	72.14	71.46	52.53	65.40	64.29	68.83	59.71
531	002362.SZ	汉王科技	68.41	84.80	87.11	52.18	46.15	60.31	72.08	74.39	51.37
532	002600.SZ	领益智造	68.41	79.11	71.40	58.34	74.60	64.37	74.11	71.79	43.55
533	300639.SZ	凯普生物	68.41	84.63	74.67	65.07	50.62	54.69	62.10	77.49	60.76
534	601567.SH	三星医疗	68.40	87.96	72.96	68.02	59.14	60.16	65.93	71.29	48.17
535	002421.SZ	达实智能	68.39	85.54	79.83	52.80	61.30	67.07	69.40	73.66	41.54
536	601618.SH	中国中冶	68.38	79.87	78.30	54.83	64.31	58.81	75.14	75.33	41.64
537	002283.SZ	天润工业	68.38	84.69	73.52	61.31	62.73	54.49	74.15	73.93	46.89
538	601006.SH	大秦铁路	68.38	76.17	80.49	76.20	59.49	39.66	59.43	75.38	58.27
539	600356.SH	恒丰纸业	68.38	85.95	75.92	61.03	41.53	55.81	72.68	78.60	51.57
540	002595.SZ	豪迈科技	68.37	91.57	81.28	72.26	68.91	50.78	46.40	70.48	53.40
541	603199.SH	九华旅游	68.37	87.99	67.89	66.02	53.28	39.30	72.06	78.95	67.31
542	002987.SZ	京北方	68.36	86.72	83.54	58.35	59.50	40.87	58.50	78.51	65.40
543	688099.SH	晶晨股份	68.35	70.25	85.91	55.30	61.60	58.92	69.57	70.96	67.11
544	000099.SZ	中信海直	68.34	82.81	76.30	62.29	49.20	48.97	62.83	83.03	54.15
545	003816.SZ	中国广核	68.33	82.56	77.13	64.17	64.52	56.99	59.22	77.50	40.94
546	601919.SH	中远海控	68.33	81.62	80.19	57.70	78.78	71.09	62.62	66.12	44.56
547	002773.SZ	康弘药业	68.31	83.50	90.84	45.48	45.12	66.73	50.14	81.81	61.96
548	002734.SZ	利民股份	68.30	85.71	73.04	62.01	53.46	70.84	72.82	71.46	40.66
549	002013.SZ	中航机电	68.30	77.38	71.77	54.42	68.43	62.44	68.91	80.60	40.62
550	601222.SH	林洋能源	68.29	90.62	84.77	53.48	55.61	63.09	59.00	70.91	63.24
551	000928.SZ	中钢国际	68.28	68.32	79.76	52.46	76.71	65.10	68.76	74.40	47.77
552	002050.SZ	三花智控	68.28	84.36	86.62	63.87	55.22	68.66	50.04	70.78	51.24
553	002015.SZ	协鑫能科	68.27	90.29	79.98	54.59	60.77	50.89	56.11	82.68	45.78
554	002124.SZ	天邦股份	68.27	88.31	74.10	54.11	71.78	55.52	67.72	74.06	52.85

续表

排名	公司代码	公司名称	综合健康指数	内部控制	外部监督	创利能力	产品销售	竞争态势	价值再造	法人治理	资产资本结构
555	000544.SZ	中原环保	68.26	81.46	81.91	64.06	56.71	56.03	63.89	74.28	46.26
556	600859.SH	王府井	68.26	88.13	72.54	56.37	54.98	56.34	53.18	88.12	46.16
557	600750.SH	江中药业	68.25	89.82	76.28	69.18	50.38	44.57	58.48	78.17	57.82
558	600775.SH	南京熊猫	68.25	71.35	79.78	53.83	70.13	64.19	67.18	76.36	45.21
559	002109.SZ	兴化股份	68.23	90.88	74.84	48.16	58.38	45.77	77.57	79.41	57.03
560	002532.SZ	天山铝业	68.23	91.14	63.76	49.75	76.08	56.06	74.50	77.46	51.10
561	600398.SH	海澜之家	68.23	94.81	77.83	56.06	61.44	64.33	59.58	71.29	53.63
562	600841.SH	上柴股份	68.21	73.56	85.42	49.98	59.49	62.27	62.35	78.06	57.30
563	603919.SH	金徽酒	68.21	88.86	90.64	58.68	52.25	49.99	51.36	77.19	54.41
564	603515.SH	欧普照明	68.20	74.81	88.27	71.60	57.71	61.71	51.36	70.74	47.73
565	601001.SH	晋控煤业	68.20	81.92	80.90	69.76	58.82	47.92	62.62	74.06	47.14
566	002511.SZ	中顺洁柔	68.20	76.05	86.63	67.12	54.09	55.37	54.78	74.76	54.53
567	300999.SZ	金龙鱼	68.19	86.31	96.74	59.07	62.99	64.38	47.44	67.29	48.43
568	601991.SH	大唐发电	68.18	84.10	74.96	55.58	67.01	57.38	75.10	75.07	37.95
569	601858.SH	中国科传	68.18	82.77	75.54	64.77	58.27	48.59	53.55	82.32	55.55
570	002803.SZ	吉宏股份	68.17	90.67	78.96	60.39	55.77	43.72	64.78	79.55	46.95
571	600578.SH	京能电力	68.11	89.53	73.99	59.91	71.95	59.90	64.23	72.29	40.26
572	603698.SH	航天工程	68.11	86.68	75.91	58.40	53.63	50.54	58.24	81.73	59.68
573	002869.SZ	金溢科技	68.10	81.10	69.60	72.23	45.56	60.62	60.10	75.65	64.05
574	688399.SH	硕世生物	68.10	80.46	76.05	82.85	58.08	50.21	59.09	64.87	67.11
575	300552.SZ	万集科技	68.10	75.81	73.17	74.49	47.45	60.99	66.19	72.88	53.91
576	600438.SH	通威股份	68.10	92.52	82.33	58.96	74.23	61.12	59.08	65.75	46.98
577	300455.SZ	康拓红外	68.09	94.34	72.90	59.33	54.21	44.44	57.60	84.89	51.19
578	300443.SZ	金雷股份	68.08	81.77	81.25	75.99	67.99	37.68	53.42	70.75	64.19
579	300569.SZ	天能重工	68.07	82.69	72.08	69.90	69.71	44.87	68.78	74.18	43.30
580	300821.SZ	东岳硅材	68.07	83.61	67.75	68.23	46.68	59.39	69.66	72.65	68.21
581	002266.SZ	浙富控股	68.07	78.07	78.22	48.77	72.76	58.76	70.66	74.07	55.97
582	300034.SZ	钢研高纳	68.06	76.10	80.78	66.79	62.81	54.74	56.78	77.59	41.70
583	600580.SH	卧龙电驱	68.06	81.09	84.34	57.86	66.41	67.00	59.79	72.18	36.41
584	603927.SH	中科软	68.05	85.62	74.85	60.06	69.73	70.31	60.11	66.14	59.76
585	603609.SH	禾三股份	68.04	94.08	66.93	58.85	70.48	63.41	68.69	67.91	56.75
586	000553.SZ	安道麦A	68.04	85.04	78.20	47.39	47.55	71.12	62.97	82.61	43.65
587	600268.SH	国电南自	68.02	85.05	74.04	51.97	60.93	70.12	62.63	79.73	37.11
588	601609.SH	金田铜业	68.00	75.44	77.07	51.75	68.52	70.97	68.45	71.13	55.19
589	002048.SZ	宁波华翔	68.00	76.48	74.44	57.90	73.25	66.01	67.97	71.58	45.97
590	000551.SZ	创元科技	68.00	82.20	61.13	50.25	71.37	69.75	69.19	80.53	47.82
591	002185.SZ	华天科技	68.00	87.86	78.14	48.08	67.96	62.75	65.88	74.90	47.16
592	600006.SH	东风汽车	67.98	84.83	82.96	54.97	55.72	64.19	56.87	76.17	49.54

续表

排名	公司代码	公司名称	综合健康指数	内部控制	外部监督	创利能力	产品销售	竞争态势	价值再造	法人治理	资产资本结构
593	600572.SH	康恩贝	67.97	82.23	77.02	56.18	52.46	62.50	68.43	77.73	44.69
594	600278.SH	东方创业	67.97	82.90	75.37	43.79	68.18	54.59	70.49	80.56	54.63
595	300394.SZ	天孚通信	67.95	91.22	83.68	68.45	52.41	35.37	62.02	75.14	52.18
596	000636.SZ	风华高科	67.93	73.28	74.29	57.34	65.01	64.76	64.80	78.59	43.96
597	601668.SH	中国建筑	67.93	83.06	70.23	56.99	67.07	62.07	68.17	74.19	52.08
598	002117.SZ	东港股份	67.92	79.69	69.49	73.23	46.83	65.48	58.19	75.60	54.85
599	600548.SH	深高速	67.91	76.03	77.18	53.36	54.14	53.68	78.98	81.40	38.34
600	002039.SZ	黔源电力	67.91	90.48	84.68	66.27	53.60	32.90	42.87	86.48	50.21
601	002558.SZ	巨人网络	67.90	85.36	69.54	67.92	50.77	66.64	64.64	70.57	58.47
602	000682.SZ	东方电子	67.89	90.86	70.60	56.50	47.36	79.34	59.61	74.17	53.90
603	002698.SZ	博实股份	67.88	79.82	81.07	75.98	51.45	56.61	50.08	74.56	46.74
604	002540.SZ	亚太科技	67.87	83.60	74.19	58.52	61.11	54.06	69.57	74.89	53.29
605	002268.SZ	卫士通	67.86	89.77	68.21	51.86	54.67	73.37	67.16	74.54	56.68
606	002878.SZ	元隆雅图	67.86	75.62	81.21	60.93	62.46	54.82	68.07	73.44	47.58
607	600126.SH	杭钢股份	67.86	94.11	58.32	60.55	70.42	46.17	65.22	78.92	63.98
608	300896.SZ	爱美客	67.86	77.35	90.73	75.75	59.80	46.42	42.68	67.52	73.84
609	688289.SH	圣湘生物	67.85	80.26	77.82	79.52	66.83	48.73	59.77	61.74	68.42
610	600989.SH	宝丰能源	67.85	86.62	91.23	67.83	56.27	45.39	51.77	72.65	47.20
611	000988.SZ	华工科技	67.84	71.41	83.94	47.41	50.28	67.74	53.05	88.23	46.15
612	600583.SH	海油工程	67.84	86.06	74.78	58.89	60.77	64.86	57.49	74.38	53.45
613	002635.SZ	安洁科技	67.84	92.35	70.98	46.73	58.93	63.29	77.80	75.10	47.02
614	002609.SZ	捷顺科技	67.84	86.24	76.04	58.35	50.24	63.07	61.34	78.30	46.62
615	002459.SZ	晶澳科技	67.84	85.94	85.73	44.81	73.82	58.42	56.16	78.46	40.57
616	688202.SH	美迪西	67.84	78.00	82.04	58.09	54.23	45.28	68.93	76.06	64.31
617	688009.SH	中国通号	67.82	81.25	81.87	58.91	66.07	63.40	57.25	70.10	55.29
618	601615.SH	明阳智能	67.82	85.99	87.72	50.08	71.16	56.53	64.04	71.50	41.47
619	300298.SZ	三诺生物	67.81	85.09	79.54	60.22	48.89	63.82	57.34	75.75	52.83
620	688317.SH	之江生物	67.81	55.82	77.07	81.56	60.97	47.51	83.04	61.04	71.55
621	603803.SH	瑞斯康达	67.80	91.81	76.68	57.40	46.37	68.45	56.88	75.65	53.02
622	000690.SZ	宝新能源	67.80	83.81	82.58	76.57	58.84	37.46	50.54	74.58	55.32
623	600392.SH	盛和资源	67.79	85.24	79.02	60.94	53.13	63.32	61.97	72.66	49.98
624	002156.SZ	通富微电	67.78	89.72	85.86	45.23	72.02	59.78	61.50	74.12	39.44
625	603613.SH	国联股份	67.78	86.59	80.37	51.14	78.79	56.72	54.12	74.09	53.00
626	002906.SZ	华阳集团	67.77	81.50	93.34	48.15	49.99	69.23	50.72	75.07	57.55
627	300379.SZ	东方通	67.77	78.57	75.34	60.88	54.21	62.28	68.99	73.11	54.40
628	600875.SH	东方电气	67.76	77.89	72.14	52.68	66.07	80.21	64.99	72.34	46.85
629	600660.SH	福耀玻璃	67.76	77.05	75.30	69.98	48.62	71.91	60.35	71.23	49.43
630	002588.SZ	史丹利	67.75	83.00	73.79	52.36	53.55	67.64	68.59	76.88	49.93

续表

排名	公司代码	公司名称	综合健康指数	内部控制	外部监督	创利能力	产品销售	竞争态势	价值再造	法人治理	资产资本结构
631	601827.SH	三峰环境	67.75	90.66	83.40	51.95	54.77	52.84	47.18	82.49	57.37
632	000930.SZ	中粮科技	67.75	81.47	80.58	47.52	75.37	54.99	65.56	77.31	42.53
633	600025.SH	华能水电	67.74	84.77	79.78	66.07	63.34	45.61	58.97	74.17	51.15
634	600737.SH	中粮糖业	67.74	81.35	84.22	58.01	56.10	63.90	51.13	77.38	46.45
635	600027.SH	华电国际	67.73	85.78	76.59	53.43	73.87	55.10	63.50	77.02	37.85
636	002065.SZ	东华软件	67.72	88.63	73.43	46.03	69.08	71.95	70.97	71.67	43.79
637	002645.SZ	华宏科技	67.72	90.72	76.01	51.30	78.79	49.34	61.59	74.67	52.27
638	002250.SZ	联化科技	67.72	86.41	73.65	54.12	59.24	62.56	56.97	82.37	41.43
639	300378.SZ	鼎捷软件	67.71	70.95	78.38	67.07	48.03	59.46	59.97	79.73	47.50
640	600623.SH	华谊集团	67.71	81.05	74.29	45.30	66.68	67.64	68.89	78.07	44.89
641	002422.SZ	科伦药业	67.70	78.44	79.21	48.58	58.34	62.33	71.52	78.31	43.41
642	600808.SH	马钢股份	67.70	80.07	77.23	51.85	50.41	71.95	77.93	70.82	49.42
643	600062.SH	华润双鹤	67.69	87.22	75.78	60.29	55.52	61.85	59.55	74.31	52.11
644	002463.SZ	沪电股份	67.68	79.54	78.96	72.78	53.36	58.13	52.10	74.99	46.20
645	600336.SH	澳柯玛	67.68	79.63	81.40	49.18	54.06	59.91	58.88	84.80	43.02
646	002444.SZ	巨星科技	67.67	82.06	81.63	61.22	68.24	56.80	53.38	73.98	46.87
647	600521.SH	华海药业	67.67	79.63	78.25	60.81	55.09	67.27	57.79	76.14	43.80
648	000927.SZ	中国铁物	67.67	83.56	75.77	54.00	71.01	59.80	63.70	75.48	42.45
649	000070.SZ	特发信息	67.66	79.04	74.40	51.33	64.67	53.45	59.20	87.66	40.19
650	002111.SZ	威海广泰	67.66	80.35	76.51	59.03	55.69	61.88	67.71	75.21	44.43
651	002275.SZ	桂林三金	67.66	84.45	83.45	59.30	44.80	55.31	49.12	79.35	65.56
652	002489.SZ	浙江永强	67.65	88.16	76.62	59.39	49.24	52.33	73.96	76.43	39.76
653	601512.SH	中新集团	67.64	86.59	73.39	66.32	66.85	46.04	55.37	77.15	51.38
654	002938.SZ	鹏鼎控股	67.64	78.84	84.15	61.24	70.39	52.92	56.71	73.13	45.75
655	603358.SH	华达科技	67.63	92.51	78.53	58.68	70.61	45.52	67.94	70.04	47.66
656	600826.SH	兰生股份	67.63	77.20	74.43	57.89	58.88	58.07	66.85	75.63	58.79
657	600433.SH	冠豪高新	67.62	78.91	78.92	62.53	47.53	60.76	55.82	79.10	52.14
658	002020.SZ	京新药业	67.61	83.09	69.64	57.97	60.04	60.93	67.53	77.55	45.80
659	600970.SH	中材国际	67.61	85.41	76.04	57.55	64.86	69.10	56.67	72.77	45.83
660	300369.SZ	绿盟科技	67.61	87.55	68.33	65.22	52.27	57.96	67.76	75.27	48.56
661	601611.SH	中国核建	67.61	85.94	79.67	44.14	72.65	60.15	64.00	77.03	42.83
662	603357.SH	设计总院	67.60	80.26	72.61	71.87	49.18	50.99	53.95	79.67	58.05
663	300458.SZ	全志科技	67.60	91.86	73.33	61.11	52.82	57.06	57.21	73.21	68.05
664	300674.SZ	宇信科技	67.59	84.36	81.69	63.34	58.09	50.63	58.04	74.80	49.41
665	688169.SH	石头科技	67.58	71.96	79.86	76.23	55.03	54.63	49.41	71.98	65.95
666	002128.SZ	露天煤业	67.57	82.23	68.82	73.12	51.14	55.21	55.01	79.01	51.42
667	000807.SZ	云铝股份	67.56	90.86	81.53	54.06	54.41	63.90	56.21	76.26	42.26
668	603232.SH	格尔软件	67.56	92.84	79.03	60.97	47.37	56.51	60.74	71.10	62.19

续表

排名	公司代码	公司名称	综合健康指数	内部控制	外部监督	创利能力	产品销售	竞争态势	价值再造	法人治理	资产资本结构
669	601766.SH	中国中车	67.55	83.93	66.63	54.82	49.36	67.22	67.97	80.85	49.09
670	300599.SZ	雄塑科技	67.55	91.17	76.72	63.28	47.84	42.18	60.45	78.31	60.97
671	603259.SH	药明康德	67.52	81.21	72.92	57.33	61.37	67.22	62.13	74.57	49.92
672	601600.SH	中国铝业	67.52	78.32	74.84	44.49	57.55	66.48	73.86	81.56	38.36
673	600729.SH	重庆百货	67.52	84.65	74.65	54.72	53.01	54.46	67.88	79.49	50.00
674	600428.SH	中远海特	67.51	92.29	84.45	47.56	52.83	49.70	58.15	82.15	47.84
675	600893.SH	航发动力	67.51	90.30	85.76	45.93	60.61	64.17	51.75	78.52	42.38
676	300036.SZ	超图软件	67.51	83.93	79.08	59.84	48.41	70.18	54.80	74.58	50.86
677	603858.SH	步长制药	67.49	91.50	70.07	60.66	57.23	49.68	65.04	78.66	46.61
678	601689.SH	拓普集团	67.49	84.54	77.57	56.46	66.68	59.15	64.11	73.29	42.47
679	688036.SH	传音控股	67.49	83.83	90.16	69.07	61.59	57.05	50.98	62.64	58.27
680	300014.SZ	亿纬锂能	67.49	75.15	81.35	59.33	69.67	59.31	70.51	67.37	47.07
681	002439.SZ	启明星辰	67.48	79.67	76.73	62.53	57.05	69.17	65.69	68.09	50.59
682	601857.SH	中国石油	67.48	69.69	63.11	63.38	57.88	71.45	63.85	79.20	52.79
683	603185.SH	上机数控	67.45	87.70	77.93	64.16	79.18	44.37	48.65	73.03	55.08
684	300433.SZ	蓝思科技	67.44	80.93	81.16	63.10	67.06	45.13	61.07	74.50	46.47
685	600415.SH	小商品城	67.43	86.09	76.08	61.73	49.50	60.80	64.56	73.68	48.56
686	603960.SH	克来机电	67.43	83.34	76.35	67.87	61.02	42.40	53.52	77.22	59.41
687	600236.SH	桂冠电力	67.42	79.30	65.73	70.02	60.44	61.39	64.51	73.58	48.50
688	002004.SZ	华邦健康	67.42	89.30	82.40	52.80	61.51	60.69	66.55	70.52	41.76
689	603888.SH	新华网	67.41	87.40	73.11	55.51	53.59	56.68	53.75	81.77	59.11
690	600022.SH	山东钢铁	67.41	90.69	71.54	50.84	63.02	55.70	62.92	80.88	43.96
691	000423.SZ	东阿阿胶	67.40	85.84	77.80	46.99	54.48	57.04	56.49	82.16	62.14
692	002381.SZ	双箭股份	67.40	79.02	75.43	72.13	44.88	52.06	63.84	73.69	57.78
693	300525.SZ	博思软件	67.39	82.61	66.36	63.73	54.38	63.77	64.15	76.17	51.57
694	300684.SZ	中石科技	67.38	76.17	64.28	71.56	52.88	53.47	59.98	80.30	58.88
695	600050.SH	中国联通	67.38	84.08	80.82	58.46	49.12	65.54	62.11	72.05	50.60
696	688016.SH	心脉医疗	67.37	80.46	86.23	72.61	51.41	39.01	50.80	71.35	74.07
697	002582.SZ	好想你	67.37	85.40	70.07	65.59	51.17	55.14	59.67	77.51	55.62
698	603658.SH	安图生物	67.36	92.40	77.06	58.54	57.25	63.22	61.52	68.53	53.84
699	600184.SH	光电股份	67.35	83.19	75.07	46.27	70.58	57.51	61.60	80.44	47.69
700	600720.SH	祁连山	67.35	80.57	62.17	78.83	57.97	45.60	50.32	83.50	51.00
701	600966.SH	博汇纸业	67.33	85.45	82.07	46.37	79.10	60.68	64.64	68.32	50.39
702	002441.SZ	众业达	67.33	89.80	71.40	57.83	67.16	53.01	56.77	76.94	52.90
703	603160.SH	汇顶科技	67.32	80.77	77.05	61.52	56.25	63.95	57.80	72.20	56.94
704	600011.SH	华能国际	67.32	82.35	56.87	58.67	71.23	64.81	83.40	73.30	36.29
705	600885.SH	宏发股份	67.30	81.33	84.34	62.56	58.68	62.85	57.89	68.61	47.45
706	600157.SH	永泰能源	67.30	90.00	81.37	53.05	62.27	58.09	65.60	72.10	39.58

续表

排名	公司代码	公司名称	综合健康指数	内部控制	外部监督	创利能力	产品销售	竞争态势	价值再造	法人治理	资产资本结构
707	002382.SZ	蓝帆医疗	67.29	88.06	70.42	51.84	71.52	55.17	72.70	73.28	46.58
708	600531.SH	豫光金铅	67.29	71.98	82.56	43.63	77.80	53.67	54.54	83.93	48.32
709	002799.SZ	环球印务	67.29	85.02	87.17	51.95	60.15	49.11	55.00	79.89	43.50
710	600746.SH	江苏索普	67.28	78.78	71.54	64.37	79.81	57.02	57.81	71.33	48.23
711	000650.SZ	仁和药业	67.28	84.41	73.53	54.50	64.24	52.12	58.46	78.53	59.58
712	600141.SH	兴发集团	67.28	83.30	81.86	43.69	50.91	63.12	73.31	79.37	35.89
713	603689.SH	皖天然气	67.27	83.90	77.93	60.98	63.38	37.30	51.99	82.15	58.13
714	600780.SH	通宝能源	67.26	89.49	72.72	55.39	69.19	47.43	58.32	76.70	59.78
715	300132.SZ	青松股份	67.26	80.07	76.16	63.72	58.99	49.42	65.89	74.83	49.25
716	300699.SZ	光威复材	67.25	76.11	80.96	72.66	52.86	57.45	46.25	71.28	67.09
717	000915.SZ	华特达因	67.24	89.54	61.93	63.82	60.78	58.93	59.17	75.38	60.92
718	600585.SH	海螺水泥	67.23	76.39	81.31	75.62	59.90	55.59	55.95	63.29	64.35
719	002401.SZ	中远海科	67.23	79.92	74.94	65.21	59.31	55.85	69.95	68.44	54.06
720	603556.SH	海兴电力	67.22	84.37	81.00	63.36	47.92	66.33	57.56	69.39	54.40
721	002832.SZ	比音勒芬	67.22	88.02	67.50	68.54	54.35	50.97	66.38	70.41	65.91
722	002557.SZ	洽洽食品	67.19	89.71	78.55	56.17	57.99	55.00	57.51	75.53	50.80
723	601200.SH	上海环境	67.19	83.06	75.21	50.74	62.34	58.24	55.87	82.29	47.88
724	002138.SZ	顺络电子	67.18	78.05	77.73	63.40	51.05	63.87	60.40	76.42	38.65
725	002539.SZ	云图控股	67.18	90.25	81.55	47.27	53.33	60.81	64.82	77.07	40.96
726	603233.SH	大参林	67.18	93.06	76.30	59.47	60.62	51.12	60.51	74.68	43.38
727	002062.SZ	宏润建设	67.17	75.64	72.45	57.62	66.07	64.00	65.56	74.32	46.66
728	300737.SZ	科顺股份	67.17	71.01	80.02	60.39	56.96	60.78	61.90	73.34	57.20
729	002394.SZ	联发股份	67.17	74.83	79.93	56.12	63.16	58.08	64.92	72.36	56.01
730	600210.SH	紫江企业	67.16	79.89	75.30	58.12	63.12	65.26	68.93	70.97	40.19
731	600997.SH	开滦股份	67.14	83.50	80.64	57.52	54.69	45.20	64.48	78.16	49.02
732	600133.SH	东湖高新	67.14	79.55	73.87	51.52	58.99	56.63	77.96	76.29	42.89
733	300685.SZ	艾德生物	67.13	91.39	79.57	63.15	43.83	54.42	52.41	73.64	65.20
734	002144.SZ	宏达高科	67.11	72.23	79.88	56.53	47.83	52.24	62.48	82.03	56.71
735	300196.SZ	长海股份	67.11	91.76	81.09	64.32	42.51	55.86	53.42	71.66	62.91
736	603337.SH	杰克股份	67.11	81.89	70.71	55.19	62.90	60.53	61.76	78.01	49.34
737	300453.SZ	三鑫医疗	67.10	81.26	83.16	62.78	56.45	52.34	57.16	75.12	43.76
738	600489.SH	中金黄金	67.10	90.45	68.54	55.87	62.99	57.74	69.48	75.04	41.15
739	603081.SH	大丰实业	67.08	85.45	68.93	59.02	67.72	57.42	62.82	74.25	49.47
740	300620.SZ	光库科技	67.08	86.76	85.23	60.44	45.07	44.32	62.87	73.37	60.94
741	603993.SH	洛阳钼业	67.06	84.02	84.73	53.52	71.06	65.89	58.56	66.29	45.88
742	300114.SZ	中航电测	67.05	91.67	78.24	60.40	43.97	57.03	58.47	73.91	56.33
743	601226.SH	华电重工	67.04	88.08	77.08	51.24	64.48	51.63	64.46	73.79	56.87
744	600800.SH	渤海化学	67.04	77.33	72.51	56.77	60.57	48.91	71.21	79.92	44.89

续表

排名	公司代码	公司名称	综合健康指数	内部控制	外部监督	创利能力	产品销售	竞争态势	价值再造	法人治理	资产资本结构
745	300623.SZ	捷捷微电	67.04	89.49	81.23	63.95	43.16	55.68	42.84	80.00	52.81
746	600269.SH	赣粤高速	67.04	82.04	75.14	55.61	47.52	57.47	74.71	75.38	48.54
747	600685.SH	中船防务	67.04	79.86	71.04	40.30	79.23	65.14	62.39	81.77	40.63
748	603408.SH	建霖家居	67.03	65.37	77.87	68.32	61.78	64.94	59.31	69.62	55.17
749	002753.SZ	永东股份	67.03	89.12	70.27	45.21	68.92	52.68	63.16	81.36	51.64
750	603533.SH	掌阅科技	67.03	86.76	79.42	73.89	51.66	44.63	56.22	70.06	57.18
751	002126.SZ	银轮股份	67.02	76.44	85.13	47.53	52.98	66.03	58.22	81.16	38.53
752	000990.SZ	诚志股份	67.02	89.78	75.60	50.17	60.62	56.13	65.72	77.46	41.25
753	002299.SZ	圣农发展	67.02	83.02	87.53	68.84	62.85	46.67	52.28	68.99	47.73
754	603989.SH	艾华集团	67.01	91.37	81.07	61.54	49.69	56.32	48.52	76.25	49.41
755	601800.SH	中国交建	67.01	80.66	69.36	49.46	68.96	61.13	69.63	78.03	42.58
756	000837.SZ	秦川机床	67.01	87.94	76.63	42.71	63.66	58.82	62.30	82.24	38.81
757	002214.SZ	大立科技	67.01	71.85	86.77	70.07	42.21	59.59	61.91	70.41	46.97
758	601808.SH	中海油服	67.01	80.35	73.67	55.38	59.62	56.98	63.58	77.49	51.60
759	002932.SZ	明德生物	67.01	73.57	65.35	71.67	60.03	52.59	70.96	72.23	56.10
760	300741.SZ	华宝股份	67.00	81.74	79.92	69.35	48.29	63.52	47.15	72.66	54.03
761	603583.SH	捷昌驱动	67.00	92.22	80.23	71.41	58.47	46.82	41.84	71.01	62.58
762	603889.SH	新澳股份	67.00	85.91	69.24	52.65	59.49	57.05	77.37	71.18	58.91
763	002007.SZ	华兰生物	66.99	77.64	75.14	65.49	53.36	71.94	53.90	70.62	55.31
764	600757.SH	长江传媒	66.97	87.69	77.42	57.92	64.54	50.91	49.25	77.21	55.68
765	000524.SZ	岭南控股	66.97	80.63	76.94	41.15	55.05	73.26	63.42	78.88	50.92
766	002724.SZ	海洋王	66.97	79.90	69.72	68.88	41.64	64.89	61.90	74.72	53.88
767	300768.SZ	迪普科技	66.97	85.31	75.59	70.63	50.29	47.23	50.53	75.42	63.38
768	002406.SZ	远东传动	66.96	86.29	78.87	59.54	49.92	42.16	62.23	77.45	60.02
769	000955.SZ	欣龙控股	66.96	71.94	65.48	72.54	63.33	50.99	64.34	77.42	45.84
770	002498.SZ	汉缆股份	66.95	81.20	76.72	63.05	63.83	57.82	58.04	69.36	57.72
771	600980.SH	北矿科技	66.95	90.75	73.21	54.59	49.51	49.73	54.10	83.18	59.80
772	002315.SZ	焦点科技	66.95	91.20	67.40	67.80	48.75	61.76	62.53	68.95	60.93
773	002222.SZ	福晶科技	66.94	78.96	77.38	70.04	41.03	47.98	59.96	77.19	56.66
774	300037.SZ	新宙邦	66.93	75.18	72.03	68.05	57.74	61.90	63.06	72.10	47.54
775	002761.SZ	多喜爱	66.93	89.19	68.47	48.87	67.11	62.96	65.20	77.94	39.94
776	688012.SH	中微公司	66.93	73.00	81.10	62.52	53.37	59.70	66.50	68.78	58.20
777	603737.SH	三棵树	66.92	92.31	79.58	58.11	52.00	67.77	56.22	70.07	45.27
778	002202.SZ	金风科技	66.92	83.25	80.58	54.98	58.30	62.29	66.24	72.27	37.55
779	600012.SH	皖通高速	66.91	95.04	83.80	69.78	53.82	37.38	51.85	69.34	62.00
780	601038.SH	一拖股份	66.91	78.60	90.40	43.18	61.44	64.45	59.38	72.96	51.45
781	600855.SH	航天长峰	66.90	80.22	65.82	57.63	58.97	66.35	55.58	82.31	45.15
782	600352.SH	浙江龙盛	66.90	75.86	77.33	68.36	49.88	69.05	56.56	69.93	51.51

续表

排名	公司代码	公司名称	综合健康指数	内部控制	外部监督	创利能力	产品销售	竞争态势	价值再造	法人治理	资产资本结构
783	603238.SH	诺邦股份	66.89	87.84	70.15	63.06	64.64	56.46	65.84	70.40	45.09
784	603799.SH	华友钴业	66.89	92.37	76.76	60.26	55.47	56.69	62.29	70.78	46.15
785	603601.SH	再升科技	66.89	93.15	75.58	67.62	54.91	53.37	52.61	72.72	46.90
786	002538.SZ	司尔特	66.88	92.86	74.63	56.89	53.43	53.58	67.52	72.75	49.47
787	300177.SZ	中海达	66.88	87.79	79.76	51.05	52.25	67.84	59.52	75.09	42.26
788	688363.SH	华熙生物	66.88	78.00	91.38	70.81	50.25	63.62	43.29	65.10	59.66
789	605168.SH	三人行	66.88	79.62	77.84	66.33	63.40	42.01	64.22	69.47	63.54
790	001696.SZ	宗申动力	66.87	76.17	79.26	57.23	58.91	59.19	61.88	74.44	49.78
791	600017.SH	日照港	66.87	89.17	80.82	58.78	57.88	39.17	59.28	79.06	44.44
792	002171.SZ	楚江新材	66.86	82.98	71.99	41.45	74.62	67.19	68.61	74.22	48.20
793	600963.SH	岳阳林纸	66.86	92.95	66.76	53.79	53.07	62.92	61.28	79.10	47.59
794	600079.SH	人福医药	66.85	80.67	86.03	53.77	64.30	65.81	56.81	70.81	39.04
795	600798.SH	宁波海运	66.84	87.63	79.28	60.92	60.73	36.17	49.98	82.55	50.06
796	300829.SZ	金丹科技	66.84	92.07	79.58	62.35	58.49	49.72	51.79	71.97	56.60
797	002970.SZ	锐明技术	66.84	84.04	73.14	63.65	46.89	66.85	60.94	71.20	54.47
798	601098.SH	中南传媒	66.83	79.06	69.73	59.50	55.26	56.52	56.98	79.69	61.01
799	000969.SZ	安泰科技	66.83	87.17	69.78	44.88	49.57	66.57	64.13	84.22	43.87
800	300271.SZ	华宇软件	66.82	73.87	80.30	49.71	59.53	70.86	60.81	74.85	48.11
801	300428.SZ	立中集团	66.82	89.49	69.44	43.03	72.99	57.37	74.56	74.79	45.45
802	300772.SZ	运达股份	66.81	92.91	84.81	46.89	49.71	57.12	57.88	78.23	43.56
803	002544.SZ	杰赛科技	66.80	70.52	74.57	47.54	59.18	72.50	67.57	78.57	42.92
804	600975.SH	新五丰	66.80	83.40	68.90	53.28	63.48	43.05	61.01	85.03	54.23
805	300349.SZ	金卡智能	66.80	87.85	69.36	60.38	41.51	66.60	57.92	78.87	49.09
806	603010.SH	万盛股份	66.80	75.27	67.51	74.57	50.03	56.27	58.83	76.44	51.82
807	002043.SZ	兔宝宝	66.79	82.74	74.12	63.99	57.96	53.76	66.08	73.37	41.16
808	600177.SH	雅戈尔	66.79	79.05	80.72	66.39	46.48	63.58	53.35	75.30	40.56
809	600961.SH	株冶集团	66.79	81.15	69.60	50.01	70.22	63.63	47.18	86.08	41.40
810	002136.SZ	安纳达	66.78	87.66	70.27	54.27	57.74	49.29	54.61	84.62	52.48
811	600435.SH	北方导航	66.78	87.87	70.87	44.11	53.59	57.74	59.82	87.96	44.22
812	002821.SZ	凯莱英	66.77	71.81	78.59	56.41	58.07	58.43	64.62	73.88	58.06
813	002957.SZ	科瑞技术	66.77	88.81	66.10	59.28	52.89	63.81	66.13	72.43	56.22
814	600138.SH	中青旅	66.76	84.89	79.48	55.75	49.65	60.71	60.95	76.44	41.86
815	002908.SZ	德生科技	66.76	85.22	85.55	60.34	47.94	53.32	61.71	69.78	54.39
816	603387.SH	基蛋生物	66.76	90.68	73.02	65.98	46.17	59.72	63.24	70.25	49.87
817	002008.SZ	大族激光	66.75	77.37	77.63	55.78	48.70	79.72	61.61	71.27	45.70
818	600196.SH	复星医药	66.75	81.21	73.52	59.25	64.94	66.90	67.01	70.02	35.10
819	000860.SZ	顺鑫农业	66.75	82.71	80.74	46.84	57.10	59.84	48.94	85.26	43.19
820	002614.SZ	奥佳华	66.74	81.86	72.87	57.03	48.50	61.08	65.44	77.46	47.95

续表

排名	公司代码	公司名称	综合健康指数	内部控制	外部监督	创利能力	产品销售	竞争态势	价值再造	法人治理	资产资本结构
821	603859.SH	能科股份	66.74	94.32	73.92	55.02	52.72	51.43	64.76	76.14	47.90
822	002149.SZ	西部材料	66.74	67.28	88.96	52.06	36.16	58.63	60.87	84.53	45.55
823	603585.SH	苏利股份	66.73	86.19	68.22	64.27	60.11	56.29	66.17	68.78	58.99
824	600113.SH	浙江东日	66.73	88.81	78.73	61.10	43.87	45.20	53.23	80.33	57.84
825	002434.SZ	万里扬	66.72	84.66	77.12	55.59	66.47	57.84	67.88	70.57	38.94
826	603707.SH	健友股份	66.72	90.73	69.64	63.65	52.50	57.46	67.26	69.89	52.11
827	600479.SH	千金药业	66.72	81.57	75.37	61.58	59.09	54.92	61.14	73.17	51.17
828	600703.SH	三安光电	66.70	90.92	85.51	57.37	53.60	65.15	61.42	63.56	48.60
829	000419.SZ	通程控股	66.69	79.48	78.68	60.69	50.53	41.68	54.44	82.27	59.66
830	603466.SH	风语筑	66.68	81.06	81.59	67.44	51.09	54.21	53.74	72.30	51.36
831	600512.SH	腾达建设	66.68	82.85	76.85	63.11	66.10	50.55	65.56	66.03	58.14
832	000028.SZ	国药一致	66.67	82.49	84.98	42.65	67.82	62.16	62.79	72.36	47.14
833	000922.SZ	佳电股份	66.67	84.64	75.01	56.95	47.91	58.62	61.90	76.46	52.85
834	002960.SZ	青鸟消防	66.66	95.97	78.05	61.42	50.69	57.86	47.22	71.52	60.89
835	002487.SZ	大金重工	66.66	80.41	81.64	53.25	69.69	46.79	59.08	74.05	56.42
836	600329.SH	中新药业	66.65	79.82	80.43	59.93	59.15	69.77	54.45	68.37	50.24
837	601326.SH	秦港股份	66.65	87.50	79.50	59.92	59.32	41.29	49.80	79.44	54.66
838	002507.SZ	涪陵榨菜	66.65	77.04	73.08	66.78	49.43	51.17	49.17	79.88	66.35
839	000905.SZ	厦门港务	66.65	84.04	73.39	50.07	62.65	54.59	54.69	83.18	48.20
840	002677.SZ	浙江美大	66.65	77.74	76.48	70.41	56.20	46.36	55.54	72.46	63.49
841	000404.SZ	长虹华意	66.65	79.89	73.69	38.08	62.14	57.45	68.51	84.60	47.53
842	000061.SZ	农产品	66.64	70.50	85.94	58.07	49.63	56.07	51.93	82.82	40.77
843	300058.SZ	蓝色光标	66.64	77.24	77.47	54.95	63.46	53.74	66.33	76.72	39.99
844	600035.SH	楚天高速	66.64	89.13	73.13	51.38	55.47	53.39	56.99	83.15	45.31
845	000422.SZ	湖北宜化	66.64	85.06	73.51	34.34	70.26	61.53	71.31	82.57	33.27
846	300718.SZ	长盛轴承	66.63	91.36	74.00	69.02	54.69	44.36	44.32	78.14	56.25
847	300432.SZ	富临精工	66.62	87.78	75.24	60.95	50.53	50.52	56.86	76.02	58.17
848	300396.SZ	迪瑞医疗	66.62	90.95	70.59	61.13	53.89	57.93	58.45	72.91	56.06
849	300212.SZ	易华录	66.61	84.84	67.67	56.75	62.83	57.91	73.13	74.09	38.77
850	002286.SZ	保龄宝	66.59	89.57	74.94	54.11	59.68	53.70	60.60	75.91	47.64
851	300142.SZ	沃森生物	66.58	77.20	75.05	57.96	48.29	60.11	66.91	75.77	50.65
852	002995.SZ	天地在线	66.57	92.13	74.99	49.09	72.40	40.80	67.94	71.28	63.87
853	300373.SZ	扬杰科技	66.57	70.57	77.40	67.38	53.48	63.34	53.55	76.03	43.24
854	002154.SZ	报喜鸟	66.57	71.99	80.05	64.57	49.74	58.49	65.47	71.58	49.66
855	300755.SZ	华致酒行	66.57	71.62	82.10	59.35	56.20	52.95	57.88	73.76	64.21
856	603228.SH	景旺电子	66.55	81.12	75.16	58.37	64.15	62.16	61.60	70.31	48.39
857	002034.SZ	旺能环境	66.55	88.34	75.17	46.32	47.16	51.27	69.82	79.16	58.93
858	300451.SZ	创业慧康	66.54	80.08	82.97	57.87	51.03	63.42	57.50	71.67	50.43

续表

排名	公司代码	公司名称	综合健康指数	内部控制	外部监督	创利能力	产品销售	竞争态势	价值再造	法人治理	资产资本结构
859	000828.SZ	东莞控股	66.54	84.58	76.17	68.14	50.20	37.52	46.08	84.90	50.46
860	600814.SH	杭州解百	66.54	85.38	74.44	69.85	50.34	48.83	57.47	72.94	54.72
861	002674.SZ	兴业科技	66.54	91.81	75.22	54.89	60.09	53.61	61.41	72.30	52.82
862	601882.SH	海天精工	66.54	89.19	77.08	67.89	54.35	51.10	50.83	71.52	55.58
863	002189.SZ	中光学	66.53	79.98	73.86	43.65	64.78	58.67	66.52	81.90	39.83
864	600292.SH	远达环保	66.53	87.70	78.74	46.63	52.54	68.25	47.84	82.09	43.71
865	000726.SZ	鲁泰A	66.51	81.38	78.55	40.44	53.25	68.48	75.17	75.11	43.14
866	605108.SH	同庆楼	66.51	71.83	78.66	65.04	54.06	53.40	51.59	75.42	65.14
867	300770.SZ	新媒股份	66.51	82.44	72.90	65.49	48.58	34.36	53.94	84.90	60.51
868	603871.SH	嘉友国际	66.50	85.52	72.47	61.75	64.15	41.26	66.89	70.93	62.22
869	000719.SZ	中原传媒	66.50	76.64	67.24	52.59	60.28	62.19	64.15	79.69	52.17
870	002853.SZ	皮阿诺	66.49	77.05	83.29	59.25	49.99	48.85	62.12	75.22	53.82
871	300314.SZ	戴维医疗	66.47	80.48	76.88	62.39	43.79	51.38	57.48	76.15	65.76
872	603187.SH	海容冷链	66.47	88.88	81.93	70.45	61.99	43.33	44.83	70.99	52.75
873	601698.SH	中国卫通	66.47	95.80	72.09	63.66	52.93	52.33	50.63	73.04	61.32
874	000709.SZ	河钢股份	66.46	88.67	74.61	39.43	57.92	57.33	64.38	84.76	38.60
875	600546.SH	山煤国际	66.46	86.40	72.44	53.27	63.34	58.52	61.51	75.41	45.63
876	688128.SH	中国电研	66.46	70.26	72.93	57.53	60.68	71.19	48.47	79.00	51.75
877	600763.SH	通策医疗	66.45	81.76	89.99	65.79	60.24	58.07	50.29	61.82	57.63
878	002479.SZ	富春环保	66.44	81.45	70.00	55.74	64.82	54.20	70.50	74.58	44.56
879	002238.SZ	天威视讯	66.44	77.71	80.92	56.69	57.68	54.73	60.92	73.76	51.37
880	300751.SZ	迈为股份	66.44	75.98	82.16	60.63	53.95	52.23	54.52	76.37	52.68
881	603365.SH	水星家纺	66.44	79.07	74.52	67.98	56.42	57.50	52.99	69.64	65.31
882	300687.SZ	赛意信息	66.43	76.14	82.61	59.29	59.54	50.19	70.19	69.94	45.59
883	000429.SZ	粤高速A	66.42	79.44	62.79	64.17	70.44	46.17	68.72	74.35	54.53
884	002204.SZ	大连重工	66.42	78.14	72.52	52.57	56.48	71.90	56.55	76.74	50.18
885	600839.SH	四川长虹	66.42	82.86	72.42	32.03	66.67	62.75	67.32	87.08	34.45
886	600410.SH	华胜天成	66.42	88.04	54.05	60.10	69.08	72.41	78.38	67.74	37.33
887	300542.SZ	新晨科技	66.42	85.47	69.85	52.78	61.10	57.83	68.78	73.08	53.53
888	300593.SZ	新雷能	66.41	87.16	82.21	51.06	48.45	62.89	62.15	72.83	47.10
889	000998.SZ	隆平高科	66.41	71.14	85.64	59.46	53.55	72.31	59.22	69.15	39.49
890	688288.SH	鸿泉物联	66.41	85.68	83.93	69.33	50.05	38.97	54.30	70.95	60.82
891	600320.SH	振华重工	66.40	72.05	75.69	44.31	65.16	73.06	65.21	78.81	33.43
892	600577.SH	精达股份	66.40	83.05	72.15	57.98	81.37	51.42	66.24	69.24	40.96
893	603607.SH	京华激光	66.40	85.57	73.66	67.04	51.67	50.14	53.85	74.99	55.72
894	300692.SZ	中环环保	66.39	91.84	85.62	48.59	54.93	41.96	61.82	76.28	50.96
895	600867.SH	通化东宝	66.39	84.72	80.64	73.16	53.82	69.30	47.55	60.05	58.90
896	300869.SZ	康泰医学	66.38	84.90	77.07	72.80	65.70	50.02	48.63	64.37	65.64

续表

排名	公司代码	公司名称	综合健康指数	内部控制	外部监督	创利能力	产品销售	竞争态势	价值再造	法人治理	资产资本结构
897	603650.SH	彤程新材	66.37	80.75	78.84	69.05	52.39	48.33	56.13	72.42	52.85
898	000823.SZ	超声电子	66.37	86.40	71.25	48.90	57.43	57.78	55.89	83.20	47.63
899	600587.SH	新华医疗	66.37	81.96	67.86	45.41	62.51	64.20	77.86	77.25	35.11
900	600732.SH	爱旭股份	66.37	83.73	73.06	51.84	80.04	56.05	64.43	68.56	52.23
901	600261.SH	阳光照明	66.36	69.77	74.97	62.49	51.62	60.44	67.37	73.92	48.79
902	002687.SZ	乔治白	66.35	67.65	79.45	64.71	43.91	52.97	62.87	77.64	52.94
903	000801.SZ	四川九洲	66.35	81.58	74.41	44.88	50.79	68.26	62.31	77.95	56.54
904	601933.SH	永辉超市	66.34	85.91	69.97	55.61	58.82	55.72	55.59	80.86	45.85
905	603867.SH	新化股份	66.34	84.34	67.26	54.54	67.52	60.62	70.42	70.59	49.01
906	000779.SZ	甘咨询	66.33	79.17	74.74	60.38	56.63	50.92	60.53	74.60	58.87
907	300087.SZ	荃银高科	66.33	83.85	81.03	51.79	51.91	62.87	52.45	77.56	47.10
908	600477.SH	杭萧钢构	66.33	81.67	72.40	63.10	60.43	59.04	56.80	73.60	45.80
909	600166.SH	福田汽车	66.32	81.07	88.78	42.00	59.58	66.66	64.22	71.45	40.57
910	002237.SZ	恒邦股份	66.32	87.86	62.64	45.45	81.07	64.98	69.71	70.54	52.03
911	002810.SZ	山东赫达	66.32	76.94	73.62	68.05	54.82	54.78	61.92	71.50	51.50
912	000876.SZ	新希望	66.31	65.45	67.60	52.02	71.58	66.07	65.16	79.17	44.85
913	688777.SH	中控技术	66.31	74.29	88.66	60.69	46.75	73.57	49.42	67.18	56.00
914	002887.SZ	绿茵生态	66.31	74.68	75.92	68.26	52.32	54.53	59.97	69.84	62.67
915	002713.SZ	东易日盛	66.31	87.84	81.32	55.72	47.34	65.11	65.01	69.71	39.60
916	603816.SH	顾家家居	66.30	87.35	81.53	68.20	54.52	63.43	46.87	66.87	47.23
917	600933.SH	爱柯迪	66.30	91.79	75.37	59.00	58.57	45.81	64.20	70.59	55.32
918	000919.SZ	金陵药业	66.30	71.80	81.56	53.02	54.02	41.59	60.21	85.30	49.58
919	603108.SH	润达医疗	66.30	91.53	61.60	49.62	64.19	54.68	70.19	80.84	38.53
920	603367.SH	辰欣药业	66.29	87.50	73.72	50.20	54.38	67.88	63.30	71.77	52.73
921	600501.SH	航天晨光	66.29	81.69	79.24	51.03	61.21	59.27	60.96	74.38	45.58
922	002090.SZ	金智科技	66.29	85.18	73.65	47.28	55.22	75.05	69.03	71.04	42.32
923	002449.SZ	国星光电	66.28	71.11	75.64	46.99	54.78	55.63	64.47	84.53	49.74
924	002087.SZ	新野纺织	66.28	71.20	87.11	36.65	58.89	58.83	56.83	85.39	46.51
925	600973.SH	宝胜股份	66.28	88.93	70.91	41.22	69.18	59.73	62.14	79.78	43.63
926	603977.SH	国泰集团	66.27	87.17	69.38	57.37	45.83	49.72	64.42	82.45	45.40
927	002123.SZ	梦网科技	66.27	84.88	66.54	46.98	65.58	60.60	60.06	82.59	42.98
928	002768.SZ	国恩股份	66.26	82.45	70.00	62.71	61.95	54.29	61.53	72.54	51.62
929	603605.SH	珀莱雅	66.26	87.51	85.52	70.17	49.23	54.17	37.90	71.74	52.72
930	600603.SH	广汇物流	66.25	86.79	75.45	64.26	51.93	51.30	61.08	70.53	55.13
931	000157.SZ	中联重科	66.25	69.33	60.59	65.53	65.28	77.70	73.35	68.23	38.04
932	603118.SH	共进股份	66.25	91.29	64.32	56.97	72.76	55.74	63.35	73.83	39.81
933	601966.SH	玲珑轮胎	66.25	79.91	84.47	56.77	53.12	66.13	55.39	70.11	47.38
934	300440.SZ	运达科技	66.25	74.90	82.11	63.86	47.33	55.68	61.47	71.34	53.19

续表

排名	公司代码	公司名称	综合健康指数	内部控制	外部监督	创利能力	产品销售	竞争态势	价值再造	法人治理	资产资本结构
935	000903.SZ	云内动力	66.25	74.45	73.42	46.21	69.68	60.09	68.56	77.66	41.99
936	603757.SH	大元泵业	66.25	89.16	65.01	63.53	56.22	54.70	51.81	75.46	65.47
937	000850.SZ	华茂股份	66.22	70.64	70.10	51.38	63.86	58.53	70.00	80.32	40.73
938	002940.SZ	昂利康	66.21	80.53	76.40	57.65	41.59	36.47	67.46	83.31	56.15
939	600037.SH	歌华有线	66.21	87.58	77.10	55.67	51.03	54.93	54.93	75.97	55.84
940	000831.SZ	五矿稀土	66.21	75.85	75.39	53.46	57.46	40.56	57.58	84.96	59.25
941	000888.SZ	峨眉山A	66.20	84.71	84.30	55.39	38.48	47.39	51.96	82.27	54.54
942	300841.SZ	康华生物	66.20	86.02	80.90	66.50	38.89	46.81	55.09	71.39	70.35
943	002678.SZ	珠江钢琴	66.20	80.59	75.17	49.76	50.98	68.19	58.12	74.59	62.53
944	603267.SH	鸿远电子	66.20	87.16	79.04	69.92	53.17	41.31	41.32	76.58	60.05
945	300119.SZ	瑞普生物	66.19	86.17	58.65	74.68	43.49	63.97	69.46	70.42	45.99
946	688008.SH	澜起科技	66.19	78.46	81.56	69.46	41.64	48.44	57.81	67.17	77.73
947	002605.SZ	姚记科技	66.19	82.27	66.96	72.43	52.33	56.87	66.61	69.61	45.22
948	300207.SZ	欣旺达	66.19	67.31	86.00	45.98	68.52	61.14	68.47	72.64	41.18
949	002594.SZ	比亚迪	66.18	69.70	87.83	53.05	62.10	64.73	57.63	72.14	40.76
950	000698.SZ	沈阳化工	66.17	79.77	67.94	48.64	75.23	56.25	67.86	77.50	40.83
951	300679.SZ	电连技术	66.17	83.49	67.60	56.81	47.92	53.30	71.39	75.47	60.11
952	603636.SH	南威软件	66.16	82.52	64.43	59.15	58.29	56.30	75.24	74.82	39.36
953	300253.SZ	卫宁健康	66.16	69.87	68.90	61.24	54.95	67.77	73.25	69.96	50.54
954	603236.SH	移远通信	66.15	87.41	79.01	45.59	71.21	66.17	56.27	69.11	51.87
955	002891.SZ	中宠股份	66.14	88.41	84.97	57.96	49.40	44.83	55.25	74.08	54.57
956	300193.SZ	佳士科技	66.14	79.22	67.84	67.07	52.83	49.76	59.81	74.27	66.16
957	603002.SH	宏昌电子	66.13	85.57	64.54	55.10	66.43	66.07	67.17	68.49	55.47
958	002075.SZ	沙钢股份	66.13	90.55	75.98	64.72	65.76	41.52	49.06	72.25	58.23
959	603657.SH	春光科技	66.11	94.75	71.33	66.77	50.55	37.11	66.29	70.25	61.78
960	300785.SZ	值得买	66.10	88.12	75.62	60.62	48.37	41.33	68.52	71.22	64.35
961	601869.SH	长飞光纤	66.09	75.02	79.27	58.85	57.19	69.42	57.59	71.24	40.33
962	300660.SZ	江苏雷利	66.09	92.91	67.31	58.16	66.06	46.48	64.29	72.81	51.72
963	002101.SZ	广东鸿图	66.09	84.62	68.80	52.43	46.74	57.91	66.70	83.36	36.91
964	300439.SZ	美康生物	66.09	87.69	75.78	47.98	65.03	56.09	63.21	76.27	37.49
965	603887.SH	城地香江	66.09	81.56	68.13	52.70	71.73	60.37	64.35	73.61	45.84
966	002328.SZ	新朋股份	66.09	74.91	68.41	64.18	74.38	48.89	63.40	70.22	58.06
967	002802.SZ	洪汇新材	66.08	95.73	68.51	72.50	52.84	40.38	46.48	75.47	61.04
968	002327.SZ	富安娜	66.07	69.06	81.88	67.97	51.42	58.22	46.55	74.13	57.04
969	000591.SZ	太阳能	66.06	90.51	71.93	54.17	56.94	57.88	57.42	74.43	53.33
970	002999.SZ	天禾股份	66.06	83.64	79.78	50.12	59.45	54.17	51.56	78.98	50.73
971	603379.SH	三美股份	66.05	88.77	75.41	58.24	56.02	41.60	46.66	80.50	63.01
972	600739.SH	辽宁成大	66.05	83.94	76.50	45.60	67.92	53.14	58.95	79.22	44.30

续表

排名	公司代码	公司名称	综合健康指数	内部控制	外部监督	创利能力	产品销售	竞争态势	价值再造	法人治理	资产资本结构
973	002867.SZ	周大生	66.04	73.66	87.94	73.47	55.39	45.64	36.26	73.45	58.99
974	600846.SH	同济科技	66.04	86.73	67.66	66.69	54.11	49.43	58.56	75.03	52.46
975	600872.SH	中炬高新	66.04	77.82	72.63	65.94	59.03	75.56	53.47	65.39	51.53
976	600727.SH	鲁北化工	66.04	80.12	74.70	56.22	60.56	49.72	60.14	78.14	46.40
977	002709.SZ	天赐材料	66.03	78.85	76.93	60.86	62.32	55.22	52.10	76.64	40.69
978	002989.SZ	中天精装	66.03	69.18	79.21	66.99	54.25	44.87	68.61	68.55	64.11
979	600452.SH	涪陵电力	66.03	87.68	75.26	63.30	55.92	42.32	43.86	80.44	56.68
980	300624.SZ	万兴科技	66.03	86.98	68.20	61.65	46.28	51.30	61.96	77.77	53.54
981	300711.SZ	广哈通信	66.02	89.67	75.90	58.31	29.81	43.78	56.94	81.42	69.59
982	300258.SZ	精锻科技	66.01	88.77	79.91	53.62	55.70	50.07	62.70	71.76	52.18
983	300015.SZ	爱尔眼科	66.00	83.08	73.61	58.41	67.39	53.49	50.70	75.86	49.32
984	603686.SH	龙马环卫	66.00	90.54	71.55	64.03	55.24	44.52	62.79	72.77	50.48
985	002666.SZ	德联集团	66.00	90.82	71.73	47.98	62.62	50.36	65.41	75.78	52.03
986	601002.SH	晋亿实业	66.00	87.67	69.72	58.85	52.82	51.02	67.06	74.10	51.15
987	002404.SZ	嘉欣丝绸	66.00	66.96	85.34	57.47	64.83	58.98	54.61	70.93	53.57
988	000626.SZ	远大控股	65.99	74.29	78.64	50.32	65.50	58.33	58.88	74.00	56.42
989	300791.SZ	仙乐健康	65.99	80.86	71.34	57.80	57.18	64.79	52.38	76.04	50.86
990	002793.SZ	罗欣药业	65.99	90.90	70.14	44.18	58.20	62.05	54.65	83.16	42.90
991	600917.SH	重庆燃气	65.99	91.01	79.06	54.27	48.28	49.18	37.60	85.33	55.40
992	002901.SZ	大博医疗	65.99	80.26	76.76	70.77	50.93	50.46	51.91	71.22	59.25
993	688390.SH	固德威	65.98	81.77	82.22	65.87	52.65	55.03	50.84	66.69	64.78
994	002203.SZ	海亮股份	65.98	71.69	64.68	57.67	79.46	67.62	62.25	70.87	47.22
995	603018.SH	华设集团	65.98	81.79	75.39	65.88	50.09	54.94	62.64	70.21	49.38
996	002035.SZ	华帝股份	65.98	81.61	76.68	57.41	45.19	67.57	56.89	74.20	47.81
997	002949.SZ	华阳国际	65.98	82.51	69.75	61.43	54.72	48.77	59.21	79.53	47.34
998	300690.SZ	双一科技	65.97	77.64	80.12	80.71	45.11	43.73	44.13	71.77	62.51
999	603359.SH	东珠生态	65.96	87.88	65.73	54.78	61.15	60.26	67.33	68.35	64.39
1000	601163.SH	三角轮胎	65.95	84.83	77.41	60.49	54.48	60.23	52.96	71.00	52.48
1001	000411.SZ	英特集团	65.95	85.89	81.30	43.06	67.11	57.59	50.36	78.35	47.21
1002	000505.SZ	京粮控股	65.95	85.30	62.53	50.36	64.12	51.53	63.12	84.39	43.52
1003	600326.SH	西藏天路	65.95	80.88	72.14	51.48	49.54	54.17	68.49	78.55	52.26
1004	002935.SZ	天奥电子	65.94	88.00	79.42	58.72	42.63	49.64	43.91	80.36	62.03
1005	600731.SH	湖南海利	65.94	71.89	71.95	63.25	57.94	53.43	64.15	75.69	46.55
1006	300248.SZ	新开普	65.94	84.35	73.70	53.79	43.41	63.96	68.65	73.74	47.50
1007	000559.SZ	万向钱潮	65.94	89.39	78.07	49.74	71.06	62.67	62.86	64.10	50.78
1008	600259.SH	广晟有色	65.92	89.89	74.53	47.55	61.01	55.50	61.11	74.99	51.05
1009	600066.SH	宇通客车	65.92	77.89	83.44	54.48	55.28	74.47	53.19	68.43	46.80
1010	600988.SH	赤峰黄金	65.92	90.32	72.51	69.02	57.49	50.27	51.85	68.12	60.54

续表

排名	公司代码	公司名称	综合健康指数	内部控制	外部监督	创利能力	产品销售	竞争态势	价值再造	法人治理	资产资本结构
1011	603915.SH	国茂股份	65.92	90.56	80.57	64.21	65.36	51.81	48.36	66.67	50.69
1012	000875.SZ	吉电股份	65.91	81.06	79.89	43.06	51.85	53.14	62.91	84.52	38.81
1013	603668.SH	天马科技	65.91	91.92	75.79	59.84	59.78	58.31	60.86	66.41	45.22
1014	002051.SZ	中工国际	65.91	81.55	75.67	39.55	36.60	70.49	55.49	87.04	52.91
1015	600552.SH	凯盛科技	65.90	83.34	76.09	47.07	61.60	54.50	58.35	80.22	44.03
1016	300850.SZ	新强联	65.90	85.80	82.65	57.69	73.48	41.16	50.44	71.92	51.26
1017	603299.SH	苏盐井神	65.90	83.96	77.33	51.81	41.56	60.09	57.55	78.67	54.26
1018	002933.SZ	新兴装备	65.90	84.75	64.74	71.77	42.34	44.43	66.47	72.56	67.62
1019	603948.SH	建业股份	65.89	81.52	67.60	62.60	66.67	57.99	55.99	69.63	62.06
1020	601177.SH	杭齿前进	65.89	77.98	74.92	50.76	54.21	59.93	57.76	81.15	44.47
1021	002829.SZ	星网宇达	65.87	82.81	77.83	55.76	56.87	49.14	68.08	71.12	51.37
1022	603690.SH	至纯科技	65.87	80.97	82.63	42.66	52.93	60.48	72.84	73.47	42.58
1023	300470.SZ	中密控股	65.87	77.73	82.26	67.84	39.81	54.81	52.76	72.35	56.91
1024	603063.SH	禾望电气	65.85	85.33	77.79	58.01	54.97	57.84	53.14	70.26	60.98
1025	300136.SZ	信维通信	65.84	69.87	63.82	53.20	70.74	64.21	75.46	72.30	48.39
1026	601678.SH	滨化股份	65.84	79.79	58.69	61.55	72.00	55.31	71.12	71.54	49.68
1027	300853.SZ	申昊科技	65.84	80.29	75.06	66.39	45.81	50.90	50.95	77.11	57.10
1028	000032.SZ	深桑达A	65.84	89.12	70.29	59.97	62.37	51.53	55.43	74.33	48.95
1029	002559.SZ	亚威股份	65.83	88.15	61.61	56.03	53.22	60.08	73.74	76.24	37.79
1030	600197.SH	伊力特	65.83	88.04	80.33	55.43	49.31	41.96	57.12	78.94	50.28
1031	002228.SZ	合兴包装	65.83	79.56	79.32	39.64	70.66	62.38	67.42	72.59	45.33
1032	601880.SH	辽港股份	65.83	81.23	73.90	55.01	63.07	53.81	55.17	76.65	50.92
1033	601999.SH	出版传媒	65.82	86.72	77.06	48.81	61.34	45.53	63.84	75.86	52.92
1034	600674.SH	川投能源	65.81	89.78	82.69	56.52	46.65	45.52	51.62	76.32	56.95
1035	000950.SZ	重药控股	65.81	80.11	80.74	33.91	70.01	54.53	69.87	78.42	41.69
1036	603680.SH	今创集团	65.81	89.28	87.96	50.59	44.05	54.34	58.65	72.70	48.69
1037	600776.SH	东方通信	65.81	82.21	72.81	53.35	65.84	58.62	56.94	73.06	54.32
1038	601666.SH	平煤股份	65.80	80.86	82.56	59.80	41.00	48.48	64.09	74.95	47.66
1039	300219.SZ	鸿利智汇	65.80	82.69	72.02	49.22	54.58	53.83	56.98	85.94	39.31
1040	603987.SH	康德莱	65.79	85.03	76.54	51.36	54.85	55.26	67.51	72.98	46.92
1041	003007.SZ	直真科技	65.79	92.77	80.19	47.97	56.86	41.00	63.28	73.03	63.44
1042	603928.SH	兴业股份	65.79	88.55	68.14	59.19	60.97	48.99	56.43	75.30	56.89
1043	002518.SZ	科士达	65.79	77.94	72.40	63.51	50.54	66.73	55.71	72.71	48.03
1044	603612.SH	索通发展	65.78	82.17	77.30	52.97	57.29	50.57	71.03	73.81	40.06
1045	002573.SZ	清新环境	65.77	90.97	68.44	41.67	58.24	67.19	70.60	74.50	44.28
1046	000155.SZ	川能动力	65.77	84.93	83.32	56.83	55.68	37.92	47.20	81.31	50.82
1047	601898.SH	中煤能源	65.76	87.61	79.12	56.70	56.19	67.77	70.60	59.36	46.88
1048	002481.SZ	双塔食品	65.76	75.58	74.63	46.06	61.54	56.98	56.34	82.43	50.81

续表

排名	公司代码	公司名称	综合健康指数	内部控制	外部监督	创利能力	产品销售	竞争态势	价值再造	法人治理	资产资本结构
1049	600959.SH	江苏有线	65.75	88.97	74.23	49.30	50.06	60.94	54.03	81.53	39.99
1050	603039.SH	泛微网络	65.74	85.84	67.24	68.79	48.64	62.45	56.82	67.90	61.30
1051	600597.SH	光明乳业	65.74	79.59	67.93	55.63	59.42	64.76	66.13	75.46	35.76
1052	300761.SZ	立华股份	65.74	82.25	77.20	46.68	61.84	56.42	49.38	80.13	54.89
1053	603903.SH	中持股份	65.74	85.36	72.81	55.04	51.14	58.02	64.82	73.70	48.41
1054	000976.SZ	华铁股份	65.74	77.21	74.83	58.66	57.99	48.67	65.86	74.74	47.56
1055	300251.SZ	光线传媒	65.73	82.42	73.28	61.59	67.59	40.24	57.64	73.32	57.91
1056	300007.SZ	汉威科技	65.73	82.41	67.02	57.57	54.16	67.72	63.24	74.28	40.92
1057	300286.SZ	安科瑞	65.73	69.25	78.44	72.47	37.76	64.49	52.25	70.07	62.05
1058	605111.SH	新洁能	65.72	70.94	86.12	74.28	53.29	46.11	36.32	72.56	65.98
1059	688068.SH	热景生物	65.72	81.81	69.19	66.65	57.74	44.78	61.22	70.95	64.93
1060	601107.SH	四川成渝	65.72	84.51	60.04	54.47	55.52	55.80	68.32	79.25	51.84
1061	002159.SZ	三特索道	65.71	82.94	80.25	67.18	51.45	44.85	66.66	67.38	46.67
1062	000635.SZ	英力特	65.70	88.50	80.28	57.95	44.19	38.25	56.35	78.21	59.21
1063	002978.SZ	安宁股份	65.68	80.08	85.97	72.23	40.14	40.21	44.28	74.27	63.22
1064	000778.SZ	新兴铸管	65.67	70.18	67.49	52.23	52.82	61.88	64.37	81.98	50.75
1065	300130.SZ	新国都	65.67	86.93	52.47	55.06	60.54	65.81	64.64	77.15	55.58
1066	002017.SZ	东信和平	65.67	78.18	71.65	50.20	42.94	49.43	64.52	83.43	61.98
1067	600993.SH	马应龙	65.66	73.53	81.32	61.76	57.95	51.45	55.14	71.39	57.00
1068	000409.SZ	云鼎科技	65.66	83.38	64.46	57.84	57.92	51.94	59.52	79.89	50.76
1069	600787.SH	中储股份	65.66	85.38	67.33	45.51	67.88	63.93	69.14	73.32	43.87
1070	605222.SH	起帆电缆	65.65	86.62	76.91	51.92	73.31	57.47	49.87	71.51	49.30
1071	688196.SH	卓越新能	65.65	82.15	85.97	54.24	60.06	49.81	50.16	70.31	63.82
1072	002387.SZ	维信诺	65.65	92.46	70.45	42.40	60.27	61.45	71.48	73.22	43.49
1073	002637.SZ	赞宇科技	65.65	80.59	71.50	47.07	54.73	64.96	72.33	74.61	42.59
1074	002409.SZ	雅克科技	65.65	81.09	79.13	59.22	52.50	55.47	52.50	75.27	47.28
1075	300887.SZ	谱尼测试	65.64	83.19	78.91	54.97	43.95	56.61	55.90	73.85	63.88
1076	300185.SZ	通裕重工	65.64	87.65	69.54	57.73	68.85	44.49	59.23	76.66	42.08
1077	003016.SZ	欣贺股份	65.63	84.23	78.32	55.41	40.72	53.10	65.61	69.77	70.50
1078	300348.SZ	长亮科技	65.63	71.50	75.05	61.89	56.54	53.09	61.14	74.06	52.20
1079	002845.SZ	同兴达	65.62	90.01	74.10	34.52	74.24	51.94	73.45	73.53	48.93
1080	300423.SZ	昇辉科技	65.61	87.05	76.15	52.86	62.30	51.34	59.17	73.54	47.83
1081	600681.SH	百川能源	65.61	75.89	71.27	70.21	53.97	51.99	52.56	75.33	50.70
1082	688100.SH	威胜信息	65.60	68.45	82.72	68.91	56.71	47.20	56.01	67.82	64.15
1083	300820.SZ	英杰电气	65.59	74.85	76.75	66.61	45.12	52.37	48.90	75.83	64.00
1084	300511.SZ	雪榕生物	65.59	72.74	71.16	53.63	56.08	53.52	59.94	82.37	49.44
1085	002155.SZ	湖南黄金	65.58	71.20	71.44	51.33	75.48	48.17	62.51	77.52	52.65
1086	600876.SH	洛阳玻璃	65.58	78.66	86.53	54.72	48.01	45.06	66.98	75.18	39.81

续表

排名	公司代码	公司名称	综合健康指数	内部控制	外部监督	创利能力	产品销售	竞争态势	价值再造	法人治理	资产资本结构
1087	002351.SZ	漫步者	65.58	81.21	71.35	65.22	48.18	54.76	57.54	73.14	56.42
1088	601019.SH	山东出版	65.57	79.21	72.40	57.75	57.97	50.49	47.81	81.78	53.64
1089	000301.SZ	东方盛虹	65.57	85.83	86.62	37.25	71.37	60.40	56.10	71.83	45.92
1090	600699.SH	均胜电子	65.57	79.70	80.54	44.26	69.63	66.33	63.33	69.68	40.29
1091	000421.SZ	南京公用	65.57	87.80	77.57	52.32	49.37	50.00	59.48	77.88	46.71
1092	688388.SH	嘉元科技	65.57	73.69	89.09	60.68	52.13	31.80	51.15	78.55	59.95
1093	600458.SH	时代新材	65.55	82.91	64.02	48.02	57.85	71.41	71.80	73.29	44.41
1094	002749.SZ	国光股份	65.55	85.16	75.83	61.84	40.79	59.88	55.02	70.76	62.66
1095	601992.SH	金隅集团	65.54	87.76	80.47	47.96	53.87	54.99	56.21	76.50	46.69
1096	002812.SZ	恩捷股份	65.53	93.78	82.56	47.09	54.38	48.42	59.42	74.43	46.51
1097	300144.SZ	宋城演艺	65.52	82.21	82.05	49.60	55.72	65.21	52.85	71.23	53.83
1098	300390.SZ	天华超净	65.52	87.89	65.12	67.00	50.64	59.60	59.73	71.68	45.96
1099	603131.SH	上海沪工	65.51	85.92	80.58	52.31	58.94	56.08	46.80	75.41	51.13
1100	300243.SZ	瑞丰高材	65.50	84.67	84.29	48.24	46.61	53.13	56.78	77.70	48.27
1101	000887.SZ	中鼎股份	65.50	69.51	70.39	57.30	57.26	68.79	61.34	75.32	42.97
1102	603516.SH	淳中科技	65.50	90.51	80.22	64.27	42.91	42.48	58.29	69.59	61.76
1103	603639.SH	海利尔	65.50	82.81	71.63	59.10	50.22	67.29	62.49	69.23	48.61
1104	002322.SZ	理工环科	65.49	88.75	74.00	60.38	49.79	58.50	58.85	71.07	45.72
1105	000913.SZ	钱江摩托	65.49	86.12	73.06	60.53	58.61	57.92	54.48	69.80	53.50
1106	002184.SZ	海得控制	65.49	78.04	79.74	58.68	61.08	62.92	54.02	69.69	43.49
1107	000756.SZ	新华制药	65.49	69.11	83.34	44.87	65.50	62.18	70.23	69.36	48.13
1108	300308.SZ	中际旭创	65.48	80.90	80.68	53.31	62.62	54.10	58.93	73.02	40.41
1109	603659.SH	璞泰来	65.48	83.95	77.81	52.99	68.45	48.84	63.90	69.54	48.53
1110	300166.SZ	东方国信	65.47	79.35	69.06	51.72	54.44	73.87	66.55	71.44	44.72
1111	002057.SZ	中钢天源	65.47	82.71	62.63	60.99	51.80	57.46	65.73	75.35	50.64
1112	300877.SZ	金春股份	65.47	78.72	76.03	71.77	67.84	41.18	53.83	65.31	64.07
1113	002727.SZ	一心堂	65.47	88.17	77.57	52.29	60.14	45.57	61.16	73.20	52.09
1114	600691.SH	阳煤化工	65.45	83.85	79.23	41.14	62.29	57.95	63.40	77.68	36.18
1115	688122.SH	西部超导	65.45	84.64	85.46	67.52	38.14	48.24	49.78	71.73	53.89
1116	002079.SZ	苏州固锝	65.45	88.87	83.34	50.85	51.41	57.22	49.90	72.57	56.05
1117	002165.SZ	红宝丽	65.45	82.82	82.55	35.03	60.25	52.98	60.26	81.93	45.14
1118	603986.SH	兆易创新	65.44	93.13	76.95	63.64	59.34	66.79	59.27	53.75	61.83
1119	600784.SH	鲁银投资	65.44	80.15	74.33	44.23	63.79	54.74	62.29	81.50	36.90
1120	601949.SH	中国出版	65.44	87.16	74.57	62.59	61.39	54.82	54.75	69.11	45.92
1121	603355.SH	莱克电气	65.44	86.26	75.18	52.86	59.70	58.51	56.70	69.98	58.62
1122	600829.SH	人民同泰	65.44	76.18	77.00	56.75	59.27	52.42	46.76	81.08	46.86
1123	000898.SZ	鞍钢股份	65.43	85.46	84.86	46.41	43.76	54.49	61.13	77.11	44.78
1124	002942.SZ	新农股份	65.43	83.98	73.68	61.30	46.41	42.23	51.85	80.27	60.43

续表

排名	公司代码	公司名称	综合健康指数	内部控制	外部监督	创利能力	产品销售	竞争态势	价值再造	法人治理	资产资本结构
1125	600939.SH	重庆建工	65.43	82.91	63.48	42.45	74.75	60.50	65.93	78.24	44.19
1126	002462.SZ	嘉事堂	65.43	77.35	72.42	51.10	73.92	54.16	58.16	76.35	43.49
1127	600642.SH	申能股份	65.41	84.04	76.22	63.50	65.60	54.21	66.73	61.28	46.97
1128	002990.SZ	盛视科技	65.41	85.84	89.11	58.52	46.16	46.74	47.06	72.41	58.24
1129	000715.SZ	中兴商业	65.40	92.96	74.39	59.14	43.93	32.83	51.25	81.86	64.03
1130	300213.SZ	佳讯飞鸿	65.40	84.96	78.05	56.25	39.09	62.02	57.47	75.96	42.78
1131	300800.SZ	力合科技	65.40	85.88	68.74	62.49	36.74	55.08	54.85	76.29	67.68
1132	002469.SZ	三维化学	65.39	84.82	71.17	55.58	44.31	55.43	67.53	72.99	57.87
1133	002791.SZ	坚朗五金	65.39	82.30	78.68	58.99	47.28	57.50	43.78	77.13	55.84
1134	603648.SH	畅联股份	65.38	79.36	71.15	66.73	47.24	50.91	48.74	77.53	60.24
1135	600337.SH	美克家居	65.37	88.05	77.97	48.83	43.24	62.57	71.66	71.56	39.37
1136	605136.SH	丽人丽妆	65.36	75.97	83.55	63.05	54.45	51.92	52.88	68.09	60.80
1137	600982.SH	宁波能源	65.36	80.65	77.37	48.91	54.77	50.04	58.33	78.41	55.72
1138	002516.SZ	旷达科技	65.36	76.15	74.79	59.46	55.22	40.65	62.49	78.12	51.86
1139	002068.SZ	黑猫股份	65.35	77.04	85.86	35.96	60.04	59.40	64.03	78.55	37.53
1140	601515.SH	东风股份	65.34	77.64	69.48	65.48	51.55	61.76	71.78	65.64	47.76
1141	000900.SZ	现代投资	65.33	83.39	75.65	42.76	53.29	62.62	61.91	77.00	49.68
1142	300303.SZ	聚飞光电	65.33	81.00	68.43	58.24	53.53	51.31	66.96	75.88	46.97
1143	300516.SZ	久之洋	65.32	79.22	74.46	60.21	48.17	50.41	52.97	76.06	64.63
1144	300864.SZ	南大环境	65.32	77.29	78.64	66.13	44.66	49.22	53.56	71.45	66.44
1145	300590.SZ	移为通信	65.32	73.16	83.52	67.16	45.14	49.55	47.16	73.89	59.66
1146	600150.SH	中国船舶	65.31	88.84	66.37	38.51	73.96	69.48	65.19	72.77	43.94
1147	000859.SZ	国风塑业	65.31	85.57	67.39	47.63	53.70	53.19	63.66	80.84	51.68
1148	600267.SH	海正药业	65.30	86.28	64.58	43.43	59.54	57.00	69.97	81.70	37.92
1149	000933.SZ	神火股份	65.30	78.84	80.28	48.52	45.25	57.36	63.28	78.63	42.15
1150	600116.SH	三峡水利	65.30	81.80	74.16	44.99	62.16	47.93	55.59	83.03	51.13
1151	000851.SZ	高鸿股份	65.30	81.07	77.98	42.79	62.18	62.71	58.54	78.73	34.14
1152	300371.SZ	汇中股份	65.30	83.55	77.97	72.00	38.96	53.86	45.35	71.16	60.35
1153	300725.SZ	药石科技	65.29	82.40	81.22	59.09	58.37	46.65	56.78	70.12	53.35
1154	603297.SH	永新光学	65.29	91.87	75.13	68.18	35.22	54.83	49.69	71.59	57.33
1155	300170.SZ	汉得信息	65.27	82.73	70.28	48.20	54.39	66.17	68.70	71.53	50.64
1156	603489.SH	八方股份	65.26	85.99	79.20	71.37	51.40	51.41	39.33	67.78	65.74
1157	603258.SH	电魂网络	65.25	80.85	64.20	70.40	45.37	56.47	63.36	72.38	49.65
1158	002276.SZ	万马股份	65.25	79.35	80.56	41.14	65.64	60.31	64.30	71.76	49.17
1159	002602.SZ	世纪华通	65.25	87.23	68.08	53.33	52.91	62.38	68.99	72.43	40.66
1160	300901.SZ	中胤时尚	65.25	75.41	86.49	67.13	49.43	31.00	45.31	74.82	73.35
1161	603551.SH	奥普家居	65.25	83.16	81.84	64.80	45.84	45.90	50.04	71.84	60.72
1162	000628.SZ	高新发展	65.24	81.04	72.48	59.00	57.97	50.27	61.56	72.59	52.28

续表

排名	公司代码	公司名称	综合健康指数	内部控制	外部监督	创利能力	产品销售	竞争态势	价值再造	法人治理	资产资本结构
1163	002092.SZ	中泰化学	65.24	91.01	75.08	33.48	51.29	57.22	66.07	84.53	35.49
1164	603565.SH	中谷物流	65.23	73.71	69.85	65.71	61.43	58.63	56.44	68.44	60.13
1165	000507.SZ	珠海港	65.21	81.78	80.72	40.20	49.59	53.86	58.30	84.46	42.07
1166	600598.SH	北大荒	65.21	84.75	72.95	63.80	56.63	41.92	48.71	76.86	56.81
1167	603806.SH	福斯特	65.21	80.31	71.90	70.72	70.60	47.72	53.95	63.64	61.31
1168	603926.SH	铁流股份	65.19	89.68	70.78	66.06	48.38	46.94	61.39	71.71	47.69
1169	002675.SZ	东诚药业	65.19	90.75	77.95	51.99	54.69	47.87	65.25	72.14	43.44
1170	300777.SZ	中简科技	65.19	71.23	81.05	77.43	49.19	32.71	46.42	73.41	67.75
1171	603456.SH	九洲药业	65.18	75.50	73.81	58.61	61.84	53.57	52.65	77.88	42.83
1172	000880.SZ	潍柴重机	65.18	72.66	67.01	47.99	58.52	59.23	64.75	80.31	52.64
1173	300866.SZ	安克创新	65.18	80.93	70.22	69.42	57.64	65.92	56.56	61.60	57.28
1174	002955.SZ	鸿合科技	65.18	82.93	74.37	49.27	58.42	54.68	52.91	77.44	56.76
1175	300543.SZ	朗科智能	65.18	89.41	62.59	59.51	67.23	49.58	66.03	67.53	60.77
1176	603156.SH	养元饮品	65.17	84.22	68.54	65.02	56.29	64.36	51.38	68.20	55.65
1177	300746.SZ	汉嘉设计	65.16	88.84	76.24	53.88	53.96	46.93	51.42	78.60	49.11
1178	300667.SZ	必创科技	65.16	90.03	77.39	55.48	42.85	52.80	54.00	76.17	50.60
1179	600125.SH	铁龙物流	65.15	76.54	81.82	57.56	54.94	48.02	49.71	73.50	65.09
1180	603183.SH	建研院	65.15	82.19	70.49	65.28	36.51	56.63	59.11	72.84	61.23
1181	603326.SH	我乐家居	65.13	93.18	65.04	60.89	50.36	55.34	58.00	71.56	57.98
1182	601811.SH	新华文轩	65.13	81.78	77.24	55.95	57.85	54.38	52.30	75.30	45.10
1183	000655.SZ	金岭矿业	65.12	74.40	79.87	65.35	55.34	41.41	51.98	72.42	64.27
1184	300357.SZ	我武生物	65.12	87.48	87.90	67.20	37.83	40.27	40.99	72.46	66.48
1185	000158.SZ	常山北明	65.11	80.93	69.78	43.05	68.61	61.07	72.77	73.44	38.38
1186	300304.SZ	云意电气	65.11	77.80	71.79	62.19	42.06	54.72	66.89	72.04	55.68
1187	002616.SZ	长青集团	65.10	88.50	69.45	57.92	44.20	52.92	63.63	75.37	48.54
1188	603203.SH	快克股份	65.10	78.93	73.31	66.58	45.32	50.09	58.79	71.68	59.20
1189	300702.SZ	天宇股份	65.09	76.43	78.02	61.30	61.85	51.38	55.06	68.04	60.30
1190	002743.SZ	富煌钢构	65.09	89.19	83.61	39.12	52.04	43.63	62.83	79.96	47.01
1191	605006.SH	山东玻纤	65.09	70.38	77.02	52.47	58.36	39.53	57.05	83.58	54.74
1192	600600.SH	青岛啤酒	65.08	72.57	82.57	60.05	53.75	68.68	46.50	69.35	50.84
1193	600880.SH	博瑞传播	65.08	79.00	79.98	56.84	38.48	50.14	56.08	79.55	50.32
1194	600330.SH	天通股份	65.08	78.97	73.78	45.36	61.60	59.66	58.97	78.76	42.84
1195	002407.SZ	多氟多	65.07	85.41	83.98	23.11	58.69	61.49	58.94	84.21	41.94
1196	601137.SH	博威合金	65.07	86.96	70.07	52.98	45.34	65.15	68.91	70.93	45.83
1197	000878.SZ	云南铜业	65.07	75.83	74.43	52.68	63.00	68.95	58.51	70.45	43.40
1198	002985.SZ	北鼎高科	65.07	89.15	80.51	63.62	46.59	40.73	55.88	71.65	52.13
1199	601865.SH	福莱特	65.06	85.34	83.51	59.47	51.26	49.09	47.23	71.19	58.04
1200	688001.SH	华兴源创	65.06	65.81	72.96	59.06	57.90	61.38	63.30	70.10	59.15

续表

排名	公司代码	公司名称	综合健康指数	内部控制	外部监督	创利能力	产品销售	竞争态势	价值再造	法人治理	资产资本结构
1201	300263.SZ	隆华科技	65.06	84.47	58.16	48.95	52.34	66.61	55.87	84.26	49.27
1202	002879.SZ	长缆科技	65.05	92.26	76.75	65.25	37.76	50.57	52.72	69.83	60.88
1203	002528.SZ	英飞拓	65.05	88.91	70.61	49.13	60.27	61.76	64.74	71.62	40.65
1204	002508.SZ	老板电器	65.05	60.11	84.10	72.45	47.08	63.17	45.91	68.59	58.17
1205	000521.SZ	长虹美菱	65.05	81.72	82.23	31.51	55.76	66.12	60.82	78.58	45.57
1206	300358.SZ	楚天科技	65.04	61.09	61.05	52.31	66.69	70.80	81.37	71.99	42.43
1207	002972.SZ	科安达	65.04	82.40	68.42	68.10	38.75	43.64	58.70	74.48	70.71
1208	603290.SH	斯达半导	65.04	84.87	82.26	63.55	54.82	49.27	40.57	70.22	62.59
1209	300622.SZ	博士眼镜	65.04	79.08	77.42	61.55	37.09	35.89	49.98	84.56	62.49
1210	605009.SH	豪悦护理	65.04	77.91	78.30	72.25	61.38	43.52	42.29	68.05	67.60
1211	300601.SZ	康泰生物	65.04	70.61	84.04	54.38	46.62	68.60	50.21	71.49	58.15
1212	603808.SH	歌力思	65.04	86.00	65.95	73.00	51.60	62.72	53.44	67.51	45.73
1213	002523.SZ	天桥起重	65.03	88.20	71.08	42.06	47.66	60.34	59.02	82.31	46.94
1214	300792.SZ	壹网壹创	65.03	80.13	76.88	63.65	57.57	29.90	54.74	79.10	50.71
1215	000973.SZ	佛塑科技	65.02	76.65	64.13	39.69	56.99	60.72	62.38	88.84	42.21
1216	300610.SZ	晨化股份	65.01	88.59	75.31	51.04	49.44	50.14	50.48	77.26	64.14
1217	600054.SH	黄山旅游	65.01	83.35	75.00	61.24	49.48	55.59	54.55	70.30	57.98
1218	600422.SH	昆药集团	65.00	80.53	72.00	43.76	60.17	58.12	63.54	78.18	45.83
1219	002837.SZ	英维克	65.00	79.55	75.12	55.56	50.75	60.89	58.23	71.78	53.90
1220	002432.SZ	九安医疗	64.99	85.14	72.29	51.29	50.34	65.65	64.60	69.03	53.68
1221	002537.SZ	海联金汇	64.99	86.47	75.60	45.84	73.20	55.33	53.20	73.30	47.35
1222	003029.SZ	吉大正元	64.98	84.29	81.20	62.17	40.21	50.75	61.01	66.19	63.52
1223	603115.SH	海星股份	64.97	90.93	65.37	63.44	41.85	48.35	66.98	71.36	59.34
1224	600446.SH	金证股份	64.96	81.81	70.92	46.75	73.43	67.42	67.79	64.34	49.83
1225	002036.SZ	联创电子	64.96	86.36	81.46	33.87	69.03	52.68	68.21	74.65	38.74
1226	300723.SZ	一品红	64.96	91.50	70.75	63.15	47.86	51.81	55.15	69.56	60.76
1227	600567.SH	山鹰国际	64.96	86.77	60.10	45.72	71.04	73.09	73.23	68.89	37.08
1228	002548.SZ	金新农	64.95	87.64	75.85	40.93	64.92	61.33	64.35	70.72	46.75
1229	603890.SH	春秋电子	64.95	89.51	67.05	58.95	66.81	47.65	70.02	67.94	42.08
1230	600971.SH	恒源煤电	64.94	79.15	71.26	55.35	48.11	57.80	62.04	73.68	58.06
1231	601199.SH	江南水务	64.94	84.95	70.39	63.40	42.37	39.46	52.98	80.99	59.34
1232	600877.SH	电能股份	64.93	76.97	72.33	68.72	45.89	48.14	42.61	81.86	50.27
1233	002929.SZ	润建股份	64.93	92.78	69.12	48.91	60.76	55.48	61.41	72.75	48.87
1234	002965.SZ	祥鑫科技	64.92	82.82	69.94	59.21	63.98	46.65	52.99	76.50	48.79
1235	688023.SH	安恒信息	64.90	83.88	88.91	53.76	47.99	55.82	54.66	65.25	60.56
1236	002116.SZ	中国海诚	64.90	76.83	65.43	55.45	56.43	64.52	50.23	77.05	61.23
1237	603208.SH	江山欧派	64.89	86.85	75.03	62.16	56.44	51.02	61.03	66.96	47.20
1238	000034.SZ	神州数码	64.88	73.22	72.38	52.24	71.70	67.28	61.03	69.57	39.98

续表

排名	公司代码	公司名称	综合健康指数	内部控制	外部监督	创利能力	产品销售	竞争态势	价值再造	法人治理	资产资本结构
1239	000612.SZ	焦作万方	64.88	82.00	79.74	62.88	55.97	36.01	53.78	75.07	49.59
1240	002105.SZ	信隆健康	64.88	76.96	60.92	60.30	60.12	55.29	59.98	77.33	51.00
1241	603055.SH	台华新材	64.87	81.30	73.99	43.92	61.29	55.82	61.96	75.45	53.08
1242	002697.SZ	红旗连锁	64.87	80.26	71.81	59.73	53.62	48.05	60.87	73.89	53.31
1243	603699.SH	纽威股份	64.87	83.29	67.28	69.18	55.15	55.41	64.88	66.56	42.88
1244	688526.SH	科前生物	64.87	65.07	84.41	76.90	44.10	45.89	46.88	69.39	64.50
1245	601778.SH	晶科科技	64.86	76.19	86.74	57.67	45.07	45.74	55.50	71.93	61.38
1246	603818.SH	曲美家居	64.86	81.53	67.81	47.20	40.73	64.78	61.96	84.28	38.95
1247	003020.SZ	立方制药	64.86	87.27	80.12	44.21	50.78	42.27	60.64	76.35	64.57
1248	600575.SH	淮河能源	64.86	80.24	74.53	46.66	55.03	47.87	60.23	82.60	44.27
1249	002702.SZ	海欣食品	64.86	78.96	76.08	50.41	51.17	53.91	65.87	76.66	40.76
1250	002561.SZ	徐家汇	64.85	77.83	71.91	63.24	42.16	40.38	40.99	88.54	57.65
1251	688019.SH	安集科技	64.85	84.50	83.13	65.28	40.98	44.86	42.32	73.59	64.20
1252	000733.SZ	振华科技	64.85	77.33	83.65	56.35	44.36	68.13	65.49	62.83	49.71
1253	002661.SZ	克明面业	64.85	91.11	70.62	43.73	58.78	58.63	59.55	78.46	37.93
1254	600499.SH	科达制造	64.85	83.95	82.83	37.40	58.00	63.63	61.17	73.69	42.47
1255	002737.SZ	葵花药业	64.84	84.57	73.09	59.91	57.95	42.65	60.47	72.14	53.27
1256	601968.SH	宝钢包装	64.84	84.97	76.99	59.23	65.50	47.42	44.37	74.25	48.20
1257	603665.SH	康隆达	64.82	93.07	74.47	50.91	49.26	37.16	62.25	79.03	49.81
1258	002376.SZ	新北洋	64.82	81.04	76.34	50.17	47.08	65.21	61.70	74.25	40.45
1259	300921.SZ	南凌科技	64.81	89.67	81.38	59.99	45.27	44.57	51.51	68.07	71.33
1260	600469.SH	风神股份	64.81	83.06	81.93	43.30	49.46	55.62	65.63	74.99	42.96
1261	603392.SH	万泰生物	64.80	77.94	79.78	63.16	58.35	72.41	46.22	62.41	51.82
1262	300407.SZ	凯发电气	64.79	88.32	64.48	51.44	54.84	64.83	63.40	71.55	52.06
1263	600058.SH	五矿发展	64.79	77.55	74.40	50.98	73.47	50.65	48.22	78.17	46.39
1264	002847.SZ	盐津铺子	64.79	80.54	76.09	53.88	41.37	49.79	59.03	81.25	44.40
1265	600765.SH	中航重机	64.78	83.02	74.96	50.61	66.34	58.26	51.82	73.88	44.21
1266	002819.SZ	东方中科	64.78	77.96	72.37	57.75	60.05	55.55	51.45	71.76	63.21
1267	000723.SZ	美锦能源	64.78	92.47	69.85	52.51	50.64	45.71	60.41	77.72	49.56
1268	600513.SH	联环药业	64.78	83.07	76.90	48.34	48.20	51.14	60.74	81.07	37.51
1269	600764.SH	中国海防	64.77	89.47	72.76	57.36	57.74	70.28	59.64	59.33	56.18
1270	600863.SH	内蒙华电	64.77	84.29	71.01	60.67	69.96	48.82	58.05	70.26	40.44
1271	300719.SZ	安达维尔	64.77	87.59	72.33	57.46	41.33	53.31	53.93	76.53	55.56
1272	600070.SH	浙江富润	64.77	81.32	63.23	52.52	62.96	61.70	52.80	79.18	47.26
1273	600395.SH	盘江股份	64.76	79.46	79.05	57.49	52.73	45.18	50.18	78.64	48.35
1274	002294.SZ	信立泰	64.76	90.95	72.76	54.30	48.75	60.40	57.42	72.65	42.99
1275	300360.SZ	炬华科技	64.75	67.50	71.61	69.69	51.84	49.88	64.47	68.18	62.02
1276	300604.SZ	长川科技	64.74	69.53	77.15	54.02	46.52	62.91	72.04	68.75	52.29

续表

排名	公司代码	公司名称	综合健康指数	内部控制	外部监督	创利能力	产品销售	竞争态势	价值再造	法人治理	资产资本结构
1277	600756.SH	浪潮软件	64.74	86.98	70.29	48.31	47.65	66.36	61.70	72.55	53.31
1278	002318.SZ	久立特材	64.74	83.01	84.94	68.62	32.36	35.12	54.26	73.33	59.11
1279	600592.SH	龙溪股份	64.74	82.07	69.16	53.62	56.87	55.54	62.70	73.67	50.02
1280	603380.SH	易德龙	64.74	86.31	72.81	66.51	57.69	47.05	50.28	70.71	51.06
1281	002389.SZ	航天彩虹	64.73	91.07	65.18	50.22	59.32	51.99	50.61	82.44	45.47
1282	603881.SH	数据港	64.73	92.76	73.54	58.37	60.90	28.67	54.90	78.02	48.76
1283	002130.SZ	沃尔核材	64.73	77.42	66.08	54.65	39.39	67.07	64.85	79.17	41.49
1284	603496.SH	恒为科技	64.72	84.28	70.93	55.74	49.94	53.89	72.74	67.27	55.07
1285	300226.SZ	上海钢联	64.72	80.73	73.12	49.78	70.81	68.56	52.43	69.27	46.20
1286	002672.SZ	东江环保	64.72	85.49	65.37	47.95	50.45	64.21	62.11	77.93	46.33
1287	300765.SZ	新诺威	64.71	93.86	69.60	60.68	45.35	30.39	58.16	78.01	63.50
1288	000848.SZ	承德露露	64.71	84.66	67.45	58.68	54.61	48.87	62.46	71.92	59.07
1289	300520.SZ	科大国创	64.71	85.42	72.59	42.42	53.17	56.76	58.89	81.26	44.14
1290	603869.SH	新智认知	64.70	86.49	66.66	61.20	47.55	66.76	58.43	71.96	38.80
1291	002436.SZ	兴森科技	64.70	75.96	71.72	54.92	56.07	66.10	61.14	71.14	45.27
1292	603037.SH	凯众股份	64.70	87.17	70.46	64.63	50.30	48.05	60.66	67.43	61.20
1293	603727.SH	博迈科	64.70	90.77	66.93	53.70	51.23	61.18	60.33	69.63	59.49
1294	603266.SH	天龙股份	64.69	85.78	73.52	55.98	35.76	51.24	60.91	75.41	60.36
1295	600713.SH	南京医药	64.69	86.05	73.76	45.04	70.22	58.39	64.74	70.07	39.38
1296	600810.SH	神马股份	64.69	79.17	83.24	37.21	62.26	55.47	74.87	69.92	43.42
1297	002521.SZ	齐峰新材	64.69	70.91	68.98	53.98	65.67	54.75	69.75	71.83	48.95
1298	002380.SZ	科远智慧	64.68	86.31	67.99	56.99	33.77	67.07	63.16	72.52	53.20
1299	000970.SZ	中科三环	64.67	88.20	61.96	52.46	45.75	51.45	62.10	82.40	49.74
1300	002923.SZ	润都股份	64.67	85.73	68.23	59.20	49.76	54.24	53.76	75.62	53.22
1301	300203.SZ	聚光科技	64.66	74.06	72.58	58.56	52.32	69.05	69.20	66.28	40.49
1302	000705.SZ	浙江震元	64.66	84.24	77.43	47.74	54.89	56.32	54.93	74.49	52.33
1303	002088.SZ	鲁阳节能	64.66	68.99	82.80	67.65	46.35	57.77	56.47	65.54	55.19
1304	002541.SZ	鸿路钢构	64.66	89.52	67.74	49.46	64.46	45.21	51.54	80.44	52.63
1305	300464.SZ	星徽股份	64.66	77.90	62.34	59.21	50.48	71.51	65.23	70.99	45.69
1306	000059.SZ	华锦股份	64.66	76.45	73.98	41.33	57.91	51.07	64.46	81.40	48.48
1307	002041.SZ	登海种业	64.65	71.32	85.74	60.51	44.61	57.04	50.50	69.60	60.82
1308	601127.SH	小康股份	64.65	92.18	87.45	35.19	53.23	66.46	49.97	73.69	43.34
1309	601179.SH	中国西电	64.65	84.94	77.29	45.12	64.63	55.85	49.68	75.60	50.56
1310	000526.SZ	学大教育	64.64	77.49	81.45	51.18	51.10	54.61	55.65	77.80	38.17
1311	603339.SH	四方科技	64.64	94.47	78.17	55.45	54.99	50.23	45.87	70.18	59.42
1312	688208.SH	道通科技	64.64	61.29	84.28	68.57	51.30	60.76	49.85	63.97	67.49
1313	688368.SH	晶丰明源	64.64	80.98	83.60	44.24	48.82	55.68	64.16	71.87	52.71
1314	002746.SZ	仙坛股份	64.64	94.94	75.70	53.93	61.01	31.64	50.98	75.19	62.58

续表

排名	公司代码	公司名称	综合健康指数	内部控制	外部监督	创利能力	产品销售	竞争态势	价值再造	法人治理	资产资本结构
1315	603587.SH	地素时尚	64.64	72.64	73.30	72.89	49.03	56.81	45.65	69.62	62.15
1316	300724.SZ	捷佳伟创	64.64	80.63	74.43	59.74	64.58	56.29	44.71	71.40	53.23
1317	002053.SZ	云南能投	64.63	89.88	83.01	52.67	35.72	34.63	56.95	83.32	42.84
1318	300824.SZ	北鼎股份	64.63	80.89	79.91	70.38	32.33	38.38	45.72	75.21	71.97
1319	000966.SZ	长源电力	64.63	77.81	72.73	59.16	53.11	40.31	58.36	81.31	42.23
1320	000672.SZ	上峰水泥	64.63	72.15	80.05	70.86	54.82	45.87	46.97	72.47	48.11
1321	002127.SZ	南极电商	64.62	83.16	56.80	63.13	65.34	56.25	63.57	67.90	61.34
1322	688088.SH	虹软科技	64.62	65.67	85.66	71.11	39.22	48.58	48.32	70.54	65.72
1323	002931.SZ	锋龙股份	64.62	81.74	75.35	58.15	54.22	36.70	57.44	79.39	45.71
1324	002533.SZ	金杯电工	64.61	92.15	75.11	40.19	65.42	58.24	63.77	70.88	42.74
1325	300418.SZ	昆仑万维	64.60	69.85	77.62	57.52	52.68	49.68	68.13	71.45	50.54
1326	000957.SZ	中通客车	64.60	88.14	76.41	34.54	43.65	63.57	49.32	85.91	49.64
1327	002073.SZ	软控股份	64.60	74.62	76.21	48.12	59.29	60.39	67.46	70.37	47.64
1328	603618.SH	杭电股份	64.59	89.38	76.78	36.40	58.32	50.65	56.48	81.38	47.81
1329	002397.SZ	梦洁股份	64.59	77.62	80.59	48.38	46.48	71.24	60.09	70.39	44.62
1330	300695.SZ	兆丰股份	64.59	84.78	71.38	65.73	38.25	37.54	44.70	82.89	62.93
1331	300726.SZ	宏达电子	64.59	65.43	87.77	75.29	38.39	50.58	38.97	73.49	54.00
1332	688568.SH	中科星图	64.58	83.19	74.10	56.55	55.06	53.16	56.79	68.49	64.19
1333	600363.SH	联创光电	64.58	88.92	78.22	39.47	60.49	56.34	56.41	75.23	48.47
1334	600990.SH	四创电子	64.57	78.22	75.48	34.99	61.64	64.93	67.85	76.44	40.27
1335	601106.SH	中国一重	64.57	73.93	73.91	39.19	77.90	55.99	57.26	78.53	44.88
1336	600496.SH	精工钢构	64.57	88.95	79.33	44.24	63.55	60.54	66.78	63.53	48.36
1337	600055.SH	万东医疗	64.56	68.05	68.09	57.02	63.70	60.34	67.04	68.12	58.88
1338	600873.SH	梅花生物	64.56	79.38	61.15	58.37	71.23	62.39	63.64	68.39	46.37
1339	300483.SZ	首华燃气	64.55	84.35	77.34	58.28	50.40	44.31	49.58	77.46	50.01
1340	300705.SZ	九典制药	64.54	89.83	83.08	48.17	38.96	49.50	52.09	77.53	54.05
1341	300041.SZ	回天新材	64.54	88.38	79.70	53.81	43.36	62.43	53.60	71.69	42.48
1342	300567.SZ	精测电子	64.54	82.67	66.95	61.33	55.68	65.75	62.22	66.68	44.75
1343	603053.SH	成都燃气	64.53	88.34	70.93	63.22	43.72	53.63	35.94	79.18	59.67
1344	300595.SZ	欧普康视	64.53	86.76	81.64	58.43	48.63	46.26	52.97	69.67	57.99
1345	600203.SH	福日电子	64.53	75.81	77.80	40.46	77.37	60.33	61.26	72.36	38.34
1346	300070.SZ	碧水源	64.52	90.07	75.27	36.53	58.47	66.27	59.37	74.28	44.19
1347	603192.SH	汇得科技	64.51	77.29	72.65	54.26	62.07	51.44	61.24	71.26	55.28
1348	002701.SZ	奥瑞金	64.50	75.16	78.31	57.90	62.25	52.73	60.75	70.26	38.00
1349	002392.SZ	北京利尔	64.50	89.04	69.71	53.93	58.83	51.65	69.19	65.79	55.37
1350	603956.SH	威派格	64.50	80.42	70.31	69.30	40.73	53.54	65.43	67.45	52.26
1351	688396.SH	华润微	64.50	77.05	89.94	53.51	69.34	66.72	45.79	58.35	57.78
1352	603660.SH	苏州科达	64.50	87.27	67.67	44.50	49.77	71.99	73.64	67.10	50.78

续表

排名	公司代码	公司名称	综合健康指数	内部控制	外部监督	创利能力	产品销售	竞争态势	价值再造	法人治理	资产资本结构
1353	600992.SH	贵绳股份	64.48	92.14	78.42	34.56	52.37	49.62	51.28	85.12	47.51
1354	000557.SZ	西部创业	64.48	85.55	80.17	47.72	47.14	37.03	54.04	80.03	64.42
1355	603579.SH	荣泰健康	64.48	84.53	71.54	56.97	53.01	53.26	57.71	70.53	58.73
1356	300422.SZ	博世科	64.48	79.16	79.37	31.98	50.56	67.97	60.63	79.95	45.24
1357	002195.SZ	二三四五	64.47	82.39	67.49	50.46	51.36	63.87	54.55	74.72	61.78
1358	600590.SH	泰豪科技	64.47	87.83	72.59	40.75	53.93	77.88	66.66	69.82	33.38
1359	000016.SZ	深康佳A	64.47	58.87	73.30	35.44	74.64	56.71	70.20	83.60	36.54
1360	000680.SZ	山推股份	64.46	60.49	64.08	41.92	67.38	69.80	69.88	80.78	40.14
1361	300190.SZ	维尔利	64.46	79.05	72.01	52.92	45.90	61.19	68.83	71.64	46.83
1362	300445.SZ	康斯特	64.46	82.57	71.20	58.71	29.69	56.20	52.37	79.30	61.49
1363	002598.SZ	山东章鼓	64.45	71.40	70.77	59.38	44.48	61.22	59.16	77.56	43.04
1364	603338.SH	浙江鼎力	64.45	84.28	78.60	60.81	61.62	45.35	43.61	70.85	58.62
1365	603916.SH	苏博特	64.44	77.06	69.90	68.46	50.65	59.93	68.97	63.75	42.66
1366	002866.SZ	传艺科技	64.44	83.36	68.92	59.61	50.85	43.83	63.85	76.36	44.79
1367	300487.SZ	蓝晓科技	64.44	90.40	71.91	58.63	44.08	51.17	51.55	76.19	49.61
1368	002284.SZ	亚太股份	64.44	74.84	82.83	43.49	56.07	54.90	57.44	75.59	52.08
1369	300456.SZ	赛微电子	64.42	88.74	62.47	60.41	44.87	51.75	69.35	72.59	49.15
1370	603868.SH	飞科电器	64.41	87.82	74.72	73.32	50.47	36.59	52.52	68.07	55.92
1371	002796.SZ	世嘉科技	64.41	92.78	72.55	45.58	64.19	45.50	51.97	77.67	50.93
1372	002825.SZ	纳尔股份	64.41	78.38	74.06	64.46	47.92	58.92	57.93	67.64	50.81
1373	300783.SZ	三只松鼠	64.41	91.70	72.18	49.97	60.66	53.82	50.19	73.00	54.98
1374	002335.SZ	科华数据	64.41	78.26	64.13	63.47	57.99	68.04	69.57	65.08	36.41
1375	002461.SZ	珠江啤酒	64.41	75.01	83.61	47.30	47.27	59.98	51.44	75.08	56.97
1376	600312.SH	平高电气	64.41	88.52	67.94	43.86	63.68	52.90	51.52	84.99	33.65
1377	002860.SZ	星帅尔	64.41	90.76	81.14	53.38	48.89	36.98	57.32	74.01	53.69
1378	002726.SZ	龙大肉食	64.40	91.29	77.39	41.38	75.92	53.89	62.81	66.63	43.35
1379	605003.SH	众望布艺	64.40	72.70	82.95	60.50	56.01	39.75	47.75	72.42	69.27
1380	002556.SZ	辉隆股份	64.39	66.86	70.96	48.30	68.52	67.72	57.65	73.99	47.85
1381	002300.SZ	太阳电缆	64.39	81.17	77.31	56.46	71.41	43.53	54.70	70.92	44.61
1382	600418.SH	江淮汽车	64.39	79.95	80.68	32.59	58.95	73.76	63.28	70.66	47.36
1383	000012.SZ	南玻A	64.39	73.34	90.35	62.38	55.36	65.46	51.53	59.96	43.60
1384	002984.SZ	森麒麟	64.39	92.22	74.83	61.88	60.36	46.10	45.34	67.72	61.28
1385	603067.SH	振华股份	64.38	95.15	71.00	58.56	48.70	41.10	51.24	74.30	62.34
1386	300788.SZ	中信出版	64.38	72.85	80.33	61.91	53.74	47.15	51.47	72.12	56.42
1387	002221.SZ	东华能源	64.38	70.16	78.60	55.54	64.75	53.42	56.14	71.97	46.24
1388	002253.SZ	川大智胜	64.37	72.02	80.28	54.99	44.19	52.16	70.42	71.54	46.07
1389	002763.SZ	汇洁股份	64.37	88.78	72.18	69.37	47.88	41.98	60.44	65.12	60.54
1390	600976.SH	健民集团	64.36	83.02	81.33	51.50	58.29	50.48	56.16	72.16	42.47

续表

排名	公司代码	公司名称	综合健康指数	内部控制	外部监督	创利能力	产品销售	竞争态势	价值再造	法人治理	资产资本结构
1391	300425.SZ	中建环能	64.36	73.88	66.45	54.84	40.51	57.70	60.68	82.05	50.57
1392	600206.SH	有研新材	64.35	73.28	68.28	43.51	60.68	55.91	57.59	80.08	63.07
1393	002980.SZ	华盛昌	64.34	71.40	72.37	74.97	53.92	47.52	43.60	71.79	60.97
1394	600827.SH	百联股份	64.34	74.36	81.80	56.95	55.90	62.20	58.75	66.03	43.27
1395	600332.SH	白云山	64.34	75.97	74.16	52.43	72.73	65.96	62.20	64.86	38.79
1396	600956.SH	新天绿能	64.33	66.70	90.82	62.94	69.38	48.17	54.09	63.24	42.86
1397	600370.SH	三房巷	64.33	89.99	64.37	49.66	70.44	47.94	58.56	74.10	52.75
1398	300815.SZ	玉禾田	64.33	91.70	74.99	57.85	51.89	40.32	41.57	78.19	58.81
1399	600551.SH	时代出版	64.31	85.98	75.11	44.52	69.10	51.94	70.60	65.79	49.42
1400	600167.SH	联美控股	64.31	93.20	69.18	66.55	48.22	46.46	48.42	69.72	63.86
1401	600163.SH	中闽能源	64.31	77.00	82.32	56.58	43.12	36.36	51.11	82.14	52.00
1402	002084.SZ	海鸥住工	64.31	72.77	79.35	38.52	51.44	63.20	72.92	74.28	42.30
1403	601958.SH	金钼股份	64.31	69.06	69.73	60.05	60.04	48.09	54.36	76.55	58.80
1404	002782.SZ	可立克	64.31	83.68	74.25	59.04	47.68	42.25	54.09	74.31	63.85
1405	003018.SZ	金富科技	64.29	88.51	77.31	68.04	52.14	25.81	47.71	70.68	74.31
1406	605158.SH	华达新材	64.29	72.87	80.90	55.63	71.85	45.87	51.19	66.91	66.56
1407	300766.SZ	每日互动	64.29	85.84	69.35	52.57	44.14	45.81	64.60	75.93	60.83
1408	300541.SZ	先进数通	64.28	87.40	70.29	50.56	73.74	47.87	54.22	71.73	52.08
1409	603305.SH	旭升股份	64.27	81.78	67.10	67.57	58.11	37.69	47.98	77.59	54.94
1410	300365.SZ	恒华科技	64.27	80.48	73.21	52.24	52.13	54.57	60.13	73.59	51.64
1411	300386.SZ	飞天诚信	64.27	74.99	70.17	54.26	42.67	52.44	53.84	80.04	66.26
1412	603687.SH	大胜达	64.27	86.70	70.21	57.36	59.53	37.70	74.67	68.29	48.40
1413	001896.SZ	豫能控股	64.26	80.75	79.58	57.45	57.11	41.60	48.25	76.96	47.15
1414	603988.SH	中电电机	64.26	81.30	71.22	72.52	45.97	37.02	51.14	73.62	60.76
1415	002597.SZ	金禾实业	64.26	71.89	74.92	54.18	63.54	56.47	65.27	67.01	52.56
1416	002623.SZ	亚玛顿	64.26	89.80	82.47	48.49	59.85	31.72	58.00	74.44	52.17
1417	002859.SZ	洁美科技	64.26	80.26	78.16	60.81	39.45	42.96	57.89	75.49	52.82
1418	600833.SH	第一医药	64.25	83.09	73.89	56.32	53.97	50.19	50.96	74.98	52.41
1419	002634.SZ	棒杰股份	64.25	87.43	64.38	60.90	52.66	45.14	61.56	73.88	52.63
1420	603811.SH	诚意药业	64.24	80.69	73.21	61.54	47.25	39.48	46.45	84.04	45.71
1421	600819.SH	耀皮玻璃	64.21	80.71	78.25	51.92	42.02	59.89	58.81	73.37	46.98
1422	300305.SZ	裕兴股份	64.20	85.01	64.96	61.15	49.63	37.73	64.39	75.07	60.41
1423	688508.SH	芯朋微	64.20	75.19	79.22	56.84	49.47	48.80	47.57	73.75	69.09
1424	300236.SZ	上海新阳	64.20	72.86	69.21	56.80	42.45	48.44	61.66	79.74	58.09
1425	003012.SZ	东鹏控股	64.20	68.96	93.26	51.31	45.97	47.46	49.43	76.28	51.56
1426	600096.SH	云天化	64.19	81.00	78.03	42.04	53.40	59.39	63.76	76.57	34.35
1427	600888.SH	新疆众和	64.19	85.35	75.40	52.28	46.50	71.37	68.85	61.38	47.57
1428	600618.SH	氯碱化工	64.19	61.14	61.92	59.35	58.62	54.75	60.15	79.25	59.43

续表

排名	公司代码	公司名称	综合健康指数	内部控制	外部监督	创利能力	产品销售	竞争态势	价值再造	法人治理	资产资本结构
1429	300026.SZ	红日药业	64.19	77.37	53.40	51.21	53.73	68.38	69.92	76.12	52.52
1430	688298.SH	东方生物	64.19	54.42	67.10	77.29	68.65	43.46	63.93	65.03	66.38
1431	300729.SZ	乐歌股份	64.19	75.80	75.70	53.11	46.01	66.87	58.51	71.94	46.39
1432	603678.SH	火炬电子	64.18	90.06	76.53	59.65	53.61	42.07	45.22	75.28	49.81
1433	000920.SZ	南方汇通	64.18	78.29	67.50	51.00	39.74	54.23	59.18	82.53	55.56
1434	600283.SH	钱江水利	64.18	84.76	76.28	60.77	36.13	43.63	53.12	78.80	48.94
1435	600995.SH	文山电力	64.18	80.66	72.97	56.66	47.76	37.95	41.17	88.11	53.36
1436	300499.SZ	高澜股份	64.17	80.14	73.91	48.87	45.02	51.09	64.55	77.87	47.95
1437	000501.SZ	鄂武商A	64.16	79.30	74.63	54.37	48.21	53.52	53.77	78.21	44.35
1438	300224.SZ	正海磁材	64.16	81.20	76.91	63.61	44.60	51.25	53.65	71.11	49.78
1439	002345.SZ	潮宏基	64.16	91.04	73.14	43.38	44.54	46.73	61.28	79.76	53.17
1440	000702.SZ	正虹科技	64.16	75.63	72.85	46.81	54.21	55.18	53.03	81.30	51.05
1441	000629.SZ	攀钢钒钛	64.16	69.52	73.67	47.75	48.86	58.33	57.91	79.67	55.43
1442	300578.SZ	会畅通讯	64.16	79.52	77.77	63.48	48.90	48.22	59.25	68.44	49.51
1443	002542.SZ	中化岩土	64.15	81.87	70.14	41.29	61.27	52.51	56.99	82.00	45.92
1444	300658.SZ	延江股份	64.15	86.45	67.44	67.68	49.98	46.39	50.92	73.35	51.96
1445	000768.SZ	中航西飞	64.14	75.20	76.89	58.54	64.40	52.17	44.11	74.63	46.30
1446	002648.SZ	卫星石化	64.14	66.62	70.99	55.61	60.62	65.10	61.88	71.23	44.31
1447	300941.SZ	创识科技	64.13	66.45	73.94	73.36	58.64	40.28	65.32	62.20	67.20
1448	603416.SH	信捷电气	64.13	75.40	74.81	65.46	59.16	53.58	48.89	65.86	63.91
1449	300648.SZ	星云股份	64.12	85.44	85.91	48.63	41.18	49.73	50.29	77.05	47.67
1450	600308.SH	华泰股份	64.12	69.64	65.65	51.89	82.04	69.11	67.91	64.43	39.95
1451	603711.SH	香飘飘	64.12	92.48	62.85	59.44	62.24	55.76	52.62	70.58	48.15
1452	002312.SZ	川发龙蟒	64.11	79.75	58.83	63.45	63.42	59.66	60.02	71.46	42.22
1453	300133.SZ	华策影视	64.09	76.90	72.12	59.28	56.55	45.77	57.86	73.80	51.96
1454	300214.SZ	日科化学	64.09	81.67	68.02	52.91	59.42	40.92	61.09	76.66	57.33
1455	000935.SZ	四川双马	64.09	86.74	72.38	73.46	46.51	34.23	44.94	72.96	62.50
1456	600740.SH	山西焦化	64.08	85.46	77.78	39.37	53.39	45.36	55.58	81.51	52.89
1457	300673.SZ	佩蒂股份	64.08	79.85	69.37	53.70	48.37	40.63	52.72	83.89	58.30
1458	003019.SZ	宸展光电	64.08	78.22	83.02	60.86	50.32	34.71	58.71	69.36	62.10
1459	603229.SH	奥翔药业	64.08	79.46	75.61	49.87	51.82	38.13	63.60	75.52	64.28
1460	000962.SZ	东方钽业	64.07	86.09	81.04	39.47	38.29	44.38	53.90	86.60	49.56
1461	002180.SZ	纳思达	64.07	90.08	80.37	35.98	49.45	76.08	66.49	66.12	39.74
1462	601900.SH	南方传媒	64.06	85.09	73.68	56.69	57.31	44.97	56.36	73.44	45.84
1463	002246.SZ	北化股份	64.06	90.36	72.45	40.21	47.63	50.80	55.53	80.80	57.55
1464	300485.SZ	赛升药业	64.05	85.17	62.22	61.35	41.67	54.05	64.98	72.58	55.88
1465	603906.SH	龙蟠科技	64.05	89.22	75.62	61.34	44.88	54.48	51.22	68.92	51.48
1466	002612.SZ	朗姿股份	64.05	87.20	68.79	47.21	50.37	60.67	62.72	75.63	40.12

续表

排名	公司代码	公司名称	综合健康指数	内部控制	外部监督	创利能力	产品销售	竞争态势	价值再造	法人治理	资产资本结构
1467	000825.SZ	太钢不锈	64.05	89.33	71.10	46.12	44.23	60.38	65.71	72.57	49.05
1468	300355.SZ	蒙草生态	64.05	78.64	66.51	42.37	52.45	60.83	73.77	75.71	46.53
1469	300172.SZ	中电环保	64.04	82.16	71.25	48.46	45.08	60.03	64.23	73.62	52.11
1470	002301.SZ	齐心集团	64.04	82.55	76.81	51.30	58.02	62.23	51.13	72.78	36.95
1471	603920.SH	世运电路	64.03	94.08	82.89	58.55	44.50	46.48	48.14	68.83	52.82
1472	300572.SZ	安车检测	64.03	88.41	68.86	57.53	47.39	49.26	50.59	76.95	53.74
1473	002883.SZ	中设股份	64.03	70.58	68.39	66.74	45.80	50.40	66.52	70.02	57.11
1474	603086.SH	先达股份	64.02	83.47	59.19	65.16	54.74	51.61	56.35	72.33	59.30
1475	603936.SH	博敏电子	64.02	78.40	76.51	43.14	54.03	54.41	72.18	73.31	40.96
1476	603076.SH	乐惠国际	64.02	87.71	82.31	50.43	57.07	42.53	53.49	72.23	49.72
1477	605369.SH	拱东医疗	64.02	83.72	79.18	66.07	54.24	30.25	55.38	67.08	66.59
1478	300613.SZ	富瀚微	64.01	88.74	62.36	53.96	52.05	49.79	59.98	73.09	67.52
1479	002360.SZ	同德化工	64.00	73.81	77.33	63.19	55.71	38.63	65.15	68.08	54.71
1480	300573.SZ	兴齐眼药	64.00	68.98	69.93	54.65	45.13	57.46	60.10	79.05	51.01
1481	601956.SH	东贝集团	64.00	85.89	79.76	36.00	54.44	53.35	64.23	76.02	44.23
1482	300523.SZ	辰安科技	63.99	79.13	71.62	55.09	49.93	52.70	56.88	76.42	47.51
1483	002131.SZ	利欧股份	63.98	71.78	63.69	55.13	70.28	54.64	75.33	67.92	44.81
1484	002375.SZ	亚厦股份	63.98	73.79	75.06	45.71	53.06	66.48	61.54	72.80	47.52
1485	002115.SZ	三维通信	63.98	74.41	70.48	55.63	60.96	63.36	57.61	70.12	45.65
1486	000917.SZ	电广传媒	63.98	77.72	76.00	48.89	43.63	53.70	55.29	81.81	43.01
1487	300633.SZ	开立医疗	63.97	84.47	76.13	41.61	50.19	64.51	50.31	77.37	49.07
1488	600706.SH	曲江文旅	63.97	85.40	76.12	43.16	56.35	53.67	55.89	76.39	46.89
1489	600135.SH	乐凯胶片	63.97	82.59	72.11	38.33	61.02	41.52	57.39	83.78	55.60
1490	603637.SH	镇海股份	63.96	93.31	64.55	60.05	58.90	46.67	45.88	71.40	68.25
1491	601789.SH	宁波建工	63.96	84.81	72.61	39.97	78.65	55.13	61.03	68.96	49.71
1492	002815.SZ	崇达技术	63.96	85.71	68.01	54.46	50.19	62.80	64.95	68.95	43.44
1493	600523.SH	贵航股份	63.95	82.33	68.97	59.95	48.00	55.57	54.18	72.56	54.28
1494	300504.SZ	天邑股份	63.94	77.65	75.98	63.97	49.79	39.20	60.77	69.23	60.20
1495	600812.SH	华北制药	63.94	77.30	72.24	39.49	50.43	64.54	58.07	82.89	37.94
1496	002245.SZ	蔚蓝锂芯	63.93	79.88	81.34	42.92	54.75	60.27	57.71	72.25	46.27
1497	605008.SH	长鸿高科	63.93	71.98	92.29	67.38	55.17	35.46	39.16	68.66	62.10
1498	603116.SH	红蜻蜓	63.92	84.33	68.01	51.26	48.04	54.12	61.89	73.56	58.43
1499	688123.SH	聚辰股份	63.92	77.57	79.42	70.99	42.33	40.66	43.01	70.58	70.45
1500	003009.SZ	中天火箭	63.92	90.71	82.64	45.73	40.62	49.94	40.54	78.92	62.86
1501	000799.SZ	酒鬼酒	63.92	77.02	86.61	68.69	44.47	41.53	37.68	73.29	54.28
1502	300910.SZ	瑞丰新材	63.91	80.82	84.62	58.52	54.02	41.62	50.30	66.71	66.37
1503	002835.SZ	同为股份	63.90	80.98	72.30	53.61	53.09	47.00	50.06	77.70	58.37
1504	300884.SZ	狄耐克	63.90	82.74	84.98	61.51	44.59	37.54	50.99	71.24	56.23

续表

排名	公司代码	公司名称	综合健康指数	内部控制	外部监督	创利能力	产品销售	竞争态势	价值再造	法人治理	资产资本结构
1505	603087.SH	甘李药业	63.88	78.08	72.32	65.33	47.94	57.98	46.17	68.05	66.98
1506	300860.SZ	锋尚文化	63.88	81.92	80.56	70.26	47.43	39.47	43.45	68.53	64.14
1507	600558.SH	大西洋	63.88	72.97	72.25	44.93	72.59	59.37	65.29	68.99	48.65
1508	603848.SH	好太太	63.88	83.14	62.46	73.71	46.94	50.93	58.46	66.42	59.43
1509	300825.SZ	阿尔特	63.88	85.52	76.93	51.39	40.93	48.24	64.52	71.51	56.46
1510	600456.SH	宝钛股份	63.87	83.28	93.80	61.27	49.54	51.81	48.89	60.69	47.47
1511	300112.SZ	万讯自控	63.87	82.35	62.51	59.93	35.99	64.79	59.54	75.09	50.12
1512	600118.SH	中国卫星	63.87	87.92	72.40	53.03	66.98	56.84	55.07	64.91	52.21
1513	688595.SH	芯海科技	63.86	62.11	80.51	60.64	39.17	47.57	59.37	72.35	71.09
1514	300802.SZ	矩子科技	63.85	93.90	72.96	58.11	42.36	40.23	53.72	72.72	63.66
1515	300947.SZ	德必集团	63.84	83.02	73.08	61.20	61.74	43.59	64.98	60.98	64.21
1516	603810.SH	丰山集团	63.84	88.05	53.76	63.30	50.16	57.71	57.53	73.30	57.13
1517	002959.SZ	小熊电器	63.84	73.20	79.35	67.49	53.92	43.95	45.21	72.38	51.79
1518	300693.SZ	盛弘股份	63.84	85.51	62.57	65.89	47.10	60.33	49.70	72.91	49.11
1519	300002.SZ	神州泰岳	63.83	78.18	73.10	61.94	52.44	52.39	65.88	66.95	42.77
1520	600114.SH	东睦股份	63.83	83.41	67.36	57.67	44.43	69.05	58.45	72.34	35.12
1521	002483.SZ	润邦股份	63.82	81.78	75.53	43.32	60.66	48.15	61.14	76.69	43.48
1522	601519.SH	大智慧	63.80	76.09	78.79	53.39	47.55	56.55	50.56	71.35	63.96
1523	603898.SH	好莱客	63.80	87.20	70.46	51.27	49.32	58.75	66.70	71.15	36.62
1524	600127.SH	金健米业	63.79	80.91	73.35	41.28	63.79	55.41	50.00	79.53	48.05
1525	002653.SZ	海思科	63.79	64.61	56.87	66.86	56.52	58.75	71.65	69.96	52.06
1526	002480.SZ	新筑股份	63.78	77.02	69.34	44.32	45.84	54.01	60.20	84.54	45.13
1527	002054.SZ	德美化工	63.78	85.70	82.59	58.05	35.95	61.07	56.05	67.55	40.84
1528	688003.SH	天准科技	63.78	76.40	76.09	50.42	41.68	51.11	70.96	69.99	61.32
1529	603040.SH	新坐标	63.77	80.52	71.07	69.19	43.67	41.09	44.98	76.20	60.35
1530	300582.SZ	英飞特	63.77	80.23	67.62	54.78	43.37	53.49	68.39	74.31	47.09
1531	002038.SZ	双鹭药业	63.76	76.52	69.75	54.97	45.55	65.80	64.84	67.54	55.96
1532	300342.SZ	天银机电	63.76	79.06	70.87	60.49	39.97	51.84	52.57	78.55	47.68
1533	605500.SH	森林包装	63.76	65.50	75.29	49.23	68.39	60.70	66.60	63.72	61.72
1534	601388.SH	怡球资源	63.76	73.42	62.65	70.35	60.59	49.91	54.43	69.52	58.54
1535	002066.SZ	瑞泰科技	63.75	78.73	79.09	44.66	48.07	43.29	49.78	87.20	41.49
1536	002937.SZ	兴瑞科技	63.74	84.41	75.29	66.47	42.22	41.85	41.89	73.58	66.82
1537	300870.SZ	欧陆通	63.74	84.60	76.71	49.65	55.03	45.80	55.21	73.76	53.89
1538	002187.SZ	广百股份	63.74	87.97	67.35	50.01	45.64	50.18	51.61	79.93	59.26
1539	601208.SH	东材科技	63.74	92.28	75.47	41.57	48.68	61.13	59.62	71.98	46.15
1540	002583.SZ	海能达	63.74	85.06	70.69	41.90	46.32	80.84	62.10	71.58	34.83
1541	002850.SZ	科达利	63.73	81.68	81.93	50.84	46.30	52.21	49.90	74.26	51.71
1542	300005.SZ	探路者	63.73	83.41	83.14	46.47	38.94	58.39	51.03	72.10	62.69

续表

排名	公司代码	公司名称	综合健康指数	内部控制	外部监督	创利能力	产品销售	竞争态势	价值再造	法人治理	资产资本结构
1543	603217.SH	元利科技	63.73	94.81	62.78	54.85	60.77	47.41	60.14	66.46	67.64
1544	600128.SH	弘业股份	63.73	78.99	69.23	51.70	54.69	52.65	58.52	77.21	44.93
1545	300088.SZ	长信科技	63.72	81.82	64.67	60.65	69.10	40.69	57.48	73.69	45.62
1546	300388.SZ	节能国祯	63.72	69.60	69.69	47.02	47.77	64.25	58.24	81.81	42.25
1547	601616.SH	广电电气	63.71	72.86	72.04	59.50	42.55	53.60	59.37	73.48	56.35
1548	600386.SH	北巴传媒	63.71	83.30	76.18	50.99	51.24	44.13	49.75	79.33	50.20
1549	603638.SH	艾迪精密	63.71	85.99	75.54	63.41	57.41	46.11	43.72	70.25	51.81
1550	603982.SH	泉峰汽车	63.71	94.00	83.03	55.76	44.94	40.08	48.05	71.58	53.89
1551	300416.SZ	苏试试验	63.70	71.96	77.50	61.03	48.02	58.26	58.23	69.24	43.40
1552	600315.SH	上海家化	63.70	77.74	78.64	55.29	48.77	64.59	50.55	69.58	47.01
1553	605399.SH	晨光新材	63.70	91.37	71.69	59.39	52.36	42.00	50.88	68.39	70.30
1554	002190.SZ	成飞集成	63.70	78.05	74.88	44.52	58.86	41.73	52.91	83.52	48.33
1555	002973.SZ	侨银股份	63.69	83.21	74.88	59.53	51.63	40.90	42.63	77.53	57.59
1556	002695.SZ	煌上煌	63.69	89.52	66.04	46.76	48.06	64.44	56.44	73.81	54.19
1557	000722.SZ	湖南发展	63.69	80.43	73.49	49.92	52.17	37.09	52.27	80.20	66.00
1558	300066.SZ	三川智慧	63.68	87.53	70.80	59.58	39.35	44.94	54.36	75.45	56.96
1559	300315.SZ	掌趣科技	63.68	73.28	68.63	65.19	44.40	52.65	64.57	68.85	56.83
1560	000949.SZ	新乡化纤	63.68	88.75	78.61	33.36	48.65	52.86	64.37	79.23	40.02
1561	600664.SH	哈药股份	63.68	86.37	72.04	47.99	52.39	64.21	52.11	75.32	37.76
1562	002206.SZ	海利得	63.67	68.75	79.86	54.49	43.65	52.68	58.46	76.29	45.93
1563	300395.SZ	菲利华	63.67	71.64	84.46	68.37	42.71	53.47	49.67	64.77	57.27
1564	603589.SH	口子窖	63.67	80.20	75.40	67.84	48.52	47.56	45.95	70.98	52.49
1565	600984.SH	建设机械	63.66	87.60	53.86	56.42	65.82	43.23	62.68	79.51	40.55
1566	688002.SH	睿创微纳	63.66	69.24	70.17	72.70	47.71	58.70	44.09	69.49	61.73
1567	003027.SZ	同兴环保	63.66	89.02	77.64	59.29	49.91	39.72	62.10	64.29	60.96
1568	000975.SZ	银泰黄金	63.66	73.88	64.24	74.69	60.34	43.24	52.23	70.43	53.96
1569	600081.SH	东风科技	63.65	82.02	72.98	55.74	60.23	58.07	54.73	69.09	41.59
1570	000701.SZ	厦门信达	63.65	77.05	65.04	35.89	72.86	66.87	67.15	75.73	35.64
1571	600697.SH	欧亚集团	63.65	86.69	71.08	45.68	48.85	52.72	62.04	79.20	35.53
1572	688369.SH	致远互联	63.65	83.19	79.18	65.57	41.32	52.90	46.59	65.05	66.46
1573	603600.SH	永艺股份	63.64	80.91	74.26	45.93	60.25	51.85	68.66	69.97	44.95
1574	688516.SH	奥特维	63.64	62.70	83.36	64.94	55.52	42.28	63.39	65.72	53.31
1575	603283.SH	赛腾股份	63.63	90.99	67.08	57.76	51.29	60.11	58.80	69.50	36.62
1576	300364.SZ	中文在线	63.63	76.24	86.10	44.26	47.01	54.31	54.90	75.12	47.04
1577	601908.SH	京运通	63.63	83.99	74.49	46.67	52.52	55.15	53.12	74.59	53.98
1578	603825.SH	华扬联众	63.62	93.68	60.76	54.45	52.70	57.04	70.33	68.50	41.29
1579	600853.SH	龙建股份	63.62	82.33	66.15	44.17	54.46	52.63	65.53	78.78	45.00
1580	000713.SZ	丰乐种业	63.61	58.66	81.27	50.28	54.21	64.07	57.08	73.66	46.12

续表

排名	公司代码	公司名称	综合健康指数	内部控制	外部监督	创利能力	产品销售	竞争态势	价值再造	法人治理	资产资本结构
1581	300566.SZ	激智科技	63.61	59.72	77.29	57.03	55.71	53.02	70.41	70.68	40.85
1582	002771.SZ	真视通	63.61	89.66	76.32	50.71	50.52	46.41	55.52	72.53	51.66
1583	002738.SZ	中矿资源	63.61	89.06	83.14	58.63	32.16	47.12	50.16	71.71	53.98
1584	603739.SH	蔚蓝生物	63.60	88.45	70.45	64.63	43.03	54.53	47.91	69.86	55.09
1585	688106.SH	金宏气体	63.60	74.59	76.56	64.37	41.99	50.13	55.54	69.69	57.30
1586	002778.SZ	高科石化	63.59	83.49	61.28	46.73	58.14	58.31	68.11	72.75	52.34
1587	600026.SH	中远海能	63.59	86.31	75.71	60.89	51.12	48.46	55.79	67.01	49.71
1588	002261.SZ	拓维信息	63.59	84.08	76.29	43.66	53.38	53.51	59.21	74.42	46.95
1589	300642.SZ	透景生命	63.59	80.26	75.07	57.85	43.28	46.84	55.94	71.67	63.40
1590	300320.SZ	海达股份	63.59	74.07	76.79	58.60	44.10	58.90	54.60	72.36	45.13
1591	300851.SZ	交大思诺	63.59	85.84	69.49	68.21	45.05	38.01	58.83	68.90	60.94
1592	300284.SZ	苏交科	63.59	86.28	65.25	55.46	50.98	59.26	64.75	68.61	47.48
1593	600559.SH	老白干酒	63.59	70.89	80.59	53.26	39.10	54.58	40.91	85.76	41.82
1594	603610.SH	麒盛科技	63.58	96.29	74.03	56.48	41.59	48.81	51.79	68.45	63.67
1595	300632.SZ	光莆股份	63.58	79.63	72.90	50.88	44.89	54.25	52.18	78.30	53.19
1596	603056.SH	德邦股份	63.58	84.40	68.82	49.08	51.85	51.91	65.70	71.40	55.81
1597	601816.SH	京沪高铁	63.58	86.54	71.21	49.26	64.51	38.99	42.06	81.06	57.51
1598	603089.SH	正裕工业	63.58	80.98	70.78	55.26	48.17	46.97	58.80	76.81	46.65
1599	603788.SH	宁波高发	63.57	75.41	67.43	62.35	44.40	39.74	64.64	73.96	63.68
1600	300519.SZ	新光药业	63.56	91.39	71.56	63.36	43.86	31.84	42.29	75.64	75.79
1601	002560.SZ	通达股份	63.56	91.41	78.62	42.63	67.73	39.68	50.35	74.65	51.20
1602	002546.SZ	新联电子	63.55	78.16	73.28	59.72	53.22	42.30	50.37	74.66	58.60
1603	688199.SH	久日新材	63.54	74.32	74.56	52.88	41.71	51.51	62.15	75.55	52.66
1604	600960.SH	渤海汽车	63.53	79.14	79.11	42.78	48.10	46.27	55.60	80.86	50.37
1605	300580.SZ	贝斯特	63.53	91.73	76.79	64.01	45.11	43.69	52.53	67.20	51.85
1606	603279.SH	景津环保	63.52	77.45	60.43	70.10	60.83	44.49	57.85	68.80	59.80
1607	603688.SH	石英股份	63.52	83.18	72.37	67.53	36.29	43.22	58.92	69.06	61.13
1608	300476.SZ	胜宏科技	63.52	79.30	78.31	55.19	56.08	56.57	52.51	69.99	40.83
1609	300861.SZ	美畅股份	63.52	82.87	74.14	66.26	52.38	33.61	55.61	66.64	69.75
1610	002145.SZ	中核钛白	63.51	85.67	74.61	49.68	63.68	46.12	56.06	70.69	51.30
1611	603682.SH	锦和商业	63.51	82.38	71.49	77.68	51.39	42.45	49.80	62.55	62.14
1612	300151.SZ	昌红科技	63.51	78.00	78.77	67.03	47.04	41.47	39.35	75.05	55.97
1613	600508.SH	上海能源	63.51	78.85	77.54	61.18	42.27	42.91	53.11	73.78	55.21
1614	000009.SZ	中国宝安	63.50	68.50	82.83	47.78	55.76	66.47	59.13	67.38	45.62
1615	603979.SH	金诚信	63.50	82.46	76.49	55.63	45.83	43.69	63.24	69.69	56.18
1616	603719.SH	良品铺子	63.50	83.74	83.39	50.45	53.90	46.96	44.67	73.15	54.54
1617	300669.SZ	沪宁股份	63.49	91.36	76.84	62.10	54.10	28.86	41.46	74.71	60.77
1618	603939.SH	益丰药房	63.49	84.83	82.38	53.85	60.11	45.72	48.88	70.19	43.98

续表

排名	公司代码	公司名称	综合健康指数	内部控制	外部监督	创利能力	产品销售	竞争态势	价值再造	法人治理	资产资本结构
1619	300502.SZ	新易盛	63.49	68.97	79.30	63.83	61.21	37.32	51.88	68.42	65.67
1620	300161.SZ	华中数控	63.48	78.76	69.84	35.03	40.58	72.34	60.27	82.88	41.49
1621	603317.SH	天味食品	63.48	87.18	69.74	55.96	47.00	51.46	45.26	74.50	64.71
1622	300911.SZ	亿田智能	63.48	84.18	84.55	61.98	39.83	37.82	49.41	69.35	63.45
1623	603790.SH	雅运股份	63.48	86.27	65.91	55.81	32.72	55.88	61.70	76.98	47.75
1624	003005.SZ	竞业达	63.48	79.04	83.04	64.04	43.78	41.86	45.89	70.05	61.64
1625	300943.SZ	春晖智控	63.48	80.85	72.63	63.08	56.61	42.10	51.07	68.03	66.60
1626	603896.SH	寿仙谷	63.47	86.42	69.87	49.70	42.29	46.81	63.96	74.32	60.74
1627	603880.SH	南卫股份	63.46	86.60	70.09	57.07	57.51	45.63	64.86	66.57	50.90
1628	688788.SH	科思科技	63.46	82.68	76.64	59.84	42.48	46.72	57.02	67.63	63.79
1629	600668.SH	尖峰集团	63.46	83.09	67.87	63.34	45.65	57.02	51.87	71.53	48.82
1630	000818.SZ	航锦科技	63.45	85.68	73.84	46.05	59.96	52.51	58.15	73.08	42.22
1631	002446.SZ	盛路通信	63.45	83.67	61.33	52.30	49.72	56.59	64.07	75.56	47.24
1632	300486.SZ	东杰智能	63.45	83.77	76.01	47.02	50.80	60.52	67.45	67.14	41.99
1633	002457.SZ	青龙管业	63.45	85.00	70.63	57.72	45.75	42.70	61.96	74.09	47.84
1634	002194.SZ	武汉凡谷	63.44	81.23	75.65	59.63	58.21	45.48	46.13	69.87	60.68
1635	603179.SH	新泉股份	63.44	90.38	76.67	53.44	46.32	52.95	51.94	69.34	54.04
1636	605116.SH	奥锐特	63.44	75.56	76.97	54.52	53.59	37.94	51.26	76.19	63.68
1637	300621.SZ	维业股份	63.43	92.66	57.90	48.01	54.81	52.86	64.06	74.18	56.67
1638	002454.SZ	松芝股份	63.42	66.04	74.69	56.68	53.49	62.35	71.80	62.51	51.52
1639	600871.SH	石化油服	63.41	79.12	67.30	43.39	62.41	65.15	61.15	72.67	45.33
1640	002520.SZ	日发精机	63.41	90.95	70.42	50.00	45.98	57.28	52.13	76.82	40.26
1641	300049.SZ	福瑞股份	63.41	70.41	70.28	55.04	49.11	50.98	60.72	78.48	43.82
1642	000561.SZ	烽火电子	63.41	80.58	69.29	36.83	48.24	64.92	70.50	74.98	47.63
1643	300030.SZ	阳普医疗	63.40	80.47	69.97	50.10	53.73	55.66	61.58	74.72	39.56
1644	002296.SZ	辉煌科技	63.40	71.85	74.16	60.17	46.77	54.70	62.03	68.91	50.90
1645	600929.SH	雪天盐业	63.40	79.74	75.84	41.12	44.85	51.12	64.45	77.47	52.10
1646	603980.SH	吉华集团	63.39	87.15	62.80	56.57	50.34	50.10	64.53	70.05	57.60
1647	603277.SH	银都股份	63.39	88.54	73.62	66.40	49.29	49.03	41.32	68.02	59.57
1648	605336.SH	帅丰电器	63.39	70.74	79.77	53.54	43.85	41.56	53.72	77.29	64.45
1649	002153.SZ	石基信息	63.38	71.71	80.42	44.78	52.64	66.89	53.72	71.62	49.35
1650	603303.SH	得邦照明	63.38	70.61	56.02	53.00	62.88	58.10	72.44	73.03	50.92
1651	000597.SZ	东北制药	63.37	77.96	67.06	37.45	49.27	66.02	62.49	82.91	36.15
1652	300168.SZ	万达信息	63.37	69.38	72.41	43.67	57.51	76.73	58.54	73.75	34.28
1653	002405.SZ	四维图新	63.37	67.05	81.70	45.12	50.10	62.57	56.59	75.36	43.26
1654	300131.SZ	英唐智控	63.36	84.16	77.70	38.58	63.92	51.24	59.08	72.98	47.10
1655	600526.SH	菲达环保	63.36	78.73	66.55	42.16	57.30	56.40	64.95	78.49	42.24
1656	600468.SH	百利电气	63.36	82.59	72.07	51.86	51.03	49.90	55.18	77.53	40.79

续表

排名	公司代码	公司名称	综合健康指数	内部控制	外部监督	创利能力	产品销售	竞争态势	价值再造	法人治理	资产资本结构
1657	002576.SZ	通达动力	63.36	83.05	70.11	52.48	66.67	41.66	60.11	69.65	56.81
1658	605066.SH	天正电气	63.35	79.47	73.79	56.08	55.23	56.26	54.23	66.59	58.44
1659	003028.SZ	振邦智能	63.35	82.49	70.09	58.93	51.82	40.57	62.27	67.78	67.51
1660	601228.SH	广州港	63.33	83.70	73.03	54.27	57.10	51.44	63.89	65.12	51.02
1661	002531.SZ	天顺风能	63.33	72.86	74.49	54.45	73.86	47.27	59.54	68.49	42.58
1662	688389.SH	普门科技	63.33	78.00	67.69	59.28	52.03	46.77	52.18	72.30	69.88
1663	600488.SH	天药股份	63.33	79.70	78.65	38.49	45.56	59.76	62.70	75.79	44.69
1664	300906.SZ	日月明	63.33	87.28	78.64	66.41	34.89	34.22	48.70	70.35	70.36
1665	300522.SZ	世名科技	63.33	90.14	65.57	56.63	35.23	56.03	59.41	71.06	61.57
1666	688160.SH	步科股份	63.32	69.34	79.89	66.61	42.05	42.98	48.06	71.19	67.64
1667	688579.SH	山大地纬	63.32	64.39	69.38	58.22	55.28	55.81	56.91	72.60	59.37
1668	600527.SH	江南高纤	63.32	81.80	69.04	57.64	60.28	42.58	59.17	68.92	60.05
1669	300447.SZ	全信股份	63.31	91.44	77.14	54.14	44.10	51.53	52.33	69.75	50.58
1670	000731.SZ	四川美丰	63.30	84.65	69.23	50.59	53.76	45.19	61.80	75.16	47.70
1671	003021.SZ	兆威机电	63.30	85.66	72.99	56.49	40.45	48.74	53.85	71.68	63.27
1672	002868.SZ	绿康生化	63.30	94.36	75.35	53.27	43.84	36.59	49.66	76.75	56.06
1673	002491.SZ	通鼎互联	63.29	84.78	66.82	46.40	59.74	49.71	61.69	77.61	38.10
1674	000062.SZ	深圳华强	63.29	82.82	73.20	56.17	65.15	58.71	65.49	59.45	41.99
1675	002151.SZ	北斗星通	63.28	80.79	72.76	50.73	53.84	65.99	54.96	69.54	43.48
1676	300039.SZ	上海凯宝	63.28	71.20	75.34	53.96	30.40	45.61	63.39	77.96	62.85
1677	002472.SZ	双环传动	63.28	85.27	75.98	42.43	46.50	51.73	65.65	75.14	41.56
1678	003006.SZ	百亚股份	63.28	77.56	91.03	59.54	48.80	35.10	36.88	73.75	59.13
1679	300740.SZ	水羊股份	63.27	74.95	79.98	50.84	51.62	47.28	51.78	74.40	56.29
1680	002037.SZ	保利联合	63.26	87.27	70.88	39.14	44.83	51.76	71.43	78.11	38.65
1681	688580.SH	伟思医疗	63.26	72.48	71.68	60.55	48.34	42.65	57.98	69.82	75.20
1682	002049.SZ	紫光国微	63.26	60.32	63.57	69.79	50.85	65.09	47.61	74.55	50.96
1683	600619.SH	海立股份	63.25	82.39	72.23	36.15	58.70	65.25	71.97	71.46	32.53
1684	002468.SZ	申通快递	63.25	91.27	68.76	43.35	56.05	60.42	55.98	71.05	53.25
1685	603823.SH	百合花	63.25	81.55	74.46	60.48	55.04	51.86	60.07	63.65	49.33
1686	688588.SH	凌志软件	63.25	71.04	77.85	71.34	53.19	37.43	49.43	67.78	61.71
1687	002251.SZ	步步高	63.24	75.54	77.98	42.15	47.73	57.09	59.51	79.32	36.27
1688	300398.SZ	飞凯材料	63.24	80.29	68.79	54.59	39.32	61.37	59.36	73.75	47.31
1689	688358.SH	祥生医疗	63.23	75.89	80.21	58.44	45.27	48.63	48.78	69.41	66.55
1690	688335.SH	复洁环保	63.22	74.00	70.69	58.07	52.33	41.33	54.13	71.61	77.71
1691	688039.SH	当虹科技	63.21	78.73	74.98	52.58	48.94	44.04	51.98	74.52	65.90
1692	300701.SZ	森霸传感	63.20	89.07	70.90	63.81	38.63	33.13	55.05	73.03	65.25
1693	002840.SZ	华统股份	63.20	91.31	72.47	26.66	73.80	61.27	63.07	72.73	37.99
1694	300218.SZ	安利股份	63.19	73.22	73.37	39.55	43.12	60.44	69.36	76.26	50.83

续表

排名	公司代码	公司名称	综合健康指数	内部控制	外部监督	创利能力	产品销售	竞争态势	价值再造	法人治理	资产资本结构
1695	300631.SZ	久吾高科	63.18	90.14	70.06	56.56	39.01	56.04	57.09	69.01	55.37
1696	600379.SH	宝光股份	63.18	78.53	69.41	57.17	54.95	42.87	49.33	76.93	57.59
1697	300882.SZ	万胜智能	63.18	92.91	74.18	50.40	48.81	42.59	44.02	75.82	63.39
1698	300354.SZ	东华测试	63.17	77.18	70.24	52.80	24.53	54.76	57.69	79.33	65.25
1699	300497.SZ	富祥药业	63.16	78.87	71.48	51.55	60.56	41.89	65.15	70.88	52.85
1700	002019.SZ	亿帆医药	63.15	75.73	70.99	47.28	62.43	60.65	62.11	69.92	44.19
1701	002732.SZ	燕塘乳业	63.15	79.02	62.17	52.37	50.17	48.54	53.12	84.77	45.38
1702	300898.SZ	熊猫乳品	63.15	83.21	74.57	52.27	52.45	38.21	53.39	78.68	46.05
1703	600584.SH	长电科技	63.15	78.16	80.14	52.81	69.37	58.62	62.02	59.47	38.76
1704	603327.SH	福蓉科技	63.15	84.10	67.69	68.89	50.69	30.12	40.52	78.23	63.06
1705	600495.SH	晋西车轴	63.15	92.81	73.79	41.85	49.31	40.95	47.74	79.65	65.07
1706	300559.SZ	佳发教育	63.14	91.21	68.84	59.14	46.33	42.30	52.62	72.54	57.64
1707	603396.SH	金辰股份	63.14	86.54	75.10	53.10	53.82	51.51	56.02	67.97	49.48
1708	002562.SZ	兄弟科技	63.14	84.52	74.33	42.33	55.04	43.83	65.12	75.03	47.64
1709	300616.SZ	尚品宅配	63.12	83.41	75.09	45.51	47.48	66.31	40.36	77.08	50.46
1710	000570.SZ	苏常柴A	63.12	80.43	75.98	43.15	45.70	51.46	56.30	78.14	52.23
1711	600862.SH	中航高科	63.12	84.62	82.90	59.99	59.99	46.21	38.32	68.67	47.06
1712	300762.SZ	上海瀚讯	63.12	76.72	78.81	51.07	44.05	52.82	55.81	70.67	61.48
1713	300813.SZ	泰林生物	63.12	70.18	73.59	68.60	33.54	52.71	44.98	72.40	70.05
1714	002580.SZ	圣阳股份	63.12	76.93	75.95	36.28	61.30	48.64	59.44	76.84	56.70
1715	002519.SZ	银河电子	63.12	85.30	64.69	49.66	46.44	61.02	63.59	72.58	47.01
1716	300351.SZ	永贵电器	63.12	72.85	73.84	46.01	37.34	60.44	60.62	77.01	54.79
1717	002897.SZ	意华股份	63.12	75.75	67.89	60.33	65.44	48.08	70.81	65.80	36.06
1718	300232.SZ	洲明科技	63.11	76.46	73.44	44.06	46.34	65.45	65.12	73.19	40.20
1719	689009.SH	九号公司	63.11	73.75	88.53	53.95	44.23	62.43	48.35	64.96	54.55
1720	300215.SZ	电科院	63.11	77.26	70.12	52.94	50.29	54.08	53.01	77.08	46.84
1721	603538.SH	美诺华	63.11	82.09	80.13	48.67	56.03	42.94	54.19	75.37	40.49
1722	300748.SZ	金力永磁	63.10	85.77	77.84	50.06	46.72	39.52	51.95	76.76	54.58
1723	300158.SZ	振东制药	63.10	80.40	76.65	37.61	50.65	57.13	64.20	73.75	49.47
1724	600728.SH	佳都科技	63.10	86.94	68.58	35.04	58.70	65.40	65.80	72.46	42.18
1725	002636.SZ	金安国纪	63.10	68.59	72.08	49.72	61.62	56.94	71.11	67.86	44.20
1726	603535.SH	嘉诚国际	63.10	82.11	74.07	56.93	43.70	44.43	49.67	75.29	58.43
1727	600789.SH	鲁抗医药	63.09	76.41	57.91	39.05	59.42	63.58	70.03	80.11	39.33
1728	300515.SZ	三德科技	63.09	88.60	67.41	66.35	32.30	51.29	48.26	72.94	57.65
1729	688069.SH	德林海	63.09	63.96	73.36	64.40	51.42	33.35	59.41	74.46	62.96
1730	002287.SZ	奇正藏药	63.09	80.05	85.48	60.00	45.11	50.48	42.21	67.29	58.77
1731	600611.SH	大众交通	63.09	84.02	72.24	53.13	43.02	49.44	56.23	73.87	54.79
1732	600231.SH	凌钢股份	63.09	88.65	73.39	47.02	44.73	42.41	57.90	75.83	58.51

续表

排名	公司代码	公司名称	综合健康指数	内部控制	外部监督	创利能力	产品销售	竞争态势	价值再造	法人治理	资产资本结构
1733	603901.SH	永创智能	63.09	91.05	70.94	45.72	51.15	60.70	57.57	69.92	47.49
1734	600718.SH	东软集团	63.09	67.11	76.62	46.19	46.07	69.79	69.48	69.30	41.08
1735	000153.SZ	丰原药业	63.08	89.26	71.12	41.46	51.63	53.70	71.62	71.35	39.30
1736	603596.SH	伯特利	63.07	61.05	60.50	66.70	69.33	51.33	60.76	68.12	59.75
1737	601566.SH	九牧王	63.07	74.77	75.36	65.49	49.49	47.18	55.63	68.76	46.71
1738	688018.SH	乐鑫科技	63.07	81.39	75.46	65.11	39.31	52.84	44.45	67.45	67.69
1739	600123.SH	兰花科创	63.07	85.58	75.05	51.77	43.77	48.31	59.72	73.47	44.27
1740	603998.SH	方盛制药	63.07	90.66	70.11	52.48	40.71	48.04	61.63	75.24	41.06
1741	002913.SZ	奥士康	63.07	81.81	74.24	54.52	52.01	49.47	57.22	71.03	46.08
1742	600010.SH	包钢股份	63.06	90.32	72.20	32.72	47.71	62.72	56.21	79.10	45.31
1743	300474.SZ	景嘉微	63.06	90.12	79.40	61.91	35.67	47.35	39.84	71.16	60.93
1744	000552.SZ	靖远煤电	63.06	89.96	69.80	53.41	36.10	37.57	57.68	77.72	62.59
1745	300021.SZ	大禹节水	63.06	88.21	73.25	47.37	48.20	53.16	55.22	76.19	38.76
1746	300895.SZ	铜牛信息	63.05	91.58	78.45	60.01	45.47	30.54	41.66	75.80	58.96
1747	002928.SZ	华夏航空	63.04	82.05	73.07	53.53	44.06	51.35	52.04	75.53	50.81
1748	300548.SZ	博创科技	63.04	89.67	73.07	57.80	51.42	30.05	56.84	74.14	50.85
1749	603020.SH	爱普股份	63.04	79.15	66.64	50.76	62.94	53.61	61.32	71.18	47.14
1750	300143.SZ	盈康生命	63.04	87.64	77.22	46.16	55.12	41.58	50.91	74.83	55.90
1751	300245.SZ	天玑科技	63.04	73.27	71.95	54.02	47.68	42.97	59.93	74.91	62.60
1752	600297.SH	广汇汽车	63.03	88.86	73.40	37.17	64.90	54.89	48.87	77.84	41.18
1753	300675.SZ	建科院	63.03	82.24	66.69	54.86	30.24	45.20	55.22	84.14	53.08
1754	600874.SH	创业环保	63.03	80.37	70.12	56.66	58.63	56.45	44.86	71.79	51.81
1755	603138.SH	海量数据	63.03	89.40	69.57	58.06	51.74	36.89	52.08	69.72	73.04
1756	300155.SZ	安居宝	63.02	68.96	71.82	56.66	48.32	50.92	61.06	73.57	51.53
1757	300856.SZ	科思股份	63.01	92.29	75.51	61.96	49.07	40.65	47.60	67.47	58.65
1758	600072.SH	中船科技	63.01	84.36	65.88	45.28	50.41	52.83	62.53	77.90	44.30
1759	603918.SH	金桥信息	63.01	76.00	71.48	58.80	51.17	52.69	58.36	69.60	49.56
1760	002745.SZ	木林森	63.00	80.66	73.63	48.66	49.97	61.88	58.88	70.76	42.26
1761	300227.SZ	光韵达	63.00	89.86	70.15	57.59	37.63	55.12	58.31	69.57	49.10
1762	600262.SH	北方股份	63.00	78.79	70.01	47.16	55.19	48.73	60.10	76.51	48.21
1763	603856.SH	东宏股份	62.99	76.85	60.51	61.10	52.32	37.26	55.39	80.58	56.95
1764	300758.SZ	七彩化学	62.99	89.13	70.15	56.00	38.19	44.90	65.50	72.57	45.42
1765	002651.SZ	利君股份	62.99	83.50	80.13	59.81	38.10	40.33	46.07	74.34	57.85
1766	002060.SZ	粤水电	62.99	79.12	75.86	49.11	42.45	53.87	59.42	77.04	36.57
1767	603955.SH	大千生态	62.99	94.86	71.00	49.66	49.79	48.97	50.32	74.00	49.80
1768	600345.SH	长江通信	62.98	79.67	72.40	55.65	41.71	39.79	57.24	78.27	52.44
1769	601118.SH	海南橡胶	62.98	81.25	76.13	38.44	54.83	46.45	53.64	80.85	50.11
1770	605151.SH	西上海	62.98	80.24	78.46	58.74	52.20	37.24	55.56	66.53	67.45

续表

排名	公司代码	公司名称	综合健康指数	内部控制	外部监督	创利能力	产品销售	竞争态势	价值再造	法人治理	资产资本结构
1771	600178.SH	东安动力	62.98	80.90	65.29	50.21	57.35	51.55	61.33	76.34	39.34
1772	000792.SZ	盐湖股份	62.97	68.63	71.60	66.66	48.01	48.32	58.34	74.11	35.28
1773	300710.SZ	万隆光电	62.97	76.02	67.60	57.57	50.04	37.55	60.21	79.27	47.81
1774	300550.SZ	和仁科技	62.97	84.29	72.40	42.61	43.38	46.23	68.34	74.49	57.48
1775	600482.SH	中国动力	62.96	91.15	75.23	40.48	64.22	69.80	57.95	61.81	44.55
1776	002579.SZ	中京电子	62.95	82.91	78.03	49.77	45.18	55.17	62.86	69.47	40.09
1777	002881.SZ	美格智能	62.95	85.24	76.16	46.63	54.44	57.22	51.32	70.54	49.94
1778	601116.SH	三江购物	62.94	82.21	71.30	56.71	46.79	53.97	50.30	69.66	63.30
1779	603221.SH	爱丽家居	62.94	91.59	73.50	58.82	54.21	38.58	48.95	69.18	58.42
1780	600460.SH	士兰微	62.94	89.22	80.91	40.24	44.27	72.96	61.01	64.57	39.80
1781	600682.SH	南京新百	62.94	78.79	56.64	52.35	55.03	62.70	58.84	75.84	48.97
1782	688029.SH	南微医学	62.93	73.29	76.57	62.78	48.56	49.59	46.90	70.42	57.52
1783	600028.SH	中国石化	62.93	68.00	68.74	61.90	60.28	59.95	60.09	67.29	40.55
1784	300507.SZ	苏奥传感	62.92	62.89	62.18	64.85	63.72	49.38	55.16	73.05	57.33
1785	300587.SZ	天铁股份	62.92	93.81	61.92	53.85	39.44	42.76	58.51	81.13	44.37
1786	603855.SH	华荣股份	62.92	86.17	72.40	67.03	46.71	49.72	42.04	71.71	43.66
1787	000912.SZ	泸天化	62.91	80.31	57.36	45.99	64.89	58.23	73.69	68.91	52.73
1788	603096.SH	新经典	62.91	88.92	83.15	74.12	41.76	28.84	34.97	69.64	59.18
1789	002788.SZ	鹭燕医药	62.91	84.18	69.44	42.70	71.54	48.73	59.93	72.89	42.25
1790	002298.SZ	中电兴发	62.90	78.89	75.71	41.26	52.81	53.62	59.13	77.81	38.73
1791	300421.SZ	力星股份	62.90	63.76	71.29	48.56	55.73	47.39	61.65	79.34	51.00
1792	002657.SZ	中科金财	62.90	77.29	62.65	44.30	66.13	58.40	61.72	73.85	49.62
1793	600256.SH	广汇能源	62.90	86.65	63.70	55.61	56.31	53.89	64.12	68.91	40.80
1794	300223.SZ	北京君正	62.90	71.49	73.06	54.45	46.76	66.24	63.38	63.96	56.99
1795	300848.SZ	美瑞新材	62.89	70.03	70.58	64.45	53.27	41.52	52.33	71.73	64.39
1796	688571.SH	杭华股份	62.88	65.51	83.86	57.13	37.58	50.72	52.44	71.75	62.43
1797	300871.SZ	回盛生物	62.88	90.27	75.35	63.12	46.06	41.96	52.00	65.04	60.26
1798	002400.SZ	省广集团	62.88	78.42	63.75	36.16	60.06	66.92	58.26	79.43	43.61
1799	600222.SH	太龙药业	62.88	90.16	69.63	37.83	54.03	54.09	61.09	77.23	40.29
1800	003001.SZ	中岩大地	62.87	85.69	74.25	57.45	43.80	40.30	46.76	73.53	66.71
1801	002551.SZ	尚荣医疗	62.87	74.49	71.05	49.04	64.77	44.15	58.76	75.80	45.40
1802	002338.SZ	奥普光电	62.87	87.01	69.03	51.30	38.99	43.17	52.05	80.62	56.92
1803	605358.SH	立昂微	62.86	91.54	85.47	48.19	55.94	56.40	43.79	64.48	48.94
1804	300564.SZ	筑博设计	62.86	84.83	60.53	65.57	42.58	51.20	49.15	72.23	65.52
1805	300531.SZ	优博讯	62.86	85.78	68.83	53.13	52.51	49.01	60.24	70.39	50.15
1806	603970.SH	中农立华	62.85	74.74	72.31	60.18	57.61	50.56	44.61	73.32	49.67
1807	603897.SH	长城科技	62.84	82.32	71.81	48.03	72.19	43.58	54.54	70.66	51.89
1808	603429.SH	集友股份	62.84	89.46	68.16	59.49	42.81	46.51	49.32	73.11	57.92

续表

排名	公司代码	公司名称	综合健康指数	内部控制	外部监督	创利能力	产品销售	竞争态势	价值再造	法人治理	资产资本结构
1809	600724.SH	宁波富达	62.84	75.64	72.54	67.57	37.96	40.93	46.41	76.43	57.62
1810	000403.SZ	派林生物	62.83	84.07	78.64	56.08	46.74	51.21	46.63	72.30	43.49
1811	600103.SH	青山纸业	62.83	76.33	70.21	40.47	51.86	51.99	64.68	78.59	47.53
1812	600277.SH	亿利洁能	62.82	82.51	59.86	40.29	75.22	57.26	71.95	70.28	40.87
1813	603368.SH	柳药股份	62.82	77.77	76.93	46.28	65.56	60.53	55.90	66.26	45.16
1814	600977.SH	中国电影	62.82	82.89	78.11	37.02	39.64	47.63	53.60	84.82	47.33
1815	600033.SH	福建高速	62.82	92.34	70.70	59.19	38.23	29.91	57.90	76.48	53.01
1816	300527.SZ	中船应急	62.81	84.90	64.49	40.83	60.61	39.23	63.36	79.06	57.42
1817	605288.SH	凯迪股份	62.81	81.32	79.52	56.72	54.33	54.37	43.86	65.51	59.29
1818	300727.SZ	润禾材料	62.81	77.90	79.58	63.68	41.99	52.71	36.82	72.31	54.25
1819	002448.SZ	中原内配	62.81	63.60	72.00	49.04	47.64	61.22	72.01	71.30	46.22
1820	688181.SH	八亿时空	62.80	81.31	73.37	68.95	31.03	39.46	54.04	72.31	56.65
1821	600361.SH	华联综超	62.80	88.73	73.98	47.82	51.88	51.64	63.73	67.38	46.49
1822	000599.SZ	青岛双星	62.80	73.42	70.96	38.21	42.14	64.44	51.57	85.95	43.79
1823	300846.SZ	首都在线	62.80	90.07	68.85	60.54	54.94	43.51	51.72	69.44	50.02
1824	002350.SZ	北京科锐	62.80	67.62	75.33	43.19	53.68	68.16	61.63	72.87	39.16
1825	600251.SH	冠农股份	62.80	86.12	71.96	51.52	47.87	46.84	56.98	74.41	45.55
1826	000777.SZ	中核科技	62.80	86.69	76.07	43.73	44.24	46.93	51.47	80.40	45.63
1827	688318.SH	财富趋势	62.79	72.60	79.37	62.98	53.20	38.51	49.72	65.99	73.11
1828	600822.SH	上海物贸	62.79	76.96	65.47	50.75	63.94	45.44	55.99	78.20	44.67
1829	600305.SH	恒顺醋业	62.78	78.06	76.84	53.06	50.90	60.29	56.29	65.41	51.12
1830	600586.SH	金晶科技	62.78	85.52	79.21	48.79	60.09	53.53	55.53	66.63	39.57
1831	600693.SH	东百集团	62.77	86.44	74.14	53.81	39.05	46.91	54.52	75.66	45.61
1832	603949.SH	雪龙集团	62.77	85.73	72.69	73.93	33.07	34.46	43.26	70.67	71.03
1833	300384.SZ	三联虹普	62.76	84.25	65.48	68.28	38.31	52.00	50.77	70.44	54.44
1834	002730.SZ	电光科技	62.76	76.43	74.50	56.42	38.00	48.56	55.11	76.18	49.18
1835	600626.SH	申达股份	62.75	77.23	66.61	42.70	53.36	61.15	50.70	84.79	32.98
1836	603050.SH	科林电气	62.75	77.32	71.36	38.87	50.54	67.93	57.92	76.07	43.04
1837	002398.SZ	垒知集团	62.75	83.22	71.26	55.60	47.34	54.84	54.99	68.94	53.01
1838	600217.SH	中再资环	62.74	81.64	77.77	53.26	48.49	43.71	51.03	72.96	54.31
1839	002270.SZ	华明装备	62.74	83.58	69.03	56.02	41.85	42.53	53.31	77.82	54.17
1840	002946.SZ	新乳业	62.74	89.58	80.43	30.85	57.74	55.93	61.58	72.38	38.93
1841	603328.SH	依顿电子	62.73	67.57	68.08	61.37	61.44	49.53	46.62	73.21	59.38
1842	300518.SZ	盛讯达	62.73	90.58	76.31	61.68	43.15	30.82	54.05	73.13	46.29
1843	605299.SH	舒华体育	62.73	84.40	82.59	61.98	48.25	48.06	44.05	64.33	56.13
1844	300653.SZ	正海生物	62.73	86.41	75.57	65.27	33.85	41.97	39.70	74.05	63.11
1845	600507.SH	方大特钢	62.72	79.79	78.95	66.89	49.64	33.34	45.64	69.19	61.36
1846	600359.SH	新农开发	62.72	85.02	71.78	54.16	45.54	39.52	47.90	81.85	43.93

续表

排名	公司代码	公司名称	综合健康指数	内部控制	外部监督	创利能力	产品销售	竞争态势	价值再造	法人治理	资产资本结构
1847	600481.SH	双良节能	62.72	66.12	71.87	66.32	51.21	58.20	54.05	65.81	54.15
1848	603728.SH	鸣志电器	62.72	79.71	72.08	56.46	53.03	59.14	53.66	66.51	50.61
1849	000819.SZ	岳阳兴长	62.71	87.57	72.63	49.86	53.52	37.36	48.26	76.13	62.27
1850	002317.SZ	众生药业	62.70	84.30	72.05	45.38	34.03	53.31	53.59	81.27	49.58
1851	688608.SH	恒玄科技	62.70	60.12	83.03	58.28	62.85	42.42	57.35	64.50	64.76
1852	000685.SZ	中山公用	62.69	77.81	70.21	53.50	49.41	58.70	57.84	68.61	54.67
1853	002125.SZ	湘潭电化	62.69	91.54	85.43	40.55	25.37	44.13	60.13	78.24	44.17
1854	002798.SZ	帝欧家居	62.69	81.20	71.66	46.21	47.95	57.64	60.51	72.07	49.03
1855	300335.SZ	迪森股份	62.68	88.57	67.13	46.07	46.82	56.96	56.61	74.06	51.42
1856	002324.SZ	普利特	62.68	63.39	63.12	59.28	68.74	65.65	54.19	69.81	43.67
1857	000791.SZ	甘肃电投	62.67	91.21	76.76	57.31	41.91	33.25	46.06	77.33	50.20
1858	300919.SZ	中伟股份	62.65	81.66	82.31	46.32	74.17	48.98	51.55	62.53	53.34
1859	600470.SH	六国化工	62.65	73.90	68.07	44.29	57.94	56.78	65.67	75.18	39.13
1860	002824.SZ	和胜股份	62.65	80.06	70.27	47.73	50.69	38.16	63.13	79.24	46.50
1861	002391.SZ	长青股份	62.65	83.51	68.07	46.24	47.87	59.06	57.80	74.07	48.70
1862	002996.SZ	顺博合金	62.65	76.09	75.43	46.50	52.09	56.28	68.18	66.01	51.91
1863	002993.SZ	奥海科技	62.65	82.36	70.17	54.36	65.70	40.61	54.80	67.96	61.21
1864	002930.SZ	宏川智慧	62.64	77.75	80.56	54.85	39.06	44.22	49.06	77.39	46.75
1865	002132.SZ	恒星科技	62.64	72.75	67.62	46.61	66.30	46.49	62.05	77.47	39.87
1866	603662.SH	柯力传感	62.63	79.11	71.75	62.85	51.38	42.67	56.94	69.33	48.50
1867	688278.SH	特宝生物	62.63	74.89	71.92	58.66	39.34	56.18	48.23	73.55	58.65
1868	300847.SZ	中船汉光	62.62	86.33	68.11	42.65	54.39	42.20	49.22	79.38	67.71
1869	003025.SZ	思进智能	62.62	77.17	81.24	67.72	43.04	39.43	45.06	66.11	67.95
1870	300532.SZ	今天国际	62.62	68.57	71.94	53.38	53.53	49.53	61.80	72.46	51.33
1871	300778.SZ	新城市	62.60	85.28	68.51	66.18	32.70	49.77	37.36	76.56	60.93
1872	002225.SZ	濮耐股份	62.59	79.59	74.20	54.01	46.35	51.42	61.38	70.19	43.13
1873	603713.SH	密尔克卫	62.59	85.89	68.74	52.82	53.98	55.45	57.69	67.40	49.94
1874	300823.SZ	建科机械	62.59	73.70	77.62	67.31	40.90	47.98	46.11	68.89	58.39
1875	600707.SH	彩虹股份	62.59	79.66	78.80	32.68	62.05	53.34	55.30	77.66	41.19
1876	002252.SZ	上海莱士	62.59	70.95	57.42	55.87	58.51	58.38	56.86	74.86	54.79
1877	603758.SH	秦安股份	62.57	74.12	78.55	68.29	44.85	40.20	46.71	68.67	60.33
1878	300596.SZ	利安隆	62.57	87.70	67.14	54.53	50.99	60.54	56.54	67.73	43.00
1879	300703.SZ	创源股份	62.57	75.63	73.42	44.47	54.76	57.74	52.23	77.66	39.88
1880	600313.SH	农发种业	62.56	83.98	71.15	43.56	66.98	49.43	54.44	71.51	51.51
1881	603159.SH	上海亚虹	62.56	87.93	70.07	58.46	60.18	41.43	46.78	69.56	56.55
1882	002150.SZ	通润装备	62.55	75.76	71.82	63.64	59.91	35.20	46.14	72.55	58.92
1883	300855.SZ	图南股份	62.55	81.77	82.48	59.77	32.71	42.26	43.14	71.06	70.12
1884	601330.SH	绿色动力	62.55	84.77	73.46	50.65	44.10	42.26	50.63	79.63	46.77

续表

排名	公司代码	公司名称	综合健康指数	内部控制	外部监督	创利能力	产品销售	竞争态势	价值再造	法人治理	资产资本结构
1885	688268.SH	华特气体	62.54	78.17	80.59	60.35	41.94	46.80	39.99	72.45	58.70
1886	000759.SZ	中百集团	62.54	81.45	82.92	50.45	48.24	62.39	53.12	65.57	38.80
1887	002827.SZ	高争民爆	62.54	80.66	73.58	59.97	36.52	30.70	50.66	83.51	44.95
1888	000055.SZ	方大集团	62.53	79.92	74.58	57.88	54.12	57.36	58.34	60.98	51.79
1889	002108.SZ	沧州明珠	62.53	78.60	78.80	53.54	48.45	41.68	49.84	76.04	46.17
1890	002644.SZ	佛慈制药	62.53	91.48	74.06	48.78	43.45	36.39	50.10	79.40	51.97
1891	002307.SZ	北新路桥	62.53	83.31	68.08	34.61	58.73	47.24	59.60	84.13	38.08
1892	600419.SH	天润乳业	62.53	78.02	69.54	46.33	49.44	42.51	61.95	81.01	42.57
1893	300092.SZ	科新机电	62.52	79.58	70.21	55.55	35.03	44.36	50.33	80.48	56.75
1894	300571.SZ	平治信息	62.52	77.67	62.34	59.38	71.95	42.96	58.03	70.70	44.11
1895	300922.SZ	天秦装备	62.52	90.04	76.10	59.47	53.23	26.59	49.93	69.17	65.77
1896	600969.SH	郴电国际	62.52	73.21	79.15	43.18	48.80	41.24	53.95	83.07	44.03
1897	603212.SH	赛伍技术	62.51	91.36	69.58	50.84	69.90	40.87	41.67	72.07	57.70
1898	603866.SH	桃李面包	62.51	84.84	65.55	64.24	65.25	43.45	41.17	71.97	48.30
1899	600779.SH	水井坊	62.51	77.99	79.81	76.95	48.17	53.41	41.64	58.72	49.94
1900	601366.SH	利群股份	62.50	83.28	81.26	51.00	43.15	49.57	54.74	71.77	39.93
1901	603861.SH	白云电器	62.50	85.33	73.47	39.01	48.81	59.67	70.87	68.75	41.43
1902	000417.SZ	合肥百货	62.49	88.03	76.74	52.54	43.50	45.87	54.98	70.65	49.49
1903	601866.SH	中远海发	62.49	86.36	70.86	57.30	68.05	48.22	54.35	62.77	48.38
1904	600310.SH	桂东电力	62.49	88.89	80.68	39.55	51.25	33.85	52.44	81.46	42.68
1905	605123.SH	派克新材	62.49	65.71	81.95	62.38	58.73	43.44	42.04	70.68	54.18
1906	600327.SH	大东方	62.49	80.10	69.33	56.61	56.26	44.37	63.73	68.31	47.29
1907	002349.SZ	精华制药	62.48	69.47	57.63	41.91	50.25	56.30	64.37	86.39	45.32
1908	000968.SZ	蓝焰控股	62.48	86.57	69.83	52.10	47.94	44.60	51.31	75.40	54.10
1909	300720.SZ	海川智能	62.48	84.43	75.14	67.12	35.08	39.28	38.83	73.78	64.32
1910	600979.SH	广安爱众	62.48	87.34	78.05	49.67	39.32	43.23	46.76	79.15	46.94
1911	300457.SZ	赢合科技	62.48	83.05	75.78	43.30	49.81	55.81	50.10	73.61	53.98
1912	300771.SZ	智莱科技	62.48	77.56	72.48	60.66	39.10	44.48	47.67	72.60	70.65
1913	603617.SH	君禾股份	62.47	87.34	69.97	56.07	57.08	37.86	49.22	74.89	47.29
1914	600516.SH	方大炭素	62.46	82.96	67.39	53.35	39.10	57.48	60.33	69.32	59.30
1915	300067.SZ	安诺其	62.46	79.06	70.55	50.70	31.59	57.99	50.20	78.77	56.02
1916	002917.SZ	金奥博	62.45	83.75	69.46	43.13	39.76	54.29	61.17	75.77	55.62
1917	605077.SH	华康股份	62.44	76.10	75.65	59.57	65.57	45.02	64.56	59.78	47.36
1918	601339.SH	百隆东方	62.43	75.11	81.41	45.70	62.66	44.48	67.82	65.77	44.19
1919	002522.SZ	浙江众成	62.43	76.20	62.30	62.19	56.51	47.40	57.83	72.23	46.53
1920	603383.SH	顶点软件	62.43	76.15	72.65	62.48	38.46	48.38	51.53	70.89	60.86
1921	603112.SH	华翔股份	62.42	85.15	76.97	48.88	69.73	35.16	53.87	67.49	57.13
1922	300127.SZ	银河磁体	62.42	81.55	68.60	68.13	45.02	31.03	44.06	75.90	63.48

续表

排名	公司代码	公司名称	综合健康指数	内部控制	外部监督	创利能力	产品销售	竞争态势	价值再造	法人治理	资产资本结构
1923	603421.SH	鼎信通讯	62.42	79.51	55.88	60.65	42.35	68.42	71.44	65.47	45.29
1924	600688.SH	上海石化	62.42	80.95	67.79	47.20	66.78	53.46	55.85	70.08	49.52
1925	002654.SZ	万润科技	62.41	87.12	63.34	35.87	68.34	52.96	63.97	75.90	39.43
1926	300617.SZ	安靠智电	62.41	72.62	82.37	66.66	33.54	36.86	34.85	79.59	55.94
1927	002098.SZ	浔兴股份	62.40	64.36	49.46	57.38	49.04	64.63	70.81	77.56	43.71
1928	601005.SH	重庆钢铁	62.40	82.26	68.84	32.66	49.90	54.93	68.07	77.40	49.78
1929	002226.SZ	江南化工	62.40	88.01	65.26	53.29	50.35	51.42	61.19	71.81	39.16
1930	600824.SH	益民集团	62.40	75.41	71.38	60.12	43.66	39.95	55.12	73.50	60.55
1931	300047.SZ	天源迪科	62.39	61.91	72.67	45.42	66.00	65.78	61.65	71.51	34.66
1932	300570.SZ	太辰光	62.39	89.08	67.51	62.55	49.78	24.05	49.66	76.05	61.86
1933	603967.SH	中创物流	62.39	87.86	66.82	54.92	53.44	44.75	61.11	66.61	58.83
1934	002282.SZ	博深股份	62.38	81.82	71.40	48.41	50.89	48.07	55.33	75.60	46.62
1935	300285.SZ	国瓷材料	62.38	77.43	61.86	65.20	39.61	59.72	53.76	69.61	57.89
1936	300577.SZ	开润股份	62.38	89.60	70.97	46.57	48.75	42.33	60.25	74.82	46.60
1937	002047.SZ	宝鹰股份	62.38	80.85	66.72	36.98	58.09	61.91	52.18	78.48	48.76
1938	601608.SH	中信重工	62.38	76.08	67.06	46.02	52.97	65.15	56.51	76.27	35.23
1939	603722.SH	阿科力	62.37	84.35	63.55	60.19	49.11	39.54	64.88	68.43	59.86
1940	600986.SH	浙文互联	62.37	85.44	69.35	40.92	64.45	60.36	56.54	70.02	43.73
1941	300670.SZ	大烨智能	62.37	83.49	71.37	56.19	53.62	34.26	63.59	69.21	53.70
1942	002892.SZ	科力尔	62.37	89.80	68.24	54.51	59.63	34.34	44.62	74.79	61.31
1943	603876.SH	鼎胜新材	62.35	89.65	70.74	38.16	58.24	56.04	57.44	73.23	42.08
1944	300735.SZ	光弘科技	62.35	84.38	59.13	68.09	55.11	40.43	58.41	67.81	55.63
1945	002843.SZ	泰嘉股份	62.35	79.93	72.17	66.41	42.21	36.09	52.79	72.42	52.60
1946	603656.SH	泰禾智能	62.34	91.97	70.48	54.76	29.21	57.03	49.21	71.86	57.95
1947	002082.SZ	万邦德	62.33	82.42	55.01	52.58	66.12	52.11	64.60	71.70	44.66
1948	603519.SH	立霸股份	62.33	89.68	64.18	53.08	67.76	42.60	47.16	71.76	56.04
1949	300608.SZ	思特奇	62.33	91.21	68.58	49.70	46.94	54.56	57.75	71.57	40.52
1950	600843.SH	上工申贝	62.33	77.50	67.35	45.44	52.42	68.96	62.50	69.26	43.06
1951	600651.SH	飞乐音响	62.32	78.37	63.73	38.72	58.45	75.56	59.72	72.10	41.61
1952	002688.SZ	金河生物	62.32	87.66	68.45	52.00	44.67	58.62	56.57	72.06	37.14
1953	603226.SH	菲林格尔	62.31	96.29	70.00	56.37	35.86	47.13	44.32	73.23	59.47
1954	605166.SH	聚合顺	62.31	84.84	70.07	41.45	70.07	42.49	60.37	70.16	55.35
1955	300412.SZ	迦南科技	62.30	71.09	66.28	50.54	46.00	51.42	60.25	79.42	46.36
1956	002099.SZ	海翔药业	62.29	77.75	60.51	54.66	59.33	50.60	54.32	74.90	51.48
1957	002460.SZ	赣锋锂业	62.29	75.24	70.06	49.02	51.43	55.09	57.34	73.57	48.45
1958	002658.SZ	雪迪龙	62.29	69.33	68.20	56.80	44.22	59.53	63.52	67.95	55.77
1959	601828.SH	美凯龙	62.28	76.92	71.29	56.18	53.09	55.35	54.52	69.30	44.37
1960	688098.SH	申联生物	62.28	76.48	69.37	71.15	29.87	48.01	44.98	71.67	66.68

续表

排名	公司代码	公司名称	综合健康指数	内部控制	外部监督	创利能力	产品销售	竞争态势	价值再造	法人治理	资产资本结构
1961	002429.SZ	兆驰股份	62.28	72.08	69.85	38.16	72.15	49.57	74.71	70.24	41.02
1962	300845.SZ	捷安高科	62.28	84.74	64.03	63.65	44.85	37.28	53.74	71.87	65.42
1963	603886.SH	元祖股份	62.27	77.76	71.60	64.09	44.04	44.04	62.43	65.66	53.84
1964	002029.SZ	七匹狼	62.27	71.85	76.30	48.15	54.79	60.55	58.49	67.71	46.79
1965	000546.SZ	金圆股份	62.26	85.50	66.51	47.12	58.98	55.31	64.82	68.58	39.90
1966	600097.SH	开创国际	62.26	83.65	72.69	51.02	37.92	39.33	46.26	82.83	54.17
1967	603345.SH	安井食品	62.25	90.45	62.42	52.58	62.95	60.85	57.94	64.39	43.09
1968	002852.SZ	道道全	62.25	71.02	68.00	51.62	54.16	50.82	53.14	77.23	50.30
1969	688063.SH	派能科技	62.25	64.97	79.93	58.95	61.79	46.61	42.57	66.10	71.87
1970	300294.SZ	博雅生物	62.25	83.01	70.39	53.31	46.15	54.56	56.32	69.70	49.61
1971	601212.SH	白银有色	62.24	81.58	65.65	45.11	59.41	57.88	61.54	71.19	43.84
1972	601188.SH	龙江交通	62.24	79.40	77.54	65.72	29.62	22.71	42.02	82.37	62.16
1973	002339.SZ	积成电子	62.24	81.88	65.22	43.62	51.00	67.13	62.99	69.76	46.84
1974	002915.SZ	中欣氟材	62.24	78.07	56.65	55.90	53.22	40.99	65.67	78.02	48.08
1975	300078.SZ	思创医惠	62.24	90.53	62.15	43.69	52.35	59.71	68.08	68.69	46.11
1976	300634.SZ	彩讯股份	62.24	76.81	77.24	51.82	48.04	44.67	53.83	71.49	57.85
1977	300075.SZ	数字政通	62.24	78.93	73.20	44.94	54.96	51.00	62.00	70.13	50.82
1978	300957.SZ	贝泰妮	62.24	68.00	78.35	67.84	50.64	46.93	56.59	59.52	63.28
1979	688007.SH	光峰科技	62.24	72.10	74.02	48.02	44.52	55.32	61.46	73.31	47.70
1980	603239.SH	浙江仙通	62.24	81.04	76.62	62.54	39.68	37.02	32.72	79.89	58.32
1981	002792.SZ	通宇通讯	62.23	90.64	61.56	43.74	55.27	51.21	68.54	68.76	56.44
1982	300557.SZ	理工光科	62.23	78.69	64.80	49.72	37.78	55.19	56.92	79.79	48.98
1983	300715.SZ	凯伦股份	62.23	84.83	72.63	58.34	40.15	47.33	58.26	68.35	50.88
1984	600744.SH	华银电力	62.22	79.81	72.74	45.65	56.77	56.64	54.76	72.89	39.43
1985	603817.SH	海峡环保	62.21	85.88	74.48	47.02	43.00	35.41	60.76	75.77	54.97
1986	000901.SZ	航天科技	62.21	82.74	68.65	31.86	55.43	66.25	51.48	78.54	48.28
1987	603730.SH	岱美股份	62.21	76.64	74.41	60.20	58.97	49.74	51.42	65.39	48.41
1988	600420.SH	国药现代	62.19	70.69	79.06	46.01	52.24	57.61	67.59	65.38	46.17
1989	002205.SZ	国统股份	62.19	86.70	61.41	29.99	51.02	44.25	64.73	88.29	44.93
1990	688080.SH	映翰通	62.18	81.54	74.92	64.57	34.93	38.48	52.67	68.74	65.63
1991	002919.SZ	名臣健康	62.17	75.54	60.09	56.44	40.36	52.41	62.53	75.32	55.93
1992	600811.SH	东方集团	62.17	81.48	74.12	41.22	65.47	60.95	50.54	68.61	48.51
1993	600151.SH	航天机电	62.16	79.86	73.75	35.40	67.24	70.37	58.19	67.32	38.11
1994	003008.SZ	开普检测	62.16	90.29	74.75	66.59	40.16	31.06	33.26	75.12	64.35
1995	605183.SH	确成股份	62.15	84.77	78.73	65.12	55.28	38.05	45.08	62.16	61.67
1996	002077.SZ	大港股份	62.15	85.08	68.61	42.15	53.94	40.35	57.38	81.61	41.73
1997	002055.SZ	得润电子	62.15	78.88	68.54	39.44	61.23	61.52	59.46	75.13	33.16
1998	000665.SZ	湖北广电	62.14	90.61	76.53	35.40	38.56	58.91	50.15	80.94	36.15

续表

排名	公司代码	公司名称	综合健康指数	内部控制	外部监督	创利能力	产品销售	竞争态势	价值再造	法人治理	资产资本结构
1999	688598.SH	金博股份	62.14	78.45	85.10	77.49	30.14	32.40	37.37	67.38	64.17
2000	300079.SZ	数码视讯	62.13	75.54	67.41	55.43	41.86	55.85	61.45	68.73	59.38
2001	300562.SZ	乐心医疗	62.13	66.41	78.70	41.10	53.13	52.18	65.36	73.14	46.85
2002	603136.SH	天目湖	62.13	88.11	65.03	71.02	45.43	44.98	47.60	67.34	52.54
2003	300894.SZ	火星人	62.13	82.27	82.85	65.64	44.04	45.49	41.39	62.26	63.27
2004	002976.SZ	瑞玛工业	62.13	90.97	67.82	54.64	38.18	41.20	58.15	72.77	56.91
2005	300893.SZ	松原股份	62.13	94.65	77.93	61.58	38.65	34.19	40.37	71.19	60.12
2006	603883.SH	老百姓	62.13	89.19	78.07	47.90	56.74	49.70	54.12	67.64	38.05
2007	603505.SH	金石资源	62.12	85.25	81.00	62.12	28.79	44.62	44.46	69.99	58.75
2008	300805.SZ	电声股份	62.12	79.86	71.35	61.10	53.95	33.63	42.49	76.09	56.99
2009	002549.SZ	凯美特气	62.11	81.76	82.59	58.91	39.31	49.18	54.37	64.41	48.51
2010	603839.SH	安正时尚	62.11	68.80	50.50	59.60	53.59	49.83	68.14	76.59	51.82
2011	300903.SZ	科翔股份	62.10	80.32	77.67	45.75	48.40	48.30	55.14	71.65	54.23
2012	688536.SH	思瑞浦	62.10	59.89	85.61	59.02	39.99	41.83	39.65	75.07	72.42
2013	002399.SZ	海普瑞	62.10	83.15	58.21	52.18	60.75	54.35	60.31	72.50	41.37
2014	002334.SZ	英威腾	62.09	69.31	54.01	54.98	53.27	70.89	62.77	71.21	48.95
2015	688356.SH	键凯科技	62.09	65.36	81.90	62.61	54.02	34.93	45.40	69.14	68.53
2016	601016.SH	节能风电	62.09	93.95	72.58	50.49	38.26	33.76	53.63	77.87	51.35
2017	300363.SZ	博腾股份	62.09	56.98	76.36	55.66	58.03	50.03	54.98	72.59	49.43
2018	300930.SZ	屹通新材	62.08	86.55	71.75	62.81	58.10	34.21	58.61	61.26	61.22
2019	000869.SZ	张裕A	62.07	75.01	80.62	55.25	37.44	54.42	43.64	74.90	45.36
2020	300618.SZ	寒锐钴业	62.07	80.90	75.79	60.73	49.98	37.66	36.12	74.52	61.32
2021	002277.SZ	友阿股份	62.07	92.03	71.48	43.77	29.03	47.27	55.80	82.89	39.53
2022	300230.SZ	永利股份	62.06	83.78	73.80	49.73	42.61	52.35	57.55	72.64	40.82
2023	300645.SZ	正元智慧	62.06	82.09	78.56	44.04	50.41	53.95	53.89	70.95	45.47
2024	600129.SH	太极集团	62.06	84.66	74.39	43.80	47.18	62.40	56.94	69.58	42.03
2025	300916.SZ	朗特智能	62.06	89.41	81.18	48.04	51.17	33.68	47.91	70.26	65.14
2026	688569.SH	铁科轨道	62.06	72.63	65.63	59.73	48.82	47.45	51.17	73.56	61.78
2027	002273.SZ	水晶光电	62.06	81.62	60.29	56.00	58.39	50.97	57.76	71.26	47.27
2028	002492.SZ	恒基达鑫	62.05	74.40	67.38	53.65	39.23	45.30	58.88	76.37	61.10
2029	300113.SZ	顺网科技	62.04	67.52	70.57	57.23	50.23	57.33	54.10	68.69	57.99
2030	003002.SZ	壶化股份	62.04	95.73	80.07	56.35	28.21	29.11	45.84	74.88	63.19
2031	000534.SZ	万泽股份	62.02	85.30	74.97	53.40	35.67	58.13	55.00	68.86	45.23
2032	300414.SZ	中光防雷	62.02	88.40	81.39	48.63	34.60	35.71	49.90	74.21	64.74
2033	002183.SZ	怡亚通	62.02	75.30	68.06	30.79	54.59	58.49	60.24	82.89	41.78
2034	300197.SZ	节能铁汉	62.02	76.00	59.18	36.52	58.04	63.89	64.47	78.29	44.38
2035	300110.SZ	华仁药业	62.02	68.96	66.88	44.57	51.75	44.77	59.01	85.10	41.76
2036	688058.SH	宝兰德	62.01	81.63	72.97	62.81	38.96	35.24	53.59	69.25	68.12

续表

排名	公司代码	公司名称	综合健康指数	内部控制	外部监督	创利能力	产品销售	竞争态势	价值再造	法人治理	资产资本结构
2037	300401.SZ	花园生物	62.01	71.43	81.64	63.39	53.40	33.46	50.33	65.08	66.32
2038	603227.SH	雪峰科技	62.01	83.26	72.66	49.01	56.51	42.95	59.01	71.89	42.04
2039	603017.SH	中衡设计	62.00	79.73	68.59	65.75	42.77	58.04	61.14	63.19	39.75
2040	600260.SH	凯乐科技	62.00	80.26	64.89	51.95	77.79	50.20	54.58	66.11	47.33
2041	603214.SH	爱婴室	62.00	83.65	70.49	61.46	48.71	41.44	54.55	68.51	51.19
2042	600650.SH	锦江在线	62.00	74.31	66.66	60.39	34.31	37.31	51.75	81.12	61.05
2043	000576.SZ	甘化科工	61.99	73.93	51.16	76.13	43.25	48.31	55.94	73.61	51.35
2044	601069.SH	西部黄金	61.99	79.31	64.57	50.90	53.77	34.99	57.46	77.97	59.87
2045	300257.SZ	开山股份	61.99	91.94	69.26	49.56	56.33	50.37	54.95	68.81	42.50
2046	603015.SH	弘讯科技	61.99	92.28	65.17	55.09	41.13	56.82	59.56	66.48	49.06
2047	603937.SH	丽岛新材	61.98	84.43	68.18	61.16	55.69	38.28	44.76	69.99	64.39
2048	600335.SH	国机汽车	61.98	69.47	60.91	45.15	60.95	54.88	65.57	74.75	51.43
2049	603701.SH	德宏股份	61.98	89.59	68.55	61.74	31.72	37.97	54.10	73.62	56.28
2050	300149.SZ	睿智医药	61.98	79.23	64.29	47.05	56.29	57.86	61.76	72.74	39.72
2051	300500.SZ	启迪设计	61.97	80.12	64.39	49.91	47.49	53.96	59.44	74.97	45.55
2052	002783.SZ	凯龙股份	61.97	82.36	67.39	36.04	46.28	46.41	60.35	87.17	34.14
2053	601929.SH	吉视传媒	61.97	88.47	74.88	36.09	43.10	57.39	61.56	75.16	36.17
2054	600207.SH	安彩高科	61.97	76.57	80.98	47.40	56.76	46.26	56.39	67.23	52.24
2055	603931.SH	格林达	61.96	89.44	73.28	61.44	42.29	42.20	43.68	68.71	62.03
2056	600617.SH	国新能源	61.96	81.95	71.43	36.25	44.85	54.53	49.39	84.57	43.08
2057	688366.SH	昊海生科	61.96	73.36	74.89	48.86	43.31	44.19	69.03	69.61	57.73
2058	002809.SZ	红墙股份	61.96	87.34	68.22	45.19	41.44	49.30	53.91	77.67	52.57
2059	300678.SZ	中科信息	61.95	80.54	74.05	41.12	48.32	41.49	50.87	80.67	56.43
2060	603685.SH	晨丰科技	61.94	85.85	68.59	47.36	47.71	47.40	69.02	70.60	41.92
2061	000619.SZ	海螺型材	61.94	86.19	78.06	37.41	45.29	50.29	58.00	74.82	45.24
2062	600229.SH	城市传媒	61.94	81.68	74.93	51.09	44.33	46.56	49.20	73.49	55.82
2063	688065.SH	凯赛生物	61.94	81.18	77.10	60.23	34.35	47.02	47.39	68.62	64.30
2064	600105.SH	永鼎股份	61.94	86.88	68.32	43.85	55.53	63.74	59.97	69.20	33.23
2065	601918.SH	新集能源	61.93	86.41	76.74	56.18	52.42	36.18	52.07	71.02	41.91
2066	300553.SZ	集智股份	61.93	88.40	66.10	57.30	21.52	48.85	57.97	73.88	61.56
2067	603308.SH	应流股份	61.93	79.83	79.04	41.71	47.27	50.17	61.85	71.57	44.66
2068	300753.SZ	爱朋医疗	61.92	74.34	68.55	59.02	48.29	34.48	53.64	75.46	62.19
2069	603166.SH	福达股份	61.92	78.35	66.57	55.31	50.50	46.29	56.72	74.14	46.11
2070	600579.SH	克劳斯	61.92	82.62	65.62	34.87	50.04	69.75	59.04	76.64	38.47
2071	002218.SZ	拓日新能	61.91	81.62	82.34	41.11	61.13	40.71	54.10	71.98	44.79
2072	002009.SZ	天奇股份	61.91	85.33	71.67	38.95	63.65	61.94	56.87	69.54	35.18
2073	300095.SZ	华伍股份	61.91	80.81	76.86	47.02	45.67	52.53	64.40	69.00	38.65
2074	300441.SZ	鲍斯股份	61.90	75.69	68.47	56.65	55.86	51.82	59.42	69.49	38.01

续表

排名	公司代码	公司名称	综合健康指数	内部控制	外部监督	创利能力	产品销售	竞争态势	价值再造	法人治理	资产资本结构
2075	300031.SZ	宝通科技	61.90	75.93	73.37	66.48	50.66	53.96	66.02	57.39	39.60
2076	600563.SH	法拉电子	61.89	67.90	79.34	70.31	49.64	50.21	38.76	64.96	57.49
2077	002045.SZ	国光电器	61.88	67.46	59.64	48.16	67.96	61.65	61.94	72.39	43.42
2078	603517.SH	绝味食品	61.88	87.87	69.87	61.28	63.47	47.62	39.04	66.50	50.55
2079	603021.SH	山东华鹏	61.88	85.94	71.24	40.46	39.13	41.35	69.84	80.67	32.77
2080	600571.SH	信雅达	61.88	74.07	56.55	43.80	61.90	63.57	68.43	69.29	56.37
2081	603528.SH	多伦科技	61.88	94.32	81.67	47.14	35.41	46.89	48.51	71.31	49.81
2082	002864.SZ	盘龙药业	61.87	75.51	72.97	45.96	39.10	41.55	55.97	80.83	56.26
2083	603278.SH	大业股份	61.87	86.34	69.54	43.01	67.99	45.39	58.73	69.76	46.11
2084	300905.SZ	宝丽迪	61.86	84.77	74.87	58.96	52.81	34.12	49.07	65.22	72.29
2085	688006.SH	杭可科技	61.86	70.28	74.81	64.99	51.88	46.96	44.43	66.34	63.96
2086	002526.SZ	山东矿机	61.86	65.82	63.67	54.71	56.16	52.00	48.95	79.34	49.99
2087	605007.SH	五洲特纸	61.86	92.08	76.57	55.21	61.14	34.49	44.45	68.96	47.82
2088	300277.SZ	海联讯	61.85	76.18	64.27	58.79	60.78	38.91	52.44	73.67	53.56
2089	600628.SH	新世界	61.85	93.17	60.07	48.54	39.68	42.89	56.61	81.95	45.24
2090	603001.SH	奥康国际	61.84	79.47	69.12	55.22	43.63	49.52	59.42	68.69	57.10
2091	605377.SH	华旺科技	61.83	73.67	78.16	49.13	51.00	40.97	65.90	66.66	58.56
2092	002896.SZ	中大力德	61.83	80.73	78.42	52.79	53.94	40.41	46.11	71.03	55.18
2093	000639.SZ	西王食品	61.83	75.36	70.74	41.27	65.15	54.57	59.65	71.38	44.06
2094	601702.SH	华峰铝业	61.82	74.13	78.31	52.00	57.85	55.36	57.91	61.66	50.64
2095	000407.SZ	胜利股份	61.80	80.31	80.99	49.56	53.93	57.00	56.94	62.17	42.75
2096	000603.SZ	盛达资源	61.80	91.09	72.11	54.59	63.64	40.06	54.42	62.98	52.39
2097	603351.SH	威尔药业	61.79	88.69	69.29	50.55	61.26	40.77	50.97	70.56	51.98
2098	603598.SH	引力传媒	61.79	76.87	66.23	47.58	68.77	45.93	58.95	72.47	43.40
2099	300459.SZ	金科文化	61.78	69.49	50.40	60.11	68.14	55.38	60.71	72.46	44.67
2100	300625.SZ	三雄极光	61.78	81.91	65.10	61.56	48.65	46.94	42.37	74.56	53.51
2101	600100.SH	同方股份	61.78	67.36	57.02	46.39	64.44	75.52	67.66	68.96	36.56
2102	603567.SH	珍宝岛	61.78	83.13	61.01	40.02	54.38	58.86	62.08	74.68	48.51
2103	688093.SH	世华科技	61.78	79.83	75.03	58.85	39.84	30.90	50.42	73.53	67.20
2104	603331.SH	百达精工	61.77	89.96	74.49	45.84	46.50	36.39	57.39	75.91	43.64
2105	000868.SZ	安凯客车	61.77	77.64	65.41	35.52	47.82	53.39	58.67	86.67	35.42
2106	300299.SZ	富春股份	61.77	81.00	73.24	54.89	51.63	39.39	52.56	73.44	44.83
2107	000565.SZ	渝三峡A	61.77	88.97	71.29	37.78	33.11	47.73	54.32	82.09	53.86
2108	600316.SH	洪都航空	61.76	89.33	80.56	35.68	60.77	45.17	44.92	75.93	42.88
2109	300972.SZ	万辰生物	61.76	88.52	73.76	66.06	56.37	27.10	52.76	64.49	53.00
2110	300341.SZ	麦克奥迪	61.75	84.25	63.77	60.99	41.39	51.99	45.54	73.44	53.99
2111	600169.SH	太原重工	61.75	72.95	56.78	44.91	60.06	63.53	68.75	73.20	39.55
2112	002790.SZ	瑞尔特	61.75	80.06	66.51	52.37	44.18	53.46	56.96	70.13	59.64

续表

排名	公司代码	公司名称	综合健康指数	内部控制	外部监督	创利能力	产品销售	竞争态势	价值再造	法人治理	资产资本结构
2113	300801.SZ	泰和科技	61.75	87.03	43.56	64.55	62.21	51.94	53.54	69.31	62.60
2114	300225.SZ	金力泰	61.74	74.39	63.78	55.07	35.70	59.25	58.84	72.27	58.60
2115	600328.SH	中盐化工	61.73	84.39	60.81	46.16	59.56	51.85	59.97	73.19	45.74
2116	600367.SH	红星发展	61.73	76.88	79.01	38.79	50.13	50.99	64.96	68.26	54.89
2117	300403.SZ	汉宇集团	61.72	90.95	67.60	63.21	34.43	36.59	53.09	74.78	44.61
2118	300686.SZ	智动力	61.71	72.90	74.23	45.15	51.70	49.40	66.11	71.20	43.87
2119	603488.SH	展鹏科技	61.71	86.88	71.31	63.01	55.16	32.99	42.55	68.48	63.60
2120	603708.SH	家家悦	61.71	84.48	65.31	58.45	52.55	60.71	49.14	66.64	44.47
2121	603035.SH	常熟汽饰	61.70	87.55	75.76	54.91	58.10	51.53	62.99	57.44	40.07
2122	603938.SH	三孚股份	61.69	94.93	61.78	50.05	59.34	41.92	48.15	71.63	62.34
2123	601989.SH	中国重工	61.69	77.74	74.57	38.95	51.71	64.66	57.09	69.54	47.76
2124	300732.SZ	设研院	61.68	74.57	55.97	56.46	49.52	49.27	62.59	73.59	58.70
2125	300971.SZ	博亚精工	61.67	64.64	75.25	62.63	39.38	39.50	70.44	67.18	52.24
2126	603586.SH	金麒麟	61.67	76.90	67.52	57.72	51.20	52.00	50.26	69.12	56.91
2127	300575.SZ	中旗股份	61.67	83.83	54.32	56.51	55.69	49.47	57.81	72.88	50.87
2128	002717.SZ	岭南股份	61.66	81.00	73.65	33.40	54.35	72.82	59.26	66.32	49.03
2129	002620.SZ	瑞和股份	61.66	81.84	66.46	42.38	58.48	58.31	57.78	70.24	49.94
2130	603393.SH	新天然气	61.65	88.43	69.09	66.77	58.23	36.24	50.56	60.48	62.75
2131	600101.SH	明星电力	61.65	77.94	68.38	50.49	52.13	45.46	48.67	74.49	62.57
2132	000004.SZ	国华网安	61.64	76.53	77.68	54.26	39.84	49.52	59.20	67.01	51.94
2133	601101.SH	昊华能源	61.64	92.06	53.76	52.57	39.00	47.86	57.43	79.37	50.27
2134	002303.SZ	美盈森	61.64	84.52	63.82	46.70	50.72	55.43	60.59	70.98	48.85
2135	688015.SH	交控科技	61.64	67.58	65.97	57.12	48.02	56.10	55.28	71.21	56.03
2136	300494.SZ	盛天网络	61.63	78.11	74.25	54.14	53.28	37.36	59.28	68.39	54.56
2137	688127.SH	蓝特光学	61.63	60.91	83.67	67.37	50.93	31.66	36.51	72.61	64.96
2138	603197.SH	保隆科技	61.62	81.75	65.01	56.27	42.74	65.15	55.56	67.90	42.51
2139	603066.SH	音飞储存	61.61	78.50	68.98	49.73	39.30	48.28	60.33	70.82	66.87
2140	601399.SH	国机重装	61.61	77.00	75.70	44.67	59.18	66.85	55.78	60.76	53.26
2141	300817.SZ	双飞股份	61.61	87.57	57.64	52.53	50.82	38.30	62.96	76.10	49.20
2142	300035.SZ	中科电气	61.59	87.73	83.91	50.03	30.53	45.21	47.37	73.77	45.08
2143	002042.SZ	华孚时尚	61.58	83.03	73.29	34.05	66.44	56.87	62.41	67.75	42.58
2144	688178.SH	万德斯	61.58	71.26	76.43	56.47	39.25	49.68	50.07	70.15	62.22
2145	688299.SH	长阳科技	61.56	69.05	77.42	56.69	38.27	41.10	42.61	78.75	59.11
2146	688004.SH	博汇科技	61.56	87.21	70.82	63.60	33.18	49.82	43.75	66.23	68.93
2147	688005.SH	容百科技	61.56	82.14	71.33	52.23	62.37	41.41	50.74	67.20	60.03
2148	300435.SZ	中泰股份	61.55	71.28	73.50	60.58	53.72	45.18	56.31	64.21	57.74
2149	688561.SH	奇安信	61.55	76.89	87.62	37.32	48.51	63.45	53.90	63.92	53.03
2150	603167.SH	渤海轮渡	61.55	89.33	56.83	58.36	36.35	39.50	45.15	84.61	51.95

续表

排名	公司代码	公司名称	综合健康指数	内部控制	外部监督	创利能力	产品销售	竞争态势	价值再造	法人治理	资产资本结构
2151	603029.SH	天鹅股份	61.54	90.58	66.25	35.79	31.67	52.31	60.70	78.92	59.54
2152	600004.SH	白云机场	61.54	86.08	81.36	38.56	30.39	43.23	52.17	78.84	56.03
2153	300912.SZ	凯龙高科	61.53	70.70	84.23	45.95	52.25	46.25	56.36	68.69	50.44
2154	300668.SZ	杰恩设计	61.53	87.99	65.91	59.12	26.27	48.92	47.02	74.23	64.20
2155	605128.SH	上海沿浦	61.52	85.05	74.92	55.22	59.40	31.79	52.14	68.09	53.20
2156	600088.SH	中视传媒	61.52	71.98	71.11	50.07	58.45	43.73	56.57	70.13	60.17
2157	600180.SH	瑞茂通	61.52	93.08	64.32	44.11	53.37	59.93	53.21	68.75	49.98
2158	300508.SZ	维宏股份	61.51	85.63	69.99	53.20	45.95	38.13	51.19	73.83	56.68
2159	600884.SH	杉杉投份	61.51	75.43	81.15	42.29	50.78	59.98	53.07	68.32	45.62
2160	300452.SZ	山河药辅	61.51	80.79	64.58	54.89	55.51	41.71	55.21	72.33	52.15
2161	605100.SH	华丰股份	61.50	94.47	71.10	48.46	66.62	31.88	50.27	67.44	60.07
2162	300467.SZ	迅游科技	61.50	82.73	65.10	50.38	48.03	39.38	57.34	77.87	47.77
2163	688129.SH	东来技术	61.50	75.19	79.98	58.80	31.76	35.83	53.14	70.08	68.94
2164	600694.SH	大商股份	61.50	83.48	67.00	53.92	52.16	48.96	57.87	67.53	50.30
2165	600179.SH	安通控股	61.50	72.74	55.25	53.32	70.12	55.77	58.32	67.35	60.55
2166	688606.SH	奥泰生物	61.50	47.17	72.39	74.13	67.15	42.66	64.97	57.03	60.95
2167	300235.SZ	方直科技	61.50	87.80	70.71	59.65	34.57	39.17	56.09	66.95	67.01
2168	002310.SZ	东方园林	61.49	74.59	62.44	24.77	64.64	73.73	62.79	76.03	44.60
2169	000688.SZ	国城矿业	61.48	93.37	67.77	63.26	38.38	32.48	48.75	72.02	56.80
2170	603016.SH	新宏泰	61.48	92.91	67.09	59.82	44.53	38.72	51.20	66.37	65.66
2171	600429.SH	三元股份	61.48	86.66	70.64	36.74	49.24	51.10	62.45	76.24	36.05
2172	300563.SZ	神宇股份	61.48	79.67	70.17	60.70	53.30	28.31	45.39	75.38	57.90
2173	300174.SZ	元力股份	61.47	91.37	69.77	43.04	47.52	44.17	53.04	74.23	55.04
2174	002148.SZ	北纬科技	61.47	81.80	70.44	54.93	39.44	42.78	52.10	72.20	62.34
2175	601086.SH	国芳集团	61.46	90.27	66.29	58.06	39.40	42.86	57.78	67.21	60.28
2176	601975.SH	招商南油	61.46	77.22	66.49	67.14	43.36	43.73	33.76	75.98	61.92
2177	300565.SZ	科信技术	61.46	82.74	81.18	50.54	45.48	35.26	54.69	71.83	45.95
2178	002425.SZ	凯撒文化	61.45	81.70	68.67	38.80	60.99	54.23	61.02	71.61	42.14
2179	300852.SZ	四会富仕	61.45	82.11	74.47	65.15	45.47	38.21	41.98	69.07	57.24
2180	300503.SZ	昊志机电	61.45	79.81	72.27	50.74	40.85	48.25	59.19	74.10	38.93
2181	600400.SH	红豆股份	61.45	84.70	71.98	53.24	53.47	52.42	47.64	66.15	53.80
2182	688179.SH	阿拉丁	61.45	67.62	82.61	65.23	36.29	42.11	50.07	65.72	63.27
2183	002578.SZ	闽发铝业	61.43	81.38	67.69	53.48	42.58	41.92	46.52	79.23	53.08
2184	603306.SH	华懋科技	61.43	80.79	66.20	67.11	54.59	35.60	36.42	72.34	64.04
2185	300024.SZ	机器人	61.43	88.55	70.31	33.53	47.62	69.14	51.02	72.71	47.81
2186	002903.SZ	宇环数控	61.42	77.79	72.12	61.86	33.74	38.90	50.44	72.75	62.16
2187	300080.SZ	易成新能	61.41	84.45	68.75	24.68	53.16	46.46	58.55	84.10	51.89
2188	300533.SZ	冰川网络	61.41	91.21	64.24	49.88	33.08	42.25	53.42	77.41	61.51

续表

排名	公司代码	公司名称	综合健康指数	内部控制	外部监督	创利能力	产品销售	竞争态势	价值再造	法人治理	资产资本结构
2189	603693.SH	江苏新能	61.40	85.18	71.97	53.07	55.69	28.02	45.86	76.12	55.75
2190	688300.SH	联瑞新材	61.40	76.81	69.47	73.04	35.85	35.76	50.41	67.16	66.64
2191	000035.SZ	中国天楹	61.39	91.70	60.15	40.73	60.88	61.71	61.28	68.43	41.21
2192	002452.SZ	长高集团	61.39	58.74	66.43	57.24	56.70	49.98	71.60	68.21	43.56
2193	603669.SH	灵康药业	61.39	92.99	83.14	51.32	38.79	34.26	48.39	70.51	50.27
2194	688312.SH	燕麦科技	61.38	77.30	63.99	64.72	42.17	46.40	54.85	67.79	61.79
2195	688680.SH	海优新材	61.37	61.43	72.37	55.96	74.01	37.79	56.84	68.55	50.59
2196	002907.SZ	华森制药	61.37	79.17	74.16	49.49	47.25	44.44	50.32	73.03	55.37
2197	600797.SH	浙大网新	61.36	71.29	55.85	53.88	58.89	68.88	62.14	67.97	41.45
2198	603590.SH	康辰药业	61.36	92.64	69.05	53.11	38.55	44.56	54.55	69.87	54.24
2199	002536.SZ	飞龙股份	61.36	76.65	71.72	44.77	51.19	50.75	63.55	70.27	46.26
2200	300427.SZ	红相股份	61.36	79.58	56.18	57.74	51.22	55.23	62.30	68.56	49.52
2201	600792.SH	云煤能源	61.35	82.40	74.46	34.96	51.28	45.73	61.42	75.46	46.83
2202	300899.SZ	上海凯鑫	61.35	89.29	78.13	62.53	32.25	40.85	44.03	65.74	64.82
2203	002474.SZ	榕基软件	61.35	82.15	72.46	38.14	50.22	55.05	58.61	72.04	48.50
2204	300925.SZ	法本信息	61.34	88.10	78.27	45.73	54.88	40.62	56.38	63.44	61.81
2205	002882.SZ	金龙羽	61.34	87.54	70.07	56.65	57.77	42.63	37.95	70.25	56.99
2206	603353.SH	和顺石油	61.34	92.36	71.83	57.41	45.50	35.21	35.94	73.14	65.65
2207	300858.SZ	科拓生物	61.34	91.70	73.74	59.49	41.25	36.62	45.93	68.45	59.75
2208	000545.SZ	金浦钛业	61.33	83.11	76.91	34.35	60.94	54.72	54.29	68.27	53.36
2209	002486.SZ	嘉麟杰	61.33	79.58	70.74	49.00	47.58	42.76	52.52	73.54	59.92
2210	600860.SH	京城股份	61.32	78.00	73.26	48.36	49.89	44.23	59.95	73.35	38.70
2211	002886.SZ	沃特股份	61.32	78.25	69.80	46.31	45.80	58.22	55.37	72.42	45.98
2212	603027.SH	千禾味业	61.32	86.33	74.62	52.41	48.87	50.52	45.76	66.09	58.12
2213	603360.SH	百傲化学	61.31	90.55	60.35	66.63	47.61	37.69	46.95	70.99	54.09
2214	603716.SH	塞力医疗	61.30	92.95	74.53	37.05	57.77	47.34	62.38	66.81	44.36
2215	300975.SZ	商络电子	61.30	74.45	72.58	59.79	53.40	47.38	62.97	58.71	58.43
2216	300085.SZ	银之杰	61.30	80.60	63.06	39.29	54.42	54.01	66.43	73.65	45.33
2217	300096.SZ	易联众	61.29	77.02	64.90	38.69	56.51	61.30	61.61	72.87	44.48
2218	000681.SZ	视觉中国	61.29	68.13	76.49	53.89	49.54	47.85	49.66	72.92	47.36
2219	002364.SZ	中恒电气	61.29	76.58	51.50	50.23	43.58	62.82	66.38	75.23	47.14
2220	002093.SZ	国脉科技	61.29	91.92	76.78	44.38	31.88	47.92	45.72	74.93	57.13
2221	300513.SZ	恒实科技	61.29	77.60	69.60	48.57	52.79	56.89	57.33	67.91	47.72
2222	300816.SZ	艾可蓝	61.27	78.64	78.59	56.17	43.67	39.32	46.14	70.52	58.68
2223	603909.SH	合诚股份	61.27	83.36	70.06	50.66	37.35	46.28	52.43	74.25	56.38
2224	600689.SH	上海三毛	61.26	82.04	64.25	47.98	55.18	44.75	45.14	77.50	58.16
2225	600557.SH	康缘药业	61.26	78.20	74.28	47.58	47.77	52.77	60.41	67.55	46.86
2226	601969.SH	海南矿业	61.26	79.74	59.45	42.93	48.06	47.86	62.74	78.58	53.09

续表

排名	公司代码	公司名称	综合健康指数	内部控制	外部监督	创利能力	产品销售	竞争态势	价值再造	法人治理	资产资本结构
2227	002107.SZ	沃华医药	61.25	71.67	60.61	65.37	41.80	41.45	59.35	73.69	52.75
2228	300546.SZ	雄帝科技	61.25	92.23	65.83	41.29	35.66	53.02	57.12	73.77	59.66
2229	603500.SH	祥和实业	61.25	94.65	63.37	64.46	24.61	33.86	40.41	79.79	61.29
2230	002611.SZ	东方精工	61.24	78.55	53.68	49.37	56.57	68.93	47.34	75.65	45.82
2231	002606.SZ	大连电瓷	61.24	85.49	69.78	51.76	48.77	38.29	48.76	74.64	53.73
2232	300837.SZ	浙矿股份	61.24	83.79	75.56	67.36	38.13	28.90	37.30	72.45	64.81
2233	300581.SZ	晨曦航空	61.24	87.69	79.26	55.05	41.37	36.58	42.21	70.91	58.90
2234	000833.SZ	粤桂股份	61.23	87.42	67.45	32.81	47.13	41.20	61.40	79.27	58.31
2235	300101.SZ	振芯科技	61.22	64.64	60.75	58.77	36.42	54.70	66.56	73.69	50.22
2236	601718.SH	际华集团	61.21	84.03	68.70	27.81	59.45	58.49	58.23	74.50	50.33
2237	002505.SZ	鹏都农牧	61.21	85.98	83.69	38.32	58.66	53.32	51.26	64.06	48.16
2238	300892.SZ	品渥食品	61.21	90.14	79.42	57.35	42.78	33.25	34.87	72.78	58.94
2239	300438.SZ	鹏辉能源	61.21	73.29	77.95	39.48	59.73	54.27	53.57	71.91	41.19
2240	300406.SZ	九强生物	61.20	78.58	72.42	42.76	41.44	57.57	47.33	76.27	53.22
2241	603999.SH	读者传媒	61.20	88.45	75.61	56.71	49.23	31.23	55.63	64.83	58.61
2242	603386.SH	广东骏亚	61.20	74.29	65.43	46.48	50.83	50.00	70.66	71.77	41.18
2243	600673.SH	东阳光	61.19	77.61	63.43	39.59	65.78	57.47	63.72	70.41	42.63
2244	300691.SZ	联合光电	61.19	80.20	65.62	37.50	60.97	50.53	70.59	69.53	47.15
2245	603322.SH	超讯通信	61.18	86.89	70.86	53.38	62.59	44.91	52.08	66.39	39.30
2246	605068.SH	明新旭腾	61.18	64.62	79.24	55.09	53.79	36.10	53.88	68.73	63.65
2247	002628.SZ	成都路桥	61.17	85.98	65.91	42.99	51.80	46.39	52.76	75.71	53.24
2248	605005.SH	合兴股份	61.17	78.06	73.78	60.99	46.44	45.29	57.01	61.86	57.03
2249	603110.SH	东方材料	61.17	81.13	67.75	69.50	32.10	51.21	32.77	73.15	58.04
2250	000516.SZ	国际医学	61.16	87.41	85.85	42.87	56.40	40.98	54.22	65.09	43.30
2251	603058.SH	永吉股份	61.16	82.28	68.14	62.21	43.07	35.66	60.28	67.72	53.52
2252	603860.SH	中公高科	61.16	84.46	66.32	62.75	29.73	42.82	37.84	78.92	58.49
2253	002456.SZ	欧菲光	61.16	77.43	61.46	46.62	70.76	57.54	54.89	71.08	36.89
2254	002846.SZ	英联股份	61.16	86.71	73.39	52.13	46.85	44.14	49.77	72.02	41.71
2255	600608.SH	ST沪科	61.15	70.05	67.27	54.73	54.57	41.27	52.93	73.88	57.16
2256	002564.SZ	天沃科技	61.15	83.16	71.02	31.80	50.93	59.57	50.31	80.50	36.90
2257	605289.SH	罗曼股份	61.15	80.53	74.26	56.51	48.36	37.94	59.46	62.96	63.54
2258	002336.SZ	人人乐	61.15	85.10	55.16	40.17	43.29	51.47	56.49	86.00	43.81
2259	603319.SH	湘油泵	61.14	76.96	62.58	57.95	43.81	54.38	63.82	66.52	50.67
2260	600448.SH	华纺股份	61.14	70.75	61.85	37.44	65.24	58.84	62.90	75.01	43.59
2261	300480.SZ	光力科技	61.14	78.53	55.16	55.61	33.11	61.25	56.79	76.15	51.33
2262	600676.SH	交运股份	61.14	71.94	68.33	43.80	58.98	56.75	53.40	73.41	46.55
2263	300417.SZ	南华仪器	61.14	73.80	66.81	68.22	24.43	51.20	48.27	70.93	64.41
2264	300799.SZ	左江科技	61.14	74.35	72.04	64.73	51.52	32.39	44.54	70.64	61.64

续表

排名	公司代码	公司名称	综合健康指数	内部控制	外部监督	创利能力	产品销售	竞争态势	价值再造	法人治理	资产资本结构
2265	603106.SH	恒银科技	61.13	75.41	55.01	43.78	49.12	39.43	76.23	77.31	58.89
2266	601579.SH	会稽山	61.12	72.69	68.66	51.89	41.88	49.54	54.17	77.31	44.05
2267	300231.SZ	银信科技	61.12	72.26	76.27	61.20	56.06	47.22	56.21	62.46	41.07
2268	688010.SH	福光股份	61.12	84.50	66.69	45.55	38.06	39.82	60.60	78.67	50.54
2269	300822.SZ	贝仕达克	61.12	69.22	76.81	63.87	53.86	28.24	48.88	68.28	64.47
2270	603041.SH	美思德	61.11	91.70	60.50	66.92	37.58	47.95	42.73	66.38	70.29
2271	000989.SZ	九芝堂	61.11	78.47	48.69	60.50	48.74	53.41	57.80	75.34	47.57
2272	601021.SH	春秋航空	61.10	86.56	79.65	33.94	44.75	58.16	52.32	68.90	56.46
2273	600903.SH	贵州燃气	61.10	80.93	77.58	42.62	48.08	44.24	52.06	74.66	46.19
2274	688233.SH	神工股份	61.09	76.02	78.41	56.54	50.22	28.79	52.23	69.05	62.40
2275	000767.SZ	晋控电力	61.09	79.10	81.49	39.36	60.74	42.36	47.22	75.39	39.21
2276	600149.SH	廊坊发展	61.09	77.52	69.70	60.77	47.35	45.00	47.96	74.00	36.36
2277	002811.SZ	郑中设计	61.09	89.54	62.58	46.04	43.66	55.12	46.67	73.54	63.41
2278	002085.SZ	万丰奥威	61.09	53.75	58.56	62.61	66.32	59.53	64.09	67.30	40.57
2279	002873.SZ	新天药业	61.08	87.11	76.28	49.43	38.84	39.80	55.00	71.20	51.20
2280	300448.SZ	浩云科技	61.07	82.93	76.44	50.02	35.41	43.48	46.31	75.07	55.60
2281	000601.SZ	韶能股份	61.07	83.36	72.20	44.05	52.04	51.98	56.36	68.94	47.17
2282	600679.SH	上海凤凰	61.07	75.68	73.50	50.41	53.70	46.22	45.19	72.61	54.56
2283	002135.SZ	东南网架	61.06	84.02	61.72	41.95	60.29	47.42	56.18	77.12	41.85
2284	300908.SZ	仲景食品	61.06	84.77	78.36	45.12	44.24	45.62	44.49	70.41	65.31
2285	002024.SZ	苏宁易购	61.06	71.02	72.10	27.89	55.97	71.93	65.57	71.47	39.32
2286	300913.SZ	兆龙互连	61.06	77.84	80.63	44.39	60.83	40.17	44.88	70.10	58.82
2287	002174.SZ	游族网络	61.05	89.03	58.40	51.39	55.79	67.06	62.32	58.93	50.85
2288	300568.SZ	星源材质	61.05	85.92	76.03	42.35	39.83	43.96	65.58	70.46	44.98
2289	603508.SH	思维列控	61.05	85.72	65.05	47.34	39.31	55.97	55.15	71.90	54.43
2290	002775.SZ	文科园林	61.03	61.87	80.50	49.29	59.85	47.90	52.89	69.49	46.93
2291	300333.SZ	兆日科技	61.01	87.01	69.97	66.44	22.87	41.65	40.38	72.52	65.56
2292	000815.SZ	美利云	61.00	87.53	74.85	35.11	48.21	38.34	59.04	76.54	48.96
2293	300709.SZ	精研科技	61.00	88.74	62.24	43.52	40.84	51.93	55.26	77.17	49.24
2294	002756.SZ	永兴材料	61.00	84.14	84.20	47.77	36.61	40.82	41.87	72.28	60.87
2295	603777.SH	来伊份	60.99	80.75	74.76	43.46	43.76	50.79	43.76	76.84	51.76
2296	600881.SH	亚泰集团	60.99	83.08	75.83	42.57	45.28	59.33	54.52	69.75	38.16
2297	002002.SZ	鸿达兴业	60.99	84.16	52.00	44.17	67.63	44.73	64.48	74.69	47.04
2298	603385.SH	惠达卫浴	60.98	70.85	67.77	52.23	47.28	53.58	60.44	69.52	49.98
2299	300179.SZ	四方达	60.97	77.64	74.00	65.23	34.34	49.23	48.97	64.62	58.11
2300	603683.SH	晶华新材	60.97	81.87	53.30	51.02	48.94	48.93	67.80	73.30	48.35
2301	603158.SH	腾龙股份	60.95	71.11	58.83	56.62	50.07	53.39	62.94	72.95	38.75
2302	000058.SZ	深赛格	60.94	70.63	64.13	45.80	47.47	47.88	52.39	82.77	47.64

续表

排名	公司代码	公司名称	综合健康指数	内部控制	外部监督	创利能力	产品销售	竞争态势	价值再造	法人治理	资产资本结构
2303	605388.SH	均瑶健康	60.94	82.51	76.04	56.07	35.50	37.19	45.89	71.23	66.53
2304	002112.SZ	三变科技	60.94	83.85	73.21	37.86	44.70	42.28	50.41	82.57	42.02
2305	300909.SZ	汇创达	60.94	82.68	78.04	60.36	51.51	23.38	53.34	65.30	60.97
2306	300576.SZ	容大感光	60.93	83.67	64.93	47.76	34.56	52.96	48.98	78.55	52.54
2307	002855.SZ	捷荣技术	60.93	80.76	70.95	44.23	61.79	40.45	55.77	70.81	51.51
2308	002662.SZ	京威股份	60.93	86.68	63.64	52.29	60.91	41.43	58.13	69.97	38.99
2309	000700.SZ	模塑科技	60.93	80.08	62.92	40.26	56.99	60.49	59.91	72.46	40.35
2310	002762.SZ	金发拉比	60.92	83.70	68.69	49.93	35.95	46.72	54.20	72.24	61.08
2311	603933.SH	睿能科技	60.92	77.84	66.21	45.25	47.02	47.86	63.19	73.22	49.55
2312	601996.SH	丰林集团	60.92	89.31	76.00	44.18	34.50	44.48	55.29	70.92	57.22
2313	002163.SZ	海南发展	60.91	71.84	83.01	52.23	43.25	53.41	47.18	68.93	42.90
2314	300099.SZ	精准信息	60.91	68.84	61.94	56.33	41.32	49.76	65.29	72.57	50.03
2315	600382.SH	*ST广珠	60.90	77.47	65.46	64.01	55.85	28.28	51.60	69.97	61.21
2316	002632.SZ	道明光学	60.90	79.99	78.40	50.26	34.14	42.54	45.39	77.92	45.97
2317	605098.SH	行动教育	60.89	75.77	73.21	70.32	44.23	39.59	53.83	57.15	71.63
2318	600148.SH	长春一东	60.89	77.75	69.66	59.51	45.75	44.88	49.50	67.90	59.10
2319	300393.SZ	中来股份	60.88	69.59	77.11	45.92	69.76	48.30	51.33	68.05	43.24
2320	002545.SZ	东方铁塔	60.88	83.63	67.39	43.22	57.37	50.43	57.97	70.16	45.00
2321	002215.SZ	诺普信	60.88	83.77	69.12	49.72	46.50	62.34	54.09	66.54	40.85
2322	300862.SZ	蓝盾光电	60.88	89.01	71.62	51.24	37.89	42.13	52.52	68.35	65.07
2323	688083.SH	中望软件	60.88	52.74	73.94	71.65	40.91	54.24	58.19	58.52	68.27
2324	605099.SH	共创草坪	60.88	78.99	79.31	54.51	51.39	39.19	42.70	66.27	66.30
2325	603068.SH	博通集成	60.87	85.60	75.37	44.33	37.73	46.57	58.74	65.93	68.32
2326	688301.SH	奕瑞科技	60.87	62.09	82.28	56.42	57.99	35.97	44.05	69.16	63.10
2327	002735.SZ	王子新材	60.87	78.63	72.55	49.79	52.14	44.57	51.10	71.98	46.91
2328	000037.SZ	深南电A	60.87	78.46	61.85	53.69	44.29	39.22	44.19	81.81	58.85
2329	603458.SH	勘设股份	60.87	75.79	59.71	64.40	45.47	48.15	72.01	62.41	48.08
2330	688360.SH	德马科技	60.87	67.67	67.46	58.69	50.60	48.78	54.11	67.41	61.63
2331	300697.SZ	电工合金	60.87	76.34	57.95	59.77	53.00	39.53	62.09	68.88	60.60
2332	002279.SZ	久其软件	60.87	68.63	57.27	41.66	62.85	63.11	66.96	73.02	39.52
2333	002390.SZ	信邦制药	60.86	87.98	81.16	41.87	54.60	50.28	46.47	68.79	38.46
2334	600640.SH	号百控股	60.85	79.90	65.69	33.91	65.76	57.75	66.57	67.95	45.55
2335	601003.SH	柳钢股份	60.85	87.07	64.27	43.83	67.23	41.95	61.44	68.80	44.76
2336	603768.SH	常青股份	60.85	90.52	66.31	34.96	60.06	42.35	53.63	77.60	45.95
2337	600020.SH	中原高速	60.85	83.15	65.02	46.94	48.50	43.66	60.60	73.87	46.45
2338	688365.SH	光云科技	60.85	83.19	75.93	49.24	44.24	40.49	58.45	66.69	57.03
2339	002895.SZ	川恒股份	60.84	87.78	77.21	55.87	40.70	43.77	44.86	66.79	55.10
2340	688109.SH	品茗股份	60.84	55.74	73.27	67.02	44.23	40.40	71.14	60.56	62.66

续表

排名	公司代码	公司名称	综合健康指数	内部控制	外部监督	创利能力	产品销售	竞争态势	价值再造	法人治理	资产资本结构
2341	003033.SZ	征和工业	60.84	77.97	74.23	57.07	59.73	43.10	54.99	59.98	56.67
2342	300683.SZ	海特生物	60.84	83.37	74.82	35.89	37.64	56.62	64.25	68.66	55.28
2343	600353.SH	旭光电子	60.83	85.17	71.95	50.95	40.90	45.83	56.09	69.49	48.56
2344	688466.SH	金科环境	60.83	75.90	73.32	53.17	43.25	40.55	53.95	70.48	59.94
2345	300722.SZ	新余国科	60.83	92.26	73.68	57.06	31.85	32.96	44.56	73.85	57.58
2346	300105.SZ	龙源技术	60.83	79.16	60.61	41.43	39.06	54.91	56.87	78.02	61.54
2347	002751.SZ	易尚展示	60.82	80.01	64.25	40.94	56.39	50.59	62.45	72.73	45.64
2348	600532.SH	未来股份	60.82	84.66	67.62	41.74	64.79	38.49	61.58	65.84	65.30
2349	300366.SZ	创意信息	60.81	71.94	71.34	30.05	52.46	60.85	55.05	80.13	40.44
2350	300016.SZ	北陆药业	60.81	76.71	71.90	49.01	40.40	51.14	53.83	72.67	49.66
2351	300377.SZ	赢时胜	60.80	77.17	54.91	47.91	46.32	57.22	61.29	72.83	60.25
2352	605018.SH	长华股份	60.80	73.75	67.54	53.38	64.10	42.81	55.82	66.34	56.25
2353	002627.SZ	宜昌交运	60.80	91.30	72.08	38.73	38.65	32.25	52.08	83.56	47.28
2354	002378.SZ	章源钨业	60.79	81.96	73.62	40.20	42.57	48.34	58.26	74.36	45.53
2355	300826.SZ	测绘股份	60.78	87.29	70.63	59.98	33.73	52.07	41.24	66.35	65.10
2356	603289.SH	泰瑞机器	60.78	72.76	72.03	60.75	44.86	46.53	44.30	69.33	58.85
2357	600059.SH	古越龙山	60.78	75.82	83.29	51.46	42.37	43.38	47.27	70.20	48.99
2358	000826.SZ	启迪环境	60.78	82.20	67.64	23.92	49.12	57.15	56.93	83.83	41.10
2359	688057.SH	金达莱	60.77	46.73	70.65	72.32	40.40	48.26	57.33	65.90	66.15
2360	603527.SH	众源新材	60.76	72.88	67.57	47.50	60.54	45.73	62.81	68.43	49.97
2361	688026.SH	洁特生物	60.76	82.12	67.65	60.87	34.95	35.72	50.10	72.72	62.60
2362	300180.SZ	华峰超纤	60.75	80.15	61.13	40.94	46.77	62.58	62.86	72.18	46.34
2363	603767.SH	中马传动	60.75	83.44	70.12	46.34	52.33	38.94	44.37	76.08	58.02
2364	300420.SZ	五洋停车	60.75	81.15	69.25	48.03	48.74	60.45	55.30	65.41	48.82
2365	603335.SH	迪生力	60.75	80.75	66.71	64.29	44.81	43.66	43.52	68.41	60.42
2366	600108.SH	亚盛集团	60.75	88.10	75.13	31.67	46.10	51.08	46.03	78.52	49.74
2367	300775.SZ	三角防务	60.75	89.15	68.19	60.61	52.70	28.06	40.33	71.94	60.54
2368	600711.SH	盛屯矿业	60.74	84.58	73.88	28.59	74.26	62.91	54.86	65.22	41.37
2369	300654.SZ	世纪天鸿	60.74	86.65	72.90	52.04	41.52	22.91	60.35	72.45	58.42
2370	688133.SH	泰坦科技	60.74	71.42	80.52	47.66	38.56	56.52	49.47	68.17	57.95
2371	300738.SZ	奥飞数据	60.73	88.49	64.29	53.10	54.65	34.24	53.33	74.33	42.37
2372	002274.SZ	华昌化工	60.73	72.33	64.94	48.02	60.62	51.00	61.43	71.73	36.19
2373	300233.SZ	金城医药	60.72	75.26	66.85	40.26	41.10	50.82	56.54	81.37	45.07
2374	688311.SH	盟升电子	60.71	71.80	79.74	67.62	40.76	30.49	39.23	70.52	61.37
2375	000623.SZ	吉林敖东	60.71	83.63	77.14	41.70	39.83	46.54	58.74	69.53	54.00
2376	300530.SZ	*ST达志	60.71	89.72	69.41	52.87	31.95	47.85	49.94	74.98	40.42
2377	300228.SZ	富瑞特装	60.71	84.45	66.16	46.11	57.60	48.28	58.17	69.67	41.73
2378	002772.SZ	众兴菌业	60.71	89.38	74.07	45.73	37.99	40.50	55.51	72.03	51.92

续表

排名	公司代码	公司名称	综合健康指数	内部控制	外部监督	创利能力	产品销售	竞争态势	价值再造	法人治理	资产资本结构
2379	688513.SH	苑东生物	60.71	62.33	74.60	55.24	38.93	44.02	53.40	72.01	66.00
2380	300048.SZ	合康新能	60.71	88.68	72.02	46.31	28.39	62.07	50.26	72.19	42.55
2381	300281.SZ	金明精机	60.69	84.67	62.00	46.60	41.59	42.76	51.68	78.30	60.53
2382	300468.SZ	四方精创	60.69	73.68	72.17	57.01	43.65	37.06	51.39	70.95	62.86
2383	000610.SZ	西安旅游	60.69	73.66	69.96	57.44	40.69	41.26	48.13	74.33	57.29
2384	603950.SH	长源东谷	60.68	77.78	71.62	66.92	48.23	33.38	53.46	65.78	49.60
2385	600493.SH	凤竹纺织	60.68	82.73	68.43	38.93	57.29	49.04	57.28	72.32	46.47
2386	688096.SH	京源环保	60.68	74.27	72.99	61.22	40.05	46.81	39.70	72.69	53.27
2387	300045.SZ	华力创通	60.68	72.01	55.93	51.60	42.15	56.37	63.17	75.94	46.25
2388	600573.SH	惠泉啤酒	60.67	79.07	80.56	38.80	43.39	36.93	44.86	78.26	62.68
2389	603809.SH	豪能股份	60.67	88.52	67.89	53.50	39.21	35.29	59.12	73.07	45.13
2390	600725.SH	云维股份	60.67	84.03	56.19	49.10	62.98	34.91	50.00	77.91	57.61
2391	600858.SH	银座股份	60.67	81.59	78.35	46.99	34.76	45.34	46.23	77.06	43.94
2392	600285.SH	羚锐制药	60.67	74.61	68.19	52.25	44.13	50.62	58.44	69.89	49.67
2393	000025.SZ	特力A	60.67	79.37	58.15	51.90	42.06	40.05	44.99	84.46	57.54
2394	002590.SZ	万安科技	60.66	84.90	60.19	43.26	47.24	49.03	55.94	77.03	50.69
2395	600491.SH	龙元建设	60.65	79.58	63.62	45.12	67.23	60.02	54.90	67.11	39.74
2396	300296.SZ	利亚德	60.64	67.79	72.86	40.84	36.66	70.24	51.17	73.81	51.80
2397	000813.SZ	德展健康	60.64	79.72	57.00	54.78	48.57	48.10	66.34	65.57	62.65
2398	601008.SH	连云港	60.64	80.55	78.92	35.88	29.50	34.04	56.52	84.50	49.17
2399	002765.SZ	蓝黛科技	60.64	84.43	78.34	31.85	52.46	50.05	56.34	72.09	43.69
2400	000503.SZ	国新健康	60.64	73.90	64.80	39.68	49.70	55.93	43.50	79.75	62.47
2401	002177.SZ	御银股份	60.63	83.69	72.94	56.80	35.69	34.50	48.87	71.34	63.78
2402	688308.SH	欧科亿	60.63	71.66	78.64	52.59	49.56	40.53	53.32	65.27	64.25
2403	300915.SZ	海融科技	60.63	92.57	73.65	49.88	34.31	44.22	48.40	67.57	65.99
2404	300121.SZ	阳谷华泰	60.62	76.11	65.46	55.56	52.52	59.93	59.07	62.23	46.28
2405	002689.SZ	远大智能	60.62	74.30	72.94	44.32	34.35	47.59	48.92	79.58	56.21
2406	688158.SH	优刻得	60.61	74.71	67.37	47.88	53.50	56.57	53.73	65.75	63.12
2407	603186.SH	华正新材	60.61	92.53	55.36	47.78	59.45	58.39	59.30	65.93	42.66
2408	600662.SH	强生控股	60.60	71.29	84.64	44.91	36.75	49.86	49.38	73.42	46.06
2409	002998.SZ	优彩资源	60.60	69.60	73.44	46.72	61.20	39.26	49.35	71.94	61.65
2410	600354.SH	敦煌种业	60.60	80.52	66.27	52.95	42.67	49.29	51.65	75.17	39.00
2411	601518.SH	吉林高速	60.60	85.17	70.90	41.46	43.64	27.69	58.48	79.23	55.24
2412	603083.SH	剑桥科技	60.60	90.35	63.58	34.14	61.38	57.90	60.31	67.81	47.92
2413	600287.SH	江苏舜天	60.59	83.24	69.51	50.69	53.92	46.24	59.29	62.40	56.97
2414	603356.SH	华菱精工	60.59	90.51	51.30	51.38	64.72	39.66	68.06	68.18	46.02
2415	002095.SZ	生意宝	60.59	87.90	69.23	45.48	45.68	35.29	58.96	70.58	62.08
2416	688333.SH	铂力特	60.59	76.30	81.00	50.12	45.11	46.13	51.33	65.13	57.52

续表

排名	公司代码	公司名称	综合健康指数	内部控制	外部监督	创利能力	产品销售	竞争态势	价值再造	法人治理	资产资本结构
2417	600186.SH	莲花健康	60.58	82.89	67.62	49.28	60.68	44.32	61.22	67.65	35.25
2418	300302.SZ	同有科技	60.58	87.28	65.47	46.56	37.79	45.68	51.71	77.04	51.42
2419	600301.SH	*ST南化	60.58	75.09	68.12	57.61	55.25	24.21	60.92	67.10	70.09
2420	605058.SH	澳弘电子	60.57	81.23	74.38	51.78	49.16	30.02	62.07	66.58	57.76
2421	603997.SH	继峰股份	60.57	92.10	69.00	38.43	49.68	57.44	52.17	72.52	35.03
2422	603390.SH	通达电气	60.56	87.95	68.33	47.20	32.78	45.32	58.09	74.25	47.87
2423	300020.SZ	银江股份	60.55	69.00	59.98	44.56	57.51	66.91	59.91	71.36	40.81
2424	002517.SZ	恺英网络	60.55	68.40	52.52	51.76	46.75	65.19	59.19	74.40	49.86
2425	603819.SH	神力股份	60.55	92.18	66.34	41.45	51.95	42.33	49.19	75.89	48.82
2426	688020.SH	方邦股份	60.54	74.46	73.70	66.45	39.96	37.34	43.27	68.52	61.79
2427	300672.SZ	国科微	60.54	81.62	64.89	48.92	44.41	53.80	54.71	71.59	47.60
2428	300154.SZ	瑞凌股份	60.53	84.49	68.50	53.67	41.38	39.11	51.01	70.89	61.48
2429	002941.SZ	新疆交建	60.53	82.00	67.16	42.46	62.32	50.30	57.57	67.60	48.24
2430	603630.SH	拉芳家化	60.53	80.98	64.94	61.02	35.57	44.31	52.68	69.30	59.86
2431	300713.SZ	英可瑞	60.53	76.79	73.03	41.09	36.98	50.18	46.62	77.43	63.13
2432	300789.SZ	唐源电气	60.52	88.34	61.87	57.80	26.78	45.16	47.08	73.45	68.97
2433	300404.SZ	博济医药	60.52	83.82	68.59	45.52	39.67	45.55	50.91	76.28	52.70
2434	603829.SH	洛凯股份	60.51	86.22	64.79	51.96	56.88	39.57	57.88	68.01	47.66
2435	603798.SH	康普顿	60.51	78.09	64.01	62.32	42.86	37.72	50.49	71.09	61.34
2436	603900.SH	莱绅通灵	60.51	79.25	55.36	60.63	41.88	42.33	60.35	70.98	60.38
2437	600272.SH	开开实业	60.51	77.54	64.59	49.66	47.97	40.11	45.93	79.93	54.91
2438	600250.SH	南纺股份	60.50	83.49	69.23	49.49	51.12	50.30	60.37	67.01	35.66
2439	600073.SH	上海梅林	60.49	77.00	57.58	43.39	74.32	66.96	63.23	62.81	39.59
2440	000536.SZ	华映科技	60.49	76.56	57.19	46.89	63.24	55.79	59.36	72.17	38.09
2441	600723.SH	首商股份	60.49	92.87	74.49	39.37	44.29	47.97	45.61	72.33	53.44
2442	002760.SZ	凤形股份	60.48	89.79	65.60	55.74	57.24	49.26	60.15	57.90	48.27
2443	600897.SH	厦门空港	60.48	77.79	67.62	65.83	31.83	34.48	40.83	77.00	59.99
2444	002871.SZ	伟隆股份	60.48	82.87	66.35	57.72	40.55	44.28	35.31	77.09	56.25
2445	603363.SH	傲农生物	60.47	72.50	54.43	39.78	60.57	52.68	74.56	74.47	39.66
2446	688628.SH	优利德	60.46	66.81	72.78	68.31	50.11	42.58	47.13	62.93	61.44
2447	603348.SH	文灿股份	60.46	89.70	71.54	43.39	54.54	46.45	43.03	72.33	48.50
2448	603378.SH	亚士创能	60.45	77.55	71.68	44.91	49.13	54.65	54.30	69.51	46.40
2449	601686.SH	友发集团	60.45	81.12	74.29	60.06	53.04	41.20	46.68	64.84	47.20
2450	000652.SZ	泰达股份	60.45	70.98	75.89	43.66	66.03	62.78	49.44	62.39	48.61
2451	600556.SH	天下秀	60.44	79.58	63.46	41.81	63.58	55.27	54.01	65.99	64.01
2452	600408.SH	ST安泰	60.44	80.50	55.82	43.94	72.82	54.82	61.84	65.64	50.72
2453	603220.SH	中贝通信	60.44	83.03	71.42	44.12	50.40	49.99	56.67	67.48	49.82
2454	603995.SH	甬金股份	60.43	88.14	70.54	48.17	46.40	29.07	58.64	70.48	59.87

续表

排名	公司代码	公司名称	综合健康指数	内部控制	外部监督	创利能力	产品销售	竞争态势	价值再造	法人治理	资产资本结构
2455	600537.SH	亿晶光电	60.43	85.85	70.81	38.08	53.33	47.13	50.76	73.02	51.99
2456	002309.SZ	中利集团	60.42	71.51	67.91	38.66	61.97	57.80	55.48	72.39	43.32
2457	688066.SH	航天宏图	60.42	75.55	73.89	49.34	39.00	57.38	47.72	69.05	56.41
2458	300663.SZ	科蓝软件	60.42	82.43	70.03	40.15	51.36	48.57	59.50	71.15	45.11
2459	600796.SH	钱江生化	60.42	78.42	67.96	39.76	58.27	42.43	51.97	77.11	49.20
2460	300191.SZ	潜能恒信	60.41	79.78	62.08	56.62	41.06	41.67	51.50	73.46	60.49
2461	300397.SZ	天和防务	60.40	81.31	65.10	62.10	50.76	41.97	49.71	67.56	49.38
2462	000683.SZ	远兴能源	60.39	87.42	64.45	35.36	52.63	54.64	57.33	73.29	46.09
2463	688089.SH	嘉必优	60.39	76.19	69.23	61.92	41.78	35.02	47.27	70.63	64.40
2464	605050.SH	福然德	60.39	74.41	70.81	49.89	60.08	43.89	56.43	65.17	56.05
2465	600749.SH	西藏旅游	60.38	82.07	71.74	56.46	38.76	30.57	56.47	71.13	54.87
2466	300065.SZ	海兰信	60.38	65.02	65.32	53.16	43.91	57.40	60.39	71.23	44.56
2467	688180.SH	君实生物	60.37	78.48	83.23	31.47	39.52	55.45	57.18	68.32	59.27
2468	600234.SH	山水文化	60.36	78.54	64.11	53.20	54.91	46.40	64.49	65.61	43.70
2469	688699.SH	明微电子	60.36	74.46	80.37	47.37	53.35	33.03	56.46	64.64	67.93
2470	300790.SZ	宇瞳光学	60.35	74.20	55.95	58.95	56.92	43.03	60.30	71.79	43.14
2471	300137.SZ	先河环保	60.35	62.24	69.00	50.05	31.50	62.82	56.00	72.83	57.16
2472	300779.SZ	惠城环保	60.35	91.16	61.28	44.36	39.57	38.77	59.88	75.05	58.95
2473	603366.SH	日出东方	60.35	83.63	66.14	46.88	43.09	59.60	65.57	65.29	39.33
2474	300063.SZ	天龙集团	60.35	75.69	66.10	40.70	68.11	50.25	60.97	68.93	42.38
2475	300879.SZ	大叶股份	60.34	81.77	78.91	45.36	49.87	33.97	51.90	72.23	47.30
2476	601368.SH	绿城水务	60.34	85.54	69.37	48.89	37.11	39.46	49.15	77.33	50.09
2477	688078.SH	龙软科技	60.34	74.71	58.55	57.92	43.40	27.67	51.12	81.21	63.90
2478	300098.SZ	高新兴	60.34	76.79	61.92	36.44	46.49	75.13	59.79	72.23	38.47
2479	603681.SH	永冠新材	60.33	73.21	72.48	42.67	62.69	51.78	53.53	67.07	51.64
2480	300767.SZ	震安科技	60.33	81.53	77.67	57.84	28.96	35.84	37.21	75.69	60.16
2481	688626.SH	翔宇医疗	60.33	54.74	73.07	58.82	48.71	43.55	69.26	61.84	63.35
2482	300827.SZ	上能电气	60.33	79.62	79.69	43.93	51.79	51.85	40.68	68.77	53.48
2483	603109.SH	神驰机电	60.33	81.68	67.57	51.81	41.62	48.87	44.71	71.13	63.27
2484	300323.SZ	华灿光电	60.32	86.91	73.50	34.03	49.27	46.81	56.67	72.77	47.95
2485	601010.SH	文峰股份	60.32	71.25	67.53	60.95	43.05	38.45	60.42	68.59	53.03
2486	002823.SZ	凯中精密	60.32	69.02	63.16	53.85	56.60	47.81	55.17	73.88	39.16
2487	688101.SH	三达膜	60.31	81.37	66.06	52.21	40.43	46.66	49.57	71.48	61.21
2488	002166.SZ	莱茵生物	60.31	85.69	75.03	43.95	52.15	35.01	56.23	71.71	42.62
2489	300786.SZ	国林科技	60.30	92.91	63.54	55.48	35.08	44.88	54.72	67.73	56.68
2490	300097.SZ	智云股份	60.30	76.19	63.10	41.17	48.78	59.53	57.14	76.27	37.05
2491	002181.SZ	粤传媒	60.30	71.53	58.76	49.17	36.46	43.80	51.54	86.40	50.51
2492	002733.SZ	雄韬股份	60.30	91.70	74.48	42.94	45.84	48.94	54.28	66.56	45.73

续表

排名	公司代码	公司名称	综合健康指数	内部控制	外部监督	创利能力	产品销售	竞争态势	价值再造	法人治理	资产资本结构
2493	688550.SH	瑞联新材	60.29	70.16	69.54	61.12	42.34	41.23	50.14	68.00	66.86
2494	600825.SH	新华传媒	60.29	79.41	67.74	44.07	37.82	51.54	42.22	80.71	53.03
2495	002458.SZ	益生股份	60.29	68.13	65.29	51.07	52.48	50.49	56.77	70.98	51.12
2496	688357.SH	建龙微纳	60.28	76.81	70.88	60.30	35.46	46.19	45.97	69.80	57.09
2497	603608.SH	天创时尚	60.28	81.23	70.96	48.94	35.21	50.75	50.85	73.29	47.67
2498	002290.SZ	禾盛新材	60.26	73.33	67.45	44.32	69.03	44.52	60.22	69.70	39.37
2499	300222.SZ	科大智能	60.26	77.26	65.50	44.35	53.08	71.40	52.92	68.05	34.62
2500	300689.SZ	澄天伟业	60.26	91.22	81.39	56.37	50.58	9.70	32.28	76.25	59.84
2501	000852.SZ	石化机械	60.25	70.85	62.99	39.95	52.86	58.38	65.28	72.62	42.82
2502	000911.SZ	南宁糖业	60.24	86.48	73.25	43.94	49.30	43.11	51.34	73.71	36.35
2503	002044.SZ	美年健康	60.24	75.82	53.41	40.01	59.53	54.81	65.58	75.08	45.06
2504	003015.SZ	日久光电	60.23	80.45	78.92	55.07	44.11	30.15	45.09	69.40	62.13
2505	688330.SH	宏力达	60.23	62.57	70.43	67.21	43.68	36.22	48.54	68.66	67.64
2506	000008.SZ	神州高铁	60.23	85.22	57.98	34.17	31.45	75.18	51.19	81.78	39.02
2507	300671.SZ	富满电子	60.23	79.83	72.56	38.69	50.30	52.93	54.13	70.06	51.84
2508	600467.SH	好当家	60.23	75.82	78.92	46.89	38.94	44.57	50.04	73.57	46.42
2509	300547.SZ	川环科技	60.23	63.05	65.73	59.56	37.48	38.02	47.97	80.16	59.17
2510	688408.SH	中信博	60.22	54.62	78.49	53.59	73.71	49.56	45.14	63.41	55.51
2511	300902.SZ	国安达	60.22	80.22	78.14	69.49	27.60	30.96	47.53	65.86	59.57
2512	002031.SZ	巨轮智能	60.22	88.67	70.06	35.64	48.26	49.16	54.01	74.43	44.09
2513	600644.SH	乐山电力	60.20	78.37	78.52	53.15	41.99	48.13	39.10	72.37	42.63
2514	300509.SZ	新美星	60.20	77.96	58.67	62.14	44.77	50.93	52.87	68.09	52.16
2515	688819.SH	天能股份	60.19	70.51	76.66	51.93	67.17	52.96	45.34	59.68	56.42
2516	300891.SZ	惠云钛业	60.19	82.44	77.42	52.21	54.88	25.99	41.15	71.10	61.94
2517	600235.SH	民丰特纸	60.17	71.62	72.70	30.61	42.16	46.30	57.45	85.41	39.80
2518	603726.SH	朗迪集团	60.16	82.82	64.62	50.50	52.73	42.09	63.00	66.37	49.39
2519	603269.SH	海鸥股份	60.16	86.15	64.17	41.55	37.76	52.48	65.18	72.52	42.38
2520	600686.SH	金龙汽车	60.15	75.18	75.53	35.86	60.27	70.10	59.61	59.55	44.65
2521	688138.SH	清溢光电	60.15	84.50	71.94	57.54	44.74	40.89	40.37	67.29	63.45
2522	300649.SZ	杭州园林	60.14	76.15	65.50	59.38	53.74	39.42	46.63	68.64	60.67
2523	300696.SZ	爱乐达	60.14	80.68	74.17	57.53	46.17	24.80	40.49	75.08	58.70
2524	600793.SH	宜宾纸业	60.14	81.14	66.64	27.21	51.07	47.82	55.37	83.00	46.10
2525	300666.SZ	江丰电子	60.14	90.06	60.51	50.01	45.06	45.04	50.23	74.60	46.83
2526	300594.SZ	朗进科技	60.13	86.01	67.02	52.23	33.42	47.08	47.76	72.08	58.78
2527	000710.SZ	贝瑞基因	60.12	78.70	56.91	55.07	44.67	50.46	58.46	70.82	51.23
2528	600396.SH	金山股份	60.12	85.20	75.52	35.40	54.54	37.61	48.49	79.27	37.56
2529	300602.SZ	飞荣达	60.12	75.93	54.59	50.03	54.14	60.41	59.41	70.14	44.24
2530	603006.SH	联明股份	60.11	94.07	67.28	53.70	51.01	27.75	51.25	70.65	49.03

续表

排名	公司代码	公司名称	综合健康指数	内部控制	外部监督	创利能力	产品销售	竞争态势	价值再造	法人治理	资产资本结构
2531	603912.SH	佳大图	60.10	91.00	64.08	56.64	44.96	42.52	43.64	69.21	57.60
2532	300875.SZ	捷强装备	60.10	92.26	67.26	58.00	38.06	34.03	45.48	70.81	58.81
2533	000572.SZ	海马汽车	60.10	87.01	76.18	33.09	41.43	56.04	55.85	70.69	44.69
2534	002584.SZ	西陇科学	60.09	78.20	64.03	39.26	60.19	62.65	59.51	66.23	46.18
2535	000078.SZ	海王生物	60.09	68.51	78.06	33.23	63.40	62.20	50.56	70.36	38.44
2536	003010.SZ	若羽臣	60.09	74.00	81.45	56.00	43.81	35.17	49.28	65.11	61.87
2537	603520.SH	司太立	60.09	90.43	57.03	50.45	51.21	46.45	59.11	71.07	38.92
2538	002849.SZ	威星智能	60.08	76.33	66.95	58.57	45.09	49.64	48.93	67.70	51.81
2539	600815.SH	厦工股份	60.08	85.56	70.87	36.26	55.45	44.05	48.42	76.51	44.27
2540	601700.SH	风范股份	60.08	80.56	65.59	50.21	64.77	52.15	51.73	64.11	45.94
2541	300419.SZ	浩丰科技	60.07	80.15	69.80	46.53	50.55	33.56	56.50	72.42	55.26
2542	603260.SH	合盛硅业	60.06	75.81	77.56	57.38	64.85	56.78	56.46	49.52	45.63
2543	300872.SZ	天阳科技	60.05	66.40	81.22	41.26	45.61	43.53	63.62	68.01	54.70
2544	688658.SH	悦康药业	60.05	62.68	73.42	46.46	53.69	46.00	62.61	66.70	58.43
2545	002997.SZ	瑞鹄模具	60.05	85.52	79.11	48.88	36.34	45.54	41.97	69.35	56.59
2546	605177.SH	东亚药业	60.05	77.36	74.93	44.71	52.62	37.41	60.17	65.07	63.19
2547	000045.SZ	深纺织A	60.04	77.75	65.07	42.23	46.23	48.53	52.26	77.15	50.93
2548	300812.SZ	易天股份	60.04	93.81	65.70	56.73	26.63	44.79	35.28	76.17	58.35
2549	300517.SZ	海波重科	60.03	82.19	66.60	46.15	43.52	43.07	56.98	71.67	56.01
2550	300688.SZ	创业黑马	60.02	80.62	75.88	46.82	45.28	31.87	50.38	70.30	67.93
2551	601028.SH	玉龙股份	60.01	89.05	63.56	41.26	54.73	45.31	47.54	73.42	56.02
2552	002817.SZ	黄山胶囊	60.01	92.95	68.61	43.50	40.44	30.62	57.73	71.74	64.27
2553	603098.SH	森特股份	60.01	82.55	63.98	48.65	52.57	53.59	44.61	69.76	55.56
2554	603725.SH	天安新材	60.01	83.20	69.41	42.97	32.52	47.83	57.33	76.04	44.44
2555	605266.SH	健之佳	60.01	77.67	82.17	46.88	51.68	30.10	50.03	68.05	60.22
2556	002292.SZ	奥飞娱乐	60.00	89.18	74.55	30.73	41.46	57.18	56.80	72.78	37.60
2557	605368.SH	蓝天燃气	59.99	72.69	74.50	63.52	59.50	39.37	43.33	63.26	50.41
2558	000676.SZ	智度股份	59.99	87.58	70.03	34.97	59.95	60.50	51.43	65.34	48.33
2559	003026.SZ	中晶科技	59.98	72.91	69.89	63.11	44.01	19.45	53.73	71.11	67.71
2560	002593.SZ	日上集团	59.98	79.41	78.13	38.02	45.91	44.00	51.06	72.82	52.70
2561	600071.SH	凤凰光学	59.98	79.57	82.69	36.84	42.52	46.72	44.42	77.07	40.17
2562	300968.SZ	格林精密	59.98	80.92	71.49	53.96	50.89	42.28	64.99	58.18	54.18
2563	300118.SZ	东方日升	59.97	73.62	64.33	37.86	71.96	61.55	54.63	69.03	37.79
2564	688558.SH	国盛智科	59.97	76.40	73.28	56.68	42.72	40.45	51.65	65.76	60.19
2565	002326.SZ	永太科技	59.97	72.14	58.94	42.98	40.68	63.62	57.54	79.38	35.19
2566	688555.SH	泽达易盛	59.96	67.23	69.36	63.15	47.39	25.11	58.20	69.37	61.36
2567	300239.SZ	东宝生物	59.96	85.78	68.47	35.37	46.10	33.21	50.67	84.08	47.95
2568	002435.SZ	长江健康	59.96	74.54	63.31	46.06	53.12	44.31	52.99	76.73	47.36

续表

排名	公司代码	公司名称	综合健康指数	内部控制	外部监督	创利能力	产品销售	竞争态势	价值再造	法人治理	资产资本结构
2569	300409.SZ	道氏技术	59.95	78.35	76.01	38.22	45.22	60.25	58.55	66.62	41.85
2570	002876.SZ	三利谱	59.95	70.09	75.82	42.46	49.67	38.18	49.58	78.37	47.33
2571	300635.SZ	中达安	59.94	76.98	66.83	41.19	46.14	43.45	51.99	77.90	55.08
2572	300597.SZ	吉大通信	59.93	80.63	72.05	45.33	42.65	40.53	44.75	75.62	58.46
2573	003004.SZ	声迅股份	59.92	91.21	72.82	55.87	43.84	33.20	43.44	68.16	56.45
2574	300145.SZ	中金环境	59.91	71.73	57.50	41.48	42.11	67.61	51.41	81.84	35.31
2575	300640.SZ	德艺文创	59.91	84.18	60.19	51.72	52.16	57.85	31.43	73.83	55.58
2576	002424.SZ	贵州百灵	59.90	86.63	68.17	42.25	46.14	45.06	57.19	71.85	44.55
2577	300556.SZ	丝路视觉	59.90	75.31	73.19	47.99	49.83	48.09	46.93	71.21	47.21
2578	300400.SZ	劲拓股份	59.90	82.71	55.45	66.74	47.40	49.79	45.37	67.25	52.27
2579	300843.SZ	胜蓝股份	59.89	73.60	75.20	46.89	50.60	42.82	48.24	72.02	49.58
2580	300849.SZ	锦盛新材	59.89	78.44	78.83	53.28	39.61	26.65	34.92	77.09	65.72
2581	300838.SZ	浙江力诺	59.88	75.87	68.22	59.29	42.50	36.75	42.70	73.98	57.28
2582	000048.SZ	京基智农	59.88	68.34	43.93	75.00	48.45	59.98	54.51	63.97	59.07
2583	002681.SZ	奋达科技	59.88	84.77	50.17	37.05	59.13	66.34	66.75	68.24	45.79
2584	300399.SZ	天利科技	59.88	86.33	63.41	51.27	55.61	30.17	49.42	70.85	64.84
2585	300811.SZ	铂科新材	59.88	83.27	72.72	60.56	37.24	27.76	42.17	72.76	59.82
2586	603787.SH	新日股份	59.88	76.23	74.79	43.91	54.17	55.35	43.89	67.51	53.01
2587	603033.SH	三维股份	59.87	84.13	69.77	46.73	47.30	44.29	53.12	70.80	44.40
2588	002395.SZ	双象股份	59.87	65.07	67.16	43.84	59.32	45.33	53.32	72.16	63.22
2589	300803.SZ	指南针	59.87	69.16	65.17	58.05	41.57	46.19	49.49	68.63	71.15
2590	600302.SH	标准股份	59.86	85.95	57.64	42.34	59.45	41.57	62.37	71.63	49.01
2591	600202.SH	哈空调	59.85	70.48	69.21	39.66	55.85	50.33	67.03	68.15	45.89
2592	002169.SZ	智光电气	59.85	78.88	45.00	45.41	59.98	56.46	70.69	71.75	41.35
2593	002074.SZ	国轩高科	59.85	65.01	63.32	35.31	58.35	60.09	64.58	74.65	38.77
2594	688222.SH	成都先导	59.85	54.62	75.49	49.59	44.24	34.98	65.87	71.08	63.72
2595	002453.SZ	华软科技	59.85	78.87	68.45	37.39	68.82	42.14	57.52	72.46	37.28
2596	600168.SH	武汉控股	59.85	82.52	69.85	48.89	44.81	31.16	49.87	77.53	46.82
2597	688529.SH	豪森股份	59.84	71.38	83.39	39.98	57.19	43.19	52.48	65.54	56.31
2598	003017.SZ	大洋生物	59.84	82.58	72.01	59.52	45.49	32.07	43.13	68.65	59.91
2599	002686.SZ	亿利达	59.84	65.16	68.91	38.13	56.04	54.42	58.37	76.36	35.61
2600	600455.SH	博通股份	59.84	81.93	66.78	49.40	44.03	33.21	52.17	76.24	52.20
2601	300291.SZ	华录百纳	59.84	70.64	70.36	49.71	43.67	29.87	57.11	74.61	63.28
2602	300886.SZ	华业香料	59.84	85.66	72.21	53.15	40.39	28.63	41.80	73.52	66.78
2603	688126.SH	沪硅产业	59.83	60.05	82.97	45.21	48.64	53.71	56.89	65.31	48.53
2604	000936.SZ	华西股份	59.83	85.98	79.44	37.94	56.68	40.46	49.98	68.13	48.25
2605	300973.SZ	立高食品	59.83	81.79	70.64	56.00	55.19	51.02	54.19	56.25	54.47
2606	300979.SZ	华利集团	59.82	65.59	73.62	63.46	74.10	42.01	52.84	53.40	56.49

续表

排名	公司代码	公司名称	综合健康指数	内部控制	外部监督	创利能力	产品销售	竞争态势	价值再造	法人治理	资产资本结构
2607	002272.SZ	川润股份	59.82	78.85	76.73	40.89	38.25	52.79	54.27	69.49	49.99
2608	601500.SH	通用股份	59.82	86.47	71.99	39.68	49.02	50.84	59.07	65.98	45.70
2609	603030.SH	全筑股份	59.82	88.99	69.63	38.38	48.24	44.00	60.05	69.70	47.19
2610	605378.SH	野马电池	59.82	73.61	73.25	58.09	63.45	42.04	52.86	58.62	52.50
2611	300283.SZ	温州宏丰	59.82	72.91	71.90	32.78	63.98	42.87	61.69	72.89	44.72
2612	300260.SZ	新莱应材	59.81	74.93	75.12	44.91	44.84	50.70	46.55	73.11	44.91
2613	300192.SZ	科德教育	59.80	85.51	72.75	54.00	49.25	35.57	49.77	68.79	42.26
2614	300730.SZ	科创信息	59.80	85.84	67.12	46.15	44.56	42.92	53.02	70.63	55.50
2615	600351.SH	亚宝药业	59.79	81.16	73.80	37.85	46.99	51.15	59.03	69.37	42.71
2616	300280.SZ	紫天科技	59.79	67.55	60.68	73.16	55.39	33.07	60.63	65.68	39.93
2617	688698.SH	伟创电气	59.78	70.13	79.71	51.03	41.21	43.56	51.88	63.84	68.71
2618	300535.SZ	达威股份	59.78	87.19	64.24	40.09	34.46	51.24	65.09	70.74	51.82
2619	300462.SZ	华铭智能	59.78	70.01	68.58	57.15	31.54	49.61	52.58	71.91	51.91
2620	603815.SH	交建股份	59.78	81.63	63.09	47.71	45.54	46.83	52.65	72.51	53.25
2621	002333.SZ	罗普斯金	59.78	80.47	71.09	42.60	42.23	44.95	52.41	75.42	44.80
2622	000757.SZ	浩物股份	59.76	73.52	71.14	34.62	51.64	50.57	46.83	78.91	48.94
2623	000530.SZ	冰山冷热	59.75	90.27	83.08	33.42	47.84	58.49	53.49	61.60	42.86
2624	688095.SH	福昕软件	59.75	57.02	64.92	66.34	36.59	51.84	49.79	68.55	65.38
2625	300545.SZ	联得装备	59.74	86.04	71.34	42.65	33.90	52.16	51.88	72.63	46.01
2626	300928.SZ	华安鑫创	59.74	82.87	74.46	54.28	50.87	34.14	56.64	59.48	63.79
2627	600569.SH	安阳钢铁	59.74	80.04	80.83	35.22	35.30	50.51	63.41	69.95	39.60
2628	002890.SZ	弘宇股份	59.74	76.85	63.91	53.62	46.88	33.96	42.97	77.38	62.87
2629	002420.SZ	毅昌股份	59.72	79.56	67.60	34.23	63.36	48.81	55.00	73.80	39.76
2630	300818.SZ	耐普矿机	59.72	85.03	72.02	55.34	31.04	29.56	39.64	78.37	57.63
2631	002679.SZ	福建金森	59.72	86.03	68.42	44.28	30.13	27.19	43.85	86.28	58.70
2632	002264.SZ	新华都	59.71	68.96	63.79	45.63	59.06	45.69	63.06	71.95	40.76
2633	002263.SZ	大东南	59.70	54.57	54.45	50.79	62.50	41.36	65.46	73.67	64.64
2634	603320.SH	迪贝电气	59.69	92.14	67.95	42.81	60.43	34.75	48.43	69.74	54.01
2635	300488.SZ	恒锋工具	59.69	72.20	67.88	64.53	32.40	42.28	48.29	72.34	48.37
2636	603676.SH	卫信康	59.69	86.02	67.22	51.66	46.26	45.81	46.56	66.71	59.78
2637	603028.SH	赛福天	59.69	86.27	64.83	49.02	55.95	34.26	55.05	69.51	50.99
2638	603843.SH	正平股份	59.68	82.47	66.80	41.41	61.16	44.27	56.61	69.41	43.84
2639	300368.SZ	汇金股份	59.68	70.52	63.76	47.48	59.75	36.25	55.24	78.12	39.28
2640	002787.SZ	华源控股	59.67	83.59	69.10	34.73	53.79	48.06	63.39	67.70	50.25
2641	605088.SH	冠盛股份	59.67	66.49	76.14	55.35	43.56	50.99	45.99	64.83	62.07
2642	002361.SZ	神剑股份	59.67	70.75	68.35	43.39	57.15	51.79	66.31	66.33	39.56
2643	000510.SZ	新金路	59.66	56.02	55.82	53.64	60.64	49.75	62.49	71.89	52.30
2644	002900.SZ	哈三联	59.66	87.65	68.51	38.81	35.02	49.52	47.68	78.54	46.48

续表

排名	公司代码	公司名称	综合健康指数	内部控制	外部监督	创利能力	产品销售	竞争态势	价值再造	法人治理	资产资本结构
2645	605337.SH	李子园	59.66	85.17	71.94	55.75	52.86	45.52	51.77	58.31	53.05
2646	603189.SH	网达软件	59.66	83.73	66.08	56.81	43.14	29.92	53.90	70.90	54.28
2647	000758.SZ	中色股份	59.65	78.34	66.96	28.29	47.88	56.37	50.10	81.74	43.77
2648	688025.SH	杰普特	59.65	82.75	72.84	48.58	28.04	52.37	50.09	68.59	58.13
2649	002893.SZ	华通热力	59.65	84.77	68.61	34.67	42.80	49.33	51.18	76.96	49.60
2650	300656.SZ	民德电子	59.65	88.38	67.79	52.16	40.33	40.06	47.67	73.08	44.05
2651	605179.SH	一鸣食品	59.65	76.22	85.31	39.76	47.05	53.56	50.20	62.50	54.01
2652	300828.SZ	锐新科技	59.64	72.70	73.68	55.40	39.15	32.42	41.00	76.97	57.96
2653	600836.SH	上海易连	59.64	84.53	66.11	50.84	62.06	34.91	61.26	61.18	56.33
2654	000985.SZ	大庆华科	59.64	71.07	65.51	44.40	58.43	41.25	44.37	76.05	62.77
2655	300868.SZ	杰美特	59.63	84.04	70.48	54.97	35.91	33.43	42.10	71.91	69.42
2656	600190.SH	锦州港	59.63	85.65	75.09	37.44	54.44	42.33	53.55	70.06	43.17
2657	300600.SZ	国瑞科技	59.62	82.68	74.49	47.87	36.70	36.28	35.38	81.41	48.79
2658	603336.SH	宏辉果蔬	59.62	81.96	66.21	44.17	53.61	41.22	54.49	69.48	57.67
2659	000925.SZ	众合科技	59.62	68.28	71.45	41.24	51.16	59.98	60.51	67.15	42.32
2660	300346.SZ	南大光电	59.62	68.76	58.94	56.93	38.47	56.67	52.45	72.97	49.86
2661	688219.SH	会通股份	59.60	62.87	80.00	40.50	54.82	54.57	56.99	66.19	45.57
2662	300865.SZ	大宏立	59.58	92.91	80.48	48.11	34.58	33.00	33.80	72.57	62.76
2663	002703.SZ	浙江世宝	59.58	76.12	76.06	41.82	37.30	52.97	52.03	69.64	54.35
2664	300006.SZ	莱美药业	59.58	76.03	77.35	38.99	35.80	46.33	43.38	84.19	31.49
2665	603507.SH	振江股份	59.58	89.80	65.71	44.21	59.02	40.05	54.16	70.06	38.81
2666	603318.SH	水发燃气	59.58	84.10	66.71	36.61	65.46	37.18	57.97	70.74	49.88
2667	300839.SZ	博汇股份	59.58	82.35	75.63	46.06	58.98	33.96	45.16	69.65	50.30
2668	600476.SH	湘邮科技	59.58	80.49	70.24	40.03	50.24	28.57	46.53	83.25	47.27
2669	300955.SZ	嘉亨家化	59.56	81.57	71.93	57.26	52.07	26.17	60.92	63.05	51.77
2670	002170.SZ	芭田股份	59.56	76.11	74.23	39.67	39.12	59.99	53.13	71.65	39.43
2671	688037.SH	芯源微	59.56	83.33	78.24	51.04	27.27	50.39	38.38	69.41	59.79
2672	300585.SZ	奥联电子	59.56	85.82	62.97	50.48	34.52	48.48	56.41	70.39	50.28
2673	002482.SZ	广田集团	59.54	86.11	60.40	25.87	52.76	55.92	56.79	79.07	43.73
2674	600865.SH	百大集团	59.54	83.20	73.21	72.64	43.07	35.45	57.45	51.79	55.00
2675	300493.SZ	润欣科技	59.53	70.54	67.30	49.69	47.91	47.34	58.84	67.36	55.22
2676	002577.SZ	雷柏科技	59.52	81.35	64.66	48.91	36.87	28.37	50.16	77.70	70.69
2677	300918.SZ	南山智尚	59.52	88.80	80.82	39.84	49.39	37.74	53.13	61.93	63.60
2678	603012.SH	创力集团	59.51	77.56	67.43	61.87	43.82	44.56	56.78	63.23	44.34
2679	300952.SZ	恒辉安防	59.51	71.06	72.95	54.19	60.25	39.73	68.68	57.42	44.95
2680	603826.SH	坤彩科技	59.50	89.89	69.38	62.03	30.42	39.59	38.18	71.09	51.41
2681	605060.SH	联德股份	59.50	72.22	73.54	67.82	46.20	35.14	54.81	58.42	57.76
2682	002164.SZ	宁波东力	59.48	82.50	53.47	56.00	63.21	50.41	57.45	65.39	38.34

续表

排名	公司代码	公司名称	综合健康指数	内部控制	外部监督	创利能力	产品销售	竞争态势	价值再造	法人治理	资产资本结构
2683	002442.SZ	龙星化工	59.48	74.38	56.55	39.90	59.82	55.48	67.75	68.36	47.87
2684	002983.SZ	芯瑞达	59.48	84.93	70.26	47.80	47.58	28.54	49.38	72.59	59.46
2685	300981.SZ	中红医疗	59.47	63.88	76.86	67.24	80.27	29.65	39.70	56.16	62.61
2686	600156.SH	华升股份	59.47	78.70	66.34	40.58	49.70	34.79	48.39	78.62	61.09
2687	002255.SZ	海陆重工	59.47	53.73	50.44	57.16	67.17	60.49	71.59	63.83	44.05
2688	300809.SZ	华辰装备	59.46	88.89	64.34	49.26	33.96	29.91	60.66	72.53	59.64
2689	001201.SZ	东瑞股份	59.46	65.95	72.37	56.47	72.29	35.06	64.99	56.79	48.50
2690	002096.SZ	南岭民爆	59.46	84.13	72.78	33.04	43.04	45.22	51.42	77.30	46.08
2691	600130.SH	波导股份	59.46	86.41	70.10	43.67	57.50	27.17	56.88	68.88	56.06
2692	002471.SZ	中超控股	59.45	76.17	63.90	31.63	61.56	59.45	54.46	73.45	42.92
2693	688108.SH	赛诺医疗	59.45	84.28	70.60	51.28	32.41	42.60	39.71	72.40	66.73
2694	688116.SH	天奈科技	59.45	81.27	82.11	60.41	29.73	36.16	38.97	65.56	63.25
2695	000761.SZ	本钢板材	59.44	72.96	64.37	25.94	53.38	53.83	61.90	78.74	46.90
2696	601798.SH	蓝科高新	59.44	87.50	65.00	35.35	47.59	52.06	58.37	72.39	42.15
2697	002224.SZ	三力士	59.44	76.21	50.61	60.22	46.50	40.53	55.90	71.34	64.00
2698	605169.SH	洪通燃气	59.44	87.27	77.92	49.82	42.29	23.71	41.44	71.84	64.79
2699	688585.SH	上纬新材	59.43	75.19	75.50	48.61	53.90	38.74	44.30	68.21	59.27
2700	002922.SZ	伊戈尔	59.43	73.39	67.21	41.66	46.28	56.97	62.59	68.98	41.60
2701	003031.SZ	中瓷电子	59.41	77.06	71.80	50.71	45.77	47.42	58.82	60.02	61.02
2702	300655.SZ	晶瑞股份	59.41	75.06	67.14	49.85	43.42	45.50	48.39	75.01	45.67
2703	002431.SZ	棕榈股份	59.40	77.93	66.78	30.13	51.36	59.62	49.69	77.55	42.94
2704	688033.SH	天宜上佳	59.40	76.58	63.76	61.73	37.57	42.43	45.41	68.72	65.79
2705	603178.SH	圣龙股份	59.40	90.90	65.38	42.85	44.56	39.45	56.50	74.94	36.15
2706	000096.SZ	广聚能源	59.39	76.57	64.27	55.84	41.96	36.23	37.54	77.47	64.17
2707	600702.SH	舍得酒业	59.39	72.44	67.60	54.46	44.11	60.33	49.71	64.72	48.25
2708	003039.SZ	顺控发展	59.39	77.44	80.97	69.72	51.04	37.62	36.85	55.76	58.06
2709	300211.SZ	亿通科技	59.38	83.28	67.26	59.72	39.80	27.64	42.01	72.73	64.32
2710	300501.SZ	海顺新材	59.38	75.69	62.74	50.81	37.20	51.05	51.59	76.76	39.24
2711	603969.SH	银龙股份	59.38	70.26	66.60	48.09	71.90	54.88	48.08	63.36	48.39
2712	600866.SH	星湖科技	59.38	72.23	66.03	41.50	51.90	49.68	64.62	71.04	38.65
2713	605389.SH	长龄液压	59.37	61.90	74.08	67.31	69.89	28.45	56.36	55.85	57.11
2714	688519.SH	南亚新材	59.37	83.61	71.58	40.84	51.07	49.00	52.14	64.82	58.81
2715	000737.SZ	南风化工	59.37	76.62	76.66	48.57	32.32	41.07	49.79	76.06	38.65
2716	605277.SH	新亚电子	59.37	72.87	76.55	57.70	54.37	38.12	49.13	58.77	64.86
2717	000952.SZ	广济药业	59.36	83.42	64.85	41.77	50.45	42.15	61.00	70.54	46.93
2718	300935.SZ	盈建科	59.35	72.69	73.24	72.05	34.10	37.98	47.01	59.27	68.49
2719	300629.SZ	新劲刚	59.35	82.64	49.07	49.25	43.16	42.99	56.46	77.19	59.88
2720	601218.SH	吉鑫科技	59.35	69.48	58.34	66.45	68.47	43.96	62.59	56.86	45.75

续表

排名	公司代码	公司名称	综合健康指数	内部控制	外部监督	创利能力	产品销售	竞争态势	价值再造	法人治理	资产资本结构
2721	002631.SZ	德尔未来	59.35	90.48	74.11	39.90	31.50	51.23	39.99	75.60	48.31
2722	300929.SZ	华骐环保	59.34	85.49	72.27	44.82	55.40	39.26	60.47	59.92	57.76
2723	688577.SH	浙海德曼	59.33	74.02	76.07	50.11	33.73	42.26	39.15	74.63	61.22
2724	300050.SZ	世纪鼎利	59.33	76.29	64.15	46.79	31.04	51.65	57.43	75.94	43.52
2725	300605.SZ	恒锋信息	59.33	86.42	70.42	49.08	46.96	45.00	40.71	70.71	47.65
2726	300076.SZ	GQY视讯	59.33	75.41	68.70	37.80	26.24	44.03	48.64	84.23	59.67
2727	002991.SZ	甘源食品	59.32	78.42	74.61	59.99	41.81	31.57	40.94	69.63	56.64
2728	300490.SZ	华自科技	59.32	72.55	74.29	36.03	46.78	62.09	60.96	66.30	41.56
2729	603439.SH	贵州三力	59.32	84.80	69.81	54.05	39.37	34.80	54.23	66.52	57.97
2730	600198.SH	*ST大唐	59.31	85.35	67.44	45.24	31.33	63.89	42.26	71.80	48.27
2731	605180.SH	华生科技	59.31	65.59	72.52	65.63	65.85	29.79	58.38	56.12	56.71
2732	000605.SZ	渤海股份	59.31	88.90	66.47	33.90	40.34	49.24	46.91	81.21	39.92
2733	000796.SZ	凯撒旅业	59.30	67.24	73.57	38.06	57.21	59.34	53.59	67.76	44.65
2734	600545.SH	卓郎智能	59.30	87.38	56.77	36.72	45.31	66.44	51.87	75.08	37.39
2735	603530.SH	神马电力	59.30	84.99	72.66	71.39	41.19	37.60	33.98	61.61	57.82
2736	603223.SH	恒通股份	59.30	87.17	76.66	55.39	55.45	39.22	41.66	59.62	54.36
2737	603776.SH	永安行	59.29	73.72	65.08	48.92	54.18	33.51	59.24	68.70	62.62
2738	300250.SZ	初灵信息	59.29	76.15	70.19	48.46	34.91	48.28	47.60	73.07	54.11
2739	300068.SZ	南都电源	59.29	79.55	71.85	32.53	59.52	57.87	54.50	67.45	41.93
2740	688310.SH	迈得医疗	59.29	74.34	67.07	59.12	31.46	38.62	45.24	72.67	65.68
2741	300339.SZ	润和软件	59.29	82.81	51.94	48.03	56.57	49.67	64.48	66.83	49.57
2742	002953.SZ	日丰股份	59.28	79.05	64.32	46.97	66.99	36.51	46.04	71.32	52.57
2743	600252.SH	中恒集团	59.28	86.44	60.85	44.73	34.25	55.23	50.88	74.61	47.02
2744	002722.SZ	金轮股份	59.26	79.11	68.57	43.52	55.93	37.39	57.89	70.13	46.41
2745	002412.SZ	汉森制药	59.26	85.35	72.40	47.90	33.01	42.24	46.35	75.28	42.01
2746	605258.SH	协和电子	59.26	87.89	75.34	52.43	35.09	34.07	48.23	68.08	55.07
2747	002295.SZ	精艺股份	59.26	72.61	62.68	37.75	53.95	43.75	60.18	76.32	48.61
2748	603667.SH	五洲新春	59.25	89.15	67.63	42.94	56.18	35.48	54.60	71.15	39.54
2749	603309.SH	维力医疗	59.25	74.71	61.40	53.25	57.61	41.48	57.69	67.52	48.10
2750	002685.SZ	华东重机	59.25	91.85	63.88	34.17	57.78	37.22	47.72	78.39	45.70
2751	688056.SH	莱伯泰科	59.25	76.29	77.97	55.91	31.85	41.46	47.23	65.33	62.32
2752	300806.SZ	斯迪克	59.24	77.88	61.60	48.53	54.30	46.91	50.54	71.78	46.41
2753	300290.SZ	荣科科技	59.24	67.09	50.06	40.02	46.21	53.91	63.06	82.47	46.69
2754	300311.SZ	任子行	59.24	77.35	46.12	47.95	49.18	61.64	60.97	72.15	47.75
2755	002443.SZ	金洲管道	59.24	76.50	49.60	63.53	43.69	30.44	54.64	77.63	53.73
2756	601015.SH	陕西黑猫	59.24	93.78	76.14	38.50	54.17	30.39	55.55	66.72	48.90
2757	000584.SZ	哈工智能	59.24	78.74	71.46	30.21	49.53	63.68	52.92	71.42	40.60
2758	600560.SH	金自天正	59.23	70.36	77.60	52.61	40.07	51.19	46.02	66.65	49.45

续表

排名	公司代码	公司名称	综合健康指数	内部控制	外部监督	创利能力	产品销售	竞争态势	价值再造	法人治理	资产资本结构
2759	300514.SZ	友讯达	59.23	81.86	68.57	52.78	42.95	47.61	38.98	69.99	55.73
2760	300664.SZ	鹏鹞环保	59.23	56.42	56.47	50.13	48.55	56.57	63.55	71.88	54.87
2761	002197.SZ	证通电子	59.23	73.21	71.40	38.71	48.95	60.67	55.16	69.49	37.53
2762	600416.SH	湘电股份	59.23	66.34	64.69	41.42	52.97	49.79	47.80	82.28	35.21
2763	300717.SZ	华信新材	59.22	85.48	73.32	51.65	37.50	34.37	37.35	73.32	61.37
2764	002365.SZ	永安药业	59.22	78.86	65.22	48.49	48.80	39.44	58.11	70.14	48.21
2765	603398.SH	邦宝益智	59.22	85.88	78.24	50.61	33.85	41.42	42.20	69.18	51.21
2766	600505.SH	西昌电力	59.22	72.42	70.74	44.57	34.30	42.33	52.50	78.45	47.79
2767	600343.SH	航天动力	59.22	86.88	68.28	30.55	33.02	46.53	51.88	83.05	43.65
2768	300657.SZ	弘信电子	59.21	67.16	64.64	40.74	59.96	50.41	65.15	68.82	44.21
2769	603696.SH	安记食品	59.20	88.70	58.66	51.36	55.37	39.04	47.80	68.09	60.62
2770	300491.SZ	通合科技	59.20	73.37	59.80	48.91	32.44	56.85	56.05	74.61	48.43
2771	600099.SH	林海股份	59.20	77.92	67.13	47.67	48.12	42.66	49.56	68.26	65.45
2772	600581.SH	八一钢铁	59.20	91.01	69.69	40.48	34.24	32.92	58.05	77.11	42.06
2773	002830.SZ	名雕股份	59.19	88.10	63.91	54.78	29.91	36.77	35.72	79.52	57.85
2774	603797.SH	联泰环保	59.18	94.00	73.24	53.33	42.38	23.33	43.29	71.70	50.61
2775	300900.SZ	广联航空	59.18	89.31	78.59	43.54	44.51	20.02	43.37	74.79	59.16
2776	002023.SZ	海特高新	59.17	69.57	65.69	43.19	39.64	61.93	56.62	73.36	38.45
2777	603879.SH	永悦科技	59.17	92.61	75.51	40.31	42.39	35.41	42.84	70.57	63.59
2778	605186.SH	健麾信息	59.17	78.21	79.22	63.99	35.37	30.43	36.91	65.86	66.49
2779	300160.SZ	秀强股份	59.17	71.48	50.16	56.79	51.76	38.48	53.18	79.44	46.25
2780	605376.SH	博迁新材	59.17	69.58	78.04	63.61	38.82	26.38	42.67	68.12	66.14
2781	300103.SZ	达刚控股	59.17	76.62	68.19	38.57	40.77	49.03	61.12	71.94	49.99
2782	600288.SH	大恒科技	59.17	75.85	67.54	40.28	40.92	73.84	58.04	64.02	42.69
2783	605338.SH	巴比食品	59.16	70.62	81.65	50.42	54.31	36.47	40.67	65.55	62.73
2784	603300.SH	华铁应急	59.15	80.87	57.28	56.73	50.70	42.77	65.45	66.12	36.77
2785	300328.SZ	宜安科技	59.15	74.59	61.44	45.70	34.59	55.82	49.06	77.55	50.05
2786	300376.SZ	易事特	59.14	67.54	64.50	45.74	49.53	56.39	58.52	70.27	41.82
2787	603315.SH	福鞍股份	59.14	85.97	69.24	40.48	46.78	46.02	49.86	68.34	59.64
2788	300830.SZ	金现代	59.14	75.86	73.54	44.82	47.82	34.05	62.68	64.87	62.31
2789	300951.SZ	博硕科技	59.14	80.00	73.39	61.76	43.35	31.79	60.76	58.73	52.31
2790	688566.SH	吉贝尔	59.13	58.24	72.36	64.35	32.30	28.95	51.62	72.27	67.02
2791	603578.SH	三星新材	59.13	80.94	71.90	54.70	32.54	34.82	45.46	72.58	56.56
2792	300484.SZ	蓝海华腾	59.12	87.59	63.83	53.74	40.50	45.15	50.16	63.98	64.32
2793	300062.SZ	中能电气	59.11	78.20	77.50	42.06	39.77	49.48	47.78	70.95	44.73
2794	002977.SZ	天箭科技	59.11	92.26	74.35	62.49	46.11	19.26	30.42	68.27	66.21
2795	300091.SZ	金通灵	59.10	78.14	63.99	34.85	45.23	53.64	47.82	81.89	38.43
2796	002741.SZ	光华科技	59.10	80.74	54.31	35.75	48.77	64.49	63.11	71.03	45.98

续表

排名	公司代码	公司名称	综合健康指数	内部控制	外部监督	创利能力	产品销售	竞争态势	价值再造	法人治理	资产资本结构
2797	000607.SZ	华媒控股	59.10	69.18	77.73	30.24	53.13	52.85	44.00	78.18	41.66
2798	300387.SZ	富邦股份	59.09	86.36	56.01	47.47	40.86	47.20	55.01	72.86	52.78
2799	300787.SZ	海能实业	59.08	74.03	64.83	48.34	47.14	46.05	48.32	75.02	45.24
2800	300238.SZ	冠昊生物	59.08	71.93	74.12	45.88	34.99	42.30	48.54	77.49	44.97
2801	002986.SZ	宇新股份	59.07	73.58	62.82	48.63	60.18	46.57	50.05	64.49	68.60
2802	300950.SZ	德固特	59.07	83.25	73.95	65.57	49.60	25.58	49.71	58.00	60.93
2803	300938.SZ	信测标准	59.06	75.76	73.66	57.69	43.29	52.37	46.97	57.17	64.01
2804	688309.SH	恒誉环保	59.06	81.77	74.10	57.41	42.52	35.55	37.19	67.21	63.44
2805	002121.SZ	科陆电子	59.06	73.63	51.13	45.12	46.98	71.84	61.29	72.66	28.28
2806	003023.SZ	彩虹集团	59.05	79.94	83.42	52.68	35.34	39.73	51.11	61.02	55.44
2807	003011.SZ	海象新材	59.05	77.31	83.08	45.85	40.62	32.19	38.11	73.51	58.52
2808	002786.SZ	银宝山新	59.04	68.71	72.88	35.29	47.98	54.92	51.24	76.02	39.41
2809	688055.SH	龙腾光电	59.03	60.98	72.45	48.68	65.35	53.12	52.51	62.03	50.20
2810	003041.SZ	真爱美家	59.03	55.54	72.98	56.74	54.76	39.48	63.85	59.59	63.61
2811	002642.SZ	荣联科技	59.02	81.75	56.53	39.73	47.28	58.49	52.88	74.32	46.61
2812	002617.SZ	露笑科技	59.00	76.64	78.34	39.82	72.70	45.85	54.98	58.58	43.50
2813	300958.SZ	建工修复	59.00	77.44	74.94	42.71	44.37	49.04	54.52	61.17	68.39
2814	600594.SH	益佰制药	59.00	77.44	52.26	61.88	45.48	55.05	53.84	68.24	39.39
2815	601606.SH	长城军工	59.00	79.18	62.63	40.79	46.10	44.91	65.92	69.66	50.88
2816	603983.SH	丸美股份	58.99	68.94	62.97	69.76	44.28	44.36	38.14	65.95	65.12
2817	605001.SH	威奥股份	58.99	94.44	71.71	33.84	45.61	37.31	61.49	67.79	50.89
2818	002297.SZ	博云新材	58.99	86.56	57.55	39.82	30.25	43.28	51.56	84.43	48.76
2819	002808.SZ	恒久科技	58.98	90.97	61.46	38.97	50.89	38.35	55.22	73.20	50.50
2820	000793.SZ	华闻集团	58.97	83.75	75.50	33.97	48.58	53.81	51.44	70.60	33.46
2821	688286.SH	敏芯股份	58.97	78.28	78.31	48.64	36.48	41.05	38.90	67.78	72.15
2822	688393.SH	安必平	58.97	72.48	73.83	55.23	31.13	41.48	49.82	65.59	70.70
2823	002199.SZ	东晶电子	58.97	65.80	69.00	41.48	45.93	33.73	56.12	78.25	58.19
2824	000089.SZ	深圳机场	58.97	71.07	68.05	51.65	36.11	38.66	41.47	79.81	54.22
2825	002119.SZ	康强电子	58.96	82.84	61.72	46.65	64.84	47.69	50.43	66.03	44.95
2826	300117.SZ	嘉寓股份	58.94	76.89	68.30	34.88	44.84	53.21	52.83	73.19	52.58
2827	600281.SH	太化股份	58.94	66.01	65.53	53.30	47.67	33.48	46.09	79.06	50.67
2828	300449.SZ	汉邦高科	58.93	80.66	75.92	55.64	51.19	34.66	44.59	66.07	42.89
2829	603917.SH	合力科技	58.93	92.58	60.68	59.21	37.65	33.70	45.19	69.85	57.86
2830	300054.SZ	鼎龙股份	58.93	81.93	59.05	44.76	33.36	64.02	54.75	70.82	46.39
2831	300042.SZ	朗科科技	58.92	76.34	45.39	58.67	54.92	43.54	52.50	71.08	62.53
2832	600399.SH	抚顺特钢	58.92	74.33	80.28	49.47	40.32	42.15	37.24	69.48	59.78
2833	688166.SH	博瑞医药	58.91	64.30	54.80	61.13	58.17	47.81	47.88	68.25	59.64
2834	603200.SH	上海洗霸	58.91	84.77	68.19	34.52	33.67	55.07	54.91	71.87	54.60

续表

排名	公司代码	公司名称	综合健康指数	内部控制	外部监督	创利能力	产品销售	竞争态势	价值再造	法人治理	资产资本结构
2835	600936.SH	广西广电	58.90	81.69	65.36	33.52	47.12	51.48	49.98	77.61	43.12
2836	600115.SH	中国东航	58.90	71.13	66.44	28.67	42.15	59.05	49.99	82.82	42.47
2837	002952.SZ	亚世光电	58.90	83.85	66.28	55.69	38.47	30.69	38.16	74.05	66.64
2838	002988.SZ	豪美新材	58.88	74.12	76.98	40.69	37.73	46.48	55.22	69.54	51.34
2839	300885.SZ	海昌新材	58.88	84.43	71.96	54.90	50.59	22.01	39.36	69.08	68.22
2840	600965.SH	福成股份	58.88	79.70	61.22	39.85	53.83	51.10	63.83	65.39	53.05
2841	688551.SH	科威尔	58.88	74.30	71.30	63.74	30.07	29.66	37.94	72.76	67.83
2842	300883.SZ	龙利得	58.87	82.24	71.15	32.00	50.93	33.59	58.03	73.24	58.15
2843	300389.SZ	艾比森	58.87	77.20	72.04	39.01	35.07	59.61	46.76	71.91	50.80
2844	300932.SZ	三友联众	58.87	83.03	72.81	49.46	54.31	32.43	45.34	67.01	55.42
2845	300965.SZ	恒宇信通	58.86	70.01	71.71	68.68	41.80	37.14	54.49	57.57	59.92
2846	002587.SZ	奥拓电子	58.86	80.32	67.16	36.30	28.30	57.82	51.83	76.23	50.69
2847	002083.SZ	孚日股份	58.85	68.79	39.91	47.05	56.31	54.30	59.87	80.15	45.81
2848	603709.SH	中源家居	58.85	73.09	56.79	53.38	47.54	45.96	53.55	71.38	54.39
2849	600730.SH	中国高科	58.85	80.48	64.57	47.01	40.20	54.78	58.65	61.55	62.97
2850	603036.SH	如通股份	58.82	83.27	67.33	55.93	27.29	39.54	42.81	71.98	62.83
2851	603663.SH	三祥新材	58.82	87.50	71.03	48.40	36.66	45.93	50.41	67.63	44.29
2852	300512.SZ	中亚股份	58.82	85.99	69.88	50.85	37.60	41.92	47.82	68.09	51.97
2853	600851.SH	海欣股份	58.82	80.33	74.61	50.95	39.68	45.38	38.99	69.34	51.86
2854	300665.SZ	飞鹿股份	58.81	79.77	70.29	35.34	31.18	44.33	50.51	82.62	41.93
2855	600405.SH	动力源	58.81	74.48	82.32	32.80	32.03	57.94	44.29	76.33	38.46
2856	688696.SH	极米科技	58.81	54.98	76.82	50.89	58.05	46.39	67.30	56.88	53.44
2857	600804.SH	鹏博士	58.80	63.32	56.36	59.81	45.60	69.74	46.12	70.24	34.68
2858	000910.SZ	大亚圣象	58.80	60.82	59.93	61.43	58.42	67.79	63.24	52.63	47.28
2859	688051.SH	佳华科技	58.80	52.69	65.24	58.63	54.08	40.80	53.37	69.88	57.23
2860	300712.SZ	永福股份	58.80	78.55	88.24	46.36	29.51	43.22	34.18	73.10	44.27
2861	600243.SH	青海华鼎	58.79	82.73	68.22	47.90	41.66	36.57	51.76	71.28	51.61
2862	002682.SZ	龙洲股份	58.79	80.50	66.19	21.99	37.58	56.66	49.52	86.78	39.13
2863	300107.SZ	建新股份	58.78	77.76	62.57	48.20	40.60	38.32	57.58	71.43	59.21
2864	603095.SH	越剑智能	58.76	73.20	65.56	49.58	51.24	47.38	44.42	69.10	58.86
2865	300612.SZ	宣亚国际	58.76	78.40	70.99	56.41	39.35	29.80	44.81	74.58	45.18
2866	002663.SZ	普邦股份	58.75	71.76	58.81	32.94	43.51	50.88	54.95	83.14	48.88
2867	002325.SZ	洪涛股份	58.75	84.74	63.01	38.63	40.65	57.36	53.00	71.52	46.17
2868	603580.SH	艾艾精工	58.75	83.03	66.56	60.33	20.00	47.24	42.59	69.85	58.91
2869	000780.SZ	*ST平能	58.75	87.64	76.80	42.46	34.06	44.59	35.45	71.47	62.28
2870	300598.SZ	诚迈科技	58.74	72.43	76.23	47.14	56.47	41.78	48.21	65.50	48.49
2871	002640.SZ	*ST跨境	58.73	64.83	49.91	52.04	54.18	59.32	56.19	73.15	41.67
2872	603088.SH	宁波精达	58.73	62.27	55.20	70.78	40.80	43.36	46.72	69.60	64.01

续表

排名	公司代码	公司名称	综合健康指数	内部控制	外部监督	创利能力	产品销售	竞争态势	价值再造	法人治理	资产资本结构
2873	600738.SH	丽尚国潮	58.73	82.72	64.80	56.92	44.26	36.03	43.14	70.74	52.53
2874	002951.SZ	金时科技	58.73	69.57	63.27	68.69	54.60	21.65	45.70	69.21	59.04
2875	002861.SZ	瀛通通讯	58.72	81.74	65.91	40.21	52.84	39.56	54.97	69.63	56.24
2876	600375.SH	汉马科技	58.72	74.93	56.85	35.25	45.71	65.26	51.58	79.47	35.60
2877	603111.SH	康尼机电	58.71	58.43	48.59	59.08	47.26	67.19	58.02	66.98	53.90
2878	002040.SZ	南京港	58.71	84.07	73.07	55.54	36.06	33.11	41.76	72.14	46.74
2879	600029.SH	南方航空	58.71	78.10	75.53	31.52	35.77	66.38	60.02	66.46	40.16
2880	300619.SZ	金银河	58.70	88.68	64.08	35.36	50.67	44.00	51.07	73.46	49.51
2881	600802.SH	福建水泥	58.70	78.28	69.04	56.34	45.53	38.95	43.86	70.02	44.66
2882	603679.SH	华体科技	58.70	84.27	70.69	43.19	42.67	49.33	41.09	70.90	51.57
2883	688050.SH	爱博医疗	58.69	62.10	81.96	57.16	35.46	30.80	46.39	66.96	70.76
2884	300876.SZ	蒙泰高新	58.69	86.25	69.77	54.01	51.44	26.25	39.83	67.72	65.93
2885	603477.SH	巨星农牧	58.69	85.29	49.38	43.84	52.38	42.65	65.32	71.77	49.56
2886	300549.SZ	优德精密	58.69	77.94	75.08	47.96	38.60	39.38	51.15	68.96	49.87
2887	002725.SZ	跃岭股份	58.68	88.08	61.55	36.79	48.13	36.16	56.61	75.00	53.24
2888	002006.SZ	精功科技	58.68	66.23	60.31	46.13	55.93	52.13	58.06	70.87	42.53
2889	002759.SZ	天际股份	58.67	86.06	76.92	34.42	38.38	44.24	54.40	70.67	44.85
2890	688021.SH	奥福环保	58.66	80.94	81.67	52.00	34.22	24.33	36.57	74.07	58.05
2891	600360.SH	华微电子	58.66	82.73	75.37	33.46	44.12	55.58	49.41	68.63	46.14
2892	688521.SH	芯原股份	58.65	61.22	79.84	39.50	44.16	61.60	45.40	68.30	52.09
2893	300873.SZ	海晨股份	58.65	69.80	79.51	49.33	41.33	37.47	45.09	66.71	67.21
2894	300402.SZ	宝色股份	58.64	66.08	69.19	40.49	57.16	42.68	42.33	79.07	46.17
2895	601777.SH	力帆科技	58.63	78.75	72.17	43.28	36.28	57.29	47.81	67.88	49.62
2896	600714.SH	金瑞矿业	58.63	83.45	67.35	32.01	47.19	29.96	46.70	81.59	61.98
2897	002495.SZ	佳隆股份	58.63	88.99	56.69	44.15	45.69	29.12	49.23	77.02	66.34
2898	600892.SH	大晟文化	58.63	82.24	65.31	48.36	43.27	43.22	61.14	66.28	43.91
2899	002403.SZ	爱仕达	58.62	78.44	65.78	38.58	38.26	56.04	59.48	72.32	37.36
2900	300842.SZ	帝科股份	58.61	63.25	81.92	44.25	48.32	44.15	42.19	70.86	51.60
2901	600368.SH	五洲交通	58.61	82.35	68.15	52.29	38.29	44.27	51.22	67.67	45.25
2902	688633.SH	星球石墨	58.60	65.08	71.86	60.35	58.52	36.87	54.13	58.06	59.22
2903	000751.SZ	锌业股份	58.60	74.85	68.86	43.22	60.52	42.69	49.29	68.14	50.69
2904	000816.SZ	智慧农业	58.60	86.27	76.28	31.55	61.65	49.76	45.95	65.72	45.35
2905	688085.SH	三友医疗	58.60	64.56	74.06	52.19	33.50	37.82	60.77	65.28	67.22
2906	300978.SZ	东箭科技	58.59	85.04	73.50	59.55	37.35	41.52	52.93	55.08	61.48
2907	003042.SZ	中农联合	58.59	83.68	75.27	45.85	43.54	48.93	48.37	61.86	53.81
2908	000821.SZ	京山轻机	58.59	84.68	62.32	32.97	61.17	67.89	54.00	64.53	37.88
2909	688011.SH	新光光电	58.58	85.20	71.72	51.09	17.03	37.70	34.37	78.05	66.69
2910	300195.SZ	长荣股份	58.58	85.91	62.74	42.18	33.45	55.55	59.59	69.31	42.73

续表

排名	公司代码	公司名称	综合健康指数	内部控制	外部监督	创利能力	产品销售	竞争态势	价值再造	法人治理	资产资本结构
2911	300289.SZ	利德曼	58.57	82.52	65.99	40.76	33.28	51.38	45.21	75.30	54.53
2912	688686.SH	奥普特	58.57	53.02	73.27	56.81	43.64	41.74	48.10	67.54	69.62
2913	002863.SZ	今飞凯达	58.56	87.98	67.75	31.86	56.16	36.65	56.69	71.86	48.24
2914	688559.SH	海目星	58.56	73.50	83.66	44.01	36.45	46.43	41.17	69.38	51.34
2915	000593.SZ	大通燃气	58.55	81.62	74.22	45.32	44.17	41.90	46.75	68.98	46.79
2916	000795.SZ	英洛华	58.55	77.47	71.16	32.24	37.07	55.61	57.90	70.35	52.98
2917	603626.SH	科森科技	58.53	90.44	63.69	30.92	58.93	48.54	58.16	69.07	40.25
2918	002650.SZ	ST加加	58.53	71.12	45.75	50.01	53.61	55.80	53.35	73.90	53.07
2919	600550.SH	保变电气	58.53	87.75	72.08	36.09	55.69	49.32	48.33	67.38	39.35
2920	002437.SZ	誉衡药业	58.52	80.34	72.21	44.83	44.56	44.36	50.94	70.53	35.72
2921	300046.SZ	台基股份	58.52	87.57	66.36	47.80	43.22	33.29	46.52	70.34	61.35
2922	688639.SH	华恒生物	58.51	61.93	74.06	66.63	58.33	31.02	56.51	56.70	52.95
2923	300694.SZ	蠡湖股份	58.51	85.56	70.72	45.65	34.30	38.28	42.91	76.15	47.02
2924	002530.SZ	金财互联	58.51	81.87	68.11	23.72	38.48	59.87	49.49	78.86	47.43
2925	300292.SZ	吴通控股	58.50	75.06	52.98	38.06	63.28	50.18	58.12	73.52	46.46
2926	603569.SH	长久物流	58.50	82.93	64.52	43.75	49.69	46.16	54.22	66.67	51.60
2927	000721.SZ	西安饮食	58.49	76.53	70.60	49.68	35.55	30.18	53.96	74.20	49.97
2928	688618.SH	三旺通信	58.49	61.73	79.46	59.07	31.28	41.46	47.33	64.44	65.14
2929	300018.SZ	中元股份	58.48	69.72	63.49	47.97	30.07	65.12	50.43	69.14	56.59
2930	688981.SH	中芯国际	58.48	57.68	73.23	54.07	68.48	60.27	54.41	51.01	53.86
2931	688198.SH	佰仁医疗	58.48	80.79	76.72	58.68	28.75	36.70	41.30	63.82	68.57
2932	688456.SH	有研粉材	58.48	54.24	74.17	59.45	54.91	42.51	53.39	61.08	55.65
2933	600882.SH	妙可蓝多	58.47	70.50	70.83	44.88	48.45	58.83	47.66	67.50	41.37
2934	002306.SZ	中科云网	58.46	69.94	51.75	49.39	62.29	43.86	65.39	66.85	53.33
2935	300752.SZ	隆利科技	58.46	85.60	73.24	39.56	53.79	39.00	45.97	70.24	43.66
2936	600211.SH	西藏药业	58.45	70.26	60.39	66.19	40.37	36.22	48.23	69.21	56.96
2937	002379.SZ	宏创控股	58.45	88.01	62.86	32.81	52.00	41.48	53.81	73.27	53.23
2938	688060.SH	云涌科技	58.42	72.32	64.19	63.63	44.31	33.27	45.19	67.88	60.52
2939	001202.SZ	炬申股份	58.42	65.60	69.32	60.85	52.89	27.28	66.72	57.96	61.25
2940	688081.SH	兴图新科	58.42	82.28	72.72	52.02	24.94	31.23	43.51	72.95	66.44
2941	603828.SH	柯利达	58.42	88.98	66.91	27.26	53.26	54.58	59.10	68.01	41.57
2942	002011.SZ	盾安环境	58.41	84.02	71.78	35.05	52.88	52.29	54.10	65.18	42.99
2943	000822.SZ	山东海化	58.41	86.19	70.96	42.30	47.84	36.75	40.34	72.91	53.23
2944	688678.SH	福立旺	58.41	61.47	76.58	49.64	46.21	35.29	61.52	64.42	57.45
2945	002888.SZ	惠威科技	58.39	78.32	60.84	56.51	29.43	50.86	42.14	70.56	62.68
2946	300265.SZ	通光线缆	58.39	79.76	66.24	38.34	52.30	44.85	49.96	71.87	50.14
2947	601619.SH	嘉泽新能	58.38	89.82	85.52	52.23	40.53	20.62	33.40	68.36	55.32
2948	300061.SZ	旗天科技	58.38	87.24	68.12	31.68	42.29	45.91	50.06	75.47	48.05

续表

排名	公司代码	公司名称	综合健康指数	内部控制	外部监督	创利能力	产品销售	竞争态势	价值再造	法人治理	资产资本结构
2949	600751.SH	海航科技	58.37	77.87	61.49	41.07	60.94	56.11	40.43	75.33	31.09
2950	603755.SH	日辰股份	58.36	80.68	74.49	55.14	44.18	39.91	35.65	63.47	66.02
2951	600230.SH	沧州大化	58.36	76.80	63.08	34.03	56.42	37.91	55.44	75.98	52.33
2952	003032.SZ	传智教育	58.34	91.07	75.23	49.83	34.09	34.65	50.26	60.67	67.01
2953	300279.SZ	和晶科技	58.32	79.84	63.12	35.03	47.56	55.42	50.17	77.31	31.84
2954	603595.SH	东尼电子	58.32	92.99	63.99	32.48	50.70	43.44	53.13	72.47	44.67
2955	603003.SH	龙宇燃油	58.31	81.76	66.05	33.91	54.69	53.03	58.27	63.78	55.48
2956	300977.SZ	深圳瑞捷	58.30	84.40	71.58	63.61	37.82	26.22	55.55	57.38	63.99
2957	600366.SH	宁波韵升	58.30	83.78	59.28	54.92	32.84	52.05	67.28	58.03	54.89
2958	603908.SH	牧高笛	58.29	86.55	72.69	46.91	49.08	27.91	45.57	69.31	52.60
2959	002331.SZ	皖通科技	58.28	66.18	56.58	44.66	48.15	60.97	56.97	71.50	44.34
2960	605298.SH	必得科技	58.28	76.01	70.83	66.83	46.54	35.69	44.30	57.00	64.98
2961	688156.SH	路德环境	58.27	71.27	64.95	49.99	35.18	33.12	62.40	69.64	65.02
2962	002842.SZ	翔鹭钨业	58.27	73.66	62.04	38.96	47.75	49.40	61.27	70.54	48.88
2963	300194.SZ	福安药业	58.27	86.86	64.58	42.11	39.79	49.52	57.42	66.82	46.94
2964	600805.SH	悦达投资	58.26	86.89	67.73	36.67	37.86	57.37	56.46	66.74	43.85
2965	603990.SH	麦迪科技	58.26	80.45	71.78	50.56	27.40	38.10	50.23	70.63	53.75
2966	300057.SZ	万顺新材	58.25	82.50	59.04	30.74	56.10	54.04	64.78	68.72	43.33
2967	300835.SZ	龙磁科技	58.25	85.46	67.89	55.97	24.03	39.52	41.36	71.82	56.63
2968	300551.SZ	古鳌科技	58.25	69.92	75.35	41.89	28.26	44.02	55.39	70.72	61.05
2969	002346.SZ	柘中股份	58.24	74.85	70.34	52.30	44.02	34.21	56.34	66.78	48.41
2970	300641.SZ	正丹股份	58.24	82.26	66.94	35.38	44.50	45.09	49.97	73.17	54.70
2971	300429.SZ	强力新材	58.24	73.98	54.57	51.15	28.44	49.97	60.95	72.28	56.23
2972	300043.SZ	星辉娱乐	58.23	67.41	60.79	42.50	44.87	49.87	66.04	72.30	39.86
2973	688157.SH	松井股份	58.23	68.53	75.37	51.28	30.87	38.36	52.27	69.26	57.43
2974	300165.SZ	天瑞仪器	58.22	85.74	46.84	50.64	33.58	57.03	58.81	71.33	46.56
2975	300380.SZ	安硕信息	58.21	64.06	65.87	53.91	52.11	45.71	60.25	61.43	54.31
2976	003000.SZ	劲仔食品	58.21	71.67	75.71	51.87	44.63	27.15	41.34	70.05	67.39
2977	688590.SH	新致软件	58.21	60.89	81.64	43.60	45.43	48.81	53.17	65.00	49.08
2978	603377.SH	东方时尚	58.21	87.21	69.81	47.66	41.77	22.87	46.48	78.10	38.52
2979	002114.SZ	罗平锌电	58.21	80.12	69.60	36.20	50.08	37.32	47.84	77.26	42.54
2980	002249.SZ	大洋电机	58.21	61.00	67.95	37.69	59.13	55.97	64.65	64.44	46.33
2981	002899.SZ	英派斯	58.20	83.38	64.02	45.29	40.50	44.58	51.04	68.83	56.55
2982	002870.SZ	香山股份	58.20	76.92	60.78	53.36	41.59	46.58	58.66	68.36	37.34
2983	002134.SZ	天津普林	58.19	84.79	68.58	41.48	43.51	36.24	34.78	79.83	50.28
2984	600698.SH	湖南天雁	58.19	83.26	62.15	39.52	33.79	46.57	39.98	81.21	54.01
2985	000839.SZ	中信国安	58.18	81.85	67.11	25.75	47.91	45.33	50.26	80.72	42.60
2986	300381.SZ	溢多利	58.17	75.06	56.67	39.45	53.56	54.61	60.98	70.98	39.08

续表

排名	公司代码	公司名称	综合健康指数	内部控制	外部监督	创利能力	产品销售	竞争态势	价值再造	法人治理	资产资本结构
2987	300889.SZ	爱克股份	58.17	90.34	68.20	36.13	40.95	46.75	51.06	67.93	56.46
2988	603388.SH	元成股份	58.16	84.54	62.49	44.92	46.31	38.77	50.56	72.97	45.33
2989	603577.SH	汇金通	58.16	87.60	56.28	41.33	59.50	40.23	63.60	64.53	52.03
2990	300636.SZ	同和药业	58.15	81.44	69.38	41.36	42.39	39.18	49.53	70.05	59.82
2991	300072.SZ	三聚环保	58.15	70.54	58.60	28.68	51.59	62.15	58.59	74.04	49.90
2992	300331.SZ	苏大维格	58.15	77.56	65.92	37.57	40.92	53.20	56.29	73.14	37.15
2993	300983.SZ	尤安设计	58.15	57.47	73.56	74.99	50.06	29.84	52.43	55.24	61.52
2994	600106.SH	重庆路桥	58.15	84.89	67.55	55.01	38.33	29.66	46.88	67.83	60.96
2995	600199.SH	金种子酒	58.14	85.90	77.05	28.57	32.14	40.34	45.34	77.32	57.11
2996	600300.SH	ST维维	58.14	62.22	49.87	42.13	52.98	58.68	58.32	78.20	39.48
2997	603031.SH	安德利	58.13	96.85	60.25	36.96	39.63	42.91	45.01	75.75	52.77
2998	002393.SZ	力生制药	58.13	84.83	62.27	43.21	34.28	52.56	52.02	68.21	58.17
2999	300907.SZ	康平科技	58.11	83.78	84.75	38.26	46.32	25.25	42.84	68.97	60.30
3000	300942.SZ	易瑞生物	58.11	80.44	72.37	54.37	48.18	29.02	49.66	58.58	74.83
3001	300444.SZ	双杰电气	58.10	77.30	67.40	33.63	43.97	54.94	50.48	75.52	37.26
3002	300324.SZ	旋极信息	58.10	74.35	42.87	37.55	44.87	69.75	57.84	76.97	46.67
3003	300053.SZ	欧比特	58.10	68.91	41.00	50.55	42.66	62.68	62.67	75.00	41.54
3004	300927.SZ	江天化学	58.10	82.88	63.17	49.54	47.00	37.82	57.69	62.30	62.54
3005	688155.SH	先惠技术	58.10	63.61	74.71	57.10	45.34	43.49	39.50	64.02	65.69
3006	300796.SZ	贝斯美	58.08	84.13	63.79	44.66	42.43	34.02	54.57	70.90	56.12
3007	300181.SZ	佐力药业	58.08	77.81	68.05	37.47	38.80	37.83	63.66	72.10	49.84
3008	002780.SZ	三夫户外	58.08	85.85	74.27	38.94	38.19	41.01	41.27	71.55	58.11
3009	300643.SZ	万通智控	58.08	85.69	55.91	61.73	37.44	48.09	44.93	66.99	47.58
3010	002211.SZ	宏达新材	58.07	84.44	61.61	43.62	50.05	33.52	48.56	74.60	50.65
3011	300681.SZ	英搏尔	58.07	90.46	68.33	35.09	35.71	48.23	52.32	68.84	55.73
3012	688557.SH	兰剑智能	58.06	71.68	76.31	48.51	34.38	41.36	45.01	66.37	69.15
3013	300540.SZ	深冷股份	58.06	85.33	60.47	36.95	56.29	39.24	51.56	71.71	55.33
3014	600595.SH	*ST中孚	58.06	78.73	66.29	37.41	56.97	60.02	52.09	63.22	45.76
3015	002836.SZ	新宏泽	58.06	73.87	47.90	62.10	50.54	32.51	52.09	70.66	64.95
3016	002962.SZ	五方光电	58.05	75.72	67.64	55.95	37.86	29.66	44.23	71.59	62.12
3017	002426.SZ	胜利精密	58.04	72.67	47.69	43.67	70.12	59.65	59.73	66.88	39.05
3018	002947.SZ	恒铭达	58.03	80.05	63.84	57.62	37.20	40.05	50.69	65.09	56.70
3019	600774.SH	汉商集团	58.03	87.01	75.17	27.93	34.78	49.92	55.39	75.56	27.77
3020	605118.SH	力鼎光电	58.02	71.85	74.08	55.64	40.51	34.10	48.35	63.55	64.73
3021	603602.SH	纵横通信	58.02	81.19	70.00	41.58	54.10	37.35	46.81	69.51	50.03
3022	300204.SZ	舒泰神	58.02	69.82	69.15	41.91	32.52	48.50	55.99	71.76	53.92
3023	000548.SZ	湖南投资	58.02	68.73	68.09	46.41	36.63	41.77	45.68	75.04	59.64
3024	003040.SZ	楚天龙	58.00	75.15	73.25	56.82	46.53	35.51	55.26	55.46	66.05

续表

排名	公司代码	公司名称	综合健康指数	内部控制	外部监督	创利能力	产品销售	竞争态势	价值再造	法人治理	资产资本结构
3025	600838.SH	上海九百	58.00	73.57	67.73	53.53	26.16	32.27	35.72	81.86	58.39
3026	000790.SZ	华神科技	58.00	74.95	61.12	42.36	38.31	47.52	54.41	71.43	62.17
3027	300609.SZ	汇纳科技	57.99	89.66	66.97	47.02	32.17	37.42	50.64	69.42	54.06
3028	600307.SH	酒钢宏兴	57.98	77.64	68.32	36.67	28.20	48.08	54.56	76.64	46.63
3029	600759.SH	洲际油气	57.98	81.31	45.73	50.54	47.07	38.39	64.60	73.59	45.72
3030	300897.SZ	山科智能	57.97	81.74	74.38	54.04	30.51	43.32	38.76	65.97	58.65
3031	300920.SZ	润阳科技	57.96	73.25	79.83	53.34	46.19	15.75	44.32	68.72	63.75
3032	300962.SZ	中金辐照	57.95	74.90	76.17	49.46	60.00	42.04	49.23	55.61	57.34
3033	603800.SH	道森股份	57.95	88.90	72.66	38.74	43.69	35.00	49.10	70.06	49.41
3034	600425.SH	青松建化	57.95	84.72	67.62	51.83	47.44	33.70	49.79	65.57	49.27
3035	002566.SZ	益盛药业	57.95	80.66	65.17	48.61	33.19	46.75	52.00	68.15	52.98
3036	300651.SZ	金陵体育	57.94	75.85	69.60	44.59	36.96	42.45	35.92	80.73	42.75
3037	300959.SZ	线上线下	57.93	70.01	73.28	55.98	58.07	33.55	58.35	55.84	54.79
3038	300359.SZ	全通教育	57.93	79.77	49.54	46.02	60.49	44.10	56.35	72.02	42.20
3039	603078.SH	江化微	57.93	76.70	64.64	44.65	48.46	42.76	47.10	71.32	52.20
3040	688118.SH	普元信息	57.92	82.44	70.56	53.59	31.40	34.00	46.00	66.71	65.36
3041	300318.SZ	博晖创新	57.91	83.03	62.76	39.98	39.59	51.80	47.69	74.93	40.13
3042	688679.SH	通源环境	57.91	61.21	77.20	48.48	42.75	48.70	55.11	60.72	59.57
3043	002104.SZ	恒宝股份	57.91	82.64	59.20	48.25	39.20	47.13	48.95	70.54	52.38
3044	600172.SH	黄河旋风	57.91	88.00	70.62	22.34	48.85	45.80	49.94	76.67	42.52
3045	002826.SZ	易明医药	57.91	75.53	70.56	47.50	42.75	33.81	43.68	73.88	51.90
3046	688013.SH	天臣医疗	57.91	72.48	76.81	52.13	37.14	24.45	39.24	70.86	73.67
3047	000711.SZ	京蓝科技	57.89	90.63	60.25	32.78	35.75	49.58	47.82	77.93	49.04
3048	002774.SZ	快意电梯	57.89	74.49	66.26	44.16	37.32	43.36	43.81	74.55	60.38
3049	002718.SZ	友邦吊顶	57.88	75.48	73.32	46.91	35.47	32.65	48.21	74.53	47.19
3050	603321.SH	梅轮电梯	57.87	67.31	69.48	49.14	35.91	48.36	36.76	75.06	55.91
3051	600397.SH	安源煤业	57.87	82.73	73.52	34.03	51.86	34.31	41.64	77.62	41.44
3052	000931.SZ	中关村	57.85	75.28	69.67	32.83	46.48	54.09	51.93	73.23	36.72
3053	000533.SZ	顺钠股份	57.84	69.33	56.10	46.73	57.08	57.90	61.13	65.03	38.47
3054	002357.SZ	富临运业	57.84	83.87	64.76	45.44	43.41	32.40	52.40	74.38	40.29
3055	300948.SZ	冠中生态	57.84	71.80	77.92	56.60	36.17	37.00	52.76	58.73	61.46
3056	300878.SZ	维康药业	57.83	91.39	66.36	44.13	30.33	29.62	47.57	73.21	64.23
3057	300923.SZ	研奥股份	57.83	81.50	80.50	50.85	30.87	28.33	36.30	67.47	73.23
3058	688022.SH	瀚川智能	57.83	73.40	67.47	41.76	34.66	43.79	61.80	71.42	45.22
3059	000520.SZ	长航凤凰	57.81	81.17	59.59	48.30	45.08	42.04	36.88	75.58	55.49
3060	601890.SH	亚星锚链	57.80	79.98	66.77	43.20	41.27	36.11	37.46	77.67	58.23
3061	600996.SH	贵广网络	57.80	85.04	69.11	39.04	47.55	47.87	53.15	66.99	37.94
3062	002502.SZ	鼎龙文化	57.79	77.12	67.61	40.55	48.01	32.78	56.87	70.45	54.68

续表

排名	公司代码	公司名称	综合健康指数	内部控制	外部监督	创利能力	产品销售	竞争态势	价值再造	法人治理	资产资本结构
3063	300880.SZ	迦南智能	57.78	74.52	77.18	51.13	47.77	34.99	34.53	67.21	60.28
3064	002162.SZ	悦心健康	57.78	69.56	82.06	46.34	35.21	54.41	42.96	66.36	39.63
3065	600227.SH	圣济堂	57.77	84.48	64.95	32.81	56.57	42.11	65.79	66.47	39.28
3066	000882.SZ	华联股份	57.76	94.16	69.99	39.31	33.00	38.90	43.92	72.65	51.35
3067	300120.SZ	经纬辉开	57.76	80.13	57.89	41.64	51.25	50.01	59.53	67.97	41.58
3068	605198.SH	德利股份	57.75	78.54	69.74	38.56	57.23	42.50	46.73	66.46	56.66
3069	002599.SZ	盛通股份	57.75	78.71	70.20	36.34	40.92	52.54	48.47	72.68	38.93
3070	688609.SH	九联科技	57.75	66.51	73.70	39.62	60.47	46.14	63.95	57.47	54.65
3071	600110.SH	诺德股份	57.74	79.69	69.77	36.84	53.06	49.64	54.33	65.84	40.65
3072	002550.SZ	千红制药	57.74	74.44	65.18	35.02	44.90	46.03	47.24	76.22	55.08
3073	600758.SH	辽宁能源	57.74	90.50	69.86	29.75	38.86	39.64	43.24	80.20	42.82
3074	002963.SZ	豪尔赛	57.73	86.08	59.75	46.90	27.55	40.08	37.93	77.96	66.16
3075	688258.SH	卓易信息	57.72	76.26	68.48	60.78	42.20	32.40	38.67	67.17	58.94
3076	300831.SZ	派瑞股份	57.72	80.09	76.33	52.77	28.72	24.15	36.79	72.08	70.49
3077	603045.SH	福达合金	57.72	62.86	66.14	35.61	50.09	41.02	70.03	70.73	48.48
3078	002877.SZ	智能自控	57.71	78.62	64.82	47.41	32.32	42.77	42.53	76.52	49.42
3079	300022.SZ	吉峰科技	57.71	70.91	54.84	49.95	51.48	51.81	59.74	68.68	35.68
3080	002613.SZ	北玻股份	57.71	73.70	57.42	35.38	47.42	56.41	42.31	77.51	57.00
3081	600117.SH	西宁特钢	57.71	83.87	68.12	39.19	27.69	41.72	50.72	79.27	35.40
3082	000088.SZ	盐田港	57.71	82.94	66.51	46.04	40.61	34.47	49.76	70.21	55.22
3083	300749.SZ	顶固集创	57.70	77.08	68.68	42.03	34.03	51.59	48.88	70.72	48.53
3084	000430.SZ	张家界	57.70	62.48	71.29	39.11	34.61	39.57	48.51	81.28	51.13
3085	002160.SZ	常铝股份	57.69	76.21	67.44	35.79	42.41	53.16	61.84	66.63	45.17
3086	688500.SH	慧辰资讯	57.69	58.10	75.41	53.95	35.21	33.16	63.06	64.96	57.27
3087	300492.SZ	华图山鼎	57.68	67.77	78.11	62.47	27.95	28.70	37.02	68.67	66.99
3088	002659.SZ	凯文教育	57.68	85.20	60.17	36.22	32.42	38.91	40.50	86.93	47.42
3089	603105.SH	芯能科技	57.66	68.18	55.11	47.62	50.28	44.16	51.46	71.65	62.88
3090	600391.SH	航发科技	57.65	76.02	75.79	31.18	46.52	48.96	44.42	74.70	38.29
3091	300560.SZ	中富通	57.64	68.21	72.65	46.40	45.87	28.14	55.35	73.85	39.87
3092	603697.SH	有友食品	57.64	77.67	67.46	52.62	42.81	26.00	45.57	71.19	59.28
3093	603311.SH	金海高科	57.64	81.19	67.46	59.11	40.97	31.92	47.81	64.68	51.49
3094	600371.SH	万向德农	57.63	76.19	79.98	51.14	31.77	50.21	32.85	62.35	66.77
3095	003035.SZ	南网能源	57.63	87.57	72.29	45.33	38.37	39.66	58.10	60.35	51.20
3096	002889.SZ	东方嘉盛	57.63	69.39	72.00	38.26	44.06	41.27	62.00	68.49	47.72
3097	300652.SZ	雷迪克	57.61	83.05	67.12	51.50	42.41	36.19	41.44	68.04	57.37
3098	000590.SZ	启迪药业	57.61	75.03	69.97	44.01	38.92	29.26	44.01	78.73	51.50
3099	000861.SZ	海印股份	57.61	83.46	61.42	46.47	39.22	48.76	44.38	73.09	41.07
3100	002615.SZ	哈尔斯	57.61	76.17	64.33	32.67	42.62	52.32	59.81	71.91	43.60

续表

排名	公司代码	公司名称	综合健康指数	内部控制	外部监督	创利能力	产品销售	竞争态势	价值再造	法人治理	资产资本结构
3101	300237.SZ	美晨生态	57.60	88.05	61.77	27.89	38.31	47.20	60.78	74.55	45.75
3102	605398.SH	新炬网络	57.60	65.91	72.42	59.72	55.56	27.45	51.03	58.69	65.21
3103	688168.SH	安博通	57.59	77.18	66.04	61.31	39.27	38.40	49.72	60.61	58.54
3104	600726.SH	华电能源	57.58	83.22	74.99	38.56	47.19	47.41	47.61	67.59	33.31
3105	002337.SZ	赛象科技	57.58	72.30	68.28	40.13	27.99	48.20	51.57	73.81	56.71
3106	002265.SZ	西仪股份	57.58	73.28	58.88	38.86	45.56	41.13	53.94	78.02	48.16
3107	002239.SZ	奥特佳	57.58	73.74	74.34	28.40	44.84	52.66	49.43	73.73	41.44
3108	688607.SH	康众医疗	57.55	51.15	72.01	62.08	58.16	32.86	57.84	57.15	62.87
3109	600785.SH	新华百货	57.55	78.05	65.61	39.13	35.30	47.62	51.83	75.14	41.38
3110	300475.SZ	聚隆科技	57.54	89.62	63.79	46.28	39.25	28.81	49.61	68.44	67.05
3111	002596.SZ	海南瑞泽	57.54	87.90	57.36	35.09	43.44	41.29	52.35	77.57	45.27
3112	300148.SZ	天舟文化	57.54	71.35	63.70	37.88	45.92	51.84	51.30	72.20	49.80
3113	600821.SH	津劝业	57.53	58.07	60.39	56.33	63.04	42.12	50.64	68.57	41.35
3114	603256.SH	宏和科技	57.53	83.17	67.23	54.74	42.41	36.73	39.23	65.92	59.05
3115	688028.SH	沃尔德	57.52	64.47	63.68	67.34	33.37	35.99	37.95	70.50	64.34
3116	688386.SH	泛亚微透	57.50	71.23	79.43	65.38	25.43	33.38	39.37	63.21	60.60
3117	600630.SH	龙头股份	57.50	71.07	68.55	32.88	46.19	65.53	52.38	65.31	50.96
3118	603169.SH	兰石重装	57.50	86.32	69.53	30.24	40.94	41.19	54.20	75.99	35.17
3119	600635.SH	大众公用	57.49	80.66	52.52	53.20	43.66	47.04	57.24	66.57	46.63
3120	603721.SH	中广天择	57.49	82.04	67.40	43.63	41.57	31.89	31.23	78.58	62.27
3121	600616.SH	金枫酒业	57.49	82.91	67.63	36.56	26.95	38.62	40.34	82.49	54.29
3122	300554.SZ	三超新材	57.48	81.32	73.24	44.03	41.04	30.56	35.06	75.19	56.80
3123	300976.SZ	达瑞电子	57.48	70.69	72.48	57.53	39.37	40.52	54.83	57.74	57.94
3124	688676.SH	金盘科技	57.48	59.47	70.80	58.90	60.86	54.75	49.26	53.63	48.34
3125	600192.SH	长城电工	57.46	79.63	71.53	21.69	42.97	53.48	49.51	76.41	44.35
3126	002524.SZ	光正眼科	57.45	78.50	80.89	37.89	40.62	37.04	42.39	72.64	42.53
3127	600753.SH	东方银星	57.45	76.87	72.30	51.38	56.78	38.57	48.75	58.79	49.82
3128	688189.SH	南新制药	57.44	76.40	80.10	38.43	36.57	39.96	51.35	66.28	54.82
3129	300647.SZ	超频三	57.44	89.41	71.78	31.75	29.06	50.55	60.10	68.42	39.15
3130	300001.SZ	特锐德	57.43	73.65	61.69	32.58	55.34	67.85	50.69	68.50	37.59
3131	600831.SH	广电网络	57.42	81.32	49.24	35.16	47.15	55.12	54.42	77.34	41.71
3132	000971.SZ	*ST高升	57.41	72.51	54.94	45.08	56.34	52.02	58.92	67.86	37.56
3133	002388.SZ	新亚制程	57.41	76.64	65.91	47.51	43.34	39.27	56.16	66.78	47.29
3134	600861.SH	北京城乡	57.40	80.02	71.47	37.13	25.33	43.47	45.52	77.11	51.65
3135	002554.SZ	惠博普	57.40	85.01	62.71	33.12	32.62	47.56	57.78	72.46	53.13
3136	688619.SH	罗普特	57.40	62.16	74.04	61.66	51.61	36.59	52.45	58.12	48.62
3137	002485.SZ	希努尔	57.40	73.46	75.56	40.96	53.68	50.00	52.64	58.35	50.97
3138	300201.SZ	海伦哲	57.39	87.98	49.12	41.93	50.00	45.32	53.72	72.57	47.11

续表

排名	公司代码	公司名称	综合健康指数	内部控制	外部监督	创利能力	产品销售	竞争态势	价值再造	法人治理	资产资本结构
3139	300217.SZ	东方电热	57.39	65.45	67.68	34.95	49.53	37.67	61.03	74.51	45.74
3140	600490.SH	鹏欣资源	57.39	82.12	68.37	37.28	53.13	38.13	57.21	62.55	60.25
3141	000595.SZ	*ST宝实	57.39	83.96	71.63	34.15	36.65	40.23	50.29	71.72	53.86
3142	688617.SH	惠泰医疗	57.38	65.12	71.28	60.57	44.82	37.46	54.38	57.11	61.47
3143	002234.SZ	民和股份	57.38	82.07	63.26	44.16	48.30	33.96	50.17	68.98	58.11
3144	300510.SZ	金冠股份	57.38	83.70	40.57	43.80	40.74	52.43	61.12	72.72	56.27
3145	002739.SZ	万运电影	57.38	87.99	77.56	26.59	45.57	47.09	43.52	72.57	36.70
3146	300538.SZ	同益股份	57.38	86.38	66.60	41.10	45.22	40.88	38.16	72.82	50.84
3147	002455.SZ	百川股份	57.37	71.81	70.88	32.99	52.16	46.12	66.09	66.33	36.63
3148	300536.SZ	农尚环境	57.37	75.71	77.02	46.30	35.85	32.92	30.24	73.25	68.66
3149	002625.SZ	光启技术	57.36	76.03	55.05	43.61	38.32	45.08	57.34	71.86	59.02
3150	603518.SH	锦泓集团	57.36	79.17	46.33	40.23	45.09	64.29	58.83	70.16	45.60
3151	300963.SZ	中洲特材	57.36	84.44	71.73	55.85	33.59	42.11	53.26	55.60	57.25
3152	688611.SH	杭州柯林	57.36	63.17	72.49	72.15	45.26	29.72	52.34	51.56	70.61
3153	603616.SH	韩建河山	57.35	85.52	60.84	48.32	46.08	34.75	57.98	69.04	34.87
3154	600189.SH	泉阳泉	57.34	75.65	63.99	38.64	42.92	45.92	43.57	81.69	29.39
3155	300240.SZ	飞力达	57.34	65.14	51.67	35.46	48.66	59.52	73.59	68.25	48.22
3156	000669.SZ	*ST金鸿	57.34	84.15	62.11	48.99	41.69	45.40	51.74	66.98	39.70
3157	603978.SH	深圳新星	57.33	85.77	66.57	36.54	48.75	45.13	54.03	64.31	53.24
3158	603332.SH	苏州龙杰	57.33	74.94	58.62	46.99	44.54	37.71	49.63	70.43	67.03
3159	603329.SH	上海雅仕	57.32	83.86	66.75	51.04	44.66	33.27	43.27	66.23	58.78
3160	300374.SZ	中铁装配	57.32	81.03	71.72	37.03	36.58	33.54	42.16	79.00	48.59
3161	603139.SH	康惠制药	57.32	85.62	72.43	40.16	37.37	29.83	56.35	68.71	50.38
3162	688630.SH	芯碁微装	57.31	66.88	72.78	60.16	41.63	37.78	54.49	57.55	56.75
3163	300187.SZ	永清环保	57.30	86.37	71.07	43.00	35.45	40.24	43.51	69.18	52.68
3164	300150.SZ	世纪瑞尔	57.30	67.73	72.98	40.36	34.96	51.43	53.08	69.92	44.09
3165	002820.SZ	桂发祥	57.29	69.60	66.43	43.24	27.43	42.37	44.00	77.72	62.89
3166	002795.SZ	永和智控	57.29	87.49	59.05	45.62	45.81	32.44	40.37	77.69	45.75
3167	300288.SZ	朗玛信息	57.29	78.43	71.58	44.55	45.82	31.59	51.66	68.40	47.67
3168	002781.SZ	奇信股份	57.28	82.05	65.49	23.49	45.75	50.48	43.81	78.51	51.99
3169	688378.SH	奥来德	57.27	72.45	64.66	56.86	39.34	34.33	47.05	66.49	64.08
3170	300859.SZ	*ST西域	57.27	83.14	74.19	35.20	44.34	24.73	52.21	69.71	64.20
3171	002506.SZ	协鑫集成	57.27	79.05	62.98	44.29	50.98	51.97	44.44	68.74	38.72
3172	300931.SZ	通用电梯	57.27	91.78	72.03	53.87	41.51	30.34	36.85	60.82	68.16
3173	300606.SZ	金太阳	57.27	75.93	57.53	51.87	36.61	42.24	58.08	67.69	53.23
3174	002565.SZ	顺灏股份	57.26	76.53	68.03	42.75	39.40	43.94	52.48	68.47	49.47
3175	002201.SZ	九鼎新材	57.26	82.09	64.74	40.37	33.51	56.37	56.22	65.88	44.82
3176	300446.SZ	*ST乐材	57.26	75.04	65.89	34.89	27.16	41.54	50.29	79.53	58.57

续表

排名	公司代码	公司名称	综合健康指数	内部控制	外部监督	创利能力	产品销售	竞争态势	价值再造	法人治理	资产资本结构
3177	300040.SZ	九洲集团	57.25	78.41	73.42	33.00	48.58	44.04	55.71	67.77	40.69
3178	002308.SZ	威创股份	57.25	69.64	65.09	48.83	32.79	50.80	53.85	66.24	55.94
3179	300926.SZ	博俊科技	57.24	81.43	73.32	45.15	57.26	27.81	59.07	57.96	53.48
3180	688518.SH	联赢激光	57.23	54.58	67.53	52.35	46.63	48.74	54.58	63.27	58.63
3181	600609.SH	金杯汽车	57.23	66.37	51.48	37.16	65.18	51.27	49.38	77.99	39.66
3182	688586.SH	江航装备	57.22	63.93	71.38	57.21	44.22	29.11	42.65	67.46	65.54
3183	002646.SZ	青青稞酒	57.21	93.01	81.14	34.20	24.75	38.90	43.26	69.74	53.13
3184	002503.SZ	搜于特	57.20	89.42	62.53	28.53	54.81	48.07	49.57	71.84	40.84
3185	002510.SZ	天汽模	57.20	85.84	67.24	24.01	43.59	57.10	52.08	72.06	40.46
3186	300261.SZ	雅本化学	57.20	73.64	46.36	49.76	57.32	49.60	58.27	67.73	46.50
3187	688136.SH	科兴制药	57.20	61.11	80.54	47.94	34.39	40.63	52.28	61.74	67.86
3188	600279.SH	重庆港九	57.19	81.67	73.43	35.93	54.60	38.49	51.37	65.19	46.71
3189	600869.SH	远东股份	57.19	73.97	65.47	39.87	54.73	61.06	52.42	63.39	35.04
3190	300106.SZ	西部牧业	57.19	83.22	71.24	36.12	58.54	35.12	59.43	63.42	41.07
3191	300267.SZ	尔康制药	57.17	83.52	58.57	30.43	57.62	41.70	63.97	67.18	52.42
3192	300505.SZ	川金诺	57.17	90.14	61.59	40.63	48.92	37.92	44.09	70.32	53.47
3193	000753.SZ	漳州发展	57.16	73.32	70.28	47.97	48.86	46.76	54.95	61.95	37.20
3194	000554.SZ	泰山石油	57.16	63.18	69.93	39.17	46.09	42.11	45.04	76.34	49.85
3195	002708.SZ	光洋股份	57.16	83.41	52.09	41.04	41.40	48.84	58.63	69.95	52.08
3196	605089.SH	味知香	57.16	63.51	72.97	60.75	58.84	29.17	54.10	53.49	64.75
3197	603822.SH	嘉澳环保	57.15	89.44	47.28	36.06	54.13	44.88	53.07	75.85	43.28
3198	688027.SH	国盾量子	57.15	85.68	78.39	46.44	25.83	32.72	39.06	68.28	62.95
3199	000836.SZ	富通信息	57.14	76.52	54.85	42.08	59.16	33.33	58.29	72.01	47.53
3200	688677.SH	海泰新光	57.14	51.83	75.62	65.82	51.55	26.31	53.31	60.08	54.65
3201	688505.SH	复旦张江	57.13	66.53	72.23	44.57	40.31	51.71	45.90	64.62	60.85
3202	300322.SZ	硕贝德	57.13	70.02	59.17	40.02	48.71	55.23	59.15	68.68	40.39
3203	300184.SZ	力源信息	57.12	86.20	50.60	38.86	53.23	47.44	51.58	72.01	47.41
3204	600333.SH	长春燃气	57.12	68.06	80.08	36.52	34.89	43.32	44.51	74.95	43.06
3205	603042.SH	华脉科技	57.10	84.13	52.05	45.58	47.91	47.43	53.80	70.08	41.08
3206	002418.SZ	康盛股份	57.10	82.54	68.83	36.22	51.60	28.66	53.71	72.57	42.39
3207	002342.SZ	巨力索具	57.10	82.09	69.97	36.01	39.05	45.11	57.68	66.83	45.03
3208	300781.SZ	因赛集团	57.09	87.11	71.20	50.03	32.11	29.13	43.35	70.01	51.15
3209	300833.SZ	浩洋股份	57.08	87.51	54.26	55.03	37.07	32.95	47.30	68.30	65.69
3210	300310.SZ	宜通世纪	57.08	75.39	45.64	43.45	61.80	48.43	54.56	68.99	56.85
3211	600828.SH	茂业商业	57.07	89.71	64.45	49.85	31.92	45.12	49.22	67.83	34.47
3212	300272.SZ	开能健康	57.07	89.12	58.22	45.09	34.14	49.40	43.35	73.32	41.73
3213	002433.SZ	太安堂	57.07	80.68	68.15	34.54	45.55	47.80	47.64	71.29	42.74
3214	600525.SH	长园集团	57.06	75.29	51.56	32.96	48.47	80.61	57.42	65.69	39.19

续表

排名	公司代码	公司名称	综合健康指数	内部控制	外部监督	创利能力	产品销售	竞争态势	价值再造	法人治理	资产资本结构
3215	600220.SH	江苏阳光	57.06	73.41	75.72	48.59	44.65	35.59	47.79	66.81	39.96
3216	002058.SZ	*ST威尔	57.06	86.84	67.48	48.12	27.37	38.40	39.27	70.40	61.98
3217	300840.SZ	酷特智能	57.06	72.14	70.07	49.25	42.85	35.99	39.14	69.65	61.26
3218	603677.SH	奇精机械	57.05	81.09	67.87	45.53	42.32	42.26	44.55	68.47	46.19
3219	300134.SZ	大富科技	57.04	62.97	62.82	48.30	53.64	47.12	57.74	63.72	49.47
3220	605086.SH	龙高股份	57.04	66.22	73.00	65.82	49.68	28.86	48.21	56.28	59.77
3221	688079.SH	美迪凯	57.02	51.27	73.72	62.32	51.24	25.17	60.02	61.91	49.51
3222	600137.SH	浪莎股份	57.02	69.03	65.87	42.92	52.63	41.64	54.97	61.86	68.51
3223	002875.SZ	安奈儿	57.01	77.12	64.83	35.19	40.85	47.41	44.57	72.52	62.09
3224	300680.SZ	隆盛科技	57.01	78.43	63.33	50.03	42.50	44.63	48.30	66.60	45.75
3225	300375.SZ	鹏翎股份	56.98	78.33	49.26	45.70	48.30	49.43	46.81	73.16	51.86
3226	300739.SZ	明阳电路	56.98	83.77	67.01	52.32	38.97	43.75	45.19	62.68	49.80
3227	300221.SZ	银禧科技	56.97	75.91	52.55	38.13	51.33	60.93	55.47	68.33	44.52
3228	300969.SZ	恒帅股份	56.97	79.53	72.24	65.27	33.02	28.29	52.84	57.52	51.87
3229	688338.SH	赛科希德	56.97	63.65	67.70	51.86	40.84	27.20	45.18	70.87	74.04
3230	002354.SZ	天神娱乐	56.97	79.62	54.32	45.39	43.65	52.22	55.12	66.69	49.14
3231	300980.SZ	祥源新材	56.96	74.76	72.74	61.40	34.09	25.80	58.36	59.31	52.77
3232	600182.SH	SST佳通	56.95	79.58	63.09	51.78	44.08	40.75	46.35	65.17	52.91
3233	002969.SZ	嘉美包装	56.94	92.12	64.94	41.53	53.82	32.36	40.98	68.69	51.07
3234	300182.SZ	捷威股份	56.94	77.45	65.87	33.38	55.33	52.68	58.19	65.14	36.12
3235	000038.SZ	深大通	56.93	86.27	43.30	43.30	60.12	43.61	58.01	64.85	63.90
3236	300867.SZ	圣元环保	56.92	87.32	71.38	48.20	23.69	38.53	42.48	68.43	55.69
3237	600509.SH	天富能源	56.91	86.10	74.43	36.85	41.01	42.32	49.31	66.50	41.73
3238	300960.SZ	通业科技	56.90	69.36	73.98	64.24	33.93	42.46	50.05	54.42	56.62
3239	603499.SH	翔港科技	56.90	77.78	61.88	33.24	42.10	47.05	68.95	64.28	56.19
3240	002789.SZ	建艺集团	56.89	80.08	60.85	32.90	47.10	46.89	46.22	75.90	46.91
3241	600540.SH	新赛股份	56.88	87.67	73.13	33.60	38.93	40.50	47.39	71.15	41.58
3242	300306.SZ	远方信息	56.88	60.92	50.58	54.77	35.18	50.31	54.64	71.05	62.02
3243	300707.SZ	威唐工业	56.88	83.41	62.93	50.33	33.67	29.33	45.11	72.64	57.05
3244	603536.SH	惠发食品	56.87	77.83	60.33	39.43	49.01	54.05	48.33	69.35	42.00
3245	300644.SZ	南京聚隆	56.86	65.17	51.69	48.75	50.25	57.88	47.53	71.24	45.84
3246	688191.SH	智洋创新	56.86	71.97	76.14	61.31	46.10	29.71	49.56	55.42	55.53
3247	002227.SZ	奥特迅	56.86	70.41	74.44	41.11	29.68	52.34	47.23	69.47	45.81
3248	000953.SZ	河化股份	56.85	66.53	63.22	61.28	49.06	35.96	47.30	67.13	39.88
3249	600733.SH	北汽蓝谷	56.84	81.84	80.54	25.43	35.45	70.47	47.91	61.55	41.81
3250	600213.SH	亚星客车	56.83	79.97	69.81	29.32	44.29	47.95	41.84	76.80	39.74
3251	002313.SZ	日海智能	56.83	78.32	55.02	27.81	49.93	63.21	68.56	66.87	36.79
3252	603976.SH	正川股份	56.83	82.27	76.68	46.06	40.14	39.00	37.61	63.60	58.35

续表

排名	公司代码	公司名称	综合健康指数	内部控制	外部监督	创利能力	产品销售	竞争态势	价值再造	法人治理	资产资本结构
3253	601068.SH	中铝国际	56.83	77.76	70.26	31.48	45.36	55.24	57.57	63.21	45.89
3254	688228.SH	开普云	56.81	49.62	69.24	62.46	36.62	40.91	48.01	64.02	67.22
3255	300949.SZ	奥雅设计	56.80	83.47	70.82	61.25	22.62	33.19	54.51	56.81	62.06
3256	300586.SZ	美联新材	56.80	79.45	60.46	39.15	56.03	44.69	45.45	70.99	43.85
3257	000889.SZ	中嘉博创	56.80	78.90	54.72	40.10	60.92	47.85	54.91	67.27	40.98
3258	603557.SH	ST起步	56.80	65.29	66.06	43.03	28.27	44.10	44.18	77.45	59.50
3259	688663.SH	新风光	56.77	46.50	77.07	67.32	43.97	45.75	45.46	57.76	50.87
3260	300521.SZ	爱司凯	56.75	77.93	73.46	45.07	25.17	40.10	42.23	70.70	56.96
3261	605366.SH	宏柏新材	56.74	78.36	73.08	46.20	37.97	29.40	43.86	67.89	62.45
3262	300584.SZ	海辰药业	56.74	89.84	62.17	46.03	35.77	43.13	38.30	69.95	54.21
3263	002209.SZ	达意隆	56.73	77.64	61.46	34.51	39.61	46.37	51.24	74.16	51.25
3264	688589.SH	力合微	56.73	72.84	73.52	43.01	33.51	37.74	45.78	66.62	70.78
3265	603895.SH	天永智能	56.71	76.33	60.66	45.30	44.52	51.08	60.09	57.61	61.28
3266	300863.SZ	卡倍亿	56.71	84.92	75.83	41.25	56.84	30.70	37.58	65.23	50.83
3267	300430.SZ	诚益通	56.71	67.58	68.29	38.01	41.05	46.09	60.24	67.09	50.02
3268	605122.SH	四方新材	56.70	73.97	75.34	55.53	54.88	21.07	40.59	63.16	55.29
3269	603196.SH	日播时尚	56.69	80.56	63.52	36.96	43.31	49.27	54.95	64.75	54.49
3270	603629.SH	利通电子	56.68	85.60	73.79	37.76	53.11	39.07	38.51	68.93	37.69
3271	603863.SH	ST松炀	56.68	89.24	49.51	44.42	55.44	42.17	47.48	67.33	56.29
3272	300282.SZ	三盛教育	56.68	89.41	60.77	40.31	38.37	40.48	47.26	69.43	57.21
3273	603080.SH	新疆火炬	56.67	91.49	63.89	51.03	32.76	29.88	43.08	67.71	60.29
3274	000862.SZ	银星能源	56.66	77.55	63.96	40.19	40.33	33.81	54.48	73.51	47.07
3275	688596.SH	正帆科技	56.66	48.36	67.88	49.13	55.22	51.04	49.32	62.86	61.61
3276	300100.SZ	双林股份	56.65	65.63	49.45	39.25	58.48	49.90	54.50	76.63	38.50
3277	000735.SZ	罗牛山	56.65	75.56	70.61	40.47	41.29	44.57	46.31	69.34	44.69
3278	300247.SZ	融捷健康	56.64	84.57	54.57	44.94	33.30	38.80	44.83	76.31	55.95
3279	605228.SH	神通科技	56.64	73.73	73.76	53.16	57.23	38.25	46.46	54.98	52.64
3280	300537.SZ	广信材料	56.64	80.27	64.59	36.99	31.53	54.40	50.32	70.21	46.58
3281	688329.SH	艾隆科技	56.63	63.92	71.89	54.33	51.25	32.17	61.53	57.52	49.80
3282	603011.SH	合锻智能	56.63	76.65	67.54	40.95	34.96	56.21	61.08	60.49	44.64
3283	603286.SH	日盈电子	56.62	80.39	66.73	46.55	39.55	43.97	52.25	64.41	42.87
3284	000856.SZ	冀东装备	56.62	78.69	63.55	35.80	54.69	44.96	42.91	72.26	43.96
3285	603077.SH	和邦生物	56.61	76.17	71.07	35.49	52.91	37.95	52.56	67.40	45.04
3286	002885.SZ	京泉华	56.59	77.37	57.49	33.95	50.55	50.27	45.47	74.21	49.38
3287	600735.SH	新华锦	56.59	72.12	66.34	46.05	41.70	37.93	48.25	68.05	58.07
3288	002767.SZ	先锋电子	56.56	85.99	63.65	43.29	29.51	49.25	39.92	69.82	56.00
3289	300198.SZ	纳川股份	56.56	75.69	78.49	30.99	36.51	39.44	47.43	72.83	46.57
3290	605286.SH	同力日升	56.55	58.09	73.48	54.11	69.14	27.54	49.01	59.62	52.59

续表

排名	公司代码	公司名称	综合健康指数	内部控制	外部监督	创利能力	产品销售	竞争态势	价值再造	法人治理	资产资本结构
3291	300109.SZ	新开源	56.54	72.65	48.93	46.51	51.43	47.29	61.73	68.87	40.14
3292	002750.SZ	龙津药业	56.54	91.45	69.96	31.30	26.35	38.49	48.71	72.21	57.83
3293	300561.SZ	汇金科技	56.53	75.39	60.81	52.13	37.22	32.47	46.55	69.74	62.92
3294	300953.SZ	震裕科技	56.52	74.09	71.48	48.42	57.10	38.70	53.43	57.41	44.21
3295	688398.SH	赛特新材	56.52	66.65	79.27	57.26	30.89	30.94	40.41	65.25	58.56
3296	688017.SH	绿的谐波	56.51	54.58	86.11	51.40	39.40	23.87	45.71	64.82	66.51
3297	688229.SH	博睿数据	56.50	65.03	71.38	55.48	29.51	32.43	38.99	69.88	68.69
3298	002982.SZ	湘佳股份	56.49	66.79	75.89	48.56	45.91	33.73	40.06	66.09	59.26
3299	600009.SH	上海机场	56.48	93.73	80.09	41.05	38.37	31.08	28.84	65.07	65.54
3300	603558.SH	健盛集团	56.46	74.36	70.97	37.09	38.39	45.75	50.16	68.68	48.21
3301	600647.SH	同达创业	56.46	74.03	59.61	48.94	39.40	36.38	60.14	62.34	68.02
3302	002723.SZ	金莱特	56.44	76.88	63.78	42.47	51.27	39.90	49.85	69.32	38.69
3303	300266.SZ	兴源环境	56.44	66.76	50.95	34.25	53.17	63.33	55.58	71.49	44.38
3304	688689.SH	银河微电	56.43	74.01	70.57	47.48	40.40	37.62	48.03	63.64	58.36
3305	603929.SH	亚翔集成	56.42	78.90	66.72	35.27	48.82	40.69	49.63	65.70	62.07
3306	300793.SZ	佳禾智能	56.41	82.49	62.09	35.25	60.93	35.99	50.22	67.03	52.80
3307	002428.SZ	云南锗业	56.40	80.88	72.06	36.49	36.13	34.09	48.18	71.41	52.13
3308	300337.SZ	银邦股份	56.40	84.51	45.05	38.50	46.95	53.44	56.54	71.63	43.50
3309	300939.SZ	秋田微	56.40	83.59	70.42	51.31	41.63	37.31	45.19	57.68	61.37
3310	000982.SZ	中银绒业	56.40	81.75	60.62	48.14	44.72	31.06	43.64	68.15	64.72
3311	688256.SH	寒武纪	56.39	61.67	81.08	47.45	26.00	42.53	42.34	64.66	69.49
3312	688328.SH	深科达	56.37	51.78	72.71	48.42	43.80	51.41	64.25	56.88	51.81
3313	300330.SZ	华虹计通	56.36	67.60	65.76	40.35	50.01	40.85	35.96	74.18	59.49
3314	603615.SH	茶花股份	56.35	87.04	75.83	50.16	28.18	36.78	33.03	65.23	57.97
3315	601011.SH	宝泰隆	56.35	81.21	65.47	38.80	48.46	33.70	53.33	68.05	48.18
3316	603878.SH	武进不锈	56.34	86.76	65.15	50.39	28.93	26.34	37.77	73.39	60.16
3317	003030.SZ	祖名股份	56.33	75.20	76.56	50.19	47.10	30.07	47.04	61.12	48.81
3318	688668.SH	鼎通科技	56.33	60.02	81.01	52.78	49.90	17.01	49.55	63.68	58.56
3319	688159.SH	有方科技	56.32	76.27	76.26	37.12	39.14	39.40	61.37	60.34	50.89
3320	600293.SH	三峡新材	56.32	80.01	67.65	38.24	51.22	46.33	49.75	65.86	35.36
3321	600770.SH	综艺股份	56.31	68.62	72.93	56.07	31.85	44.53	38.63	64.63	52.02
3322	603703.SH	盛洋科技	56.30	88.80	64.11	37.15	46.56	30.85	49.24	71.81	43.63
3323	603706.SH	东方环宇	56.30	75.85	69.79	56.79	33.32	31.60	48.38	63.25	53.52
3324	300465.SZ	高伟达	56.29	66.59	70.32	31.61	51.06	46.12	47.46	74.03	38.67
3325	300946.SZ	恒而达	56.28	82.20	72.10	60.07	45.36	26.58	33.85	61.05	57.27
3326	688510.SH	航亚科技	56.26	60.66	82.78	52.70	36.39	29.66	40.17	65.45	60.44
3327	603885.SH	吉祥航空	56.26	77.95	69.11	33.41	36.73	53.80	48.61	68.05	46.92
3328	688321.SH	微芯生物	56.25	71.78	71.14	38.47	33.24	40.43	37.48	74.16	63.89

续表

排名	公司代码	公司名称	综合健康指数	内部控制	外部监督	创利能力	产品销售	竞争态势	价值再造	法人治理	资产资本结构
3329	603268.SH	松发股份	56.24	91.52	65.67	34.22	33.98	45.05	46.64	71.90	39.71
3330	688578.SH	艾力斯	56.23	74.04	80.77	33.19	32.08	40.74	42.48	67.36	67.23
3331	605303.SH	园林股份	56.23	67.68	72.72	38.83	53.60	53.96	56.83	52.87	59.80
3332	300479.SZ	神思电子	56.22	85.22	69.97	34.76	29.92	43.30	47.11	71.36	47.07
3333	688667.SH	菱电电控	56.22	65.30	72.21	61.34	56.78	34.38	54.90	49.71	54.29
3334	300123.SZ	亚光科技	56.21	75.37	70.58	37.37	35.58	47.52	55.93	66.89	39.97
3335	002196.SZ	方正电机	56.21	77.90	78.62	33.15	42.25	48.06	50.56	64.08	37.28
3336	605117.SH	德业股份	56.21	65.46	71.60	51.87	64.89	36.50	55.20	52.23	53.33
3337	300086.SZ	康芝药业	56.20	71.32	60.47	37.64	41.73	48.43	57.02	71.88	38.66
3338	002552.SZ	宝鼎科技	56.19	76.30	67.28	46.16	47.90	28.51	42.76	69.01	56.45
3339	002589.SZ	瑞康医药	56.17	73.16	45.85	36.42	63.17	51.65	65.39	66.85	42.74
3340	600152.SH	维科技术	56.17	69.10	61.12	35.87	50.86	57.11	61.82	64.51	36.42
3341	300698.SZ	万马科技	56.17	78.16	71.21	38.07	35.42	36.02	44.61	72.92	49.28
3342	300650.SZ	太龙照明	56.16	84.66	52.37	39.31	53.25	40.36	59.71	68.36	39.53
3343	688616.SH	西力科技	56.16	53.53	72.52	57.55	50.53	31.47	52.47	58.02	66.04
3344	002229.SZ	鸿博股份	56.15	76.44	53.44	49.08	32.59	39.26	46.84	73.25	61.49
3345	603633.SH	徕木股份	56.15	84.37	67.59	42.65	37.39	35.10	47.74	68.02	48.97
3346	600620.SH	天宸股份	56.14	81.80	71.58	50.44	35.72	29.87	36.88	65.60	65.02
3347	300534.SZ	陇神戎发	56.14	88.88	60.60	33.88	29.92	28.08	46.43	81.79	51.96
3348	300743.SZ	天地数码	56.14	66.70	59.85	51.36	30.29	40.47	40.40	78.07	49.56
3349	688201.SH	信安世纪	56.12	63.26	69.56	52.08	51.37	34.50	62.33	56.56	51.89
3350	603773.SH	沃格光电	56.11	82.08	58.00	43.54	28.92	29.15	59.54	73.87	50.32
3351	002921.SZ	联诚精密	56.11	73.54	63.62	53.81	32.44	36.05	37.80	72.93	52.54
3352	002172.SZ	澳洋健康	56.11	67.18	74.54	37.41	56.62	50.33	46.89	63.78	36.04
3353	603117.SH	万林物流	56.11	92.19	63.25	46.35	34.67	33.13	39.60	71.35	47.38
3354	002291.SZ	星期六	56.10	58.88	53.11	46.33	55.78	57.68	49.95	68.88	42.90
3355	600478.SH	科力远	56.10	74.70	58.44	32.60	55.90	50.28	54.79	67.53	47.27
3356	300473.SZ	德尔股份	56.09	86.89	58.98	39.53	52.64	55.76	48.92	62.62	35.38
3357	000637.SZ	茂化实华	56.09	79.60	65.17	35.67	56.02	50.65	46.19	64.45	42.82
3358	300241.SZ	瑞丰光电	56.05	59.94	71.55	29.94	42.72	53.24	55.35	70.30	45.22
3359	002413.SZ	雷科防务	56.05	58.64	50.62	45.10	48.15	65.78	61.11	63.91	46.65
3360	300588.SZ	熙菱信息	56.05	85.84	64.54	35.76	32.36	41.75	48.36	72.23	47.70
3361	603718.SH	海利生物	56.05	83.35	60.75	45.64	27.41	56.70	50.09	62.71	51.74
3362	688030.SH	山石网科	56.04	64.12	71.14	44.06	35.57	39.54	52.37	64.76	65.34
3363	300857.SZ	协创数据	56.04	67.96	67.54	39.36	68.01	31.78	46.58	66.34	52.46
3364	603778.SH	乾景园林	56.04	80.36	70.23	23.35	34.75	36.33	50.43	76.21	58.84
3365	600237.SH	铜峰电子	56.02	84.37	66.93	33.39	38.51	44.28	43.29	72.79	43.92
3366	003037.SZ	三和管桩	56.02	83.86	72.55	53.80	35.76	33.82	39.35	62.25	50.75

续表

排名	公司代码	公司名称	综合健康指数	内部控制	外部监督	创利能力	产品销售	竞争态势	价值再造	法人治理	资产资本结构
3367	000663.SZ	*ST永林	56.01	65.81	53.16	43.21	37.64	44.35	53.43	77.32	46.85
3368	002927.SZ	泰永长征	56.00	75.00	58.01	51.00	37.32	42.70	51.69	67.07	47.74
3369	002813.SZ	路畅科技	56.00	72.23	56.17	60.58	41.76	44.32	41.43	64.12	54.86
3370	002466.SZ	天齐锂业	56.00	85.80	71.83	46.75	40.44	51.12	38.25	63.02	29.56
3371	688600.SH	皖仪科技	55.99	62.20	63.22	41.70	38.98	51.87	58.57	63.10	61.80
3372	300319.SZ	麦捷科技	55.98	78.56	51.42	39.74	53.94	47.56	53.23	70.18	39.32
3373	605155.SH	西大门	55.98	69.70	72.79	51.20	35.99	33.90	48.00	60.38	68.37
3374	600289.SH	ST信通	55.98	79.06	55.88	46.83	27.45	55.87	50.63	64.93	58.11
3375	600722.SH	金牛化工	55.97	84.69	59.62	39.73	52.29	26.26	38.63	73.79	61.42
3376	002981.SZ	朝阳科技	55.97	82.94	61.89	42.46	43.22	32.90	43.65	70.29	57.28
3377	603121.SH	华培动力	55.96	77.16	55.07	57.74	40.74	32.05	54.77	64.37	52.38
3378	300970.SZ	华绿生物	55.95	57.10	73.99	52.89	52.94	28.55	61.41	55.34	60.08
3379	605318.SH	法狮龙	55.95	68.04	75.83	44.10	41.00	31.38	46.28	64.76	63.87
3380	300756.SZ	金马游乐	55.94	74.85	67.31	33.36	35.59	42.02	40.10	75.26	60.86
3381	600530.SH	交大昂立	55.94	78.75	69.60	43.85	47.84	32.79	53.13	63.04	44.92
3382	603922.SH	金鸿顺	55.93	83.61	60.04	39.56	45.49	29.57	56.99	66.68	58.59
3383	603222.SH	济民医疗	55.93	80.38	61.81	30.25	38.27	37.63	55.70	76.15	44.10
3384	300295.SZ	三六五网	55.92	78.39	66.44	50.25	34.19	36.18	55.05	60.02	58.66
3385	300276.SZ	三三智能	55.91	70.79	63.31	30.62	39.34	52.43	48.30	75.61	43.41
3386	688395.SH	正弦电气	55.90	67.87	65.57	58.19	40.20	34.52	57.64	56.56	60.38
3387	603155.SH	新亚强	55.90	72.33	65.20	60.80	47.83	21.40	36.82	65.18	65.38
3388	600257.SH	大湖股份	55.88	86.46	77.70	36.14	35.53	49.19	43.75	60.96	45.99
3389	600834.SH	申通地铁	55.88	73.71	68.09	46.38	33.72	33.99	39.58	73.84	50.57
3390	300205.SZ	天喻信息	55.88	64.54	66.38	37.62	45.95	53.09	55.26	65.40	44.10
3391	600212.SH	江泉实业	55.87	69.76	68.28	42.10	49.53	32.45	49.18	66.04	59.35
3392	603559.SH	中通国脉	55.87	80.45	67.07	34.68	35.44	34.06	55.25	73.20	41.54
3393	688377.SH	迪威尔	55.87	71.44	71.59	45.88	43.77	27.18	46.64	65.93	61.36
3394	688418.SH	震有科技	55.86	60.37	73.06	42.14	37.20	43.96	44.93	68.96	56.10
3395	300011.SZ	鼎汉技术	55.86	77.83	74.74	30.54	28.28	56.21	45.95	69.18	42.09
3396	003043.SZ	华亚智能	55.85	58.34	73.69	64.46	47.56	33.60	49.85	52.94	58.87
3397	300385.SZ	雪浪环境	55.85	72.52	63.82	33.78	41.36	53.05	50.95	72.03	35.80
3398	300141.SZ	和顺电气	55.81	82.16	70.33	27.37	44.95	58.64	44.94	64.56	45.64
3399	688165.SH	埃夫特	55.80	73.41	77.12	26.10	41.97	51.98	42.85	68.89	47.99
3400	002217.SZ	合力泰	55.79	69.01	50.11	35.47	57.80	51.94	56.83	72.25	37.01
3401	600613.SH	神奇制药	55.77	78.38	61.92	37.05	34.83	47.66	55.09	67.83	48.88
3402	600193.SH	ST创兴	55.77	75.74	47.03	55.73	62.46	38.21	53.61	63.10	42.66
3403	002956.SZ	西麦食品	55.77	78.79	70.11	48.91	35.19	24.89	38.44	70.85	56.85
3404	600896.SH	*ST海医	55.77	92.09	76.11	38.90	42.16	32.47	57.27	55.54	47.28

续表

排名	公司代码	公司名称	综合健康指数	内部控制	外部监督	创利能力	产品销售	竞争态势	价值再造	法人治理	资产资本结构
3405	002330.SZ	得利斯	55.76	66.61	66.43	33.58	58.89	35.17	50.67	71.80	45.03
3406	603090.SH	宏盛股份	55.75	78.69	64.80	41.36	46.42	31.33	48.46	69.02	49.86
3407	002691.SZ	冀凯股份	55.73	88.36	66.63	36.89	24.44	38.92	48.01	71.20	51.17
3408	605133.SH	嵘泰股份	55.71	71.54	73.27	58.76	42.61	30.09	46.54	58.60	48.40
3409	600601.SH	ST方科	55.70	73.70	64.24	41.85	39.69	71.18	50.68	58.83	34.04
3410	688135.SH	利扬芯片	55.69	80.72	72.51	52.50	45.29	25.41	47.20	56.17	63.33
3411	605268.SH	王力安防	55.69	83.23	72.92	53.62	35.80	36.01	43.14	58.52	49.43
3412	300945.SZ	曼卡龙	55.68	74.13	70.86	55.93	35.71	25.10	44.35	60.64	70.96
3413	600539.SH	狮头股份	55.68	84.67	74.95	42.03	31.54	21.57	51.87	65.76	56.36
3414	300936.SZ	中英科技	55.67	81.80	73.45	59.52	34.07	27.20	45.91	57.01	53.64
3415	688218.SH	江苏北人	55.67	72.43	68.54	40.46	44.11	35.60	47.77	68.74	49.64
3416	603085.SH	天成自控	55.66	78.89	57.62	32.00	52.09	49.08	50.08	72.03	35.97
3417	300967.SZ	晓鸣股份	55.66	72.93	80.32	50.79	35.08	35.52	40.93	59.03	57.72
3418	300733.SZ	西菱动力	55.66	77.52	71.76	35.06	42.28	38.96	45.99	69.89	42.67
3419	002113.SZ	*ST天润	55.65	78.95	46.16	49.99	57.91	46.55	45.99	69.36	34.08
3420	605199.SH	葫芦娃	55.65	88.88	72.96	36.38	39.94	33.87	39.24	66.10	57.90
3421	688186.SH	广大特材	55.63	81.31	76.67	49.53	18.89	27.41	36.11	72.26	50.36
3422	300555.SZ	路通视信	55.62	70.13	77.02	41.37	25.89	24.59	47.71	73.31	55.85
3423	300275.SZ	梅安森	55.62	82.92	61.24	35.82	27.99	49.26	45.65	74.34	43.46
3424	300256.SZ	星星科技	55.61	68.00	54.72	30.65	61.46	54.27	58.45	68.95	36.78
3425	002822.SZ	中装建设	55.60	67.84	38.31	36.99	58.33	57.83	59.15	70.78	51.71
3426	605188.SH	国光连锁	55.60	75.02	63.42	52.18	40.24	40.97	39.84	64.20	57.21
3427	300807.SZ	天迈科技	55.59	75.19	76.16	36.76	28.81	43.48	37.56	72.58	46.53
3428	002712.SZ	思美传媒	55.58	67.71	58.28	32.97	51.49	44.50	55.03	72.73	44.52
3429	000428.SZ	华天酒店	55.57	80.89	69.31	32.62	39.28	47.81	56.77	62.66	44.78
3430	688092.SH	爱科科技	55.57	65.56	71.89	56.90	31.59	38.58	51.89	57.00	60.24
3431	688383.SH	新益昌	55.56	65.12	73.63	55.67	45.66	38.76	54.53	53.44	48.46
3432	300819.SZ	聚杰微纤	55.56	71.90	77.82	40.83	40.04	36.11	32.81	68.09	60.37
3433	300961.SZ	深水海纳	55.56	82.57	71.64	43.07	34.69	33.99	60.58	57.43	53.65
3434	002278.SZ	神开股份	55.55	65.87	52.45	49.84	39.77	58.41	49.41	66.21	48.45
3435	002447.SZ	*ST晨鑫	55.54	80.53	53.16	37.77	47.88	30.86	53.17	71.89	59.85
3436	601333.SH	广深铁路	55.54	74.21	62.60	40.55	42.54	45.23	54.90	62.96	53.96
3437	002748.SZ	世龙实业	55.53	87.42	67.12	29.97	52.10	36.84	45.88	67.79	47.25
3438	300626.SZ	华瑞股份	55.52	80.05	58.84	35.91	47.73	40.86	40.36	75.10	45.81
3439	002752.SZ	昇兴股份	55.52	78.74	59.48	39.24	57.46	44.86	52.39	63.08	41.70
3440	603759.SH	海天股份	55.52	65.84	76.05	51.40	42.14	33.67	53.78	57.54	50.24
3441	300411.SZ	金盾股份	55.50	70.20	42.17	46.36	37.95	53.98	54.54	71.49	54.77
3442	688683.SH	莱尔科技	55.49	67.24	71.82	56.09	30.21	29.20	61.85	56.91	58.11

续表

排名	公司代码	公司名称	综合健康指数	内部控制	外部监督	创利能力	产品销售	竞争态势	价值再造	法人治理	资产资本结构
3443	300242.SZ	佳云科技	55.49	69.10	53.90	34.49	58.56	46.60	48.27	72.89	46.67
3444	300321.SZ	同大股份	55.48	64.74	70.31	48.96	41.00	34.60	38.78	66.81	63.70
3445	600280.SH	中央商场	55.47	82.97	67.21	39.11	44.24	50.53	51.78	60.48	35.58
3446	605218.SH	伟时电子	55.47	71.96	65.60	38.26	41.62	35.02	54.40	66.71	59.55
3447	688086.SH	紫晶存储	55.47	58.40	58.92	57.99	41.32	39.55	46.23	67.22	54.83
3448	000638.SZ	*ST万方	55.46	85.42	66.77	31.00	39.15	45.04	56.94	65.77	38.78
3449	300249.SZ	依米康	55.44	74.07	75.62	30.27	43.11	46.21	43.66	70.05	36.88
3450	688350.SH	富淼科技	55.42	48.97	71.97	64.41	45.46	39.35	48.73	56.96	50.52
3451	603838.SH	四通股份	55.42	86.40	67.44	34.05	33.54	38.60	43.15	70.06	55.42
3452	002910.SZ	庄园牧场	55.41	85.76	50.57	27.66	31.80	41.75	47.75	84.39	46.42
3453	300436.SZ	广生堂	55.41	86.55	68.58	31.85	33.55	37.99	50.43	70.76	42.25
3454	600654.SH	ST中安	55.40	72.65	69.37	29.38	53.10	56.41	48.25	65.49	33.78
3455	600883.SH	博闻科技	55.40	81.49	64.51	48.21	28.08	25.59	40.06	70.78	68.07
3456	002247.SZ	聚力文化	55.39	76.43	43.28	50.67	64.62	38.79	61.14	59.67	52.12
3457	688656.SH	浩欧博	55.37	65.73	71.62	58.81	43.26	30.31	50.09	56.41	56.25
3458	688183.SH	生益电子	55.37	68.88	61.69	56.31	53.17	45.62	47.15	57.12	44.85
3459	002828.SZ	贝肯能源	55.37	81.65	58.13	43.29	40.74	35.39	48.15	69.43	50.71
3460	002707.SZ	众信旅游	55.36	76.20	59.31	39.50	37.85	55.74	42.75	70.06	42.70
3461	300083.SZ	创世纪	55.35	72.43	64.29	33.32	39.89	57.50	46.85	71.19	33.20
3462	000893.SZ	亚邦国际	55.34	79.35	68.28	49.00	36.38	19.93	49.32	65.60	60.02
3463	000695.SZ	滨海能源	55.34	77.20	72.66	28.49	40.31	40.18	43.93	72.23	47.27
3464	600107.SH	美尔雅	55.34	76.76	70.74	50.78	34.86	38.34	45.09	64.00	38.54
3465	688379.SH	华光新材	55.34	72.63	66.39	43.25	40.97	39.05	46.94	65.17	56.34
3466	000068.SZ	华控赛格	55.33	71.29	68.08	40.06	26.60	41.94	33.64	80.66	41.99
3467	600962.SH	国投中鲁	55.33	80.82	66.21	22.54	36.40	36.44	44.57	84.88	33.44
3468	600228.SH	返利科技	55.32	74.57	70.62	41.68	38.47	36.59	40.88	70.09	46.36
3469	003036.SZ	泰坦股份	55.31	77.90	72.79	40.23	49.90	45.03	41.26	58.18	54.44
3470	300140.SZ	中环装备	55.30	71.98	37.20	34.84	39.11	61.89	53.83	79.85	43.10
3471	000788.SZ	北大医药	55.30	71.39	64.64	35.57	43.66	51.70	44.84	66.79	53.16
3472	002591.SZ	恒大高新	55.28	71.89	68.55	38.61	36.86	37.53	45.81	71.42	48.81
3473	601020.SH	ST华钰	55.28	76.87	62.12	45.67	54.42	36.09	43.76	66.24	41.49
3474	601113.SH	ST华鼎	55.27	67.57	40.31	42.06	52.76	56.92	68.07	64.43	46.50
3475	601111.SH	中国国航	55.27	79.69	76.57	29.79	30.70	56.33	44.09	65.23	42.20
3476	300495.SZ	*ST美尚	55.27	74.70	55.92	22.89	54.91	46.34	46.21	76.84	51.89
3477	605081.SH	太和水	55.26	59.88	75.86	59.78	27.18	27.47	55.72	58.17	60.61
3478	000755.SZ	山西路桥	55.26	80.98	62.37	36.86	50.39	42.16	55.11	63.24	41.35
3479	603007.SH	ST花王	55.26	77.14	66.53	37.63	34.69	32.99	56.44	70.85	40.53
3480	300706.SZ	阿石创	55.25	77.18	69.16	30.64	36.71	38.24	53.31	70.95	44.79

续表

排名	公司代码	公司名称	综合健康指数	内部控制	外部监督	创利能力	产品销售	竞争态势	价值再造	法人治理	资产资本结构
3481	002383.SZ	合众思壮	55.24	77.89	50.35	27.44	32.93	64.80	55.80	75.08	37.05
3482	300940.SZ	南极光	55.23	84.75	72.14	38.38	41.46	28.07	57.27	58.59	57.58
3483	603399.SH	吉翔股份	55.23	91.14	61.10	25.85	41.40	43.38	53.92	66.91	53.59
3484	603316.SH	诚邦股份	55.23	78.90	62.44	40.01	37.58	40.97	47.92	67.26	53.93
3485	002417.SZ	深南股份	55.22	81.26	53.50	50.50	50.96	37.85	39.78	68.54	43.56
3486	603023.SH	威帝股份	55.21	83.06	67.01	44.85	20.72	36.95	39.06	68.36	66.74
3487	688090.SH	瑞松科技	55.20	62.49	71.81	43.59	48.45	35.56	41.17	65.54	60.48
3488	300287.SZ	飞利信	55.20	78.28	65.58	24.97	34.98	52.35	53.90	69.46	47.95
3489	000151.SZ	中成股份	55.17	77.65	59.12	35.24	30.77	46.71	39.23	77.57	50.96
3490	002696.SZ	百洋股份	55.16	83.05	56.68	34.89	45.09	39.91	46.99	72.42	46.21
3491	300350.SZ	华鹏飞	55.16	63.74	49.87	42.18	45.37	50.52	58.69	70.44	42.20
3492	600645.SH	中源协和	55.15	70.27	50.30	42.79	40.43	58.37	50.12	69.35	43.42
3493	300297.SZ	蓝盾股份	55.15	75.40	62.55	28.26	40.46	56.40	48.74	71.89	36.94
3494	002316.SZ	亚联发展	55.15	70.58	59.32	39.30	46.05	60.64	44.89	66.78	37.38
3495	300937.SZ	药易购	55.15	82.85	72.06	40.72	60.58	41.64	42.56	52.74	54.37
3496	002192.SZ	融捷股份	55.15	81.90	77.11	34.51	47.91	32.44	32.11	70.05	44.36
3497	002779.SZ	中坚科技	55.15	87.29	69.63	30.24	30.05	40.18	38.07	72.75	54.88
3498	002857.SZ	三晖电气	55.14	70.13	66.40	50.68	24.31	43.62	35.87	69.38	58.70
3499	600624.SH	复旦复华	55.13	76.48	63.99	44.24	37.73	47.73	45.52	63.82	48.15
3500	000766.SZ	通化金马	55.13	81.41	60.76	24.38	30.67	47.84	51.49	77.59	42.00
3501	603330.SH	上海天洋	55.13	68.06	75.44	42.47	37.35	39.62	46.91	66.31	39.29
3502	002902.SZ	铭普光磁	55.12	72.02	65.64	32.02	53.25	38.99	50.50	70.09	40.26
3503	300933.SZ	中辰股份	55.11	80.98	71.10	30.58	51.37	47.34	43.94	60.80	53.11
3504	300329.SZ	海伦钢琴	55.09	75.62	66.45	32.05	29.25	45.28	46.69	73.83	47.52
3505	688059.SH	华锐精密	55.09	63.96	73.48	60.42	46.07	26.23	40.85	59.18	55.53
3506	688195.SH	腾景科技	55.08	64.74	73.49	52.55	47.96	21.24	56.09	58.06	55.03
3507	000040.SZ	东旭蓝天	55.08	72.24	53.79	31.75	58.96	55.80	58.79	61.60	49.79
3508	300437.SZ	清水源	55.07	88.09	58.90	32.33	43.14	48.93	45.98	69.53	38.30
3509	300038.SZ	*ST数知	55.07	72.11	46.05	34.02	56.63	54.81	56.52	68.39	46.22
3510	300307.SZ	慈星股份	55.01	69.87	62.06	28.32	33.19	47.34	51.99	76.74	44.86
3511	002865.SZ	钧达股份	55.01	83.40	69.38	31.32	35.89	39.71	38.93	71.04	54.33
3512	600232.SH	金鹰股份	54.99	65.67	71.10	45.21	42.84	41.48	44.73	62.47	52.90
3513	002363.SZ	隆基机械	54.99	67.98	57.78	41.59	50.61	44.28	50.64	65.72	51.61
3514	300332.SZ	天壕环境	54.98	68.01	54.41	37.10	44.14	36.45	68.37	68.48	49.03
3515	300128.SZ	锦富技术	54.97	74.29	48.61	40.59	46.88	44.55	53.78	72.94	37.50
3516	300985.SZ	致远新能	54.97	67.06	72.61	60.08	50.20	26.59	52.38	54.00	43.83
3517	603059.SH	倍加洁	54.97	75.82	49.94	51.57	43.14	38.71	47.25	67.67	52.71
3518	605300.SH	佳禾食品	54.96	65.45	71.35	49.17	62.43	32.72	47.62	52.94	61.52

续表

排名	公司代码	公司名称	综合健康指数	内部控制	外部监督	创利能力	产品销售	竞争态势	价值再造	法人治理	资产资本结构
3519	600916.SH	中国黄金	54.94	66.33	67.70	47.65	64.59	35.21	32.21	60.58	64.74
3520	688313.SH	仕佳光子	54.94	52.89	80.20	39.88	46.25	33.54	37.46	69.43	58.00
3521	688659.SH	元琛科技	54.94	67.06	74.43	49.21	47.84	28.07	52.40	57.31	53.31
3522	600439.SH	瑞贝卡	54.93	80.73	70.05	36.34	36.18	45.85	52.76	59.64	50.65
3523	688185.SH	康希诺	54.93	63.45	80.36	43.96	34.56	35.07	45.12	58.28	73.49
3524	600768.SH	宁波富邦	54.92	74.22	57.00	49.17	48.35	31.04	41.89	70.12	49.20
3525	300780.SZ	德恩精工	54.91	70.09	51.39	54.41	40.14	29.94	62.06	64.86	52.30
3526	002574.SZ	明牌珠宝	54.90	78.25	63.35	37.14	37.26	40.75	47.91	66.31	58.98
3527	002210.SZ	*ST飞马	54.89	67.62	45.78	54.68	57.42	39.88	42.61	69.72	45.77
3528	688687.SH	凯因科技	54.88	65.12	71.10	50.76	38.73	37.94	51.65	56.99	58.29
3529	002347.SZ	泰尔股份	54.88	58.41	62.32	41.00	34.60	49.30	54.31	68.92	49.35
3530	603389.SH	亚振家居	54.83	76.39	57.76	45.56	29.86	48.53	60.40	59.58	53.46
3531	000159.SZ	国际实业	54.82	71.86	67.23	44.89	38.83	26.81	50.10	67.04	53.54
3532	002676.SZ	顺威股份	54.77	67.43	65.90	31.81	37.02	44.09	50.40	71.61	49.70
3533	600421.SH	ST华嵘	54.75	79.14	43.08	46.56	49.81	43.76	54.52	66.06	47.83
3534	300611.SZ	美力科技	54.75	73.06	50.74	41.06	45.98	41.56	56.76	69.53	43.21
3535	688567.SH	孚能科技	54.74	60.11	80.47	34.94	38.20	36.29	36.55	70.27	59.93
3536	300757.SZ	罗博特科	54.73	87.41	69.24	29.36	36.48	39.02	50.18	66.92	43.90
3537	600303.SH	曙光股份	54.73	74.33	60.05	34.16	57.07	53.00	58.55	56.13	48.60
3538	688266.SH	泽璟制药	54.72	85.83	74.06	32.05	16.77	38.42	45.12	67.15	64.80
3539	002769.SZ	普路通	54.71	85.22	57.94	35.21	35.90	36.89	49.30	69.72	55.71
3540	002693.SZ	双成药业	54.71	91.04	64.05	28.40	23.80	45.99	38.48	75.60	47.15
3541	600719.SH	大连热电	54.71	74.64	68.92	35.86	35.10	33.96	40.97	73.71	49.68
3542	688665.SH	四方光电	54.70	53.51	73.44	59.83	42.47	32.92	47.06	56.96	57.60
3543	002329.SZ	皇氏集团	54.70	80.59	51.01	21.28	55.22	57.98	59.40	67.89	39.12
3544	688669.SH	聚石化学	54.69	48.69	78.01	53.54	46.92	46.93	49.05	53.73	47.77
3545	002856.SZ	美芝股份	54.68	73.37	51.69	34.83	46.06	45.54	50.96	70.71	54.04
3546	300708.SZ	聚灿光电	54.68	64.37	65.95	32.96	52.47	40.51	48.43	70.43	42.89
3547	300234.SZ	开尔新材	54.68	64.38	56.88	46.29	34.53	32.76	58.17	69.48	56.08
3548	300273.SZ	和佳医疗	54.67	63.36	46.24	30.88	45.98	53.37	65.18	72.57	45.36
3549	002529.SZ	*ST海源	54.65	77.47	47.14	55.32	41.06	29.33	58.61	66.77	43.60
3550	603628.SH	清源股份	54.64	68.51	60.81	47.59	39.50	32.01	53.81	66.99	48.50
3551	600857.SH	宁波中百	54.63	71.68	56.53	44.85	53.11	34.31	51.72	60.56	66.65
3552	688323.SH	瑞华泰	54.63	62.42	71.98	52.70	39.07	24.69	54.70	62.48	46.50
3553	300472.SZ	新元科技	54.63	78.67	65.58	36.38	29.78	47.61	42.30	71.46	39.53
3554	600506.SH	*ST香梨	54.62	77.38	68.83	47.65	48.50	26.69	36.86	61.34	64.83
3555	300326.SZ	凯利泰	54.62	79.40	68.37	35.53	32.69	41.08	46.98	68.18	44.42
3556	300382.SZ	斯莱克	54.60	68.11	53.49	48.23	45.43	45.46	50.37	65.54	45.94

续表

排名	公司代码	公司名称	综合健康指数	内部控制	外部监督	创利能力	产品销售	竞争态势	价值再造	法人治理	资产资本结构
3557	300956.SZ	英力股份	54.60	77.93	70.23	39.44	55.17	28.45	56.77	56.96	47.54
3558	600387.SH	ST海越	54.60	68.22	48.65	35.07	51.13	45.77	48.81	72.97	55.49
3559	300769.SZ	德方纳米	54.59	76.99	73.85	30.90	31.33	41.77	40.40	71.23	46.81
3560	002715.SZ	登云股份	54.58	80.72	69.08	41.46	23.01	33.43	37.33	73.21	50.62
3561	300301.SZ	长方集团	54.57	75.05	69.11	29.84	43.49	43.69	53.32	64.93	43.71
3562	603655.SH	朗博科技	54.56	74.51	61.38	52.69	30.21	30.06	35.91	69.65	63.64
3563	002445.SZ	中南文化	54.56	80.61	58.37	38.67	42.55	33.49	49.46	67.78	54.61
3564	600241.SH	ST时万	54.56	84.37	61.11	38.98	37.33	35.92	50.97	66.31	47.27
3565	000592.SZ	平潭发展	54.56	78.81	66.12	32.40	38.38	39.94	49.18	66.76	52.88
3566	300159.SZ	新研股份	54.54	78.65	58.69	34.07	42.22	47.33	48.76	70.84	34.23
3567	000707.SZ	*ST双环	54.51	80.72	58.40	20.33	39.69	48.70	53.23	72.77	49.98
3568	002269.SZ	美邦服饰	54.50	63.84	55.61	38.75	42.00	59.37	45.71	70.52	39.36
3569	300178.SZ	*ST腾邦	54.49	63.14	31.13	32.15	62.89	60.87	59.55	73.98	45.61
3570	300539.SZ	横河精密	54.47	70.26	64.29	35.22	39.74	42.00	44.37	72.25	44.68
3571	002655.SZ	共达电声	54.47	65.48	64.89	37.02	45.47	43.07	52.49	65.67	46.65
3572	300081.SZ	恒信东方	54.46	74.70	72.53	29.60	30.61	42.08	48.53	69.84	45.19
3573	002476.SZ	宝莫股份	54.45	83.65	57.99	33.93	33.32	36.68	47.40	69.34	65.90
3574	688221.SH	前沿生物	54.45	78.00	69.17	38.76	25.45	32.24	47.91	66.18	65.07
3575	600721.SH	*ST百花	54.45	75.93	53.46	32.33	33.06	43.33	50.44	75.79	51.18
3576	000697.SZ	炼石航空	54.45	80.79	65.72	27.12	44.41	39.30	38.44	76.73	36.20
3577	002478.SZ	常宝股份	54.45	77.37	47.60	41.74	35.38	33.80	47.63	78.14	49.49
3578	688556.SH	高测股份	54.44	59.23	71.42	40.97	41.33	41.91	49.01	63.58	52.58
3579	002660.SZ	茂硕电源	54.43	73.31	62.79	31.31	40.89	42.97	52.21	69.39	45.62
3580	002806.SZ	华锋股份	54.42	83.19	58.10	30.81	41.92	50.86	51.02	66.26	42.49
3581	605255.SH	天普股份	54.41	59.05	72.33	49.11	41.07	26.66	48.27	63.27	59.10
3582	000716.SZ	黑芝麻	54.41	68.19	58.79	32.71	48.98	45.15	58.96	68.64	34.87
3583	002729.SZ	好利来	54.40	69.61	70.48	44.53	20.75	39.15	36.37	70.75	58.74
3584	600543.SH	莫高股份	54.34	84.85	73.13	30.27	24.29	27.02	26.42	81.61	54.84
3585	002102.SZ	ST冠福	54.33	63.51	47.09	35.20	69.90	54.69	53.95	64.98	41.90
3586	600678.SH	四川金顶	54.32	79.37	69.27	53.88	39.60	27.33	40.15	62.80	39.91
3587	002805.SZ	丰元股份	54.32	83.50	74.91	28.56	39.18	33.48	42.60	68.74	44.06
3588	002176.SZ	江特电机	54.30	76.18	63.00	29.43	51.95	51.44	44.48	66.47	39.30
3589	300173.SZ	福能东方	54.30	67.45	46.93	27.29	41.36	48.91	51.96	81.03	46.06
3590	300391.SZ	康跃科技	54.30	89.32	50.12	27.22	54.76	47.62	56.10	66.86	35.18
3591	300199.SZ	翰宇药业	54.29	78.95	67.29	30.61	28.16	45.65	50.66	69.12	42.46
3592	603738.SH	泰晶科技	54.29	75.18	61.11	41.90	37.76	36.04	52.30	66.22	46.99
3593	600769.SH	祥龙电业	54.28	72.34	65.52	48.96	31.48	29.94	40.50	68.97	53.69
3594	688560.SH	明冠新材	54.26	47.66	78.85	43.18	54.66	29.99	43.40	62.30	61.07

续表

排名	公司代码	公司名称	综合健康指数	内部控制	外部监督	创利能力	产品销售	竞争态势	价值再造	法人治理	资产资本结构
3595	605208.SH	永茂泰	54.26	73.60	76.66	52.56	46.92	29.25	33.35	57.77	51.80
3596	603813.SH	原尚投份	54.26	74.92	62.05	30.56	40.91	38.08	42.77	72.47	58.23
3597	600983.SH	惠而浦	54.25	58.38	61.01	40.75	43.23	49.25	60.80	61.00	49.69
3598	600052.SH	浙江广厦	54.25	77.07	66.84	31.92	32.41	27.87	49.32	70.70	63.28
3599	300434.SZ	金石亚药	54.24	74.69	53.65	34.35	34.40	44.92	47.27	73.44	54.86
3600	000017.SZ	*ST中华A	54.24	67.94	60.49	45.51	49.77	46.28	39.84	62.78	52.78
3601	000408.SZ	藏格控股	54.24	77.57	50.14	52.48	34.97	36.30	43.65	66.39	62.67
3602	600889.SH	南京化纤	54.24	79.97	50.34	41.72	34.88	27.08	54.84	75.75	43.17
3603	600610.SH	中毅达	54.21	70.79	53.90	41.95	51.52	42.23	47.02	68.73	40.70
3604	300591.SZ	万里马	54.19	89.22	57.70	34.18	32.89	40.95	48.14	69.79	43.33
3605	002721.SZ	金一文化	54.18	75.91	62.59	28.16	37.31	33.89	47.41	77.58	43.49
3606	003003.SZ	天元股份	54.18	77.24	63.44	31.14	50.96	35.03	50.81	64.99	53.44
3607	300424.SZ	航新科技	54.17	71.87	60.55	31.60	40.75	54.41	41.33	72.99	35.75
3608	000504.SZ	南华生物	54.17	64.77	65.62	35.74	45.60	35.46	44.83	74.60	36.75
3609	300074.SZ	华平股份	54.12	82.13	70.23	41.30	28.93	42.15	51.17	59.58	42.19
3610	300592.SZ	华凯创意	54.11	78.91	71.55	43.27	18.20	30.91	33.67	71.66	59.20
3611	000426.SZ	兴业矿业	54.10	88.91	62.17	31.65	33.10	36.35	42.08	72.72	45.09
3612	300982.SZ	苏文电能	54.09	66.03	72.12	61.67	50.47	26.66	49.86	48.31	54.75
3613	603103.SH	横店影视	54.08	88.89	78.35	29.63	39.02	25.04	32.24	71.15	45.44
3614	002167.SZ	东方锆业	54.07	76.94	63.32	36.91	39.81	42.45	58.13	60.53	44.80
3615	300506.SZ	名家汇	54.07	86.53	69.17	34.54	25.47	37.44	39.53	70.65	45.57
3616	002494.SZ	华斯股份	54.06	72.14	63.82	25.85	27.29	42.26	48.62	74.70	58.55
3617	603958.SH	哈森股份	54.06	78.75	65.85	36.81	38.40	31.17	45.21	65.53	61.81
3618	002728.SZ	特一药业	54.05	65.78	60.60	41.74	44.13	38.60	50.45	69.34	37.51
3619	300836.SZ	佰奥智能	54.02	69.40	68.31	39.33	32.11	35.29	37.34	71.21	58.08
3620	002103.SZ	广博股份	53.99	83.61	56.85	29.17	50.70	47.13	44.25	69.34	36.94
3621	002240.SZ	盛新锂能	53.99	76.95	67.74	40.96	32.66	45.64	41.52	63.85	45.55
3622	605333.SH	沪光股份	53.99	67.21	69.84	30.41	57.29	41.04	43.34	65.11	46.50
3623	300637.SZ	扬帆新材	53.98	86.33	44.27	39.51	40.98	46.62	46.51	69.32	48.36
3624	688528.SH	秦川物联	53.97	63.41	71.08	41.10	31.27	38.87	40.29	67.55	59.05
3625	002370.SZ	亚太药业	53.97	77.60	41.58	29.04	41.47	45.30	60.51	76.27	42.16
3626	601595.SH	上海电影	53.95	80.70	72.57	30.82	31.41	27.74	42.20	73.35	46.08
3627	603177.SH	德创环保	53.95	84.24	55.71	32.82	31.46	44.14	29.99	79.19	49.61
3628	300004.SZ	南风股份	53.93	68.15	41.71	36.87	41.37	41.53	63.17	73.47	49.22
3629	605016.SH	百龙创园	53.93	61.59	73.24	49.10	62.11	22.88	52.97	53.99	49.29
3630	300466.SZ	赛摩智能	53.92	69.07	45.07	36.49	30.56	61.54	51.25	72.55	47.32
3631	600249.SH	两面针	53.92	62.39	61.87	38.97	26.69	42.92	41.30	74.94	56.69
3632	002800.SZ	天顺股份	53.92	74.11	60.38	40.82	35.93	34.08	43.81	68.41	60.38

续表

排名	公司代码	公司名称	综合健康指数	内部控制	外部监督	创利能力	产品销售	竞争态势	价值再造	法人治理	资产资本结构
3633	000802.SZ	ST北文	53.92	74.36	51.68	40.25	50.87	37.67	50.67	70.43	35.17
3634	002178.SZ	延华智能	53.91	81.25	63.77	24.97	37.07	54.66	45.73	66.33	47.42
3635	300352.SZ	北信源	53.90	84.52	54.44	35.32	29.22	55.61	46.94	66.02	48.25
3636	002515.SZ	金字火腿	53.89	80.05	57.48	42.13	45.71	35.29	37.04	67.07	56.86
3637	300094.SZ	国联水产	53.88	68.53	48.13	37.68	48.69	57.52	49.91	64.87	50.99
3638	300471.SZ	厚普股份	53.87	76.88	66.05	28.06	19.09	45.91	45.61	75.66	44.47
3639	603619.SH	中曼石油	53.87	86.68	54.05	43.41	29.49	48.94	46.28	64.90	41.99
3640	000762.SZ	西藏矿业	53.87	58.36	82.04	43.22	30.33	25.17	36.32	68.49	61.45
3641	000056.SZ	皇庭国际	53.86	89.11	59.57	29.50	32.86	40.20	46.96	70.84	44.50
3642	600403.SH	ST大有	53.86	77.24	65.08	30.43	40.52	45.58	41.80	68.09	47.51
3643	600854.SH	春兰股份	53.83	73.47	63.45	43.01	33.67	32.39	50.25	63.69	59.17
3644	300013.SZ	新宁物流	53.81	79.41	58.65	31.25	39.88	52.79	45.72	67.36	41.21
3645	000677.SZ	恒天海龙	53.79	67.42	64.33	47.18	32.98	32.51	44.59	68.64	47.81
3646	300189.SZ	神农科技	53.79	75.51	53.95	32.86	26.06	43.19	47.26	73.95	61.68
3647	300583.SZ	赛托生物	53.78	66.77	51.74	34.82	48.06	34.28	50.89	75.79	46.30
3648	300721.SZ	怡达股份	53.76	76.22	69.62	27.93	41.90	37.26	37.67	73.20	42.64
3649	603333.SH	尚纬股份	53.76	83.26	48.96	37.03	44.04	45.87	45.93	67.51	49.20
3650	000908.SZ	景峰医药	53.75	77.04	62.70	31.16	23.05	49.89	44.08	77.14	27.83
3651	600221.SH	*ST海航	53.75	81.17	59.59	23.21	35.44	64.76	43.08	65.14	54.36
3652	002161.SZ	远望谷	53.74	80.32	61.11	28.41	23.61	63.58	48.41	66.55	41.90
3653	300077.SZ	国民技术	53.73	77.47	49.62	34.07	36.77	52.36	54.24	68.25	43.79
3654	002667.SZ	鞍重股份	53.72	82.38	56.20	31.56	37.49	38.03	55.60	65.20	58.68
3655	600076.SH	康欣新材	53.70	83.79	64.19	24.23	29.22	43.58	49.22	70.17	49.15
3656	300153.SZ	科泰电源	53.69	81.35	69.38	38.37	38.16	35.16	41.80	63.50	47.18
3657	300589.SZ	江龙船艇	53.66	75.31	55.58	35.60	48.61	38.63	35.85	73.73	47.92
3658	002280.SZ	联络互动	53.66	55.65	47.98	47.10	67.07	61.07	57.22	55.16	36.81
3659	002633.SZ	申科股份	53.65	73.81	62.91	34.80	22.70	35.20	42.21	76.51	53.11
3660	300334.SZ	津膜科技	53.64	70.52	70.71	27.22	33.13	48.92	50.57	66.79	41.52
3661	300881.SZ	盛德鑫泰	53.64	86.40	70.39	39.97	35.34	18.31	37.22	66.85	60.22
3662	300147.SZ	香雪制药	53.62	67.99	39.18	29.40	45.73	62.73	71.03	67.32	35.83
3663	600365.SH	ST通葡	53.62	70.71	66.13	29.43	44.74	30.74	52.94	68.05	52.14
3664	603022.SH	新通联	53.61	82.95	54.63	45.56	40.62	38.03	45.00	62.72	50.87
3665	002137.SZ	实益达	53.61	67.15	53.10	34.30	39.42	51.64	53.46	67.29	51.45
3666	300268.SZ	佳沃股份	53.58	80.07	69.49	37.81	42.24	39.62	42.69	62.65	36.86
3667	000798.SZ	中水渔业	53.58	76.48	71.21	34.47	37.20	30.89	39.85	70.75	42.14
3668	002260.SZ	*ST德奥	53.54	67.08	58.78	36.74	48.77	35.60	58.66	61.87	56.04
3669	300795.SZ	*ST米奥	53.54	83.75	60.62	39.61	23.00	30.73	39.52	70.58	65.04
3670	600561.SH	江西长运	53.53	76.83	67.24	31.96	40.47	28.97	45.62	73.18	35.12

续表

排名	公司代码	公司名称	综合健康指数	内部控制	外部监督	创利能力	产品销售	竞争态势	价值再造	法人治理	资产资本结构
3671	300111.SZ	向日葵	53.52	73.88	48.99	47.40	39.24	31.29	52.31	70.21	43.31
3672	600778.SH	友好集团	53.51	87.67	62.36	30.54	36.41	50.54	48.81	64.26	31.08
3673	000993.SZ	闽东电力	53.48	64.92	77.79	31.91	32.67	24.68	42.79	73.46	49.33
3674	002369.SZ	卓翼科技	53.47	77.58	46.65	33.18	49.45	42.72	58.96	66.54	45.48
3675	002319.SZ	乐通股份	53.47	73.50	61.86	40.21	30.45	38.17	45.37	72.16	35.05
3676	300615.SZ	欣天科技	53.45	69.66	67.20	46.16	39.02	23.45	31.53	70.83	57.33
3677	300736.SZ	百邦科技	53.45	78.59	59.31	44.93	34.19	26.80	39.08	69.16	59.22
3678	300010.SZ	豆神教育	53.44	62.04	53.02	43.39	32.74	61.26	51.15	67.25	32.04
3679	603038.SH	华立股份	53.43	88.90	57.75	41.02	42.43	38.48	37.97	63.13	50.35
3680	003038.SZ	鑫铂股份	53.42	65.55	72.02	50.31	47.02	22.96	56.03	53.78	50.90
3681	000659.SZ	珠海中富	53.41	63.80	74.03	42.24	42.61	40.22	31.11	67.12	40.23
3682	603161.SH	科华控股	53.40	75.09	63.62	38.40	48.08	32.77	59.20	58.33	43.79
3683	002731.SZ	萃华珠宝	53.39	74.27	49.31	33.68	40.23	41.21	46.79	71.93	58.93
3684	688488.SH	艾迪药业	53.38	53.67	73.91	44.24	47.45	28.08	40.89	62.50	64.23
3685	603009.SH	北特科技	53.38	73.45	45.88	34.35	42.60	53.97	53.43	70.58	34.48
3686	300808.SZ	久量股份	53.37	84.04	54.38	36.91	35.52	38.02	41.51	69.68	53.69
3687	601599.SH	浙文影业	53.36	77.47	63.15	36.14	53.67	36.35	47.25	62.35	39.26
3688	300890.SZ	翔丰华	53.32	84.03	86.19	35.58	28.74	22.60	28.91	64.70	56.51
3689	603963.SH	大理药业	53.30	76.07	71.67	35.76	23.01	32.17	31.98	71.34	64.01
3690	688177.SH	百奥泰	53.30	54.30	67.50	32.24	39.14	41.72	49.85	68.40	55.58
3691	300176.SZ	派生科技	53.29	85.82	61.85	32.60	27.16	34.05	45.29	70.65	49.29
3692	300209.SZ	天泽信息	53.29	70.40	31.19	41.33	41.15	61.17	60.87	64.60	55.79
3693	600615.SH	*ST丰华	53.29	80.30	52.23	45.21	30.64	20.13	48.77	70.97	61.65
3694	300810.SZ	中科海讯	53.29	81.12	54.56	39.56	29.26	35.12	46.19	66.92	65.43
3695	000010.SZ	美丽生态	53.28	65.37	56.64	50.91	51.43	41.90	36.69	64.16	43.02
3696	002699.SZ	美盛文化	53.28	61.15	56.36	33.76	42.13	31.88	51.56	75.25	51.15
3697	600423.SH	柳化股份	53.27	71.11	62.22	44.51	45.37	21.43	41.86	67.70	55.73
3698	600576.SH	祥源文化	53.27	75.02	72.18	56.04	36.96	31.43	49.48	48.86	50.36
3699	603069.SH	海汽集团	53.26	88.26	66.29	36.38	30.20	29.41	38.50	66.54	57.13
3700	600771.SH	广誉远	53.24	65.61	69.55	30.07	30.51	45.72	55.17	63.93	49.95
3701	603324.SH	盛剑环境	53.23	57.79	74.47	55.85	51.66	16.74	54.03	52.99	51.16
3702	300135.SZ	宝利国际	53.21	54.95	56.34	30.62	57.70	52.90	49.99	65.88	49.22
3703	002259.SZ	*ST升达	53.18	59.60	47.64	52.67	54.07	35.37	48.89	66.12	45.14
3704	300603.SZ	立昂技术	53.17	85.85	69.08	31.27	37.88	43.34	35.22	64.65	44.29
3705	000670.SZ	*ST盈方	53.17	72.88	46.19	36.73	51.50	46.86	51.89	68.02	37.89
3706	300202.SZ	*ST聚龙	53.16	66.59	54.05	47.34	30.73	29.49	53.38	67.94	58.22
3707	688315.SH	诺禾致源	53.16	63.28	72.30	43.76	52.07	32.27	49.73	53.57	55.31
3708	000410.SZ	*ST沈机	53.16	74.50	56.45	30.24	42.62	44.59	44.03	71.99	41.52

续表

排名	公司代码	公司名称	综合健康指数	内部控制	外部监督	创利能力	产品销售	竞争态势	价值再造	法人治理	资产资本结构
3709	600847.SH	万里股份	53.10	67.13	59.42	32.80	37.00	35.22	43.81	72.76	59.55
3710	600319.SH	*ST亚星	53.10	83.30	59.82	38.56	32.93	28.39	45.67	71.63	37.51
3711	002776.SZ	ST柏龙	53.09	89.73	49.89	32.92	45.39	39.11	47.99	65.00	51.48
3712	600187.SH	国中水务	53.03	79.57	66.25	38.66	29.26	38.16	42.39	61.38	60.57
3713	000890.SZ	法尔胜	53.02	67.97	63.72	40.41	52.00	25.27	43.11	69.97	35.95
3714	300798.SZ	锦鸡股份	53.02	89.51	53.57	35.78	29.88	41.05	30.29	71.15	62.40
3715	002610.SZ	爱康科技	53.01	64.26	61.23	35.09	54.15	36.54	41.80	67.56	50.29
3716	300410.SZ	正业科技	53.00	69.86	40.15	35.10	41.03	64.86	56.04	69.06	30.90
3717	300210.SZ	森远股份	53.00	77.57	48.35	40.61	38.01	32.73	60.36	67.28	42.78
3718	002122.SZ	*ST天马	52.99	65.10	48.68	38.17	48.29	42.55	53.70	69.89	38.63
3719	000023.SZ	深天地A	52.96	73.67	66.54	38.26	48.66	42.29	46.60	56.07	47.46
3720	002943.SZ	宇晶股份	52.96	77.36	61.09	29.27	30.39	38.24	55.03	67.85	47.90
3721	002575.SZ	*ST群兴	52.94	65.86	31.17	59.43	49.54	46.90	55.92	57.82	61.13
3722	300966.SZ	共同药业	52.94	64.58	73.96	38.26	53.13	24.54	51.98	57.36	51.76
3723	600119.SH	长江投资	52.93	74.56	56.31	26.46	39.16	47.90	45.84	73.52	37.11
3724	000782.SZ	美达股份	52.92	53.50	45.35	31.11	54.88	56.99	58.37	66.89	50.01
3725	600818.SH	中路股份	52.92	67.33	47.19	53.41	43.21	40.03	52.12	59.81	53.71
3726	002785.SZ	万里石	52.92	65.89	50.21	39.89	41.52	39.40	42.18	74.20	47.88
3727	300254.SZ	仟源医药	52.90	84.49	55.38	26.13	31.66	43.71	53.28	72.41	32.25
3728	600868.SH	梅雁吉祥	52.88	64.10	46.27	48.72	35.11	34.68	41.57	71.03	68.50
3729	300313.SZ	ST天山	52.87	84.45	51.99	48.39	32.06	32.29	37.05	70.71	41.60
3730	688077.SH	大地熊	52.85	72.01	68.98	33.83	31.61	31.22	48.44	65.86	54.24
3731	000518.SZ	四环生物	52.84	63.36	51.52	56.06	39.18	39.38	43.69	61.96	55.68
3732	002069.SZ	獐子岛	52.83	48.78	49.85	56.58	43.22	51.90	44.25	67.29	32.30
3733	300367.SZ	ST网力	52.80	66.54	39.59	36.85	39.76	49.73	48.36	78.79	34.04
3734	002638.SZ	*ST勤上	52.80	64.82	39.74	41.14	50.02	44.96	54.29	69.15	45.79
3735	605178.SH	时空科技	52.77	72.41	54.48	42.48	36.01	35.62	40.18	65.89	68.65
3736	688682.SH	霍莱沃	52.77	66.59	69.37	52.38	36.88	20.08	53.15	53.59	65.27
3737	600238.SH	海南椰岛	52.76	75.50	60.83	33.97	45.22	33.81	56.94	62.33	41.30
3738	002343.SZ	慈文传媒	52.75	70.26	63.37	35.31	45.95	36.65	44.80	64.38	48.89
3739	002141.SZ	贤丰控股	52.75	87.21	56.34	23.11	50.76	41.39	44.45	66.72	46.58
3740	300293.SZ	蓝英装备	52.75	59.35	48.79	38.11	34.80	59.34	50.02	70.03	40.01
3741	600255.SH	鑫科材料	52.72	74.05	52.36	38.16	57.59	44.99	59.38	55.35	39.89
3742	600084.SH	*ST中葡	52.71	84.68	64.83	32.15	13.97	32.32	41.68	71.43	60.50
3743	300700.SZ	岱勒新材	52.69	78.19	65.27	34.94	38.32	24.32	36.22	72.16	49.42
3744	002630.SZ	华西能源	52.69	79.19	66.19	21.52	44.95	37.97	45.02	69.53	39.57
3745	300162.SZ	雷曼光电	52.67	72.12	63.98	19.42	27.97	54.61	48.29	70.46	46.37
3746	603099.SH	长白山	52.66	79.24	71.97	35.62	35.81	22.60	42.67	62.96	59.12

续表

排名	公司代码	公司名称	综合健康指数	内部控制	外部监督	创利能力	产品销售	竞争态势	价值再造	法人治理	资产资本结构
3747	300344.SZ	立方数科	52.65	85.17	63.66	36.60	23.23	44.16	43.93	66.55	32.36
3748	000978.SZ	桂林旅游	52.64	83.16	56.17	37.60	35.22	32.35	49.64	68.73	35.46
3749	600653.SH	申华控股	52.63	65.62	54.48	36.49	54.13	49.38	43.51	64.48	42.16
3750	601258.SH	庞大集团	52.63	83.34	39.07	32.07	66.90	47.58	56.29	59.23	44.99
3751	300262.SZ	巴安水务	52.58	85.64	68.76	29.83	18.62	41.64	44.81	66.89	42.19
3752	600661.SH	昂立教育	52.56	62.12	62.78	42.38	36.64	45.10	44.86	66.68	32.18
3753	688336.SH	三生国健	52.55	60.95	70.78	30.17	26.88	44.02	45.00	65.36	64.27
3754	000525.SZ	ST红太阳	52.52	61.44	37.17	32.06	51.00	62.37	68.14	65.64	31.68
3755	688636.SH	智明达	52.52	64.65	70.32	51.25	35.89	28.18	51.41	53.25	56.76
3756	002490.SZ	山东墨龙	52.49	56.81	49.53	29.12	61.20	38.99	54.82	71.66	42.34
3757	688215.SH	瑞晟智能	52.47	72.45	67.41	47.36	24.21	29.51	34.44	64.48	63.04
3758	688070.SH	纵横股份	52.47	62.69	70.57	43.69	29.50	36.18	46.62	58.53	60.68
3759	002971.SZ	和远气体	52.45	77.66	68.49	33.53	32.69	31.95	40.99	67.09	47.33
3760	605055.SH	迎丰股份	52.42	60.70	71.93	42.29	42.87	39.36	41.65	56.80	55.12
3761	002213.SZ	大为股份	52.42	70.08	48.28	37.01	42.08	41.33	43.61	70.02	54.51
3762	002256.SZ	*ST兆新	52.40	78.80	35.18	42.57	37.90	47.05	56.70	64.11	53.73
3763	600083.SH	*ST博信	52.39	65.80	40.75	49.05	58.72	39.33	40.14	64.69	57.14
3764	002504.SZ	ST弘高	52.38	74.20	59.36	39.44	47.23	34.55	42.53	62.55	49.70
3765	300252.SZ	金信诺	52.34	68.74	69.51	30.69	48.33	43.58	51.65	58.46	35.76
3766	603032.SH	*ST德新	52.32	91.33	66.53	26.41	30.89	28.41	27.03	70.53	67.71
3767	300255.SZ	常山药业	52.32	74.56	53.22	38.81	44.42	55.34	56.35	51.11	51.61
3768	000692.SZ	惠天热电	52.32	66.01	53.66	33.37	42.62	43.98	34.34	77.21	39.11
3769	300489.SZ	中飞股份	52.31	83.75	52.46	36.74	33.61	29.03	50.41	67.59	51.27
3770	600538.SH	国发股份	52.31	69.21	69.70	31.63	36.28	35.35	42.79	66.24	48.97
3771	002621.SZ	美吉姆	52.28	87.02	53.18	45.17	28.07	34.93	33.72	69.78	44.00
3772	000972.SZ	*ST中基	52.28	77.09	58.04	35.03	29.43	34.39	36.02	75.12	46.20
3773	000981.SZ	*ST银亿	52.25	59.96	48.43	41.24	53.65	61.19	53.16	59.12	31.19
3774	300102.SZ	乾照光电	52.25	83.99	45.57	34.87	45.02	45.33	57.28	61.96	36.70
3775	000509.SZ	*ST华塑	52.24	64.17	65.43	47.24	37.24	31.10	39.30	62.47	55.12
3776	601279.SH	英利汽车	52.24	58.14	74.08	41.23	62.89	26.50	47.54	53.63	48.58
3777	300164.SZ	通源石油	52.22	75.20	57.72	33.25	25.64	56.55	41.65	66.05	45.42
3778	688661.SH	和林微纳	52.21	62.80	69.24	53.27	47.06	13.07	55.28	52.60	57.71
3779	002858.SZ	力盛赛车	52.20	88.10	62.51	28.94	40.04	27.84	38.65	69.38	45.39
3780	002094.SZ	青岛金王	52.19	87.32	66.46	20.54	39.88	41.35	48.31	62.67	42.30
3781	300044.SZ	*ST赛为	52.16	56.57	46.12	33.23	50.39	51.46	58.44	68.92	33.43
3782	300175.SZ	朗源股份	52.16	82.34	59.43	27.45	31.80	37.89	44.05	67.35	56.93
3783	000622.SZ	恒立实业	52.14	74.48	63.17	33.85	44.02	27.94	41.08	64.38	60.89
3784	300745.SZ	欣锐科技	52.12	79.57	69.13	28.95	21.87	45.90	31.58	68.74	51.36

续表

排名	公司代码	公司名称	综合健康指数	内部控制	外部监督	创利能力	产品销售	竞争态势	价值再造	法人治理	资产资本结构
3785	000996.SZ	中国中期	52.12	85.37	67.13	40.02	30.31	36.09	29.58	63.11	50.70
3786	000564.SZ	*ST大集	52.12	82.32	40.49	21.17	28.89	54.29	54.04	72.40	56.12
3787	600462.SH	ST九有	52.11	74.62	46.35	38.69	37.95	45.44	42.11	70.78	41.76
3788	002639.SZ	雪人股份	52.11	69.53	51.97	28.75	39.00	59.75	53.52	64.31	37.92
3789	688468.SH	科美诊断	52.10	65.23	73.08	52.86	42.77	23.21	40.07	51.85	64.01
3790	300163.SZ	先锋新材	52.06	66.01	45.80	47.40	38.53	31.41	48.04	68.26	55.92
3791	002321.SZ	*ST华英	52.04	73.06	53.16	25.88	41.00	48.21	44.61	72.99	35.41
3792	300461.SZ	田中精机	52.03	72.37	45.46	41.75	40.99	35.29	52.40	67.03	46.90
3793	002862.SZ	实丰文化	52.01	86.41	50.59	25.89	24.71	42.01	43.63	71.59	60.99
3794	002816.SZ	和科达	52.01	72.44	61.21	36.65	32.72	28.62	40.53	67.96	61.69
3795	600870.SH	*ST厦华	52.01	78.14	59.99	34.77	42.05	27.50	39.71	66.55	56.33
3796	002898.SZ	赛隆药业	52.00	89.17	62.64	33.92	23.42	34.67	27.41	71.56	52.16
3797	002288.SZ	超华科技	51.99	67.61	61.81	23.88	35.80	43.28	51.56	70.34	39.42
3798	603101.SH	汇嘉时代	51.99	79.63	58.38	31.21	37.30	43.98	50.96	61.34	44.02
3799	002742.SZ	三圣股份	51.98	82.23	60.25	40.65	33.81	38.93	43.81	61.37	38.87
3800	688520.SH	神州细胞	51.95	59.35	73.16	39.50	24.21	42.65	39.09	61.50	60.42
3801	000413.SZ	东旭光电	51.94	80.88	45.97	26.00	47.12	62.10	44.41	64.53	40.14
3802	600191.SH	*ST华资	51.93	73.82	72.97	34.41	23.55	19.04	36.85	69.77	63.82
3803	600209.SH	*ST罗顿	51.93	74.04	69.31	30.60	18.35	28.01	27.56	77.64	60.71
3804	002168.SZ	惠程科技	51.92	81.98	50.97	31.37	29.35	47.98	42.31	70.83	40.92
3805	300126.SZ	锐奇股份	51.91	67.48	69.84	34.41	32.12	35.94	42.64	59.74	68.19
3806	300300.SZ	海峡创新	51.90	69.54	46.44	31.26	47.09	41.17	52.61	68.41	48.20
3807	300084.SZ	海默科技	51.89	66.77	66.35	30.32	28.75	54.21	45.39	64.82	36.39
3808	000150.SZ	宜华健康	51.89	83.48	55.79	29.32	38.09	44.89	40.73	70.74	27.56
3809	603729.SH	ST龙韵	51.88	80.81	54.86	36.94	44.91	28.17	44.45	66.20	44.76
3810	000586.SZ	汇源通信	51.87	68.08	58.47	52.53	47.12	36.56	52.52	49.26	50.40
3811	002512.SZ	达华智能	51.86	66.58	39.37	32.98	55.87	55.75	54.80	65.96	33.59
3812	002848.SZ	高斯贝尔	51.79	78.94	42.81	31.59	25.82	49.83	48.68	72.33	46.96
3813	002535.SZ	*ST林重	51.79	59.77	53.65	42.17	45.88	27.39	50.40	72.21	31.52
3814	000691.SZ	亚太实业	51.78	72.70	62.36	28.12	38.89	33.91	45.77	70.43	38.49
3815	688277.SH	天智航	51.77	71.22	68.53	36.39	23.55	38.45	41.02	59.31	70.90
3816	603188.SH	亚邦股份	51.76	89.03	67.25	17.35	41.48	31.36	46.39	64.47	49.82
3817	600136.SH	当代文体	51.75	80.83	56.76	39.08	34.43	38.11	40.57	67.97	30.87
3818	600078.SH	*ST澄星	51.75	79.43	61.40	31.05	33.16	44.82	41.91	63.02	48.20
3819	300986.SZ	志特新材	51.74	63.17	70.19	52.34	24.75	28.40	58.02	54.81	40.75
3820	300152.SZ	科融环境	51.74	73.48	35.80	45.09	43.65	48.88	48.72	63.06	51.49
3821	000613.SZ	*ST东海A	51.74	69.09	59.73	46.92	28.92	26.37	42.37	65.74	55.21
3822	600898.SH	ST美讯	51.73	75.91	69.67	35.23	57.03	25.80	41.83	58.85	38.22

续表

排名	公司代码	公司名称	综合健康指数	内部控制	外部监督	创利能力	产品销售	竞争态势	价值再造	法人治理	资产资本结构
3823	600381.SH	青海春天	51.72	70.64	67.22	42.06	20.23	29.55	34.40	67.84	59.45
3824	002341.SZ	新纶科技	51.71	65.89	37.75	33.49	34.40	64.08	54.97	68.58	40.26
3825	002198.SZ	嘉应制药	51.66	77.59	37.86	34.29	37.23	34.32	50.97	72.41	58.44
3826	300469.SZ	信息发展	51.62	64.22	66.28	24.45	47.87	47.94	46.28	62.28	42.67
3827	603789.SH	星光农机	51.62	93.50	69.66	28.70	22.35	33.23	34.93	66.72	43.30
3828	600767.SH	ST运盛	51.60	67.07	51.03	38.69	44.17	33.24	45.51	67.04	53.74
3829	300731.SZ	科创新源	51.57	71.70	55.33	36.99	24.89	38.27	53.42	65.94	47.43
3830	002692.SZ	ST远程	51.57	75.30	43.99	19.44	48.27	45.39	50.10	71.79	51.59
3831	002231.SZ	奥维通信	51.57	73.66	57.16	25.24	31.25	36.17	42.40	71.66	61.81
3832	603168.SH	莎普爱思	51.55	75.12	52.66	31.54	36.11	34.18	48.57	68.95	50.39
3833	002668.SZ	奥马电器	51.54	71.99	39.73	30.50	54.92	53.07	59.16	60.34	44.62
3834	688662.SH	富信科技	51.52	64.74	71.70	54.11	42.34	28.13	35.12	52.81	53.45
3835	603959.SH	百利科技	51.49	81.65	50.58	37.64	47.71	52.59	39.44	59.58	35.51
3836	300345.SZ	华民股份	51.48	63.39	57.78	46.45	38.05	26.92	42.40	63.51	60.71
3837	600226.SH	ST瀚叶	51.43	56.10	52.90	41.71	46.57	42.40	51.62	60.24	51.95
3838	002571.SZ	德力股份	51.42	64.19	69.15	32.52	35.15	35.29	38.09	66.65	50.34
3839	300055.SZ	万邦达	51.35	79.98	47.52	23.18	35.68	40.04	53.29	68.33	56.95
3840	300264.SZ	佳创视讯	51.35	65.28	55.76	43.19	31.26	31.77	44.17	68.88	45.67
3841	002719.SZ	*ST麦趣	51.28	72.54	40.34	30.34	47.18	34.60	60.86	67.31	50.45
3842	300029.SZ	*ST天龙	51.26	64.61	60.44	23.54	56.10	29.97	50.90	67.37	43.51
3843	000803.SZ	北清环能	51.25	57.06	39.45	33.90	45.39	45.96	59.59	71.24	37.76
3844	002451.SZ	摩恩电气	51.25	69.09	44.80	35.24	46.91	38.72	53.03	63.39	55.57
3845	600121.SH	郑州煤电	51.24	76.08	72.95	26.51	38.30	39.28	39.48	61.72	39.63
3846	688316.SH	青云科技	51.21	54.54	75.84	30.60	48.80	38.40	52.14	54.99	44.61
3847	002716.SZ	*ST金贵	51.18	64.80	49.78	48.25	50.98	34.89	50.69	54.68	56.01
3848	002514.SZ	宝馨科技	51.16	75.88	64.44	24.95	30.35	37.01	43.40	68.91	43.08
3849	600777.SH	新朝能源	51.14	68.85	50.69	42.11	44.28	42.00	43.42	59.44	54.36
3850	600306.SH	*ST商城	51.14	86.17	66.15	31.34	31.57	29.24	42.71	62.09	46.23
3851	300023.SZ	*ST宝德	51.12	70.74	66.20	31.17	28.53	33.84	39.11	64.68	63.25
3852	002499.SZ	*ST科林	51.09	78.82	69.22	50.14	43.97	30.17	40.87	48.52	40.48
3853	002671.SZ	龙泉股份	51.08	86.40	64.27	23.89	31.21	35.70	45.21	63.14	48.46
3854	600520.SH	文一科技	51.06	69.50	59.90	33.95	36.60	32.76	53.70	63.71	39.89
3855	002470.SZ	*ST金正	51.06	64.77	35.94	30.19	40.99	61.35	44.73	73.54	39.38
3856	000020.SZ	深华发A	51.05	65.28	62.75	30.08	46.06	30.81	42.63	66.44	49.05
3857	600634.SH	退市富控	51.03	65.95	40.31	42.98	36.04	57.89	42.36	63.04	52.91
3858	300056.SZ	中创环保	51.00	65.93	41.06	27.06	50.92	46.13	57.10	65.06	53.34
3859	600358.SH	国旅联合	50.94	67.87	50.55	41.74	54.76	32.89	45.93	62.56	37.96
3860	000585.SZ	*ST东电	50.91	83.97	57.22	58.85	15.16	31.35	35.74	57.44	50.98

续表

排名	公司代码	公司名称	综合健康指数	内部控制	外部监督	创利能力	产品销售	竞争态势	价值再造	法人治理	资产资本结构
3861	000633.SZ	合金投资	50.89	67.04	68.13	47.01	22.84	24.75	33.76	65.45	52.21
3862	300340.SZ	科恒股份	50.85	56.13	55.86	29.13	46.26	58.98	46.76	63.56	34.49
3863	000523.SZ	*ST浪奇	50.84	62.21	40.99	35.78	27.57	52.63	42.27	75.07	45.93
3864	300125.SZ	聆达股份	50.78	69.73	60.42	26.66	43.09	24.25	51.02	70.05	37.30
3865	002513.SZ	*ST蓝丰	50.76	80.67	45.06	32.75	34.64	35.12	49.05	68.19	47.15
3866	002374.SZ	中锐股份	50.75	89.63	62.74	25.19	22.44	28.99	43.21	68.70	44.54
3867	688339.SH	亿华通	50.73	60.77	59.76	27.96	33.77	44.58	46.72	64.66	56.31
3868	300742.SZ	越博动力	50.72	89.81	55.91	18.62	41.13	39.25	43.38	67.85	36.23
3869	600080.SH	金花股份	50.68	66.86	47.00	41.45	30.42	44.25	57.08	59.08	51.75
3870	002188.SZ	*ST巴士	50.61	73.32	33.14	39.55	40.50	28.51	43.28	74.38	58.76
3871	600165.SH	新日恒力	50.50	81.86	70.54	24.01	28.31	37.02	49.55	58.83	40.67
3872	002488.SZ	金固股份	50.49	70.90	49.36	35.05	37.45	45.35	49.83	62.91	39.34
3873	000005.SZ	ST星源	50.46	60.38	54.14	22.69	43.15	51.61	49.39	64.35	50.41
3874	603717.SH	天域生态	50.44	80.81	71.88	25.72	23.27	35.98	20.28	72.73	43.78
3875	600355.SH	精伦电子	50.43	63.64	56.42	36.17	40.85	35.29	37.61	67.89	45.66
3876	000420.SZ	吉林化纤	50.43	56.12	67.96	22.26	31.83	33.79	48.26	72.57	39.85
3877	300370.SZ	ST安控	50.42	74.84	41.42	29.01	33.87	59.17	51.17	67.27	28.66
3878	300336.SZ	新文化	50.42	77.40	53.37	39.71	25.62	28.71	37.71	72.21	38.42
3879	300167.SZ	迪威迅	50.40	61.70	63.41	34.96	34.21	31.65	50.13	64.63	38.35
3880	000806.SZ	*ST银河	50.39	58.24	38.43	43.77	46.54	49.35	49.66	64.11	39.17
3881	000679.SZ	大连友谊	50.35	63.12	46.51	34.05	30.52	38.45	46.68	73.98	42.96
3882	300716.SZ	国立科技	50.33	77.64	54.53	20.56	39.60	37.89	40.82	71.91	40.79
3883	300278.SZ	*ST华昌	50.32	75.51	40.85	28.38	45.40	50.77	48.78	62.43	50.30
3884	002358.SZ	ST森源	50.29	76.08	44.56	26.15	39.58	45.64	52.40	65.75	42.34
3885	000566.SZ	海南海药	50.28	58.28	51.01	22.54	30.02	57.56	46.14	74.17	35.04
3886	002289.SZ	宇顺电子	50.28	76.04	58.40	27.27	29.63	27.43	36.87	71.21	58.40
3887	000929.SZ	兰州黄河	50.26	83.21	66.77	27.34	28.49	28.86	40.43	61.90	54.73
3888	002052.SZ	ST同洲	50.22	73.36	42.54	29.28	40.76	46.77	48.19	67.68	39.68
3889	300317.SZ	珈伟新能	50.10	79.55	49.90	34.93	30.75	40.90	38.94	65.96	44.21
3890	002235.SZ	安妮股份	50.07	82.98	54.43	29.14	27.83	38.69	44.44	62.73	51.30
3891	600715.SH	文投控股	50.06	84.95	48.49	21.90	45.66	41.80	44.03	65.27	41.32
3892	300477.SZ	合纵科技	50.03	58.21	54.09	30.02	31.46	59.28	39.44	68.38	35.25
3893	002656.SZ	ST摩登	50.03	64.23	39.97	38.87	31.51	44.59	49.28	63.95	62.53
3894	600265.SH	*ST景谷	50.03	82.83	64.35	29.00	26.52	21.89	27.64	73.80	45.92
3895	300025.SZ	华星创业	49.99	70.05	53.42	38.79	39.62	31.44	44.17	62.10	47.85
3896	002740.SZ	爱迪尔	49.95	64.11	44.33	31.18	44.65	35.81	42.93	73.04	42.94
3897	603991.SH	至正股份	49.95	73.41	50.23	41.99	39.71	34.84	42.05	60.11	47.74
3898	603603.SH	博天环境	49.94	72.67	34.78	32.05	45.98	59.78	52.70	60.72	37.62

续表

排名	公司代码	公司名称	综合健康指数	内部控制	外部监督	创利能力	产品销售	竞争态势	价值再造	法人治理	资产资本结构
3899	000752.SZ	*ST西发	49.92	75.95	55.09	31.10	47.71	17.84	53.60	63.39	41.39
3900	002905.SZ	金逸影视	49.92	83.36	69.13	26.03	30.59	21.76	30.70	68.78	47.06
3901	300405.SZ	科隆股份	49.92	72.22	64.05	19.13	36.61	36.57	44.00	66.84	42.68
3902	600712.SH	南宁百货	49.90	66.78	63.81	31.11	33.72	45.39	36.47	61.86	44.53
3903	000812.SZ	陕西金叶	49.89	58.02	55.36	38.04	32.14	42.98	57.82	59.64	36.62
3904	300269.SZ	ST联建	49.89	59.34	43.71	42.30	43.29	45.13	45.46	64.57	37.78
3905	000980.SZ	*ST众泰	49.88	77.71	36.21	43.36	33.66	42.84	39.86	65.82	48.01
3906	002992.SZ	宝明科技	49.85	74.64	66.16	19.53	39.95	32.77	43.61	63.11	48.64
3907	002570.SZ	贝因美	49.76	68.83	58.79	27.84	29.00	44.14	38.60	69.85	33.28
3908	600593.SH	大连圣亚	49.76	84.37	25.59	40.46	47.18	39.42	50.84	63.35	44.88
3909	600321.SH	正源股份	49.75	89.29	74.09	33.21	25.09	31.18	28.91	55.38	52.32
3910	688533.SH	上声电子	49.75	57.54	70.87	40.54	47.45	35.78	38.40	52.44	46.06
3911	300526.SZ	中潜股份	49.74	62.68	43.63	44.76	41.07	36.76	36.81	66.80	49.31
3912	002355.SZ	兴民智通	49.74	80.60	42.91	25.44	29.97	39.22	57.65	66.46	43.94
3913	002207.SZ	准泊股份	49.72	72.40	54.78	30.41	35.02	21.05	38.85	73.30	47.63
3914	600518.SH	*ST康美	49.69	64.68	43.09	30.26	37.04	47.96	41.21	68.22	54.94
3915	600242.SH	ST中昌	49.68	74.33	51.08	34.85	45.83	36.98	43.30	60.65	40.79
3916	300139.SZ	晓程科技	49.62	68.15	37.86	40.87	33.35	34.54	49.29	68.40	47.46
3917	002411.SZ	延安必康	49.61	75.69	34.35	28.69	49.24	54.99	55.80	60.31	36.11
3918	002547.SZ	春兴精工	49.60	73.66	47.53	28.69	45.05	47.30	54.15	57.69	38.83
3919	002586.SZ	*ST围海	49.59	62.79	35.87	31.28	55.94	51.03	48.80	63.96	42.30
3920	300208.SZ	青岛中程	49.53	82.98	63.70	29.20	27.46	24.30	30.94	69.30	44.45
3921	002700.SZ	ST浩源	49.47	64.55	46.16	34.60	29.63	31.68	36.16	72.95	62.55
3922	002766.SZ	*ST索菱	49.46	66.61	46.12	19.20	39.21	54.96	47.51	66.79	46.54
3923	300220.SZ	金运激光	49.36	74.36	60.60	20.83	24.27	48.97	37.26	65.65	47.89
3924	000678.SZ	襄阳轴承	49.35	72.36	64.97	16.89	34.92	46.30	54.50	58.27	35.69
3925	300442.SZ	普丽盛	49.32	68.64	71.30	28.95	27.56	36.91	43.60	57.84	44.30
3926	300343.SZ	联创股份	49.31	74.36	46.00	38.78	52.06	47.34	45.96	51.80	40.61
3927	002496.SZ	*ST辉丰	49.30	72.64	35.99	32.24	36.87	45.18	53.37	65.28	42.31
3928	300027.SZ	华谊兄弟	49.26	73.42	60.01	32.08	26.81	32.27	44.58	64.17	38.52
3929	002652.SZ	扬子新材	49.22	67.85	39.28	42.45	37.39	38.77	42.01	64.64	49.37
3930	300032.SZ	金龙机电	49.18	66.86	48.29	31.31	46.93	47.32	47.19	59.25	38.77
3931	600338.SH	西藏珠峰	49.11	71.76	58.08	54.32	24.16	23.03	30.63	60.35	49.55
3932	300392.SZ	腾信股份	49.10	65.46	67.66	39.38	44.47	29.39	39.54	52.57	46.41
3933	002629.SZ	ST仁智	49.08	62.45	43.47	25.53	31.20	36.74	48.80	76.35	40.54
3934	002193.SZ	如意集团	49.07	78.20	41.58	36.83	36.69	41.87	55.51	56.99	39.05
3935	300460.SZ	惠仑晶体	49.05	63.46	56.92	33.18	30.69	40.42	43.36	62.27	45.89
3936	600200.SH	江苏吴中	48.98	72.67	51.63	25.54	37.25	41.34	41.29	65.55	42.64

续表

排名	公司代码	公司名称	综合健康指数	内部控制	外部监督	创利能力	产品销售	竞争态势	价值再造	法人治理	资产资本结构
3937	300169.SZ	天晟新材	48.95	75.94	50.77	25.58	29.87	35.83	42.68	70.87	35.55
3938	002021.SZ	ST中捷	48.89	69.19	38.34	22.16	43.94	37.86	42.50	73.00	53.00
3939	002076.SZ	ST雪莱	48.88	79.61	42.00	34.49	37.54	44.73	47.79	59.19	38.36
3940	600844.SH	丹化科技	48.79	63.77	67.61	23.61	47.89	35.20	43.95	58.72	35.87
3941	000892.SZ	欢瑞世纪	48.78	77.51	51.95	33.00	23.56	30.07	37.64	64.37	62.44
3942	688260.SH	昀冢科技	48.77	62.80	72.15	50.40	26.60	23.65	37.69	52.05	47.24
3943	002005.SZ	ST德豪	48.76	65.90	39.73	24.73	42.71	44.05	48.43	69.97	38.01
3944	300008.SZ	天海防务	48.73	47.40	54.76	25.23	41.93	36.54	50.99	66.88	48.94
3945	002173.SZ	创新医疗	48.65	54.09	45.57	34.35	42.68	33.02	46.84	64.76	58.71
3946	002619.SZ	*ST艾格	48.64	64.16	38.47	37.21	25.56	41.10	51.82	61.92	65.19
3947	300052.SZ	中青宝	48.62	61.67	51.47	29.47	24.01	33.91	41.71	73.61	43.55
3948	002219.SZ	*ST恒康	48.59	67.88	56.32	32.35	45.31	48.40	41.12	56.78	26.65
3949	600290.SH	ST华仪	48.56	72.08	64.69	31.32	30.62	34.46	47.25	56.86	33.81
3950	002501.SZ	*ST利源	48.50	66.45	57.77	44.70	33.55	19.39	27.90	65.16	51.68
3951	300338.SZ	开元教育	48.48	75.26	52.93	22.85	31.62	48.31	42.15	64.79	31.14
3952	603133.SH	碳元科技	48.47	68.44	39.44	27.25	39.64	42.21	47.87	67.75	41.01
3953	300353.SZ	东土科技	48.30	73.05	39.24	27.69	26.46	55.56	48.23	64.86	36.62
3954	300478.SZ	杭州高新	48.30	66.95	43.58	42.27	42.08	42.83	45.22	56.20	38.85
3955	002200.SZ	ST云投	48.27	73.94	51.92	31.94	21.88	23.24	39.19	73.29	38.88
3956	603555.SH	*ST贵人	48.24	51.95	49.38	43.06	45.06	43.10	47.14	59.50	23.91
3957	002427.SZ	ST尤夫	48.23	72.51	39.31	20.35	45.78	46.68	46.91	68.03	32.48
3958	600091.SH	*ST明科	48.21	76.41	55.34	31.28	31.96	22.39	31.57	66.21	56.43
3959	002665.SZ	首航高科	48.17	67.91	55.70	21.80	21.19	34.55	54.48	64.92	47.51
3960	002072.SZ	*ST凯瑞	48.17	75.43	40.07	41.99	42.28	19.72	39.19	63.35	55.59
3961	002872.SZ	ST天圣	48.04	73.36	43.05	27.60	39.48	32.94	47.71	66.30	38.58
3962	300093.SZ	金刚玻璃	47.94	59.25	46.36	34.59	18.88	41.33	36.06	72.60	45.39
3963	000995.SZ	皇台酒业	47.88	72.38	62.12	38.71	19.52	20.81	30.76	67.54	38.75
3964	600766.SH	*ST园城	47.81	74.03	56.54	29.05	24.34	23.96	43.46	62.76	55.05
3965	603157.SH	*ST拉夏	47.81	74.35	36.51	51.94	29.26	31.80	37.70	61.82	42.14
3966	002323.SZ	*ST雅博	47.71	70.69	52.70	29.58	36.57	36.62	43.03	60.00	39.70
3967	300051.SZ	ST三五	47.61	55.75	35.84	42.28	34.57	36.40	51.21	62.73	48.81
3968	300528.SZ	幸福蓝海	47.46	73.70	51.91	32.98	20.50	21.95	38.64	68.35	47.85
3969	300426.SZ	唐德影视	47.42	62.72	57.76	29.38	32.21	22.52	40.56	67.51	40.94
3970	002581.SZ	未名医药	47.42	72.03	46.16	33.69	19.73	38.43	42.67	62.84	48.96
3971	000673.SZ	*ST当代	47.39	79.97	40.16	26.52	39.85	28.34	44.52	64.93	46.11
3972	002464.SZ	*ST众应	47.38	63.53	37.93	39.07	37.40	27.27	40.95	68.54	44.17
3973	300157.SZ	恒泰艾普	47.29	66.17	32.18	29.37	30.42	45.11	39.33	73.33	40.25
3974	000606.SZ	ST顺利	47.22	67.24	37.67	37.34	28.92	48.25	39.28	64.05	37.35

续表

排名	公司代码	公司名称	综合健康指数	内部控制	外部监督	创利能力	产品销售	竞争态势	价值再造	法人治理	资产资本结构
3975	002348.SZ	高乐股份	47.19	66.94	38.76	29.25	37.34	35.41	49.89	63.86	45.30
3976	600734.SH	*ST实达	47.19	79.16	35.35	24.74	44.36	50.87	49.20	55.53	43.26
3977	002248.SZ	华东数控	47.07	72.35	50.65	29.62	26.44	31.76	38.82	67.29	33.64
3978	002694.SZ	顾地科技	47.05	52.85	44.44	24.30	34.03	45.55	49.09	65.77	44.49
3979	600652.SH	*ST游久	47.04	62.76	44.82	32.79	34.66	31.32	46.79	59.60	58.68
3980	002684.SZ	*ST猛狮	47.01	70.54	34.41	33.74	23.51	46.29	44.55	65.90	39.43
3981	300069.SZ	金利华电	46.91	73.74	60.29	27.85	15.62	29.55	30.97	68.27	39.25
3982	300064.SZ	*ST金刚	46.84	70.55	48.83	23.78	36.23	27.85	36.99	70.82	34.22
3983	600555.SH	*ST海创	46.71	59.64	43.60	39.34	37.51	28.26	52.17	56.20	49.44
3984	600385.SH	*ST金泰	46.62	64.74	42.17	37.36	44.59	25.30	36.35	62.99	47.12
3985	600589.SH	ST榕泰	46.59	57.09	39.42	22.25	43.73	40.53	51.08	66.05	37.96
3986	002622.SZ	融钰集团	46.58	60.91	49.24	23.86	19.82	40.41	41.95	67.90	47.18
3987	600090.SH	*ST济堂	46.57	71.46	43.13	20.22	36.66	35.14	46.15	65.52	41.56
3988	600856.SH	ST中天	46.41	65.75	36.31	35.36	46.51	30.81	39.38	65.43	34.29
3989	300108.SZ	吉药控股	46.29	62.11	56.78	23.66	38.76	34.80	42.25	60.88	32.45
3990	002770.SZ	*ST科迪	46.24	65.50	57.65	15.95	41.23	19.68	41.95	66.71	43.24
3991	300325.SZ	*ST德威	45.97	57.91	34.96	31.00	33.79	48.15	48.07	62.61	36.04
3992	600781.SH	ST辅仁	45.94	63.32	37.94	17.19	35.98	56.45	47.26	61.93	40.51
3993	600331.SH	宏达股份	45.89	66.10	45.04	23.05	40.57	38.88	39.86	63.47	35.12
3994	300362.SZ	天翔环境	45.79	60.25	47.33	36.26	32.22	29.86	32.60	66.28	34.33
3995	002086.SZ	*ST东洋	45.68	66.28	39.79	39.94	27.24	33.17	40.62	58.52	48.97
3996	002569.SZ	ST步森	45.63	71.66	42.25	32.59	35.98	31.48	37.20	58.64	48.36
3997	000007.SZ	*ST全新	45.60	55.29	31.61	36.59	33.81	42.24	38.37	63.21	54.62
3998	002618.SZ	*ST丹邦	45.48	68.19	34.93	33.90	28.11	31.75	34.14	67.60	47.77
3999	600139.SH	ST西源	45.39	57.30	49.22	35.38	30.23	35.11	38.57	59.29	39.50
4000	600122.SH	ST宏图	45.38	56.63	41.23	24.27	47.42	35.53	51.27	59.80	36.74
4001	002356.SZ	*ST赫美	45.02	73.48	28.44	24.85	28.31	40.22	40.64	66.92	45.89
4002	600311.SH	ST荣华	44.93	61.03	41.94	33.13	41.54	19.55	43.72	58.93	52.09
4003	002711.SZ	欧浦退	44.89	78.52	38.57	23.95	40.57	29.92	44.48	55.78	49.63
4004	600275.SH	*ST昌鱼	44.89	73.90	43.48	28.63	34.09	22.95	33.17	63.25	46.42
4005	000571.SZ	ST大洲	44.69	54.97	35.26	28.09	32.66	41.75	38.85	67.00	38.82
4006	300270.SZ	中威电子	44.49	64.99	41.66	33.04	20.06	40.03	45.98	54.09	49.19
4007	002592.SZ	ST八菱	44.29	74.29	32.69	22.23	42.51	23.46	44.55	65.60	35.10
4008	600145.SH	*ST新亿	44.20	66.30	37.20	35.90	31.10	25.97	41.51	55.80	56.85
4009	300071.SZ	*ST嘉信	44.13	64.40	33.47	24.13	35.01	33.25	35.89	66.79	46.76
4010	002175.SZ	*ST东网	44.13	67.64	33.94	23.95	33.90	37.32	39.76	60.63	52.18
4011	300356.SZ	ST光一	43.99	49.94	38.27	17.74	23.63	39.31	47.41	68.08	49.57
4012	600112.SH	*ST天成	43.68	76.94	50.15	16.96	13.19	37.69	35.94	59.43	47.70

续表

排名	公司代码	公司名称	综合健康指数	内部控制	外部监督	创利能力	产品销售	竞争态势	价值再造	法人治理	资产资本结构
4013	002473.SZ	*ST圣莱	43.60	68.66	36.27	32.45	18.53	24.18	28.30	61.76	76.33
4014	300312.SZ	*ST邦讯	43.49	75.22	36.15	21.96	15.29	27.20	39.15	66.58	50.60
4015	300116.SZ	保力新	43.35	64.78	50.04	15.91	25.77	24.23	34.46	66.04	46.63
4016	600666.SH	ST瑞德	43.03	64.45	34.93	24.73	33.41	42.33	45.33	57.13	30.19
4017	000820.SZ	*ST节能	42.88	69.94	40.86	30.89	21.11	38.02	43.46	45.52	62.54
4018	603779.SH	ST威龙	42.74	57.84	47.29	26.58	21.76	23.86	33.51	63.65	45.25
4019	000835.SZ	*ST长动	42.46	61.11	42.20	24.94	12.77	28.90	35.99	65.40	44.77
4020	002118.SZ	紫鑫药业	42.30	61.76	45.38	16.81	22.43	24.29	40.71	63.09	47.55
4021	002366.SZ	台海核电	42.13	58.38	30.13	20.40	36.67	38.04	40.28	63.20	35.99
4022	000587.SZ	*ST金洲	41.92	64.88	30.68	41.19	31.06	33.78	38.09	49.49	42.56
4023	300089.SZ	文化长城	41.88	55.08	46.05	21.86	24.55	34.83	36.27	60.64	34.09
4024	000506.SZ	中润资源	41.36	65.68	35.64	27.99	28.60	25.78	45.32	54.25	37.26
4025	603996.SH	*ST中新	41.35	70.69	29.33	43.35	28.96	25.52	30.88	51.05	46.90
4026	000611.SZ	*ST天首	41.25	55.45	35.77	31.83	26.30	25.48	38.33	58.11	43.48
4027	000687.SZ	*ST华讯	41.10	69.07	26.59	26.70	21.90	40.58	35.92	56.26	47.34
4028	600671.SH	ST目药	40.68	55.06	36.68	20.51	33.93	30.32	42.84	57.57	35.02
4029	002089.SZ	ST新海	40.44	51.34	28.06	21.38	42.61	24.61	42.46	60.55	42.77
4030	600146.SH	*ST环球	39.58	54.38	50.31	14.74	27.77	21.67	41.32	52.78	43.44
4031	600614.SH	退市鹏起	37.94	55.41	34.32	25.01	25.33	35.15	39.09	48.51	30.61
4032	601727.SH	上海电气	—	—	—	—	—	—	—	—	—

数据来源：同花顺 中关村国睿金融与产业发展研究会。

第16章
运用并购重组，助力实体经济高质量发展

中关村国睿金融与产业发展研究会并购重组课题组

并购重组是资本市场永恒的主题，大量事实证明，那些引领全球市场的大企业，无一不是通过多次收购兼并才有了今天的市场地位[1]。然而，并购重组又是一把双刃剑，操作不当就会背上沉重的包袱甚至亏损破产。可以说，并购重组是一门科学加艺术的融合，要取得成功，必须把握内在规律、因地制宜、科学施治。

16.1 为什么要并购重组？

大量的实证分析表明，并购重组能够产生协同效应（Synergy），有助于推进产业迭代升级。

所谓协同效应，是指两个及以上企业合并产生的现金流量增量所实现的价值。如A、B两个企业的市值分别为1亿美元和7500万美元，其合并市值为2亿美元，那么协同效应的隐含价值为2500万美元。

新的证据表明，自2009年经济复苏以来，发达国家上市公司的现金和股票收购均获得了显著的正异常收益[2]。

16.1.1 并购重组能够产生规模经济

规模经济通常是指由于平均固定成本随着生产量的增加而下降，如设备折旧和资本化软件摊销、正常维护支出、债务负担如利息支出、租赁费、客户和供应商合同费等。当一家公司收购另一家公司后，由于规模实力增强，通常采购价格会更低，可节约可变成本。

---

[1] 2019年，沃尔玛、伯克希尔哈撒韦、亚马逊、苹果、埃克森美孚、西维斯、联合健康、麦克森、美源伯根、美国电话电报公司的年收入分别为：34443.53亿元、22862.48亿元、19529.38亿元、18529.07亿元、18444.45亿元、17876.23亿元、16858.35亿元、14383.38亿元、12836.49亿元、12614.29亿元，往前追溯前10年，这些公司都进行过多次收购兼并。（资料来源：同花顺。）

[2] Donald M. DePamphilis, Ph.D. Mergers, Acquisitions, and Other Restructuring Activities (Tenth Edition)[M]. Academic, 2019.

2020年7月13日，亚德诺半导体公司宣布与美信达成最终协议，亚德诺将以全股票209.1亿美元收购美信，预计在交易结束18个月内产生2.75亿美元的成本协同效应。

16.1.2 并购重组能够产生范围经济

范围经济是指通过扩大经营范围、增加产品种类，生产两种或两种以上的产品而引起的单位成本的降低。范围经济可能反映平均固定成本和可变成本都在下降。

与管理费用和销售有关的范围经济的常见例子包括：一个部门（如会计和人力资源）支持多个产品线，一个销售队伍销售多个相关产品而非单一产品；通过将多个产品而非单个产品运输到一个地点，可以节省分销成本。

2005年10月，消费品巨头宝洁以530亿美元收购吉列，目的就是借助吉列备受推崇的营销技巧，来销售全方位的个人护理和医药产品，使得消费者能够一站式购齐男士和女士、日常和医疗保健的全部产品。

16.1.3 并购重组能够补充技术技能

并购重组能够补充的技术技能通常是指一家公司拥有的、可被另一家公司用来填补其技术能力缺口的技术、资产和技能。获得这些技术诀窍是收购兼并的重要动机。

法玛西亚普强（Pharmacia Upjohn）与孟山都合并成立Pharmacia后，法玛西亚普强获得了孟山都的Cox-2抑制剂，孟山都则获得了对方的基因组学实验。同时，合并能够扩大内部临床研发，从而增加研发项目的平均规模，减少产品上市所需的时间。

2017年11月，A股公司上海贝岭并购深圳三板挂牌公司瑞能微，合并后总的销售费用增加100万元，但一年节约的研发费用约1000万元。

16.1.4 并购重组能够产生财务协同

财务协同通常是指因并购方并购而降低了融资成本，或因被并购方亏损而产生了税盾作用。

正常情况下，上市公司的融资成本要低于非上市公司，并购后能够满足目标公司技术改造、产业研发需求，产生实物期权价值。另外，对于有累积亏损和税收抵免的目标公司，收购方可用来抵消合并公司产生的未来利润，充分发挥税盾作用。

2016年10月，美国电信运营商（CenturyLink）宣布将以194.3亿美元收购国内同行Level3，以强化光纤网络和高速数据服务。当时Level3账面上累计亏损约100亿美元，可以大大递减合并公司的所得税，增加经营活动的净现金流量。两家公司预计，通过减少重复的管理费用以及对现有设施的充分利用，合并后每年将节约近10亿美元的成本。2020年，CenturyLink跻身全球最具价值500品牌榜第477位。

16.1.5 并购重组能够促进产业转型

产业转型通常是指用新产品、新技术、新市场替代原有的产品、技术和市场，从而实现梯次发展[①]。通过并购重组促进产业转型，通常有三种实现形式：

①新产品—当前市场：一家公司可能试图通过收购相对陌生的新产品，然后在熟悉的、风险较小的当前市场销售，从而实现更高的增长率。如零售商彭妮百货（painiJ.C.Penney）以33亿美元收购了埃克德（Eckerd）连锁药店；强生以160亿美元收购辉瑞的消费保健品系列。收购方通过收购迅速进入了有着重要经验的新市场。

②当前产品—新市场：即通过并购进入一些原本不熟悉的新市场销售当前产品。如IBM收购人力资源软件制造商Kenexa之后，借助后者渠道将现有软件业务转移到竞争激烈但增长迅速的市场。

③新产品—新市场：即通过并购实现多元化发展。有相当多的证据表明，与非多元化的收购相比，多元化收购中的非相关多元化收购财务回报往往更低。实证研究表明，在许多基本不相关行业中经营的企业集团一直不受股市投资者青睐[②]。如通用电气（GE）曾因过度多元化，股票表现逊于大盘指数。于是，2017年12月GE宣布大幅裁员，专注于电力、航空和医疗保健领域，并减持200多亿美元资产和贝克休斯65%的股份，包括运输和照明以及油田业务。

但也有证据表明，在资本市场准入有限的国家，多元化公司可能会好于业务单一的公司，因为它们可能会利用成熟子公司产生的现金为那些具有较高增长潜力的公司提供资金。如韩国和新加坡的企业集团在某种程度上超过了其更专注的竞争对手，部分原因是它们能够在各自的业务中转移思想和技术。此外，多元化公司在经济低迷时期的表现也往往比集中度更高的公司要好，因为它们可以利用一些企业过剩的现金流来抵消其他企业不断恶化的现金流。

当然，由于判断失误、操作不当导致并购重组失败的案例也不胜枚举。臭名昭著的世通财务造假案例就是起因于并购重组。

1998年9月15日，MCI世通总裁埃伯斯宣布，在完成了对MCI的收购之后，世通已经成为美国电信业排名第二的公司。

世通公司用15年时间从一家不起眼的地方电话公司变成电信业的巨头，靠的就是用并购维持高增长，用高增长维持高股价，然后用虚高的股票收购其他公司，由此循环往复。这个逻辑的前提是必须保持股价高增长，一旦股价下跌就会一败涂地。

由于可收购的标的越来越少，1999年10月，世通把标的锁定为排名第三的斯普林特，但这项交易触犯了反垄断法，被美国和欧盟监管部门阻止。自此，世通股价一落千丈，走投无路之下，埃伯斯选择了财务造假，数额高达38亿美元。

结果可想而知，公司破产，埃伯斯锒铛入狱。加之后来安然等一系列财务造假事件震惊了美国国会。于是，美国国会于2001年12月颁布了《萨班斯-奥克斯利法案》，以遏制财务欺诈。

我国上市公司开展并购重组的时间总体较短，成功与失败并存。仅在2019年，由于商誉减值导致当年亏损在10亿元以上的公司高达37家[③]。

---

① ［英］查尔斯.汉迪.第二曲线——跨越"s型曲线"的二次增长［M］.苗青 译.北京：机械工业出版社，2017.

② Donald M. DePamphilis, Ph.D. Mergers, Acquisitions, and Other Restructuring Activities (Tenth Edition)［M］. Academic, 2019：97-97.

③ 资料来源：同花顺。

16.2 敬畏监管，保障并购重组健康推进

越是发达国家、成熟的资本市场，对收购兼并监管报备事项越多、越细、越严格。多次金融危机的惨痛教训和历史上安然、世通、英克隆、奎斯特、阿德菲亚、泰克等公司的财务造假丑闻，促使美国国会先后制定了证券法、证券交易法、威廉姆斯法、奥克斯－萨班斯利法、多得－弗兰克等法案，对证券发行、收购兼并等作出了详实、具体、严格的要求。根据《1934年证券交易法》，美国成立了联邦政府专门委员会即证监会（SEC），其宗旨非常明确：保护投资者不被证券市场欺诈行为所损害。因此，像瑞幸咖啡那样公然挑战美国证券监管部门的行为无异于飞蛾扑火。证券市场参与者必须敬畏监管者，敬畏监管者就是尊重规律，敬畏投资者。

我国在并购重组方面的法规体系还在建设中，目前可供遵循的是《公司法》《证券法》和《上市公司收购管理办法》及配套要求、《上市公司重大资产重组管理办法》及配套要求和相关部门规章。综合起来看，这些要求体现在以下"六性"：

①并购题材的合理性。符合国家产业政策，符合环保、土地、税收、反垄断等法规要求，有利于提高上市公司可持续发展能力，改善发展质量。

②交易各方的合法性。交易主体、资产资质、经营行为等必须合法合规。

③标的资产的独立性。资产、业务、机构、人员、财务5个方面保持独立性，避免大额关联交易和股东占款。

④交易定价的公允性。标的资产价值、发行股份购买资产的股价都要合理估值，确定公允价值，在此基础上评估协同效应，避免高估值、高溢价、高对赌。

⑤并购重组的成长性。并购后能够产生协同效应，包括但不限于规模、范围、财务、税收协同和有利于转型发展。

⑥公司治理的有效性。并购重组后要有清晰的发展战略、高效的组织架构，完善法人治理结构。同时，要区分两种不同类型的治理模式（市场模式；控制模式），着力加强董事会建设。

市场模式中由独立董事成员主导董事会，独立董事作用很大。控制模式中董事长作用很大，要特别关注个人品质，而审计和薪酬委员会由独立董事成员担任，专委会发挥决策参谋作用。两种模式都要求董事会要保持发展战略清晰明确，一以贯之。

16.3 制定战略，引导并购重组顺利实施

在当今诸多国内外市场不确定性因素的情况下，明确公司发展战略至关重要。

亚马逊CEO贝佐斯认为，"那些关注短期的人可能会认为，今天的不确定性比以往任何时候都更大。那些关注长期的人更有可能认识到更大的前景，并识别出重要的新兴趋势。虽然着眼于长远不能确保成功，但确实增加了实现目标的机会"。也许正是这种能够超越日常噪音，坚持自己世界观的战略理念，亚马逊才成为主宰众多市场的全球零售商，而且从根本上改变了人们的购物方式。

模棱两可会影响投资决策的时间和规模，进而影响合并、收购和其他公司重组活动。实施并购

重组，制定收购计划是关键一步。

16.3.1 战略实施的五种选择

公司的战略实施基本上可以概括为五种：

第一，基于内部资源实施战略，如单独的风险投资等；

第二，与他人合作；

第三，单独投资；

第四，收购兼并；

第五，资产置换。

这五种策略没有孰优孰劣，各有优缺点（见表16-1），需要公司充分结合自身实际情况、外部竞争状况以及未来发展规划选择适用于公司当前的战略，并确定是走内涵式或外延式发展之路（见图16-1）。

表16-1　　　　　　　　　　　　　　　五种战略实施选择对比

选项	优点	缺点
独资或自建（有机增长）	控股权	资本/费用要求
合伙（分享增长/分享控制） 战略联盟 合资企业 授权经营 连锁经营	资本和费用投资有限之后可能被收购	缺乏控制或者控制权有限 有可能目标很分散 有可能树立竞争对手
投资（如持有企业少数股权） 收购或兼并	有限的创始资金或费用要求 速度 控股权	失败率高；缺乏控制时间长 资本/费用要求/溢价 收益可能被摊薄
资产置换	现金使用有限 收益不会摊薄 如果置换后的资产基数不变，税负有限	寻找有意愿的合作伙伴需要就置换资产达成协议

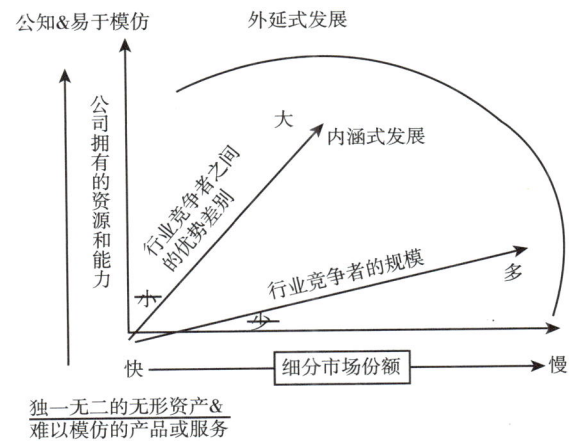

图16-1　战略制定模式选择

16.3.2 内涵式发展道路的选择

概括地讲，当公司具备如下条件时，可以选择走内涵式发展道路：
- 拥有独一无二的无形资产、激动人心的故事、精明能干的管理团队
- 生产出难以模仿的产品或服务
- 市场处于快速增长阶段，占有率和毛利率高
- 行业高度集中、竞争者少
- 进入壁垒低

发展方式包括但不限于：公开上市、自主设立子分公司、自主研发，上市后收购兼并同业或上下游企业。

16.3.3 并购重组道路的选择

当公司处于仅拥有现金和有形资产、存在众多同业竞争者、进入有壁垒、行业增长慢等情况下，就应走收购兼并的道路。

具体来说，没有上市的公司，应寻找合适的上市平台实施股权转让；已经上市的公司，要寻找合适的并购目标，开展并购重组。

根据国际经验，绝大部分上市公司和广大中小成长型企业90%以上适于走并购重组的道路。尤其是随着注册制的实施，上市的中小企业越来越多，上市公司并购上市公司即大鱼吃小鱼、小鱼吃虾米，或者是强强联合已经是发达资本市场走过的道路。

随着证券发行制度的完善，部分上市公司采取多元化经营战略，涉足新的产业或行业，为实现业务聚焦与不同业务的均衡发展，以及上市公司价值充分释放。在公司多元化经营中，可以将其部分业务分拆出来独立上市，亦可以分立成两个及以上上市公司，但分拆、分立在国内外都有严格的监管条件，必须遵守。

如果选择并购重组的发展道路，要做好三个阶段、9个子阶段的工作，每一步必须扎实有效。见图16–2。

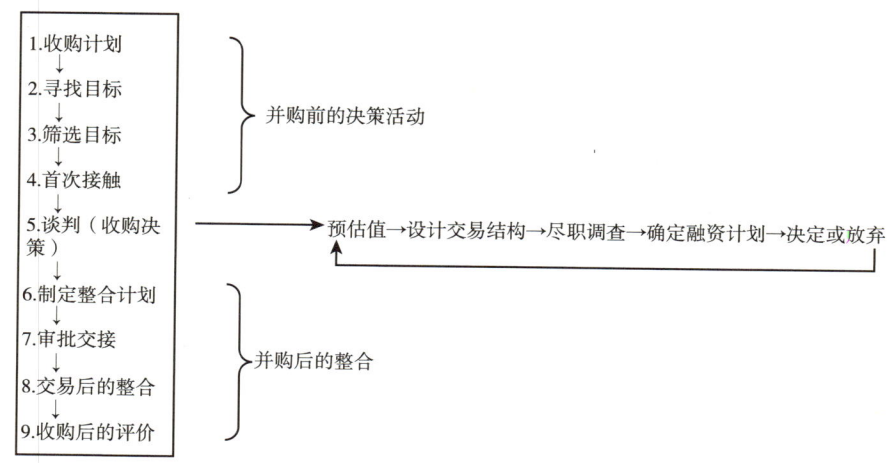

图16-2 并购重组的三大阶段九个工作

16.4 以产生协同效应为关键变量，处理好估值与定价的关系是并购重组成功的基础

收购兼并要遵循三条基本法则，以满足各方利益最大化的需要：

第一，组合创造的价值已经超过各企业单独创造价值的总和；

第二，价值组合必须精心设计和管理；

第三，每个组合成员都必须获得与其投资匹配的回报，如图16-3所示。

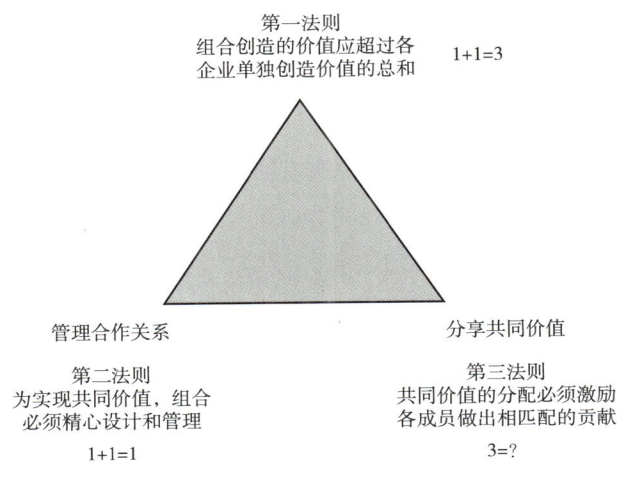

图16-3　收购兼并三原则

因此，要处理好评估与定价的关系问题。评估是定价的重要参考依据，但不是唯一依据。

16.4.1　对标的资产和股票价值的评估

实践中，比较科学严谨的做法应该是：运用两种及以上具有内在联系的方法评估，且相互验证；评估结果是区间值，而不是绝对值，评估是定价的重要参考依据，而不是唯一依据（见图16-4）。

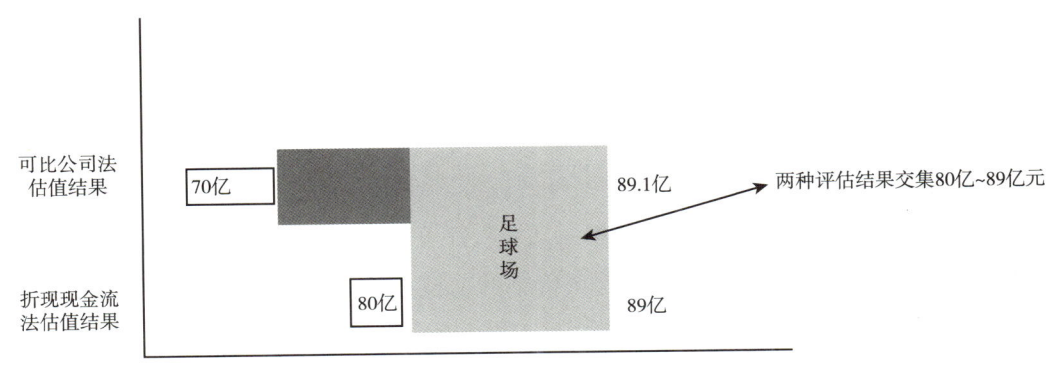

图16-4　评估区间确定图

从国际经验看，折现现金流法和相对估值法（如可比公司法、交易先例法）是具有内在联系的、

国际通用的方法。如评估结果显示两种方法的估值没有交集，应回顾检查两种方法的评估过程，找到问题所在，把交集部分作为并购建模的依据。

对于实物期权，如果实物资产的当前价值超过其当前价值与某些预设水平之间的差额，则可以将其作为看涨期权进行估值；反之，则可以作为看跌期权进行估值。

16.4.2 通过并购建模，评估协同效应，在此基础上，确定初始报价

第一步：将收购方和目标公司分别作为独立公司估值，评估方法、参数要保持一致。目标公司的单独价值，理论上表示买方为目标公司估计的最低价格，因此，审慎评估这部分公允价值非常重要。

第二步：评估包含协同效用在内的收购方和目标公司合并价值。如果合并价值大于收购方和目标公司分别作为独立公司估值的简单相加，则说明有协同效应，有并购价值；反之，则应放弃。

第三步：确定对目标公司的初始报价。一般为区间值，再经过充分博弈确定购买（出售）价格。确定初始报价的依据是市场价值（上市公司）或评估值，加上协同效益的一部分。协同效应到底给目标公司多少，主要依据收购方每股收益不被摊薄来确定。

另外，并购协议应加入重大不利变更条款，一旦触发，允许买方重新谈判或退出交易。不利变化可能包括对目标公司的经营和财务状况或卖方完成交易的能力产生负面影响的事件。

第四步：确定合并后公司的融资能力。具体来说，一要满足收购方所需的财务收益和恰当的财务结构；二要满足目标公司主要财务和非财务需求（例如延期纳税）；三要不增加借贷成本或不违反现有贷款契约；四则可以由合并后公司的经营现金流来支持还本付息。其中，关键财务比率包括但不限于长期债务/权益是否合理；利息覆盖比率（EBIT）/利息支出是否大于1；流动比率（流动资产/流动负债）是否保持在100%以上。

16.4.3 业绩激励和认股权证的使用

当买卖双方无法就价格达成一致，或当相关方希望参与到并购后企业的持续经营时，通常会使用业绩激励和认股权证。

业绩激励协议实际是一种金融合同。根据该合同，一家公司的一部分购买价格将在未来支付，这取决于实现未来收益水平或先前商定的其他绩效指标。业绩激励协议也可用于留住和激励关键目标公司经理。

认股权证，是一种通常以债券或优先股发行的证券，持有人有权以规定的价格购买一定数量的普通股，行权价格通常高于权证发行时的价格，认股权证可在数月至数年内转换。

以表16-2为例。假设已完成收益作为购买价格的前提条件，协议购买价格为1.3亿美元，交易完成时一次性支付1亿美元；业绩激励款项为卖方在三年后获得超过基本预测的实际年均净经营现金流的4倍，但不超过3500万美元。

表 16-2　基线预测和实际执行对比　　　单位：百万美元

	基准年（拥有全部所有权的第一年）		
	第1年	第2年	第3年
基线预测（现金流量净额）	$10	$12	$15
实际执行情况（现金流量净额）	$15	$20	$25

第3年年末的业绩激励（目标公司股东或高管）：

[($15-$10)+($20-$12)+($25-$15)]/3×4=$30.67（百万美元）

股东价值的潜在增加（10倍EV/EBITDA计算现值，减去支付给目标的奖励）：

[($15-$10)+($20-$12)+($25-$15)]/3×10-$30.67=$46

如果从标的资产估值到并购建模，根据协同效应确定收购价格再加上适当的业绩激励，就会很好的控制商誉入账，也便于管理商誉，不至于像当前这样产生巨额商誉和商誉减值。

16.5　选择恰当的并购方式，有利于并购重组后可持续发展

当明确收购兼并发展策略后，收购方式、收购策略、支付方式、购买方式都是决定收购成功和收购后能否实现预期目标的重要因素。

16.5.1　收购方式

收购方式包括一次性买断、联盟、交叉持股三种形式，选择哪种形式要根据共同决策的程度和持续组合的时间来决定（见图16-5）[①]：

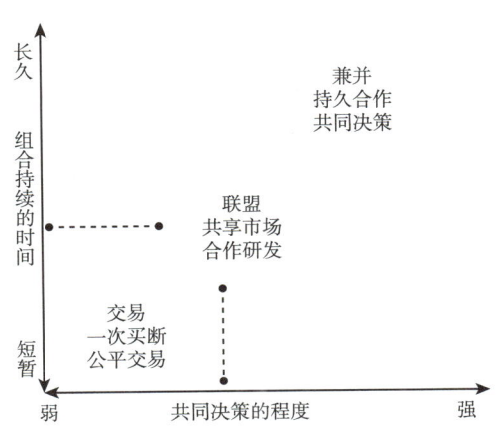

图 16-5　收购方式的选择

买断：如果共同决策的程度低和持续组合的时间短，可以一次性买断。一次性买断就是公平交

---

① ［美］本杰旺·戈梅斯-卡塞雷斯.重混战略［M］.北京：中国人民大学出版社，2017.

易，主要针对的是竞争性供应商、技术生态系统。比如，波音为了建造梦幻787，先是把项目委托给外部供应商，表面上是为了节约成本，但实际是为了加快建造速度，但后来发现委托给外部供应商没有内部做更好，后来就采取买断的方式。

联盟：如果共同决策的程度适中，持续组合的时间也中等，两个公司的规模又相对较大，可采取战略联盟，共享市场、合作研发。如美国联合航空和德国汉莎航班原来是在一个航线上竞争，每天各有两三趟航班，后来采用共享航班号，出现在同一航班时刻表上，他们可以共享里程计划，并允许使用合作伙伴的里程安排，共用休息室和服务台，主要机场的登机口相互靠近，共享人员和地面服务，使用共同品牌，联合营销购买物质和燃料，2018年5月已经启动了它们期待已久的航空货运合资企业。交易成本经济学告诉我们：交易成本来自合作条款，但缺乏明确性和可执行性，各单位合作也缺乏依赖性，当管理者发现价值创造无法完成时，联盟就面临着失败。联盟必须最小化潜在冲突和最大化合作机制。

兼并：如果需要持久合作、共同决策，就要采取收购兼并的策略，最好是交叉持股，最大的好处是产生协同效应。这方面的案例不胜枚举。

16.5.2　收购策略

收购策略分为善意收购和敌意收购。

通过友好协商实现控制权从一个投资者转移到另一个投资者被称为善意收购。善意收购，交易成本更小，也更有利于并购后的整合。

如果善意收购的努力被拒绝，收购方可以选择采取更积极的战术，包括熊抱、代理权争夺和要约收购等方式。敌意收购的威胁通常会促使目标公司董事会通过谈判达成和解。为抵御收购，目标公司可以采取毒丸、防鲨剂、金色降落伞（更改控制支出）、白衣骑士等手段加以预防。

16.5.3　支付工具

支付工具有现金、非现金如普通股、优先股、债务、不动产、现金与股票组合、可转换证券、加密货币等。选择何种工具要以并购双方股东价值最大化为标志，合理降低税务负担。

对目标公司而言，如果选择现金要按收付实现制交税，如果选择股票则递延纳税。

卖方无论是公司制还是个人或有限合伙，更多地从交易本身、谈判博弈、锁定安排、未来所获股份的增值潜力等角度来决定接受股份支付还是现金支付或兼而有之。

16.5.4　购买形式

购买形式指的是购买资产还是购买股票，具体来说：

一是收购资产。买方以现金、股票或者一些组合购买了卖方对资产的所有权利，卖方保留企业的所有权，只有买卖协议中规定的资产和负债才转让给买方，购买价格直接支付给目标公司。从优势看，允许收购方仅选择某些目标资产和负债，按购买法会计核算，提高折旧摊销比例，降低税负，没有少数股东，但难以享受经营净亏损和税收优惠。

二是收购股票。收购方从卖方股东手中直接收购卖方的股票，对于上市公司，收购方将提起公开要约收购，同样是可以用现金收购，也可以用股票、债券等其他形式收购。从优势看，不需要目标股东投票（从目标股东手中购买），可以直接将税收属性、许可证和合同转让给购买方，同时，可以将母公司与子公司债权人隔离，但要对所有债务负责，并拥有少数股东。

16.6　并购双方认真开展尽职调查，是确保并购重组成功的关键环节

尽职调查是收购兼并完整系统的重要组成部分，与初步估值、构建交易结构、设计融资计划、决定继续还是放弃收购密切相关。如图16-6所示。

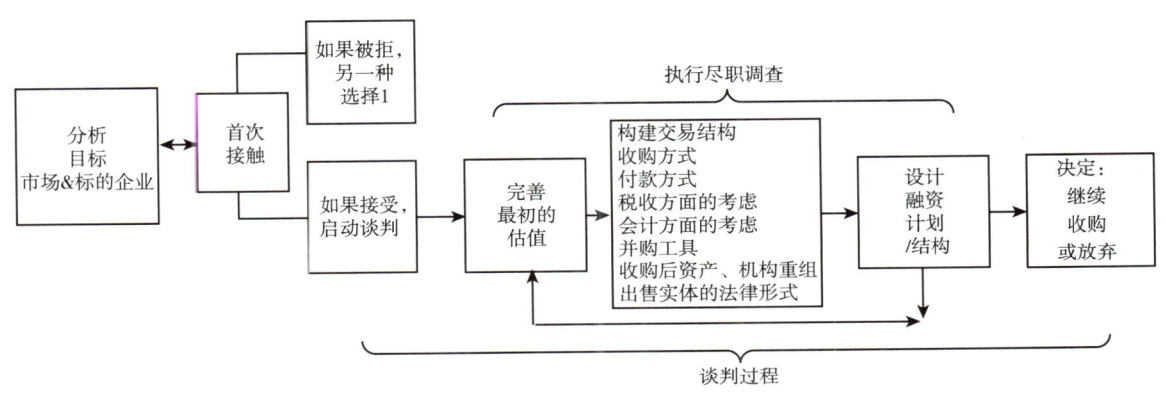

图16-6　尽职调查在并购中的环节

尽管现在已经处在大数据、人工智能时代，但是作为一项资产或股权的收购，实地开展尽职调查，无论如何也不能取消。

通常，买方要想尽可能长的时间尽调，而卖方限制尽调的时间和范围，因为尽调对卖方没有什么好处，反而可能成为压低收购价格的理由[①]。比较可行的替代办法是充分利用网站查询，如天眼查、企查查、证监会网站、交易所网站等。

尽职调查包括但不限于：公司事项、证券事项、税务事项、财务与会计事项、风险管理事项、资产不动产和个人财产事件，以及处理业务、知识产权事项、管理劳动和人事事项、法律合规事项以及诉讼争议和索赔及信息系统事项。

尽职调查最重要的是识别财务造假。财务造假手段不断翻新，已经"迭代"到今天的5.0版（见表16-3），它综合了1.0~4.0版本的组合操作，通过综合技术的应用，重在各报表之间、各会计科目

---

① 卖方尝试限制尽调的一个方法，就是把买方的尽职调查团队隔离在一个存放数据的房间里，通常是一间会议室，里面摆放满满的文件，买方核心管理层的正式代表通常会留在这个房间里。对此可以选择一个替代办法，就是网站查询，充分利用天眼查、企查查、证监会网站、交易所网站等。

之间、各指标之间，实现均衡、稳定，从而达到虚增收入利润而不被轻易发觉的目的①，最典型的案例就是康美药业、康得新。

表 16-3　　　　　　　　　　　　财务造假 1.0-5.0 版本

	利润表	现金流量表	资产负债表
1.0 版	虚增收入和利润	——	直接虚增应收账款
2.0 版	虚增收入和利润	表现为经营性现金流入	直接虚增货币资金
3.0 版	虚增收入和利润	表现为经营性现金流入，同时增加经营性现金流出	虚增预付账款、其他应收款、存货等流动性资产
4.0 版	虚增收入和利润	表现为经营性现金流入，同时增加投资性现金流出	虚增固定资产、在建工程、生产性生物资产、长期股权投资、长期待摊费用、无形资产等非流动性资产
5.0 版	虚增收入和利润	表现为经营性现金流入，同时增加经营性现金和投资性现金流出	虚增各类资产

但透过现象看本质，财务造假无非是两套逻辑：一是放大或扭曲真实经济业务；二是无中生有虚构经济业务（见图 16-7）。

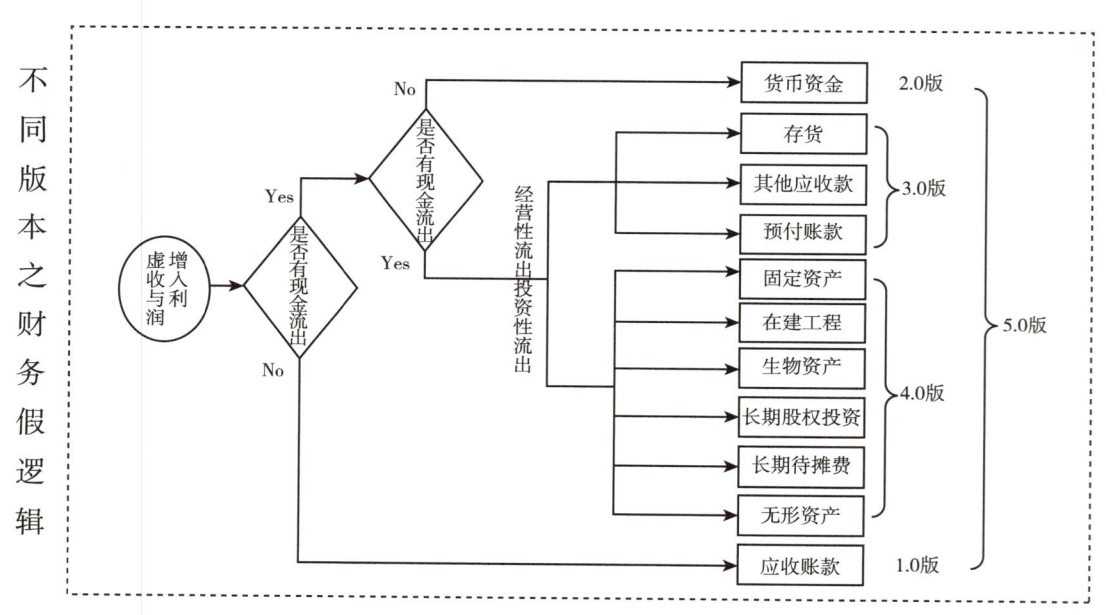

图 16-7　财务造假逻辑

有鉴于此，在尽职调查时，一定要有专业人员来识别真实的财务状况，并购双方都要防止被财务欺诈所伤害。具体关注以下事项：

①收入来源有问题。例如，向关联方销售所产生的收入或者以非货币性收入的形式向客户销售产品所产生的收入。

---

① 2020年6月15日，民生银行附属机构纪委书记、中央财经大学、北京理工大学客座教授崔宏博士在"中关村国睿金融与产业发展研究会"的并购重组系列课程中开展《如何识别财务造假？》专题讲座。

②利润因非经常性损益而虚高。例如，出售资产的收益因资产账面价值被人为压低而虚高。

③预收账款大幅增加。预收账款因公司在交付产品之前向客户收取款项而增加，随着产品交付而减少。预收账款突然增加可能意味着产品交付遇到了困难。

④坏账准备占收入的比例在下降。这可能反映的问题是公司没有计提充足的坏账准备，并没有计提相应的坏账损失，进而导致虚增收入。

⑤应收账款的增速大幅超过收入或存货的增速。这可能意味着公司产品积压滞销，应收账款回转困难。

⑥净利润增长与经营活动净现金流增长背离。盈余管理相对容易，而对现金进行管理和调控则更为困难。净利润缺少现金流的支持，可能意味着利润被错报。

⑦公司财报的利润增长与实际纳税利润的增长背离。企业会计和税务会计之间的关系通常不会随着时间的推移而发生明显的变化，除非税务法规或会计准则发生变化。

⑧意外的大额资产冲销。这表明企业没有将商业环境变化对资产价值的影响及时评估和确认并进行会计处理，企业会计政策缺少稳健性。

⑨滥用关联交易。这类交易不同于非关联方的正常交易，缺少商业规则和诚信机制的约束。

⑩会计事务所变更的动机不纯。公司变更其会计事务所可能是出于私利动机，寻找一家愿意配合掩盖财报问题的事务所。

16.7　适度运用杠杆，是提升企业价值的重要手段

杠杆收购是指并购方在收购一家目标公司时，大部分资金来源于债务融资，尤其是私募股权基金。其特点是收购方以目标公司资产及未来收益作为借贷抵押，借贷利息将通过被收购公司的未来现金流来支付。

运用LBO分析，需要设计一个复杂的金融模型，需要熟练的财务、税收等相关要素。以下表为例，在交易价格、资金成本、税收成本一定的前提下，负债与权益的比为4∶6的情况下，股东权益回报率最高（见表16-4）。

表 16-4　股东收益的杠杆作用

	全款购买	50%自有资金50%债务	40%自有资金60%债务
交易价格	$112500	$112500	$112500
股本（出资结构）	$112500	$56250	$45000
借贷	0	$56250	$67500
息税前利润（EBIT）	$13000	$13000	$13000
利息（融资成本7.5%）	0	$4219	$5063
税前收入	$13000	$8781	$7938
所得税（25%）	$3250	$2195.31	$1984.38
净利润	$9750	$6585.94	$5953.13
税后股东权益报酬率（ROE）	8.67%	11.71%	13.23%

讨论LBO收购，需要建一个"3+4+1+1"的金融模型，即以3张财务报表为基础，配以4张不同情景下的预测假设（即未来收益预测、未来营运资本变化、收购方融资结构及配套的收购而来的债务计划）和1张收益分析计算表，构成一个内部收益率（IRR）的计算模型，并最终反映在一张交易汇总表上供使用者决策。这样就可以分析某个给定的收购目标在多个不同融资结构和经营情形下的绩效表现，分析计算出给定项目的内部收益率。当锁定某一内部收益率时，根据多个不同融资结构和经营情形，就可以反推出目标交易价格区间。

需要说明的是，即使是最佳的融资结构下，收购方的IRR如果达不到董事会预期的水平，收购方可以采取以下措施：

➢ 申请降低并购贷款利率
➢ 与卖方谈判，降低收购价格
➢ 采用其他方式，如发债等降低融资成本

最终在满足收购方和各资金提供方的条件下，达成或放弃交易。

16.8 并购后的有效整合，是实现并购目标的关键

整合涉及五个主要步骤，即：前期规划、解决沟通问题、创立新组织和制定人员配置计划、职能整合，以及建设新文化。

16.8.1 收购前的整合规划

为了最大限度地减少潜在的混乱，在谈判开始前应尽早让收购经理参与进来，以便使参与尽职调查和并购后整合的人对该交易的战略基础有更好地了解；具有明确目标和职责的并购整合组织应在交割前到位。对于友好收购，工作组织应由收购公司和目标公司的人员共同组成，以便协调和利益分配。

16.8.2 为关键利益相关方制定沟通计划

关键利益相关方包括但不限于员工、客户、供应商、投资者、贷款人、社区等，立即解决员工关心的问题，如：对客户做出承诺，不会因为并购降低产品质量和延迟交货；发展与供应商长期合作关系；与投资者保持忠诚度，努力创造投资回报最大化；让贷款人放心，绝不因并购而逾期还款；加强与社区沟通，并购后更加注重绿色低碳环保，为所在社区带来福祉。

16.8.3 创建新组织

创建新组织需要制定人员配置计划、人员需求、员工可用性、人员配置计划和时间表（见表16-5）。

表 16-5　　　　　　　　　　　　　　　创建新组织工作内容表

人员需求	员工可用性	人员配置计划和时间表	薪酬	人力信息系统
执行需求	现有人力	需求和资源间差距	类型	并购数据库
组织结构	本地人力	管理层介入	整合计划	将数据库合并
		应急计划	并购后的差距	维护员工数据库

16.8.4 职能整合

管理整合团队必须首先确定并购双方的运营和支持人员的集中或分散程度。主要关注的领域应该是IT、制造运营、销售、市场营销、财务、采购、研发，以及这些职能的人员需求。

然而，在进行任何实际整合之前，至关重要的是重新验证尽职调查期间收集的数据，将所有业务与行业标准进行比较，并重新设定协同预期，强化预警监测。成功的并购通常是那些花费大量管理时间来成功整合两家公司职能部门的并购。

16.8.5 打造新文化

高绩效企业文化的特征包括：

- 有受人尊敬的领导者，他们建立的组织在取得成果、照顾员工和客户方面表现出色
- 清晰而有说服力的愿景、使命、目标和战略
- 明确的角色、职责、成功标准，以及对吸引、授权和发展员工的坚定承诺
- 积极、能干的工作环境
- 公开、坦诚、坦率和透明的沟通
- 团队合作和参与
- 持续的改进和最先进的知识和实践
- 愿意改变、适应，从成功和错误中学习，承担合理的风险，尝试新事物

POSTSCRIPT
后记

2021年是"十四五"开局之年，也是我国迈进全面建设社会主义现代化国家新征程的关键时刻。资本市场作为现代经济体系的重要组成部分，已经进入全面深化改革"深水区"。

（一）开年以来我国资本市场大事要事回顾

回首2021年以来中国资本市场发生的大事要事，表现出以下一系列新特点。

第一，稳步推进股票发行注册制改革。注册制是资本市场市场化改革的重头戏。从科创板试点注册制起步，再到创业板实施"存量+增量"改革，注册制改革已经取得突破性进展，为资本市场改革的进一步深化创造了条件。2021年3月20日，证监会发布易会满主席在中国发展高层论坛圆桌会上的主旨演讲，表达了稳步推进股票发行注册制改革的重要观点。各参与方需支持改革、呵护改革，把改革条件准备得更加充分，推动全面注册制改革平稳落地。

第二，大力推进多层次资本市场建设。2021年2月5日，证监会宣布批准深圳证券交易所主板和中小板合并，并于4月6日落地实施，这有利于优化深交所板块结构，形成主板与创业板各有侧重、相互补充的发展格局。2021年2月25日，资本市场迎来分拆上市又一股，生益电子登录科创板，公司系沪市主板上市公司生益科技子公司。分拆上市有助于资本市场优化资源配置，有助于上市公司完善公司治理、提高经营效率、拓宽融资渠道。深交所板块合并和上市公司分拆上市都是推进多层次资本市场建设的重要举措。

第三，加大财务造假、欺诈发行、操纵股价等证券违法活动打击力度。2021年7月7日，中共中央办公厅、国务院办公厅印发了《关于依法从严打击证券违法活动的意见》。这是资本市场历史上首个中办、国办联合印发的打击证券违法活动的专门文件，充分体现了党中央、国务院对打击证券违法活动、保护投资者合法权益、维护资本市场平稳健康发展的高度重视。据此，证监会重磅出手，从重查办16起重大违法、违规案件，高压查处伪市值管理，专项行动"暴击"五类违法行为。

第四，强化退市监管，严格执行强制退市制度。2021年3月22日，A股首迎无退市整理期股票。由于连续20个交易日收盘价低于1元，*ST宜生、*ST成城触发了终止上市情形，被上海证券交易所予以摘牌。根据退市新规，该类退市企业不再设置退市整理期，二者也成为了新规下首批无退市整理期股票。

第五，推动央企重组整合，做优做强国有资本。 2021年3月31日，经报国务院批准，中国中化集团有限公司与中国化工集团有限公司实施联合重组。此次联合重组将更好地整合资源、发挥协同效应，打造世界一流的综合性化工企业，促进中国化学工业高质量发展。

第六，强化反垄断监管。 2021年4月10日，市场监管总局依据《反垄断法》对阿里巴巴集团控股有限公司在中国境内网络零售平台服务市场实施"二选一"垄断行为作出行政处罚，责令阿里巴巴集团停止违法行为，并处以其2019年中国境内销售额4557.12亿元4%的罚款，计182.28亿元。本次事件标志着平台经济领域反垄断执法进入了新阶段，释放了清晰的政策信号，即国家在鼓励和促进平台经济发展的同时，强化反垄断监管，有效预防和制止平台企业滥用数据、技术和资本等优势损害竞争、创新和消费者利益的行为，规范和引导平台经济持续、健康、创新发展。

第七，加强数据质量治理，防范数据安全风险。 2021年7月2日，为防范国家数据安全风险，维护国家安全，保障公共利益，依据《中华人民共和国国家安全法》《中华人民共和国网络安全法》，网络安全审查办公室按照《网络安全审查办法》，对"滴滴出行"实施网络安全审查。数据跨境流动关乎国家利益、产业利益、风险控制三者之间的动态平衡。宽松的数据跨境流动规则有利于产业数字化发展，但会增加风险控制难度，对发展中国家来说可能损害其国家利益，对发达国家来说则有助于其通过数据实施全球经济控制。数据跨境流动规则会在国家安全、个人隐私保护、商业利益保护等方面带来挑战。

第八，推动实现碳达峰、碳中和的远景目标。 2021年7月16日，全国碳排放权交易市场正式启动，有助于调动企业的节能减排积极性。目前中国高排放的煤炭消费占有主导地位，能源结构较为单一。国际上更主流的化石能源消费则是石油和天然气，它对环境的友好程度略优于煤炭。我国是一个"富碳贫油少气"国家，仍须大力发展清洁能源，优化能源结构。中国的二氧化碳排放力争于2030年前达到峰值，努力争取2060年前实现碳中和。未来，我国电源结构去碳化特征将日益显著，水电、风电、光伏等非化石能源占发电总量的比重将不断提升，成为未来的发电主体。

（二）市场化、法治化、国际化改革趋势明朗、措施有力

中国资本市场历经三十年的蓬勃发展，正朝着市场化、法治化、国际化方向的全面深化改革迈进，致力打造一个规范、透明、开放、有活力、有韧性的资本市场。

第一，市场化改革是资本市场持续健康发展的关键核心。 我国资本市场是在有计划的商品经济制度下探索起步的，在向市场经济转轨过程中始终坚持市场化原则，培育和发挥市场机制。从企业制度看，上市公司推进经营机制转换和制度改革，建立现代企业制度，明晰产权关系，完善公司治理结构和内部控制制度。从新股发行机制看，A股从最初20世纪90年代的额度管理制再到指标管理制，进入21世纪之后则先后改革为核准制下的通道制、保荐制，直到2019年设立科创板并试点注册制。注册制下市场包容性、开放性不断提升，市场化定价机制发挥了有效的约束作用。

第二，法治化改革是资本市场持续健康发展的切实保障。 资本市场改革过程中的法治建设取得了显著成效。首先，逐步健全法律制度体系，形成了以《公司法》《证券法》《基金法》等为核心法律，以行政法规、司法解释、部门规章等为主要规定，配套各监管主体业务规则和实施细则的资本市场法律法规体系。其次，持续提升稽查执法水平。2020年证监会共办理案件740起，其中新启

动调查353件（含立案调查282件），办理重大案件84件，同比增长34%；全年向公安机关移送及通报案件线索116件，同比增长一倍。资本市场逐步形成行政惩戒、民事追偿和刑事制裁"三位一体"的惩处机制，对证券违法活动打击力度持续增强。最后，不断加强投资者保护力度。中小投资者众多是我国资本市场的一个基本特点，保护中小投资者是资本市场法治化改革的重点。新证券法设立了投资者保护专章，建立了证券集体诉讼制度，有助于切实保护投资者合法权益。

第三，国际化改革是资本市场持续健康发展的必经之路。 20世纪90年代B股的设立标志着资本市场的国际化改革迈出了第一步。近年来资本市场加快了对外开放的脚步，深港通、沪港通、沪伦通的开通，再到QFII/RQFII全面取消额度限制，以及MSCI、富时罗素等纳入A股和提升权重，都表明中国资本对外开放程度逐步提升，国际影响力不断扩大。资本市场国际化改革是一个取长补短、互惠共赢的过程。既不能盲目照搬国际经验，又要积极对接国际市场。反垄断是发达国家成熟市场的一贯共识，也是保持市场竞争和市场活力的重要手段。欧美市场监管层叫停具有垄断性的并购活动屡见不鲜，例如2019年欧盟否决了德国西门子和法国阿尔斯通两家分别位列世界第二大和第三大列车公司的合并计划。我国市场监管总局在反垄断监管方面也迈出了实质性的步伐，7月10日依法禁止虎牙公司与斗鱼国际控股有限公司合并，防止资本无序扩张。

（三）不辱使命、勇于担当，为完善我国资本市场理论与实践贡献民间智慧

资本市场30年的发展历程是中国经济腾飞世界的靓丽风景线，也是我国资本市场在市场化、法治化、国际化道路上的自我革新和蝶变之旅。展望未来，整装前行，改革仍然是资本市场不断发展和成熟的核心驱动力。作为社会组织的研究机构，我们要勇于担当、敢于创新，借资本市场改革之机遇，乘数字信息化浪潮之东风，在资本市场理论探索、制度建设、监管手段层面做积极的探索与研究。

第一，积极探索资本市场热点、难点问题的理论前沿。一是党的领导与公司治理有机结合。 研究落实党中央、习主席提出的党委（党组）与公司治理的有机结合，包括但不限于党委（党组）会与股东会、董事会、监事会、经理层和职工代表大会等各治理主体的有机结合和操作路径；**二是资本市场功能定位**。如何协调投资者与上市公司之间的利益关系，进一步明晰资本市场的功能定位。成熟资本市场的功能定位是以创造价值与实现投资者资产增值为核心，充分体现投资、融资和价值发现功能，而我国资本市场现阶段则更多体现的是融资功能，投资和价值发现功能尚未充分到位；**三是公司治理模式创新**。在股东治理模式创新方面，国务院在2018年9月18日出台了《关于推动创新创业高质量发展打造"双创"升级版的意见》，正式允许科技企业实行"同股不同权"治理结构，这也改变了我国资本市场中实行了近三十年的"同股同权"原则，随后证监会出台了一系列的规范性文件，在科创板的注册制改革实践中允许上市公司建立"同股不同权"的公司治理安排。在发达国家资本市场，"同股不同权"已经成为一种被普遍接受和认可的公司治理安排，脸谱网、阿里巴巴、京东、百度等公司都设有"同股不同权"的双层股权结构。然而，在中国资本市场中设置"同股不同权"的公司还十分稀少，如何在保护创始人或创业团队控制权的同时，也能保护中小投资者的利益，是理论探索与实践摸索中有待解决的难点。在董事会治理模式方面，发达国家注重市场化治理，独立董事、股权董事在董事会治理中发挥重要的作用，而我国的董事会运作则是以执行董事

为主导，一股独大、内部人控制、独董失声等问题依然普遍存在；四是股权分置与流通限制。发达国家成熟市场股票流动性限制较少，相比之下我国实施股权分置改革之后，A股市场上市公司分为流通股和非流通股，进而产生"巨额解禁"下短期市场供需失衡、大小股东利益冲突等问题；五是信息披露兼顾规范性与含金量。信息披露是上市公司对接资本市场的重要桥梁，也是缓解信息不对称、保护中小投资者的重要安排。目前资本市场对信息披露的监管主要关注于信息披露是否规范，强调信息披露的及时性、真实性、准确性和完整性，但是对引导上市公司提高信息披露的含金量重视不够。上市公司自愿披露公司自身发展战略、投资等决策机制等重要信息的程度依然较低。

第二，为及时建设资本市场改革配套制度安排提供建议。一是加快推进证券集体诉讼实施与普及，配套完善民事赔偿司法解释。与发达国家资本市场较为完善的证券集体诉讼制度和较为成熟的诉讼运作模式相比，中国资本市场的证券集体诉讼实施尚处于起步阶段。2021年5月全国首例诉讼代表人案宣判，标志着我国证券集体诉讼制度的实施落地，也为在全国范围内的进一步推广提供了可借鉴样本；二是强化对大股东、实控人重点追责的制度建设。与发达国家资本市场上市公司较为分散的股权结构相比，中国资本市场上市公司股权结构依然较为集中，控股股东一股独大缺少有效制约，一言堂的管理模式较为普遍。为此，应该强化对大股东、实控人重点追责的制度建设，对证券违法活动持续保持"零容忍"的态势，综合运用市场禁入、重大违法强制退市等行政处罚手段，以及民事赔偿、刑事处罚等追责机制；三是完善跨境证券监管与执法合作的制度建设。新证券法明确规定，境内企业直接或者间接到境外发行证券或者将其证券在境外上市交易，应当符合国务院的有关规定。为了保障跨境证券监管的顺利开展，需要进一步完善相关制度规则，制定执行层面的配套细则。在跨境证券监管实践中相互尊重、有效沟通、互信共赢，研究建立打击跨境证券违法犯罪行为的执法联盟，以实现更加紧密与更加有效的跨境执法合作；四是加强资本市场诚信体系建设。在相关法律法规中增设诚信建设专门条款，建立资本市场参与主体的诚信记录，明确资本市场参与条件和权利义务，体现失信受制、守信得益的导向，督促参与主体自觉诚信守法，形成信息公开、多方共享的资本市场诚信格局。

第三，为数字化、信息化的监管手段提供可实施路径。一是基于海量大数据保障监管侦测全覆盖。随着互联网时代下信息技术的高速发展，资本市场参与主体的海量信息得以沉淀和记录，监管机构调查难、取证难的问题得到有效解决。一方面能够从传统的经营、治理、财务监测拓展至舆情监测、诚信监测、产业链监测等，另一方面基于知识图谱能够追本溯源和深挖关联主体，实现无偏差、不遗漏；二是采用人工智能技术重塑高效科学的科技监管。在当下信息技术革命浪潮中，人工智能技术已经广泛应用于金融业发展和资本市场投资，由此也将带来资本市场监管的技术变革。人工智能技术是获取信息和克服监管信息不对称的重要手段。如何从海量大数据（尤其是非结构化数据）中提取有效的、深层的信息并建立数据标签，如何建立资本市场参与主体画像和构建科学合理的监测评价模型等，都是人工智能技术需要解决的问题；三是依托区块链技术赋能"去中心化"监管模式。目前中国资本市场监管采用的仍然是较为高度集权的思维模式，监管机构调查取证并采取执法纠偏措施。然而，监管机构亦难以充分掌握监管对象的全部数据信息，也不应代替投资者行使"管家"的角色。区块链是一种由多方共同维护，使用密码学保证传输和访问安全，能够实现数据一致存储、难以篡改、防止抵赖的记账技术，也称为分布式账本技术。区块链的本质在于去中心化，区块链运用于资本市场监管的本质在于建立去中心化的监管模式。目前国内已经开展区块链技术服务于资本市场监管的试点。上海股权托管交易中心实现全部业务数据上链，涵盖挂牌、展示、托管、交易、资金、信息披露等全部业务数据，进一步规范了市场行为并提高了信息透明度，为创新监管模式、重构监管链生态提供借鉴。

三十年，栉风沐雨，中国资本市场成绩斐然，健康高质量的生态体系正加速成熟定型。未来，我们有理由相信，我国将从制造强国向科技强国迈进，资本市场将更成熟、更发达、更开放，上市公司将在高质量发展旗帜的引领下，与监管机构、广大投资者、科研机构、高等院校和广大中介组织、民间智库等一起，为实现中华民族伟大复兴的中国梦，绘就更加壮美的中国画卷！

中关村国睿金融与产业发展研究会会长

程凤朝